Klaus Grochowiak & Stefan Heiligtag
Die Magie des Fragens
oder warum es keine unschuldigen Fragen gibt
Handbuch für kommunikative Kompetenz

Ausführliche Informationen zu weiteren Büchern von Klaus
Grochowiak und aus dem Themenbereich NLP & Kommunikation
sowie zu jedem unserer lieferbaren und geplanten Bücher finden
Sie im Internet unter **www.junfermann.de** – mit ausführlichem
Infotainment-Angebot zum JUNFERMANN-Programm …
mit Newsletter und Original-Seiten-Blick …

Besuchen Sie auch unsere
e-Publishing-Plattform **www.active-books.de**
– mittlerweile weit über 150 Titel im Angebot,
mit zahlreichen kostenlosen e-Books zum Kennenlernen
dieser innovativen Publikationsmöglichkeit.
Übrigens: Unsere e-Books können Sie leicht
auf Ihre Festplatte herunterladen!

Klaus Grochowiak &
Stefan Heiligtag

Die Magie des Fragens

oder
warum es keine
unschuldigen Fragen gibt

Handbuch für kommunikative Kompetenz

Junfermann Verlag • Paderborn
2002

Copyright © Junfermannsche Verlagsbuchhandlung, Paderborn 2002

Alle Rechte vorbehalten.
Das Werk einschließlich aller seiner Teile ist urheberrechtlich geschützt. Jede Verwendung außerhalb der engen Grenzen des Urheberrechtsgesetzes ist ohne Zustimmung des Verlages unzulässig und strafbar. Das gilt insbesondere für Vervielfältigungen, Übersetzungen, Mikroverfilmungen und die Einspeicherung und Verarbeitung in elektronischen Systemen.

Satz: La Corde Noire – Peter Marwitz, Kiel

Die Deutsche Bibliothek – CIP-Einheitsaufnahme
Grochowiak, Klaus:
Die Magie des Fragens, oder warum es keine unschuldigen Fragen gibt: Handbuch für kommunikative Kompetenz. / Klaus Grochowiak, Stefan Heiligtag. – Paderborn: Junfermann, 2002.
    ISBN 3-87387-498-9

ISBN 3-87387-498-9

Inhalt

Danksagung 11

Einleitung 12
1. Magie der Veränderung – Magie des Fragens 12
2. Psychotherapie – Wissenschaft oder Handwerk? 14
3. Ziele und Grundthesen dieses Buches 18
4. Vorgehen 19

Teil 1: Theoretische Grundlagen 21

I. Theoriebildung, Sprache und Philosophie in der Psychotherapie 21
1. Theoriebildung 21
   a) Postmoderne und Psychotherapie 21
   b) Therapeutische Vorannahmen oder: Welche Daten sind relevant? 27
   c) Problem-Lösungs-Raum und Therapeuten-Klienten-Beziehung 30
2. Sprache 34
   a) Sprachoptimismus und Sprachpessimismus 34
   b) Strukturalismus 34
   c) Dekonstruktivismus 36
   d) Transformationsgrammatik nach Noam Chomsky 38
3. Philosophische Grundrichtungen 41
   a) Konstruktivismus 41
   b) Das Konzept der Autopoiese von Maturana und Varela 44
   c) Existenzialismus 45
   d) Phänomenologie 48
   e) Psychosomatik – der Leib als „Schnittstelle" von Körper und Geist 52

II. Theorie und Philosophie des Fragens 58
1. Die Frage nach der Frage 58
2. Die Bedeutung von Fragen in der Psychotherapie 59
   a) Ich hab ja nur mal gefragt – Befragen, Elizitieren und Installieren 59
   b) Ein Gegenbeispiel: Der Ansatz von David Grove 61
3. Arten von Fragen 62
   a) Entscheidbare und unentscheidbare Fragen 63
   b) Virtuelle, strategische und konkrete Fragen 65
4. Grundlagen des Miteinanderseins 67
   a) Kontext, Situation und Absicht 67
   b) Die Mitteilung, die Anfrage und die dialogische Frage 70
   c) Wollen, Entschiedenheit, Entschluß und die Entscheidungsfrage 73

Teil 2: Neurolinguistisches Programmieren (NLP) 79

A. Grundannahmen und Fragen im NLP 81
I. Grundannahmen und zentrale Metaphern 81
1. Erkenntnistheoretische Grundlagen 81
2. Wie bilden Menschen „Landkarten"? 82

3. Der Problem-Lösungs-Raum und die Computer-Metapher 87
4. Die Therapeuten-Klienten-Beziehung und die Metapher des „weisen Unbewußten" 94
5. Zusammenfassender Vergleich 97
II. **Fragen im NLP** 99
1. Problem- und zielorientierte Fragen 99
2. VAKOG-Fragen 102
3. Fragen, die keine sind: Hypnotische Fragen 105

B. *Das Meta-Modell der Sprache* 109
I. **Die Anwendung des Meta-Modells** 111
1. Meta-Modell-Verletzungen und Fragen des Meta-Modells 111
2. Anwendungsgebiete des Meta-Modells 114
3. Wann frage ich was? 118
4. Sei kein Meta-Monster! 121
5. Bewertung 122
II. **Die Theorie des Meta-Modells** 123
1. Therapeutische und sprachliche Vorannahmen 123
2. Das Modell der Transformationsgrammatik 125
3. „Zurück zur Datenbasis" oder „induktives Schlußfolgern"? 130
4. Elizitieren und Installieren mit dem Meta-Modell 132
III. **Kritische Würdigung des Meta-Modells der Sprache** 135

C. *Erweiterungen des Fragens im NLP* 137
I. **Der Ansatz von Chong & Chong** 137
1. Das Modifizierte Meta-Modell (MMM) 137
2. Das No-Y-ian-Modell und der Blame-Frame 142
3. Das Informationssammlungs-Modul 148
4. Fallbeispiele 149
II. **Der Ansatz von Chris Hall** 153
1. Sprache der Veränderung 153
2. Probleme sind Pseudoprobleme 154
3. Der Weg vom Problem zur Lösung 157
4. Die Fragestrategie im Überblick 164
5. Die innere Haltung beim Befragen 164
III. **Die fragezentrierte Therapie von Marilee Goldberg** 166
1. Das Choice-Modell 166
2. Vorgehen 167
3. Fallbeispiel 168
4. Einschätzung 170
IV. **Der Diamond** 171
1. Das Anliegen der Polykontexturalen Logik (PKL) 171
2. Die Diamond-Fragetechnik 173
3. Fallbeispiel 175
4. Diamond und kartesische Logik 179

Teil 3: Weitere Fragemethoden 183

A. *Der Ansatz des BFTC* 185
I. **„Therapie der Lösung"** 185
1. Was ist ein Problem? Was ist eine Lösung? 187
2. Der Weg vom Problem zur Lösung 189

II. Vorannahmen und therapeutische Haltung 191
1. „Sprache ist alles, womit wir uns beschäftigen müssen" 191
2. Der positive Fokus 192
3. Expertentum und Ressourcen von Klienten 193
4. Systemische Grundannahmen 194
5. Fallbeispiel 195

III. Setting und Ablauf 197

IV. Anwendung der Fragestrategie 201
1. Strategisches Vorgehen 201
2. Elizitieren und Installieren 202
3. Sonderfälle des lösungsorientierten Ansatzes 208

V. Fragen im Ansatz des BFTC 210
1. Fragekategorien 210
2. Fragen bezogen auf Klientetypen 212

B. Systemische (Familien-)Therapie 213

I. Einführung 213
1. Die systemische Sichtweise der Zirkularität: 1+1 = 3 213
2. Zirkuläres Fragen als Umsetzung systemischen Denkens 214

II. Philosophischer Hintergrund 218
1. Von der Kybernetik zur systemischen Therapie der Kybernetik 1. Ordnung 218
   Exkurs: Das Vorgehen der Mailänder Gruppe 219
2. Von der Kybernetik 1. Ordnung zur Kybernetik 2. Ordnung 221
3. Ablauf und Setting des systemischen Interviews 222

III. Vorannahmen über den Problem-Lösungs-Raum 224
1. Was ist ein Problem? 224
2. Ohne Ziel geht es nicht 225
3. Der Weg zur Lösung 227

IV. Therapeutische Grundhaltungen 229
1. Das systemische Interview als Intervention 229
2. Hypothesenbildung 230
3. Die strategische Grundhaltung: Elizitieren und Installieren 231
4. Neutralität 232
5. Zirkularität statt Emotionalität 234

V. Fragen in der systemischen Therapie 237
1. Kategorisierung nach von Schlippe 237
2. Kategorisierung nach Tomm 238
3. Vor- und Nachteile zirkulärer Fragen 239

C. Die Rational-Emotive Therapie (RET) 241

I. Rational-Emotive Therapie (RET) und Verhaltenstherapie (VT) 241
II. Allgemeine Beschreibung der RET 243
III. Die wissenschaftliche Grundlage der RET 245
IV. Vorannahmen 246
1. Rationale und irrationale Überzeugungen 247
2. Was versteht man unter einem Problem? 249
3. Vorannahmen über Gefühle 252
4. Vom Problem zur Lösung 252

V. Ablaufschritt 1: Die ABCs feststellen 255
1. Die ABCs 255
2. Elizitieren und Installieren 255

VI. Die therapeutische Haltung beim Befragen 259
1. Die aktiv-direktive Haltung 259
2. Spiegeln und das Testen von Hypothesen 259
3. Umgang mit Klienten im Widerstand 262

VII. Ablaufschritt 2: Die Disputation der ABCs 265
1. Disputationsstrategien 266
2. Der Ablauf der kognitiven Disputation 267

VIII. Fragekategorien 272
1. RET-Fragen im Rahmen der VT 272
2. Hauptfragekategorien der Disputation 273
3. Prinzipien beim Befragen 275

D. Die Gesprächspsychotherapie 277

I. Einführung 277

II. Grundhaltungen der GT 279
1. Philosophische Grundhaltung 279
2. Entwicklungsphasen 279
3. Grundlegende Begriffe in der GT 280

III. Ziele und Grenzen der GT 281
1. Ziele im therapeutischen Prozeß 281
2. Bedingungen und Grenzen der Anwendung 284

IV. Der Problem-Lösungs-Raum 286
1. Was ist ein Problem? 286
2. Wie geschieht Heilung? 286

V. Die Gesprächsführungsstrategie 288
1. Gesprächsführung nach Rogers 288
2. Neuere Ansätze der Gesprächsführung 289

E. Die Idiolektik 292

I. Therapie der „Eigensprache" 292
1. Was ist Idiolektik? 292
2. Anwendungsschwerpunkte und Grenzen der Idiolektik 293

II. Biologische Grundlegung der Psychotherapie 294
1. Der biologische Nutzwert von Symptomen 295
2. Das Triebkonzept 296
3. Fallbeispiel „Hypochonderin" 297

III. Eigensprache 301
1. Eigensprache und Problembegriff 301
2. Das „Plaudern" in der Eigensprache 302
3. Wie(so) wirkt Eigensprache? 304
4. Der Zusammenhang zwischen Sprache und Emotionen 305

IV. Der Weg zur Lösung 307
1. Idiolektische Vorannahmen 307
2. Das phylogenetisch-psychiatrische Weltbild von A.D. Jonas 311
3. Ressourcenaktivierung 316

V. Fragearten in der idiolektischen Gesprächsführung 319

Teil 4: Vergleichende Betrachtung 321

I. Die Therapiemethoden im Vergleich 321
1. Das Konzept der Wirkfaktoren nach Grawe 322

2. Der Problem-Lösungs-Raum 331
3. Die Therapeuten-Klienten-Beziehung 347

II. Die Fragestrategien im Vergleich 360
1. Verstehensvoraussetzungen und Kohärenz im Gespräch 361
2. Fragerichtungen 363
3. Hypothesenbildung 373
4. Die Veränderungswilligkeit des Klienten 386

III. Schlußfolgerungen 393
1. Eine Frage ist eine Frage ist eine Frage 393
2. Individuum und therapeutische Metatheorien 397
3. Relevante Daten therapeutischer Veränderung 398

IV. Entwurf einer übergeordneten Fragestrategie 401
1. Die übergeordnete Fragestrategie im Überblick 402
2. Therapierelevante Muster 406
3. Kernanliegen des Klienten verstehen 412
4. Dekonstruktion des Rahmens 412
5. Problem-Löungs-Klassen 414
6. Die geeignete Fragemethode 418
7. Fazit 422

Teil 5: Übungen und mehr 425

I. Vorbemerkung 425

II. Übungen im NLP 426
1. Grundübungen des Meta-Modells 426
2. Fortgeschrittene Anwendungen des Meta-Modells 428
3. Virtuelle Fragen im NLP 432

III. Grundübungen in der RET 434
1. Gefühle und Gedanken unterscheiden 434
2. Irrationale in rationale Überzeugungen umwandeln 436
3. Die rationale Selbstanalyse (RSA) 439
4. Übungen zur praktischen Arbeit mit Klienten 441

IV. Grundübungen zum Ansatz des BFTC 443
1. Die Ablaufschritte des Ansatzes 443
2. Die Verinnerlichung der therapeutischen Haltung 445
3. Übungen zur praktischen Arbeit mit Klienten 446

V. Grundübungen zur Idiolektik 448
1. Absichtslosigkeit einüben 448
2. Ressourcenorientiertes Fragen 449

VI. Grundübungen in der systemischen Therapie 450
1. Zirkuläres Fragen 450
2. Die Beobachter-Perspektive 450
3. Strategische Fragen 451

Anhang 453
Anhang 1: NLP-Präsuppositionen 453
Anhang 2: Das Fallbeispiel von Ralph 454
Anhang 3: Submodalitäten 457
Anhang 4: Dr. Rudolf Kaehr: „Wunderfrage und Skalierung im Logozentrismus verstrickt?" 459

Anmerkungen 474
Literatur 493
Personenverzeichnis 497
Stichwortverzeichnis 499

Danksagung

Das Schreiben dieses Buches hat vier Jahre in Anspruch genommen. In dieser Zeit haben wir von unterschiedlichsten Menschen Anregungen bzw. Unterstützung erhalten. Besonders hervorheben möchte ich Clemens Baumeister, der durch seine freundliche und hartnäckige Kritik und ebenso viele Vorschläge zu deren Überwindung zur Klärung so mancher ungelöster Frage beigetragen hat. Des weiteren möchten wir Matthias Hohnrath und Dr. Horst Poimann dafür danken, daß sie uns ein tiefergehendes Verständnis der bis heute wenig verbreiteten Idiolektik vermittelt haben. Karin Duda-Kirchhoff möchte ich für die anregenden Diskussionen über die Gesprächspsychotherapie nach Rogers herzlich danken.

Wir glauben, die Mühe hat sich gelohnt!

Einleitung

1. Magie der Veränderung – Magie des Fragens

Daß ein Buch, das den Anspruch hat, einen Beitrag zur Integration psychotherapeutischer Fragemethoden zu leisten, den Titel „Magie des Fragens" trägt, könnte als paradox erscheinen, sollte sich die Psychotherapie als Teildisziplin der Wissenschaft „Psychologie" doch eher dem wissenschaftlichen Dogma verpflichtet fühlen. Magie hingegen ist die Lehre der Zauberer, und magische Praktiken sind solche, mit denen der Mensch seinen Willen auf die Umwelt übertragen will, wobei die kausalen Verknüpfungen zwischen Handeln und Erfolg nicht unbedingt mit dem naturwissenschaftlichen Weltbild übereinstimmen[1]. Oder wie die Figur des Haddo im Roman von W. Somerset Maugham sagt: Magie ist „die Kunst, sich unsichtbarer Mittel zu bedienen, um sichtbare Wirkungen zu erzielen"[2]. Dabei spielen Worte (Zaubersprüche) eine sehr wichtige Rolle. Als derart „magisch" können auch bestimmte Erfolge in der Psychotherapie empfunden werden, die als „talking cure" ebenfalls mit Worten zu „zaubern" vermag.

NLP nahm Mitte der 70er Jahre seinen Anfang als ein Versuch, darzustellen, wie die unglaublichen Erfolge der Psychotherapeuten Fritz Perls, Virginia Satir und Milton Erickson zustande kamen. Bandler und Grinder nannten sie aus diesem Grund „therapeutische ‚Hexenmeister'"[3]. Diese beschäftigten sich mit der Frage, wie man Menschen darin unterstützen kann, sich schnell und zielgerichtet zu verändern. Daß sie dieses Handwerk beherrschten, bewiesen sie in zahlreichen Fällen, indem sie Klienten – manchmal in wenigen Stunden – halfen, sich zu verändern, zu einer Zeit, als der Begriff Kurzzeittherapie eben erst in Umlauf kam.

Stellvertretend für viele solcher ans Magische grenzenden Beispiele kurzzeittherapeutischer Behandlungen von Milton Erickson soll hier das folgende Beispiel wiedergegeben werden[4]:

Ein Alkoholiker kam zu mir und sagte: „Die Eltern meiner beiden Eltern waren Alkoholiker. Meine Eltern waren Alkoholiker. Die Eltern meiner Frau waren Alkoholiker. Meine Frau ist Alkoholikerin, und ich war schon elfmal im Delirium tremens. Ich habe es satt, Alkoholiker zu sein. Mein Bruder ist auch Alkoholiker. Hier haben Sie also einen verdammt schwierigen Job. Was, glauben Sie, können Sie tun?"

Ich fragte ihn nach seinem Beruf. „Wenn ich nüchtern bin, arbeite ich für eine Zeitung. Dort gehört Alkohol zu den Berufsrisiken." Ich sagte: „Sie wollen also, daß ich etwas dagegen unternehme, bei dieser Vorgeschichte! Das, was ich Ihnen vorschlagen werde, wird Ihnen vermutlich nicht als das Richtige erscheinen. Gehen Sie in den Botanischen Garten. Sehen Sie sich alle Kakteen dort an und bestaunen Sie die Kakteen, die drei Jahre ohne Wasser überleben können, ohne Regen. Und denken Sie mal gut nach."

Viele Jahre später kam eine junge Frau zu mir und sagte: „Dr. Erickson, Sie kannten mich, als ich drei Jahre alt war. Mit drei Jahren zog ich nach Kalifornien. Jetzt bin ich in Phoenix und wollte einmal sehen, was Sie für ein Mensch sind, wie Sie aussehen." Ich sagte: „Sehen Sie gut hin, und ich bin sehr neugierig zu wissen, warum Sie mich ansehen wollen." Sie sagte: „Ich möchte mir den Menschen ansehen, der einen Alkoholiker in den Botanischen Garten schickt, damit er sich dort umsieht und lernt, wie man ohne Alkohol auskommt, und bei dem das auch funktioniert. Meine Mutter und mein Vater sind seit damals trocken." „Was macht Ihr Vater jetzt?" „Er arbeitet für eine Zeitschrift. Er hat die Arbeit bei der Tageszeitung aufgegeben. Er sagt, dort sei der Alkoholismus ein ständiges Berufsrisiko."

Bei diesem Fall scheint es sich in der Tat um eine magische Heilung zu handeln. Besaß Erickson übersinnliche Fähigkeiten? War er ein ‚Magier'? – Erickson selbst führte seine Erfolge darauf zurück, daß er seine Klienten genau beobachtete, deren individuelle Potentiale und Möglichkeiten einschätzte und daraus das Behandlungskonzept entwickelte. Was er im obigen Fall im Klienten ‚gesehen' hatte, als er ihn die Kakteen betrachten ließ, ist nicht überliefert. Erickson fügt der Geschichte lediglich folgenden Kommentar hinzu:

„Du kannst natürlich deine Lehrbuchweisheit benutzen. Heute nimmst du dir dies daraus, morgen jenes. In den Büchern steht, wie man das macht. Aber eigentlich solltest du deinen Patienten ansehen, um herauszufinden, was für eine Person er oder sie ist, und dann den Patienten auf die Art behandeln, die zu seinem oder ihrem Problem paßt, zu seinem oder ihrem einzigartigen Problem."

Wir haben uns aus mehreren Gründen entschlossen, dieses Buch *Die Magie des Fragens* zu nennen. Wie Bandler und Grinder sind wir der Ansicht, daß die „Magie" von Therapeuten wie Erickson oder Satir eine Struktur hat und daß diese Magie verstehbar und lehrbar ist. Das bezieht sich auch auf die Art des therapeutischen Befragens. Wir teilen allerdings nicht die Vorannahme, daß mit dem Meta-Modell des NLP das Territorium der Magie des Fragens auch nur annähernd abgesteckt sei. Es bietet gute Möglichkeiten, Klienten zu befragen, aber in den letzten 25 Jahren sind viele weitere Fragemethoden entwickelt worden, die ebenso erfolgreich sind.

Warum ist (therapeutisches) Fragen bei der Veränderungsarbeit so wichtig? – Diese Frage berührt das zentrale Anliegen dieses Buches, das aus unserem Staunen über das entstanden ist, was in gelungener therapeutischer Kommunikation immer wieder als Heilung möglich wird. Mit diesem Buch möchten wir dazu beitragen, dem ursprünglichen Anspruch von Bandler und Grinder näherzukommen, nämlich die Magie des Fragens in ihrer Grundstruktur erlern- und lehrbar zu machen. Dabei soll auch auf Aspekte eingegangen werden, die die Begründer des NLP vernachlässigten: zum Beispiel auf die Frage, wie Therapeuten dazu kommen, ihren Klienten gerade diese Fragen zu stellen. So wollen wir in diesem Buch den Prozeß der Strategie- und Hypothesenbildung in den einzelnen Fragemethoden sichtbar machen.

Auch außerhalb der Psychotherapie ist gelungenes Befragen wichtig. Dies gilt für Coaching, Beratung und Verkauf, wo der Satz gilt: Wer fragt, der führt. Im Verkauf geht es darum, die Bedürfnisse des Kunden zu verstehen und die eigene Argumentation daran anzupassen. Erfolgreiches Coaching erfordert es, nachzufragen, was der Befragte erreichen möchte. In der Therapie geht es in der Regel darum, Menschen zu helfen, sich so zu verändern, daß sie mit ihrem Leben besser zurechtkommen. All dies setzt voraus, daß Therapeuten, Coaches, Berater, Verkäufer etc. verstehen, was Kunden bzw. Klienten wollen bzw. was deren Probleme sind. Da wir das Modell der Welt des anderen nicht als bekannt voraussetzen können, ist ein Verstehen nur möglich, wenn wir dieses Modell erfragend elizitieren. Erfolgreiche Veränderungsarbeit ist in der Regel nur möglich, wenn die andere Person bis zu einem gewissen Grad verstanden wird[5]. Aus diesem Grunde haben die verschiedenen Therapie-, Coaching- und Verkaufsmethoden immer großen Wert auf Fragetechniken gelegt.

Besonders in den modernen Kurzzeittherapien (KZT) spielen Fragen eine entscheidende Rolle beim Erreichen therapeutischer Veränderungen. Dabei ist es wichtig, den Zusammenhang zwischen theoretischem Überbau und der Art der Befragung zu erkennen. Beides hängt eng miteinander zusammen; in extremen Fällen kann der therapeutische Ansatz mit der Befragungsmethode identisch sein, wie dies beim Ansatz des BFTC der Fall ist. Aus diesem Grund schließt die Betrachtung der Fragen die gesamte therapeutische Methode ein.

Um die Fragemethoden[6] erlernen zu können, benötigen Profikommunikatoren wie Coaches[7] und Therapeuten, neben der praktischen Übung, ein fundiertes Wissen, mit welchen Mitteln sie welche Wirkungen erzielen können. Die Antworten, die wir in diesem Buch gefunden haben, basieren auf Ergebnissen der Theorieforschung, eigenen Erfahrungen sowie den Erfahrungen anderer Therapeuten und Berater, die sich unter anderem in den vielen Transkriptbeispielen wiederfinden, die das Buch beinhaltet. Dabei ist es befriedigend zu sehen, daß unsere persönlichen Erfahrungen durch die Psychotherapieforschung weitgehend bestätigt werden.

Im Zentrum unserer Überlegungen stehen Fragen wie die folgenden: Wie kommen Veränderungen zustande? Wie kann ich durch die Art der Befragung gezielt Veränderungen in eine bestimmte Richtung beim Klienten fördern? Welche Fragen helfen unter welchen Bedingungen, konstruktive Veränderungen zu fördern? – Auf diese Fragen gibt es viele Antworten in Form von unterschiedlichen Ansätzen und Fragemethoden, die in diesem Buch betrachtet werden, um Therapeuten mehr Wahlmöglichkeiten zu verschaffen, im Hinblick darauf, solche Veränderungen herbeizuführen. Denn: „Jeder Therapeut, der methodenorientiert arbeitet, hat de facto patientenunabhängig bereits Vorentscheidungen darüber getroffen, wie er die Patienten, die zu ihm in die Therapie kommen, schließlich behandeln wird. Ein großer Teil der Indikationsstellung und Therapieplanung erfolgt bei ihm also nicht patientenorientiert. Damit wird zwangsläufig ein erheblicher Teil der an und für sich bestehenden therapeutischen Möglichkeiten für den jeweiligen Patienten von ihm nicht nur nicht ausgeschöpft, sondern nicht einmal in Betracht gezogen[8]".

Mit Welter-Enderlin[9] könnten wir sagen, daß therapeutisches Wissen nicht einfach auf einen spezifischen Fall angewandt werden kann, sondern daß es dabei einer „Transformation in praktische Urteilskraft" bedarf. Mit Erickson wollen wir anfügen, daß Therapeuten noch eine dritte Voraussetzung erfüllen sollten, um Veränderungen herbeizuführen: Sie benötigen ein Höchstmaß an Flexibilität und kommunikativen Fähigkeiten, um das Methodenwissen (z.B. Interventionen) anzuwenden.

In diesem Buch geht es darum, ein erweitertes therapeutisches Wissen zu erwerben. Insbesondere geht es darum, wie therapeutische Veränderungen durch die Art des Fragens und Befragens bewirkt werden können. Dazu werden dem Leser eine Vielzahl von therapeutischen Methoden nahegebracht, die mit unterschiedlichen Vorannahmen, Fragetechniken etc. arbeiten, so daß der Leser auf möglichst vielfältige Weise lernt, auf individuelle Unterschiede von Klienten einzugehen.

Wenn wir in diesem Buch der Frage nachgehen, wie man zielgerichtete Veränderungen von Klienten unterstützen kann, dann wollen und können wir keine Patentrezepte geben, wie der Lösungsweg bei dieser oder jener Symptomatik aussehen sollte. Ein Vergleich mag dies verdeutlichen: Eine Frau will ein Kostüm kaufen, um auf einen Festball zu gehen. Da sie sich mit Fragen der Mode nie sonderlich beschäftigt hat, geht sie in ein Fachgeschäft, um sich beraten zu lassen. Wer das Kleid schließlich aussucht, kann vorher nicht bestimmt werden. Manche Frauen werden den Ratschlägen der Verkäuferin sofort zustimmen, andere werden doch eher nach ihrem eigenen Urteil entscheiden, bei vielen wird es eine Mischung geben. Die Güte der Beratung wird davon abhängen, inwieweit es der Verkäuferin gelingt, mit der Kundin zusammen ein Kleid auszuwählen, das ihr gefällt und das voraussichtlich auch in dem Rahmen gefällt, in dem die Kundin das Kostüm tragen möchte. Auch in diesem Fall ergänzen sich die fachliche und beraterische Kompetenz der Verkäuferin mit den individuellen Vorlieben der Kundin.

Die Frage, wie Veränderungen zustande kommen, läßt sich also nicht allgemeingültig beantworten, sondern lediglich mit allgemeinen Prinzipien, so daß für die folgenden Fragen höchstens Tendenzen formuliert werden können:

➤ Wie kommt es, daß bei vielen Klienten Veränderungen schon in der ersten Sitzung eintreten?
➤ Wieso geschehen bei einigen Klienten überhaupt keine Veränderungen?
➤ Wieso geschehen bei manchen Klienten ganz plötzliche Veränderungen, nachdem es viele Sitzungen lang so ausgesehen hatte, als wäre die Therapie hoffnungslos?
➤ Wie geht man mit besonderen Gewohnheiten von Klienten um?

Obwohl die Ergebnisse des Buches zum Teil durch die Psychotherapieforschung gestützt werden, soll hier klar gesagt werden, daß unseres Erachtens der wissenschaftlichen Forschung bei weitem nicht alles zugänglich ist, was Menschen zu guten Kommunikatoren bzw. Therapeuten macht. Das, was als Intuition bekannt ist, entzieht sich bis zu einem gewissen Grad der wissenschaftlichen Forschung. Gereift durch Erfahrung macht es vielleicht das aus, was als Magie bezeichnet werden kann.

Aber noch ein weiterer Grund läßt uns daran zweifeln, daß die Psychotherapie sich im Rahmen der Naturwissenschaft hinlänglich erforschen läßt. Dies soll nun diskutiert werden.

2. Psychotherapie – Wissenschaft oder Handwerk?

Ein typisches Beispiel für eine unwissenschaftliche Psychotherapiemethode ist das NLP, und ein nicht unerheblicher Teil der Vorbehalte gegen NLP in akademischen Kreisen läßt sich darauf zurückführen, daß man sich dort, was naheliegend ist, mit dem theoretischen Überbau des NLP mehr beschäftigt hat als mit der konkreten Anwendung der Techniken. Dieser Überbau wurde dann als simplizistisch, reduktionistisch und mechanistisch kritisiert. Die Teilnehmer an Ausbildungskursen hingegen waren vorwiegend von der Effektivität und der Schnelligkeit der jeweiligen Veränderungstechnologien beeindruckt und sahen für sich Möglichkeiten, viel schneller als mit anderen Verfahren limitierende Bewußtseins- und Erlebniszustände zu verändern. Diese Teilnehmer wiederum waren an metatheoretischen Reflexionen kaum bis gar nicht interessiert. So läßt sich auch erklären, daß bis zum heutigen Tag von führenden NLP-Trainern zum Teil sachlich haarsträubend falsche Behauptungen verbreitet werden können, ohne daß ihnen die entsprechenden Fachleute in den Seminaren auch nur widersprechen würden. Ein Beispiel dafür wären die von Robert Dilts behaupteten Zusammenhänge zwischen seinem Modell der logischen Ebenen und entsprechenden Ebenen im zentralen Nervensystem und im Gehirn. Obwohl in seinen Seminaren viele Menschen aus heilenden Berufen (zum Beispiel Ärzte) anwesend sind, finden keine Diskussionen über die dort gemachten Behauptungen statt. Auch hier ist man mehr an der praktischen Applikation und Nützlichkeit des Modells als an irgendwelchen für die therapeutische Praxis unwesentlichen Bezügen zur Neurophysiologie, Neuroanatomie etc. interessiert. NLP ist ein Beispiel dafür, daß etwas funktionieren kann, auch wenn uns keine wissenschaftliche Begründung dafür vorliegt.

Mit „wissenschaftlich" ist in diesem Zusammenhang das methodische Vorgehen der Naturwissenschaften gemeint. Dieses ist gekennzeichnet durch ein gesichertes, in einen Begründungszusammenhang von Sätzen gestelltes und damit intersubjektiv kommunizierbares und nachprüfbares Wissen, das bestimmten Kriterien (z.B. Allgemeingültigkeit, Systematisierbarkeit) folgt. Die wissenschaftliche Methode folgt den Ablaufschritten Beobachtung, Hypothesenbildung, Experiment und Theoriebildung. Die Psychologie und Psychotherapie haben es als Geisteswissenschaften mit Individuen zu tun, woraus verschiedene Schwierigkeiten resultieren, allgemeingültige Gesetzmäßigkeiten zu formulieren. Das größte Problem besteht darin, daß jeder Mensch in gewisser Beziehung einzigartig ist. Insofern stellt sich die Frage, inwieweit allgemeingültige wissenschaftliche Aussagen über das psychische Geschehen gemacht werden können. Aber auch die gegenteilige Frage wird gestellt:: Kann die Psychotherapie auf Dauer ohne eine wissenschaftlich fundierte, d.h. nach Wahrheitskriterien bemessene Vorstellung des psychischen Geschehens auskommen?

Grawe unterscheidet in der Psychotherapie grundsätzlich zwei Auffassungen[10]: Die eine Gruppe von Therapieforschern[11] und Therapeuten[12] vertritt die Auffassung, daß es vollständig von den Erwartungen des Klienten abhängt, was der Therapeut tun muß, um ihn zu nützlichen Veränderungen zu veranlassen. Hier ist alle Theorie belanglos. Allein die Frage, welches Behandlungsrationale für den Klienten den größten Überzeugungswert hat, ist wichtig. Eine solche Therapie wurde von Fish 1973 bereits in die Praxis umgesetzt. Er nennt sie Placebo-Therapie, weil er das Behandlungsritual ausschließlich danach ausrichtet, welche Überzeugungen und Ansichten der Klient bezüglich seines Problems hat. Die zweite Auffassung wird wahrscheinlich von der Mehrheit der Psychotherapeuten geteilt. Sie besagt, daß es so etwas wie wahre und falsche Auffassungen vom menschlichen Seelenleben geben muß. Wissenschaftliche Therapieforschung verfolgt also das Ziel, diese wahren Auffassungen herauszufinden und Therapeuten zu animieren, gemäß diesem Wissen vorzugehen.

Die Auffassung der Autoren liegt zwischen beiden Extremen. Das WIE der Veränderung sollte nicht bzw. nur zu einem geringen Teil entsprechend der jeweiligen therapeutischen Theorie festgelegt sein, sondern davon bestimmt werden, was der Klient braucht. Diese Frage sollte den Ausgangspunkt der therapeutischen Überlegungen bilden. Allerdings ist therapeutisches Wissen, vor allem bezogen auf das Prozeßgeschehen, hilfreich und notwendig, um entscheiden zu können, wie die gewünschten Veränderungen herbeigeführt werden können. Der Klient allein weiß es nicht, sonst wäre er nicht zum Therapeuten gekommen. Eine theoretische Reflexion dessen, was Therapeuten tun, ist somit unserer Auffassung nach notwendig, und wir schreiben dieses Buch mit dem Ziel, diejenigen Faktoren bewußtzumachen, die für therapeutische Veränderungen im wesentlichen verantwortlich sind – vor allem bezogen auf Fragetechniken.

Die Wirkprinzipien, die in diesem Buch erarbeitet worden sind, können dem Therapeuten als Anhaltspunkt dienen, in welche Richtung er unter welchen Bedingungen sinnvollerweise vorgehen kann bzw. sollte. Solche Bedingungen können z.B. sein:
a) Der Motivationszustand des Klienten: Inwieweit ist er bereit, eigene Einstellungen und Verhaltensweisen zu ändern. In diesem Zusammenhang mag es für den Therapeuten wichtig sein, Kriterien zu haben, wann er die Therapie abbrechen sollte.
b) Die Erwartungen des Klienten sind entscheidend für den Therapieerfolg. Diese können sich beziehen auf die Selbstwirksamkeitserwartung oder auf die Veränderbarkeit des Problems überhaupt.

c) Die Beziehung zwischen Therapeut und Klient.
d) Die Art des Problems.

Diese Art der Therapie setzt seitens des Therapeuten voraus, daß er flexibel diejenige innere Haltung einnehmen kann, die den Bedürfnissen der Klienten am besten gerecht wird. Das bedeutet u.U., daß der Therapeut den ideologischen Überbau, der durch die Therapiemethode vorgegeben ist, wechseln muß, um maximal auf die Bedürfnisse des Klienten einzugehen. Vgl. dazu im Teil 4 das Kapitel III.

Obwohl wir ein theoretisches Wissen für nützlich und sinnvoll halten, sehen wir Psychotherapeuten vor allem als Handwerker, als Praktiker. Psychotherapie ist im Kern ein Handwerk – keine Wissenschaft. Sie ist auch keine Technik im Sinne der durch die Naturwissenschaften angeleiteten Techniken wie Elektrotechnik, Ingenieurswesen etc. In diesen Techniken gibt es eine direkte Führungsrolle der Theorie. Die Theorie der Mechanik gibt dem Statiker die Formeln und Wirkmechanismen, nach denen er sich bei seinen Berechnungen richten muß. Die Elektrodynamik und die in ihr formulierten Gesetze wie das Ohmsche und das Kirchhoffsche Gesetz wirken für Fernsehtechniker unmittelbar handlungsleitend.

Im Gegensatz dazu fungieren die psychotherapeutischen Theorien (linguistischer, neurophysiologischer, stammesgeschichtlicher, philosophischer und systemtheoretischer Natur) eher motivierend, orientierend und ideenfördernd. Aus dem Verständnis eines theoretischen Bezugsrahmens heraus entwickeln Therapeuten Hypothesen darüber, was mit den Klienten los ist. Häufig wird sich daraufhin ein positiver Behandlungsverlauf einstellen. Aber das sollte niemanden veranlassen zu glauben, daß die von den Theorien postulierten Behauptungen „wahr" seien. Sie sind höchstens nützlich. Unter diesem Blickwinkel ist die erklärte Theoriefeindlichkeit von Bandler und Grinder verständlich, die therapeutische Theorien als ‚Psychotheologien' bezeichneten. Belegt wird diese Einstellung durch die Tatsache, daß die meisten psychotherapeutischen Methoden Erfolge aufweisen, obwohl sie in ihren Theorien in wesentlichen Punkten einander widersprechen.

Keine Psychotherapieform kann für sich beanspruchen, objektiv wahr zu sein. Die für die Veränderung relevanten Faktoren sind häufig völlig losgelöst von der Theorie der jeweiligen Methode. So lassen sich die konkreten therapeutischen Techniken, die aus den verschiedenen theoretischen Konzeptionen entstanden sind, auch nutzen, wenn man diesen Hintergrund nicht teilt, ihn gegebenenfalls sogar ablehnt. Daraus ergeben sich Konsequenzen, die traditionelle Annahmen über die Wirkweise von Psychotherapien grundlegend in Frage stellen.

Dieser Gedankengang soll anhand eines Beispiels verdeutlicht werden. Es betrifft die Vorannahme von Steve de Shazer: „Man kann den anderen nicht verstehen." Diese sprachpessimistische Position kann man in zwei verschiedenen Härtegraden verstehen: Erstens: Was der andere mit einem Satz, einem Wort etc. überhaupt meint, kann man prinzipiell nicht verstehen, da das subjektive Bedeutungserlebnis ein Phänomen der ersten Person Singular ist und bleibt. Jedes Nachfragen (Wie meinst du das?) führt nur zu neuen Worten, Gesten und Zeichen, deren subjektiver Bedeutungsgehalt mir nicht zugänglich ist. Zweitens: Die abgeschwächte Version gibt zu, daß man einen Satz wie: „Reiche mir bitte die Zuckerdose" dann verstanden hat, wenn man die Handlung ausführt, die die Sprecherin intendierte. Hingegen wäre eine Frage wie: „Liebst du deine Frau?" in diesem Sinne weder verstehbar noch beantwortbar, da es keine endliche Menge von Handlungen gibt, die die Bedeutung der Frage demonstrieren können.

In welchem Sinne Steve de Shazer meint, man könne den anderen nicht verstehen, ist aus seinen Texten nicht ersichtlich. – Klar ist allerdings, daß seine Skalierungsfragen die Absicht haben, das Verstehensproblem des zweiten Typs zu umgehen, indem aus der qualitativen Frage eine quantitative gemacht wird und das Qualitative des Quantitativen, d.h. das Was des Mehr oder Weniger, ganz im subjektiven Bedeutungsraum des anderen bleibt. Ein möglicher Wechsel des Was wird als solcher nicht thematisiert.

Beispiel: Der Therapeut fragt den Klienten, wie hoch sein Gefühl der Ängstlichkeit auf einer Skala von 0 bis 10 ist[13]. Damit wird so getan, als wenn sichergestellt wäre, daß die Qualität des Gefühls über die Skala erhalten bleibt. Schlägt bei 6 oder 7 das Gefühl in etwas anderes um, ist das genauso gut, allerdings auch unerheblich. Die Skala entlastet den Therapeuten vom Verstehen der subjektiven Befindlichkeit und quantifiziert und operationalisiert den Abstand zwischen Ausgangs- und Zielsituation.

Diese Operationalisierung hat sich in der Therapie sehr bewährt und wird von uns in verschiedenen Situationen genutzt, ohne daß wir die sprachpessimistische Position von Steve de Shazer, weder in der ersten noch in der zweiten Variante, teilen. Bei Steve de Shazer zeigt sich, ähnlich wie beim NLP und dessen wichtigster Fragemethode, dem Meta-Modell, daß zwischen dem therapeutischen Handwerkszeug und seinen philosophischen, linguistischen, metatherapeutischen usw. Begründungen sehr häufig ein Verhältnis der Äußerlichkeit besteht. Äußerlichkeit meint hier soviel wie Beliebigkeit, subjektiver Geschmack. Anders gesagt: Die therapeutischen Methoden sind nutzbringend anzuwenden, auch wenn man den legitimierenden Überbau nicht teilt oder kontrovers sieht. Diese Situation ist typisch für handwerkliches Wissen.

Dazu noch ein weiteres Beispiel: Seit Jahrtausenden backen Menschen Brot, und seit Jahrtausenden weiß man, daß, wenn man den Teig gehen läßt, dieser sich aufbläht. Erst seit einigen Jahrzehnten wissen wir, daß dieser Vorgang dadurch zustande kommt, daß dem Teig beim Kneten Hefepilze untergemengt wurden, die Kohlenhydrate (z.B. Zucker) fressen. Dadurch wird Wasser und Kohlendioxid freigesetzt, was bewirkt, daß der Teig aufschäumt. Wie immer sich unsere Vorfahren die Poren erklärt haben mögen, sie wußten noch nichts von Hefepilzen und Kohlendioxid. Auf die Frage allerdings, was man tun muß und wie man es tun muß, damit der Teig gelingt, wußten die Bäcker zu allen Zeiten eine Antwort zu geben, die wiederum je nach Brotsorte etwas anders ausfiel.

Für uns gibt es daher einen wesentlichen Unterschied zwischen einem Rechtfertigungsrahmen und einer Erklärung. Ein Rechtfertigungsrahmen entsteht immer dann, wenn wir auf die Frage „Warum?" keine Erklärung parat haben bzw. wenn wir das, was wir tun, im Rahmen unserer Weltanschauung, unserer philosophisch-religiösen Vorstellungen rechtfertigen wollen. Im Gegensatz dazu ist eine Erklärung in der Lage, verifizierbare respektive falsifizierbare Vorhersagen zu machen, die ohne diese Erklärung nicht möglich gewesen wären. Da die Psychotherapie weit davon entfernt ist, eine Wissenschaft zu sein, sondern in jeder Beziehung ein Handwerk darstellt und eine Kunst, rechtfertigt sich ihr Vorgehen unserer Meinung nach durch die Qualität ihrer Ergebnisse und nicht so sehr durch Theorien oder Weltanschauungen.

So kommt es, daß einige Richtungen der Psychotherapie ihre Interventionen am Erleben von Klienten ausrichten, andere am Tun und wieder andere das Ziel darin sehen, unbewußte Prozesse aufzudecken. Obwohl in den letzten Jahren die Tendenz zugenommen hat, zu einer Integration der Psychotherapien zu kommen, bleiben viele Therapeuten bei ihrer ursprünglichen Perspektive, der Methode, die sie ursprünglich gelernt hatten. Mit Grawe sind die Autoren der Ansicht[14], daß das Beharren auf einer bestimmten Perspektive auf bewußten oder unbewußten Vorstellungen bzw. Menschenbildern beruht, denen der jeweilige Therapeut folgt. Diese Menschenbilder enthalten Grundüberzeugungen darüber, was das Glück oder Unglück von Menschen ausmacht, worin die Ursachen von Problemen liegen etc. Mit diesem Buch wollen wir einen Beitrag dazu leisten, diese meist unbewußten Vorstellungen zu reflektieren und aufgrund dieses Prozesses die Möglichkeit zu haben, die Erkenntnisse anderer Psychotherapien in der eigenen Arbeit zu nutzen.

Die folgenden Seiten sind als ein Versuch zu lesen, die Karte des Territoriums therapeutischer Veränderung im allgemeinen und der Veränderung durch Fragen im besonderen um neue Kontinente zu erweitern. Die verschiedenen therapeutischen Fragetechniken können in diesem Sinne als regionale Karten verstanden werden und der Übergang von einer Fragemethode zu einer anderen als der Übergang von einem Kontinent in den anderen. Der Leser dieses Buches wird so die Erfahrung machen, wie es ist, aus dem Orbit einen Überblick über die Struktur und Topologie dieser Kontinente zu bekommen. Jeder dieser Kontinente verfügt über sein eigenes Glaubenssystem bezüglich dessen, was therapeutisches Fragen bedeutet, und über „rituelle" Praxen der Befragung. Diese regionalen Glaubenssysteme verlieren vom Orbit aus gesehen den aufdringlichen Anspruch, die einzig „wahre" Fragemethode zu sein, und es wird möglich, den Unterschied zwischen Entdeckungszusammenhang und Anwendungsform der jeweiligen Fragetechniken zu erkennen, was eine neue Souveränität und Gelassenheit im Umgang mit diesen Methoden ermöglicht.

3. Ziele und Grundthesen dieses Buches

Die wichtigsten Ziele und Grundannahmen, von denen wir in diesem Buch ausgehen, seien nun dargelegt.

Grundthesen bzgl. Befragen und Fragen

1. Es gibt kein unschuldiges Fragen. Ein Kernanliegen des Buches besteht darin, bei den Lesern das Problembewußtsein hinsichtlich der Tatsache zu schulen, daß jede Frage eine Elizitations- und eine Installationsfunktion hat (vgl. Teil 1, II.2).

2. Ein explizites Wissen über die Hypothesenbildung verbessert die Qualität des Interviews erheblich. Therapeuten sollten sich bewußt sein, nach welchen Kriterien sie entscheiden, wann sie welche Fragen stellen. Das schließt ein, zu wissen, welche Informationen relevant sind und welche nicht (vgl. Teil 1, I.1). Ohne gut fundierte Hypothesen wirkt Fragen wie ein zielloses Herumstochern und werden von Klienten mit einem Vertrauensverlust „bestraft". Hingegen führt hypothesengeleitetes Fragen dazu, daß man häufig schon nach fünf bis sechs Fragen am Kern des Problems ist.

3. Die Kenntnis einer breiten Palette von Fragetechniken gibt Therapeuten mehr Wahlmöglichkeiten, um angemessen im jeweiligen Kontext agieren und die Interventionsrichtung bestimmen zu können. Jeder Therapeut, Berater, Coach sollte diese Fragen beherrschen und wissen, in welchen Kontexten sie förderlich bzw. hinderlich sind.

Die Ziele dieses Buches

1. Dieses Buch versteht sich als Beitrag zur Integration der verschiedenen psychotherapeutischen Richtungen. Es möchte den Anwendern den Überblick[15] über verschiedene Fragemethoden in pragmatischer Absicht erleichtern. Was gibt es im Moment an effektiven Fragemethoden? Wie funktionieren sie? Wie und unter welchen Bedingungen sollte man sie nutzen?

2. Ein weiteres Ziel dieser Arbeit besteht darin, Kriterien zu entwickeln, wann es nützlich ist, diese oder jene Fragemethode anzuwenden bzw. diese oder jene Fragerichtung einzuschlagen. Dieses Ziel impliziert, daß man die Identifikation mit den Vorannahmen einer therapeutischen Fragetechnik aufgibt. D.h., die zum Teil sehr radikal formulierten therapietheoretischen Alleinvertretungsansprüche der verschiedenen Methoden werden von den Autoren nicht geteilt, ohne daß dadurch ihre Wertschätzung für diese Methoden, was ihre praktische Relevanz angeht, gemindert würde.

3. Es soll in Anlehnung und unter Rückgriff auf die Ergebnisse der Therapieforschung untersucht werden, welche Faktoren der Fragemethode welche Veränderungen bewirken. Dabei geht es nicht darum, eine dieser Methoden als besser oder schlechter zu denunzieren. Alle hier aufgeführten Fragetechniken haben ihren Wert und ihre spezifischen Limitationen. Es geht vielmehr darum, zu zeigen:
   - auf der Basis welcher Vorannahmen diese Methoden im einzelnen funktionieren,
   - was man mit ihnen gut bzw. weniger gut erfragen kann und
   - welche Einschränkungen man implizit in Kauf nimmt, wenn man die jeweilige Methode nutzt.

4. Dieses Buch soll einen Beitrag dazu leisten, die Magie des Fragens erlernbar zu machen. Dem praktisch orientierten Leser werden Übungsmöglichkeiten an die Hand gegeben, sich die Fragetechniken anzueignen. Durch viele konkrete Transkriptbeispiele hoffen wir, den Lesern ein tiefergehendes Verständnis der Fragemethoden vermitteln zu können.

Die aufgeführten Beispiele richten sich vorwiegend an Therapeuten. Diese Einschränkung ist aber in einem gewissen Sinne äußerlich, insofern die Methoden als Methoden leicht in einen anderen Kontext, wie zum Beispiel ein Verkaufsgespräch oder ein Beratungsgespräch, übertragen werden können. Für alle Fragetechniken gilt, daß sie mit Gewinn nur dann anwendbar sind, wenn vor dem Hintergrund des jeweiligen Gesprächsrahmens Fragen der jeweiligen Art vom Befragten als sinnvoll und akzeptabel verstanden werden. Sowohl der Therapie- als auch der Verkaufskontext eröffnet implizit die Möglichkeit, Fragen zu stellen, die man „normalerweise" in einem Konversationskontext nicht stellen würde bzw. dürfte. Nichtsdestotrotz ist es im Einzelfall notwendig, den Befragten um Erlaubnis zu bitten, ihm eine bestimmte Sorte von Fragen stellen zu dürfen. Auch dies gilt für alle Bereiche gleichermaßen. So wenig man im Alltag berechtigt ist, jemanden nach seinen Vermögensverhältnissen zu fragen, so wenig ist man gewöhnlich berechtigt, jemanden nach sexuellen Problemen in der Partnerschaft zu fragen. Aus diesen Gründen glauben wir, daß das Buch für die obengenannten Berufsgruppen in vergleichbarer Weise nützlich sein kann, auch wenn wir uns mit den Beispielen auf den Therapiekontext konzentriert haben.

4. Vorgehen

Wie oben aufgezeigt versteht sich dieses Buch als ein praktisches Buch, wobei jedoch auch die Vermittlung der theoretischen Hintergründe ihren Stellenwert hat. Seine Praktikabilität erhält es vor allem durch die Vielzahl von Beispielen, welche die theoretischen Aussagen unterlegen. Die Theorie findet sich vor allem im ersten Teil – aber nicht nur dort – wieder. Das Buch ist so geschrieben, daß der theoretisch Interessierte es von vorne bis hinten durchlesen kann. Für den theoretisch weniger Interessierten mag es angenehmer sein, den 1. Teil zu überschlagen und später notwendig werdende theoretische Erklärungen bei Bedarf an den entsprechenden Stellen nachzulesen.

Aus den verschiedenen Vergleichen zwischen den Methoden bezüglich der unterschiedlichsten Aspekte ergab sich leider hier und da eine gewisse Redundanz. Wir bitten die Leser, dies zu entschuldigen. Der Vorteil besteht darin, daß man sich jeden Aspekt auch gesondert ansehen kann, ohne daß es erforderlich ist, alle vorherigen Vergleiche auch schon gelesen zu haben.

Das Vorgehen gliedert sich wie folgt:

Der erste Teil befaßt sich mit den theoretischen Grundlagen der Philosophie, Psychotherapie, Sprache und des Fragens.

Im *ersten Abschnitt* werden grundlegende Begriffe erklärt. In diesem Abschnitt geht es auch darum, eine Grundlage dafür zu schaffen, die psychotherapeutischen Methoden philosophischen und erkenntnistheoretischen Grundrichtungen zuzuordnen. Letztere werden im Überblick zusammengefaßt. In diesem Zusammenhang werden auch einige grundlegende Einteilungen psychotherapeutischer Richtungen vorgenommen, auf die im vierten Teil des Buches näher eingegangen wird.

Im *zweiten Abschnitt* wenden wir uns dem Kernthema des Buches zu: Fragen. Diese werden zunächst allgemein, dann bezogen auf Psychotherapie behandelt.

Im **zweiten Teil** stellen wir ausführlich die Methode des Neurolinguistischen Programmierens (NLP) dar. Daß dem NLP ein ganzes Kapitel gewidmet wird, hat zwei Gründe: Zum einen ist NLP die therapeutische Heimat der Autoren. Zweitens suchte NLP in seiner ursprünglichen Intention undogmatisch nach allem, was geeignet ist, Veränderungen zu bewirken. Unser Anliegen ist es, Theorie und Praxis des NLP, soweit es auf Fragen bezogen ist, in umfassender Weise darzustellen und kritisch zu würdigen, was NLP im Bereich des Fragens leistet. Im letzten Abschnitt des zweiten Teils werden noch einige dem NLP nahestehende Weiterentwicklungen vorgestellt.

Im **dritten Teil** des Buches werden weitere therapeutische Fragemethoden dargestellt. Die Auswahl dieser Methoden erhebt keinerlei Anspruch auf Vollständigkeit. Bei der Auswahl kam es den Autoren vor allem auf das Kriterium an, daß Fragen in der jeweiligen therapeutischen Methode eine wichtige Rolle spielen. Eine Ausnahme hiervon stellt lediglich die Gesprächspsychotherapie (GT) dar, die (neben der RET) auch als einzige den zu Langzeittherapien zu zählen ist. Die psychotherapeutischen Methoden werden in diesem Teil von uns lediglich beschrieben und erst im 4. Teil bewertet.

Im **vierten Teil** werden anhand von Kriterien die Wirkungen, die das Befragen mit dieser bestimmten Methode auf den Klienten bzw. den Therapieerfolg hat, betrachtet. Dabei geht es nicht um die Frage: Welche

Fragemethode ist besser oder schlechter? Vielmehr geht es darum: Was bewirken welche Fragen unter welchen Vorannahmen? Und wann sollte man welche Fragen bzw. Fragemethoden einsetzen? Hier sollen gerade dem NLP-Therapeuten Vorschläge gemacht werden, wie er seine Flexibilität im Umgang mit Klienten erweitern kann, indem er die Vorteile und Möglichkeiten anderer Fragemethoden nutzt. Zudem hoffen wir, auch Therapeuten anderer Richtungen für den Reichtum und die vielfältigen Möglichkeiten des Befragens zu begeistern.

Zum Abschluß machen wir den Versuch, eine übergeordnete Fragestrategie zu entwickeln, die die Vorteile der diskutierten Methoden zusammenfaßt.

Der **fünfte Teil** schließlich gibt den Lesern Anregungen zum Erlernen dieser Fragemethoden. Hierbei beschränken wir uns (außer beim NLP) auf grundlegende Übungen. Was das NLP-Meta-Modell angeht, so werden dem Leser eine Vielzahl an Vertiefungen angeboten, die sich sowohl auf das Modell als solches beziehen als auch auf die Erweiterungen, die es durch Chong & Chong, Chris Hall und andere erfahren hat.

Teil 1: Theoretische Grundlagen[16]

I. Theoriebildung, Sprache und Philosophie in der Psychotherapie

1. Theoriebildung

Bevor wir in diesem Kapitel auf Fragen der Theoriebildung im Rahmen der Psychotherapie eingehen, halten wir es für sinnvoll, einige orientierende Bemerkungen über den Weg von der Moderne zur Postmoderne zu machen, denn dieser hatte auch einen nachhaltigen Einfluß auf die moderne Psychotherapie. Er macht auch verständlich, warum die Psychotherapie (im Gegensatz zu den Naturwissenschaften) so viele unterschiedliche, häufig einander widersprechende Theorien hervorgebracht hat. Der Exkurs in die Postmoderne wird auch helfen, den Abschnitt über die philosophischen und sprachtheoretischen Grundlagen besser zu verstehen, die in den darauffolgenden Kapiteln behandelt werden.

a) Postmoderne und Psychotherapie

Die Moderne zeichnet sich im wesentlichen dadurch aus, daß sie eine soziale Ausdifferenzierung der drei großen Bereiche Selbst, Kultur und Natur erreichte. Das, was in der griechischen Antike die Einheit des Schönen, Guten und Wahren war, wird in der Moderne die Trennung von subjektivem Geschmack, allgemeiner Ethik und Moral und objektiver Wahrheit in Form der Naturwissenschaft. Den drei Begriffen *Selbst, Kultur* und *Natur* können wir auch die Begriffe *Ich, Wir* und *Es* zuordnen.

Eine der großen Leistungen der Moderne besteht eben gerade darin, die drei Bereiche des Wir, Es und Selbst (subjektives Erleben) soweit voneinander differenziert zu haben, daß die Wissenschaft Ergebnisse bringen konnte, ohne daß Staat oder Kirche – was den Wahrheitsgehalt dieser Ergebnisse anging – das Recht hatten, sich einzumischen. Und die Befreiung des Individuums in der modernen Gesellschaft besteht gerade darin, daß es seinen eigenen Bereich, die Privatsphäre, das subjektive private Gewissen unabhängig von Vergesellschaftungsbedingungen haben und kultivieren darf.

In diesem Sinne kann das Projekt der Moderne als geglückt gelten. In allen modernen Industriegesellschaften ist diese Differenzierung gelungen. Das große Problem der Moderne scheint darin zu liegen, daß der Bereich des Es, der Bereich der objektiven Wahrheit, der Naturwissenschaft, durch seine überragenden Erfolge eine Form von Mächtigkeit, von Überlegenheit erreicht hat, in dem die Differenzierung in die Entfremdung und Fraktionierung umgeschlagen ist. Dieser Prozeß der „Entzauberung der Welt" (Weber), die dazu führte, daß der Mensch zu einem „eindimensionalen Menschen" (Marcuse) wurde, hat ein Unbehagen an der Moderne produziert, das sich im wesentlichen in drei großen Gegenbewegungen gegen die Moderne formiert hat. Bevor darauf eingegangen wird, sollen die Begriffe Ich – Es – Wir erklärt werden.

Im Bereich des *Wir* geht es um Kultur, um Ethik, um Moral, um allgemeine Regeln des Zusammenseins, also um Gesellschaft und Vergesellschaftung.

Im Bereich *Es* geht es um die Frage: Wie ist die Welt unabhängig von mir und dir objektiv gegeben? Dies war und ist das große Projekt der modernen Naturwissenschaft.

Im Bereich des *Selbst* geht es um die Individualität, die Eigenständigkeit – unter anderem um die Eigenständigkeit der eigenen Wert- und Geschmacksurteile. In der Terminologie des NLP bzw. der Psychotherapie ist die Rede vom subjektiven Erleben. Dieser Begriff soll nun erläutert werden, weil er das bezeichnet, worum es bei den meisten Therapiemethoden im Kern geht.

Exkurs: Subjektives Erleben
Die erkenntnistheoretische Grundsituation, von der zum Beispiel im NLP ausgegangen wird, läßt sich kurz wie folgt charakterisieren: Es gibt eine objektiv vorhandene Welt, die aber nur vermittels der fünf Sinne und unseres sprachlichen Vorverständnisses über komplexe Filterprozesse erfaßt werden kann. Das Erfaßte als Erlebtes wird das subjektive Erleben genannt. Das subjektive Erleben ist das, was im Bewußtseinsraum an Kognitionen, Empfindungen, Wahrnehmungen usw. auftaucht und somit auch vom Ich aus mitteilbar ist. Diese erkenntnistheoretische Situation, die im weitesten Sinne auf konstruktivistischen Vorannahmen und Vorgehensweisen beruht, ist als solche eingebunden in eine metaphysische Tradition der Trennung von Subjekt und Objekt[17] und hat die schwierige Arbeit eines Denkens des In-seins, des In-der-Welt-seins noch gar nicht begonnen[18].

NLP folgt, wie die meisten modernen psychotherapeutischen Ansätze, in ihrer Bewegungsrichtung der Bewegungsrichtung der Moderne; d.h. „herunter und nach vorn". Herunter vom Olymp ewiger unumstößlicher Wahrheiten, herunter in den Bereich des Empirisch-Konkreten. Nach vorne in Richtung Fortschritt, Verbesserung, Optimierung, weg vom rein kontemplativen Betrachten hin zum zielorientierten Verändern.

Die Bewegung des Hinein-in-die-Welt, in die nur schwer denkbare Form der Innerweltlichkeit, die konsequent jede metaphysische Subjekt-Objekt-Trennung unterläuft, steht der Psychotherapie als ganzer erst noch bevor. In diesem Sinne ist subjektives Erleben durchaus in der Kantischen Tradition von Apperzeption (Wahrnehmung) zu verstehen, ohne daß man sich gleich in solche gedanklichen Höhen wie den Begriff der transzendentalen Apperzeption vorwagt. Diese vermeintliche Bescheidenheit hat aber ihre Konsequenzen. Wenn jeder die Welt auf seine ganz individuelle Weise wahrnimmt (Jeder lebt in seinem Modell der Welt, die Landkarte ist nicht das Gebiet), dann ist die Frage: Wie ist Kommunikation, Verständigung möglich? letztendlich nicht zu beantworten. „Subjektives Erleben" bekommt hier leicht einen solipsistischen Einschlag, der sich allerdings im NLP nicht explizit entwickelt hat, der aber in anderen konstruktivistisch orientierten Therapiemethoden deutlich spürbar wird.

Gegenbewegungen zur Moderne

Der erste große Angriff auf die Moderne läßt sich als eine Form der *Retroromantik* charakterisieren. Das heißt, die rückwärtsgewandte romantische Verklärung früherer Formen menschlichen Daseins wird als Gegenentwurf gegen bürgerliche Entfremdung, Dissoziation und Fraktioniertheit in der Gesellschaft heraufbeschworen. Hier geht es um Schlagworte wie „Zurück zur Natur" und die Revolte gegen den Rationalismus. Der Menschentyp, der hier verehrt wird, ist der Held, der Künstler, das Genie. Hier geht es um große Gefühle, um Impulse gegen Rationalität und Entfremdung bis hin zur Verherrlichung des Kindlich-Naturhaften gegenüber dem Erwachsen-Rationalen. Solche Tendenzen finden wir heute unter anderem in der New-Age-Philosophie und New-Age-Psychotherapie sowie in verschiedenen Formen des Öko-Feminismus.

Auf der anderen Seite des Spektrums findet sich ein Versuch, den Atomismus und Reduktionismus der empirischen Wissenschaften durch einen *systemtheoretischen Holismus* zu überwinden. In diesem objektivistischen Holismus der Systemtheorie wird ein Begriff von Ganzheit entwickelt, der ganz im Es-Bereich bleibt, ganz im Objektiven.

Man geht hier von einem hierarchischen Naturkonzept aus, in dem die verschiedenen Komplexitätsebenen wie Atome, Moleküle, Zellen, Organe, Organsysteme, Organismen, Ökosphäre bis hoch zum Universum als ganzem als ein komplexes, sich entwickelndes, rückgekoppeltes System beschrieben werden. In diesem System allerdings befinden wir uns ganz im Äußeren, Objektiven, Raumhaften. Das heißt, hier gilt nur als real, was letztendlich materiell energetisch, raumzeitlich zu verorten ist. Werte, Ehre, Schönheit, Erleuchtung, Liebe, Intention, Geist, Spiritualität finden hier – wenn überhaupt – ihren Platz nur als Epiphänomen.

Statt mit diesen Kategorien des subjektiven Erlebens beschäftigt man sich lieber mit der Funktionsweise des Gehirns, mit Neurotransmittern, und glaubt, mit dem Hinweis darauf, daß jedes subjektive Erleben auch eine materielle Komponente hat, das Problem des Subjektiven, des Innerlichen, des Nicht-Objektiven, erledigt zu haben. Ein in diesem Punkt vergleichbarer Ansatz findet sich in der Psychotherapie in verschiedenen Formen der kybernetisch orientierten systemischen Familientherapie.

Die Postmoderne

Der heute in der Psychotherapie und in der Philosophie am stärksten wirksame Angriff gegen die Moderne ist das, was man allgemein die *Postmoderne* und den *Poststrukturalismus* nennt. Hier haben wir es mit Namen wie Nietzsche, Heidegger, Derrida, Bataille, Deleuze, Foucault, Lacan, Lyotard usw. zu tun. Der Schlachtruf, das Kampfwort des Poststrukturalismus und der Postmoderne lautet: **Interpretation**.

Im Gegensatz zur objektivistischen, empiristischen und reduktionistischen Naturwissenschaft, der es darum geht, herauszufinden, wie die Welt ist, geht es diesen Denkern im wesentlichen darum, zu verstehen, was die Welt für uns bedeutet. Eine rein naturwissenschaftliche Analyse – zum Beispiel des *Faust* von Goethe – würde bedeuten, das Buch empirisch zu untersuchen, wieviel es wiegt, wie viele Buchstaben darin enthalten sind, vielleicht wie viele Verben, welche Satzstruktur rein statistisch besonders häufig ist usw. Einem solchen Zugang würde sich aber die Bedeutung, die Intention dieses Werkes völlig entziehen.

Die naturwissenschaftliche Analyse eines Gesichtsausdrucks würde bedeuten, daß gefragt wird: Welche Muskeln sind wie angespannt, welche Stellung haben die Augen usw. Die Frage: Was bedeutet dieser Gesichtsausdruck, wie verstehe ich diesen Gesichtsausdruck, ist nur dialogisch, nicht monologisch zugänglich. Das heißt, all das, was im weitesten Sinne subjektiv ist, muß interpretiert werden und kann nicht durch eine reine Ist-Analyse dargestellt werden.

Da das Subjektive aber ein eigengesetzlicher Teil des Kosmos ist, gibt es keine Möglichkeit, das Subjektive letztendlich auf irgendeine Art und Weise auf einen objektiven Tatbestand zurückzuführen.

Die Postmoderne ist sich einig in ihrem Kampf gegen den Objektivismus, gegen den *Mythos des Gegebenen*, im Rahmen dessen das hermeneutische Moment jedes Weltverstehens geopfert wird.

Aus dieser grundsätzlichen Einsicht der postmodernen Denker ergeben sich drei wesentliche Aussagen, die diesen Denkern gemeinsam sind – drei wesentliche Positionen, die sie in ihren Werken auf die unterschiedlichste Art und Weise zu begründen und zu verteidigen versuchen:
1. Die Realität ist nicht einfach gegeben, sondern konstruiert (Konstruktivismus).
2. Jede Bedeutung ist kontextabhängig. Es gibt beliebig viele Kontexte. Es gibt keine Möglichkeit, den eigentlichen, wahren, wirklichen Kontext zu bestimmen (Kontextualismus).
3. Die Welt kann (und wird faktisch) von vielen Menschen aus vielen Perspektiven beschrieben werden und sieht aus jeder Perspektive anders aus. Es gibt keine eigentliche, richtige, wahre Perspektive. Daraus ergibt sich die Notwendigkeit einer Vermittlung der vielen Perspektiven (Multiperspektivismus).

Aus diesen drei Statements und der Grundaussage, daß es hier im wesentlichen um den Bereich des Interpretativen geht, ist klar, daß dieser Ansatz als ganzer für den Bereich der Psychotherapie thematisch relevant ist. Geht es der Postmoderne um die Frage, was uns die Welt bedeutet, so ist das zentrale Anliegen der Psychotherapie, welche Bedeutungsgebungen Menschen krank machen und wie man zu „gesunden" Bedeutungsgebungen gelangen kann. Das bringt uns zum Begriff der semantischen Reaktion.

Bedeutungsgebung und semantische Reaktion

Die moderne Psychotherapie ist sich darin einig, daß der Mensch ein Lebewesen ist, das die Möglichkeit hat, an Bedeutung zu erkranken. Wie ist das zu erklären? – Die Welt ist uns nie einfach nur gegeben, sondern alles Gegebene hat für uns einen Sinn, eine Bedeutung, die durch den Kontext und durch die Interpretation, durch unsere Perspektive konstruiert wird. Da es in den modernen Gesellschaften keinen allgemeinen Konsens darüber gibt, was etwas zu bedeuten hat, ist der moderne Mensch (anders als der mittelalterliche) in extremer Weise darauf angewiesen, seine eigenen Bedeutungen zu finden. Psychotherapie kann in diesem Sinne als Hilfe zur Findung bzw. Entwicklung neuer, besserer Bedeutungskonstruktionen verstanden werden. Sie ist gleichzeitig Kunst, Handwerk und Wissenschaft, die davon handelt, wie man Menschen helfen kann, von ungünstigen und krankmachenden Bedeutungskonstruktionen zu gesunden und befriedigenden Bedeutungskonstruktionen und Interpretationen überzugehen.

Für Menschen sind Bedeutungserlebnisse ganzkörperliche Ereignisse – sie führen, wie Korzybski sagt, zu einer „semantischen Reaktion". Diese ist definiert als die psychische Reaktion von Individuen auf Worte, Zeichen und Symbole im Zusammenhang mit der Bedeutung dieser Worte, Zeichen und Symbole, die einen ganzkörperlichen (Gefühls-)Zustand auslöst, der letztlich das Verhalten bestimmt.

Beispiel: Die einzige direkte Erfahrung, die ein Kind mit einem Hund gemacht hat, ist die, daß es von ihm gebissen wurde. Daraufhin hat es panische Angst vor Hunden: es gibt ihnen eine ganz andere Bedeutung als jemand es tun würde, der von frühester Kindheit an gerne mit Hunden gespielt hat.

Die semantische Reaktion liegt also im Individuum begründet, nicht im Wort „Hund". Dies korrespondiert mit der Vorannahme (zumindest im Falle der kognitiv orientierten psychotherapeutischen Ansätze[19]), daß die Rohdaten unserer Erfahrung durch Interpretationen von uns ständig mit Bedeutungen versehen werden. Worte und Sätze sind nur Signale (bzw. Labels) für das Nervensystem, darauf entsprechend zu reagieren. Derartige Interpretationen und Bedeutungsgebungen bezeichnet man im NLP als Glaubenssätze. Da dieser Begriff im weiteren Verlauf wichtig ist, soll auch er kurz erläutert werden.

Glaubenssätze

Im englischen Sprachraum gibt es die Unterscheidung von *belief* und *faith*, wobei *belief* Glauben im Sinne von nicht wissen, vermuten, annehmen im alltäglichen Sinne bedeutet. Beispiel: „Ich glaube, er wird heute nicht mehr anrufen."

Faith dagegen bezieht sich auf den religiösen Glauben im engeren Sinne, auf Gläubigkeit. Wenn wir im Text das Wort *Glaubenssatz* benutzen, meinen wir damit *belief*, das heißt: Annahmen, Überzeugungen, Vermutungen, häufig als Ersatz für Wissen. Da wir Menschen ständig Entscheidungen auf der Basis unzureichender Informationen treffen müssen, brauchen wir Glaubenssätze, die uns als Entscheidungshilfe dienen. Die Metapher von den drei blinden Männern, die zum ersten Mal mit einem Elefanten in Berührung kommen, zeigt, wie Menschen unterschiedliche Glaubenssätze (Bedeutungen) konstruieren. Der erste Mann untersucht das Ohr des Elefanten und sagt: „Er ist wie ein großer, glatter, gekrümmter Zylinder." Der zweite Mann, der am Rüssel steht, widerspricht: „Nein, nein, der Elefant ist wie ein haariges, langes Seil." Der dritte Mann steht am rechten Hinterbein und sagt: „Er ist massiv, groß und hart wie ein Stein."

Jeder der Männer hat recht, da der Elefant jede der erwähnten Eigenschaften besitzt. Da jeder einen anderen Teil des Elefanten untersucht hatte, konnte sich keiner der drei Männer ein Gesamtbild machen. Jeder der Männer konstruierte eine Vorstellung vom Elefanten, die auf seiner Erfahrung beruhte. Jedes dieser Konzepte kann ohne Widerspruch mit den beiden anderen Konzepten verbunden werden. Allerdings irrten die Männer in der Annahme, daß der Elefant ausschließlich der von ihnen entworfenen Vorstellung entspricht.

Glaubenssätze können sehr bewußt und durchreflektiert sein, wie zum Beispiel im Falle einer wissenschaftlichen Arbeitshypothese. Sie können aber auch vollkommen unbewußte Generalisierungen auf der Basis traumatischer Erfahrungen sein. Sie wirken wie Wahrnehmungsfilter, da sie die Tendenz haben, unsere Aufmerksamkeit auf das zu richten, was wir für glaubwürdig halten, und das unbeachtet zu lassen, was wir für unglaubwürdig halten. Dies ist auch der Grund, warum sie wie sich selbst erfüllende Prophezeiungen wirken können, da sie uns dazu bringen, uns so zu verhalten, daß das von uns Geglaubte auch tatsächlich eintrifft.

Probleme, die mit einschränkenden Glaubenssätzen bzw. Bedeutungskonstruktionen zusammenhängen, werden immer ganzkörperlich erlebt. D.h., ein Mensch hat zum Beispiel nicht einfach nur den Gedanken: „Ich bin nicht liebenswert", sondern die Bedeutung wird von der entsprechenden Person auch körperlich gespürt. Bei Bedeutungsproblemen[20] gibt es mindestens einen Persönlichkeitsanteil, der das symptomatische Verhalten für unsinnig hält – „Es ist Quatsch, daß ich das tue." Dies ist der Teil, der auf die Idee kommt, Therapie machen zu wollen. Außerdem gibt es bei diesem Problem auch einen oder mehrere Teile, die an die Realitätsangepaßtheit, d.h. die Richtigkeit, Angemessenheit der semantischen Reaktion glauben.

Beispiel: Jemand, der glaubt, daß er nicht liebenswert ist, wird höchstwahrscheinlich Beziehungsprobleme entwickeln. Würde die ganze Person kongruent glauben, daß sie nicht liebenswert ist, gäbe es keinen Grund, in Therapie zu gehen, da man sich nicht wundern müßte, daß man als Nicht-Liebenswerter nicht geliebt wird. Es wäre etwas, womit man sich abfindet, wie zum Beispiel mit Kleinwüchsigkeit, mit einer Glatze o.ä. Erst dadurch, daß es Teile der Persönlichkeit gibt, die ein anderes Selbstverständnis und andere Lebensmöglichkeiten für möglich halten, wird es überhaupt sinnvoll und verständlich, warum jemand sich in Therapie begibt. Bei derartigen Störungen geht es im wesentlichen darum, Menschen zu helfen, Ereignissen in ihrem Leben eine neue Bedeutung zu geben, ihnen zu helfen, sich und anderen gegenüber eine andere Haltung einzunehmen, so daß es keinen Grund mehr gibt, diese Symptome zu entwickeln.

Da Bedeutungserlebnisse bei einem Menschen nicht nur ein rein mentales Ereignis sind, sondern semantische Reaktionen darstellen, kann eine Veränderung der Bedeutung durch Uminterpretation zur Folge haben, daß auch sogenannte psychosomatische Leiden geheilt werden können. Dies macht das Reframing (Umdeuten) zu einem Leitprinzip der modernen Psychotherapie.

Konstruktivismus, Kontextualismus und Multiperspektivismus

Die wichtigen und richtigen Einsichten des postmodernen und poststrukturalistischen Denkens hatten an verschiedenen Stellen Übertreibungen im Gefolge, die zu berechtigter Kritik geführt haben. Diese Übertreibungen finden wir sowohl in der Philosophie und der postmodernen Linguistik als auch in deren Adaptionen in verschiedenen Formen der Psychotherapie.

Aus diesem Grund sollen die obengenannten drei Punkte näher erläutert und begründet werden. Des weiteren soll gezeigt werden, wie und wo sie übertrieben worden sind, wie und wo wir Spuren dieser Übertreibungen in der gegenwärtigen Psychotherapie finden und inwiefern wir diese Übertreibungen sinnvollerweise wieder rückgängig machen können. Darüber hinaus soll gezeigt werden, inwiefern derartige Übertreibungen lediglich eine Rolle in Vorworten, Nachworten und metatheoretischen Kommentaren spielen. Das heißt, sehr häufig ist es so, daß in der konkreten psychotherapeutischen Praxis die theoretischen, ideologischen Übertreibungen verschiedener Positionen praktisch kaum zum Tragen kommen. Und auch diese Differenz zwischen der handwerklichen Nützlichkeit verschiedener therapeutischer Verfahren und ihrer jeweiligen philosophischen und theoretischen Einordnung und Begründung scheint uns etwas zu sein, das für das Verständnis moderner Psychotherapie wesentlich ist.

Konstruktivismus[21]

Realität ist nicht einfach gegeben, sondern konstruiert. – Was ist damit gemeint?

Machen wir ein kleines Experiment: Während Sie dieses Buch lesen, können Sie sich Ihre Hand ansehen, und Sie werden an dieser Hand fünf Finger finden, die unterschiedlich lang sind. Die Frage, die wir uns jetzt stellen wollen, ist: Was an dieser Aussage ist gegeben, und was ist konstruiert?

Das Konzept der Zahl fünf ist etwas, was uns mit Sicherheit nicht im Äußeren gegeben ist – nirgendwo in der Welt da draußen gibt es die Zahl fünf. Des weiteren – wenn wir von dem Unterschied der Finger sprechen, können wir uns sofort fragen: „Wo ist der Unterschied als Unterschied?" Was wir sehen können, sind die Finger, wir können auch sehen, daß sie nicht die gleiche Länge haben, aber auf das Konzept des Unterschieds oder auch den Unterschied als Unterschied können wir nicht hinweisen als etwas Gegebenes, etwas, das es draußen in der Welt gibt.

Insofern ist die Aussage „Ich habe fünf unterschiedliche Finger" eine Mischung aus Wahrnehmung und Konstruktion durch den kategorialen Apparat, den ich an die Wahrnehmungen herantrage. Diese Einsicht ist uns spätestens seit Kants Kritik der reinen Vernunft geläufig.

Eine der standardmäßigen Übertreibungen im postmodernen Denken besteht jetzt darin, zu behaupten, daß es überhaupt keine Wahrnehmung gibt, sondern nur Interpretation, daß es überhaupt keine Realität gibt, die irgend etwas begründen könnte, sondern nur noch Interpretationen, denen jeglicher Objektivitätsanspruch abgeht.

Das heißt, so etwas wie Fortschritt der Wissenschaft, Fortschritt des Erkennens der Welt ist eine reine Illusion. Und das, was die Interpretationen letztendlich leitet, sind verschiedene Formen von Machtmißbrauch, von Ideologien, die verschiedenen Formen von Logozentrismus, Phallozentrismus, Ethnozentrismus usw.

Diese Position verstrickt sich allerdings durch diese Behauptung in den bekannten Selbstwiderspruch jeglicher Art von radikalem Skeptizismus. Denn wenn die Position richtig ist, gilt die Aussage, daß alles nur Interpretation ist, natürlich auch für diese Theorie oder diese Konzeption selbst, und insofern kann auch sie nur ideologischen Charakter besitzen. Abgesehen davon scheint uns diese Position mit dem realen technologischen Fortschritt völlig unvereinbar zu sein. Sie ist vielmehr die abstrakte Negation des naturwissenschaftlichen Objektivismus, in dem es gar keine Interpretation, gar keine Bedeutung, sondern nur Tatsachenbehauptung über raumzeitlich-materiell-energetische Ereignisse gibt.

Kontextualismus
Bedeutung ist kontextabhängig. Jede Bedeutung kann durch einen neuen Kontext verändert werden.[22]

Die amerikanische Form des Dekonstruktivismus[23] besteht darin, zu zeigen, daß jede Bedeutung dekonstruiert und damit ad absurdum geführt werden kann. Selbst Foucault, der durchaus zu den Sympathisanten des Dekonstruktivismus zu rechnen ist, bezeichnet diese Tendenz als Terrorismus. Aus der Tatsache, daß immer wieder neue Kontexte konstruiert respektive die Konstruktionsbedingungen einer Bedeutung dekonstruiert werden können, den Schluß zu ziehen, daß alles willkürlich und beliebig ist, führt nur zu einem radikalen Skeptizismus und Relativismus, der letztendlich diese Position selbst trifft und sie dadurch relativiert bzw. ad absurdum führt.

Daß jede Information nur in einem Kontext eine Bedeutung bekommt und in unterschiedlichen Kontexten unterschiedliche Bedeutungen hat, ist namentlich im NLP eine Binsenweisheit, die mit dem sogenannten Kontext-Reframe in den Rang einer eigenständigen therapeutischen Technik erhoben worden ist. Des weiteren kann die Arbeit von Milton H. Erickson und des Mental Research Institute (MRI) in weiten Teilen als eine Entwicklung des Reframing-Konzepts betrachtet werden. Und Frame (Rahmen) ist hier nur ein anderes Wort für Kontext.

Aber in der Psychotherapie ist man natürlich nie auf die Idee gekommen, jeden Kontext als völlig gleichwertig zu verstehen. Einige Kontexte und die damit zusammenhängenden Interpretationen führen eben zu seelischen Störungen und Krankheit und andere eher zu Selbstbewußtsein, Gesundung und Nutzung der eigenen Ressourcen.

Um dies aber als etwas Sinnvolles betrachten zu können, muß man sich auf Hierarchien, auf Wertdifferenzen usw. einlassen. Nur wenn ich den Unterschied zwischen besser und schlechter, angenehmer und unangenehmer, gesund und krank machen kann, verfüge ich über Kriterien, die eine Auswahl und Entscheidung bezüglich eines Kontextes der Interpretation erlauben.

Multiperspektivismus
Ein wesentlicher Aspekt des Multiperspektivismus (Es gibt keine wahre, richtige Perspektive, die Welt wahrzunehmen und zu interpretieren) besteht gerade darin, daß die Sprache selbst nicht als ein neutrales, klares Fenster betrachtet wird, durch das wir die Welt anschauen, sondern hier gilt eher die Devise des späten Wittgenstein: „Die Grenzen meiner Sprache sind die Grenzen meiner Welt."

Dieser sogenannte *linguistic turn*, die Wende hin zur Linguistik, ist einer der wesentlichen Aspekte der postmodernen Philosophie und des Poststrukturalismus. Mehr noch: Der Begriff Poststrukturalismus ist nur vor dem Hintergrund der Abgrenzung von Saussure, dem Begründer des linguistischen Strukturalismus, überhaupt verständlich.

Und da wir spätestens seit Freud wissen, daß Psychotherapie in weiten Teilen das ist, was man eine *talking cure* nennen könnte, ist die Auseinandersetzung mit der Sprache, der Sprachphilosophie für Psychotherapeuten von fundamentaler Bedeutung. Einige Aspekte von Sprache, die für die Psychotherapie von besonderer Bedeutung sind, werden deshalb in einem späteren Abschnitt dargestellt.

b) Therapeutische Vorannahmen oder: Welche Daten sind relevant?

Die Kontinente des Fragens zeichnen sich besonders durch die Vorannahmen darüber aus, was unter einem Problem zu verstehen ist, worin die Ursachen des Problems bestehen, worauf Therapeuten achten sollten, um zu einer Lösung zu gelangen etc. Je nachdem, welche Therapiemethode bzw. -methoden die Therapeutin verwendet, hat sie eine Vorstellung davon, was man sich sinnvollerweise unter Heilung in einem psychotherapeutischen Sinne vorzustellen hat. Mit Walter und Peller könnte man sagen: Es ist klar, „daß wir als TherapeutInnen bereits durch die Verwendung von Vorannahmen in unseren Fragen wie durch die Richtung unserer Feststellungen die weitere Entwicklung der TherapeutIn-KlientIn-Konversation und die Konstruktion von Zielen und Lösungen beeinflussen[24]".

In diesem Zusammenhang stellt sich die Frage, welche Daten in den verschiedenen Psychotherapien als heilungsrelevante Daten betrachtet werden. D.h.: Worauf muß eine Therapeutin achten, um der Klientin helfen zu können? Diese Auswahl ist selbst der bedeutungsgebende Akt einer Interpretation, die nur im Rahmen einer Theorie, eines Vorverständnisses, eines Konzeptes Sinn macht. Auch die Bewertung der Fragemethoden im vierten Teil des Buches geschieht nach bestimmten Kriterien. Ein Beispiel für ein solches Kriterium ist das Metaprogramm „Index Computation".

Exkurs: Index Computation

Im NLP gibt es einen Bereich, den man Metaprogramme nennt. Diese Programme sind unbewußte Informationssortierprozesse, die es uns erlauben, komplexe Datenstrukturen zu kategorialisieren und unseren Aufmerksamkeitsfokus auf bestimmte Aspekte mehr zu richten als auf andere. Eines dieser Metaprogramme hat Leslie Cameron Bandler „Index Computation" genannt. Darunter versteht sie die Unterscheidung von innerem Prozeß (Denken), innerem Zustand (Gefühle und Empfindungen, Stimmungen) und äußerem Verhalten. Je nachdem, von welchem theoretischen Hintergrund aus die jeweilige Fragemethode arbeitet, befragt sie bestimmte Aspekte ausschließlich oder bevorzugt. So wird z.B. jemand, der eher behavioristisch orientiert ist, vorwiegend nach äußerem Verhalten fragen. Jemand, der von der rational-emotiven Therapie herkommt und die Vorstellung hat, daß unangemessenes internes Verhalten und Erleben von unangemessenen inneren Prozessen (Denken) verursacht wird, wird eher nach internen Prozessen und Erleben fragen, so daß eine Optimierung des internen Prozesses zu einer Verbesserung des internen Erlebens und des externen Verhaltens führt.

Die Autoren nutzen dieses Metaprogramm im wesentlichen als Klassifikationsmöglichkeit, um unterscheiden zu können, auf welche Daten die jeweilige Fragemethode fokussiert. Schon an dieser Stelle kann jedoch gesagt werden, daß sich die meisten kognitiven Psychotherapiemethoden eher auf die internen Prozesse konzentrieren. Systemisch orientierte Psychotherapiemethoden schauen eher auf das beobachtbare Verhalten, und die humanistische Psychotherapie konzentriert sich tendenziell auf den inneren Zustand, vor allem die Emotionen von Klienten.

Prozeßkriterien

Bezogen auf die in diesem Buch behandelten Therapiemethoden sind durch diese Klassifikation gewonnene Daten vor allem Prozeßkriterien. Prozeß bedeutet ganz allgemein Verlauf, Ablauf, Hergang, Entwicklung. Therapeutische Methoden lassen sich daraufhin untersuchen, ob sie dem Inhalt dessen, was besprochen wird (z.B. das Problem der Klientin), oder der Form (dem Prozeß) größere Aufmerksamkeit schenken. – Was heißt es, in einem Gespräch auf den Prozeß zu achten? Die Antwort wird in Abhängigkeit von der jeweiligen Therapiemethode ganz unterschiedlich ausfallen. Dies soll an einigen Beispielen erläutert werden. Zur ausführlichen Darstellung dieser Therapiemethoden verweisen wir auf die entsprechenden Abschnitte im zweiten und dritten Teil des Buches.

Bei der Befragung mit dem NLP-Meta-Modell bedeutet gutes Hinhören auf der Prozeßebene, diejenigen linguistischen und syntaktischen Strukturen herauszufinden, die sinnvollerweise als nächstes hinterfragt werden sollten. Wenn der Therapeut die Befragung nach dem Ansatz des BFTC durchführt, wird er auf andere Prozeßmerkmale achten, zum Beispiel darauf, ob der Klient Kunde, Klagender oder Besucher ist. Darüber hinaus wird der Therapeut sorgfältig darauf achten, ob der Klient eine Beschwerde hat, ob es Ausnahmen gibt etc.

Welche Daten die Vertreter der verschiedenen Therapierichtungen für relevant erachten, hängt also davon ab, was ihre übergeordnete Theorie darüber sagt, welches der Weg vom Problem zur Lösung ist. Hält die Therapeutin den Traum für den Königsweg zum Unbewußten und glaubt darüber hinaus, daß psychische Probleme nur dadurch gelöst werden können, daß unbewußtes Material der bewußten Bearbeitung zugänglich gemacht wird, dann wird sie die Klientin dazu anhalten, über Träume zu berichten, ein Traumtagebuch zu führen und weitere Methoden zu ersinnen (zum Beispiel das freie Assoziieren oder das bildnerische Gestalten), von denen sie sich erhofft, daß sie unbewußtes Material zu Tage fördern und zugänglich machen. Dabei spielen Aspekte wie das Konzept des Widerstandes eine Rolle. Die Analytikerin wird auf rationalisierende und argumentierende Äußerungen der Klientin so reagieren, daß ihr klar wird, daß diese Art von Bemerkung hier nicht gewünscht und nicht als hilfreich erlebt wird. Die Klientin wird dann, vorausgesetzt, sie erhofft sich von dieser Therapie etwas, allmählich zu einer Klientin, mit der diese Therapeutin gut arbeiten kann. Dies ist ein Konditionierungsprozeß der Klientin im Hinblick auf die Therapiefähigkeit. In der Transaktionsanalyse zum Beispiel werden bestimmte Transaktionen als Spiele aufgefaßt, wobei man sich darüber einig ist, daß innerhalb eines Spiels Heilung nicht stattfinden kann. Aus diesem Grund werden Spiele unterbrochen.

Die Frage, welche Daten relevant sind, beantworten die verschiedenen Therapieformen auch für die Therapeuten-Klienten-Beziehung unterschiedlich: Die gesamte Therapeuten-Klienten-Beziehung kann unter dem Gesichtspunkt betrachtet werden, welche Prozesse zwischen Therapeutin und Klientin ablaufen und welche Prozesse in diesem Rahmen überhaupt zugelassen werden. Beispielsweise muß sich eine GT-Therapeutin der Klientin gegenüber immer authentisch und einfühlsam verhalten. Andere Verhaltensweisen sind im Rahmen dieser Methoden nicht zulässig.

Diesen Prozeßmerkmalen schenkt der Ansatz von Steve de Shazer hingegen kaum Beachtung. Sein Interesse erwacht erst dann, wenn die Klientin beginnt, über Ausnahmen zu reden, bzw. lösungsorientierte Bemerkungen macht. Auch diese sehr subtile Kommunikationsform stellt eine Art der Konditionierung von Klienten dar. Da diese verständlicherweise daran interessiert sind, daß ihre Therapeuten ihnen interessiert zuhören, reagieren sie auf Zeichen von Desinteresse mit einem Versuch, ihre Äußerung so zu verändern, daß die Therapeuten wieder Interesse zeigen. Für Steve de Shazer findet Heilung weder dadurch statt, daß unbewußte Inhalte bewußtgemacht werden, noch dadurch, daß das subjektive Erleben durch Umdeutung oder andere Interventionen verändert wird. Für ihn bedeutet Heilung, Klienten in Kontakt mit Ressourcen zu bringen, die ihnen in anderen Kontexten ihres Lebens zur Verfügung stehen, so daß diese Ressourcen im Problemkontext zugänglich werden. Aus dieser Vorannahme heraus spielt im BFTC der Rapport zur Klientin, die Empathie usw. eine geringere Rolle als die Frage, wie man vom Problem zur Lösung gelangt. Dies steht ganz im Gegensatz zur GT und zur Idiolektik, bei denen die Klienten-Therapeuten-Beziehung wichtiger ist. Umgekehrt schenkt die GT dem zentralen Datum bei Steve de Shazer, dem Ausnahmeverhalten, überhaupt keine Beachtung. Die wichtigsten relevanten Daten betreffen die Therapeuten-Klienten-Beziehung: Wie offen gehen beide miteinander um? Wie reagiert die Klientin auf die Therapeutin und umgekehrt? etc.

Aus den genannten Beispielen wird klar, daß jede Therapiemethode, egal, wie klienten- oder lösungszentriert sie sich gibt, Relevanzkriterien entwickelt, die die Kommunikation zwischen Therapeutin und Klientin in zwei dichotome Klassen einteilt: fördernd für die Heilung (relevante Daten) – irrelevant oder nicht förderlich für die Heilung. Daraus folgt, daß die Therapeutin bewußt oder unbewußt einen Kommunikationsstil vorgibt und installiert, der das jeweilig als relevant angesehene Kommunikationsverhalten positiv verstärkt.

Dekonstruktion der Prozeßkriterien

In einem etwas vereinfachten Sinne könnte man sogar sagen, daß die Entwicklung der Psychotherapie dadurch gekennzeichnet ist, daß immer wieder neue inhaltliche Kriterien für diese Dichotomie entwickelt werden. Von einem methodologisch-philosophischen Gesichtspunkt aus liegt es nahe, diese zentrale Dichotomie zu dekonstruieren. Dekonstruktion bedeutet hier den Aufweis, wo und wie genau das Irrelevante, das Ausgeblendete sich immer wieder als das eigentlich Wichtige entpuppt, so daß an diesen Orten die Dichotomie umkippt. Die Dichotomie relevant – irrelevant erscheint innerhalb der psychotherapeutischen Methoden als die Bedingung der Möglichkeit therapeutischer Entscheidungen. Sie ist das fundamentum inconcussum, die unerschütterliche Grundlage, die es Therapeuten ermöglichen soll, im Labyrinth der überdeterminierten Kommunikation die Richtung, das Ziel im Auge behalten zu können. Ist jedoch diese Unterscheidung selbst etwas Konstruiertes und damit Relatives, dann entsteht einerseits die Frage: Woran merke ich als Therapeutin, daß meine jeweilige Unterscheidung von relevanten und irrelevanten Daten relativiert werden muß? Und darüber hinaus: Wie relevant ist diese Unterscheidung überhaupt? Wie ist also das Verhältnis von Unverzichtbarkeit dieser Unterscheidung und Relativität dieser Unterscheidung in jedem Einzelfall zu denken? Und wie könnte eine therapeutische Praxis aussehen, die auf dem methodologischen Reflexionsniveau arbeitet, welches hier gerade skizziert worden ist?

Um diese Frage zu beantworten, erscheint es uns hilfreich, die naturwissenschaftliche und die hermeneutische Vorgehensweise hinsichtlich der Begriffe „Daten" und „Interpretation" einander gegenüberzustellen. Das naturwissenschaftliche Modell versucht die Welt auf Daten zu reduzieren. Sie beschreibt, was der Fall ist. Im hermeneutischen Ansatz geht es in der extremsten Variante überhaupt nicht mehr um Daten, sondern nur noch um Interpretationen.

Beispiel: Die Aussage „Der Kaffee ist zu bitter" stellt ein subjektives Geschmacksurteil dar, welches in der Naturwissenschaft reduziert werden würde auf einen Meßwert über die Anzahl der Bitterstoffe und ihre Konzentration. Diese Meßwerte sind entweder der Fall oder nicht, und ob das dann im jeweiligen Einzelfall als zu bitter oder zu wenig bitter oder gerade richtig empfunden wird, ändert an dem Meßwert gar nichts. Wenn wir bei einem Roman wissen möchten, was der Fall ist, so bleibt von der Bedeutung des Romans nichts mehr übrig. Wir können die Anzahl der Buchstaben feststellen, die Anzahl der Relativsätze, das Verhältnis von Aktiv- zu Passivformulierungen etc., aber das, was uns an dem Roman als Roman interessiert, nämlich sein Inhalt, seine Bedeutung, ist auf diese Weise völlig unzugänglich. Oder um es mit einer Formulierung von Whitehead zu sagen: Die Naturwissenschaften beschäftigen sich mit Objekten, die eine „simple location" haben. Objekte, die eine simple location haben, sind solche, auf die wir zeigen können, die in der Raum-Zeit der Physik einen einfachen, klar zu bestimmenden Ort haben. Wo aber ist die Bedeutung eines Romans oder generell einer Mitteilung?

Im Rahmen des hermeneutischen Ansatzes, namentlich im radikalen Postmodernismus und Dekonstruktivismus, geht man jetzt streckenweise soweit, daß man spiegelbildlich jegliches Datum, jeglichen Tatbestand, jegliches Faktum leugnet und alles zur Interpretation erklärt (es gibt kein Außerhalb des Textes). Eine Variante dieses Relativismus und Skeptizismus wäre dann ein kommunikativer Solipsismus (letztendlich kann ich den anderen nicht verstehen). Diese Haltung findet sich zum Beispiel in neueren Arbeiten von Steve de Shazer.

Datum und Interpretation als Chiasmus

Unserer Auffassung nach ist das Verhältnis von Datum und Interpretation nur chiastisch zu verstehen. Ohne den Begriff des Datums ist der Begriff der Interpretation ganz sinnlos. Eine Interpretation ist immer eine Interpretation von etwas. Dieses Etwas fungiert dann als Datum für eine Interpretation, und jede Interpretation selbst kann als Datum für eine weitere andere Interpretation betrachtet werden.

Auf einer praktischen Ebene stellt sich die Frage: Wie groß ist die Bereitschaft von Therapeuten, sich durch ihre Erfahrungen in den therapeutischen Sitzungen mit einer konkreten Klientin davon leiten zu lassen, was funktioniert – und damit gegebenenfalls ihre Theorie in bezug auf das, was relevant bzw. irrelevant für die Heilung ist, situativ über Bord zu werfen? Unseres Erachtens muß diese Unterscheidung immer wieder aufs neue in einem metatherapeutischen Diskurs reflektiert werden und zur Disposition stehen. Die Frage nach relevanten Daten ist letztlich die Frage danach, was wichtige Faktoren sind, damit sich Menschen verändern können. Wir werden auf diese Fragen im 4. Teil eine ausführliche Antwort geben.

c) Problem-Lösungs-Raum und Therapeuten-Klienten-Beziehung

Um es uns im 4. Teil des Buches zu erleichtern, die Unterschiede zwischen den Therapiemethoden klarer herauszuarbeiten, soll zwischen der Therapeuten-Klienten-Beziehung und dem Problem-Lösungs-Raum unterschieden werden. Ersterer bezeichnet die Beziehungsseite des therapeutischen Interviews, letzterer beinhaltet die Vorannahmen über den Weg vom Problem zur Lösung.

Wenn wir zwischen der Therapeuten-Klienten-Beziehung und dem Problem-Lösungs-Raum unterscheiden, sind wir uns bewußt, daß diese Trennung in der Praxis strenggenommen gar nicht möglich ist. Besonders auffällig ist dies in der Gesprächspsychotherapie (GT), die davon ausgeht, daß die Heilung eben gerade durch die Therapeuten-Klienten-Beziehung erfolgt. Hingegen ist ihr die Vorstellung, von einem Problem zu einer Lösung zu kommen, ganz fremd. Dies ist allerdings nur deshalb möglich, weil die GT fast gänzlich auf therapeutische Techniken verzichtet.

Metaphern

Soweit dies angemessen erscheint, werden wir im vierten Teil versuchen, für den Problem-Lösungs-Raum und die Therapeuten-Klienten-Beziehung der jeweiligen Therapieform Metaphern zu finden. Für Julian Jaynes ist die Metapher, das sprachliche Bild, der Wesensgrund der Sprache. Eine Metapher enthält immer zwei Mengen von Elementen und eine Relation (Isomorphie) zwischen ihnen. Die Sache, die bezeichnet werden soll, nennt er den Metaphoranden. Die Sache, die als Bezeichnung dient, nennt er Metaphorator. Eine Metapher besteht also immer darin, daß ein uns bekannter *Metaphorator* (z.B. Computer) auf einen weniger bekannten *Metaphoranden* (z.B. Gehirn) bezogen wird. Im Alltag benutzen wir die metaphorische Sprache, wenn wir gefragt werden: „Wie funktioniert das (z.B. das Gehirn)?" Wir antworten: „Tja, es funktioniert so wie (z.B. ein Computer)." Jaynes schließt weiter:

„Der eigentliche Gehalt von komplexen Metaphern liegt in den allermeisten Fällen in den zahlreichen, dem Metaphorator zugesellten Assoziationen und Attributen, die ich fortan als »Paraphoratoren« bezeichnen werde. Und diese Paraphoratoren gelangen durch Rückprojektion auch in den Metaphoranden, wo ich sie als Paraphoranden des Metaphoranden ansprechen werde[25]."

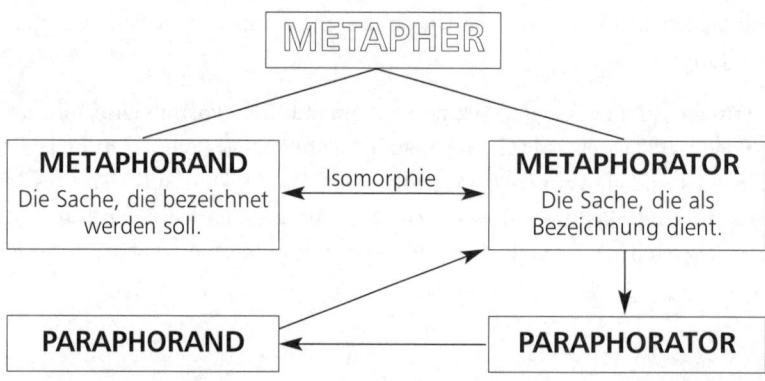

Metaphorand (z.B. Gehirn)	Metaphorator (z.B. Computer)
Paraphorand	*Paraphoratoren (Assoziationen + Attribute)*
➤ Biochemische Prozesse, Strategien	➤ Algorithmen der Problemlösung
➤ Synapsenverbindungen	➤ Daten
➤ Neuronen	➤ Programme
➤ Erlebnisinhalte, Erinnerungen	➤ Hardware
➤ Denkprozesse	➤ Software
➤ Informationsaufnahme durch die Sinne	➤ Speichern
➤ Verbales und nonverbales Ausdrucksverhalten	➤ Input-Output

Ein weiteres Beispiel ist das Bild vom Schnee als Decke, die die Erde einhüllt. Mit dieser Decke assoziieren wir: Bettdecke, Wärme, Geborgenheit, wohligen Schlaf etc. Dies sind die Botschaften, die jemand vielleicht transportieren will, der das Bild der Schneedecke verwendet.

Die Therapeuten-Klienten-Beziehung

Folgende Daten erachten wir für die Therapeuten-Klienten-Beziehung als relevant:
- Wie sollte sich die Therapeutin der Klientin gegenüber verhalten? Welche Einstellungen sind hilfreich?
- Wie direktiv bzw. nondirektiv geht die Therapeutin vor?
- Wie distanziert bzw. involviert ist die Therapeutin?
- Inwieweit wird dem Graweschen Kriterium der prozessualen Aktivierung und dem *felt sense* Rechnung getragen?

Der Problem-Lösungs-Raum

Wie stellen sich die therapeutischen Theorien den Zusammenhang zwischen Problem und Lösung vor? Was stellen sie sich überhaupt unter einem Problem und einer Lösung vor? Wie hängen Problem und Lösung miteinander zusammen? Welche Faktoren bewirken, daß eine Person sich so verändern kann, daß sie das Problem nicht mehr hat bzw. empfindet?

Eine grundlegende Einteilung des Problem-Lösungs-Raumes ist die in Schichten- und Oberflächenmodelle:

Lösungen 1. Ordnung: Lob der Oberfläche

Es gibt in einigen Psychotherapien so etwas wie ein Lob der Oberfläche. In diesen Modellen gilt eine Ontologie des Flachlandes. Diese Haltung wird u.a. von den Postmodernisten eingenommen, die jegliche Form von Schichtung ablehnen, ja lächerlich machen. Als einzige von den hier behandelten Fragemethoden gilt das für den Ansatz von Steve de Shazer. Hier werden keine tieferliegenden Gründe für die Probleme des Klienten thematisiert, geschweige denn nach ihnen gesucht. Die Begriffe, die Klienten als Problembeschreibung benutzen, sind einfach Konstruktionen, und die Bedeutung dieser Begriffe ist sowohl beliebig als auch instabil. „Dies hat mich dazu gebracht, zu glauben, daß wir unsere Sprache studieren müssen, um überhaupt irgend etwas studieren zu können. Anstatt aber hinter und unter die Sprache zu blicken, die Klienten und Therapeuten gebrauchen, denke ich also, daß die Sprache, die sie benutzen, alles ist, womit wir uns beschäftigen müssen[26]".

Watzlawick, Weakland und Fisch unterscheiden in ihrem Buch *Lösungen* zwischen Lösungen 1. Ordnung und Lösungen 2. Ordnung. Oberflächen-Modelle streben Lösungen 1. Ordnung an, die nach dem Modell „Mehr vom selben" funktionieren. Beispiel: Es ist kalt. Ich drehe die Heizung auf. Es ist noch nicht warm genug. Ich drehe sie weiter auf. Ein Beispiel aus dem therapeutischen Bereich wäre: Eine Frau und ihr Mann kommen in die Therapie, weil er häufiger Lust auf Sex hat als sie. Eine Lösung 1. Ordnung könnte nun so aussehen:

a) Er bekommt ein potenzverminderndes Medikament verabreicht.
b) Sie bekommt ein libidoförderndes Medikament verabreicht.
c) Beides gleichzeitig.
d) Eine nicht-medizinische Art, Lösungen 1. Ordnung zu finden, wäre die Methode von Steve de Shazer. Hier würde man nach Ausnahmen suchen, nach Bedingungen, unter denen dieses Problem nicht auftritt, usw.

Lösungen 2. Ordnung: Schichtenmodelle

Im Gegensatz zu den Oberflächenmodellen finden wir in den meisten psychotherapeutischen Methoden Schichtenmodelle. Diese beruhen darauf, daß dem, was an der Oberfläche erkennbar ist (dem Problem), tieferliegende Gründe zugeordnet werden. Tieferliegend meint hier meistens auch: weiter in der Zeit zurückliegend. D.h., eine Veränderung der Oberfläche setzt voraus, daß mit Hilfe geeigneter Methoden die auf den ersten Blick nicht in Erscheinung tretenden tieferen Schichten exploriert werden können. Dieses Explorieren bezieht sich in aller Regel auf das Problem. Ist dessen tieferliegende Ursache – diese tieferen Schichten bezeichnen zum Beispiel den großen Bereich des Unbewußten oder den Bereich systemischer Verstrickungen – erkannt, ergibt sich daraus die Lösung, die in der Regel eine Lösung 2. Ordnung darstellt.

Lösungen 2. Ordnung setzen dort ein, wo Lösungsversuche 1. Ordnung zu keiner Lösung geführt haben. Wenn die Fenster undicht sind, hat es keinen Sinn zu heizen. Man muß die Fenster zuerst abdichten. Lösungen 2. Ordnung haben etwas mit Bedeutungskonstruktionen zu tun. Denn der Mensch kann im Gegensatz zum Tier an Bedeutung erkranken, d.h. an der Interpretation, die er Ereignissen und Tatsachen beimißt. Es gibt vor allem zwei gängige Möglichkeiten, zu Lösungen 2. Ordnung zu gelangen:

(1) Klassisch-systemtheoretisch

Hier besteht eine Lösung 2. Ordnung darin, das bestehende System durch die Einbeziehung von Rückkopplungsprozessen zu vergrößern und so den Rahmen auszuweiten, in dem das Problem interpretiert wird. Man sucht nach größeren Zusammenhängen, nach Variablen, die bisher noch nicht berücksichtigt worden sind (Ernährung, Wechseljahre usw.).

Dieser Systembegriff selbst ist monokontextural. D.h., die Verkomplizierung des Systems bedeutet lediglich, daß aus dem einheitlich gedachten Weltzusammenhang ein größerer Teil als vorher herausgenommen wird. Es werden sozusagen die Variablen, die betrachtet werden, zahlreicher. Metaphorisch könnte man sagen: Man vergrößert den Abstand, sieht einen größeren Ausschnitt eines in sich homogen gedachten Bereichs von Tatsachen.

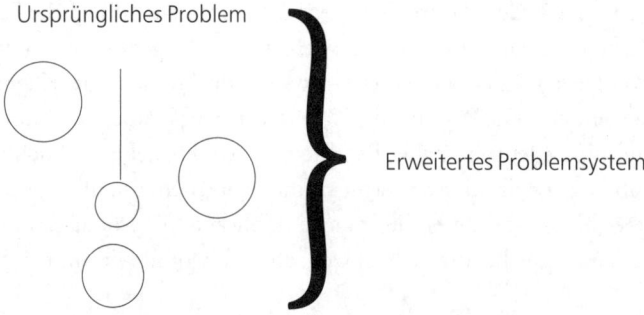

Und in der Tat entstehen viele Probleme gerade dadurch, daß der Rahmen, in dem ein Problem betrachtet wird, zu eng gewählt ist, so daß relevante Rückkopplungsprozesse übersehen werden.

Wenn ich im obengenannten Beispiel beim Heizen durch mehr Heizen nicht den gewünschten Erfolg habe und jetzt zur Betrachtung der Isolation des Hauses übergehe, dann führe ich zusätzliche Variablen ein, von denen die Temperatur abhängig ist, die vorher in meinem Modell nicht vorkamen. Dadurch wird das Modell komplizierter, aber es geht immer noch um die Frage: Wie kann die Raumtemperatur vom Ist- auf den gewünschten Sollwert gebracht werden? Die Ursache für die niedrige Temperatur wird nun allerdings nicht mehr in der mangelnden Heizleistung gesehen, sondern auf einen tieferliegenden Grund (undichte Fenster) zurückgeführt.

(2) Polyperspektivisch

Eine ganz andere Art von Lösungen 2. Ordnung entsteht dadurch, daß der gleiche Tatbestand aus einer anderen Perspektive betrachtet wird und dadurch eine andere Bedeutung erlangt. Als eine von vielen Möglichkeiten kann das oben angesprochene Problem des Paares als Ausdruck eines unbewußt ablaufenden Machtspiels zwischen den Partnern angesehen werden.

Ein einschlägiges Beispiel für eine polyperspektivische Perspektive ist die im NLP gängige Frage nach der positiven Absicht. Hier entstehen neues Verstehen und neue Handlungsmöglichkeiten nicht dadurch, daß zusätzliche Variablen betrachtet werden, sondern dadurch, daß die Bedeutung durch den Perspektivenwechsel verändert wird.

Beispiel: Wenn jemand eine Entzündung hat und ich frage ihn nach der positiven Absicht der Entzündung, dann wechselt die Entzündung selbst ihre Bedeutung von etwas Biochemischem zu einer Nachricht, einer Mitteilung, einem Signal (z.B. des Unbewußten). Auf dieser Thematisierungsebene ist die Frage: Welcher Pilz?, welches Bakterium? usw. ganz unerheblich.

Das jeweilige Problem der Klientin hat eine Funktion im System und ist nur in diesem Sinne als ein Stabilisierungsversuch zu verstehen und sinnvoll zu behandeln[27].

In den Schichtenmodellen wird das Problem generell als Lösungsversuch einer Aufgabe, einer Herausforderung oder eines Problems auf einer tieferen Ebene interpretiert. Dies macht die NLP-Frage nach der positiven Absicht eines Problems bzw. Symptoms erst sinnvoll. Nur unter der Vorannahme, daß durch das problematische, symptomatische Geschehen auf einer tieferen Ebene eine positive Absicht realisiert worden ist, macht es Sinn, das Problem als Leistung des Systems zu verstehen. Dann allerdings, wenn diese Ebene erreicht worden ist, um die es „eigentlich" geht, beginnt erneut die Suche nach einer besseren, angemesseneren, erwachseneren, ökologischeren etc. Lösung für die positive Absicht. Diese Tieferlegung der Lösungssuche hat sich so oft bewährt, daß sie aus dem heutigen Verständnis von Psychotherapie nicht mehr wegzudenken ist, trotz aller postmodernen Polemik.

Lösungen 3. Ordnung

Der Vollständigkeit halber wollen wir für das obengenannte Paarproblem auch eine Lösung 3. Ordnung im Rahmen des Diamond-Modells[28] skizzieren. Durch die Frage „Was ist jenseits von Problem und Lösung?" bzw. „Was ist weder – noch?" wird der Problem-Lösungs-Kontext als ganzer verworfen (rejiziert) und damit in ein komplexeres semantisches Netz eingebettet. Die Antwort könnte zum Beispiel lauten: Vertrauen. Damit ist das Problem der unterschiedlichen sexuellen Bedürfnisse nicht gelöst, sondern erst einmal eingebettet, vernetzt, wodurch es seine monothematische Suggestivkraft verliert. Die Einbettung eines Problems mit Hilfe des Diamond schließt nicht aus, daß all die Techniken der Lösungen 1. und 2. Ordnung an jeder beliebigen Stelle der Vernetzung eingesetzt werden können. Das bedeutet: Die Auf-Lösung im Rahmen des Diamond muß nicht ausschließlich durch den Vorgang der Vernetzung entstehen, sondern kann durchaus auch unter Zuhilfenahme anderer Techniken geschehen, die dann aber in spezifischer Weise verortet sind.

2. Sprache

Die von uns betrachteten Fragemethoden enthalten zum Teil explizite oder implizite sprachphilosophische Vorannahmen. Dies gilt insbesondere für das Sprachmodell des NLP, das Meta-Modell der Sprache. Die Vorannahmen sind aus einem bestimmten Sprachverständnis heraus entwickelt worden bzw. machen Anleihen an gegenwärtige sprach- und kommmunikationstheoretische Paradigmen. Da dieses Buch aus der pragmatischen Absicht heraus geschrieben ist, dem Leser eine breitere Auswahl von Fragetechniken zur Verfügung zu stellen, haben wir uns darauf beschränkt, die jeweilige Position, sofern sie aus den Texten ablesbar ist, kurz darzustellen. Im allgemeinen haben wir es vermieden, in weitläufige sprachphilosophische Auseinandersetzungen mit diesen Vorannahmen einzutreten. Nur da, wo uns die Behauptungen und Vorannahmen als mit unserer praktischen Erfahrung nur schwer zu vereinbaren erscheinen, haben wir uns erlaubt, einige kritische Anmerkungen anzuführen. Da wir im übrigen von unserer Ausbildung her keine Sprachphilosophen sind, wollten wir auf diesem Gebiet auch nicht dilettieren.

a) Sprachoptimismus und Sprachpessimismus

Eine wesentliche sprachphilosophische Unterscheidung ist die in Sprachoptimismus und Sprachpessimismus. Der Sprachoptimismus geht davon aus, daß Verständigung und das Verstehen des anderen durch Sprache letztendlich möglich ist. Der Sprachpessimismus hingegen glaubt das nicht. Für ihn bleibt das Bedeutungserlebnis des einzelnen für andere Menschen letztlich unzugänglich. Im Grunde wiederholt sich auf der Ebene der Sprachphilosophie der uralte philosophische Streit zwischen Idealismus und Realismus, die Frage: Kann der Mensch die Welt erkennen und das Erkannte kommunizieren, oder ist dies letztendlich unmöglich, so daß in äußerster Konsequenz eine Spielart des Solipsismus[29] dabei herauskommt?

Damit kein Zweifel entsteht: Die Autoren dieses Buches erleben sich selbst eher als Sprachoptimisten. Obwohl wir in unserer therapeutischen Arbeit jeden Tag immer wieder aufs neue mit den ungeheuren Schwierigkeiten und den unendlichen Möglichkeiten des Mißverstehens, der mißlungenen Kommunikation zu tun haben, erleben wir unsere Bemühungen eben gerade darum als einen Versuch, an den Möglichkeiten gelungener Selbst- und Welterkenntnis sowie gelungener Kommunikation mitzuarbeiten. Dieses Bemühen ist ja gerade das, was ein echtes Gespräch von anderen Formen der Kommunikation (Mitteilungen etc.) unterscheidet[30].

Diese Position hat uns aber nicht dazu geführt, Fragetechniken, die auf einem sprachpessimistischen Hintergrund entstanden sind, wie zum Beispiel die von Steve de Shazer, negativ zu bewerten. Ganz im Gegenteil empfinden wir die von ihm entwickelte Methode in unserer Arbeit als äußerst hilfreich und nützlich, ohne darum seine sprachphilosophische Position zu teilen. Das gleiche gilt übrigens für das NLP-Meta-Modell. Als NLP-Trainer erachten wir es als wichtig und nützlich, ohne es deshalb auch für notwendig zu befinden, uns dem theoretischen Hintergrund der Transformationsgrammatik der 70er Jahre anzuschließen.

Um unsere Vorgehensweise in ein Motto zu fassen, könnten wir sagen: Eine Frage ist eine Frage ist eine Frage. Deshalb kann sie unabhängig vom Entdeckungs- und Begründungszusammenhang angewandt werden.

b) Strukturalismus

Ferdinand de Saussure, ein Schweizer Linguist und Begründer des Strukturalismus, spielte die Hauptrolle in der Begründung des sogenanten „*linguistic turn*", der Wende hin zur Linguistik. Saussure ging davon aus, daß es eine abstrakte Struktur gibt, die allen konkreten sprachlichen Äußerungen zugrunde liegt, ähnlich den Schachregeln, die die Basis jedes konkreten Schachspiels bilden. Ausgehend von seinen Analysen gab es Versuche, solche abstrakten Strukturen in Verwandschaftssystemen, im Mythos, in religösen Ritualen (besonders zu nennen wäre hier Claude Lévi-Strauss) usw. aufzudecken. Die Summe aller dieser Bemühungen ist unter dem Schlagwort Strukturalismus bekannt geworden[31].

Das Werk *Grundfragen der allgemeinen Sprachwissenschaft* von Ferdinand de Saussure ist zum ersten Mal 1916 auf französisch erschienen. Für ihn ist „die Sprache ein System von Zeichen, die Ideen ausdrücken". Dementsprechend konzipiert er die Semiologie als eine Wissenschaft vom Leben der Zeichen im Rahmen des sozialen Lebens. Das sprachliche Zeichen besteht nach Saussure aus zwei wesentlichen Elementen, nämlich aus Vorstellung und Lautbild. Das Zeichen ist also die Verbindung von Vorstellung und Lautbild. Das Zeichen Baum besteht als Lautbild im wesentlichen aus Schallwellen, und die Vorstellung ist das innere Bild, das ich bekomme, wenn ich das Wort Baum verstehe. Diese beiden Elemente des Zeichens nennt er auch *Bezeichnetes* und *Bezeichnung* bzw. *Bezeichnendes*. Der reale Baum, der im Garten steht, auf den sich dieses Wort dann bezieht, bezeichnet er als den *Referenten*.

Die nächste wesentliche Einsicht von Saussure besteht darin, daß alle sprachlichen Zeichen beliebig sind. D.h., für den realen Baum müßten wir nicht notwendig die Lautgestalt Baum wählen. Dies wird unmittelbar einsichtig aus der Tatsache, daß in anderen Sprachen (z.B. im Englischen oder Französischen [tree, arbre]) für den gleichen Referenten andere Zeichen benutzt werden. Aber selbst innerhalb jeder einzelnen Sprache verändern sich die Zeichen für bestimmte Gegenstände im Laufe der Zeit.

Daraus schließt Saussure, daß jedes Wort seine Bedeutung nur im Kontext eines Satzes erhält. Allgemein gesagt ist es die Relation aller Worte einer Sprache untereinander, die die Bedeutung stabilisiert. Das bedeutungslose einzelne Element der Sprache bekommt seine Bedeutung also durch die gesamte Struktur. Diese Position führt dann zur Bezeichnung Strukturalismus.

Der Strukturalismus ist in der Linguistik die Position, die darin besteht, daß das Wesen der Sprache und des Bedeutungsprozesses in der Struktur liegt und nicht im einzelnen Wort. Die Vorstellung, daß ein einzelnes isoliertes Subjekt vor der Welt steht, auf ein Objekt schaut und mit Hilfe einer Zeigebewegung und eines beliebigen Namens dieses Objekt benennt, wird im Strukturalismus zwar nicht geleugnet, aber ein solcher Akt des Benennens ist nur im Rahmen einer schon vorhandenen Sprache möglich[32].

Vor Saussure wurde namentlich im Empirismus davon ausgegangen, daß Wissen durch Repräsentation zustande kommt (Repräsentationalismus). Sprache, in der Wissen ausgedrückt wird, wurde in dieser Konzeption als eine Karte aufgefaßt, die das Territorium strukturell entweder angemessen oder eben nicht angemessen abbildet bzw. repräsentiert.

Saussure gab die erste moderne, vernichtende Kritik dieser empiristischen Theorie des Wissens, indem er zeigen konnte, daß die Bedeutung durch intersubjektive Strukturen zustande kommt, auf die selbst nicht gezeigt werden kann, die selbst keine objektiven Ereignisse in Raum und Zeit darstellen. Bedeutung wird nicht von einem isolierten Subjekt selbstherrlich kreiert, sondern besteht für jedes Objekt immer schon durch den Sprachhintergrund, die Kultur, die Kommunikation usw.

Die westliche Metaphysik geht in ihrem Kern immer von dem Vorrang der inneren Präsenz des Sinns aus. Saussure proklamiert ein natürliches Band zwischen *innerer Bedeutung* und *äußerem Klang*. Im Sprechen ist sich die Sprecherin ganz der Bedeutung ihrer Sprache bewußt. Wenn die Sprache ein Zeichen für das innere Erleben ist, dann ist nach Saussure die Schrift ein Zeichen für die Sprache und damit etwas Abgeleitetes, etwas Sekundäres – das Zeichen eines Zeichens.

Es stellt sich die Frage, wie Saussure ein *natürliches Band* zwischen Klang und Bedeutung behaupten kann, wenn er selbst sagt, daß diese Beziehung zufällig und willkürlich (arbiträr) ist. Wie kann er die Sprache der Schrift vorziehen, wenn sie, genau wie die Schrift, nur ein System von Differenzen darstellt? Dieses Spiel der Differenzen unterscheidet sich in der gesprochenen Sprache nicht von der Schrift. In diesem Sinne kann gesagt werden, daß Sprechen eine Form des Schreibens ist. Die Differenz von Sprache und Schrift und insbesondere ihre traditionelle Hierarchisierung (Schrift wird als aus der Sprache abgeleitet verstanden) spielen bekanntermaßen in der Derridaschen[33] Kritik am Logozentrismus eine zentrale Rolle; aber auch in der Kenogrammatik G. Günthers[34] finden wir eine Umkehrung dieser traditionellen Sichtweise sowie ansatzweise auch in den verschiedenen Konzepten biologischer Theoriebildung[35]. Hier stellt sich die Frage nach den materiellen Grundlagen des Bewußtseins als Frage, wie die Schrift des genetischen Codes zu verstehen ist; sie kann nicht von einem sinnerfüllten Logos beherrscht gedacht werden.

Diese Position Saussures führt nun in der Extremform der postmodernen und poststrukturalistischen Sprachphilosophie zur Konzeption vom Tod des Menschen, des Autors, des Subjekts. Das Subjekt wird jetzt ausschließlich zu einem Effekt der Intersubjektivität. Nicht ich spreche, sondern die Sprache spricht durch mich.

c) Dekonstruktivismus

Der Begriff „Dekonstruktion" hat in der Traditionslinie Heidegger-Derrida seine ganz eigenständige Ausprägung erhalten[36].

Jacques Derrida, der Begründer des Dekonstruktivismus, hielt 1966 an der Johns-Hopkins-Universität einen Vortrag mit dem Titel „Structure, Sign and Play in the Discourse of the Human Sciences". Dieser Vortrag kann als der Startschuß für ein Unternehmen gelten, das heute unter dem Namen „Dekonstruktion" bzw. „Dekonstruktivismus" bekannt geworden ist. Dieses Unternehmen steht im Kontext des sogenannten *linguistic turn*, der Hinwendung zur Linguistik, und des damit verbundenen Mißtrauens bezüglich der „Bedeutung" des Gesagten und Geschriebenen. Vielmehr wurde die unhintergehbare Mehrdeutigkeit von Worten und Aussagen zum zentralen Thema dieser Forschungen. Derrida bezieht sich bei seiner Arbeit vorwiegend auf Nietzsche, Freud, Heidegger und Saussure. Mit Nietzsche teilt er den Skeptizismus gegenüber der Philosophie und ihrem Wahrheitsanspruch. Derrida ist sich wie Nietzsche bewußt, daß wir Gefangene unserer Perspektive sind. Er spielt daher immer wieder mit dem Perspektivenwechsel besonders bezüglich der Grundbegrifflichkeit der abendländischen Philosophie (Subjekt/Objekt, Wahrheit/Irrtum, Moral/Amoral usw.). Mit Freud stellt er die Einheit der Psyche in Frage, die immer wieder gebrochen wird durch die Spuren des Unbewußten. Sie führen dazu, daß wir uns immer wieder von uns selbst unterscheiden. Von Heidegger hat er den Begriff der „Dekonstruktion" (bei Heidegger: „Destruktion") übernommen, als Inbegriff für die Arbeit an der Hintergehung der klassischen Ontologie und Logik. Von Saussure übernimmt er die Einsicht, daß „die Bedeutung eines Wortes nicht an und für sich, sondern nur im Hinblick auf seine Differenzen im Vergleich mit anderen Worteinheiten bestimmt werden kann". Er radikalisiert sie aber und durchbricht den rationalistischen Rahmen, wenn er hinzufügt, daß auch Saussures differentielle Betrachtung eine Wortbedeutung nicht fixieren kann. Die Vergegenwärtigung des Sinnes, die *Sinnpräsenz* als *présence des sens*, sagt Derrida, ist nicht zu haben, weil der sprachliche Kontext nie aufhört und folglich auch nicht der Differenzierungsprozeß, von dem Sinnkonstitution abhängt[37]. Diese Position spielt dann bei de Shazer ein zentrale Rolle, da er diese Argumentation zur Grundlage seines „Sprachpessimismus" macht („Man kann den anderen nicht verstehen"), der dann wiederum seine Skalierungsfragen legitimiert. Wie ernst de Shazer diese Position in einem strengeren Sinne nimmt, ist aus seinen Texten allerdings nicht zu ersehen. Schließlich muß er ja bei seinen Klienten voraussetzen, daß diese ihrerseits seine Wunderfrage verstehen. Derrida jedenfalls intendiert auf gar keinen Fall eine nihilistische Position, sondern will darauf hinaus, daß das Verstehen allererst geleistet werden muß und wir nicht in irgendeinem Sinne von einem verbürgten Sinn ausgehen können, wie dies z.B. bei Chomskys Vorstellung von der muttersprachlichen Kompetenz der Fall ist.

Derrida kritisiert den Strukturalismus hinsichtlich seiner unausgesprochenen Vorannahmen in bezug auf Strukturen. Mit dieser Kritik läutet er den sogenannten Poststrukturalismus ein. Der *Poststrukturalismus* ist, neben Jacques Derrida, mit Namen wie Julia Kristeva, Roland Barthes, Gilles Deleuze, Félix Guattari und Michel Foucault verbunden.

Für die Psychotherapie als *„talking cure"* ist es nun von besonderem Interesse, zu welchen Ergebnissen die dekonstruktivistische Kritik der klassischen Sprachtheorien gekommen ist. Das einschlägige Werk *Grammatologie* erschien 1967 und wurde 1974 bei Suhrkamp zum ersten Mal in deutscher Sprache veröffentlicht. In diesem Buch untersucht Derrida die Opposition Sprache/Schrift. Er kommt dabei zu dem Resultat, daß die westliche Tradition sich dadurch auszeichnet, daß die Sprache der Schrift vorgezogen wird. Die Schrift gilt nur als das Abgeleitete. Die Sprache ist das Ursprüngliche. In ihr ist der Geist ganz bei sich selbst: *Am Anfang war das Wort. Und das Wort war bei Gott, und das Wort war Gott.*

Derridas Kritik richtet sich besonders darauf, daß eine Struktur nie ohne Zentrum gedacht werden kann. Jedes Zentrum kann aber immer wieder dezentriert werden. D.h., es gibt kein wahres, eigentliches Zentrum, sondern nur ein unterstelltes, daß aber als solches notwendig ist, damit überhaupt von einer Struktur die Rede sein kann. Für Derrida ist es gerade eines der Charakteristika des abendländischen Denkens, daß es von einem

Grund, einem Zentrum, einem Ideal, einem Fixpunkt, einer Essenz, einem Gott, einem unbewegten Beweger usw. als Garant für alles daraus Abgeleitete ausgeht. Dieses Zentrum garantiert die Bedeutung und den Wert alles daraus Folgenden. Für Derrida geht es nicht mehr darum, die Konzeption eines Zentrums durch eine andere, vermeintlich bessere, abzulösen, sondern das gesamte Konzept als solches in Frage zu stellen. Dieses Zentrum kann immer nur gedacht werden im Gegensatz zu einer Opposition. Diese wird aber als abgeleitet und zweitrangig marginalisiert und unterdrückt. Aus diesem Grunde ist eine wichtige Bewegung bei Derrida immer die Umkehrung der Perspektive: das vom Zentrum Marginalisierte wird selbst zum Zentrum. Durch den Nachweis, daß dies auch möglich ist, wird der Alleinvertretungsanspruch des ersten Zentrums hintergangen – dekonstruiert. Diese Umkehrung der binären Opposition ist aber nur die erste Bewegung. Die andere besteht in der Verschiebung der Opposition als ganzer hinein in ein Spiel von Oppositionen. Darüber hinaus verhalten sich binäre Oppositionen auch noch wie die bekannten Vexierbilder (Vase/Gesicht); wir sehen zuerst nur das eine, dann das andere, und erst dann entsteht das freie Spiel des Wechsels zwischen den Perspektiven.

Um Derridas Kritik am Strukturalismus zu verdeutlichen, soll auf das Beispiel „Baum" eingegangen werden, das im Kapitel über den Strukturalismus gegeben wurde. Das Wort „Baum" als Zeichen besteht, wie bereits gesagt, aus dem Laut und aus der Bedeutung, dem Begriff dieses Lautes (das, was wir unter einem Baum verstehen). Das, was die Bedeutung garantiert, wurde in der westlichen Geschichte unter verschiedensten Namen berühmt: Gott, Weltgeist, Bewußtsein usw. Als Garant, als Bedingung der Möglichkeit von Bedeutung können diese Zentren aber nicht selbst wieder Zeichen im normalen Sinne sein. Sie befinden sich daher als transzendentaler Signifikant, als transzendentales Subjekt außerhalb und jenseits des Spiels der Zeichen. Diese Position nennt Derrida Logozentrismus.

Dem Logozentrismus in der Psychotherapie entspricht die Vorstellung, daß die Sprecherin beim Sprechen direkt ihre Gedanken, ihre Emotionen und sogar ihre Seele ausdrückt. Die Sprache *präsentiert* die Gedanken, Gefühle und die Seele der Sprecherin. Es wird so getan, als ob die Sprecherin im Gesprochenen in ihrem wahren Wesen unmittelbar präsent wäre. Es wird quasi von einer Eins-zu-eins-Relation zwischen Worten und inneren Zuständen ausgegangen.

Ganz anders in der Schrift. Hier ist die Schreiberin nicht anwesend, und so können die Leser das Geschriebene „mißverstehen", ohne daß die Schreiberin dies merkt. Daher kann sie es auch nicht korrigieren. Ich schreibe nur, wenn die Person, der ich schreibe, nicht präsent ist. Meine Präsenz im Akt des Schreibens kann von den Lesern nur rekonstruiert und daher auch mißdeutet werden.

Ein weiteres Konzept Derridas, das uns in diesem Zusammenhang interessiert, ist das der *Textualität*. Textualität oder Inter-Textualität verweist auf den Umstand, daß ein Text immer mehr und anderes meint, als was er zu sagen scheint. Ein Text besteht aus Worten, und Worte können Unterschiedliches meinen. D.h., die Bedeutung eines Textes kann nie festgeschrieben werden. Es gibt keine eigentliche Bedeutung. Diese ist vielmehr offen für das Spiel der Textualität. Das Konzept der Inter-Textualität stellt also eine strikte Absage an die Vorstellung einer Tiefenstruktur[38] dar als des Ortes der letztendlichen, „wirklichen" Bedeutung.

Nach dem, was wir bis jetzt über die Strategie des Dekonstruktivismus gehört haben, können wir erwarten, daß Derrida das Verhältnis, die Hierarchie von Sprache und Schrift erst einmal umkehrt.

Und in der Tat kann Derrida zeigen, daß im Text Saussures selbst, allerdings ohne dessen bewußte Absicht, die Schrift eine zentrale Rolle spielt. Saussure weist zu Recht darauf hin, daß zwischen den Lauten und ihrer Bedeutung kein notwendiger Zusammenhang besteht. Ein und derselbe Begriff (Baum, tree, arbre) wird in unterschiedlichen Sprachen durch unterschiedliche Lautfolgen repräsentiert. Die Worte bekommen ihre Bedeutung in der Sprache nur durch ihre Differenz zu anderen Worten. Nicht anders geht es den Bedeutungen der Worte. Die Bedeutung des Wortes „Schiff" wird erst klar in der spezifischen Differenz zu Boot, Floß, Dampfer usw. Der Signifikant, das Bedeutete, existiert nur in einem System von Differenzen. Sehen wir in einem Wörterbuch die Bedeutung eines Wortes nach, so bekommen wir nur neue Worte präsentiert, deren Bedeutung wiederum durch Worte bestimmt wird[39]. Derrida betont hier die endlose Kette der Laute, die bei *der* Bedeutung ankommt. Anders als bei Korzybski kommt bei ihm aber die physiologische Komponente der semantischen Reaktion nicht vor.

Der nächste Schritt, nachdem die Rangfolge argumentativ umgetauscht wurde, besteht für Derrida darin, zu zeigen, daß weder die „Sprache" noch die „Schrift" in der Lage ist, das abstraktere Spiel der Differenzen, von denen sie beide nur eine Ausdrucksform sind, zu beschreiben. *Sprechen* und *Schreiben* sind für ihn nur die *gesprochene* und *geschriebene* Form des Spiels der différance[40], einer nicht-existierenden Form von „Schrift", die er Ur-Schrift[41] nennt. „Was sich *différance* schreibt, wäre also jene Spielbewegung, welche diese Differenzen, diese Effekte der Differenz, durch das »produziert«, was nicht einfach Tätigkeit ist. Die *différance*, die diese Differenzen hervorbringt, geht ihnen nicht etwa in einer einfachen und an sich unmodifizierten, indifferenten Gegenwart voraus. Die *différance* ist der nicht-volle, nicht-einfache Ursprung der Differenzen. Folglich kommt ihr der Name »Ursprung« nicht mehr zu[42]".

Nicht-existent ist diese „Schrift", da sie durch kein materielles Markieren als solche dargestellt werden kann. Sie ist kein Ding. Sie stellt die reine Möglichkeit des Kontrastes des Unterschieds dar. Grammatologie ist der Name für die Wissenschaft der Ur-Schrift. Bei Derrida bleibt es bei diesen philosophischen Überlegungen. Erst in der Kenogrammatik[43] kann diese Ur-Schrift in ihrer Operativität dargestellt werden[44].

Différance nennt Derrida also die endlose Aufschiebung des Sinnes. Sinn existiert nur als Sinnverschiebung. Diese permanente Sinnverschiebung läßt auch keine mit sich identische Subjektivität entstehen. Der Bewußtseinsstrom des Subjekts ist ständig in der Differenz zwischen dem, was er nicht mehr ist, was er jetzt ist und was er noch nicht ist. „In der Differenz zwischen dem Nicht-Mehr und dem Noch-Nicht verschwindet das Subjekt als undefinierbare, nicht-identifizierbare Erscheinung, deren begriffliche Basis zerbröckelt[45]." Allerdings ließe sich mit Zima sagen: „Individuelle Subjektivität setzt weder Sinnpräsenz noch Sinnkonstanz, noch eine starre Identität (x=x) voraus, sondern ist als *Zusammenwirken von narrativen Programmen und als dialogischer Prozeß aufzufassen, d.h. als ständige Auseinandersetzung mit dem Anderen*[46]."

Ausgehend von dieser Überlegung stellt sich Zima die Frage, „ob nur die Dekonstruktion in der Lage ist, der Historizität und dem Bedeutungswandel der Begriffe Rechnung zu tragen. Als Alternative zu dekonstruktivistischen Lösungen zeichnet sich eine Metatheorie ab, die von dem Gedanken ausgeht, daß alle theoretischen Diskurse in dialogischen Kontexten entstehen und daß Begriffe sowohl zwischen heterogenen Diskursen als auch innerhalb ein und desselben Diskurses, der stets eine dialogische Struktur aufweist, einen Bedeutungswandel durchmachen können[47]."

d) Die Transformationsgrammatik nach Noam Chomsky

Wenn wir hier von der Chomskyschen Transformationsgrammatik reden, dann ist dies nicht ganz korrekt, da Chomsky seinen Ansatz mehrere Male umgearbeitet hat. Dies ist allerdings für den Verwendungskontext, nämlich das Verhältnis von Transformationsgrammatik und NLP-Meta-Modell, uninteressant, da sich Bandler und Grinder auf den Stand der Chomskyschen Entwicklung zu Beginn der 70er Jahre beziehen und sich weder auf frühere noch auf spätere Varianten jemals bezogen haben. Des weiteren soll hier noch bemerkt werden, daß unsere Kritik sich primär auf die Anwendbarkeit dieses Grammatikansatzes hinsichtlich eines psychotherapeutischen Fragemodells bezieht und nicht so sehr auf die Bedeutung dieses Ansatzes innerhalb der Linguistik selbst.

Unsere kurze Darstellung an dieser Stelle beansprucht natürlich nicht, die enorme Komplexität dieses Ansatzes auch nur annähernd genau darzustellen. Wir beziehen uns lediglich auf die Gedanken und Vorgehensweisen innerhalb der Transformationsgrammatik, die für Bandler und Grinder selbst von argumentativer Bedeutung waren.

Chomsky entwickelte die Transformationsgrammatik mit dem Ziel, eine mathematisch präzise Beschreibung der wichtigsten Eigenschaften von Sprachen zu geben. Einer der auffälligsten Aspekte, den eine solche Grammatik beschreiben sollte, war die Kreativität der Sprache. Oder anders ausgedrückt die Tatsache, daß mit endlich vielen Regeln unendlich viele Sätze produziert werden können. Und obwohl wir als Muttersprachler natürlich nie alle möglichen Sätze kennen können, fällt es uns offenbar nicht schwer, einen Satz, den wir noch nie gehört haben, zu verstehen, vorausgesetzt, daß wir die Bedeutung aller Worte dieses Satzes kennen.

In diesem Zusammenhang ist festzuhalten, daß weder die Chomskysche Transformationsgrammatik noch irgendein anderes grammatisches System bisher in der Lage war, eine komplette Grammatik für irgendeine der bestehenden Sprachen zu erstellen. Nichtsdestotrotz bleibt es das Ziel eines chomskyanischen Ansatzes, einen Satz von Regeln zu finden, aus dem alle und nur die Sätze einer gegebenen Sprache abgeleitet werden können, die auch von den Muttersprachlern als Sätze dieser Sprache akzeptiert werden können.

Aus dem Gesagten folgt notwendigerweise, daß die Regeln dieser Grammatik rekursiv sein müssen. D.h., um aus endlich vielen Regeln unendlich viele Sätze ableiten zu können, muß es eine Möglichkeit geben, die Regeln auf das Produkt der Regeln immer wieder anwenden zu können.

Chomsky entwickelte in seinem bahnbrechenden Buch *Syntactic Structures*[48] folgende Formalisierung für eine Grammatik, die auf einer Phrasenstruktur aufbaut:

1. Satz → NP + VP (Diese Regel bedeutet: Jeder Satz kann in eine noun phrase (Substantivsatz) und eine verb phrase (Verbsatz) aufgeteilt werden.)
2. NP → T + N (Diese Regel besagt: Vor eine noun phrase kann ein Artikel (the) gesetzt werden.)
3. VP → Verb + NP (Diese Regel besagt: die Verbphrase kann zerlegt werden in ein Verb und eine noun phrase.)
4. T → the (Der Artikel wird in der englischen Sprache durch „the" dargestellt.)
5. N → [Mann, Ball, ...] (Für N kann jetzt jedes beliebige Substantiv eingesetzt werden.)
6. Verb → [schlagen, nehmen, ...] (Für Verb kann jedes beliebige Verb eingesetzt werden.)

Wenn man diese Regeln nacheinander anwendet, entsteht zum Beispiel der Satz: Der Mann schlug den Ball. In der üblichen Baumschreibweise der Transformationsgrammatik entsteht dann folgender Ableitungsbaum:

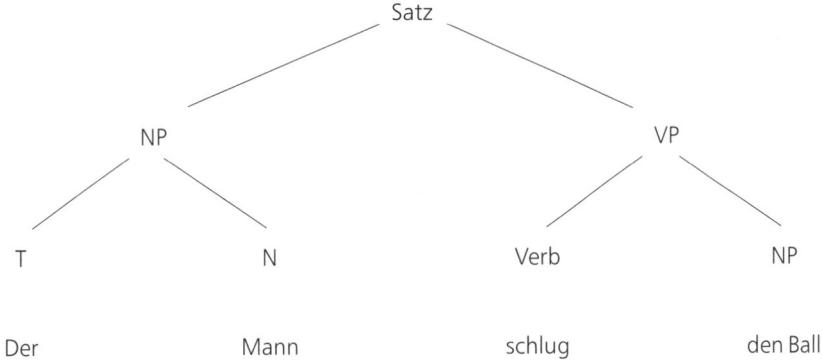

Der Chomskysche Ansatz, Sätze einer natürlichen Sprache durch rekursive Regeln darzustellen, stellt den Versuch dar, die Theorie endlicher Automaten und die Theorie rekursiver Funktionen für das Verständnis natürlicher Sprachen nutzbar zu machen[49]. Es ist klar, daß der obengenannte Satz nur ein sehr simples Beispiel ist, aber er vermittelt ein erstes Verständnis davon, wie man sich in der Transformationsgrammatik den Aufbau von Sätzen über solche Regeln vorstellt.

Wie man leicht erkennen kann, ist dieser mathematisch-automatentheoretische Versuch, die grammatische Struktur einer Sprache zu verstehen, für Therapeuten auf den ersten Blick nicht besonders attraktiv. Um so mehr verwundert es, daß Bandler und Grinder meinten, ein Rekurs auf Chomsky könnte für ein tieferes Verständnis linguistischer Aspekte therapeutischer Kommunikation wichtig sein. Der eigentliche Grund scheint uns, neben dem Versuch, sich akademisch zu profilieren, das Versprechen zu sein, daß die Unterscheidung von Tiefenstruktur und Oberflächenstruktur das Verhältnis von tatsächlicher Bedeutung eines Satzes und seiner jeweiligen Erscheinungsform aufhellen kann. Jeder Therapeut, wenn er sich nicht schon zu einem tiefen Sprachpessimisten gewandelt hat, steht vor dem Problem, aus den Spachäußerungen seiner Klienten auf das von ihnen Gemeinte schließen zu müssen. Insofern stellt das Versprechen der Chomsky-Grammatik auf den ersten Blick eine verlockende Lösung dieses Problems dar.

Die Tiefenstruktur eines Satzes stellt sich Chomsky als die *vollständige* Struktur und damit als die vollständige semantische Interpretation eines Satzes vor. Die Oberflächenstruktur ist demnach eine abgekürzte Form der Tiefenstruktur.

Im obengenannten Beispiel könnte man als Oberflächenstruktur z.B. Sätze finden wie: *Der Mann schlug* oder: *Etwas wurde geschlagen* oder: *Jemand schlug* usw. Jeden dieser Sätze kann man durch eine Frage ergänzen, z.B:

➤ Was wurde geschlagen?
➤ Wer schlug?
➤ etc.

Allerdings ließe sich der obige Satz selbst, der hier als Tiefenstruktur fungiert, leicht selbst sinnvoll weiter befragen, z.B.:

➤ Wohin schlug der Mann den Ball?
➤ Womit?
➤ Wie weit schlug er den Ball?
➤ Welchen Ball schlug er?
➤ etc.

Aus diesem einfachen Beispiel läßt sich leicht erkennen, daß es zu jeder Tiefenstruktur immer noch eine tiefere gibt, was die Vorstellung einer letztendlichen, eigentlichen Tiefenstruktur auflöst.

Darüber hinaus liefert diese Interpretation keine vernünftige Erklärung für die Tiefenstruktur von Tropen[50]. Sagt jemand zum Beispiel: „Wir sitzen alle in einem Boot", dann macht es wenig Sinn, nach der Art des Sitzens im Boot, nach der Art des Bootes usw. zu fragen, da diese Fragen nur dann Sinn machen würden, wenn sich der Satz auf Menschen beziehen würde, die in einem realen Boot sitzen, und nicht auf Menschen mit einer gemeinsamen Interessenlage o.ä.

Diese Kritik an Chomsky findet sich u.a. bei Steve de Shazer, und auch wir sind der Ansicht, daß der transformationsgrammatische Überbau des Meta-Modells, unabhängig von seiner innerlinguistischen Bedeutung, für ein therapeutisches Fragemodell sowohl unnötig als auch limitierend ist. Darauf wird im 2. Teil des Buches ausführlich eingegangen. Hier sei nur noch darauf hingewiesen, daß auch Bandler und Grinder sich in späteren Arbeiten auf diese theoretische Begründung nicht weiter beziehen. Des weiteren gibt es gelegentliche Äußerungen von Bandler auf Seminaren, des Inhalts: eigentlich sei nur das vierte Kapitel von Magie I wirklich wichtig, die darauf hindeuten, daß auch Bandler in späteren Jahren diesen Begründungsversuch hinter sich gelassen hat.

3. Philosophische Grundrichtungen

Alle Therapiemethoden beruhen explizit oder implizit auf philosophischen Vorannahmen. Ein Beispiel wäre die systemische Therapie, die sich in ihrer Theorie explizit auf den Konstruktivismus und die Kybernetik bezieht. In diesem Abschnitt soll dem Leser ein Überblick über diejenigen philosophischen Richtungen gegeben werden, die den Therapiemethoden zugrunde liegen. Dabei beabsichtigen wir nicht, eine auch nur annähernd vollständige Darstellung der philosophischen Richtungen zu leisten[51]. Die Erklärungen dienen lediglich dazu, den philosophisch nicht vorgebildeten Lesern ein zumindest skizzenhaftes Verständnis grundlegender philosophischer Positionen zu ermöglichen, da sich die Therapiemethoden auf die eine oder andere Weise auf diese Disziplinen beziehen. Dabei bringen die Autoren auch eigene Wertungen mit ein.

a) Der Konstruktivismus

Der Konstruktivismus ist in den Sozialwissenschaften und in bestimmten Psychotherapiemethoden sehr populär. Er bildet heute die erkenntnistheoretische Grundlage der systemischen Therapie und des systemischen Denkens und hat als solche auf das tatsächliche therapeutische Vorgehen starke Auswirkungen. Es hat auch ins NLP[52] und in den Ansatz des BFTC Eingang gefunden.

Worum geht es?

Die Kernfrage des Konstruktivismus lautet: Auf welche Weise haben wir Anteil an der Konstruktion unserer Erfahrungswelt? – Die Antwort: Menschen sind darauf angewiesen, „Landkarten" der Welt zu entwickeln, um sich in dieser zurechtfinden zu können. Dazu gehört es, die Dinge, die uns umgeben, zu benennen, d.h. Konzepte von ihnen zu bilden. Wirklichkeit ist das Produkt **wirk**-samer Unterscheidungen[53], die man zum Beispiel durch Begriffszuschreibungen vornimmt wie z.B.:

➤ „Dies ist ein Baum."
➤ „Dies ist mein Körper."
➤ „Dies ist eine Familie."

Zu Schwierigkeiten kann es dann kommen, wenn man vergißt, daß solche Konzepte nur Bezeichnungen bzw. Labels sind und nicht die Dinge an sich. Die Konzepte sind unsere Erfindung[54]. Diese Aussage wird praktisch relevant, wenn wir an Begriffe denken, die im NLP „Nominalisierungen" genannt werden. Nominalisierungen sind Substantive, deren Gegenstand nicht physisch in der Welt vorhanden ist: z.B. Begriffe wie „Freude, „Seele", „Planung". Wer wollte bestimmen, was „Freude" wirklich ist? Oder: Ob sich meine Frau wirklich darüber freut, daß ich eine Stunde früher nach Hause gekommen bin, wird schwerlich jemand objektiv beurteilen können. Wie aber steht es mit „realen" Gegenständen wie einem Baum? Der existiert doch wirklich – oder?

Radikale Konstruktivisten sind auch hier skeptisch. Spätestens seitdem der Physiker Heisenberg entdeckte, daß die Position der Beobachter und die Art ihrer Fragen darüber entscheidet, ob es sich bei dem Beobachteten um ein Teilchen oder eine Welle handelt (Heisenbergsche Unschärferelation), setzte sich die Erkenntnis durch, daß auch die physische Welt ein Konstrukt ist. „Die Welt ist ein Prozeß. Sie ist nicht, sie geschieht!"[55] „Wirklichkeit" wird durch einen langen Prozeß von Sozialisation und Versprachlichung im gesellschaftlichen Dialog konstruiert. „Systeme konstruieren gemeinsame Wirklichkeit als Konsens darüber, wie die Dinge zu sehen sind. Die gemeinsame Sichtweise davon, was als ‚Wirklichkeit' in einem System erlebt wird, ist weitgehend bestimmend für Glück oder Unglück, Zufriedenheit oder Unzufriedenheit"[56].

Bevor eingehender auf die Grundthese „Die Landkarte ist nicht das Gebiet" und daraus sich ableitende Fragen eingegangen wird, soll noch einiges über die Geschichte und die Bedeutung des Konstruktivismus für zentrale gesellschaftliche Bereiche gesagt werden.

Geschichte und gesellschaftliche Bedeutung

Seinen Anfang nahm der Konstruktivismus in den Naturwissenschaften, genauer gesagt in der Kybernetik, weshalb einführend einiges zur Modellbildung[57] in den Naturwissenschaften gesagt werden soll. Dort hat man die Erfahrung gemacht, daß eine Theorie mit hoher Vorhersagekraft und ohne Gegenbeispiel dennoch nicht die „Wahrheit" ausdrücken muß.

Ein Beispiel ist die Newtonsche Gravitationstheorie, die von der Vorstellung ausgeht, daß es eine Anziehungskraft gibt. Die Stärke dieser Kraft ist direkt proportional zu der Masse der sich anziehenden Körper und umgekehrt proportional zum Quadrat der Entfernung. Wie diese Kraft allerdings durch den leeren Raum hindurch nach den Körpern „greift" und sie „festhält", war für Newton selbst unerklärlich und mysteriös. In der Einsteinschen Vorstellung haben hingegen die Planetenbahnen mit einer Anziehungskraft gar nichts zu tun, sondern sie sind Ausdruck der Raumkrümmung, die ihrerseits von der Masse abhängig ist. Beide Theorien bzw. mathematischen Modelle können die Planetenbahnen beschreiben und voraussagen. Die Einsteinsche Theorie kann allerdings zusätzlich auch noch das Phänomen voraussagen, daß das Licht eines Sternes von der Masse der Sonne gebeugt wird, also sozusagen „um die Kurve" fliegt. Dieses Phänomen, von der Relativitätstheorie vorausgesagt und in vielen Beobachtungen bestätigt, ist im Rahmen der Newtonschen Theorie weder vorhersagbar noch erklärbar. Diese und ähnliche Erfahrungen haben die Physiker dazu veranlaßt, ihre Vorstellungen von Kraft oder gekrümmtem Raum usw. nicht mehr als exakte Widerspiegelung der Wirklichkeit zu betrachten, sondern als ein Modell, in dessen Rahmen die bisher bekannten Fakten am besten einheitlich und zusammenhängend erklärt werden können.

Das bedeutet auch, daß diese beiden Modelle (Anziehungskraft und gekrümmter Raum) sich ausschließlich in ihrer Erklärungs- und Vorhersagekapazität unterscheiden, aber nicht in ihrer Wahrheit. Oder anders gesagt: Es könnte demnächst ein neues Modell geben, in dem weder Anziehungskraft noch Raumkrümmung, sondern etwas Drittes die Gravitationsphänomene erklärt. Erkenntnisfortschritt bedeutet in den Naturwissenschaften also nichts weiter, als Modelle zu entwickeln, die immer mehr und immer genauer die Beobachtungsdaten erklären bzw. mögliche Beobachtungen, die bisher noch nicht gemacht worden sind, vorhersagen können.

Die Ergebnisse der modernen Biologie, besonders der Neurophysiologie und der Gehirnforschung, machen uns immer deutlicher bewußt, daß unser Bild von der Welt durch einen sehr komplexen Bearbeitungsprozeß der Sinnesdaten in unserem Gehirn entsteht. „Da draußen" gibt es weder Farben noch Düfte usw.; all dies sind Produkte unseres Gehirns. Dies soll nicht heißen, daß es „da draußen" keine wirkliche Welt gibt, aber sie ist uns eben nur über diesen Vermittlungsprozeß gegeben. Das Gehirn konstruiert unsere Erfahrung von der Welt[58].

Der Konstruktivismus ist in einem gewissen Sinne die Philosophie der philosophierenden Naturwissenschaftler, die sich der Theorievermitteltheit ihres Weltmodells bewußt geworden sind. Die Übernahme dieses Modells in die Sozialwissenschaften lag insofern nahe, als zusätzlich zu den obengenannten Phänomenen der Bewertungscharakter –, was gut und schlecht ist, was krank und was gesund ist usw. – explizit berücksichtigt werden konnte. Das, was als krank oder gesund gilt, als normal oder unnormal, variiert sowohl von einer Kultur zur anderen als auch innerhalb einer Kultur zwischen verschiedenen sozialen Schichten und außerdem nochmals in der Zeit. In diesem Sinne weist der Konstruktivismus auf einen realen Tatbestand hin.

Kritik an der konstruktivistischen Position

An dieser Stelle sollen einige kritische Anmerkungen zum Konstruktivismus bzw. zum Umgang mit ihm gemacht werden. Die erste bezieht sich auf die zentrale Vorannahme „The map is not the territory". Daß eine Karte nicht die Gegend ist, von der sie eine Karte ist, weiß jedes Kind. Die zwei wichtigen Gründe, warum dieser Satz in der Psychotherapie konstruktivistischer Provenienz eine solche Bedeutung gewonnen hat, sind wohl die, daß Menschen diese Unterscheidung häufig vergessen und sich so verhalten, als hielten sie ihr Modell von der Welt für die Welt selbst. Zweitens haben auch die Therapeuten lange Zeit ihre Konstrukte (Es, Ich, Über-Ich, Kind-Ich, Erwachsenen-Ich, Eltern-Ich, Teile, das Unbewußte etc.) für die Wirklichkeit gehalten. Insofern ist der Konstruktivismus eine heilsame Antwort auf allzu selbstverständlich gewordene Simplifizierungen.

Das Problem, das sich hinter der Aussage „The map is not the territory" verbirgt, erschließt sich erst, wenn man einen Schritt weitergeht, indem man fragt: Was macht eine Karte brauchbar? Die Antwort: Die strukturelle Ähnlichkeit von Karte und Gebiet. Wie aber stelle ich diese Ähnlichkeit fest, wenn ich gar keinen direkten Zugang zur Wirklichkeit habe? Und darüber hinaus: Wenn ich mir bewußtmache, daß meine Karte von der Wirklichkeit selbst ein Teil der Wirklichkeit ist, dann muß auf meiner Karte ein Bild der Karte selbst existieren usw. Die erste Frage führt im Konstruktivismus sehr leicht zu Relativismus, Skeptizismus und Sophisterei. Die zweite in einen unendlichen Regreß.

Die Tatsache, daß unser Welterleben und unser Weltverstehen kategorial vermittelt und weit davon entfernt ist, ein naiv-realistisches Abbild von der Realität zu sein, war allerdings in der Philosophie schon lange vor dem Konstruktivismus eine Binsenwahrheit.

Interessanter ist insofern die Frage: Wie kann man kategoriale Vermittlung und Welterkenntnis so zusammenbringen, daß die obengenannten Probleme vermieden werden?

Manche Therapeuten, namentlich systemisch arbeitende, kritisieren aus der Position des radikalen Konstruktivismus heraus die Vorstellung, daß das Problem, so wie es von der Klientin geschildert worden ist, das Wie und das Was der Therapeuten-Klienten-Beziehung organisiert. Richtiger sei die Beschreibung, daß durch das System Therapeutin-Klientin das Problem erst konstruiert wird. D.h., das, was die Klientin als Problem mitbringt, erfährt in der Interaktion zwischen ihr und der Therapeutin eine Umdeutung, und die Art der Umdeutung ist das Produkt einer Kokreation von beiden.

In der Psychotherapie gibt es eine Reihe von Problemen, für die diese Sichtweise zutrifft. D.h., alleine durch eine neue Bewertung der Situation, durch einen neuen Blickwinkel, eine zusätzliche Einsicht usw. verlieren sie ihren Problemstatus. Metaphorisch ist dies in der Geschichte vom häßlichen Entlein abgebildet. Nachdem es erkannte, daß es gar nicht häßlich ist, weil es eigentlich ein Schwan ist, war das Problem gelöst. Entsprechend kann man sich viele Beispiele vorstellen, in denen Klienten unter einer Vorstellung leiden, die sich durch eine neue Erkenntnis auflöst.

Diese Vorgehensweise läßt sich so aber bei weitem nicht auf alle Probleme anwenden. Einige Beispiele sollen dies verdeutlichen:

Beispiel 1:
Eine Klientin geht zu einer Ärztin und äußert als Problem, „ungewöhnlich häufig müde und erschöpft zu sein". Die Ärztin vermutet auf der Basis ihrer Vorkenntnisse plus der Ergebnisse der Blutuntersuchung, daß es sich um ein Leberproblem handeln könnte. Nach einer Ultraschalluntersuchung wird eine Fettleber diagnostiziert. Der Klientin wird mitgeteilt, daß ihre Müdigkeit Ausdruck eines Stoffwechselproblems der Leber ist und daß die Lösung „weniger essen, abnehmen und mehr Bewegung" lautet. Die Klientin befolgt die Anweisung der Ärztin, und nun ergeben sich zwei Möglichkeiten: Entweder geht die Müdigkeit weg oder nicht. Geht sie nicht weg, hat sich die Vermutung der Ärztin nicht bestätigt, oder in konstruktivistischem Jargon könnte man sagen: Diese Konstruktion hat sich nicht bewährt.

Wäre die gleiche Klientin mit der gleichen Symptomatik zu einer homöopathischen Ärztin gegangen, hätte diese eventuell diagnostiziert, daß es sich hier um Ausdruck einer unterdrückten Verbitterung handelt, und eine Hochpotenz verordnet.

Beide Konstruktionen (Fettleber, Verbitterung) stellen eine Redefinition der ursprünglichen Beschwerde (Müdigkeit) im Rahmen des Weltmodells der jeweiligen Ärztin dar. Aber wir können an den Folgen der verordneten Therapie erkennen, ob das von der Klientin ursprünglich formulierte Problem dadurch gelöst wurde oder nicht.

In der Psychotherapie, namentlich in der systemischen Therapie, wird nun seitens der Konstruktivisten großes Aufhebens um die Tatsache gemacht, daß Therapeutin und Klientin im Gespräch, ausgehend von der ursprünglichen Problemdefinition, ein neues (eigentliches) Problem konstruieren. Dabei wird aber vergessen, daß die Arbeit an dem neu konstruierten Problem nur dann Sinn macht, wenn auch das ursprünglich von der Klientin formulierte Problem dadurch verschwindet.

Beispiel 2:
Wenn eine Klientin in die Therapie kommt und berichtet, daß sie nicht auf ihren Balkon gehen kann, weil sie dort Schwindel- und Angstgefühle bekommt, dann ist es für sie völlig unerheblich, ob das als Ausdruck einer ungelösten Urangst interpretiert wird, als Indiz einer nicht geglückten Mutterbeziehung, als Ausdruck einer Stimulus-Response-Kopplung (Konditionierung) oder was auch immer. Egal, wie die Therapeutin das Problem neu konstruiert – was die Klientin interessiert, ist: Kann ich danach auf meinem Balkon sitzen und mich wohl fühlen? Ähnlich interessiert es die Klientin nur, ob ihre Müdigkeit verschwindet oder nicht.

Die Vorstellung, daß das Problem erst im System Therapeutin-Klientin konstruiert wird, ist entweder wahr und dann allerdings auch trivial. Oder aber es wird so getan, als wenn nur das, was in diesem System als Problem definiert wird, für die Klientin ein Problem sein könnte. Und diese Vorstellung ist grober Unsinn. – Vielmehr scheint die Situation so zu sein, daß Klienten ein lebensweltliches Verständnis von „ihren Problemen" haben. Und das besagt kurz gesagt folgendes:

a) Ich habe Empfindungen und Verhaltensweisen, die mir unangenehm sind.
b) Diese sind nicht ausschließlich körperlich verursacht. Und:
c) Sie könnten veränderbar sein.

Je nachdem, zu welcher Ärztin oder Therapeutin die Klientin jetzt geht, wird sie mit unterschiedlichen Erklärungsmodellen, Herangehensweisen, Interventionsmethoden konfrontiert. Diese kann sie weder im Falle der Ärztin noch der Psychotherapeutin in ihrer Wirksamkeit und Angemessenheit wirklich beurteilen. Vielmehr gibt sie der jeweiligen Expertin einen gewissen Vertrauensvorschuß und hofft, daß deren Vorgehensweise ihr hilft, ihr Problem zu lösen. Und wenn es dazu notwendig ist, ihre Eßgewohnheiten zu verändern, Sport zu treiben, bestimmte Medikamente zu nehmen, sich an unangenehme Erfahrungen aus der Kindheit zu erinnern, magische Rituale auszuführen usw., dann wird sie dies in gutem Glauben eine Zeitlang tun in der Erwartung, daß ihr Problem sich dadurch löst.

Insofern erscheint uns der Übergang von „Das Problem konstituiert das System" zu „Das System konstituiert das Problem" etwas durchaus Richtiges abzubilden. Es ist aber nicht so, daß das eine besser als das andere ist. Vielmehr gilt ganz offensichtlich beides[59]. Das Problem führt die Klientin zu einer Therapeutin bzw. Fachfrau und begründet dadurch das System Klientin-Fachfrau. Innerhalb dieser Beziehung wird primär von der Fachfrau das Problem redefiniert, konstruiert, dekonstruiert, reframet usw. Diese Beziehung bleibt aber nur so lange bestehen, wie die Klientin davon überzeugt ist, daß das, was in diesem System geschieht, nützlich ist, um ihr Problem zu lösen. Glaubt sie das nicht mehr, beendet sie die Beziehung und damit die Möglichkeit, daß das System das Problem definiert. Mit Stephan Geene ließe sich sagen: „Auch wenn jede Krankheit eine Konstruktion ist, ist deshalb nicht jede Konstruktion gleich[60]".

b) Das Konzept der Autopoiese von Maturana und Varela

Das Konzept der Autopoiese beinhaltet erkenntnistheoretische Aussagen über Leben und Wahrnehmung, die konstruktivistischen Grundannahmen entsprechen. Es hat aber vor allem in der systemischen Therapie der 80er Jahre eine eigenständige Bedeutung erlangt und wurde u.a. von der Mailänder Gruppe[61] als erkenntnistheoretische Grundlage für die Arbeit mit Familien verwandt und von vielen systemisch arbeitenden Therapeuten übernommen.

„Ein System ist nicht ein Etwas, das dem Beobachter präsentiert wird, es ist ein Etwas, das von ihm erkannt wird[62]". Denn Beobachter fällen Entscheidungen darüber, wie sie die hochkomplexe Ganzheit eines Ökosystems in Subganzheiten (z.B. Mensch, Familie, Verhalten) aufteilen. Die Wirklichkeit (als phänomenale Welt, wie sie vom Beobachter erkannt worden ist) kann nie losgelöst vom Betrachter gesehen werden, der diese Wirklichkeit durch den Akt des Beobachtens erst hervorbringt. Das gilt auch für Systeme. Und es ist müßig zu fragen, ob die „Wirklichkeit" unabhängig vom erkennenden System existiert[63]. Damit wird das Konzept der Kybernetik 2. Ordnung in die systemische Therapie eingeführt. Die systemische Therapeutin weiß, daß sie Anteil hat an der Konstruktion des Problems.

Gemäß der biologischen Sichtweise gehen Maturana und Varela davon aus, daß
1. Systeme keinen anderen Zweck haben, als sich selbst zu reproduzieren;
2. die jeweils aktuelle Struktur des Systems determiniert, in welchen Grenzen sich ein Lebewesen verändern kann, ohne zu sterben – man sagt, daß Systeme strukturell determiniert sind;
3. Systeme nur mit ihren Eigenzuständen operieren können – nicht mit systemfremden Komponenten. Sie sind operationell geschlossen.

Maturana und Varela bezweifeln nicht, daß lebende Systeme Informationen von außen (vom Milieu) aufnehmen und verarbeiten können. Was behauptet wird, ist, daß Systeme nicht unbegrenzt von außen beeinflußbar und instruierbar sind. Maturana und Varela unterscheiden Einwirkungen der Umwelt, die das System nicht anregen, und Perturbationen. Perturbationen sind Einwirkungen des Milieus auf ein System, auf die das System reagiert. Darin drückt sich eine Eigenschaft lebender Systeme aus, die Maturana und Varela als Autonomie bezeichnen. Sie kann nicht durch Instruktionen von außen aufgehoben werden. So ist beispielsweise keine Zwangsmaßnahme in der Lage, einen Menschen dazu zu zwingen, jemand anderen zu lieben. Auf den therapeutischen Kontext angewandt heißt dies, daß Veränderungsangebote des Therapeuten nur dann wirken (d.h. Perturbationen sind), wenn sie zur Struktur des Klienten passen.

Wenn lebende Systeme letztlich nur durch ihre eigene Struktur instruierbar sind, stellt sich die Frage: Wie können zwei operationell geschlossene Lebewesen (z.B. zwei Menschen) miteinander in Austausch treten? Diese Frage beantworten Maturana und Varela mit dem Konzept der Ko-Evolution, in dem sich zwei lebende Systeme „strukturell koppeln". Strukturelle Kopplung liegt vor, wenn sich zwei (oder mehr) autopoietische Einheiten so organisiert haben, daß ihre Interaktionen einen rekursiven und sehr stabilen Charakter erlangt haben, daß sie zueinander „passen".

c) Existenzialismus

Von den in diesem Buch untersuchten Therapiemethoden beziehen sich die GT und die RET auf den Existenzialismus. Allerdings bleibt die Art des Bezugs unbestimmt. D.h., wie diese Positionen sich in der Therapiekonzeption widerspiegeln, bleibt weitgehend unklar. Des weiteren ist unklar, auf welche der vielen Strömungen im Existenzialismus sich die verschiedenen Autoren im einzelnen tatsächlich beziehen. Trotzdem wollen wir den Existenzialismus in seinen grundlegenden Zügen, soweit er für Psychotherapeuten relevant ist, hier in sehr geraffter Weise vorstellen.

Traditionell wird Søren Kierkegaard (1813–55) als der Begründer des Existenzialismus angesehen. Für ihn wird die Frage nach dem Selbst des Menschen und nach seiner Existenz zur Schlüsselfrage seines Denkens. Diese Fragestellung ist im Gegensatz zu ontologischen und logischen Fragestellungen traditioneller Philosophie naturgemäß näher an den Problemen der Psychotherapie und insofern eine mögliche Quelle der Inspiration für das Nachdenken über die conditio humana.

Ihm zufolge hat der Mensch nicht nur die Möglichkeit, sondern ist die lebendige Notwendigkeit, in Beziehung zu den verschiedenen Synthesen zu treten, die ihn ausmachen; zum Beispiel die Synthese von Endlichkeit und Unendlichkeit, von Freiheit und Notwendigkeit. Er ist die Fähigkeit, über solche Spannungsverhältnisse zu reflektieren. Das macht das Selbst aus.

Das Selbstsein ist dem Menschen also nicht einfach gegeben, sondern aufgegeben, dadurch, daß er sich bewußt zu der Synthese seines Seins verhält. Dadurch ist zugleich die Möglichkeit gegeben, daß er sich zu seiner Synthese in einem *Mißverhältnis* befindet und sich so selbst verfehlt. Kierkegaard kritisiert an der Philosophie Hegels deren Abstraktheit. Ihm geht es darum, „mich selbst in *Existenz* zu verstehen". Dadurch, daß die existenzialistischen Denker die menschliche Existenz ins Zentrum des Interesses rücken, stellt sich die Frage: Was ist der Mensch?

Kierkegaard entwickelte als religiöser Denker ein Drei-Phasen-Modell der menschlichen Existenz, in folgende grundlegenden Kategorien eingeteilt: Im *Ästhetischen Stadium* lebt der Mensch in der Unmittelbarkeit, d.h., er hat sich noch nicht als Selbst gewählt. Er lebt im und vom Äußerlichen und Sinnlichen, nach der

Devise: „Man soll das Leben genießen." Eine solche Sichtweise finden wir z.B. im NLP, wie es von R. Bandler gelehrt wird. Das Leben ist ein großes Selbstexperiment mit dem Ziel, Spaß und Genuß zu mehren und Probleme und Leiden zu minimieren. Der Mensch wird zum Designer seines subjektiven Erlebens[64]. Die verschiedenen Lebensmöglichkeiten erscheinen als im Prinzip beliebig bzw. relativ zu den frei gewählten Zielen.

„Der Ästhetiker spielt mit Möglichkeiten, Verbindlichkeit und Ernsthaftigkeit aber gehen ihm ab. Die Angst und die damit verbundene Schwermut angesichts der Endlichkeit des Lebens werden beschwichtigt, indem der Ästhetiker sich konsequent mit der Endlichkeit abfindet. Das Vergessenkönnen wird zur Kunst[65]".

Da die Bedingungen des Daseins nicht der Kontrolle des Menschen unterstehen und ihm jederzeit entzogen werden können, ist die uneingestandene Grundstimmung die der Verzweiflung.

Der Sprung in das *Ethische Stadium* findet statt, wenn der einzelne sich in seiner Verzweiflung selbst wählt: „... denn nur mich selbst kann ich absolut wählen, und diese absolute Wahl meiner selbst ist meine Freiheit, und nur indem ich mich selbst absolut gewählt habe, habe ich eine absolute Differenz gesetzt, die nämlich zwischen Gut und Böse."

Dadurch erhält das Leben seinen Ernst und seine Kontinuität. Allerdings erkennt der Mensch in dieser Phase, daß er nicht in der Lage ist, ein ethisch einwandfreies Leben zu führen. Er lebt immer bis zu einem gewissen Grade in Schuld und Sünde. Er erkennt auch, daß die Möglichkeit der Wahl letztlich gleichbedeutend mit der Unmöglichkeit des Nicht-wählen-Könnens ist. Auch sich nicht zu entscheiden ist eine Entscheidung. In diesem Stadium ist nach Kierkegaard eine geglückte Form der Existenz noch gar nicht möglich; diese gelingt ihm erst im religiösen Stadium.

Selbstaktualisierung im Sinne von Rogers kann in diesem Sinne als Versuch einer geglückten Existenz im Rahmen des ethischen Stadiums interpretiert werden.

Im *Religiösen Stadium* gründet sich der Mensch vorbehaltlos in Gott. Dieser Schritt Kierkegaards ist nach dem „Tode Gottes" und den erfolglosen Versuchen einer Theodizee (Rechtfertigung Gottes hinsichtlich des von ihm in der Welt zugelassenen Übels) wohl kaum noch gangbar[66]. Man findet daher in der gegenwärtigen Philosophie und Therapie eher Formen der Anthropodizee, also Versuche, das Übel der conditio humana aus den Formen menschlicher Vergesellschaftung zu erklären. Dabei stößt man schnell auf die Frage, wie man zu einem Leben vorbehaltlos ja sagen soll, das das „unschuldige" Kind von Anfang an in einen Traumatisierungs- und Verstrickungszusammenhang hinein entläßt, an dem es keine persönliche Schuld haben kann. Existenz (im modernen Sinne) ist also unaufhebbar mit der Erfahrung der Kontingenz verbunden. Kontingenz meint hier: Was es gibt, könnte es auch nicht geben. „Der Mensch kann sich keiner höheren Absicht mehr gewiß sein, und wenn er doch daran glaubt, so muß er über einen Kierkegaardschen Abgrund springen[67]." Auf dem Hintergrund der Heideggerschen Angstanalyse, die ausdrücklich nicht die Todesangst zum Thema hat, könnte man auch sagen, daß in der Angst offenbar wird, daß das alltägliche Leben auf der Flucht vor seiner Kontingenz ist. Sofern man nicht auf reinkarnationstheoretische Denkfiguren zurückgreift, bleibt das moralische Bewußtsein im Zustand der Ratlosigkeit.

Berne formuliert diese Tragik wie folgt: „Die Tragödie bzw. die Komödie des menschlichen Lebens besteht darin, daß das Leben bereits von einem Kleinkind im Vorschulalter geplant wird, einem Wesen, das nur eine sehr begrenzte Kenntnis von der großen Welt draußen hat und dessen Herz überwiegend mit Dingen angefüllt ist, die es von seinen Eltern erfahren hat. Dieses Kind kann Fakten nicht von Selbsttäuschungen unterscheiden, und sogar die alltäglichsten Ereignisse erscheinen in seiner Sicht verzerrt[68]".

„Ich bin unschuldig!" (Hiob 9,21; 33,9) kann der Klient in der Therapie, Hiob folgend, ausrufen, aber er wird die Erfahrung machen, daß sein Ruf ungehört verhallt. Der Therapeut als Mit-Mensch, als DU (Buber) kann dies nur bestätigen und ihn fragen: „Wer sagt, daß das Leben fair ist?", um sich dann mit ihm gemeinsam an den Prozeß der emotional-kognitiven Restrukturierung – früher sagte man Heilung – zu machen.

Die religiöse Haltung mag der einzelne Klient zwar für sich entwickeln, überfordert aber den modernen Therapeuten. Dieser kann nach dem „Tode Gottes" (Nietzsche) nicht einfach die Rolle des Seelenhirten, des

Priesters übernehmen, der den Klienten in der Therapie auf dieses Stadium vorbereitet bzw. ihn bei dieser Transformation unterstützt. Obwohl es in den neoesoterischen Therapieformen durchaus Bestrebungen in diese Richtung gibt, gehört diese Art zu arbeiten sicherlich nicht zum Mainstream der heutigen Therapieformen und ganz sicherlich nicht zu den Zielen der hier diskutierten Ansätze.

Von Kierkegaard aus gedacht ließe sich allerdings fragen, ob nicht die verschiedensten Ansätze zur Dekonstruktion des Ich bzw. des Subjekts nicht auch als Verzweiflungsformen gedeutet werden können, die ihren Ursprung in der Weigerung finden, man selbst zu sein[69]. Aber selbst dies ist als Selbstwahl verstehbar: „... nämlich kein Selbst in der Zeit ausbilden zu wollen, nicht die Person mit einer selbst gewählten Geschichte werden zu wollen. Und es wäre Ausdruck dieser Form von Selbstwahl, das Ich in seine vielen, nicht mehr miteinander vermittelten Geschichten aufgehen zu lassen. Pluralisierung des Ich in der Vielfältigkeit der Selbstexperimente als verfehlte Selbstwahl[70]".

Der Sprachpessimismus de Shazers („Man kann den anderen letztlich nicht verstehen") ließe sich in diesem Sinne als eine temperierte Form der Verzweiflung lesen.

Kommen wir nun zu den wichtigsten Existenzialisten des 20. Jahrhunderts und zu den von ihnen betonten Aspekten:

Unter den Existenzphilosophen des 20. Jahrhundert ist Karl Jaspers (1883-1969) am stärksten von Kierkegaard beeinflußt. Er selbst war nicht nur Philosoph, sondern auch Psychologe und Psychotherapeut. Er kritisiert die naturwissenschaftliche Haltung, insofern sie alles unter objektiven Gesichtspunkten (d.h. von außen) thematisiert. Das Sein, das der Mensch selbst ist, kennt er aber nur von innen. Insofern geht es ihm um *Existenzerhellung*. Existenz ist für Jaspers das, was wesentlich mein Selbst ausmacht, im Gegensatz zu allem Äußerlichen, welches nicht von mir abhängt. Um aus der fraglosen Geborgenheit seiner äußeren Bedingungen zur Existenz zu kommen bedarf es der *Grenzsituationen* (Tod, Kampf, Leiden, Schuld). Die Existenz kann der Mensch aber nie allein verwirklichen, sondern nur in der *Kommunikation* mit den Mitmenschen. „Nur durch den anderen kommt der Mensch zur Klarheit über sich selbst."

Solche *Grenzsituationen* sind es, die Menschen unter Umständen in die Therapie treiben. Insofern können zumindest einige Ansätze in der Psychotherapie auch als eine Form der Existenzerhellung verstanden werden. Die Unhintergehbarkeit des Du liefert dem Therapeuten in dieser Sichtweise seine existenzielle Dignität; allerdings ist noch nicht ausgemacht, wo er sich auf der Skala zwischen Servicetechniker und Priester in dieser Begegnung ansiedelt.

Jean-Paul Sartres (1905–80) Existenzialismus ist beeinflußt von der Phänomenologie Husserls, von Heidegger, Hegel und später vom Marxismus. Der Mensch ist nach Sartre ein Sein, das sich über das Gegenwärtige hinaus auf die Zukunft hin entwirft; er ist wesentlich durch seine Möglichkeiten bestimmt. Durch diesen *Entwurf* ist er immer schon über sich hinaus. „Er ist, was er *noch* nicht ist." Er ist nicht *nur*, was er ist, sondern er ist, wozu er sich macht." Der Mensch ist in diesem Sinne zur Freiheit verurteilt. Ähnlich wie bei Jaspers ist auch für Sartre das *Für-Andere-Sein* ein wesentliches Merkmal des Menschen. Das Sein des Einzelnen ist immer schon durch die Gegenwart des Anderen konstituiert.

Sowohl der kommunikative Aspekt als auch die Notwendigkeit, sich mit dem eigenen Entwurf zu beschäftigen, sind gerade in den lösungs- und zielorientierten Therapieansätzen von zentraler Bedeutung. Allerdings ist uns, wie oben schon angedeutet, der Transfer philosophischer Konzepte in die verschiedenen therapeutischen Vorgehensweisen bei denjenigen Therapeuten, die von sich behaupten, der existenzialistischen Tradition nahezustehen, kaum deutlich geworden.

Das Thema im Werk von Albert Camus (1913–60) ist das Absurde. In der Kluft zwischen dem menschlichen Streben nach Einheit, Klarheit, Sinn und der Welt, die dies verneint, besteht das Absurde. „Das Absurde entsteht aus dieser Gegenüberstellung des Menschen, der fragt, und der Welt, die vernunftwidrig schweigt."

Der Verzicht auf jede jenseitige metaphysische Sinngebung des Daseins führt zur Forderung, sich im Rahmen des menschlichen Maßes einzurichten und das Gegebene auszuschöpfen. Der Mythos und das Bild für diese Existenzform ist *Sisyphos*, der Mann, der immer wieder aufs neue vergeblich bemüht ist, einen Fels den Berg bis zum Gipfel hinaufzurollen. Die grundlegende Haltung des Menschen ist daher die *Auflehnung* gegen das Absurde um der eigenen Identität willen.

Von Nietzsche aus gedacht könnte eine moderne Psychotherapie, die das Ganze der menschlichen Existenz im Blick hat und nicht durch das einzelne Symptom hypnotisiert bleibt, zumindest einen Versuch unternehmen, dem Klienten zu helfen, vom Leiden am Leiden frei zu werden, d.h. die unbegründete Forderung an das Leben aufzugeben, daß es fair bzw. gerecht zugehen sollte. Dies ist übrigens ein wichtiges Anliegen der RET.

Das Absurde bzw. die Sinnlosigkeit der menschlichen Existenz nach dem Tod Gottes ist auch das zentrale Thema der Logotherapie. Viktor Frankl hat sowohl theoretisch als auch anhand zahlreicher statistischer Untersuchungen sowie durch seine eigene therapeutische Arbeit gezeigt, daß der Mensch ohne eine für ihn glaubhafte Sinnkonstruktion krank wird und am Leben verzweifelt. Nachdem die religiösen Sinnkonstrukte an Bedeutung verloren haben und die Psychotherapie diese Lücke nicht mit vorgefertigten Sinnangeboten füllen kann, kann sie ihren Patienten nur bei der Sinnsuche behilflich sein. Diese Sinnangebote sind aber von vornherein als an (Lebens-)Phasen gebunden zu begreifen.

Bei Heidegger werden wir dann die Unterscheidung von Eigentlichkeit und Uneigentlichkeit finden. In der Uneigentlichkeit des „man" haben wir uns selbst noch nicht ergriffen. Wir sind und leben, wie man eben lebt. Erst in der Eigentlichkeit werden wir durch den Entschluß zum Selbst. Dieses ist aber nicht schon vor dem Entschluß da und muß quasi nur noch von uns entdeckt werden, sondern im Entschluß werden wir erst wir selbst. Dies bekommt für die Psychotherapie als wenig diskutiertes Hintergrundthema seine Bedeutung. Wie entschieden wir in unserem Entschluß sind, ein Symptom zu überwinden, merken wir erst in der Handlung selbst. Wir gehen weiter unten im Zusammenhang mit der Analyse Rombergers und im Rahmen der Analyse des Willens in der Psychotherapie auf diesen Zusammenhang noch näher ein.

Die Erfahrung der Sinnlosigkeit der menschlichen Existenz in einem religös-transzendentalen Sinne führt im Zeitalter des Nihilismus zum Problem der Rechtfertigung von Zielen und Haltungen. Wenn die Kontingenz jeder Werthaltung eingesehen ist, dann scheint die *Nützlichkeit* zum letzten argumentativen Refugium zu werden. Allerdings erscheinen damit auch die Fragen: *Nützlich – für wen?* bzw.: *Nützlich wozu?* automatisch am Horizont. Um diese Fragen zu beantworten, muß man wieder auf Kriterien und Werte zurückgreifen, so daß die iterativ-zirkuläre Natur jeglicher utilitaristischer, pragmatischer oder konstruktivistischer Positionen sofort evident wird.

Damit wird dann auch die Frage nach der Ökologie von Veränderungsprozessen, wie sie zur Zeit gerade im NLP diskutiert wird, problematisch. Bei Heinz von Foerster werden diese Fragen unter der Überschrift der sogenannten „unentscheidbaren Fragen" (siehe weiter unten) diskutiert. In anderen Ansätzen umgeht man diese Begründungsproblematik, indem man die Klientenziele in der Therapie gar nicht erst zum Gegenstand der Betrachtung macht. Hier wäre besonders der Ansatz des BFTC zu nennen.

d) Phänomenologie

Die Phänomenologie und der Existenzialismus sind philosophische Strömungen, auf die sich insbesondere die Gesprächstherapie[71] bezieht. Auch Rombach, auf den wir im Kapitel über die Philosophie der Frage noch ausführlich eingehen werden, steht in dieser phänomenologischen Tradition. Aus diesem Grund soll die Phänomenologie kurz in ihren wesentlichen Positionen dargestellt werden.

Edmund Husserl (1859–1938) ist der Begründer der philosophischen Richtung der Phänomenologie. Husserls Ziel war es, mit der phänomenologischen Methode die Philosophie als Wissenschaft zu etablieren. Seine Bemühungen sind nur auf dem Hintergrund des Streits zwischen Positivismus und Neukantianismus zu verstehen. Für die Positivisten waren nur die empirischen Sinnesdaten ein sicherer Zugang zur Welt; für die Neukantianer führte letztlich kein Weg aus dem Innenraum des Bewußtseins hinaus. Husserls Schlachtruf: „Zu den Sachen selbst" war als Versuch zu verstehen, aus diesem Dilemma einen Ausweg zu finden. Dieses Dilemma ist auch heute noch in der Psychotherapie, soweit sie den Versuch macht, theoretisch über ihr Vorgehen zu reflektieren, ein Problem. Wenn beispielsweise gesagt wird: „Jeder lebt in seinem Modell der Welt" oder: „Ein autopoietisches System ist informationell abgeschlossen", dann stellt sich die Frage, ob man von lebensweltlichen „Fakten" im positivistischen Sinne überhaupt noch reden kann. Wenn man dies verneint, dann kommt man allerdings ganz schnell in absurde Situationen. Die Frage, ob etwas stattgefunden hat oder nicht, ist dann letztlich nicht mehr als eine verifizierbare zu verstehen. Alles nur eine Frage der Interpretation?

Dabei zeigt schon der Schlachtruf die doppelte Stoßrichtung an: Die Sachen selbst sollen in den Blick genommen werden. Was aber sind die Sachen selbst? Die Dinge an sich, so wie sie in ihrem Sein in sich ruhend die Welt bevölkern, würden die Positivisten sagen, die ja glauben, diese Dinge in ihrer Erfahrung zu erfassen. Aber Husserl meint etwas anderes. Denn das, was uns die Erfahrung gibt, ist auch für ihn immer schon durch den Filter unserer Erfahrung gelaufen, ist also nie das nackte Ding an sich. Eben, würden die Neukantianer sagen und die Sachen selbst als Ergebnis unserer Geisttätigkeit wieder ganz auf ihre Seite ziehen. Doch auch dagegen wendet sich Husserl. Denn wenn die Erfahrung uns mit der Erfahrung der Dinge konfrontiert, dann können wir nicht so tun, als wären die Dinge die bloße Folge unseres Denkens und nicht die Voraussetzung unserer Erfahrung.

Der Ruf zu den Sachen selbst ist also ein doppelter Seitenhieb, da er einerseits gegen die positivistische Verkürzung darauf besteht, daß uns die Sachen selbst als ihr Wesen und nicht als ihre bloß empirischen Größen begegnen. Als das Wesen der Dinge, das uns sehr wohl zugänglich ist, das wir aber andererseits gegenüber der rationalistischen Position nicht einfach in unserem Geist setzen, sondern dem wir nur dort begegnen können, wo wir den Filter unserer Erfahrung über die Welt legen.

Das, was sich dort zeigt, zeigt sich also in unserer Erfahrung für uns, und das, was uns durch unsere Erfahrung erscheint, ist das *Phänomen* (griech.: *phainein* = scheinen). Das Phänomen ist gerade das, was unseren Sinnen erscheint, was also nicht sagt, wie die Dinge wirklich (an sich) sind, sondern nur anzeigt, wie sie uns erscheinen. Erscheinen können sie uns aber nur in der sinnlichen Hinwendung zur Welt, die damit wieder ihr Recht erfährt.

Das entscheidend neue Motiv, das Husserl hier einbringt, liegt in der doppelten Absage: Einerseits wird die Erfahrung der Wirklichkeit, so wie sie ist, geleugnet – Erfahrung ist immer vermittelt durch einen Filter. Andererseits wird der spätidealistische Ideenhimmel leergefegt, wenn Husserl darauf besteht, daß wir das Wesen der Dinge sehr wohl in den innerweltlichen Daten erkennen können – unter der Voraussetzung allerdings, daß wir sie neu und anders, d. h. immer im Hinblick darauf, daß wir sie sehen, in den Blick nehmen. Die zentrale Frage der Phänomenologie ist also nicht mehr die erkenntnistheoretische Frage (des Neukantianismus), ob und unter welchen Bedingungen wir die Realität der Außenwelt überhaupt erkennen können; die neue Frage richtet sich darauf, wie uns die in der Welt gegebenen Dinge zur Erscheinung kommen und wie wir sie verstehen. Damit dann brüskiert Husserl zugleich aber auch den Positivismus, dem nichts ferner liegt, als nach dem Wesen der Dinge zu fragen, da für den Positivisten mit der nackten Datensammlung das Geschäft bereits zu Ende ist.

Gegen die geistige Bildermacherei des Idealismus plädiert Husserl also für eine reale Inblicknahme, die aber sogleich um die Perspektivität des menschlichen Erfahrungsfilters weiß: Wir können unseren Augen trauen, müssen uns aber darüber im klaren sein, daß wir sehen und wie wir sehen, und daß das, was wir sehen, für uns nur das ist, was wir sehen, so wie es für uns sichtbar ist. Die Sichtbarkeit der Dinge, die phänomenale Vielfalt der Welt ist dann nicht das Ergebnis eines rohen und ungeordneten Datenflusses, sondern in seiner Sichtbarkeit immer schon das Ergebnis eines strukturierenden Prozesses, in dem Vernunft und Erfahrung unlösbar miteinander verwoben sind. Für Husserl gibt es keine nackte Erfahrung, die erst postum von einer ordnenden Vernunft zu sinnvollen Daten strukturiert werden müßte; und ebensowenig eine blinde Vernunft, die erst der Unterfütterung mit dem Rohstoff der Welt bedarf. Beide Teile bedingen sich gegenseitig und schließen sich so zu dem zusammen, was Husserl das „welterfahrende Leben" nennt, mit dem wir uns in unserer „Lebenswelt" bewegen.

Wesentlich für unser Interesse an der von Husserl begründeten phänomenologischen Perspektive ist dreierlei. Erstens wird der starre Dualismus über das, was man den phänomenalen Gehalt der Dinge oder allgemein die Lebenswelt nennen kann, aufgebrochen: Phänomene sind durchzogen von der Objektivität ihres Seins und von der Subjektivität ihres perspektivischen Erscheinens und Verstandensein. Hier also zeigt sich Husserl als Meister des Kompromisses.

Zweitens, und wesentlich wichtiger, finden wir hier die Absage an die lineare Abbildungsrelation, sei es in die eine oder andere Richtung. Für Husserl gibt es weder eine vorgängige Welt, die man positivistisch beschreiben kann, noch gibt es sie als Produkt eines bildermachenden Geistes. Der Geist, die Vernunft ist immer schon in der Welt verankert, und die Welt, in der die Vernunft siedelt, zeigt sich ihr notwendig als eine immer schon vernünftig strukturierte Welt. Das heißt aber drittens, daß die Statik der Dualismen, die immer eine der beiden Seiten als fixe und unwandelbare Größe voraussetzen, hier zugunsten eine wechselseitigen Dynamik aufgegeben wird. Nur wenn und solange die Vernunft in die Welt hinausblickt, solange sie also welterfahrend lebt, gewinnt sie ihre Welt, die sich in der Form ihres Sinnzusammenhanges aber nur so und insofern zeigt (die also nicht als solche ist), wie die erfahrende Vernunft sie für sich und nach ihren Maßgaben sinnhaft strukturiert. Sinnhafte Welt und sinnstiftendes Selbst bedingen sich gegenseitig.

Seine Antwort auf die Frage von Modell und Original müßte also folgendermaßen lauten: Wir können uns den Originalen nähern, aber nur insofern, als diese Originale nicht ein blankes Sammelsurium nackter Daten bedeuten, sondern das bereits organisierte Feld, das sich uns stets so zeigt, wie wir es in unserer unterschiedlichen Perspektivierung in den Blick nehmen. Das Modell der Welt wird also unmittelbar an das Selbst gebunden, ohne ihm damit unterworfen zu sein; denn dieses Selbst weiß um die Perspektivität seiner Modellierung; eine Perspektivität, die ihm dennoch in seinem Modell den eigenen Blick auf das Original erlaubt.

Dieses Programm machte die Phänomenologie naheliegenderweise für Psychotherapeuten interessant, da es sich mit zentralen Fragen beschäftigt, die auch für alle diejenigen von Interesse sind, die sich mit der Struktur des subjektiven Erlebens beschäftigen.

In Frankreich war es vor allem Maurice Merleau-Ponty[72] (1908–61), der an Husserl anknüpfte. Sein zentrales Thema war das Verhältnis von Natur und Bewußtsein im Menschen. Ihm ging es um eine *dritte Dimension*, die den lebendigen Bezug von Natur und Bewußtsein offenlegt. Damit ist sein Programm für die psychosomatische Medizin und die von uns im Abschnitt e) Psychosomatik angesprochene „Schnittstellenproblematik" von besonderem Interesse. Die Erfahrung unseres Leibes ist von einer unauflöslichen *Doppeldeutigkeit* gekennzeichnet; er ist weder reines Ding noch reines Bewußtsein.

Der einflußreichste Schüler von Husserl war sicherlich Martin Heidegger (1889–1976). Seine von Medard Boss in Zürich organisierten Seminare[73] haben eine neue Form der Psychoanalyse inspiriert, die sogenannte Daseinsanalyse[74]. Und auch der Psychiater Ludwig Binswanger hat sich auf die Daseinsanalyse Heideggers bezogen[75]. Heidegger ist insofern von großer Aktualität, als er eine fundamentalontologische Kritik an allen Positionen entwickelt, die von der „verdinglichten", d.h. „metaphysischen", Trennung von Subjekt (Innen) und Welt (Außen) ausgehen, um sich dann im Nachhinein zu fragen, wie das Subjekt aus diesem Innen in ein Außen kommen kann bzw. wie zuverlässig die Karte vom Außen wohl sein mag. Heideggers Schlagwort lautet hier: Der Mensch ist „immer schon" in der Welt. Dieses In-der-Welt-sein ist für ihn konstitutiv als Dasein. Das ursprüngliche Bedeutungsproblem, also die Frage, wie wir mit einem physikalischen Gehirnzustand „X" auf X referieren, impliziert, daß wir wissen, daß X ist (und nicht nur imaginiert ist). Daß wir mit „X" auf X referieren, macht unser Seinsverständnis aus. Aber was heißt es, zu verstehen, daß etwas „ist"? Dies ist der Hintergrund von Heideggers lebenslanger Frage nach dem Sinn von Sein. Diese Frage kann weder auf dem Hintergrund des Konstruktivismus noch dem der Theorie der autopoietischen Systeme beantwortet werden. Was dort strukturelle Kopplung genannt wird, ist auf der Ebene von Pflanzen und Tieren und eventuellen künstlichen Intelligenzen eine letztlich physikalische Beziehung, die mit Seinsverständnis nichts zu tun hat. Und auch das Konzept der informationellen Geschlossenheit führt eher in den Solipsismus als zu einer Weltoffenheit.

Von einem konstruktivistischen Standpunkt aus ließe sich die Frage stellen: Was müßte ein KI-Ingenieur tun, um eine Maschine zu bauen, die ihre Umgebung „verstehen" könnte? Nun, er müßte die Maschine in die Lage versetzen, sich ein Modell ihrer Umgebung zu machen. Die Entsprechung zwischen Modell und Außenwelt (map/territory) müßte eine strukturelle (Korzybski) sein. Ein Modell in diesem Sinne ist also kein naturalistisches Abbild der Wirklichkeit, sondern steht mit dieser in einer strukturell analogen Weise in Beziehung. Die drei Grundgesetze dieser Modellierungsfunktion werden dann Bandler und Grinder als Tilgung, Generalisierung und Verzerrung bezeichnen. Verstehen zwischen den Menschen ist also möglich, weil unsere Modelle von der Welt eine strukturelle Ähnlichkeit aufweisen. Phantasie ist dann die Möglichkeit, die Elemente unseres Modells in eine neue Anordnung zu bringen, die so in der Wirklichkeit (noch) nicht vorkommt (Verzerrung).

Wenn sich eine solche Maschine also ein „logisches Bild" (Wittgenstein) der Tatsachen macht und kein naturalistisches Abbild, worauf die Konstruktivisten zu Recht so viel Wert legen, dann müssen Original und Abbild etwas gemeinsam haben, damit überhaupt von einer Abbildung gesprochen werden kann. Wittgenstein nennt dies die „Form der Abbildung". Was sich abbilden läßt, sind die Beziehungen der Gegenstände in der Welt, nicht aber die abbildende Beziehung selbst. Die Abbildtheorie erklärt also nicht das Phänomen der Bildinterpretation, sondern setzt es bereits als gelöst voraus.

Das Bedeutungsproblem verweist gleichzeitig auf den zentralen Begriff Husserls, nämlich den der Intentionalität. Alles Denken ist ein Denken von etwas. Einem reinen Verrechnen von Symbolen und Zeichenketten, wie in einem Computer, fehlt aber gerade diese Intentionalität. D.h., der Computer weiß nicht, worauf sich ein Wort in der Welt bezieht; mehr noch, er weiß nicht einmal, daß es eine Welt gibt, weil er keine hat. Er hat für uns eine Umgebung, aber nicht für sich. D.h., jedes wahrnehmende Entdecken von Vorhandenem muß im vorhinein schon so etwas wie Vorhandenes verstehen. Ein Abstandsmesser im Auto warnt uns zwar davor, daß ein Auto vorhanden ist, aber er „weiß" nicht, wovor er uns warnt; wir borgen ihm die Semantik durch unser Verstehen der Anzeige. Seinsverständnis ist in diesem Sinne eine transzendentale Bedingung für die Erkenntnis von Gegenständen. Wie bzw. ob dies in eine Maschine installierbar ist, ist heute noch ganz unklar. Klar ist allerdings, daß die Redeweise „Jeder lebt in seinem Modell der Welt", wie sie heute nicht nur im NLP üblich ist, gerade dieses Seinsverständnis völlig unreflektiert voraussetzt. Der Hinweis auf biologische, sprachliche, gesellschaftliche und idiosynkratische Wahrnehmungsfilter kann die vorgängige Frage: „Wie beziehen sich die Erlebnisse und das, worauf sie sich intentional richten, das Subjektive der Empfindungen, Vorstellungen, auf das Objektive?"[76] nicht beantworten. Wenn ich z.B. an meinen Freund denke, dann schwebt mir zwar ein Bild vor dem geistigen Auge, aber ich denke an meinen Freund, nicht an mein Bild von meinem Freund; und wenn ich auf den Bildschirm meines Computers schaue, dann beziehe ich mich in meiner Wahrnehmung auf einen Gegenstand außerhalb meines Körpers, nicht auf das subjektive Erlebnen von ihm. Wenn Maturana von der nicht-Informierbarkeit des Gehirns spricht, dann meint er damit gerade, daß sich die neuronalen Prozesse immer nur auf sich selbst beziehen. Dies ist natürlich richtig, aber wenn er das subjektive Erleben nach dieser biophysikalischen Analogie denkt, dann bleiben die intentionalen Erlebnisse gleichsam eingekapselt, und es stellt sich die alte Frage des subjektiven Idealismus: Wie kommt das in sich verkapselte Subjekt zur Welt? Strukturelle Kopplung ist ein Konzept, in dem die Intentionalität als objektive Beziehung zwischen zwei Gegenständen gedacht wird. An dieser Stelle ist auf die methodische Maxime der Phänomenologie zu verweisen: „... die Rätselhaftigkeit der Phänomene nicht vorzeitig zu fliehen oder durch den Gewaltstreich einer eitlen Theorie zu beseitigen, vielmehr die Rätselhaftigkeit zu steigern[77]." Karl Leidlmaier bemerkt dazu: „Nur ein Mensch, dem überhaupt eine Welt erschlossen ist, kann grundsätzlich nach Ursachen der Intentionalität forschen. Denn wir sind eben »immer schon« bei einer Welt, dieses »Sein bei« ist »früher« als alle Erklärungsversuche eines Wissenschaftlers[78]". Oder anders formuliert: Die Relation zwischen Wahrgenommenem und Wahrnehmung kann weder als etwas objektiv Vorhandenes noch als etwas rein Subjektives gedacht werden. Diese Relation ist nur als das »Zwischen« zu denken, als Relation, die »älter« ist als ihre Relata. Die Frage, wie wir in eine reale Beziehung zu einem vom Menschen unabhängigen Seienden treten können, beantwortet Leidlmaier im Anschluß an seine Heidegger-Interpretation wie folgt: „Erst dann also, wenn das dem In-der-Welt-sein schlechthin Ungründbare und Fremde durch die Mitte des menschlichen Lebens selbst hindurchgeht, wenn also der Mensch in sich konstitutiv *gespalten* ist, vermag er Seiendes in seiner Unabhängikeit zu entdecken und es im Zuge dieses Entdeckens bei dieser Unabhängkeit bewenden zu lassen. (...) Der Mensch wird doch durch das ihm innewohnende Fremde gerade so bestimmt, daß er sich selbst nicht voll verstehbar ist. Das den Menschen in seiner Existenz konstituierende Nichts kann von ihm weder bewältigt noch *ausgemessen* werden, sondern verbleibt in ihm als abgründiges Rätsel, aber auch als ständiger Anstoß, sich für anderes, von ihm real unabhängiges Seiendes überhaupt erst öffnen zu können[79]".

Diese Spaltung kann auch im Sinne Gotthard Günthers gedeutet werden. Der Mensch oder das Subjekt existiert real nur in zwei nicht aufeinander abbildbaren Formen: als Ich und Du. Das Du als objektive Subjektivität ist etwas ontologisch Eigenständiges und kann nicht als alter ego aus dem Ich abgeleitet werden, obwohl es für sich selbst ein Ich ist und alle anderen dementsprechend ihm gegenüber zu Dus werden. Die Du-

Subjektivität ist uns ganz und gar als innerweltlich Seiendes gegeben, und ihr subjektives Erleben ist uns immer nur durch objektive Ereignisse vermittelbar.

So geht die Spaltung durch den Menschen in doppelter Weise, was für den Therapeuten und für jeden kokreativen Ansatz von fundamentaler Bedeutung sein sollte. Dieses Existenzial für die therapeutische Theoriebildung nutzbar zu machen steht uns noch bevor.

e) Psychosomatik[80] – der Leib als „Schnittstelle" von Körper und Geist

In den von uns näher analysierten Fragemethoden hat die Idiolektik (wie auch – in geringerem Umfang – das NLP) einen direkten Bezug zur Psychosomatik. Bei der Psychosomatik geht es um die Verbindung von Geist und Körper. Dazu wollen wir an dieser Stelle einige grundsätzliche Bemerkungen machen.

Das magische Denken besteht im Kern darin, daß man glaubt, mit Hilfe eines Zauberspruchs die äußere Welt der Materie ohne physische Arbeit verändern zu können. Der einzige Ort, an dem die Sprache diese Magie entfaltet, ist (zumindest unserem bisherigen westlich-wissenschaftlichen Verständnis zufolge) der menschliche Leib. Die Psychotherapie als *„talking cure"* vollbringt das Wunder, daß die Sprache der Therapeutin im günstigsten Fall bei der Klientin über die semantische Reaktion Prozesse in Gang setzt, die nicht nur deren kognitive und emotionale Befindlichkeit verändern, sondern auch somatische Effekte mit sich bringen. So verschwinden Allergien, Magengeschwüre, chronische Muskelverspannungen, Kopfschmerzen, Asthma und ähnliches ohne Operation und Medikamente. Dieser Anspruch kann vor allem an die psychosomatische Medizin gestellt werden.

In der Psychosomatik spielt die alte metaphysische Trennung von Körper und Geist, von res extensa und res cogitans (Descartes) und wie beides vermittelt werden kann, eine große Rolle. Diese Frage hat ihre schärfste Problematik schon immer beim Verständnis des menschlichen Leibes entfaltet. Die alltägliche Erfahrung lehrt uns, daß unser Leib einerseits ein körperlich-materielles Ding wie alle anderen ist. Er besteht aus den gleichen Elementen wie die Welt um uns herum. Er unterliegt den gleichen physikalischen, chemischen Gesetzen usw., und doch ist er in seiner Beziehung zu uns selbst ganz anders als alle anderen Dinge. Mein Wille äußert sich unmittelbar in ihm. Ich kann willentlich den Arm heben, aber ich kann nicht mit meinem Willen allein einen Stuhl bewegen. Die Automatik meines Willens hat ihre Grenze an der Hautoberfläche. Gleichzeitig erfahren wir jeden Tag, wie sich der Zustand unseres Körpers auf unsere Befindlichkeit auswirkt. Insofern stellt sich die Frage nach der Schnittstelle zwischen Körper und Geist bzw. Körper und Seele. In der klassischen Tradition ist das Geistige bzw. Seelische, die res cogitans, etwas so grundsätzlich Unterschiedliches vom körperlich-materiell-Substantiellen, daß es ein großes Geheimnis, ein Mysterium bleibt, wie der Geist bzw. die Seele überhaupt im Körper sein kann. Aber auch heute stellt sich die Frage, wie der Geist mit dem Körper interagieren kann, von ihm affiziert wird und ihn seinerseits beeinflussen kann.

Die psychosomatische Medizin und die moderne Psychoneuroimmunologie unternimmt den Versuch, die Interaktionen und Interdependenzen von Körper und Geist bzw. subjektivem Erleben zu beschreiben und Methoden zu entwickeln, die es erlauben, diese Interaktionen therapeutisch zu beeinflussen. So wissen wir zum Beispiel heute, daß bestimmte seelische Streßfaktoren (Scheidung, Tod eines nahen Angehörigen, Angst vor Arbeitsplatzverlust usw.) zu sogenannten vegetativen Dystonien (Schlaflosigkeit, Verdauungsproblemen, Hautausschlag, Hormonstörungen etc.) führen können.

Umgekehrt können zum Beispiel Stoffwechselstörungen Müdigkeit, Antriebslosigkeit, sexuelles Desinteresse usw. zur Folge haben, mit allen seelischen Konsequenzen. Psychosomatik in diesem Sinne ist der Versuch, solche Zusammenhänge zu beschreiben. Daraus werden Therapiemodelle mit dem Ziel entwickelt, anzugeben, wann es sinnvoll ist, auf der einen oder eher auf der anderen Ebene oder auf beiden gleichzeitig zu intervenieren. Da, wo es um die Schnittstellenproblematik geht, können wir eine Art Regreß in Richtung auf die Quantenebene[81] beobachten.

Damit ist folgendes gemeint: Wenn ich zum Beispiel beobachten kann, daß Trauer die Wahrscheinlichkeit, an einer Infektion zu erkranken, erhöht und Verliebtsein diese Wahrscheinlichkeit dramatisch verringert, dann „erklärt" die Psychosomatik dies nach folgendem Schema: Verliebtsein hat zur Folge, daß mehr Neurotransmitter XY, mehr Hormone RS etc. ausgeschüttet werden, was dazu führt, daß die Erreger besser bekämpft werden können. Die Frage ist dann, wie der Zusammenhang zwischen Verliebtsein (einem psychischen Zustand) und der Menge von bestimmten Hormonen oder Neurotransmittern (einem materiellen Zustand) zu verstehen ist. Dazu werden immer subtilere materielle Prozesse im Gehirn, im Nervensystem usw. angenommen.

Diese Argumentationsstrategie ist unumgänglich, solange die Psychosomatik bewußt oder unbewußt den alten metaphysischen Materie- und Substanzbegriff auf der einen und den alten Geist- und Seelebegriff auf der anderen Seite aufrechterhält. Dieses begrifflich-konzeptionelle Dilemma ist seit dem Beginn der psychosomatischen Medizin bekannt, und es gab unterschiedlichste Versuche, den konzeptionellen Rahmen, die begrifflich-logische Struktur zu erweitern[82].

Die kognitivistischen Psychotherapien leugnen diese Leib-Seele-Interaktion keineswegs, beschränken sich aber in ihren Interventionen auf die eine Seite, nämlich die Kognition, das subjektive Erleben usw. Sie schauen dann, ob und inwieweit diese Interventionen Auswirkungen auf den Körper haben, ohne an der Schnittstellenproblematik ein eigenes Interesse zu haben.

Die mehr medizinisch-psychiatrisch orientierten Therapeuten nähern sich der Schnittstelle in zunehmendem Maße von der molekular-biologischen Seite. Dahinter steht die Vorstellung, daß man nur immer mehr ins kleine gehen müsse, bis irgendwann – zum Beispiel auf der Quantenebene[83] – der Umschlag bzw. der Kontexturübergang ins Geistig-Seelische stattfinden würde.

In der mehr phänomenologisch orientierten Psychosomatik (z.B. Merleau-Ponty) versucht man einen Beschreibungsstil zu entwickeln, der zwischen subjektivem Erleben und objektiven (d.h. intersubjektiv feststellbaren) Tatsachen „dialektisch" hin- und herspringt.

Erst in der Polykontexturalitätstheorie Gotthard Günthers finden wir den Versuch, den ontologisch-logischen Rahmen so konsequent zu erweitern, daß sich der Begriff der Materie und der Begriff des Geistes auf eine so grundlegende Art transformieren, daß sich die Frage nach der Interaktion, der Wechselwirkung usw. kategorial anders stellen läßt. Dieser Ansatz ist allerdings bisher in der Psychotherapie und Psychosomatik nur ansatzweise weiterverfolgt worden[84].

Die kognitivistisch orientierten Psychotherapien haben ein eher unreflektiertes, auf Einzelfallbeispiele beschränktes Verständnis dieser Schnittstellenproblematik. So würden zum Beispiel die meisten kognitivistisch arbeitenden Therapeuten eine Klientin, die unter Haarausfall leidet, nach Hause schicken mit der Bemerkung, daß man da mit Psychotherapie nichts machen kann, obwohl sie es höchstwahrscheinlich noch nie versucht haben. Bei allergischen Reaktionen (wie zum Beispiel Heuschnupfen) würden viele Ärzte eine psychotherapeutische Behandlung ablehnen, weil nach deren medizinisch geprägtem Verständnis einer allergischen Reaktion eine psychotherapeutische Intervention wenig Sinn macht. Hingegen werden NLP-Therapeuten, die sich mit dem Allergieformat von Dilts auskennen, wie selbstverständlich davon ausgehen, daß ein großer Teil allergischer Reaktionen mit Hilfe von Psychotherapie beeinflußt werden kann.

Was also als mit Hilfe von Psychotherapie beeinflußbar gilt oder nicht, ist eher auf Vorurteile auf der einen Seite und positive Ergebnisse praktischer Erfahrungen auf der anderen Seite zurückzuführen. Bei dieser Sachlage befinden sich die orthodoxen Schulmediziner historisch-rückblickend betrachtet auf einem ständigen Rückzugsgefecht. Je mehr man sich praktisch mit dem Zusammenhang von Körper und Geist beschäftigt, desto größere körperliche Bereiche erscheinen als direkt oder indirekt abhängig von psychischen Faktoren. Aber auch das Umgekehrte scheint zu gelten: Je tiefer die Biochemie in die Geheimnisse der Funktionsweise unseres Gehirns und Nervensystems eindringt, desto deutlicher wird die Abhängigkeit seelischer Zustände von substantiellen Aspekten und materiellen Grundlagen.

Der Diskussion um die psychosomatische Medizin scheint es uns an einem prinzipiellen Verständnis der Schnittstellenproblematik, d.h. der Frage der Vermittlung von Geist und Körper, zu ermangeln. Wir schließen uns der Aussage Heideggers über die Psychosomatik an, die besagt, daß die „psychosomatische Medizin sich um eine Synthese von zwei Sachen bemüht, die es gar nicht gibt"[85].

Der Leib, der beseelte Körper, kann die von der Therapeutin vermittelten sprachlichen Perturbationen in einem Selbstorganisationsprozeß[86] zur Reorganisation seiner selbst nutzen. Wie dies wirklich geschieht, davon wissen wir heute nur wenig. Diese Situation, daß wir etwas machen können, ohne genau zu wissen, wie unser Tun die Wirkung, die wir beobachten können, tatsächlich hervorbringt, ist eine Erfahrung, die so alt ist wie die Menschheit[87].

So ist es kein Wunder, daß der Leib des Menschen uns bis heute nur als Körper und damit als Gegenstand von Biologie, Chemie und Physik zugänglich ist, daß der Leib als Leib uns immer noch ein Mysterium bleibt. Denn der Leib als natürliches Ich ist gerade nicht der objektivierbare Körper, der als Gegenstand der positiven Wissenschaften bloßes Objekt der Ding-Erfahrung ist. Die spezielle Leiberfahrung kann weder auf die objektivistische noch auf die subjektivistische Strategie zurückgreifen: „Zur Kenntnis des menschlichen Leibes führt kein anderer Weg als der, ihn zu er-leben, d.h. das Drama, das durch ihn hindurch sich abspielt, auf sich zu nehmen und in ihm selber aufzugehen. So bin ich selbst mein Leib [...] und umgekehrt ist mein Leib wie ein natürliches Subjekt, wie ein vorläufiger Entwurf meines Seins im Ganzen. So widersetzt sich die Erfahrung des eigenen Leibes der Bewegung der Reflexion, die das Objekt vom Subjekt, das Subjekt vom Objekt lösen will, in Wahrheit aber uns nur den Gedanken des Leibes, die Erfahrung des Leibes, den Leib nur in der Idee, nicht in der Wirklichkeit gibt[88]".

Solange wir auf dem Boden einer klassischen Ontologie stehen (res extensa und res cogitans), bleibt uns gar nichts anderes übrig, als alles, über das wir reden, entweder auf der Seite des Materiell-Dinghaften (= Objektiven) oder auf der Seite des subjektiven Erlebens einzuordnen. Wenn wir oben den Leib als den beseelten Körper verstanden haben, dann ist selbst diese Formulierung sehr mißverständlich, da wir allzuleicht in ein spiritualistisches Vorurteil abgleiten, das sich die Seele als einen immateriellen Bewohner des materiellen Körpers vorstellt. Diese Seele ist, wie es schon bei Paulus heißt, bekanntlich nicht von dieser Welt und wird den Körper bei dessen Ableben verlassen, um sich entweder im Paradies niederzulassen oder die nächste Inkarnationsrunde anzutreten. Den Leib als beseelten Körper zu verstehen bedeutet, in einem emphatischen Sinne das Subjekt-Objekt-Schema zu verlassen und zu einer komplexeren Wirklichkeitsauffassung überzugehen, die über mehr ontologische Differenzen als diese Urdifferenz verfügt.

Da wir weit davon entfernt sind, in einer Kultur zu leben, die man in diesem Sinne eine transklassische nennen könnte, bleibt all unser Sagen und Empfinden mit einer eigentümlichen Unbeholfenheit und Vorläufigkeit behaftet. Daher ist unsere „Kritik" an der Psychosomatik nicht so zu verstehen, daß wir meinen, daß heute schon ausgearbeitete Leibkonzepte existieren würden, die die Psychosomatik nur leider nicht nutzt, sondern in dem Sinne, daß sich in ihr dieses ontologische Problem in größter praktischer Dringlichkeit darstellt, ohne daß wir Heutigen schon in der Lage wären, auf verbindlichere Weise vom Leib zu reden. Dies führt uns fast zwangsläufig in eine theoretische Pendelbewegung zwischen objektivistischer und subjektivistischer Thematisierungsweise. Die sogenannte „Schnittstellenproblematik" existiert also nur in einem dualistischen Modell, wie es die psychosomatische Medizin darstellt.

Der Leib ist beteiligt an allen Vollzügen, die das Subjekt mit der Welt verbindet, er selbst ist die Verbindung, mittels derer das Selbst in der Welt ist. So ist er das unhintergehbare Medium, mit und in dem die Welt erschlossen wird.

In bezug auf die wahrgenommene Welt ist der Leib somit „das Werkzeug all meines Verstehens überhaupt[89]", doch ist er nicht das virtuos einsetzbare Instrument, das in freier Verfügungsgewalt steht. Zwar läßt sich der Blick lenken, das Ohr ausrichten, das Tasten steuern, aber „daß gesehen, gehört, gespürt wird, geht ursächlich nicht von einem freien Willenszentrum aus. Und was für die Empfindungen gilt, summiert sich als der im Grunde ich-lose Impuls der Wahrnehmung derart, daß man in mir wahrnimmt und nicht, daß ich wahrnehme[90]". Wenn auf diese Weise Wahrnehmung weder das Bewußtsein eines Zustandes (Subjektivismus) noch der Zustand eines Bewußtseins (Objektivismus) ist, dann ist Wahrnehmung auch aus der Klammer von aktiv/passiv, autonom/abhängig gelöst. Wahrnehmung ist nicht das, was als äußerer Informationsstrom in einen bloß aufnehmenden Kübel gegossen würde; und ebensowenig ist es ein Sammeln solcher Informationen, zu dem man sich entschließen könnte oder nicht. Wahrnehmung springt aus dieser Alternative heraus, sie ist von ihr aus gar nicht zu denken, eher ist sie „ein Sein in Situation, dem zuvor wir gar nicht existieren, das wir beständig aufs neue beginnen und das uns selbst erst konstituiert"[91].

Die Begegnung von Selbst und Welt gestaltet sich nicht als frei zu ergreifender Entschluß[92], sondern das Selbst in seiner leiblichen Existenz fällt zusammen mit der Existenz der Welt. In dieser Beziehung haben wir keine Wahl: „Einen Leib haben heißt, über ein umfassendes Gefüge verfügen, das die Typik sämtlicher intersensorischer Entsprechungen über das wirklich wahrgenommene Weltstück hinaus umfaßt und ausmacht. Ein Ding ist also in der Wahrnehmung nicht wirklich gegeben, sondern von uns innerlich übernommen, rekonstruiert und erlebt, insofern es einer Welt zugehört, deren Grundstruktur wir in uns selber tragen[93]". Und weil diese Strukturen immer schon inkorporiert sind, weil also die inneren Bezüge der Dinge und die Beziehungen der Dinge untereinander immer schon durch den Leib vermittelt sind, kann Merleau-Ponty letztdeutlich sagen: „Inneres und Äußeres sind untrennbar. Die Welt ist gänzlich innen, ich bin gänzlich außen."[94]

Schnittstellenproblematik und Gehirnforschung

In der heutigen Gehirnforschung gibt es eine Gruppe von Forschern, die man als Lokalisationstheoretiker bezeichnen könnte. Sie versuchen anzugeben, wo der Geist mit dem Gehirn interagiert bzw. wo sich die vielzitierte Schnittstelle denn nun genau befindet. John Eccles[95] macht die Schnittstelle in den von ihm postulierten Liaisonzonen dingfest. „Bei Roth und Flohr sind es bestimmte Synapsentypen, NMDA-Synapsen, die den Geist als physikalische Eigenschaft erscheinen lassen. Bei Penrose sind es die Mikrotubuli, wo dank der Quantenphysik die deterministische Welt offen ist für das, was wir als Geist erleben. Trincher meint, das Interdrenditenwasser sei es und nicht Sömmerrings Ventrikelwasser."[96]

Das Problem der Lokalisationstheoretiker ist im Grunde seit Kant und dann später über Schopenhauer schon längst bekannt. Damit der Seele oder dem Geist ein Ort im Raum zugewiesen werden kann, muß eben diese Seele, dieser Geist diesen Ort wahrnehmen. Den Ort des Geistes gibt es nicht; oder wir brauchen eine Topologie, eine Örtlichkeit, in der die raumhaften Orte nicht die einzigen sind, von denen sinnvollerweise geredet werden kann. Dies sollte uns im Zeitalter des Cyberspace nicht mehr ganz so verrückt vorkommen. Wir müssen nicht in die Hinterwelt Platons und der Esoteriker, um dem Geist eine Heimstatt zu gewähren. Und dennoch scheint uns die Erfahrung dieser Weltfremdheit des Ichs, „die irgendwie entsetzliche Einsicht, daß ich unauffindbar bin in der Welt[97]", etwas zu sein, was erst einmal gedacht-empfunden sein sollte, bevor man vorschnell nach einer eleganten Lösung sucht.

Wir können diese Situation auch am sogenannten Schopenhauerschen Gehirnparadox exemplifizieren: Die Welt da draußen ist uns nur als Erscheinungswelt, vermittelt durch unser Gehirn, gegeben. Das Gehirn ist uns aber auch nur durch die Erscheinungen gegeben, die es selbst produziert. Es gehört zur Welt, die es vorstellt.

Die Realität soll aber gerade das sein, was auch da ist, ohne daß es vorgestellt wird. „In der Realitätsvorstellung nehme ich den eigenen Ich-Tod vorweg, das heißt die Nichtrealität des vorstellenden Subjektes. Das Gehirnparadox ist also das Todesparadox[98]".

Aus der Sicht der polykontexturalen Logik Gotthard Günthers ließe sich zu diesem uralten Streit folgendes sagen: Alle klassischen Positionen sind sich, wie gegensätzlich im einzelnen auch immer, in einem einig: sie teilen die Welt in Sujekt und Objekt auf. Diese prinzipielle Zweiwertigkeit ist ihre unausgesprochene ontologische Ausgangsbasis.

Wenn man aber davon ausgeht, daß uns die Subjektivität immer in mindestens zwei nicht aufeinander reduzierbaren Formen (Ich und Du) gegeben ist, dann stellt sich die Situation sowohl ontologisch als auch logisch sofort ganz anders dar. Subjektivität ist uns einmal als reine Innerlichkeit unseres subjektiven Erlebens und zum anderen als „objektives Subjekt", als Du gegeben.

Das Verhältnis dieser beiden Formen der Subjektivität bezüglich der eigenen Leiblichkeit charakterisiert Günther wie folgt: „Daß dem Ich sein eigener Leib unvermeidlich als unterspezifiziert in sein Welterlebnis eingeht, bedeutet nur, daß sich der Leib einer Person derart in dem diesem Körper assoziierten Bewußtsein meldet, daß der Gesamtzustand des betr. physischen Systems als vereinbar mit mehr als einem Zustand seiner Teile erlebt wird. (...) Dieses unmittelbare Erlebnis ist von einer eisernen Zwangsläufigkeit und kann auf keine Weise aufgehoben oder korrigiert werden. Dort, wo es nicht existiert, gibt es kein Ich, also keine Ich-

Subjektivität eines sich in Gedanken als frei erlebenden Bewußtseins. (...) Umgekehrt kann der fremde Beobachter, der relativ zu mir Du ist, auf keine Weise gezwungen werden, den Standpunkt eines seine Subjektivität im eigenen Leibe erlebenden Ichs für seine Beobachtung anzuerkennen. Für ihn existiert kein prinzipielles Hindernis, das physische System, das mit einem fremden Ich verbunden ist, als vollspezifiziert zu betrachten. Mehr noch: er kann gar nicht umhin, das zu tun. Denn prinzipielle Unterspezifikation bedeutet für ihn – aber nur für ihn! – daß er nicht physisch existierende (aber doch irgendwie ‚existierende') mystische Entitäten einführen muß, wenn er die Funktionsweise eines Systems erklären will, das sich selbst reflektierend als Träger einer erlebenden Subjektivität (Ich) erscheint. Das ist sein Erlebniszwang. Er hat, wenn er wissenschaftlich bleiben will, gar keine andere Wahl, als strikten Determinismus für den Leib als Träger von Bewußtseinsfunktionen im Du anzunehmen.[99]"

Im Du hat die Materie die Eigenschaft der Reflexion, und „umgekehrt ist die Reflexion als subjektive Subjektivität, d.h. in der sich von der realen Welt frei ablösenden Introszendenz des Ichs, die souveräne Besitzerin der Materie. Im zweiten Fall ist es der Stoff, der gehabt wird, also jetzt zur Eigenschaft der Reflexion reduziert ist.[100]"

Die strukturellen Minimalbedingungen einer Theorie der inkorporierten Subjektivität sind also erst im Rahmen einer 3-wertigen Logik gegeben.

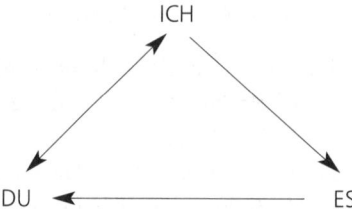

Dabei wird dem Es (objektive Welt) der Wert 1 (klassisch: wahr), dem Ich der Wert 2 (klassisch: falsch) und dem Du der neue transklassische Wert 3 (Doppelte Reflexion) zugeordnet. Eine Beschreibung muß in einer solchen Verbundkontextur (Kontextur I: 1–2, Kontextur II: 2–3, Kontextur III: 1–3) immer ihren Ort mit angeben, und eine vollständige Beschreibung liegt erst dann vor, wenn ein Phänomen in seiner Vermittlung über die verschiedenen Kontexturen dargestellt worden ist. Hierbei ist zu beachten, daß mir das Du in seiner leibhaften Objektivität gegenübertritt und ich seine Ichhaftigkeit nie direkt erleben kann, also zu meiner machen kann. Wenn hier trotzdem zwischen Ich und Du eine Umtauschrelation (⇔) angenommen wird, dann geht das nur, wenn sich beide Subjekte als gleichwertig anerkennen, nur dann können wir füreinander die Plätze tauschen.

Der deterministische und der indeterministische Blickwinkel erscheinen in diesem Modell als der des Du bzw. des Ich, und ihre Widersprüchlichkeit wird vermittelt über die Kontextur III. Wie dies im einzelnen technisch geschieht und welche grundlegenden ontologischen und logischen Konsequenzen das hat, kann hier nicht dargestellt werden. Allerdings möchten wir doch noch kurz auf die Konsequenzen dieser Konzeption für das so vielzitierte Paradigma „Jeder lebt in seinem Modell der Welt" eingehen.

In der klassischen Version von intersubjektiver Allgemeingültigkeit, die auf der Basis der klassischen Logik und Ontologie entwickelt worden ist, spielt die Ich-Du-Differenz gar keine Rolle. In diesem Modell ist klar, daß, wenn etwas als „wirklich" wahr festgestellt ist, sich kein Subjekt ausschließen darf und kann. Geschieht dies trotzdem, ist es entweder unwissend, inkompetent oder böswillig. Diese Haltung hat insofern ihr legitimes Recht „und muß akzeptiert werden, solange man unter allen rationalen Subjekten, für die eine Objektiv-Gegenständliches beschreibende Aussage durchgehend verbindlich sein soll, *nur* objektive Subjekte (Du-Zentren der Reflexion) versteht. Bezieht man sich aber auf Subjekte im Ich-Sinne, d.h. sich aus der Welt ausdrücklich ausschließende Innerlichkeiten, so kann kein Hinweis auf einen in der Welt feststellbaren Tatbestand ein allgemein verbindliches Evidenzbewußtsein der *gleichen* Art auslösen. Ein solcher Tatbestand ist ja *inter-objektiv*, d.h. als Distanz zwischen *Objekt* und Subjekt erlebbar. Er ist welthaft. Er ist aber nicht *inter-subjektiv*, d.h. als Abstand zwischen zwei Innerlichkeiten begreifbar. Und doch gibt es einen Konsens der

Innerlichkeiten, wie wir alle aus Erfahrung des Umgangs mit dem Du wissen, der durch keinen Hinweis auf die Welt bekräftigt oder widerlegt werden kann. (...) *Es gibt zwei Evidenzerfahrungen – eine für das Subjekt, das sich in der Welt weiß und das sich demgemäß am Objektiv-Gegenständlichen als dem Verbindlichen ausrichtet; und eine zweite für das Subjekt, das sich aus der Welt ausgeschlossen hat und das das ganze Universum als (potentiellen) Bewußtseinsinhalt besitzt. Es ist unmöglich, beide zur Deckung zu bringen[101]*".

Diese doppelte Evidenz hat nun ihre Konsequenzen für eine Einschätzung des Konstruktivismus und des paradigmatischen Satzes: „Jeder lebt in seinem Modell der Welt." Ja, dieser gilt mit dem gleichen Recht wie das Paradigma: „Wenn die Menschen richtig, den Tatsachen entsprechend denken, dann denken sie alle gleich."

Da wir uns in der Psychotherapie eher mit dem subjektiven Erleben als mit objektiven Tatbeständen befassen, scheint uns das erste Paradigma näherzuliegen, aber Vorsicht: Bleiben wir dabei, landen wir bei einem haltlosen Subjektivismus, für den es letzendlich unmöglich ist, objektive Tatbestände, wie z.B. ob jemand gerade Alkohol getrunken hat oder nicht, überhaupt noch als solche identifizieren zu können. Dies scheint uns bei Steve de Shazer, z.B. beim Arbeiten mit jemand, der einen Verfolgungswahn hat, tendenziell der Fall zu sein. Schlagen wir uns aber auf die andere Seite, dann ergeht es uns wie dem RET-Therapeuten, der versucht, einem Klienten nachzuweisen, daß seine Angst ö.ä. objektiv unbegründet ist. Dieser gibt dies vielleicht zu, um dann zu sagen: „Aber ich habe immer noch Angst."

Das Umtauschverhältnis zwischen Selbst- und Fremdreflexion ist also unhintergehbar und kann nur in seiner Vermittlung zu einer angemessenen Theorie des Bewußtseins führen.

II. Theorie und Philosophie des Fragens

1. Die Frage nach der Frage

Weischedel[102] sieht das Philosophieren und Fragen als ein wesentliches Charakteristikum des Menschseins: „Diese Distanzierung, die das Dasein des Menschen durchgängig bestimmt, vollzieht sich eben in der Weise des Fragens und des Fraglichmachens. Schon die Benennung eines Dinges oder eines Vorganges in der Sprache ist Antwort auf die Frage, was denn dieses Ding oder dieser Vorgang ist. Das Handeln erwächst aus der Frage, was zu tun ist und welche Mittel dazu dienlich sind. Das Wollen entspringt aus der Frage, wie man sich entscheiden soll, angesichts der vielfältigen Bedrängungen durch Ansprüche, Triebe, Forderungen, Wünsche. Das Erkennen schließlich wurzelt in der Frage, was denn das ist, was sich zeigt. Die Distanz des Menschen konstituiert sich also ursprünglich im Fragen. Der Mensch ist das fragende Wesen schlechthin, und seine Geschichte vollzieht sich im Medium des immer weiter fortschreitenden und jede Antwort überbietenden Fragens. Das besagt: Das Philosophieren ist nichts anderes als die Rationalisierung eines grundlegenden Wesensmoments des Menschseins."

Fragen in den Naturwissenschaften

Das Fragen wartet auf eine Antwort und setzt von der fragenden Person diese Möglichkeit unausgesprochen voraus. Antworten in einem strengen Sinne kann aber nur ein Lebewesen, das mit uns eine Sprache teilt. Die Natur antwortet hingegen nicht, sie reagiert. Die Reaktion kann aber von uns als Antwort *gedeutet* werden. Das Medium der Deutung ist die Theorie. So gesehen stellt auch die Naturwissenschaft eine Form der Hermeneutik dar.

Beispiel: Am Beispiel der Gravitation läßt sich dieser Sachverhalt leicht verdeutlichen. Die Tatsache, daß Dinge zu Boden fallen, wenn man sie losläßt, ist eine Alltagserfahrung. Diese Fallbewegung als Wirkung einer Kraft (Anziehungskraft) zu verstehen ist eine Deutung (Newtonsche Mechanik). Sie als Ausdruck der Raumkrümmung (Relativitätstheorie) zu verstehen eine andere Deutung. In der Quantenmechanik ist man wiederum auf der Suche nach einer anderen Deutung.

Da Menschen als Deutende selbst ein Teil der Natur sind, kann man sagen, daß die Natur sich im Menschen selbst deutet. Oder um es mit Schelling zu sagen: „Im Menschen öffnet das Universum die Augen!" Allerdings ist jede dieser Deutungen partiell und perspektivisch, da es ja eben nicht das Universum als Ganzes ist, welches sich deutend versteht, sondern Subsysteme deuten es aus ihrer jeweiligen Perspektive.

Die Metaphorik der Befragung der Natur hat nun eine Reihe recht fragwürdiger Paraphoranden hervorgebracht. So spricht Bacon davon, daß die Natur auf die Folter gespannt und einem peinlichen Verhör unterzogen wird, um ihr die Wahrheit abzupressen. Oder Kant zitiert die Natur vor den Richterstuhl und veranstaltet ebenfalls ein Verhör. Eine derartige Gewalttätigkeit kann nicht im Sinne eines therapeutischen Gesprächs sein, und wir wollen daher überlegen, wie das Fragen in diesem Kontext anders verstanden werden kann.

Fragen in sozialen Kontexten

Wie werden Fragen im sozialen bzw. im therapeutischen Kontext gestellt? – Wenn wir jemanden befragen, dann können wir diese Person (wie z.B. bei der medizinischen Anamnese) nach Fakten und Ereignissen in ihrem Leben fragen, so daß sie bei dieser Befragung als Person mit ihrer Deutung, ihrem Erleben und Bewerten in den Hintergrund tritt. Diese Befragung hat die größte Ähnlichkeit mit dem naturwissenschaftlichen Fragen. Da hier nur Tatsachen interessieren, ist die Person *als* Person ausgeblendet. Die Person fungiert als Ding, als raum-zeitlich-materielles System mit objektiven Systemdaten. Diesem Befragen entspricht die Gegenstandsfrage bei Rombach, worauf im nächsten Abschnitt eingegangen wird.

Ich kann den anderen aber auch als jemanden befragen, der durch seine Antworten als Sinnproduzent, als Du auftaucht. Als jemand, der mir seine Bedeutungen, Sinnentwürfe, Glaubenssätze, komplexen Äquivalenzen usw. mitteilt. Bei einem solchen Befragen ist der Befragte nicht nur jemand, der ihm bereits bekannte Tatsachen mitteilt, sondern jemand, der sich durch die Befragung selbst ent-deckt. Dabei kann er (wie z.B. in den sokratischen Dialogen oder in den therapeutischen Gesprächen, wie sie in der RET intendiert sind) logische Inkonsistenzen, fragwürdige Verallgemeinerung usw. entdecken. Hier frage ich den anderen: „Wer bist du?" und nicht: „Was bist du?" Im zirkulären Fragen geht es eher um die Frage: „Wer sind wir?"

So wichtig das Fragen in der Psychotherapie auch ist, in der Philosophie hat es erstaunlicherweise relativ wenig Beachtung erfahren. Das Fragen scheint so selbstverständlich zu sein, daß es so gut wie gar nicht zum Thema philosophischer Reflexion geworden ist. Und die diversen Fragelogiken tragen auch wenig zur Erhellung des Wesens der Frage bei. So ist es ein besonderes Glück, auf die Dissertation von Heinrich Rombach[103] gestoßen zu sein. In ihr legt er eine phänomenologische Analyse der Frage vor, die uns, soweit wir die verschiedenen Veröffentlichungen zum Thema „Fragen" überblicken, am tiefsten und am weitesten ausgearbeitet erscheint. Wir werden daher bei unseren theoretischen Überlegungen immer wieder auf Rombach zurückkommen.

2. Die Bedeutung von Fragen in der Psychotherapie

Zwei der vielleicht radikalsten Ansätze in der Psychotherapie bezüglich der Nutzung von Fragen als Mittel der Veränderung werden von Steve de Shazer und Marilee Goldberg vertreten. Beide schließen sich einer differenzlogischen Position an, wie sie in der Logik von Spencer Brown[104] und mehr erkenntnistheoretisch von Keeney entwickelt worden ist. Letzterer sagt, daß die Sprache ein Werkzeug ist, um Unterscheidungen in die Wirklichkeitserfahrung einzuführen und dadurch überhaupt erst Wirklichkeit zu kreieren. „We literally create the world we distinguish by distinguishing it. If a distinction is not drawn, then that which it would have specified does not exist in our phenomenal domain[105]."

Von dieser Position ausgehend betrachtet die frageorientierte Therapie nach Goldberg[106] nicht nur die Fragen, die die Therapeutin der Klientin stellt, sondern auch die Fragen, die die Klientin sich selbst stellt. Das heißt:

„Question-centered therapy presumes that a key to personal freedom lies in constructing or reconstructing one's ‚home'[107] by asking internal questions encoded with presuppositions of possibility, responsibility, the ability to choose and the preception of multiple choices[108]". Eine ihrer Hauptthesen lautet: Problemlösungen können durch eine logische Folge wohlgeformter Fragen an sich selbst konstruiert und operationalisiert werden.

Obwohl wir keine Vertreter einer rein frageorientierten Psychotherapiemethode sind, zeigt dieser Ansatz doch, wie mächtig die Wirkung von Fragen im Hinblick auf Veränderungen sein kann.

Ein wesentlicher Grund, dieses Buch über therapeutisches Fragen zu schreiben, besteht in unserer Vorannahme, daß es kein unschuldiges Fragen gibt und daß sich niemand, vor allem nicht im Kontext therapeutischen Arbeitens, auf die Position zurückziehen kann: „Ich habe ja nur mal gefragt!" Daß diese Position leider noch kein Allgemeinplatz in der Psychotherapie ist, zeigt sich im therapeutischen Ansatz von Grove, der meint, daß ein „reines" Befragen möglich sei, und den wir deshalb im Anschluß an unsere These als eine Gegenposition kurz in seiner Argumentation skizzieren wollen.

a) Ich hab ja nur mal gefragt – Befragen, Elizitieren und Installieren

Eine der Grundtätigkeiten im NLP ist das Elizitieren und das Installieren. Dabei versteht man unter „Elizitieren" das Herausholen von Informationen, die in der Klientin schon vorhanden sind; d.h., die sie vorbewußt schon kennt. ‚Installieren' ist hingegen die Tätigkeit, bei der neue Verhaltens- und Erlebnisprogramme in Klienten hineinprogrammiert werden.

Das Elizitieren ist im wesentlichen ein Befragen. Dabei tut man im NLP so, als ob es eine einfache Abfrage von Daten geben könnte[109]. Dies ist zum Beispiel beim Elizitieren von Strategien oder Submodalitäten der Fall oder dann, wenn die genauen Umstände eines Geschehens erfragt werden.

Für jegliches Befragen gilt: Es gibt eine Fragerin, ein Erfragtes und eine Befragte. Jedes Fragen ist ein Suchen. Ein Suchen ist aber immer ein Suchen nach etwas, was bedeutet: Ich habe ein Vorverständnis dafür, wonach ich suche. Das Suchen kann zum „Untersuchen" werden, wenn das Gesuchte als solches gefunden worden ist und nun näher bestimmt werden soll. Das beim Fragen Intendierte ist das Erfragte. Das Fragen kommt ans Ziel, wenn es gefunden worden ist.

Die Gleichheiten und Unterschiede von Elizitieren und Installieren lassen sich gut darlegen, indem die Befragung eines Computers mit der eines Menschen verglichen wird. Wenn nicht die Natur oder ein materieller Zusammenhang (z.B. Computer) befragt wird, sondern ein Mensch, dann kommen zu diesen allgemeinen Bestimmungen des Fragens noch weitere hinzu:

Jede Frage richtet die Aufmerksamkeit der Befragten in eine bestimmte Richtung, die diese in diesem Moment von sich aus wahrscheinlich nicht eingeschlagen hätte. Beispiel: Wenn ich eine ältere Dame bei der Vorstellung nach ihrem Alter frage, was im Kontext eines Arztbesuches normal ist, aber durchaus nicht im Kontext einer Partysituation, dann führt diese Frage dazu, daß nicht nur eine vorhandene Information aktiviert und entweder mitgeteilt oder nicht mitgeteilt wird, sondern diese Dame wird durch die Frage und den Kontext bedingt alle Daten rund um ihr Alter in dem jeweiligen Kontext anders ordnen. So zeigt die Alltagserfahrung, daß uns viele Dinge erst dann einfallen, wenn wir durch etwas an sie erinnert werden (z.B. Kindheitserinnerungen).

Das Fragen wirkt wie ein neurologischer Scheinwerfer, der Zusammenhänge zwischen Daten, Fakten, Ereignissen etc. herstellt, die vorher möglicherweise nicht bestanden haben. In diesem Sinne entsteht bei der Befragung etwas Neues, es wird etwas installiert. Jede Frage führt zu einer kontextbedingten Neuorganisation des betreffenden „Informationsbestandes".

Beim Befragen eines Computers ist das anders. Nehmen wir den Fall, daß ein Programmierer vermutet, die Software weise einen Programmfehler auf. Er beginnt den Fehler zu suchen. Das Suchen und Befragen ändert dabei nichts an der Tatsache, ob ein Fehler vorliegt oder nicht. Wenn der Fehler gefunden wird, kann er nur durch eine Neuprogrammierung behoben werden. Das Finden allein verändert den Datenbestand nicht.

Fragen im therapeutischen Bereich

Jede Frage, die eine Therapeutin stellt, präsupponiert, daß das, wonach gefragt wird, etwas ist, wonach sinnvollerweise gefragt werden kann. Dadurch wird die Existenz des Erfragten zumindest als Möglichkeit installiert. In diesem Sinne könnte man sagen, daß die Fragen und Hypothesen von Therapeuten das Problem, seine möglichen Lösungen und mithin den gesamten therapeutischen Prozeß mitkreieren.

Wenn ich z.B. eine Klientin frage, ob sich ihre linke oder ihre rechte Hand schwerer anfühlt, dann richte ich ihre Aufmerksamkeit in ihre Hände, wo sie vorher vermutlich nicht gewesen ist. Damit setze ich auch voraus, daß es möglich ist, einen Gewichtsunterschied bei den Händen festzustellen. Es ist zumindest zu bezweifeln, ob dies etwas ist, was die Klientin vorher auch schon geglaubt hatte.

In der Psychotherapie bzw. in der alltäglichen Kommunikation zwischen Menschen gibt es kein unschuldiges Fragen nach dem Motto: „Ich hab' ja nur mal gefragt!" Jede Frage fokussiert die Aufmerksamkeit des Zuhörers in eine bestimmte Richtung und verändert insofern den momentanen Bewußtseinszustand. Es ist unmöglich, Fragen zu stellen, ohne damit (mindestens in einem gewissen Maße) zugleich neue Informationen zu schaffen und bei den befragten Personen eigene Ideen anzustoßen. Jede Frage kann durch ihre impliziten Vorannahmen die gewohnte Art, Dinge zu sehen, „verstören". Dieses Buch soll dazu beitragen, die weitreichenden Konsequenzen dieser Einsicht in bezug auf therapeutisches Befragen sichtbar zu machen.

Daß die hier skizzierte Sichtweise nicht überall Anhänger findet, sei am Ansatz von David Grove und dessen Koautor B.I.Panzer skizziert. Beide sind Hypno- und Kurzzeittherapeuten, die Ausbildungsseminare für Psychologen und Therapeuten geben.

b) Ein Gegenbeispiel: Der Ansatz von David Grove

David Grove grenzt sich sowohl vom NLP als auch von der Ericksonschen Therapie dahingehend ab, daß er deren Bedürfnis, Klienten auf deren Sprachebene zu begegnen, zwar explizit würdigt, aber dann behauptet, daß seine Bemühungen der „reinen Sprache" über die Bemühungen dieser Schulen hinausreichen. „Mit reiner Sprache können wir vollständige Interventionen durchführen, indem wir nur Fragen stellen.[110]"

Dieses Statement qualifiziert den Ansatz von Grove (ähnlich dem von Goldberg) als einen, der in der Frage die zentrale Methode von Psychotherapie versteht.

Unter „reiner Sprache" versteht Grove die vier Sprachen, in denen Erkenntnisse und Erfahrungen zum Ausdruck gebracht werden. Diese sind Erinnerungen, Metaphern, Symbole und Semantik:

1. Eine Erinnerung ist ein Aufrufen irgendeines Ereignisses aus der Vergangenheit oder eine vorweggenommene Erinnerung, die Zukunft betreffend. So mag ein Klient seine gegenwärtigen Schwierigkeiten mit seiner Frau darauf zurückführen, daß er sie in der Vergangenheit geschlagen hat.

2. „Das Symbol eines jeden Menschen ist eine innere Erfahrung: Ein physisches oder psychisches Gefühl innerhalb der Grenzen des eigenen Körpers. Es hat eine Anatomie[111]". Ein solches Symbol könnte zum Beispiel ein „Knoten" im eigenen Magen sein.

3. Metaphern: Der unter 1) genannte Klient beschreibt die Schwierigkeiten, mit seiner Frau zu reden, so, daß er eine „Wand" zwischen sich und ihr erlebt. Die „Wand" ist dann eine Metapher.

4. Bei der Semantik geht es um die private Definition der Wörter. So mag der obengenannte Klient die Schwierigkeiten mit seiner Frau auf deren „Unreife" zurückführen. Was er mit „Unreife" im einzelnen meint, kann erheblich vom üblichen Verständnis (z.B. in der Entwicklungspsychologie) abweichen.

Ziel von Grove ist es, vollständig in der Sprache der Klienten zu reden. Er geht davon aus, daß dadurch sichergestellt ist, daß diese im Alphazustand (leichte Trance) bleiben und ihre Aufmerksamkeit mehr nach innen gerichtet ist. Dieser Zustand hat Ähnlichkeiten mit dem, was wir an anderer Stelle über die Wichtigkeit des *felt sense* geschrieben haben. Für Grove ist dieser Zustand für eine erfolgreiche Therapie ebenfalls von zentraler Bedeutung.

Grove geht davon aus, daß wir durch das Fragen „dem Klienten keine Bewertung, Vorgabe oder Vorannahme hinsichtlich der gewünschten Antwort[112]" aufdrängen. „Wir stellen nur eine Frage. Vielleicht entdeckt der Klient eine Antwort, vielleicht auch nicht. Das ist eine ganz andere Perspektive, als wenn wir eine direkte Anweisung geben.[113]"

Dies mag nach all dem bisher Gesagten als äußerst naiv erscheinen, ist aber auf dem Hintergrund seiner speziellen Fragetechnik verständlich. Wenn er eine Frage stellt, erwartet er meist gar nicht, daß die Klientin diese tatsächlich beantwortet. Ähnlich wie in bestimmten Körpertherapien (z.B. der Feldenkrais-Methode) werden Fragen gestellt wie: Wie fühlt sich das linke Bein jetzt im Vergleich zum rechten an?, ohne daß die Klientin diese Frage laut beantworten soll. Sie dient lediglich dazu, die Aufmerksamkeit auf diesen Aspekt zu lenken. Diese Art von Fragen haben demnach eher hypnotischen Charakter (vgl. in Teil 2, A.I. den Abschnitt über hypnotische Fragen). Obwohl dies in der Tat ein wesentlicher Unterschied zu Fragen ist, auf die Therapeuten tatsächlich eine Antwort erwarten, gilt natürlich auch hier: Das, was die Therapeutin für relevant hält, geht in diese orientierenden Fragen ein. Insofern können wir Groves Selbsteinschätzung an dieser Stelle nicht teilen.

Das Nicht-beantworten-Müssen ist Grove besonders deshalb wichtig, weil er befürchtet, daß die Klientin durch das Beantworten der Frage aus ihrem fokussierten Zustand herausgerissen werden könnte: „Der Klient *erlebt* seine Erfahrung, anstatt daß er beschreibt, wie sie aussieht[114]".

Für Grove ist die erste Frage, die die Therapeutin der Klientin stellt, besonders wichtig, denn sie kann mit dem ersten Zug beim Schach verglichen werden. „Was führt Sie zu mir?" Diese Frage ist in gewissem Maße rein, aber sie zielt mehr auf das Wort „herführen". „Was hat Sie zu mir geführt?" impliziert, daß es ein Problem gab, das den Klienten gezwungen hat, zu kommen, und daher sei diese Frage einschränkend. Auf die Frage „Was wünschen Sie sich?" erhalten wir eine ganz andere Art Antwort. „Was wünschen Sie?' lenkt die Konzentration der Klientin auf die Zukunft in dem Sinn, daß sie darauf hinlenkt, was sie sich wünscht. Die Antwort kann sein ‚Ich möchte nicht' oder ‚Ich möchte' oder ‚Ich weiß nicht, was ich möchte'."[115]

Die zweite Phase der Intervention ist ein Entwicklungsprozeß, in dem es darum geht, das Problem der Klientin von allen Seiten zu beschreiben und es dadurch aufzulockern und formbar zu machen. Grove betrachtet seine Art von Therapie als partizipatorisch in dem Sinne, daß sogenannte reine Fragen es der Klientin gestatten, die Kontrolle über den Therapieverlauf zu behalten. Reine Fragen sind u.a. solche, die es ihr tatsächlich erlauben, sie zu beantworten. Fragen, die Klienten nicht beantworten können, werden umformuliert oder zurückgenommen.

Was Grove unter einer reinen Frage versteht, erläutert er an einem einfachen Beispiel. „Der Klient sagt: ‚Ich bin durch die Tür in das Büro gegangen.' Der Therapeut fragt: ‚Zeigt sich bei Ihnen eine Reaktion?' Das ist keine reine Sprache, da der Therapeut eine Reaktion voraussetzt. Reaktion ist ein vorbelastetes Wort. ‚Haben Sie etwas bemerkt?' ist reiner. ‚Und dann geschah etwas?' ist schon sehr rein. ‚Und was geschah?' ist so rein wie nur möglich."[116]

Aus diesem Beispiel geht hervor, was Grove an anderer Stelle ganz explizit sagt: „Reine Fragen enthalten keine Vorannahmen des Therapeuten ... Reine Fragen erlauben keine Einsicht in die Welt des Therapeuten."[117]

Grove scheint uns hier zwei wesentliche Aspekte von Vorannahmen des Therapeuten zusammenzuwerfen:
1. inhaltlich orientierte Vorannahmen und
2. prozeßorientierte Vorannahmen.

Wenn die Therapeutin, nachdem die Klientin sagte: „Ich bin durch die Tür ins Büro gegangen", auf die Idee kommt zu fragen: „Und was geschah?", muß sie dies an dieser Stelle für wichtig halten. Grove schreibt auch an anderer Stelle explizit, daß es ihm bei seinen Fragen darum geht, die Aufmerksamkeit von Klienten auf bestimmte Aspekte zu fokussieren. Dies beweist aber: Die Therapeutin hat Vorannahmen darüber, was therapierelevant ist und was nicht.

„Die reinen Fragen wirken für den Verarbeitungsprozeß bei Klienten wie ein Katalysator. Sie sind notwendig, damit eine Reaktion, damit eine Veränderung stattfinden kann. Reine Fragen sind nicht aktiv, sozusagen als ‚Zutat', beteiligt. Sie begünstigen eine Umgebung, in der Veränderungen erleichtert werden können."[118]

Die Suche nach der reinen Sprache und den reinen Fragen erinnert uns an die Suche des Wiener Kreises nach den reinen Protokollsätzen in der Physik. Diese sollten bekanntlich kein Jota Theorie enthalten und ausschließlich Erfahrungstatsachen aussprechen. Da dieses Konzept seit 80 Jahren gescheitert ist, scheint es uns nicht sinnvoll, den gleichen Versuch in der Psychotherapie zu wiederholen. Groves Reinheitsgebot erscheint uns nach alldem, was wir bisher entwickelt haben, insofern eher als ein Reinheitswahn.

Dies soll allerdings den Ansatz von Grove gerade dort, wo es um praktische Interventionen geht, in seiner Bedeutung nicht schmälern. Wir zitieren ihn in diesem Kontext vor allem deshalb, um zu zeigen, daß unsere Position bezüglich Vorannahmen, Relevanzkriterien usw. durchaus nicht eine allgemein geteilte Sicht der Dinge darstellt. Andererseits scheinen uns Groves Bemühungen um reine Sprache und reine Fragen durchaus im Trend moderner Kurzzeittherapien zu liegen, insofern sie sich bemüht, den „klugen" Therapeuten, der schon weiß, was Gesundheit und ein geglücktes Leben bedeuten soll, durch einen zu ersetzen, der die Klienten darin unterstützt, in ihrem Modell der Welt eine für sie lebbare Lösung zu finden.

3. Arten von Fragen

Im folgenden sollen zwei unterschiedliche Arten von Frageeinteilungen diskutiert und erläutert werden:
a) die Einteilung in entscheidbare und unentscheidbare Fragen und
b) die Einteilung in virtuelle, strategische und konkrete Fragen.

a) Entscheidbare und unentscheidbare Fragen

Fragen nach dem ES (objektiver Weltzusammenhang) bzw. Fragen nach dem DU (Fragen an sich selbst oder andere Personen) lassen sich in der Terminologie Heinz von Foersters den entscheidbaren bzw. den prinzipiell unentscheidbaren Fragen zuordnen.

Entscheidbare Fragen

Eine entscheidbare Frage ist eine solche, über die in abschließender Weise intersubjektive Übereinstimmung erzielt werden kann. In der Terminologie Gotthard Günthers könnte man sie auch als Fragen nach dem irreflexiven Sein bzw. nach dem lebendigen Reflexionsprozeß thematisieren. Bei Rombach ist es der Bereich der Gegenstandsfragen. Dazu nun zwei Beispiele:

➤ Haben wir noch Milch im Kühlschrank?
➤ Gibt es Lösungen für die Formel: $x^n + y^n = z^n$ für n > 2?

Obwohl die Entscheidung über die obige Frage, die sogenannte Fermatsche Vermutung[119], ca. 350 Jahre in Anspruch genommen hat, ist sie eben doch jetzt entschieden. Es gibt nur eine Lösung für n = 2. Für n größer als 2 gibt es keine ganzzahlige Lösung.

Was von Foerster entscheidbare Fragen und Günther Fragen nach dem irreflexiblen Sein nennt, ist im wesentlichen identisch mit den Gegenstandsfragen bei Rombach. Letztere entsprechen der gängigen Vorstellung von der Frage, die vom Modell der Suche nach einem Gegenstand, einem Objekt, einem Sachverhalt ausgeht. Sie wird immer als Fragesatz und dieser als Ausdruck eines Urteils aufgefaßt.

Beispiel: „Sind sie verheiratet?" Antwort: „Ja." Das Urteil hat die allgemeine Form „X ist Y", in diesem Falle also: „X ist verheiratet". Also wird die Frage vom Urteil aus interpretiert. Die Frage wird im Hinblick auf ihre Dienlichkeit für die Bildung von Vorstellungen vom Seienden als diesem oder jenem thematisiert. Sie wird „*vom* Urteil *als* Funktion *in* ihrem Gegenstandsbezug zu begreifen versucht.[120]"

Rombach fragt sich, ob die klassische Konzeption der Frage tatsächlich den phänomenalen Bestand von Fragen abdeckt, oder ob es nicht vielmehr so ist, daß die Reduktion der Frage auf die *Gegenstandsfrage* wesentliche Dimensionen des Fragegeschehens außer acht läßt: „Ist alles, was gegebenenfalls in Frage steht, Objekt eines erkennenden und wissenden Umgangs? Verdecken wir uns nicht mit einer gegenstandshaften Frage beispielsweise nach dem Mitmenschen gerade das, auf das wir eigentlich aus sind? Und gar die Frage, die der Mensch nach sich selber stellt und vor der er sich so oder so zu entscheiden hat; wie steht es mit diesen Entscheidungsfragen, die ihn in den Grundlagen seines Daseins treffen und erschüttern?[121]"

Die durchgängige Haltung von Psychotherapie ist in diesem Punkt eindeutig: Der Mensch als Wesen, das über sich selbst reflektieren kann, ist weder ontologisch noch logisch sinnvollerweise als Ding, als Objekt zu betrachten. Insofern sind Gegenstandsfragen allein dem Wesen des Menschen als Dasein nicht gemäß. Der Mensch als Dasein ist vor allem Möglichkeit, Potential, Noch-nicht-sein, Selbst-Entwurf. Insofern sind Fragen, die nach dem Sinn, nach Bedeutungsgebungen und nach Möglichkeiten fragen, dem ontologischen Status des Daseins gemäßer. Damit sei hier natürlich nicht gesagt, daß Fragen wie: Wann bist du in Berlin angekommen?, Wer hat dich vom Bahnhof abgeholt?, Fühltest du dich gut betreut? usw. unsinnig oder unangemessen wären. Aber diese Fragen erreichen nie das Wesentliche, Eigentliche des Subjekts. Diese Fragen können und müssen und sollen dort gefragt werden, wo diese Informationen relevant sind. In einem Prozeß allerdings, in dem es im wesentlichen um Selbstentdeckung und Selbstentwurf geht, dreht sich die Hierarchie der Seinsontologie (Notwendigkeit – Wirklichkeit – Möglichkeit) um in Möglichkeit – Wirklichkeit – Notwendigkeit. D.h., das Subjekt ist durch die Kategorie der Möglichkeit wesensmäßig charakterisiert und das Ding, das Objekt, durch Notwendigkeit.

Noch ein weiterer Aspekt ist für Rombach wichtig: die Thematisierung des Fragenden. Für ihn ist die Frage „keine Sache, die im Rückgang auf ihr *Erzeugnis* (auf das Fragen) erklärt werden kann, wobei der Erzeuger, der Fragende, selbst außerhalb der Frage bliebe – sondern sie macht dem Fragenden erst das Fragen möglich. Der Ursächer wird von seinem ‚Produkt' überholt und selbst ‚verursacht'. Das Verhältnis kehrt sich um.[122]"

Diese Denkfigur, daß die Sprecherin immer schon in der Sprache spricht, diese vorfindet und in ihrem Sprechen durch ihre Syntax und Semantik bestimmt ist, finden wir sowohl in Heideggers Formulierung: „Die Sprache ist das Haus des Seins" als auch in den späteren französischen Diskursmodellen, in denen immer wieder darauf insistiert wird, daß eine Sprecherin nicht souverän sagen kann, was sie will, sondern sich immer schon in einem Diskurs befindet, an den sie sich nur anschließen kann.

Gerade die unentscheidbaren Fragen (wozu als Spezialfall die noch darzulegende Entscheidungsfrage gehört) sind es, um die es in der Psychotherapie vorrangig geht. Natürlich stellen wir in einem therapeutischen Interview auch Fragen, die in einem gegenstandshaften Sinne zu verstehen sind („Wie viele Geschwister haben Sie?", „Sind Sie verheiratet?" usw.), aber dies sind gerade nicht die Fragen, die einen therapeutischen Zweck haben, sondern eher orientierende Fragen, die es Therapeuten gestatten, sich einen ersten Eindruck von den Rahmenbedingungen zu machen, in denen die Klienten leben.

Unentscheidbare Fragen

Die prinzipiell unentscheidbaren Fragen sind solche, in deren Fall von vornherein klar ist, daß es sehr viele mögliche Antworten gibt, deren jede mit guten Gründen bezweifelt werden kann. Ein Beispiel ist die Frage: „Was ist der Grund dafür, daß es überhaupt etwas gibt?" Die Physiker würden wahrscheinlich den Big Bang ins Feld führen, Christen die Schöpfungsabsicht Gottes usw. Da niemand bei der Entstehung des Universums dabei war, können wir unterschiedlich konsistente theoretische Spekulationen darüber anstellen, aber wir können die Frage nicht abschließend, d.h. entscheidend beantworten.

Seitdem Gödel gezeigt hat, daß alle formalen Systeme, die eine gewisse Komplexität aufweisen, prinzipiell unentscheidbare Sätze enthalten, wissen wir, daß in dem Moment, wo die Reflexion beginnt auf sich selbst zu reflektieren (Reflexion der Reflexion), Antinomien, Paradoxien und Unentscheidbarkeiten unvermeidbar sind. Es war gerade diese Tatsache, die eine Erweiterung der Logik im Hinblick auf eine Logik der Subjektivität zwingend erforderlich machte. In dem Moment, wo wir in der Psychotherapie das DU nicht als objektives Sein in der Welt (Körper), sondern als einen überdeterminierten Ort von objektiven und subjektiven Momenten betrachten, sind wir im Herzen des Entscheidungsproblems und seiner Unentscheidbarkeiten.

Die wesentlichen Fragen, die sich ein Mensch bezüglich seiner selbst stellen kann, sind eben solche unentscheidbaren Fragen wie z.B: Wer bin ich? Warum bin ich so entscheidungsschwach? Welchen Sinn möchte ich meinem Leben geben? – All diese Fragen sind prinzipiell unentscheidbar, aber wir haben uns faktisch immer schon für eine Antwort entschieden, bewußt oder unbewußt. Und diese Entscheidung sagt eher etwas über uns als die Entscheidenden aus und so gut wie nichts über das Entschiedene. Psychotherapie besteht unter anderem gerade darin, die vorbewußten Entscheidungen von Klienten über prinzipiell unentscheidbare Fragen neu zu entscheiden. Wenn jemand sich z.B. entschieden hat, auf die Frage „Wer bin ich?" zu antworten: „Ich bin ein Verlierer", dann würde Psychotherapie gerade darin bestehen, nicht die Richtigkeit einer neuen Entscheidung beweisen zu wollen, sondern deren Nützlichkeit. So gesehen sind die prinzipiell unentscheidbaren Fragen, zumindest soweit sie sich auf den Menschen beziehen, auch ethische Fragen. Die prinzipielle Unentscheidbarkeit solcher Fragen und die unhintergehbare Notwendigkeit einer zumindest situativen Beantwortung dieser Fragen kann als der logische Hintergrund des Reframing[123]-Konzeptes angesehen werden. Könnten diese Fragen im Sinne der entscheidbaren Fragen eindeutig entschieden werden, würde der Reframing-Ansatz gar keinen Sinn machen. Reframing macht Sinn nur dort, wo der Bedeutungsgebungsprozeß prinzipiell zu keinem definitiven Abschluß kommen kann.

Dieser Aspekt läßt sich auch so formulieren, daß der Gegenstand von Psychotherapie eben nicht die menschliche Psyche allgemein ist. Es handelt sich dabei um keinen irgendwie theoretisch abstrahierbaren idealen Gegenstand, sondern immer um ein Individuum im emphatischen Sinne, also um etwas, was nie vollständig gegeben ist, sondern sich nur im Prozeß der Selbstgebung der Selbstentdeckung erschließt und in diesem sich selbst erkennenden, entdeckenden, erschließenden Prozeß neue Möglichkeiten generiert, die es sofort zu einem anderen machen und damit jegliche Form der Identität als ein Konzept erkennbar werden läßt, das auf Menschen nicht in der gleichen Weise anwendbar ist wie auf dingliche oder ideelle Objekte.

Zusammenfassend kann gesagt werden: Für die Therapie sind die Gegenstandsfragen bzw. die entscheidbaren Fragen bei weitem weniger relevant als die nicht entscheidbaren Fragen. Letztere unterteilt Rombach in vier Dimensionen:
1. die Anfrage im Miteinandersein,
2. die gesprächshafte Frage,
3. die Forschungsfrage an das Seiende selbst,
4. die Entscheidungsfrage über das Ganze des Daseins.

Diese verschiedenen Fragemodi können sich mit denselben Worten auf ganz verschiedene Aspekte ein und derselben Situation richten. So kann ich mich nach der Krankheit eines Mitmenschen *erkundigen* im Sinne einer Anfrage, ich kann die Frage aber auch im Sinne einer *Erforschung* des Krankheitsverlaufs, der Ursachen usw. meinen, oder es geht mir um den helfenden *Einsatz*, „in dem sich zeigen soll, was und wer ich bin[124]".

Wir werden uns im dritten Kapitel mit der ersten, zweiten und vierten Dimension der unentscheidbaren Fragen näher beschäftigen. Forschungsfragen sind Fragen, die sich die Naturwissenschaftler stellen. Sie sind für unsere Belange nicht primär relevant, obwohl Rombach auch hierzu viel Inspirierendes entwickelt hat.

b) Virtuelle, strategische und konkrete Fragen

Die zweite Art, Fragearten einzuteilen, ist die Unterscheidung zwischen virtuellen, strategischen und konkreten Fragen. Sie sind alle wichtig, um ein zielorientiertes therapeutisches Gespräch führen zu können.

Virtuelle Fragen

Virtuelle Fragen[125] (Leslie Cameron-Bandler), von einigen NLPlern auch als Kernfragen bezeichnet, sind Fragen, die wir bewußt oder unbewußt im Sinn haben, um unser Verhalten in einem bestimmten Kontext zu organisieren. Sie werden von der jeweilig fragenden Person als aufmerksamkeits- und handlungsleitende **Wahrnehmungsfilter** genutzt, d.h., sie fokussieren unsere Aufmerksamkeit in eine bestimmte Richtung. Beispielsweise fragen sich Menschen bewußt oder unbewußt:
➤ Was wird passieren, wenn ich das tue? bzw.:
➤ Was wird passieren, wenn ich das nicht tue?
➤ Was werden sie von mir denken?
➤ etc.

Fragen spielen eine wesentliche Rolle im Denken bzw. im inneren Dialog und bei der Verständigung mit sich selbst. Goldberg weist darauf hin, daß Therapeuten interessiert sein sollten, die Fragen zu entdecken, die Klienten sich gerade stellen bzw. nicht stellen, da diese häufig einen blinden Fleck repräsentieren und dadurch zur Aufrechterhaltung des Problems beitragen.

Allerdings sind virtuelle Fragen nicht nur im therapeutischen Kontext relevant, sondern in jedem Kontext. So könnten typische Kernfragen einer Seminarleiterin sein:
➤ Verstehen mich die Teilnehmer?
➤ Ist mein Vortragsstil motivierend?
➤ Mache ich alles richtig?
➤ Wirke ich überzeugend?
➤ Was muß ich tun, damit mir der andere zuhört?

Eine Verkäuferin mag sich folgende Fragen stellen:
➤ Ist die Kundin interessiert?
➤ Was braucht sie noch, um zu unterschreiben?
➤ etc.

Diese Fragen wirken wie ein Wahrnehmungsfilter, d.h., sie richten die Aufmerksamkeit auf bestimmte Aspekte und blenden andere aus. Des weiteren enthalten sie Präsuppositionen, die das Verhalten und die Bewertung der Situation oft unnötig einschränken. So sind geschlossene Fragen (z.B. „Mache ich alles richtig?") häufig so gestellt, daß sie strenggenommen nur negativ bzw. auf sinnvolle Weise gar nicht beantwortet werden können. Die Folge ist, daß derjenige, der sich eine virtuelle Frage dieser Art stellt, sich dadurch selbst in einen wenig ressourcevollen Zustand hineinhypnotisiert. Virtuelle Fragen unterliegen so gesehen Wohlgeformtheitskriterien, d.h. Kriterien, die angeben, wann eine virtuelle Frage für einen ressourcevollen Umgang mit der jeweiligen Situation geeignet ist und wann nicht.

Eine andere wichtige Unterscheidung von Goldberg, nämlich die zwischen lernendem und beurteilendem Verhalten, kann sich auf der Ebene der virtuellen Fragen wie folgt äußern. Im ersten Fall fragt sich die betreffende Person: „Was kann ich aus dieser Situation lernen?" Im zweiten Fall fragt sich die Person im Gegensatz dazu: „Was stimmt mit mir nicht, daß ich schon wieder versagt habe?"

Die erste Frage führt zu einem lösungsorientierten Denken, die zweite zu Problemdenken. Von daher ist es naheliegend, mit Goldberg[126] zwischen problemfokussierenden und lösungsfokussierenden Fragen zu unterscheiden. Sie zitiert in diesem Zusammenhang Simone de Beauvoir: „The whole meaning of life is in the question of the future that is waiting for us."

Für Therapeuten ist es überaus nützlich, die virtuellen Fragen von Klienten in der jeweiligen Problemsituation zu kennen, um ihnen zu helfen, diese ebenfalls angemessener zu gestalten. Welche virtuellen Fragen sich Klienten stellen und wie man das herausbekommt, wird, außer im NLP, bei den anderen hier untersuchten Methoden nicht thematisiert. Wir werden das Konzept der virtuellen Frage eingehend behandeln, wenn wir uns in der Erörterung des Ansatzes von M. Goldberg mit therapeutischen Strategien beschäftigen.

Eine weitere Kategorie von virtuellen Fragen sind diejenigen, die sich die Therapeutin selbst stellt. Zum Beispiel: Bin ich gut genug? Mache ich alles richtig? Ist der Rapport tief genug? Bin ich noch on track? etc.[127]. Diese Fragen führen uns zur nächsten Kategorie von Fragen, den strategischen Fragen.

Strategische Fragen

Strategische Fragen definieren wir als diejenigen Fragen, die sich Therapeuten selbst stellen, um das weitere Vorgehen zu bestimmen. Es sind spezielle virtuelle Fragen von Therapeuten. Vor allem aus zwei Gründen sollten diese sich über ihre strategischen Fragen im klaren sein:
1. Therapeuten transportieren mit ihren Fragen implizit eine Vielzahl von Ideen und Vorannahmen.
2. Ihre Art des Fragens spielt eine wichtige Rolle bei der Veränderung sowie auch beim Aufrechterhalten von Problemen.

Strategisches Fragen eröffnet der Therapeutin viele Möglichkeiten, Klienten zu helfen, ihre Probleme zu überwinden. Beispielsweise besteht eine wichtige Methode von Goldberg darin, aus Problemfragen Möglichkeitsfragen zu machen.

Beispiel: Warum bin ich so wertlos? geht über in:
➤ Was hat mich bisher daran gehindert, mich selbst zu respektieren und wertzuschätzen? Oder:
➤ Was ist für mich notwendig, damit ich mich respektieren und achten kann?

Die strategischen Fragen, die sich Therapeuten stellen, um entscheiden zu können, welche Fragen sie überhaupt stellen wollen, wann sie sie stellen und in welcher Reihenfolge, bilden also eine spezielle Gruppe von virtuellen Fragen und unterliegen ebenfalls bestimmten Wohlgeformtheitskriterien; d.h., sie können mehr oder weniger nützlich für die jeweilige Person sein. Hierzu gelten die bei den virtuellen Fragen gemachten Anmerkungen.

Strategische Fragen können bewußt oder unbewußt sein. Die Vorgehensweise Steve de Shazers wäre eine, bei der ein besonders hoher Grad von Bewußtheit über strategische Fragen vorliegt. Strategische Fragen werden im BFTC ganz explizit gelehrt. Zum Beispiel: „Hat der Klient eine Beschwerde?", „Gibt es eine Ausnahme?"

Ein sehr niedriger Grad von Bewußtheit über strategische Fragen herrscht hingegen beim NLP-Meta-Modell der Sprache. Die Anwendung wird hier fast ausschließlich der Intuition der Therapeutin überlassen. Im 4. Teil des Buches werden wir versuchen, diesem Manko entgegenzuwirken.

Konkrete Fragen

Die konkreten Fragen sind solche, die Klienten tatsächlich gestellt werden und die auch tatsächlich als Frage gemeint sind und nicht etwa als rhetorische Frage oder als indirekte Suggestion.

4. Grundlagen des Miteinanderseins

Im Abschnitt a) werden die Grundlagen des Miteinander-in-der-Welt-seins und die Voraussetzungen dafür dargelegt, daß eine Person eine andere befragen kann. Es geht um die Grundsituation des Gesprächs und des Miteinanderseins in einer bestehenden Situation. Im Abschnitt b) werden diese Erkenntnisse auf das Thema Fragen bezogen.

a) Kontext, Situation und Absicht

Rombach unterscheidet zwischen dem Begriff des Kontextes und dem der Situation. Eine Situation ist im strengen Sinne immer meine. D.h., ich bin nie mit jemandem in der gleichen Situation. Ich bin vielleicht mit jemandem im gleichen Zimmer, oder wir haben die gleichen Schulden usw., aber dies bedeutet für jeden etwas anderes. Insofern ist eine Situation nie eine „geteilte". Ich kann nie aus der Situation heraus; ich kann sie zwar verändern oder ignorieren oder genießen, aber ich kann nicht aus ihr heraus.

Die Situation „beschränkt nicht zuerst mein ontisches[128] Verhaltenkönnen, indem sie mir dieses oder jenes Tun unmöglich und dieses oder jenes Handelnkönnen unerreichbar macht, sondern ihr ist überdies eine transzendentale Einschränkung eigen: sie läßt alles Tun nur möglich sein auf dem Grunde eines vorgängigen Verhaltens zu ihr selbst. Sie versammelt alle Möglichkeiten auf sich und begrenzt sie darin, daß diese erst und immer von einem Grund-Verhalten zur Situation selbst ausgehen müssen. *Das Grundverhalten zur Situation geht allem ontischen Verhalten voraus.* Dies muß als die Grundthese vom Wesen der Situation festgehalten werden. (...) *Mit der Situation ist auch schon immer mein Verhalten zu ihr gegeben.*[129]"

Der Begriff Situation, wie er hier von Rombach benutzt wird, ist nicht deckungsgleich mit dem Begriff des Kontextes oder der Perspektive, wie sie im Perspektivismus und Kontextualismus als Grundlage der verschiedenen Reframing-Ansätze gängig sind. Kontext ist eher ein objektivierbarer Aspekt von Umwelt, etwas, in dem sich zwei Menschen gemeinsam befinden können. Dies schließt nicht aus, daß mit Kontext auch subjektive Erlebnisaspekte gemeint sein können wie Befindlichkeit u.ä. Hingegen meint Situation etwas, durch das uns Welt und in diesem Sinne Kontext erst gegeben ist. Da-sein heißt: Auch mein Kontextverständnis ist situativ. Insofern ist der Situationsbegriff bei Rombach ein Versuch, kategorial-begrifflich die Qualität des In-seins[130] auf eine nicht-objektivistische Weise phänomenologisch zu entwickeln.

Beispiel: Zwei Menschen können im selben Kontext sein, zum Beispiel in einer Gefängniszelle. Sie sind für dasselbe Delikt eingesperrt, aber sie befinden sich trotzdem in einer ganz unterschiedlichen Situation. Zur Situation gehört beispielsweise der Zeithorizont des Kontextverständnisses. Sagt der eine Gefangene zum anderen: „Wir befinden uns in einer gefährlichen Situation", dann kann er damit meinen: Ich weiß nicht, wie wir hier rauskommen sollen, was heute nacht hier passieren wird usw. Der andere kann vielleicht in seinem Zeithorizont in der Zukunft sein und sich überlegen, wie sich die Vorstrafe auf seine mögliche berufliche Karriere auswirken wird, bzw. er erinnert sich an frühere Gefängnisaufenthalte und empfindet relativ dazu diesen Kontext als vergleichsweise harmlos. Dieser zeitliche Aspekt der Situation reflektiert sich u.a. sprachlich in der relativen Unbestimmtheit der Worte hier und jetzt. Wenn jemand sagt: „Hier sehe ich keine Perspektive für mich", dann kann die Person z.B. meinen: hier in dieser Stadt, an dieser Universität, in diesem Land, in diesem Wirtschaftssystem usw. Oder jemand sagt: „Heutzutage ist das nicht mehr üblich", dann kann sich „heutzutage" auf sehr unterschiedliche Zeithorizonte beziehen. Die Situation im Hier und Jetzt ist also nicht im Sinne eines räumlichen und zeitlichen Einheitskontextes zu verstehen, sondern ist der situative Aspekt, in dem ein bestimmter Kontext immer schon aufscheint. Natürlich kann ich die Situation, in der ich mich befinde, genauso verändern, wie ich den Kontext verändern kann, aber das ändert nichts an der ontologischen[131] Vorrangigkeit der Situation gegenüber Welt und Kontext.

„Das Vorwissen der Situation kann keinem durch eine bestimmte Richtung ausgezeichneten ›intentionalen‹ Erkenntnisstreben entstammen. Die Situation kann also nie der ›Gegenstand‹ meines Wissens oder Wissenwollens sein. Ihre Seinsart hat gerade *nicht* den Charakter der Gegenständlichkeit. Das ›Wissen‹ von der Situation, das wir vorläufig ›durchschnittliche Entdecktheit‹[132] genannt haben, hat also niemals die Struktur des: ich weiß *etwas*. Es legt sich nicht auseinander in ein Subjekt, das nach den apriorischen transzendentalen Formen seines Erkenntnisvermögens ein Objekt vor sich bringt. Und ist doch so etwas wie ›Wissen‹! Das, worin es ›Wissen‹ ist, kann nicht auf der Ebene einer Philosophie der subjektiven Transzendenz bestimmt werden. Und dies wiederum macht die Explikation der ›Situation‹ so schwierig.[133]"

Mit subjektiver Transzendenz ist die Trennung des erkennenden Subjekts vom erkannten Objekt gemeint. Wir suchen also eine Art Wissen, das sich nicht mehr in die bekannte Dichotomie von Subjekt und Objekt aufteilen läßt, ein Wissen, das keinen Gegenstand hat. Dieses Wissen kann nur verständlich werden aus dem Wesen der Situation. Solange ich Situation ontisch verstehe, z.B. im Sinne von Raum (ich bin im Kino, in Italien usw.), ist mein *in* der Situation sein eben nicht situativ verstanden, da ja das Kino und Italien auch da ist, wenn ich nicht in ihnen bin. Dies gilt aber gerade für die Situation nicht, „sie ist *eine ontologische Kennzeichnung des Verhältnisses von Ich und Welt*[134]". Sie bezeichnet das, was Rombach „mein-sein" oder „in-sein" nennt.

Die therapeutisch interessante Frage an dieser Stelle wäre: Gibt es einen therapeutisch relevanten Unterschied zwischen einem Kontext- und einem Situationsreframing? Oder sind diese aus therapeutischer Sicht gleichwertig? – Beim Kontextreframing versucht der Therapeut, einen Kontext zu finden, in dem ein negativ bewertetes Verhalten, z.B. „Ich bin zu faul", positive Auswirkungen hat und insofern mit positiven Bedeutungen verknüpft werden kann. Zu faul zu sein, um sich über Kleinigkeiten zu ärgern, wäre ein solcher positiver Kontext. Ob dieses Reframing allerdings bei dieser spezifischen Klientin eine positive Bedeutungsveränderung bewirkt, hängt davon ab, daß nicht nur ein möglicher genereller Kontext gefunden wird, sondern daß dieser das „mein-sein" der Situation der Klientin trifft. D.h., es geht darum, Kontexte zu finden, in denen sich die Klientin wiederfindet. Der Begriff der Situation nach Rombach trägt unseres Erachtens dazu bei, genauer beschreiben zu können, unter welchen Bedingungen ein Kontextreframing erfolgreich ist. Auch in anderer Hinsicht ergänzen sich die Begriffssysteme.

Wenn Rombach z.B. die unterschiedliche Bedeutung des Ausdrucks *„diese" Situation* an den unterschiedlichen Zeithorizont bindet, dann gehört es durchaus zu den üblichen Reframingtechniken, einen Klienten durch Fragen oder entsprechende Bemerkungen auf andere mögliche Zeithorizonte aufmerksam zu machen, in denen „diese" Situation sofort zu einer anderen wird und damit eben auch andere semantische Reaktionen auslöst. Ob man dies nun ein Kontextreframing oder ein Situationsreframing nennt, scheint uns eher eine terminologische Frage zu sein. In diesem Sinne könnte man behaupten, daß im Reframingansatz sowohl situative als auch im eingeschränkten (ontischen) Sinne kontexthafte Momente eine Rolle spielen.

Mein-sein und in-sein in der Situation

Die Struktur des „In-seins" wurde zum ersten Male von Martin Heidegger in „Sein und Zeit" analysiert. Diese Analyse geht aber auf die „Welt" und gibt keine Untersuchung der Dimension der Situation. Nach Rombach befinden wir uns als Mensch aber immer schon in einer Situation, weshalb es keinen Sinn macht, von einer Welt der objektiven Dinge auszugehen, in die wir uns dann (wie in einen Raum) hineinbegeben. Erst in der Situation können wir die Welt auf eine Weise kennenlernen, die immer durch die Situation mitbestimmt ist. *Die Situation enthüllt die Welt!*

Diese Enthüllung der Welt darf jetzt nicht so verstanden werden, daß die Situation sozusagen ein Fenster, eine Perspektive auf die Welt darstellt oder den Grad der Erkenntnis, die Klarheit oder Offenheit über die Welt usw. „Klarheit und Offenheit gibt es nur für das, was *in* der Situation zutage tritt, nicht aber bezogen auf diese selbst. (...) Das ›In‹ bezeichnet für uns das Von-sich-aus-aufgehen der Welt gerade *gegen* unsere Möglichkeiten und über sie hinweg und ihnen voraus.¹³⁵"

Daraus folgt, daß das Ich sich nie außerhalb der Situation weiß und kennt. Es ist immer in Situationen, in denen es sich zurechtfindet, die es in relativer Offenheit versteht. Dies nennt Rombach das *Sichauskennen*. In diesem Sichauskennen bedarf es keiner ausdrücklichen Verstehensanstrengung. Die Situation hat den Charakter der *Selbstverständlichkeit*. Diese Selbstverständlichkeit ist für Wissen im allgemeinen untypisch. Das Wissen um die Mathematik oder auch das Wissen darum, wie man eine gute Suppe kocht, muß gelernt werden und kann nur über diesen Weg angeeignet werden. Ist es aber ungeeignet, dann weiß man auch, daß man dieses Wissen hat. Das Wissen weiß um sich selbst. Diese Rückbeugung ist für die Kenntnis der Situation nicht typisch.

Wie kommt es nun, daß wir im alltäglichen Reden (ich bin *in* der Situation) so tun, als ob die Situation in der Welt ist und nicht die Welt in der Situation? – Dies liegt unter anderem daran, daß zwar die Situation immer meine ist und doch auch objektiv (unabhängig von mir) existiert. D.h., die immer-schon-vorhandene Offenheit, aus der heraus ich überhaupt Kenntnis von etwas haben kann, hat ja gerade den Charakter von „real", „objektiv" und „unabhängig von mir". Die Situation erzwingt sozusagen die Doppelvorstellung, daß ich mich mit ihr in einer an sich situationslosen Welt befinde, die mir selbst aber nur in und durch die Situation gegeben ist. Und in dieser Welt wird dann die Situation selbst zu etwas Vorfindlichem, sie gerät in ihre eigene Entdecktheit. Dabei vergessen wir, daß diese Entdecktheit der Situation aber selbst wieder nur in einer Situation stattfinden kann.

Der Situationsbegriff, wie er hier von Rombach eingeführt wird, scheint uns auch insofern interessant zu sein, als er einerseits das konstruktivistische Motiv der Perspektive, der Modellhaftigkeit, der informationellen Abgeschlossenheit aufnimmt, ohne aber in deren solipsistische¹³⁶ Konsequenzen hineinzugeraten¹³⁷. Er macht gerade die Doppelvorstellung von situationsloser Welt, die mir aber nur in einer Situation gegeben ist, verständlich. Diese Doppelvorstellung scheint uns dem üblichen Verstehen in vielen konstruktivistisch inspirierten Therapieformen durchaus zu entsprechen, da uns noch nie aufgefallen ist, daß die jeweiligen Therapeuten tatsächlich solipsistische Motive in ihrer Arbeit aufscheinen lassen. Dies ist aber nur verstehbar, wenn sie zusätzlich zu der Vorstellung „Jeder lebt in seinem Modell der Welt" auch noch die Vorstellung von einer Welt vor allen Modellen haben. Das bedeutet nicht, daß sie in der Lage sind, philosophisch und erkenntnistheoretisch diese doppelte Perspektive auf dem Niveau von Rombach theoretisch zu entwickeln. Wir erleben Rombach als jemanden, der das implizite Verständnis vieler „konstruktivistischer" Therapeuten besser formuliert als diese selbst. Letztere wehren den Solipsismus-Verdacht ab, ohne ihn argumentativ entkräften zu können. Was ihnen gerade fehlt, ist die oben diskutierte Vorstellung der durchschnittlichen Entdecktheit, der Offenheit des Seins.

„Das in der Situation Entdeckte ist das W o r i n des Entdeckens; d.h., erst auf Grund ihres eigenartigen ontologischen Charakters entsteht ein sich selbst wissendes Entdeckenkönnen, ein Subjekt, das mögliches Entdeckbares sich gegenüber hat. Mit dem in der Situation Entdeckten wird erst ein ›Worin‹ einerseits und ein ›Entdecktsein‹ andererseits offenbar. Damit ist erwiesen, daß die Vorgabe von Welt keine ontische (d.h. kein bloßes Vor-liegen für die ›Rezeptivität‹ der Sinne) ist, sondern eine ontologische. Ein Tatbestand, der durch eine wie auch immer geartete Erkenntnistheorie nicht gesehen und geklärt werden kann.

Für die Situation bedeutet dieses Faktum (daß das Entdeckte zugleich das worin des Entdeckens ist), daß sie mehr zeigt als nur das, was in ihr liegt. Sie zeigt zugleich, daß sie *nur* eine Situation ist, und daß es noch anderes und mehr gibt als das in ihr Offenbare. *Sie eröffnet mit sich zugleich einen Frageraum, ein noch nicht Bekanntes*. Mit der ›objektiven‹ Welt enthält sie zugleich sich selbst als Situation. Das Verstehen der Welt ist immer zugleich ein Situationsverstehen¹³⁸".

Absicht und Situation

Die Unterscheidung von Absicht und Verhalten ist für viele moderne Therapieansätze konstitutiv¹³⁹. Rombach nutzt den Begriff Absicht aber in seiner Terminologie anders, nämlich als ein ontologisches Grundverhalten. Das Grundverhalten in einer Situation ist die Absicht.

Die Absicht hat immer auch den Charakter des Noch-nicht, sie hat eine temporale Ausdehnung. Ich habe meine Absicht noch nicht realisiert; es gibt noch etwas zu tun. Sie ist kein Vorhaben, daß auf dieses oder jenes gerichtet ist, sondern sie ist dasjenige, das ein Vorhaben auf die jeweilige Situation bezieht. Ich kann auch in einer Situation auf jedes Vorhaben verzichten, aber nur so, daß dies in meiner Absicht liegt. „Ich kann die Absichtlichkeit nicht überspringen oder auf sie verzichten, sie hat dieselbe Unaufhebbarkeit wie das Faktum ›Situation‹. Beides ist gleich-ursprünglich und immer miteinander ›da‹.[140]" Natürlich kann es etwas ontisch „Unabsichtliches" geben, aber dies bedeutet eben nur, daß es nicht in der Absicht lag und „übersehen" wurde. Wenn man Vorhaben hier durch Absicht ersetzt, dann entsteht der Satz: Es gibt eine Absichtlichkeit, die jede konkrete Absicht auf die konkrete Situation bezieht.

Beispiel: Jemand hat die Absicht, Schokolade zu essen, und er hat diese Absicht in einer bestimmten Situation, und das, was das Schokolade-essen-Wollen in der jeweiligen Situation bedeutet, wäre dann die Absicht hinter der Absicht. Die Frage, die sich hier also stellt, ist, ob die Konzeption der positiven Absicht oder der Meta-Absicht im NLP nicht mindestens tendenziell auf die Grunderfahrung reflektiert, daß ein und dasselbe Vorhaben, nämlich Schokolade essen zu wollen, situativ eine jeweils andere Absichtlichkeit (sich beruhigen, sich etwas Gutes tun usw.) intendiert.

Diese Meta-Absicht bleibt aber im Sinne Rombachs immer noch ein Vorhaben. Absichtlichkeit meint also offensichtlich soviel wie die Bedingung der Möglichkeit, in einer Situation zu sein. Absichtlichkeit ist keine konkrete Absicht oder, wie Rombach sagt, ein Vorhaben, sondern hiermit ist die Tatsache gemeint, daß ich in einer Situation immer schon eine Absicht habe. Diese Grundbedingung der Situation ist sozusagen die Legitimation dafür, daß wir immer berechtigt sind, nach der Absicht für ein Verhalten zu fragen. Als Therapeuten interessiert uns allerdings nicht die Absichtlichkeit, sondern die Absicht, da nur diese veränderbar ist.

b) Die Mitteilung, die Anfrage und die dialogische Frage

Die ontologische Mitteilung

Fragerin und Befragte befinden sich vor aller faktischen Kenntnisnahme schon immer in einer Fülle von konkreten Bestimmtheiten. Diese Bezogenheit nennt Rombach „ontologische Mitteilung".

„Mitteilung ist also als Terminus doppeldeutig: einmal ist unter ›Mitteilung‹ das Geschehen des Miteinanderseins gemeint, das sich als durchschnittliche Entdecktheit im ontologischen Aussprechen und Anreden entfaltet. Zum anderen versteht man darunter das Sich-mit-anderen-teilen in die Welt. Diese so geteilte Welt ist zugleich der Gegenstand der durchschnittlichen Entdecktheit[141]." D.h., wir entdecken die Welt nie zuerst als eine Welt der Dinge, über die wir dann auch noch mit anderen reden, sondern wir entdecken Teile der Welt im Charakter des Darüber-Redens. *Wie sich die ontologische Mitteilung innerhalb des Miteinanderseins eine Welt teilt und darin zugleich sie entdeckt*, ist das Problem, auf das sich die Untersuchung der Anfrage zuspitzt[142].

Die Anfrage

Aus dem weiter oben Gesagten ergibt sich, daß sich all unser Planen und Verhalten immer schon in der *durchschnittlichen Entdecktheit* einer Situation und ihrer Absicht bewegt. „Die durchschnittliche Entdecktheit und Offenheit ist (...) die Voraussetzung für das Entstehen der Frage als Anfrage. Daher muß der Sinn dieser Entdecktheit und zugleich damit das eigentliche Wesen der Situation zum Thema gemacht werden.[143]"

Was heißt das? – Wenn wir nach der Frage fragen, dann haben wir es immer mit einer Fragenden und einer Befragten zu tun. Im Miteinandersein begegnet eine Person einer anderen und richtet die Frage an diese. Dies bezeichnet Rombach als Anfrage. Letztere ist ein „sich richten an ...". Sie ist auf Mitteilung aus. Die Befragte soll einem Anspruch, der in der Frage liegt, genügen. Die Fragerin ist eine Suchende. Sie sucht eine Antwort. Mit Heidegger könnte man sagen: „Fragen ist ein erkennendes Suchen des Seienden in seinem Da- und Sosein. Das erkennende Suchen kann zum ›Untersuchen‹ werden als dem freilegenden Bestimmen dessen, wonach die Frage steht. Das Fragen hat als Fragen nach ... sein *Gefragtes*. Alles Fragen nach ... ist in irgendeiner Weise Anfragen bei ... Zum Fragen gehört außer dem Gefragten ein *Erfragtes*", schreibt **Heidegger** in *Sein* *und Zeit*. Das Befragte, so wollen wir hier ergänzen, muß aber unterschieden werden in eine *Befragte* und ein *Befragtes*, in ein Du und ein Es. Das, wonach gefragt wird, ist das *Erfragte*, das in der Frage Intendierte. Im Erfragten liegt dann als das eigentlich Intendierte das *Erfragte*, das, wobei das Fragen ans Ziel kommt[144].

Wenn jemand an jemand anderen eine Anfrage richtet, dann hat diese Person bewußt oder unbewußt eine Absicht: In jeder Frage steckt eine Frageabsicht. Diese schließt sich nach Rombach immer *sinnvoll an eine gegebene Situation an.*[145]

Die *Frageabsicht* kann offen sein oder verdeckt, sie kann der Befragten gefallen oder sie abstoßen, auf jeden Fall enthüllt sie die Fragende in einer bestimmten Weise. Die *Fragerichtung* muß schon vor der faktischen Anfrage klar sein, und dies gilt auch für die *Frageabsicht*. Je nachdem in welcher Art von Beziehung Fragerin und Befragte in der jeweiligen Situation zueinander stehen (Passanten, Verkäuferin-Käuferin, Ärztin-Patientin, usw.) ist die Art der möglichen Anfrage eine andere. Im Miteinander-sein kann jede *Frageabsicht* nur auf dem Hintergrund der situativen *Absichtlichkeit* verstanden werden. So hat jede Handlung und damit auch jede Frage immer schon den Charakter des „gemeint für …", „gemeint, um zu …", „gemeint, weil …" usw. Jede Frage hält sich somit an einen bestimmten *Fragesinn*.

Nicht nur die Frageabsicht und der Fragesinn enthüllen sich im Fragen. Die fragende Person zeigt sich auch in ihren Vorannahmen, ihrem Vorverständnis, in ihrem Interesse, in ihren Prioritäten, Präferenzen usw. Sie zeigt, was sie in dieser Fragesituation für fragwürdig bzw. für fraglich hält. Übertragen auf die therapeutische Situation heißt dies: Die Therapeutin ent-deckt sich durch ihre Fragen der Klientin insofern, als allein dadurch, daß sie nach dem fragt, nach dem sie tatsächlich fragt, sie ihre Relevanzkriterien und damit ihre Absicht implizit deutlich macht. Außerdem teilt sie der Klientin dadurch mit, welche Antworten sie von ihr für möglich hält. So ist z.B. eine Frage wie: „Wie viele Geschwister haben Sie?" eine Mitteilung darüber, daß die Therapeutin an solchen Informationen interessiert ist und daß sie es für selbstverständlich hält, daß die Klientin diese Frage auch beantworten kann. Da solche Kriterien nicht in jeder Therapieform frag-würdig sind, ist allein das Stellen der Frage ein Sich-Offenbaren der fragenden Person.

Die Fragerin gibt sich in ihrem Fragen in ihrer Ungewißheit und ihrem Interesse zu erkennen. Sie bleibt also nicht außerhalb der Frage. Dies gilt auch für die Befragte; sie kann nur so befragt werden, weil sie in der Fragesituation schon als jemand auftaucht, die sinnvollerweise nach dem gefragt werden kann, wonach sie tatsächlich gefragt wird. Dieser situative Charakter der Anfrage führt auch dazu, daß die Vieldeutigkeit jeder Frage von der Befragten in einer bestimmten Weise verstanden wird. So ist z.B. die Frage „Wie geht es Ihnen?" in einem anglo-amerikanischen Vorstellungskontext durchaus sinnvoll mit der Gegenfrage „How do you do?" zu beantworten. Unter Freunden in Deutschland wird im Regelfall eher eine etwas längere Antwort erwartet, und in einem therapeutischen Kontext bezieht sich die Frage natürlich primär auf das Thema der Therapie. Diese *Fragerichtung* ist durch die Situation mitgegeben und mitverstanden.

Die dialogische Frage und das Gespräch

Für die Anfrage wie auch für die Mitteilung ist wesentlich, daß sie immer schon situativ verstanden werden kann, wie z.B. im Fall einer wissenschaftlichen Frage. Sie hat keine besonderen Verstehensvoraussetzungen, sie ist in diesem Sinne nicht entdeckend, sondern bewegt sich im Raum des schon Entdeckten. Ganz anders bei der gesprächshaften Frage. Hier fragen wir nicht nach der Sache, wir holen keine „Erkundigung" ein. Hier ist die Befragte selbst gefragt. Die Be-fragte ist gleichzeitig auch die Er-fragte. Daher kann sich die so Gefragte betroffen fühlen oder auch nicht.

Das Gespräch im hier gemeinten Sinn bildet den Kernbereich der Psychotherapie. Es zeichnet sich durch einige wesentliche Charakteristika aus, die es von der Anfrage unterscheiden.

Das erste Kennzeichen ist eine gesammelte Form der Anwesenheit[146] im Gespräch. Sie ist die Bedingung der Möglichkeit für die Kohärenz[147] des Gesprächs, das in diesem Sinne nie ein Nur-so-Daherreden ist. Es verlangt von beiden Partnern eine Anstrengung und Bereitschaft, d.h., nicht jedes Miteinander-Sprechen ist im Sinne Rombachs ein Gespräch. Die Kohärenz des Gesprächs setzt eine Gleichzeitigkeit von Hören und Sprechen voraus.

Diese Gleichzeitigkeit ist das zweite Kriterium, das Rombach „eingehen auf..." nennt. Die Antwort geht auf die Frage ein, und die Frage geht auf das Gegenüber ein. Wird nur gesprochen, ohne daß sich das Gesprochene auf das schon Gesagte bezieht, bleibt es letztendlich ein Monolog. Das Gespräch geht immer über das Gesprochene hinaus auf den anderen zu.

Dieses „Eingehen auf..." kann sich als ein Eingehen auf den gerade gesagten Satz darstellen, wie zum Beispiel bei den Fragen des Meta-Modells[148]. Diese Fragen gehen auf die gerade ausgedrückte Sinneinheit oder auf weit früher Gesagtes ein. Es kann aber auch auf das sich im Gespräch erst langsam Herauskristallisierende, Andeutende fragend eingehen. Die Kohärenz eines Gespräches verdichtet sich in dem Maße, in dem ein solches „Eingehen auf..." in komplexer Weise vor- und zurückgreifend geschieht. Gerade das Meta-Modell, als satzorientierte Fragemethode, steht immer in der Gefahr, diese Kohärenz zu verlieren, indem es, ohne auf den anderen wirklich einzugehen, irgendeine Meta-Modell-Verletzung erfragt. Aber auch das zirkuläre Fragen kann zu einer leeren Übung werden, wenn die Kohärenz für die so Befragten nicht erlebbar wird.

Das „Eingehen auf..." ist ein verstehendes über das Gesagte Hinausgehen. Es versteht das Gesagte und das, worum es im Gesagten geht. Es wird also nicht nur etwas mitgeteilt, sondern in dieser Mitteilung geht es um etwas. Das Verstehen ist in diesem Sinne entdeckend. Insbesondere im Hinblick auf das therapeutische Gespräch kann weitgehend gesagt werden, daß das entdeckende Verstehen, d.h., daß die Klientin etwas Neues über sich selbst herausbekommt, zugleich das Ziel des Gespräches ist. Um auf diese Art über das Gesagte hinausgehen zu können und den anderen dadurch betroffen machen zu können, ist es notwendig, ein thematisches Bewußtsein aufrechtzuerhalten hinsichtlich dessen, worüber gerade geredet wird, um dabei der Möglichkeit einer treffenden Frage horchend entsprechen zu können.

Das Erfragte ist beim Gespräch immer nur aus dem Ganzen des Gesprächs verständlich, was unter anderem darin zum Vorschein kommt, daß jemand, der gerade dazugekommen ist, dieses nicht sofort versteht. Frage und Antwort gehören so in ihrer schon besprochenen Gleichzeitigkeit zusammen. Die gesprächshafte Frage hat also im Gegensatz zur Anfrage Verstehensvoraussetzungen.

Daraus ergibt sich ein viertes Kriterium, nämlich die Zeitigkeit. Jede Frage in einem Gespräch hat einen *Stellencharakter* und ihre eigene *Zeitigkeit*. Die Kohärenz eines Gesprächs zeigt sich gerade darin, daß eine Frage zu früh oder zu spät kommen kann, daß sie als passend oder unpassend an dieser Stelle empfunden werden kann. Je kohärenter ein Gespräch ist, desto eher *zeitigt* es die „richtigen" Fragen. In dieser Zeitigkeit entwickelt sich das Gespräch, oder es verliert sich im Belanglosen, es fließt, oder es stockt etc.

In jeder Gesprächsentwicklung kommt etwas in einem Doppelbezug zum Vorschein: erstens die Sache, über die geredet wird, und zweitens das, was in solchem Reden zur Sprache kommt. Letzteres sind gerade die Muster und Prozesse, die für das therapeutische Gespräch über den Inhalt hinaus relevant sind und in denen sich (hoffentlich) die für die Heilung relevanten Muster etc. zeigen. Rombach nennt dies die *„thematische Redeweise"*. Die alleinige Konzentration auf diese Muster beinhaltet allerdings die Gefahr, daß das Selbst der Klientin darauf reduziert wird. Um den Doppelbezug aufrechtzuerhalten, ist es notwendig, daß das Selbst des anderen, das sich in diesen Mustern und Prozessen ausdrückt, nicht mit diesen verwechselt wird.

„Das eingehende Verstehen entdeckt den anderen in seiner eigensten Entschiedenheit. Diese ist es, worum es im Gespräch geht. (...) Das Gespräch legt es (also) nicht darauf an, das So-sich-entschieden-haben des anderen ›herauszukriegen‹. Sobald der andere bloß in der Seinsart eines Gegenstandes verstanden wird, und an ihm eine bestimmte Entschiedenheit als eine nähere Bestimmung seiner selbst abgelesen werden soll, sobald er also der ›Gegenstand‹ einer gesprächsweisen Frage werden soll, geht der Doppelbezug und damit die formale Struktur des Gesprächs verloren. Es scheint, als ob das Gespräch mit seinem eigenen Wesen das, was ihm am Herzen liegt und worauf es ihm ankommt, die Entschiedenheit des Teilnehmers, schützen würde und dort alle Angriffe abwehrte, wo die echte Eindringlichkeit sich in unechte Aufdringlichkeit verwandeln will.[149]"

c) Wollen, Entschiedenheit, Entschluß und die Entscheidungsfrage

Definitionen

An dieser Stelle sollen die Begriffe Entschiedenheit, Entschluß und Wille definiert werden. Sie sind für die Psychotherapie, vor allem für die zielorientierten modernen Kurzzeittherapien, sehr wichtig.

„Entschiedenheit kann sich nie in einer direkten Aussage mitteilen, sie kann sich nur im Etwas-tun oder im Reden von etwas *erweisen*. Sie hat nicht die Seinsart eines mittelbaren Entschlusses. Alles Sich-entschließen muß vielmehr auf einer Entschiedenheit gegründet werden; hierbei kann es sich noch versehen, d.h. sich falsch oder gar ausdrücklich *gegen* die ursprüngliche Entschiedenheit entschließen. Diese wird im Gespräch nie öffentlich.[150]"

Die Entschiedenheit konstituiert sich im „mit-sich-zu-Rate-gehen", in der inneren Auseinandersetzung, im sich selbst ein „Versprechen" geben, sie ist also eine Art Sprechen mit sich selbst. Dabei ist das Selbst nie außerhalb der Entscheidung. „Was ich ›selbst‹ bin, bestimmt sich immer nur durch meine Entschiedenheit.[151]" Trotzdem dürfen wir die Entschiedenheit nicht als ein „Selbstgespräch" auffassen, in dem etwas beredet wird.

Ein Entschluß, zum Beispiel sich von einem Partner zu trennen, erweist sich in seiner Entschiedenheit erst im Handeln in einer kritischen Situation. So passiert es, daß der Partner, von dem man sich getrennt hat, anruft und die Trennung rückgängig machen möchte. Viele Menschen haben in solchen oder ähnlichen Situationen die Erfahrung gemacht, daß sie entgegen dem ursprünglichen Entschluß zustimmten. Insofern ist uns unsere eigene Entschiedenheit nicht auf die gleiche Art zugänglich wie ein Entschluß. Meinen Entschluß kenne, meine Entschiedenheit erfahre ich.

„Der Entschluß richtet sich nach dem in der Handlung Angezielten; er nimmt seine Richtung aus dem Vorgenommenen. (...) Der Entschluß setzt den Anfang eines Handelns so, daß er im Ansatz schon auf *andere* Möglichkeiten verzichtet und diesen Verzicht bis zum Ziel durchträgt. Das will heißen: faktisches Handeln ist nicht allein vom Ziele her und aus der Zukunft bewegt und verstanden, es trägt zugleich seinen Impuls aus dem Ansatz und aus dem Vergangenen und ist ständig so darauf bezogen, daß es andere auftauchende Möglichkeiten schon von Anfang an ›vorüber-gehen‹ läßt. (...) Ganz anders die Entscheidung. Bei ihr tritt Entschluß und Ziel nicht auseinander, um so dem Handeln die Bahn freizugeben. (...) Die Entscheidung bleibt nicht nur so lange in Frage, bis sie gefallen ist, sie hat gar kein ›Ende‹, über das das Handeln hinauskommen kann. (...) Auch gerade dann, wenn eine Entscheidung ›getroffen‹ ist, ist die Entscheidungsfrage damit nicht abgeschlossen, und der Mensch ist nicht von ihr freigegeben, er findet sich vielmehr auf die Entscheidung zurückgeworfen und ständig von ihr her in Frage gestellt[152]".

Die Entscheidungsfrage

Die bisherigen Überlegungen führen uns zur Entscheidungsfrage, die ein Spezialfall der unentscheidbaren Fragen ist. Darunter versteht Rombach die Frage: Wer bin ich? und ähnliche Fragen, die auf das eigene Ich und damit verbundene Sinnfragen zielen.

Die Entscheidungsfrage setzt kein besonderes Wissen oder Verstehen voraus, sie fragt nach dem, was der Mensch *ist*. Sie kann durch keine Mitteilung an jemanden herangetragen werden und kann auch durch keine theoretische Haltung beantwortet werden, weil in dieser immer schon eine Trennung von Ich und Gegenstand vorausgesetzt ist.

Rombach weist darauf hin, daß es unmöglich ist, die Entscheidungsfrage objektiv nachzuweisen oder abzuleiten, sie läßt sich nur aus der Tatsächlichkeit der eigenen Daseinserfahrung entnehmen. Entscheidungsfragen „sind keine freien Möglichkeiten des Daseins. Der Mensch kann sie nicht stellen, wann und wie er will.

Aber nicht nur das: er kann sie – sind sie einmal gestellt – nicht fallenlassen oder aufschieben auf ›später‹. Das Fallenlassen ist selbst schon eine Entscheidung.[153]"

Anders als bei der Anfrage oder der dialogischen Frage kommt die Entscheidungsfrage durch die Antwort nicht zur Ruhe, sie wird dadurch nicht abgeschlossen. Mehr noch, es gibt nichts, was uns zu einer bestimmten Entscheidung zwingen könnte noch dazu, uns der Entscheidungsfrage überhaupt zu stellen.

Die Entscheidungsfrage darf man sich nicht so vorstellen, daß uns etwas zur Entscheidung vorliegt, so daß wir nach bestimmten Kriterien uns für die eine oder andere Seite entscheiden können, sondern in der Entscheidung erwächst uns erst das, wofür wir uns entscheiden können und weshalb wir uns entscheiden müssen. Gibt es schon Regeln, z.B. der Nützlichkeit o.ä., dann ist gar keine Entscheidung mehr notwendig, es geht dann nur noch darum, gemäß den Regeln die Konsequenzen zu ziehen. „Eine wirkliche Entscheidung muß sich überhaupt erst für den Grund ihrer faktischen Entscheidung entscheiden, welcher Grund daher selbst ein wesentliches Moment der Entscheidung ist.[154]"

Beispiel: Wenn ich mich z.B. entscheide, heute nicht zur Arbeit zu gehen, weil ich mich nicht gut fühle, dann habe ich mich schon dafür entschieden, daß mein Unwohlsein Grund genug ist, nicht zur Arbeit zu gehen. Also stellt sich die Frage, welchen Grund ich dafür habe, mein Unwohlsein als Grund zu akzeptieren. Dies könnte in meiner Werthaltung bezüglich meiner eigenen Gesundheit liegen. Aber auch zu dieser Werthaltung muß ich mich entscheiden. Damit dies nicht zu einem unendlichen Regreß führt, ist es notwendig, daß die Entscheidung als Entscheidung ohne Grund ist.

Dies scheint auf eine paradoxe Konstruktion hinauszulaufen, da wir uns eine Entscheidung immer nur relativ zu einer Auswahl denken können, die aber hier ausdrücklich abgelehnt wird. Rombach unterscheidet hier zwischen einer „Entscheidungsmöglichkeit" und einer „Handlungsmöglichkeit". Um diesen Unterschied klarer zu machen, gibt er folgendes Beispiel: Bei einer religiösen Entscheidung stellt sich die Frage: „Für Gott oder gegen Gott?" Dies ist aber für einen religiös indifferenten Menschen gar keine Frage, da beide Möglichkeiten auf einem Hirngespinst (der Vorstellung eines Gottes) beruhen. „Eine Entscheidungsfrage wird erst zur Möglichkeit, wenn der Einsprung in die Entscheidungsfrage bereits vollzogen ist. Nicht aus den Möglichkeiten und ihrer Mannigfaltigkeit erwächst so etwas wie die Entscheidungsfrage, sondern umgekehrt: aus der Entscheidungsfrage heraus stellt sich das erst vor, was in Wahrheit Möglichkeit genannt zu werden verdient. Im Gegensatz hierzu liegen Handlungsmöglichkeiten einfach vor, sie sind *schon immer da*. (...) Wenn es aber so ist, daß die Möglichkeiten, zwischen denen entschieden werden soll, nicht vor der Entscheidung gegeben sind, dann kann gar keine *Wahl* stattfinden. Das würde also heißen, daß der Entscheidung keine Wahl vorangeht? – Nichts anderes wird hier behauptet. Was Entscheidung ist, kann nicht auf dem Grunde des Begriffs der Wahl gedacht und verstanden werden. Entscheidung und Wahl sind grundverschiedene Phänomene.[155]"

Ferner geht es in der Entscheidungsfrage nicht um eine Handlung im üblichen Sinne. Jede Handlung zerfällt in jemanden, der handelt, und in das, was in der Handlung getan wird. In der Entscheidungsfrage sind aber Handlung und Gehandeltes ein und dasselbe. Das „Ich-selbst", das sich der Entscheidung stellt, ist erst mit der Entscheidung gegeben und nicht schon vor ihr da; ich werde gleichsam dadurch, daß ich mich der Entscheidung stelle, dasjenige Selbst, das ich in der Entscheidung bin/werde. Das Entscheidungs-Ich ist erst in der Entscheidung „da".

Die Frage „Wer bin ich?" könnte damit als Frage erscheinen, die sozusagen einmal beantwortet wird oder auch nicht. Dies wäre aber unserer Meinung nach ein Mißverständnis. Das Problem der Entscheidung und der Entschiedenheit bzw. der Unentschiedenheit ist eine, die sich durch unser gesamtes Leben hindurchzieht. Wir sind nicht entweder entschieden oder unentschieden, sondern wir sind manchmal entschieden und manchmal unentschieden.

Entscheidungsfrage und Psychotherapie
In der Entscheidungsfrage ist der Mensch nicht der Frager, sondern der Befragte. Insofern steht die Entscheidungsfrage im Zentrum dessen, was Psychotherapie ausmacht. Andererseits geht es bei ihr nicht einfach nur um dies oder das, sondern um mich und um alles, was ich je werde sein können. Aufgrund dieser ihr eigentümlichen Unzugänglichkeit wundert es nicht, daß sie bisher in den Kurzzeittherapien, die auf Handlung, Intervention, Zielerreichung, Veränderung usw. angelegt sind, nicht in den Blick gekommen ist.

Nichtsdestotrotz gibt es Psychotherapieformen, in denen die Entscheidungsfrage eine wichtige Rolle spielt. In diesem Zusammenhang möchten wir auf die Logotherapie von Viktor Frankl[156] hinweisen, für den die Frage nach dem Sinn des Lebens auch unter therapeutischen Gesichtspunkten von zentraler Bedeutung war. Für ihn äußert sie sich in Fragen wie:

➤ Wer bin ich?
➤ Was ist der Zweck meines Lebens?
➤ Was will ich eigentlich?
➤ Was halte ich für mich für möglich bzw. für unmöglich?

Bei Hellinger spielt die Entscheidung (auch und gerade im Zusammenhang mit Verstrickung und Verantwortung) eine zentrale Rolle. Dies ist zum Beispiel dann der Fall, wenn am Ende einer Intervention noch unklar ist, ob die Klientin die mögliche Lösung vollziehen kann. In diesen Fällen überläßt Hellinger die Entscheidung „den guten Kräften der Seele", und dabei scheint es sich eher um eine Entscheidung denn um einen Entschluß zu handeln.

Das Therapieziel der GT ist zwar nicht identisch mit der Frage „Wer bin ich?", aber nach ihrem eigenen Selbstverständnis geht es um die Verwirklichung der *fully functioning person*[157]. Insoweit beschäftigt sich die GT auch mit der Entscheidungsfrage, wobei es allerdings fraglich bleibt, inwieweit dieser Anspruch wirklich realisiert werden kann.

Die GT (als nicht-kurzzeittherapeutische Methode) steht im Gegensatz zu den meisten Psychotherapien, in denen die Entscheidungsfrage nicht explizit angeschnitten wird. Das würde diese Methoden, die sich auf Veränderung von Erlebnis- und Verhaltensweisen konzentrieren, überfordern. Es geht ihnen um einen besseren *Entschluß*. Sie helfen dem Menschen, das, was sie sich vorgenommen haben, auch tatsächlich zu tun. Von den hier behandelten Therapiemethoden sind dies der Ansatz des BFTC, NLP, RET, die systemische Therapie und der Ansatz von Jonas. Für die neueren Idiolektiker stellt sich die Frage von Entscheidung und Entschluß nicht, weil die Therapeutin gar nicht auf ein bestimmtes Ziel hinsteuert.

In den modernen Kurzzeittherapien geht man davon aus, daß jeder Mensch über genügend gesunden Menschenverstand verfügt, um zu wissen, was er in einer bestimmten Situation braucht, damit es ihm kurz-, mittel- und langfristig damit gutgeht. Dies drückt sich bei Steve de Shazer in dem Satz aus: Der Klient ist Experte für sich selbst. Im NLP lautet die Vorannahme: Jeder hat alle Ressourcen in sich, die er braucht. Die einfachste Form des Selbstentwurfes im NLP läuft darauf hinaus, daß man sagt, mit Hilfe der NLP-Technologie haben die Menschen die Möglichkeit, sich selbst im Hinblick auf eine K+-Optimierung (soviel Spaß und gute Gefühle wie möglich) hin zu entwerfen.

Das steht in deutlichem Gegensatz zur Beantwortung der Frage „Wer bin ich?", die sicherlich eher am Rande dessen steht, was heute den Kern von Psychotherapie ausmacht. Allerdings scheint es uns auch nicht selten vorzukommen, daß sie im Therapiegespräch in der einen oder anderen Weise berührt wird und daß möglicherweise nur deswegen nicht weiter darauf eingegangen wird, weil die Therapeuten diese Dimension des Seins nicht in ihren therapeutischen Ansatz integriert haben.

Als Therapeuten sollten wir ein fundiertes Verständnis davon haben, welche Rolle Wille, Entschluß und Entscheidung im menschlichen Leben spielen, um die Reichweite, die Möglichkeiten und Grenzen therapeutischer Intervention angemessen einschätzen zu können. Wir wollen diesen Zusammenhang anhand einer allgemein bekannten Situation erläutern.

Ein Paar lebt seit langer Zeit in Streit und steht am Rande einer Trennung. Einer von beiden entschließt sich, sich zu trennen, teilt dies mit und zieht aus. Der andere versucht, die Trennung durch erneute Kontaktaufnahme rückgängig zu machen, was tatsächlich gelingt. Nach einiger Zeit erneuter Streitereien entschließt sich die Person erneut, sich zu trennen, und das Spiel von Trennung und Wiederzusammenkommen wiederholt sich einige Male. Dann aber kommt es zu einer Entscheidung, und in dieser Entscheidung entsteht ein neues Ich. Es findet eine Art Identitätswechsel statt, der bewirkt, daß die gleichen Versuche des anderen, wieder Kontakt aufzunehmen, um die Trennung rückgängig zu machen, ins Leere gehen und ihre frühere

Wirkung ganz und gar verloren haben. Die so Entschiedene ist in und durch ihre Entscheidung eine andere geworden.

Fehlt diese Entschiedenheit, bleibt der Entschluß eine vage Absichtserklärung, ein etwas für gut, nützlich und sinnvoll Erachten, dem aber gänzlich die Kraft fehlt. Therapie ist in diesem Sinne verstehbar entweder als ein Prozeß, der jemanden an den Punkt der Entscheidung führt, wo der Therapeut sich dann zurückzieht – eine Bewegung, die man bei Hellinger häufiger beobachten kann. Oder Therapie ist die Hilfe, einen Entschluß (z.B. mit dem Rauchen aufzuhören) zu realisieren, zu konkretisieren etc. Dies gelingt aber nur dann, wenn die Klientin zu diesem Entschluß entschieden ist. Die Entscheidung als Entscheidung entzieht sich nicht nur jeder therapeutischen Intervention, sie entzieht sich in gewissem Sinne selbst dem Wollen der Person selbst. Man kann zwar wollen, entschieden zu sein („Ich will mich ja entscheiden"), aber solange man noch in dem Zustand ist, eine Entscheidung zu wollen, ist man eben nicht entschieden. Insofern ist die Formulierung „Es ist entschieden" auch zu verstehen: Es hat sich in mir entschieden. Und indem es sich in mir entschieden hat, bin ich entschieden in dem doppelten Sinne:
a) Ich habe eine Entscheidung getroffen.
b) Ich wurde in der Entscheidung getroffen.

Das Gefühl der Souveränität im Entscheidungsprozeß ist immer schon unterlaufen durch einen Prozeß, der zwar zur Subjektivität gehört, aber nicht zur Ichhaftigkeit. Insofern wird es auch verständlich, wenn diese Form der Entschiedenheit oft wie eine Gnade oder ein Geschenk erlebt wird bzw. wenn die Entschiedene darüber überrascht ist, daß sie jetzt auf einmal so entschieden handeln kann, obwohl sie dies schon so lange wollte und doch nie konnte. Dies darf aber nicht zu dem Mißverständnis führen, daß eine Entscheidung etwas sei, auf das man am besten wartet wie auf ein Wunder oder ein äußeres Naturereignis. Die Entscheidung fordert also etwas Paradoxes: ein Handeln ohne zu handeln oder ein absichtsloses Wollen.

Was soll ich wollen?
Die Entscheidungsfrage bekommt noch einen besonders therapierelevanten Aspekt in den ethischen Fragen, in denen es darum geht, was ich sollen will. Darum hier ein kleiner Exkurs zu diesem Thema.

Die meisten Menschen erleben ethische Probleme als solche, weil sie das Gute oder das Andere gar nicht wollen können. Sie sollten es zwar, aber das Sollen ist durch kein Wollen begleitet. D.h., wenn wir ein moralisches Problem haben, dann haben wir es, weil wir etwas anderes wollen, als wir sollen.

Beispiel: Ich sollte treu bleiben, aber ich möchte mit jemand anderem eine sexuelle Beziehung anfangen. Die Moral, die mir das Sollen vorgibt, muß von mir prinzipiell gewollt sein, damit mein aktuelles Wollen in bezug auf eine konkrete Handlung mit dem Sollen der Moral überhaupt in Konflikt geraten kann. Denn wenn ich die Moral nicht will, sind mir deren Sollens-Vorgaben gleichgültig. Beispielsweise ist im Islam das Trinken von Alkohol streng verboten, was einen Christen nicht vom Genuß desselben abhält, ohne daß ihn dies in einen moralischen Konflikt bringt. Ich muß also auf einer generellen Ebene die Moral oder Ethik wollen (als richtig, göttlich offenbart, vernünftig, angemessen usw. ansehen) und gleichzeitig auf einer konkreten Ebene Bedürfnisse haben, die
1. nicht mit dem Sollen vereinbar sind und
2. von mir nur schwer beherrschbar, veränderbar, unterdrückbar sind.

Ich will dann also etwas sollen, was ich nicht will. Der Konflikt entsteht dadurch, daß ich die Moral im allgemeinen will, aber im Konkreten stehen meine Bedürfnisse in einem Widerspruch dazu, der so heftig ist, daß mein Wille diese Bedürfnisse nicht völlig unterdrücken kann.

Wir können das Verhältnis von Wollen und Sollen also in mindestens vier Grundfälle einteilen:
1. Was soll ich sollen?
2. Was will ich wollen?
3. Was soll ich wollen?
4. Was will ich sollen?

Ein moralischen Leben zu führen heißt also, das wollen zu können, was man sollte, weil man soll, was man will. Wenn man also nicht in der Lage ist, das Wollen dem Sollen anzugleichen, bleibt man ein Versager im moralischen Sinne oder ein Sünder. Es gibt natürlich auch die Möglichkeit, daß ich das, was ich soll, nicht mehr will. Dann muß ich in der Lage sein, das alte Sollen nicht mehr wollen zu können, was – wie jeder weiß – bei alten Glaubenssätzen bezüglich des Sollens gar nicht so einfach ist.

Wenn ich alles mögliche wollen kann, weil es verschiedene Möglichkeiten gibt (Reframing, Submodalitäten usw.), mein Wollen zu gestalten, dann bin ich im Zustand der Beliebigkeit. Es stellt sich die Frage: Nach welchen Kriterien wählen wir aus, oder: Was soll ich wollen? bzw.: Was will ich sollen?

Dies sind Fragen des Selbstentwurfes, und in diesem sich selbst erkennenden, entdeckenden, erschließenden Prozeß generiert der Mensch neue Möglichkeiten, die ihn zu einem anderen machen. Diese Beliebigkeit der möglichen Bedeutungsveränderung erleben viele Menschen als sehr beunruhigend, da für sie dies der direkteste Weg in den Nihilismus (Entwertung aller Werte) ist. Früher war es so, daß die Moral, die Ethik, die Werte von übergeschichtlicher, göttlicher Abkunft waren. Der Einzelne hatte nur die Wahl, in Übereinstimmung mit ihnen oder als Sünder zu leben. Mit der Einsicht in die historische Bedingtheit und Relativität der Werte, in ihre gesellschaftliche Funktion, begannen die Werte ihre absolute Gültigkeit zu verlieren und wurden mehr und mehr relativiert, bis hin zur Bedeutungslosigkeit. Die Genealogie der Werte meint hier ein Doppeltes: Die Erkenntnis über die Herkunft der Werte führt zu einer Infragestellung des Werts der Herkunft.

Der Nihilismus ist aber die notwendige Voraussetzung für selbstverantwortliche Individuen, die selbst entscheiden, das zu wollen, was sie sollen. Ob diese Situation aber zum Horror wird oder zu einem befreiten Aufatmen führt, hängt davon ab, ob man davon ausgeht, daß der Mensch auch aus freiem Entschluß in der Lage ist, ethisch zu handeln, oder ob man glaubt, daß der Mensch zum Wolf wird, wenn er endlich den Status erreicht hat, der ihm seit dem Stehlen des Apfels im Paradies prophezeit worden ist; nämlich zu werden wie die Götter und zu wissen, was gut und was schlecht ist.

Teil 2:
Neurolinguistisches Programmieren

NLP wurde Mitte der 70er Jahre von John Grinder und Richard Bandler entwickelt. Es ist eine Kommunikationsmethode, die sich mit der Veränderung des subjektiven Erlebens beschäftigt. Aus mehreren Gründen beschäftigen wir uns ausführlicher mit NLP als mit den anderen Fragemethoden, die in diesem Buch behandelt werden. Als ausgebildete NLP-Trainer halten wir es für beklagenswert, daß nach über 25jährigem Bestehen dieser therapeutischen Methode die theoretische Durchdringung der komplexen Praxis des NLP immer noch mangelhaft ist. Dieses Buch soll dazu beitragen, zum einen die theoretischen Grundlagen, auf denen NLP beruht, darzulegen und zum zweiten auf theoretische und praktische Defizite hinzuweisen. Des weiteren soll im Vergleich mit anderen therapeutischen Befragungsmethoden dargelegt werden, wie das Fragen und Befragen im NLP verbessert werden kann, aber auch, wie NLP die anderen therapeutischen Methoden bereichern kann. Insbesondere werden wir das Meta-Modell der Sprache, das Hauptfragemodell des NLP, einer genauen Betrachtung unterziehen.

NLP und Psychotherapie

Bandler und Grinder grenzten sich schon früh von der bis dahin üblicherweise praktizierten Psychotherapie ab. Diese orientierte sich vor allem daran, was beim Klienten falsch läuft, was er nicht kann, wo seine Defizite sind, und versuchte dann, diese Defizite zu beheben. In diesem Vorgehen sahen sie einen der Gründe, warum die meisten Therapeuten Jahre benötigten (wenn überhaupt ein Erfolg zustande kam), um Klienten bei ihren Problemen zu helfen, und warum nur wenige Therapeuten wirklich effektiv arbeiten[1].

„Das meiste Wissen im Bereich der Psychologie ist so organisiert, daß das, was wir ‚Modellbildung' (*modeling*) nennen – traditionellerweise ‚Theoriebildung' genannt –, mit dem vermischt ist, was wir als *Theologie* betrachten. Die Beschreibung dessen, was Leute *tun*, wurde vermischt mit Beschreibungen darüber, was Realität ‚ist'. Wenn man Erfahrungen mit Theorien vermischt und alles zusammen in einen Topf tut, dann ergibt das eine Psychotheologie. Was in der Psychologie entwickelt wurde, sind verschiedene religiöse Glaubenssysteme mit tatkräftigen Evangelisten, die auf der Grundlage all dieser unterschiedlichen Orientierungen arbeiten.[2]"

Bandler und Grinder waren nicht an der Wahrheit interessiert, sondern an dem, was nützlich ist. Um das herauszubekommen, hielten sie es für sinnvoller, als *Modellbauer* tätig zu sein: „*Was wir im Grunde tun, ist, wenig Aufmerksamkeit auf das zu richten, was die Leute sagen, daß sie tun, und viel Aufmerksamkeit auf das zu richten, was sie tun. Und dann bauen wir uns ein Modell von dem, was sie tun. Wir sind keine Psychologen, und wir sind auch keine Theologen oder Theoretiker. Wir haben keine Ahnung von der ‚wirklichen' Natur der Dinge, und wir sind nicht sonderlich daran interessiert, was ‚wahr' ist. Die Funktion der Modellbildung besteht darin, zu Beschreibungen zu kommen, die nützlich sind. Sollten wir also etwas erwähnen, das ihr aus einer wissenschaftlichen Studie kennt oder aus Statistiken, und es ist nicht genau richtig, denkt daran, daß euch hier eine andere Ebene der Erfahrung angeboten wird. Wir bieten euch nicht etwas an, was* wahr *ist, sondern nur Dinge, die* nützlich sind.[3]"

Nützliche Vorgehensweisen erhofften sich Bandler und Grinder weniger von der Masse der durchschnittlichen Therapeuten zu bekommen als von solchen, die innerhalb kurzer Zeit positive Veränderungen bei ihren Klienten hervorriefen. Diese erfolgreichen Therapeuten, ihre „Modelle", waren vor allem die Familientherapeutin Virginia Satir, der Begründer der Gestalttherapie Fritz Perls und der Hypnotherapeut Milton Erickson, denen Bandler und Grinder mit der Videokamera bei der Arbeit zuschauten. Sie wollten keinen Geniekult betreiben, sondern durch genaues Beobachten und Zuhören die Muster destillieren, die den eigentlichen Erfolg dieser Therapeuten ausmachten. Da ihre „Modelle" verschiedenen Schulen angehörten, konnte es nicht die Methode sein, die sie so erfolgreich machte. Es mußte Prinzipien geben, die „hinter" der Therapiemethode wirkten.[4]

Aus den Prinzipien, die sie beim Modellieren dieser Therapeuten herausfanden, entstand NLP zunächst als eine Sammlung effizienter Methoden, mit deren Hilfe sich schnelle Veränderungen problematischer Erlebnis- und Verhaltensweisen auf bewußter und unbewußter Ebene herbeiführen lassen. Da Bandler und Grinder keine „Psychotheologie" betreiben wollten, waren ihnen theoretische Erklärungen unwichtig. Wichtig war nur, ob das, was sie taten, funktionierte oder nicht. Das führte dazu, daß sie die von ihnen hervorgebrachten Formate extrem prozedural-konkretistisch lehrten. D.h., die Lehrarbeit von Bandler und Grinder in ihren Seminaren bestand im wesentlichen darin, ein Format an einem der Teilnehmer zu demonstrieren und es danach die anderen Teilnehmer selbst üben zu lassen.

So wundert es nicht, daß heute viele NLP-Anwender nur über geringes theoretisches Hintergrundwissen verfügen und lediglich abspulen, was Bandler und Grinder an Formaten lehrten. Darin liegt sicher auch ein wesentlicher Grund, warum man sich in den NLP-Verbänden zunehmend Sorgen macht, wie ein ausreichend hohes Ausbildungsniveau gesichert werden kann. Des weiteren verwundert es nicht, daß die angewandten Modelle und Formate, die das NLP hervorbrachte, sich in ihren Vorannahmen teilweise extrem widersprechen. Dies wurde in den NLP-Gemeinden im wesentlichen noch nicht wahrgenommen, denn gemäß der Maxime: „Wir wissen eh nicht, wie die Realität wirklich ist. Hauptsache, das, was wir tun, funktioniert!" war das für Bandler und Grinder gänzlich uninteressant.

NLP hat verschiedene Arten von Fragen hervorgebracht. Dazu gehören die hypnotischen Fragen, die zielorientierten Fragen und vor allem das von Bandler und Grinder selbst entwickelte Meta-Modell der Sprache. Um zu verstehen, wie die Fragen angewandt werden und welche Wirkungen sie haben, werden zunächst die Grundannahmen des NLP vorgestellt. Dazu soll auf folgende Fragen eingegangen werden:

- Auf welchen erkenntnistheoretischen Grundannahmen beruht NLP?
- Welche zentralen Metaphern werden verwendet? – Hierbei werden wir auf einige Widersprüche in der NLP-Theorie hinweisen.
- Was versteht man im NLP unter einem Problem?
- Wie gelangt man vom Problem zur Lösung?

A. Grundannahmen und Fragen im NLP

I. Grundannahmen und zentrale Metaphern[5]

In diesem Kapitel werden wir zunächst einige erkenntnistheoretische Grundlagen erläutern, die dem NLP zugrunde liegen. Insbesondere geht es um die zentrale Vorannahme, die NLP vom Konstruktivismus übernommen hat: „Die Landkarte ist nicht das Gebiet".

Im zweiten Kapitel wird darauf eingegangen, wie sich Bandler und Grinder die Bildung von Landkarten vorstellen.

Im dritten und vierten Kapitel werden die beiden zentralen Metaphern des NLP dargestellt: die Computer-Metapher und die Metapher des weisen Unbewußten. Diese widersprechen sich in zentralen Vorannahmen, ohne daß dies im NLP bislang thematisiert wurde.

Wir sind der Auffassung, daß das Vorhandensein dieser unterschiedlichen Menschenbilder bzw. Metaphern im NLP systematisch noch nicht rezipiert worden ist, und im Gegensatz zur Theoriegleichgültigkeit bzw. -feindlichkeit vieler NLPler halten wir es für wichtig zu wissen, welche Bedeutung und Funktion diese Metaphern haben und wann sie sinnvollerweise eingesetzt werden sollten.

1. Erkenntnistheoretische Grundlagen

Bandler und Grinder eröffneten ihre Seminare gerne mit der Behauptung, daß sie ihren Teilnehmern „Lügen" erzählen würden. Es ging ihnen nie darum, diese Konstrukte als Wahrheiten über das psychische Geschehen des Menschen zu verkünden, sondern eher darum, Vorgehensweisen zu finden, die funktionierten und sich durch ihre Nützlichkeit rechtfertigen. Trotzdem wußten sie, daß es ohne Grundannahmen[6] bzw. eine Erkenntnistheorie nicht geht. John Grinder beschreibt diese Erkenntnis in dem Buch *Der Reigen der Daimonen* (1995, 10f) so: *„Der westliche Mensch des 20. Jahrhunderts ist stolz darauf, die Wahl zu haben, welche Art von Erfahrungen er machen möchte. Mit genügend Kapital kann ein westlicher Mensch entscheiden, ob er sich einen Chevy Blazer oder einen Toyota 4-Wheel Drive Pickup, möglicherweise einen Ford Mustang kauft. Weitaus wichtiger jedoch: Er kann sogar entscheiden, gar kein Auto zu besitzen. Auf die gleiche Weise kann der moderne westliche Mensch zwischen einer empirischen Erkenntnistheorie oder einer spirituellen Erkenntnistheorie oder sogar einer nihilistischen Erkenntnistheorie wählen – aber am wichtigsten: Er kann nicht keine Erkenntnistheorie haben. Er kann der Meinung sein, daß er keine haben möchte – er kann sogar mit allen seinen Ressourcen einer besonderen Erkenntnistheorie Widerstand leisten, aber der Widerstand selbst wäre in diesem Fall schon ein erkenntnistheoretischer Akt. (...) Man kann nicht nicht kommunizieren, und folglich kann man auch nicht keine Erkenntnistheorie haben – sie mag unbewußt, unerwünscht, oder für ihren Eigentümer sogar völlig unzulänglich sein, aber sie läßt sich präzise aus dem Verhalten der Person erschließen, sie kommt in dem Verhalten der Person zum Ausdruck."*

Auf welchen erkenntnistheoretischen Grundannahmen beruht NLP? Inke Jochims ist in ihrem Buch *NLP für Profis* (1995, 19ff) dieser Frage nachgegangen und ordnet NLP den philosophischen Richtungen des ontologischen Realismus und des Empirismus Humes zu. Zentrale Vorannahmen beider Ansätze sind:
1. Es gibt eine objektive Welt, die von unserem Bewußtsein unabhängig ist.
2. Menschen können diese Welt jedoch nicht erkennen, wie sie ist.
3. Menschen können Handlungen nur auf der Basis von Modellen planen.
4. Erkenntnisse sind Vorstellungen, die auf konkrete Sinneseindrücke zurückzuführen sind. Diese bilden demnach die Basis wissenschaftlicher Erkenntnisse.

Die oben wiedergegebene Einordnung des NLP bedeutet nicht unbedingt, daß Bandler und Grinder sich mit diesen Erkenntnistheorien bewußt auseinandergesetzt haben. Konkret beziehen sie sich lediglich auf den Konstruktivismus[7] und auf die Theorie der geistigen Gesundheit von Alfred Korzybski[8], die beide die obenstehenden Vorannahmen bejahen. Korzybski hatte schon 1938 ein Verfahren entwickelt, das er Neurolinguistisches Training (NLT) nannte und dessen Grundzüge im heutigen NLP deutlich zu erkennen sind. Inke Jochims hat die Vorannahmen des NLP zusammengefaßt:[9]

➤ Hirnprozesse und kognitive Prozesse laufen parallel[10].
➤ Nervensystem und Gehirn existieren, damit sich der Mensch in der Umwelt orientieren kann.
➤ Es gibt nur Modelle bzw. Landkarten von der Realität.

Diese Aussagen lassen sich zu der zentralen Grundannahme von Korzybski zusammenfassen, die lautet: **„Die Landkarte ist nicht das Gebiet**[11]**"**. In diesem Satz drückt sich die konstruktivistische Vorstellung aus, daß wir nicht wissen, wie die Welt dort draußen wirklich ist. Wir können nur Abbilder von dem formen, was wir durch unsere Sinne wahrnehmen. Nicht die Welt begrenzt uns, sondern unser Modell (Landkarte) von der Welt[12]. Für Bandler und Grinder sind solche Landkarten[13] mentale Repräsentationen der Welt, die wir selbst konstruieren: *„Wir als menschliche Wesen wirken nicht direkt auf die Welt ein. Jeder von uns schafft sich eine Repräsentation der Welt, in der wir leben – d.h., wir schaffen eine Landkarte oder ein Modell, welches wir für die Gestaltung unseres Verhaltens verwenden. Unsere Repräsentation der Welt bestimmt weitgehend, wie unsere Erfahrung von der Welt sein wird, wie wir die Welt wahrnehmen werden, welche Wahlmöglichkeiten wir für unser Leben in der Welt sehen werden."*[14]

Die Präsuppositionen aus diesem Zitat sind fast identisch mit den ersten drei Vorannahmen des ontologischen Realismus und des Empirismus Humes. Da Menschen die objektive Welt nicht erfassen können, können ihre Schwierigkeiten, in der Welt zurechtzukommen, nicht an der realen Welt liegen, sondern in erster Linie nur daran, daß ihnen in ihrem Modell von der Welt nicht genügend Wahlmöglichkeiten zur Verfügung stehen, diese Schwierigkeiten zu beheben. Daraus leiteten Bandler und Grinder ab, daß es in den meisten Fällen nicht notwendig ist, die Welt zu verändern, sondern daß es ausreicht, die innere Repräsentation bzw. die Landkarte bzw. das Modell von der Welt zu verändern. Das mündet in das Vorgehen, einschränkende Grundüberzeugungen (Glaubenssätze) zu hinterfragen und gegebenenfalls durch nützliche Glaubenssätze zu ersetzen.

Ein weiterer wichtiger Grundsatz des NLP lautet: Menschen treffen immer die beste Wahl für sich, die aus ihrem Modell der Welt heraus möglich ist[15].

Daraus leiteten Bandler und Grinder ein Grundprinzip für das therapeutische Handeln im NLP ab: Der Therapeut sollte immer darauf hinarbeiten, daß der Klient mehr Wahlmöglichkeiten im Denken, Fühlen und Handeln erwirbt und so sein Modell von der Welt (Landkarte) erweitert[16]. Denn je mehr Wahlmöglichkeiten jemand in seinem Modell der Welt hat, desto flexibler kann er in bestimmten Situationen reagieren. Provokativ drückte es Bandler so aus: Wer nur eine Wahlmöglichkeit hat, ist ein Roboter. Wer zwei Möglichkeiten in einer Situation zur Verfügung hat, steckt in einem Dilemma. Wirkliche Wahlfreiheit beginnt erst mit mindestens drei Handlungsalternativen.

2. Wie bilden Menschen „Landkarten"?

Der Informations-Input

Menschen nehmen Informationen aus ihrer Umgebung mit ihren fünf Sinnen auf: sie können sehen, hören, fühlen, riechen und schmecken. Dabei hat jeder dieser Sinneskanäle besondere Funktionen, die nur dieser und kein anderer Kanal erfüllen kann. Wie stellen sich Bandler und Grinder die Informationsaufnahme genau vor?

Die Aufnahme der Information geht als Leistung weit über das Funktionieren der entsprechenden Sinneszellen (Rezeptoren) hinaus. Bevor ein Reiz (also die Nervenerregung, die am Rezeptor erzeugt wurde) als Information überhaupt bewußt wahrgenommen wird, durchläuft die sensorische Information mehrere Verarbeitungsschritte: Der Reiz wird systematisch analysiert und mit bereits gespeicherten Mustern verglichen, damit etwas Bekanntes auch erkannt wird. Bei all diesen Vorgängen bleiben nach Bandler und Grinder die Reize in der Regel sinnesspezifisch, d.h., visuelle Informationen werden in Gehirnzentren verarbeitet, die ausschließlich Visuelles verarbeiten usw.

Eine auffällige und wichtige Ausnahme bilden die sogenannten Synästhetiker; sie können Farben „riechen" oder Töne „fühlen" etc. Dies ist auch unter dem Gesichtspunkt interessant, daß die Signale sowohl in den Nervenzellen als auch im Gehirn als solche keine spezielle Kodierung[17] bezüglich ihres Ursprungs (Auge, Ohr, Nase usw.) haben. Die Erlebnisqualität existiert nur auf der Ebene des subjektiven Erlebens, nicht auf der Ebene des neurophysiologischen Substrats (Nervenzellen). Synästhesien treten auch bei Nicht-Synästhetikern auf: man spricht z.B. von Klangfarben und Farbtönen.

Ob Synästhetiker als neuropsychologischer Grenzfall betrachtet werden sollten, oder ob die „Normalen" als umkonditionierte Synästhetiker zu verstehen sind, ist bis heute nicht wirklich geklärt. Vieles spricht jedoch dafür, daß auch die Speicherung von Informationen zumindest teilweise sinnesspezifisch bleibt. Wir weisen an dieser Stelle nur deshalb darauf hin, weil Bandler und Grinder den Eindruck erweckten, als wären die Sinnesorgane und die dazugehörigen neuronalen Verarbeitungszentren mit ihrem dazugehörigen subjektiven Erleben (Farbe, Klang, Geschmack usw.) fein säuberlich getrennt[18].

Filter der Wahrnehmung

Die Bildung von Landkarten wird für Bandler und Grinder vor allem durch Filterprozesse gesteuert, die uns Menschen daran hindern, die Realität so wahrzunehmen, wie sie ist. Diese Sichtweise wird durch viele wahrnehmungspsychologische Experimente bestätigt, die sich mit dem Einfluß grundlegender Einstellungen auf die Wahrnehmung befassen. So ist bekannt, daß Zeugen eines Autounfalls zum Teil dramatisch unterschiedliche Beobachtungen zu diesem Ereignis berichten. Nachgewiesen ist auch, daß Tabuwörter eine längere Erkennungszeit benötigen als wertneutrale Wörter. In einem anderen Wahrnehmungsexperiment wurden den Probanden Spielkarten dargeboten. Ein Teil der Spielkarten stammte aus echten Pokerspielen, ein anderer Teil bestand aus Spielkarten, die so in keinem Kartenspiel vorkommen (zum Beispiel eine rote Pik-Neun oder ein schwarzer Karo-König). Bei diesem Versuch stellte sich heraus, daß die „falschen" Spielkarten erst bei teilweise dramatisch längerer Darbietungszeit erkannt werden konnten. Bei vielen Versuchspersonen bestimmte die Vorerfahrung und die Erwartung das Erkennen der Karte so sehr, daß sie auch nach mehreren Minuten Darbietungszeit nicht erkennen konnten, was mit der Karte „nicht stimmte". Wir kennen diesen Effekt als self-fulfilling prophecy (sich selbst erfüllende Prophezeiung) oder auch als Pygmalion-Effekt aus dem Alltag: zum Beispiel wenn ein Lehrer so sehr davon überzeugt ist, daß ein Schüler faul ist, daß gegenteiliges Verhalten des Kindes im wahrsten Sinne des Wortes übersehen wird.

All dies macht deutlich, daß unsere Überzeugungen unsere Wahrnehmung massiv beeinflussen.

Bandler und Grinder machen vor allem die drei Modellierungsprozesse „Generalisierung, Tilgung und Verzerrung"[19] dafür verantwortlich, daß wir die Welt nicht wahrnehmen können, wie sie ist. Diese Begriffe seien nun erklärt.

Tilgung ist ein Prozeß, durch den wir unsere Aufmerksamkeit selektiv bestimmten Dimensionen unserer Erfahrungen zuwenden und andere ausschließen[20]. Von den ca. 11 Millionen bit an Informationen, die der Mensch in einer Sekunde aufnimmt, werden die meisten gemäß dem oben geschilderten Prozeß unbewußt verarbeitet. Wollte jemand diese ungeheure Informationsmenge bewußt verarbeiten, wäre er sofort handlungsunfähig. Aus diesem Grund tilgen Menschen den Großteil der auf sie einstürmenden Informationen. Der bewußten Verarbeitung stehen etwa 40 bits pro Sekunde zur Verfügung[21], der Rest wird unbewußt verarbeitet. Dieser Tilgungsprozeß ist einer der wesentlichen Gründe, warum Menschen nur Modelle von der Welt schaffen können, die Welt an sich jedoch niemals erfahren können. Dieser Gesichtspunkt hat in der Theorie autopoietischer Systeme (Maturana)[22] im Zusammenhang mit dem Terminus „operationelle Geschlossenheit[23]" eine gewisse Berühmtheit erlangt.

Ein Beispiel für eine nützliche Tilgung ist die Fähigkeit, in einem Raum voller Menschen eine bestimmte Stimme herauszufiltern, indem wir uns darauf konzentrieren.

Verzerrung ist ein Prozeß, der es uns ermöglicht, in unserer Erfahrung sensorischer Einzelheiten eine Umgestaltung vorzunehmen[24]. Beispiele dafür sind Phantasievorstellungen (Kunst, Mythen etc.) oder Planungen (z.B. wenn wir einen Urlaub planen und uns dabei die Reiseroute vorstellen).

Generalisierung ist ein Prozeß, durch den Elemente oder Teile eines persönlichen Modells von der ursprünglichen Erfahrung abgelöst werden, um dann die gesamte Kategorie, von der diese Erfahrung ein Beispiel darstellt, zu verkörpern[25]. Durch den Prozeß der Generalisierung bilden Menschen Meinungen, Grundüberzeugungen oder das, was Bandler und Grinder als Landkarten bezeichnen. Diese Landkarten wiederum filtern – wie oben dargelegt – die Informationsaufnahme über unsere Erwartungen, Vorerfahrungen und Glaubenssysteme.

Exkurs

Da theoretische Auseinandersetzungen im NLP sehr selten sind, soll an dieser Stelle auf ein Mißverständnis hingewiesen werden, das Bandler und Grinder bezüglich des oben definierten Begriffs „Generalisierung" unterlaufen ist. Zink und Munshaw, zwei amerikanische NLP- und Hypnotherapeuten, wiesen als erste darauf hin, daß die Begründer des NLP mit dieser Definition von Generalisierung einen Prozeß bezeichnen, den man seit Aristoteles als Kategorisieren bezeichnet: Generalisieren und Kategorisieren sind zwei unterschiedliche Weisen des Schlußfolgerns. Kategorisierung nennt man es, wenn eine Erfahrung eine ganze Kategorie repräsentiert[26]. Eine Generalisierung ist hingegen der Prozeß des Herleitens eines generellen Prinzips von einem oder mehrerer Ereignissen. Daher beschreibt eine Generalisierung die Essenz einer Klasse. Im Fall des Kategorisierens schlußfolgert man von einem Mitglied einer Klasse auf die gesamte Klasse. Beispiel: Der Unterbegriff „Mercedes" kann den Oberbegriff „Auto" repräsentieren („Ein Mercedes ist ein Auto"). „Alle runden Dinge, die rollen, sind Bälle" wäre ein weiteres Beispiel für Kategorisieren. Das Mitglied der Klasse repräsentiert die ganze Klasse. Dies entspricht im NLP dem Chunking-Konzept. Es ist dann lediglich eine Frage der Benennung (des labelling), wie Element und Klasse genannt werden.

Ein Beispiel für Generalisieren wäre der Satz: „Alle runden Dinge rollen." Bei Generalisierungen zieht man aus Erfahrungen Schlußfolgerungen. Dies nennt man auch induktives Schlußfolgern. Zink und Munshaw zufolge behaupten Bandler und Grinder, daß Menschen Landkarten durch die Benutzung linguistischer Prinzipien, also allein durch Kategorisierung, formen[27].

Dem widersprechen allerdings einige Beispiele, die Bandler und Grinder in *Magie I* geben: „Wenn sich ein Kind die Hand am Ofen verbrannt hat, zieht es wahrscheinlich die Schlußfolgerung, keine heißen Öfen anzufassen." Dieses Beispiel ist auch im Sinne von Zink und Munshaw eine Generalisierung. Bandler und Grinder faßten unter dem Begriff „Generalisierung" offensichtlich alle Tatbestände, die unter die Begriffe Kategorisierung **und** Generalisierung fallen.

Ein hierarchisches Modell der Informationsverarbeitung

Die obigen Ausführungen münden in ein hierarchisches Modell der Informationsverarbeitung:

Stufen der Verarbeitung	Informationsverarbeitungsebenen beim Menschen
	Welt an sich / Realität
Inputkanäle	**Die 5 Sinne** des Menschen: Sehen, Hören, Fühlen, Riechen, Schmecken
	Neurologische und kognitive Filter: die Prozesse der Generalisierung, Tilgung und Verzerrung, Glaubenssätze, Werthaltungen, Metaprogramme etc.
Repräsentationssysteme (innere Verarbeitung der Sinneseindrücke)	**Die innere Repräsentation** mittels $VAKOGA_i^d$
Outputkanäle	**Ausdrucksverhalten** des Menschen: Körpersprache, Stimmqualität, Ausdruck über Sprache

Dieses Modell erinnert stark an das Modell der hierarchischen Verarbeitung von Sinneseindrücken, das Korzybski bereits 1938 entwickelt hatte. Er hatte es mit dem Ziel entworfen, daß die Struktur der Sprache[28] der

Arbeitsweise des Nervensystems und der Struktur der empirischen Welt entsprechen sollte. Dies war ihm deshalb wichtig, weil ihm daran gelegen war, daß Menschen die Möglichkeit haben, ihre Modelle an der Realität zu überprüfen. Nach Korzybski kann diese Überprüfung dann gelingen, wenn sinnesspezifisch-konkrete Beschreibungen benutzen. Es ist zu vermuten, daß Bandler und Grinder sich mehr oder weniger an ihm orientiert haben. Korzybski erläutert sein Modell am Beispiel der Wahrnehmung eines Topfes:

- Die erste Stufe ist das Ereignis „außerhalb der Haut", zum Beispiel ein Topf. (Diese Stufe entspricht der Ebene „Welt".)
- Auf der zweiten Stufe reagiert das Nervensystem auf einen Stimulus, zum Beispiel sieht es den Topf. (Diese Stufe entspricht der Ebene der fünf Sinne.)
- Auf der dritten Stufe erfolgt das Erlebnis des Ereignisses: Das Gehirn erstellt das psychologische Bild des Topfes. (Diese Stufe entspricht der Funktion der Repräsentationssysteme, die im nächsten Abschnitt erläutert werden.)
- Die vierte Stufe der Verarbeitung ist die beschreibende Ebene. Hier werden Begriffe für Objekte gefunden, die man wahrgenommen hat. (Diese Ebene entspricht dem Informationsverarbeitungsprozeß[29], der sich auf Sprache bezieht. Vgl. dazu Kapitel B.II.)
- Auf der fünften und letzten Stufe werden Schlußfolgerungen gebildet, woraus Handlungsentwürfe, semantische Reaktionen und schließlich Handlungen entstehen.

Mit der Unterscheidung zwischen der beschreibenden und der schlußfolgernden Ebene nimmt Korzybski eine Einteilung vorweg, die nach ihm auch Albert Ellis, der Entwickler der RET, machte[30]. Sowohl die beschreibende als auch die schlußfolgernde Ebene wird nach Bandler und Grinder in den Repräsentationssystemen kodiert bzw. gespeichert.

Die Repräsentationssysteme

Dem hierarchischen Modell der Informationsverarbeitung liegt das Konzept der Repräsentationssysteme zugrunde. Repräsentationssysteme sind nach O'Connor und Seymour[31] die Modalitäten, vermittels derer wir Informationen aufnehmen, abspeichern und im Gehirn kodieren (Sehen, Hören, Fühlen, Riechen und Schmecken). Die Informationen, die wir durch die fünf Sinne aufnehmen, durchlaufen die oben angesprochenen Filterprozesse und werden dann innerlich in den verschiedenen Repräsentationssystemen gespeichert. Wie oben bereits gesagt, kann sich die Modalität der Speicherung von der des Inputkanals unterscheiden. Zum Beispiel kann ein von uns visuell wahrgenommener Gegenstand auch in der Form natürlicher Sprache, d.h. in Worten und Lauten, repräsentiert werden.

Grundsätzlich stehen dem Menschen sechs Repräsentationssysteme zur Verfügung:
- das visuelle,
- das auditive,
- das kinästhetische,
- das olfaktorische,
- das gustatorische und
- das Sprachsystem bzw. das digitale Repräsentationssystem, wozu z.B. der innere Dialog (A^d_i = auditiv-intern-digital) gehört.

Mit dieser Beschreibung wird der Eindruck erweckt, die Repräsentationssysteme[32] hätten auf einer physiologischen Ebene etwas mit den Prozessen zu tun, die im Gehirn ablaufen. Dazu soll an dieser Stelle eine grundlegende Bemerkung gemacht werden: Was ich vom Klienten oder von einem Therapeuten, den ich modelliere, weiß, erfahre ich über sein Verhalten und seine Mitteilungen. NLP ist gerade keine Neuropsychologie geschweige denn Neurophysiologie, d.h., wir wissen in unserer praktischen Arbeit darüber nichts und brauchen es auch nicht. Darin liegt der wesentliche Vorteil einer handlungsorientierten Modellbildung: wir können therapeutische Interventionen durchführen, von denen wir wissen, daß sie wirken, ohne daß wir darauf angewiesen wären, zu verstehen, was diese Intervention (z.B. einen Film rückwärts laufen lassen) auf der Ebene des neurophysiologischen Substrats bewirkt. Mehr noch: Selbst die Neurophysiologie hat auf ihrem derzeitigen Entwicklungsniveau nicht die leiseste Idee, was im Gehirn passiert, und kann daher das therapeutische Handeln auch nicht motivieren oder begründen.

Die laxe Gleichsetzung von neurophysiologischen Prozessen und dem subjektiven Erleben ist eine durchgängige Unsauberkeit im NLP. Bandler, Grinder und ihre Nachfolger beziehen sich immer wieder in populärwissenschaftlichem Gestus auf das Gehirn und das Nervensystem und scheinen dabei völlig zu vergessen, daß in ihren Modellbildungsprozessen Gehirn und Nervensystem überhaupt nicht vorkommen.[33]

Der Rekurs auf das Gehirn scheint hier, da er sachlich nicht notwendig ist, eher einem „wissenschaftlichen" Legitimationsbedürfnis zu entspringen. Dann aber widerspricht es dem vorgetragenen antiwissenschaftlichen, antitheoretischen Impetus von Bandler und Grinder als Modellbauer.

Zusammenfassung und Bewertung

Jedes hierarchische Modell der Weltwahrnehmung und Informationsverarbeitung läßt den hermeneutischen Zirkel verstehender Weltbegegnung außer acht, der besagt: In jeder Weltbegegnung ist immer schon ein Weltvorverständnis mitgegeben. Dieser Zirkel ist in vielfältiger Weise untersucht und beschrieben worden[34]. Ein hierarchisches Modell kann den Prozeß der Selbstkonstitution der verschiedenen kognitiven Filter (Tilgung, Verzerrung, Generalisierung, Glaubenssätze, Metaprogramme etc.) nicht erklären, außer es behauptet, daß diese Filter angeboren sind (wie das zumindest für einige Funktionen des Spracherwerbs von Chomsky und seinen Nachfolgern postuliert wird). Hingegen ist im NLP völlig klar, daß Glaubenssätze und Metaprogramme keine angeborenen kognitiven Strukturen, sondern erlernt sind und als erlernte wiederum auf die Form der Weltwahrnehmung zurückwirken.

Das hierarchische Modell der Informationsverarbeitung setzt, so wie es beschrieben wird, die verschiedenen Ebenen als schon existierend voraus. D.h., der genetische Aspekt und damit die Frage: „Wie erwirbt ein Kind seine Sprache und sein sprachlich vermitteltes Weltverständnis?", wird nicht thematisiert. Damit sind Fragen nach einem vorsprachlichen Subjekt, welches sich Sprache im Zuge der eigenen Entwicklung erst aneignet, und verwandte Fragestellungen nicht Gegenstand dieses Modells. Die Fragen: „Wie lernt ein Kind seine Muttersprache? Wie lernt es die kategorialen Differenzierungen, mit Hilfe derer es die Welt in seiner Sprache erfaßt? Und inwiefern bildet sich mit dem Spracherwerb zusammen so etwas wie Selbst-Bewußtsein?" sind gänzlich außerhalb der Überlegungen von Bandler und Grinder angesiedelt.

Das Modell geht davon aus, daß alles, was wir von der Welt wissen, nur relativ zu biologischen, neurophysiologischen, sprachlichen, kulturellen und idiosynkratischen Mustern von Wahrnehmungsfiltern verständlich ist. Davon ausgehend versucht es die Frage zu beantworten, wie das Verhältnis zwischen Welt und Weltbewußtsein unter Bezugnahme darauf zu verstehen ist. Des weiteren kann dieses hierarchische Modell verstanden werden als eine Explikation des Satzes „The map is not the territory" von Korzybski. Es kategorisiert und hierarchisiert die Abbildungsfunktionen und Modellierungsoperationen, die es uns ermöglichen, überhaupt Karten von der Welt anzufertigen. Um das tun zu können, wird aber der Kreis von Weltwahrnehmung an einem Punkt aufgeschnitten und so getan, als ob es „reine Weltdaten", rein physikalische, chemische Perturbationen der äußersten Schichten der sensorischen Rezeptoren gäbe, in die kein Jota Kognition eingegangen wäre. Damit wird der Prozeß der Wahrnehmung nach einem technischen Modell gedacht, in dem optische, elektrische, magnetische oder chemische Sensoren durch Umweltreize perturbiert und diese Perturbationen dann je nach technischem Gerät durch Verstärker, Filter usw. verarbeitet werden, bis zum Schluß auf der obersten Ebene ein Bild o.ä entsteht. Dieser mechanistische Zug in den Erklärungsmodellen des NLP ist durchgängig[35].

Daß die Methode trotzdem in der praktischen therapeutischen Arbeit genutzt werden kann, liegt nach unserer Ansicht daran, daß die Modelle im NLP tatsächlich eher zur didaktischen Veranschaulichung genutzt werden und nicht darauf bestanden wird, daß sie die Komplexität des Gegenstandes korrekt darstellen. Man kann sagen: Die Praxis des NLP ist bei weitem komplexer als seine zum Teil simplizistischen Modelle.

3. Der Problem-Lösungs-Raum und die Computer-Metapher

NLP stellt aus einer bestimmten Sicht heraus das jüngste Glied einer langen Kette von Metaphorisierungen des Menschen nach dem Bilde der jeweilig neuesten Technologie[36] dar. Eine dieser Metaphern ist der Mensch als Computer[37]. In diesem Kapitel wird aufgezeigt, welche Bedeutung die Computer-Metapher im NLP hat und wie der Zusammenhang zum Problem-Lösungs-Raum ist.

Die Produktivität der Computer-Metapher kann nach mehr als 25 Jahren seit den Anfängen des NLP als positiv bewertet werden, wenn man den Anwendungsbereich dieser Metapher richtig einordnet. Diese Produktivität verdankt sich unter anderem der geradezu sprichwörtlichen Kreativität des Subjektiven. Das heißt: Klienten erzeugen das, was ihr Therapeut braucht, um sie heilen zu können. Egal, ob es der Glaube an Ahnengeister, Archetypen oder was auch immer ist, das Unbewußte des Klienten ist in den meisten Fällen bereit, dem Therapeuten in sein Erklärungsmodell hinein zu folgen, wenn es sich davon Heilung verspricht. Und wenn mein Therapeut mir nur helfen kann, wenn ich mich wie ein Computer verhalte, dann ist dies für diesen speziellen Kontext auch okay.

Wenn wir der Einteilung zwischen Problem-Lösungs-Raum und Therapeuten-Klienten-Beziehung aus dem 1. Teil folgen, dann kann man sagen, daß die Computer-Metapher ihre Bedeutung vor allem im Problem-Lösungs-Raum hat. Hierbei stellen sich u.a. folgende Fragen:

➤ Was versteht man im NLP unter einem Problem?
➤ Welche Problemklassen gibt es?
➤ Wie gelangt man vom Problem zur Lösung?

Was sind Probleme?

Mit der Metapher vom Menschen als Computer vollzog das NLP paradigmatisch den Übergang von der Vorstellung einer mechanischen zu einer kybernetischen Maschine. Wenn eine mechanische Maschine kaputt ist, dann ist ihre Hardware beschädigt. Sie muß repariert werden. Bei einer kybernetischen Maschine gibt es den Unterschied zwischen Software und Hardware. Und die Software kann nun entweder einen Fehler haben oder aber für eine Aufgabe genutzt werden, für die sie nicht geeignet ist: dann nutzt eine Maschine ein unvorteilhaftes Programm.

Die Schulmedizin behandelt körperliche Krankheiten im Prinzip so, wie ein Automechaniker Autos repariert. NLP sieht den Menschen gemäß der Computer-Metapher als eine kybernetische Maschine und betrachtet psychische Störungen als Leistungen: Jedes Problem ist eine Leistung in dem Sinne, daß es einem anderen Menschen u.U. unmöglich ist, ein bestimmtes Symptom bewußt hervorzubringen (z.B. Angstschweiß bei der Betrachtung einer Spinne). Diese Sicht hat mehrere Vorteile: Der Klient kann die Vorteile würdigen, die das Symptom (vielleicht in anderen Kontexten) beinhaltet. Dies macht es ihm möglich, das entsprechende Muster als Folge einer veränderbaren internen Repräsentation anzusehen, die nicht bedeutet, daß er krank oder in irgendeiner Weise kaputt ist. Das Problem/Symptom ist vielmehr Resultat eines in sich perfekt funktionierenden, gut gelernten (aber unvorteilhaft kontextualisierten) internen Programms.

Problemklassen

Grob lassen sich im NLP drei Klassen von Problemen unterscheiden:
1. Stimulus-Response-Kopplungen (Anker);
2. ineffektive Strategien;
3. Bedeutungsprobleme.

Ein typisches Beispiel für eine Stimulus-Response-Kopplung ist die phobische Reaktion[38]. Sie wird im NLP nicht als Ausdruck einer neurologischen Störung aufgefaßt (Stoffwechselstörung, zu wenig/zu viele Neurotransmitter etc.). Es wird vielmehr davon ausgegangen, daß die Phobie auftritt, weil auf ein äußeres oder inneres Signal (Trigger) hin ein unbewußtes Programm an- und abläuft.

Das Paradebeispiel für eine unangemessene Strategie stellt die Anwendung einer auditiven Buchstabierstrategie für Sprachen wie Deutsch, Englisch und Französisch dar. In diesen Sprachen schreibt man anders, als man die Worte ausspricht, so daß es bei vielen Worten unmöglich ist, aus dem Klangbild auf das Schriftbild zu schließen. Hier wäre eine visuelle Buchstabierstrategie angemessen. Das Problem „Legasthenie" ist – sofern nicht organische Ursachen vorliegen – so gesehen weder eine Stimulus-Response-Kopplung noch ein Bedeutungsproblem, sondern eine sachlich unangemessene Nutzung der Repräsentationssysteme. Als Lösung bietet sich hier eher ein Training an, weniger eine Therapie im herkömmlichen Sinne.

Zwischen den Stimulus-Response-Kopplungen und den Strategien gibt es große Ähnlichkeiten, weil es sich in beiden Fällen um gelernte Gewohnheiten (Programme) handelt, die unbewußt ablaufen.

Von Bedeutungsproblemen sprechen wir dann, wenn die Beschwerden des Klienten aus einschränkenden Bedeutungsgebungen resultieren. Beispiel: Jemand ist bei einer schwierigen Prüfung durchgefallen. Er hält sich nun für einen Versager. Das therapeutisch behandelbare Problem besteht nun nicht darin, daß der Klient durchgefallen ist (das ist eine Tatsache, die der Therapeut nicht ändern kann), sondern in der Bedeutung („Ich bin ein Versager"), die der Klient dem Ereignis gibt.

Ökologie im NLP

Im Rahmen der Darstellung der unterschiedlichen Problemklassen möchten wir hier auf die nicht selten geäußerte Kritik eingehen, daß im NLP bei den gefundenen Lösungen sekundäre Gewinne nicht genügend berücksichtigt werden und daß es deshalb häufig zu Symptomverschiebungen kommt. Diese Bedenken haben zunächst einmal ihre Berechtigung im Zusammenhang mit Stimulus-Response-Kopplungen und Strategien[39], den Bereichen, in denen nach der Computer-Metapher vorgegangen wird.

Dieser Einwand, so naheliegend er von einer analytischen Position aus ist, verliert jedoch an Bedeutung, wenn man sich das Standardvorgehen im NLP vor Augen hält. Hier wird nicht unhinterfragt einfach das repariert, worüber der Klient klagt, sondern das Problem wird zuvor im Hinblick auf mögliche sekundäre Gewinne untersucht. Jede Technik, jede Intervention (auch bei Strategien und Stimulus-Response-Kopplungen) im NLP beinhaltet einen Ökologie-Check, d.h. das sorgfältige Wahrnehmen von Störgefühlen, Einwänden und Inkongruenzen aller Art. Unter Ökologie versteht man die Harmonisierung und Optimierung unterschiedlicher Ziele. Es soll vermieden werden, daß die Zielerreichung von A die Zielerreichung von B gefährdet oder beeinträchtigt. Diese besondere Art der Wahrnehmung beim Installieren eines neuen Programms stellt bis zu einem gewissen Grad sicher, daß auf seiten des Klienten keine unbewußten oder systemischen Einwände bestehen. Des weiteren nutzt der NLP-Therapeut sein eigenes Weltvorverständnis, um auf mögliche „ökologische" Probleme hinzuweisen, bzw. er hält den Klienten an, darüber nachzudenken, welche Auswirkungen seine Vorstellung von Zielerreichung impliziert und ob diese von ihm wirklich gewollt sind.

Der Ökologie wird deshalb soviel Bedeutung beigemessen, weil man sich im NLP schon früh die Einsicht von Watzlawick und anderen zu eigen gemacht hat, daß die Probleme von heute die Lösungen von gestern sind. Das Problem-Lösungs-Modell des NLP erweitert sich zu:

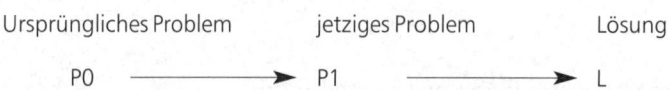

Das ursprüngliche Problem (P0) wurde „gelöst", indem der Klient das Verhalten P1 erlernte. Diese Lösung stellt sich dann möglicherweise im weiteren Verlauf als problematisch heraus.

Beispiel: Jemand klagt, er sei zu dick, weil er zuviel Schokolade ißt (P1). Er möchte das Problem loswerden; d.h. weniger Schokolade essen. Die Frage „Was ist die positive Absicht, so viel Schokolade zu essen?" ergibt, daß er damit begonnen hatte, um seine Nervosität (P0) zu bekämpfen. Das bedeutet, daß „Schokolade essen" eine Lösung für das Problem „Nervosität" war. Diese Lösung ging so lange gut, bis er unter Übergewicht leidet und feststellt, daß es gar nicht so einfach ist, mit dem Naschen wieder aufzuhören. Kann der Klient für diese problematische Lösung selbst keinen Ersatz finden, geht er eventuell zum Therapeuten, der ihm dabei helfen soll, eine bessere Lösung zu finden.

Diesen Sachverhalt würde man im NLP dahingehend beschreiben, daß jedes Verhalten auf einer bestimmten Ebene eine positive Absicht hat. Die positive Absicht von „Schokolade essen" war es, die Nervosität zu bekämpfen. Mit dieser Vorannahme ergibt sich ein möglicher Lösungsweg, um von P1 zur Lösung (L) zu kommen. Man versucht, die positive Absicht durch ein anderes Verhalten (als das, Schokolade zu essen) zu realisieren. Dieses Vorgehen ist paradigmatisch am deutlichsten im sogenannten Sechs-Schritte-Reframing[40] realisiert.

Es stellt, wie die meisten Lösungen von Bedeutungsproblemen eine Lösung 2. Ordnung dar, weil die Lösung nicht darin gesucht wird, das Problemverhalten (Schokolade essen) nicht mehr zu tun, sondern die positive Absicht anderweitig zu befriedigen. Für den Umgang mit Bedeutungsproblemen gibt es im NLP zwei verschiedene Schichten-Modelle:

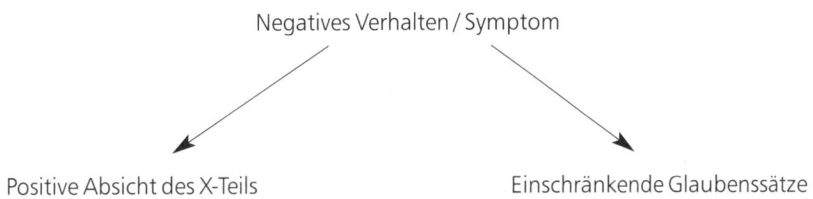

Das erste Schichtenmodell ist das Teilemodell, bei dem davon ausgegangen wird, daß ein negatives Verhalten (Symptom) von einem bestimmten Persönlichkeitsteil (X-Teil) durchgeführt wird, weil dieser Teil damit eine positive Absicht umsetzen will (vgl. hierzu doe Ausführungen zum 6-Schritte-Reframing in Kapitel A.II.3).

Das zweite Schichtenmodell geht (wie die RET) davon aus, daß negative Glaubenssätze das Problemverhalten hervorrufen. Aus Platzgründen müssen wir auf eine ausführliche Darstellung der verschiedenen Methoden hier verzichten (vgl. hierzu z.B. Bandlers Buch *Veränderung des subjektiven Erlebens*). Mit dem Meta-Modell der Sprache wird jedoch im Teil B die Hauptfragetechnik des NLP dargestellt, die u.a. darauf abzielt, negative Glaubenssätze zu hinterfragen.

Naheliegenderweise sind diese Schichtenmodelle im Rahmen der Computer-Metapher nicht mehr verständlich, denn Computer verfolgen mit ihrem Verhalten (Programmen) keinerlei Absicht. Wir werden nun betrachten, welche verschiedenen Methoden der Problemlösung es im NLP gibt.

Wie gelangt man vom Problem zur Lösung?
Das T.O.T.E.-Modell
Die Computer-Metapher orientiert sich in ihren Grundannahmen an der Kybernetik 1. Ordnung, wie sie im vom NLP übernommenen T.O.T.E.-Modell zum Ausdruck kommt[41].

T.O.T.E. ist eine Abkürzung für Test-Operate-Test-Exit. Das T.O.T.E.-Modell wurde im NLP direkt aus dem Buch *Plans and Structure of Behavior* (1960) von Miller, Galanter und Pribram übernommen. Es handelt sich dabei um eine spezielle Schreibweise für eine Feedbackschleife, in der es darum geht, einen Ist-Wert an einen Soll-Wert anzugleichen. Oder mit anderen Worten: Das T.O.T.E.-Modell ermöglicht es dem Therapeuten, zielorientiert vorzugehen, indem bestimmte Operationen durchgeführt werden, um von einem Problemzustand (Ist-Wert) zu einem Zielzustand (Soll-Wert) zu gelangen. Bei jedem zielgerichteten Handeln muß ein Organismus oder eine Maschine in der Lage sein, zwischen Zielzustand (Sollwert) und Istzustand zu unterscheiden, um aus dem Grad und der Art der Abweichung die Art und Intensität der nächsten Operation abzuleiten, die das Gesamtsystem dem Zielzustand näherbringt.

Ein ganz einfaches Beispiel wäre das Einschlagen eines Nagels. Ziel ist es, den Nagel so einzuschlagen, daß der Nagelkopf eben mit der Oberfläche des Brettes ist. Die Operation wäre hämmern. Nach jedem Hammerschlag kann jetzt die Vergleichsoperation stattfinden: Ist der Nagelkopf plan oder nicht? Wenn nicht, weiterhämmern, wenn plan, Ende der Aktivität.

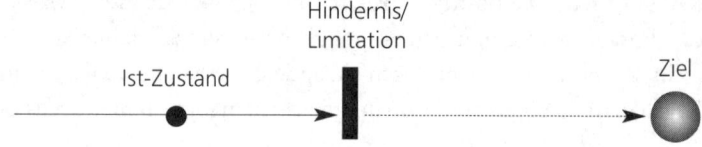

In einem kybernetischen Modell 1. Ordnung sind die Soll-Werte immer schon gegeben. D.h., der Prozeß der Selbstgenerierung von Soll-Werten, der nur in einem selbstreflexiven Prozeß möglich ist, kann hier strenggenommen nicht dargestellt werden. In einem Modell 1. Ordnung stoßen wir bei der Frage: „Wo kommen die Soll-Werte her?" entweder auf einen unendlichen Regreß von übergeordneten Soll-Werten, oder der Soll-Wert wird von außen installiert (wie zum Beispiel bei einem Thermostaten), was dem Prinzip operativer Geschlossenheit oder autopoietischer Selbstproduktion[42] widerspricht. Sicherlich können wir in einer gegebenen Situation immer davon ausgehen, daß es bereits Soll-Werte gibt, und wir können den Klienten auch, wie dies beim Erfragen des Meta-Ziels oder des übergeordneten Zwecks tatsächlich geschieht[43], auf allgemeinere Soll-Werte hin befragen. Aber dabei werden diese als schon gegeben vorausgesetzt. Die autopoietische Setzung eines Ziels, die Selbstkonstituierung als Prozeß kommt dabei nicht in den Blick und läßt sich mit den strukturellen Mitteln der Kybernetik 1. Ordnung auch prinzipiell nicht thematisieren[44].

Das T.O.T.E.-Modell stellt eine einfache und übersichtliche Form dar, zielgerichtete Aktivität zu beschreiben. Da sich NLP als ziel- oder lösungsorientierte Therapie versteht, ist es naheliegend, daß dieses Modell ins NLP integriert wurde. Das heißt, jede zielgerichtete Aktivität kann jetzt im Rahmen dieses Modells als kybernetischer Rückkopplungsprozeß beschrieben werden.

Eine gute Strategie muß eine Reihe von Wohlgeformtheitskriterien erfüllen, die als Testkriterien für die Strategie eines Klienten benutzt werden können, um zu schauen, ob seine Strategie für die Zielerreichung aus rein strukturellen Gründen überhaupt geeignet ist. Es stellen sich hier solche Fragen wie: Ist der Soll-Wert hinlänglich deutlich definiert? Verfügt der Klient über die erforderliche Wahrnehmungsfähigkeit, um in angemessenen Abständen Soll-Ist-Vergleiche anzustellen? Verfügt der Klient über die Möglichkeit zu einer genügenden Anzahl unterschiedlicher Operationen, um je nach Art der Abweichung die angemessene wählen zu können? Welche Entscheidungskriterien stehen der Strategie zur Verfügung, um aus der Art der Abweichung die Art der Korrekturoperation auszuwählen? usw.

Beispiel: Flirtstrategie

Das Ziel (der Soll-Wert) einer guten Flirtstrategie besteht darin, eine Person der Wahl, die man noch nicht kennt, durch Kommunikation so zu beeinflussen, daß Sympathie und sexuelles Interesse entstehen. Der Klient wählt eine beliebige Kommunikationseröffnung aus dem Operationsrepertoire. Zum Beispiel: „Hallo, mein Name ist Klaus, möchtest du tanzen?" Oder: „Hi, ich habe dich noch nie gesehen, bist du öfters hier?" usw. Nach dieser initialen Operation folgt eine Reaktion der anderen Person – sowohl verbal als auch nonverbal. Was der Klient jetzt braucht, ist die Fähigkeit, aus der Art der Reaktion abzuleiten, ob dieser erste Zug ihn in die gewünschte Richtung gebracht hat – und wenn auch nur ein kleines Stück – oder eher weiter davon weg. Um diese Entscheidung treffen zu können, ist es notwendig, wirklich wahrzunehmen, wie die andere Person reagiert. Außerdem braucht man Entscheidungskriterien, die es einem erlauben, die Reaktion als Fort- oder Rückschritt zu bewerten.

Gehen wir in der Flirtstrategie jetzt einfach einige Schritte weiter. Die beiden Personen sind schon im Gespräch, und unser Kandidat versucht, mit Hilfe des Unterprogramms „angeben" sein Ziel zu erreichen. Er erzählt mit prahlerischer Überzeugung von seinen Leistungen und Erfolgen und spielt währenddessen mit seinem Porscheschlüssel. Die nonverbalen Signale seines Gegenübers interpretiert er durchaus richtig als wachsendes Desinteresse. Soll- und Ist-Wert gehen immer weiter auseinander. Eine gute Flirtstrategie würde jetzt zu dem Ergebnis kommen, die Subroutine „angeben" abzubrechen und z.B. zur Subroutine „Ich bin an dir interessiert" überzugehen und Fragen bezüglich der anderen Person zu stellen. Eine schlechte Flirtstrategie würde auf diese Abweichung mit dem Befehl antworten: „Mehr desselben. Es wurde noch nicht genug angegeben." Bei einer etwas fortgeschritteneren Phase der Flirtstrategie kommt es jetzt darauf an, wahrnehmen zu können, wann das angestrebte Ziel (z.B. Sympathie und Paarungsbereitschaft) erreicht ist. Was schlechte Flirtstrategien und schlechte Verkaufsstrategien gemeinsam haben, ist die Unfähigkeit, zu erkennen, wann Soll- und Ist-Wert deckungsgleich sind. Dies nennt man „Überverkaufen". Die Strategie läuft weiter, obwohl sie ihr Ziel schon längst erreicht hat, was sehr häufig zu einem erneuten Mismatch zwischen Soll- und Ist-Wert führt.

Die Tatsache, daß der Klient den von ihm gewünschten Zielzustand nicht aus eigener Kraft heraus erreichen konnte, interpretiert man im NLP nicht im Rahmen eines pathologischen Modells (der Klient ist krank, kaputt etc.), sondern man geht davon aus, daß der Klient im Problemkontext aus unterschiedlichen Gründen keinen Zugriff auf die Ressourcen hat, die hier helfen könnten und die ihm in anderen Kontexten vielleicht durchaus zur Verfügung stehen[45]. Unter „Ressourcen" versteht man im NLP alles, was einem in einem Problemkontext helfen kann: also kognitive und verhaltensmäßige Fähigkeiten sowie Zustände, Gefühle und nützliche innere Einstellungen, auch den Zugang zu sachlichen Hilfsmitteln. In diesem Sinne ist es die Aufgabe des NLP-Therapeuten, unter Zuhilfenahme seiner fachlichen Kompetenz und in Absprache mit dem Klienten die Ressourcen zu ermitteln, die notwendig sind, um im gegebenen Kontext den Zielzustand zu erreichen. Seine technischen Fähigkeiten (Ankern, Reframing, Hypnose usw.) versetzen ihn in die Lage, den Ressourcentransfer durchzuführen.

Die Berücksichtigung von Glaubenssätzen

Dieses eher simpel gestrickte Interventionsmodell der 70er Jahre stieß rasch an seine Grenzen. Man wurde sich bewußt, daß Menschen, die zur Therapie kommen und Veränderung wünschen, häufig zugleich Bedenken und Einwände gegen diese Veränderung haben, die auf einschränkenden Glaubenssätzen beruhen. Diese sind ihnen häufig völlig unbewußt. Beispiele sind Glaubenssätze, die eine Veränderung entweder für unmöglich oder für verboten halten[46]. Es ist das Verdienst von Robert Dilts, das Konzept der Glaubenssätze ins NLP eingeführt zu haben. Er war der erste NLP-Trainer, der sich mit solchen Störungen oder Interferenzen systematisch auseinandersetzte. Er teilte sie in zwei Klassen ein:

1. Die erste Art von Störung bezieht sich darauf, daß eine Person nicht weiß, wie sie eine Veränderung herbeiführen, zum Beispiel eine Phobie loswerden soll. Hier geht es einfach darum, der Person dies beizubringen.

2. Die zweite Art von Störung hat damit zu tun, daß der Klient nicht glaubt, daß er die Veränderung wirklich erreichen kann, bzw. daß er sich keine Chance dafür einräumt. In diesem Falle hat man es mit einschränkenden Glaubenssätzen zu tun.

Folgendes Bild veranschaulicht die Zusammenhänge[47]:

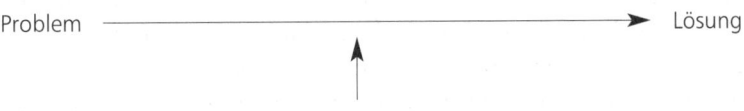

Um einschränkende Glaubenssätze zu entmachten, hat man im NLP eine Reihe von Interventionstechniken (sogenannte Formate) entwickelt. Die Computer-Metapher und die im Rahmen dieses Modells entwickelte Idee, daß es ein auf verschiedene Probleme anwendbares formatierbares Vorgehen geben kann, orientiert sich am Begriff des Algorithmus. Ein Algorithmus ist eine formale Prozedur zur Lösung von Problemen einer bestimmten Klasse. Zum Beispiel gibt es einen Algorithmus für die Multiplikation. Dieser Algorithmus funktioniert ganz unabhängig davon, welche konkreten Zahlen multipliziert werden sollen. Er ist also dem konkreten Inhalt gegenüber, sofern er zu der entsprechenden Klasse gehört, gleichgültig. Ähnlich geht man beim Phobie-Format oder beim Sechs-Schritte-Reframing[48] und ähnlichen Formaten davon aus, daß es eine Klasse von Problemen gibt, die mit diesem Format sinnvoll zu bearbeiten sind. Auch hierbei ist es gleichgültig, um welche Art von Phobie (Höhenphobie, Fahrstuhl- oder Flugphobie usw.) es sich beispielsweise handelt. Stillschweigend wird hier von der Vorannahme ausgegangen, daß die *Biocomputer* der Klienten auf gleiche Weise funktionieren[49].

Die Formate, die sich der Computer-Metapher zuordnen lassen, sind:
➤ Arbeit mit Strategien
➤ Phobietechnik, Allergietechnik etc.
➤ Submodalitäten-Techniken

Weitere Interventionsmethoden sind u.a.:
➤ Ankern
➤ Hypnose
➤ Reframing
➤ Timeline

Kritische Anmerkungen zur Computer-Metapher
Es seien nun zwei Bereiche herausgegriffen, in denen die Anwendung der Computer-Metapher negative Konsequenzen haben kann.

Computer-Metapher und Neutralitätsthese
Die Computer-Metapher ist letztlich dafür verantwortlich, daß man im NLP der Neutralitätsthese anhängt. Es ist ein genereller Trend in neueren psychotherapeutischen Ansätzen, eine wertneutrale, nicht belehrende bzw. pathologisierende Haltung dem Klienten gegenüber einzunehmen. Der Therapeut vermeidet es, sich den Anschein einer priesterlichen oder sonstwie überlegen erscheinenden Form des Wissens zu geben. Therapeuten verfügen in postmodernen Zeiten nicht mehr über das Wissen, wie ein gelungenes Leben zu erreichen ist. Sie behaupten nicht, zu wissen, was Arbeits- oder Liebesfähigkeit inhaltlich im einzelnen bedeuten. D.h., die Idealvorstellung dessen, was psychische Gesundheit ausmacht, wird aufgegeben zugunsten einer klientenzentrierten Unterstützung bei der Lösungsfindung für vom Klienten selbst als problematisch empfundene Erlebens- und Verhaltensweisen. Dies ist auch im NLP so.

Im NLP geht man davon aus, daß die Veränderungsarbeit um so leichter gelingen kann, wenn man weiß, wie der Klient sein Problem „macht". Um eine Lösung zu finden, ist es als erstes nötig, den Klienten zu befragen, was er wann und wo wie genau macht, um das Problem überhaupt haben zu können. Diese Informationen können sich beziehen auf: die genauen Umstände der Problemsituation, die Sequenz (Strategie), in der der Klient den Prozeß innerlich ablaufen läßt, sowie die genauen Einzelheiten (Repräsentationssysteme, Submodalitäten[50] etc.), die hierbei eine Rolle spielen. Das Herausholen (Elizitieren) der Informationen erfolgt hauptsächlich durch Befragen. Dieses orientiert sich am Modell eines Programmierers, der nach einem Programmfehler fahndet, also nach der Stelle im Programm, die dazu führt, daß das Programm mit perfekter Regelmäßigkeit immer wieder zu einem Systemabsturz führt. Darin ist implizit die Vorstellung enthalten, daß ein neutrales Sammeln von Informationen ohne gleichzeitige Beeinflussung der „Daten", nach denen gefragt wird, möglich ist (ähnlich wie beim Zugriff auf Daten, die in einem Computer gespeichert sind)[51].

Die Neutralitätsthese konnte im NLP nur deshalb so starke Verbreitung finden, weil die Computer-Metapher suggeriert, ein neutrales Elizitieren sei möglich. NLP sieht sich selbst damit im Gegensatz zu anderen Therapiemethoden, denen vorgeworfen wird, daß sie ihre Klienten erst auf eine besondere Art „zurichten", damit sie den Behandlungsmethoden der jeweiligen Schule zugänglich werden. So kann man z.B. den Jungianern vorwerfen, daß sie ihren Klienten den Glauben an Archetypen erst einmal installieren, bevor diese dann in deren Träumen überhaupt auftauchen.

Die Neutralitätsthese kann bei der Auflösung von Stimulus-Response-Kopplungen und bei der Installation von sachlich angemesseneren Strategien unter pragmatischen Gesichtspunkten durchaus sinnvoll sein. Hingegen scheint die Klasse der Bedeutungsprobleme besser im Rahmen eines kokreativen Ansatzes beschreibbar zu sein: Klient und Therapeut kreieren gemeinsam ein Problemverständnis und eine mögliche Lösung. Dieser kokreative Ansatz ist in anderen therapeutischen Richtungen, namentlich der systemischen Therapie, als zentrales Therapieparadigma entwickelt worden.

Die Neutralitätsthese ist bei genauerer Betrachtung auch im Falle der Installation unangemessener Strategien problematisch. Bei einem naiven Installationsbegriff geht man von der Vorstellung aus, daß der Datenfluß einfach umgekehrt wird. Beim Elizitieren lädt man Daten herunter – beim Installieren herauf. „Ich habe ihm eine neue Buchstabierstrategie eingebaut!" bedeutet, wenn es nicht nur eine (sehr) abgekürzte Sprechweise sein soll, daß der Klient nur passiv-rezeptiv beteiligt war, was der These der operationellen Geschlossenheit widerspricht sowie dem von Erickson und Rossi formulierten Allgemeinplatz, wonach nicht die Suggestion suggestiv ist, sondern das, was der Klient daraus macht. Jedes Elizitieren hat einen installierenden Aspekt, so wie jede funktionierende Suggestion eine Autosuggestion ist. Und jede Suggestion hängt, wie jede andere Aussage auch, in ihrer Bedeutung und Wirkung vom Kontext ab, in dem sie stattfindet. Der Kontext ist aber nichts Objektives, sondern seinerseits durch Therapeut und Klient kokreativ hergestellt.

Therapie wird im Rahmen der Computer-Metapher als ein neutrales Optimieren der Programme des Klienten nach dessen eigenen Vorstellungen, Werten und Zielen betrachtet. Diese Vorstellung wird dadurch noch verstärkt, daß man glaubt, durch das Arbeiten auf der Prozeßebene vor inhaltlichen Kollisionen sicher zu sein. Ziel dieser Therapiekonzeption ist es, die persönliche Integrität des Klienten maximal zu schützen und zu vermeiden, daß der Therapeut seine persönlichen Werturteile auf den Klienten überträgt und ihn so unbeabsichtigt an sein Weltmodell anpaßt. So ehrenwert diese Absicht ist, so sehr muß betont werden, daß sich die Neutralitätsthese – vor allem im Kontext der Hypnose – als zu simplizistisch erweist, um die Komplexität des menschlichen Kommunikationsprozesses auch nur annähernd abbilden zu können.

Um die im NLP gängige Vorstellung, man könne die internen Programme durch standardisierte Formate verändern, aufrechtzuerhalten, muß man sich den Klienten nach dem Bild eines Computers denken, der von außen programmierbar ist. Würde man diese Vorstellung des Problem-Lösungs-Raumes auf die Therapeuten-Klienten-Beziehung übertragen, entstünde das folgende (abschreckende) Szenario:

Szenario einer Therapeuten-Klienten-Beziehung im Rahmen der Computer-Metapher
Beim T.O.T.E.-Modell wird der Befrager nicht thematisiert. Im Computerjargon könnte man sagen: Der Therapeut dient als psychischer Servicetechniker den Wünschen seiner Kunden am besten, wenn er deren Programme schnell und ohne viel Aufhebens optimiert. Als neutraler Programmierer begegnet er dem Klienten in seinem Modell der Welt, um ihm dann zu helfen, seine Ziele zu erreichen. Im Modell der Computer-Metapher bedeutet Rapport strenggenommen nicht ein gegenseitiges Aufeinander-Einschwingen (Resonanz), sondern er wird eher einseitig verstanden als Folge des Angleichens des Ausdrucksverhalten des Therapeuten an das Ausdrucksverhalten des Klienten. Oder um es technisch auszudrücken: Es findet ein Angleichen der Übertragungsprotokolle zwischen Therapeut und Klient statt (pacing), wodurch ein Zugang zu den suboptimalen Programmen hergestellt wird, die nun umprogrammiert werden können (leading). Rapport in diesem Modell bedeutet auf seiten des Klienten, daß ein offener Kanal zu seinen Daten und Programmen hergestellt ist.

Die Rapportfähigkeit des Therapeuten bedeutet also, sich schnell und präzise auf die Systemspezifikationen des anderen Systems einstellen zu können, um dann, wenn die Kopplung erfolgreich war, installierend eingreifen zu können. Der Klient wird als ein Computer, genauer gesagt, als ein kybernetisches System 1. Ordnung, als „triviale Maschine", betrachtet. D.h., Befragen bedeutet hier soviel wie Herunterladen relevanter Daten bzw. der relevanten Algorithmen. Und diese sind als das, was sie sind, schon da. Sie werden abgefragt und bei Bedarf zielorientiert verändert.

Diese technoide Sprechweise würde nicht nur bei NLP-Kritikern, sondern auch bei dem ganz überwiegenden Teil der NLPler auf heftigen Widerstand stoßen, da sie sich gerade nicht als psychische Servicetechniker verstehen, sondern sich einem humanistischen Weltbild verpflichtet fühlen. Dieser Gegensatz zwischen einem gewollt technoiden Jargon bei Bandler und Grinder und der personalistischen Werthaltung vieler NLPler ist in jüngster Zeit namentlich von Woodsmall kritisch angemerkt worden.

Im Rahmen der Computer-Metapher kann der Mensch nicht als sich selbst erkennendes Wesen wahrgenommen werden, der zu seinen „Daten" (Erfahrungswissen) und „Algorithmen" (unbewußte innere Prozesse) in neue reflektorische Distanz einzutreten vermag. Des weiteren fehlt die Thematisierung des Fragenden als Beobachter des Systems, also das, was in der Kybernetik 2. Ordnung der zentrale paradigmatische Wechsel ist: die Einbeziehung des Beobachters in die Beobachtung. Insofern ist es gerechtfertigt, den konzeptionellen Rahmen des 70er-Jahre-NLP als eine Applikation der first order cybernetics auf die Psychotherapie zu verstehen. Dies gilt allerdings nicht durchgängig für alle Techniken des NLP. So ist zum Beispiel das Reframing durchaus nicht im Sinne der first order cybernetics zu verstehen. Auch hier gilt, daß das praktische NLP in seiner Komplexität über die theoretischen Konzepte von Bandler und Grinder bei weitem hinausgeht.

4. Die Therapeuten-Klienten-Beziehung und die Metapher des „weisen Unbewußten"

Die Computer-Metapher beinhalten zentrale Vorannahmen darüber, wie man sich im NLP den Weg vom Problem zur Lösung vorstellt. Die zweite zentrale Metapher im NLP, die Metapher des weisen Unbewußten, beinhaltet die zentralen Vorannahmen, mit denen NLP-Therapeuten ihren Klienten gegenübertreten. Hier spielen sowohl Begriffe wie Rapport, Pacing und Leading eine Rolle als auch die Haltung, mit der Therapeuten ihren Klienten gegenübertreten, wie in den sogenannten NLP-Präsuppositionen[52] zusammengefaßt.

Das Konzept des „weisen Unbewußten" geht auf Milton Erickson zurück. Deshalb werden wir die Grundelemente des Kooperationsansatzes von Erickson kurz darlegen.

Der Kooperationsansatz von Erickson

Was versteht Erickson unter dem Unbewußten? – Im Gegensatz zu Freud, der das Unbewußte tendenziell eher negativ beurteilte, sieht Erickson in ihm eine Quelle der Weisheit. Mit dem Unbewußten ist eine Dimension des Menschen angesprochen, dessen Weisheit weit über die des Wachbewußtseins hinausgeht. Das Unbewußte hält alle Entwicklungsressourcen bereit, die der Mensch braucht, um seine Probleme zu bewältigen. Hinter dieser ins NLP übernommenen Vorannahme steht die Überzeugung, daß wir zwar über eine Vielzahl von Ressourcen verfügen, diese uns aber leider nicht in jeder Situation zugänglich sind und damit von uns nicht genutzt werden. Ein Beispiel wäre die Fähigkeit, andere freundlich zu behandeln. In vielen Kontexten besitzen Klienten diese Fähigkeit, im Zusammensein mit dem „eigenwilligen Kollegen" aber vielleicht nicht.

Eng mit dem Unbewußten ist der Begriff der „Trance" verbunden. Trance kann definiert werden als ein Zustand fokussierter Aufmerksamkeit. Es ist ein natürlicher Zustand, nur daß ihn die meisten Menschen normalerweise nicht bemerken bzw. ihn nicht so bezeichnen. So befinden sich die meisten Menschen in einem Trancezustand, wenn sie einen spannenden, ergreifenden etc. Kinofilm sehen. Die Aufmerksamkeit kann derart auf den Film konzentriert sein, daß sie z.B. andere Geräusche um sich herum nicht wahrnehmen.

Der Kooperationsansatz basiert darauf, einen Rahmen zu schaffen, der für den Klienten förderlich ist und in dem sich der Therapeut fast vollständig am Klienten orientiert. Dabei ging Erickson davon aus, daß viele Schwierigkeiten von Klienten aus deren angelernten Haltungen und Ansichten resultieren. Diese lassen sich nur dann verändern, wenn es dem Therapeuten gelingt, die geistigen Mechanismen und das Verhalten des Klienten zu utilisieren[53]. Dabei ist sich der Therapeut bewußt, daß er als Person am Prozeß der Veränderung ebenso beteiligt ist wie der Klient und daß beide zusammenarbeiten. Kooperation, Utilisation und Flexibilität sind die drei Bausteine des Kooperationsansatzes. Auf ihnen beruhen das therapeutische Verhalten und die Vorannahmen, nach denen Erickson handelte. Diese Grundprinzipien von Erickson haben über die sogenannten „NLP-Präsuppositionen", von denen einige im folgenden aufgelistet sind, Eingang ins NLP gefunden:

- ➤ Menschen haben alle Ressourcen in sich, um sinnvolle Veränderungen zu bewirken. (Darüber wurde oben bereits gesprochen.)
- ➤ Die Bedeutung meiner Kommunikation besteht in der Reaktion des Empfängers. (Diese Vorannahme geht einher mit dem Utilisationsprinzip von Erickson.)
- ➤ Wenn etwas, was du tust, nicht funktioniert, tue etwas anderes. (Dies entspricht dem Flexibilitätsprinzip im Kooperationsansatz.)

Wir werden nun einige zentrale Vorannahmen des Kooperationsansatzes ausführlicher erläutern.

Die Einzigartigkeit des Individuums

Eine Hauptvorannahme des Kooperationsansatzes besteht darin, daß jeder Mensch einzigartig ist und aufgrund dessen auch einzigartig behandelt werden sollte. Therapeutische Kommunikation kann sich nicht auf statistische Wahrscheinlichkeiten und theoretische Verallgemeinerungen stützen, sondern nur auf konkrete Muster des Klienten: Überzeugungen, Motivationen, Symptome etc. Nur daran kann der Therapeut sinnvollerweise anknüpfen. Es geht darum, gerade diese Eigenheiten des Klienten nutzbar zu machen.

Daß dies für Erickson keine leeren Worte waren, zeigt sich darin, daß er gleichartige Symptome (z.B. Bettnässen) bei verschiedenen Klienten auf unterschiedlichste Art und Weise behandelte. Dies steht in offensichtlichem Gegensatz zu den Formaten im NLP, die, wie wir bereits bezogen auf die Computer-Metapher herausarbeiteten, unterstellen, daß jeder Mensch über den gleichen Biocomputer verfügt. Der Ansatz von Erickson baut hingegen auf der Einzigartigkeit des Individuums auf. Er weist dem Therapeuten die Aufgabe zu, sich bei der Arbeit einerseits an den Motivationen und Interessen des Klienten zu orientieren und andererseits durch flexibles, einfühlendes Verhalten den Klienten darin zu unterstützen, mehr Wahlmöglichkeiten des Verhaltens und Erlebens zu entfalten. Erickson und Rossi beschreiben dies wie folgt:

„...Hypnose sollte primär das Ergebnis einer Situation sein, in welcher interpersonelle und intrapersonelle Beziehungen auf konstruktive Weise entwickelt werden, um dem Zweck sowohl des Hypnotherapeuten als auch des Patienten zu dienen. Das kann nicht geschehen, solange man sich an rigide Prozeduren oder fixierte Methoden hält oder bestrebt ist, ein bestimmtes Ziel zu erreichen. Die Komplexität menschlichen Verhaltens und seiner zugrundeliegenden Motivationen macht eine Erkenntnis der Vielfalt von Faktoren nötig, die sich in jeder Situation zwischen zwei Personen ergeben, die etwas gemeinsam tun.[54]"

In diesem Zitat wird zwei Merkmalen, die das NLP kennzeichnen, eine Absage erteilt: den oben bereits erwähnten formalistischen Prozeduren und der konsequenten Zielorientierung. Erstere basiert auf der Vorannahme der Computer-Metapher, man könne mittels festgelegter Ablaufschritte bei beliebigen Menschen ganz bestimmte Veränderungen erreichen. Das strategische, zielorientierte Vorgehen im Rahmen des T.O.T.E.-Modells setzt ein sensorisch definites Ziel voraus. In diesem Zitat verweisen Erickson und Rossi darauf, daß eindeutige Ziele den Blickwinkel einengen können und zu späteren Zeitpunkten möglicherweise nicht mehr angemessen sind. Aus diesem Grund betonte Erickson stets das Mehrdeutige, das Hintergründige und das Metaphorische und überließ es der Weisheit des Unbewußten, kreative Lösungen zu finden, um das zu lernen, was im Moment angemessen ist.

Die Therapeuten-Klienten-Beziehung

Die Beziehung zwischen Therapeut und Klient ist bei Erickson durch zwei Phänomene gekennzeichnet: durch Kooperation und durch Trance. Bezogen auf den Kooperationsaspekt sagen Erickson und Rossi unmißverständlich:

„Was immer der Part des Hypnotiseurs sein mag, zur Rolle des Patienten gehört der größere Anteil aktiven Handelns – eines Handelns, das sich herleitet von den Begabungen, dem Lernen und der Erfahrungsgeschichte der ganzen Persönlichkeit. Der Hypnotiseur kann nur führen, lenken, supervidieren und für Gelegenheiten sorgen, daß der Patient die produktive Arbeit tun kann.[55]"

Diese Auffassung steht der Computer-Programmierer-Metapher diametral entgegen. Die einzigartigen Eigenheiten des Klienten und der Kontakt (Rapport) zwischen Therapeut und Klient bestimmen, welche Anregungen des Therapeuten beim Klienten auf Resonanz stoßen können. Die Beziehung zwischen Therapeut und Klient ist eine kokreative, in der sich der Therapeut als Mitbestandteil des Problems und der Lösung ansieht und in dem beide Seiten sich wechselseitig beeinflussen.

Das Phänomen der „Trance" ist über den Begriff des „Rapports" mit dem Phänomen der „Kooperation" bzw. „Kokreation" verbunden. Eine befriedigende wechselseitige Einflußnahme kann nur dann gelingen, wenn sich Therapeut und Klient in hypnotischem Kontakt bzw. in Trance befinden. Diese Trance entwickelt sich nach Gilligan aus einem Erleben zwischenmenschlicher Begegnung, in welcher der Therapeut sich am Klienten ausrichtet und dadurch beide Seiten befähigt, empfänglicher füreinander zu werden[56].

Ein weiterer Vorteil der Trance besteht darin, daß sie es dem Klienten ermöglichen kann, sich von seinen ihn behindernden rigiden Haltungen[57] (Problemfixierungen) zu lösen. Das sogenannte Problem kann dann in einem weiteren Rahmen wahrgenommen und die eigenen Ressourcen besser erkannt werden. Hypnose kann in diesem Sinne als erlebnishafter Prozeß angesehen werden, in dem Ideen ausgetauscht werden, wobei unter einer Idee (nach der Formulierung Batesons) ein Unterschied verstanden werden soll, der für den Klienten einen Unterschied macht. Durch seine Suggestionen versucht der Therapeut, Gedankengänge und Assoziationen im Klienten hervorzurufen, die schließlich zu nützlicheren Verhaltensreaktionen führen. Besonders nützlich ist es, die Aufmerksamkeit auf positive, ressourcevolle Vorgänge, Erinnerungen, Erlebnisse etc. im Innern des Klienten zu richten. Ein kleines Beispiel mag verdeutlichen, was damit gemeint ist. Ein Klient wollte von „Angst" befreit werden, wobei die Untersuchung ergab, daß er die Angst in der Brust verspürte. Der Therapeut ging darauf mit folgenden Suggestionen ein:

„Nun, Bob, Sie haben die Fähigkeit, sich von einer großen Vielfalt verschiedener Dinge gänzlich beanspruchen zu lassen ... wir alle tun das ... und Sie haben die Fähigkeit, Empfindung in einer Vielfalt verschiedener Arten und in einer Vielfalt verschiedener Bereiche zu erleben ... nun werde ich nicht eine Veränderung der Empfindung in Ihren Händen oder Füßen direkt erwähnen, weil Sie offensichtlich Ihre Brust als den Ort ausgewählt haben, um Ihre Aufmerksamkeit dort erlebbar zu sammeln ... und Sie haben darauf hingewiesen, daß Sie so viel in Ihrer Brust empfinden ... und doch möchte ich Sie mit der Behauptung herausfordern, daß Sie nicht genügend auf all die verschiedenen Empfindungen geachtet haben, die Sie neu in Ihrer Brust entwickeln können ... und darum, während Sie ein- und ausatmen ... ein und aus ... und während Sie mich hier anschauen ... ja, so ist es gut ... und während Sie meiner Stimme zuhören und die Empfindung in Ihrer Brust spüren ... frage ich mich, wo Sie spüren, daß die Empfindung beginnt, und wo und wie Sie spüren, daß sie sich ausbreitet, ob sie oberhalb von Ihrem Nabel oder unterhalb von Ihrem Nacken aufhört ... wie sie sich vielleicht verändert ...[58]".

Gilligan verwendet hier eine Vorstellung (die Empfindung in der Brust) dazu, um die Aufmerksamkeit des Klienten vollständig zu beanspruchen und eine Trance herbeizuführen. In diesem Zustand ist es nun möglich, neue Erfahrungen zugänglich zu machen, die sich auf das Gefühl der Angst beziehen, zum Beispiel, daß dieses Gefühl in bestimmten Situationen nützlich sein kann, indem es als Warnsignal dient, etwas zu unterlassen. Für den Therapeuten ist es gemäß dem kooperativen Ansatz wichtig zu wissen, daß nicht er, sondern der Klient allein entscheidet, welche Anregungen er als sinnvoll erachtet und welche nicht.

Zum Abschluß dieses Kapitels sei erwähnt, daß die Metapher des weisen Unbewußten in ihrem ganzen Ausmaß von Bandler und Grinder ebensowenig explizit gemacht wurde, wie dies bei der Computer-Metapher der Fall war. Vielmehr entwickelten Bandler und Grinder das Modell unbewußter Persönlichkeitsteile, das die Grundlage vieler Formate bildet. Allerdings scheinen uns nahezu alle NLP-Präsuppositionen der Metapher des weisen Unbewußten anzugehören, und in reiner Form wendeten Bandler und Grinder diese Metapher in ihren Hypnoseseminaren an. Eine eindeutige Trennung der Metaphern ist dennoch schwierig, weil es bei einigen Formaten zu auffälligen Überschneidungen kommt. Dazu gehören die Formate, die mit unbewußten Teilen (Teile-Modell) arbeiten. Hier wird einerseits dem Unbewußten eine Autonomie unabhängig vom Bewußtsein zugestanden (weises Unbewußtes), andererseits deutet der Formatcharakter eher auf ein mechanistisches Weltbild hin.

5. Zusammenfassender Vergleich

In den letzten beiden Kapiteln zeigte sich, daß im NLP mehr oder weniger bewußt zwei zentrale Metaphern verwendet werden, die einander widersprechen, aber in unterschiedlichen Therapiekontexten mit Gewinn genutzt werden können. Dieser eklektische Aspekt des NLP tut offensichtlich der praktischen Wirksamkeit dieser Methode keinen Abbruch. Allerdings scheint es uns im Rahmen einer methodologischen Reflexion auf die Vorgehensweise innerhalb des NLP sinnvoll, sich darüber Gedanken zu machen, welche Kriterien den Therapeuten im Einzelfall veranlassen, von der einen zur anderen Metapher überzugehen. Dies ist im NLP bisher nicht geschehen, u.a. deshalb, weil bezüglich dieses Widerspruchs kein Bewußtsein existiert.

Die widersprüchlichen Vorannahmen zwischen Computer-Metapher und der Metapher des weisen Unbewußten seien noch einmal gegenübergestellt:

Vorannahmen der Computer-Metapher	Vorannahmen der Metapher des weisen Unbewußten nach Erickson
➤ Der Befrager wird nicht thematisiert. Das Problem wird von außen betrachtet, statt den Beobachter als Teil des Problemsystems mit einzubeziehen.	➤ Der Befrager (Therapeut) ist mit seiner gesamten Persönlichkeit anwesend und konstruiert Problem und Lösung gemeinsam mit dem Klienten (Kokreation).
➤ Der Mensch wird nicht als Wesen thematisiert, daß über sich selbst reflektieren kann. Insofern verändert das Erfragen von Informationen den Datenbestand nicht.	➤ Jede Suggestion wirkt nur dann, wenn der Klient sie zu einer Autosuggestion gemacht hat. Fragen bzw. Suggestionen verändern insofern den Datenbestand.
➤ Durch Algorithmen (Formate) ist es möglich, vom Problemzustand in den Zielzustand zu gelangen. Dies gelingt deswegen, weil alle Menschen über den gleichen Biocomputer verfügen und eine Übersetzung von einem Betriebssystem zum anderen möglich ist.	➤ Jedes Elizitieren hat einen installierenden Aspekt.
➤ Ein zielorientiertes Vorgehen gewährleistet am besten, daß schnelle therapeutische Erfolge erzielt werden können.	➤ Menschen sind einzigartig und reagieren aufgrund dessen höchst individuell auf Suggestionen und Fragen. Deshalb ist ein individuelles Eingehen auf den Klienten und das Utilisieren seiner Muster wichtig für den therapeutischen Erfolg.
	➤ Zielformulierungen können die kreativen Möglichkeiten des Unbewußten einengen und sollten deshalb eher vermieden werden.

Bandler und Grinder waren sich über die Inkonsistenzen der NLP-Theorie durchaus im klaren, sonst hätten sie ihre eigenen Theorien kaum provokant als „Lügen" bezeichnet. Sie hofften, mittels der Computer-Metapher therapeutische Veränderungen auf ähnliche Weise zu erreichen, wie es bei der Steuerung eines Computers durch Prozeßalgorithmen der Fall ist. Diese Metapher hat das Vorgehen im Problem-Lösungs-Raum entscheidend geprägt. Andererseits waren sich die Begründer des NLP darüber im klaren, daß die innere Haltung des Therapeuten gegenüber dem Klienten durch Respekt, Wertschätzung und einen tiefen Rapport gekennzeichnet sein sollte. So bot es sich an, in Hinblick auf die Therapeuten-Klienten-Beziehung die Ericksonschen Vorannahmen vermittels der NLP-Vorannahmen ins NLP hineinzubringen.

Die enormen Widersprüchlichkeiten zwischen diesen beiden Metaphern scheinen bis heute niemanden in der NLP-Gemeinde zu stören, denn im NLP bestand nie der Anspruch, ein konsistentes Theoriegebäude zu errichten. Man ist eher an einer Toolbox mit vielen nützlichen Interventionstechniken interessiert. Man lebte und lebt mit dem pragmatischen Motto: Wenn etwas nicht funktioniert, dann mache etwas anderes. Und um etwas anderes machen zu können, braucht man viele Werkzeuge. Dies macht verständlich, wie es möglich ist, daß diese Toolbox aus sehr unterschiedlichen Menschenbildern und Werthaltungen heraus genutzt werden kann.

Dagegen wäre nichts einzuwenden, solange man weiß, daß es diese widersprüchlichen Weltmodelle gibt und solange NLP-Therapeuten in der Lage sind, die Metaphern situationsgerecht anzuwenden. Beispielsweise macht es durchaus Sinn, Phobien mit den Vorannahmen der Computer-Metapher zu behandeln. Handelt es sich hingegen beim Problem um einen einschränkenden Glaubenssatz auf der Identitätsebene, dann ist das Konzept der Kokreation bei weitem angemessener.

II. Fragen im NLP

Richard Bandler sagte wiederholt in seinen Seminaren, daß er beim Therapieren ca. 95 Prozent der Zeit darauf verwendet, Informationen zu sammeln. Die eigentliche Veränderungsarbeit (Intervention) benötige lediglich fünf Prozent der Zeit[59]. Man mag alle möglichen therapeutischen Techniken noch so gut beherrschen – wer nicht in der Lage ist, sicher zuverlässige Informationen zu sammeln, der befindet sich in der Situation eines Chirurgen, der ein sehr scharfes Skalpell hat, aber nicht genau weiß, wo er eigentlich schneiden soll. Aus diesem Grund gibt es im NLP ein breites Spektrum an Fragen, das in fünf Fragekategorien eingeteilt werden kann:

1. Problem- und zielorientierte Fragen
2. VAKOG-Fragen
3. Hypnotische Fragen
4. Virtuelle Fragen[60]
5. Meta-Modell-Fragen[61].

1. Problem- und zielorientierte Fragen

Blame-Frame und Outcome-Frame

Im NLP geht man davon aus, daß ein Minimum an Problemaufhellung erforderlich ist, um von da aus zu ziel- und lösungsorientierten Fragen überzugehen. Das Fragen nach dem Ziel bzw. der Lösung nennt man auch „Outcome[62]-Frame".

Problemorientiertes Fragen wird häufig im abwertendem Sinne als „Blame[63]-Frame" bezeichnet. Letzteres ist sachlich völlig unangemessen, wenn man dabei Fragen wie die folgenden einbezieht: „Worin besteht das Problem?" oder: „In welchen Kontexten taucht das Problem auf?" Solche Fragen haben mit Anklage oder Schuldzuweisung überhaupt nichts zu tun. Hier geht es lediglich darum, zu verstehen, was der Klient als Problem bezeichnet und wann und wo dieses auftritt. Aus diesem Grund ist eine weitere wichtige Unterscheidung in bezug auf die problemorientierten Fragen vonnöten. Sie sind zu unterteilen einerseits in Fragen, die sich auf das Aufhellen des Kontextes und das Wie des Problemverhaltens beziehen. Dazu gehören auch die noch zu behandelnden Fragen des NLP-Meta-Modells der Sprache. Davon sind andererseits die eher unproduktiven Fragen zu unterscheiden, die im Rahmen eines sogenannten Blame-Frames zu verstehen sind und Vorwürfe und Schuldzuweisungen zum Inhalt haben.

Im Gegensatz zum Blame-Frame stehen die zielorientierten Fragen des Outcome-Frame, die in der nachfolgenden Tabelle einander gegenübergestellt sind. Der Leser mag diese Fragen einmal für sich selbst beantworten. Vermutlich wird er feststellen, daß sich sein innerer Zustand verändert, wenn er drei oder vier Fragen des Blame-Frames respektive die Fragen des Outcome-Frames (Zielrahmens) auf eine für ihn problematische Situation anwendet.

Blame-Frame-Fragen	Outcome-Frame-Fragen
Was war falsch?	Was ist Ihr Ziel? Was wollen Sie erreichen?
Warum haben Sie das Problem?	In welchem Kontext wollen Sie das Ziel erreichen?
Wie lange haben Sie das Problem schon?	Was wäre in Ihrem Leben anders, wenn Sie das Ziel erreicht hätten? Welche positiven und negativen Konsequenzen hätte die Zielerreichung? bzw.: Was hätten Sie davon? (Ökologie-Check/Metaziel)
In welcher Hinsicht schränkt dieses Problem Sie ein?	Woran würden Sie erkennen, daß Sie ihr Ziel erreicht haben? (Evidenzprozedur)

Blame-Frame-Fragen	Outcome-Frame-Fragen
Inwiefern hindert Sie das Problem, etwas zu tun, was Sie gerne tun würden?	Was hindert Sie im Moment noch, Ihr Ziel zu erreichen?
Wessen Schuld ist es, daß Sie dieses Problem haben?	Welche Ressourcen stehen Ihnen schon jetzt zur Verfügung, um das Ziel zu erreichen?
Was war Ihre schlimmste Erfahrung mit diesem Problem?	Welches ist der erste Schritt, den Sie tun werden, um Ihr Ziel zu erreichen?

Die Fragen des Blame-Frames: „Wer oder was ist schuld daran, daß Sie das Problem haben? Warum kommen Sie erst jetzt in die Therapie?" usw. sind zum inhaltlichen Verständnis des Problems nicht nötig, sondern laufen letztlich auf Schuldzuweisungen hinaus und sind darum in einem therapeutischen Kontext ungeeignet. Es sind aber häufig gerade diese Fragen, die sich Klienten in ihrem inneren Dialog immer wieder stellen[64], was zu einer Verschärfung des Problems führt.

Problemorientierte Fragen

Das folgende Beispiel[65] zeigt, wie man im NLP problemorientierte Fragen (also gerade nicht Blame-Frame-Fragen) stellt. Der Therapeut, Richard Bandler, befragt hier eine Klientin, die an Verlustängsten leidet. Die Sitzung wurde in der Marshall-Universität im Rahmen einer Untersuchungsreihe aufgenommen, in der die Methode des NLP auf ihre Erfolgswirksamkeit untersucht wurde. In diesem Teil des Transkriptes befragt Bandler (T) die Klientin hinsichtig des Kontextes, in dem sich ihr Problem abspielt. Er macht hier neben den problembezogenen Fragen viele humorvolle Bemerkungen, die der Klientin (K) zu einer ressourcevolleren Sicht verhelfen sollen:

(1) T:	Okay, Susan. Sagen Sie mir vielleicht zunächst einmal, was Sie genau möchten. Ich bin eben angekommen, habe ein Mikro umgehängt bekommen und weiß weiter gar nichts. Sie müssen mir also einen kleinen Hinweis geben.		Der Therapeut fragt nach dem Ziel der Klientin. Diese antwortet, was häufig vorkommt, mit einem Problem.
(2) K:	Okay. Mein Problem ist, daß ich manchmal eine solche Angst habe, daß ich wie gelähmt bin. Es ist so etwas wie ein Panik-Anfall. Ich würde gerne mehr Abstand haben, so daß ich in der Situation nicht mehr in gleichem Ausmaß Angst erlebe und mich kontrollieren und besser Entscheidungen treffen kann.		Mit dem Satz „Ich würde gerne mehr Abstand haben" gibt sie nach Bandler einen klaren Hinweis auf die Lösung.
(3) T:	Ist die Angst angemessen? Es ist also nicht zum Beispiel so, daß Sie im Bett liegen und Angst vor dem Tod haben oder etwas in der Art?		Fragt nach dem Realitätsbezug.
(4) K:	Nein, es ist Angst vor einem möglichen Verlust. Es ist Angst, eine Freundschaft oder enge Beziehung zu verlieren. Schon wenn ich an einen möglichen Verlust denke, bekomme ich einen Panikanfall.		
(5) T:	Die Situation, die Ihnen Sorgen macht, hat also damit zu tun, daß Sie einen Verlust erwarten oder an einen Verlust denken?		Spiegelt das Gesagte.
(6) K:	Richtig. Ich glaube, das ist es.		
(7) T:	Verlieren Sie oft Freunde?		Erfragt genauere Umstände.
(8) K:	Nein.		
(9) T:	Ich wollte gerade sagen, vielleicht wäre es besser, wenn ich nicht zu oft mit Ihnen zu tun habe.		Setzt Humor ein.

(10) K: Nein, es passiert wirklich nicht oft.
(11) T: Als Sie das erste Mal das Wort Verlust erwähnt haben, habe ich gleich nach meiner Brieftasche gegriffen. — Verstärkt den Humor.
(12) K: Nein, es hat nur mit Menschen zu tun, nicht mit Besitz.
(13) T: Es geht also vor allem um Lebewesen?
(14) K: Ja.

Nachdem der Therapeut genügend Informationen über den Kontext gesammelt hat, beginnt er mit dem Elizitieren der inneren Prozesse, worauf wir im Rahmen der VAKOG-Fragen (Fragen nach den inneren Repräsentationen) eingehen werden.

Lösungsorientierte Fragen

Wir wollen jetzt auf die Fragen des Outcome-Frames eingehen und einige Fragen vorstellen, mit denen man inhaltliche Kriterien für wohlgeformte Ziele erfragen kann. Für die Frage „Was wollen Sie erreichen? Was ist Ihr Ziel?" gibt es im NLP die Wohlgeformtheitskriterien der Zielformulierung, die Bandler und Grinder im wesentlichen von Korzybski[66] übernahmen. Sie besagen:

➤ Das Ziel muß positiv formuliert sein.
➤ Das Ziel darf keine Vergleiche oder Konjunktive enthalten.
➤ Die Erreichung des Ziels sollte in der alleinigen Kontrolle des Klienten liegen.
➤ Größere Ziele müssen in angemessene Teilziele sequentialisiert werden.
➤ Das Ziel soll sinnesspezifisch konkret formuliert werden, damit erkannt werden kann, wann es erreicht ist.
➤ Durch die Erreichung des Ziels sollte ein übergeordneter Zweck (Meta-Ziel) erreicht werden.

Der Sinn dieser Kriterien besteht darin, es dem Klienten zu ermöglichen, den Zielzustand im Hier und Jetzt zu erleben und den ersten Schritt zu tun, der *ihm* möglich ist. Wenn jemand auf die Frage „Was wollen Sie erreichen?" antwortet: „Ich will mich nicht mehr so matt fühlen", dann befindet er sich mit seinem Denken immer noch beim Problem, weil das Ziel negativ formuliert ist. Die Zielformulierung „Ich möchte besser sein als Hans" verstößt gegen das zweite Kriterium. Dieses Ziel ist deshalb wenig hilfreich, weil es dem Klienten keine Vorstellung davon gibt, wie sein Ziel aussieht bzw. was er genau tun kann, um zum Ziel zu gelangen.

Desweiteren sollen die Kriterien sicherstellen, daß sich der Klient darauf konzentriert, was er jetzt schon tun kann, um dem Ziel näherzukommen. Die Zielformulierung „Ich würde gerne befördert werden" verstößt gegen das zweite und das dritte Kriterium. Der Konjunktiv stellt das Ziel implizit wieder in Frage, und da eine Beförderung zumindest auch vom Chef des Klienten abhängt, ist das Ziel u.U. eher schädlich für den Klienten. Denn er macht bei diesem Ziel sein Wohlbefinden und sein Selbstwertgefühl möglicherweise von seinem Chef abhängig. Außerdem kann er ein Ziel, welches auch von seinem Chef abhängt, nicht allein aus eigener Kraft erreichen.

Die Frage nach dem Meta-Ziel[67] („Was wäre in Ihrem Leben anders, wenn Sie Ihr Ziel erreicht hätten?") ist eine besonders wichtige Frage des Outcome-Frame. Sie wird vor allem in drei Fällen angewandt:

1. Wenn sich jemand etwas wünscht, dann kann es sein, daß der Therapeut schon auf den ersten Blick sieht, daß die Erreichung des Ziels ökologische Schwierigkeiten mit sich bringen würde. Ein offensichtliches Beispiel wäre der Wunsch: „Ich möchte keine Schuldgefühle mehr haben, wenn ich meine Frau schlage!"

2. Der zweite Fall liegt vor, wenn sich jemand etwas wünscht, was nur sehr schwer zu erreichen ist.

3. Der dritte Fall liegt vor, wenn zwischen dem Meta-Ziel und dem Ziel kein sinnvoller sachlicher Zusammenhang besteht. Beispiel: Jemand möchte NLP-Trainer werden, weil er glaubt, dann bessere

Chancen bei Frauen zu haben. Dieses Meta-Ziel kann sicherlich anders und besser erreicht werden als dadurch, Trainer zu werden.

Wenn sich jemand etwas wünscht, dann darum, weil es eine Funktion befriedigt. Die gleiche Sache kann für verschiedene Menschen verschiedene Funktionen erfüllen. So kann ein Auto als Transportmittel, als Statussymbol oder als Weg zur persönlichen Unabhängigkeit usw. erlebt werden. Bevor der Therapeut damit beginnt, einen Outcome zu spezifizieren, ist es oft nützlich, zu fragen, welche Funktion damit im Leben des Klienten erfüllt werden soll. Dadurch wird sichergestellt, daß die Ziele des Klienten auch tatsächlich einem sinnvollen übergeordneten Ziel dienen. Insofern dienen die Fragen nach dem Meta-Ziel auch dazu, die Ökologie der Veränderung sicherzustellen.

Dazu ein plakatives **Beispiel**:
Klient: „Am liebsten würde ich meine Frau umbringen!"
T: „Stellen Sie sich vor, Sie hätten sie umgebracht. Was hätten Sie davon?"
Klient: „Ich hätte mich endlich gerächt!"
T: „Nun gut, nachdem Sie Ihre Rache haben, was wäre dann in Ihrem Leben anders?"
Klient: „Ich hätte ihr endlich gezeigt, was für eine Schlampe sie ist!"
T: „Ja, genau, und nachdem Sie ihr das gezeigt haben, was haben Sie davon?"
Klient: „Ich könnte mich wieder im Spiegel anschauen; ich hätte meinen Selbstrespekt wieder!"

Mit jedem Schritt ist der Klient unspezifischer geworden und auf der Abstraktionsleiter eine Ebene höher geklettert, bis er zu dem Outcome kam (Selbstrespekt), um den es eigentlich geht. Dieser läßt sich aber wahrscheinlich auch mit weniger negativen Konsequenzen (d.h. ökologischer) realisieren.

Alle Fragen des Outcome-Frames setzen voraus, daß ein Ziel existiert, das sinnesspezifisch wahrnehmbar ist. Es setzt voraus, daß der Klient bereits jetzt über die Ressourcen verfügt, die ihm helfen können, es zu erreichen bzw. daß er schon jetzt einen Schritt in Richtung Zielerreichung tun kann etc. Insofern sind alle Fragen (bis auf die sechste in der obigen Tabelle) möglichkeits- und ressourcenorientiert.

Durch die zielorientierten Fragen erhält der Klient auf den drei Hauptsinneskanälen (Sehen, Hören, Fühlen) eine klare Repräsentation des angestrebten Zustandes. Sie führen zu einem Herunterchunken, d.h. zu einem Immer-spezifischer-Werden der Antwort. In noch stärkerem Maße geschieht dies durch Fragen nach der inneren Repräsentation, den VAKOG-Fragen.

2. VAKOG-Fragen

Da NLP eine Methode ist, die sich mit der Veränderung des subjektiven Erlebens beschäftigt, sind Fragen nach der inneren Repräsentation (VAKOG-Fragen) vielleicht die für das NLP typischsten Fragen. Mit ihnen wird die innere Repräsentation eines Ziel- oder Problemzustandes in den verschiedenen Sinnessystemen erfragt. Sie können nahezu an jeder Stelle des Gesprächs gestellt werden, zum Beispiel:
➤ um die Repräsentation eines Problems zu erforschen;
➤ um die Repräsentation des Ziels zu erforschen;
➤ innerhalb von Interventionen;
➤ beim Elizitieren von Strategien: dies kann sich auf auf die Erforschung von gut funktionierenden Strategien (das Modellieren von Spitzenleistungen) oder auf die Erforschung von schlecht funktionierenden Strategien beziehen, mit dem Ziel, sie zu optimieren.

Zwei Beispiele sollen verdeutlichen, was durch Fragen nach der inneren Repräsentation erreicht wird und wie hierbei der Prozeß des Elizitierens und Installierens vonstatten geht. Das erste Beispiel bezieht sich auf eine ineffektive Entscheidungsstrategie, das zweite auf eine Reiz-Reaktions-Kopplung.

Beispiel: „Ineffektive Entscheidungsstrategie"
Um eine Entscheidungsstrategie zu elizitieren, geht man wie folgt vor:
1. Denken Sie an eine konkrete Situation, in der Sie eine Entscheidung getroffen haben (sensorisch definit in allen Sinnessystemen).
2. Woher wußten Sie, daß jetzt eine Entscheidung angesagt ist? (Frage nach dem Auslöser der Entscheidung)
3. Was haben Sie innerlich als erstes gemacht, um zu einer Entscheidung zu kommen?
4. Welche inneren Vergleiche stellen Sie an?
5. Woran merken Sie, daß die jeweilige Alternative die ist, für die Sie sich entscheiden werden?

Was immer wir über dieses Vorgehen denken, eines ist klar: Wenn dieser Elizitierungsprozeß abgeschlossen ist, dann ist er auch installiert. Denn wenn sich jemand so ausführlich mit den „Erinnerungen" bzw. Vorstellungen von einem konkreten Entscheidungsprozeß beschäftigt hat, dann ist diese Sequenz, egal, ob sie vorher da war oder nicht, jetzt da.

Zwar gibt es in NLP-Kreisen ein Bewußtsein davon, daß man beim Elizitieren einer Strategie vorsichtig sein muß, damit man keine „installierenden Fragen" stellt, aber es wird so getan, als ob dieser Fehler mit einiger Vorsicht vermeidbar wäre. Man scheint zu glauben, daß man durchaus elizitierende Fragen stellen kann, die nicht gleichzeitig installierend sind. So soll man beispielsweise nicht fragen: „Haben Sie, bevor Sie dieses Gefühl spürten, ein Bild gesehen?", sondern eher: „Was passiert, kurz bevor Sie dieses Gefühl hatten?" Die erste Frage könnte den Klienten dazu veranlassen, nach einem inneren Bild zu suchen, und eventuell könnte es sein, daß er eines konstruiert. Allerdings weiß man nicht so genau, ob es vorher schon da war oder ob es erst durch die Frage installiert worden ist. Die zweite Frage ist demgegenüber natürlich weniger suggestiv, was die Repräsentationssysteme angeht, allerdings suggeriert sie, daß vor dem Gefühl etwas anderes da war.

Beispiel: „Reiz-Reaktions-Problem"
Um zu illustrieren, wie Fragen nach der inneren Repräsentation im Therapiegespräch angewandt werden, kehren wir zu dem Transkriptausschnitt der Klientin mit Verlustängsten zurück.

Bis zur Einheit (14) erfragte Bandler den Problemkontext. Mit der Frage in Einheit (17) beginnt er, die innere Repräsentation (Sehen, Hören, Fühlen) der Klientin zu erforschen, genauer, er elizitiert die Submodalitäten des Sehens und des Hörens. Submodalitäten sind Untereigenschaften der Repräsentationssysteme, die die Wahrnehmung qualitativ bestimmen. Submodalitäten des visuellen Bereichs sind beispielsweise die Entfernung und der Ort des Bildes, das der Klient wahrnimmt (vgl. Anhang 3). Das Bild könnte vier Meter von ihm entfernt sein oder sich 20 cm vor ihm befinden. Die Erfahrung besagt, daß der Ort des Bildes einen starken Einfluß auf die Intensität der damit verbundenen Gefühle hat. Dies gibt dem Therapeuten einen weiten Spielraum zu intervenieren[68]. Interventionen mit Submodalitäten sind besonders erfolgreich, wenn das Problem darin besteht, daß der Klient gegen seinen Willen in innere Zustände gerät und den Eindruck hat, er habe darauf keinen Einfluß, es funktioniere quasi automatisch.

Die Vorannahme von Bandler in Einheit (17) besteht darin, daß die Klientin aktiv etwas tut, um die Panik in ihrem Kopf zu bewirken. Und wenn jemand sagt: „Du kannst mir beibringen, das zu tun", dann impliziert das, daß die Person auch die Möglichkeit hat, damit aufzuhören. Die gesamte Struktur der Interaktion mit der Klientin wird so gestaltet, daß sie von der Haltung „das ist unmöglich" zur Einstellung „das ist möglich" geführt wird. Ziel ist es, die Klientin in eine Position der Stärke zu bringen dadurch, so daß sie erkennt, daß sie die Kontrolle über ihre Panik bekommen kann[69].

(17) T:	Nehmen wir an, ich müßte einen Tag lang für Sie einspringen. Ein Teil meiner Aufgabe wäre es, an Ihrer Stelle den Panikanfall zu bekommen, wenn sich jemand verspätet. Was muß ich also in meinem Kopf tun, um die Panik zu erzeugen?	
(18) K:	Sie fangen damit an, sich solche Sätze zu sagen, wie ...	In den Einheiten (18) bis (26) elizitiert Bandler Teile des auditiven (subjektiven) Erlebens der Klientin. Er erfragt den Inhalt des inneren Dialogs, die Klangfärbung und die Geschwindigkeit.
(19) T:	Ich muß also mit mir selbst reden.	
(20) K:	Soundso hat sich verspätet, er ist noch immer nicht da. Das heißt, daß er vielleicht nie mehr kommen wird.	
(21) T:	Sage ich das mit einer gleichgültigen Stimme?	
(22) K:	Nein ...	
(23) T:	(mit unbekümmerter Stimme) Sie haben sich verspätet ... Ich glaube, es ist Zeit für einen Angstanfall.	
(24) K:	Nein, Sie fangen zuerst langsam an, weil Sie sich zunächst sagen, daß er noch immer Zeit hat. „Ich werde ihm noch eine halbe Stunde geben, und wenn er bis dahin nicht da ist ..."	
(25) T:	... gerate ich in Panik. Das läßt mir eine halbe Stunde Zeit, die Geschwindigkeit des inneren Dialogs zu verändern.	
(26) K:	Mit der Zeit wird er immer schneller.	
(27) T:	Woher weiß ich, was ich sagen muß ... machen Sie auch irgendwelche Bilder dazu?	Bandler wendet sich dem visuellen Erleben zu. Er fragt konkret nach:
(28) K:	Ja. Bilder von demjenigen, der gerade nicht da ist. Vielleicht davon, wie er ...	
(29) T:	Bilder von demjenigen, der gerade nicht da ist.	
(30) K:	Der Person, die hätte kommen sollen und nicht gekommen ist.	
(31) T:	Was für Bilder?	
(32) K:	Bilder von ihrem Gesicht.	
(33) T:	Aus der Vergangenheit? Machen Sie neue Bilder?	– dem Zeitraum
(34) K:	Bilder, wie sie wirklich aussehen, oder möglicherweise Bilder von ihnen in einem Unfallwagen.	
(35) T:	Bilder von ihnen in einem Unfallwagen?	
(36) K:	Ja.	
(37) T:	Okay, wenn Sie sie in einem Unfallwagen sehen, von wo aus sehen Sie sie? Sehen Sie es ungefähr von der Seite? Sehen Sie es so, wie es aus den Augen des Betreffenden aussehen würde? Was genau machen Sie?	– dem Ort der Betrachtung
(38) K:	Nein. Ich sehe es so, als würde ich daneben stehen und hinschauen.	
(39) T:	Von wo aus? Von der Seite?	– nochmals dem Ort
(40) K:	Ich glaube, es ist von der Seite. Ich habe noch nie darüber nachgedacht. Ich glaube, es ist von der Seite.	
(41) T:	Ist das, was ich sehe, panoramisch? Ist die Leinwand begrenzt?	– dem Rahmen des Bildes
(42) K:	Nein, es ist eher so, als wäre es herangezoomt.	
(43) T:	Herangezoomt. Es gibt also keine Ränder auf Ihrem Bild?	
(44) K:	Nein.	

Mit seinem Vorgehen elizitiert Bandler die innere auditive und visuelle Repräsentation des problematischen Geschehens, mit anderen Worten, wie die Klientin den Panikanfall innerlich herbeiführt. Damit fördert er implizit die Haltung in ihr, daß sie diesen Ablauf beeinflussen kann.

An diese Befragung schloß sich wenige Einheiten später eine Intervention (mittels der Swish-Technik) an, in der die Klientin lernte, den Panikanfall zu vermeiden. Eine acht Monate später vorgenommene Befragung ergab, daß das Problem nicht wieder aufgetreten war.

Aus dem Vorgehen in diesem Beispiel läßt sich eine generelle Vorgehensweise des NLP ableiten. Sie besteht aus folgenden Schritten:
1. Ziel erfragen – Im obigen Fall nannte die Klientin auf die Frage nach dem Ziel ihr Problem.
2. Problemkontext explorieren – Da der Therapeut vermutete, daß es sich um eine Reiz-Reaktions-Kopplung handelt, verzichtete er auf weitergehende Zielfragen und konzentrierte sich auf den Rahmen, in dem das Problem auftritt.
3. Fragen nach der inneren Repräsentation – Dieser Teil wurde oben dargestellt.
4. Intervention.

Ein Beispiel für eine solche Intervention ist die Swish-Technik, die wir aus Platzgründen an dieser Stelle nicht behandeln.

3. Fragen, die keine sind: Hypnotische Fragen

Die Hypnosetechniken im NLP gehen auf Milton Erickson zurück. Die Hypnotherapie hat keine Fragetechnik entwickelt, weil es dort gar nicht darum geht, Informationen zu elizitieren. Suggestionen (dies gilt auch für suggestive Fragen) haben lediglich die Funktion, die Aufmerksamkeit von Klienten in eine bestimmte Richtung zu lenken. Sie können zum Beispiel dazu dienen, einen bestimmten hypnotischen Zustand zu vertiefen.

Beispiel: Mittels hypnotischer Suggestionen wurde erreicht, daß sich der Klient in seinem Erleben in der Kindheit befindet. Gerade spielt er mit seinem Bruder Peter auf einer Wiese. Die Frage des Therapeuten: „Was macht Peter gerade?" hat nicht den Zweck, diese Information zu bekommen (denn sie ist für den therapeutischen Prozeß irrelevant). Vielmehr dient diese Frage dazu, den halluzinatorischen Zustand zu stabilisieren. Denn die Frage suggeriert, daß Peter gerade anwesend ist und etwas macht.

Das Sechs-Schritte-Reframing

Es soll nun am Beispiel des Sechs-Schritte-Reframings gezeigt werden, welche Rolle hypnotische Fragen in NLP-Formaten spielen können. Diejenigen, die mit NLP-Formaten wenig vertraut sind und die sich die Anwendung eines solchen Formats in der Therapie nur schlecht vorstellen können, verweisen wir auf die einschlägige NLP-Literatur, in der die Anwendung dieser Formate ausführlich dargestellt ist[70]. Nach dem Sechs-Schritte-Reframing werden wir noch einige weitere hypnotische Fragetechniken behandeln, die im NLP üblich sind.

Der Ablauf des Sechs-Schritte-Reframings:
1. Identifizieren Sie das Muster (X), das verändert werden soll. Es sollte die Form haben: „Ich möchte mit X aufhören, aber ich kann nicht" oder: „Ich möchte Y machen, aber etwas hält mich zurück."

2. Etablieren Sie die Kommunikation zu dem Teil, der für das Muster verantwortlich ist.
    a) „Wird der Teil von mir, der mich zu X veranlaßt, im Bewußtsein mit mir kommunizieren?" Achten Sie auf alles – Gefühle, Bilder, Gerüche, Töne –, was als Antwort auf diese Frage internal passiert.
    b) Etablieren Sie die „Ja/nein"-Bedeutung des Signals. Lassen Sie Klarheit, Lautstärke oder Intensität für Ja zunehmen und für Nein abnehmen.

3. Trennen Sie das Verhalten, das Muster X, von der positiven Absicht desjenigen Teils, der für X verantwortlich ist. Das unerwünschte Verhalten ist nur ein Weg, eine bestimmte positive Funktion zu erreichen.
   ➤ Fragen Sie den für X zuständigen Teil: „Wärst du bereit, mich im Bewußtsein wissen zu lassen, was du mit dem Muster X für mich zu tun versuchst?" Bekommen Sie eine „Ja"-Antwort, bitten Sie den Teil, seine Absicht mitzuteilen. Bekommen Sie eine „Nein"-Antwort, machen Sie mit dem unbewußten Reframing weiter, mit der Präsupposition einer positiven Absicht. Ist diese Absicht für das Bewußtsein akzeptabel? Möchten Sie einen Teil haben, der diese Funktion ausübt?
   ➤ Fragen Sie den für X zuständigen Teil: „Falls es Möglichkeiten gäbe, Ihre positive Funktion genausogut oder besser auszuüben als mit Hilfe von X, hätten Sie Interesse daran, sie auszuprobieren?"

4. Finden Sie Zugang zu einem kreativen Teil und bringen Sie neue Verhaltensweisen hervor, um die positive Funktion auszuüben:
   ➤ Machen Sie sich Erfahrungen von Kreativität zugänglich und ankern Sie diese, oder fragen Sie: „Sind Sie sich dessen bewußt, einen kreativen Teil zu haben?"
   ➤ Lassen Sie den Teil, der für X zuständig ist, dem kreativen Teil seine positive Funktion mitteilen, erlauben Sie dem kreativen Teil, weitere Möglichkeiten für die Ausübung dieser Funktion hervorzubringen, und lassen Sie den Teil, der für X zuständig war, unter diesen Möglichkeiten drei aussuchen, die mindestens so gut sind wie X oder besser. Lassen Sie ihn jedesmal ein „Ja"-Signal schicken, wenn er eine solche Alternative auswählt.

5. Fragen Sie den Teil: „Bist du bereit, die Verantwortung dafür zu übernehmen, die drei neuen Alternativen im entsprechenden Kontext zu benutzen?" Dadurch ist auch für eine Überbrückung in die Zukunft gesorgt. Zusätzlich können Sie auf der unbewußten Ebene den Teil bitten, die sensorischen Hinweise zu identifizieren, die die neuen Wahlmöglichkeiten auslösen, um vollständig die Erfahrung zu machen, wie es ist, wenn diese sensorischen Hinweise mühelos und automatisch jeweils eine der neuen Wahlmöglichkeiten herbeiführen.

6. Ökologischer Check: „Hat irgendeiner meiner Teile etwas gegen die drei neuen Alternativen einzuwenden?" Bei einer „Ja"-Reaktion gehen Sie zurück nach oben zu Schritt 2.

Wenn man sich den formalen Ablauf anschaut, stellt man fest, daß die in diesem Format gestellten Fragen eine Vielzahl von Vorannahmen beinhalten, die, wenn sie vom Klienten akzeptiert werden, bereits zu einer Veränderung des Problems führen. Dies sei an zwei Fragen dargestellt:

„Wird der Teil von mir, der mich zu X veranlaßt, im Bewußtsein mit mir kommunizieren?"

Diese Frage wird in Schritt 2a gestellt und beinhaltet folgende Vorannahmen:
   ➤ Es gibt einen inneren Teil.
   ➤ Dieser Teil ist für das Verhalten X zuständig. Dies wiederum setzt voraus, daß in mir Teile sind, die von meinem Bewußtsein verschieden sind, also unbewußte Teile sind.

„Wärst du bereit, mich im Bewußtsein wissen zu lassen, was du mit dem Muster X für mich zu tun versuchst?"

Diese Frage wird in Schritt 3a gestellt. Mit dieser Frage steht und fällt das gesamte Format! Denn diese Frage präsupponiert einen Unterschied zwischen Absicht und Verhalten des X-Teils. Erst diese Unterscheidung ermöglicht es in Schritt 4, alternative Verhaltensweisen zu finden, die dann letztlich zu einer Verhaltensänderung führen.

Durch diese Frage wird unterstellt, daß jedes Symptom lediglich ein mißglückter Lösungsversuch ist.

Beispiel: Eine Frau will abnehmen. Auf die Frage, welche positive Absicht der Teil hat, der das problematische Verhalten hervorruft, antwortete dieser: „Das Essen schützt dich vor Männern, denn wenn du attraktiv bist, wirst du deinen Mann betrügen." Nachfragen ergab, daß die Klientin in der Tat befürchtete, daß Männer sie sexuell anziehend finden könnten und daß sie dann ihrem Mann untreu werden würde.

Nach dieser Antwort ist klar, daß das übermäßige Essen ein Lösungsversuch für das Problem „Fremdgehen" gewesen ist. Im nächsten Schritt geht es darum, Verhaltensalternativen zu entwickeln, die die Frau vom Fremdgehen abhalten, jedoch nicht dick machen, oder sich eventuell dem übergreifenden Problemkontext „Beziehung" zuzuwenden.

Pseudoorientierung in der Zeit

Bei der „Pseudoorientierung in der Zeit" geht es darum, vermittels Fragen den Betreffenden in eine imaginierte Zukunft zu versetzen. Besonders Richard Bandler ist für die brillante Anwendung derartiger hypnotischer Frageformen bekannt, die es in den vielfältigsten Ausprägungen gibt. Diese Fragen zeichnen sich (wie alle hypnotischen Fragen) dadurch aus, daß der Installationsaspekt größer ist als der Elizitationsaspekt. Eine gängige Frage ist: **„Woran würden Sie bemerken, daß Sie dieses Problem endgültig gelöst haben?"**

Diese Frage enthält mehrere Präsuppositionen, von denen nur diejenigen genannt werden, die sich auf die Lösung beziehen:
➤ Der Klient kann das Problem loswerden.
➤ Der Klient kann bemerken, daß das Problem gelöst ist.
➤ Das Problem kann nicht nur kurzfristig, sondern endgültig gelöst werden.

Die Präsuppositionen mögen in direktem Gegensatz zu dem stehen, was der Klient bisher in bezug auf sein Problem geglaubt hat. Besteht allerdings ein guter Rapport zwischen Therapeut und Klient und ist diese Frage gut vorbereitet, dann ist es durchaus wahrscheinlich, daß der Klient auf eine innere Suche nach einer möglichen Antwort geht. Und es ist wahrscheinlich, daß damit keine schon vorher vorhandene Lösung abgerufen wird, sondern daß der Klient bei der Suche nach einer Antwort diese erst generiert und so bei sich selbst installiert. Insofern bewirkt diese Frage eher die Installation eines förderlichen Glaubenssatzes als das Elizitieren bereits vorhandener Informationen. Die Hauptabsicht hypnotischer Fragen besteht darin, die in den Fragen enthaltenen Vorannahmen zu übermitteln. In diesem Sinn sind hypnotische Fragen gar keine Fragen.

Probleme in die Vergangenheit setzen

Beispiel: Ein Klient sagt: „Ich werde immer eifersüchtig, wenn meine Frau mit einem anderen Mann spricht."

Eine Möglichkeit, Zeitformen in der Therapie zu nutzen, läßt sich durch die Art und Weise realisieren, wie ich ein Problem des Klienten wiederhole. Der Leser möge folgende Aussagen miteinander vergleichen:
1. „Das heißt, Sie werden immer eifersüchtig, wenn Ihre Frau mit einem anderen Mann spricht?"
2. „Wenn ich Sie richtig verstanden habe, waren Sie bis jetzt immer eifersüchtig, wenn Sie gesehen haben, wie Ihre Frau mit einem anderen Mann gesprochen hat?" In noch stärkerer Formulierung könnte der Therapeut sagen: „Sie wurden also bisher jedesmal eifersüchtig, wenn sich Ihre Frau mit einem anderen Mann unterhielt? Habe ich Sie da richtig verstanden, daß es das war, was Sie taten?"

Im ersten Fall spiegelt der Therapeut das Problem, und es entsteht der Eindruck, daß das Problem zunächst einmal unverrückbar feststeht und daß es großer Anstrengungen bedarf, es zu beseitigen. Im zweiten Fall wird das Problem in die Vergangenheit gesetzt, was eine Submodalitätenveränderung bewirkt und impliziert, daß es in Zukunft anders sein könnte.

Die letzten beiden Beispiele in diesem Abschnitt kann der Leser, wenn er Lust hat, auf seine Präsuppositionen und Zeitformen hin untersuchen.

Beispiel: „Wie wird es sein, wenn du diese Veränderung gemacht hast ... JETZT ... in der Zukunft ... während du zurückschaust und siehst, wie es war, jenes Problem gehabt zu haben .. und wenn du nun darüber nachdenkst ... JETZT ... während du in diesem Raum sitzt?"

Beispiel: „Wenn du diese Veränderung für dich selbst bewerkstelligen könntest ... so daß du mit diesem alten Verhalten aufhören könntest, das du gewöhnlich gemacht hast ... nachdem du diese Veränderung schon durchlaufen hast, siehst du dich selbst, wie du bist ... JETZT ... Gefällt dir, was du siehst?"

B. Das Meta-Modell der Sprache

Das Meta-Modell war das erste NLP-Werkzeug, das Bandler und Grinder Mitte der 70er Jahre entwickelten. Was ist das Meta-Modell der Sprache? Wofür ist es im therapeutischen Kontext gut?

Wir entwickeln unser Bild der Welt mit Hilfe dreier universeller Gestaltungsprozesse: Generalisierung, Tilgung und Verzerrung.

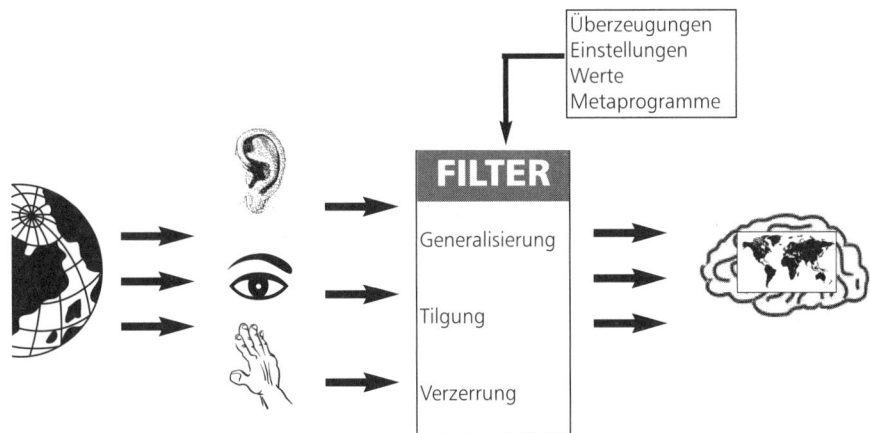

Diese Gestaltungsprozesse finden sich auch in sprachlichen Mustern wieder, die den Reichtum des Erlebens einschränken können. Das Meta-Modell wurde als Instrument entwickelt, um derartige sprachliche Formulierungsweisen zu hinterfragen, mit dem Ziel, eine Erweiterung des Bewußtseins hinsichtlich möglicher alternativer Verhaltens- und Erlebensweisen zu bewirken.

Es soll an dieser Stelle eine weitergehende Differenzierung des Begriffs der Generalisierung[71] erfolgen. Eine Generalisierung (bzw. ein Glaubenssatz) ist eine Aussage, die etwas über die Gesamtheit einer Gruppe aussagt. Der Nachweis, daß die Aussage korrekt ist, besteht in aller Regel darin, daß Menschen eine Anzahl von Fällen beobachtet haben und nun daraus schließen, daß die Aussage für alle Mitglieder dieser Gruppe oder Klasse zutrifft. Menschen sind große Generalisierer. Das hat Vor- und Nachteile. Einerseits ist es fast unmöglich, mit der Welt zu kommunizieren, wenn wir keine Generalisierungen gebildet haben. Wir könnten nicht die Treppe heruntergehen, wenn wir nicht den generellen Glaubenssatz gebildet hätten, daß Treppen unser Gewicht tragen. Derartige Generalisierungen sind unverzichtbare Führer des Menschen, die ihm helfen, Situationen einzuschätzen und sich sicher in ihnen zu bewegen. In solchen Fällen sprechen wir einfach von Generalisierungen bzw. nützlichen Generalisierungen oder von Glaubenssätzen.

Andererseits begrenzen viele Generalisierungen unsere Möglichkeiten, mit dem Leben zurechtzukommen. Wir sprechen dann von einschränkenden Glaubenssätzen oder Übergeneralisierungen.

Beispiel für eine nützliche Generalisierung:
Ein Kind faßt auf eine heiße Herdplatte. Es wird die Erfahrung, daß dies sehr weh tut, wahrscheinlich generalisieren und die Überzeugung bilden: „Heiße Herdplatten tun weh, wenn man sie berührt. Also Finger weg davon!" Auch als Erwachsener wird sich die Person gemäß dieser Überzeugung verhalten, auch wenn sie sich nicht mehr daran erinnert, auf welcher ursprünglichen Erfahrung sie beruht.

Den Prozeß der Generalisierung nutzt jeder Mensch (ebenso wie die Prozesse der Tilgung und Verzerrung) permanent. So kann es passieren, daß wir Landkarten von der Welt bilden, die mit der ursprünglichen Erfahrung, auf der sie beruhen, nur noch wenig zu tun haben und die uns viel Leid bereiten. Bandler und Grinder wiesen explizit darauf hin, daß Therapeuten vor allem solche Tilgungen, Verzerrungen und Generalisierungen hinterfragen sollten, die Leiden erzeugen: solche, die mit Bereichen des „Unmöglich" verknüpft sind bzw. in denen der Klient nur unbefriedigende Möglichkeiten sieht[72]. Sie sollen solche Verzerrungen hinterfragen, die Repräsentationen im Klientenmodell darstellen, die irgendwie so verdreht sind, daß sie seine Handlungsmöglichkeiten einschränken und sein Schmerzpotential erhöhen[73]. Hier ein Beispiel für eine Übergeneralisierung:

Jemand sagt: „Ich bin liebenswert." Dieser Satz beinhaltet definitiv eine Übergeneralisierung, weil er in voller Konsequenz bedeutet, daß diese Person meint, immer und unter allen Umständen liebenswert zu sein. Trotzdem würde man ihn als NLP-Therapeut nicht hinterfragen, weil er vermutlich dem Klienten kein Leid verursacht[74]. – Wir wollen uns nun Konsequenzen des gegenteiligen Glaubenssatzes anschauen.

Beispiel für eine einschränkende Generalisierung (Übergeneralisierung):
Ein Kind wurde von seiner Mutter häufig fortgeschickt oder abgewiesen. Ein daraus resultierender Glaubenssatz könnte lauten: „Ich bin nicht liebenswert."

Diese Generalisierung wirkt (wie die Erfahrung mit der heißen Herdplatte) möglicherweise bis ins Erwachsenenalter. Sie wird ausgedrückt in der Identitätsformulierung „Ich bin", die strenggenommen bedeutet: „Ich bin es immer und in jeder Situation."[75] Aufgrund dieses Glaubenssatzes werden dem Kind in späterer Zeit viele Erfahrungen begegnen, die diesen Glaubenssatz zu bestätigen scheinen. Der Glaubenssatz wirkt als sich selbst erfüllende Prophezeiung, da das nun erwachsen gewordene Kind jede Situation durch den Filter „Ich bin nicht liebenswert" betrachtet.

Eine Möglichkeit, einen limitierenden Glaubenssatz wie „Ich bin nicht liebenswert" aufzulösen, besteht darin, diesen Glaubenssatz auf die ursprüngliche Erfahrung zurückzuführen, aufgrund derer er entstand. Ist das erreicht, können alternativ nützliche Generalisierungen gebildet werden, die diese Erfahrung treffender bewerten. Eine zweite Möglichkeit ist die Infragestellung der Übergeneralisierung anhand der Erfahrung des Klienten.

Das Meta-Modell ist eines der Hauptinstrumente des NLP, um diese beiden Ziele zu erreichen. Wie das praktisch geschieht, ist im nächsten Kapitel beschrieben. Auf die Theorie des Meta-Modells gehen wir in Abschnitt II ein.

I. Die Anwendung des Meta-Modells
1. Meta-Modell-Verletzungen und Fragen des Meta-Modells

Die Funktion des Meta-Modells besteht im wesentlichen in der Hinterfragung der unten aufgeführten linguistischen Strukturen, der sogenannten Meta-Modell-Verletzungen. Durch sie erhält der Therapeut einen Hinweis auf verlorengegangene Teile des Weltmodells des Klienten. Indem diese linguistischen Strukturen erfragt werden, können verlorengegangene Teile zurückgewonnen bzw. einschränkende Teile des Weltmodells hinterfragt werden. Im Hinblick darauf stellt das Modell Fragen bzw. Hinterfragungsmöglichkeiten zur Verfügung.

Folgende linguistische Strukturen (Meta-Modell-Verletzungen[76]) halten Bandler und Grinder im therapeutischen Bereich für relevant. Sie ordnen sie den drei Modellierungsprozessen Generalisierung, Tilgung und Verzerrung zu:

Tilgungen
- Verbtilgungen
- Substantivtilgungen
- Adjektivtilgungen
- Vergleichstilgungen
- Adverbientilgungen
- Modaloperatoren

Generalisierungen
- fehlender Bezugsindex
- Universalquantor
- symmetrische Prädikate
- nichtsymmetrische Prädikate
- X oder Y
- komplexe Äquivalenz
- unvollständig spezifizierte Verben und Substantive
- generalisierter Referenzindex

Verzerrungen
- Nominalisierungen
- Vorannahmen
- Ursache-Wirkung
- impliziertes Kausativ
- Gedankenlesen
- verlorenes Performativ

Beinhaltet ein Satz[77] eine der oben aufgelisteten linguistischen Strukturen, so ist er fehlgeformt. Das Meta-Modell gibt an, wie fehlgeformte Sätze in wohlgeformte Sätze zurückverwandelt werden können. Dies geschieht durch satzorientiertes Zuhören und die entsprechende Meta-Modell-Frage. Der Therapeut wird darin trainiert, auf den einzelnen Satz zu achten, um entscheiden zu können, welche Verletzung hinterfragt werden soll.

Textorientiertes Zuhören meint im Gegensatz dazu, die Gesamtheit des Ausdrucksverhaltens des Klienten über den gesamten Zeitraum des Interviews zu berücksichtigen, um aufgrund dieser Beobachtungen Hypothesen zu bilden, was mit dem Klienten los sein könnte. Im Ansatz des BFTC versucht man, auf diese Weise zu beurteilen, ob der Klient „Kunde, Klagender oder Besucher" ist[78].

Hingegen konzentriert sich der Therapeut beim Meta-Modell auf den einzelnen Satz, den der Klient äußert, und analysiert ihn in Hinblick auf die vorhandenen Meta-Modell-Verletzungen. Nachdem eine relevante

Fehlgeformtheit entdeckt wurde, kann sie mit der entsprechenden Frage hinterfragt werden. Wie das funktioniert, soll am Beispiel dreier linguistischer Strukturen aufgezeigt werden.

Beispiel 1
Der folgende Satz (Oberflächenstruktur) des Klienten beinhaltet eine Generalisierung, genauer: den Universalquantor „alle".
Klient: „Alle Menschen sind Egoisten!"
Therapeut: „Wirklich alle?"

Eine andere Hinterfragungsmöglichkeit wäre:
Therapeut: „Können Sie sich an eine Person erinnern, die sich Ihnen gegenüber nicht egoistisch verhielt?"
Klient: „Meine Freundin ist keine Egoistin."

Durch die Hinterfragung des Universalquantors erreicht der Therapeut, daß der Klient zugibt, daß er zumindest einen Menschen kennt, der nicht egoistisch ist. Damit ist der Allgemeingültigkeitsanspruch des Satzes „Alle Menschen sind Egoisten" durchbrochen. Die Befragung könnte nun in der Weise fortgesetzt werden, zu erfragen, welche egoistischen Menschen der Klient genau meint.

Beispiel 2: Vorannahmen
Klientin: „Wenn mein Mann wüßte, wie sehr ich leide, würde er das nicht tun."
Therapeut: „Woher wissen Sie, daß Ihr Mann nicht weiß, daß Sie leiden?"
Klientin: „Wenn er es wüßte, hätte er nachgefragt, warum es mir so schlecht geht."

Der erste Satz der Klientin beinhaltet als wichtigste Meta-Modell-Verletzung das Gedankenlesen. Außerdem enthält er drei Vorannahmen: Der Therapeut erfragt die erste Vorannahme, nämlich, daß der Mann nicht weiß, daß seine Frau leidet. Mit der Frage „Woran erkennen Sie, daß Sie leiden?" hätte er die zweite Vorannahme hinterfragen können, nämlich, daß die Frau leidet. Die dritte Vorannahmen ist: Der Mann verhält sich in einer bestimmten Weise, die die Frau als Ausdruck seines Nicht-Wissens interpretiert. Der Therapeut könnte dies wie folgt hinterfragen: „Woher wissen Sie, daß Ihr Mann dies nicht tun würde, wenn er wüßte, daß Sie leiden?

Beispiel 3: Modaloperatoren
Man unterscheidet zwischen Modaloperatoren der Möglichkeit (können, wollen, fähig sein etc.) und Modaloperatoren der Notwendigkeit (müssen, sollen etc. und ihr Gegenteil). Wenn jemand Modaloperatoren der Unmöglichkeit oder der Notwendigkeit verwendet, dann verweist das darauf, daß der Klient in diesem Kontext keine Wahlmöglichkeiten sieht. Modaloperatoren, die eine Unmöglichkeit zum Ausdruck bringen, können wie folgt hinterfragt werden:
Klient: „Ich kann keinen Unbekannten ansprechen."
Therapeut: „Was würde passieren, wenn Sie es doch täten?"

Die Hinterfragung von Modaloperatoren befördert eine Person über die Grenzen hinaus, die sie bis dahin akzeptiert hat. Die Hinterfragung verlangt vom Klienten, daß er in seiner Vorstellung in die Zukunft geht und sich mögliche Konsequenzen vorstellt. Die Frage: „Was würde passieren, wenn ..." ist die einzige Frage des Meta-Modells, die nach Möglichkeiten fragt. Sie eröffnet einen „as-if-frame". Modaloperatoren können außerdem noch wie hinterfragt werden: „Was hindert Sie daran?" Diese Frage erfragt eher Glaubenssätze und Bedeutungskonstruktionen und nicht so sehr die möglichen oder befürchteten Konsequenzen.

Mit den Fragen des Meta-Modells kann man seinem Gesprächspartner (oder sich selbst) helfen, Verarmungen im Modell der Welt wieder rückgängig zu machen und so mehr Wahlmöglichkeiten im Denken und Handeln zu bekommen. In den Beispielen äußern die Klienten einschränkende Glaubenssätze. Bei manchen ist von vorneherein klar, daß sie falsch und/oder einschränkend sind. Dies ist im ersten Beispiel „Alle Menschen sind Egoisten!" der Fall. Bei manchen Glaubenssätzen (wie im Beispiel 2) weiß der Therapeut nicht, ob sie wahr oder falsch sind. Die Fragen des Therapeuten zielen darauf ab, dies zu überprüfen.

Exkurs: Meta-Modell-Verletzungen und Modellierungsprozesse

Wie oben gezeigt, ordnen Bandler und Grinder die Meta-Modell-Verletzungen den drei Modellierungsprozessen Generalisierung, Verzerrung und Tilgung zu. Hier soll gezeigt werden, daß diese Zuordnung in den meisten Fällen nicht eindeutig ist. Dies wollen wir anhand von drei Beispielen erläutern:

Beispiel 1: „Mein Mann schenkt mir keine Blumen. Er liebt mich nicht."

- ➤ Dieser Satz enthält nach Bandler und Grinder eine „komplexe Äquivalenz". Sie ordnen diese den Generalisierungen zu, weil mit dem Satz implizit gesagt ist, daß die Frau für alle Menschen zu jeder Zeit an jedem Ort meint: „Wenn mein Mann mir keine Blumen schenkt, liebt er mich nicht."
- ➤ Mit dem gleichen Recht könnte man aber auch sagen, der Satz drücke eine Tilgung aus. Denn es werden die Informationen getilgt, die besagen, daß es wahrscheinlich Fälle gibt, in denen ihr Mann ihr keine Blumen schenkt und sie dennoch liebt.
- ➤ Man kann in dem Satz auch eine Verzerrung erkennen. Der Satz ist semantisch fehlgeformt, weil die Frau zwischen zwei voneinander unabhängigen Sachverhalten (äußeres Verhalten/Zustand) eine Äquivalenzbeziehung herstellt. (Diese Zuordnung würden wir, die Autoren, bevorzugen.)

Beispiel 2: „Ich fürchte mich vor Menschen."

- ➤ Dieser Satz enthält nach Bandler und Grinder eine Tilgung, da nicht angegeben ist, vor welchen Menschen sich der Sprecher fürchtet.
- ➤ Mit dem gleichen Recht könnte man aber auch sagen, der Satz enthält eine Übergeneralisierung (generalisierter Referenzindex), denn es wird implizit behauptet, daß sich der Sprecher vor allen Menschen fürchtet, was höchstwahrscheinlich nicht stimmt.
- ➤ Man kann in dem Satz auch eine Verzerrung sehen, weil die Realität dahingehend verzerrt dargestellt wird, daß der Sprecher annimmt, die Ursache seiner Furcht liege in anderen Menschen begründet.

Beispiel 3: „Niemand achtet auf mich."

- ➤ Dieser Satz enthält nach Bandler und Grinder eine „Generalisierung", nämlich den Universalquantor „niemand", da von allen Menschen behauptet wird, sie würden nicht auf den Sprecher achten.
- ➤ Mit dem gleichen Recht könnte man aber auch sagen, der Universalquantor „niemand" sei eine Tilgung, weil die Menschen getilgt werden, die auf den Sprecher achten.
- ➤ Mit dem Universalquantor „niemand" tut der Sprecher so, als könne er die Gedanken aller Menschen lesen. Damit verzerrt er seine Wahrnehmung.

Diese drei Beispiele belegen: Die Zuordnung der Meta-Modell-Verletzungen zu den drei Modellierungsprozessen ist willkürlich. Dafür spricht auch die Tatsache, daß verschiedene Verletzungen des Meta-Modells von verschiedenen Autoren den Modellierungsprozessen unterschiedlich zugeordnet wurden[79].

Des weiteren ist die Zuordnung nicht therapierelevant. Um das Weltmodell des Klienten hinterfragen zu können, braucht der Therapeut nicht zu wissen, ob er eine Generalisierung, eine Tilgung oder eine Verzerrung hinterfragt. Einen Sinn hat diese Unterteilung allenfalls aufgrund der übersichtlicheren Gestaltung dieser Kategorien. Hier wären jedoch andere, sinnvollere Einteilungen möglich: zum Beispiel nach Fragen, die Tatbestände eruieren, und solchen, die einschränkende Glaubenssätze hinterfragen.

2. Anwendungsgebiete des Meta-Modells
a) Bereiche, in denen das Meta-Modell nicht angewendet werden kann

Bevor die Anwendungsbereiche des Meta-Modells vorgestellt werden, soll zunächst gezeigt werden, wann diese Fragetechnik nicht geeignet ist. Es sind vor allem drei Bereiche:

Reiz-Reaktions-Schemata und Strategien

Die erste Klasse sind Strategien und Reiz-Reaktions-Schemata. Leidet ein Klient unter einem entsprechenden Symptom, zum Beispiel einer Phobie, kann uns das Meta-Modell nur wenig helfen. Da es sich bei diesen Problemklassen nicht um „krankmachende" Bedeutungskonstruktionen handelt, kann eine heilende Veränderung durch eine Reorganisation im Bedeutungsraum nicht erwartet werden. Dies stellt allerdings keinen Nachteil des Meta-Modells dar, sondern sagt nur etwas über den Anwendungsbereich aus. In diesem Fall bietet es sich an, auf die VAKOG-Fragen zurückzugreifen.

Rejektion

Der Fragerahmen des Meta-Modells kommt an seine Grenzen, wenn das Problem, das der Klient präsentiert, nur ein vorgeschobenes Problem ist bzw. wenn das Ziel, welches er nennt, eigentlich nicht das ist, wohin er eigentlich will. Ist dies der Fall, wird der Klient durch die Fragen tiefer ins Problem hineingeführt, ohne daß dies nützlich wäre, denn das gewohnheitsmäßige konkrete Nachfragen ist durchaus nicht immer sinnvoll. Im Meta-Modell fehlen Fragen, die eine Rejektion (Verwerfung) von Problem bzw. Ziel zulassen. Ein Beispiel, wie eine solche Verwerfung eingeleitet werden kann, ist die Frage: „Wie ist das ein Problem?", die wir in der Darstellung des Ansatzes von Chris Hall noch beleuchten werden.

Beispiel: Ein Medizinstudent kommt zum Coaching, da er sich nicht dazu motivieren kann, sich auf die Prüfung vorzubereiten. Der Coach vermutet aufgrund der inkongruenten Weise der Problemäußerung, daß es hier vielleicht ein Problem hinter dem Problem gibt, und fragt den Klienten, warum er eigentlich Medizin studiert. Der Klient antwortet, daß dies der größte Wunsch seiner Mutter war. Darauf sagt der Coach: „Vielleicht ist Ihre Unlust ein Hinweis darauf, daß es langsam Zeit ist, sich zu fragen, was Sie selbst wollen." Der Klient ging in eine leichte Trance und sagte dann: „Sie haben recht! Können Sie mir nicht dabei helfen?"

Hier ging es also nicht darum, genau zu erfragen, wie der Klient sein Problem macht bzw. was er für seine anvisierte Lösung genau braucht, sondern es ging darum, Problem und Lösung als solche zu verwerfen. Dies ist immer dann sinnvoll, wenn das Problem selbst schon ein mißglückter Lösungsversuch ist. Dem Wunsch der Mutter nachzugeben, war schon ein Lösungsversuch für ein Problem – nämlich die Angst, die eigenen Wünsche gegen die der Mutter durchzusetzen. Diese Struktur (die Probleme von heute sind die mißglückten Lösungsversuche von gestern) kann auch besonders gut mit dem Diamond-Format bearbeitet werden.

Sprachbilder

Es gibt ganze Klassen von Aussagen, in denen das Meta-Modell nicht angewendet werden kann und in denen demzufolge auch die allgemeine Rückführbarkeit eines Satzes auf eine ihm zugrunde liegende Tiefenstruktur[80] unsinnig wäre. Es ist der Bereich der Sprachbilder bzw. Tropen[81]. Dieser Ausdruck kommt aus dem Griechischen und bedeutet Wendung. Der eigentliche Ausdruck wird durch einen bildlichen oder übertragenen Ausdruck ersetzt: zum Beispiel: „Bacchus" statt „Wein". Wir folgen in der Argumentation einem Aufsatz von Jün-tin Wang[82]:

„Die übertragene Bedeutung des Satzes ‚Wir sitzen alle in einem Boot' wird nicht durch irgendeine Tiefenstruktur im Chomskyschen Sinne bestimmt, sondern durch dieses aktuell gewordene Bild selbst vermittelt und erkannt."

Es wäre bei dieser Beispielsaussage völlig unsinnig, im Sinne des NLP-Meta-Modells (welcher Version auch immer) Fragen nach den Valenzen des Sitzens oder nach der Art des Bootes zu stellen, um damit zur Tiefenstruktur der Aussage zu gelangen, und dabei zu glauben, daß damit der eigentliche Sinn der Aussage zum Vorschein käme: zum Beispiel, daß wir nicht alle auf dieselbe Art im selben Boot sitzen usw.

Ein Aussagensatz und ein Sprachbild unterscheiden sich auf fundamentale Weise in dem, was sie ausdrücken.

Ein Satz sagt etwas aus. Ob das Ausgesagte zutrifft oder nicht, ob die Aussage wahr ist oder nicht, läßt sich entscheiden. Der Satz „Der Schnee ist weiß" ist wahr genau dann, wenn der Schnee weiß ist. Diese Verifikation ist sinnvoll, weil sich die Aussage auf etwas außerhalb der Aussage selbst bezieht, sie hat eine Bedeutung, und diese trifft zu. D.h., der Satz ist ein komplexes Zeichen, das etwas repräsentiert.

Im Gegensatz zum Aussagensatz bezieht sich ein Sprachbild jedoch nicht direkt auf eine Bedeutung, sondern wieder auf ein Zeichen, das Bedeutung haben mag.

„Der Satz ‚Wir sitzen alle in einem Boot' drückt z. B. zunächst als seine eigentliche Bedeutung ein ‚Bild' aus, das seinerseits als Zeichen für das wirklich Gemeinte steht, daß wir nämlich aufeinander angewiesen sind. Der ganze Satz ist daher ein Zeichen eines Zeichens.[83]"

„Wenn der Beispielsatz (‚Wir sitzen alle in einem Boot') in einer anderen Form oder einer vermeintlichen Tiefenstruktur dargestellt würde, dann wäre er nicht mehr ein Sprachbild, nicht mehr ein Zeichen mit der ikonenhaften Eigenschaft, aus der wir gerade zu seiner übertragenen Bedeutung geführt werden können.[84]" Es wäre deshalb unsinnig, nach den direkten Wahrheitsbedingungen dieses Satzes zu fragen. Etwa: Die Aussage „Wir sitzen alle in einem Boot" ist wahr genau dann, wenn wir alle in einem Boot sitzen. Natürlich sitzen wir nicht alle im selben Boot, doch das Sprachbild gilt gerade auch unter der Voraussetzung, daß wir wissen, daß es sich um ein Sprachbild und nicht um eine normierte, wohlfundierte Aussage handelt. In einem anderen Kontext, etwa bei einem Bootsausflug, wäre die Aussage „Wir sitzen alle in einem Boot" kein Sprachbild mehr, sondern eine direkt verifizierbare Aussage. Wenn einer fehlt, sitzen wir nicht alle im selben Boot. Vielleicht sitzt oder liegt er oder sie in einem anderen Boot.

Natürlich handelt es sich bei dem Beispielsatz rein grammatikalisch um eine Aussage, die die gleiche Sprachstruktur hat wie andere wohlgeformte Sätze. Der Satz wird jedoch anders verwendet, nämlich als Sprachbild und nicht als einfache Aussage. Worauf soll sich aber die Tiefenstruktur des Satzes beziehen – auf die Aussage oder auf daß Sprachbild, das eine Aussage einer Aussage ist? – Einer vom Kontext losgelösten Aussage ist erst recht nicht anzusehen oder anzuhören, in welchem Sinne sie verwendet und gemeint ist.

b) Anwendungsbereiche

Die Anwendbarkeit des Meta-Modells in Therapie, Coaching und Beratung besteht im wesentlichen in zwei großen Bereichen: Fragen zur Tatbestandssicherung und Fragen zur Hinterfragung eingeschränkter Bedeutungskonstruktionen.

Fragen zur Tatbestandssicherung

Wann immer jemand über seine Erfahrungen spricht, wird er eine Menge Informationen über die reale Erfahrung auslassen bzw. tilgen. Dies läßt sich nicht vermeiden, sondern liegt im Wesen der Sprache. Worte liefern immer nur eine skizzenhafte Darstellung dessen, was tatsächlich geschehen ist. Darin liegt ein großer Vorteil: Wir können komplexe Erfahrungen in wenigen Worten zusammenfassen.

Ein Therapeut wird um so erfolgreicher arbeiten, je mehr sein Verständnis sich einer Repräsentation der therapierelevanten Anteile der ursprünglichen Erfahrung seines Klienten annähert. Mit dem Meta-Modell hat er ein Instrument an der Hand, die verlorengegangenen Teile im Weltmodell des Klienten wieder zurückzugewinnen. Dies bezeichnet den Bereich der Tilgungen und geschieht über die Fragen: Wie? Was? Wer genau? Weitere Fragen sind:

➤ Vor wem/wovor (fürchtest du dich)? *einfache Tilgung*
➤ Im Vergleich zu wem/wozu ...? *Komparativ-Tilgung*

Bei der Rückgewinnung verlorengegangener Teile des Weltmodells steht der Aspekt des Elizitierens im Vordergrund. Der Therapeut fragt nach, um zu verhindern, daß er spekuliert bzw. Gedanken liest. Für den Klienten bringen die Antworten in der Regel keine neuen Erkenntnisse oder Sichtweisen über das Problem.

Er tilgt zwar in seiner Äußerung Details, aber diese sind ihm in der Regel durchaus zugänglich[85]. Durch das Rückgängigmachen von Tilgungen wird ein angemessen konkretes Bild der Ereignisse erfragt. Dies verhindert ein „Halluzinieren" (Gedankenlesen) und gewährleistet, daß beide Gesprächspartner einen vergleichbaren Tatbestand vor Augen haben.

Fragen zur Tatbestandssicherung zeichnen sich dadurch aus, daß sie situativ-konkretistisch Details über eine Situation oder einen inneren Zustand erfragen. Der NLP-Therapeut fragt so lange nach, bis der Klient eine ganz konkrete Situation beschreibt. In diesem Sinn führen die Fragen der Tatbestandssicherung zu einem Herunterchunken bezüglich des Erlebens.

An dieser Stelle sei an die im Teil 1 diskutierte Frage erinnert, ob es möglich ist, ausschließlich prozeßorientiert zu arbeiten, oder ob bestimmte inhaltliche Vorgaben notwendig sind. Das Erfragen von Tatbeständen beweist, daß selbst Bandler und Grinder auf gewisse inhaltliche Informationen angewiesen sind. Das bedeutet im Umkehrschluß, daß mit dem Meta-Modell ein rein prozeßorientiertes Arbeiten, so wie es Bandler und Grinder gerne behaupteten, nicht möglich ist. Dies gilt übrigens auch für die Hinterfragung von einschränkenden Bedeutungskonstruktionen. Auch hier bedarf es eines gewissen inhaltlichen Verständnisses dessen, was der Klient meint.

Fragen zur Hinterfragung von Bedeutungskonstruktionen

Der zweite große Anwendungsbereich des Meta-Modells ist das schnelle Erkennen und Hinterfragen einschränkender Glaubenssätze. Wir unterscheiden zwei verschiedene Arten von Generalisierungen: Glaubenssätze, die zutreffen können oder auch nicht, und Glaubenssätze, die aus ontologischen Gründen gar nicht zutreffen können.

a) Glaubenssätze, die zutreffen können oder auch nicht

Diese Glaubenssätze zeichnen sich dadurch aus, daß es mehr oder weniger unsicher ist, ob der geäußerte Satz zutrifft oder nicht. Dazu einige Beispiele:

Beispiel 1: Ein weiteres Beispiel sind komplexe Äquivalenzen: „Mein Mann liebt mich nicht, denn er schenkt mir keine Blumen." Bei der Hinterfragung einer komplexen Äquivalenz geht es mehr darum, nützliche und fundierte Kriterien zu entwickeln, ob die Aussage zutrifft oder nicht. Im Beispiel heißt das: Woran sollte die Frau realistischerweise festmachen, ob ihr Mann sie liebt[86].

Bei diesen Glaubenssätzen zeigt sich: Was sinnvolle oder einschränkende (bzw. zutreffende oder nicht zutreffende) Glaubenssätze sind, entwickelt sich erst im Verlauf des Gesprächs. Dies gemeinsam herauszufinden, macht einen Großteil der Arbeit von Therapeuten aus.

Hierzu benötigt der Therapeut über das Wissen um die Meta-Modell-Verletzungen hinaus eine Vorstellung davon, wie realistisch bzw. unrealistisch und wie schwerwiegend die Äußerungen des Klienten sind. Erst aufgrund einer solchen Bewertung kann er beurteilen, welche Fragerichtung er einschlagen soll. Hier geht also immer auch ein Stück eigener Welterfahrung des Therapeuten mit ein.

Beispiel 2: Eine Klientin sagt: „Männer lieben mich nicht." Ist dieser Satz eine Übergeneralisierung? – Die Antwort läßt sich offensichtlich nicht allein aus dem Satz ableiten. Die Antwort hängt offensichtlich von den Erfahrungen ab, die die Klientin macht. Obwohl es sehr unwahrscheinlich ist, daß der Glaubenssatz zutrifft, ist es durchaus möglich, daß eine Frau noch niemals die Erfahrung gemacht hat, daß sie von einem Mann geliebt wurde. Das bedeutet aber, daß der Therapeut inhaltlich nachfragen muß. Aber selbst wenn sie noch nie von einem Mann geliebt worden sein sollte, dann ist der Schluß, daß dies auch für alle möglichen Männer gilt, nicht zulässig:

T: Wollen Sie damit sagen, daß Sie noch nie von einem Mann geliebt wurden?
K: Was ich eigentlich sagen wollte, ist, daß mein Mann mich nicht liebt.
T: Wollen Sie damit sagen, daß Ihr Mann Sie noch nie geliebt hat?
K: Doch, früher hat er mir Blumen geschenkt, aber seit ein paar Jahren tut er das nicht mehr.

T: Wollen Sie damit sagen, daß Ihr Mann Sie seit ein paar Jahren nie geliebt hat, nicht einmal für ein paar Minuten?
K: Nicht mehr so wie früher.

Es stellt sich die Frage, welcher von den Klientin geäußerte Satz eine korrekte bzw. sinnvolle Generalisierung ist und ab wann es sich um eine (wenig sinnvolle) Übergeneralisierung handelt. Für Satz Nr. 3 gilt dasselbe: Es ist durchaus möglich, daß eine Klientin von ihrem Mann (auch nach angemessenen Kriterien) niemals geliebt wurde (z.B. wenn sie einem Heiratsschwindler aufgesessen wäre). Für die befragte Klientin traf dies zwar nicht zu, wie sie im fünften Satz erklärt, aber es hätte zutreffen können. Dasselbe gilt für die Sätze 5 und 7. Es ist möglich, daß sie zutreffen, es kann aber auch sein, daß sie nicht zutreffen.

Der Leser möge auch hier beachten, daß die von der Klientin geäußerten Glaubenssätze Bewertungen sind, die von Erfüllungskriterien abhängen. Es hängt also davon ab, woran sie erkennt, daß sie von einem Mann geliebt wird. In dem Beispiel macht sie es daran fest, ob ihr Mann ihr Blumen mitbringt oder nicht. Andere Frauen könnten jedoch vollkommen andere Kriterien haben und würden somit im obigen Fall zu anderen Schlußfolgerungen kommen. An dieser Stelle sei kurz daran erinnert, daß es für so etwas wie „Liebe" keine externe Referenz gibt. Wir können einen solchen Zustand und ein dazu „passendes" Verhalten immer nur relativ zu einer historisch-gesellschaftlichen Bestimmung definieren. Insofern können post-moderne Therapeuten nicht mehr wie zu Freuds Zeiten so tun, als ob sie genau wüßten, was Arbeits- und Liebesfähigkeit genau bedeuten. Vielmehr teilen sie mit ihren Klienten die grundsätzliche Unsicherheit, dies immer wieder neu bestimmen zu müssen.

b) Glaubenssätze, die aus ontologischen Gründen falsch sind

Diese Art von Glaubenssätzen trifft vor allem auf Sätze zu, die semantische Fehlgeformtheiten (Ursache/Wirkung, X aber Y etc.) enthalten. Bei dieser Kategorie von Glaubenssätzen weiß der Therapeut unabhängig von weiteren Erläuterungen, daß der Klient eine unzutreffende Behauptung aufstellt. Dazu einige Beispiele:

Beispiel „Impliziertes Kausativ": „Ich würde gerne ausziehen, aber mein Vater ist krank." – Hier wird dem Kranksein des Vaters eine Macht zugeschrieben, die es abgesehen von den eigenen Bewertungen, Ängsten, Bedeutungsgebungen des Sohnes nicht haben kann. In solchen Formulierungen drücken sich einschränkende Glaubenssätze und semantisch-logisch unangemessene Formen im Weltmodell des Sprechers aus. Diese sofort zu erkennen und mit Hilfe maßgeschneiderter Fragen zu hinterfragen stellt eine der Stärken des Meta-Modells dar.

Beispiel „Ursache-Wirkung": Bei der Äußerung „Mein Chef macht mich wütend, weil er mich nicht beachtet" wird eine Kausalbeziehung zwischen der eigenen Wut und dem Verhalten des Chefs behauptet. Fakt ist jedoch, daß viele Menschen überhaupt nicht wütend sind, wenn sie nicht beachtet werden. Mehr noch: Wohl niemand würde ernsthaft behaupten, daß das Verhalten des Chefs beim Sprecher das Gefühl des Wütendseins erzwingen kann. Es ist klar, daß der Klient innerlich etwas tut, was in ihm dieses Gefühl hervorruft. Das heißt aber nichts anderes, als daß von einer Ursache/Wirkungsbeziehung im physikalischen Sinn nicht die Rede sein kann. Bei Sätzen wie diesen weiß der Therapeut, daß der Klient eine Behauptung aufgestellt hat, die formal-ontologisch falsch ist. Das Ziel der Befragung an dieser Stelle besteht somit darin, dem Klienten dies klarzumachen[87].

Wie kann man die obengenannte Annahme des Klienten erschüttern, daß sein innerer Zustand von einem anderen Menschen kausal bewirkt wird? – Zum Beispiel durch folgende Meta-Modell-Fragen:
➤ Wie verursacht XY? Wie bewirkt das Verhalten Ihres Chefs, daß Sie wütend werden?
➤ Muß es notwendigerweise so sein, daß Sie wegen des Verhaltens des Chefs wütend werden?

Die Unterscheidung, um die es bei den semantischen Fehlgeformtheiten geht, hat etwas mit der Grenze zwischen innen und außen zu tun. Würden von außen auf uns einströmende Reize bestimmte innere Zustände in uns determinieren, dann wären wir der Freiheit unseres Willens beraubt. Zwar scheint es manchmal so zu sein, als bestehe ein solcher kausaler Zusammenhang, aber die Erfahrung lehrt uns, daß wir auf einen Reiz von außen (z.B. einen verbalen) ganz unterschiedlich reagieren können. Wir können also sagen, daß uns solche Prozesse beeinflussen, aber nicht determinieren[88]. Die oben genannten Fragen dienen also primär dazu, den Klienten über diese Zusammenhänge aufzuklären und zur Einsicht zu bringen.

3. Wann frage ich was?

In einem Kommentar zum Buch *Struktur der Magie I* sagte Milton Erickson: „Die Struktur der Magie von Richard Bandler und John Grinder ist eine sehr erfreuliche Vereinfachung der unendlichen Vielfältigkeiten der Sprache, die ich Patienten gegenüber verwende. Beim Lesen dieses Buches habe ich sehr viele Dinge gelernt, die ich getan habe, ohne von ihnen zu wissen."

In *Magie I* versprechen Bandler und Grinder dem Leser, ihm mit dem Meta-Modell „schrittweise die Intuitionen (zugänglich zu machen), die diese psychotherapeutischen Hexenmeister (gemeint sind Milton Erickson, Fritz Perls und Virginia Satir, Anm. der Autoren) über Sprache haben[89]".

Von diesem Versprechen erhofft sich der praktische Anwender des Meta-Modells, eine Strategie an die Hand zu bekommen, die ihm sagt, welche der vielen Meta-Modell-Verletzungen, die ein Redebeitrag in der Regel beinhaltet, nützlicherweise hinterfragt werden sollen. Denn es gilt, genau jene zu finden, die es dem Klienten ermöglichen, seine Ziele zu erreichen.

Dazu benötigt man ein zielgerichtetes Vorgehen (eine Fragestrategie), um den Punkt zu finden, an dem eine Intervention möglich ist, so daß sich der Klient verändern kann. Wann er- bzw. hinterfrage ich was? Dazu verweisen Bandler und Grinder lediglich auf eine dreistufige Vorgehensweise, die dazu dient, wohlgeformte von fehlgeformten Sätzen zu unterscheiden[90]:

➤ Hören Sie zu, was gesagt wird.
➤ Bilden Sie im eigenen Bewußtsein eine Repräsentation des Gesagten, die ausschließlich auf dem basiert, was gesagt wurde.
➤ Fragen Sie sich selbst: Was oder wer ist nicht vollständig? Was macht so einfach keinen Sinn?

Diese Vorgehensweise beantwortet allerdings nur die Frage, welche Informationen fehlen (Tilgungen) und welche Aussagen hinterfragungswürdig sind. Sie gibt aber keine Antwort auf die Frage „Wann frage ich was?" – Dies soll nun an einem Beispiel erläutert werden. Bandler und Grinder demonstrieren in einem wortwörtlichen Transkript[91], wie eine Befragung aussieht, in der ausschließlich Fragen des Meta-Modells verwendet werden. Der Klient, Ralph, ist 34 Jahe alt und Angestellter einer großen Elektrofirma.

Fallbeispiel
Das Beispiel soll zum einen genutzt werden, um detailliert zu zeigen, welche Meta-Modell-Verletzungen in den Aussagen des Klienten enthalten sind und insofern vom Therapeuten hinterfragt werden können. Hierbei stellt sich sofort die Frage, von welchen Hypothesen sich Bandler und Grinder bei der Befragung leiten ließen, um zu entscheiden, welche Meta-Modell-Verletzung konkret hinterfragt werden soll.

(1) R: Nun ... ich bin mir nicht so sicher ...
(2) T: Worüber sind Sie sich nicht sicher?
(3) R: Ich bin mir nicht sicher, daß dies hilfreich sein wird.
(4) T: Sie sind sich nicht sicher, daß was genau für wen hilfreich sein wird?
(5) K: Nun, ich bin mir nicht sicher, daß dieses Experiment hilfreich sein wird. Sehen Sie, als ich zuerst Dr. G. aufsuchte, fragte er mich, ob ich bereit sei, an diesem Experiment teilzunehmen ... und na ja, ich habe das Gefühl, daß es etwas gibt, bei dem ich wirklich Hilfe brauche, aber dies ist nur ein Experiment.

In Einheit (1) weist das Prädikat „sicher sein" nur ein Argument auf, nämlich das Substantiv „ich". Getilgt wurde das zweite Argument, das in einem wohlgeformten Satz enthalten ist, nämlich die Sache, derer sich der Klient nicht sicher ist. Diese getilgte Information erfragt der Therapeut in (2).

In der Oberflächenstruktur von (3) sind drei fehlgeformte Anteile enthalten: Erstens fehlt der Bezugsindex zu „dies". Zweitens ist getilgt, für wen „dies" hilfreich sein soll, und drittens tilgte der Klient, auf welche Weise er spezielle Hilfe erwartet. Der Therapeut elizitiert in (4) den Bezugsindex und die zweite Tilgung. In (5) beantwortet der Klient beide Fragen.

Bandler und Grinder teilen nicht mit, wieso sie in (4) nicht auch die dritte Meta-Modell-Verletzung hinterfragen, nämlich auf welche Weise Ralph Hilfe erwartet. Diese Frage läßt sich anhand der dreistufigen Vorgehensweise auch nicht beantworten, weil diese nur angibt, was er- und hinterfragungswürdig ist.

Man kann aus dem Vorgehen von Bandler und Grinder erschließen, daß es ihnen vor allem darum ging, zu erfahren, was überhaupt mit dem Klienten los ist. Insofern ist das erste Ziel die Feststellung von Tatbeständen. Dabei steht der Aspekt des Elizitierens gegenüber dem Installierungsaspekt eindeutig im Vordergrund, denn die Therapeuten möchten ihr Wissen bzw. ihr Bild über bestehende Tatbestände erweitern und gehen davon aus, daß dem Klienten dieses Wissen zur Verfügung steht. Sie beabsichtigen also an dieser Stelle noch nicht, irgend etwas zu installieren.

Einige Wortwechsel später klagt Ralph: „Ich weiß nicht, wie auf Leute ein guter Eindruck zu machen ist." Daraufhin stellen die Therapeuten ihm folgende Fragen:

(14) T: Auf wen genau wissen Sie nicht, wie Sie einen guten Eindruck machen können?
(15) R: Na, auf niemand.
(16) T: Niemand? Können Sie sich an irgendwen erinnern, auf den Sie jemals einen guten Eindruck gemacht haben?
(17) R: Äh, hmmm ... ja also, einige Leute, aber...
(18) T: Nun, also, auf wen genau wissen Sie nicht, wie Sie einen guten Eindruck machen können?
(19) R: ... Also, was ich wohl sagen wollte, ist, daß Frauen mich nicht mögen.
(20) T: Welche Frau genau?
(21) R: Die meisten Frauen, die mir begegnen.
(22) T: Welche Frau genau?
(23) R: Also eigentlich die meisten Frauen... aber als Sie das gerade sagten, mußte ich an diese eine Frau denken: Janet.

Vordergründig elizitieren die Therapeuten lediglich, auf wen genau der Klient meint, keinen guten Eindruck zu machen. Aber das eigentliche Ziel der Befragung war ein anderes: Bandler und Grinder hatten augenscheinlich die Hypothese aufgestellt, daß Ralph übergeneralisiert, wenn er sagt, er mache auf niemanden einen guten Eindruck. Sie wiesen diesem Punkt immerhin eine so hohe Bedeutung zu, daß sie fünf Fragen aufwenden, um die Person zu ermitteln, um die es dem Klienten geht. Die therapeutisch interessante Frage lautet nun: Wie kamen Bandler und Grinder dazu, gerade den fehlenden Bezugsindex zu hinterfragen? Sie hätten zum Beispiel auch fragen können, was Ralph unter einem „guten Eindruck" versteht o.ä. Das taten sie nicht, denn sie hatten offensichtlich die Hypothese, daß dieser Aspekt für diesen Klienten bezüglich seines speziellen Problems am wichtigsten ist. Die Fragen machen dem Klienten bewußt, daß seine Aussage (Glaubenssatz) eine Übergeneralisierung beinhaltet.

In den Einheiten (14) bis (23) erfragen die Therapeuten den fehlenden Bezugsindex und hinterfragen den Universalquantor „alle". In der Befragung durchläuft der Klient hinsichtlich des Tatbestandes, auf wen er keinen guten Eindruck macht, folgende Stufen:
➤ alle Menschen
➤ Frauen
➤ die meisten Frauen, denen der Klient begegnet
➤ Janet.

Die Hinterfragung gelingt, denn es stellt sich heraus, daß es vor allem um eine bestimmte Frau geht. Damit wird der übergeneralisierte Glaubenssatz (in Einheit 15) dekonstruiert. Mit dem Elizitieren findet (hoffentlich) ein Installieren dieses Bewußtseinsprozesses statt[92].

Offensichtlich haben die Therapeuten bei der konsequenten Erfragung des Bezugsindex eine gute Wahl zur Fortsetzung der Befragung getroffen. Es ist aber fraglich, ob bei der Auswahl der Fragen die linguistischen Strukturen allein maßgeblich waren. Genausogut ist es möglich, daß die Betonung oder ein anderer Aspekt des Ausdrucksverhaltens des Klienten Bandler und Grinder dazu veranlaßten, diese Aussage zu hinterfragen.

Im Gegensatz dazu muten bei vielen Anfängern die ersten Versuche, das Meta-Modell anzuwenden, wie ein zielloses Herumstochern mit einem Stock im Sand an. Die Fragen, die sie stellen, sind zwar formal richtig gestellt, aber sie führen den Klienten nicht weiter. So zeigen auch unsere Erfahrungen, wenn wir das Meta-Modell der Sprache NLP-Anfängern beibringen, daß diejenigen NLP-Anfänger, die bereits therapeutisch gearbeitet haben, im Durchschnitt viel zielgerichteter vorgehen als solche, bei denen dies nicht der Fall ist. Das veranlaßt uns, zu glauben, daß die Intuition bezüglich dessen, was wichtig ist, von vielen Faktoren beeinflußt wird: dem nonverbalen Verhalten des Klienten, den theoretischen Vorannahmen des Therapeuten und auch von den sprachlichen Mustern.

Es soll noch ein weiteres Beispiel aus dem obigen Transkript[93] betrachtet werden. Es geht um die Meta-Modell-Verletzung des Gedankenlesens. Auch hier stellt sich die Frage, aufgrund welcher Hypothese Bandler und Grinder sich genau hierauf konzentrierten, obwohl der Klient viele andere Verletzungen des Meta-Modells nannte.

(49) R: Jedes Mal, wenn ich ihr zu zeigen versuchte, daß ich sie (die Mutter, Anm. des Verf.) gern hatte, merkte sie es nie (fängt an zu schluchzen) ... warum merkte sie es nicht?
(50) T: Wie speziell haben Sie ihr zu zeigen versucht, daß Sie sie gern hatten?
(51) R: (leise weinend) Immer bin ich von der Schule nach Hause gekommen und habe dann Dinge für sie erledigt.
(52) T: Was für Dinge genau haben Sie für sie erledigt?
(53) R: Also ich hab' immer das Wohnzimmer aufgeräumt und das Geschirr gespült ... und sie hat es nie gemerkt ... und sie hat nie was gesagt.
(54) T: Ralph, bedeutet das, daß Ihre Mutter nichts über das sagte, was Sie getan haben, daß sie nie gemerkt hat, was Sie getan haben?

Die Oberflächenstruktur des Satzes (49) enthält:
➤ zwei Universalquantoren (*jedes Mal* und *nie*);
➤ drei unvollständig spezifizierte Prozeßworte (*zeigen, gern haben, merken*);
➤ Gedankenlesen (*merkte sie es nie*).

Wiederum stellt sich die Frage: Wie entschieden die Therapeuten, gerade das Gedankenlesen zu hinterfragen?

Die Oberflächenstruktur von (51) enthält folgende Meta-Modell-Verletzungen:
➤ einen Universalquantor: *immer;*
➤ das Substantivargument *Dinge*, das keinen Bezugsindex hat.

Wie entschieden die Therapeuten, den Beziehungsindex des Substantivargumentes zu erfragen und nicht die anderen Meta-Modell-Verletzungen?

Die Oberflächenstruktur von (53) enthält folgende Meta-Modell-Verletzungen:
➤ drei Universalquantoren (*immer, nie, nie*);
➤ das unvollständig spezifizierte Verb *merken*;
➤ Gedankenlesen (*merken*);
➤ eine auf das Verb „*sagen*" bezogene Tilgung;
➤ vermutlich eine komplexe Äquivalenz: *sie hat es nie gemerkt* und *sie hat nie was gesagt*.

Auch hier stellt sich die Frage: Wie entschieden die Therapeuten, in (54) zu überprüfen, ob die komplexe Äquivalenz zutreffend ist?

4. Sei kein Meta-Monster!

Das Fehlen einer Strategie hat übrigens im schlimmsten Fall die Folge, daß der Frager konzept- und richtungslos willkürlich einzelne Aspekte des Gesagten hinterfragt. Diese Beliebigkeit wird vom Befragten (zumindest unterschwellig) sofort wahrgenommen, und die Folge ist ein Gefühl der Beliebigkeit und Belanglosigkeit und ein sich steigernder Unwille, die Fragen überhaupt zu beantworten. Das kann sogar zum Rapportbruch führen. Die extremste Form dieses beliebigen Fragens ist das, was man im NLP ein Meta-Monster nennt: jemand, der ohne Sinn und Verstand und ohne Gespür für den Rapport metamodellierende Fragen stellt.

Beispiel: Jemand sagt im Restaurant beim Lesen der Speisekarte zu seinem Begleiter: „Ich kann mich gar nicht entscheiden." – „Wofür?", „Na für ein Gericht natürlich." – „Du kannst dich gar nicht entscheiden? Das heißt, es ist dir völlig unmöglich, dich zu entscheiden?" – „Nein, es ist mir nicht unmöglich, aber es gibt so viele gute Sachen hier, daß ich mir nicht sicher bin, worauf ich am meisten Appetit habe." – „D.h., du hast auf viele Dinge Appetit?" – „Ja, das sage ich doch." – „Und du bräuchtest jetzt ein Kriterium, das es dir ermöglicht, herauszukommen, bei welchem der Appetit am größten ist?" – „Nein, wenn er am größten ist, dann weiß ich das schon. Ich habe auf viele Dinge gleich viel Appetit." – „Aha, du bräuchtest also ein zusätzliches Kriterium außer Appetit, um dich zu entscheiden?" – „Ja, das ist doch das, was ich die ganze Zeit sage."

Man kann sich leicht vorstellen, daß dieses Gespräch auf diese Art leicht weitergeführt werden könnte. Das Entscheidende ist aber, daß der Sprecher mit seiner ursprünglichen Bemerkung nicht um Hilfe gebeten hat, sondern eher im Rahmen der Selbstoffenbarung und vielleicht auch der Beziehungsebene dem anderen mitteilen wollte, wie gut ihm das Speisenangebot gefällt.

An diesem Beispiel kann man erkennen, wie ungebetenes Metamodellieren dazu führen kann, daß sich der Freundeskreis rapide verkleinert. Dies gilt allerdings für die anderen Fragetechniken genauso. Auch das ungebetene Paraphrasieren oder aktive Zuhören kann je nach Kontext heftige Gegenreaktionen hervorrufen[94]. Also seien Sie kein Meta-Monster!

Bandler und Grinder haben diesen Mangel selbst wahrgenommen und den Nutzer des Meta-Modells auf die Intuition und die therapeutische Erfahrung verwiesen. Wenn man noch keine Strategie hat, ist dies sicherlich das einzige, was man sinnvollerweise tun kann. Für eine Theorie allerdings, die es sich auf die Fahnen geschrieben hat, die Exzellenz therapeutischer Spitzenleistungen verstehbar und reproduzierbar zu machen, ist ein solcher Verweis banal. Denn es ist gerade diese therapeutische Intuition, die das Meta-Monster von einem eleganten und effektiven Therapeuten unterscheidet. Die Fähigkeit, alle Meta-Modell-Verletzungen zu erkennen und hinterfragen zu können, macht noch keinen guten Therapeuten aus. Das zeigt sich schon darin, daß es ein leichtes wäre, ein Computerprogramm zu schreiben, das jeden Satz auf seine Verletzungen hin hinterfragt und alle möglichen Meta-Modell-Fragen auflistet. Spätestens in diesem Moment wird jedem klar sein, daß es ganz unsinnig wäre, alle diese Fragen zu stellen. Vielmehr bräuchte man eine neues „Programm", das die Auswahl regelt, und zwar in bezug auf das, was bereits gesagt wurde, und in bezug auf das, wo man gerne hinmöchte. Eine solche zurück- und vorgreifende Strategie müßte dann zusätzlich mit der Erinnerung, d.h. der klinischen Erfahrung des Fragenden, gekoppelt werden, so daß typische Muster in den Antworten schnell erkannt werden können. In jedem Fall geht es auch beim satzorientierten Fragen mit dem Meta-Modell darum, die Kohärenz des Gesprächs zu gewährleisten.

Das Gesagte läuft in unserem Verständnis darauf hinaus, daß das Meta-Modell der Sprache seinen Namen zu Unrecht trägt[95]. Oder anders gesagt: Das, was in dem Buch *Magie I* und *II* an tatsächlichen Argumenten für ein Meta-Modell der Sprache angeführt wird, scheint uns schon damals, Mitte der 70er Jahre, diesen Titel nicht verdient zu haben und tut dies zu Beginn des 21. Jahrhunderts schon gar nicht. Die praktische Quintessenz dieses Modells jedoch, nämlich das Erfragen von Tilgungen und das Hinterfragen von Übergeneralisierungen und Fehlgeformtheiten, hat sich als nützlich im therapeutischen Kontext bewährt. Allerdings kann man eine noch so vollständige Sammlung von Fragen, die sich auf die syntaktische Struktur von Sätzen bezieht, beim besten Willen nicht als ein Meta-Modell der Sprache bezeichnen.

5. Bewertung

Das Meta-Modell ist eine am Satz[96] orientierte Fragemethode, deren potentielle Schwäche darin besteht, daß der Therapeut eher punktuelle Aspekte des Weltmodells er- und hinterfragt. Diese Aspekte sind aber im Regelfall in komplexere Welt- und Selbstmodelle eingebettet, und es ist keinesfalls sichergestellt, daß damit auch die für die Veränderung relevanten Teile hinterfragt werden.

Im Fallbeispiel erzielten Bandler und Grinder mit den Fragen des Meta-Modells ein gutes Ergebnis, aber es zeigte sich, daß das Meta-Modell als solches uns keinerlei Hinweis darauf gibt, welche Fragen wir in welcher Reihenfolge stellen sollen und wann dieser Befragungsprozeß sinnvoll beendet ist. Kurz gesagt: Das Meta-Modell verfügt über keine Strategie, keine Anwendungsrichtlinien, keine Kriterien, die der Anfänger nutzen könnte, um zielgerichtet Fragen zu stellen[97].

Auf keinen Fall kann diese Vorgehensweise als Fragestrategie bezeichnet werden. Die Behauptung, daß die Fragen des Meta-Modells uns in die therapeutische Intuition eines „Hexenmeisters" wie Milton Erickson einführen, kann man nur mit dem jugendlichen Alter der Autoren zur Zeit der Abfassung von *Magie I* erklären. Wer sich jemals ernsthaft mit der enormen Komplexität des Sprachgebrauchs bei Erickson[98] beschäftigt hat, wird ohne Mühe feststellen, daß Ericksons Bewertung als „nützliche Vereinfachung der komplexen Anwendungen, in der ich Sprache gebrauche" sehr wohlwollend ist.

Fakt ist, daß bei guten und sehr guten Therapeuten die Hypothesenbildung die Person des Klienten mit einbezieht und daß er textorientiert zuhört, um das Gesagte in übergeordnete Fragestellungen und Hypothesen einzuordnen. Dies ist durch die Vorgehensweise von Bandler und Grinder, wie in *Magie I* dargestellt, und das satzorientierte Zuhören nicht zu erreichen. Ihre Fragen sind eingebettet in eine übergeordnete Strategie, die ihnen nicht notwendigerweise bewußt sein muß.

Als grober Ansatz für eine solche Strategie lassen sich im Rahmen des NLP die folgenden Fragen formulieren:
1. *Worum geht es? Was ist das Problem?* Hierbei geht es darum, ein möglichst genaues Bild von der problematischen Situation zu bekommen.
2. *Wie macht der Klient das Problem?* Ein Problem ist kein Ding, sondern ein Prozeß; der Klient muß irgend etwas machen, um dieses Problem überhaupt haben zu können.
3. *Wie können die Teile des Weltmodells hinterfragt werden, die für das Problem verantwortlich sind?* Hierbei ist es vor allem wichtig, die relevanten Teile zu finden, die dem Klienten eine andere, nützlichere Perspektive geben können, als es die bestehende Landkarte tat.

II. Die Theorie des Meta-Modells[99]

In diesem Kapitel möchten wir auf die komplexe Theorie eingehen, die hinter dem Meta-Modell der Sprache steht. In diesem Zusammenhang soll auch die Frage diskutiert werden, inwieweit diese Theorie für die Anwendung der Fragen notwendig ist und was Linguistik und Sprache mit Psychotherapie zu tun haben.

1. Therapeutische und sprachliche Vorannahmen
Sprache im Rahmen der Repräsentationssysteme

In Kapitel A haben wir ausgeführt, daß Bandler und Grinder einen Großteil der theoretischen Grundannahmen von Korzybski übernahmen. Sie haben das aber nie an die große Glocke gehängt und ihn explizit nur in einem einzigen Zitat erwähnt, nämlich dessen Hauptvorannahme: Die Landkarte ist nicht das Gebiet. Korzybski ging weiter davon aus, daß Modelle bzw. Landkarten vor allem durch den Sprachgebrauch gebildet werden. Deshalb ist eine wichtige Funktion von Sprache die Abbildungs- bzw. Repräsentationsfunktion. Sie repräsentiert unsere Erfahrungen und alles, was sich daraus ableitet[100].

Bandler und Grinder halten das sprachliche System für besonders geeignet, die Prozesse menschlicher Modellbildung zu verstehen, weil es von allen sechs Repräsentationssystemen am gründlichsten studiert und verstanden[101] ist. Zusätzlich zu der Möglichkeit, von den fünf anderen Repräsentationssystemen Landkarten zu erstellen, erlaubt uns die Sprache, ein Modell oder eine Karte von ihr selbst zu bilden[102]. Beispielsweise können wir unsere Erfahrungen, die wir in den verschiedenen Repräsentationssystemen machen, mit Worten ausdrücken: man kann einen Hund, den man sieht, mit Worten beschreiben, ebenso Gerüche, Töne oder einen Geschmack. Man kann über die Sprache (digitales Repräsentationssystem) alle anderen Repräsentationssysteme darstellen.

Diese Behauptungen von Bandler und Grinder sowie das nachfolgende Zitat bringen Zink und Munshaw in ihrem Aufsatz „Generalizations and the other half of NLP" zu der Ansicht, daß die Begründer des NLP Sprache gegenüber den anderen fünf Repräsentationssystemen als höherwertig einschätzten[103]. Um diese These zu stützen, zitieren sie Bandler und Grinder wie folgt[104]:

„Das Nervensystem, das für das Hervorbringen des Repräsentationssystems der Sprache verantwortlich ist, ist das gleiche Nervensystem, mit dem Menschen jedes andere Modell der Welt hervorbringen: Denken, Sehen, Bewegung etc. ... Die gleichen Strukturprinzipien wirken in jedem dieser Systeme. Somit bieten die formalen Prinzipien, die von Linguisten als Teil des als Sprache bezeichneten Repräsentationssystems identifiziert worden sind, einen expliziten Ansatz zum Verständnis jedes Systems menschlicher Modellbildung."

An späterer Stelle stellen Bandler und Grinder den Zusammenhang zwischen dem digitalen System (Sprache) und dem Meta-Modell her: *„Wir behaupten aber, daß das digitale System bedeutend ist, und wir bieten dafür ein explizites Meta-Modell. Das Nervensystem, welches digitale Kommunikation (d.h. Sprache) ermöglicht, ist dasselbe Nervensystem, das andere Formen menschlichen Verhaltens, die in der therapeutischen Begegnung vorkommen, hervorbringt: analoge Kommunikationssysteme, Träume usw.",* und deshalb können *„die allgemeinen Prozesse des Meta-Modells für die digitalen auch auf diese anderen Formen menschlichen Verhaltens verallgemeinert werden.[105]"*

Die obigen Zitate lassen sich in folgender Kernaussage zusammenfassen: **In allen Repräsentationssystemen wirken dieselben Strukturprinzipien wie im Sprachsystem.**

Dem Versprechen, zu erklären, wie diese Verallgemeinerung auf die anderen Repräsentationssysteme aussehen soll, kommen Bandler und Grinder allerdings nicht nach, denn an keiner Stelle des Buches werden die obigen Behauptungen weitergehend erläutert.

Es sei an dieser Stelle angemerkt, daß die oben zitierten Aussagen nach heutigem Forschungs- und Erkenntnisstand sehr fragwürdig sind, denn es lassen sich jede Menge neuroanatomische und neuropsychologische Argumente gegen diese Behauptungen finden. So ist es zum Beispiel erwiesen, daß die Neuronen in den verschiedenen Regionen des Gehirns spezialisiert sind und nicht zum Beispiel ein Sprachneuron gegen ein Sehneuron ausgetauscht werden kann[106].

Die Sprachproduktion und die Kommunikationsfunktion von Sprache

Neben der Abbildungsfunktion hat Sprache eine weitere Funktion, die sie für das therapeutische Gespräch wichtig macht: die Kommunikationsfunktion von Sprache. Wenn Menschen miteinander kommunizieren, geschieht dies in erster Linie vermittels der Produktion von Worten und Sätzen. Bandler und Grinder betonen, daß die Sprachproduktion ein hochindividueller Prozeß ist. Wenn zwei Menschen ein und denselben komplexen Sachverhalt beschreiben, werden sich diese Beschreibungen immer voneinander unterscheiden, indem der Sprecher aus einer begrenzten Menge syntaktischer Strukturen bestimmte Merkmale (Wortwahl, Satzbau etc.) auswählt, um einen Satz zu bilden und damit eine Bedeutung zu kodieren. Aber egal für welche syntaktischen Wahlen er sich entscheidet, das Ergebnis sind Sätze, die wir als „wohlgeformte Wortgruppierung" unserer Sprache erkennen[107]. Diese Wahlen sind uns in der Regel nicht bewußt, aber regelgeleitet.

Mit der Sprachproduktion beschäftigten sich seit Ende der 50er Jahre die Transformationslinguisten um Noam Chomsky. Sie kamen zu einem Modell, von dem Bandler und Grinder behaupteten: „Die Mechanismen innerhalb der Transformationsgrammatik sind allen Menschen sowie der Form, in der wir unsere Erfahrung repräsentieren, gemeinsam. Die semantische Bedeutung, die diese Prozesse repräsentieren, ist existentiell, unendlich reichhaltig und vielfältig. Die Art, in der diese existentiellen Bedeutungen repräsentiert und kommuniziert werden, ist regelgeleitet. Die Transformationsgrammatik ist kein Modell für die existentiellen Bedeutungen, sondern dafür, wie sie in ihrer unendlichen Vielfalt geformt werden, also für die Regeln der Repräsentationen selbst.[108]"

Die Transformationsgrammatiker um Noam Chomsky glaubten Mitte der 70er Jahre, die impliziten Regeln, die der intuitiven Sprachproduktion (d.h., wie Menschen ihre Sprache konstruieren) zugrunde liegen, benennen zu können. Sie waren der Ansicht, Sprache unabhängig vom Inhalt aufgrund syntaktischer Merkmale beschreiben und verstehen zu können, weil sie die Kenntnis der Prozesse besaßen, die bei der Sprachproduktion und den damit in Zusammenhang stehenden syntaktischen Wahlen von Bedeutung sind. Diese unbewußten Wahlen müßten, so die Vorannahme von Bandler und Grinder, etwas über die Art der Limitierung aussagen, unter der Klienten leiden. Wenn der Therapeut diese Muster erkennt, hat er einen guten Anhaltspunkt dafür, wie Klienten ihre einschränkenden Landkarten konstruieren. Das gibt ihm die Möglichkeit, ihnen zu einem reichhaltigeren Weltmodell zu verhelfen.

Im weiteren Verlauf sind einige Vorannahmen Korzybskis dargelegt, die Bandler und Grinder für das Meta-Modell und das NLP insgesamt in weiten Teilen übernahmen.

Korzybskis Vorstellungen einer nützlichen Sprache

Im Gegensatz zu Bandler und Grinder hat Korzybski hierzu sehr hilfreiche Aussagen gemacht. Er unterscheidet zwischen einer Sprache, die dem Gebiet strukturell ähnlich ist (und die insofern gut als Landkarte geeignet ist), und einer Sprache, die dies nicht ist (und dementsprechend als Landkarte ungeeignet ist).

Korzybski meint, daß vor allem diejenigen Menschen nützliche Weltmodelle haben, die sich einer Sprache bedienen, deren Strukturvorgaben den Strukturvorgaben der empirischen Welt entsprechen. Denn ein gutes Modell von der Welt zeichnet sich dadurch aus, daß es durch Erfahrung überprüfbar ist. Sprache hat als Landkarte eine bestimmte Strukturorganisation (Satzbau etc.), und sie ordnet aufgrund dieser Strukturorganisation für den Menschen die Welt. Korzybski unterscheidet also die Sprachstrukturen danach, ob sie der Welt/dem Gebiet strukturell ähnlich sind oder nicht[109]. Das wichtigste Erfordernis hinsichtlich einer Sprachstruktur, die der der Welt ähnlich ist, ist die sinnesspezifische Verifizierbarkeit von Aussagen. Nur wenn dies geleistet werden kann, kann ein Satz als wahr oder falsch erkannt werden. Weiterhin ist erforderlich, daß ein Satz semantisch und syntaktisch (grammatikalisch) wohlgeformt ist.

Diese Vorannahmen stellen wichtige Grundprinzipien des Meta-Modells dar, denn seine Anwendung hat zum Ziel, die Einschränkungen des Weltmodells (d.h. Übergeneralisierungen und getilgte Tatbestände), mit denen Menschen in die Therapie kommen, wieder mit ihrer Erfahrung (sinnesspezifisch-konkrete Aussagen) zu verbinden. Diese Vorannahmen gelten übrigens auch für die Naturwissenschaften und das Rechtswesen, wo die intersubjektive Überprüfbarkeit von Aussagen über ihre sinnesspezifische Verifizierbarkeit gegeben ist.

Korzybski postulierte, daß vor allem solche Sprachstrukturen sinnvoll sind, die[110]:
- Identifizierungen aufheben;
- eine strukturelle Übereinstimmung zwischen Erfahrungen und der Interpretation von Erfahrungen schaffen;
- die richtige Reihenfolge in der Verarbeitung von Sinneseindrücken[111] unterstützen.

Eine Sprachstruktur, die nach Korzybski das Gebiet nicht angemessen abbildet, ist die Identifikation. Sie tritt in mehreren Formen auf: Zum einen ist es eine grundsätzliche Tendenz unserer Sprache, Worte mit dem zu verwechseln, was sie repräsentieren. So ist das Wort „Baum" nicht identisch mit einem wirklichen Baum. Es ist lediglich eine Bezeichnung, während der Baum das Bezeichnete ist[112].

Zum zweiten finden sich nicht zutreffende Identifikationen in Formulierungen, die mit dem Verb „sein" zusammenhängen. Beispiel: „Ich bin faul." Diese Formulierung drückt eine Identifikation des Subjektes mit dem Zustand „faul" aus, die so nicht stimmt. Das Subjekt ist nicht identisch mit „Faulheit", aber das Wort „ist" erweckt diesen Eindruck. Ähnliches gilt z.B. auch für den oben diskutierten Satz „Ich bin nicht liebenswert." Korzybski zufolge sollte eine solche Sprachstruktur deshalb hinterfragt werden.

2. Das Modell der Transformationsgrammatik[113]

Das Modell hinter dem Meta-Modell ist das im ersten Teil des Buches erwähnte Modell der Transformationsgrammatik, das von dem Linguistiker Noam Chomsky entwickelt wurde. Es beschäftigt sich mit der Sprache und der Syntax, deren sich die Menschen bei der Sprachproduktion bedienen. Bandler und Grinder meinten, damit ein Modell der natürlichen Sprache gefunden zu haben, das dem Gebiet ähnlich ist. Ihrer Meinung nach stellt es eine angemessene Repräsentation der Struktur der menschlichen Sprache dar, die ihrerseits eine Repräsentation der Welt der Erfahrung ist.

„Menschliche Sprachsysteme sind selbst abgeleitete Repräsentationen eines umfassenderen Modells: nämlich der Gesamtheit der Erfahrungen, die ein spezifisches menschliches Wesen in seinem Leben gemacht hat. (...) Indem wir die Konzepte und Mechanismen des Transformationsmodells dieses menschlichen Repräsentationssystems ‚Sprache' für die Zwecke der Therapie angewandt haben, haben wir ein formales Meta-Modell für die Therapie entwickelt.[114]"

Mit diesem Modell kann nach Bandler und Grinder folgendes geleistet werden: *„Von dieser Warte aus gesehen, stellt ein großer Anteil der Arbeit von Transformationslinguisten die Entdeckung und explizite Darlegung dar, wie diese drei Universalien der Repräsentation (gemeint sind Generalisierung, Verzerrung und Tilgung, Anm. d. A.) im Fall des menschlichen Sprachsystems realisiert werden. Unsere Fähigkeit und Erfahrung im Gebrauch unseres Sprachsystems zur Repräsentation und Kommunikation sind so umfassend, daß wir in der Lage sind, den Prozeß selbst zu reflektieren in dem Maß, wie wir durchgängige Intuitionen über diesen Prozeß haben.[115]"*

Wenn man mit Sprache auch inhaltlich unendlich viele Ausdrucksweisen bilden kann, ist sie, was die Bildung dieser Ausdrucksweisen (Syntax) angeht, doch stark regelgeleitet. Diese Regeln stehen jedem intuitiv in seiner Muttersprache zur Verfügung. Sie beziehen sich vor allem auf drei verschiedene Merkmale des oben angesprochenen Prozesses: die Konstituentenstruktur, die Wohlgeformtheit von Sprache und die logisch-semantischen Relationen.

a) Konstituentenstruktur

Die Konstituentenstruktur ermöglicht es uns, festzustellen, welche Einheiten in einem Satz zusammengehören und welche nicht. Beispiel: „Die Frau kauft ein Auto."

„Die" und „Frau", „ein" und „Auto" gehören zusammen, weil sie eine sprachliche Bedeutungseinheit darstellen. Der Satz hat also insgesamt drei Einheiten: 1. Die Frau, 2. kauft, 3. ein Auto. Wenn dieser Satz in einer Zeichnung dargestellt wird, kann man die drei Einheiten nochmals zusammenfassen, weil sich „kaufen" auf das Auto bezieht. Der Stukturbaum sieht dann wie folgt aus:

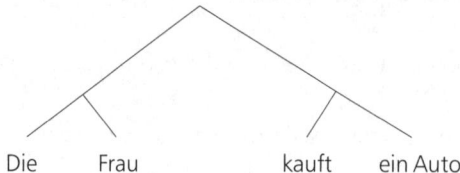

Chomsky entwickelte in den 70er Jahren (als das Meta-Modell entstand) die Vorannahme, jedem Satz (Oberflächenstruktur) liege eine Tiefenstruktur, also die vollständige semantische Interpretation des Satzes, zugrunde. Der gesprochene Satz (die Oberflächenstruktur) werde aus der zugrundeliegenden Tiefenstruktur durch Transformationen erzeugt. Im obigen Beispiel leitet sich der Satz „Die Frau kauft ein Auto" also aus einer Tiefenstruktur ab, die vollständiger ist als der gesprochene Satz, in dem Teile getilgt oder semantisch fehlgeformt sind.

Das Meta-Modell der Sprache ist ein Modell des Prozesses der Ableitung der Oberflächenstruktur aus der Tiefenstruktur[116]. Den Prozeß der Überführung der Tiefen- in die Oberflächenstruktur bezeichnet man als (Tilgungs-)Transformation. Wenn man die Regeln der Transformationsgrammatik anwendet, kommt man auf die Tiefenstruktur. Wie sieht das im Beispielsatz „Die Frau kauft ein Auto" aus? Welche Teile der Oberflächenstruktur sind unvollständig und müssen aus der Tiefenstruktur zurückgewonnen werden? – Einige Informationen sind getilgt bzw. genauer, es fehlen zwei Valenzen, die sich durch folgende Fragen zurückgewinnen lassen:
➤ Von wem kauft die Frau das Auto?
➤ Womit kauft die Frau das Auto?

Als Tiefenstruktur ergibt sich:

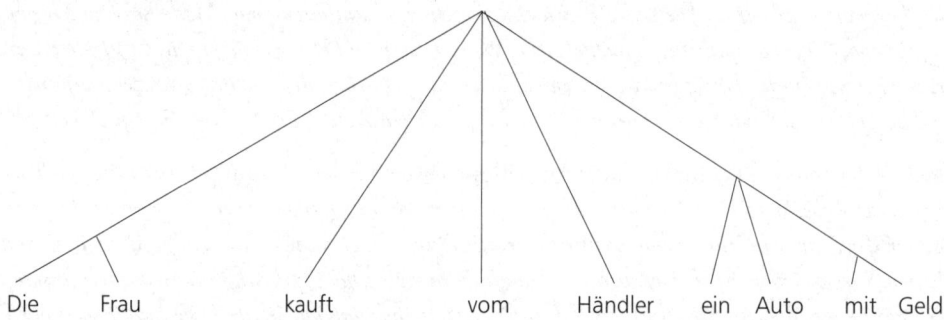

Die Transformationsgrammatik der 70er Jahre geht mit der Unterscheidung zwischen Oberflächen- und Tiefenstruktur von einem hierarchischen Aufbau aus, aus dem sich folgendes Drei-Ebenen-Modell ergibt:

Repräsentation 1: die Gesamtheit der Erfahrung
Repräsentation 2: die interne (sprachliche) Speicherung der Erfahrung (Tiefenstruktur)
Repräsentation 3: die sprachliche Äußerung (Oberflächenstruktur)

Da während der Sprachproduktion Inhalte generalisiert, getilgt und verzerrt werden, hat die Oberflächenstruktur mit der ursprünglichen Erfahrung u.U. nur wenig gemein. Insofern stellt sie nur die Repräsentation der Repräsentation einer Erfahrung dar.

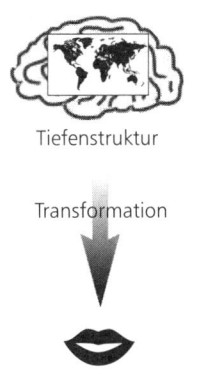

Tiefenstruktur

Transformation

Oberflächenstruktur

Aus dem Gesagten kann das in Kapitel A entwickelte Modell der Informationsverarbeitung von Bandler und Grinder um die Prozesse erweitert werden, die sich auf Sprache beziehen. Es ergibt sich folgendes Modell:

Informationskanäle	Informationsverarbeitungsprozeß beim Menschen	Informationsverarbeitungsprozeß, der sich auf Sprache bezieht
	Welt an sich / Realität	
Inputkanäle	die 5 Sinne: Sehen, Hören, Fühlen, Riechen, Schmecken	
Repräsentationssysteme, innere Verarbeitung der Sinneseindrücke	Subjektives Erleben bzw. innere Repräsentation mittels VAKOG, neurologische Filter, die drei generellen Modellierungsprozesse etc.	Digitales System (A_{id}^{117}) = Tiefenstruktur
Outputkanäle	Ausdrucksverhalten des Menschen: Körpersprache, Stimmqualitäten, Ausdruck über Sprache	Digitales System = Oberflächenstruktur

Bewertung

Aufgrund unserer Kommunikationserfahrungen läßt sich sagen, daß jede Beschreibung einer Situation notwendigerweise viele Elemente tilgen muß, um nicht ausufernd zu sein. Das versteht sich von selbst. Allerdings ist dem Sprecher häufig nicht bewußt, daß er Informationen wegläßt, die für den Zuhörer notwendig wären, um das Gesagte verstehen zu können. Diese fehlenden Informationen werden in der Alltagskommunikation vom Zuhörer, ohne daß ihm das bewußt wäre, häufig nach dessen eigenem Modell der Welt ergänzt, wobei es natürlich häufig zu Fehlinterpretationen kommt. Für einen Therapeuten ist es daher von entscheidender Wichtigkeit, eine hohe sprachliche Sensibilität und große sprachliche Bewußtheit zu entwickeln, wann immer er aufgrund fehlender Informationen in der Versuchung ist, diese selbständig zu ersetzen. An diesen Stellen ist es dann sinnvoll, Fragen parat zu haben, die exakt nach den Informationen fragen, die einem fehlen.

Dieses Modell spiegelt also die Erfahrung von Therapeuten (und auch unsere Alltagserfahrung) wider, daß das, was der Klient tatsächlich sagt (Oberflächenstruktur), nicht notwendigerweise das ist, was er meint, oder wenigstens nicht alles, was er meint. Die Effektivität einer Therapieform hängt nach Bandler und Grinder von der Fähigkeit ab, verdrängte oder „fehlende" Teile des Modells des Klienten wiederzugewinnen und sprachliche Tilgungen zu identifizieren. Um der ersten Stufe der Repräsentation näherzukommen, benötigt man den Umkehrungsprozeß von der Sprache zum Modell der Welt. Dieser Prozeß wird Derivation genannt. Dies ist die Übertragung von der Oberflächenstruktur zur Tiefenstruktur. Im Sinne dieser Theorie könnte das Meta-Modell definiert werden als eine Fragetechnik, durch die der Umkehrungs- bzw. Derivationsprozeß ermöglicht wird[118].

b) Das Konzept der Wohlgeformtheit

Das zweite Merkmal des Transformationsmodells ist das Konzept der Wohlgeformtheit. Hinter diesem Konzept steht die Vorannahme, daß wohlgeformte Sätze ein reicheres Weltmodell gewährleisten als fehlgeformte Sätze[119]. In der Transformationsgrammatik ist ein Satz dann wohlgeformt, wenn er sowohl hinsichtlich der Bedeutung als auch der Syntax korrekt ist. Jeder Mensch erkennt in seiner Muttersprache, ob ein Satz diesem Kriterium entspricht. Folgende Sätze sollen das verdeutlichen:
1. Selbst der Präsident hat Bandwürmer.
2. Selbst der Präsident hat grüne Gedanken.
3. Selbst der Präsident haben Bandwürmer.

Jeder Deutsche erkennt intuitiv, daß der erste Satz „richtig" ist, denn er entspricht den Kriterien für Wohlgeformtheit. Beim zweiten Satz erscheint der Inhalt zwar widersinnig (er ist semantisch fehlgeformt)[120], aber syntaktisch ist der Satz wohlgeformt. Beim dritten Satz spüren die meisten Menschen, obwohl er inhaltlich Sinn macht, ein eigentümliches Störgefühl, das darauf aufmerksam macht, daß der Satz syntaktisch fehlgeformt ist.

Bandler und Grinder gehen davon aus, daß die Sätze, die in der Therapie wohlgeformt sind, eine Teilmenge der wohlgeformten Sätze überhaupt sind[121]. Das Meta-Modell dient dazu, die Meta-Modell-Verletzungen in den fehlgeformten Sätzen rückgängig zu machen, wie dies in Kapitel „Die Anwendung des Meta-Modells" dargestellt wurde.

c) Logisch-semantische Relationen

Auch für die logischen und semantischen Relationen in einem Satz hat jeder, der eine Sprache auf muttersprachlichem Niveau beherrscht, ein intuitives Verständnis. Es sind zu nennen:

1. Vollständigkeit: Jeder Mensch kann in seiner Muttersprache erkennen, mit wievielen anderen Dingen ein bestimmtes Verb verbunden sein muß, um „gesättigt" zu sein. So eröffnet das Verb „küssen" zwei sogenannte Valenzen: 1) eine küssende Person und 2) einen geküßten Gegenstand bzw. eine geküßte Person. Ebenso eröffnet das Verb „schlagen" mehrere Valenzen: 1) einen Schlagenden, 2) eine Angabe darüber, womit geschlagen wird, 3) einen Geschlagenen. Bleibt eine der Valenzen im Satz unbesetzt, können muttersprachliche Zuhörer je nach Kontext die Valenzen ergänzen, wobei jedoch die Gefahr besteht, daß die Ergänzung nicht mit dem angesprochenen Sachverhalt übereinstimmt.

2. Mehrdeutigkeit: Viele Sätze haben mehrere Bedeutungen. So kann der Satz „Die Untersuchung von Polizisten kann gefährlich sein" bedeuten: 1) Es ist gefährlich, Polizisten zu untersuchen oder: 2) Es ist gefährlich, von Polizisten untersucht zu werden.

3. Synonymität: Unterschiedliche Sätze können dasselbe bedeuten. Zum Beispiel: „Helga hatte ein Kissen und schlug Peter damit" ist synonym mit dem Satz „Peter wurde von Helga mit einem Kissen geschlagen."

4. Bezugsindex: Wenn man in seiner Muttersprache einen Satz hört, weiß jeder, ob sich eine Aussage auf ein Individuum oder eine Klasse von Objekten bezieht. Beispiel: „Ich kann nicht Auto fahren" oder: „Ich kann mein Auto nicht fahren." Ein Sonderfall ist die Rückbezüglichkeit von Aussagen. In dem Satz „Peter wusch sich" wissen wir, daß sich das Wort „sich" auf Peter bezieht.

5. Präsuppositionen: Fast jede Aussage impliziert die Gültigkeit anderer Aussagen. Der Satz „Thomas stellte fest, daß seine Freundin Irma nicht da ist" impliziert, daß er eine Freundin mit Namen Irma hat.

Die logisch-semantischen Relationen geben dem Therapeuten viele wichtige Kriterien an die Hand, ob die Tiefenstruktur hinreichend vollständig aufgedeckt wurde. Ist ein Satz zum Beispiel mehrdeutig, dann ist dies ein Hinweis, weiter nachzufragen.

Bewertung

Wegen der Bedeutung des Modells der Transformationsgrammatik für die Psychotherapie wird nun auf einige Kritikpunkte von linguistischer und philosophischer Seite eingegangen. Dabei geht es uns nicht darum, wieweit Noam Chomsky selbst in seinen späteren Arbeiten wesentlichen Kritiken geantwortet und entsprechende Modifikationen seiner Theorie vorgenommen hat, sondern um die Rezeption der Transformationsgrammatik und ihren Einfluß auf das NLP und auf die Psychotherapie.

Zunächst ist festzuhalten, daß es in der Therapie bzw. in der menschlichen Kommunikation gerade nicht darum geht, normierte Alltagsstrukturen im System einer Universalgrammatik zu erkennen, sondern von der Norm abweichende, sei es produktive, kreative oder auch pathologische Figuren, wie sie in der Kommunikation entstehen. Deshalb ist für eine therapeutische Anwendung dieser linguistische Ansatz eher kontraproduktiv.

Die zweite Kritik wendet sich gegen die Annahme, die Oberflächenstruktur könne, zumindest für Muttersprachler, übersetzt werden – transformiert und abgeleitet von der zugrundeliegenden Tiefenstruktur oder dem Unbewußten –, und deshalb gäbe es eine „wahre" Bedeutung für einen Begriff, gleichgültig ob es sich um einen Begriff wie „Nymphomanie" oder „Hund" handelt[122]. Im Gegensatz zu poststrukturalistisch beeinflußten Therapeuten wie Steve de Shazer[123] haben Transformationslinguistiker die Vorstellung, daß es eine „eigentliche" Bedeutung eines Wortes, einer Formulierung (Phrase) gäbe. Das setzt unausgesprochen immer eine Art Standard- oder Universalkontext voraus. Da klar ist, daß jede Formulierung nur in einem Kontext ihre spezifische Bedeutung erhält, kann die Vorstellung der eigentlichen Bedeutung nur bedeuten, daß man sich auf einen solchen typischen Kontext bezieht. Diese Vorstellung erhebt ein umgangssprachliches Vorurteil in den Status einer theoretischen Vorannahme. Wenn aber irgend etwas klar ist, dann, daß es unmöglich ist, sich in realer Kommunikation auf einen solchen Kontext zu beziehen. Vielmehr ist es so, daß wir immer wieder durch Nachfragen, durch Spezifikationen, Abgrenzung usw. in Erfahrung bringen müssen, was jemand mit einem Begriff meint. Dies ist das tägliche Brot jedes Therapeuten. Gerade er kann sich nicht darauf verlassen, daß er schon weiß, was sein Klient mit dem, was er sagt, in einem „typischen" Sinne meint.[124]

Die dritte, damit zusammenhängende, Kritik wendet sich dagegen, daß die Tiefenstruktur die eigentliche Bedeutung einer Aussage enthält. Es kann leicht nachgewiesen werden, daß die Tiefenstruktur immer noch tiefer gelegt werden und damit nicht mehr als die eigentliche Bedeutung einer Aussage und als Kriterium der Verständlichkeit dieser eigentlichen Bedeutung gelten kann.

Beispiel: Jemand sagt: „Ich bin zu schüchtern." Würde man diesen Satz auf seine Tiefenstruktur hin erweitern, wäre die erste Frage: „Schüchtern wobei?" bzw. „Schüchtern wem gegenüber?" Zweitens deutet das Wort „zu" auf eine Vergleichstilgung hin. Also würde man fragen: „Schüchtern im Verhältnis zu welchem Maßstab?" Drittens könnte man fragen: „Was genau meinst du mit schüchtern?"

Der Befragte würde eventuell wie folgt antworten: „Im Vergleich zu meinen Altersgenossen habe ich mehr Hemmungen als sie, Mädchen anzusprechen, die mir gefallen." Mit diesem Satz hat der Befragte alle obigen Fragen beantwortet und damit eine Tiefenstruktur des ursprünglichen Satzes abgeleitet.

Naheliegenderweise könnte man jetzt diese Tiefenstruktur weiter befragen, indem man den impliziten Universalquantor hinterfragt. Zum Beispiel: „Ist das immer so? Gilt das für alle Mädchen, die Ihnen gefallen?" Man könnte auch die Verwendung des Wortes „schüchtern" weiter hinterfragen: „Heißt das, Sie erleben sich nur im Umgang mit Mädchen als schüchtern und sonst nicht?"

Der Klient könnte jetzt antworten: „Nein, wenn ich die Mädchen schon etwas näher kenne, zum Beispiel aus einer Arbeitsgruppe, dann ist es nicht so, und in anderen Kontexten habe ich solche Hemmungen nicht."

Es ist unmittelbar einsichtig, daß man aus therapeutischer Sicht auch diese Antwort sinnvoll weiter hinterfragen könnte. D.h., jede Tiefenstruktur eröffnet Möglichkeiten zu „tieferen" Tiefenstrukturen. Steve de Shazer kommentiert dies so: „The urge to look behind and beneath, to understand and explain, to find the hidden secret meaning, leads to endless iteration because we can never be certain that digging yet another level deeper might not be both necessary and possible."

Die Konklusion ist also: „This whole idea of a ‚new Deep Structure' runs counter their own structuralistic logic that meaning is fixed and determinable."[125]

Bisher wurde das Modell der Transformationsgrammatik aus philosophischer und linguistischer Sicht kritisiert. Viel wichtiger scheint uns jedoch ein ganz praktischer Aspekt zu sein, nämlich, daß der gesamte theoretische Überbau, namentlich die Unterscheidung von Oberflächen- und Tiefenstruktur, für die konkrete therapeutische Anwendung des Meta-Modells gar nicht benötigt wird. Die Meta-Modell-Verletzungen, wie sie in Kapitel B.I. dargestellt wurden, können unabhängig davon hinterfragt werden, ob ich die Unterscheidung zwischen Oberflächen- und Tiefenstruktur kenne oder nicht. Der Versuch der Einbettung des Meta-Modells in die Linguistik ist also mißlungen.

Richard Bandler würde dieser Schlußfolgerung sicherlich zustimmen. Er selbst macht auf Seminaren hin und wieder Äußerungen wie die folgende[126]: „Wichtig in dem Buch *Magie I* ist sowieso nur das Kapitel 4" (dort ist beschrieben, wie man die Meta-Modell-Verletzungen konkret hinterfragt). Insofern scheint zumindest Bandler dem theoretischen Gedankengebäude der Transformationsgrammatik nicht viel Bedeutung beizumessen.

3. „Zurück zur Datenbasis" oder „induktives Schlußfolgern"?

Alle Beispiele, die im Transkript von Ralph (vgl. das letzte Kapitel) wiedergegeben wurden, führten zu konkreten Situationsbeschreibungen des Klienten:
➤ Das Hinterfragen des Bezugsindex, der zu der letztendlichen Aussage führt: „Ich mache auf Janet keinen guten Eindruck."
➤ Das Hinterfragen des Gedankenlesens, das zu der Aussage führte: „Daran, daß meine Mutter nichts gesagt hatte, habe ich festgemacht, daß sie mich nicht beachtet hat."

Darin drückt sich das wichtigste Grundprinzip des Meta-Modells aus, das Chris Hall „zurück zu den Rohdaten" bzw. „zurück zur Datenbasis" nennt. Mit Zink und Munshaw könnte man auch sagen: „Das Meta-Modell verfolgt das Ziel, das Loch zwischen Erfahrung und Sprache möglichst klein zu halten.[127]" Die Fragen des Meta-Modells sollen dem Klienten helfen, seine einschränkenden Glaubenssätze wieder mit seinen ursprünglichen Erfahrungen (den Rohdaten) zu verknüpfen. Neben den Fragen des Meta-Modells dienen dazu auch die VAKOG-Fragen. Das konkrete Nachfragen hat den Vorteil, daß der Therapeut nicht zu interpretieren braucht, ob seine Hypothesen zutreffen oder nicht.

Hochskalierte Landkarten und induktives Schlußfolgern
Nach Zink und Munshaw liegen dem Meta-Modell folgende Vorannahmen zugrunde:
1. Spezifische Landkarten sind besser als abstrakte.
2. Erfahrungen/Glaubenssätze können auf konkrete Beispiele reduziert werden.
3. Die ideale Repräsentation einer Erfahrung hat einen Maßstab von 1:1.

Was ist mit Maßstab gemeint? Der Maßstab (bzw. die Skala) bezieht sich auf den Grad und/oder den Umfang der mentalen Abstraktion einer Landkarte[128]. Beispiel: Eine Autokarte von Europa mit einer Skala von 1:4,5 Millionen hat einen hohen Maßstab. Der niedrigste Maßstab einer Landkarte hat einen Abstraktionsgrad von 1:1. Dann ist die Karte mit dem Gebiet deckungsgleich. Ein Beispiel wäre auch die wortwörtliche Wiedergabe einer Erfahrung, zum Beispiel, wenn jemand eine Prüfungssituation wortwörtlich wiedergibt.

(Dabei ist natürlich klar, daß eine 100%ig genaue Wiedergabe unmöglich ist.)

Das Prinzip „Zurück zur Datenbasis" fragt vom Allgemeinen zum Spezifischen, d.h., Generalisierungen werden auf konkrete Erfahrungen (im idealen Fall mit einem Maßstab von 1:1) zurückgeführt. Das wird in der Wissenschaftstheorie deduktives Schlußfolgern (den Einzelfall aus dem Allgemeinen abzuleiten) genannt. Beispiel: *Wenn alle Bäume Blätter haben und dies ein Baum ist, dann hat der Baum auch Blätter.*

Das Meta-Modell ist ein deduktives Werkzeug, und es ist nach Zink und Munshaw[129] nicht schlecht, Generalisierungen anhand der Rohdaten der eigenen Erfahrung zu überprüfen. Allerdings betonen sie, daß es mindestens genauso wichtig ist, nützliche Generalisierungen zu bilden, um sich in der Welt zurechtzufinden. Dies geschieht aber gerade durch „induktives Schlussfolgern", der Methode, mit der Wissenschaftler ihre Hypothesen aufstellen. Hier wird das Allgemeine aus dem Einzelfall abgeleitet. **Beispiel:** *Wenn alles, was Blätter hätte, ein Baum ist, dann müßte dies ein Baum sein.*

Generalisieren ist nach Zink und Munshaw der wichtigste Bestandteil bei der Bildung von Landkarten. Ein praktisches Beispiel ist das Pfadfindermotto „Allzeit bereit!" Es beinhaltet Erfahrungen aus unterschiedlichsten Situationen, die von vielen Pfadfindern gemacht wurden. Das Motto ist eine Generalisierung, die naturgemäß nicht für alle Kontexte gilt, die aber als Richtschnur in vielen Kontexten nützlich und hilfreich ist.

Ohne solche hochskalierten Landkarten (Generalisierungen) wäre es Menschen nicht möglich, sich im Leben zurechtzufinden, geschweige denn, erfolgreich zu sein. Der Zweck von Landkarten besteht eben darin, nützliche Generalisierungen zu produzieren. Hätten wir diese Fähigkeit nicht, wäre es uns nicht einmal möglich, von der Wohnung zum Arbeitsplatz zu kommen, geschweige denn, komplexe Dinge zu tun, wie Therapiegespräche zu führen. Um das zu können, benötigen wir Generalisierungen, die uns sagen, wo wir hinwollen und was wir vermeiden sollten. Die Bedeutung von Landkarten liegt nach Zink und Munshaw vor allem auch darin, daß sie[130]:

1. mentale Repräsentationen von uns und der Welt sind;
2. Antworten bzw. Verhaltensweisen in einem Kontext generieren;
3. uns sagen, was wir ignorieren bzw. wahrnehmen sollen.

Das bedeutet im Umkehrschluß, daß spezifische Landkarten keineswegs immer besser sind als abstrakte[131].

Induktives Schlußfolgern fördern

Die Bedeutung einer Landkarte wächst, je abstrakter der Maßstab ist. Sie enthält die Essenz von vielen variierten Situationen in einem bestimmten Bedeutungskontext. Daraus schließen Zink und Munshaw: Hochskalierte Landkarten lassen sich nicht auf Worte reduzieren[132], wie Bandler und Grinder dies behaupteten. Um diese Kritik zu stützen, führen sie folgendes Beispiel an – eine Klientin sagt: „Ich hatte eine schreckliche Kindheit!"

In diesem Satz ist nach Zink und Munshaw eine unendliche Fülle von Erfahrungen und daraus resultierenden Glaubenssätzen enthalten. Gemäß der Vorannahme, daß wohlgeformte Sätze (in einem Problemkontext) ein reicheres Weltmodell als fehlgeformte garantieren, geht man bei der Befragung mit dem Meta-Modell so vor, daß eine konkrete Situation detailliert erfragt wird, in der sich dieser einschränkende Glaubenssatz gebildet hat, wobei man hofft, daß nach Bearbeitung und erfolgreicher Bewältigung der Situation sich der Glaubenssatz auflöst. Zink und Munshaw bezweifeln entschieden, daß sich ein Konzept wie „Kindheit" auf eine konkrete Situation reduzieren läßt. Zwar kann man durch Herunterchunken[133] konkrete Situationen finden, die diesem Glaubenssatz widersprechen, aber es ist zu bezweifeln, ob der Klient bereit ist, seine Generalisierung grundlegend zu verändern, nur weil er eine konkrete Situation differenzierter wahrgenommen hat.

Bandler und Grinder gingen davon aus, daß der Widerspruch zwischen konkreter Erfahrung und einschränkenden Glaubenssätzen quasi automatisch dazu führt, daß der Klient nützliche Bedeutungen generiert. Sie meinten, daß Klienten implizit neue, hilfreichere Bedeutungen und Glaubenssätze nicht nur für die betreffende Situation, sondern auch in Hinblick auf vergleichbare Situationen entwickeln. Zink und Munshaw weisen unseres Erachtens zu Recht darauf hin, daß ihre Vorgehensweise dies auf gar keinen Fall sicherstellt. Es kann so sein, muß es aber nicht.

4. Elizitieren und Installieren mit dem Meta-Modell

In diesem Kapitel soll anhand praktischer Beispiele die Grundthese des Buches erläutert werden, daß jedes Elizitieren einen installierenden Aspekt hat und daß dies auch für die Befragung mit dem Meta-Modell gilt. Dies steht im Gegensatz zu der Kritik von Zink und Munshaw, die behaupten, daß das Meta-Modell und Lernen Antithesen seien[134] und daß im gesamten NLP außer bei den Hypnosetechniken nicht induktiv geschlußfolgert wird. Hingegen glauben wir, daß der installierende Aspekt des Fragens häufig zur Installation von nützlichen Generalisierungen führt. Dies soll anhand von einigen Beispielen aus dem Transkript von Ralph betrachtet werden. Im ersten Beispiel geht es um seine Überzeugung, daß er auf Janet keinen guten Eindruck gemacht hat:

Beispiel 1: Gedankenlesen
(26) T: Woher wissen Sie denn nun, daß Sie auf Janet keinen guten Eindruck gemacht haben?
(27) R: Also ich weiß einfach...
(28) T: Wie genau wissen Sie das?
(29) R: Sie hat mich einfach nicht gemocht.
(30) T: Woher genau wissen Sie, daß Janet Sie nicht mochte?
(31) R: Sie interessierte sich nicht für mich.
(32) T: In welcher Weise interessiert?
(33) R: Sie hat mich nicht beachtet.
(34) T: Wie hat sie Sie nicht beachtet?
(35) R: Sie hat mich nicht angesehen.

Das Vorgehen bei der Befragung ist ganz überwiegend deduktiv. Der Therapeut versucht, ein scharfes Bild vom Modell der Welt des Klienten zu erlangen. Er will nachweisen bzw. dem Klienten bewußtmachen, daß dieser überinterpretiert, in diesem Fall Gedanken liest. Oberflächenstrukturen, die Gedankenlesen beinhalten, liefert der Klient in den Beiträgen (27), (29), (31) und (33). Durch die Fragen: *Woher wissen Sie...?, Wie genau...?* und *Woher genau...?* und *In welcher Weise...?* er- und hinterfragt der Therapeut zugleich diesen Vorgang. Dabei wird eine generelle Aussage (Ich mache auf Janet keinen guten Eindruck) auf ein konkretes, sinnesspezifisches Beispiel heruntergechunkt (Sie hat mich nicht angesehen). Die Fragen gehen vom Allgemeinen zum Speziellen. Erst in (35) beantwortet der Klient die Frage, die in Einheit (26) gestellt wurde. Seine Erwiderung beinhaltet kein Gedankenlesen mehr[135].

Elizitiert wird, woran der Klient erkennt, daß er auf Janet keinen guten Eindruck macht. Dadurch wird gleichzeitig ein Zweifel an diesem Glaubenssatz installiert, der zwar nicht notwendigerweise zu einer neuen (nützlicheren) Überzeugung führt, der aber dazu führen kann.

Beispiel 2: Veränderung des Bezugsindex:
(36) T: Mal sehen, ob ich das verstanden habe. Sie wissen, daß sich Janet nicht für Sie interessierte, weil sie Sie nicht angesehen hat?
(37) R: Das stimmt!
(38) T: Können Sie sich irgendwie vorstellen, daß Janet Sie nicht anschaut und doch an Ihnen interessiert ist?
(39) R: Also... ich weiß nicht...
(40) T: Schauen Sie immer jeden an, an dem Sie Interesse haben?
(41) R: Also wahrscheinlich ... nicht immer. Aber bloß weil Janet an mir interessiert ist, heißt das nicht, daß sie mich mag.

In (36) überprüft der die Therapeut zunächst, ob er das Modell der Erfahrung des Klienten verstanden hat. Wiederum besteht sein Ziel darin, nachzuweisen bzw. dem Klienten bewußtzumachen, daß er überinterpretiert (Gedanken liest). Dazu fassen die Autoren in Einheit (36) die Aussage des Klienten in die Struktur „X weil Y" zusammen. Diese Struktur hinterfragen sie auf zwei verschiedene Weisen. In (38) fragen sie, ob sich der Klient eine Ausnahme vorstellen kann. In (40) lassen sie ihn eine andere Wahrnehmungsposition einnehmen. Letztere Technik nennt man Wechseln des Bezugsindex.

Beim Wechseln des Bezugsindex kann sich der Therapeut ziemlich sicher sein, daß er mit seiner Hinterfragung recht hat. Die erfragten Informationen sind also für den Therapeuten nicht wichtig. Das bedeutet im Umkehrschluß: Der Installationsaspekt ist das, worauf es beim Wechseln des Bezugsindex eigentlich ankommt. Es soll dem Klienten dessen limitierenden Glaubenssatz bewußtmachen. Indem der Therapeut die Erinnerungen bzw. Vorstellungen elizitiert, wird das „alte" Weltbild durch ein konkretes Gegenbeispiel hinterfragt. Damit wird wiederum nicht notwendigerweise eine differenziertere (nützlichere) Landkarte hervorgerufen. Es ist aber möglich, daß der Klient diesem Ereignis eine nützliche Bedeutung gibt.

Bewertung
Die zitierte Behauptung, daß das Meta-Modell und Lernen Antithesen seien, ist stark übertrieben und läßt außer acht, daß jedes elizitierende Befragen zugleich einen installierenden Aspekt hat. Das Hinterfragen von einschränkenden Glaubenssätzen führt häufig eben doch zum Finden nützlicher Glaubenssätze. Auf jeden Fall leisten die Fragen des Meta-Modells die Vorarbeit zum induktiven Schlußfolgern. Indem der Klient einsieht, daß seine sinnliche Erfahrung seiner Bedeutungskonstruktion widerspricht, wird er viel eher bereit sein, neue Bedeutungen zu entwickeln.

Beispiel: Im Transkript[136] erkennt Ralph, daß die Tatsache, daß Janet ihn nicht ansah, nicht bedeuten muß, daß sie sich nicht für ihn interessiert. Damit ist aber noch nicht sichergestellt, daß er einen nützlichen Glaubenssatz generiert hat, wie zum Beispiel: „Wenn mich eine Frau nicht anschaut, kann dies vieles bedeuten, zum Beispiel, daß sie schüchtern ist und sich nicht traut, mich anzuschauen, daß sie es für unhöflich hält, Männern in die Augen zu schauen, oder vielleicht auch, daß sie sich nicht für mich interessiert."

Trotz dieser Einschränkung kann man Zink und Munshaw insoweit zustimmen, daß das Meta-Modell nur einen Teil dessen abdeckt, was ein Therapeut sinnvollerweise erfragen kann. Die Nützlichkeit hochskalierter Landkarten wurde und wird im NLP immer wieder unterschätzt. Solche Landkarten machen Experten erst zu Experten und nicht nur (wie das zum Teil in der Modelling-Literatur des NLP behauptet wird) ihre Fähigkeit, in den Repräsentationssytemen feinste Unterschiede wahrzunehmen und komplexe Strategien auszuführen. So etwas wie Philosophie, Lebensweisheit, strategisches Vorgehen usw. ist nur möglich auf der Basis abstrakter, hochskalierter Landkarten, die einen wesentlichen Aspekte des Gebietes sichtbar machen. Auch da, wo NLP den Rahmen symptomorientierter Veränderungsarbeit verläßt und den Anspruch entwickelt, Menschen bei ihrem Selbstentwurf (New Life Design) zu unterstützen, stellt sich die Frage nach hochskalierten Landkarten in drängender Weise, wobei diesbezügliche Wohlgeformtheitskriterien im Rahmen des NLP bisher nicht entwickelt worden sind.

Zink und Munshaw weisen zu Recht darauf hin, daß durch das Stellen von Fragen die Bildung von nützlichen Generalisierungen enorm gefördert werden kann. Nachdem der Therapeut mit dem Klienten eine einschränkende komplexe Äquivalenz aufgelöst hat, könnte er ihn zum Beispiel fragen: *„Nachdem Sie jetzt wissen, daß es keinen Sinn macht, einen inneren Zustand oder eine Haltung wie Freundschaft an einer einzigen Klasse von äußeren Verhaltensweisen wie Blumen schenken oder pünktlich sein festzumachen, und Sie erlebt haben, wie diese Gleichsetzung Sie behindert und eingeschränkt hat, was lernen Sie daraus? Welche Einsichten können Sie aus dieser Erfahrung für Ihr Leben und für andere Kontexte gewinnen?"*

Solche und ähnliche Fragen ermuntern dazu, neue Generalisierungen zu bilden. Diese Art von Fragen kann man nach beliebigen erfolgreichen therapeutischen Interventionen stellen, zum Beispiel nach einem erfolgreichen Ankerverschmelzen:

Therapeut: *„Was denken Sie jetzt, nachdem Sie erlebt haben, daß dieses unangenehme Gefühl, das Sie schon seit Jahren hatten und so lange nicht loswerden konnten, sich durch diese kleine Übung in nichts aufgelöst hat? Was wissen Sie über sich, über Veränderung, über einschränkende Erlebnisformen, was Sie vorher nicht gewußt haben? Und inwiefern kann Ihnen dieses Wissen in Zukunft helfen?"*

Die Kritik von Zink und Munshaw sollte als Anregung dienen, das induktive Befragen im NLP und das Finden von nützlichen Generalisierungen zu fördern. Fragen, um nützliche Generalisierungen hervorzubringen, sind z.B.:

➤ „Was wäre eine angemessene Beschreibung?"
➤ „Was ist all diesen Problemen gemeinsam?"
➤ „Was bedeutet das?" (bezogen auf das obige Beispiel: „Was bedeutet es, wenn eine Frau Sie nicht ansieht?)"
➤ „Wie (in welcher Hinsicht, inwiefern) ist das, worüber Sie klagen, ein Problem?"

III. Kritische Würdigung des Meta-Modells der Sprache
Die sprachlich-theoretischen Vorannahmen des Meta-Modells

Da die theoretischen und praktischen Nachteile der Theorie der Transformationsgrammatik schon eingehend an anderer Stelle behandelt wurden, soll hier nur auf die theoretischen Vorannahmen des Meta-Modells bezogen auf Sprache eingegangen werden. Sie lassen sich in folgenden Kernaussagen zusammenfassen:
1. Die formalen Prinzipien der Transformationslinguisten bieten einen expliziten Ansatz, die Prozesse menschlicher Modellbildung zu verstehen.
2. Die Erkenntnisse, welche die Linguisten bezüglich der Sprache gewonnen haben, können auf die anderen Repräsentationssysteme und menschliches Verhalten überhaupt übertragen werden.

Was immer Bandler und Grinder mit den beiden Kernaussagen gemeint haben, eines ist sicher: Sie geben dafür weder ein Argument noch einen Literaturhinweis an, noch werden diese theoretischen Aussagen im weiteren Verlauf von *Magie I* und *II* an irgendeiner Stelle gebraucht. Wenn in *Struktur der Magie* diese sehr weitreichenden Behauptungen aufgestellt werden, ohne sie argumentativ zu begründen, dann scheint ein tatsächliches Verhältnis zwischen grundlagenwissenschaftlichen Behauptungen und der tatsächlich entwickelten Fragetechnik in weiten Teilen gar nicht zu bestehen. Es handelt sich hier also um ein etwas beliebiges und unsystematisches, eklektisches Zusammentragen von philosophischen, linguistischen, biologischen, neurophysiologischen Versatzstücken, die eher dem Zweck dienen, in einem universitär-akademischen Zusammenhang Wissenschaftlichkeit vorzutäuschen, wo diese unter pragmatischen Gesichtspunkten gar nicht erforderlich wäre. Auch angesichts der erklärten Theoriefeindlichkeit, die Bandler und Grinder immer wieder bekundeten, liegt die Vermutung nahe, daß sie lediglich versuchten, das Meta-Modell der Sprache theoretisch aufzuwerten.

Es ist in diesem Zusammenhang interessant zu beobachten, daß die späteren Modelle von Bandler und Grinder (die nicht mehr im Dunstkreis der Universität entstanden sind) keine überflüssige Theorie mehr enthielten. Statt dessen machten sie direkt und konkret Angaben, was man wann wie machen kann, um einen bestimmten Effekt wie zum Beispiel Trancevertiefung, Verändern des subjektiven Erlebens etc. zu erzielen.

Die praktische Anwendbarkeit

Daß man den theoretischen Hintergrund für die Anwendung nicht benötigt, wird den pragmatisch orientierten NLP-Anwender wenig erschüttern. Er wird das Meta-Modell weiterhin als Toolbox benutzen. Das Meta-Modell ist eine Zusammenstellung von syntaktischen und am Wort bzw. am Satz orientierten Strukturen. Für diese wurden Fragen entwickelt, die therapierelevante Aspekte abbilden und die somit sinnvollerweise im Therapiegespräch angewandt werden können. – Es kann in keinster Weise die oben genannte theoretischen Anforderungen erfüllen

Wenn man das Meta-Modell seiner (wie oben gezeigt) doch zum Teil recht fragwürdigen Modellvorstellungen entkleidet, geht es dabei im wesentlichen um an der Syntax orientierte Fragen, nach denen die Äußerungen des Klienten primär syntaktisch auf der Wort- und Satzebene analysiert werden. Es ermöglicht uns, Tilgungen zu erfragen und Übergeneralisierungen zu hinterfragen bzw. auf konkrete Situationen zurückzuführen. Die zweite Stärke des Meta-Modells besteht darin, semantische Fehlgeformtheiten so umzuformen, daß der jeweilige eigene Anteil an den Aktionen und Bedeutungsgebungsprozessen wieder sichtbar wird.

Mit den Fragen des Meta-Modells ist ein therapierelevantes Spektrum aufgelistet, das dem Therapeuten reichhaltige Möglichkeiten an die Hand gibt, auf für den Klienten bereichernde Weise sinnvoll zu fragen. Durch das Erfragen von Tilgungen erhält man ein scharfes Bild von der Problemsituation; das Problem wird überschaubar und weniger überwältigend. Einschränkende Glaubenssätze können zielsicherer identifiziert und hinterfragt werden. Außerdem bieten die Fragen des Meta-Modells gute Ansatzpunkte für weitergehende Interventionen.

Die Meta-Modell-Verletzungen haben einen unterschiedlichen „Schweregrad". Bei den Tilgungen zum Beispiel ist es häufig so, daß der Sprecher den getilgten (d.h. nicht explizit formulierten Anteil) sehr wohl geistig mitrepräsentiert. Zum Beispiel: Ich habe mir eine neue Uhr gekauft. Auf die Frage, was sie gekostet habe, wird der Befragte, ohne lange nachzudenken, den Preis nennen können. Diese Information ist also eher für den Frager von Bedeutung als für den Befragten. Bei einem Satz wie: „Ich kann mich doch nicht beim ersten Mal küssen lassen!" könnte es sein, daß der oder die Befragte auf die Frage „Wer sagt das?" oder „Woher wissen Sie das?" durchaus nicht in der Lage ist, sofort das verlorene Performativ angemessen zu ergänzen. D.h, bei dieser Frage wird eine sowohl für den Frager als auch für den Befragten relevante Information zugänglich gemacht. Würde man bei dem gleichen Satz fragen: „Und was würde passieren, wenn Sie es doch tun würden?", gehen wir über den Bereich des Faktischen („Wieviel hat die Uhr tatsächlich gekostet?", „Wer hat Ihnen tatsächlich verboten, sich beim ersten Rendezvouz küssen zu lassen?") hinaus in den Bereich von Glaubenssätzen und subjektiven Bedeutungskonstruktionen hinein. Antwortet die Person: „Dann könnte er mich für ein leichtes Mädchen halten", ist diese Antwort ein Hinweis auf die bewußte oder vorbewußte Wert- und Glaubenshaltung, die als solche Gegenstand therapeutischer Veränderungsbemühungen sein könnte. Aber auch hier könnte man mit gutem Grund weiterfragen. Zum Beispiel: „Was würde es für Sie bedeuten, wenn er Sie für ein leichtes Mädchen halten würde?" usw., wobei diese Fragen bereits über das Meta-Modell hinausführen, da sie induktiv schlußfolgern.

Das Meta-Modell eignet sich schlecht zum induktiven Schlußfolgern, also dazu, komplexere Welt- und Selbstmodelle zu erfragen. Dazu müßte man den Klienten zum Hochchunken veranlassen und nicht zum Immer-spezifischer-Werden (Herunterchunken). Da das Konkretisieren, das Spezifischmachen bei der Anwendung des Meta-Modells aber meist im Vordergrund steht, kommt der Aspekt des Hochchunkens u.U. zu kurz.

So besteht das erklärte Ziel der Befragung mit dem Meta-Modell darin, die Rohdaten der Erfahrung zurükkzugewinnen und insofern der Realität in Wahrnehmung und Bewertung näherzukommen. In diesem Anwendungsbereich liegt die große Stärke dieses Modells, und hier hat sich das Meta-Modell der Sprache als nützliches Instrument für die Anwendung in der Kommunikation (im Verkauf, in der Verhandlungsführung, im therapeutischen Bereich) erwiesen.

Der Hauptnachteil des Meta-Modells besteht jedoch darin, daß es über keine Fragestrategie verfügt, so daß die Entscheidung, welche Meta-Modell-Verletzung hinterfragt werden sollte, der Intuition des Anwenders überlassen bleibt. Auf diese Kritik soll an dieser Stelle nicht weiter eingegangen werden, weil wir uns im vierten Teil ausführlich mit dem Entwurf einer übergeordneten Fragestrategie auseinandersetzen werden. Darin werden die Vorteile aller hier besprochenen Fragestrategien eingearbeitet. Wir hoffen, hierbei auf einige Punkte eine Antwort geben zu können, bei denen Bandler und Grinder es bei dem Verweis auf die Intuition belassen haben.

C. Erweiterungen des Fragens im NLP

Die Fragen des NLP, insbesondere das Meta-Modell der Sprache, haben im Laufe der Zeit einige Erweiterungen erfahren. Einige dieser Frageansätze werden in diesem Kapitel erläutert:
- Der Ansatz von Chong & Chong
- Der Ansatz von Chris Hall
- Der Ansatz von Marilee Goldberg
- Der Diamond

I. Der Ansatz von Chong & Chong
1. Das Modifizierte Meta-Modell

Dennis und Jennifer Chong leben und arbeiten als Therapeuten in Kanada und haben das System des Neurosemantischen Programmierens (NSP) entwickelt. Sie haben sich sehr viel intensiver als Bandler und Grinder mit der Erkenntnistheorie und dem Sprachverständnis von Alfred Korzybski vertraut gemacht; zumindest erhält man diesen Eindruck, wenn man die Veröffentlichungen beider vergleicht. In ihrem Buch *Power and Elegance in Communication* (1993) beschreiben Chong und Chong grundlegende Mechanismen, die sich in der Sprache zeigen und die unsere Wahrnehmung bedeutend beeinflussen. Insbesondere in der semantischen Fehlgeformtheit von Ursache und Wirkung[137] sehen sie die Hauptursache für falsche bzw. einschränkende Lebensanschauungen. Daneben gibt es noch weitere Fehlgeformtheiten, die nicht im Meta-Modell der Sprache enthalten sind, wie zum Beispiel die Verwechslung von Klasse und Element und das Phänomen der Identifikation[138].

Das NSP besteht im wesentlichen aus drei Teilen: dem Modifizierten Meta-Modell (MMM), dem No-Y-ian-Modell und dem Informations-Sammlungs-Modul. Das MMM erweitert das Meta-Modell um einige Fehlgeformtheits- und Fragemöglichkeiten.

Meta-Modell-Verletzungen und Fragen im Modifizierten Meta-Modell

Welche zusätzlichen Meta-Modell-Verletzungen beinhaltet das MMM, und in welche Kategorien werden sie unterteilt? Das Ehepaar Chong unterscheidet in leichter Abwandlung des Ansatzes von Bandler und Grinder vier Hauptkategorien von Meta-Modell-Verletzungen. Im einzelnen ergeben sich:

Tilgungsfolge
a) Verben
b) Adjektive
c) Komparative und Superlative
d) Worte, die mit ...weise enden
e) Modaloperatoren

Verzerrungen
a) Nominalisierungen
b) Kausales Modellieren bzw. Ursache/Wirkung
c) Identifikation (X = Y)
d) Simplifikation

Die Quantifizierungen unterteilen sich in
a) Generalisierung
- kollektive Substantive (fehlender Bezugsindex im Meta-Modell)
- Universalquantoren

b) Durchschnitte bilden
c) Vermischungen

Andere Zauber
a) Aber bzw. impliziertes Kausativ
b) Gedankenlesen
c) Symmetrische und asymmetrische Prädikate
d) Verlorenes Performativ
e) Komplexe Generalisierungs-Äquivalenzen
f) Präsuppositionen
g) Substitute
h) „Versuchen"

Chong und Chong machen darauf aufmerksam, daß der Prozeß des Tilgens[139] kein vom Menschen aktiv herbeigeführter Prozeß ist, sondern eine notwendige Folge unserer Wahrnehmung, die zwangsläufig dazu führt, daß unsere Landkarten dem Gebiet nicht ähnlich (isomorph) sind. Im Modifizierten Meta-Modell ist der Prozeß der Generalisierung einer von drei Unterpunkten dessen, was die Chongs „Quantifizierung" nennen. Quantifizierende Ausdrücke haben die Wirkung, das, was man als Besonderheit eines Individuums bezeichnet, auf eine Vielzahl (Quantität) von Individuen zu übertragen. Bei der Generalisierung schließt man von der Quantität von einem auf jeden. Beim Durchschnitte-Bilden, der zweiten Form von Quantifizierung, verwischt man die Grenzen von einmaligen Ereignissen. Die Vermischung ist die dritte Form der Quantifizierung; sie drückt sich in unpräzisen Worten aus. Zum Beispiel: einige, wenige, viele.

Im folgenden gehen wir nur auf diejenigen Meta-Modell-Verletzungen und Fragen ein, die über das Meta-Modell von Bandler und Grinder hinausgehen.

Adjektivtilgung
Der Satz „Astrid ist ein solch liebenswürdiges Mädchen" enthält eine Tilgung bezogen auf das Adjektiv „liebenswürdig". Im Meta-Modell hinterfragt man die fehlende Information: „Zu wem ist Astrid liebenswürdig?"

Im Modifizierten Meta-Modell geht man davon aus, daß die Verwendung eines Adjektivs auf ein Kriterium zurückzuführen ist. Deshalb gibt es die zusätzliche Frage: „Was ist Ihre Evidenz dafür, daß Sie sagen: Astrid ist liebenswürdig?"

Komparativ- und Superlativtilgung
Beispiel: „Die Maschine ist schneller" bzw. „Die Maschine ist die schnellste."

Im Meta-Modell hinterfragt man:
➤ „Im Vergleich wozu?" bzw.
➤ „Verglichen mit was oder wem"?

Im Modifizierten Meta-Modell berücksichtigt man die Tatsache, daß bei der Verwendung von Komparativen und Superlativen implizit eine Klasse angesprochen ist, von denen ein Mitglied besser oder das beste ist. Die Hinterfragung bezieht sich auf die Klasse, von der der Komparativ respektive der Superlativ ein Mitglied ist:
➤ Die Maschine ist schneller in bezug auf was?
➤ Die Maschine ist die schnellste von welcher Klasse von Maschinen?

Modaloperatoren
Beispiel für einen Modaloperator der Notwendigkeit: „Ich muß immer höflich sein."

Beispiel für einen Modaloperator der Möglichkeit: „Es ist unmöglich, sich schnell zu verändern."

Im Meta-Modell gibt es zwei Fragen für diese Art von Meta-Modell-Verletzung:

- „Was würde passieren, wenn Sie nicht höflich wären?" und:
- „Was hindert Sie daran, sich schnell zu verändern?"

Im Modifizierten Meta-Modell gibt es weitere Fragen:

- Was wäre der schlimmste Fall, der eintreten könnte, wenn Sie nicht höflich wären?
- Was wäre der beste Fall, der eintreten könnte, wenn Sie nicht höflich wären?
- Welche Autorität können Sie anführen, die besagt, daß dieser Satz stimmt?
- Gilt das für jeden?
- Wie wissen Sie, daß das richtig ist?

Diese Fragen zielen darauf ab, die kritischsten Konsequenzen zu hinterfragen, die sich aus der Aussage ergeben. Bezogen auf den Satz: „Es ist unmöglich, sich schnell zu verändern" könnte man dem Modifizierten Meta-Modell zufolge fragen:

- „Worauf basiert diese Behauptung?"
- „Was ist Ihnen passiert, daß Sie das sagen?"

Diese beiden Fragen zielen darauf ab, zu erfahren, auf welcher Grundlage der Glaubenssatz entstanden ist, während die Hinterfragung mittels des Meta-Modells bestimmen will, wie der Sprecher die Grenze seine Aussage konstruiert.

Identifikation[140]

Eine Identifikation liegt vor, wenn zwei verschiedene Dinge oder Prozesse als gleich in allen Ausprägungen bezeichnet werden. Dies geschieht in der Regel durch die Verwendung des Wortes „sein". Diese Art von Fehlgeformtheit existiert nicht im herkömmlichen Meta-Modell.

Beispiele: „Sie ist fröhlich."
„Ich bin traurig."
„Ich bin schlecht."

Diese Meta-Modell-Verletzung wird im Modifizierten Meta-Modell hinterfragt durch:

- „Was ist Ihre Evidenz dafür, daß sie fröhlich ist?"
- „Um wen sind Sie traurig?"
- „Wie genau meinen Sie, daß Sie schlecht sind?"

Durchschnitte bilden

Das Bilden von Durchschnitten ist eine Form der Quantifizierung, bei der die Grenzen zwischen einzigartigen Ereignissen, Personen, Objekten etc. verwischt wird. Auch diese Fehlgeformtheit existiert nicht bei Bandler und Grinder.

Beispiele: „Die Party war durchschnittlich."
„Die Ferien waren Durchschnitt."

Um diese Fehlgeformtheit zu hinterfragen, fragt man nach den Extremen:

- „Was war die beste/schlechteste Party?"
- „Durchschnitt im Vergleich wozu?"

Verlorenes Performativ

Beispiel: Es ist schlecht, solche Gefühle zu haben.

Hinterfragung mit dem Meta-Modell:

- „Wer sagt das?"
- „Woher wissen Sie das?"

Hinterfragung mit dem Modifizierten Meta-Modell:
- „Woher wissen Sie, daß das ein Gefühl ist?"
- „Aufgrund welcher Informationen bzw. Bewertungskriterien sagen Sie, daß ...?"
- „Welche Autorität können Sie anführen, zu sagen ...?"
- „Was wäre für Sie gewonnen, wenn es schlecht ist, solche Gefühle zu haben?"

Versuchen/Können/Möglichkeit

Auch diese Fehlgeformtheit gibt es nicht im herkömmlichen Meta-Modell. *Beispiel:* „Ich werde versuchen, pünktlich zu sein."

Hinterfragung mit dem Modifizierten Meta-Modell:
- „Was wird geschehen, damit Sie pünktlich sind?"
- „Was muß für Sie unbedingt gegeben sein (bzw. tatsächlich passieren), damit Sie pünktlich sind?"

Aber bzw. Impliziertes Kausativ

Beispiel: „Ich würde dich besuchen, aber meine Oma kommt."

Hinterfragung mit dem Meta-Modell:
- „Wie verhindert die Tatsache, daß Ihre Oma kommt, daß Sie mich besuchen?"
- „Wenn Ihre Oma nicht kommen würde, würden Sie mich besuchen?"

Hinterfragung mit dem Modifizierten Meta-Modell:
- „Gibt es noch weitere Gründe, warum Sie mich nicht besuchen?"

Komplexe Äquivalenz bzw.: Wenn X, dann Y

Beispiel: „Wenn er nie mit mir ausgeht, liebt er mich nicht."

Hinterfragung mit dem Meta-Modell:
- „Ist das immer so?"
- „Bedeutet X immer Y?"
- „Kennen Sie den Fall, wo dies nicht zutrifft?"

Hinterfragung mit dem Modifizierten Meta-Modell[141]:
- „Ist es möglich, daß jemand nie mit einer Person ausgeht und sie trotzdem liebt?"
- „Ist es möglich, daß jemand mit einer Person ausgeht und sie nicht liebt?"

Dispositionsprädikate

Diese Fehlgeformtheit gibt es nicht im herkömmlichen Meta-Modell[142].

Beispiel: „Krebs ist unheilbar."

Hinterfragung mit dem Meta-Modell durch Hinterfragung des verlorenen Performativs:
- „Wer sagt das?"

Hinterfragung mit dem Modifizierten Meta-Modell:
- „Welches Verfahren kennen Sie, das sicher feststellt, daß Krebs unheilbar ist?"

Zusammenfassung und Bewertung

Die neuen Fragen des Modifizierten Meta-Modells mit den entsprechenden Meta-Modell-Verletzungen sind in der folgenden Übersicht zusammengefaßt:

Fragen nach Chong und Chong	*Meta-Modell-Verletzungen des MMM:*
➤ Was ist das Beste/Schlimmste, was passieren kann?	Modaloperatoren, Durchschnitte bilden
➤ Was ist die Evidenz/der Beweis etc. für...?	Tilgung, Modaloperator, Identifikation
➤ Was ist geschehen, daß Sie sagen ...?	Verlorenes Performativ, Modaloperatoren
➤ Welche Autorität kennen Sie, die bestätigt, daß Sie sagen ...	Verlorenes Performativ, Dispositionsprädikate, Modaloperatoren
➤ Womit haben Sie das verglichen?	Durchschnitte bilden
➤ Gibt es noch weitere Gründe für X?	Aber
➤ Was wird geschehen/muß gegeben sein, damit ...?	Versuchen/Können/Möglichkeit
➤ Was wäre für Sie gewonnen, wenn...	Verlorenes Performativ
➤ Innerhalb welcher Menge ist es (z.B. das schnellste Auto)?	Superlativ- und Komparativ-Tilgung
➤ Was ist die Evidenz dafür, daß X = Y?	Identifikation
➤ Wie genau meinen Sie, daß Sie = Z sind?	Identifikation

Das Modifizierte Meta-Modell enthält einige neue Meta-Modell-Verletzungs-Hinterfragungen, von denen einige im Einzelfall sicherlich nützlich sein können. Erwähnt sei hier die Identifikation, die mit der Frage „Was ist die Evidenz für" oder „Was ist geschehen, daß Sie sagen ..." hinterfragt werden kann. Diese Frage ist auch in der RET üblich und hinterfragt die Datenbasis, aufgrund derer die Person eine Aussage macht.

Die Fragen und Meta-Modell-Verletzungen von Chong und Chong sind sinnvolle Ergänzungen zum Meta-Modell der Sprache von Bandler und Grinder. Sie erweitern aber nicht den grundsätzlichen Fragerahmen, da auch sie das Ziel verfolgen, zu konkreten, sinnesspezifisch verifizierbaren Aussagen zu kommen. Deshalb braucht das Modifizierte Meta-Modell keine gesonderte Bewertung zu erfahren. Die Erweiterungen des Meta-Modells durch das Ehepaar Chong zeigen, wie wir an anderer Stelle schon betont haben, daß man in der Tat einem Mythos der Transformationsgrammatik der 70er Jahre anhängt, wenn man glaubt, daß die „wahre" Bedeutung oder die „vollständige" Repräsentation in der Tiefenstruktur enthalten sei. Es gibt immer noch weitere Möglichkeiten, sinnvolle Fragen zu stellen, die die Bedeutung erhellen. Insofern ist die Kritik Steve de Shazers berechtigt; allerdings könnte man auch sagen: Er macht aus einer Mücke einen Elefanten, weil leicht einzusehen ist, daß diese von Chomsky übernomene Illusion in der realen therapeutischen Praxis des NLP keine wirkliche Bedeutung hat. Dieser Einschätzung schließen sich Chong und Chong an, wenn sie sagen: „Das Meta-Modell ist für sich genommen oder in seiner erweiterten Version (dem Modifizierten Meta-Modell) nicht genug. Es erfordert die Anwendung eines Informationssammlungs-Moduls, um den Knackpunkt des Problems zu erreichen[143]".

Daher entwickelten Chong und Chong das Informationssammlungs-Modul, das im wesentlichen aus dem MMM und dem No-Y-ian-Modell[144] besteht. Letzteres wird nun kurz vorgestellt.

2. Das No-Y-ian-Modell und der Blame-Frame

Chong und Chong stimmen mit Korzybski überein, daß sich die meisten Menschen im Rahmen des Blame-Frames bewegen. Letzterer bezeichnet Ursache und Wirkung als die „fundamentalste semantische Anwendung[145]", die unser gesamtes Denken und Handeln durchzieht[146]. Das Herz des Blame-Frames ist nach Chong und Chong die Frage „warum". Diese Frage sollte man auf jeden Fall vermeiden, weil sich Frager und Befragten dadurch automatisch in den Blame-Frame hineinbegeben.

Aufgrund von Paradigmen organisieren Menschen ihre Realität und ihr Verständnis davon auf ihre eigene Weise. Für das Ehepaar Chong ist Ursache und Wirkung nicht nur ein semantisches Paradigma, sondern ein Meta-Meta-Paradigma, weil es die Art und Weise bestimmt, wie andere Paradigmen angewandt werden. Es „ist ein Mittel, das:

1. die Unendlichkeit der Dinge, die existieren, ordnet. Das schließt ein: ihre Attribute, Formen, möglichen Verbindungen und alle möglichen Abstraktionen, die eine Person daraus ableiten kann.
2. die Art und Weise der Wahrnehmung und die Interpretationen daraus bestimmt.
3. die Art und Weise, in der eine Person zu dem formulierten Verständnis antwortet, bestimmt[147]".

Chong nennt das Meta-Meta-Paradigma von Ursache und Wirkung „Blame-Frame" und unterteilt es in folgende Aspekte[148]:

1. Ursache
2. Ursache/Wirkung
3. Y macht X
4. Warum $\Rightarrow$ Gründe
   $\Rightarrow$ Erklärungen
5. Y $\Rightarrow$ sollte sein
   $\Rightarrow$ sollte nicht sein
6. Y $\Rightarrow$ richtig
   $\Rightarrow$ falsch
7. Y $\Leftarrow$ Urteile
8. Das Anklagen von
   $\Rightarrow$ sich selbst
   $\Rightarrow$ anderen $\leftarrow$ Fehler, Schuld (von sich selbst oder anderen)
   $\Rightarrow$ Dingen
9. Intoleranz bezüglich
   $\Rightarrow$ sich selbst
   $\Rightarrow$ anderer
   $\Rightarrow$ Dingen
10. Selbst-Wichtigkeit und Stolz
11. Vermeidung aller Selbst-Verantwortung

Auf diese Punkte gehen wir nun kurz ein.

1. Ursache

Chong und Chong gehen mit Korzybski davon aus, daß das Kausalitätskonzept die Urform aller Erklärungsmodelle darstellt. Kausalität bedeutet hier, daß der Sprecher von einer Ursache oder einer Reihe von Ursachen ausgeht, die **notwendigerweise** eine bestimmte Wirkung hervorbringen. Sowohl Korzybski als auch die Chongs argumentieren empiristisch, wenn sie sich gegen dieses Konzept wenden. Ihre Argumentation geht im wesentlichen wie folgt: Da wir aus prinzipiellen Gründen nie alle Wirkungs-Faktoren einer Handlung oder eines Ereignisses kennen können, ist es uns nie möglich, über die Komplexität einer Verursachung in ihrer gesamten Komplexität gewiß zu sein. Insofern ist jede Angabe von Gründen, von Ursachen mit einem hohen Maß an Unsicherheit und Willkür behaftet. Immer wenn wir also „warum" fragen, beziehen wir uns bewußt oder unbewußt auf dieses Urmodell der Kausalität. Des weiteren sehen sich die Chongs durch die

Ergebnisse der Quantenphysik (namentlich durch die Heisenbergsche Unschärferelation) in ihrer Ablehnung gegenüber der Kausalität als Urtyp von Welterklärung und Weltverstehen bestätigt.

2. Ursache/Wirkung

Die Ursache/Wirkungs-Beziehung, wie sie im Meta-Modell untersucht wird, stellt eine spezielle Form der semantischen Fehlgeformtheit dar, da hier behauptet wird, daß das Verhalten einer Person den internen Zustand einer anderen Person verursachen kann. Es handelt sich bei dieser Vorstellung um einen sogenannten Kategorienfehler. Ein äußeres Verhalten von jemand anderem kann im Sinne von Maturana höchstens als Perturbation (Störung) eines Systems verstanden werden. Es ist die interne Struktur des subjektiven Bedeutungsgebungsprozesses, die entscheidet, wie wir auf diese Störung antworten. Insofern wäre es angemessener, zu sagen: „Mein innerer Zustand X ist meine Antwort auf das Verhalten des anderen", als zu behaupten: „Mein Verhalten X ist der Effekt des Verhaltens des anderen." Im ersten Fall übernehme ich die Verantwortung für meine Antwort; im zweiten Fall bin ich dem Effekt ausgesetzt, was zu einer Vorwurfs- oder Opferhaltung führen kann.

3. Y verursacht X

Die Chongs weisen darauf hin, daß wir dort, wo wir von beobachtbaren Ursache/Wirkungs-Zusammenhängen reden, lieber von einer funktionalen Beziehung sprechen sollten. Das heißt: Zwei Ereignisse haben eine funktionale Beziehung, wenn sie auf relevante Weise assoziiert sind. Das bedeutet eben nicht, daß sie einander verursachen. Diese funktionale Beziehung stellt ihrer Meinung nach eine mehr mit den Fakten übereinstimmende Sicht der Dinge dar.

4. Warum: Begründung oder Erklärung?

Die Warum-Frage ist im psychotherapeutischen Gespräch problematisch, vor allem aus zwei Gründen: Fragt man jemanden, warum er etwas tut, unterstellt man, daß er tatsächlich die Gründe kennt. Da dies häufig nicht der Fall ist, bekommen wir als Antwort häufig eine sekundäre Rationalisierung, die für die Therapie kontraproduktiv ist. Zweitens kann die Warum-Frage auf jede Antwort nochmals angewandt werden, und es gibt kein notwendiges und eindeutiges Kriterium, wann wir damit aufhören müßten. Wir kommen in einen unendlichen Regreß.

Beispiel: Jemand schlägt seine Kinder, und der Therapeut fragt ihn: „Warum schlagen Sie Ihre Kinder?"
Diese Frage präsupponiert:
1. Es gibt **den** Grund, und
2. der Klient kennt den Grund.

Beide Annahmen treffen häufig nicht zu. Frage ich trotzdem „Warum?", kann der andere antworten, was er will, ich kann immer wieder aufs neue „Warum?" fragen. Gibt der Klient einen konkreten Grund an, z.B.: „Weil sie ungehorsam waren", kann der Therapeut fragen: „Warum ist Ungehorsam für Sie ein Grund, Ihre Kinder zu schlagen?" etc. Antwortet der Klient: „Ich weiß nicht, warum ich das mache", kann der Therapeut ihn fragen: „Warum wissen Sie das nicht?" Die unvermeidliche Konsequenz einer solchen Befragungsstrategie besteht darin, daß der Befragte in eine Ecke gedrängt wird, aus der es früher oder später kein argumentatives Entrinnen gibt. Oder aber die Befragung wird an einer Stelle willkürlich abgebrochen, und es wird so getan, als wenn der angegebene Grund der wahre wäre, an dem es nun etwas zu ändern, zu therapieren gibt. Was immer das Abbruchskriterium des Therapeuten sein mag, ein anderer Therapeut könnte ihn fragen: „Warum brichst du gerade an dieser Stelle die Befragung ab?", und der Befragte würde sich im gleichen Dilemma befinden.

An dieser Stelle möchten wir einen kleinen Exkurs zum Blame-Frame und der Ursache/Wirkungs-Verletzung einfügen, um der Ansicht entgegenzuwirken, die Warum-Frage sei generell zu vermeiden. Das Paradigma von Ursache und Wirkung, also die Vorstellung der Kausalität, bildet die Grundlage zum Beispiel des naturwissenschaftlichen Fragerahmens. Hierbei geht es nicht darum, jemanden anzuklagen (Blame-Frame), sondern Gesetzmäßigkeiten (d.h. Ursache/Wirkungs-Beziehungen) zu finden. Ebenso kann im psychotherapeutischen Kontext die Frage „Warum?" durchaus auch anders als im Sinne einer Anklage verstanden werden. Insofern teilen wir nicht die Haltung der Chongs, derzufolge die Frage „Warum?" auf keinen Fall gestellt werden darf, wenn es auch erforderlich ist, sich hinsichtlich der möglichen Gefahren bei deren Anwendung im klaren zu sein.

5. Y sollte sein, Y sollte nicht sein

Um Entscheidungen treffen zu können, brauchen Menschen Werte und Überzeugungen, anhand derer sie bestimmen, was richtig und falsch, wünschenswert oder ablehnenswert ist. Diese Werte und Überzeugungen variieren auf unserem Globus in extremer Weise. Das, was für den einen eine Sünde ist, ist für den anderen ein erstrebenswertes Ziel. Die Erfahrung zeigt, daß, wenn unsere Werte und Überzeugungen durch das Verhalten anderer in Frage gestellt werden, im Regelfall heftige psychophysiologische Veränderungen, die sich in Gefühlen wie Ärger, Wut, Abscheu und ähnlichen ausdrücken, die Folge sind.

Um diese heftigen, unangenehmen Reaktionen zu vermeiden und einen Diskurs über unterschiedliche Werthaltungen zu ermöglichen, ist es notwendig, daß wir uns kognitiv und emotional bewußt darüber sind, daß es keine übergeordnete Autorität welcher Art auch immer gibt, die sicherstellen könnte, daß die eine Werteliste besser, sinnvoller oder gesünder als die andere ist. Daraus folgt, daß nur jemand, der sich in bezug auf seine eigenen Werte und Überzeugungen in eine Metaposition bringen kann, die Freiheit hat, die Konsequenzen, die Vorannahmen und die Kontextbedingungen zu reflektieren, von denen aus gesehen seine jeweiligen Werte und Überzeugungen für ihn und andere sinnvoll und nützlich sind. Das bedeutet, es geht darum, die Virtualität der Grenze zu erkennen, die durch eine Überzeugung oder einen Wert gesetzt ist. In dem Moment, in dem die Grenze nicht mehr als etwas extern Objektives betrachtet wird, sondern als etwas Internes und Virtuelles, kommt sie in den Bereich des Veränderbaren.

6. Y ist richtig, Y ist falsch

Die Unterscheidung bzw. Klassifizierung von Handlungen und Einstellungen als richtig und falsch ist nur möglich, wenn indirekt behauptet wird: „Immer und unter allen Umständen." Im anderen Fall müßte man eher sagen: „Es ist richtig für mich unter diesen und diesen Umständen" bzw.: „Es ist falsch für mich unter diesen und diesen Umständen." Um etwas als richtig oder falsch zu bezeichnen, nutzen wir einen Prozeß, den wir Rechtfertigung nennen. Bei der Rechtfertigung einer Handlung muß diese Handlung ähnlich wie in der Rechtsprechung als ein konkreter Fall interpretiert werden, der zu einer Klasse von Ereignissen paßt, die durch ein Gesetz oder Verbot geregelt sind. Gibt es ein solches Gesetz oder Gebot (noch) nicht, muß aus den bestehenden Gesetzen oder Verboten abgeleitet werden, welche Gesetze und Verbote hier sinnvollerweise zur Anwendung kommen sollten. So befindet sich ein Christ bei der Frage: „Sind künstliche Verhütungsmethoden (wie z.B. die Pille) im Sinne Ihres Glaubens gerechtfertigt oder nicht?" in einem Dilemma, da es keine Gebote oder Gesetze gibt, die von Gott erlassen worden wären, die sich direkt auf diesen Fall beziehen. Wie die Auslegungspraxis zeigt, sind sich Christen in dieser Frage in höchstem Maße uneinig, obwohl sie sich auf dasselbe Quellenmaterial beziehen.

Wenn wir etwas als richtig oder falsch klassifizieren, ist damit häufig ein verkappter Absolutismus verbunden, der u.a. folgendes besagt: Jeder vernünftige, rechtgläubige, gutwillige, intelligente Mensch müßte dies oder das genau wie ich als richtig bzw. falsch empfinden. Oder kurz gesagt: Es wird so getan, als ob die Adjektive „richtig" und „falsch" etwas über die Sache selbst aussagen würden, wie z.B. „rund" oder „farbig", im Gegensatz zu einem bloßen Geschmacksurteil des Sprechers.

7. Rechtfertigung

Abgesehen von dem (psychologischen) Sich-Verfangen in einem „Blame-Frame" gibt es Realsituationen, in denen Rechtfertigungen geradezu notwendig sind bzw. erwartet werden. Unser Rechtssystem basiert in weiten Teilen auf einer solchen Rechtfertigungsideologie. Wenn jemand nachweisen kann, daß er in der Kindheit selbst mißhandelt worden ist, kann das schuldmindernd angerechnet werden, sofern es sich um eine schwere Körperverletzung handelt, die er jemand anderem zugefügt hat. D.h., obwohl die Handlung als „falsch" eingestuft wird, ist die Schuld abhängig von der Rechtfertigung. Ein wichtiges Strukturelement des

Richtig-falsch-Konzeptes ist also die Richtig-falsch-Schuldrechtfertigung. Wer das Falsche tut, ist schuldig, aber der Grad der Schuld kann durch unterschiedliche Rechtfertigungen unterschiedlich stark gemindert werden bis hin zu völliger Schuldunfähigkeit im Fall der Unzurechnungsfähigkeit.

8. Schuld und Anklage
Wenn wir Schuld zuweisen, haben wir im Prinzip drei Möglichkeiten:
- Wir selbst sind schuldig („Ich habe verschlafen");
- Jemand anders ist schuldig („Meine Frau hat mich zu spät geweckt"); oder:
- Ein Objekt ist schuldig („Mein Wecker ist kaputt").

Je nachdem, wem wir die Schuld geben, folgen unterschiedliche Formen der Bestrafung. Im ersten Fall gibt es Selbstvorwürfe bis hin zur Selbsttötung (Harakiri). Im zweiten Fall gibt es Rache bzw. Bestrafung über eine breite Palette von Sanktionen vom bösen Blick bis hin zur Tötung. Und im dritten Fall wird das Objekt repariert, zerstört, ausgemustert oder ausgetauscht.

Die Suche nach Schuld und das Bedürfnis nach Anklage produzieren eine Atmosphäre von Verteidigung und Rechtfertigung, in der Offenheit und Veränderung so gut wie unmöglich werden. Darum sind sie für jede Art von Psychotherapie völlig ungeeignet. Dies darf aber nicht dahingehend mißverstanden werden, daß der Einzelne nicht weiterhin verantwortlich ist für das, was er tut bzw. unterläßt. Er muß die Konsequenzen tragen und die Verantwortung.

9. Intoleranz
Aus dem oben Gesagten folgt, daß die Unterscheidung von richtig und falsch konsequenterweise zu Intoleranz und Hochmut führt. Wenn ich weiß, daß das, was ich tue, richtig ist und das, was die andern tun, falsch ist, und zwar in einem absoluten und nicht in einem relativen Sinne, fühle ich mich aufgewertet und berechtigt, gegen das Falsche vorzugehen.

10. Selbstüberschätzung und Stolz
Notwendige Begleiterscheinungen der Intoleranz sind Selbstüberschätzung und Stolz. Wenn die anderen falsch handeln, ich jedoch richtig, habe ich allen Grund, stolz zu sein und mich überlegen zu fühlen. Wenn mein Selbstwertgefühl auf diese Weise von meiner moralischen Überlegenheit abhängt, muß ich ständig auf der Hut sein, mich nicht bei einem Fehler ertappen zu lassen. Einen solchen könnte man sich dann auch selber kaum verzeihen.

11. Vermeidung von Selbst-Verantwortung
In einer Welt von *richtig* und *falsch*, von Schuld und Anklage scheint es nur konsequent, wenn jemand versucht, sein Selbstwertgefühl dadurch aufrechtzuerhalten, daß er alle Selbstverantwortung ablehnt und ständig die Schuld bei Gott und der Welt sucht, nur nicht bei sich selbst.

Das No-Y-ian-Modell und der Blame-Frame
Das Ehepaar Chong bezeichnet die oben aufgeführten Aspekte als logische Ebenen eines Blame-Frames, in dem wir selbst so gefangen sind, daß wir es gar nicht bemerken. Für jede dieser logischen Ebenen des Blame-Frames gibt es bestimmte Fehlgeformtheiten und Methoden, um die Fehlgeformtheiten zu hinterfragen.

Der No-Y-ian-Rahmen ist das Gegenstück zum Blame-Frame[149] und bildet den philosophisch-psychologischen Hintergrund des No-Y-ian-Modells. Dieser Rahmen stellt das Herz eines nicht-aristotelischen Systems dar, wie es Korzybski schon in den 30er Jahren vorstellte[150]. Er enthält 12 verschiedene logische Ebenen:
1. Relativität
2. Kybernetik und Geometrodynamik
3. Y ist eine Funktion von X: $Y = f(x)$

4. Wie, wer, was, wo, wann, welcher, wessen
5. Y ⇒ akkurat in bezug auf die Fakten
       ⇒ inakkurat in bezug auf die Fakten
6. Y ⇒ wohlgeformt
       ⇒ fehlgeformt
7. Y ⇐ Information
8. Y ⇒ Neugierde
       ⇒ Kreativität
       ⇒ Flexibilität
9. Respekt ⇒ in bezug auf sich selbst
10. Selbst-Wert und Demut
11. Akzeptieren der eigenen Verantwortung
12. Einsteins Universum

Auch hier gehen wir auf die Punkte ein, die nicht selbsterklärend sind.

1. Relativität
Hier geht es um funktionale Beziehungen zwischen Menschen. Die reine Existenz einer Person oder Handlung ohne Beziehung auf irgend etwas anderes bedeutet für sich selbst genommen gar nichts. Erst in der Bezogenheit auf andere bekommt das Eigene seine Bedeutung, seinen Wert und seinen Sinn.

2. Kybernetik und Geometrodynamik
In der Relativitätstheorie Einsteins wird versucht, die Welt, das Universum und seine Subsysteme in relativistischer Weise zu beschreiben. Entsprechendes gilt auch für die Kybernetik, die sich sowohl mit Veränderungsprozessen in komplexen Systemen als auch mit der Aufrechterhaltung von Strukturen (Homöostase) bei wechselnden Rahmenbedingungen beschäftigt. In beiden Fällen bekommt das einzelne Datum seine Bedeutung nur in der Relationalität zu allem anderen, und es gibt keinen ausgezeichneten, jeder Relativität enthobenen Ort der Beschreibung bzw. Beobachtung.

3. Y ist eine Funktion von X: Y = f (x)
In der funktionalen Beschreibung von Zusammenhängen geht es nicht um Kausalität. Die Folge ist, daß nichts, was aus solchen funktionalen Beziehungen abgeleitet werden kann, unter kausalen Gesichtspunkten verstehbar ist.

4. Wie, wer, was, wo, wann, welcher, wessen
Hier geht es um die Fragen, die im No-Y-ian-Frame die Warum-Frage ersetzen. Alles, was man sinnvollerweise erfragen kann, kann man mit diesen Fragen erfragen. Die Warum-Frage braucht man nicht.

5. Mit den Fakten übereinstimmend bzw. nicht übereinstimmend
Anstatt zu fragen: Ist etwas richtig oder falsch?, wird hier vorgeschlagen zu fragen: Stimmt etwas mit den Fakten überein oder nicht? bzw.: Ist es in einem bestimmten Kontext nützlich oder nicht? Diese Position erlaubt Abstufungen im Grad der Übereinstimmung bzw. Nicht-Übereinstimmung. Hingegen ist etwas, was falsch ist, ganz und gar falsch.

6. Y ist wohlgeformt, Y ist fehlgeformt
Die Wohlgeformtheitskriterien, die die Chongs auflisten, sind:
a) Es muß bei der Auswahl einer Handlung Wahlmöglichkeiten geben.
b) *Makellosigkeit* – Makellosigkeit wird hier verstanden als eine Haltung, die die Ursache/Wirkungs-Verletzung völlig hinter sich gelassen hat. Jemand, der in diesem Sinne ein makelloser Krieger ist, ist jemand, der sich von niemanden manipulieren läßt, der sich nicht den Willen verbiegen läßt.

c) *Nützlichkeit und Sinnhaftigkeit* – Die Funktionalität der obengenannten Beziehungen muß eine sein, die sich unter Nützlichkeits- oder Sinnaspekten rechtfertigen läßt.
d) *Ethik* – Handlungen sollen ethisch sein und nicht nur richtig oder selbstgerecht.
e) Handlungen sollen dazu dienen, mehr Wissen und höhere Bewußtheit zu ermöglichen.
f) Handlungen sollen Mitgefühl und Liebe fördern.

7. Information
Es geht nicht darum, Schuldige zu finden, sondern Informationen darüber zu sammeln, wie genau etwas funktioniert und wie man es ändern kann.

8. Neugierde, Kreativität, Flexibilität
Diese drei Haltungen führen auf natürliche Weise dazu, uns selbst, andere und die Welt im Ganzen besser zu verstehen, neue Alternativen zu entwickeln und mehr Handlungsalternativen zu generieren.

11. Die eigene Verantwortung akzeptieren
In dem Maße, in dem wir erkennen, daß unser Empfinden und unsere Handlungen nicht von der Welt verursacht sind, sondern unsere Antwort auf die Welt sind, übernehmen wir für alles, was wir tun, die Verantwortung.

12. Einsteins Universum
In einer Welt ohne absoluten Bezugspunkt gibt es keine absolute Sicherheit, keine absolute Bedeutung, nur Relativität und relative Sicherheit bzw. relative Unsicherheit. Das einzig Sichere ist: Alle Formen verändern sich und lösen sich auf.

Aus diesen zwölf Aspekten besteht das No-Y-ian-Modell, dessen Idee wir nun kurz erläutern. Für weitere Informationen sei der Leser auf das Buch der Chongs *Frag nicht warum* verwiesen.

Das Ehepaar Chong geht davon aus, daß die Sprache einer Person den semantischen Kern darlegt, der anzeigt, weshalb die Person gerade diese Formulierung wählte. Dieser Kern liegt in der Tiefenstruktur bzw. den Universal Logical Records (ULR)[151], wobei dieser Begriff hier in einem wesentlich weiteren Sinne als bei Chomsky verstanden wird. Einen wichtigen Teil der Befragung bildet für Chong und Chong die Frage, von welchem semantischen Kern aus die Person ihr Problem beschreibt.

Das No-Y-ian-Modell gibt dem Benutzer die Handhabe, folgende Fragen zu klären[152]:
➤ Wie wußte die Person, daß in diesem Kontext gerade dieser semantische Kern der ULR auszuwählen war?
➤ Welche Kriterien benutzte die Person für diese Wahl?
➤ Was sind die voraussichtlichen Auswirkungen und Konsequenzen dieser Wahl?
➤ Was sind die Absichten der Person?
➤ Wird die Person sie erreichen?
➤ Sind die Grenzen des semantischen Kerns für die Person bindend?
➤ Was sind die Wahlmöglichkeiten und voraussichtlichen Antworten der Person?

Chong und Chong geben ein Beispiel, um dies zu verdeutlichen[153]. Jemand sagt: „Geh mir aus den Augen!"
Chong und Chong interpretieren diesen Satz so:
➤ Der Sprachakt besteht in einem Befehl bzw. einer Anordnung.
➤ Der semantische Kern ist Ablehnung und Zurückweisung.
➤ Die Bedingung war ein wahrgenommener Angriff.
➤ Der Satz bezog sich funktional auf eine nicht beruhigte Verletzung bzw. einen Ärger.
➤ Die Äußerung dient dazu, die andere Person zurückzuweisen.
➤ Der Gewinn besteht darin, deutlich zu machen, daß tiefe Verletzung stattgefunden hat.

3. Das Informationssammlungs-Modul

Das Informationssammlungs-Modul enthält Fragen, die dem Therapeuten beim Führen des Interviews helfen. Das Modul wird von den Chongs im wesentlichen zur Prozeßdiagnose verwendet; d.h., um herauszufinden, welches das „eigentliche" Problem ist, an dem der Klient leidet, im Gegensatz zu dem, von dem er vordergründig annimmt, es sei das Problem. In ihren Augen gibt es keine Basis für die Therapie, wenn der Prozeß der Tiefenstruktur nicht identifiziert ist.

Die wichtigsten Vorannahmen des Informationssammlungs-Moduls sind:
- Es ist wichtig, das Problem genau zu explorieren, um zu einer Lösung zu kommen.
- Die Lösung für ein Problem erfordert zum einen, die festgefahrene Situation des Klienten zu verändern, und zweitens, ihm ein Angebot für eine Lösung zu machen[154].
- Reden *über* das Problem ist Zeitverschwendung, da dies nur auf einem kognitiven Level stattfindet. Die Lösung liegt auf einer Metaebene außerhalb des Rahmens der Struktur des Problemzustandes[155].
- Aufgrund bestimmter paradigmatischer Strukturen (Glaubenssätze, gewohnheitsmäßige Richtung der Aufmerksamkeitsfokussierung etc.) ist der Klient innerhalb eines semantischen Kerns (z.B. in einem inneren Zustand von Ärger, Angst oder Depression) gefangen[156].
- Im Neurosemantischen Programmieren ist der einzelne Satz die Basiseinheit der Kommunikation. Deshalb konzentriert sich der Therapeut auf den Satz als ganzen.

Der Zweck des Informationssammlungs-Moduls besteht nicht darin, die Geschichte des Problems zu erfragen, sondern die befragte Person in einen Zustand „tiefer Einsicht in bezug auf sich selbst"[157] zu führen. Spezieller noch soll ihr die Fehlgeformtheit ihrer Logik, Gedanken, Gefühle und ihres Verhaltens vor Augen geführt werden, ihre „Junk-Logik", wie Bandler es ausdrückte. Damit dies funktioniert, ist es erforderlich,
a) den (kognitiven) Beweis anzuführen, daß der Klient einer Junk-Logik folgt, und, noch wichtiger,
b) ihn auch gefühlsmäßig zu überzeugen, damit eine semantische Reaktion im Sinne Korzybskis stattfinden kann. Chong und Chong sprechen hier von „Veränderungen der semantischen internen Physiologie"[158], die mit dem *felt sense* verglichen werden kann. Chong und Chong sind sich somit im klaren darüber, daß dieser eine wichtige Voraussetzung für Veränderung ist.

Das Sammeln von Informationen erfolgt zum einen analog durch Kalibrieren und das Lesen von Andeutungen. Zum anderen erfolgt es linguistisch durch die Anwendung informaler Logik, des modifizierten Meta-Modells und des No-Y-ian-Modells. Das gesamte Informationssammlungs-Modul setzt sich aus diesen fünf Teilen zusammen und zielt darauf ab[159],
1. die Art und Weise des Problemzustandes,
2. das (implizite) Resultat des Problemzustandes,
3. die Bedingungen für das Existieren des Problemzustandes,
4. seine strukturellen Grenzen und Zwänge,
5. seine funktionalen Beziehungen,
6. seine jetzige Funktion
zu bestimmen.

Der Zweck des Informationssammlungs-Moduls besteht darin, das Problem zu isolieren und dessen Kern, der in der Tiefenstruktur liegt, herauszufinden. Im Detail will man erfahren: Was ist die wirkliche Dimension des Problems? Welches ist der semantische Kern des Problems? Wie blieb der Klient das erste Mal in diesem Kern stecken? Worum geht es wirklich bei diesem semantischen Kern? Was ist passiert, daß der Klient noch immer in diesem Problemzustand verharrt? Welchem Zweck dient das? Was ist der wirkliche Gewinn für die Person?

Bei dieser Informationssammlung ist es notwendig, beim Klienten auf[160]
1. den Gebrauch des Modifizierten Meta-Modells und
2. die passenden Hinterfragungen,

3. den Gebrauch des No-Y-ian Modells und
4. die passenden Hinterfragungen,
5. die Schlußfolgerungen, die sich aus beiden Modellen ergeben,
6. die bevorzugten analogen und linguistischen Muster, die die Person intern verwendet,
7. die Strategien für normale Zwecke und unter Streßbedingungen,
8. die Satir-Kategorien und den bevorzugten inneren Zustand (wohl- oder fehlgeformt)

zu achten.

Anhand von einigen Fallbeispielen der Chongs zeigen wir nun, wie das Informationssammlungs-Modul zur Prozeßdiagnose angewandt wird.

4. Fallbeispiele[161]

Die Chongs lassen ihre Klienten vor der Konsultation ein Datenblatt ausfüllen, auf dem sie drei Fragen beantworten sollen. (Manche Klienten beantworten nicht alle Fragen.)
1. Welches ist der historische Hintergrund?
2. Was ist die Geschichte des Problems?
3. Wann ist das Problem gelöst? Was wollen Sie?

Der Kommentar zu den Fallbeispielen gibt (soweit notwendig) die Erläuterungen der Chongs wieder, vor allem bezüglich dessen, was sie veranlaßte, die jeweilige Frage zu stellen. Im Kommentar sagen sie an mehreren Stellen, daß sie die Person nach der Befragung einen Prozeß durchlaufen ließen, der sicherstellte, daß das Problem niemals wieder auftreten würde. Leider teilten sie nicht mit, wie sie das bewerkstelligten.

Fallbeispiel 1[162]:

Der erste Fall handelt von einem Mann von ca. 25 Jahren, der bezüglich der Geschichte des Problems schrieb: Seit ich ein Teenager war, habe ich das Problem im Umgang mit Menschen gehabt. Ich kann praktisch mit niemandem reden, weder mit Fremden noch mit meiner Familie. Das hat starke Auswirkungen auf mein soziales Leben und meine Arbeitssituation. Auf die dritte Frage schrieb er: Ich möchte mit Fremden über alles sprechen können, und wenn jemand etwas sagt, mit dem ich nicht einverstanden bin, möchte ich nicht dasitzen wie eine Puppe aus Stroh, sondern fähig sein, zu sagen, was ich will. Was mir fehlt, ist Selbstvertrauen.

Die Chongs diskutieren dieses Fallbeispiel mit dem Ziel, den Unterschied zwischen der Oberflächen- und der Tiefenstruktur eines Problems zu demonstrieren.

Wortwörtliches Transkript	Kommentar von Chong und Chong
Frage 1: Verstehe ich Sie richtig, daß, wenn jemand zu Ihnen sagt: „Ich stimme nicht mit Ihnen überein", daß Sie sich dann wie eine Strohpuppe fühlen? *Antwort 1:* Ja.	Seine Ausdrucksweise: „wie eine Puppe aus Stroh" machte uns neugierig. Deshalb entschieden wir uns dafür, hier nachzufragen.
Frage 2: Und wenn jemand sagt: „Ich stimme zu", dann...? *Antwort 2:* Dann ist alles okay. Seit zweieinhalb Jahren habe ich eine Freundin. Ich kann ihr meine Gefühle nicht mitteilen.	Nun waren wir neugierig, ob auch das Gegenbeispiel zutrifft.
Frage 3: Sagen Sie mir, daß Sie überhaupt nichts für sie fühlen? *Antwort 3:* Nein! Ich liebe sie. Mein Vater meinte wohl, ich solle mal ordentlich den Mund aufmachen.	Mit der nächsten Frage wollen wir ihn necken. Aber es gibt natürlich auch Menschen, die mit ihren Partnern zusammenbleiben, obwohl sie sich eigentlich lieber trennen wollen.

> Aber ich habe nichts gesagt. Wenn meine Freundin mir die falsche Antwort gibt, sage ich nichts.
>
> *Frage 4:* Wie wissen Sie, daß Zustimmung immer gut ist?
> *Antwort 4:* Ich will sagen, was ich sagen will.
>
> Aus dieser Antwort schlußfolgern wir, daß für ihn Widerspruch inakzeptabel, Zustimmung dagegen immer besser ist. Die nächste Frage testet das.
>
> *Frage 5:* Wovor haben Sie Angst? Was versuchen Sie zu verhindern? Was versuchen Sie zu befriedigen?
> *Antwort 5:* Ich weiß nicht, wovor ich Angst habe.
>
> Obwohl der Klient die Frage nicht beantwortet, gehen wir mit seiner Antwort mit. Da er nicht sagen kann, was er will, ist die Frage: Was ist die verhindernde Variable, und was hat er davon? Wir schlußfolgern, daß es etwas gibt, wovor er Angst hat.
>
> *Frage 6:* Wenn da die Möglichkeit von Nicht-Zustimmung ist, was versuchen Sie zu vermeiden? Was wollen Sie nicht nehmen? Was wollen Sie sichern?
>
> Diese Antwort sagt uns, daß er auf der bewußten Ebene nicht weiß, was los ist, während sein Körper eine deutliche Sprache spricht. Vom No-Y-ian-Modell her wollen wir wissen, was für ihn die Bedingungen bzgl. dieses semantischen Kerns sind und was er davon hat. Deshalb bleiben wir bei der Frage von eben.
>
> *Antwort 6:* Vielleicht für jedermann auszusehen wie ein Dummkopf. Ich muß sicherstellen, daß ich keinen Dummkopf aus mir mache. Wenn ich nichts sage, werden sie nichts denken.
>
> Mit dieser Antwort sagt der Klient, was wirklich der Punkt ist. Es handelt sich um eines Aspekt des Blame-Frames: Selbst-Wichtigkeit. Deren Schutz geht ihm über alles.

Chong und Chong berichten außerdem, daß sie den Klienten nach der Befragung durch einen bestimmten Algorithmus führten, der sicherstellte, daß er „niemals" wieder in diese Junk-Logik zurückfallen würde. Im Gegensatz dazu hätten Medikamente wie Valium, Lorazepam oder Ativan bzw. eine Therapie an der Oberfläche des Problems (Schüchternheit) kaum geholfen.

Wenn man dieses Beispiel in der NLP-Terminologie beschreiben wollte, könnte man sagen, daß Chong und Chong in den Fragen 5 und 6 den Klienten nach der positiven Absicht hinter seinem Verhalten fragten. Die Schlußfolgerung, daß diese etwas mit Angst zu tun hat, lag nahe, da der Klient nicht das tut, was er eigentlich tun will. Mit dem Finden der positiven Absicht ist sicherlich ein wichtiger Schritt zur Lösung des Problems getan.

Fallbeispiel 2:
Eine ca. 40jährige Frau kam in die Praxis der Chongs. Auffällig war, wie blaß ihr Gesicht und ihre Lippen waren. Diese Frau schrieb zur Geschichte des Problems: Ständige Nervosität. Zur dritten Frage schrieb sie: Ich muß lernen, mich zu entspannen und nicht so verspannt zu sein und mir nicht so viele Sorgen über Kleinigkeiten zu machen.

Für die Chongs ergaben sich aus diesen Angaben vier mögliche Etiketten (labels), die ihrer Ansicht nach jedoch überhaupt nichts besagen, weil sie lediglich verbale Substitute für die Klagen der Klientin darstellen:
1. Angst,
2. übermäßige Besorgtheit,
3. Zwanghaftigkeit,
4. Streß.

Als sich die Frau Dennis Chong gegenübersetzte, las er ihre Körpersprache, und ihm war sofort klar, daß hier eine Frau vor ihm saß, die eine höchst angstbesetzte Erfahrung gemacht hatte. So lautete seine erste Frage:

Wortwörtliches Transkript	Kommentar von Chong und Chong
Frage 1: Was war die am meisten angstbesetzte Erfahrung, oder was war die bedrohlichste Situation, durch die Sie jemals hindurchgegangen sind?	
Antwort 1: Die Klientin beschrieb, daß sie zu einer Zeit, da sie als 19Jährige in einem Hotel arbeitete, von einigen Männern, die eine Tankstelle ausgeraubt hatten, bedroht wurde. Sie hatte ihre Gespräche untereinander mitbekommen, und die Männer hatten dies bemerkt. Daraufhin hielten sie ihr eine Waffe an den Kopf und drohten, sie zu töten, wenn sie die Männer verraten würde. Sie schloß den Bericht mit den Worten: „Ich war seitdem immer nervös."	Mit ihrer Antwort war die Sitzung in einem gewissen Sinne vorbei. Ich hatte alle Informationen, die ich benötigte. Daraufhin ging ich mit der Klientin durch einen bestimmten Algorithmus, der das Problem löste.

In diesem Beispiel demonstriert Chong, wie wichtig es ist, sich die Person genau anzuschauen, denn aufgrund seiner Beobachtung gelangte er gleich mit der ersten Frage zum Kern des Problems, welcher der Betroffenen selbst nur ganz oberflächlich bewußt war.

Fallbeispiel 3[163]:
Eine Frau von Anfang 40 beschrieb die Geschichte ihres Problems so: Schwere Depression seit etwa fünf Jahren, hat in den letzten paar Monaten nachgelassen. Auf die Frage, was sie sich wünschen würde, wenn das Problem gelöst werden könnte, schrieb sie: Frieden.

Dieses Beispiel zeigt nach Chong die Wichtigkeit der Anwendung des No-Y-ian-Rahmens, um den semantischen Kern zu finden.

Wortwörtliches Transkript	Kommentar von Chong und Chong
Frage 1: Frieden von ...? *Antwort 1:* Frieden im Geist.	Wir waren neugierig, was sie mit „Frieden" meinte. Deshalb die Frage (1):
Frage 2: Was ist die Unruhe? *Antwort 2:* Schuld.	Nach dieser Antwort (1) gibt es nur eine Schlußfolgerung, nämlich, daß es eine Unruhe gibt.
Frage 3: Was muß für Sie existieren, damit Sie Schuld fühlen? *Antwort 3:* Lassen Sie mich Ihnen ein Beispiel geben. (Daraufhin erzählte sie, wie sie einem Gespräch mit Freunden etwas Negatives über ein allen bekannten befreundetes Paar erzählt hatte. Sie schloß mit den Worten: „Ich fühlte mich so schuldig, sofort nachdem ich es gesagt hatte.")	Wir waren neugierig, welche Konditionen für ihre Schuldgefühle vorliegen. (Chong und Chong fragen nach den Bedingungen für das Vorliegen des Problemzustandes.)
Frage 4: Sie können es einfach nicht ertragen, deutlich in Erscheinung zu treten, oder? Und Sie können sich das nicht vergeben?" *Antwort 4:* Nein, kann ich nicht. Aber ich mache es immer wieder.	Damit hatte ich alle Informationen. Auf den letzten Satz hin fragte ich:

Chong interpretiert diese Situation so, daß die Frau auf zwei logischen Ebenen im Blame-Frame festsitzt. Die erste Ebene ist die von „richtig/falsch". Die zweite Ebene ist die von Anklage/Fehler/Schuld.

Sie kann sich ihr Vergehen (ihren Fehler) nicht verzeihen. Weil sie das nicht kann, leidet sie an Schuldgefühlen. Das ist ihre innere Unruhe. Nach diesem Prozeß gibt es für die Chongs zwei wichtige einschränkende Glaubenssätze:
1. Die Klientin darf nicht deutlich in Erscheinung treten
2. Es ist schlecht, über andere schlecht zu reden.

Kommentar der Autoren
Wie Chong zu der Interpretation bzw. zu dem Reframing kommt, daß die Frau Schwierigkeiten hat, in Erscheinung zu treten, bleibt uns aufgrund des im Interview Gesagten unverständlich. Vielleicht spielt auch hier wieder die intuitive Interpretation der Körpersprache eine Rolle. Anzumerken bleibt hier noch, daß die Klientin in ihrer Antwort auf die Unterstellung, daß sie Schwierigkeiten hat, in Erscheinung zu treten, gar nicht eingeht, sondern nur auf den Teil, der sich auf das bezieht, was sie tatsächlich gesagt hat, nämlich, daß sie sich das nicht verzeihen kann. Insofern erscheint uns diese Interpretation als beliebig, sie kann zutreffen oder auch nicht.

Interessant ist an dieser Stelle auch, daß hier die Werthaltung des Therapeuten bei der Wahl des Lösungsansatzes eine wichtige Rolle spielt. Hält er negatives Tratschen für unproblematisch, wird er sich eher auf die dann unangemessenen Schuldgefühle konzentrieren. Teilt er die Ansicht der Klientin, daß negatives Tratschen ein unerwünschtes Verhalten darstellt, wird er sich eher auf den Zwang konzentrieren, der die Klientin dazu bringt, zu tratschen, obwohl sie es gar nicht will.

II. Der Ansatz von Chris Hall

Unter pragmatischen Gesichtspunkten kann man die Fragen des Meta-Modells folgendermaßen unterteilen:
1. Fragen, die den Therapeuten informieren, um zu verhindern, daß er spekuliert bzw. Gedanken liest, und
2. Fragen, die die Bedeutungskonstruktion des Klienten erfragen und hinterfragen.

Bei den Fragen des ersten Typs geht es im wesentlichen um Tilgungen. Bei den Generalisierungen und Verzerrungen besteht die Vorannahme des NLP darin, daß wir die Rohdaten unserer Erfahrung ständig durch Interpretationen mit Bedeutungen versehen. Um bessere Bedeutungskonstruktionen finden zu können, bedarf es im ersten Schritt der Dekonstruktion der bestehenden Bedeutung. In diesem Sinne sind diese Fragen des Meta-Modells Fragen zur Dekonstruktion der Bedeutungsgebungen des Klienten.

Einen solchen dekonstruktiven Ansatz in der Nutzung des Meta-Modells stellt die Vorgehensweise von Chris Hall dar. Sie benutzt über das von Bandler und Grinder entworfene Meta-Modell hinaus weitere Fragen, um das eingeschränkte Weltmodell von Klienten zu hinterfragen. Da sie das betreffende Material bisher nicht veröffentlicht hat, können wir uns hier nur auf Videomitschnitte ihrer Seminare beziehen.

1. Sprache der Veränderung

Auf die Frage: „Sind Sie sich bewußt, in welcher Weise Sie Ihre Worte benutzen?", antwortete Milton Erickson[164]: „Ganz sicher, und ich möchte betonen, wie wichtig diese Aufmerksamkeit für jeden von euch ist. Bei einer Arbeit werdet ihr Worte benutzen, mit denen ihr die Psyche heute lebender Individuen beeinflußt; ihr werdet auch ihre Psyche und ihre körperliche Verfassung für die nächsten 20 Jahre beeinflussen. Das bedeutet, daß ihr euch genau darüber im klaren sein solltet, was ihr sagt. Ihr solltet über die Worte nachdenken, die ihr benutzt; ihr solltet euch fragen, was sie im einzelnen bedeuten, und ihre vielen Assoziationen herausfinden und verstehen."

Dieses Erickson-Zitat stellte Chris Hall an den Anfang ihrer Seminarunterlagen über das Thema Sprache. Sie spricht von der Sprache der Veränderung, die für sie das wichtigste Mittel ist, therapeutische Veränderungen zu bewirken. Neben der Funktion, Wirkung zu erzielen, hat Sprache eine Ausdrucks- und eine Abbildungsfunktion, wobei diese drei Funktionen der Sprache in einem engen Wechselspiel miteinander stehen.

In ihrer Abbildungsfunktion könnte man Sprache als ein hocheffizientes System bezeichnen, das dazu dient, Informationen zu organisieren, Ambiguität zu reduzieren und unseren Erfahrungen eine Art von subjektiver Einheitlichkeit zu geben. Sprache ist ein Produkt von perzeptiven (d.h. auf Wahrnehmungen beruhenden), kognitiven und emotionalen Prozessen. Die Repräsentation unserer Gedanken, Erfahrungen, Gefühle und Konzepte geschieht vermittels linguistischer Formen. Chris Hall behauptet demzufolge: Wer seine Sprache verändert, wird auch die internen Prozesse verändern, deren Produkt sie ist.

Das liegt unter anderem daran, daß Sprache dem Zuhörer in gewisser Weise vorschreibt, wie er denken soll. Ein Sprecher orientiert die Aufmerksamkeit und damit die emotionalen, kognitiven und perzeptiven Prozesse seiner Zuhörer in eine bestimmte Richtung. Wie das funktioniert, soll an der Wirkung von Vorannahmen bzw. Präsuppositionen dargelegt werden.

Präsuppositionen in der Sprache

Ein unverzichtbares Element der Sprache der Veränderung sind Vorannahmen. Chris Hall wendet sie bei all ihren Veränderungsstrategien sehr bewußt an, vor allem beim Fragen. In den Vorannahmen, die durch Sprache übermittelt werden, zeigt sich besonders deutlich, weshalb jedes Elizitieren auch einen Installationsaspekt hat. Dies liegt daran, daß es nahezu unmöglich ist, alle Vorannahmen in den Sätzen des Gegenübers bewußt zu erkennen. Insofern ist eine große Aufmerksamkeit und ein gewisses Maß an Anstrengung erforderlich, wenn es darum geht, ihnen gegenüber erfolgreich Position zu beziehen.

Um sich einen Eindruck zu verschaffen, wie Präsuppositionen wirken, bitten wir den Leser, folgende Sätze miteinander zu vergleichen, die ein Seminarleiter zu Beginn der Veranstaltung zu seinen Teilnehmern sagt:

Beispiel 1:
1. „Sind Sie neugierig?" versus:
2. „Wie neugierig sind Sie, mehr zu lernen?"

Die erste Frage eröffnet den Teilnehmern die Möglichkeit, nein zu sagen. Die zweite Frage setzt voraus, daß die Teilnehmer bereits neugierig sind, und eröffnet die Perspektive auf Ausmaß und Gegenstand dieser Neugier, wobei sie noch weitere Vorannahmen enthält:
➤ Die Teilnehmer haben bereits einiges gelernt.
➤ Die Teilnehmer werden noch mehr lernen.

Um die Frage beantworten zu können, muß das Unbewußte diese versteckten Präsuppositionen akzeptieren. Wie Präsuppositionen in einer konkreten Therapiesituation genutzt werden können, zeigt Chris Hall in der folgenden Arbeit.

Beispiel 2:
Ein Klient klagt, daß ihm sein Job bei IBM keinen Spaß mache. Spaß sei ihm aber sehr wichtig bei der Arbeit. Daraufhin fragt Chris: „Welche Fähigkeiten haben Sie im Laufe Ihrer Arbeit bei IBM bisher gelernt, die es Ihnen ermöglichen, auf genußvolle Weise zu arbeiten?"

Mit dieser Frage werden einige Vorannahmen transportiert, die das Denken des Klienten in eine produktivere Richtung führen sollen:
1) Der Klient hat bisher schon einige Fertigkeiten bei IBM gelernt.
2) Als er seine Klage formulierte, sah er sich in einer passiven Situation, in der sein Spaßerleben von den äußeren Umständen bestimmt war. Jetzt wird er zu einer aktiven Person, die die Kontrolle über ihre Freude bei der Arbeit selbst in der Hand hat.

Wird der Klient diese Vorannahmen akzeptieren? Seine Antwort bestätigt die Hoffnungen der Therapeutin:
Klient: „Da gibt es viele Beispiele."
Nachdem die Therapeutin diese hat benennen lassen, schlußfolgert sie:
Chris: „Dann haben Sie ja dort eine ganze Menge gelernt – ein intensiver bezahlter Weiterbildungsurlaub sozusagen."

2. Probleme sind Pseudoprobleme

Chris Hall nutzt ihre Sprache vor allem, um die folgenden vier Vorannahmen zu transportieren:
1. Es gibt keine Probleme, nur Situationen.
2. Veränderung ist möglich.
3. Veränderung ist für den Klienten möglich.
4. Die Veränderung geschieht jetzt.

Damit tut Chris Hall etwas, was die neuesten Ergebnisse der Therapieforschung bestätigen: Klienten kommen im allgemeinen nur dann zu Lösungen, wenn sie glauben, daß eine Problemlösung für sie überhaupt möglich ist. Glauben sie das nicht, wird die Therapie wahrscheinlich erfolglos bleiben.

Die Vorannahmen zeigen die generelle Richtung der Therapie auf, wie sie von Chris Hall vorgeführt wird. Sie möchte Klienten beeinflussen,
➤ von unmöglich zu möglich,

- vom Stillstand (Nominalisierungen) zur Bewegung,
- von der Passivität zur Aktion,
- von der Identitätsebene („Ich bin unfähig") auf die Verhaltensebene („Bei der letzten Führerscheinprüfung habe ich die Vorfahrt mißachtet")

zu gelangen.

Interessant und provozierend ist vor allem die erste Vorannahme von Chris Hall. Wie kommt sie zu der Aussage, daß es keine Probleme gibt, obwohl sich doch die gesamte Psychotherapie mit Problemen beschäftigt?

Übergeneralisierungen sind für Chris Hall die Wurzel dessen, was Menschen in die Therapie bringt und was sie „Problem" nennen[165]. Insofern kommen Klienten mit zwei verschiedenen Arten von „Pseudoproblemen" in die Therapie. Die eine Gruppe bezeichnet Sachverhalte als Problem, die einfach Tatsachen sind. Beispiel: Jemand hat seinen Job verloren und klagt, daß er ihn wieder zurückhaben möchte. Aus dieser Art von Klage ergibt sich noch kein therapeutisch behandelbares Problem. Was der Klient äußert, ist eine Tatsache, die ein Therapeut nicht ändern kann. Er kann aber den Blick des Klienten darauf richten, daß es Menschen gibt, die in der Tatsache, daß sie ihre Arbeit verloren haben, kein Problem sehen, dies vielmehr als willkommene Einladung ansehen, sich endlich eine befriedigendere Beschäftigung zu suchen, etc. Dieser konstruktive Umgang mit den psychologischen Auswirkungen von bestimmten Tatbeständen kann dann entscheidende Veränderungen auch in der äußeren Situation zur Folge haben.

Zur zweiten Klasse von Vorannahmen: Der Klient klagt über eine bestimmte Situation/Ereignis. Er tut dies nach Chris Hall nur aus dem Grund, weil er eine zusätzliche Bedeutungsgebung (Generalisierung) vollzieht, die das Problem erst erschafft. Im Beispiel des Jobverlustes könnte die tiefere Ursache der Klage darin liegen, daß er sich wertlos fühlt, weil er keine Arbeit mehr hat. In diesem Fall hätte er eine Übergeneralisierung (also eine zusätzliche Bedeutungsgebung) gebildet, die sehr wohl therapeutisch zu bearbeiten ist.

Auf welche Weise geht Chris Hall mit Übergeneralisierungen um? Wie nutzt sie ihre Sprache, um nützliche Präsuppositionen im Denken des Klienten zu implementieren? Der Klient im folgenden Beispiel ist ein Seminarteilnehmer:

1. Chris:	Nenne eine Limitation.
2. Klient:	Ich kann nicht schnell genug lesen.
3. Chris:	Du kannst... bist fähig, schnell zu lesen.
	(zur Gruppe) Er kann lesen, und zwar schnell, und er hat eine bestimmte Geschwindigkeit im Kopf. Das heißt, er zieht einen Vergleich. Und er hat ein Ziel, ein Ergebnis im Kopf.
	(zum Teilnehmer) Also, ich verstehe nicht ... wie ist das ein Problem?
4. Klient:	Ich kann innerhalb der nächsten Woche nicht alle Bücher lesen, die ich gerne lesen würde.
5. Chris:	Oh, damit hast du absolut recht. Ich könnte wahrscheinlich selbst dann nicht alle Bücher lesen, die ich gerne lesen würde, wenn ich hundert Jahre Zeit dafür hätte. Wie ist das ein Problem?
6. Klient:	Ich kann mir nicht klar darüber werden, was ich erreichen will und zu welchem Zweck.
7. Chris:	Was möchtest du erreichen?
8. Klient:	Ein Seminar machen.
9. Chris:	Zu einem Seminar gehen oder ein Seminar geben?
10. Klient:	Ein Seminar geben.
11. Chris:	Worüber?
12. Klient:	NLP.
13. Chris:	Worüber?
14. Klient:	Das Meta-Modell.
15. Chris:	Oh, da hast du eine gute Wahl getroffen. Was ist der erste Schritt, den du unternehmen mußt, um das Seminar zu planen?
16. Klient:	Ich muß mir einen Überblick über das Thema verschaffen, dann entscheiden, was wichtig ist, welche Informationen ich präsentieren möchte und welche Fähigkeiten ich lehren will, dann lesen, um die erforderlichen Informationen zu bekommen, um die Übungen zu entwerfen.
17. Chris:	Das ist ein guter Start.

Interessant hinsichtlich der Vorgehensweise von Chris Hall sind die Einheiten (3) und (5). Nach dem Meta-Modell von Bandler und Grinder würde man auf den Satz „Ich kann nicht schnell genug lesen" fragen: „Was?" oder: „Im Hinblick worauf?" Mit dieser Antwort würde man jedoch die Präsupposition des Klienten akzeptieren, nämlich, daß er nicht schnell genug lesen kann. Durch die Frage „Wie ist das ein Problem?" kommt die Therapeutin schneller an den Kern des Problems bzw. zu dessen Auflösung.

Die Frage „Wie ist das ein Problem?" hat viele Vorteile. Erstens vermeidet die Therapeutin dadurch, Gedanken zu lesen. Zweitens stellt sie den Problemstatus in Frage, weil sie den Klienten auffordert, zu erklären, wie er aus einem bestimmten Ereignis ein Problem macht. Dieser wird nun mit der Möglichkeit konfrontiert, daß er etwas zusätzlich tut, um etwas als Problem zu erleben. Im obigen Beispiel ist dies die Vorannahme, daß das Kriterium für „schnell genug lesen" darin besteht, in der nächsten Woche alle Bücher lesen zu können, die er gerne lesen würde. Für das, worum es ihm eigentlich geht, nämlich Seminarvorbereitung, ist diese Vorannahme eine einschränkende Übergeneralisierung.

Nachdem die Therapeutin zum zweiten Mal fragte, inwiefern das ein Problem ist, kam der Klient in Einheit (6) schnell zu der Erkenntnis, daß das Problem nicht in der Lesegeschwindigkeit bestand, sondern in seiner Unklarheit bezüglich dessen, was genau er in dem von ihm geplanten Seminar präsentieren möchte. Nachdem ihm das klargeworden war, konnte er direkt benennen, wie er dabei vorgehen würde. Das Problem hatte sich aufgelöst.

Die Frage „Wie ist das ein Problem?" kann man bei nahezu jedem Bedeutungsproblem stellen. Dazu noch ein Beispiel.

Eine Klientin klagt: „Immer wieder höre ich mir die alten Bänder (i.S.v. unangenehme Gedanken) an!" *Chris:* „Wie ist das ein Problem?"

Durch die Frage wird die Klientin sogleich mit einem anderen (nützlicheren) Rahmen konfrontiert. Die Klientin gibt den „alten Bändern" eine zusätzliche Bedeutungsgebung und ordnet sie einer Problemklasse zu. D.h., sie faßt bestimmte Aspekte ihrer Wahrnehmung (z.B. innere Stimmen, die unangenehme Dinge sagen) zusammen und bezeichnet deren Summe als Problem. In Chris Halls Frage ist die Annahme enthalten, daß unangenehme Gedanken nicht unbedingt Problemcharakter haben müssen. Sie können auch als Herausforderung, als Lernerfahrung etc. angesehen werden. Die Klientin wird eingeladen, das „Problem" aus diesem Rahmen heraus zu betrachten.

Übergeneralisierungen erkennen

Wie erkennt Chris Hall Übergeneralisierungen? Dazu nutzt sie dieselben semantischen und syntaktischen Kriterien, die Bandler und Grinder im Meta-Modell formulierten, um wohlgeformte von fehlgeformten Sätzen zu unterscheiden. Allerdings zieht sie weiterreichende Schlußfolgerungen aus den Verletzungen des Meta-Modells. Es sind vor allem zwei Aspekte, die sich in fehlgeformten Sätzen immer wieder ausdrücken und die über das Meta-Modell von Bandler und Grinder hinausgehen:

Klassen-Element-Konfusionen und implizierte Universalität

Klassen-Element-Konfusionen und die implizierte Universalität ähneln sich in ihren Konsequenzen. Dies soll an einem Beispielsatz erläutert werden:

Klient: „Ich bin depressiv."

Der Satz enthält nach Chris Hall eine Klasse-Element-Konfusion, da der Zustand „depressiv" mit dem Subjekt „Ich" gleichgesetzt wird: Ich = depressiv. Klassen-Element-Konfusionen sind in weiten Teilen identisch mit dem, was Korzybski als Identitätsformulierungen und Chong und Chong als Identifikationen bezeichnen. Eines der Ziele der Fragestrategie von Chris Hall besteht darin, die Trennung von Subjekt und Objekt wiederherzustellen. Unter impliziter Universalität faßt Chris Hall „Nominalisierungen, Universalquantoren, Digitalisierungen (Alles-oder-Nichts-Strukturen) etc." Die impliziten Universalisierungen des obigen Satzes sind folgende:

a) Durch die Benutzung des unspezifischen Verbs „depressiv sein" verwandelt der Klient seine Erfahrung in ein Ding[166].

b) Zugleich hat die Aussage einen universellen Charakter (Übergeneralisierung), weil der Klient letztlich von sich behauptet, er sei zu jeder Zeit, an jedem Ort immerwährend depressiv. Darin zeigt sich eine Alles-oder-nichts-Struktur. Wenn jedoch der Zustand der Depression immerwährend ist, dann lautet eine weitere Vorannahme des Klienten: „Ich kann mich nicht verändern."

3. Der Weg vom Problem zur Lösung

Ein guter Arzt weiß genau, was er bei der Befragung vom Klienten wissen will und warum er es wissen will. Er verfügt über ein bewußtes oder unbewußtes Diagnoseschema, nach dem er in Abhängigkeit von den genauen Umständen vorgeht. – Ebenso ist es bei guten Therapeuten. Auch sie haben ein mehr oder weniger bewußtes Diagnoseschema, nach dem sie vorgehen. In diesem Abschnitt wird dargestellt, welche Fragen Chris Hall in ihrer Befragung leiten. Die grobe Struktur ihres Vorgehens läßt sich anhand der folgenden strategischen Fragen darstellen[167]:

1. Wie macht der Klient etwas zu einem Problem? (Mit dieser Frage haben wir uns bereits beschäftigt.)
2. Wie komme ich vom Problem des Klienten zu den Rohdaten?
3. Wie kann ich den Klienten darin unterstützen, sein Problemdenken aufzulösen und zu nützlichen Generalisierungen zu kommen?

Mit dem dritten Punkt geht Chris Hall über das Vorgehen im NLP-Meta-Modell nach Bandler und Grinder hinaus, denn sie regt den Klienten zum induktiven Schlußfolgern an[168].

a) Von der Übergeneralisierung zu den Rohdaten

Zunächst geht es Chris Hall darum, herauszufinden, wie der Klient aus bestimmten Ereignissen eine Übergeneralisierung macht. Sie folgt damit dem Prinzip „zurück zu den Rohdaten", das Zink und Munshaw als „deduktives Schlußfolgern" bezeichnen. Der Therapeut stellt sich hierbei die Frage, was die sensorische Evidenz in der Klientenäußerung ist, die diesen dazu veranlasst, zu glauben, daß seine Übergeneralisierung wahr ist. – In diesem Schritt zeigt sich der dekonstruktivistische Ansatz von Chris Hall besonders deutlich. Eine Möglichkeit der Dekonstruktion von Problemen ist das Deframing. Hierbei geht es darum, die Erfahrung vom Rahmen bzw. vom Kontext zu isolieren (vgl. Beispiel 2 weiter unten). Dies führt den Klienten zu den Rohdaten seiner Erfahrung zurück. Andere Strategien, um Generalisierungen rückgängig zu machen bzw. das Problem zu dekonstruieren, beruhen darauf, die ursprünglichen Wahrnehmungen zu finden, auf denen die Übergeneralisierungen beruhen. Die Hauptstrategie, dies zu erreichen ist die Frage: „Wie genau wissen Sie das?" Sie zielt darauf ab, die Evidenzprozedur einer Aussage zu erfragen.

Beispiel 1: Versager

Ein Klient (B.) fühlt sich häufig schlapp und energielos. Dabei geht ihm häufig der Gedanke durch den Kopf, zu nichts nütze zu sein. In der Therapie antwortet er auf die Frage, was ihn hergeführt hat:

B.: „Ich bin ein Versager."
Chris: „Wie wissen Sie, daß Sie ein Versager sind?"

Diese Frage führt in der Regel zu einem *chunk-down*, denn die befragte Person wird aufgefordert, genauere Details dessen zu benennen, was sie sieht, hört und fühlt. Fragen mit analogem Ziel sind:

➤ Wie wissen Sie, daß dieses Gefühl X bedeutet?
➤ Wie ist das ein Problem?

Auch die folgende kleine Intervention, die insbesondere von Richard Bandler häufig angewandt wird, eignet sich gut dazu, herauszubekommen, wie der Klient sein Problem macht: „Stellen Sie sich vor, Sie hätten keine Zeit und ich müßte mal für Sie einspringen. Was genau müßte ich tun, um ein Versager zu sein?"

Beispiel 2[169]: Die schreiende Mutter

Im nachfolgenden Beispiel demonstriert Chris Hall mit einer Seminarteilnehmerin, wie das oben angesprochene Deframing funktioniert und wie die bisher besprochenen Leitfragen in der Therapie eingesetzt werden können.

Transkript	Kommentar
Klientin: Ich kann nicht damit aufhören, zu schreien. *Chris:* Im Moment schreien Sie nicht.	Chris Hall wendet die Beschwerde der Klientin auf die Therapiesituation an[170]. Das Gegenbeispiel im aktuellen Verhalten soll den Prozeß von einem „unmöglich" (Ich kann nicht) zu einem „möglich" (Ich kann) führen.
Klientin: Ich kann nicht damit aufhören, meine Kinder anzuschreien.	Die Formulierung „kann nicht aufhören" impliziert streng genommen, daß die Klientin ihre Kinder immer und überall anschreit und, noch wesentlicher, daß sie dies nicht ändern kann.
Chris: Heißt das, Sie schreien Ihre Kinder immer und überall an? *Klientin:* Natürlich nicht. *Chris:* Schreien bedeutet laut sprechen.	Chris hinterfragt die erste Vorannahme. Die Klientin nimmt die Übergeneralisierung zurück. Mit diesem Satz reduziert Chris Hall die Bedeutung von „schreien" auf den wahrnehmbaren Aspekt, nämlich die „Lautstärke". Das Deframing wird vorbereitet.
Klientin: Ja. *Chris:* Okay, dann geht es einfach nur um die Lautstärke. Wie ist das ein Problem? *Klientin:* Das bedeutet, daß ich ein schlechter Mensch bin.	„Laut zu sein" an sich ist kein Problem. Deshalb fragt die Therapeutin nach der Evidenzprozedur dafür, wie die Klientin daraus ein Problem macht. Die Klientin nennt eine komplexe Äquivalenz: nämlich, daß jegliches Schreien bzw. Lautsein sie zu einem schlechten Menschen macht.
Chris: In welchen Kontexten nutzen Menschen normalerweise eine laute Stimme? (Die Klientin sucht und findet 12 Situationen, darunter auch Situationen, in denen Schreien positiv zu bewerten ist.) *Chris:* Das bedeutet, daß Schreien nicht notwendigerweise eine schlechte Bedeutung hat. Stellen Sie sich vor, Sie sähen Ihr zwei- und Ihr vierjähriges Kind auf die Straße laufen. Was würden Sie tun? *Klientin:* Schreien! *Chris:* Genau. Also was ist das Problem?	Die Therapeutin fordert die Klientin auf, Situationen für lautes Sprechen zu finden. Das führt nahezu mit Sicherheit dazu, daß die Klientin auch Situationen findet, in denen Schreien positiv zu bewerten ist. Mit einer Schlußfolgerung und einem prägnanten Beispiel, das den Einwand vorwegnimmt, daß die Klientin ihre Kinder anschreit, endet die Sitzung.

Mit der Frage „In welchen Kontexten nutzen Menschen normalerweise eine laute Stimme?" leitet die Therapeutin das Deframing ein. Bis zu diesem Zeitpunkt hatte die Klientin geglaubt, sie hätte keine Kontrolle über ihr Schreien. Nach dem Deframing ist Schreien eine bestimmte „Lautstärke beim Sprechen", die außerhalb bestimmter Kontexte gar keine Bedeutung hat.

Der Glaubenssatz bzw. die komplexe Äquivalenz „Wer schreit, ist schlecht" wird in Frage gestellt und kontextspezifisch erweitert. Die Klientin erkennt, daß lautes Schreien sinnvoll und angemessen sein kann und daß sie die Fähigkeit hat, ihr Verhalten in Abhängigkeit vom angestrebten Zweck zu verändern und zu kontrollieren. Damit ist eines der übergeordneten Ziele von Chris Hall erreicht, nämlich Klienten darin zu unterstützen, von einer Einstellung (Es ist unmöglich ...) zu einer Einstellung (Es ist möglich ...) zu gelangen. Nachdem Klientin und Therapeutin gemeinsam bei den Rohdaten angekommen sind, stellt sich im zweiten Schritt die Frage: Wie kann ein Therapeut nützliche Bedeutungsgebungen etablieren und stabilisieren?

b) Von den Rohdaten zu nützlichen Bedeutungen

In diesem Kapitel wird untersucht, mit welchen Methoden Chris Hall Klienten zu nützlicheren Bedeutungen führt. Den generellen Mechanismus beschreibt Hall wie folgt: Die Veränderung von Bedeutung „kommt dadurch zustande, daß die Elemente innerhalb eines Problems in ein anderes Muster reorganisiert wurden[171]." Einen anschaulichen Vergleich, wie eine solche Reorganisation in ein anderes Muster aussehen kann, bietet das unten abgebildete Vexierbild.

Wenn man in diesem Bild eine alte Frau sieht, organisiert man seine Wahrnehmung um diese Vorstellung herum. Das lange, spitze Kinn bedeutet, daß der Mund darüber sein muß. Danach wiederum bestimmt sich die Position der Augen etc. Sobald Sie in dem Bild die junge Frau erkennen, springt das Bild um. Plötzlich wird der Mund zum Halsband, das eine Auge wird zum Ohr etc. Analog dazu kann man sich die Veränderung einschränkender Glaubenssätze vorstellen.

Chris Hall nutzt zur Auflösung problematischer Muster vor allem drei Prozesse (meist kombiniert):
1) Rechunking (das Problem auf anderen Chunkebenen repräsentieren),
2) Resequencing (die Problemrepräsentation in eine andere Reihenfolge bringen),
3) Recoding (neue Labels finden).

Diese Strategien haben einen um so größeren Effekt, je besser es dem Therapeuten gelingt, die „versteckten Bedeutungen" zu entdecken, die hinter den Äußerungen des Klienten stehen. D.h., wovon gehen Klienten aus, wenn sie generalisieren? Welches sind die Vorannahmen, die bestehen müssen, damit die betreffenden Generalisierungen überhaupt Sinn machen?

Diesen Punkt betonen auch Chong und Chong. Ein Teil des Informationssammlungs-Moduls erfragt die Bedingungen für das Existieren eines Problemzustandes[172].

Strategie 1: Rechunking
Beim Rechunking geht es darum, das Problem zu einem Element einer größeren Klasse zu machen. Dazu wird nochmals das Beispiel des depressiven Klienten aufgegriffen:

Beispiel 1: Depressiver Klient

Klient: Ich bin depressiv.	Wie oben besprochen, beinhaltet der Satz des Klienten eine Klasse-Element-Verwechslung, indem das Subjekt mit dem seelischen Zustand gleichgesetzt wird: Ich = depressiv. Implizit geht der Klient davon aus, daß dieser Zustand nicht veränderbar ist. Die Frage ist: Wie kann der Therapeut ihn veranlassen, in eine andere Richtung zu gehen?
Chris: Wie weißt du, daß das, was du gerade erlebst, Depression bedeutet? Vielleicht will dich dein Unbewußtes motivieren, jetzt oder später in eine andere Richtung zu gehen.	Durch die Frage der Therapeutin wird aus „Depression" oder sich depressiv fühlen ein Mitglied der Klasse „Motivation". Depression ist nun eine der Möglichkeiten, die das Unbewußte nutzt, um den Klienten zu etwas zu motivieren.
Klient: Ich habe niemals daran gedacht, es so zu sehen. *Chris:* Wie motivierst du dich, etwas zu tun?	Der Klient nimmt die Richtungsänderung an.

Beispiel 2:
Klient: „Ich kann keine Entscheidung treffen."
Chris: „Wie hast du das entschieden?"

Immer wenn es möglich ist, versucht Chris Hall ein Gegenbeispiel in der Behauptung des Klienten zu finden, das hier und jetzt zutrifft. In diesem Fall enthielt der Satz des Klienten eine implizite Universalität: „Ich kann mich niemals, unter keinen Umständen, in keiner Situation entscheiden." Zugleich beinhaltet er nach Chris Hall eine Klasse-Element-Konfusion: Ich = nicht entscheiden können.

Beides wird hinterfragt: zum einen die implizite Universalität, indem die Therapeutin das Problemverhalten auf die jetzige Situation anwendet. Dadurch, daß der Klient diese Aussage macht, hat er gleichzeitig eine Entscheidung getroffen, die dieser Aussage widerspricht. Gleichzeitig wird die Klasse-Element-Konfusion hinterfragt, indem „Ich kann mich nicht entscheiden" zum Element der Klasse „sich entscheiden können" gemacht wird. Dies impliziert, daß auch weitere Verhaltensweisen des Klienten der Klasse „Entscheidung" angehören könnten. Damit wird auch die Trennung zwischen Subjekt (Ich) und Objekt (Entscheidung) wiederhergestellt: Ich = auch äquivalent mit sich entscheiden können.

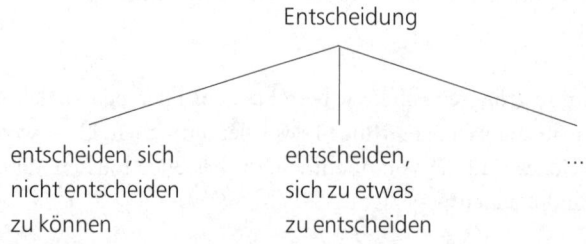

Beispiel 3: „Hochchunken"
Von der Frage „Wie genau weißt du das?" zu unterscheiden ist die oben besprochene Frage: **„Wie ist das ein Problem?"** Letztere führt in der Regel zu einem Hochchunken (*chunk-up*), denn der Befragte wird nun in der Regel eine Übergeneralisierung nennen. Wie bereits angemerkt, werden im Ansatz von Chris Hall auch Elemente des induktiven Schlußfolgerns angewendet. Insofern stellen diese Fragen für das NLP eine Bereicherung dar.

Klient: „Ich erreiche nicht immer Perfektion."
Therapeut: „Wie ist das ein Problem?"

Die Antwort wird nun wahrscheinlich ein Glaubenssatz der Art sein: „Es ist schlecht, Dinge nicht optimal zu tun" oder: „Wer die Dinge nicht perfekt tut, verdient es nicht, ein zufriedener Mensch zu sein" etc.

Wenn es gelingt, Klienten zu veranlassen, Informationen auf verschiedenen logischen Ebenen zu repräsentieren, dann hilft ihnen das, ihre Erfahrung auf eine Weise zu reorganisieren, daß sie mehr Dinge für möglich halten. Kreative Lösungen entstehen dadurch, daß die Elemente des Problemmusters in ein neues Muster gebracht werden. Die passende Chunkgröße ist hierbei ein wesentlicher Aspekt.

Strategie 2: Resequencing und Resyntaxing

Wenn Menschen übergeneralisieren, tun sie dies häufig in Form von Universalien, komplexen Äquivalenzen oder Ursache/Wirkungs-Mustern. Resequencing bezeichnet den Vorgang, daß die Elemente einer Übergeneralisierung in eine andere Reihenfolge gebracht werden, was nach Chris Hall oftmals zu einer Bedeutungsveränderung der Erfahrung führt. Das Hauptmittel dazu ist die Syntax. Sie zu ändern heißt, die Bedeutung zu verändern. Ein Beispiel wäre, eine Erinnerung bis zum Ende laufen und sie von dort aus zurücklaufen zu lassen bis zu dem Zeitpunkt, bevor sie begann. Dieser Prozeß kann die Bedeutung dramatisch verändern, wie es sich zum Beispiel bei der Phobietechnik zeigt.

Indem die Reihenfolge verändert wird, stellen sich gleichzeitig weitere Veränderungen ein:
- ein Wechsel der Wahrnehmungsposition,
- eine Veränderung der Submodalitäten,
- u.a.

Um zu veranschaulichen, wie die Syntax genutzt werden kann, um Bedeutungen zu verändern, mag der Leser sich den untenstehenden Satz anschauen: Benennen Sie so viele Möglichkeiten, wie Ihnen einfallen, um die einzelnen Satzelemente zu einem Satz zu verbinden:

LIKES KNOW THE NOBODY I WOMAN

I know nobody likes the woman.
Nobody likes the woman I know.
The woman likes nobody I know.
etc.

Beispiel: Veränderung der Organisation von Zeit

Veränderungen der Reihenfolge können durch eine Veränderung der Zeitorganisation erreicht werden. Dazu werden nun einige Muster vorgestellt, die Chris Hall verwendet. Ihrer Ansicht nach kann man dadurch auf tiefgreifende Weise beeinflussen, wie jemand sich selbst organisiert. Die Reorganisation von Zeit ermöglicht es vor allem, das Denken von Menschen in eine Richtung zu bringen, die sie von sich aus nicht eingeschlagen hätten. Eine gängige Technik, die auf Milton Erickson zurückgeht, ist die Technik der **Pseudoorientierung in der Zeit**. Auf nahezu alle Probleme, also auch auf das des depressiven Klienten, kann man mit folgender (hypnotischer) Intervention antworten:

Intervention „Reorganisation in der Zeit"	Verwendete Zeitformen
„Was *wirst* du *tun*,	Zukunft
wenn du dich vollkommen *geändert* hast,	vollendete Gegenwart
wenn du *jetzt zurückschaust*	Gegenwart
und all diese Veränderungen *gemacht* hast –	vollendete Gegenwart
was *wirst* du *jetzt tun*?"	Verbindung von Zukunft und Gegenwart

Der Leser möge beachten, wie in dieser Frage die Prädikate der Zeit (kursiv gesetzt) genutzt werden. Die Strategie versetzt den Klienten im ersten Teil des Satzes in die Zukunft und läßt ihn von dort zurück in die Vergangenheit schauen, in der er das Problem bereits gelöst hat. In dieser Zukunft (= jetzt!) wird er gefragt, was er tun will.

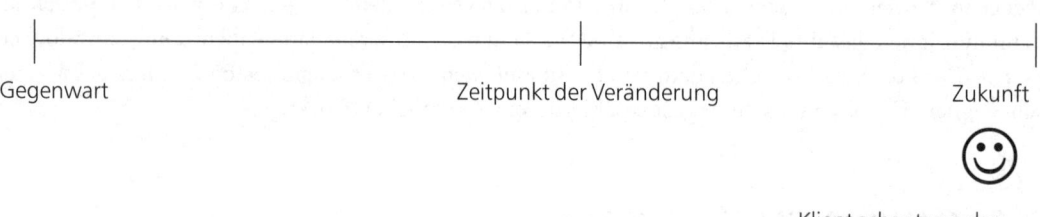

Klient schaut von der Zukunft aus auf den vorgestellten Zeitpunkt der Veränderung zurück

Die Strategie der Pseudoorientierung in der Zeit gibt es in vielen verschiedenen Abwandlungen. Die bekannteste ist wohl die Wunderfrage von Steve de Shazer[173]. Es werden nun weitere Beispiele (hypnotischer) Veränderungstechniken vorgestellt, um dem Leser ein Gefühl für diese Sprachmuster zu geben. Sie lassen sich prinzipiell auf alle Probleme anwenden. Die Wirkung der Verwendung von Prädikaten der Zeitwahrnehmung resultiert vor allem aus den Vorannahmen, die mittransportiert werden:

Beispiel
Was werden Sie tun,
wenn Sie sich verändert haben,
so daß Sie die Situation anders sehen können?

Die Präsuppositionen dieser Frage sind u.a.:
➤ Es gibt etwas zu verändern.
➤ Die Veränderung ist möglich.
➤ Die Veränderung geschieht jetzt.

Insbesondere die dritte Vorannahme ist wichtig. Mit dem ersten Satz wird der Klient in die Zukunft versetzt, in der das Problem bereits der Vergangenheit angehört. Letzteres ist durch die vollendete Gegenwart im zweiten Satzteil ausgedrückt und durch das Präsens im dritten.

Um einen solchen Satz zu verstehen, muß der Klient die Vorannahmen des Satzes akzeptieren, woraus Veränderungen auf vielen unterschiedlichen Ebenen resultieren. Der Leser möge bei dieser Art von Fragen beachten, daß der Installationsaspekt weitaus bedeutsamer ist als der Elizitierungsaspekt. Wie schon erwähnt, sind hypnotische Fragen Fragen, die keine sind[174].

Hier sind noch einige weitere Beispiele, wie Therapeuten die Erfahrung von Klienten durch Präsuppositionen in eine bestimmte Richtung lenken können:
➤ Was würde/wird passieren, wenn Sie diese Veränderung machen?
➤ Was würde/wird passieren, wenn Sie diese Veränderung nicht machen?
➤ Was würde/wird nicht passieren, wenn Sie diese Veränderung machen?
➤ Was würde/wird nicht passieren, wenn Sie diese Veränderung nicht machen?
➤ Sie hoffen, diese Veränderung zu vollziehen, war es nicht so?

Beispiel: Reorganisation in ein anderes Muster
Eine weitere Methode, die Chris Hall gerne anwendet, ist der folgende Standardsatz. Auch er läßt sich auf nahezu jedes beliebige Problem anwenden.

Beispiel: Der Therapeut wiederholt die Klage, zum Beispiel: „Ich werde das nie lernen!", und fährt fort: *„... und Sie wissen, wenn Sie dies in ein anderes Muster reorganisieren, dann werden Sie mehr Möglichkeiten haben, sich zu verhalten."*

Was an diesem Sprachmuster wirkt, sind die in diesem Satz enthaltenen Vorannahmen: In der Klage steckt implizit ein Modaloperator der Unmöglichkeit (kann nicht), während die Aussage *„werden Sie mehr Möglichkeiten haben"* in eine Richtung weist, anders mit dem Problem umzugehen.

Die Worte *„ein anderes Muster"* weisen darauf hin, daß der Klient über das Problem auf völlig andere Weise nachdenken kann, als er es bisher getan hat. Dies beinhaltet zum einen, daß eine andere Sichtweise überhaupt möglich ist, und zweitens, daß diese Sichtweise hinsichtlich der Bewältigung des Problems nützlicher sein kann als die bisherige.

In der Klage steckt implizit noch ein syntaktisches Muster, das Chris Hall (anders als Bandler und Grinder) ebenfalls zu den Modaloperatoren rechnet: ein Modaloperator des Nichtwissens. Mit den einleitenden Worten „Sie wissen" wird auch dieses Muster in eine positive Richtung gelenkt.

Zusammenfassend ausgedrückt eröffnet diese Veränderungstechnik dem Klienten den Weg von:

- nicht wissen → wissen
- unmöglich → möglich
- nicht können → können

Strategie 3: Recording (Labelling)

Wenn jemand sagt: Ich habe Angst, ich bin verwirrt, ich bin entnervt, verunsichert etc., dann müssen wir uns darüber im klaren sein, daß diese Labels (Etikettierungen) bis zu einem bestimmten Grad immer willkürlich sind. Das heißt, wir könnten den Zustand auch anders benennen, ohne sofort den Eindruck zu erhalten, daß das neue Etikett falsch sei. Für jedes Ding, für jede Erfahrung kann man beliebig viele Bezeichnungen finden. Keine Bezeichnung ist letztlich richtig oder falsch. Dennoch tendieren Menschen dazu, zu glauben, daß die Namen (Labels, Etiketten), die sie den Dingen geben, mit diesen identisch sind. Das Label macht dann die Identität des Bezeichneten aus. Labels richten die Aufmerksamkeit auf einen bestimmten Aspekt, wie folgender einfache Satz zeigt: „Beate ist eine Frau."

Aufgrund des Labels „Frau" vergißt man leicht, daß Beate auch Tochter, Mutter, Geliebte, Nachbarin etc. ist. Je nachdem, welche Bezeichnung man wählt, werden unterschiedliche Assoziationen angesprochen. Der Klient, der sagt: „Ich bin deprimiert", vergißt, daß er auch fröhlich, engagiert, aktiv etc. sein kann. Akzeptiert man den Begriff „Depression" unhinterfragt, entsteht leicht der Eindruck, dies sei immer und überall so. Labelling kann genutzt werden, um negative Etikettierungen des Klienten in positive umzudeuten.

Durch die Sprache können wir jede Erfahrung mit verschiedenen Labels belegen, von denen jedes eine Vielzahl von Beziehungen impliziert. Das nächste Beispiel zeigt einige Vor- und Nachteile von Labels auf.

Beispiel: Der „cholerische" Chef

Der Chef einer Verkaufsabteilung bekommt in den letzten drei Monaten immer häufiger Wutausbrüche, wenn seine Mitarbeiter kleinere Fehler machen. Kollege Meier bezeichnet ihn deshalb als Choleriker. Diese Etikettierung des Verhaltens des Chefs hat den Vorteil, daß Meier dessen Wutausbrüche nicht auf sich persönlich bezieht und sich insofern leicht innerlich vom Chef abgrenzen kann. Das Label „Choleriker" hat aber auch den Nachteil, daß er den Chef damit in die Schublade hineintut: „Mit dem kann man eh nicht reden – dem ist nicht zu helfen", was dann vermutlich Nachteile für die Kommunikation zwischen Chef und Mitarbeiter mit sich bringt.

Kollegin Müller weiß, daß die Frau des Chefs im Begriff ist, ihren Mann zu verlassen, und daß dieser unter dieser Situation sehr leidet. Deshalb interpretiert sie seine Wutausbrüche als Streßreaktion auf seine angespannte Ehesituation. Sie bezeichnet ihn als „armen Kerl". Diese Bezeichnung ermöglicht es ihr, auf der

Beziehungsebene gut mit ihm auszukommen. Allerdings ist es für sie auf die Dauer anstrengend, immer wieder freundlich auf ihn einzugehen und trotzdem angemotzt zu werden.

Auf diese Weise lassen sich noch eine Vielzahl weiterer (sinnvoller) Etikettierungen für das Verhalten bzw. für den Chef finden, die alle ihre Vor- und Nachteile haben. Wer in der Lage ist, der Situation entsprechend immer wieder neu zu re-etikettieren, wird mehr und bessere Verhaltensmöglichkeiten entwickeln, sich der Situation entsprechend angemessen zu verhalten.

4. Die Fragestrategie im Überblick

Ausgangspunkt der Fragestrategie von Chris Hall ist das Axiom: *Es gibt keine Probleme, sondern nur Situationen.* Dieses Axiom impliziert, daß das Problem, welches in der Regel auf eine Übergeneralisierung zurückgeht, dekonstruiert werden muß. Chris Hall achtet zu Beginn sehr darauf, ob es in der Begegnung möglich ist, sofort eine Ausnahme zu der vom Klienten geäußerten Klage zu finden. Wird eine solche Ausnahme gefunden, öffnet dies bereits ein wenig die Tür zur vollständigen Dekonstruktion des Problems.

Im nächsten Schritt geht es darum, daß der Klient seine Problemsicht verändert. Dies geschieht durch die Frage „Wie genau ...?", die auch die zentrale Frage im herkömmlichen Meta-Modell ist. Diese Frage konfrontiert die Übergeneralisierung des Klienten mit den Rohdaten seiner Erfahrung.

Bereits in dieser Phase wendet Chris Hall verschiedene Strategien des induktiven Schlußfolgerns zur Anregung nützlicherer Bedeutungsgebungen beim Klienten an: Rechunking, Resyntaxing und Recoding (Relabelling). In dieser Phase wird der Klient systematisch angeregt, durch induktives Schlußfolgern neue Bedeutungen zu generieren.

5. Die innere Haltung beim Befragen

Bisher haben wir uns darauf beschränkt, die von Chris Hall entwickelten Veränderungsstrategien (also den Problem-Lösungs-Raum) zu beschreiben. Nun soll noch etwas zur Therapeuten-Klienten-Beziehung, also zur Haltung des Therapeuten beim Befragen gesagt werden, soweit sie für die Anwendung dieser Methode wichtig ist bzw. sich ausdrücklich von der beim NLP üblichen unterscheidet. Chris Hall zufolge ist es äußerst wichtig, einen guten Rapport aufzubauen, bevor die Befragung beginnt. Denn die Fragen verlangen vom Klienten, in eine für ihn ungewohnte Richtung weiterzugehen. Vielleicht kommen sie ihm zunächst geradezu idiotisch vor. Damit der Klient trotzdem mitarbeitet, muß ein gutes Vertrauensverhältnis bestehen.

Eine zweite Grundregel besagt, dieselbe Frage immer wieder zu stellen, wenn sie vom Klienten nicht beantwortet wird. Der Therapeut macht damit deutlich, daß er am Punkt bleibt und sich nicht ablenken läßt. Der Klient soll an die Grenzen seines Weltmodells geführt werden, und das erfordert Konsequenz seitens des Therapeuten.

Eine dritte Regel besagt, daß der Therapeut sich von dem Druck frei machen sollte, die Probleme des Klienten lösen zu wollen. Das führt in der Regel dazu, genauso festzustecken, wie es der Klient tut. Die Distanz zum Problem ist für den Therapeuten sehr wichtig. Auf einer Skala der Involviertheit müßte man das gesamte Spektrum von „involviert" und „nicht involviert" ankreuzen.

X			X	
Distanz zum Problem			als Person involviert und zugänglich	

Bei der Hinterfragung von Übergeneralisierungen versucht der Therapeut, eine möglichst große Distanz zum Problem einzunehmen, um nicht genauso festzustecken wie der Klient. Er stellt sich strategische Fragen wie die folgenden: „Was denkt der Klient, was unmöglich ist?", „Welche Vorannahmen hat er, die es ihm ermöglichen, das Problem überhaupt zu haben?" Hinsichtlich des persönlichen Kontaktes ist der Therapeut involviert und zugänglich, einerseits, um jede Reaktion hautnah mitzubekommen, andererseits, um guten Rapport zu halten.

Neben der Fähigkeit, guten Rapport aufzubauen, benötigt ein Therapeut, der die Methode von Chris Hall anwenden möchte, vor allem gute Beobachtungsfähigkeiten. Bei allen Veränderungsstrategien ist es wichtig zu erkennen, wann der Klient die Schwelle überschreitet, an der die Reorganisation seiner Übergeneralisierung in ein anderes Muster stattfindet. Ein schematisches Anwenden der hier vorgestellten Fragen kann diese Resultate nicht erzielen.

III. Die fragezentrierte Therapie von Marilee Goldberg

1. Das Choice-Modell

Das Choice-Modell wurde von Marilee Goldberg entwickelt. Der theoretische Hintergrund entspringt dem NLP, weshalb wir es unter dieser Fragemethode einordnen. Woher dieses Modell seinen Namen hat, beschreibt Goldberg wie folgt[175]: „The Choice Model is at the heart of question-centered therapy. (...) According to the Choice Model, everyone theoretically has the ability to choose, and is thereby positioned to take responsibility for his or her choices."

Im Gegensatz zum „Learner Self", das sein Leben im Rahmen seiner Wahlmöglichkeiten gestaltet, gibt es für Goldberg das „Judger Self" (das beurteilende Selbst). Vgl. Abbildung 1:

Abb. 1

Jeder Mensch steht nach Goldberg regelmäßig an einer Wegkreuzung, an der er sich entscheiden muß, ob er sich wie ein Lernender oder wie ein Beurteilender verhalten will. Beide Anteile des Selbst unterscheiden sich durch folgende Aspekte:

Das „Judger Self" reagiert auf das Leben, anstatt zu agieren. Es konzentriert sich auf Probleme, und Beziehungen werden im Rahmen von Gewinnen und Verlieren beurteilt. In der fragezentrierten Therapie besteht eines der zentralen Ziele darin, den Klienten auf diese Denkmuster und ihre negativen Konsequenzen hinzuweisen. Im zweiten Schritt werden ihm die Einstellungen des Lernenden beigebracht, die Goldberg im Choice-Modell zusammengefaßt hat, in dem sie ihn zum Beispiel mit den Routinen des Beobachtens und Korrigierens vertraut macht.

Im Choice-Modell geht es vor allem um die virtuellen Fragen des Klienten; d.h. um die Fragen, die er sich selbst stellt. Typische virtuelle Fragen des Learner Self sind:
➤ Was sind meine Wahlmöglichkeiten?
➤ Was wäre im Moment die günstigste Alternative?
➤ Was sind meine Ziele? Was will ich wirklich?
➤ Was kann ich (noch) tun, um mein Ziel zu erreichen?
➤ Was kann ich aus der jeweiligen Situation lernen?

Das Beobachten und Korrigieren[176] orientiert sich an der kybernetischen Metapher des Steuermanns, der ein Ziel vor Augen hat, das er nicht einfach auf dem kürzesten Weg erreichen kann, weil Wind und Strömungen ihn ständig vom Idealkurs abbringen und er deshalb ständig gezwungen ist, Kurskorrekturen vorzunehmen. Dementsprechend stellt Goldberg die sogenannten *switching questions*, die dem Klienten helfen sollen, zu einer guten Entscheidung zu kommen:

Beobachten:
- Wo bin ich?
- Wo wollte ich eigentlich hin?
- Was geht hier vor?
- Was würde passieren, wenn ich mich in diese Richtung weiterbewege?
- Was sind die Konsequenzen?
- Habe ich genug Informationen?
- Ist das wirklich ein Problem?
- Was fehlt mir? Oder: Was versuche ich zu vermeiden?
- Bin ich ehrlich und objektiv mit mir selbst?

Wählen:
- Ist es das, was ich wirklich will?
- Was ist mein Ziel und meine Richtung?
- Möchte ich das wirklich tun und erleben?
- Möchte ich weitermachen?
- Welche Veränderung wünsche ich mir?
- Was sind meine Alternativen?
- Was ist die beste Alternative?
- Bin ich wirklich bereit, die Richtung zu ändern?
- Was könnte/wird passieren, wenn ich die Richtung nicht verändere?
- Sind die Konsequenzen okay für mich?

Korrektur:
- Wie komme ich wieder auf die richtige Bahn?
- Wie bleibe ich auf Kurs?
- Was hat bisher funktioniert?
- Ist es einfach und effektiv?
- Ist es immer noch die richtige Wahl?
- Was genau ist der nächste Schritt?

Diese Fragen stellen nichts anderes dar als meine Umformulierung der drei Fundamente des NLP:
1. Wisse, wo du hinwillst.
2. Habe die sensorische Genauigkeit, um zu erkennen, ob das, was du gerade tust, dich deinem Ziel näherbringt.
3. Entwickle die Verhaltensflexibilität, das zu tun, was notwendig ist, um dein Ziel zu erreichen.

2. Vorgehen

Goldberg beschreibt acht Stufen, die ein fragezentriertes Erstinterview durchläuft[177]:

1. Rapport aufbauen.
2. Kurze Darstellung des Problems: Worum geht es überhaupt?
3. Welche Fragen stellt sich die Klientin bezüglich ihres Problems?
4. Aufnahme der Krankheitsgeschichte (Diagnose, Prognose, Behandlung).
5. Die Therapeutin teilt der Klientin ihre Hypothesen mit und macht Vorschläge bezüglich günstigerer Fragen, die sich die Klientin stellen könnte.
6. Erläuterung der weiteren Vorgehensweise mit dem Ziel, die Klientin darin zu unterstützen, sich auf die Therapie wirklich einzulassen.

7. Die Klientin wird in Theorie und Praxis der weiteren Vorgehensweise eingewiesen, so daß sie sich auf ein „psycho-educational training" einstellen kann. (Dieser Schritt wird nur gemacht, wenn er als angemessen empfunden wird.)
8. Abschluß der Sitzung.

3. Fallbeispiel

Der nachfolgende Fall illustriert nach Goldberg, wie das Choice-Modell und die Beobachtungskorrektur-Fragen angewandt werden können[178]. Die Klientin, Andrea, war in der vorhergehenden Sitzung mit ihrem Freund Ted bei Goldberg in der Paartherapie gewesen. In der jetzigen Sitzung klagt Andrea über die vielen Streitereien, die sie mit Ted hat.

Der folgende Interviewausschnitt[179] zeigt, wie Goldberg der Klientin beibringt, als Lernende zu denken und zu handeln und sich ihrer Wahlen bewußt zu werden. Dazu bespricht Goldberg mit der Klientin das Choice-Modell:

Transkript	Kommentar
Therapeutin: Ich nenne dies das Choice-Modell, weil es genau zeigt, wann wir eine Wahlmöglichkeit haben und wie man konsistent erfolgreiche Wahlen treffen kann. Das Diagramm zeigt, wie wir Wahlen treffen, die auf Fragen beruhen, die wir uns selbst stellen. Und es zeigt, wie man aktiv-antwortende Wahlen treffen kann, die positiv und auf Lösungen fokussiert sind, statt reaktiv und passiv (was immer negativ ist) und auf Probleme fokussiert.	
Klientin: Bevor Sie weitergehen, muß ich Ihnen etwas gestehen. Ich hasse Wörter wie Wahl und Verantwortung. Ich habe das Gefühl, ich wurde mein Leben lang durch solche Worte gehemmt und verletzt.	
Therapeutin: Andrea, ich bewundere Sie dafür, daß Sie mir das gesagt haben. Viele Menschen haben da ein ganz ähnliches Gefühl, und offen gesagt, viele Menschen wurden durch solche Worte verletzt. Das ist wirklich schade, denn in Wahrheit ist genau das Gegenteil der Fall. Über Freiheit verfügt man dann, wenn man weiß, daß man eigenverantwortlich wählen kann. Diese Möglichkeit der Wahl ist kein Gefängnis; sie ist vielmehr das, was einen aus dem Gefängnis rausbringt. Vielleicht spricht man deshalb auch von „Wahlfreiheit".	Goldberg greift diesen „kritischen" Kommentar positiv auf.
Klientin: Das klingt gut, aber ich verstehe es trotzdem immer noch nicht richtig.	Diese Erklärung befriedigt die Klientin nicht.
Therapeutin: Wie wäre es, wenn ich Ihnen ein Beispiel anhand dessen gebe, was Sie eben taten? (Andrea blickt seltsam, nickt aber zustimmend.) Als Sie mir sagten, daß Sie mir etwas gestehen müßten, war das ein großer Moment einer Wahlentscheidung für Sie, obwohl Sie es vielleicht nicht bemerkt haben. Erinnern Sie sich, wie ich Ihnen vor ein paar Wochen zeigte, daß das, was wir tun und sagen, von den Fragen kommt, die wir uns selbst stellen, auch wenn wir gar nicht bemerken, daß wir sie uns stellen?	Die Therapeutin nimmt die konkrete Situation als Beispiel.
Klientin: Sie meinen so etwas wie die Frage: „Was ziehe ich heute an?", und daß wir uns dann entscheiden, nachdem wir uns Fragen wie die folgenden gestellt haben: „Wo gehe ich heute hin?" oder: „Ist dieses Sweatshirt warm genug?" Bei meinen zwei kleinen Kindern frage ich	Es gelingt der Therapeutin, die Erklärungen in Andreas Erfahrungshorizont zu integrieren.

mich gewöhnlich: „Was ist noch an sauberen Kleidungsstücken da?" Und das hier habe ich schließlich an. (Sie lacht, und schaut sich zufrieden an.)

Therapeutin: Genau. Und so ist es mit dem Geständnis, das Sie eben gemacht haben. Andrea, das war eine wichtige Entscheidung, wenn ich auch, wie gesagt, bezweifle, daß Ihnen das in diesem Moment klar war. Sie entschieden sich, diesen Kommentar zu machen, nachdem Sie sich Fragen wie die folgenden stellten: „Werde ich irgend etwas von dieser Sitzung haben, wenn ich Marilee nicht sage, was diesen Worte in mir auslösen?" Die Antwort war: „Nein." Dann mögen Sie sich etwas gefragt haben wie: „Wird Marilee ärgerlich auf mich, wenn ich ihr sage, wie ich mich fühle?" Die Antwort darauf war auch: „Nein." Dann sagten Sie vielleicht: „Also dann, sollte ich es sagen?" Offensichtlich antworteten Sie: „Ja", denn Sie haben es mir ja gesagt.

Klientin: Das ist wirklich merkwürdig. Können Sie Gedanken lesen? Alles, was Sie eben sagten, macht absolut Sinn, aber es war mir überhaupt nicht bewußt. Ich merkte nur, daß ich so ein komisches Gefühl im Bauch bekam, und ich wußte, daß ich es Ihnen sagen mußte.

| | Wiederum kann die Klientin am konkreten Beispiel die Erklärungen nachvollziehen. |

Therapeutin: (lacht) Nein, ich bin keine Gedankenleserin. Was ich gerade gemacht habe, werden Sie auch bald können. Darum bringe ich Ihnen diese Fragetechniken bei. Natürlich, Andrea, hatten Sie die Fragen, die ich Ihnen sagte, nicht als wirkliche Sätze in Ihrem Kopf. Das alles geschah in Millisekunden. Aber die Fragen waren da. Alles, was ich tun mußte, um sie herauszufinden, war, über das nachzudenken, was Sie über das Geständnis gesagt hatten, und mich zu fragen: „Welche Fragen muß sie sich gestellt haben, um die Entscheidung zu treffen, mir das zu sagen?" Ich nenne das retrospektive Analyse, aber wie ich es nenne, ist nicht so wichtig. Es ist einfach ein Phantasiename für das, was Sie gerade lernen, auf sich selbst anzuwenden und auch Ted beizubringen. In der Lage zu sein, all diese kleinen Momente der Entscheidung dingfest zu machen – das ist, als wache man plötzlich auf mit der Erkenntnis, daß Wählen wirklich möglich ist. Dies wird es Ihnen ermöglichen, starke, hilfreiche Entscheidungen zu treffen, anstatt nur zu reagieren; zum Beispiel, wenn Ted wieder mal von der Arbeit nach Hause kommt und sagt: „Uh, Andrea." Wie wird es Ihnen gefallen, all dies zu lernen, Andrea?

Klientin: (lange Pause) Also, oh. (wieder lange Pause) Also, ich vermute, daß das so gut wie alles verändert.

Die lange Pause sowie ihr Kommentar zeigen, daß Andrea beeindruckt ist. Sie scheint wirklich etwas gelernt zu haben.

Die Therapeutin tritt in der fragezentrierten Therapie als Lehrerin auf, die Klientin ist in der Rolle der Schülerin. Diese Rollenverteilung ist vorgegeben, weil die Erklärung der verschiedenen Modelle (z.B. des Choice-Modells) dies impliziert. Bei diesem Vorgehen achtet die Therapeutin sehr genau darauf, wie das, was sie sagt, bei der Klientin ankommt. Versteht sie etwas nicht, versucht sie dies anhand von konkreten Situationen aus dem Erfahrungsbereich der Klientin zu erläutern.

Letztlich geht es bei dieser Art der Therapie darum, eine bestimmte Art des Umgangs mit den eigenen virtuellen Fragen zu trainieren und konsequent im Alltag anzuwenden.

4. Einschätzung

Zusammenfassend läßt sich sagen, daß die fragezentrierte Therapie von M.C. Goldberg einen Versuch darstellt, das 70er-Jahre-NLP auf der Basis der Kybernetik 1. Ordnung primär über die Optimierung der virtuellen Fragen des Klienten zu realisieren. Diese Vorgehensweise scheint uns in vielen Fällen durchaus sinnvoll, kann aber nicht als eine wirkliche Erweiterung des konzeptionellen Ansatzes des NLP verstanden werden.

Leider wendet Goldberg (von der Darlegung des groben Ablaufs abgesehen) ihren Ansatz nicht auf die eigene Person bzw. auf das therapeutische Fragen selbst an. Sie fragt nicht nach den strategischen Fragen des Therapeuten. Dies ließe sich allerdings leicht ergänzen. Hier scheinen uns im wesentlichen zwei Klassen von strategischen Fragen von Bedeutung zu sein: zum einen die Fragen, die den jeweiligen therapeutischen Ansatz charakterisieren, und zweitens die Fragen, die sich der Therapeut als Person stellt, z.B.:

➤ Mache ich alles richtig?
➤ Habe ich Rapport?
➤ Bin ich *on track*?
➤ Worum geht es hier eigentlich?
➤ Wie geht es mir selbst im Moment?
➤ etc.

Die zweite Klasse der strategischen Fragen könnte man wiederum unterscheiden in solche, die zum Learner Self bzw. zum Judger Self gehören. Sie können als eine Art kontinuierliches Selbstcoaching des Therapeuten verstanden werden.

IV. Der Diamond

Die Zuordnung der Diamond-Technik zum NLP erfolgt deshalb, weil sie nicht als eigenständige Psychotherapie bezeichnet werden kann und im Rahmen eines NLP-Seminars entwickelt wurde. Sie beruht auf der Theorie der Polykontexturalen Logik (PKL), die von Gotthard Günther[180] in den 50er bis 70er Jahren entwickelt wurde. Wir wollen an dieser Stelle versuchen, kurz zu erläutern, worum es der PKL geht.

1. Das Anliegen der Polykontexturalen Logik (PKL)

Die PKL ist unter Psychotherapeuten noch ein Geheimtip, obwohl sie viel zum Verständnis des subjektiven Erlebens, dessen Veränderung sowie der daraus resultierenden Veränderungen des Verhaltens beitragen kann. Subjektivität wurde seit jeher charakterisiert durch ihr Verhältnis zu sich selbst. D.h., ein Subjekt ist nicht nur „an sich", wie zum Beispiel ein Stein. Es ist auch „für sich", um hier Hegelsche Termini zu benutzen. Dadurch entsteht ein logisches Problem: Im Selbstbezug ist das Subjekt sowohl „Gegenstand" der Beobachtung als auch Beobachter. Dieses Problem gibt es bei klassischen Objekten so nicht. Wenn wir den Mond beobachten, dann ist klar, daß wir nicht der Mond sind und daß dieser auch nicht durch unsere Beobachtung verändert wird. Die externen Beobachter sind bezüglich ihres Verhältnisses zum Beobachtungsobjekt alle gleichwertig. Das subjektive Erleben ist uns allerdings nur in der 1. Person Singular zugänglich; und allen anderen (DUs) nur über unseren Ausdruck vermittelt[181].

Die klassische zweiwertige Logik (wahr/falsch) geht auf Aristoteles zurück, ist also mehr als 2000 Jahre alt. Sie reguliert das Verhältnis des externen Beobachters zu denkunabhängigen Objekten und ist als solche ganz ungeeignet, Prozesse und Relationen abzubilden, die innerhalb der eigenen Psyche ablaufen. Diese stellen sich in ihr nur als Paradoxie bzw. Antinomie und als Unentscheidbarkeit dar. Daraus folgt, daß eine Logik der Subjektivität prinzipiell über die Logik und die Ontologie hinausgehen muß, wie sie von Aristoteles im *Organon* formuliert wurde. Dies hat schon Hegel gesehen, konnte sich dies allerdings nur inhaltlich, nicht formal vorstellen. Für ihn war der Übergang zur Dialektik und seiner zweiten Negation etwas, was inhaltlich an der Bewegung der Sache selbst aufzuweisen sein sollte.

Die Zweiwertigkeit der klassischen Logik korrespondiert mit einer Hierarchisierung ihrer Werte. Es geht um die Wahrheit, nicht um die Falschheit. Nur die wahren Sätze bedeuten etwas; den falschen entspricht nichts im Feld der objektiven Welt. Dekonstruktion, so wie sie von Derrida verstanden wird, ist nun gerade der Prozeß, in dem diese Hierarchisierung in einer doppelten Geste einerseits umgedreht und andererseits verschoben wird. Dieses Chiastisierung begifflicher Verhältnisse wird durch den Diamond operativ geleistet und kann im Rahmen der PKL und der Keno- bzw. Morphogrammatik auch formal-operativ mit beliebiger Genauigkeit dargestellt werden. Insofern kann das Diamond-Format als die erste psychotherapeutische Technik verstanden werden, die auf dem Hintergrund einer trans-klassischen Logik entstanden ist.

Weitere Fragestellungen, die sich auf ganz natürliche Weise ergeben, wenn sich Psychotherapeuten mit der PKL beschäftigen, sind[182]:
➤ PKL als Theorie innerweltlicher Subjektivität
➤ Ich-Du-Problematik in der Kommunikation
➤ Polyperspektivismus versus Polykontexturalität
➤ Polysemie, Überdetermination
➤ Entnominalisierung des ICH
➤ etc.

Anwendung der PKL auf die Psychotherapie

Sowohl dem NLP als auch den anderen psychotherapeutischen Methoden, die den Autoren geläufig sind, steht eine Selbstreflexion und Selbstbegründung ihrer Vorannahmen und damit eine Dekonstruktion ihrer eigenen unhinterfragten dualen Begriffsbildungen (kongruent/inkongruent, Regel/Ausnahme, map(Landkarte)/territory (Gebiet), Absicht/Verhalten, Ich/Teile usw.) noch bevor. Dies läuft auf eine Ent-deckung des jeweiligen eigenen blinden Flecks hinaus.

Um hier einen kleinen Vorgeschmack auf das zu geben, was damit intendiert ist, soll die (zentrale) Vorannahme des NLP: „The map is not the territory" diamantisiert bzw. dekonstruiert werden.

Das Originalzitat von Korzybski, auf welches sich diese Vorannahme bezieht, lautet vollständig[183]: „A map *is not* the territory it represents, but, if correct, it has a *similar structure* to the territory, which accounts for his usefulness. If the map could be ideally correct, it would include, in a reduced scale, the map of the map; the map of the map of the map; and so on, endlessly, a fact first noticed by Royce."

Hier zeigt sich schon bei Korzybski selbst, wie die einfache Unterscheidung von Karte und Territorium zu einem unendlichen Regreß führt, wenn man zur Anwendung der Unterscheidung Karte/Territorium auf die Karte selbst übergeht. Dies scheint bei Landkarten ein leicht zu verschmerzendes Problem zu sein.

Es führt uns aber zu der ernüchternden Einsicht, daß wir als endlicher Organismus unmöglich intern eine, wenn auch unbewußte, unendliche Iteration von Karten haben können. Nun könnte man geneigt sein zu sagen, daß wir eben keine ideal korrekte Karte von der Welt haben. Dieser Verzicht auf Idealität löst das Problem aber nicht. In der NLP-Vorannahme „Jeder lebt in seinem Modell der Welt!" wird nicht deutlich, ob in diesem Modell auch ein Ort für dieses Modell vorgesehen ist. Wenn nicht, dann löst sich das Problem zwar auf, aber auf Kosten der Tatsache, daß derjenige, der dieses Modell benutzt, über alles reden kann, nur nicht über sich selbst. Gibt es aber einen Ort im Modell der Welt, der dieses Modell repräsentiert, dann haben wir es (anders als bei einer Landkarte) nicht nur mit einem Skalierungsproblem zu tun, sondern auch mit der Frage: „Von wo aus modelliert der Modellbesitzer sein Modell der Welt?"

Und damit noch nicht genug: Die Nützlichkeit jeder Karte hängt von der *Ähnlichkeit der Struktur* der Karte bezüglich der des Territoriums ab. Das Territorium ist also hier das Maßstabgebende in dieser Unterscheidung. Wie aber können wir uns der Ähnlichkeit zwischen Karte und Territorium sicher sein, wenn wir doch bezüglich des Territoriums nur Karten haben? Wir können also mit gutem Grund sagen: „The map *is* the territory!" Oder anders gesagt: Wir verhalten uns nie direkt der Welt gegenüber, sondern immer nur vermittelt über unsere Karte von ihr. Insofern ist unsere Karte unsere Welt.

Die Karte ist also sowohl das Territorium als auch nicht.

Wenn wir die Karte als Signum für Subjektivität und das Territorium als Signum für Objektivität betrachten, dann müssen wir daran denken, daß uns die Subjektivität innerweltlich immer doppelt gegeben ist, als private (innerliche) ICH-Subjektivität und als öffentliche DU-Subjektivität. Die Sphäre, in der intersubjektive Allgemeingültigkeit konstituiert wird, ist als Einheit von Subjekt und Objekt in Wahrheit transsubjektiv. Diese Sphäre ist die Konjunktion des Weder-Subjektiven-noch-Objektiven mit dem Sowohl-Subjektiven-als-auch-Objektiven.

Hier wird die ganze Unterscheidung von Karte und Territorium als solche obsolet, und wir können zum Weder-noch übergehen. D.h., die ganze Unterscheidung von Karte und Territorium verweist uns auf einen Bereich, den Heidegger die *Lichtung* nennt, das Immer-schon-offen-sein des Daseins für das Sein. Als einer existenzialen Vorbedingung für jede Kartenproduktion ist diese Inständigkeit der blinde Fleck jedes Konstruktivismus und Skeptizismus.

Diese Dekonstruktion mündet nun nicht ihrerseits in einen hoffnungslosen Relativismus, sondern sie eröffnet uns über das Diamond-Format das semantische Feld, in dem wir folgende Fragen stellen können:
- ➤ Was hat uns die Vorannahme „Die Karte *ist nicht* das Territorium" ermöglicht? Was wird durch sie verhindert?
- ➤ Was wird durch die Position „Die Karte *ist* das Territorium" ermöglicht, und was wird durch sie verhindert?
- ➤ Was wird durch die Position „Die Karte *ist und ist nicht* das Territorium" ermöglicht, und was wird durch sie verhindert?

- Was wird durch die Position „Die Lichtung ist vor der Unterscheidung von Karte und Territorium und damit vor der Unterscheidung von Subjekt und Objekt" ermöglicht? Was wird durch sie verhindert?
- Aber wir können auch weiter fragen: Für welches Problem war diese Unterscheidung die Lösung?

Durch diesen Prozeß geht nichts verloren, aber die Einseitigkeiten werden als solche ent-deckt und wieder ins Spiel gebracht und dadurch aus ihrer formelhaften Erstarrung wieder verflüssigt.

Noch ein Wort zum Paradox bzw. Regreß der map/territory-Unterscheidung: Wenn wir *map* entnominalisieren, dann erhalten wir *mapping*. Mapping ist aber nur eine andere Bezeichnung für das, was man gemeinhin *denken* nennt. Dies wird nach üblicher Auffassung von einem Subjekt (Ich) bewerkstelligt. Dieses ist der Operator und das Denken die Operation; die Karte ist dann der Operand, das Produkt dieser Operation. Der Operator als Operator kann allerdings in einer verdinglichten Betrachtungsweise (was nur ein anderes Wort für Zweiwertigkeit ist) nie zum Thema werden, er verschwindet sozusagen im „schwarzen Loch" der unendlichen Iteration. Dies besagt, daß innerweltliche Subjektivität auf dem Boden dieser Logik und Ontologie nie als solche erscheinen kann, was das Sprungbrett liefert für den Glauben an eine unsterbliche Seele, deren Reich, wie wir seit langem wissen, bekanntlich nicht von dieser Welt ist.

2. Die Diamond-Fragetechnik[184]

Bei der Diamond-Fragetechnik geht es im wesentlichen darum, die Bedeutung eines Glaubenssatzes, einer Einstellung o.ä. zu „entpolarisieren". Damit ist gemeint, daß wir in unserem Alltagsbewußtsein sehr häufig rigide Vorstellungen davon haben, was gut, richtig, angemessen, wünschenswert usw. ist. Mit Hilfe der Diamond-Fragetechnik können wir allein oder mit anderen den eigenen unbewußten Bedeutungsraum erkunden, um uns so aus der Fixierung an eine Bedeutung zu befreien.

Die Grundform des Diamonds wird durch vier Fragen gebildet, die wir in Form einer Raute anordnen:

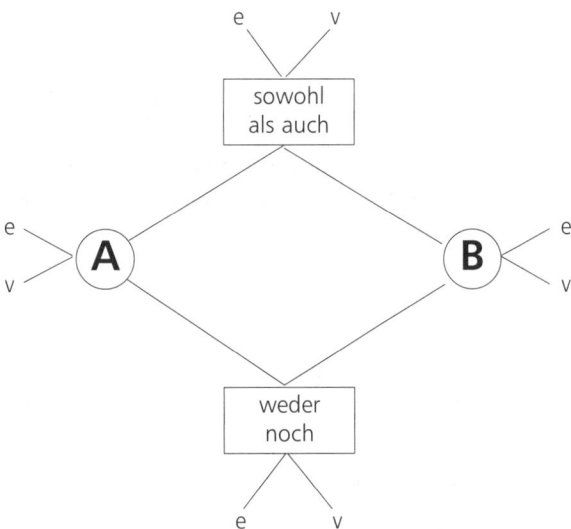

Die beiden Punkte A und B bezeichnen den Ausgangssatz und sein Gegenteil. Zum Beispiel könnte für A stehen: „Ich brauche in meinem Beruf Begeisterung." B wäre dann die Antwort auf die Frage: „Was ist für dich das Gegenteil von Begeisterung?" Und die Antwort könnte lauten: „Langeweile." Der obere Punkt der Raute „sowohl als auch" stellt die Antwort auf die Frage dar: „Was haben Begeisterung und Langeweile für Sie gemeinsam?" oder: „Was ist der gemeinsame Hintergrund von Begeisterung und Langeweile?" Die Antwort könnte zum Beispiel lauten: „Traurigkeit." Dann wäre die Begeisterung der Versuch, die Traurigkeit nicht zu spüren, und in der Langeweile besteht die Angst, sich der Traurigkeit bewußt zu werden. Der untere Punkt des Diamonds „weder noch" enthält die Antwort auf die Frage: „Was wäre für Sie jenseits von Begeisterung und Langeweile?", „Was wäre außerhalb dieser Alternative?" Und die Antwort könnte sein: „Leben!" Womit der gesamte Umfang lebendiger Emotionalität gemeint ist, ohne daß eine Emotion prinzipiell vor der anderen bevorzugt wird.

Damit sind wir einmal durch den Diamond gegangen. Im Regelfall hat sich alleine dadurch die Bedeutung des Ausgangssatzes relativiert und perspektiviert.

Kommen wir nun zur zweiten Runde. In der zweiten Runde gehen wir erneut zu jedem der vier Punkte und stellen uns folgende zwei Fragen: „Was ermöglicht mir A, und was wird durch A verhindert?"

Beispiel:
„Was hat Ihnen Ihre Begeisterungsfähigkeit in Ihrem Beruf bisher ermöglicht?" – „Dadurch wurde ich wirklich gut in meinem Beruf." – „Was wurde durch diese Art der Begeisterung verhindert?" Antwort: „Das Wahrnehmen, daß ich in der Betriebsamkeit vor etwas weglaufe."

„Was könnte Ihnen die Langeweile ermöglichen?" – „Sie könnte mich mit dem konfrontieren, was in mir ist und was in der täglichen Betriebsamkeit keine Chance hat, wahrgenommen zu werden." – „Was würde diese Art von Langeweile verhindern?" – „Wenn sie anhält, verhindert sie, daß ich weitermache."

„Was würde ermöglicht werden dadurch, daß Sie die Trauer spüren?" Anwort: „Ich könnte sie annehmen, ausdrücken und aufarbeiten." – „Was würde durch die Trauer verhindert?" Antwort: „Weiß ich nicht." (Auch eine solche Antwort kann, wenn sie Ausdruck längeren Nachdenkens und Nachspürens ist, akzeptiert werden. Man kann dann später auf diese Frage zurückkommen.)

„Was würde Ihnen Leben ermöglichen?" – „Zu dem zu kommen, was mein Eigenes ist." – „Was würde Leben verhindern?" – „Gar nichts."

Nach dieser zweiten Runde geht man noch mal zurück zu dem Ausgangssatz: „Ich muß in meinem Beruf Begeisterung erleben." Im Regelfall setzt jetzt eine zweite Distanzierung, Relativierung und Perspektivierung dieses Satzes ein. Wir können uns jetzt fragen: „Was wäre ein neuer Satz, der nach diesen Überlegungen eher gelten könnte?"

Zum Beispiel: „Ich wünsche mir Freude an meiner Arbeit als Ausdruck meiner eigenen Kreativität." Dieser Satz wäre jetzt als Lösung zu betrachten. Im nächsten Durchgang würden wir jetzt den Problemsatz: „Ich muß in meinem Beruf begeistert sein" zu A machen und den neuen Lösungssatz zu B, um damit nochmals durch den Diamond zu gehen. Dadurch entsteht das, was wir eine Auflösung[185] des Problems nennen. Dadurch bekommen wir eine Distanz sowohl zum Problem als auch zu seiner Lösung.

Wir möchten Sie ermuntern, nun selbst einen Problemsatz „A" zu formulieren. Danach beantworten Sie für sich folgende Fragen:

Anleitung zum Arbeiten mit dem Diamond

1. Was ist für mich das Gegenteil des Problems bzw. des problematischen Zustandes?
2. Was haben Problem und Gegenteil gemeinsam?
3. Was wäre jenseits? Was wäre weder Problem noch das Gegenteil?
4. Was ermöglicht A?   Was verhindert A?
5. Was ermöglicht der Lösungssatz B? Was verhindert B?
6. Was wird durch die Antwort auf die Sowohl-als-auch-Frage ermöglicht? Was wird dadurch verhindert?
7. Was wird durch die Antwort auf die Weder-noch-Frage ermöglicht? Was wird dadurch verhindert?
8. Formulieren Sie jetzt einen neuen Satz zu dem betreffenden Thema.
9. Setzen Sie diesen Satz als Gegensatz zu Ihrem Ausgangssatz, und gehen Sie dann nochmals die Schritte 2 bis 7 bzw. 8 durch.
10. Nehmen Sie wahr, wie es sich anfühlt, wenn Sie jetzt erneut an den problematischen Ausgangssatz denken.

Sie können das Netz der Sätze natürlich beliebig weiterspinnen, indem Sie auf die jeweiligen Antworten von Ermöglichung und Verhinderung wiederum die Diamondfragen anwenden. Je mehr Bedeutungsnetze dieser Art Sie konstruieren, desto öfter entdecken Sie tiefere Schichten Ihrer Art und Weise, der Welt Bedeutung zu geben. Diese Art des konstruierenden Entdeckens oder entdeckenden Konstruierens erhöht Ihre Freiheit und Unabhängigkeit gegenüber Ihren eigenen Bedeutungskonstruktionen. Des weiteren wartet die Entdeckung auf Sie, daß jeder Punkt des Netzes in seiner Bedeutung und damit in seinem emotionalen Wert vierfach begründet ist. Viel wichtiger bei dieser Art der Selbstbefragung ist aber das Erlebnis des „Zwischen", des Übergangs und der Differenz zwischen den Knoten. Dieses Erlebnis nennen wir *Emotions-Surfen*.

3. Fallbeispiel

Das folgende Fallbeispiel ist eine Demonstration, die wir im Rahmen eines Seminars mit einer Klientin durchführten. Die verschiedenen Positionen wurden durch Bodenanker markiert.

(1) T: Bitte formuliere das Problem in einem Satz.
(2) K: Ich lasse ein Unwohlsein in der Kommunikation so lange zu, bis ich keine andere Lösung mehr weiß, als mich völlig zuzumachen.
(Die Klientin formuliert hier strenggenommen nicht nur ein Problem („Ich lasse ein Unwohlsein in der Kommunikation zu lange zu"), sondern sie gibt auch ihre bisherige Lösung dazu an („Ich mache mich völlig zu"). Diese Lösung ist aber problematisch. Darum sucht sie nach einer neuen. Hier gilt also der Satz, daß die meisten Probleme von heute die mißglückten Lösungen von gestern darstellen.)
(3) T: Was wäre für dich eine Lösung?
(4) K: Früh genug stopp zu sagen.
(5) T: D.h., statt der bisherigen Lösung, „zuzumachen", möchtest du als neue Lösung in der Lage sein, „früh genug stopp zu sagen". Was haben das Problem und deine bisherige Lösung gemeinsam?
(6) K: An meinem Zustand ändert sich gar nichts.
(7) T: Wie nennst du diesen Zustand?
(8) K: Extreme Anspannung.
(9) T: Was wäre jenseits der Alternative Unwohlsein/Zumachen? Was hätte damit gar nichts zu tun?
(10) K: Ganz im Fluß sein. Leicht in der Kommunikation fließen.
(11) T: Was haben „zu machen" bzw. „völlig zu sein" und „rechtzeitig stopp sagen" gemeinsam?
(12) K: Immer noch extreme Anspannung.
(13) T: Was ist jenseits von „völlig zu sein" und „rechtzeitig stopp sagen"?
(14) K: *Mit mir selbst freundlich sein. (Die Klientin erklärt dies mit zitternder Stimme und ist kurz vor dem Weinen.)*

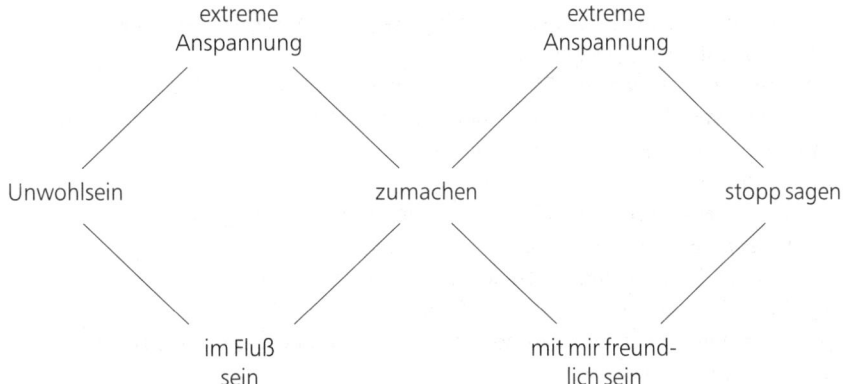

(15) T: Was haben die beiden Gemeinsamkeiten „extreme Anspannung" gemeinsam?
(16) K: Überforderung.
(17) T: Was ist weder „leicht fließend" noch „mit mir selbst freundlich sein"? Was ist jenseits davon?
(18) K: *Sein – akzeptieren, was ist.*

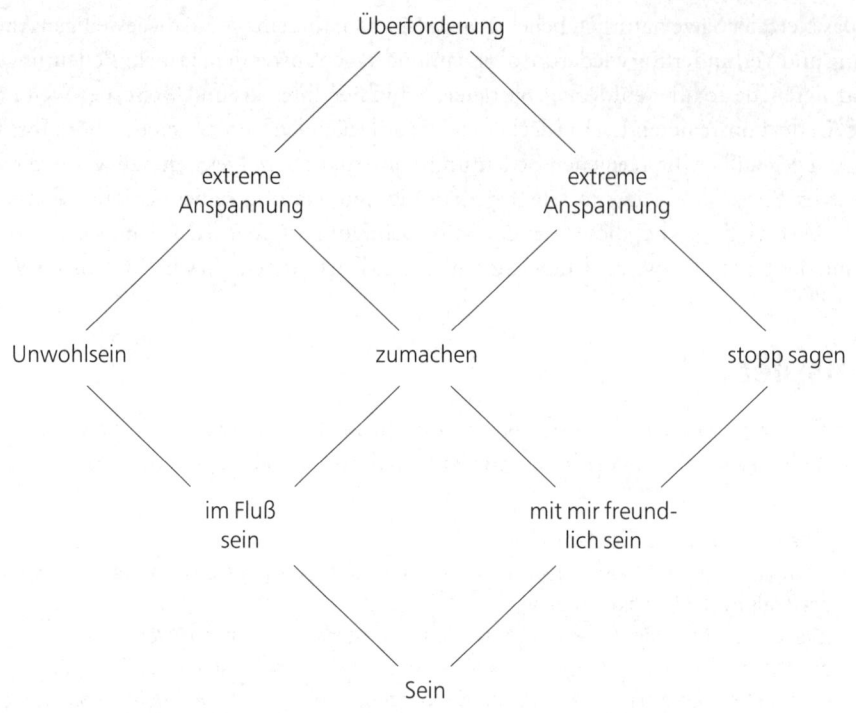

(Der Therapeut geht mit der Klientin zur Ausgangssituation zurück.)

(19) T: Bitte denke an die Situation, in der du dich kommunikativ völlig überfordert gefühlt hast. Was passiert, wenn du jetzt an diese Situation denkst?
(20) K: Ich kann aussteigen.
(21) T: Ja, du kannst aussteigen. Gehen wir jetzt einen Schritt weiter. Was wurde dir dadurch ermöglicht, daß du dich kommunikativ überfordert gefühlt hast?
(22) K: Ich bin dann ziemlich belehrend, brillant und cleverer als sonst.
(23) T: Was wurde durch diese Art, sich kommunikativ überfordert zu fühlen, verhindert?
(24) K: Ich konnte weder mit mir noch mit anderen liebevoll sein.
(25) T: Was wurde durch die erste Lösung, „völlig zuzumachen", ermöglicht?
(26) K: Selbstbehauptung. Eine defensive Form der Selbstbehauptung.
(27) T: Was wurde durch die erste Lösung, „völlig zuzumachen", verhindert?
(28) K: Daß andere auf mich eingehen können. Ich kriege so kein Verständnis von den anderen.
(29) T: Was wurde durch die Lösung, „früh genug stopp zu sagen", ermöglicht?
(30) K: Ich bin früher Herr meiner Selbst.
(31) T: Was wurde durch die erste Lösung, „früh genug stopp zu sagen", verhindert?
(32) K: Mit der Situation mitzugehen.
(33) T: Kommen wir jetzt zur ersten Form der „extremen Anspannung". Was wurde dadurch ermöglicht?
(34) K: Daß ich nicht mehr soviel spüre. Ich brauche dadurch einen bestimmten Schmerz nicht zu fühlen.
(35) T: Was wird durch diese Art extremer Anspannung verhindert?
(36) K: Daß ich frei im Fühlen und Denken bin.
(37) T: Kommen wir jetzt zur zweiten Form der „extremen Anspannung". Was wurde dadurch ermöglicht?
(38) K: Auch hier muß ich mich nicht auseinandersetzen.
(39) T: Was wird dadurch verhindert, daß du auf diese Art angespannt bist?
(40) K: Gefühle. Ich fühle nicht mehr, was ich fühle.
(41) T: Was wird durch die Überforderung, die das Gemeinsame dieser beiden Formen extremer Anspannung ist, ermöglicht?
(42) K: Fleiß.
(43) T: Und was wurde dadurch verhindert?
(44) K: Freude.
(45) T: Was wird durch das Im-Fluß-sein ermöglicht?

(46) K: Wirklich dasein.
(47) T: Und was wird durch diese Art des Im-Fluß-seins verhindert?
(48) K: Ein dickes Ego zu haben. Eine etwas pieksige Art von Cleversein, die wird dadurch verhindert.
(49) T: Was wird durch „zu sich selbst freundlich sein" ermöglicht?
(50) K: Ich habe dann mehr Spielmöglichkeiten.
(51) T: Und was wird dadurch verhindert, daß du „mit dir selbst freundlich" bist?
(52) K: Die Selbstdarstellung wird dann verhindert.
(53) T: Und wenn du dir das alles jetzt anschaust vom Standpunkt „Sein – akzeptieren was ist", was wird dadurch ermöglicht?
(54) K: (mit Überraschung in der Stimme) Total entspannt. Dann muß ich nichts mehr.

(An dieser Stelle findet ein kurzes Gespräch mit der Klientin über den Unterschied zwischen „akzeptieren" und „anerkennen, was ist" statt. Sie findet dann auch, daß „akzeptieren" ein bißchen von oben herab ist. Wir korrigieren die Formulierung entsprechend.)

(55) T: Wenn du einfach bist und anerkennst, was ist, was wird dadurch verhindert?
(56) K: Nichts.
(57) T: Das ist ein Irrtum.
(58) K: Überforderung, auf eine clevere Art brillant sein. Es stört mich aber nicht, daß das verhindert wird.

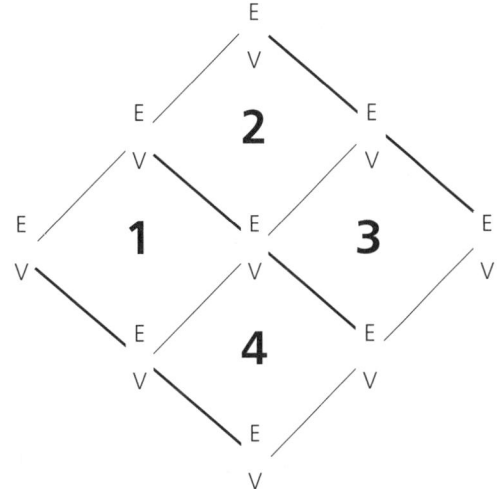

(59) T: (Der Therapeut kehrt zur Ausgangssituation zurück) Wie ist es, wenn du jetzt an die Ausgangssituation denkst?
(60) K: Ich kann, aber ich muß nicht.
(61) T: Dann erinnere dich bitte an eine Situation, in der du völlig zugemacht hast.
(62) K: Dasselbe – ich kann, aber ich muß nicht.
(63) T: Wie ist es, wenn du jetzt in eine Situation gehst, in der du rechtzeitig stopp sagst?
(64) K: Ich erinnere mich an eine Situation, wo mir das tatsächlich mal gelungen ist, aber ich merke jetzt, daß sich mein Zustand dadurch nicht wirklich verändert hat. Er ist besser als die erste Lösung, aber noch nicht gut.
(65) T: Wie ist es, wenn du jetzt in die Situation der zweiten Form der extremen Anspannung gehst?
(66) K: Ich bin jetzt mehr beim Fühlen. Ich achte mehr auf mich.
(67) T: Wie ist es, wenn du jetzt in die Situation der ersten Form der extremen Anspannung gehst?
(68) K: Der Kopf ist weiter. Ich nehme dadurch mehr wahr und bin präsenter.
(69) T: Wie ist es, wenn du jetzt in die Situation gehst von Überforderung?
(70) K: Leistung und Freude ist jetzt kein Widerspruch mehr.
(71) T: Wie ist es, wenn du jetzt in die Situation gehst von Im-Fluß-sein?
(72) K: Das ist gut. Das beinhaltet alles. Wenn ich die Überforderung abgebe, dann bin ich wirklich freundlich mit mir selbst, und ich kann mich auch selbst darstellen, wenn ich will, aber es hat nichts Zwanghaftes.

(73) T: Wie ist es jetzt, wenn du jetzt in den Zustand gehst: „Sein – anerkennen, was ist"?
(74) K: Das ist der Beginn oder die Basis.
(75) T: (Therapeut zeigt auf die ursprüngliche Problemsituation) Das war ja nun mal ein echtes Problem, das kann man nicht bestreiten. Wie ist es jetzt, wenn du dir vorstellst, dich in einer Kommunikation überfordert zu fühlen?
(76) K: Ja, das war ein Problem, aber jetzt nicht mehr. Es ist jetzt eher so, als ob ich mich kurz zusammenziehe und mich dann gleich wieder ausdehne.
(77) T: Würdest du die Situation jetzt als Problem beschreiben?
(78) K: Nein, es hat eher etwas mit Empfindungen zu tun und mit dem Reagieren darauf.
(79) T: Wie ist es jetzt mit dem, was du bisher unter einer Lösung des Problems verstanden hast?
(80) K: *Die erste Stufe nicht, das ist schon eine Eskalation. Die zweite könnte ich mir ab und zu vorstellen.*
(81) T: *(Der Therapeut nimmt mit der Klientin eine Position außerhalb des vierfachen Diamonds ein.) Bitte betrachte jetzt diese Figur als Ganzes und mach dir bewußt, daß sie eingebettet ist in eine viel größere Struktur, die jetzt noch unsichtbar ist. Du weißt, wir hätten an jedem Punkt weitermachen können, z.B. an der Überforderung usw. Dies ist ein kleiner, überschaubarer Teil deines Bedeutungsnetzes, in dem du lebst. Ich glaube, man kann sagen, daß dir vieles von dem nicht bewußt war. Das hast du erst durch die Arbeit entdeckt. Es hat etwas mit Selbstentdeckung zu tun.*
(82) K: Ja. (nickt)
(83) T: Und dein Selbstentwurf, also das, was du gerne selbst sein möchtest, hängt ja immer von dem ab, was du von dir selbst weißt.
(84) K: Ja. (nickt)
(85) T: Jetzt weißt du ja ein bißchen mehr über dich. Und mein Eindruck ist, daß das, was du gelernt hast, mehr ist, als nur angemessener mit einer bestimmten Kommunikationssituation umgehen zu können. Das war sozusagen nur ein Aufhänger.
(86) K: Ja. (nickt, lächelt)
(87) T: Wie verändert sich dadurch dein Selbstentwurf?
(88) K: Es ist weniger definitiv.
(89) T: Und wenn dein Selbstentwurf über dich weniger definitiv ist, was meinst du, was du dadurch über dich entdecken könntest?
(90) K: Alles mögliche – mehr Freiheit. (umarmt den Therapeuten)
(91) T: Viel Spaß dabei.

Im Fallbeispiel wurde die Klientin durch den Diamond geführt. Zusätzlich wurden die Fragen nach der Ermöglichung und Entmöglichung jedes Knotens gestellt. Die Fragen spannten ein neues, komplexeres semantisches Feld auf. Dieses war das der Klientin, war ihr aber so vorher nicht bewußt. Durch den Prozeß wurde das Problem komplex verortet, und es entstand eine Auflösung anstatt nur einer Lösung.

Dieses Format ist bei allen Bedeutungsproblemen (also in dem ganzen Bereich, in dem man im NLP von Reframing spricht) sinnvoll anwendbar. Allerdings kann man dieses Format auch zusätzlich nutzen, wenn man sich schon denken kann, daß die Arbeit auf einen Re-Imprint oder auf eine systemische Verstrickung hinauslaufen könnte.

Allgemein kann man sagen, daß jeder Dualismus die Tendenz hat, den gesamten semantischen Bereich zu definieren. Er gibt sozusagen die Spannweite des Bedeutungsraumes an. Zum Beispiel scheint der Dualismus „systemisch oder individuell" den therapeutischen Raum vollständig zu dominieren: etwas muß entweder systemisch oder individuell sein (tertium non datur). Mann/Frau – was ist mit Hermaphroditen, Transsexuellen usw.? Tag und Nacht – was ist mit Dämmerung?

Als nächstes wird dann einer der beiden Pole zum Besseren, zum Eigentlichen, Wirklichen usw., so daß man den Eindruck gewinnt, daß man sich für einen der beiden Pole entscheiden müsse.

Hier sei auch nochmals auf die Position Derridas hingewiesen, dessen Dekonstruktivismus ja gerade darauf hinausläuft, die klassischen Polaritäten auf ihre heimliche Dichotomie/Hierarchie hin zu befragen, um diese dann umzukehren und zu verschieben. In diesem Sinn kann man den Diamond auch als eine therapeutische Variante zur Dekonstruktion rational-emotiver Dichotomien betrachten.

Dadurch, daß die Begriffe in das Diamond-Netz[186] eingebunden sind, steht jeder Begriff schon in einer vierfachen Differenz, und dadurch ist die Bedeutung jedes Begriffs vierfach überdeterminiert. Es entsteht hier etwas, was wir an anderer Stelle einmal den *leichten Tanz* genannt haben. Der Übergang von einer Betrachtungsweise zur anderen bekommt etwas Tänzerisches und verliert seine weltanschauliche Schwere.

Jeder der Begriffe, jeder Knoten im Netz, ist ein Seinszustand. Wenn wir in einer begrifflichen Konstruktion festgefahren sind, dann ist die Diamond-Übung ein Exerzitium für die geistige und emotionale Beweglichkeit. Diese Freiheit bedeutet nicht, daß ich mich nicht für etwas oder gegen etwas entscheide. Eher könnte man sagen, daß die Freiheit diesen volitiven Akt erst möglich macht, denn ohne die tatsächliche Gleichwertigkeit gibt es keine freie Wahlhandlung.

4. Diamond und kartesische Logik

Ein naheliegendes Mißverständnis bzgl. des Diamond-Modells könnte darin bestehen, es mit einem Format zu verwechseln, das Tad James „cartesian logic"[187] nennt. Diese Namensgebung ist etwas unglücklich, da sie impliziert, daß es sich hier um eine Logik handelt, die auf Descartes zurückgeht. Der einzige Grund allerdings, warum er diese Logik so nennt, besteht darin, daß er die vier möglichen Negationstypen in ein kartesisches Koordinatenkreuz einträgt. Faktisch handelt es sich um nichts weiter als um die vier Möglichkeiten, im Rahmen der Aussagenlogik eine aus zwei Aussagen zusammengesetzte Aussage zu negieren.

Wenn wir eine Aussage der Form haben: „Wenn A, dann B" oder: „A und B" oder: „weder A noch B" usw. , dann haben wir die Möglichkeit, entweder
➤ die Aussage als ganze zu negieren (N(A oder B)) oder
➤ jede Teilaussage zu negieren (N A oder N B) oder
➤ jeweils eine der beiden Teilaussagen zu negieren (N A oder B, A oder N B).

Beispiel:
Jemand behauptet: „Sie lächelt mich an, das bedeutet: Sie liebt mich" (X → Y). In diesem Fall könnten wir nach dem Negationsschema folgende vier Fragen stellen:

Nicht X → Y: Nicht lächeln bedeutet lieben.
„Könnte es sein, daß jemand nicht lächelt und trotzdem liebt?"

Nicht X → nicht Y: Nicht lächeln bedeutet nicht lieben.
„Heißt das, wenn jemand nicht lächelt, bedeutet das automatisch, daß er auch nicht liebt?"

X → nicht Y: Lächeln bedeutet nicht lieben.
„Haben Sie es schon mal erlebt, daß jemand lächelt, obwohl er nicht liebt?"

Nicht (X → Y): Es ist nicht wahr, daß Lächeln gleichbedeutend ist mit Lieben.
„Könnte es sein, daß es zwischen Lächeln und Lieben gar keinen notwendigen Zusammenhang gibt?"

Diese vier Fragen haben mit dem Diamond nur insofern etwas zu tun, als es sich ebenfalls um vier Fragen handelt. Die wesentlichen Unterschiede sind folgende: Das kartesische Fragemodell basiert auf der klassischen zweiwertigen Negation, für die der Satz A = nicht nicht A gilt. D.h., die doppelte Negation führt zur Position zurück. Das Diamond-Modell basiert formal gesehen auf der Protostruktur der Kenogrammatik, die ein non-negationales System darstellt. Ohne hier auf die technischen Details einzugehen, kann doch soviel gesagt werden: Die Gegensatzbildung im Diamond ist nicht primär durch die Negation geregelt, sondern durch alle möglichen vom Klienten ausdenkbaren, vorstellbaren, erlebbaren Gegensätze. Insofern sind die Punkte „sowohl als auch" und „weder noch" nicht in ihrem aussagelogischen (über Negationen erzeugbaren) Sinn zu verstehen.

Diese Abgrenzung soll den Wert der vier Fragen von Tad James natürlich in keiner Weise in Frage stellen. Im Gegenteil, sehr häufig führen diese Fragen dazu, daß die Übergeneralisierung in der behaupteten Beziehung zwischen A und B erfahrbar wird und damit vom Klienten zurückgenommen werden kann. Dies ist ein unbestreitbarer Vorteil dieser vier Fragen, und insofern betrachten wir sie als ein geeignetes Instrument, um Übergeneralisierungen rückgängig zu machen. Dies ist hingegen nur ein Aspekt dessen, was das Diamond-Modell leistet, und nicht einmal der wesentlichste.

Das kartesische Modell von Tad James läßt sich bei Bedarf nicht nur auf die Bedeutung, sondern auch auf die Konsequenz anwenden. Beispiel:

„Mein Vater ist krank, das heißt, ich kann nicht ausziehen." (X → nicht Y)
X → N N Y; das ist gleichbedeutend mit: X → Y.
„Was hätte es Ihrer Meinung nach für Konsequenzen, wenn Ihr Vater krank ist und Sie trotzdem ausziehen?"

N X → N Y: Nicht krank sein impliziert nicht ausziehen.
„Was hätte es für Konsequenzen, wenn Sie nicht ausziehen würden, obwohl Ihr Vater nicht mehr krank ist?"

N X → Y: Nicht krank sein impliziert ausziehen.
„Was hätte es für Konsequenzen, wenn Ihr Vater nicht mehr krank wäre und Sie dann ausziehen würden?"

N (X → N Y): Es ist nicht wahr, daß das Kranksein das Nicht-ausziehen-Können impliziert.
„Was hätte es Ihrer Meinung nach für Konsequenzen, wenn Sie Ihr Ausziehen bzw. Nicht-Ausziehen von der Krankheit Ihres Vaters unabhängig machen würden?"

Diese vier Positionen sind seit der mittelalterlichen Scholastik auch als „Logisches Quadrat" bekannt. Der strukturalistische Semiotiker Algirdas Greimas[188] entwickelte auf diesem Hintergrund sein „Semiotisches Quadrat". Er verwendet dieses Konzept, um „paarige" Begriffe zu analysieren.

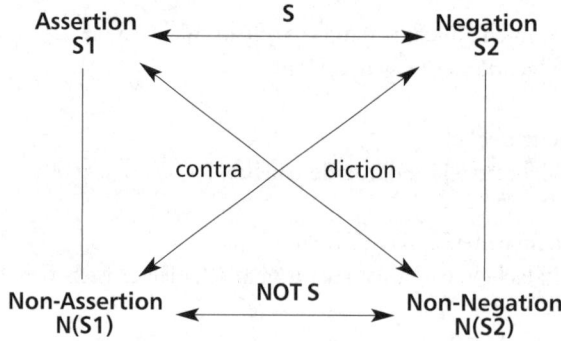

Die Symbole S1, S2, N(S1) und N(S2) repräsentieren Positionen, die von Begriffen, Werten usw. und ihren Negationen besetzt werden können. Die Doppelpfeile repräsentieren eine Kontradiktion, also die Beziehung zwischen einem Begriff und seiner Negation. S1 und S2 stehen in einem Gegensatz, z.B.: Leben und Tod. Da es aber in der klassischen Logik nur eine Negation gibt, kann es zwischen S2 und N(S1) strenggenommen nur eine Identität geben. Die von ihm intendierte Komplemenarität macht zwar inhaltlich Sinn, kann aber auf dem Boden der klassischen Negation gar nicht operativ abgebildet werden. Für ihn repräsentieren S1 und N(S2) „Präsenz" und S2 und N(S1) „Abwesenheit". Also: S2 (z.B. Tod) repräsentiert die Abwesenheit von S1 (z.B. Leben).

Varda Langholz Leymore (zit. nach Greimas 1993) gibt als Beispiel für ein solches Quadrat die semantische Beziehung zwischen „schön" und „häßlich" an. Er weist zu Recht darauf hin, daß „nicht schön" nicht notwendigerweise „häßlich" bedeutet und daß „nicht häßlich" nicht notwendigerweise „schön" bedeutet. Allerdings kann dies formal korrekt nur dann abgebildet werden, wenn das Verhältnis von „Assertion" und „Negation" nicht durch dieselbe Negation geregelt ist, wie die, die im Ausdruck N(S1) bzw. in N(S2) benutzt wird.

Um dies darstellen zu können, bräuchte man eine mehrwertige, multinegationale Logik wie z.B. die Polykontexturale Logik. Oder andersherum argumentiert: Die reale semantische Komplexität ist im Rahmen der klassischen Logik nicht modellierbar. Dies scheint Leymore allerdings nicht bewußt zu sein.

Da Gegensatzbildung und Negation nicht dasselbe sind, ist also eine Erweiterung der strukturellen Möglichkeiten der Logik und Semiotik vonnöten. Diese wird für die Logik durch die PKL und für die Semiotik durch die Kenogrammatik geleistet. Da es zu weit führen würde, dies hier näher auszuführen, möchten wir auf die einschlägige Literatur von G. Günther und R. Kaehr verweisen[189].

Teil 3: Weitere Fragemethoden

In diesem Buch geht es darum, zu ergründen, wie therapeutische Veränderungen erzielt werden können. Insbesondere geht es darum, wie therapeutische Veränderungen durch die Art des Fragens bewirkt werden. Dazu werden der Leserin neben denen des NLP fünf Fragemethoden vorgestellt, die mit unterschiedlichen Vorannahmen und Fragetechniken arbeiten. Sie sollen angeregt werden, sich ein größeres Fragenrepertoire anzueignen, um auf möglichst vielfältige Weise mit Klienten umgehen zu können.

Eine Besonderheit unter den von uns ausgewählten Fragemethoden stellt die Gesprächspsychotherapie (GT) dar. Sie gehört nicht zu den Kurzzeittherapien und hat als einzige von den hier behandelten Methoden kein Fragenrepertoire im eigentlichen Sinn. Die Therapeutin spiegelt das Gesagte und das von ihr als wesentlich Wahrgenommene. Beispiel: „Sie erleben das Verhalten Ihres Mannes als erniedrigend und entwürdigend, und Sie würden ihm am liebsten den Hals umdrehen?"

Warum wir die GT trotzdem behandeln, hat zwei Gründe: Erstens geschieht das Spiegeln der emotionalen Erlebnisinhalte in Form von Fragen. Die Therapeutin fragt die Klientin implizit: „Stimmen Sie dem zu, oder sehen Sie das anders?" Zweitens gehört das Spiegeln zum Standardrepertoire von Therapeuten und Menschen, die in sozialen Berufen beraterische Tätigkeiten ausüben. Es sollte von jeder Therapeutin beherrscht werden, und insofern scheint es uns bedeutsam, die Vorteile und Grenzen einer Therapiemethode aufzuzeigen, die fast ausschließlich auf dieser Technik gründet.

Obwohl wir in unserer Arbeit das Familienstellen von Bert Hellinger als eine der wichtigsten Methoden betrachten, die uns zur Verfügung stehen, gehen wir in diesem Buch auf Hellingers Arbeit nicht ein. Seine Fragen bezüglich des Familiensystems sind rein tatsachenbezogen. Zum Beispiel:
➤ Wer gehört zur Familie dazu?
➤ Wann gestorben?
➤ Verheiratet, geschieden? etc.

Die Beschränkung auf solche tatsachenermittelnden Fragen wird allerdings erst aus dem phänomenologischen Ansatz Hellingers verständlich. Die Aufstellung bildet den eigentlichen Kern seiner Methode, da die eingangs gestellten Fragen nicht den Anspruch erheben, bereits therapeutisch zu sein. Insofern kann man hier nicht von einer Fragetechnik sprechen.

Auch auf Fragen, soweit sie in der Hypnotherapie eine Rolle spielen, gehen wir in diesem Buch nur am Rande ein[1], da sie nicht in ihrer Funktion als Frage wichtig sind, sondern eher als Form der Suggestion („Welche Ihrer Hände ist schwerer, die linke oder die rechte?" etc.). Eine solche Frage unterstellt, daß es einen solchen Unterschied gibt. Gleichzeitig richtet sie die Aufmerksamkeit auf die Hände, so daß eine Tranceeinleitung bzw. -vertiefung stattfinden kann. Die mögliche Antwort (die linke bzw. die rechte) ist hingegen ganz gleichgültig.

Natürlich konnten wir uns nur denjenigen Fragemethoden zuwenden, die uns bekannt sind. Insofern erheben wir in keinster Weise den Anspruch, das therapeutische Feld des Fragens vollständig berücksichtigt zu haben. Bei der Auswahl der Fragemethoden waren vor allem folgende Gesichtspunkte maßgebend:
➤ Die Fragen der Therapiemethode sollen einen wesentlichen Bestandteil der Methode ausmachen.
➤ Hinter den Fragen sollte ein Konzept erkennbar sein, das die befragende Therapeutin leitet, so daß es Menschen, die mit der Methode nicht vertraut sind, zugänglich gemacht werden kann.
➤ Die ausgewählten Fragemethoden gehen überwiegend prozeßorientiert (nicht inhaltlich bzw. psychodynamisch) vor, da das Anliegen der Autoren nicht darin besteht, Theorien über die innerseelischen Zusammenhänge zu entwickeln, sondern Möglichkeiten aufzuzeigen, den Therapieprozeß zu gestalten.

Im folgenden werden fünf Methoden der Psychotherapie dargestellt mit dem Ziel, sie hinsichtlich ihrer Vorannahmen und Fragetechnik zu vergleichen. Dabei werden wir grundsätzlich nach folgendem Ablauf vorgehen:
1. Allgemeiner Überblick über die Methode.
2. Grundannahmen bezüglich des Problem-Lösungs-Raumes.
3. Aufzeigen des konkreten Ablaufes. Hierbei werden meist auch die Vorannahmen bezüglich der Therapeutin-Klientin-Beziehung dargelegt.
4. Übersicht über die verschiedenen Fragen, die in der speziellen Methode angewandt werden.

Die Darstellung erfolgt soweit möglich anhand von praktischen Therapiebeispielen.

A. Der Ansatz des BFTC

I. „Therapie der Lösung"

Die lösungsorientierte Kurztherapie wurde ab Mitte der siebziger Jahre am Brief Family Therapy Center (BFTC) in Milwaukee, USA, von Steve de Shazer, seiner Frau Insoo Kim Berg sowie Eve Lipchik und anderen Teammitgliedern entwickelt. Das BFTC wurde gegründet, um die Struktur des Wandels zu erforschen. Dabei standen folgende Fragen im Mittelpunkt der Arbeit:
1. Was ist wirklich notwendig, um therapeutische Veränderungen zu erreichen?
2. Wie kann eine Klientin mit Hilfe von Psychotherapie ein Problem lösen? bzw.: Wie können Therapeutin und Klientin gemeinsam Lösungen konstruieren?

Das Ziel der Veränderungsarbeit im BFTC besteht einzig und allein darin, Klienten beim Lösen von Problemen zu helfen. Damit unterscheidet sich der lösungsorientierte Ansatz von Steve de Shazer von vielen „herkömmlichen" Ansätzen der Psychotherapie, die Klienten bei der persönlichen Entwicklung helfen wollen. Damit will man im BFTC jeglichen Vorstellungen entgegentreten, die in der Klientin bzw. deren „Persönlichkeit" die Quelle der Beschwerde sehen und somit eine grundlegende Veränderung der Persönlichkeit anstreben. Um all dies geht es im BFTC nicht.

Im BFTC glaubt man nicht, daß das Verstehen des Problems ein Schritt zur Lösung ist und daß Lösungen sich logisch auf das Problem beziehen. Die Fortdauer des Problems hat eher etwas mit dem Kontext sowie mit den Erwartungen zu tun, ob das Problem bestehen bleiben wird, als mit den daran beteiligten Personen[2]. Mit anderen Worten: Zwischen Problem und Lösung besteht kein Zusammenhang. Es zeigt sich im Gegenteil, daß der Prozeß der Lösung sich von Fall zu Fall stärker ähnelt als die Probleme, denen die Intervention jeweils gilt. De Shazer erklärt diese Sichtweise mit einem Vergleich: Die Klagen, mit denen Klienten zum Therapeuten kommen, sind wie Türschlösser, hinter denen ein befriedigendes Leben wartet. Die Klienten haben alles versucht, aber die Tür ist immer noch verschlossen; sie halten ihre Situation also für jenseits ihrer Lösungsmöglichkeit. Häufig hat dieser Schluß immer weitergehende Bemühungen zur Folge: Nun versuchen sie herauszufinden, warum das Türschloß so und nicht anders beschaffen ist oder warum es sich nicht öffnen läßt. Dabei dürfte es doch klar sein, daß man zu Lösungen mit Hilfe eines Schlüssels und nicht mit Hilfe eines Schlosses gelangt ... Eine Intervention braucht nur in der Weise zu passen, daß die Lösung auftaucht. Es ist nicht nötig, daß sie es an Komplexität mit dem „Schloß" aufnehmen kann.

Das Schloß steht für das Problem – der Schlüssel für die Lösung. Nur mit der Lösung braucht man sich zu beschäftigen, nicht mit der Frage, warum das Problem (Schloß) so ist, wie es ist. Mit dieser Sichtweise grenzt sich der Ansatz des BFTC von einer Grundannahme ab, der die meisten Psychotherapien implizit folgen, nämlich, daß es einen Zusammenhang zwischen Problem und Lösung gibt. Dem Ansatz des BFTC liegen hingegen folgende Vorannahmen zugrunde:
➤ Die Vorstellung einer Lösung führt bereits zur Lösung hin.
➤ Im Problem ist die Lösung bereits enthalten.
➤ Es ist nicht notwendig, sich mit dem Problem zu beschäftigen.
➤ Zu einem Problem gibt es eine, meist mehrere Lösungen.
➤ Lösungen müssen durch Therapeutin und Klientin konstruiert werden.
➤ Probleme haben keine tieferliegenden Ursachen.

Wie geht der lösungsorientierte Ansatz von Steve de Shazer mit Symptomen um? Steve de Shazer gibt als Antwort auf diese Frage einen Wortwechsel zwischen Jay Haley und Milton Erickson wieder[3], in dem Haley fragt: „Was ist mit all den anderen Funktionen, die es (das Symptom) hat – welche das auch immer sein mögen?" Erickson antwortet: „Hast du jemals daran gedacht, daß sich die Symptomatik in ihrer Funktionalität abnutzen und ein habituelles Muster werden kann?"

In vielen Fällen gibt es nach Erickson also gar keine sekundären Gewinne. Dieser Auffassung schließt man sich im BFTC nicht nur an, sondern konzentriert sich in jedem Fall ausschließlich auf das von der Klientin verspürte Symptom. Tieferliegende Ursachen werden nicht erfragt.

Wie ein Interview im BFTC aussehen kann, wollen wir nun an einem Beispiel erläutern. Steve de Shazer führte die nachfolgende Konsultation am Norddeutschen Institut für Kurzzeittherapie in Bremen durch[4]. Der Klient ist Englischlehrer und hatte sich vor einiger Zeit wegen „neurotischer Depressionen und Ängste" in den Ruhestand versetzen lassen. Wir werden das Transkript auszugsweise wiedergeben und immer wieder darauf zurückkommen. Die Zahlen beschreiben die Einheiten oder Wortbeiträge von Klient und Therapeut. Zu Beginn spricht de Shazer mit dem Klienten über seine Arbeit, die ihm sehr viel Spaß gemacht hat. Dieser Teil des Interviews dient vor allem dem Kontaktaufbau. In Einheit (28) steigt er in das lösungsorientierte Interview ein:

(28) T:	(Geht an die Tafel) Sagen wir, 10 steht dafür, daß die Probleme, die Sie die Therapie haben beginnen lassen ...		Der Therapeut läßt den Klienten gleich zu Beginn einschätzen, wo zwischen Problem und Lösung er sich im Moment befindet.
(29) K:	Ja.		
(30) T:	Daß die vollständig gelöst sind. Und 0 steht dafür, wie es war, bevor Sie mit der Therapie begonnen haben. OK?		
(31) K:	Ja.		
(32) T:	Wo zwischen 0 und 10 würden Sie sich heute einstufen?		
(33) K:	10 ist also ein schlechter Zustand?		
(34) T:	Nein, nein, 10 ist ...		
(35) K:	10 ist ...		
(36) T:	Das hier ist ganz unten (zeigt auf die 0 an der Tafel).		
(37) K:	Ah, ganz unten.		
(38) T:	Wo würden Sie sich selbst einstufen?		
(39) K:	Ich würde mich einstufen, äh, Nummer 3 vielleicht, Nummer 3.		

De Shazer (wie alle lösungsorientierten Therapeuten) konzentriert sich auf die Stärken des Klienten, auf das, was dieser bereits kann (Ressourcenorientierung). So interpretiert er das Gespräch bis hierher wie folgt[5]: „Daß der Klient sagt, daß ihm das Unterrichten Spaß macht und daß er sich selbst bei ‚3' einstuft, bedeutet, daß er einen Fortschritt sieht, den er seit Beginn der Therapie gemacht hat. Wir müssen soviel wie möglich über die Unterschiede zwischen 0 und 3 herausfinden."

Der Ansatz, jetzt bereits Fortschritte zu erfragen, würde alle nicht lösungsorientierten Therapeuten in hohem Maße überraschen. Der Therapeut weiß außer den Begriffen „neurotische Depression" und „Ängste" nichts über das Problem und will die Fortschritte untersuchen?! – Dies beruht auf der oben angesprochenen Vorannahme, daß es nicht notwendig ist, sich mit dem Problem zu beschäftigen. Im BFTC geht man noch einen Schritt weiter, indem man behauptet: „Problem talk creates problems, solution talk creates solutions!"

Der folgende Abschnitt des Interviews zeigt, wie Steve de Shazer versucht, Ressourcen des Klienten aufzuspüren.

(40) T:	OK. Jetzt kommt meine nächste Lieblingsfrage. Wie haben Sie das gemacht? Wie sind Sie von 0 auf 3 gekommen?		Der Therapeut fragt nach den Fortschritten.
(41) K:	Das ist eine schwierige Frage. Ich bin ja kein Experte.		Der Klient sieht sich außerstande, diese Frage zu beantworten.
(42) T:	Ja. Aber Sie haben das geschafft!		Der Therapeut beharrt auf seiner Frage.
(43) K:	Ja, das habe ich, aber ich bin kein Experte, also ist es sehr schwierig für mich, das zu erklären.		Der Klient wiederholt seine Bedenken.
(44) T:	Versuchen Sie es einfach.		Ermuntert ihn weiter.

(45) K:	Ich meine, manche von den Problemen reichen bis in meine Jugend zurück.		
(46) T:	Klar.		Ignoriert das Angebot, über mögliche Ursachen des Problems zu sprechen.
(47) K:	Sie reichen zurück, als ich in der Schule war, äh, ich kann mich da an bestimmte Situationen erinnern … ähnliche Situationen, wie ich sie im Moment erlebe.		
(48) T:	Richtig. Aber was ich gerne wissen würde, ist: Wie sind Sie von 0 auf 3 gekommen? Wie haben Sie das gemacht?		Bleibt weiterhin bei seiner Frage.
(49) K:	Sie meinen, das ist ein guter Fortschritt?		
(50) T:	Ja, das ist ein Fortschritt.		
(51) K:	Na ja, ich weiß nicht, ob ich ganz unten angefangen habe, vielleicht habe ich woanders angefangen und bin dann von 5 zurück auf 3 gekommen. Habe ich ganz unten angefangen? Ich weiß nicht. Also…		
(52) T:	Geht es Ihnen jetzt besser als vor dem Beginn der Therapie?		Versucht weiter über Fortschritte zu sprechen.
(53) K:	Vielleicht ein klein bißchen besser. Das Problem war, daß ich, daß ich die Sache immer verstehe, daß, oder daß ich einen Einblick in meine Psyche habe, was falsch ist oder wo die Fehler sind, aber es ist sehr schwirig für mich, das auch in der Praxis umzusetzen, das Wissen um oder die Dinge, die ich weiß, ja, in die Praxis umzusetzen.		
(54) T:	Hm hm.		Ignoriert die Problemorientierung des Klienten.
(55) K.:	Zum Beispiel kann man eine ganze Menge wissen, aber im praktischen Leben macht man einen Haufen Fehler.		
(56) T:	Sicher. Und was wissen Sie darüber, was Sie richtig machen? Was funktioniert bei Ihnen?		Konzentriert sich weiter auf die Ressourcen …
(57) K:	Was bei mir funktioniert? Vielleicht arbeitet die Zeit für mich, ich weiß nicht. Ich habe alle möglichen Bücher gelesen, um mir selbst zu helfen.		
(58) T:	Ja.		
(59) K:	Wissenschaftliche Bücher und Bücher für Laien.		… und der Klient läßt sich zunehmend darauf ein.
(60) T:	Hm hm.		
(61) K:	Und ich gehe zur Therapie, und ich bin in bestimmten Gruppen, Selbsthilfegruppen.		
(62) T:	Ah ha.		
(63) K:	Selbsthilfegruppen für depressive Menschen zum Beispiel.		
(64) T:	Hm hm.		
(65) K:	Und ich mache noch andere Sachen. Ich nehme an vielen Kursen teil, ich bin also ziemlich aktiv.		Aktivität ist eine weitere Ressource des Klienten.
(66) T:	OK.		
(67) K:	Ich bin ziemlich aktiv. Aktiv ist mehr oder weniger das Gegenteil von depressiv.		
(68) T:	Oh, OK.		

1. Was ist ein Problem? Was ist eine Lösung?

An dieser Stelle soll näher darauf eingegangen werden, was man im BFTC unter einem Problem respektive unter einer Lösung versteht.

Problem

Ein Problem ist ein bestimmtes Muster, das der Klientin in irgendeiner Form Beschwerden bereitet. Nach Auffassung des BFTC ist es nicht notwendig, das Problem zu verstehen. Es ist aber sehr wichtig, nahe an der

Problemdefinition der Klientin zu bleiben[6], denn letztere möchte dies ja verändern und muß insofern eine Vorstellung davon gewinnen, wie das passieren soll. Das Symptom ist ein spezielles Element des Problemmusters[7]. In einer Familie mit einem bettnässenden Kind besteht das Problemmuster aus den Handlungen, die dazu führen, daß am nächsten Morgen das Bett naß ist. Das Symptom ist das nasse Bett.

„In fast allen Fällen beinhaltet die Beschwerde des Klienten den Wunsch, von etwas befreit zu werden, ohne eine Ahnung davon zu haben, was als vernünftiger Ersatz an dessen Stelle treten könnte.[8]" Der lösungsorientierte Ansatz verfolgt das Ziel, voraussagbare Wege zu beschreiben, denen Therapeutin und Klientin vom Problem zur Lösung folgen. Dieser Weg ist für alle Probleme (Phobien, Süchte, Selbstwertprobleme, Depressionen etc.) der gleiche. Im BFTC erhebt man den Anspruch, alle Probleme mit der gleichen Vorgehensweise lösen zu können. Ein störungsspezifisches Wissen ist also unnötig, womit sich der Ansatz von gängigen Vorstellungen in der Psychotherapie unterscheidet[9], denen zufolge Therapeuten über ein solches Wissen verfügen sollten. Im BFTC vertritt man hingegen die Ansicht, daß man lediglich eine Strategie benötigt, die angibt, wie man zur Lösung gelangen kann.

Ein wichtiger Gesichtspunkt bei der Arbeit im BFTC ist die Multiperspektivität: Es gibt verschiedene Perspektiven auf das Problem, das die Klientin formuliert. Zum Beispiel:
1. Was glaubt die überweisende Person, was im vorliegenden Fall getan werden sollte?
2. Was meint die Therapeutin selbst (bzw. das Team), was getan werden sollte?
3. Was meinen weitere Schlüsselpersonen (z.B. Mitarbeiterinnen des Kinderschutzes)?

Diese Sichtweisen werden, sofern es für die Lösung hilfreich erscheint, in das Gespräch mit einbezogen. Dies geschieht in der Regel durch zirkuläre Fragen, wie sie in der systemischen Therapie gebräuchlich sind (siehe das betreffende Kapitel).

Lösung

Obwohl man sich im BFTC allein auf Lösungen konzentriert, gibt es keine Zielvereinbarung zu Beginn der Sitzung. De Shazer[10] begründet dies wie folgt: „Es wäre unrealistisch, wenn Therapeuten erwarten, daß ihre Klienten zu Beginn der Therapie wissen, wo genau sie hinwollen. Wenn sie das wüßten, bräuchten sie wahrscheinlich keine Therapie. Aus diesem Grunde halten wir es nicht für notwendig, mit den Klienten
a) eine bestimmte Anzahl von Sitzungen oder
b) bestimmte Ziele oder
c) das Erreichen bestimmter Ziele
als Maß für den Therapiefortschritt zu vereinbaren."

Eine Lösung ist ein (auf die Beschwerde bezogenes) Muster, mit dem der Klient zufrieden ist; d.h., das ein Ausnahmeverhalten zum Problemverhalten darstellt. Im Fall des bettnässenden Kindes liegt das Lösungsmuster dann vor, wenn das Bett trocken ist. Beide Fälle sind nicht Variationen ein und desselben Musters, sondern werden als unterschiedliche Muster bezeichnet, wobei davon ausgegangen wird, daß beide Muster verhaltensmäßig beschrieben werden können.

Probleme sind also bestimmte Beschwerdemuster, und Lösungen sind Ausnahmen von diesem Beschwerdemuster. Diese Muster werden im lösungsorientierten Ansatz ähnlich wie in der systemischen Therapie auf konkrete, beobachtbare **Verhaltensweisen**[11] bezogen. Das subjektive (innere) Erleben von Klienten steht eher am Rande des Interesses.

Steve de Shazer merkt in einem Kommentar zur letzten Aussage des Klienten (Einheit 67) im obigen Transkript an, daß es sehr interessant ist, was der Klient sagt. Denn eigentlich müßten die aktiven Verhaltensweisen des Klienten Komponenten des Lösungsmusters sein. Sie werden aber von ihm selbst nicht als solche wahrgenommen: „Es stiftet ein wenig Verwirrung, daß der Klient Selbsthilfegruppen für ‚depressive' Menschen besucht, sich aber als ‚aktiv' beschreibt, was er als das Gegenteil von depressiv bezeichnet." (de Shazer 1996, 190)

Im BFTC erklärt man sich solche Unstimmigkeiten damit, daß die Frage, ob ein Ereignis ein Problem ist, von der Bedeutung abhängt, die man ihm gibt[12]. Der Klient muß also eine innere Bedeutungsgebung vornehmen, um aktive Verhaltensweisen nicht als Teil der Lösung wahrzunehmen. An einer späteren Stelle des Interviews (Einheit 183) klärt sich diese Frage ein wenig. Der Klient sagt: „Ja, dann, mein Problem ist, ich glaube, ich werde dieser Symptome nicht vollständig Herr. Bis zu einem bestimmten Grad (...) kommt das von innen heraus. Es ist nicht ganz klar, ob es da eine genetische Komponente gibt, das ist nicht klar." (de Shazer 1996, 197)

De Shazer kommentiert diese Aussage: „Die Verwirrung klärt sich hier ein wenig auf. Er (der Klient, A.d.V.) betrachtet die verschiedenen positiven Aktivitäten eher als Teil eines Kampfes gegen das Problem, als eine Art Anti-Problem oder Anti-Depression, denn als Zeichen eines Fortschritts oder als Teil einer Lösung. Der Kampf gegen das Problem ist genauso unerträglich wie das Problem selbst." (de Shazer 1996, 197)

2. Der Weg vom Problem zur Lösung

In den meisten psychotherapeutischen Ansätzen dient das Therapiegespräch dazu, Informationen (Fakten, Einstellungen, Gedanken, Gefühle etc.) zu sammeln, die mit dem Problem/Symptom in Verbindung stehen. Auf dem daraus resultierenden Verständnis aufbauend, versucht die Therapeutin, das Problem mit der Klientin zu lösen. Im BFTC geht man anders vor.

Das Symptom (zum Beispiel „Bettnässen") kann beseitigt werden, indem dieser Schritt weggelassen bzw. verändert wird, indem auf die Ausnahmen vom Problemzustand fokussiert wird, die die Klientin jedoch nicht als Ausnahmen (d.h. als Lösung) erkannt hat.

Ausnahmen sind alles, „was passiert, wenn die Beschwerde nicht vorhanden ist."[13] Beim Wechsel vom Problem zur Lösung geht es nicht darum, das negative Muster zu stoppen oder Sequenzen zu verändern, sondern darum, die Ausnahmen zu erweitern[14]. Wie? Indem man die Verhaltensweisen findet, die zur Lösung benutzt werden können. Dann kann man das Nichtbeschwerdeverhalten im Kontext der Beschwerde einsetzen. Ausnahmen führen zu Lösungen. Im Fall eines bettnässenden Kindes untersucht man im BFTC also die Zeiten, in denen das Kind morgens in einem trockenen Bett aufwacht. Dies wird zum Beispiel wie folgt erfragt:
➤ Was geschieht, wenn morgens das Bett trocken ist?
➤ Was tut dann die Mutter? Was tut der der Vater? etc.

Kann das Lösungsmuster beschrieben werden, gilt folgende einfache Regel: Mache weiter mit dem, was funktioniert, nämlich mit dem Lösungsmuster bzw. dem Ausnahmeverhalten! Lösungen erfordern einfach, daß jemand etwas anders macht oder anders sieht und mit dem Ergebnis zufrieden ist.

Fallbeispiel

Wie der Prozeß der Lösungsfindung im Beispielfall aussieht, wollen wir nun auszugsweise darstellen. In den Einheiten (98) bis (100) stellt de Shazer dem Klienten die sogenannte „Wunderfrage": „Jetzt stellen Sie sich vor, Sie gehen nach Hause, legen sich ins Bett und schlafen. Und während Sie geschlafen haben, ist ein Wunder geschehen. Das Problem, das Sie überhaupt erst in die Therapie geführt hat, ist gelöst, vollständig. Aber Sie können nicht wissen, daß das passiert ist, weil Sie zu der Zeit ja geschlafen haben. Wenn Sie also morgen früh aufwachen, wie werden Sie bemerken, wie werden Sie herausfinden, daß dieses Wunder geschehen ist?"[15]

Daraufhin befragt er den Klienten genauestens danach, was er an dem Tag nach dem Wunder tun würde. In Einheit (196) beginnt de Shazer dritte Personen mit einzubeziehen:

| (196) T: | Hm hmm. Und wenn Sie diese Sachen machen und sich normalerweise nicht gut fühlen, würde jemand, der Sie mit einer versteckten Kamera oder so etwas beobachtet, würde der bemerken, könnte er unterscheiden, ob Sie sich bei dem, was Sie tun, gut fühlen oder nicht? Könnte er sagen, wann Sie sich nicht gut fühlen? Würde jemand anderes das bemerken? | Die Sichtweisen dritter, dem Klienten nahestehender Personen können auf verhaltensspezifische Ausnahmen hinweisen, die ihm nicht bewußt sind. |

(197) K:	Ja, ich glaube, andere, bis zu einem bestimmten Grad können andere bemerken, ob es mir gut geht oder nicht. Manchmal sagen mir Leute, ich sei zu ernst.		Der Klient bleibt sehr allgemein.
(198) T:	Hm hmm.		
(199) K:	Und Ich würde nicht genug lachen, aber das ist mir nicht so wichtig, aber ich glaube schon, daß andere einen Unterschied sehen könnten.		Schon konkreter.
(200) T:	Könnte Ihre Frau das auch?		De Shazer fragt nach konkreten Personen...
(201) K:	Könnte sie, auf jeden Fall.		
(202) T:	Was tun Sie beide zusammen, was gut ist, was Spaß macht, was Sie beide gerne tun?		... und nach konkreten Verhaltensweisen.
(203) K:	Meine Frau und ich?		
(204) T:	Was ist das Beste für Sie beide gemeinsam?		
(205) K:	Reisen vielleicht.		
(206) T:	Hm hmmm.		Der Klient soll weiterreden.
(207) K:	Glaube ich. Heute beginnen die Ferien, und wir werden drei oder vier Tage, bis Sonntag, an irgendeinen netten Ort in Deutschland fahren.		
(208) T:	Das macht Ihnen beiden Spaß.		
(209) K:	Ja.		
(210) T:	Gut. Gut. Und, während dieser Ferien, während dieser nächsten drei oder vier Tage, werden Sie Dinge tun, die Ihnen Spaß machen?		Fragt wieder nach konkreten Verhaltensweisen.
(211) K:	Ja.		

Der Prozeß der Lösungsfindung besteht im wesentlichen darin, Ausnahmen zum Problemverhalten zu finden. Wenn die Klientin keine Ausnahme benennen kann, wird sie anhand der Wunderfrage aufgefordert, sich eine solche vorzustellen. Die Therapeutin versucht, durch weitergehende Fragen nach konkreten Verhaltensweisen, die Einbeziehung der Perspektive Dritter etc. eine mögliche Ausnahme zu finden.

II. Vorannahmen und therapeutische Haltung

In seiner Anfangszeit als Therapeut hat sich Steve de Shazer ausführlich mit der Psychotherapie Milton Ericksons beschäftigt und sich einige seiner Prinzipien zu eigen gemacht, die auch im lösungsorienten Ansatz ihren Niederschlag fanden. Das erste Prinzip Ericksons bezieht sich auf therapeutische Diagnosen[16]: „Wenn Patienten zu mir in die Praxis kommen, empfange ich sie mit leerem Kopf und betrachte sie mir, um zu sehen, wer und was und warum sie sind, ohne daß ich irgend etwas als gegeben hinnehme."

Dieses Prinzip hat auch zum Inhalt, daß man den Klienten nicht mit festgelegten Diagnoseschemata entgegentritt. Die Aussage „Sie ist schizophren" belegt de Shazer zufolge Klienten mit einer Bezeichnung, die nach unserem (unbewußten) grammatikalischen Verständnis bedeutet, daß „schizophren" ein andauerndes, wenn nicht permanentes Attribut dieser Person ist[17]. Der Grund für diesen Eindruck liegt in der Verwendung des Verbs „sein", das eine Beziehung permanenter Gleichheit suggeriert. Dazu ein paar Beispiele:

➤ Er ist ein Mann.
➤ Er ist Deutscher.
➤ Er ist blöd.
➤ Er ist schizophren.

Für den ersten Satz stimmt diese Permanenz (obwohl die Person natürlich die Möglichkeit hat, eine Geschlechtsumwandlung zu machen). Für die letzteren muß dies aber nicht zutreffen. Ob die beiden letzten Sätze wahr sind, hängt vom Verhalten der betreffenden Person ab, und das kann sich von einem Moment zu anderen verändern.

1. „Sprache ist alles, womit wir uns beschäftigen müssen"

An dieser Stelle wollen wir einen kleinen Exkurs darüber machen, welche Vorstellungen Steve de Shazer in bezug auf Sprache entwickelt hat, denn sein Verständnis von Sprache hat den lösungsorientierten Ansatz geprägt.

Was Menschen denken, glauben etc., sind nach de Shazer lediglich Konstruktionen in der Sprache. Insofern sind „Depression" oder „Eheprobleme" einfach Konstruktionen derjenigen, die diese Begriffe benutzen. Diese konstruktivistisch geprägte Sicht kommt in der Formulierung de Shazers zum Ausdruck, daß „wir unsere Sprache studieren müssen, um überhaupt irgend etwas studieren zu können. Anstatt aber hinter und unter die Sprache zu blicken, die Klienten und Therapeuten gebrauchen, denke ich also, daß die Sprache, die sie benutzen, alles ist, womit wir uns beschäftigen müssen[18]". Veränderung findet innerhalb der Sprache statt.

In seinem Buch *... Worte waren ursprünglich Zauber* beschäftigt sich Steve de Shazer mit Sprache. Er unterscheidet vier grundsätzliche Sichtweisen:

a) Im Alltagsverständnis ist Sprache ein transparentes Medium, das bestehende Sachverhalte ausdrückt; zum Beispiel durch Begriffe wie „Baum", „Fluß" oder „Eheproblem".

b) Die zweite Sichtweise ist die des Strukturalismus, die davon ausgeht, daß Sprache die Wirklichkeit auf eine bestimmte Weise repräsentiert. Man „weiß" um die Bedeutung von Begriffen wie „Eheproblem", weil dies durch Überlieferung festgelegt ist. Sowohl im Alltagsverständnis als auch in der strukturalistischen Sichtweise werden individuelle und Eheprobleme als draußen, in der sogenannten realen Welt existierend angesehen.

c) Als dritte Sichtweise führt de Shazer die des Buddhismus an. Dieser geht davon aus, daß Sprache den Zugang zur Realität behindert. Worte wie „Eheproblem" oder „Depression" verfestigen nur die Illusionen, die uns davon abhalten, die „Realität" zu erkennen.

d) Steve de Shazer selbst folgt der vierten Sichtweise, der des Poststrukturalismus. Dieser behauptet, daß Sprache Realität sei. „Eheprobleme" sind „einfach Konstruktionen derjenigen, die diese Begriffe benutzen. Die Bedeutung dieser Begriffe ist sowohl beliebig als auch instabil, das heißt, sie variiert je nachdem, wer den Begriff benutzt und an wen er in einem spezifischen Kontext gerichtet ist[19]". Daraus schlußfolgert er, daß die Sprache des Klienten alles ist, womit sich ein Therapeut beschäftigen muß.

Diese Haltung, sich nur mit den Worten von Klienten auseinandersetzen zu müssen, hat dem lösungsorientierten Ansatz den Vorwurf der Oberflächlichkeit eingebracht. Wir werden uns mit diesem Vorwurf im vierten Teil des Buches noch auseinandersetzen.

2. Der positive Fokus

Aus den bisherigen Ausführungen können wir die zentrale Grundannahme des lösungsorientierten Ansatzes wie folgt zusammenfassen: **Eine lösungsorientierte Gesprächsführung ist vollkommen ausreichend, um zu befriedigenden Lösungen zu gelangen.**

Der Ansatz des BFTC zeichnet sich dadurch aus, daß man sich auf das Positive konzentriert, das, was die Klientin schon kann. Das Mentaltraining im Sport ist ein gutes Beispiel für die praktische Anwendung dieses Prinzips. Indem zum Beispiel eine Tennisspielerin vor dem Spiel erfolgreiche Aufschläge visualisiert, bringt sie sich in einen Zustand, in dem sie gute Aufschläge machen kann. Hingegen sollte die Spielerin nicht die fehlerhaften Aufschläge visualisieren (zum Beispiel mit der Absicht, aus diesen Fehlern zu lernen), denn das würde die Wahrscheinlichkeit erhöhen, daß sie genau dieselben Fehler im anschließenden Spiel wieder begeht. Die Leser mögen diese Behauptung an der eigenen Erfahrung erproben und sich die Frage beantworten: Woran denken Sie, wenn ich Sie auffordere, nicht an den schwarzen Schornstein zu denken? – An den schwarzen Schornstein natürlich![20]

Wie werden Probleme mit dem lösungsorientierten Ansatz gelöst? Indem sich die Therapeutin von Beginn an nur auf Fortschritte hin zur Lösung (nicht auf das Problem!) konzentriert. Wenn ein Klient zur Therapeutin sagt: „Ich habe eine Depression!", dann lautet die Hauptfrage: „Was machen Sie, wenn Sie keine Depression haben?" – Ähnlich geht es nun im Transkript weiter:

(212) T: Ob Sie sich nun danach fühlen oder nicht, richtig? Ist es das, was Sie gesagt haben? Daß Sie diese Dinge auf jeden Fall tun, egal, wie es Ihnen manchmal geht?
(213) K: Ich habe Ihre Frage nicht verstanden.
(214) T: Lassen Sie es mich nochmal versuchen. In den nächsten paar Tagen, in diesem Urlaub ...
(215) K: Ja ...
(216) T: Werden Sie da trotz Ihrer Probleme die Dinge tun, die Ihnen Spaß machen, oder werden Sie einfach die Dinge tun, die Ihnen Spaß machen?
(217) K: Ich glaube, das erste ist richtig. Daß ich sie trotz der Probleme tue.
(218) T: OK. Und wenn nun das Wunder geschieht, würden Sie sie einfach tun, weil es Ihnen Spaß macht.
(219) K: Ja.
(220) T: Woran würde Ihre Frau den Unterschied bemerken?   *Der Therapeut erfragt die Sicht der Ehefrau...*
(221) K: Ja. Zum Beispiel daran, daß ich nicht über diese Probleme sprechen würde. Das ist ein sehr wichtiger Punkt. Und ich glaube, mein Verhalten wäre anders.   *... und hat Erfolg. Der Klient hat hier wahrscheinlich eine hypothetische Ausnahme benannt (auch wenn sie ihm selbst nicht bewußt sein mag).*
(222) T: In welcher Weise?
(223) K: In einer Weise, daß ich mehr, daß ich mehr Freude hätte.
(224) T: Ah hah.
(225) K: Und wenn man mehr Freude hat, lacht man mehr. Und andere Leute sehen das an deinem Gesicht und deinem ganzen Körper und an deiner Art zu sprechen.

Das Ziel der Befragung besteht darin, im Problemkontext **Ausnahmen** vom Problem zu finden. Der lösungsorientierte Ansatz geht davon aus, daß zu jedem Problem Ausnahmen konstruiert werden können. Sind sie gefunden, lautet die einfache Aufforderung an den Klienten: „Tue mehr vom Ausnahmeverhalten!"

Eine depressive Klientin könnte darauf antworten: „Ich verspüre die Depression nicht, wenn ich morgens vor der Arbeit eine halbe Stunde joggen gewesen bin." Die Lösung könnte somit darin bestehen, das Ausnahmeverhalten häufiger zu tun, wozu die Klientin in einer Hausaufgabe aufgefordert wird. In der nächsten Sitzung wird dann überprüft, was sich verändert hat.

In Anlehnung an Insoo Kim Berg[21] listen wir nun auf, welche Leitlinien für die Herausarbeitung von Ausnahmen im BFTC für sinnvoll gehalten werden. Sie werden an dieser Stelle nur kurz kommentiert, weil wir im weiteren Verlauf noch ausführlich darauf eingehen werden.

1. *Ziele müssen klein, einfach und realistischerweise erreichbar sein.* Häufig reichen einfache Lösungen aus, um ein Problem zu lösen. Sie gewährleisten darüber hinaus, daß die Klientin Erfolge erzielt, was das Selbstbewußtsein steigert.
2. *Das Ziel muß eine positive Verhaltensalternative anbieten.* Ähnlich wie im NLP ist ein positiv formuliertes Ziel notwendig, um eine Verhaltensänderung auch umzusetzen.
3. *Das Ziel muß für die Klientin wichtig sein.* Damit ist gemeint, daß die Klientin nur dann zu einer Veränderung angeregt werden kann, wenn sie das Ziel auch wirklich erreichen will.

Wir hoffen, den Lesern einen Eindruck davon vermittelt zu haben, wie die Therapeuten im BFTC bei der Lösungssuche vorgehen. Im nächsten Kapitel wird auf die therapeutische Haltung und die Vorannahmen eingegangen, mit denen Therapeuten des BFTC Klienten gegenübertreten.

3. Expertentum und Ressourcen von Klienten

Für Steve de Shazer ist es klar, daß nur die Klientin etwas über ihre inneren Zustände sagen kann; alles, was ein Dritter über sie sagt, ist beliebig. In diesem Sinne sieht de Shazer im Einklang mit Erickson seine Aufgabe folgendermaßen[22]: „Das Problem besteht nicht darin, die Therapie dieser bestimmten diagnostischen Klassifikation anzupassen, sondern: Welche Potentiale, dieses oder jenes zu tun, enthüllt Ihnen der Patient?"

Im lösungsorientierten Ansatz folgt man Ericksons Vorstellung, daß Klienten ihre Lösung auf Grundlage ihrer eigenen Ressourcen und Erfolge entwickeln. Klienten sind nicht „nicht okay". Klienten haben alle Ressourcen in sich, die sie brauchen, um das zu tun, was sie tun müssen, um das zu bekommen, was sie möchten[23]. Damit ist nicht gemeint, daß Menschen keine Schwächen hätten oder daß die Schwächen immer kleiner als die Ressourcen wären. Aber es beinhaltet den Glauben an das Vorhandensein von Gesundheit und Ressourcen im Menschen und steht dem pathologischen Weltbild der herkömmlichen Medizin und Psychiatrie entgegen.

Das gesamte Vorgehen konzentriert sich auf die Ressourcen der Klienten. Was bedeutet dies hinsichtlich der Haltung, mit der Therapeuten Klienten gegenübertreten? Es erfordert von der Therapeutin – eine schwierige Aufgabe –, die gesamte Verantwortung der Lösungsfindung bei der Klientin zu belassen. Dazu ist nach Steve de Shazer eine therapeutische Haltung „radikaler Akzeptanz" notwendig: „Die Antwort des Klienten sollte vollständig und wörtlich akzeptiert werden – von daher entfaltet der Ansatz seine Wirkung [Übersetzung durch die Autoren].[24]" Diese radikale Akzeptanz erfordert viel Selbstdisziplin und die Fähigkeit, die eigenen Bewertungen im Zaum zu halten, wenn z.B. die Klientin bei den Skalierungsfragen eine niedrigere Zahl nennt, als die Therapeutin es erwartet hatte.

Diese Haltung impliziert vor allem auch, daß nicht die Therapeutin die Arbeit tut, sondern daß sie dies der Klientin überläßt: **„Die Klientin ist die Expertin und trägt die Verantwortung."**

Da Klienten alle Ressourcen in sich haben, werden sie im BFTC als Experten für ihre Probleme angesehen. Die Klientin bestimmt allein, welches Problem sie lösen möchte bzw. welches Ziel sie erreichen will. Sie braucht sich nicht der Diagnose der („besserwissenden") Therapeutin zu unterwerfen, die „weiß", was die Klientin richtig bzw. falsch macht. Die Therapeutin ist lediglich Helferin der Klientin. Durch diese Grundhaltung gewährleistet und fördert der Ansatz des BFTC die größtmögliche Autonomie.

Diese Haltung drückt sich auch gegenüber Klienten aus, die darauf beharren, daß sie gar kein Problem haben (z.B. zwangsüberwiesene Klienten). Im BFTC akzeptiert man es voll und ganz, wenn diese Klienten jegliche Hilfe ablehnen. In diesem Sinn gibt es keinen „Widerstand". Klienten wissen am besten, was für sie richtig ist.

Es seien nun noch einige Hinweise gegeben hinsichtlich der Grundhaltung, aus der heraus dem BFTC zufolge therapeutische Fragen gestellt werden sollten. Dabei handelt es sich in der Hauptsache um Fragen, um die herum sich das Denken und die Ziele der Klientin kristallisieren sollen.

Beispiel: Die Therapeutin fragt: „Wissen Sie, was Sie tun müssen, um nicht mehr hierher kommen zu müssen?"

Diese Frage läßt nach Insoo Kim Berg[25] darauf schließen, daß die Therapeutin zuviel Verantwortung für die Veränderung übernimmt. Die Klientin kann auf diese Frage mit „ja" oder „nein" antworten, woraufhin die Therapeutin wieder eine Frage stellen muß. Damit die Klientin selbst ins Arbeiten kommt, sollte die Therapeutin Fragen auf die folgende Art stellen:
➤ Was, glauben Sie, müssen Sie tun, damit sich niemand mehr in Ihr Leben einmischt?
➤ Was müssen Sie tun, damit Ihre Eltern annehmen, daß Sie nicht mehr hierher kommen müssen?
➤ Was würde Ihre Mutter, Schwester etc. davon überzeugen, daß Sie Ihr Leben in die eigene Hand genommen haben?

Dabei sollte sich die Therapeutin nicht durch Antworten wie „Ich weiß nicht" oder ein Schulterzucken entmutigen lassen. Sie sollte hartnäckig sein und nachfragen (ohne den Rapport zu verlieren). Dies beinhaltet auch, Klienten, die abschweifen, freundlich wieder zum Thema zurückzubringen. Zum Beispiel:
➤ „Mir ist noch nicht ganz klar, Frau X – was müssen Sie tun, damit die Leute Sie in Ruhe lassen?"
➤ „Ich möchte gern noch einmal darauf zurückkommen. Was müßte anders sein, damit die Leute Sie in Ruhe lassen?"

4. Systemische Grundannahmen
Kleine Veränderungen führen zu großen Veränderungen
In der Systemtheorie geht man davon aus, daß ein System auf Veränderungen mit Anpassungen reagiert. Jede kleine Änderung in einem System verändert demnach notwendigerweise das Gesamtsystem. Kleine Änderungen können zu großen Änderungen führen. Dies zu verinnerlichen ist für Therapeuten besonders wichtig, wenn sie sogenannten „hoffnungslosen Fällen" gegenüberstehen.

Beispiel: Steve de Shazer beschreibt den Fall eines 28jährigen Mannes, der seit seinem achten Lebensjahr behauptet, er sei der Teufel[26]. Im Laufe der letzten zwanzig Jahre war er immer wieder in therapeutischer Behandlung gewesen und in Krankenhäusern meist medikamentös behandelt worden. Er hatte Schwierigkeiten, einen Job zu behalten, denn jedesmal, wenn er sich „seltsam" fühlte, war er davon überzeugt, daß er der Teufel sei, und dann sagte er dies auch. So hatte er es in den letzten vier Jahren nie länger als eine Woche lang an einem Arbeitsplatz ausgehalten. Sein Therapieziel bestand darin, einen festen Job zu bekommen und zu behalten. In der vierten Sitzung – der Klient hatte mittlerweile die Betreuung eines älteren Herrn übernommen – berichtete er von einer Ausnahme. Er hatte sich wieder „seltsam" gefühlt, aber da er den älteren Herrn hätte baden müssen, hätte er das einfach getan, ohne zu sagen, er sei der Teufel. Es war nicht zum Eklat gekommen. Er bekam die Empfehlung, einfach mit dem weiterzumachen, was er gerade tat, wenn er sich seltsam fühle. De Shazer schloß mit den Worten, daß er den Job behielt und keine Medikamente mehr zu nehmen brauchte.

Die Zirkularität von Bedeutungsgebung, Erfahrung und Handeln
Ein zweiter Aspekt der systemischen Sichtweise des lösungsorientierten Ansatzes bezieht sich auf die Zirkularität zwischen dem Akt der Bedeutungsgebung, der Erfahrung und dem Handeln. Wenn eine Person der Ansicht ist, sie habe ein Problem, dann mißt sie bestimmten Ereignissen/Erfahrungen eine entsprechende

Bedeutung bei und wird aufgrund dessen in einer bestimmten Weise handeln. Wenn diese Person nun die Bedeutung verändert (z.B. sagt, das Problem existiere nicht mehr), dann hat sich zugleich auch ihre Erfahrung verändert, ohne daß sich in der äußeren Welt etwas verändert haben muß. Daraufhin wird sie in der Regel auch ihr Handeln der neuen Überzeugung (Bedeutungsgebung) anpassen. Dazu ein Beispiel:

Ein Student im ersten Semester ist es gewohnt, in der Schule immer Einsen und Zweien zu schreiben. In der ersten Klausur bekommt er „nur" eine drei. Er findet das problematisch und macht sich daraufhin Vorwürfe, daß er faul gewesen sei und versagt habe. Von einem Kommilitonen erfährt er einige Tage später, daß nur zwei weitere Studenten die Note 3 bekommen haben, alle anderen hingegen hätten schlechtere Noten bekommen. Aufgrund dieser Mitteilung freut er sich sehr – das Problem ist verschwunden, obwohl sich an der Note selbst gar nichts geändert hat.

Die Bedeutung, die ich einer Erfahrung beimesse, und mein Handeln stehen in einem zirkulären Zusammenhang. Man spricht dabei von Rekursivität. Auch hierzu ein Beispiel: Eine Mutter hat ein Problem mit ihrer 6jährigen Tochter. Sie ist der Ansicht, daß diese sich unhöflich und böse benimmt. Unter anderem hatte sie sich der Aufforderung widersetzt, Verwandten zur Begrüßung die Hand zu geben. Außerdem hat sie die gleichaltrige Cousine verprügelt. Die Bedeutungsgebung („unhöflich und böse") seitens der Mutter bewirkt eine bestimmte Klasse von Lösungen bzw. Handlungen: nämlich Bestrafung. Würde die Mutter das Verhalten der Tochter dahingehend interpretieren, daß sie damit experimentiert, ihren eigenen Willen durchzusetzen, würde das wahrscheinlich zu einer anderen Klasse von Lösungen (Handlungen) seitens der Mutter führen.

Die Zirkularität von Bedeutungsgebung, Erfahrung und Handeln bezieht sich nicht nur auf die intrapsychische Perspektive; sie gilt auch interpsychisch. Die Mutter begann, die Tochter zu ermahnen, höflich zu sein, woraufhin diese trotzig reagierte und sich schlimmer benahm als vorher. Der Streit eskalierte, weil die Tochter das Verhalten der Mutter als Beschränkung ihrer Freiheit empfand. Die Mutter wiederum fühlte sich durch die Reaktion ihrer Tochter in ihrer Befürchtung bestätigt.

Das Beispiel zeigt die Rekursivität zwischen Bedeutungsgebung, Handeln und Rückmeldung auf. Im BFTC liegt (ähnlich wie in der systemischen Therapie) die Aufmerksamkeit auf diesem Kreislaufprozeß, nicht auf bestimmten dysfunktionalen Eigenschaften von Personen. Da Kommunikation ein rekursiver Prozeß ist, kann an jedem Punkt der Kommunikation eine Veränderung bewirkt werden. Der obige Fall ist auch ein gutes Beispiel für den von Paul Watzlawick geprägten Satz: „Die Bedeutung der Kommunikation liegt in der Reaktion des Empfängers", der namentlich im NLP große Bedeutung erlangt hat.

5. Fallbeispiel

Die therapeutische Haltung, sich auf positive Aspekte zu konzentrieren, werden wir nun anhand eines weiteren Abschnittes aus dem bereits zitierten Transkript verdeutlichen. Auf die systemische Sichtweise und das Expertentum des Klienten werden wir an anderer Stelle näher eingehen.

In diesem Ausschnitt des Transkriptes wird besonders deutlich, wie stark de Shazer mit seinen Fragen auf die Stärken (Ressourcen) des Klienten abzielt und wie sehr er sich bemüht, die Aufmerksamkeit des Klienten auf die positiven Aspekte zu richten. Selbst minimalste Fortschritte werden daraufhin untersucht, ob sie Teile des Lösungsmusters sein könnten.

(230) T:	OK. Ich habe überlegt, wie die Leute in Ihrer Englischklasse …		Nach der Sichtweise der Ehefrau wird die der Englischklasse erfragt.
(231) K:	Ja, äh …		
(232) T:	Wie die das bemerken würden…		
(233) K:	Ich glaube, im Moment, die Leute in meinen zwei Englischklassen – wir hatten bis jetzt drei Stunden, drei Wochen …		
(234) T:	Richtig.		

(235)	K:	Ich glaube, die merken gar nicht, daß ich Probleme habe. Zum Beispiel unterrichte ich und gebe eine Menge Privatstunden, mit verschiedenen Schülern, und ich glaube, die merken das nicht. Eine Schülerin hat mir sogar gesagt, ich wäre sehr lustig. Sie hat mich gefragt, ob ich immer so lustig bin.	Der Klient nennt eine starke Ressource aus Sicht einer Schülerin.
(236)	T:	Und was haben Sie gesagt?	Der Therapeut verstärkt durch Fragen nach Details den positiven Fokus.
(237)	K:	Ich habe gar nichts gesagt.	
(238)	T:	Sie hätten ja sagen sollen.	
(239)	K:	Ich hätte ja sagen sollen?	
(240)	T:	Obwohl, Sie sind zu schüchtern.	
(241)	K:	Es hat mich überrascht, daß andere nicht merken, daß ich Probleme habe.	
(242)	T:	Ja.	
(243)	K:	Und ich glaube, sehr häufig ist das für andere auch schwer zu bemerken.	Auf diesen Einwand geht der Therapeut nicht ein, sondern fokussiert weiter auf die positiven Seiten.
(244)	T:	Ihre Schülerin, die hat das nicht gesehen. Sie dachte ...	
(245)	K:	Richtig. Sie dachte, ich bin sehr lustig.	
(246)	T:	Ah hmm.	
(247)	K:	Ja, aber ...	
(248)	T:	Sind Sie das?	
(249)	K:	Ja, aber gegenüber einem einzelnen Menschen bin ich oft in einer anderen Position. Oder ich verhalte mich anders als in Gruppen.	
(250)	T:	Glauben Sie, daß die anderen in Ihrer Englischklasse auch glauben, Sie sind lustig?	Führt den Klienten immer wieder auf das positive Feedback der Schülerin zurück.
(251)	K:	Das glaube ich nicht, weil ich nicht besonders viel lache und keine Witze mache. In Gruppen bin ich natürlich anders ...	
(252)	T:	Nun ja ...	
(253)	K:	... als ...	
(254)	T:	Aber sie hat Ihnen gesagt, Sie wären sehr lustig, und Sie hatten das nicht gewußt!	Verweist wiederum auf die Ressourcen und den positiven Fokus.
(255)	K:	Das ist für mich eine sehr seltene Erfahrung.	
(256)	T:	Ja.	
(257)	K:	Das haben mir nicht viele gesagt.	
(258)	T:	Glauben Sie ihr?	
(259)	K:	Ja, ich habe ihr das geglaubt. Sie hat das sehr ernsthaft gesagt.	
(260)	T:	Gut. Ich denke, ich glaube ihr das auch.	
(261)	K:	Ah hmm.	
(262)	T:	Glauben Sie, daß Sie manchmal, so wie bei ihr, lustig sind, ohne das zu merken?	
(263)	K:	Mir ist manchmal gesagt worden, ich hätte so was wie einen „trockenen Humor" oder so.	
(264)	T:	Ja.	

III. Setting und Ablauf

Der allgemeine Rahmen im BFTC entspricht im wesentlichen dem klassischen Setting der systemischen Therapie[27]. Von den Klienten werden vor der ersten Sitzung nur grundlegende Daten erhoben (Name, Alter etc.). In jeder Sitzung nehmen außer der Therapeutin und der/den KlientInnen ein oder mehrere Beobachter hinter einem Einwegspiegel teil. Im BFTC wird jede Sitzung mit Videokamera aufgenommen und die Erfolgsquote nach Abschluß der Therapie festgehalten. Die Beobachter schauen sich die Sitzung an und besprechen sich in einer Pause zum Ende der Stunde mit der Therapeutin hinsichtlich des Abschlußkommentars. Dieser beinhaltet in jedem Fall Komplimente an die Klientin und in der Regel eine Hausaufgabe.

Ablauf

Im BFTC hält man sich auf dem Weg zur Lösung an einen klar vorgegebenen Ablauf, der auf der nachfolgenden Zentralkarte abgebildet ist[28]:

(1) Der erste Schritt besteht darin, zu entscheiden, ob die Klientin
  1. Kundin ist (jemand, die ein Problem hat und aktiv etwas dagegen tun möchte) oder
  2. Klagende (jemand, die ein Problem hat, aber nichts gegen den Problemzustand tun möchte) oder
  3. Besucherin (jemand, die kein Problem bzw. Problemempfinden hat).
     Letztere kann zum Beispiel eine Person sein, die von einer dritten Stelle geschickt wurde, also nicht freiwillig in die Therapie gekommen ist. In diesem Fall werden nur „Komplimente" gemacht, die bisherigen Lösungen positiv gewertet, ansonsten aber weder Therapie noch Hausaufgabe angeboten.

In diesem Schritt entscheidet es sich, ob eine Beschwerde/Klage vorliegt (nur „Kunden" und „Klagende" haben Beschwerden) und welchen Status die Klientin einnimmt. Der Status „Besucherin", „Klagender" oder „Kundin" steht nicht von vorneherein fest. Man muß als Therapeutin das gesamte Gespräch im Blick haben, um dies entscheiden zu können. Manchmal ist man bis zum Schluß unsicher und wird möglicherweise erst in der zweiten Sitzung nach dem Stellen der Hausaufgabe wissen, welcher Kategorie die Klientin angehört.

Die Schwierigkeiten, die mit einer solchen Bewertung einhergehen, konnte man im Fallbeispiel des Englischlehrers erkennen. Er ist auf jeden Fall ein Klagender, denn er hat eine Beschwerde. Inwieweit er auch ein Kunde ist, prüft Steve de Shazer, kurz bevor er sich zur Pause zurückzieht[28]. Auch diese Sequenz wollen wir hier wiedergeben:

(294) T:	Gut, ich habe noch eine von diesen Fragen. 10 steht dafür, daß Sie jede Aufgabe erfüllen würden, die wir Ihnen vorschlagen könnten, um Ihnen zu helfen, Ihr Ziel zu erreichen, während 0 dafür steht, daß Hoffen und Beten das einzige ist, was Sie gewillt sind zu tun.		Der Therapeut prüft u.a., inwieweit der Klient bereit ist, eine Hausaufgabe durchzuführen.
(295) K:	Richtig.		
(296) T:	Wo zwischen 0 und 10 befinden Sie sich heute?		Mit dieser und den nächsten Fragen prüft der Therapeut, welche Verhaltensaufgabe(n) vom Klienten wahrscheinlich auch gemacht werden.
(298) K:	Bei 0 betet man ...		
(299) T:	Das ist das einzige, was Sie tun.		
(300) K	Bei 10 erfüllt man eine bestimmte ...		
(301) T:	Tut man alles.		
(302) K:	Ich glaube, ich wäre vielleicht bei 7.		
(303) T:	Den größten Teil aller Dinge, die wir Ihnen vorschlagen könnten, würden Sie also tun?		
(304) K:	Ja.		
(305) T:	Gibt es irgend etwas, das Ihnen in den Sinn kommt, was Sie mit Sicherheit nicht tun würden?		
(306) K:	Irgend etwas, was ich nicht tun würde, um dieses Problem zu lösen? Zu noch mehr Ärzten gehen würde ich nicht ...		
(307) T:	OK.		

ZENTRALKARTE

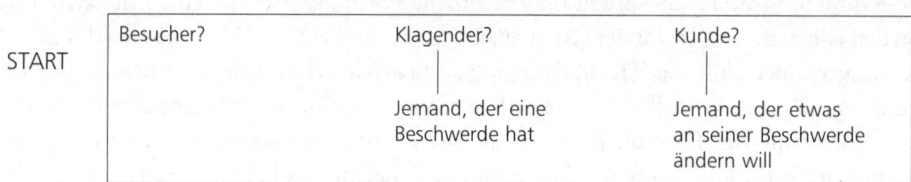
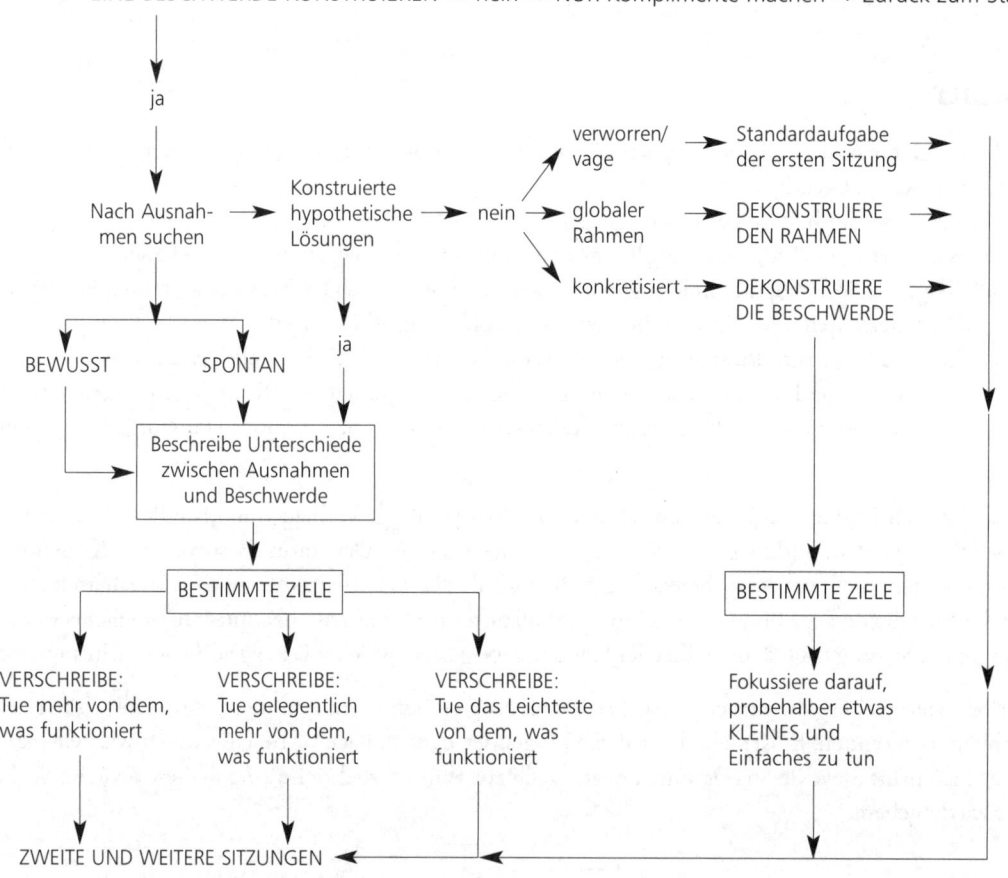

ZWEITE UND FOLGENDE SITZUNGEN

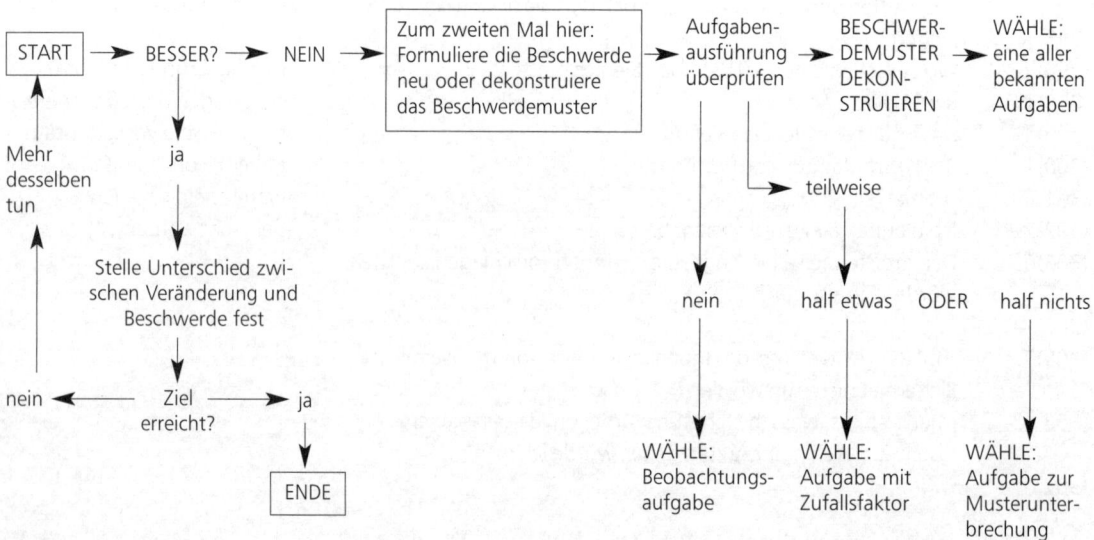

(2) Der zweite Schritt besteht darin, nach Ausnahmen zu der Beschwerde zu suchen. Ausnahmen sind Situationen bzw. Zeiten, in denen Klienten das Problem nicht haben bzw. weniger intensiv empfinden. Dies wird ganz exakt erfragt. Die Therapeutin sucht (gemäß der Vorannahme, daß Klienten alle Ressourcen in sich haben) reife Persönlichkeitsanteile. Dies wurde in der Analyse des Transkriptes bereits besprochen. Die verschiedenen Strategien, die die Therapeutin je nach Verhalten der Klientin wählen kann, behandeln wir ausführlich in Kapitel IV.

(3) Im dritten Schritt erarbeiten Therapeutin und Klientin den Unterschied zwischen Beschwerde und Ausnahme. Im Transkriptbeispiel waren dies die Aktivitäten des Klienten und vor allem die Zeiten, in denen der Klient nicht über seine Probleme gesprochen hatte. Die Schwierigkeit in diesem Fall besteht häufig darin, daß der Klient diese Verhaltensweisen selbst nicht als Ausnahmen ansieht. Aus diesem Grund ist die Frage in Einheit (294) sehr wichtig. Sie stellt in Verbindung mit der darauffolgenden Frage einen Versuch dar, die Aktivität jeder möglichen Hausaufgabe in einen anderen Rahmen zu stellen, nämlich in einen Rahmen, in dem sie zu einer Aktivität wird, die eindeutig auf eine Verbesserung abzielt.

Wir werden auf diesen Punkt noch im Kapitel über den Umgang mit Glaubenssätzen zu sprechen kommen.

Die Hausaufgabe

(4) Der vierte Schritt ist die Pause, in der die Therapeutin sich mit ihrem Team hinter dem Einwegspiegel berät, welche Hausaufgabe sie der Klientin geben wollen. Ein fester Bestandteil der Hausaufgabe sind Komplimente. Sie haben mehrere Funktionen: Sie sollen die Klientin erstens auf ihre Ressourcen und Stärken hinweisen und sie zweitens dahingehend positiv einstimmen, die darauffolgende Hausaufgabe auszuführen.

In der darauffolgenden Stunde fragt die Therapeutin nach, inwiefern die Hausaufgabe sich als nützlich erwiesen hat. Wenn es eine Verbesserung gab, lautet die Aufgabe schlicht: Tue mehr desselben. Wenn nein, muß die Beschwerde neu formuliert oder dekonstruiert werden.

Die Hauptarbeit zur Veränderung des Beschwerdemusters geschieht zu Hause. Dies beruht auf der systemischen Grundannahme, daß kleine Verhaltensänderungen große Veränderungen hervorrufen können. Diese kleine Veränderung wird mit der Hausaufgabe initiiert und (hoffentlich) von den Klienten ausgeführt.

Hausaufgaben lassen sich in folgende vier Kategorien einteilen:
1. Für Klagende und bei vagen Beschwerden wird die Standardaufgabe der ersten Sitzung gegeben. Dies ist eine Beobachtungsaufgabe: Die Klientin soll einen bestimmten Aspekt ihres Verhaltens beobachten.
2. Aufgaben, die gegeben werden, wenn Klienten eine (hypothetische) Ausnahme gefunden haben:
    ➤ Tue mehr von dem, was funktioniert.
    ➤ Tue gelegentlich mehr von dem, was funktioniert.
    ➤ Tue das Leichteste von dem, was funktioniert.
3. Aufgaben mit Zufallscharakter (Voraussageaufgaben) werden meist dann gegeben, wenn Klienten zwar eine Ausnahme benennen können, aber nicht wissen, wie sie das Ausnahmeverhalten zustande bringen. Voraussageaufgaben sind meist Aufgaben, in denen die Klienten eine Münze werfen sollen. Je nachdem, ob Kopf oder Zahl fällt, sollen sie z.B. das Problemverhalten bzw. das Lösungsverhalten zeigen.
4. Aufgaben zur Musterunterbrechung.

Im Fall des bettnässenden Kindes wurde im Erstinterview festgestellt, daß das Bett trocken blieb, wenn der Vater den Jungen weckte. Demnach lautete die Hausaufgabe für die Familie, daß der Vater den Jungen viermal in der Woche wecken sollte, ohne dies dem Jungen vorher mitzuteilen. In den nächsten Sitzungen wurde geprüft, inwieweit die Hausaufgabe und deren Umsetzung (bzw. Nichtumsetzung) zum Erfolg führten. In der Tat stellte der Junge daraufhin nach einiger Zeit das Bettnässen ein.

Wir geben nun die Hausaufgabe wieder, die Steve de Shazer dem Englischlehrer gab. Da wir nicht das ganze Transkript abgedruckt haben, werden einige Punkte angesprochen werden (wie z.B. das Buch, das der Klient für einen Verlag schreiben soll), die bisher nicht erwähnt wurden.

(319) T:	Ich möchte Ihnen danken, daß Sie heute gekommen sind.		Der Therapeut hebt alles hervor, was der Klient an positiven Dingen über sich geäußert hat:
(320) K:	Ja, OK.		
(321) T:	Es war mir ein Vergnügen, mich mit Ihnen zu unterhalten, und ich bin wirklich beeindruckt von mehreren Sachen, die Sie gesagt haben. Ich habe zum Beispiel den Eindruck gewonnen, daß der Verlag – ein Beispiel dessen, was ich denke – daß der Verlag in Ihnen etwas sieht, was Sie selbst nicht sehen. Ich kann gar nicht sagen, wieviele Buchprojekte Verlage ablehnen, im Verhältnis zu denen, die sie fördern.		
(322) K:	Ja.		
(323) T:	Diese Leute halten also etwas von Ihnen, Ihre Freunde halten etwas von Ihnen – die sagen, Sie sind bei 8.		– die positive Einschätzung von seiten der Freunde
(324) K:	Ja.		
(325) T:	Auch Ihre Schüler in der Englischklasse sehen da etwas. Die Frau, die gesagt hat, Sie seien lustig, hat etwas gesehen. Ich glaube also, es ist da eine Menge an Ihnen, was Sie nicht wissen. Da ist sehr viel Stärke und vielleicht sogar ein Komiker in Ihnen.		– die positive Einschätzung von seiten der Schüler
(326) K:	Komiker. Wenn Sie daran denken, daß alle wichtigen Komiker innerlich eigentlich sehr traurig sind...		
(327) T:	Da bin ich mir nicht so sicher. Das ist nur ein Klischee. Die lustigsten Menschen, die ich kenne, sind keineswegs innerlich traurig. Ich habe jedenfalls den Verdacht, daß da noch viel mehr an Ihnen ist, was Sie nicht wissen und was nützlich für Sie wäre, wenn Sie es herausfinden würden. Das stimmt mit dem überein, was Ihr Freund sagt, daß Sie bei 8 sind. Vielleicht hat er ja recht. Ich möchte, daß Sie darüber noch etwas mehr nachdenken.		
(328) K:	Ja.		
(329) T:	Und wir haben da noch eine Idee, die Sie vielleicht nützlich finden werden – ein Experiment. Vielleicht können Sie daraus etwas über sich lernen. Es könnte für Sie zunächst nach zuviel Arbeit klingen. Wir meinen, daß Sie das schaffen können. OK? Was wir Ihnen vorschlagen zu tun, als ein Experiment, wenn Sie mit Ihrer Frau zusammen für die nächsten vier Tage verreisen...		Die eigentliche Aufgabe lautet, mehr vom Ausnahmeverhalten zu tun.
(330) K:	Ja.		
(331) T:	Daß Sie mit ihr in diesen nächsten vier Tagen nur englisch sprechen, und daß Sie so tun, als ließen sich die Probleme, über die Sie normalerweise sprechen, nicht ins Englische übersetzen.		
(332) K:	(lacht herzlich)		Anscheinend wird die Aufgabe gut aufgenommen.
(333) T:	Und schauen Sie, welche Unterschiede das dabei macht, wie Sie sich fühlen, und so weiter. Und dann lassen Sie Ihren Therapeuten wissen, was Sie daraus gelernt haben.		
(334) K:	OK.		

IV. Anwendung der Fragestrategie

1. Strategisches Vorgehen

Der lösungsorientierte Ansatz ist eine Fragemethode, die alle Probleme auf dieselbe festgelegte Weise behandelt. Dies hat den Vorteil, daß sich die Therapeuten im BFTC in hohem Maße hinsichtlich ihrer Fragestrategie und der sie steuernden strategischen[30] Fragen bewußt sind. Hier soll nun der Frage nachgegangen werden: Welche strategischen Fragen stellen sich die Therapeuten im BFTC, die ihnen sagen, wie sie vorgehen sollen? Auf Seite 198 ist die Struktur des Entscheidungsverhaltens im lösungsorientierten Kurztherapiemodell des BFTC in Form einer Zentralkarte wiedergegeben. Sie verdeutlicht das Vorgehen, indem die strategischen Fragen aufgelistet sind, die der Therapeut sich stellt, um Ausnahmen zu finden und, darauf aufbauend, eine geeignete Hausaufgabe zu geben.

Bei der Suche nach Ausnahmen gibt es verschiedene Fälle, die eintreten können[31]:
1. Es gibt eine der Klientin bewußte Ausnahme.
2. Es gibt eine Ausnahme, aber sie tritt spontan ein. Die Klientin weiß nicht, wie.
3. Es gibt keine Ausnahmen, aber die Klientin kann sich eine Ausnahme vorstellen.
4. Es gibt keine Ausnahme, und die Klientin kann sich keine Ausnahme vorstellen.

Entsprechend diesen Möglichkeiten wird die Hausaufgabe gestellt. Wenn beispielsweise die Klientin in ihrem Alltag bereits ein Ausnahmeverhalten zeigt, dann erhält sie (in verschiedenen Versionen) einfach die Hausaufgabe, mehr vom Ausnahmeverhalten zu zeigen. Wenn die Klientin sich eine Lösung vorstellen kann, erhält sie in der Regel als Aufgabe, die vorgestellte Lösung auszuprobieren.

Die Zentralkarte zeigt, wie die Theorie der Lösung in Form eines Entscheidungsbaums genutzt werden kann[32]. Seit einigen Jahren werden die Therapeuten im BFTC darin durch ein Expertensystem, das Computerprogramm „Briefer", unterstützt. Das Expertensystem stellt den Therapeuten verschiedene Fragen, die diese mit ja oder nein beantworten sollen. Die Methode arbeitet also mit selektiven Einschränkungen in der Weise, daß die Therapeuten sich Fragen wie die folgenden stellen:
1. Gibt es eine Beschwerde?
2. Gibt es eine Ausnahme?
3. Ist sie bewußt?
4. Gibt es ein Ziel?

Nach bestimmten Regeln ist festgelegt, welche Hausaufgabe daraufhin sinnvollerweise gegeben werden sollte.

Charakteristisch für die Erfolge des lösungsorientierten Ansatzes ist folgender scheinbar schwer zu lösender Fall einer kokainsüchtigen Klientin[33]: Frau B, 24 Jahre alt, hatte sich seit 18 Monaten Kokain gespritzt und dabei manchmal 1000 Dollar pro Nacht ausgegeben. Sie sagte in der ersten Sitzung, sie sei dem Kokainkonsum hilflos ausgeliefert.

Das Suchen nach Ausnahmen ergab, daß sie während der letzten drei Tage kein Kokain zu sich genommen hatte. Sie maß dem keine Bedeutung bei, weil sie sich immer noch danach sehnen und ein Rückfall in jedem Fall eintreten würde. Auf die Frage, was sie in den drei Tagen anders gemacht hatte, sagte sie:
1. Sie hatte den Telefonstecker herausgezogen;
2. sie machte die Tür nicht auf;
3. sie kam nach Hause, sah fern und ging früh zu Bett;
4. sie beschäftigte sich mit ihrem Hobby, dem Teppichknüpfen.

Daraufhin wurde ihr vom Therapeuten die Wunderfrage (vgl. den nächsten Abschnitt) gestellt: **„Angenommen, eines Nachts, während Sie schlafen, würde ein Wunder geschehen und dieses Problem wäre gelöst, obwohl Sie Kokain immer noch mögen. Was für einen Unterschied würde das machen?"**

Frau B. antwortete, daß sie dann die Dinge im Griff haben würde und in der Lage wäre, zum Kokain nein zu sagen. Zusammenfassend ergab sich am Ende der ersten Sitzung:

1. Gibt es eine Beschwerde? Ja.
2. Gibt es eine Ausnahme? Ja.
3. Ist sie bewußt? Ja.
4. Gibt es ein Ziel? Ja.

} Ausschnitt aus der Zentralkarte

Nachdem die Klientin Komplimente für die drei Tage der Abstinenz bekommen hatte, bekam sie die Hausaufgabe, festzustellen, was sie macht, wenn das Verlangen nach Kokain überwunden ist. (Die Leserin beachte die wichtige Vorannahme, die in dieser Hausaufgabe enthalten ist: nämlich die, daß die Klientin das Verlangen nach Kokain überwinden wird.)

In der zweiten Sitzung wurde die Klientin gefragt, ob es eine Besserung gab. Sie antwortete mit ja. Sie hatte nun 17 Tage lang kein Kokain mehr genommen. Auf die Frage, ob sie ihr Ziel erreicht habe, antwortete sie mit nein. Die einfache Aufgabe besteht angesichts einer solchen Situation darin, die Faustregel anzuwenden: Weiß man, was funktioniert, soll man damit weitermachen. Die Aufgabe des Therapeuten besteht lediglich darin, der Klientin dabei zu helfen, zu erkennen, was funktioniert.

Nach vier weiteren Sitzungen innerhalb der nächsten drei Monate beendete die Klientin die Therapie. Sie hatte auch weiterhin kein Kokain genommen und war nach 18 Monaten clean.

Dieser Fall macht den Grundansatz der Fragemethode des BFTC deutlich. Unabhängig vom Inhalt der Beschwerde wird, je nachdem, wie die Fragen nach Beschwerde, Ausnahme, Ziel etc. beantwortet werden, das gleiche strategische Vorgehen angewandt.

2. Elizitieren und Installieren

Installieren von Glaubenssätzen

Wenn man den lösungsorientierten Ansatz nur oberflächlich betrachtet, kann einem leicht entgehen, daß durch das ausschließlich lösungs- und ressourcenorientierte Fragen bei der Klientin Glaubenssätze installiert werden. Es werden nämlich die gesamten Vorannahmen des BFTC darüber, wie man ein Problem löst, als nützliche Grundüberzeugungen mitinstalliert. Dies möchten wir am Beispiel der folgenden Vorannahme demonstrieren: **Um ein Ziel zu erreichen, ist es nicht notwendig, auf das Problem einzugehen. Es reicht aus, Ausnahmen zu finden und diese zu erweitern.**

Beispiel[34]: Ein Paar kam wegen immer häufiger vorkommender Streitereien in die Therapie. In den 70er Jahren hatten beide Partner außereheliche Beziehungen gehabt, was damals nicht ungewöhnlich war. In den 80er Jahren beschloß das Paar, monogam zu leben, aber beide Partner trugen die Erinnerungen und den Ärger an die Affären der jeweils anderen Seite mit sich herum. In Gesprächen darüber versuchte das Paar, die Vergangenheit „durchzuarbeiten", aber jedesmal endeten diese Gespräche im Streit darüber, wer nun wirklich schuld sei. Dieses Paar hatte den gemeinsamen Glaubenssatz, daß das Reden über die Vergangenheit eine notwendige Bedingung dafür sei, ihr Ziel, vertrauensvoll miteinander umzugehen, zu erreichen.

Auf solche Glaubenssätze geht der lösungsorientierte Ansatz nicht ein. Im Gegenteil, die Therapeuten installierten die lösungsorientierten Grundannahmen des BFTC, indem sie nach Zeiten, wo das Paar dieses Ziel bereits erreicht hatte (Ausnahmen), fragten, und dazu war das Paar in der Lage. Nun genügte die einfache Anweisung, mehr vom selben Verhalten zu zeigen. Aufgrund dieser Verhaltensänderung machte das Paar die Erfahrung, daß es ihnen weitaus besser ging.

Der entscheidende Punkt bei diesem Vorgehen ist: Ohne die Installation der lösungsorientierten Vorgehensweise, d.h. ohne die Installation des obengenannten Glaubenssatzes, wäre das Paar wahrscheinlich gar nicht willens bzw. in der Lage gewesen, das Lösungsverhalten bewußt zu verstärken, weil der alte Glaubenssatz dem entgegengestanden hätte.

Elizitieren und Installieren mittels Fragen

Wir wollen nun die Hauptfragekategorien, die im BFTC verwendet werden, hinsichtlich ihrer Elizitierungs- und Installierungswirkung anhand eines Fallbeispiel betrachten. In der Hauptsache werden im Ansatz des BFTC folgende Fragekategorien benutzt[35]:
1. Skalierungsfragen;
2. Fragen nach Ausnahmen;
3. Fragen nach hypothetischen Ausnahmen (die „Wunderfrage").

Die Fragekategorien werden oft in Kombination miteinander verwandt und verfolgen das Ziel, Ausnahmen zu erfragen. D.h., es geht darum, Verhaltensweisen zu finden, die für die Klienten wirklich einen Unterschied machen.

a) Skalierungsfragen

Mit Skalierungsfragen werden im therapeutischen Interview therapierelevante (jedoch nicht objektive) Faktoren gemessen, wie z.B. die Eigenwahrnehmung von Klienten hinsichtlich ihres Symptoms, ihrer Stärken, ihrer Motivation, etwas für die Lösung zu tun, etc. Skalierungsfragen sind nach Steve de Shazer eine ideale Möglichkeit, mit Klienten sprechen zu können ohne sie verstehen zu müssen. Es reicht vollkommen, wenn die Klientin weiß, daß sie sich bei „6" befindet, wenn sie nach ihrem momentanen Stand der Zufriedenheit gefragt wird. Diese Einschätzung der Klientin ermöglicht es der Therapeutin, zu erkennen, ob eine Verbesserung (z.B. im Vergleich zur letzten Sitzung oder im Vergleich zum schlimmsten jemals eingetretenen Fall) stattgefunden hat.

Im obigen Beispiel braucht der Therapeut gemäß der Vorannahme „Man kann den anderen nicht verstehen" nicht zu wissen, wofür genau die Antwort „5" des Klienten steht. Aber es ist beiden Seiten klar, daß eine „5" besser ist als eine „4" und schlechter als eine „6". Skalen können benutzt werden, um vage Begriffe wie „Depression" zu konkretisieren, oder wie Weakland es formuliert: „Indem man dies tut (eine Skala erfindet, Anm. des Autors), kann man eine komplette, verfluchte, amorphe Sache nehmen und auf eine Zahl reduzieren; schon ist sie real und konkret."[36] Obwohl nur der Klient weiß, was er mit „5" wirklich meint, wird mit Hilfe einer Skala ein beiderseitig akzeptierter Begriff entwickelt und sichergestellt, daß Therapeutin und Klientin merken, ob es zu Verbesserungen kommt oder nicht.

Skalen werden im BFTC für die verschiedensten Zwecke verwendet:
➤ um vage Begriffe genauer differenzieren zu können;
➤ um zu explorieren, inwieweit der Klient sein Ziel erreicht hat;
➤ um die Motivation des Klienten zur Zielerreichung zu erkunden;
➤ etc.

Das Konzept von Elizitieren und Installieren soll nun anhand eines Erstgesprächs mit einem schizophrenen Ehepaar dargestellt werden. Dabei werden auch die vielfältigen Nutzungsmöglichkeiten von Skalen verdeutlicht. Die Sitzung fand als Teil eines Seminars vor einer Gruppe von Therapeuten in Köln statt. Bei den Klienten handelt es sich um ein Paar, Herrn und Frau K., die mit ihrem Therapeuten anwesend waren. Nach ein paar einleitenden Worten sagte Steve de Shazer[37]:

(1) T:	Meine erste Frage ist: Sagen wir, daß 10 für das steht, was Sie in der Therapie erreichen wollen, und 0 für die Situation, bevor Sie die Therapie begonnen haben. Wo zwischen 0 und 10 würden Sie sagen, befinden Sie sich heute?	De Shazer stellt direkt zu Anfang eine Skalierungsfrage.
(2) Frau K:	5.	
(3) Herr K:	8.	
(4) T:	8, Sie sind von 0 bis 8 gekommen, und Sie (zeigt auf Frau K.) von 0 bis 5.	
(5) Beide:	Ja.	
(6) T:	Wie haben Sie das gemacht?	Entwickelt eine Fortschritts-Skala, die nachfolgend durch verschiedene Fragen (a–d) genutzt wird, um die Ressourcen des Klienten zu aktivieren.
(7) Herr K:	0 ist völlig hilflos, keine Freiheit. Das Ziel 10 wäre, sich frei zu fühlen bei allem, was man tut und denkt.	
(8) T:	OK. Wie sind Sie von 0 bis 8 gekommen? Wie haben Sie das gemacht?	a) Frage nach Ressourcen für die Zielerreichung.
(9) Herr K:	Durch Selbstreflexion, ein bißchen Egoismus.	
(10) T:	OK. Machen Sie weiter, wie noch?	
(11) Herr K:	Abspringen davon, ein Mann zu sein, der nach sehr engen und rigiden Normen erzogen wurde, und das tun, was ich will, was ich wirklich tun will.	
(12) T:	Wie ist es bei Ihnen? (zu Frau K.) Wie sind Sie von 0 bis 5 gekommen?	b) Fragen, die die genannten Ressourcen konkretisieren.
(13) Frau K:	Ich lebe außerhalb der Klinik. Ich habe ein Kind.	
(14) T:	Mmmm. Gut. Und was noch?	
(15) Frau K:	Ich fange an zu leben.	
(16) T:	Was machen Sie jetzt, wo Sie bei 5 sind, anders als bei 0?	
(17) Frau K:	Mehr Verantwortung für mich selbst übernehmen.	
(18) T:	Gut. In irgendwelchen bestimmten Situationen?	
(19) Frau K:	Nein. In meinem ganzen Leben.	
(20) T:	In Ihrem ganzen Leben.	
(21) Frau K:	Ja.	

Ressourcenorientierte Fragen

Die Fragen, die de Shazer stellt, zeichnen sich (wie alle Fragen) dadurch aus, daß das, wonach gefragt wird, als bestehend vorausgesetzt wird, oder anders ausgedrückt: Es wird vorausgesetzt, daß sinnvollerweise danach gefragt werden kann. Darüber hinaus sind alle Fragen des Therapeuten lösungsorientiert. Sie hypnotisieren die Klienten in ressourcevolle Zustände hinein, belassen aber die Verantwortung für das Finden der Lösung ganz bei ihnen. Die Klienten behalten weitgehend ihr Expertentum.

Die Fragen zur Fortschrittsskala in (1) seien noch einmal zusammenfassend betrachtet:

Die Skala für Fortschritte setzt voraus, daß die Klienten eine Positionierung zwischen Problem (0) und Lösung (10) benennen können. Des weiteren setzen sie voraus, daß die Klienten für den bisher erreichten Erfolg selbst verantwortlich sind. Um die Skala herum werden vom Therapeuten verschiedenste Fragen gestellt, um Fortschritte zu erfragen. Sie sind bis zu Einheit (18) unten aufgelistet:

➤ Wie haben Sie das gemacht? (6)
➤ Wie sind Sie von 0 bis 8 resp. bis 5 gekommen? (8) und (12)
➤ Wie noch? (10) und (14)
➤ Was machen Sie jetzt, wo Sie bei 5 sind, anders als bei 0? (16)
➤ In irgendwelchen bestimmten Situationen? (18)

Für wen sind die Antworten wichtig?
Die im BFTC erfragten Antworten sind ganz überwiegend für die Klienten wichtig, denn sie sollen eine Lösung (Ausnahmen) finden. Der Therapeut beurteilt die Antworten im Hinblick auf ihre Lösungstauglichkeit. Es geht de Shazer hierbei jedoch nicht um ein inhaltliches Verstehen, sondern um ein strukturelles Verständnis in der Weise, daß er sich folgende Fragen beantwortez und darauf aufbauend eine gute Hausaufgabe geben kann:
➤ Ist die Klientin Besucherin, Klagende oder Kundin?
➤ Hat sie eine Beschwerde?
➤ Gibt es eine Ausnahme?
➤ etc.

Zirkuläre Fragen
Im vorliegenden Fall haben die Klienten eine Beschwerde, bisher aber noch keine Ausnahmen benennen können. Aus diesem Grund beginnt Steve de Shazer in (22), zirkuläre Fragen zu stellen, um es den Klienten zu ermöglichen, aus der Sicht eines Dritten relevante Unterschiede (Ausnahmen) zwischen dem Jetztzustand und der Lösung festzustellen.

(22) T:	Gut, gut, gut. Er sagt 8, und Sie sagen 5. Wie kommt das? Was meinen Sie, was er sieht, das ihm sagt, es ist 8, verglichen mit Ihrer 5?	c)	Der Therapeut stellt zirkuläre Fragen; d.h., die Klientin soll aus der Perspektive ihres Mannes antworten.
(23) Frau K:	Er war nicht so fertig wie ich.		
(24) T:	OK. Was meinen Sie? Wie kommt es, daß Sie bei 8 sind und sie bei 5 ist? Wie kommt es, daß Sie drei Punkte höher liegen?	d)	Explorieren von Ressourcen durch Vergleichsfragen.
(25) Herr K:	Ich kann nicht sagen, ob es wirklich 8 ist, das ist nur eine Selbstbeschreibung.		
(26) T:	Natürlich, klar.		
(27) Herr K:	Es kommt darauf an, wie man über die beiden Krankheiten denkt, die wir haben. Ich kann nicht sagen, welche ernster ist.		Der Therapeut ignoriert in (26) und (28) die nicht lösungsorientierten Antworten.
(28) T:	Das ist der Punkt. Was machen Sie bei 8 anders, verglichen mit 0?		
(29) Herr K:	Ich mußte am Anfang eine Willensanstrengung machen, und das war der erste Schritt. Ich weiß nicht, ob sie in der Lage war, das zu tun, ich war es.		
(30) T:	Wenn ich Sie gefragt hätte (zu Frau K), was er sagen würde, hätten Sie 8 gesagt?		Wieder eine zirkuläre Frage.
(31) Frau K:	Ja, ja.		
(32) T:	Ja. Gut, dieselbe Frage: Wenn ich Sie gefragt hätte, was sie sagen würde...		
(33) Herr K:	Vielleicht sogar 6.		
(34) T:	Interessant, interessant. War das viel Arbeit oder nur ein bißchen, von 0 bis 5, von 0 bis 8 zu kommen?		
(35) Frau K:	Sehr viel Arbeit. Ich war Maskenbildnerin an einer Oper und Tänzerin. ich ging zur Schule. Ich war immer jemand gewesen in der Gesellschaft, und dann plözlich war ich überhaupt nichts mehr.		
(36) T:	Hmmm, hmmm. Was sagen Sie: viel Arbeit oder nur ein bißchen?		
(37) Herr K:	Sehr viel.		
(38) T:	OK. Ich habe eine etwas merkwürdige Frage: Meinen Sie, es wird mehr oder weniger Arbeit, bis auf 10 zu kommen, als es war, von 0 auf 5, von 0 auf 8 zu kommen?	e)	Die Skala wird genutzt, um eine hypothetische Frage zu stellen und so an Ressourcen heranzukommen.

Es fällt auf, daß keine Fragen gestellt werden, die sich auf Probleme beziehen – zum Beispiel auf die Krankheit, die Herr K. erwähnt. Im Gegenteil: In (26), (28) und (35) übergeht der Therapeut alle Beiträge des Klienten, die nicht in Richtung Lösung gehen.

Dennoch haben die Klienten bisher keine Ausnahme benannt, weshalb de Shazer nun (in Einheit 44) beginnt, hypothetische Fragen zu stellen, um die Klienten zu unterstützen, hypothetische Lösungen zu finden. Dies wird vor allem mit der Wunderfrage erreicht, der wir uns nun zuwenden werden.

b) Die Wunderfrage

Die Wunderfrage ist nach de Shazer eine mögliche Brücke zum zukünftigen Erfolg, aber sie ist nicht dazu entwickelt worden, um Wunder zu erschaffen. Mit ihr werden Klienten aufgefordert, die Auswirkungen zu beschreiben, die das Fehlen des Problems bewirken würde. Sie fragt nach hypothetischen Lösungen. Für die Therapeutin hat dies den Vorteil, daß sie eine Vorstellung davon bekommt, was die betreffenden Klienten in der Therapie wollen. Dies wird erreicht, „ohne sich dabei um das Problem und um die traditionelle Annahme kümmern zu müssen, daß die Lösung in irgendeiner Weise damit verbunden sein müßte, das Problem zu verstehen und zu eliminieren[38]".

Das Stellen der Wunderfrage ist nicht zu verwechseln mit dem Festsetzen von Therapiezielen, weil letztere sich im Verlauf der Therapie häufig verändern. Das Festlegen von Zielen würde die Möglichkeit einschränken, daß die Klienten etwas erfinden oder entdecken, was sie genauso sehr oder noch mehr befriedigt als das, was sie sich ursprünglich gewünscht haben.

(44) T:	... Stellen Sie sich vor, Sie haben wirklich Glück, und heute nacht geschieht ein Wunder, und während Sie schlafen, erreichen Sie die 10. Aber Sie können nicht wissen, daß dieses Wunder geschehen ist, weil Sie ja schlafen. Wie werden Sie morgen früh entdecken, daß Sie die 10 erreicht haben?	De Shazer stellt die Wunderfrage.
(45) Frau K:	Ich würde das mit Sicherheit merken, weil jeden Morgen, wenn ich aufwache, meine Krankheit da ist.	Fragt nach Verbesserungen.
(46) T:	Richtig, und nach dem Wunder ist sie verschwunden.	
(47) Frau K:	Ja.	
(48) T:	Was wäre an deren Stelle da?	
(49) Frau K:	Meine eigene Liebe für mich selbst.	
(50) T:	Und als Ergebnis davon, was würden Sie anders machen?	Hier stellt der Therapeut zirkuläre Fragen, um die Zeit nach dem Wunder noch plastischer erlebbar zu machen.
(51) Frau K:	Ich würde mich selbst akzeptieren.	
(52) T:	Hmmm, hmmm. Richtig. Und was meinen Sie, wie würde er es merken? Ohne daß Sie es ihm sagen?	
(53) Frau K:	Er würde sehen, daß ich aufstehe und zur Schule gehe.	
(54) T:	Hmm, hmm (zu Herrn K.). Dieselbe Frage: Wie würden Sie entdecken, daß dieses Wunder geschehen ist?	Der Therapeut befragt in ähnlicher Weise den Mann.
(55) Herr K:	Ich würde es nicht in mir selbst merken, sondern daran, wie andere Leute sich verhalten.	
(56) T:	Wie das? Was würden Sie bemerken?	Fragt konkretisierend.
(57) Herr K:	Es ist so schwer, in dieser Gesellschaft mit dieser Krankheit zu leben. Wenn man ganz unten ist, dann treten sie sogar auf einen. Und wenn es einem so fifty-fifty geht, geben manche einem immer noch einen Tritt, während andere einen hochkommen lassen. Ich werde eine Veränderung daran bemerken, wie andere mich behandeln.	
(58) T:	Wie wird sie wissen, daß bei Ihnen dieses Wunder geschehen ist?	Zirkuläre Frage.
(59) Herr K:	Ich glaube nicht, daß sie das merken würde. Es wäre möglich und es könnte sein, daß, wenn das Wunder geschieht, wir beide wissen würden, ob wir zusammengehören oder ob wir getrennte Wege gehen sollten.	

(60) T:	OK, OK. Zwei mögliche Wunder.	
(61) Herr K:	Ja, wenn sie zur Schule gehen würde, würde ich das gar nicht als Wunder bemerken, weil sie das jetzt auch tun möchte.	
(62) T:	Richtig, richtig. Aber sie würde es tun und nicht nur darüber reden.	
(63) Herr K:	Sie wollte das sogar, als sie sehr krank war.	
(64) T:	Ich verstehe. Gibt es Tage oder Teile von Tagen, an die Sie sich erinnern, an denen es so war, wie es bei 10 sein wird?	Stellt die Frage nach Ausnahmen, d.h., wann der Klient in der Vergangenheit die 10 erreichte.

Was wird installiert?

Die Aussagen, die wir zu den Skalierungsfragen erarbeitet haben, gelten analog für die Wunderfrage. Angestrebt wird eine sinnlich wahrnehmbare Beschreibung, die sich in einem konkreten Verhalten seitens der Klientin ausdrückt. Die Wunderfrage wird durch folgende konkretisierende Fragen verstärkt:

Was wäre an deren Stelle da?	(48)
Und als Ergebnis davon, was würden Sie anders machen?	(50)
Was würden Sie bemerken?	(56)
Wie wird sie wissen, daß bei Ihnen dieses Wunder geschehen ist?	(58)
Gibt es Tage oder Teile von Tagen, an die Sie sich erinnern, an denen es so war, wie es bei 10 sein wird?	(64)

Ebenso werden zirkuläre Fragen gestellt, um die Suche nach Ausnahmen von allen Seiten zu beleuchten; zum Beispiel die Fragen:

Und was meinen Sie, wie würde er es merken? Ohne daß Sie es ihm sagen?	(52) und (54)

Durch die Wunderfrage werden Klienten besonders stark in die zukünftige Zielsituation hineinhypnotisiert, indem sie aufgefordert werden, konkret zu beschreiben, was sie zu diesem Zeitpunkt konkret tun werden. Dieses Vorgehen, die „Pseudoorientierung in der Zeit", geht auf Erickson zurück[39] und findet auch im NLP Anwendung.

Strategie bei der Befragung des Paares aus Köln

Zusammengefaßt sieht die Fragestrategie im Transkript, soweit es bis jetzt dargestellt wurde, so aus:
1. Wo zwischen 0 und 10 sind Sie jetzt?
2. Wie haben Sie das gemacht?
3. Wird es mehr oder weniger Arbeit sein, von 5 auf 10 zu kommen als von 0 auf 5?
4. Wunderfrage

Danach folgten Fragen, wie die Klienten die 5 resp. die 8 halten können, welche Schwankungen noch okay wären und wie zuversichtlich sie sind, die 10 zu erreichen (Zuversichts-Skala).

Gemäß dem Verfahren der selektiven Einschränkungen ergab sich bei der Vergabe der Hausaufgabe folgendes Bild bei der Beantwortung der strategischen Fragen:

1.	Sind die Klienten Besucher, Klagende oder Kunden?	→ Kunden.
2.	Gibt es eine Beschwerde?	→ Ja.
2.	Gibt es eine Ausnahme?	→ Ausnahmen treten auf, aber nur spontan.

Da die Ausnahmen nur spontan auftreten, wurde dem Paar eine Aufgabe mit Zufallscharakter gegeben.

3. Sonderfälle des lösungsorientierten Ansatzes

Sonderfälle des lösungsorientierten Ansatzes sind auf der Zentralkarte unter „vage Beschwerden" oder „Dekonstruktion des Rahmens" verzeichnet. Auch hierzu schauen wir uns einige Fälle an.

Die Dekonstruktion des Rahmens[40]

Bei der Dekonstruktion des Rahmens geht es darum, das, was die Klientin als Beschwerde äußert, zu hinterfragen, weil das Akzeptieren des Beschwerderahmens keine befriedigende Lösung zuläßt. Das Ziel besteht darin, zu einer Beschwerdedefinition zu kommen, die Lösungen ermöglicht.

Mit dem nächsten Fall soll verdeutlicht werden, wie wichtig die „Dekonstruktion des Rahmens" sein kann[41]. Ein Klient von Steve de Shazer, ein Vietnam-Veteran und früherer CIA-Agent, glaubte, er würde von der CIA verfolgt. Deren Agenten hätten schon seit einigen Monaten versucht, ihn umzubringen, indem sie zweimal hinten auf seinen Bus aufgefahren seien. Während der vergangenen Monate hatte seine Frau versucht, ihn davon zu überzeugen, daß er sich dies alles einbildete, aber ihre Vorhaltungen bewirkten nur, daß ihr Mann in Stillschweigen verfiel und sich zurückzuziehen begann. Da Überzeugungsversuche die Wahnvorstellungen des Klienten eher verstärkten, argumentierte de Shazer nicht über die Richtigkeit seiner Vorstellungen, sondern arbeitete mit einer Hinterfragungsstrategie, die zu einer Konfrontation des Klienten damit führte, was an den Einzelheiten seiner Beschreibung der CIA-Verschwörung nicht stimmte[42]: „Beim Dekonstruktionsprozeß wird der Rahmen der Kienten bis zu der Stelle als logisch akzeptiert, an der das problematische Verhalten einsetzt. Die Gesamtsituation ist zu sondieren, bis etwas Unentscheidbares oder ein potentieller Fokus sich entwickelt. Dann ist die Logik des Verhaltens innerhalb des Bezugsrahmens der Person zu hinterfragen."

Aus dieser Regel heraus stellte de Shazer die Frage: **„Wie kommt es, daß die CIA so unfähige Killer geschickt hat?"**

Da der Klient wußte, daß es der CIA keine Schwierigkeiten bereitete, jemanden umzubringen, wenn sie dies wollte, machte dieser Einwand ihn nachdenklich. Damit hatte de Shazer Zweifel an seiner Grundprämisse geweckt.

Eine weitere Maßnahme, die der Therapeut ergriff, bestand darin, der Frau unter vier Augen den Ratschlag zu geben, nicht mehr mit ihrem Mann über dessen Wahn zu diskutieren. Sie solle vielmehr, wenn sie den Eindruck habe, er denke über die angebliche Verschwörung nach, zu ihm hingehen und ihn in den Arm nehmen. Dieser Ratschlag hatte auf ihren Mann eine gute Wirkung, da sich daraufhin ihr Verhältnis zueinander wieder verbesserte.

Das weitere Vorgehen des Therapeuten bestand darin, sich immer dann, wenn der Klient auf das Thema CIA zu sprechen kam, zu wundern, warum diese so unfähige Killer habe, daraufhin das Thema zu wechseln und den Klienten zu fragen, was er getan habe, was ihm gut getan hat. Danach lautete der einfache Ratschlag: Tue mehr von dem, was funktioniert. So überwand der Klient nach weiteren Sitzungen seine Wahnvorstellungen.

Vage Beschwerden

Wenn eine Klientin keinen Unterschied zwischen der Beschwerde und dem gewünschten Zustand beschreiben kann, nennt man das im Ansatz des BFTC eine vage Beschwerde. Auch diese Frageart soll an einem Beispiel dargestellt werden[43]. Ein Paar kam in die Therapie mit folgenden Beschwerden bzw. Wünschen:

Mann: „Ich möchte, daß wir es noch einmal miteinander versuchen."
Frau: „Ich auch, aber ich bin noch nicht soweit."

Diese Zielformulierung ist nach de Shazer für die Therapie nicht sinnvoll, da „es noch einmal miteinander zu versuchen, ohne daß sich etwas geändert hat" wahrscheinlich zum Mißerfolg führen würde. Die Therapeutin muß also darauf achten, daß Beschwerde und Ziel so beschrieben werden, daß eine Lösung überhaupt möglich ist. Ist das nicht der Fall, muß die Beschwerde dekonstruiert werden. Dazu ist die folgende Fragestellung, die auf verhaltensmäßig beschreibbare Unterschiede abzielt, nach de Shazer besser geeignet als die Zielbeschreibung des Paares: **„Was sollte anders sein, damit Sie zuversichtlich sein können, daß eine erneute Trennung nicht unmittelbar bevorsteht?"**

Das Paar konnte keine konkrete verhaltensmäßige Beschreibung einer Ausnahme geben. Es konnte auch nicht sagen, woran genau es erkennen würde, daß eine Trennung nicht zu befürchten sei. Das Paar konnte nur sagen, daß es an einem Körpergefühl merken würde, wann der richtige Zeitpunkt da wäre. Deshalb wurde das Problem umformuliert in: **„Wir wissen nicht, woran wir merken, wann wir es noch einmal miteinander versuchen sollen."**

Damit ergibt sich, gemäß dem Verfahren der selektiven Einschränkungen, folgendes Bild:
1. Gibt es eine Beschwerde?   Ja.
2. Gibt es eine Ausnahme?   Nein.
3. Gibt es eine hypothetische Lösung?   Nein.
4. Ist die Beschwerde „vage" bzw. „verworren"? Ja.

Als Hausaufgabe wurde eine Beobachtungsaufgabe gegeben, um die Beschwerde klar formulieren zu können[44]: „Beobachten Sie bitte bis zum nächsten Mal, was zwischen Ihnen geschieht, das Sie glauben läßt, daß der Zeitpunkt, an dem Sie es noch einmal miteinander versuchen wollen, näherrückt. Doch Vorsicht: Es noch einmal miteinander zu versuchen, bevor Sie beide wissen, daß Sie wirklich soweit sind, wird wahrscheinlich scheitern. Die größte Gefahr besteht in einem zu frühen Versuch."

Die Fallbeschreibung endet lakonisch damit, daß die Frau in den zwei Wochen nach der Sitzung einem spontanen Impuls folgte und zu ihm zog, worauf nach 24 Stunden alles wieder beim alten war und er die Scheidung einreichte.

Dieses Fallbeispiel zeigt einen wichtigen Nachteil des lösungsorientierten Ansatzes: Es fehlen Fragen, um subjektive Befindlichkeiten (denn nichts anderes ist mit dem Begriff „vage Beschwerden" gemeint) genauer zu erfragen. Eine Möglichkeit wären die im NLP typischen Fragen: „Wo genau spüren Sie dieses Unwohlsein?", „Ist es eher ein stechendes oder ein dumpfes Gefühl?" etc. Darauf gehen wir im vierten Teil des Buches ausführlich ein.

V. Fragen im Ansatz des BFTC

1. Fragekategorien

Zusammenfassend sei nun eine Übersicht über die strategischen Fragen gegeben, die im lösungsorientierten Ansatz des BFTC typischerweise gestellt werden. Im Zusammenhang mit der Auflistung dieser Fragen werden wir noch einige Anregungen für deren Anwendung geben bzw. einige Anmerkungen zur strategischen Seite dieser Fragen machen. Doch zuvor noch eine Anmerkung zu zirkulären und problemorientierten Fragen:

In allen im BFTC verwendeten Fragekategorien werden zirkuläre Fragen gestellt. Dies gilt auch für konkretisierende Fragen nach den Ressourcen der Klienten, so daß wir diese nicht in getrennten Kategorien erfassen.

Konkrete Transkripte zeigen, daß man im BFTC auch problemorientierte Fragen verwendet, zum Beispiel Fragen, wie sie im Meta-Modell des NLP vorkommen. Dies geschieht vor allem,
- wenn die Therapeutin sonst den Rapport zur Klientin verlieren würde;
- um die Beschwerde zu dekonstruieren;
- um den generellen Rahmen zu dekonstruieren, den die Klientin setzte.

Skalierungsfragen
- Wo zwischen 0 und 10 befinden Sie sich heute?
- Wie sind Sie von 2 nach 5 gekommen? Wie haben Sie das gemacht?
- Können Sie das wiederholen?
- Was machen Sie jetzt, wo Sie bei 5 sind, anders als bei 0?
- War es viel oder wenig Arbeit, von 0 auf 5 zu kommen?
- Meinen Sie, es wird mehr oder weniger Arbeit sein, von 5 auf 10 zu kommen als von 0 auf 5?
- Was unterscheidet die 5 auf der Skala von der 10?
- Wie unterscheidet sich der Problem- vom Zielzustand?

Fragen nach hypothetischen Lösungen (Wunderfrage)

Wunderfrage: Stellen Sie sich vor, über Nacht sei ein Wunder geschehen. Woran würden Sie erkennen, daß Sie Ihr Ziel erreicht haben/Ihr Problem gelöst wäre?

Die Wunderfrage dient dazu, zu untersuchen, was in der Wahrnehmung der Klientin anders sein wird, wenn sie ihr Ziel erreicht hat. Die Wunderfrage allein wird dazu nicht ausreichen, sondern es wird notwendig sein, sie durch zusätzliche Fragen zu verstärken. Diese Fragen müssen, um ihren Zweck zu erfüllen, bestimmten Kriterien genügen[45]:
1. Sie sollten konkret und verhaltensbezogen sein. Auf die Verhaltensausrichtung wurde bereits im Kapitel über Vorannahmen eingegangen.
2. Die Erweiterungsfragen sollten darauf ausgerichtet sein, etwas anderes bzw. Besseres zu beginnen. Dies sollte positiv formuliert sein.
3. Die Fragen können und sollen auch auf kleine Veränderungen hinweisen, solche, die die Klientin nicht bemerken würde, wenn sie durch die Therapeutin nicht betont würden.
4. Einen sehr wichtigen Punkt bilden die zirkulären Fragen, die die Wahrnehmung wichtiger Bezugspersonen ins Blickfeld rücken.

Folgende Fragen erfüllen die obengenannten Kriterien:
Woran würde Ihre Umgebung bemerken, daß Ihr Problem gelöst ist?
- Was würde Ihr Vater/Sohn/Mann etc. sagen?
- Was meinen Sie, was Ihr Mann sagt, wie Sie von 2 auf 5 gekommen sind? Was wäre anstelle des Problems der Fall? Was wäre dann anders?
- Was würden Sie dann tun?

Fragen nach Ausnahmen

Fragen nach Ausnahmen können während des gesamten Interviews gestellt werden. An dieser Stelle sollen einige Prinzipien[46] aufgezeigt werden, die für Strategien im Zusammenhang mit Ausnahmen maßgeblich sind.

Typischerweise werden Fragen nach Ausnahmen nach der Wunderfrage gestellt oder zur Konkretisierung des Problems.

Beispiel 1: Eine Klientin beschreibt das Wunder so, daß sie mit ihrer Kollegin keinen Streit mehr hätte und daß sie sich wieder miteinander unterhalten würden.

Ein erstes Prinzip besagt, **Ausnahmen herauszuhören bzw. zu erfragen**:

T: „Gibt es schon jetzt Zeiten, die so wie dieses Wunder sind?" Bzw.:
- Gab es Tage, Stunden, Minuten, wo Sie bei 10 waren?
- Wann gibt es Zeiten, wo Sie das Ziel erreicht haben?
- Wann ist das (die Erreichung des Ziels) schon mal in der Vergangenheit vorgekommen?
- Wenn Ihre Kollegin hier wäre und ich würde ihr dieselbe Frage stellen, was meinen Sie, was sie sagen würde?

Ein zweites Prinzip besagt, daß die Therapeutin in einer Weise weiterfragen sollte, die die **Ausnahmen erweitert**:
- Wann war das letzte Mal, daß Ihre Kollegin und Sie miteinander geredet haben? Erzählen Sie mir mehr darüber.
- Wie war das? Worüber haben Sie geredet? Was haben Sie gesagt? Was hat sie gesagt? etc.
- Wenn Ihre Kollegin hier wäre und ich würde ihr dieselbe Frage stellen, was meinen Sie, was sie sagen würde?

Ein drittes Prinzip besagt, daß die Therapeutin **das Gesagte verstärken** soll. Dies kann durch folgende verbale und nonverbale Verhaltensweisen geschehen:
- Augenbrauen hochziehen.
- Notizen machen (demonstriert Interesse).
- Fragen: War das Ihnen und ihr neu? Hat es Sie überrascht?
- Es war für Sie bestimmt ziemlich schwierig, das zu schaffen, angesichts der langen Zeit, in der Ihre Kollegin und Sie im Streit miteinander waren. War es schwierig?

Ein viertes Prinzip besteht darin, genau zu **erkunden, WIE die Ausnahme zustande kam**:
- Wie haben Sie das gemacht?
- Was haben Sie getan, um das zustande zu bringen?
- Wenn Ihre Kollegin hier wäre und ich sie fragen würde, wie Sie das gemacht haben, was würde sie sagen?

Ein fünftes Prinzip besteht darin, die **Ausnahmen in die Zukunft zu projizieren**. Dies kann mit Hilfe von Skalierungsfragen geschehen oder durch einfaches Fragen:
- Können Sie das wiederholen?
- Was muß geschehen, damit das in Zukunft häufiger geschieht?
- Wer muß was tun, damit das wieder geschieht?
- Was meinen Sie, wie Ihre Kollegin die Chancen einschätzen würde, daß ... (die Ausnahme) wieder geschieht? Was würde sie sagen, was Sie tun können, um die Wahrscheinlichkeit zu erhöhen?
- Was brauchen Sie, um die 10 (bzw. 9,8...) halten zu können bzw. zu erreichen?
- Wie können Sie sicherstellen, daß Sie Null-Tage verhindern?

Wenn sich die Klientin kein Wunder vorstellen kann, kann die Therapeutin die Fragen nach der Ausnahme in bezug auf das Problem stellen: Können Sie sich an eine Zeit erinnern (gestern, letzte Woche, vor einem Monat etc.), in der Sie und Ihre Kollegin sich gar nicht oder weniger miteinander gestritten haben?

Danach können Sie analog dazu verfahren, wie es oben in bezug auf die Wunderfrage beschrieben wurde.

Fragen nach konkreten Handlungsschritten
➤ Was wollen Sie machen?
➤ Welche Schritte müssen Sie tun, um das Ziel zu erreichen?
➤ Wie können Sie sicherstellen, daß Sie Null-Tage verhindern bzw. 5er-Tage erreichen?
➤ Welches ist der erste Schritt?

2. Fragen bezogen auf Kliententypen

a) Günstige Fragen an Besucher
Besucher sind, wie bereits erläutert, Klienten, die kein eigenes Problembewußtsein haben und in der Regel nur wegen dritten Personen in die Therapie kommen. Somit gilt grundsätzlich, daß es wichtig ist, diese Dritten mittels spezieller Fragen anzusprechen:
➤ Wer hat Ihnen empfohlen, hierher zu kommen?
➤ Was meint X (die Überweisende), wie dies hier nützlich für Sie sein wird?
➤ Meinen Sie das auch?
➤ Woran wird X als erstes merken, daß dies hier wirklich nützlich für Sie ist?
➤ Wie wichtig ist es für Sie, daß X hier eine gute Arbeit von uns beiden sieht?
➤ Wie ist es für Sie nützlich oder hilfreich, wenn Sie den Ratschlägen von X folgen?
➤ Was meinen Sie: Wie zufrieden muß X sein (auf einer Skala von 0–10), damit wir hier nicht mehr zusammenarbeiten müssen?
➤ Wie zufrieden (auf einer Skala von 0–10) ist X wohl jetzt?

b) Günstiges Verhalten gegenüber Klagenden
➤ Planen Sie ein, wie lange das Gespräch mit der Klagenden dauern soll, und halten Sie diese Zeit ein!
➤ Solange der Redefluß fließt, versuchen Sie auf keinen Fall, irgendwelche Ratschläge zu geben, sondern nicken Sie und machen Sie bestätigende Kommentare (z.B. „Hm hm"). Es scheint von der Person der Therapeutin abhängig zu sein, inwieweit sie Bedauern und Interesse an den Klagen zeigt. Steve de Shazer ist mit Bekundungen des Bedauerns sehr sparsam.
➤ Erst wenn der Klagefluß spärlicher fließt, stellen Sie Fragen, die einen lösungsorientierten Rahmen setzen.
➤ Welche Eigenschaften aus den Schilderungen der Klientin können Sie benennen (bzw. erfragen), die auf Ressourcen hinweisen, die für die Lösung des Problems hilfreich sein könnten?
➤ Sollte die Klientin keine Ausnahmen benennen können und von ihren Problemen überwältigt sein, bietet es sich an, sogenannte Coping-Fragen zu stellen[47]. Dazu geben wir das Beispiel einer Antwort, die eine Therapeutin einer depressiven Klientin gab: „Ich sehe, Sie haben viele Gründe, sich ‚depressiv' zu fühlen, weil es einfach so viele Dinge gibt, die nicht so funktioniert haben, wie Sie es sich gewünscht haben. Ich frage mich, wie Sie es geschafft haben, dennoch weiterzumachen. Wie haben Sie es geschafft, jeden Morgen aufzustehen und dem neuen Tag ins Gesicht zu sehen?"
➤ Beenden Sie das Gespräch pünktlich und verabreden Sie gegebenenfalls ein neues Gespräch.

B. Systemische (Familien-)Therapie

I. Einführung

Wenn wir die systemische (Familien-)Therapie[48] in die untersuchten therapeutischen Fragemethoden mit aufnehmen, erheben wir nicht den Anspruch, für die vielen Zweige sprechen zu können, die sich im Laufe der Jahrzehnte in der systemischen Therapie entwickelt haben. Denn: „**Die** systemische Therapie gibt es nicht[49]" – dazu hat sie im Laufe ihrer ca. 50jährigen Geschichte[50] zu viele verschiedene Richtungen hervorgebracht, die sich zum Teil erheblich in ihren Grundannahmen, in ihrem methodischen Vorgehen, in der Art des Befragens etc. unterscheiden. Einer der Gründe für diese Heterogenität mag der sein, daß die systemische Therapie nicht durch einen genialen Begründer entwickelt wurde. Vielmehr griffen einzelne Therapeuten Erkenntnisse aus der Kybernetik auf, so daß die systemische Sichtweise langsam Einzug in die Psychotherapie fand[51].

Ebenso vielfältig wie die Richtungen sind die Anwendungsgebiete der systemischen Therapie. Sie wird u.a. angewandt
- in der Familien- und Paartherapie;
- in der systemischen Einzeltherapie;
- bei Teamsupervisionen;
- bei Organisationsberatungen (z.B. im Falle der Ineffizienz von Abteilungen, Arbeitsunzufriedenheit);
- in der Sozialarbeit (z.B. Armut und damit korrelierte Verhaltensprobleme).

Die systemische Therapie weist eine sehr große Variationsbreite unterschiedlichster Fragen auf, die im Überblick in Kapitel V zusammengefaßt sind. All dies ausführlich darzustellen würde den Rahmen dieses Buches sprengen. Deshalb beschränken wir uns hier auf die für die systemische Therapie typischste Fragemethode: das zirkuläre Fragen. Die Darstellung wird, gemäß der praktischen Ausrichtung dieses Buches, vor allem anhand von Fallbeispielen geschehen. Wir betrachten, welche Vorannahmen und Grundhaltungen das Befragen in der systemischen Therapie leiten. Zuvor möchten wir der Leserin jedoch einen ersten Eindruck von der Grundidee des systemischen Ansatzes geben.

1. Die systemische Sichtweise der Zirkularität: 1+1 = 3

In der westlichen Welt ist das Ursache-Wirkungs-Denken die normale Vorgehensweise, wenn es um die Erklärung von Dingen, Situationen und Tatbeständen geht, weil sich dieses Denken in den Naturwissenschaften als sehr nützlich erwiesen hat. Einem solchen linear-kausalem Denken entsprechend finden wir die Bestimmungsgründe des Verhaltens meistens in der Person: Jemand ist arrogant, ein anderer ist liebenswürdig, ein Dritter ist unzuverlässig. Aus diesem Denken heraus ist es verständlich, daß die meisten Menschen, die in die Therapie kommen, die Kommunikation unpassenderweise so beschreiben und erklären, als wären die Aktionen von Person A die Ursache für die Reaktion von Person B.

Verhalten von Person A (Ursache) ⟶ Verhalten von Person B (Wirkung)

Bei genauerem Hinsehen steht dieser Sichtweise jedoch die allgemeine Erfahrung entgegen. Wenn wir Menschen in ihrem Kommunikationsverhalten beobachten, stellen wir fest, daß jeder das Verhalten aller anderen mitbestimmt. Es ist zwar möglich, daß eine Person das Verhalten einer anderen Person mehr bestimmt als umgekehrt, aber es ist nie so, daß eine Person das Verhalten einer anderen hundertprozentig bestimmt. Das gilt für gleichberechtigte Beziehungen (z.B. Partnerschaften) ebenso wie für komplementäre Beziehungen (Chefin-Untergebene oder Eltern-Kind). Häufig stellen wir sogar fest, daß die scheinbar Untergebene/Unterlegene eine stärkere Wirkung auf die „Stärkere" ausübt als umgekehrt. Ein Beispiel wäre das Kind, nach dem sich die ganze Familie ausrichtet.

Ein anderes Beispiel gibt Watzlawick[52]: Ein Ehepaar hat dauernd Streit. Die Frau nörgelt an ihrem Mann herum. Dieser zieht sich immer mehr zurück. Von außen betrachtet könnte die Frau als die (böse) Täterin angesehen werden, der Mann als das (arme) Opfer. Vgl. die Abbildung:

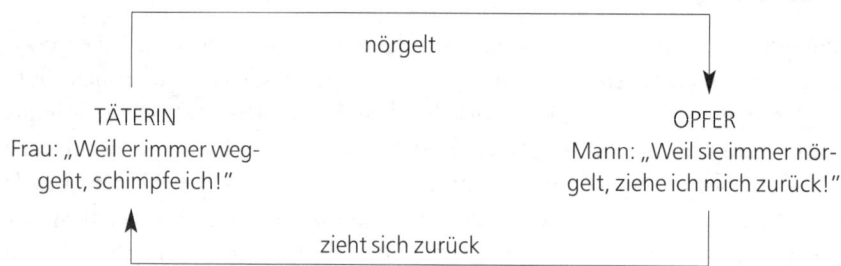

Aus diesen Gründen lehnt die systemische Therapie das klassische Ursache-Wirkungs-Denken ab und betont die Wichtigkeit des **zirkulären Denkens**, in dem die *Bedeutung des Verhaltens aus dem Zusammenhang gewonnen wird*. In einer solchen Situation besteht eine der Hauptaufgaben der Therapeutin darin, allen Beteiligten zu helfen, wieder ihre eigenen Handlungsmöglichkeiten zu erkennen und zu erschließen. Dies gilt vor allem für das sogenannte „Opfer".

Wie gehen systemische Therapeuten mit einer solchen Situation um? – Im Gegensatz zu psychodynamischen Verfahren der Psychotherapie geht man in der systemischen Therapie davon aus, daß gegenwärtige Beziehungsmuster für bestimmte Störungen der Indexpatientin[53] verantwortlich sind (und nicht etwa primär frühkindliche Erlebnisse).

Eines der leitenden Prinzipien ist Zirkularität. Darunter ist die Fähigkeit der Therapeutin zu verstehen, sich vom Feedback der Familienmitglieder leiten zu lassen, wenn es darum geht, Informationen über ihr Verhältnis untereinander einzuholen. Es ist der Versuch, das Verhalten von Systemelementen nach dem Modell eines Regelkreises zu beschreiben. Eines der wichtigsten Instrumente, Zirkularität umzusetzen, ist das zirkuläre Fragen. Es ist nach Simon[54] in seiner Wichtigkeit für die systemische Praxis mit der Bedeutung der Traumdeutung für die Psychoanalyse vergleichbar.

Verhalten funktioniert in Regelkreisen, indem jedes Verhalten zugleich Aktion und Reaktion auf das Verhalten des anderen ist. Es gibt keine eindeutigen Ursache-Wirkungs-Zusammenhänge und deshalb auch nicht mehr die nur böse Täterin und das arme Opfer. Fragen wie: „Wer hat angefangen?", „Wer hat recht?", „Wer ist schuld?"[55] stellen eine willkürliche Interpunktion im komplexen Wechselwirkungsgeschäft der Kommunikation dar. Die systemische Therapie geht davon aus, daß „Störungen" nicht so sehr Eigenarten eines Individuums sind, sondern sozusagen auf einer systematisch mißglückten Form des Aneinandergeratens beruhen, die damit zu tun hat, daß persönliche Eigenarten und individuelle Verhaltensweisen interaktionsbedingt interpunktiert werden. Wenn Hans sich gegenüber seiner Frau arrogant verhält, dann hat dies auch mit dem Verhalten seiner Frau zu tun, die dies zuläßt. Die systemische Therapie widmet also den Relationen zwischen den Systemelementen (Personen) größere Aufmerksamkeit als den Eigenschaften der Elemente selbst. Deshalb geht der Blick bei individuellen Schwierigkeiten zunächst immer zu den anderen Systemmitgliedern.

Doese Sichtweise impliziert: Das Ganze ist mehr als die Summe seiner Teile. Demgemäß ist Kommunikation mehr als die Beiträge der einzelnen Gesprächspartner, und es gilt die Gleichung[56]:

$$1 + 1 = 3.$$

2. Zirkuläres Fragen als Umsetzung systemischen Denkens

Gemäß der Prämisse, daß die Interaktion (z.B. einer Familie) zirkulär und rekursiv ist, verfolgt eine systemisch denkende Therapeutin das Ziel, die innere Organisation bzw. die zirkulären Verknüpfungen zwischen den Systemelementen zu erkennen. Dies erreicht sie vor allem durch zirkuläre Fragen, die der Beobachterin helfen, Ideen über Systemprozesse und über die Logik der Spielregeln in diesem System zu bilden.

Es gibt verschiedene Definitionen für den Begriff „zirkuläres Fragen". Recht allgemein versteht Tomm darunter Fragen, die versuchen, organisatorisch-systemische Zusammenhänge zu erhellen[57]. Wir folgen der spezielleren Definition von Mara Selvini Palazzoli et al.: Zirkuläre Fragen sind Fragen, bei denen ein Systemmitglied über zwei andere Auskunft geben soll. Die Grundidee ist die, daß gezeigtes Verhalten in einem sozialen System immer einen internen Aspekt hat, den Selbstausdruck, und einen kommunikativen Aspekt, die Wirkung auf andere.

In einer Paartherapie leuchtet es unmittelbar ein, wenn die Therapeutin auch nach dem Verhalten des Partners bzw. der Partnerin fragt. Aber wenn jemand eßsüchtig ist, dann ist die Frage nach der Beziehungspartnerin und den Kindern zunächst einmal überraschend, und solche Fragen machen nur Sinn unter der Vorannahme, daß Personen mit Beschwerden Symptomträger des gesamten Systems (Indexpatienten) sind.

Dazu ein Beispiel: Im Gespräch mit der Familie, Mann (M), Frau (F), Sohn (S) und der magersüchtigen Indexpatientin (I) kann die Therapeutin (T) die magersüchtige Tochter (I) direkt fragen: **„Wie geht es dir innerlich, wenn deine Eltern dich auffordern, etwas zu essen?"**

Bild 1:

Damit erfragt die Therapeutin Informationen über die in der Tochter ablaufenden inneren Prozesse, nicht die organisatorisch-systemischen Zusammenhänge. Zum Beispiel könnte die Tochter antworten: „Ich fühle mich ganz schlecht und habe Schuldgefühle."

Im allgemeinen wird eine systemisch arbeitende Therapeutin diese Perspektive auch mitbedenken, aber sie wird sich in der Therapie nicht darauf konzentrieren. Sie ist vielmehr an der Wirkung interessiert, die ein Verhalten auf die anderen Systemmitglieder hat. Solche Informationen bekommt sie dadurch, daß sie sich auf den kommunikativen Aspekt des gezeigten Verhaltens bezieht. Die Tochter fühlt sich elend und hat Schuldgefühle, und ihre Eltern nehmen dies wahr, und die Tochter weiß, daß sie es wahrnehmen. Wenn sie den kommunikativen Aspekt berücksichtigen will, muß die Therapeutin eine andere Art von Frage stellen, zum Beispiel: **„Was, glaubst du, bedeutet es für deine Eltern, wenn du nichts ißt?"**

Bild 2:

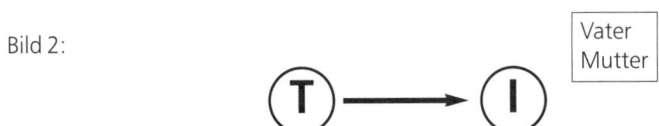

Diese Frage hat bereits zirkulären Charakter. Die Tochter wird gefragt, welche Wirkung ihrer Meinung nach ihr Verhalten auf die Eltern hat. Die beabsichtigte bzw. von ihr angenommene Wirkung ist der Therapeutin u.U. wichtiger als die tatsächlich hervorgerufene Wirkung, denn die angenommene bzw. vermutete Wirkung mag das Verhalten der Tochter stärker beeinflussen als der tatsächliche Effekt auf die Eltern.

Bisher wurden die Personen, die ein bestimmtes Verhalten zeigten, selbst befragt: im ersten Fall hinsichtlich des eigenen Erlebens, im zweiten Fall im Hinblick auf andere Personen. Der Prototyp zirkulärer Fragen sind jedoch triadische Fragen. Sie zeichnen sich dadurch aus, daß eine dritte Person hinsichtlich der Kommunikation zwischen zwei oder mehreren anderen Personen befragt wird. In der systemischen Therapie spricht man von der Außenperspektive, die in der Regel zuerst erfragt wird, bevor man sich den an der Interaktion Beteiligten direkt zuwendet. Diese Person ist meist diejenige, die vom jeweiligen Thema am wenigsten betroffen ist.

Beispiel: Der Sohn (S) beobachtet die Interaktion zwischen der bulimischen[58] Tochter (I) und der Mutter (M).

Bild 3:

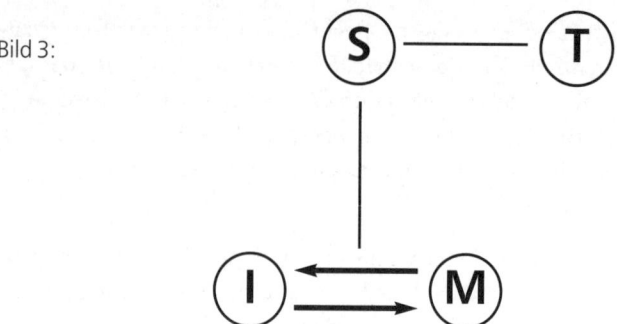

Die Therapeutin könnte nun z.B. den beobachtenden Sohn (S) fragen, wie er die Interaktion zwischen Mutter und Schwester erlebt. Sie könnte dabei wie folgt vorgehen:
➤ Was macht die Mutter, wenn die Schwester nichts ißt?
➤ Wie reagiert dann die Schwester?
➤ Was passiert dann?

In der systemischen Therapie werden die systemischen Zusammenhänge unabhängig von der Art der Problemstellung erfragt, also auch dann, wenn es scheinbar offensichtlich ist, daß ein einzelnes Systemmitglied für das Problem alleine verantwortlich ist.

Beispiel[59]: Ein junges Ehepaar mit den Söhnen Paolo (6 Jahre) und Alessandro (4 Jahre) wandte sich wegen Erziehungsschwierigkeiten im Falle des älteren Sohnes an das Mailänder Zentrum[60]. Letzterer hatte in den Wochen vor der Sitzung u.a. eine Überschwemmung im Haus veranstaltet und Nägel in ein wertvolles Möbelstück geschlagen. Statt sich nun, wie in anderen Therapieformen üblich, eine Aufzählung der symptomatischen Verhaltensweisen anzuhören, stellten die Therapeuten den Familienmitgliedern u.a. folgende zirkuläre Fragen:
1. (zum Vater): Wer ist anhänglicher an die Mutter, Paolo oder Alessandro?
2. Paolo, wenn du Alessandro wütend machst, was tut dann deine Mutti?
3. Alessandro, wenn du Paolo wütend machst, was tut deine Mutti dann?
4. Wenn euer Papi abends zu Hause ist, ist Paolo dann unartiger zu Mutti, oder ist er lieber zu ihr?
5. Wenn er böse zu Mutti ist, was macht dann der Papi? usw.

Mit der Frage an den Vater erfragte die Mailänder Gruppe Unterschiede in der Beziehung zwischen der Mutter und den Söhnen.

Die nächsten beiden Fragen erfragen (elizitieren) ein spezifisches Interaktionsverhalten unter spezifischen Umständen. Der Übergang zur letzten Frage veranschaulicht die grundlegende Vorgehensweise, zunächst das Interaktionsverhalten der Kleingruppe (Mutter-Kinder) zu erfragen und dies dann auf die gesamte Kernfamilie (Vater-Mutter-Kinder) zu erweitern.

Diese Fragen unterstellen, daß das Problem in ein größeres Sozialsystem eingebunden ist. Konsequent richten die Therapeuten die Aufmerksamkeit vom Einzelnen weg hin zum System. Persönliche Eigenarten einer Person werden als Ausdruck der derzeitigen kommunikativen Verhältnisse interpretiert. Der Fokus geht also weniger in die Tiefe[61] (d.h., wie eine einzelne Person ihr Problem empfindet und wahrnimmt), sondern in die Breite (die Einordnung des Problemverhaltens in den sozialen Kontext).

Es überrascht nicht, daß Emotionen bei dieser Art der Befragung nur eine untergeordnete Rolle spielen. Deren stiefmütterliche Behandlung resultiert aus der Hauptvorannahme, die besagt, daß die Ursache für Störungen im System zu suchen sei – nicht im Individuum.

Selbstbezüglichkeit und zirkuläres Fragen

Man mag sich nun die Frage stellen: Warum sind zirkuläre Fragen so wichtig? Warum können Informationen nicht ebensogut direkt von den einzelnen Systemmitgliedern erfragt werden? Ein Beispiel mag dies verdeutlichen. In einer Paartherapiesitzung wendet sich die Therapeutin direkt an den Mann und fragt ihn in Gegenwart seiner Frau: „Lieben Sie Ihre Frau?"

Was soll der Mann nun antworten? – Der Mann weiß ja, daß seine Frau die Antwort mithört. Dies wird er, ob er will oder nicht, bei seiner Antwort berücksichtigen. Er kann die Frage demnach unmöglich rein deskriptiv (beschreibend) beantworten, sondern wird wahrscheinlich versuchen, präskriptiven (vorschreibenden, wertenden) Regeln wie den folgenden gerecht zu werden:

„Ich darf meine Frau nicht verletzen."
„Ich will unsere Beziehung nicht gefährden."
Etc.

Egal, wie er antwortet, die Antwort ist ein Teil dessen, was durch die Antworten beschrieben werden soll. Die Frage ist selbstbezüglich. Zirkuläre Fragen sind eine gute Möglichkeit, diesem Dilemma zu entgehen. Zum Beispiel könnte die Therapeutin den Mann fragen: **„Was, glauben Sie, denkt Ihre Frau über die Gefühle, die Sie ihr gegenüber haben?"**

Auf diese Weise erfährt die Therapeutin etwas über die Gefühle des Mannes seiner Frau gegenüber, ohne die Partner in Loyalitätsschwierigkeiten zu bringen.

II. Philosophischer Hintergrund[62]

Die systemische Therapie hat im Laufe der 80er Jahre einen grundlegenden Wandel vollzogen, was die Rolle der Therapeutin bei der Behandlung von Systemen angeht. Er wird als Übergang von der Kybernetik 1. Ordnung zur Kybernetik 2. Ordnung bezeichnet. Was ist das?

1. Von der Kybernetik zur systemischen Therapie der Kybernetik 1. Ordnung

Die systemische Familienforschung nahm ihren Anfang zu Beginn der 50er Jahre in Palo Alto, der Hochburg der amerikanischen Computerindustrie. Dort beschäftigte man sich mit der Kybernetik, einer Forschungsrichtung, die vergleichende Betrachtungen über Gesetzmäßigkeiten im Ablauf von Steuerungs- und Regelungsvorgängen in Technik, Biologie, Soziologie etc. anstellte. Damals wurden Konzepte, die für technische Steuerungs- und Regelungsvorgänge gelten, zum ersten Mal auf psychologische Fragestellungen und Probleme angewandt. Diese kybernetischen Konzepte unterlagen bestimmten Vorstellungen hinsichtlich dessen, wie ein System „wirklich" ist. Unter einem System verstand man einen Satz von Elementen oder Objekten, zwischen denen Beziehungen bestehen. Zum Beispiel kann man das Gesamtsystem „Automotor" in klar abgrenzbare Bestandteile unterteilen (Motorgehäuse, Ventile, Kolben etc.). Diese Elemente wirken in einer bestimmten Weise zusammen. Als außenstehende Beobachterin kann man genau erklären,

➤ welche Elemente Bestandteil des Systems (z.B. eines Motors) sind;
➤ wie sich das System von seiner Umwelt abgrenzt;
➤ wie das System funktioniert und
➤ was man zu tun hat, wenn es zu Defekten kommt; d.h., wie man das System reparieren kann.

In den 40er und 50er Jahren wurde diese „mechanische" Sicht auf psychisch-soziale Systeme übertragen, vor allem auf Familien. Die Familie als Behandlungseinheit entstand[63]. Man definierte das System „Familie", ihre Bestandteile (die Familienmitglieder) und wer nicht zur Familie gehörte (die Grenzen nach außen), die Regeln, nach denen die Familienmitglieder miteinander kommunizierten, etc. Außerdem wurden sogenannte Subsysteme voneinander unterschieden, Koalitionen innerhalb der Familie etc.

Die zentrale Prämisse dieser Forschung war, daß auch komplexe Prozesse plan- und steuerbar sind, sofern man sich von ihnen ein Bild machen kann, das ihre Komplexität realistisch abbildet. Aufgrund dieser Vorstellung entstanden in den 60er und 70er Jahren Ansätze, die Vorstellungen darüber entwickelten, wie ein „funktionales" Familiensystem aussehen sollte. Die zentrale Frage war: *Wie kann ein Familiensystem unter wechselnden Umständen sein Gleichgewicht (**Homöostase**), also eine Art idealen Systemzustand, aufrechterhalten?*

Das Konzept der Homöostase setzt eine funktionale Idealordnung voraus, die es zu erhalten gilt. Zum Beispiel repariert man einen defekten Automotor nach einem vorgegebenen Konstruktionsplan. Übertragen auf die Therapiesituation war (und ist teilweise noch) die Einhaltung der Generationsgrenzen zwischen Eltern und Kindern ein typisches Beispiel. Alles, was von dieser Idealordnung abweicht, ist dysfunktional und muß wieder in Ordnung gebracht werden. Dies führte auf seiten der Therapeuten zur Entwicklung von teilweise drastischen Interventionen, um das System von einem dysfunktionalen zu einem funktionalen Zustand zu bewegen.

Die Vorgehensweise, bei der eine außenstehende Beobachterin (die Therapeutin) ein System (z.B. eine Familie) analysiert und hinsichtlich seiner Funktionalität bewertet, ohne dabei sich selbst als beeinflussende Größe in diesem Bewertungsprozeß wahrzunehmen, wird heute als **Kybernetik 1. Ordnung** bezeichnet. Nach diesem Paradigma wurde bis in die 80er Jahre hinein weitgehend systemische Therapie gelehrt und betrieben.

Das Vorgehen nach der Kybernetik 1. Ordnung

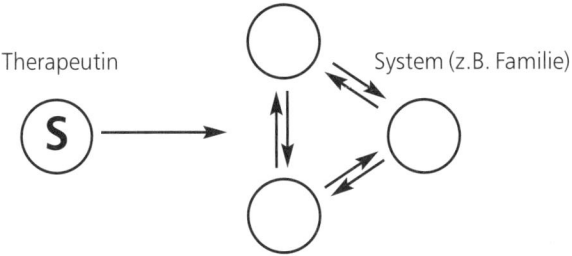

Wie das Vorgehen nach dem Paradigma der Kybernetik 1. Ordnung aussieht, sei nun beispielhaft am Vorgehen der Mailänder Gruppe im Jahre 1980 vorgeführt.

Exkurs: Das Vorgehen der Mailänder Gruppe

Ablauf

Die schematische Vorgehensweise und das Setting, das die Mailänder Gruppe zu Beginn der 70er Jahre entwickelte, ist auch heute noch von großer Bedeutung für die systemische Therapie, weil viele Richtungen deren Vorannahmen, Abläufe und Konzepte (zumindest in weiten Teilen) übernommen haben. Dies bezieht sich sowohl auf die reduzierte Anzahl der Sitzungen (Kurzzeittherapie) als auch auf das Arbeiten in einem Team, die therapeutische Grundhaltung und den groben Ablauf, wie er von der Gruppe in den 70er Jahren konzipiert wurde. Auffällig am Setting ist die klare Trennung zwischen dem Team hinter dem Einwegspiegel einerseits und Therapeutin und Familie andererseits. Diese Trennung gilt in dem unten angegebenen Schema sowohl für das Hauptinterview als auch für die Intervention[64].

Der Ablauf eines systemischen Interviews der Mailänder erfolgt in fünf Schritten:

1. Vorsitzung

Aufgrund eines Telefonats oder Fragebogens oder persönlicher Beobachtungen aus vorausgegangenen Sitzungen formuliert das Therapeutenteam Thesen über mögliche Familiendynamiken. Diese werden in Form von Fragen formuliert.

2. Hauptinterview

Im Hauptinterview werden von der befragenden Therapeutin fast ausschließlich Fragen und Fragesequenzen gestellt, um die in der Vorsitzung gebildeten Hypothesen zu überprüfen. Das Ziel dieses Abschnitts besteht darin, die Hypothesen zu verifizieren bzw. zu falsifizieren. Tritt letzterer Fall ein, werden neue Hypothesen formuliert, und der Prozeß beginnt von vorne. Eine verifizierte Hypothese dient als Grundlage für die Intervention im 4. Schritt.

3. Zwischensitzung

Nach ca. 40 bis 50 Minuten setzt sich die Therapeutin mit ihrem Team für etwa 10 bis 15 Minuten zusammen, um eine systemische Hypothese zu bilden, die als Grundlage für die Intervention dienen soll. Das Team arbeitet häufig nach den Regeln des Brainstorming, um ein zirkuläres Verständnis des Problems zu erwerben. Danach erarbeitet es die Intervention (bzw. Hausaufgabe), die die Therapeutin der Familie dann mitteilt.

4. Intervention

Die Intervention kann verschiedene Formen annehmen. Übliche Interventionen[65] bestehen u.a. darin, der Familie
1. eine systemische Einsicht zu vermitteln;
2. eine neue (überraschende) Interpretation bzgl. des Symptoms zu geben;
3. ein Ritual zu verschreiben;
4. eine paradoxe Intervention zu verschreiben.

Der Ansatzpunkt für die Veränderungsarbeit bei den ersten beiden Interventionsarten ist die Bedeutungsgebung. Die Familie/das System wird aufgefordert, die alten „Landkarten" zu revidieren, was dann zu einer neuen Wahrnehmung und schließlich zu einem neuen Handeln führen soll. Der Ansatz für die Veränderung beim Verschreiben eines Rituals ist hingegen das Handeln, dem dann neue Bedeutungsgebungen seitens der Systemmitglieder folgen (sollen).

5. Nachsitzung

Hier reflektiert das Team über den Ablauf und die Eindrücke aus dem Interview, um für die nächste Sitzung adäquate Hypothesen und Vorgehensweisen zu finden. Den Prozeß des Hypothetisierens bei den Mailändern wollen wir nun anhand eines Fallbeispiels näher betrachten.

Hypothesen bilden

Die Mailänder Gruppe beschäftigte sich in ihrer Arbeit eingehend mit der Frage, welche Grundregeln und Methoden für das Führen eines effizienten systemischen Interviews nützlich bzw. unbedingt einzuhalten sind. Ihre Antwort hat die systemische Therapie grundlegend beeinflußt. Es sind die Prinzipien Hypothetisieren, Zirkularität und Neutralität.

Der erste Schritt ist das Hypothetisieren[66]. Darunter versteht man die Denkprozesse der Therapeutin, die zu einer alternativen (nützlicheren) Interpretation der Problematik führen. Hypothesen sind theoretische (und damit zu überprüfende) Annahmen hinsichtlich dessen, was ist. Sie dienen dem therapeutischen Handeln als Richtschnur im Gespräch und für die Intervention. Das Ziel der Hypothesenbildung ist es, die brauchbarste therapeutische Erklärung der Familiendynamik zu finden.

Hypothesen müssen bestimmte Bedingungen erfüllen: Zum einen müssen sie „systemisch" sein; d.h., sie müssen die Beziehungen zwischen allen (Familien-)Mitgliedern berücksichtigen und alle Systemkomponenten erfassen. Zum zweiten dienen sie sozusagen als Wegweiser zu neuen Informationen. Unter „Information" ist die Vermehrung des Wissens über die Gesamtheit der in der Familie wirksamen Beziehungsmodalitäten zu verstehen. Drittens ist es wichtig, die Sitzung ausgerüstet mit einer Hypothese zu beginnen, damit der Therapeut die Initiative ergreifen, planmäßig vorgehen und gegebenenfalls unterbrechen kann, um „zu verhindern, daß er von einem Strom bedeutungslosen Geschwätzes überschwemmt wird[67]".

Fallbeispiel[68]

Die Mailänder Gruppe wurde von einer sechsköpfigen Arbeiterfamilie aufgesucht. Diese bestand aus Vater und Mutter, beide in den Fünfzigern, dem 20jährigen Sohn Paolino, der als Spengler arbeitete, der 17jährigen Tochter Francesca, die auf Stellensuche war, dem zwölfjährigen Stefano, der noch zur Schule ging, und der 14jährigen Indexpatientin, Regina. Letztere war von Geburt an blind und begann mit etwa vier Jahren, sich psychotisch zu verhalten. Dies wurde so schlimm, daß man sie mit sechs Jahren in ein Heim für behinderte Kinder schickte. Trotz der langen Reise dorthin wurde sie dort regelmäßig einmal pro Monat von der Mutter besucht. Während der Weihnachts- und Sommerferien kam Regina nach Hause, machte aber dadurch der Familie das Leben buchstäblich zur Hölle. In den letzten Jahren hatte sich Regina in dem Heim immer mehr in sich selbst zurückgezogen, so daß der Heimpsychologe der Mutter riet, Regina wieder nach Hause zurückzunehmen. Gegenüber der Mailänder Gruppe formulierte die Mutter in dem Anruf vor der Sitzung ihr Anliegen so: „Wenn wir kommen, müssen wir entscheiden, ob es für Regina besser ist, im Heim zu bleiben oder nach Hause zu kommen, um bei uns zu bleiben."

Angesichts dieser Situation vor dem Erstgespräch stellte sich für die Mailänder Gruppe folgende Grundfrage[69]: Was für ein systemisches „Spiel" liegt hinter der Absicht, Regina, deren psychotisches Verhalten sich keineswegs gebessert hatte, nach so langem Aufenthalt in der Abgeschiedenheit einer weit entfernten Institution wieder in das Familienleben aufzunehmen?

Dabei folgte das Mailänder Team der Annahme, daß die Ausstoßungsabsicht des Heimes von der Familie wohl kaum ernstgenommen worden wäre, wenn sie sich nicht in irgendeiner Weise mit der Aufrechterhaltung des Gleichgewichtes (Homöostase) in der Familie in Übereinstimmung befunden hätte. Von welchen Veränderungen war die Familie bedroht? – Das Mailänder Team bildete die Hypothese, daß sich die Familie in einer Phase befand, in der die beiden älteren Geschwister die Familie verlassen könnten. Der Zusammenhalt der Gruppe war also in Gefahr. In dieser für die Homöostase gefährlichen Phase „hatte die Familie ‚entdeckt', daß es ihre Pflicht wäre, Regina nach Hause zurückzuholen. Diese Rückkehr könnte ausschlaggebend sein, um Francesca oder Paolino oder beide vom Schritt ins Leben hinaus abzuhalten[70]".

Aufgrund dieser Hypothese konzentrierte sich das Team in der Sitzung vor allem auf Paolo und Francesca, ihre Zukunftspläne und ihre Meinung hinsichtlich der möglichen Rückkehr von Regina. Anhand der im Gespräch beobachteten Reaktionen sah das Team ihre Hypothese voll bestätigt und schlußfolgerte: Im Mittelpunkt der familiären Krise stand das Erwachsenwerden von Francesca, die davor fast ebensoviel Angst zu haben schien wie die anderen. Das wahre Problem war also von dem von der Mutter vorgebrachten ganz verschieden.

Vorannahmen der Kybernetik 1. Ordnung

Dieses Beispiel zeigt, worin der Wert von Hypothesen besteht: Sie haben eine Ordnungsfunktion und dienen der Therapeutin als Richtschnur, wie sie die Vielzahl von Informationen ordnen kann. Für die Familienmitglieder haben die Hypothesen eine Anregungsfunktion, weil sie sie mit neuen Sichtweisen konfrontieren.

Das Beispiel macht auch die Präsuppositionen und Grundhaltungen der Kybernetik 1. Ordnung deutlich, denen die Mailänder Gruppe bei der Hypothesenbildung folgte:
➤ Wenn eine Familie ein Problem hat, ist in irgendeiner Weise die Homöostase der Familie in Gefahr.
➤ Es gibt das „wahre" Problem. Diese Grundeinstellung wird u.a. im Schlußkommentar der Mailänder Gruppe deutlich, der impliziert, daß man als Betrachterin von außen bestimmen kann, wo genau das Problem liegt, wer recht und wer unrecht hat, was wahr und was falsch ist.
➤ Eine gute Therapeutin weiß besser, was für die Familie gut ist, als diese selbst. Die Familie hat inadäquate Hypothesen über das Problem.
➤ Damit die Therapeutin eine „objektive" Beobachterin sein kann, die das „wahre" Problem findet, darf sie nicht unversehens die Sicht der Klientin übernehmen. Sie darf sich von der Familie nicht einwickeln lassen, sondern muß Distanz wahren.

Die Therapeuten der Mailänder Schule waren Familien gegenüber sehr mißtrauisch und verhielten sich ihnen gegenüber sehr distanziert. Das rogerianische Prinzip der Empathie diente lediglich dazu, die Klienten zu verstehen.

Wenn man die beiden letzten Punkte liest, erhält man fast den Eindruck, daß sich Therapeutin und Familie gegnerisch gegenüberstehen, und Äußerungen wie: „Was für ein ‚systemisches Spiel' spielt die Familie?" oder: „Wie kann die Therapeutin verhindern, daß sie von einem Strom bedeutungslosen Geschwätzes überschwemmt wird?" belegen das.

2. Von der Kybernetik 1. Ordnung zur Kybernetik 2. Ordnung

Zu Beginn der 80er Jahre wurden die Vorstellungen von der „funktionalen" Familie mehr und mehr hinterfragt. Wer sollte bestimmen, was funktional und was dysfunktional war? Im Rahmen neuer Erkenntnisse in den Naturwissenschaften (z.B. der Chaostheorie) konnte nachgewiesen werden, daß Systeme unter bestimmten Randbedingungen aus sich heraus („selbstorganisiert") neue Strukturen entwickeln. Ist ein Systemzustand stark vom Gleichgewicht entfernt, dann wird irgendwann ein kritischer Wert überschritten, jenseits dessen das System nicht mehr in den früheren Zustand zurückkehren kann, sondern sich in einem neuen, nicht vorhersehbaren Zustand stabilisiert[71].

Diese Erkenntnisse hatten großen Einfluß auf die systemische Therapie. Es stand nun nicht mehr die Homöostase, sondern die Veränderung von Systemen im Vordergrund der Betrachtung. Die Therapeutin hatte nun nicht mehr den Anspruch, das gesamte System von einem dysfunktionalen Zustand in einen funktionalen zu bringen, sondern konnte darauf vertrauen, daß das System aus sich heraus (in Selbstorganisation) neue Strukturen entwickelt. Dazu brauchte sie lediglich das Klientensystem „anzuregen", in eine sinnvolle Richtung zu gehen, bzw. es zu „stören", damit es nicht erwünschte Kommunikationsmuster verläßt.

In diesem Zusammenhang ist auch das Konzept der Autopoiese[72] zu erwähnen, das Mitte der 80er Jahre in der systemischen Therapie zunehmend an Bedeutung gewann. Eine seiner zentralen Vorannahmen besagt: „Alles Gesagte ist von jemandem gesagt.[73]" Diese Sichtweise hatte einen direkten Einfluß auf die Rolle der Therapeutin in bezug auf das Klientensystem. Sie war nicht mehr länger die unabhängige, außenstehende Beobachterin, sondern Bestandteil des Klienten- und Problemsystems. Mit dieser Sichtweise vollzog sich der Wechsel von der Kybernetik 1. Ordnung zur Kybernetik 2. Ordnung. Die kybernetischen Prinzipien wurden auf die Kybernetik selbst angewandt. Eine Paartherapie zwischen Mann, Frau und Therapeutin sieht dann wie folgt aus:

Systemische Therapie nach der Kybernetik 2. Ordnung:

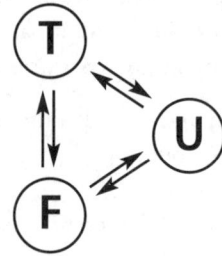

Die einschneidendsten Veränderungen im Vergleich zur Kybernetik 1. Ordnung sind:
- Es wird bezweifelt, daß es „da draußen" objektiv von Therapeuten erkennbare Systeme gibt. Vielmehr müssen die **Beobachterin** und ihre Erkenntnismöglichkeiten als Teil des Kontextes, den sie beobachtet, mitkonzeptualisiert werden.
- Da Systeme ohnehin tun, was ihrer Selbstorganisation entspricht, da Weiterentwicklung unvermeidbar ist und da Therapeuten Klientensysteme weder objektiv beschreiben noch instruktiv lenken können, verändert sich die Rolle von Therapeuten. Sie wenden von Beratern in der Sache zu Experten für die Ingangsetzung hilfreicher Prozesse.
- Die Ingangsetzung hilfreicher Prozesse nennt man in der systemischen Therapie **„Interventionen"**. Hierbei können zwei Zielrichtungen unterschieden werden:
    1. Die Intervention dient dazu, etwas zu unterlassen, was das System bisher gemacht hat. Solche Interventionen dienen dazu, das System zu „stören".
    2. Die Intervention soll das System veranlassen, etwas zu tun, was es bisher nicht tun konnte. Solche Interventionen dienen dazu, das System „anzuregen" und damit die Kommunikationsmuster in eine lösungsorientierte Richtung zu lenken.

Die Vorannahmen der Kybernetik 2. Ordnung haben einen wesentlichen Einfluß darauf, was unter einem Problem bzw. einer Lösung zu verstehen ist. Darauf soll nun eingegangen werden.

3. Ablauf und Setting des systemischen Interviews

Der Kontext, in dem sich die systemische Therapiesitzung abspielt, unterscheidet sich von dem der Einzeltherapie u.a. dadurch, daß die systemische Therapeutin nicht nur einer Klientin/einem Klienten gegenübersteht, sondern in der Regel mehreren. Aus dieser Ausgangssituation ergeben sich wichtige Konsequenzen:

1. Für die Klientin kann die Frage der „Offenheit" zum Problem werden, weil noch andere Personen anwesend sind, denen sie vielleicht nicht alles sagen will, was sie denkt. Das wiederum stellt Anforderungen an die Therapeutin hinsichtlich des Umgehens mit solchen Konstellationen.

2. Ein weiterer wichtiger Punkt können die häufig unterschiedlichen Erwartungen sein, mit denen die verschiedenen Systemmitglieder die Therapeutin konfrontieren. Um diesen Anforderungen Genüge zu tun, unterscheidet sich die systemische Therapie von anderen Therapieformen durch das Setting und den Ablauf des therapeutischen Interviews. Über das Setting haben wir bei der Auseinandersetzung mit der Kybernetik 1. Ordnung bereits einiges gesagt. Viele systemische Ansätze haben das Setting der Mailänder Gruppe in groben Zügen übernommen. Das betrifft:

➤ Erstens das Team, das hinter einem Einwegspiegel das Therapiegespräch zwischen der Therapeutin und der Familie/dem System verfolgt.
➤ Zweitens die Videokamera, mit der die Sitzungen aufgezeichnet werden.
➤ Drittens wird in den meisten Formen der systemischen Therapie eine Maximalzahl von Sitzungen (in der Regel weniger als 10) vereinbart sowie hinreichend große Abstände zwischen den Sitzungen (selten unter 3–4 Wochen), weil davon ausgegangen wird, daß die entscheidenden Veränderungen sich nicht während des Interviews vollziehen, sondern zwischen den Sitzungen.
➤ Viertens den Ablauf des systemischen Interviews.

Der von der Mailänder Gruppe konzipierte Ablauf einer therapeutischen Sitzung und das Setting sind auch heute noch maßgebend für die meisten systemischen Therapieformen. Wir wollen diesen Ablauf im Hinblick darauf betrachten, welche Themen im Hauptinterview in welcher Reihenfolge angesprochen bzw. erfragt werden sollten. Diese Fragen können als sitzungssteuernde, strategische Fragen bezeichnet werden.

Fritz Simon faßt die Phasen im Ablauf des Interviews wie folgt zusammen[74]:

Phasen im Ablauf der Hauptsitzung	Erläuterungen
1. Klärung des Überweisungskontextes	Fragen nach dem Überweisungskontext und den (eventuell unterschiedlichen) Erwartungen der Klienten an die Therapie.
2. Fragen nach der Beschwerde	Worin besteht für jedes einzelne System-Mitglied das Problem? Wer ist am meisten betroffen? etc.
3. Zieldefinition konkretisieren	Woran genau (Verhaltensweisen) würden die Beteiligten merken, daß das Ziel erreicht wäre? Welche Vor- und Nachteile hat die Zielerreichung?
4. Was haben die Beteiligten bislang probiert, um dieses Ziel zu erreichen?	Was hat bisher geholfen? Was hat nicht geholfen? Ist das Ziel erreichbar?
5. Wie erklären sich die Beteiligten, daß sie das Ziel bislang nicht erreicht haben?	Als Antwort auf diese Fragen werden die Beteiligten in der Regel Grundüberzeugungen und Werte nennen.
6. Welche Einflußmöglichkeiten haben die Beteiligten?	Was kann wer tun, um das Problem zu verbessern bzw. zu verschlimmern? – bezogen auf die Zielerreichung oder auf Dritte (z.B. Überweiser).
7. Welches sind die offenen oder auch heimlichen Erwartungen, Hoffnungen und Befürchtungen an die Therapeutin?	Wie würde es ohne Therapie weitergehen?
8. Hypothetische Zukunftsfragen	
9. Zeitperspektiven	Geschätzte Zeitdauer bis zur Erreichung des Ziels.

Diese Phasen sind idealtypisch und erheben nicht den Anspruch, vollständig zu sein, oder gar, daß der Ablauf sich immer so gestalten muß. Sie sollen lediglich einen ungefähren Eindruck vom Vorgehen und den hierbei relevanten strategischen Fragen in der systemischen Therapie vermitteln.

III. Vorannahmen über den Problem-Lösungs-Raum
1. Was ist ein Problem?

In der Einleitung haben wir erwähnt, daß systemische Vorannahmen nicht nur auf interpsychische Probleme (z.B. Paarprobleme) angewandt werden, sondern auch auf innerpsychische Probleme. Die systemische Therapie widerspricht damit der gängigen Vorstellung, daß z.B. Depressionen individuelle Störungen seien. Ein System, z.B. eine Familie, hat kein Problem im Sinne eines Strukturmerkmals (z.B. „schizophrene Mutter" oder bettnässender Sohn). In der systemischen Sichtweise ist es eher umgekehrt: Ein Problem erschafft sich ein System, indem sich um ein bestimmtes Verhalten oder Thema herum eine Kommunikation entwickelt, die dieses Thema/Verhalten als problematisch charakterisiert.

*„Ein Problem ist etwas, das **von jemandem** einerseits als **unerwünschter** und veränderungsbedürftiger **Zustand** angesehen wird, andererseits aber auch als prinzipiell **veränderbar**.[75]"*

Die Implikationen dieser Definition sind die folgenden[76]:

a) **Zustand:** Das Wort „Zustand" impliziert, daß das, was als Problem angesehen wird (z.B. bestimmte Verhaltensweisen), sich immer im selben Zustand befindet, d.h. sich niemals ändert. Verhaltensweisen implizieren jedoch in sich schon eine Veränderung, so daß es als eine Selektionsleistung angesehen werden kann, wenn Personen ein Set von Verhaltensweisen als „Problem" bezeichnen.

b) **von jemandem:** Dieser Ausdruck beinhaltet, daß nicht unbedingt (nur) die Person, der das Problem bzw. das problematische Verhalten zugeschrieben wird, dies als Problem empfinden muß, damit es ein Problem ist. Jeder beliebige Beteiligte des Problemsystems kann bestimmte Verhaltensweisen als Problem bezeichnen.

c) **unerwünscht:** Der Zustand muß von einer Person als unerwünscht beschrieben werden, damit es ein Problem im Sinne der Definition ist. Hier wird die kommunikative Komponente sichtbar, die die systemische Therapie kennzeichnet: Rein subjektiv empfundenes Leiden stellt noch kein Problem dar. Es muß sich im Verhalten und in der Kommunikation zu anderen Personen äußern. Ein Problem ist erst dann ein Problem, wenn es als solches einer anderen Person gegenüber kommuniziert worden ist.

d) **veränderbar:** Wenn jemand durch einen Unfall querschnittsgelähmt ist, dann ist dies kein therapeutisches Problem im Sinne der systemischen Therapie, weil dieser Zustand (nach heutigem Erkenntnisstand) nicht veränderbar ist. Dieser Zustand ist eine Tatsache. Probleme unterscheiden sich von Tatsachen/von Schicksalsschlägen/von Tragödien etc. dadurch, daß zumindest irgendein Beteiligter des Problemsystems glaubt, der problematische Zustand könne beseitigt werden.

Das Zusammenwirken dieser vier Faktoren konstituiert das, was schließlich als „Problem" beschrieben wird.

Wer kann als Mitglied eines solchen Problemsystems angesehen werden? Die Antwort im Sinne der Kybernetik 2. Ordnung lautet: Alle, die daran beteiligt sind. In jedem Fall gilt das für die Therapeutin, die durch die Auswahl ihrer Fragen und durch ihr Verhalten entscheidend mitbestimmt, worauf sich die Therapie konzentriert.

Wie werden Probleme erzeugt? – Probleme werden von einem oder mehreren Mitgliedern des Problemsystems entdeckt bzw. erfunden. Bei einem Kind, das in der Schule schlechte Noten schreibt, kann dies eine Lehrerin sein, die Eltern oder das Kind selbst etc. Aber erst, wenn sich diese „Idee" in der Kommunikation mit anderen verbreitet hat, gibt es ein Problemsystem. In der Regel werden die Mitglieder des Problemsystems versuchen, das Problem zu erklären (z. B. als Krankheit oder als Eigenschaft der Person, als Folge frühkindlicher Traumatisierung etc.). Das Problemsystem kann nur dann über längere Zeit aufrechterhalten werden, wenn die Beteiligten sich dauerhaft so verhalten, als ob es keinen Ausweg aus dem Problem gäbe.

Beispiel: Das Problemsystem „Psychose"
Zum Problemsystem „Psychose" gehören in der Regel viele Personen und Faktoren: darunter die Indexpatientin. Dieser Begriff soll darauf hinweisen, daß die Symptomträgerin nur das äußere Zeichen dafür ist, daß

etwas im System nicht in Ordnung ist. Zum Problemsystem gehört, was eine Klientin tut und wie ihre engste Umgebung darauf reagiert, u.U. aber auch: was die Nachbarn sagen, wie eine Krankenwagenfahrerin auf das Symptomverhalten reagiert und was verschiedene Mitarbeiter der Nervenklinik tun. Ebenso kann das Problemsystem die mit der „Psychose" verbundene (psychiatrische) Krankheitslehre beinhalten oder auch die Handlungen der Beteiligten in Hinblick auf eine zu erwartende Frührente etc. Das Problemsystem kann somit theoretisch unendlich ausgeweitet werden, und das macht eben die Konstruktionsleistung von Therapeutin und Klienten aus, welche Faktoren in die Problemdefinition einbezogen werden und welche nicht.

2. Ohne Ziel geht es nicht

Da die meisten systemischen Therapierichtungen kurzzeittherapeutisch arbeiten, ist es nicht erstaunlich, daß das Setzen von Zielen einen wichtigen Bestandteil systemischer Therapie bildet. Die Zielgerichtetheit des systemischen Interviews hat noch einen zweiten Grund, den Simon an einem Vergleich verdeutlicht[77]. Er vergleicht die Situation einer Familientherapeutin mit der einer Taxifahrerin, zu der mehrere Personen in den Wagen steigen, die jeweils unterschiedliche Fahrtziele angeben. Die eine will zum Bahnhof, die andere zum Flughafen, eine dritte zum Museum, eine vierte sagt, es sei ihr egal, wohin die Fahrt gehe, sie wolle nur weg. Eine fünfte Person wird von den anderen in den Wagen gezerrt.

Bei den „Passagieren" einer Therapeutin ist es nicht selten der Fall, daß sie, selbst wenn alle Systemmitglieder, die in der Therapie anwesend sind, sich hinsichtlich des Problems einig sind, trotzdem nicht wissen, wohin genau sie wollen, weil sie sich darüber noch nie Gedanken gemacht haben. Eine genaue Zielexploration ist also notwendig, damit die Therapeutin im Gewirr unterschiedlicher, gegensätzlicher bzw. nicht vorhandener Ziele der Klienten nicht – vorauseilend verstehend – sich ihren Auftrag selbst gibt.

Die Zielexploration in der systemischen Therapie ähnelt der des NLP. Hier wie dort gibt es bestimmte Kriterien, denen Ziele entsprechen sollten: z.B. sollte das Ziel positiv formuliert sein. Es sollte nicht abstrakt, sondern an von außen beobachtbaren Verhaltensweisen erkennbar sein. Die Zielexploration steht am Anfang der therapeutischen Begegnung. Das folgende Beispiel illustriert die Zielorientierung (bei der es darauf ankommt, das Ziel in Form intersubjektiv beobachtbarer Verhaltensweisen zu beschreiben):

Beispiel: Familie Bastian[78]

Zum Erstinterview erscheinen Frau Bastian (64 Jahre), der Indexpatient Ernst (33 Jahre) und die älteste Tochter Helga (42 Jahre). Die Familie erscheint in der Therapie, weil der Sohn trotz einer Lebertransplantation, die vor einigen Jahren durchgeführt wurde, immer wieder Alkohol trinkt. Die behandelnden Ärzte warnen, daß sein Leben bedroht sei. Nach der Klärung des Überweisungskontextes wendet sich der Therapeut, Fritz Simon, mit der folgenden Frage an die Schwester[79]:

(1) T an H:	Was wäre das Wunschziel Ihrer Mutter für das Gespräch hier und heute? Was denken Sie?	Erfragt den angestrebten Unterschied zwischen der Situation vor und nach der Therapie durch eine zirkuläre Frage.
(2) H:	Na, für das Gespräch heute ist das Wunschziel, würd' ich sagen, daß eine ernsthafte Beschäftigung mit den ganzen anstehenden Problemen einfach ins Rollen kommt. Daß dann Schritt für Schritt einerseits das Klima zu Hause offener, freundlicher und herzlicher wird, daß der Ernst sicherer auf neue Situationen zugeht, daß er weniger Angst hat und daß sie ihn weniger antreiben muß...	
(3) T:	Aber das wären nicht alles Ziele für das heutige Gespräch, oder?	Konkretisiert die Frage, weil Helga in abstrakten Begriffen (z.B. „offener", „freundlicher" etc.) antwortete.
(4) H:	Nein, das wär so ein Ansatz, ein Schritt in die Richtung.	

(5) T:	Ja, bleiben wir einmal bei dem heutigen Gespräch ... Was wäre denn für Ihre Mutter ein Zeichen, daß es in die richtige Richtung geht ...? Woran wird es Ihre Mutter im Alltag merken? Morgen zum Beispiel! Was wird morgen anders laufen als gestern, wenn dieses Gespräch sinnvoll ist? An wessen Verhalten wird sie es merken, an (zum Bruder gewandt) Ihrem oder an wessen Verhalten?	Fragt nun ganz konkret nach spezifischen Verhaltensweisen des Zielkontextes.
(6) M:	Soll ich jetzt darauf antworten?	
(7) T:	Nein, ich frag Sie gleich, ob Sie sich da wiedererkennen und ob Ihre Tochter das richtig sieht, aber ich bin erst einmal an Außensichten interessiert!	Fragt noch einmal konkret die Tochter, inwieweit das Verhalten von Ernst aus Sicht der Mutter anders wäre.
(8) H:	Ja, an Ernsts Verhalten.	
(9) T:	Und was wäre das für ein Verhalten, wenn das jetzt hier die sensationellste Sitzung der Welt wäre, wie wird er sich verhalten – aus Sicht Ihrer Mutter?	
(10) H:	Er würde morgen früh ins Büro gehen. Er würde sagen: Der Chef ist zwar ein Arsch, aber mit dem komme ich schon irgendwie klar! Ich mache die Prüfung, ja, ich gehe das an. Soviel kann mir da ja gar nicht jetzt passieren. Das werde ich schon schaffen! Und für Samstag nehme ich mir dann vor, daß ich einen Freund anrufe, den ich schon lange nicht mehr angerufen habe, und gehe mit dem irgendwo spazieren, oder sowas, also ich nehme mir von mir aus etwas vor für das Wochenende mit dem Freund.	Endlich gibt Helga verhaltensspezifische Beschreibungen.
(11) M:	(lacht) Das hat sie sehr schön gesagt.	

Simon setzte das Interview fort, indem er Helga befragt, was ihr Bruder für einen Erfolg der Sitzung halten würde.

Der Transkriptausschnitt zeigt die in der systemischen Therapie typische Weise, Ziele zirkulär zu erfragen. Auch ein weiteres Merkmal der systemischen Gesprächsführung wird deutlich, das nicht nur bei der Erfragung von Zielen, sondern auch von Problemen oder Lösungen üblich ist: die Konzentration auf Verhaltensweisen im Gegensatz zu innerseelischen Vorgängen (z.B. Emotionen). Der Vorteil, sich auf konkrete, intersubjektiv beobachtbare Verhaltensbeschreibungen zu konzentrieren, besteht darin, daß alle Familienmitglieder in der Lage sind, das Gesagte nachzuvollziehen.

Elizitieren und Installieren

Das Beispiel verdeutlicht, daß jedes Fragen einen Elizitierungs- und einen Installationsaspekt hat. Im Vordergrund steht der Aspekt des Elizitierens: Der Therapeut will wissen, was die Tochter glaubt, welche Ziele die Mutter hat. Das Elizitieren erfolgt in der systemischen Therapie typischerweise durch zirkuläre Fragen, wobei zuerst die Außenperspektive (hier die relativ unbeteiligte Tochter) und dann die Innenperspektive (Mutter und Sohn) erfragt werden.

Der Grund für das zirkuläre Befragen besteht darin, daß der Therapeut nicht in erster Linie an der Zielformulierung durch die Person selbst interessiert ist, sondern daran, wie diese Ziele von den anderen gesehen werden. Dies beruht auf der Vorannahme, daß die Mitglieder einer Familie nicht auf die Gefühle und Gedanken des jeweils anderen reagieren, sondern darauf, wie sie denken und fühlen, daß die anderen denken und fühlen.

Zirkuläre Fragen haben auch eine installierende Wirkung. Sie verfolgen den Zweck, neue Informationen in der Familie einzuführen und so möglicherweise Veränderungen im Umgang miteinander zu bewirken[80].

Dieser Aspekt steht im obigen Beispiel nicht im Vordergrund, aber implizit wird erreicht, daß die Betroffenen eine Rückmeldung darüber erhalten, wie ihre Beziehung von außen gesehen wird. Sie erhalten auch die Chance, sich in ihren Motivationen verstanden zu fühlen.

Im folgenden Fallbeispiel hat der Installationsaspekt eine weitaus größere Bedeutung als der Aspekt der Informationsgewinnung bzw. des Elizitierens. Es ist einem familientherapeutischen Erstgespräch entnommen, das von Dr. Fritz B. Simon an der Universität Heidelberg durchgeführt wurde[81]. Die Familie besteht aus den Eltern, Herrn und Frau A., und den Kindern Martina (7) sowie den Zwillingen Tobias und Michaela (5). Indexpatientin ist die Mutter, die unter anderem Schwierigkeiten hat, sich von ihren Eltern abzugrenzen. Der Therapeut wendet sich im Beispiel direkt an Frau A., und zwar mit der Absicht, eine Veränderung zu initiieren:

Therapeut: Also gesetzt den Fall, es wäre irgendwie so, und Sie wären unabhängig von den Eltern, und die Eltern womöglich unabhängig von Ihnen. Woran würde er (der Ehemann) es jetzt genau merken?
Frau A.: Mhm.
Therapeut: An welchem Verhalten von Ihnen würde er das ablesen, und an welchem Verhalten der Schwiegereltern?
Frau A.: Vielleicht eh, in einem Punkt, daß ich mal zu meiner Mutter sagen würde, du brauchst mich nicht mehr so oft zu besuchen, ich komm' allein zurecht, wenn ich mit dir mal in die Stadt gehen möchte, können wir uns ja treffen, da hat er bestimmt nix dagegen, aber das muß ja net jede Woche sein.
Therapeut: Ja.
Frau A.: So, wenn ich das aber jetzt zu meiner Mutter sagen würde, da heißt's gleich wieder, ach, das hat doch der Stefan (Herr A.) gesagt.
Therapeut: Also...
Frau A.: Daß das mal aufhört.
Therapeut: Wie würde, wenn ...
Frau A.: Meine Meinung ist immer ein Hintergrund, ne Meinung, die er hat, und die ich ihm jetzt die ich jetzt vertrete, und nicht meine eigene Meinung.[82]

Im Fallbeispiel fragt der Therapeut nach konkreten Verhaltensweisen (im Gegensatz zu „Eigenschaften" einer Person). Die primär installierenden Fragen sind vor allem zukunftsbezogen (nicht vergangenheits- oder gegenwartsbezogen).

Die Eingangsfrage des Therapeuten ähnelt der Wunderfrage von Steve de Shazer. Simon erfragt, woran der Mann von Frau A. erkennen würde, daß sie von den Eltern unabhängig wäre. Die Beantwortung der Frage zwingt die Klientin, sich in den Zielzustand hineinzubegeben. Die Wunderfrage ist ein gutes Beispiel dafür, wie zirkuläre Fragen ressourcenorientiert gestellt werden können.

Jeder Satzteil, jedes Wort kann mit einer installierenden Absicht benutzt werden. Ein gutes Beispiel ist der Halbsatz „... und die Eltern möglicherweise von Ihnen", der die Vorannahme beinhaltet, daß die Abhängigkeit zwischen Tochter und Eltern zirkulär ist. D.h., Abhängigkeit ist keine Eigenschaft, die eine Person besitzt, sondern ein Prozeß, an dem alle Beteiligten ihren Anteil haben. Wir werden auf dieses Beispiel noch zurückkommen, wenn wir die Frage diskutieren, inwieweit die Befragung selbst nicht schon eine Intervention ist.

3. Der Weg zur Lösung

Man kann systemische Therapie und Beratung „als den Versuch ansehen, von einem Problem-Zustand zu einem Nicht-Problemzustand, also zu einer Lösung zu kommen[83]". Dabei gelten u.a. die Vorannahmen:
➤ Jede Veränderung eines Teils des Systems verändert das ganze System.
➤ Therapeutische Veränderungen machen nur dann Sinn, wenn das gesamte System und das Beziehungsgeflecht des Symptoms einbezogen wird, so daß es zu einem Perspektivenwechsel kommt.

Wenn also eine Klientin einen Waschzwang hat, dann reicht es nicht aus, nur diesen zu beseitigen. Es gilt, seine Funktion im System zu erkennen und die Intervention so zu gestalten, daß der negative Kreislauf gestört wird.

Zum letzten Punkt möchten wir einschränkend anmerken: Wenn das gesamte System sich auch auf Personen wie den Nachbarn und den Krankenwagenfahrer erstreckt[84], dann ist die Forderung unrealistisch, das gesamte System einzubeziehen. Pragmatisch gilt es also, die relevanten Teile des Systems in die Lösung einzubeziehen.

Die Lösung besteht darin, die problemerhaltenden Rückkopplungsschleifen zirkulär zu erfragen und zu unterbrechen (zu stören) bzw. neue Schleifen zu installieren (anzuregen), die eine Lösung dauerhaft stabilisieren. Nach den Worten von Welter-Enderlin[85] besteht der Heilungsprozeß darin, „daß die alte Routine, deren Problematik in einer Stagnation des Werdens besteht, aus dem Gleichgewicht gebracht wird, damit eine neue, der gegenwärtigen Lebenspraxis angemessenere Routine sich etablieren kann".

Beispiel:
Palazzoli et al.[86] beschreiben eine Familie, die aus dem 13jährigen Sohn und der 37jährigen Mutter besteht. Das Problem der Mutter besteht darin, daß der Sohn unartig ist und stiehlt. Gemäß einem linearen Ursache-Wirkungs-Denken könnte man nun schlußfolgern: Der Sohn wurde eben schlecht erzogen. Deshalb muß die Mutter ihn strenger erziehen. Hingegen suchen systemische Therapeuten die Lösung im System. Palazzoli et al. kamen nach dem Erstgespräch zu der Überzeugung, daß der 13Jährige mit seinem Verhalten darauf reagierte, daß seine Mutter seit ein paar Monaten einen Freund hatte. Der Sohn beschwerte sich in der Therapie darüber, daß sich seine Mutter nicht mehr so fürsorglich etc. verhalte wie früher. Sein Verhalten war also eine Reaktion auf eine Änderung im System. Diese Lösung wurde von der Familie als hilfreich angenommen.

Palazzoli et al. beschreiben ihre Haltung so: Es ist sinnvoll, beide Personen (oder vielmehr alle drei betroffenen Personen) als Teil eines gemeinsamen Musters zu sehen, wobei die Rolle der einzelnen Personen nicht als kausal beschrieben werden sollte. Dabei wird der Jugendliche weder als „krank" noch als „Opfer" der ihn „ausbeutenden" Mutter betrachtet. Jede Handlung hat Rückwirkungen auf alle andere Personen im System sowie auf die handelnde Person selbst. Insofern ist der Indexpatient (der 13jährige Sohn) Teilnehmer an einer bestimmten Art von „Beziehungstanz", der mit Leid für alle Beteiligten einhergeht. Das Symptomverhalten wird als Signal verstanden, als ein Hilferuf für die ganze Familie.

Im Rahmen der Kybernetik 2. Ordnung würde man dieser Interpretation hinzufügen, daß diese Sichtweise keinesfalls „wahr" ist, sondern lediglich eine Konstruktion von Therapeutin und Familie darstellt. Die therapeutische Hypothese wirkte anregend (also als Perturbation), da sie vom Klientensystem als Lösung angenommen wurde.

Neben der Befragung im Therapiegespräch dient vor allem die Abschlußintervention (Schritt 4 im Mailänder Ablaufschema) dazu, das System anzuregen, aus der alten Routine herauszukommen. Einige gängige Interventionen[87] seien hier genannt:
➤ Rituale;
➤ Reframing;
➤ paradoxe Interventionen.

IV. Therapeutische Grundhaltungen

Unter einer therapeutischen Grundhaltung versteht Tomm ein permanent aufrechterhaltenes Netz von kognitiven Operationen, das ein bestimmtes Denken und bestimmte Vorgehensweisen fördert[88]. Die systemische Grundhaltung umfaßt die (im Rahmen der Kybernetik 1. Ordnung) bereits von der Mailänder Gruppe formulierten therapeutischen Prinzipien der Zirkularität, der Neutralität und des Hypothetisierens.

Die heutigen Vorstellungen hinsichtlich dieser drei Grundhaltungen sind im Rahmen der Kybernetik 2. Ordnung weitaus differenzierter geworden. Vor allem zwei Aspekte stehen im Gegensatz zum Konzept der Mailänder:
1. Die systemische Therapeutin ist sich in hohem Maße darüber im klaren, daß (in Abhängigkeit davon, welche Ziele sie anstrebt) sie in den obengenannten Grundhaltungen flexibel sein kann bzw. sein sollte.
2. Die systemische Therapeutin ist sich darüber im klaren, daß jedes Elizitieren auch einen Installationsaspekt hat und daß sie über eine Vielzahl an strategischen Möglichkeiten verfügt, im Interview Einfluß auf die Klienten auszuüben. Das läuft nach Tomm darauf hinaus, „das ganze Interview als eine Reihe von fortlaufenden Interventionen anzusehen[89]".

Konsequenterweise fügt Tomm den obengenannten eine vierte, strategische Grundhaltung hinzu, die (gemäß den Vorannahmen der Kybernetik 2. Ordnung) die Therapeutin als Teil des Systems explizit einbezieht.

1. Das systemische Interview als Intervention

Bei dieser Sichtweise nimmt die Therapeutin an, daß alles, was sie sagt, für das endgültige Therapieergebnis bedeutsam ist, so daß sich zu jedem Zeitpunkt die Frage stellt: Wie verhalte ich mich als Therapeutin?

Tomm berichtet, welches Erlebnis ihn dazu veranlaßte, das gesamte systemische Interview als Intervention aufzufassen[90]. Hinter dem Einwegspiegel beobachtete er eine familientherapeutische Sitzung, die von einem in der Ausbildung befindlichen Therapeuten geleitet wurde. Die anwesende Familie bestand aus den Eltern (mittleren Alters) und acht Kindern (Latenz bis Pubertät). Zwischen den Eltern schien es eine Funktionsteilung zu geben: die Mutter hatte die warme und fürsorgliche Rolle, der Vater die Rolle des strengen Erziehers. Die Kinder schienen mit der Mutter in einer Koalition gegen ihn verbündet zu sein. Die Zuweisung an uns wurde damit begründet, daß der Vater seine älteren Söhne übertrieben gewalttätig bestrafe.

Während all dies in der Sitzung zu Tage trat, wirkte der Vater zunehmend angespannter, weshalb Tomm die Sitzung unterbrach und dem Supervisanden vorschlug, den Kindern folgende Frage[91] zu stellen: **„Versuche dir vorzustellen, daß deiner Mutter etwas zustößt, beispielsweise würde sie schwer erkranken und müßte für eine lange Zeit in ein Krankenhaus; vielleicht würde sie sogar sterben – was würde dann aus dem Verhältnis zwischen euch Kindern und eurem Vater werden?"**

Diese Frage führte zu einer erstaunlichen Reaktion. Nur das erste Kind rief spontan aus, daß alles dann ja nur noch schlimmer werden würde. Die nachfolgenden Kinder wiesen darauf hin, daß der Vater sie von vielen ihm unbekannten Seiten kennenlernen würde (Hausaufgaben machen, kochen, putzen etc.). Auf einmal wurde er mit wärmeren, liebevolleren Begriffen bedacht, woraufhin er entspannter wirkte und sich mehr in die Diskussion einschaltete. Am Ende der Sitzung wurde deutlich, daß eine Intervention im engeren Sinne gar nicht mehr erforderlich war. Durch die obige Frage war das Bild des Vaters bereits während der Sitzung verändert worden. Tomm schlußfolgert[92]: Offensichtlich hatte die an die Kinder gerichtete Frage nach der möglichen Abwesenheit ihrer Mutter eine instrumentelle Wirkung auf den Teufelskreis der Schuldzuweisungen gehabt. Die Kinder konnten ihren Vater nun als „fürsorgliche Person" wahrnehmen. Diese veränderte Sichtweise/Wirklichkeit ermöglichte es den einzelnen Familienmitgliedern, auf einfachere Art und Weise neue Interaktionsmuster auszuprobieren.

Tomm bildete die Hypothese, daß die unterschiedliche Rollenverteilung zwischen Vater und Mutter und die daraus resultierenden „Bilder" das Problem bzw. das Haupthindernis einer befriedigenden Kommunikation in der Familie waren. Mittels der angegebenen Frage gelang es Tomm, diese Bilder zu erschüttern und dadurch die Systemmitglieder zu befähigen, ihre negativen Kommunikationsmuster durch positive zu ersetzen. Mit Bateson könnte man sagen: Es geht darum, Unterschiede zu (er)finden, die einen Unterschied machen. Therapie ist in diesem Sinn ein ko-kreativer Prozeß, in der Therapeutin und Klientin zusammen Unterscheidungen „erfinden", die die Klientin als nützlich erlebt.

Diese Hypothesenbildung sollte **vor der Sitzung** stattfinden, muß sich aber **in die Sitzung** hinein fortsetzen, denn alles, was die Gesprächsleiterin tut und sagt und nicht tut und nicht sagt, ist eine Intervention[93]. Wenn dem aber so ist, dann sollte sich die Therapeutin Gedanken darüber machen, wie sie vorgehen will, um maximale therapeutische Wirkung zu erzielen.

Dieses strategische Vorgehen wird weitgehend von der therapeutischen Grundhaltung bestimmt, wobei diese selber auch strategischen Entscheidungen zugänglich ist. Man kann sie automatisch (unbewußt) einnehmen oder absichtlich. Letzteres hat viele Vorteile. So ist es zum Beispiel leichter, Fragen, die primär der Informationsgewinnung dienen (explorative Fragen), aus einer neutralen Haltung heraus zu stellen als aus einer Haltung heraus, in der man das System gezielt zu einer Veränderung veranlassen will.

Wir wollen nun einige Möglichkeiten aufzeigen, wie Therapeuten sich hinsichtlich der drei Prinzipien Zirkularität, Hypothetisieren, Neutralität strategisch verhalten können.

2. Hypothesenbildung

Im folgenden Fallbeispiel[94] hat die Therapeutin (T) offensichtlich die Hypothese, daß das Verhalten der eßgestörten Tochter (I) mit dem Verhalten der Eltern zusammenhängt. Bei der Sitzung sind die Indexpatientin, der Vater (V), die Mutter (M) und der Bruder (B) anwesend.

Bild 3:

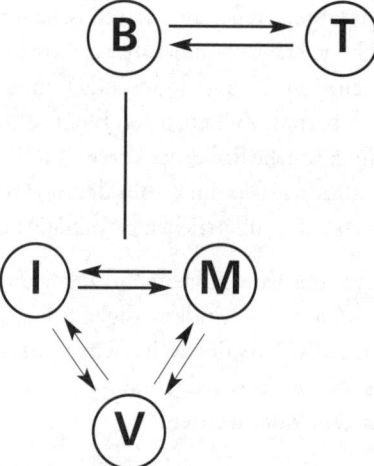

Gemäß dem Grundsatz, zuerst die Außenperspektive zu erfragen (d.h. die Person, die vermutlich am wenigsten von dem Thema betroffen ist), befragt die Therapeutin den Bruder über die Kommunikation der anderen drei.

T: Was machen deine Eltern, wenn ihr beim Essen seid und deine Schwester nichts ißt?
S: Die Mutter versucht, sie zu überreden.
T: Ißt sie dann?
S: Nein.
T: Was macht deine Mutter dann?
S: Sie schreit sie an.
T: Ißt sie dann?
S: Nein, sie wird immer störrischer.
T: Was macht dein Vater, wenn sie sie anschreit?

S: Er geht raus.
T: Was macht dann deine Mutter? Geht sie ihm hinterher?
S: Nein, sie hört auf zu schreien.
T: Und was macht deine Schwester?
S: Sie fängt an zu essen.
T: Kommt dein Vater zurück?
S: Manchmal.
T: Was sagt deine Mutter, wenn er zurückkommt?
S: Sie starrt ihn einfach an.
T: Fällt das deiner Schwester auf?
S: Manchmal.
T: Was macht sie, wenn sie es bemerkt?
S: Sie hört auf zu essen.

Die Therapeutin versucht, aus der Sicht des Bruders zu erfahren, wie ein typisches Essen im Familienkreis abläuft. Offensichtlich hat sie die Hypothese, daß das Verhalten der Eltern das Eßverhalten der magersüchtigen Tochter beeinflußt. Die Fragefolge endet, als das zirkuläre Kommunikationsmuster in der Familie offensichtlich ist.

Der generelle Ablauf im systemischen Interview sieht so aus, daß die Therapeutin immer wieder Hypothesen bildet und sie dann ähnlich wie oben in konkrete Fragen an eines oder mehrere Familienmitglieder umsetzt. Die Vorannahmen der Fragemethode, insbesondere die, daß die Ursache für das Symptomverhalten in den Kommunikationsmustern des Systems begründet liegt, bilden die Basis für die Bildung von Hypothesen.

3. Die strategische Grundhaltung: Elizitieren und Installieren

Strategische Überlegungen drücken sich u.a. in Fragen aus, die sich Therapeuten selbst während des Interviews stellen und von denen sie sich in ihrem Handeln leiten lassen. Eine strategische Grundhaltung drückt sich darin aus, daß die Therapeutin ein Bewußtsein darüber hat, in welche Richtung das Gespräch weitergehen sollte und was sie erreichen möchte.

Im systemischen Interview steht das Erfragen zirkulärer Interaktionsmuster im Vordergrund. Auch hier gibt es zwei grundsätzliche Zielrichtungen. Die Therapeutin will:
a) sich über wichtige Themen informieren (Elizitieren);
b) ihre Hypothesen überprüfen (Elizitieren und Installieren);
c) neue Sichtweisen in das System einführen (Installieren.

Anhand des obigen Beispiels sollen nun die wahrscheinlichen Wirkungen betrachtet werden, die die Therapeutin durch ihre zirkulären Fragen hervorruft.

Informationsaspekt
Die Therapeutin erhält Informationen über typische Verhaltensabläufe in der Familie im Umgang mit dem Symptom „Eßstörung". Sie erfährt, wie jeder auf den anderen reagiert, sie elizitiert die Interaktionskreisläufe (Zirkularität). Dieser Aspekt steht vor allem dann im Vordergrund, wenn die Therapeutin ihre Fragen mit der primären Absicht stellt, Informationen über das System zu erhalten. Tomm spricht hier von deskriptiven Fragen. Die Therapeutin exploriert mit der inneren Haltung der faszinierten Forscherin, warum die Dinge jetzt in dem System so sein müssen[95].

Installationsaspekt
Installieren heißt, neue Sichtweisen in das System einzuführen. Möglicherweise erkennen die Familienmitglieder (und dies gilt auch für den befragten Sohn) zum ersten Mal, daß es möglicherweise einen engen Zusammenhang zwischen dem Verhalten der Eltern und der Eßsucht der Tochter gibt.

Der Installationsaspekt wird in der Regel um so stärker hervortreten, je mehr die Therapeutin darauf abzielt, das System in eine bestimmte Richtung zu drängen. Aber Vorsicht: Die Sicht der Therapeutin wird nur dann installiert, wenn sie zur Struktur des Klientensystems paßt, d.h. als Perturbation wirkt. In diesem Fall erhält die Familie Informationen über Verhaltensabläufe aus der Sicht des Sohnes. Diese werden transparent hinsichtlich:

➤ der Dyade (Mutter-Tochter);
➤ der Triade (Vater, Mutter, Tochter);
➤ der gesamten Familie (Vater, Mutter, Tochter und Sohn).

4. Neutralität

Systemische Therapeuten sind häufig mit der Tatsache konfrontiert, daß Klienten mit einander widersprechenden Zielen, Wünschen, Werten, Normen und Meinungen in die Sitzung hineingehen. Darin liegt die Gefahr, im Gespinst einander widerstreitender Interessen von der einen oder anderen Seite vereinnahmt zu werden und es sich so mit der anderen Seite zu verderben. Dabei kann es um Fragen der Sympathie-Antipathie, um Opfer-Täter-Spiele oder um Meinungen („Die Mutter hat recht, wenn sie sagt, der Sohn sei nicht krank" versus „Der Vater hat recht, weil er meint, der Sohn sei krank") gehen. Wenn wir hier von Neutralität sprechen, bezieht sich dies u.a. auf:

➤ Personen;
➤ Ideen, Überzeugungen, Ziele und Werte;
➤ die Frage, ob die Therapeutin Verhaltensänderungen in der Familie befürwortet oder nicht.

Um sich von solchen Konstellationen nicht vereinnahmen zu lassen, schlug die Mailänder Gruppe systemischen Therapeuten die Grundhaltung der **Neutralität oder Allparteilichkeit** vor. Darunter verstehen Palazzoli et al. die „spezifische pragmatische Wirkung, die seine Gesamthaltung während der Sitzung auf die Familie ausübt (und nicht seine innerpsychische Verfassung)[96]".

Neutralität beweisen Therapeuten also durch die Wirkung ihres Verhaltens, unter Hintanstellung persönlicher Vorlieben. Wenn die Familienmitglieder am Ende der Sitzung keine klare Antwort auf die Frage geben können, für wen die Therapeutin während der Sitzung Partei ergriffen hat, dann war sie neutral. Dabei ging die Mailänder Gruppe davon aus, daß strikte Neutralität und eine unbeeinflußte Sicht notwendig sei, um „objektiv" bleiben zu können. Jegliche Parteinahme für die eine oder andere Seite würde nur den Weg versperren, das wirkliche Problem und seine Lösung zu erkennen. Die hierin enthaltenen Vorannahmen, es sei möglich, „objektive" Beobachterin zu sein und das „wirkliche" Problem zu erkennen, gehören der Kybernetik 1. Ordnung an.

Im Rahmen der Kybernetik 2. Ordnung sind komplexere Vorstellungen von der Grundhaltung der Neutralität entstanden. Simon schlägt eine weitergehende Differenzierung des Neutralitäts-Allparteilichkeits-Konzeptes vor, indem die Therapeutin vor der Wahl steht, bezüglich einer Meinung eine Pro-Haltung einzunehmen, eine Kontra-Meinung, eine Sowohl-als-auch-Haltung oder eine Weder-noch-Haltung. Vgl. folgende Abbildung:

pro	sowohl kontra als auch pro
weder kontra noch pro	kontra

Die gängigen Konzepte der systemischen Therapie betonen im wesentlichen die Option, sich weder pro noch kontra zu verhalten. Das Konzept von Simon bietet darüber hinaus die Möglichkeit, daß sich die Therapeutin nicht neutral verhält. Tomm spricht in diesem Zusammenhang von strategischer Neutralität. Es hängt von den Zielen der Therapeutin ab, wann welche Neutralitätshaltung sinnvoll ist.

Das wesentliche verbale Mittel, die innere Haltung der Neutralität umzusetzen, sind zirkuläre Fragen. Die Therapeutin verbündet sich in gewisser Weise mit dem Bruder, indem sie ihn befragt. Welche Haltung der Neutralität sie einnimmt und welche Hypothesen sie hat, zeigt sich im weiteren Vorgehen.

Tomm nennt noch andere mögliche Formen der Neutralität:
- *Indifferente Neutralität:* Die Therapeutin beachtet alles mit gleich großem Interesse. Unter Umständen kann das bedeuten, emotional hochbeteiligten Klienten wenig Mitgefühl entgegenzubringen. (Beispiel: Bezogen auf das obige Beispiel wäre die Haltung der indifferenten Neutralität dadurch gekennzeichnet, daß die Therapeutin sich nacheinander dem Vater, der Mutter und dann der Tochter zuwendet und diese befragt. Dies ist die Haltung, welche die Mailänder Gruppe als die der optimalen Neutralität ansah.)
- *Bestätigende Neutralität:* Die Therapeutin macht durch ihr gesamtes Verhalten deutlich, daß sie die Persönlichkeit der Klienten unabhängig von deren Tun achtet.
- *Distanzierte Neutralität:* Diese Form der Neutralität bietet sich an, wenn es der Therapeutin schwerfällt, die Klienten mit ihren Meinungen und/oder ihrem Verhalten zu akzeptieren.
- *Strategische Formen der Neutralität*.

Strategische Neutralität, verbunden mit klarer Hypothesenbildung

Im Fall der strategischen Neutralität hat die Therapeutin eine klare Hypothese, eine Idee, mit der sie das System konfrontieren möchte. Im obigen Beispiel könnte sie beispielsweise der Ansicht sein, daß die Eltern sich der Tochter gegenüber zurückhalten sollten, damit diese ihr Verhalten verändern kann. Daraufhin könnte sie zum Beispiel folgende zirkuläre Fragen stellen:
- „Was würde passieren, wenn deine Mutter nicht darauf achtet, ob deine Schwester nichts ißt?" oder:
- „Was wäre, wenn dein Vater deiner Mutter mit ruhigen Worten versichern würde, daß es in Ordnung ist, wenn deine Schwester nichts ißt?"
- „Was würde geschehen, wenn Vater und Mutter sich einträchtig und ruhig verhalten würden, wenn die Tochter nichts ißt?"

Beispiel „Strategische Neutralität"
Diese hypothetischen Fragen hätten einen stark intervenierenden Charakter, der noch stärker hervortreten würde, wenn die Therapeutin die Mutter direkt fragen würde: Was, glauben Sie, würde sich im Verhalten Ihrer Tochter verändern, wenn Sie gar nicht darauf reagieren würden, wenn sie nichts ißt?

Die Therapeutin hat also die Möglichkeit, ihre Ideen und Hypothesen in einem unterschiedlichen Stärkegrad in das Gespräch einzubringen. Wie sie es tut, ist eine strategische Entscheidung, die von ihrer Einschätzung der Situation, aber auch von ihren persönlichen Vorlieben abhängt.

Im folgenden Beispiel[97] zeigt Tomm, wie eine strategische Form der Neutralität praktisch aussehen kann. Es zeigt auch, daß die von den Mailändern vertretene Allparteilichkeit als „höchste" Form der Neutralität ein letztlich nicht erstrebenswerter Mythos ist.

„Wenn sich ein Ehemann beispielsweise darüber beklagt, daß seine Frau zuviel von ihrem Kind verlangt, kann der Therapeut den Beschwerden des Ehemannes zuhören und sie als sein gegenwärtiges Tun akzeptieren; danach kann er hören und akzeptieren, was die Frau zu sagen hat. Der Therapeut stimmt weder den Ansichten des Mannes noch denen der Frau zu, das heißt, er vermeidet es, sich mit einem von beiden zu verbünden. Ebensowenig besteht der Therapeut darauf, daß die Aussage des Ehemannes tatsächlich eine ‚Beschwerde' darstellt. Dadurch, daß er sich in keiner Weise auf eine solche Position festlegt, steigt die Wahrscheinlichkeit, daß sich andere intuitive Wahrnehmungen einstellen. Beispielsweise könnte die Aussage des Ehemannes einen ‚Appell' an die Frau darstellen, daß sie ihn mehr akzeptieren soll. Hätte sich der Therapeut darauf festgelegt, daß es sich um eine Beschwerde handelt, würde er nicht in Erwägung ziehen, daß es sich auch um einen Appell handeln könnte. Im Verlauf des Interviews kann sich der Therapeut dazu entschließen, durch eine Frage oder einen Kommentar seine Übereinstimmung oder seine fehlende Übereinstimmung (etwa mit dem Inhalt oder der Tendenz der Äußerung des Ehemannes) zu signalisieren oder dies nicht zu tun; diese Entscheidung hängt von seinen strategischen Überlegungen ab. Neutralität an sich ist lediglich eine therapeutische Grundhaltung; der Therapeut taucht so voll wie möglich in das Erleben der Gegenwart ein und akzeptiert alles, was geschieht, als notwendig und unvermeidlich, seine eigenen Konstruktionen und die der Familie eingeschlossen."

Wenn man Systemmitglieder konfrontieren möchte, ist die Haltung der strategischen Neutralität sicherlich vorteilhafter als die der indifferenten Neutralität.

Bei der Frage, welche Neutralität die Therapeutin anstrebt, ist das gesamte verbale (Fragen, Aussagen, Interventionen) und nonverbale Ausdrucksverhalten der Klienten (Haltung, Gestik, Stimme etc.), vor allem aber die Fragen, in die Bewertung mit einzubeziehen.

5. Zirkularität statt Emotionalität

Wie bereits in der Einleitung dargestellt wurde, besagt die therapeutische Grundhaltung der Zirkularität, daß Therapeuten bei allem, was sie tun, die Interaktionsmuster zwischen den Systemmitgliedern im Auge behalten. Die Aufmerksamkeit richtet sich auf die intersubjektiv nachvollziehbaren Aspekte (z.B. Verhaltensweisen und Meinungen) und geht weg von der einzelnen Person mit ihren Gefühlen und ihrem inneren Erleben.

Das Beispiel des hyperaktiven Bill[98] soll verdeutlichen, welche Möglichkeiten eine Therapeutin hat, zirkuläre Aspekte zu erfragen. Anwesend sind Mutter, Vater, die ältere Tochter und der Indexpatient (Bill).

Fragen nach Bewertungen

Die Therapeutin kann zum Beispiel untersuchen, wie die Familie Bills Verhalten beurteilt. Dazu wird eine einzelne (zirkuläre) Frage häufig nicht ausreichen. Deshalb werden in der Regel Fragefolgen verwendet, bei denen einem Familienmitglied nach dem anderen Fragen wie die folgenden gestellt werden:
- „Wer in Ihrer Familie ist am meisten davon überzeugt, daß mit Bills Gehirn etwas nicht stimmt? Wer am zweitmeisten?" etc. bzw.:
- „Wer hält am wenigsten von der Ansicht, daß mit seinem Nervensystem etwas nicht stimmt? Wer am zweitmeisten?" etc.

Je nachdem, wie die Familie reagiert, könnte die Therapeutin daraufhin die Auswirkungen dieser Positionen untersuchen. An dieser Stelle hat sie hinsichtlich ihrer zirkulären Grundhaltung ähnlich viele Wahlmöglichkeiten, sich strategisch zu verhalten, wie bei der Grundhaltung der Neutralität. Nach Tomm kann sie z.B. die Haltung einer „wohlwollenden" Zirkularität einnehmen, bei der ihre Aufmerksamkeit primär bei den unterschiedlichen Reaktionen der Systemmitglieder liegt. Sie kann auch die Haltung einer „bedingungslosen" Zirkularität einnehmen, bei der ihre Aufmerksamkeit sich auf Gelegenheiten für therapeutische Interventionen konzentriert.

Eine eher wohlwollende Zirkularität würde sich in folgenden Fragen ausdrücken:
- „Was macht dein Vater, wenn er glaubt, es wären seine Nerven?"
- „Was macht deine Mutter?" etc.

Eine bedingungslose Zirkularität würde sich in folgenden hypothetischen Fragen widerspiegeln:
- „Wenn dein Vater glauben würde, daß die Hyperaktivität mit inkonsequenter Erziehung zusammenhinge, was würde er tun?"
- „Was würde Bill tun?"
- etc.

Die Fragen nach Bewertungen und Einschätzungen der Familienmitglieder führen in der Regel vom Spezifischen zum Abstrakten oder in NLP-Begriffen: zu einem *chunk-up*. In die gegenteilige Richtung führen Fragen nach konkreten Verhaltensweisen. Sie führen zu einem *chunk-down*, indem sie konkrete Beschreibung herausfordern.

Fragen nach konkreten Verhaltensweisen

Der Vorteil konkreter Beschreibungen liegt darin, daß sie von allen Beteiligten leichter nachvollzogen werden können, als dies bei Beschreibungen dessen der Fall ist, wie ein Systemmitglied bestimmte Situationen erlebt. Diese Konzentration auf verhaltensmäßige Beschreibungen ist häufig auch dann angebracht, wenn ein Familienmitglied starke Emotionen zeigt (z.B. weint). In der Regel wird weniger auf die emotionale Befindlichkeit eingegangen als vielmehr auf die Wirkung dieser Emotionen auf das System.

Beispiel: Beim folgenden Gespräch sind neben der Therapeutin folgende Personen anwesend: Vater (V), Mutter (M), Sohn (S) und die Großeltern (GV + GM). Vgl. die Abbildung auf der nächsten Seite.

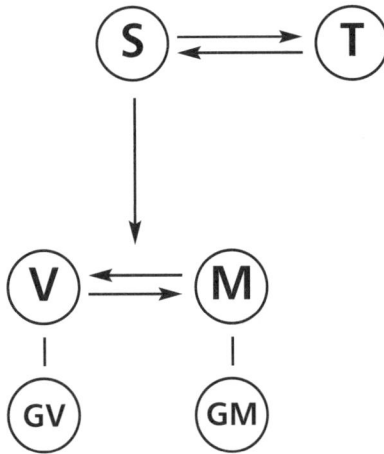

Der Sohn (S) wird von der Therapeutin (T) nach konkreten Verhaltensweisen gefragt, um den Begriff „Nörgler" genauer zu bestimmen:

S: Wir wohnen mit den Großeltern zusammen, und die sind ewige Nörgler.
T: **Was tun** sie denn, damit sie zu Nörglern werden?
S: Sie mischen sich ständig ein und sagen den Eltern, was sie mit uns machen sollen.
T: **Wer** mischt sich mehr ein, Oma oder Opa?
S: Opa.
T: **Bei wem** mischt er sich mehr ein, bei Mutter oder Vater?
S: Vater.
T: Und **wen irritiert** es mehr, wenn sich der Opa einmischt, Mutter oder Vater?
S: Ach, die Mami natürlich! Sie will dann, daß Papi es ihm verbietet ...

Ausgangspunkt der Befragung ist die Nominalisierung[99] „Nörgler". Durch Fragen nach Verhaltensunterschieden wird deutlich, was der Sohn mit diesem Begriff meint und wie die Familie miteinander umgeht. Dies ist ein Vorteil, wenn nach Verhaltensweisen im Gegensatz zu Eigenschaften gefragt wird. Die Fragen nach Verhaltensweisen ermöglichen es allen Anwesenden, nachzuvollziehen, daß und wie das Verhalten der Eltern und der Großeltern sich möglicherweise gegenseitig bedingt.

Zusammenfassend kann festgestellt werden: Es ist wichtig, über das strategische Vorgehen (über die therapeutischen Haltungen bezüglich Hypothetisieren, Zirkularität und Neutralität sowie das gesamte eigene verbale Ausdrucksverhalten) strategische Überlegungen anzustellen. Das bedeutet, daß die Therapeutin sich über ihre Ziele und Absichten im klaren sein sollte. Sie sollte jederzeit die volle Verantwortung für ihre Entscheidungen übernehmen.

In der Regel hat die Therapeutin schon vor dem Hauptinterview einige Hypothesen über die Muster im System gebildet[100]. Was oben besprochen wurde, bezieht sich auch auf die Entscheidungen, die die Therapeutin von Moment zu Moment während der Befragung selbst trifft. Es mag den Lesern einen Eindruck davon gegeben haben, welche Möglichkeiten systemische Therapeuten haben, strategische Entscheidungen zu treffen. Unseres Erachtens können diese Erkenntnisse auf alle anderen Psychotherapiemethoden übertragen werden.

Unten sind beispielhaft einige strategische Fragen aufgelistet, die Therapeuten sich im Interview stellen können[101]:

- Welche Hypothese soll ich jetzt erkunden?
- Ist die Familie bereit/offen, über dieses Thema zu sprechen?
- Was würde es bedeuten, gerade jetzt nicht diesen Bereich zu explorieren?
- Welche Fragen sollte ich stellen?
- Welche Wirkungen möchte ich erzielen?
- Wie sollten diese Fragen formuliert werden?
- An wen soll ich sie richten?
- Soll ich dieses Thema weiterverfolgen oder ein anderes erkunden?
- Soll ich jetzt die Traurigkeit des Kindes aufgreifen oder sie ignorieren?
- Soll ich mich vorbeugen und ein Kleenex anbieten, oder soll ich eine Frage stellen, die andere Familienangehörige zum Reagieren bringt?
- etc.

V. Fragen in der systemischen Therapie

In diesem Kapitel möchten wir eine Übersicht über die in der systemischen Therapie üblichen Fragen geben. Alle hier dargestellten Fragen können auch zirkulär gestellt werden.

1. Kategorisierung nach von Schlippe[102]

Von Schlippe teilt die zirkulären Fragen in Fragen zur Wirklichkeits- und Möglichkeitskonstruktion ein:

Fragen zur Wirklichkeitskonstruktion
Dies sind Fragen, die aktuelle Beziehungsmuster deutlich machen.

1. Fragen zum Auftragskontext
a) Den Überweisungskontext erfragen:
- Wer hatte die Idee zum Kontakt?
- Warum die Therapie gerade jetzt?

b) Die Erwartungen der Klienten erfragen:
- Wer will hier was von wem?
- Was müßte ich tun, um die Erwartungen zu erfüllen?

2. Fragen zum Problemkontext
a) „Das Problempaket auspacken":
- Aus welchen Verhaltensweisen besteht das Problem?
- Wo, wem, wann wird das Problem gezeigt?

b) Die Beschreibung rund um das Problem erfragen:
- Wer hat es zuerst als Problem bezeichnet?
- Was meint Dr. X mit seiner Diagnose „verhaltensgestört"?

c) Den „Tanz um das Problem" erfragen:
- Wer reagiert am meisten auf das Problemverhalten, wer weniger?
- Wie reagiert das „Problemkind" auf die Reaktionen der anderen?

d) Erklärungen für das Problem erfragen:
- Wie erklären Sie sich, daß das Problem entstanden ist?
- Warum tritt es dann und dann auf, da und dort aber nicht?

e) Bedeutung des Problems für die Beziehungen erfragen:
- Was hat sich in den Beziehungen verändert, als das Problem begann?

Fragen zur Möglichkeitskonstruktion
Dies sind Fragen, die bisher noch nicht verwirklichte Beziehungsmöglichkeiten durchspielen und insofern eher lösungs- und ressourcenorientiert sind.

1. Lösungsorientierte Fragen
a) Fragen nach Ausnahmen vom Problem:

➤ Wie oft/wie lange ist das Problem nicht aufgetreten?
➤ Wie haben Sie das geschafft?

b) Fragen nach Ressourcen:
➤ Was möchten Sie in Ihrem Leben gern bewahren?
➤ Was müßten Sie tun, um mehr davon zu machen?

c) Wunderfrage: Wenn das Problem plötzlich weg wäre?
➤ Was würden Sie am Morgen danach zuerst machen?
➤ Was würden andere bemerken?

2. Problemorientierte Fragen („Verschlimmerungsfragen")
➤ Was müßten Sie tun, um Ihr Problem zu behalten?
➤ Wie könnten andere Sie dabei unterstützen?

3. Kombination lösungsorientierter und problemorientierter Fragen
➤ Wofür wäre es gut, das Problem (vorläufig) zu behalten?
➤ Wie lange werden Sie das Problem noch behalten?
➤ Wenn Ihr Problem längst gelöst wäre, wie könnten Sie es noch einmal hervorrufen?
➤ Wenn Sie gegenüber anderen nur so tun wollten, als ob Ihr Problem wieder da wäre, ohne daß es da ist, wie müßten Sie sich verhalten?

Als kurzzeittherapeutischer Methode wird den hypothetischen Fragen in der systemischen Therapie große Bedeutung beigemessen. Sie wirken kreativ auf die Therapeuten und produktiv für die Familie im Sinne des Findens neuer Lösungsmöglichkeiten. Sie bewirken (installieren) häufig, daß die Befragten mögliche Konsequenzen, Alternativen etc. durchdenken und für sich neu entdecken. *Beispiel:* „Wenn Mutter nächste Woche plötzlich der Meinung wäre, daß Bill Vater wirklich leid täte, würde sie ihn mehr oder weniger schützen?"

Im Gegensatz dazu beschreibt von Schlippe die Wirkungen von wirklichkeitsorientierten Fragen wie folgt:
➤ Sie wirken in der Regel problemerhaltend auf die Familie.
➤ Sie wirken auf die Familie untersuchend.
➤ Sie haben erhaltende Wirkungen bezüglich kausaler Ursache-Wirkung-Beschreibungen, bezogen auf Wahrnehmungen und Wertvorstellungen der Familienmitglieder, denn diese erfahren wenig Neues, was sie aus ihrer bisherigen Denkweise herausführen könnte.
➤ Sie können bei Therapeuten ebenfalls eine urteilende (Ursache-Wirkungs-bezogene) Haltung bewirken. Das könnte sie in eine wertende Position hinsichtlich der Problemsituation bringen.
➤ Sie geben der Therapeutin Informationen über die Situation der Klienten.

2. Kategorisierung nach Tomm[103]

Tomm teilt zirkuläre Fragen wie folgt ein:

2.1 Unterschiede der Kategorien
a) *zwischen Personen*
b) *zwischen Beziehungen:* Solche Fragen klären z.B. mögliche Bündnisse und Koalitionen: „Steht Ihre Frau Sandra oder Bill näher?"
c) *zwischen Wahrnehmungen/Ideen/Überzeugungen:* „Wenn in dieser Familie jemand weint, tut er das, um durch Jammern seinen Willen durchzusetzen, oder aus emotionalem Schmerz?"
d) *zwischen Handlungen/Ereignissen:* „Was gilt als bester Trost: den Betreffenden in Ruhe zu lassen, einfach da zu sein, zu reden oder ihn zu umarmen?"

e) *Unterschiede der Kategorien in der Vergangenheit:* Diese Fragen explorieren einen Beziehungsunterschied in der Vergangenheit. „Wer stand Bill am nächsten, bevor er beim Ladendiebstahl erwischt wurde?"

f) *Unterschiede der Kategorien in der Zukunft:* Diese Fragen explorieren einen spekulativen Unterschied in der Zukunft. „Mit wem wird Bill den engsten Kontakt halten, nachdem er erwachsen und von zu Hause ausgezogen ist?"

2.2 Zeitliche Unterschiede

Zeitliche Unterschiede konzentrieren sich auf Unterschiede innerhalb einer Kategorie zu verschiedenen Zeitpunkten:

a) zwischen Vergangenheit und Vergangenheit;
b) zwischen Vergangenheit und Gegenwart;
c) zwischen Vergangenheit und Zukunft;
d) zwischen Gegenwart und Zukunft;
e) zwischen Zukunft und Zukunft.

Ein Beispiel zu Punkt a) wäre folgendes: „Gab es mehr Streit vor oder nach Mutters Schlaganfall im letzten Jahr?" Die Krankheitskrise dient als Marker für das eventuelle Auftreten unterschiedlicher Streit-Muster, woraus sich wiederum Hypothesen ableiten lassen.

Ein Beispiel zu Punkt b) wäre folgendes: „Stand Vater Sandra näher, als sie ein kleines Mädchen war, oder steht er ihr jetzt näher?" Diese Fragen können Veränderungen in Bündnissen klären.

Die Einteilung gibt einen guten Überblick darüber, auf welche Aspekte (vor allem zirkuläre) Fragen gerichtet sein können. Mit zirkulären Fragen wird in jedem Fall nach Mustern und nicht nach Einzeldaten (wie z.B. Eigenschaften von Personen – „cholerisch" etc.) gefragt. Die Frage würde eher darauf abzielen, einen Unterschied zwischen mehreren Personen (vgl. 1a) in der Dimension Reaktivität zu erforschen: „Wer regt sich mehr darüber auf, wenn die Tochter wegläuft, Mutter oder Vater?"

3. Vor- und Nachteile zirkulärer Fragen

Die Vor- und Nachteile zirkulärer Fragen seien zum Schluß dieses Kapitels noch einmal zusammengefaßt:

Für Therapeuten haben zirkuläre Fragen folgende Vorteile:

➤ Die Therapeutin kann abgewertete Seiten und heikle Themen durch Dritte formulieren lassen.
➤ Sie kann, ohne direkt Stellung zu beziehen (und somit ohne in einen Machtkampf mit den Klienten zu geraten), verschiedene Möglichkeiten des Denkens und Handelns in der Familie durchspielen. (Beispiel: „Wenn deine Eltern diese Streitereien fortsetzen, wie steht es dann in fünf Jahren mit ihrer Beziehung?")
➤ Diese Frage kann der Familie zu dem Bewußtsein verhelfen, wie Katastrophenerwartungen gegenwärtige Verhaltensmuster beeinflussen.
➤ Die Antworten geben der Therapeutin Informationen über die Funktion des Symptoms im System.
➤ Zirkuläres Fragen fördert eine neutrale, nicht wertende Haltung der Therapeutin gegenüber Familie und Problem.
➤ Die Therapeutin kann bei den Systemmitgliedern oft eine „Sturzflut von Reaktionen[104]" beobachten, die in bezug auf die verschiedenen triadischen Beziehungen sehr aufschlußreich sind; z.B. unterschiedliche nonverbale Reaktionen der anderen Systemmitglieder. Auch kann die Befragung unterschiedliche Meinungen der Beteiligten zum Ausdruck bringen.

Vorteile zirkulärer Fragen für die Klienten:

➤ Zirkuläres Fragen geht einher mit der zielgerichteten Nutzung von Wahrnehmungspositionen: Die Systemmitglieder werden dazu veranlaßt, sich in andere (Familien-)Mitglieder hineinzuversetzen. Sie erfahren, wie andere Mitglieder des Systems das Problem sehen. Damit werden neue Sichtweisen in das

System eingeführt. Die Klienten erfahren etwas über die Zirkularität der eigenen Interaktionsmuster.
- Durch das zirkuläre Fragen wird ein Raum geschaffen, in dem Klienten Dinge (vor den anderen Mitgliedern) äußern dürfen und sollen, die sie sonst vermutlich nicht geäußert hätten.
- Zirkuläre Fragen machen das Selbst- und Fremdbild systematisch bewußt.

Gefahren bei der einseitigen Anwendung zirkulärer Fragen:
- Bei der ausschließlichen Anwendung zirkulärer Fragen besteht die Gefahr, daß die Fragen auf die Familienmitglieder „beliebig" wirken, weil sie in (aus ihrer Sicht) unwesentliche Bereiche abdriften, und ein Gefühl erzeugen, wie es entsteht, wenn ein Amateurschachspieler die Schachfiguren ohne wirkliches Stellungsgefühl ziellos hin- und herschiebt. Die Therapeutin sollte also darauf achten, daß sie mit ihren Fragen am *felt sense* arbeitet. Dazu ist unseres Erachtens eine Hypothesenbildung hinsichtlich dessen, was mit dem System „los ist", unerläßlich.
- Eine zu rigide Anwendung zirkulärer Fragen kann dazu führen, daß sich die einzelne Person nur noch als Schnittpunkt im Beziehungsgeflecht erlebt. Die Systemmitglieder fühlen sich möglicherweise ihrer Autonomie beraubt bzw. sind einfach nur „genervt", weil sie ständig aus der Position der anderen heraus Mitteilungen machen sollen.
- Eine zu rigide Anwendung zirkulärer Fragen kann künstlich wirken und Abneigung dagegen hervorrufen, sie ernsthaft zu beantworten.

Zusammenfassend kann festgestellt werden: Mit zirkulärem Fragen kann man den Schwierigkeiten, die mit „mangelnder Offenheit" einhergehen, entgegenwirken. Sie tragen in besonderer Weise dem Aspekt der Zirkularität und Rekursivität menschlicher Interaktion Rechnung. Insbesondere berücksichtigen sie, daß Menschen sich in ihrer Kommunikation gegenseitig beeinflussen und daß es häufig einer verkürzten Sichtweise entspringt, Problem und Lösung nur bei der Indexpatientin zu suchen. Insofern macht es Sinn, zirkuläre Fragen zu stellen, wenn mehrere Systemmitglieder anwesend sind und wenn das Symptom tatsächlich eine Funktion im Beziehungsgeflecht hat. Daß dies nicht immer so sein muß und was die Psychotherapieforschung dazu herausgefunden hat, darauf werden wir im vierten Teil des Buches noch eingehen.

C. Die Rational-Emotive Therapie (RET)

I. Rational-Emotive Therapie (RET) und Verhaltenstherapie (VT)

In ihrer Anfangszeit dominierten in der Verhaltenstherapie (VT) vor allem Modelle wie das Reiz-Reaktions-Modell oder das klassische Konditionieren. Heute nehmen darüber hinaus die sozialen und kognitiven Lerntheorien einen breiten Raum ein. Darüber hinaus bezieht die VT Grundlagen der kognitiven Psychologie, der Handlungstheorie, der Kommunikationstheorie und der Systemtheorie mit ein. Damit zeichnet sie sich durch einen auffälligen Pluralismus der ihr zugehörigen Ansätze aus und läßt sich nicht in ein einheitliches theoretisches Konzept einordnen.

„Charakteristisch für die VT ist mehr ihr prinzipieller methodischer Standpunkt als der Rückgriff auf spezifische theoretische Konzepte oder Techniken. Ihre Basis ist heute die gesamte experimentelle bzw. empirische Psychologie mit ihren Nachbardisziplinen.[105]"

Der Begriff „Verhalten" hat seit Pawlow und der „Black box"-Theorie eine enorme Erweiterung erfahren. Er bezieht das gesamte subjektive Erleben mit ein und umfaßt folgende Bereiche[106]:
➤ körperliche Zustände;
➤ emotionale Zustände;
➤ Formen des Wahrnehmens, Erkennens, Denkens bzw. Vorstellens;
➤ Formen des sozialen Verhaltens.

Gegenwärtig wird das bunte Bild der VT durch die kognitive VT dominiert, deren wesentliche Grundannahmen wie folgt zusammengefaßt werden können[107]:
➤ Der menschliche Organismus reagiert nicht in erster Linie auf die Umgebung selbst, sondern vor allem auf die kognitive („innere") Repräsentation, d.h. auf die Darstellung/Abbildung[108] seiner Umgebung.
➤ Diese kognitiven Repräsentationen sind funktional mit den Lernprozessen verbunden.
➤ Menschliches Lernen wird zu großen Teilen kognitiv vermittelt.
➤ Gedanken, Gefühle und beobachtbares Verhalten sind interaktiv und bedingen einander.

Die kognitive VT geht davon aus, daß Verhaltensstörungen nach den gleichen Lernprinzipien erworben werden wie „normales" Verhalten und daß psychische Störungen aus dem Zusammentreffen von genetischen Faktoren, Umweltfaktoren und Lernen resultieren. Die VT geht davon aus, daß der Mensch die Fähigkeit besitzt, sowohl seine Innenwelt wie auch seine Umwelt aktiv zu gestalten, also gelernte, fehlangepaßte Verhaltensweisen neu zu lernen. Dabei sollte ihm bewußt sein, daß er dabei wiederum von der Umwelt beeinflußt wird[109]. Aus diesen Präsuppositionen leitet sich für die therapeutische Praxis der VT das Ziel eines einsichtsvermittelnden Problemlösetrainings ab. Fehlangepaßtes Verhalten soll umgelernt werden.

Fragen werden in der VT vor allem zur Verhaltensdiagnose von psychischen Störungen genutzt. Dabei bemüht man sich, die situativen und genetischen Variablen zu ermitteln, die das beobachtete Verhalten steuern (funktionale Verhaltensanalyse)[110]. Die Verhaltensdiagnose in der VT versucht u.a. folgende drei Fragen zu beantworten[111]:
1. Welche besonderen Verhaltensmuster (psychischen Phänomene) verlangen eine Veränderung hinsichtlich ihrer Auftretenshäufigkeit, Intensität, Dauer oder der Bedingungen, unter denen sie auftreten?
2. Welches sind die Bedingungen, unter denen dieses Verhalten erworben wurde, und welche Faktoren erhalten es momentan aufrecht?
3. Welches sind die praktikabelsten Mittel, um die erwünschten Veränderungen (z.B. der Umgebung, des Verhaltens, der Selbsteinschätzung) bei der betreffenden Person zu erzielen?

Die Verhaltensdiagnose dient als Entscheidungsgrundlage für therapeutische Interventionen und hat die Funktion einer Arbeitshypothese, aufgrund derer Therapeutin und Klientin versuchen, die psychische

Störung und die sie aufrechterhaltenden Bedingungen zu ermitteln. Die VT konzentriert sich dabei weniger auf Charakteristika, die ein Individuum „hat" (Motive, Bedürfnisse, Triebe, Persönlichkeitsmerkmale, Abwehrmechanismen), wie es psychodynamische Ansätze tun. Sie konzentriert sich vielmehr darauf, was eine Person „tut", also auf das beobachtbare Verhaltensrepertoire und -potential einer Person (Reaktionsfähigkeit).

Wie definiert die VT ein therapeutisches Problem bzw. eine psychische Störung? Heim und Willi grenzen den Begriff Gesundheit und Krankheit folgendermaßen voneinander ab[112]:

„Im Zustand der Gesundheit befinden sich die biologischen und psychologischen Systeme eines Individuums in einem harmonischen Gleichgewicht, das auch den Austausch mit ökologischen Systemen (physikalisch, biologisch, physisch und sozial) gewährleistet... Dem ausgeglichenen Gleichgewichtszustand dieser Systeme steht ein gestörter gegenüber, der dann als Krankheit zu bezeichnen ist, wenn notwendige Funktionen nicht mehr erbracht werden können und/oder bestimmte Strukturen in ihrer Integrität geschädigt sind."

Aus diesem Zitat wird der naturwissenschaftlich-empirische Ansatz der VT deutlich, wonach monokausale Erklärungen für ein Verständnis psychischer Störungen nicht ausreichend sind.

Die hier aufgezeigten Prinzipien und Grundannahmen gelten für einen Großteil der Verfahren und Anwendungstechniken, die der VT zugerechnet werden. Allerdings unterscheiden sich diese Verfahren im Detail, vor allem auch in der Art des therapeutischen Befragens, erheblich voneinander, so daß deren ausführliche Darstellung den Rahmen dieses Buches bei weitem übersteigen würde.

Damit die Leserin dennoch einen Eindruck vom therapeutischen Fragen in der VT bekommen kann, werden wir uns in diesem Buch auf eine Methode innerhalb der kognitiven VT beschränken, in der das Fragen eine wichtige Rolle spielt. Es ist die von Albert Ellis im Jahre 1956 entwickelte Rationale Therapie, die er in den 60er Jahren in Rational-Emotive Therapie (RET) umbenannte.

II. Allgemeine Beschreibung der RET

Anwendungsbereich

Als klinische Methode erstreckt sich der Anwendungsbereich der RET auf neurotische, psychotische und anderweitig gestörte Erwachsene. Sie kann zudem bei Kindern ab dem vierten oder fünften Lebensjahr[113] angewandt werden. Albert Ellis bezeichnet sich selbst als Großvater der heute so populären Kognitiven Verhaltenstherapie, weil er unter den ersten war, die auf „die Bedeutung von innerem Sprechen und lautem Denken, von Überzeugungshaltungen, kognitiven Schemata und Bewertungen, von inneren Bildern und subjektiven Erwartungen"[114] hingewiesen haben. Für ihn war es immer klar gewesen, daß kognitive Einsichten letztendlich im konkreten Verhalten beobachtbar sein müssen. In diesem Sinne ist es wohl zu verstehen, daß Ellis seine Therapieform 1993 noch einmal umbenannte, nämlich in Rational-Emotive Verhaltenstherapie (REVT). Wir werden im folgenden dennoch weiterhin den Begriff RET verwenden, a) weil er weitaus bekannter ist als der neue Begriff und b) weil sich die RET und die REVT inhaltlich nicht wesentlich voneinander unterscheiden[115].

Albert Ellis wurde 1913 in Pittsburgh geboren. Er absolvierte eine Lehranalyse bei Richard Hülsenbeck, einem Analytiker der Horney-Schule. Danach arbeitete er als Psychoanalytiker. Die RET entwickelte er aus seiner klinischen Praxis heraus sowie aus seiner Auseinandersetzung mit Lerntheorien und den Lehren des Behaviorismus.

Albert Ellis hat in den über vier Jahrzehnten seines Schaffens seinen Stil mehrfach neuen Entwicklungen angepaßt, wie dies in den verschiedenen Umbenennungen seiner Methode zum Ausdruck kommt. Charakteristisch für ihn und seine Methode ist die konfrontative Art, mit der er Klienten von seinen Ansichten überzeugen will[116] und die auch für einen Großteil der RET-Anwender kennzeichnend zu sein scheint.

Philosophische Grundhaltung

Die philosophische Grundhaltung der RET ist von verschiedenen Richtungen geprägt: neben Einflüssen des Existenzialismus findet sich in den Vorannahmen der RET taoistisches und buddhistisches Gedankengut wieder. Besonders scheint sich Ellis jedoch von den griechischen und römischen Stoikern angezogen zu fühlen – eine Kern-Grundannahme der RET stammt von dem Griechen Eptiket[117]: **„Nicht die Dinge selbst beunruhigen den Menschen, sondern die Vorstellungen von den Dingen."**

Und weiter heißt es: „So ist z.B. der Tod nichts Furchtbares – sonst hätte er auch dem Sokrates furchtbar erscheinen müssen –, sondern die Vorstellung, er sei etwas Furchtbares, das ist das Furchtbare. Wenn wir also unglücklich, unruhig oder betrübt sind, wollen wir die Ursache nicht in etwas anderem suchen, sondern in uns, das heißt in unseren Vorstellungen. Der Ungebildete macht andern Vorwürfe, wenn es ihm übel ergeht. Der philosophische Anfänger macht sich selber Vorwürfe. Der wahrhaft Gebildete tut weder das eine noch das andere."

Mit diesen Worten beschreibt Eptiket genau die Haltung, die RET-Therapeuten gegenüber Klienten einnehmen, die über die Ungerechtigkeit der Welt, die Unverschämtheit ihrer Gesprächspartner oder eigenes Fehlverhalten klagen. Mit diesem Gedankengut wollten die Stoiker, Epikureer und Skeptiker ihren Mitmenschen eine Orientierung und Anleitung für den täglichen Lebenskampf vermitteln. Ähnlich sieht Ellis die vordringlichste Aufgabe der RET darin, den heutigen Menschen eine Leitlinie an die Hand zu geben für die Kunst, ihr „Leben aktiv zu führen und dieses Können auch zu vermitteln"[118].

Ziele und Werthaltungen

Das Ziel der RET besteht vor allem darin, irrationale Überzeugungen von Klienten zu erkennen und zu verändern, indem man sie durch rationale Überzeugungen und Einstellungen ersetzt. Folgende Werte werden dabei angestrebt:

➤ Überleben;
➤ die Möglichkeit, mit Menschen in positiver Weise umzugehen und mit einigen von ihnen intime Beziehungen einzugehen;
➤ die Möglichkeit, sich für etwas einzusetzen, das persönliche Erfüllung bietet.

III. Die wissenschaftliche Grundlage der RET

Wie gehen die Naturwissenschaften vor, um zu Erkenntnissen zu gelangen? – Auf der Grundlage von Beobachtungen bildet die Wissenschaftlerin Hypothesen über die Beziehungen zwischen Fakten und Ereignissen. Daraufhin werden Messungen und Beobachtungen angestellt, die die Hypothesen entweder bestätigen oder verwerfen. Nach wiederholter Verifizierung der Hypothesen kann man schließlich davon ausgehen, daß diese immer zutreffen, also „wahr" sind. Dieser Vorgehensweise fühlt sich die RET verpflichtet, weil man Mystifizierung und magisches Denken in der Psychotherapie ausschließen möchte.

Eine nicht hinterfragte Vorannahme dieser wissenschaftlichen Vorgehensweise besteht darin, daß sich die naturwissenschaftliche Erkenntnisweise auf psychische Realitäten übertragen läßt, vor allem auch darin, daß es auch hier nützlich und sinnvoll ist, von überprüfbaren Tatbeständen, wahren und falschen Aussagen etc. zu sprechen. Wir werden auf diesen Punkt im vierten Teil noch ausführlich zu sprechen kommen, wenn wir die Beziehung zwischen Therapeutin und Klientin sowie den Problem-Lösungs-Raum methodenübergreifend behandeln.

Wie können Menschen am verläßlichsten Wissen erwerben? Wie wissen sie, daß etwas wahr ist? Die RET vertritt den Standpunkt, daß die wissenschaftliche Methode am besten geeignet ist, Kenntnisse über sich und die Welt zu bekommen. Vor allem geht es darum, wissenschaftlich korrekt zu schlußfolgern. Jede wichtige Überzeugung, die Klienten äußern, wird ein RET-Therapeut (zumindest innerlich) anhand der Frage prüfen: **Wo ist der Beweis, daß diese Behauptung wahr ist?**

Der Fall: Die „träge" Klientin

Um der Leserin eine Vorstellung von dieser Therapieform zu geben, folgt nun ein (verkürztes) Transkript[119]. Es zeigt einige der wesentlichen Merkmale der RET auf.

Albert Ellis arbeitet hier mit einer jungen Therapeutin, die Schwierigkeiten damit hatte, neue Aktivitäten zu beginnen. Sie fühle sich zu träge dazu. Ellis stellt ihr daraufhin eine für die RET typische Frage:

(1) T:	Was sagen Sie sich selber, um sich zu blockieren?
(2) K:	Ich könnt's vermasseln.
(3) T:	Und was wäre dann?
(4) K:	Die Leute würden denken, ich sei eine lausige Lehrerin.
(5) T:	Und was würde das ausmachen?
(6) K:	Ich würd's nicht mögen.
(7) T:	Allein diese Bewertung würde Sie nicht aufregen.
(8) K:	Ich kann es nicht ertragen.
(9) T:	Warum können Sie es nicht ertragen, wenn die anderen denken, Sie seien eine lausige Lehrerin?
(10) K:	(langes Schweigen) Ich denke, in ihren Augen muß ich eine gute Lehrerin sein.
(11) T:	Und warum müssen Sie eine gute Lehrerin sein in ihren Augen? Ich bin ein Wissenschaftler – beweisen Sie es mir (grinst).
(12) K:	(Langes Schweigen)

Der wissenschaftliche Anspruch der RET zeigt sich, indem Ellis die Klientin nach Beweisen für die Behauptung fragt, daß sie eine gute Lehrerin sein müsse. Denn nur solche Sätze werden als rational anerkannt, die sich wissenschaftlich, d.h. anhand von intersubjektiv überprüfbaren Aussagen, beweisen lassen.

In der RET wird die Klientin angeleitet, selbst wissenschaftlich exakt zu schlußfolgern, um Überzeugungen zu erlangen, die nützlich, der Gesundheit förderlich und in Übereinstimmung mit den obengenannten Werten sind.

IV. Vorannahmen

Das Fallbeispiel verdeutlicht, wie man sich in der RET das Wesen psychischer Störungen erklärt. Die Klientin hat Schwierigkeiten, Aktivitäten zu beginnen, sie fühlt sich träge. Die Ursache dieser Trägheitsgefühle wird weder in bestimmten Familienkonstellationen (wie in der systemischen Familientherapie) noch als Folge bestimmter gesellschaftlicher Verhältnisse oder anderer äußerer Umstände gesehen. Mit seiner ersten Frage: „Was sagen Sie sich selber, um sich zu blockieren?" macht Albert Ellis deutlich, daß er den inneren Dialog dafür verantwortlich macht, daß jemand ein psychisches Problem hat. Vgl. dazu die folgende Abbildung[120]:

Abbildung 1: Kognitionen als Filter zwischen Umwelt und emotionalen Reaktionen

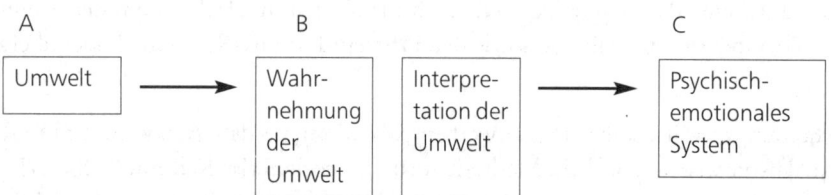

Die RET konzentriert sich vor allem auf die kognitiv-emotionalen Wechselwirkungen zwischen Gedanken, Gefühlen und Verhalten, die aufeinander bezogen sind und sich gegenseitig bedingen. Albert Ellis beschreibt dies so:

1. Ich nehme etwas sensorisch wahr. Das sind die auslösenden Reize, die As.
2. Ich bewerte es z.B. als gut oder schlecht bzw. als angenehm oder unangenehm für mich. Diese Bewertung geschieht aufgrund meiner Erfahrungen, Erinnerungen und Vorstellungen im Vergleich mit ähnlichen Dingen in meiner Vergangenheit und deren Wirkung auf mich.
3. Von dieser Bewertung der Wahrnehmung hängt ab, ob ich auf diese positiv oder negativ reagiere. In den Punkten 2 und 3 geht es um die rationalen und irrationalen Bewertungen (Bs).
4. Diese Reaktion löst eine Handlung und/oder ein Gefühl aus. Dies sind die verhaltensmäßigen und gefühlsmäßigen Konsequenzen (engl.: consequences), die Cs.

Ellis schlußfolgert daraus: **Wir fühlen, was wir denken.**

Dieter Schwartz gibt ein Beispiel[121] dafür, wie sich unsere Einstellungen und Vorannahmen auf unsere Gefühle auswirken:

„Als ich einmal sehr spät nachts von einer Einladung mit meinem Wagen nach Hause fuhr, passierte mir folgendes. Ich war müde und wollte auf dem schnellsten Wege in mein Bett. Die Straßen waren wegen der späten Stunde praktisch leer, und ich beschleunigte meinen Wagen auf die in einem Stadtgebiet unzulässige Geschwindigkeit von circa 80 km/h. Plötzlich bemerkte ich im Rückspiegel, wie sich mir ein Wagen mit noch höherer Geschwindigkeit näherte. Es war ein Polizeiwagen! ‚Ach, du lieber Himmel', durchfuhr es mich, ‚jetzt bist du dran! Verdammter Mist. Jetzt kannst du zahlen, und vielleicht machen sie noch eine Blutprobe, verdammt noch mal!' Ich fühlte mich ziemlich elend und ärgerlich. Aber was geschah dann? Der Polizeiwagen überholte mich und setzte seine Fahrt fort, ohne auch nur Notiz von mir zu nehmen!

Ich dachte: ‚Mann, was für ein Glück hast du da gehabt, das hätte leicht ins Auge gehen können.' Mein Ärger und meine Panik waren verflogen und hatten tiefer Erleichterung Platz gemacht."

Das Herannahen des Polizeiwagens ist dem RET-Modell zufolge ein auslösendes Ereignis (A). Scheinbar hatte es die Reaktion von Ärger und Panik verursacht, aber in Wirklichkeit waren es die Gedanken bzw. Interpretationen (die Bs), die Schwartz durch den Kopf gingen, als der Polizeiwagen herannahte. Die Bedeutungszuschreibung „Jetzt bist du dran!" führte zu den emotionalen Konsequenzen von Wut und Panik (den Cs). Ebenso waren die Gedanken („Mann, was für ein Glück hast du da gehabt!"), als der Polizeiwagen an Schwartz vorbeifuhr, die Ursache für sein Gefühl der Erleichterung.

Aus diesen Überlegungen leitet die RET ab: **Dysfunktionale Gemütszustände sind das Ergebnis irrationalen Denkens.**

Kognition ist also der wichtigste Bestimmungsfaktor menschlicher Emotionen. Unser Denken ist die Ursache unserer Gefühlszustände. Daraus resultieren unsere Wahrnehmungen und Bewertungen hinsichtlich der Umwelt.

Wie entstehen Überzeugungen und die daraus resultierenden Emotionen? – Ellis geht davon aus, daß sich rationale und irrationale Überzeugungen durch kognitive Prozesse in der frühesten Kindheit aufbauen. Durch Wiederholung erlernt das Kind Verhaltensgewohnheiten, bis diese Prozesse schließlich automatisch ablaufen. Genauso lernt es Meinungen und Einstellungen (z.B. „Das tut man nicht!" oder „Das ist böse!"). Diese frühe Indoktrination hat enorme Auswirkungen auf das spätere Leben, indem diese Gedanken und Einstellungen als Autosuggestionen im Menschen weiter ablaufen und sich meist unbewußt als Dogmen festsetzen, ohne hinterfragt zu werden.

Da frühe Indoktrinationen zu Autosuggestionen führen, die auch heute noch wirken, ist das therapeutische Handeln in der RET fast ausschließlich auf die Gegenwart bezogen. Das Festhalten an irrationalen Überzeugungen in der Gegenwart ist Ursache der emotionalen Störung und Gegenstand der Therapie – nicht die Art und Weise, wie diese Störung erworben wurde.

1. Rationale und irrationale Überzeugungen

Wie erkennt man irrationale Überzeugungen?

Wenn der Grund aller psychischen Probleme im irrationalen Denken, vor allem in irrationalen Bewertungen (IB) liegt, stellt sich die Frage: Wie erkennt eine RET-Therapeutin irrationale Bewertungen bzw. Überzeugungen? Wie unterscheidet sie rationale von irrationalen Bewertungen? – Dafür gelten folgende Richtlinien, die sich an den eingangs erwähnten Werten orientieren:

1. Rationale Überzeugungen sind empirisch verifizierbar. Sie entsprechen der objektiven Wirklichkeit. (Das setzt allerdings voraus, daß es eine objektive Wirklichkeit gibt und daß man sie erkennen kann[122].)
2. Rationale Überzeugungen helfen, sich so zu fühlen, wie man sich fühlen möchte. Sie führen zu gemäßigten Gefühlen[123].
3. Rationale Überzeugungen helfen, schwere innere Konflikte sowie Probleme mit der Umwelt zu vermeiden.
4. Rationale Überzeugungen sind eine Hilfe bei der Erreichung persönlicher Ziele.
5. Rationale Überzeugungen sind eine Hilfe für das Leben und für die Gesundheit.
6. Rationale Überzeugungen sind nicht absolut, sondern konditional: es sind Wünsche – keine Forderungen („muß").

Mit diesen Richtlinien soll die Klarheit im Denken des Klienten gefördert werden. Die Wahrheit (Richtigkeit) dieser sechs Behauptungen kann allerdings (im Gegensatz zum eigenen Anspruch der RET) im naturwissenschaftlichen Sinne nicht bewiesen werden. Es lassen sich vielleicht Tendenzen ableiten, daß bestimmte Überzeugungen dazu führen, daß man sich gut fühlt, aber letztlich läßt sich dies nur subjektiv bestimmen. Als Beispiel mag Aussage 2 dienen („Rationale Überzeugungen helfen, sich so zu fühlen, wie man sich fühlen möchte"). Wie wollte man für diese Behauptung allgemeingültige Beweise finden? Ähnliches gilt für die anderen fünf Aussagen.

Ohne die ausführliche Diskussion zum Wissenschaftlichkeitspostulat der RET im 4. Teil vorwegnehmen zu wollen, orientieren sich nach unserer Einschätzung die sechs obengenannten Kriterien – ähnlich wie das NLP – am Kriterium der Nützlichkeit. Dagegen ist nichts einzuwenden. Aber daraus, wie in der RET, die Schlußfolgerung zu ziehen: „Was keine gute Wirkung hat, ist auch nicht wahr", erscheint den Autoren mehr als fragwürdig.

Rationale Fragen

Aus den „rationalen Kriterien" lassen sich „rationale Fragen" ableiten, die die RET-Therapeutin bei der Befragung (vor allem in der Disputation) leiten und mit denen sie die Klienten konfrontiert.
1. Stützt sich mein Denken auf Tatsachen?
2. Ist mein Denken hilfreich, mich so zu fühlen, wie ich mich fühlen möchte?
3. Ist es hilfreich, unerwünschten Streit zu vermeiden?
4. Ist es hilfreich, meine Ziele zu erreichen?
5. Ist es hilfreich, mein Leben und meine Gesundheit zu schützen?

Aus diesen Kriteren leitet sich die Ethik der RET ab: Die RET beansprucht für sich, vernünftig und undogmatisch zu sein sowie den Regeln des Fair play zu folgen; d.h. mit den eigenen Handlungen ein gutes Beispiel geben und dies umgekehrt von anderen zu erwarten[124]. Im Kapitel „Der Problem-Lösungs-Raum" im vierten Teil wird zum Anspruch, undogmatisch zu sein, noch einiges gesagt werden

Charakteristika irrationaler Überzeugungen

Im Gegensatz zu rationalen Überzeugungen sind irrationale Gedanken bzw. Überzeugungen vor allem charakterisiert durch Faktoren wie:
- Übertreibung,
- Überbewertung,
- Vereinfachung,
- Verallgemeinerung,
- unbegründete Annahmen,
- falsches Schlußfolgern,
- absolute Meinungen.

Aussagen, die solche Charakteristika enthalten, bewirken bzw. zeigen häufig, daß:

a) Klienten sich selbst herabsetzen;
b) die Klientin eine niedrige Frustrationstoleranz (NFT[125]) hat;
c) Klienten Vorwürfe und Schuldzuweisungen an sich selbst und andere richten;
d) Klienten einem Schwarz-Weiß-Denken folgen.

Ellis hat die irrationalen Überzeugungen in elf Hauptkategorien eingeteilt. In ihnen finden sich die Charakteristika Übertreibung, Überbewertung, Vereinfachung etc. wieder:

1. Ich muß von jedem wichtigen Menschen in meiner Umgebung geliebt werden und von ihm Zustimmung bekommen. Andernfalls ist das entsetzlich.
2. Ich bin wertlos, wenn ich nicht durch und durch kompetent und jeder Situation stets gewachsen bin und wenn ich nicht jederzeit erfolgreich bin, oder zumindest die meiste Zeit in einem der wichtigeren Bereiche.
3. Wenn jemand anders sich schlecht oder unfair benimmt, dann sollte man ihn dafür tadeln, ihm einen Verweis erteilen und ihn bestrafen. Denn er ist eine schlechtes oder verdorbenes Subjekt.
4. Es ist entsetzlich und eine Katastrophe, wenn die Dinge nicht so sind, wie ich sie gerne haben möchte.
5. Es muß eine perfekte Lösung für dieses Problem geben; ich muß sicher sein und vollkommene Kontrolle über die Dinge haben.
6. Ich muß bzw. sollte mich über Ereignisse, die ungewiß oder potentiell gefährlich sind, sehr ängstigen.
7. Es ist angenehmer, Schwierigkeiten aus dem Weg zu gehen, als sich ihnen zu stellen.
8. Ich brauche jemand, der stärker ist als ich, auf den ich mich stützen und verlassen kann.
9. Ich sollte die ganze Zeit über angenehm und ohne Schmerzen leben können.
10. Die Welt sollte fair und gerecht sein.
11. Ich könnte den Verstand verlieren, und das wäre unerträglich.

Für Anwender des NLP-Meta-Modells der Sprache ist diese Einteilung insofern interessant, als hier typische einschränkende Glaubenssätze systematisch aufgelistet sind. Obwohl bzw. gerade weil diese Auflistung inhaltlicher Art ist, mag es namentlich für NLPler eine Unterstützung sein, um Hypothesen zu entwickeln, worum es der Klientin bei ihrem Problem geht.

Wir werden uns nun einigen Strategien zuwenden, wie man in der RET Klienten auf diese Muster/Charakteristika aufmerksam macht.

2. Was versteht man unter einem Problem?

Aus den Sätzen „Wir fühlen, was wir denken" und „Dysfunktionale Gemütszustände sind das Ergebnis irrationalen Denkens" beantwortet sich die Frage, was man sich in der RET unter einem Problem vorstellt:

Ein therapeutisch relevantes Problem liegt vor, wenn jemand unter einem bestimmten (in der Regel als negativ erlebten) Gefühlszustand leidet und dieser Gefühlszustand auf irrationalem Denken beruht.

Wir wollen diese Definition auf das Beispiel der Klientin anwenden, die sich nicht zu neuen Aktivitäten aufraffen konnte. Der Gefühlszustand, unter dem sie leidet, ist ihr Gefühl der Trägheit, wenn sie daran denkt, etwas Neues anzugehen. Aber wir wissen noch nicht, welche irrationalen Gedanken diesem Gefühlszustand zugrunde liegen. Diese Information erfragt Ellis gleich zu Beginn des Gesprächs. Vier Grundformen irrationaler Überzeugungen werden in der RET unterschieden:

a) Schwarzmalerei

Dies bedeutet, die negativen Folgen einer Situation zu übertreiben. Ein Beispiel wäre der Satz: *„Es ist entsetzlich, daß ich nicht befördert worden bin."*

Ein RET-Therapeut würde darauf erwidern, daß dies eine maßlose Übertreibung ist, und relativieren: „Es ist möglicherweise nicht schön, nicht befördert zu werden, aber es ist keinesfalls entsetzlich."

Der Fall der „trägen" Klientin beinhaltet einige gute Beispiele für Schwarzmalerei. In den Einheiten (4), (6) und (8) sagt die Klientin, was sie daran hindert, neue Aktivitäten in der Schule in Gang zu setzen:

(4) Wenn die neuen Aktivitäten danebengehen, würden die Leute denken, sie sei eine lausige Lehrerin.
(6) Das würde sie nicht mögen.
(8) Das wiederum könnte die Klientin nicht ertragen.

Der Kern der irrationalen Gedanken der Klientin läßt sich in dem Satz zusammenfassen: „Wenn die Leute denken würden, ich wäre eine lausige Lehrerin, dann könnte ich das nicht ertragen."

Schwarzmalerei stellt die negativen Folgen übertrieben dar: Das irrationale Element besteht vor allem darin, daß der Satz

a) eine Behauptung aufstellt, die sich nicht beweisen läßt, und
b) die Klientin nicht darin unterstützt, ihre Ziele zu erreichen.

Wir werden auf diesen Punkt noch näher eingehen.

b) Sollte-Müßte-Feststellungen

Sollte-Müßte-Feststellungen sind unrealistische Erwartungen an Ereignisse und Menschen, die sich in einem allgemeingültigen „Muß" ausdrücken. Ein Beispiel wäre der Satz: „Du *mußt* mich anständig und gut behandeln (und du bist ein schlechter Mensch, wenn du es nicht tust)."

Worte wie „müssen", und „sollen" nennt Ellis „Mußturbatoren". In der Regel nimmt die Sprecherin an, etwas müßte in einer bestimmten Weise sein (damit sie glücklich/zufrieden etc. sein kann), obwohl es dafür keinerlei wissenschaftliche Beweise gibt.

Wenn die Leserin ihren eigenen Mußturbatoren auf die Schliche kommen will, kann sie sich fragen: „Meine ich, daß irgendjemand oder irgend etwas anders sein *sollte* oder sein *müßte* bzw. nicht sein *darf*?

Eine Spielart des Muß-turbierens ist das Katastrophieren, womit die Tendenz gemeint ist, aus unangenehmen Dingen *schreckliche, furchtbare* Ereignisse (*Katastrophen*) zu machen. Mit Klienten, die zum Katastrophieren neigen, arbeiten RET-Therapeuten gerne mit der magischen Skala des Katastrophierens. Vgl. folgende Abbildung[126]:

```
|--------------------------------------------------------------------|--------
0      10        30                                    85           99   100     101
```

Unangenehme Ereignisse lassen sich auf einer Skala von 0–100 einordnen. Ein Ereignis könnte eingeordnet werden als:
- etwas lästig (10%);
- ziemlich lästig (30%);
- sehr unangenehm (85%) oder
- außerordentlich unangenehm (99%).

Klienten, die katastrophieren, neigen jedoch dazu, nahezu jedes lästige bzw. unangenehme Ereignis als entsetzlich, fürchterlich und vollkommen schlecht zu bewerten. D.h., es ist
1. 100% schlecht und
2. noch ein magisches Stückchen schlechter (im Sinne von 101%).

Diese Skala dient der Therapeutin dazu, Klienten deren Katastrophen-Denken zu verdeutlichen und sie zu einem Umdenken zu veranlassen.

c) Werturteile über sich und andere

Werturteile über sich und andere implizieren, daß man sich und andere Menschen bewerten kann. Die RET betont, daß dies nicht möglich ist, denn jede Form der Selbstbewertung (positiv wie negativ) sei falsch und schädlich. Letztlich geht es hierbei um den Unterschied zwischen Verhalten und Person. Folgender Dialog, in dem ein Klient über ein schlechtes Prüfungsergebnis klagt, zeigt die typische RET-Weise, darauf einzugehen, nämlich nicht nur durch Fragen, sondern argumentativ:

K: Ich bin ein Wurm, ein Versager.
T: Wie macht Sie das Versagen in der Prüfung zu einem Wurm?
K: Ich habe so viele Fragen in der Prüfung nicht beantworten können.
T: Ich weiß, aber können Sie nicht sehen, was Sie tun, wenn Sie sich selbst einen Versager nennen? Sie stellen eine Prognose. Ein Versager zu sein bedeutet, daß Sie diese Charaktereigenschaft haben und daß Sie immer und ewig dazu verdammt sind, zu versagen.
K: Das ist es ja, was mich so aufbringt, daß ich immer versage.
T: Aber Sie können nicht ein Versager sein, weil Sie nicht wissen, ob Sie immer versagen, und wir haben Beweise, daß sie nicht immer versagt haben in der Vergangenheit. Sehen Sie, wenn Sie ein Apfel wären, wären Sie immer ein Apfel gewesen und würden auch in Zukunft immer ein Apfel sein und alle Eigenschaften eines Apfels haben. Sie könnten sich nicht ändern, aber das trifft auf „Versagen" nicht zu. Also beweisen Sie mir, daß sie stets versagt haben und immer versagen werden!
K: Ich nehme an, das kann ich nicht.
T: Gut, Sie sehen, versagen ist etwas, das Sie gelegentlich tun. Es ist nicht, was Sie sind.

Man kann das Verhalten von Menschen bewerten, aber nicht den Menschen als Ganzes. Der Satz „Ich bin ein Versager" würde die gesamte Person bewerten und wäre eine irrationale Bewertung, die gegen mindestens drei der fünf Kriterien rationaler Überzeugungen verstößt. Denn:

(1) Die Aussage ist nicht beweisbar.
(2) Die Aussage hilft der Sprecherin nicht, sich gut zu fühlen (im Sinne von „gemäßigten" Gefühlen).
(3) Die Aussage hilft der Sprecherin nicht, ihre Ziele zu erreichen.

In diesem Beispiel wird eine nicht hinterfragte Vorannahme der RET deutlich: die Annahme, daß kognitive Einsicht ausreicht, negative Überzeugungen und tiefsitzende Gewohnheiten zu ändern. Wir möchten die Diskussion, ob dies eine realistische Annahme ist, an dieser Stelle nicht vertiefen, sondern die Leserin auf das Kapitel über die Therapeuten-Klienten-Beziehung im 4. Teil verweisen.

d) Willkürliche Forderungen an das Glück oder das Leben

Forderungen sind oft Wünsche, die irgendwie blockiert werden und an denen krankhaft festgehalten wird. Sie widersprechen dem fünften Kriterium rationaler Überzeugungen, nämlich hilfreich für Leben und Gesundheit zu sein. Forderungen implizieren seitens der Klientin die Vorannahme, daß sie bestimmte Dinge haben muß, um glücklich zu sein. In diesem Zusammenhang spricht Ellis häufig von zu niedriger Frustrationstoleranz (NFT). Eine typische Haltung von Klienten, die Forderungen stellen, läßt sich in dem Satz formulieren: „Wenn ich etwas haben will, dann muß ich es schnell, leicht und mit großer Sicherheit bekommen (und es ist schrecklich, wenn es nicht so ist)."

Ein Hauptziel der RET besteht darin, diese vier Formen irrationalen Denkens zu korrigieren. Dazu führen wir den Fall der „trägen Klientin" weiter, in dem konkrete Beispiele für „sollte-müßte"-Feststellungen und „Forderungen" enthalten sind:

Fortsetzung: Die „träge" Klientin

Auf die Frage nach dem Beweis in Einheit (12) hatte die Klientin keine Antwort geben können. Deshalb versucht es Ellis auf einem anderen Weg und formuliert die irrationalen Gedanken der Klientin um:

(13) T:	Wie werden Sie sich fühlen, solange Sie an dieses Muß glauben?		Erfragt die Konsequenzen des Denkens in „Mußturbatoren".
(14) K:	Ängstlich.		
(15) T:	Müssen die Sie alle mögen?		Hinterfragt die Generalisierung „alle".
(16) K:	Nein.		
(17) T:	Wieso müssen die dann ...		
(18) K:	Weil ich es will!		In RET-Begriffen gibt die Klientin (endlich) zu, daß es keine rationalen Gründe für ihr Denken gibt. In dem letzten Satz drückt sich eine „Forderung" aus.
(19) T:	Was immer ich will, muß ich bekommen? Wohin wird diese Forderung Sie bringen?		Ellis bringt es auf den Punkt.
(20) K:	Sie wird mich herumhetzen ...		

Bis zu diesem Punkt hat sich Ellis darauf beschränkt, die irrationalen Gedanken der Klientin zu hinterfragen. Das Ziel bestand darin, die Klientin zu der Einsicht zu bringen, daß ihr Denken irrational und schädlich ist. Die Leserin möge beachten, daß bis zu diesem Zeitpunkt nicht klar ist, ob sie ihm in seiner Argumentation folgt.

3. Vorannahmen über Gefühle

„Rational" ist in der RET nicht gleichbedeutend mit gefühllos. Im Gegenteil sieht die RET in Emotionen wichtige Motivationsfaktoren für das Verhalten und die Veränderung von Verhalten. Auch Menschen mit rationalen Überzeugungen haben hin und wieder negative Emotionen. Der Unterschied zwischen den Konsequenzen rationalen und irrationalen Denkens zeigt sich eher in der Häufigkeit, Intensität und Dauer negativer Emotionen als in derem Auftreten. Die Emotionen sollen nicht ausgeschaltet, sondern gemäßigt werden. „Wissenschaftliche" Grundlage hierfür ist das Yerkes-Dodson-Gesetz, das besagt: **Wenn jemand überhaupt keine oder übertriebene Gefühle hat, wird sein/ihr Verhalten ineffizient.**

Das Bild veranschaulicht den Zusammenhang zwischen der Intensität von Gefühlen und der Effizienz daraus resultierenden Verhaltens:

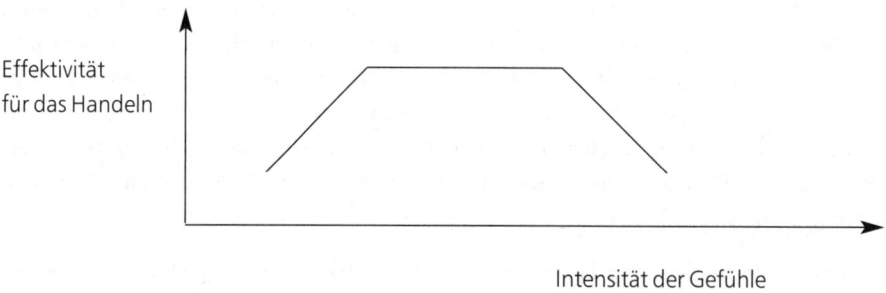

Irrationale Bewertungen führen zu den Haupt-Emotionsstörungen Depression, Schuldgefühle, Ärger und Angst. Für diese Emotionsstörungen lassen sich verschiedene Stufen unterscheiden, was hier kurz am Beispiel der Angst dargestellt werden soll.

Angst besteht aus auf die Zukunft gerichteten Gedanken hinsichtlich dessen, was passieren könnte. Die folgenden Sätze drücken drei Stufen der Angst aus, die mit bestimmten Gedanken und daraus resultierender zunehmender Gefühlsintensität einhergehen:
1. Etwas Schlimmes könnte passieren.
2. Wenn etwas Schlimmes passiert, ist das schrecklich.
3. Weil es schrecklich ist, muß ich mir Sorgen machen.

4. Vom Problem zur Lösung

Das Motto der RET lautet: Verändere deine Emotionen, indem du dein einschränkendes Denken veränderst. Wie stellt man sich das vor? – Die Antwort: Irrationale Überzeugungen können geändert werden, indem man sich aktiv und ausdauernd bemüht, sie zu erkennen, in Frage zu stellen und das eigene Denken zu prüfen. Dies geschieht durch einsichtsvermittelndes, rationales Argumentieren über den Unterschied zwischen rationalen und irrationalen Überzeugungen (Glaubenssätzen). Um dies zu zeigen, kommen wir nochmals auf den Fall der „trägen" Klientin zurück:

(21) T:	Genau! Ängstlich, deprimiert. Nun nehmen Sie an, Sie bekommen, was Sie wollen. Alle beten Sie an. Wissen Sie, daß Sie dann immer noch Probleme haben? (Pause) Wie wollen Sie wissen, daß Sie auch das nächste Mal bekommen, was Sie wollen? Verlangen, fordern Sie nicht garantierte Anbetung?	Zeigt der Klientin die Folgen auf, wenn sie in ihrer „Forderungshaltung" verharrt.
(22) K:	Hm, ja.	
(23) T:	Sie werden sich ängstlich fühlen, solange Sie davon überzeugt sind. Wie könnten Sie es schaffen, nicht davon überzeugt zu sein? Wie könnten Sie dahin kommen, die Zustimmung der anderen zu wünschen, aber sie nicht zu brauchen?	Stellt eine ressourcenorientierte Frage, aber es ist unklar, ob die Klientin ihm folgt.

(24) K:	Indem ich einige Workshops durchführe?	Die Klientin befindet sich anscheinend in der Position einer Schülerin, die vom Lehrer die richtige Antwort bestätigt bekommen möchte.
(25) T:	Das eine oder andere Risiko eingehen, genau. Was sonst? (Pause) Wenn Sie nicht mit mir einverstanden sind, kann ich es aushalten. Was betrifft mich das als Mensch, wenn Sie mit mir als Lehrerin nicht einverstanden sind? Nehmen wir an, Sie sind wirklich lausig in Ihrem Workshops? Zu dumm! Können Sie ein glücklicher Mensch sein, auch wenn Sie gewisse Dinge, die Sie haben wollen, nicht bekommen?	
(26) K:	J-j-j-a (zögernd).	Das Zögern drückt Skepsis aus ...
(27) T:	Merken Sie, wie schwach Sie das gesagt haben? Wie könnten Sie das bestimmter zum Ausdruck bringen? (zeigt es ihr): „Zum Teufel auch! Ich bin fest entschlossen, mich selbst nicht herunterzumachen, selbst wenn ich manche Dinge nie gut mache." Zu sagen, Sie seien in Ordnung, ist ebenso falsch. Weshalb sind Sie nicht in Ordnung? Der Beweis dafür ist empirisch genauso unmöglich wie der Beweis für das Gegenteil, daß Sie ein schlechter Mensch sind. „Ich bin ich. Nancy. Wie soll ich es jetzt anstellen, mich zu freuen, ohne mir etwas beweisen zu müssen?" Sehen Sie, Sie können sich dazu entscheiden, überhaupt auf jede Etikettierung zu verzichten. Sie brauchen sich selbst nicht zu benoten. Sie können Ihr Verhalten im Workshop bewerten, denn es wird angenehm sein, seine Sache gut zu machen.	... was Ellis veranlaßt, noch mehr ins selbe Horn zu blasen.

Im Beispiel tritt Ellis als Lehrer auf und konfrontiert die Klientin in Einheit (21) mit ihren irrationalen Überzeugungen. In den Einheiten (23), (25) und (27) legt er ihr rationalere Überzeugungen nahe[127]. Allerdings ist es fraglich, inwieweit die Klientin
a) diesen Einsichten zustimmt, die Ellis ihr vermitteln möchte, und
b) inwieweit sie, wenn sie ihm zustimme, fähig ist, diese Einsichten in ihrem Alltag auch umzusetzen.

In der RET geht es darum, alte (irrationale und damit schädliche) Einstellungen durch neue (rationale) Einstellungen zu ersetzen. Das Vorgehen in der RET läßt sich wie folgt zusammenfassen:

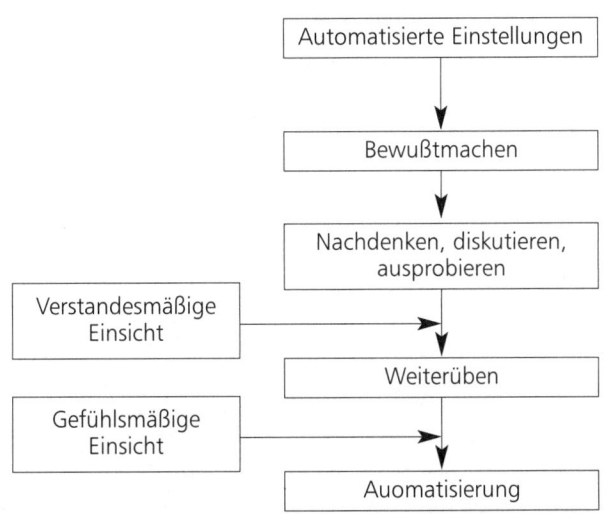
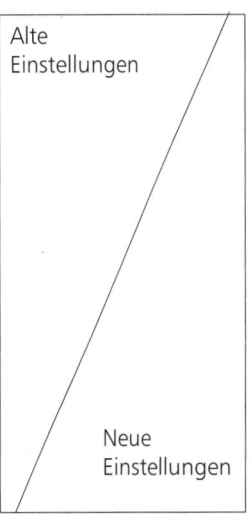

Die Abbildung[128] veranschaulicht, auf welche Weise in der RET versucht wird, alte, irrationale Einstellungen zu verändern. Der rechte Balken soll vermitteln, daß dabei am Ende fast immer noch Elemente der alten Einstellung erhalten bleiben.

Mit dem Fallbeispiel haben wir vor allem das Kernstück des RET-Vorgehens dargestellt, die rationale Argumentation (Disputation). Das gesamte Vorgehen der RET sieht wie folgt aus:
1. Im ersten Schritt erfolgt die ABC-Analyse.
2. Im zweiten Schritt erfolgt die Disputation.
3. Im dritten Schritt schließt sich meist die Umsetzung der emotionalen und verhaltensmäßigen Ziele im Alltag an, die jedoch therapeutisch unterstützt wird.

Auf die ersten beiden Elemente gehen wir nun ausführlich ein.

V. Ablaufschritt 1: Die ABCs feststellen

1. Die ABCs

Was sind die ABCs?

A = Aktivierendes Ereignis; d.h. das, was die Klientin veranlaßt, sich schlecht zu fühlen. Dies betrifft sowohl die Wahrnehmung von Tatsachen als auch äußere und innere Ereignisse.

B = Bewertungssystem der Klientin (Bewertung des wahrgenommenen Ereignisses).

C = Konsequenzen. Dies sind die emotionalen und verhaltensmäßigen Reaktionen, die aus den Bewertungen resultieren.

Beispiel: Ein depressiver Klient klagt darüber, wie schrecklich es ist, daß niemand in seinem Büro ihn mag. Nachfragen ergibt, daß die Kollegen

➤ sich mit ihm hauptsächlich nur über geschäftliche Dinge unterhalten;
➤ nur sehr unregelmäßig mit ihm plaudern;
➤ ihn selten zum Essen mitnehmen.

Nachfragen mit dem ABC-Modell ergibt folgende Klientensicht:

A: Kaum jemand lädt mich zum Essen ein oder gibt sich mit mir ab.
 Ich glaube, keiner mag mich.
B: Es ist schrecklich und schlimm, daß keiner mich mag!
C: Depressive Gefühle.

Bildlich gesprochen ist das aktivierende Ereignis (A) der Schalter, und die emotionalen und verhaltensmäßigen Konsequenzen (C) sind die Lampe, die durch das Aktivieren des Schalters zum Leuchten gebracht wird. Das ABC-Modell steht in Übereinstimmung mit der zentralen Vorannahme der RET: **Wir denken, was wir fühlen**. Die As führen nicht direkt zum C, sondern erst über das B. Die Bewertungen (B) stellen in diesem Bild den (in der Regel wenig wahrgenommenen) Kontakt dar, also das Kabel, das Schalter und Lampe miteinander verbindet.

Strenggenommen enthalten sowohl die As als auch die Bs Bewertungen. Der Unterschied zwischen ihnen besteht darin, daß der Klient im Falle der As beschreibt, was er von den Geschehnissen wahrnimmt und wie er diese interpretiert. Es handelt sich demnach um beschreibende Glaubenssätze. Die Bs bewerten hingegen das Wahrgenommene.

2. Elizitieren und Installieren

Durch das Erfragen der ABCs wird implizit die RET-Vorannahme installiert, daß es die As, Bs und Cs gibt. Die Klienten werden implizit aufgefordert, ihr Erleben in die Kategorie der ABCs einzuordnen. Damit gewinnen sie in der Regel auch eine neue Sicht auf die Ereignisse, die sie beschäftigen. Wie man die ABCs erfragt, sei hier anhand eines Fallbeispiels demonstriert.

Fallbeispiel: Depressiver, ängstlicher Klient

Die Sitzung ist ein Erstgespräch mit einem Klienten, der über verschiedene unangenehme Emotionen klagt[129]. Der Klient kannte die RET bereits durch die Lektüre mehrerer Bücher. In Einheit (11) beginnt der RET-Therapeut damit, die aktivierenden Ereignisse (As) und die Konsequenzen (Cs) zu erfragen.

(1) T:	Ihre Frau hat angerufen und gesagt, daß Sie sich stark depressiv fühlten und Selbstmordabsichten gehabt hätten, und daß sie sich sehr große Sorgen über Sie mache. Wie fühlen Sie sich heute?	Erfragt den jetzigen Zustand des Klienten.

((2) K: Ich habe Momente, in denen ich sehr verwirrt bin. Der Grund, weshalb ich an Selbstmord gedacht habe – ich weiß nicht einmal, wie ich das Gefühl ausdrücken soll, das ich gehabt habe, denn ich weiß, wenn ich mich wirklich hätte umbringen wollen, hätte ich es auch geschafft.

(3) T: Sie wissen, wie man es macht?

(4) K: Es ist sehr einfach. Ich habe mir einfach das Privileg herausgenommen, mich selbst zu bemitleiden, indem ich 8 Tabletten statt 25 genommen hab.

(5) T: Dann glauben Sie nicht im Ernst, daß Sie versuchten ...

(6) K: Nun, wenn die 8 Tabletten gereicht hätten, dann wäre das in Ordnung gewesen, und da sie nun nicht gereicht haben, ist es auch prima.

(7) T: Aber Sie gingen nicht auf Nummer sicher, indem Sie 25 oder 30 Tabletten nahmen?

(8) K: Genau. Das war mein Gefühl.

(9) T: Haben Sie schon früher versucht, Selbstmord zu begehen?

(10) K: Nein.
... 130

Mit dieser und den folgenden (geschlossenen) Fragen elizitiert und spiegelt der Therapeut Tatbestände, die mit dem versuchten Selbstmord zusammenhängen.

Der Therapeut vergewissert sich im Hinblick auf Suizidgedanken und Suizidverhalten, bevor er etwas anderes tut.

(11) T: Was ist denn mit Ihren Gefühlen? Wie fühlen Sie sich heute?

(12) K: Sehr ängstlich.

(13) T: Ängstlich?

(14) K: Ja.

(15) T: Menschen mit Selbstmordabsichten sind normalerweise depressiv, aber Sie sind ängstlich?

(16) K: Ja. ich bin ganz schön ängstlich.

(17) T: Wie ängstlich fühlen Sie sich?

(18) K: Nun, immer wenn ich aufgeregt bin, bekomme ich Schwierigkeiten mit meinem Rücken.

Der Therapeut erfragt den emotionalen Zustand.
Dies ist ein mögliches C: Angst.
Hinterfragt das C.
Der Klient bleibt bei seiner Aussage.
Elizitiert spezifische Details des C und installiert damit zugleich die Erkenntnis, daß es unterschiedliche Grade und Arten von Angst gibt.

(19) T: Sie bekommen Muskelschmerzen?

(20) K: Deswegen trage ich jetzt ein Korsett. Es passierte Sonntag abend, und ich hatte überhaupt nichts Körperliches getan. Ich bückte mich, und schon war es wieder soweit. Deswegen weiß ich, daß irgend etwas nicht in Ordnung ist.

(21) T: Sind Sie schon bei einem Arzt gewesen wegen Ihres Rückens?

(22) K: Ja. Ich hatte vor 15 Jahren einen Bandscheibenschaden. Es war chronisch. Manchmal glaube ich, daß Muskelverspannungen daran schuld sind, weil ich körperlich arbeite. Und manchmal hat es nichts damit zu tun...

Mit den nächsten drei (geschlossenen) Fragen versucht der Therapeut Tatbestände hinsichtlich der Rückenschmerzen (und zugleich das A) zu ermitteln.

(23) T: Nun, es könnte einfach eine Muskelverspannung sein. Neigen Sie dazu, Muskelverspannungen zu bekommen und richtig verkrampft zu werden?

(24) K: Ich war mir dessen nicht bewußt, aber es ist tatsächlich bei mir chronisch geworden. Meine Kinder leben in Kanada, und es wurde eigentlich chronisch, als sie dorthin zogen. Mary hat mich darauf aufmerksam gemacht.

Erfragt, ob die Muskelverspannungen Bestandteil eines A sind.
Der Klient bestätigt dies. Die Verspannungen traten zusammen mit dem A (Trennung von der ersten Familie) auf.

(25) T: Wie lange zurück liegt das?

(26) K: Vier Jahre.

(27) T: Dann ist also während der letzten vier Jahre Ihre Angst immer schlimmer geworden?

(28) K: Nur wenn ich weiß, daß sie nach Hause kommen.

Sogleich elizitiert der Therapeut spezifische Umstände (As), die mit dem C, der Angst, zusammenhängen:
➤ Dauer
➤ Intensität von C

(29) T:	Wenn sie heimkommen, dann wächst Ihre Angst. Wie oft kommt es vor?	▶	Häufigkeit von C
(30) K:	Nun, normalerweise kommen sie zweimal im Jahr. Dieses Jahr waren sie erst einmal da, und sie werden in drei Wochen kommen. Es hat angefangen, sich aufzubauen – die Angst hat angefangen.		
(31) T:	Je näher also Ihre Kinder kommen, um so ängstlicher werden Sie. Wenn Sie Ihre Angst auf einer Skala von 100 Einheiten einschätzen müßten, wobei 0 ein Zustand totaler Entspannung ist, wo Sie an irgendeinem verlassenen Strand liegen, und 100 ein Zustand reiner Panik, wie hoch würden Sie Ihre Angst dann in diesem Augenblick einschätzen?		Nochmals wird die Intensität von C mittels einer Skalierungsfrage (SUDS-Einschätzskala) erfragt.
(32) K:	Oh, mindestens bei 75, 80.		
(33) T:	Das ist dort oben.		
(34) K:	Es ist ganz oben an der Spitze.		
(35) T:	Nun, kann ich Sie etwas anderes fragen? Was ist es denn im Zusammenhang mit Ihren Kindern, das Sie in Angst versetzt?		Inhalte im Zusammenhang mit dem C.
(36) K:	Nun, immer wenn die Rede auf meine Kinder kommt, dann schwelle ich irgendwie an. (Dem Klienten kommen Tränen.)		Der Klient antwortet mit einem neuen C.
(37) T:	Das hört sich an, als ob Sie traurig wären. Ihre Angst ist also mit Trauer vermischt.		Spiegelt beide Cs: Angst und Traurigkeit.
(38) K:	Vielleicht weil ich Angst hab', und dann stell ich mir vor, was ich empfinden werde, wenn ich sie sehe – und auch, wenn sie wieder gehen.		
(39) T:	Mit anderen Worten, in Ihrer Vorstellung erleben Sie also jetzt Ihre Gefühle, wenn die Kinder aus dem Flugzeug steigen oder wenn sie wieder wegfliegen, und Sie empfinden dann Traurigkeit – und Sie haben Angst vor diesem Gefühl der Traurigkeit?		Der Therapeut formuliert eine Hypothese, die aus dem ursprünglichen C (Angst) ein neues A macht.
(40) K:	Genau.		
(41) T:	Welches Problem ist dann Ihrer Ansicht nach wichtiger, die Angst oder die Traurigkeit?		Läßt den Klienten die Wichtigkeit der Cs einschätzen.
(42) K:	Das ist eine sehr interessante Frage.		
(43) T:	Beide Gefühle sind vorhanden.		
(44) K:	Ich versuche herauszufinden, ob es bloß ein Gefühl von Selbstmitleid ist. Ich weiß es nicht. Ich hab' vier Jahre lang versucht, dies zu analysieren.		

Die Vorstellung, daß mit jedem Elizitieren (Befragen) ein Installieren verbunden ist, ist in der RET nicht verbreitet. Viele RET-Therapeuten glauben vielmehr, daß man die ABCs „feststellen" könne[131]. Das unterstellt, daß sie unveränderlich feststehen, bis man sie durch eine Intervention bzw. Disputation geändert hat. Wir haben bereits im ersten Teil des Buches ausführlich dargelegt, warum Vergleichbares zwar bei Computern möglich ist, beim Menschen aber nicht. Bei letzteren bewirken Fragen mehr oder weniger große Veränderungen der bestehenden Gedanken, Bewertungen und Gefühle.

Beispiel: Die Leserin möge im obigen Fallbeispiel die Einheiten (36–44) betrachten, in denen der Klient die Hypothese des Therapeuten bestätigt, nämlich, daß er Angst vor dem Gefühl der Traurigkeit hat. Er erkennt augenscheinlich neue Zusammenhänge zwischen dem Gefühl der Trauer und dem der Angst. Die Tatsache, daß er den neuen Zusammenhang bestätigt, heißt jedoch nicht, daß dieser Zusammenhang schon vorher bestanden haben muß. Möglicherweise wurde der Zusammenhang erst durch das Erfragen der As und Cs (Angst und Trauer) installiert. Wir betrachten nun im einzelnen, wie die Cs und die As erfragt werden.

Das Frageverhalten beim Elizitieren der Cs

Das C steht für die verspürten affektiven und verhaltensmäßigen Konsequenzen, die Klienten in die Therapie bringen. Im RET gibt es drei grundsätzliche Möglichkeiten zum Erschließen von Gefühlszuständen:

1. Hinweise aus dem Klientenverhalten.
2. Das Wissen um die Verbindungen zwischen der Lebenssituation und emotionalen Konsequenzen. Hier wird die direkte, konfrontierende Grundhaltung der RET deutlich. Zum Beispiel konfrontiert der Therapeut den Klienten in Wortbeitrag (15) mit seinem Wissen.
3. Die Grundannahmen der RET bzgl. des Zusammenhangs zwischen Überzeugungssystem und emotionalen Konsequenzen. Letztere leiten das Frageverhalten am stärksten.

Wir werden nun anhand von Beispielen analysieren, wie der Therapeut im Fall des ängstlich-depressiven Klienten die Cs elizitiert. Da es verschiedene Cs gibt, sind sie numeriert. C1 steht für Angst und C2 für Trauer (Depression):

➤ Wie fühlen Sie sich? (11)
➤ Wie ängstlich (C1) fühlen Sie sich? (17)
➤ Wie hoch schätzen Sie Ihre Angst (C1) bzw.
   Ihre Traurigkeit (C2) auf dieser Skala ein? (31)
➤ Welches Problem ist Ihrer Ansicht nach wichtiger,
   die Angst (C1) oder die Traurigkeit (C2)? (41)

Wie erwartet, kann der Klient seine Gefühle relativ schnell benennen – sie haben ihn schließlich in die Therapie gebracht. Schwieriger ist es, die As festzustellen:

Das Frageverhalten beim Elizitieren der As

In (11) fragt der Therapeut nach den Gefühlen des Klienten, worauf dieser in (12) Angst nennt. Damit hat der Therapeut ein C elizitiert und beginnt nun mit dem Ermitteln der aktivierenden Ereignisse (As) der Angst. Dazu stellt er in den Einheiten (19), (21) und (23) Fragen nach Tatbeständen:

➤ Sie bekommen Muskelschmerzen? (19)
➤ Sind Sie schon bei einem Arzt gewesen wegen Ihres Rückens? (21)
➤ Neigen Sie dazu, Muskelverspannungen zu bekommen
   und richtig verkrampft zu werden? (23)

Auf die letzte Frage antwortet der Klient (24) mit einem möglichen A, nämlich, daß er Angst hat und Muskelverspannungen bekommt, wenn er an den bevorstehenden Besuch seiner Kinder denkt. Diese Hypothese prüft der Therapeut mit den nächsten drei Fragen. Er erfragt spezifische Details (Häufigkeit, Dauer etc.) des aktivierenden Ereignisses. In (45) schließt sich daran die Vollständigkeitsfrage, woraufhin der Klient in (50) weitere As nennt.

➤ Wie lange liegt die Angst zurück? (25)
➤ Wie oft kommt die Angst vor? (29)
➤ Skalierungsfrage (31)
➤ Was im Zusammenhang mit Ihren Kindern bewirkt die Angst? (35)

Das Feststellen der As und Cs muß nicht so ausführlich verlaufen wie im Fallbeispiel. Gerade deshalb eignet es sich aber für den Anfänger, der damit eine Vorgehensweise an die Hand bekommt, wie er systematisch vorgehen kann.

VI. Die therapeutische Haltung beim Befragen

Die Therapeutin strebt beim Befragen bestimmte für die RET typische Haltungen an, die nun an Beispielen erläutert werden:

1. Die aktiv-direktive Haltung

Die Art der Befragung in der RET gehört zu denjenigen therapeutischen Befragungsmethoden, bei denen die Therapeutin außergewöhnlich aktiv und direkt gegenüber den Klienten auftritt. Dies bezieht sich sowohl auf das Vorgehen als auch auf den Stil der Befragung, den wir bereits als Lehrer-Schüler-Beziehung gekennzeichnet haben.

In ihrem Anliegen, selbstschädigende Gedankenmuster ausfindig zu machen und in Frage zu stellen, ist fast jedes Mittel gestattet: überreden, provozieren, humorvoll auf die Klientin eingehen...

Fortsetzung des Fallbeispiels:

Im konkreten Beispiel versucht der Therapeut in Einheit (49), mit Humor auf den Klienten einzugehen, um ihn aus seinem ängstlich-depressiven Zustand herauszuholen:

(45) T:	Eine Frage: Gibt es da noch etwas anderes, was Ihnen angst macht, außer Ihren Kindern?	Vollständigkeitsfrage bzgl. der As zum C (Angst).
(46) K:	Ja. Das, was zum Selbstmord – wir wollen es mal so nennen für den Augenblick – geführt hat ...	
(47) T:	Der Versuch.	
(48) K:	... kann verschiedene andere Gründe gehabt haben. D.h., wie bei allem, muß ich mich auch bei meiner Arbeit sehr anstrengen; nichts fällt mir in den Schoß.	
(49) T:	Nicht einmal, wenn Sie sich selbst umbringen wollen! Nicht einmal das kriegen Sie hin, nicht wahr?	

Die aktiv-direktive Haltung von RET-Therapeuten drückt sich u.a. in direkten Fragen und Aussagen aus. Außerdem vermeiden sie es, die Klientin durch allgemeine, offene Fragen zu langen Monologen zu veranlassen. Die Therapeutin gleicht einem Schäferhund[132], der die Klienten durch ein offenes Feld führt, das voller Ablenkungen ist. Darin ähnelt dieser Ansatz dem prozeßorientierten Vorgehen bei den NLP-Formaten.

Die aktiv-direktive Haltung schließt auch ein, Klienten mit unsozialen oder anderweitigen sich negativ auswirkenden Verhaltensweisen zu konfrontieren. Zum Beispiel sollte sich die Therapeutin nicht scheuen, Monologe von Klienten zu unterbrechen oder sie mit deren Aussehen zu konfrontieren, wenn dies für das aktuelle Behandlungsthema von Bedeutung ist.

Beispiel: Wenn sich eine Klientin darüber beklagt, daß sie keine Freunde hat, dann sollte eine RET-Therapeutin sich nach Susan Walen nicht scheuen, sie auf ihr ungepflegtes Äußeres mit der Bemerkung hinzuweisen, daß dieses wahrscheinlich bei ihrer Einsamkeit auch eine Rolle spielt. Sie versteht sich als Rollenmodell für ihre Klienten, wozu auch ein konfrontativ-aktives Verhalten zählt.

2. Spiegeln und das Testen von Hypothesen

Das aktive Zuhören oder Spiegeln ist ein impliziter Bestandteil des RET-Vorgehens. Da wir das Spiegeln ausführlich im Rahmen der GT behandeln werden, weisen wir anhand einiger Wortwechsel im Fallbeispiel des depressiv-ängstlichen Klienten lediglich auf die Besonderheiten in der RET hin. RET-Therapeuten verfolgen mit dem Spiegeln neben der Überprüfung, ob sie die Klienten richtig verstanden haben, fast immer auch die Absicht, ihre Hypothesen hinsichtlich der ABCs der Klientin zu überprüfen.

Das geht soweit, daß die Therapeutin Vorschläge macht, welche spezifischen irrationalen Überzeugungen der Klientin zu schaffen machen könnten. Zum Beispiel:
➤ Ich weiß nicht, was Ihnen genau durch den Kopf geht, aber wenn jemand ängstlich ist, dann sagt er sich oft irgend etwas in der Art ...
➤ Wenn jemand große Schwierigkeiten hat, Entscheidungen zu treffen, sagt er sich meiner Erfahrung nach oft ...

Ein weiterer wichtiger Aspekt der therapeutischen Haltung besteht darin, auf das Problem konzentriert zu bleiben bzw. Hypothesen hinsichtlich der relevanten ABCs zu bilden. Dazu ist es nach Ansicht der RET häufig notwendig, Klienten mittels konkreter Fragen festzulegen und sie immer wieder an ihr Ziel zu erinnern. Es geht darum, zu verhindern, daß sie auf Nebenthemen abschweifen. Die Therapeutin bringt die Klientin immer wieder auf den Weg zur Lösung zurück. Dies kann durch ein klares Setzen von Grenzen erfolgen oder durch Konfrontation mit ihrem Verhalten. Im Fall des depressiv-ängstlichen Klienten geschieht dies durch die einfache Frage in Einheit (51).

(50) K.:	Ich hätte es geschafft, wenn ich wirklich gewollt hätte. Das ist vielleicht gerade ein Teil meines Problems. Aber ich war das erste Mal 18 Jahre verheiratet und buchstäblich 17 von den 18 Jahren hatte ich das Gefühl, daß ich sehr glücklich verheiratet war. Ich war sehr zufrieden, und wir, meine Ex-Frau und ich, waren sehr befreundet mit einem andern Paar, und bevor ich etwas davon merkte, brannten mein bester Freund und meine Frau miteinander durch. Ich hatte es auf die harte Tour herausgefunden, mit Detektiven und so. Und nachdem ich den ersten Schock überwunden hatte, hatte ich das Gefühl, daß ich nie wieder einer andern Frau trauen könnte. Ich fühlte mich sehr sicher, und plötzlich aus heiterem Himmel verlor ich nicht nur meine Frau, ich verlor einen Freund, ich verlor meine Kinder – es war ein dreifaches Desaster.		Der Klient nennt als weiteren Auslöser seiner Angst ein neues A: die Befürchtung, auch seine zweite Frau könnte ihn verlassen.
(51) T:	Können wir hier eine Pause machen?		Macht anscheinend eine Pause, weil der Klient zu weit von der Frage abschweift.
(52) K:	Ja.		

Auch in der nächsten Sequenz des Fallbeispiels wird die aktiv-direktive Haltung des Therapeuten deutlich. So fordert er den Klienten in Einheit (63) fast ultimativ auf, beim Thema zu bleiben.

Eine weitere typische Methode besteht darin, den Klienten auf Aussagen festzulegen. Dabei nimmt er in Kauf, auch einmal danebenzuliegen. Im Transkript geschieht dies dadurch, daß er den Klienten in sehr direkter Weise (nämlich mittels geschlossener Fragen) mit seinen Hypothesen konfrontiert. Vgl. insbesondere die Einheiten (53), (55), (57) und (59).

(53) T:	Wenn Sie an Ihre Kinder denken und die Traurigkeit fühlen, wenn sie kommen, erinnert Sie das an die Traurigkeit, die Sie damals fühlten?		Der Therapeut stellt eine Hypothese zum zweiten C, der Traurigkeit, auf.
(54) K:	Nein.		Die Hypothese wird abgelehnt.
(55) T:	Erinnert es Sie daran, wie verletzlich Sie sind?		Der Therapeut stellt eine weitere Hypothese bezüglich des Zusammenhangs der Traurigkeit von heute und damals auf.
(56) K:	Oh ja, denn irgendwie gebe ich mir selbst die Schuld, daß ich meine Kinder verloren habe. Ich bin nicht glücklich darüber, daß ich meine Ex-Frau verloren habe, weil ich Carol sehr geliebt hab'. Es gibt da kein Vertun. Es ist einfach so, daß ich meine Kinder verloren hab', und über diesen Punkt hinaus habe ich keine Gefühle.		

(57) T:		Es ist doch wohl so, daß der Gedanke an die Heimkehr Ihrer Kinder Sie an Ihre Verletzlichkeit erinnert. Ist das nun eine Verletzlichkeit Ihren Kindern gegenüber oder Verletzlichkeit, weil Ihre Frau Sie verlassen hat?	Stellt eine weitere Hypothese bezüglich des Zusammenhangs zwischen Traurigkeit und Verletzlichkeit auf.
(58) K:		Nein, es ist einfach die Traurigkeit darüber, daß die Zeit mit meinen Kindern vorbeigeht, und ich fühle, daß wir uns voneinander immer weiter entfernen. Sie und ich. Wir sehen uns immer nur für so kurze Zeit.	Der Klient verneint sie.
(59) T:		Sie sind also darüber traurig, daß Sie Ihre Kinder nicht oft sehen.	Spiegelt das Gesagte.
(60) K:		Genau.	

Einsatz von Skalierungsfragen

Ähnlich dem Ansatz von Steve de Shazer verwendet man in der RET Skalierungsfragen, wenn auch nicht so häufig. Sie werden SUDS-Einschätzskalen genannt, wobei SUDS bedeutet: „Subjective Units of Disturbance Scale" (Einheit 61). In diesem Fall dient die Skala dazu, die Cs (Traurigkeit und Schuldgefühle) genauer zu erfragen und damit intersubjektiv „verstehbar" zu machen: „Wie hoch schätzen Sie C auf dieser Skala ein?"

Skalierungsfragen werden in der RET häufig auch in der Disputation angewandt, jedoch nicht mit dem Ziel, Gefühle in Frage zu stellen (denn Gefühle sind nicht disputierbar), sondern mit dem Ziel, die Intensität des Gefühls beim Klienten einzuschätzen bzw. dem Klienten die Möglichkeit zu geben, sein Empfinden zu relativieren.

Durch die Einschätzskala werden einige Vorannahmen transportiert, die für Klienten sehr nützlich sein können. So setzt die Skala voraus, daß es Stufen in der Intensität von Emotionen gibt und daß Klienten sie wahrnehmen und benennen können. Ähnlich wie bei Steve de Shazer dienen Skalen dazu, daß sich Therapeutin und Klientin über subjektive Befindlichkeiten unterhalten können.

(61) T:	Lassen Sie uns hier unterbrechen und das, was Sie gesagt haben, neu formulieren. Sie haben gesagt, daß Sie sich traurig fühlen. Ich stimme Ihnen zu, aber noch einmal, wenn Sie eine Skala von 0 bis 100 verwenden würden, um das Ausmaß Ihrer Traurigkeit zu messen, wie viele Punkte wären das? 0 würde bedeuten, Sie wären vollständig glücklich, friedlich und es geht Ihnen prima – und 100 ist der Punkt, an dem Sie kurz davor sind, sich ein Messer in die Brust zu stoßen, weil das Leben total hoffnungslos ist. Was empfinden Sie?	Der Therapeut läßt den Klienten mittels der SUDS-Einschätzskala den Grad der Traurigkeit einschätzen.
(62) K:	Nun, da spielt natürlich auch ein gewisses Schuldgefühl mit...	
(63) T:	Ich will nun, daß Sie mir eine Einschätzung nennen.	Der Therapeut läßt den Klienten nicht ausweichen.
(64) K:	Oh, Sie wollen eine Einschätzung. Das ist sehr schwierig...	
(65) T:	Empfinden Sie viel Traurigkeit, etwa um 100 herum oder um 10?	
(66) K:	Nein, so etwa um 100 herum.	

Die korrekte Benennung von Gefühlen

Ein therapeutisches Ziel der RET besteht darin, Klienten ein passendes emotionales Vokabular beizubringen. Ein Beispiel dafür ist Einheit (67). In der RET scheint die Vorannahme zu bestehen, man könne Gefühle korrekt benennen. Im Beispiel führt das dazu, daß das Gefühl „Trauer" in das Gefühl „Depression" umbenannt wird.

(67) T: Hier ist vielleicht eine Differenzierung angebracht; alles, was über 25 Punkte liegt, kann als Traurigkeit betrachtet werden, und es kann sein, daß Ihr Gefühl in Wirklichkeit nicht Traurigkeit, sondern eine echte Depression ist. Ich glaube, jedermann in Ihrer Lage wäre traurig darüber gewesen, seine Kinder zu verlieren, und er wäre es auch jetzt noch. Aber dieses Gefühl der Traurigkeit würde ihm nicht in dem Maße zusetzen wie Ihnen. Was ich damit sagen will, ist, daß es eine ganz natürliche Sache ist, daß Sie traurig sind, und Sie werden vermutlich nie über dieses Gefühl hinwegkommen. Sie werden stets traurig darüber sein, Ihre Kinder nicht bei sich zu haben... Wenigstens hoffe ich das. Sie werden nicht plötzlich kaltherzig werden, und ich glaube nicht, daß ich Ihnen dazu verhelfen könnte. Selbst wenn ich es könnte, würde ich es vermutlich nicht tun wollen. Der springende Punkt aber ist der, daß Ihr Problem nicht die Traurigkeit ist, es ist die Depression. Sie sind in Wirklichkeit deprimiert über diese Sache. Und ich glaube, es ist wichtig, daß wir hier verschiedene Ausdrücke gebrauchen, nicht einfach nur das Wort traurig ...

Erfragen von Ansichten

Eine weitere typische Methode, um die As und Cs herauszubekommen, ist das Erfragen von Ansichten und Tatbeständen. Auch dieses Vorgehen sei am Transkript des ängstlich-depressiven Klienten veranschaulicht:

(67) T:	*(Fortsetzung von Einheit 67)* ... Nun, wie verhält es sich mit dem Schuldgefühl?	Der Therapeut greift das Thema Schuldgefühl wieder auf.
(68) K:	Ich war mehr als großzügig meiner ehemaligen Frau gegenüber. Was immer sie brauchte – es handelte sich meist um materielle Dinge –, bekam sie. Unser Lebensstil ging weit über meine finanziellen Möglichkeiten hinaus, weil ich den Eindruck hatte, sie brauchte das. Und ich arbeitete hart, viele Stunden lang, und ich ging heim und fiel ins Bett. So ging das ständig. Außer an den Wochenenden. Ich freute mich auf die Wochenenden, wie wenn es ein Urlaub von zwei Monaten wäre und nicht bloß ein paar Tage – nur damit ich ein wenig Zeit mit unseren Freunden verbringen und mein Leben genießen konnte. Und wenn ich ein Schuldgefühl empfinde, dann deswegen, weil ich nicht gewitzt genug war, um zu merken, daß es noch andere Dinge als meine Arbeit gab.	
(69) T:	Und weil Sie das nicht merkten, was geschah?	Der Therapeut fragt weiter nach dem Schuldgefühl.
(70) K:	Da suchte sie sich den angenehmeren Teil ihres Lebens halt bei meinem Freund.	
(71) T:	Weil Sie nicht zu Hause waren, ging sie sonstwo hin, und wenn Sie gewitzter gewesen wären, hätten Sie Ihre Kinder nicht verloren?	Spiegelt die Aussagen des Klienten.
(72) K:	Genau.	

3. Umgang mit Klienten im Widerstand

Es kommt in der RET oft vor, daß die Angebote der Therapeutin von der Klientin nicht angenommen werden. Das wird von RET-Therapeuten häufig als Widerstand[133] interpretiert, wobei die Gründe in der Person/im Charakter der Klientin liegen können (z.B. weil sie dazu neigt, gewohnheitsmäßig zu widersprechen). Andererseits ist es möglich, daß die Klientin zwar rational einsieht, daß ihre irrationalen Bewertungen (IBs) nicht hilfreich sind, daß es ihr aber emotional nicht gelingt, die tiefsitzenden IBs und Gewohnheiten zu verändern. Im zweiten Fall kann man kaum von Widerstand sprechen, sondern eher von Ehrlichkeit, die unseres Erachtens notwendig ist, damit die Therapie von Erfolg gekrönt sein kann.

Um mit dem ersten Problem fertig zu werden, stellt die RET der angehenden Therapeutin Strategien zur Verfügung, mit verschiedensten (schwierigen) Klienten umzugehen[14]. Einige Formen des Widerstandes und RET-Strategien, damit umzugehen, sind:

- *Die argumentierende Klientin* – Dieser Typ kämpft, statt zu disputieren. Die Therapeutin kann sie daran erkennen, daß sie selbst müde wird. Die Strategie in der RET lautet, den Kampf für mindestens eine Sitzung aufzugeben und entweder den Advocatus Diaboli zu spielen oder ressourcenorientierte Fragen zu stellen: „Was glauben Sie tun zu können, um Ihr Problem zu lösen?"

- *Die Ja, aber-Klientin* – Für die Ja-aber-Haltung sieht die RET unterschiedliche Ursachen: Bei einigen Klienten sind es Autoritätsprobleme, andere wollen sich nicht verändern, wieder andere ziehen sekundären Krankheitsgewinn aus ihrem Verhalten. Im Umgang mit Krankheitsgewinnen eignet sich die Frage: „Was ist das Gute daran ...?"

- *Die rationalisierende Klientin* – Im Umgang mit rationalisierenden Klienten sollte sich die Therapeutin auf deren Emotionen konzentrieren und zu anderen Methoden der Disputation greifen (erlebnisorientierte Übungen, Imaginationstechniken etc.).

- *Die intellektuell beschränkte Klientin* – Einer solchen könnte man nach Walen mit der folgenden Rahmensetzung entgegentreten: „Die Disputation ist nicht für alle Klienten angemessen. Als Ausnahmen würden wir betrachten: a) junge Kinder, b) Klienten mit beschränkten intellektuellen Fähigkeiten, c) Klienten mit ernstlichen Hirnschäden, d) Klienten mit einer schweren Psychose, e) sehr ängstliche Klienten, die zu verstört sind, um klar denken zu können." Daraufhin sollte die Therapeutin mit der Klientin rationale Bewältigungsäußerungen einüben.

Bei Klienten, die zwar rational einsehen, daß ihre IBs nicht hilfreich sind, es aber emotional nicht umsetzen können, wird folgendes Vorgehen vorgeschlagen, um die Veränderungsmotivation zu steigern: Der Klientin werden auf der einen Seite rationale Überzeugungen angeboten und deren gefühlsmäßige Konsequenzen erforscht. Im Kontrast dazu stellt ihr die Therapeutin die irrationalen Bewertungen mit deren gefühls- und verhaltensmäßigen Konsequenzen gegenüber. Der Kontrast, der aus den daraus resultierenden Vorstellungen entsteht, soll die Einsicht in die rationalen Überzeugungen fördern.

Die Therapeutin kann unter verschiedenen Stilen wählen, wie sie mit der Klientin umgehen will. Gängig sind
- der sokratische Stil,
- der didaktische Stil,
- der provokative Stil,
- der Selbstoffenbarungs-Stil.

Der **sokratische Stil** besteht im wesentlichen darin, der Klientin Fragen zu stellen, die ihr aufzeigen sollen, daß ihre Meinungen nicht auf Tatsachen beruhen, sondern lediglich Meinungen darstellen, die auf ihre Nützlichkeit hin hinterfragt werden können. Der Zweck dieses Stils besteht darin, sie zu ermutigen, selbst nachzudenken und nicht einfach die Aussagen der Therapeutin zu übernehmen.

Der **didaktische Stil** besteht darin, der Klientin längere didaktische Erklärungen zu geben, warum ein IB z.B. selbstabwertend ist und warum eine rationale Bewertung nützlicher ist. Dieser Stil betont das Lehrer-Schüler-Verhältnis.

Der **provokative Stil** besteht darin, Aussagen der Klientin in ihr Extrem zu übersteigern. Die Therapeutin kann zum Beispiel die Befürchtung der Klientin, bei einer Prüfung durchzufallen, als das Schlimmste darstellen, was überhaupt auf dieser Welt passieren kann. Dieser Stil sollte jedoch nur angewandt werden, wenn
- Therapeutin und Klientin eine gute Beziehung aufgebaut haben;
- die Klientin auf diese Art von „Humor" anspricht;
- sich die Provokation nur auf die IB und nicht auf die Person der Klientin bezieht.

Der **Selbstoffenbarungs-Stil** steht im Gegensatz zur grundsätzlichen therapeutischen Haltung in der RET, die primär durch ein Lehrer-Schüler-Verhältnis gekennzeichnet ist. Bei diesem Stil gibt die Therapeutin Beispiele, wie sie selbst an ähnlichen IBs gelitten hat wie die Klientin und wie sie diese überwunden hat.

Wir geben nun das Ende der ersten Sitzung mit dem depressiv-ängstlichen Klienten wieder:

(73) T:	(mit einem Lächeln) Sie sind wirklich ein Dummkopf.		Provokation oder Humor, um den Klienten zu einer klaren Aussage zu bewegen.
(74) K:	Nein.		
(75) T:	Sie quälen sich deswegen.		Ein zweiter Versuch.
(76) K:	Nun, ich quäle mich deswegen, weil ich in meiner neuen Ehe beinahe wieder in dasselbe Fahrwasser geraten wäre. Und ich habe es wieder kaum gemerkt und bin sehr durcheinander deswegen. Ich hab´ vorher schon davon gesprochen, und ich möchte das loswerden; was zu diesem Selbstmordversuch geführt hat, das war mein mangelndes Vertrauen in das Leben – und in meine Freunde. Ich habe keinen wirklichen Freund, auch nicht nach dem letzten Wochenende.		Diesmal stimmt der Klient zu.
(77) T:	Sie trauen ihnen nicht, wie Sie auch den Frauen nicht trauen?		Spiegelt das Gesagte...
(78) K:	Genau. Vielleicht habe ich nach dem letzten Wochenende nun einen neuen Freund gefunden. Es wird auch Zeit. Auf einer bewußten Ebene hat Mary mir immer ein Gefühl von Treue, Ehrlichkeit vermittelt, daß ich die Nummer eins sei und kein Mann je zwischen uns treten würde. Und ich habe mich sehr wohl gefühlt. Es hat viel gebraucht, daß ich wieder daran glauben konnte. Und dann ist dummerweise etwas sehr Lächerliches geschehen. Mary war sehr deprimiert, weil sie keine neue Arbeit finden konnte. Es ging zwei Jahre so. Und letzte Woche, ich weiß nicht, wie das Gespräch darauf kam, sagte Mary zu mir, sie würde sogar mit einem Typen ins Bett gehen, wenn er ihr einen Job geben würde – den richtigen Job.		... und der Klient stimmt zu.
(79) T:	Sie ist nicht hinter seinem Penis her oder hinter seinem Geist – bloß hinter seinem Geld?		Spiegelt das Gesagte sinngemäß.
(80) K:	Ja. Aber inzwischen ging es mir ziemlich auf den Geist. Deswegen habe ich Mary gesagt, wie ich mich fühle, und so wurde dieses Wochenende ein schwarzes Wochenende. Ich kam nicht darüber hinweg, daß sie mit einem anderen Mann ins Bett gehen würde, um etwas von ihm zu bekommen.		
(81) T:	Mir scheint es, zumindest in Begriffen der RET, daß bei Ihnen gleichzeitig mehrere aktivierende Ereignisse und mehrere Emotionen eine Rolle spielen. Da ist Depression im Spiel, Angst und Schuldgefühl. Die aktivierenden Ereignisse scheinen zu sein, daß Sie sich mit Ihren Kindern treffen, daß Sie Ihre Kinder vermissen, daß Sie Ihre Kinder verloren haben oder der Grund dafür waren, und ein anderes, auf die Zukunft gerichtetes, daß Ihre Frau Sie verlassen könnte. Nach dem, was Sie mir erzählen, scheint mir, daß das, was Sie am meisten bedrückt, in der Gegenwart liegt. D.h., Sie haben Angst, daß Ihre Frau Sie verlassen wird. Und der kleinste Hinweis, daß das geschehen könnte, versetzt Sie in eine schreckliche Angst. Und offenbar läßt Sie der Gedanke an Ihre Kinder daran denken, daß Ihre erste Frau Sie plötzlich verlassen hat, und was einmal geschah, nun ...		Faßt das gesamte Gespräch zusammen. Da der Klient sich bereits mit RET beschäftigt hat, nennt der Therapeut ihm die Einschätzung bezüglich der As und der Cs.

VII. Ablaufschritt 2: Die Disputation der ABCs

In diesem Abschnitt beschäftigen wir uns mit dem zweiten Hauptschritt der Vorgehensweise in der RET, mit der Disputation der ABCs. Disputation heißt übersetzt: „wissenschaftliches Streitgespräch"[135]. Damit werden zwei Hauptziele verfolgt:
1. Das Infragestellen der irrationalen Überzeugung anhand der fünf rationalen Fragen bzw. der Rationalitätskriterien.
2. Die Entwicklung alternativer Lebensanschauungen. Dies geschieht vor allem dadurch, daß der Klientin alternativ zu ihren negativen, irrationalen Bewertungen rationale und sinnvollere Bewertungen angeboten werden.

Die Disputation ist der Abschnitt der Therapie, wo Veränderung stattfindet (bzw. stattfinden soll). Wie oben aufgezeigt, lassen sich zwei Arten von irrationalen Bewertungen unterscheiden, die Ziel der Veränderung sind: beschreibende Glaubenssätze (in der Regel As) und bewertende Glaubenssätze (in der Regel Bs).

Beispiel: Eine Klientin äußert den beschreibenden Glaubenssatz: „Niemand in der Abteilung mag mich."

Darauf könnte die Therapeutin auf zwei Weisen reagieren. Zum einen könnte sie die wahrgenommene Realität (A) hinterfragen: „Niemand mag Sie?"

Die andere Möglichkeit besteht darin, die dahinterstehende Bewertung zu hinterfragen. Therapeutin: „Wir wissen nicht, ob es wahr ist, daß Ihre Kollegen Sie nicht mögen, aber nehmen wir einmal an, daß es so ist. Was sagen Sie sich innerlich dazu?"

Die Klientin wird nun wahrscheinlich mit einer Bewertung antworten, zum Beispiel: „Das ist schlimm."

Nach Ellis besteht die elegantere Lösung und das logisch überzeugendere Modell der Therapie darin, zuerst die Bewertungen zu verändern – und dann erst die wahrgenommene Realität (A). Er erklärt das folgendermaßen: Wenn Klienten sogar mit ihrer verzerrten Sicht von A umgehen können, dann ist es für sie relativ leicht, die Realität zu bewältigen. Bezogen auf das obige Beispiel heißt das: Wenn die Klientin die Bewertung „Es ist schrecklich" umwandeln kann in „Ich kann damit umgehen", obwohl sie weiterhin der Ansicht ist, daß niemand sie mag, dann wird auch die wahrgenommene Realität kein großes Problem mehr für sie darstellen.

Weitere Vorgehensweisen der Disputation

Der Vollständigkeit halber zeigen wir noch zwei weitere (seltener verwendete) Vorgehensweisen der Disputation auf:

1. Selbstinstruktionsprogramme:
Bei diesem auf Donald Meichenbaum zurückgehenden Vorgehen wird versucht, das Verhalten von Klienten direkt zu beeinflussen, indem man ihnen rationale Sätze beibringt und so einen vermittelnden Einfluß zwischen innerem Selbstgespräch und Verhalten aufbaut.

2. Die As verändern
Diese Vorgehensweise kann natürlich nur dann angewandt werden, wenn sich die As verändern lassen. Dies geschieht u.a. durch
- Techniken, die der Klientin helfen können, ihre Umwelt zu verändern (z.B.: Problemlösen und operantes Konditionieren);
- Techniken, die ihre Interaktionen mit der Umwelt günstiger gestalten (z.B. soziales Problemlöseverhalten, direktes Feedback);
- Selbstsicherheitstraining: Hier lernt die Klientin, ihre Gefühle und Wünsche angemessen zum Ausdruck zu bringen.

Im folgenden werden wir uns, wenn nicht anders angegeben, auf die von Ellis bevorzugte „elegante" Lösung der Disputation beziehen, nämlich die Infragestellung irrationaler Bewertungen. Dazu stellen wir die drei gängigsten Disputationsstrategien (man könnte auch von Interventionen sprechen) der RET dar. Nur die dritte ist im wesentlichen eine Fragetechnik, weshalb wir nur auf sie ausführlich eingehen. Die ersten beiden erwähnen wir, um deutlich zu machen, daß die RET nicht nur mit kognitiven Methoden arbeitet, sondern auch auf andere Techniken zurückgreift.

1. Disputationsstrategien

a) Verhaltenszentrierte Disputationstechniken

Bei dieser Technik werden der Klientin Verhaltensanweisungen (meistens in Form einer Hausaufgabe) gegeben. Diese besteht u.a. in a) Risikoübungen und b) Übungen, in denen gegen das negative Gefühl (z.B. Beschämung) angegangen wird. Erstere erfordern vor allem Mut, bei letzteren liegt der Schwerpunkt darauf, die Klientin einen Mißerfolg erleben zu lassen, damit sie erkennt, daß sie dies aushalten kann. Ein Beispiel wäre, eine Klientin, die meint, Zurückweisungen nicht ertragen zu können, anzuweisen, Zurückweisungen zu provozieren.

b) Disputationsstrategien in der Vorstellung

Bei dieser Strategie sind die gängigsten Methoden:
- Die negative Imagination: Die Klientin wird angewiesen, sich die Problemsituation vorzustellen und dabei ihre Gefühle in dieser Situation zu beeinflussen.
- Die positive Imagination: In der Vorstellung erlebt die Klientin die Problemsituation mit positiven Gefühlen und Verhaltensweisen.
- Disputationen in der Vorstellung. Diese Übung wird meist als Hausaufgabe gegeben.
- Entspannungsübungen. Auch sie werden meist als Hausaufgaben gegeben.

Neben diesen Imaginationstechniken gibt es viele Variationen und Erweiterungen, die teilweise auch mit hypnotischen Techniken arbeiten.

c) Die kognitive Disputation

Bei der kognitiven Disputation wird versucht, die irrationalen Glaubenssätze der Klientin durch Überzeugen, didaktische Demonstrationen, sokratische Dialoge, stellvertretendes Lernen und andere Arten des verbalen Ausdrucks zu verändern. Dies erfolgt vor allem durch Fragen. Sie sind die Hauptmethode, um Klienten zu rationalen Überzeugungen zu veranlassen.

Die kognitive Disputation kann in drei verschiedene Unterstrategien aufgefächert werden. Diese sind Logik, Empirismus und Pragmatismus.

Der Zweck des Einsatzes von **Logik** besteht darin, der Klientin zu verdeutlichen, warum ihre IBs unlogisch sind. Nur weil sie möchte, daß etwas geschehen soll, folgt nicht automatisch, daß es auch geschehen **muß**. Wenn die Therapeutin auf die Strategie der Logik zurückgreift, lautet ihre strategische Frage: *Wo ist die Logik?*

Mit **Empirismus** sind (Lebens-)Erfahrung und gesunder Menschenverstand gemeint. Der Klientin wird aufgezeigt, daß ihre Forderungen schon allein empirisch nicht mit der Wirklichkeit übereinstimmen. Wenn die Therapeutin auf die Strategie des Empirismus zurückgreift, lautet ihre strategische Frage: *Wo ist der Nachweis? Wie groß ist die Wahrscheinlichkeit?*

Die Strategie des **Pragmatismus** konzentriert sich auf die pragmatischen Konsequenzen einer irrationalen Bewertung. Die strategische Frage der Therapeutin lautet: *Welche Folgen wird das Festhalten an der Forderung X für die Klientin haben?* Beispielsweise würde eine Klientin, die meint, Erfolg haben zu müssen, wahrscheinlich ihr Leben lang Angst vor Mißerfolg haben. Mit dieser Konsequenz könnte die Therapeutin sie konfrontieren.

2. Der Ablauf der kognitiven Disputation

Der idealtypische Verlauf einer kognitiven Disputation ist unten dargestellt[136]. Im realen therapeutischen Gespräch wird es naturgemäß Verschiebungen in der Reihenfolge und Rückkopplungsschleifen zwischen den Ablaufpunkten geben. Insofern kann der Ablauf nur als grober Leitfaden dienen:

1. Klienten für die Veränderung motivieren;
2. den internen Ablauf der ABCs herausarbeiten;
3. Klienten rationale Überzeugungen anbieten;
4. Klienten zur Aufgabe ihrer irrationalen Überzeugungen ermuntern;
5. Beweise für die Richtigkeit der irrationalen Überzeugungen verlangen;
6. Klienten nach deren Gefühlen fragen, wenn sie zugegeben haben, daß es keine Beweise für die irrationalen Überzeugungen gibt;
7. Klienten prüfen, ob sie verstanden haben, was der Grund einer Verbesserung ihres Gefühlszustandes ist, und falsche Erklärungen[137] zurückweisen;
8. anerkennen, daß die Klientin ihr Denken verändert hat und daß dies auf verschiedene Faktoren zurückzuführen ist, die mit ihrem Denken zu tun haben.

Dieser Ablauf soll nun anhand eines Fallbeispiels verdeutlicht werden. Dabei werden wir auf die obigen Schritte genauer eingehen.

Fallbeispiel: Der „nervöse" Klient

Der Fall, auf den wir im weiteren Verlauf noch weiter eingehen werden, entstammt einer öffentlichen Demonstration von Albert Ellis, die wir leicht bearbeitet wiedergeben[138]. Die Demonstration zeigt, wie die RET auch als Kurzzeittherapie angewandt werden kann und daß u.U. keine langwierige Feststellung der ABCs notwendig ist. Im vorliegenden Fall meldete sich jemand aus der Gruppe, der unter Nervosität litt. Damit war das C festgestellt; das A ergibt sich aus dem Kontext: Der Teilnehmer ist nervös, weil er vor der Gruppe steht. Ellis geht nach der schnellen Feststellung des As und des Cs sofort zur Disputation der irrationalen Bedeutungen über.

(1) T:	Was, meinen Sie, sagen Sie sich, um nervös zu werden?		
(2) K:	Ich bin ein Idiot, daß ich hier heraufgekommen bin!		
(3) T:	Sie sind ein Idiot, weil …	Ellis wendet die Satzergänzungstechnik an, um die IB zu erfahren.	
(4) K:	Es könnte sein, daß ich empfindliche Stellen von mir preisgebe, und das wäre mir peinlich.		
(5) T:	Und Sie sollten ein behagliches Gefühl haben? Meinen Sie das? Oder Sie sollten überhaupt nichts von sich preisgeben?	Mit den Fragen 5, 7, 9 und 11 klärt Ellis, welches IB überwiegt.	
(6) K:	Überhaupt nichts.		
(7) T:	Und wenn Sie etwas von sich preisgeben würden, was dann? Was würde Ihrer Meinung nach voraussichtlich geschehen?	Erfragt die Konsequenzen.	
(8) K:	Ich würde die Beherrschung verlieren – und dann würde ich mich schämen.		
(9) T:	Sie würden sich vor diesen Leuten zum Narren machen, ja?	Formuliert die Worte des Klienten um, verschärft sie.	
(10) K:	Ja.		
(11) T:	Und wenn, was würde Sie daran so aufregen? Wovor haben Sie Angst, wenn Sie das tun?	Präsupponiert, daß Aufregung bzw. Angst existiert. Er bestimmt ein neues Thema.	
(12) K:	Können Sie Ihre Frage noch einmal wiederholen?		
(13) T:	Ja. Sie sagen: „Ich könnte mich vor diesen Leuten hier dumm benehmen." Aber allein wegen dieser Feststellung würden Sie niemals Angst empfinden. Das ist einfach eine Beobachtung oder eine Voraussage. Aber wie bewerten Sie sich, wenn Sie sich dumm benehmen?	Formuliert die Frage konkreter. Die Leserin möge beachten, daß Ellis das Problem deutlich anders formuliert, als der Klient es tat.	
(14) K:	Ich verstehe Sie nicht.		

Den internen Ablauf von A, B und C herausarbeiten[139]

In den Einheiten (1)–(14) erfragt Ellis die IBs und das Zusammenspiel zwischen den As, Bs und Cs. Dadurch werden die Grundannahmen des RET installiert, nämlich, daß das C durch irrationale Gedanken (IBs) hervorgerufen wird, die sich bei bestimmten aktivierenden Ereignissen (As) zeigen. Das zeigt sich in den Beiträgen (1), (3) und (5), wo Ellis die Bs elizitiert und damit zunächst einmal die Erkenntnis installiert, daß es solche IBs überhaupt gibt und daß sie für das C (Angst) verantwortlich sind. Das augenscheinliche Unverständnis in (12) und (14) könnte darauf hindeuten, daß diese Anschauung dem Weltmodell des Klienten fremd ist. Hier können durch die Befragung mindestens zwei Effekte hervorgerufen werden: Entweder wird ein neuer Glaubenssatz installiert, nämlich, daß der von Ellis behauptete Zusammenhang wirklich vorliegt. Eine andere Möglichkeit besteht darin, daß der Klient den Ausführungen von Ellis nicht folgen kann oder will und nur vortäuscht, ihm zuzustimmen.

Katastrophenerwartungen hinterfragen

Beim Elizitieren des internen Ablaufs der ABCs möchten wir an dieser Stelle auf eine in der RET häufig angewandte Unterstrategie hinweisen: das Infragestellen von Katastrophenerwartungen durch Zeitprojektionsfragen. Mit diesen Fragen werden auf die Zukunft gerichtete Ängste hinterfragt, indem die für die Klientin schrecklichsten Konsequenzen bis zum Schluß in der Vorstellung durchexerziert werden. Das Ziel besteht darin, Klienten klarzumachen, daß sie selbst im schlimmsten Fall weiterleben könnte, und dabei sogar glücklich sein könnten[140]. Im vorangegangenen Fall tut Ellis dies in Frage (7) („Und wenn Sie etwas von sich preisgeben würden, was dann? Was würde Ihrer Meinung nach voraussichtlich geschehen?"), die sich auf die Behauptung des Klienten bezieht: „Ich bin ein Idiot, daß ich hier heraufgekommen bin."

Auch im weiteren Verlauf der Befragung (bis Einheit (38)) steht das Hinterfragen der negativen Konsequenzen der irrationalen Bewertungen im Vordergrund. Einen Spezialfall bildet die Strategie, das Schlimmste anzunehmen, die Ellis in Einheit (25) anwendet. Hier elizitiert Ellis das Bewertungssystem hinsichtlich der Eigenschaft „labil"[141]. Indem er hinterfragt, was den Klienten an seiner Labilität erschreckt, installiert er, daß diese Bewertungen nicht fest vorgegeben, sondern vom Klienten selbst gesetzt und somit beeinflußbar sind.

Während der Therapeut die Konsequenzen der IBs erfragt, versucht er gleichzeitig, dem Klienten rationalere Überzeugungen anzubieten. Darauf gehen wir nun näher ein.

Dem Klienten rationale Überzeugungen anbieten und ihn zur Aufgabe seiner irrationalen Überzeugungen ermuntern

Bisher hat der Therapeut die Aussagen des Klienten dahingehend interpretiert, daß seine irrationale Bewertung lautet: „Ich bin ein Idiot, daß ich hier heraufgekommen bin."

In den Schritten 3 und 4 bietet der Therapeut ihm in den Einheiten (15), (17), (19), (21), (25) und (29) rationale Überzeugungen an. Damit gibt Ellis ihm nicht nur eine hilfreiche Vorstellung, sondern motiviert den Klienten für diese Veränderung.

(15) T:	Nun, diese Feststellung allein verursacht kein Gefühl. Da kommt noch etwas hinten nach. Sie könnten sich sagen: „Ich könnte mich dumm benehmen, das wäre großartig! Ich könnte mich dumm benehmen, das wäre eine gute Übung, sich dumm zu benehmen!" Dann hätten Sie keine Angst, nicht wahr?	Mit den nächsten Fragen bietet Ellis dem Klienten rationale Überzeugungen an und ermuntert ihn, seine irrationalen Überzeugungen aufzugeben.
(16) K:	Sicher nicht.	
(17) T:	Aber Sie sagen sich nicht: „Ich könnte mich dumm benehmen, ist das nicht was?" Sie sagen sich nicht: „Das ist großartig!"	Nimmt die Position des Klienten ein.
(18) K:	Ich darf nicht aus meiner Rolle fallen.	
(19) T:	„Und wenn ich aus meiner Rolle falle – was dann?"	
(20) K:	Ich könnte mich ängstlich benehmen.	

(21) T:	"Und wenn ich mich dumm benehme, was dann?" Sehen Sie, Sie geben mir immer noch keine Bewertung. „Ich würde es mögen? Ich würde es nicht mögen? Ich würde begeistert sein?" Wie bewerten Sie es, sich dumm zu benehmen?		Das bewertende Element fehlt noch immer.
(22) K:	Ich käme mir labil vor.		
(23) T:	Also: „Ich wäre ein labiler Mensch, wenn ich mich hier oben dumm benehmen würde?" oder: „Die anderen würden mich für einen labilen Menschen halten?"		Alternativfrage, um zu erfahren, wie der Klient dies meint.
(24) K:	Ja.		
(25) T:	Gut, nehmen wir einmal an, Sie würden das tun! Nehmen wir an, die anderen sagen: „Ach Scheiße, der ist labil." Nun, Sie wissen nicht, ob sie das sagen. Sie könnten auch sagen: „Mensch, der hat den Mumm, dort raufzugehen, ich würde in die Hosen machen!" Aber nehmen wir an, sie würden sagen, daß Sie labil seien. Was erschreckt Sie daran?		Erfragt die Konsequenzen für den schlimmstmöglichen Fall.
(26) K:	Das würde bestätigen, was ich selber schon denke.		
(27) T:	„Daß ich labil bin." Nun, wie bewerten Sie Ihre sogenannte Labilität?		
(28) K:	Negativ.		
(29) T:	„Ich mag diese Eigenschaft nicht?" Aber dann wären Sie bloß besorgt. Sie wären nicht verlegen oder beschämt. Sie würden sich einfach sagen: „Gut, ich habe eine negative Eigenschaft, die Labilität genannt wird." Merken Sie, daß Sie sich etwas *Stärkeres* sagen als das, um sich Angst einzujagen?		Verwendet kombiniert die bisher verwendeten Strategien: IBs erfragen, aus der Position des Klienten fragen.
(30) K:	Könnte es vielleicht Ablehnung sein?		
(31) T:	Ja. „Denn, wenn ich abgelehnt werde …?"		Bietet dem Klienten einen Halbsatz an, um den IB herauszubekommen.
(32) K:	Dann bin ich anders als sie.		
(33) T:	„Und wenn ich anders bin als sie?" Was folgern Sie daraus?		
(34) K:	Ich wäre einsam.		
(35) T:	„Ich wäre ganz allein." Was gibt Ihnen das für ein Gefühl?		
(36) K:	Ich bin deprimiert.		
(37) T:	Ja. Wenn ich Sie recht verstehe, dann sagen Sie: „Wenn ich mich hier oben dumm benehme, dann würde ich damit beweisen, daß ich anders bin. Die anderen würden wissen, daß ich anders bin. Sie würden mich bis zu einem gewissen Grad boykottieren, und das könnte ich nicht ertragen – das wäre entsetzlich." Stimmt das?		Formuliert das C in ein A um und faßt den A-B-Komplex zusammen. Dabei formuliert er wiederum die Worte des Klienten um.
(38) K:	Ja.		

In Einheit (37) hat Ellis genügend Informationen gesammelt, um den Kern des irrationalen Überzeugungssystems des Klienten zusammenfassen zu können. Nachdem der Klient dies bejaht hat, ist die Voraussetzung geschaffen, zum 5. Schritt des Ablaufs der Disputation zu kommen.

Beweise verlangen

In diesem fünften Schritt geht es darum, die Klienten beweisen zu lassen, daß ihre IBs richtig sind. Dies geschieht in Übereinstimmung mit dem RET-Grundsatz, alles zu tun, um die Evidenz, logische Konsistenz und semantische Klarheit im Denken des Klienten zu fördern. In diesem Grundsatz wird der absolute Wahrheitsanspruch der RET deutlich: Der RET-Therapeut „weiß", was richtig und was falsch ist. Es geht darum, dies auch dem Klienten klarzumachen.

(39) T:	Gut. Aber selbst, wenn das geschehen würde – und wir wissen nicht, ob es geschieht –, warum wäre das schrecklich? Daß die anderen denken würden, sie könnten Sie boykottieren, und Sie dann allein wären? Wieso wäre das entsetzlich?		Der Klient stimmt zu. Verlangt vom Klienten einen Beweis, warum das schrecklich ist.

(40) K: Der Beweis ist meine frühere Erfahrung. Weil ich anders war, wurde ich ausgeschlossen.

(41) T: Aber warum war das schrecklich? Nehmen wir an, das sei geschehen. Sie sind ausgeschlossen und allein gelassen worden. Warum war das schrecklich? *Weist darauf hin, daß dies kein Beweis ist, und wiederholt die Frage.*

(42) K: Ich habe das Gefühl, daß ich jemanden haben muß, mit dem ich etwas gemeinsam habe.

(43) T: Beweisen Sie das! Beweisen Sie, daß Sie jemanden haben müssen.

(44) K: (Pause) Es gibt keinen Beweis.

In diesem Zusammenhang sei darauf hingewiesen, daß RET-Therapeuten in verschiedensten Situationen Beweise von ihren Klienten verlangen. Dies trifft vor allem auf Klienten zu, die zu einer niedrigen Frustrationstoleranz (NFT) neigen, die man an Formulierungen wie „Ich kann X nicht ertragen" erkennt.

Ein weiterer Kontext, in dem Beweise verlangt werden, liegt vor, wenn Klienten dazu neigen, Forderungen an andere zu stellen. **Beispiel:** Eine Klientin fordert: „X ist nicht fair. Er sollte sich mir gegenüber anders verhalten."

Darauf sind folgende Fragen üblich:
➤ Warum ist das eine dumme Forderung?
➤ Wo ist der Beweis dafür?
➤ Wo steht geschrieben, daß X fair sein müßte?

Solche Fragen (namentlich die erste) können beim Klienten leicht inneren Widerstand hervorrufen. Deshalb scheint es angeraten zu sein, die Fragen eher „weich" zu formulieren.

Klienten nach ihren Gefühlen fragen

Nachdem der Klient zugegeben hat, daß es keinen Beweis für seine IBs gibt, fragt der RET-Therapeut nach dessen Gefühlen. Dadurch macht er ihn auf die affektive Veränderung aufmerksam und bietet ihm eine Motivation, seine einschränkenden Glaubenssätze aufzugeben und durch solche zu ersetzen, die positive Gefühle hervorrufen.

(45) T: Aber wenn Sie davon überzeugt sind, wie fühlen Sie sich dann? *Erfragt die emotionalen Konsequenzen der IBs.*

(46) K: Schrecklich.

(47) T: Das stimmt! Sie haben diese Dinge als schrecklich definiert, und wenn Sie diese Definitionen aufgeben würden, würden Sie sich ganz in Ordnung fühlen. Was haben Sie in diesem Augenblick für ein Gefühl, hier oben zu sein?

(48) K: Ich fühle mich ein wenig gelöster.

Klienten nach dem Grund für die Veränderung ihrer Gefühle fragen

Mit Frage (49) prüft Ellis, ob der Klient verstanden hat, was vorging.

(49) T: Merken Sie, warum Sie sich etwas gelöster fühlen? Wissen Sie, weshalb das so ist?

(50) K: Ich sage mir jetzt stärker, daß ich mich einen Dreck drum schere.

Anerkennen, daß Klienten ihr Denken verändert haben

(51) T: Prima. Das ist recht. Und dann sind Sie auch etwas abgelenkt worden. Statt sich auf Ihre Gefühle zu konzentrieren, haben Sie sich auf unser Gespräch konzentriert. Möchten Sie jetzt noch ein anderes Problem besprechen?

In (51) erkennt der Therapeut an, daß der Klient sein Denken verändert hat. Dafür sieht er mehrere Ursachen: Zum einen sagt er sich selbst andere Dinge als vorher, und zweitens hat er seine Aufmerksamkeit auf die Disputation gerichtet statt auf seine irrationalen Gedanken.

VIII. Fragekategorien

1. RET-Fragen im Rahmen der VT

In der Verhaltenstherapie (VT) gibt es grob gesagt folgende vier Bereiche, die Therapeuten erfragen. Diese sind
1. das Symptom;
2. die auslösenden Bedingungen des Symptoms;
3. die Verstärker und aufrechterhaltenden Bedingungen des Symptoms und
4. Ziele und Ressourcen.

Die Fragen der RET lassen sich gut in dieses Konzept einordnen.

a) Was ist das Symptom?

Die Fragen nach dem Symptom entsprechen dem C, also den emotionalen und verhaltensmäßigen Konsequenzen, die Klienten in die Therapie bringen. Deshalb wird das C von der Klientin häufig bereits genannt, ohne daß man eine Frage gestellt hätte.

Eine Grundregel der RET lautet: Gefühle werden nicht hinterfragt. Was hinterfragt wird, sind die Bewertungen, die negative Gefühle hervorrufen. Die Fragen nach dem C sind meist darauf gerichtet, spezifische Informationen zu erhalten, z.B. hinsichtlich der Intensität des Gefühls oder hinsichtlich des Zusammenhangs zwischen den As und den Cs. Im Fall des depressiv-ängstlichen Klienten ergab die Befragung bis Einheit (40), daß aus C1 (Angst) ein A für C2 (Traurigkeit) wurde. Die Fragen, mit denen diese Informationen im Fallbeispiel des depressiv-ängstlichen Klienten elizitiert wurden, seien noch einmal zusammengefaßt:

1. Elizitieren von Gefühlszuständen
➤ Was empfinden Sie?
➤ Haben Sie dabei Angst?
➤ etc.

2. Fragen nach der Intensität von Gefühlen
➤ Skalierungsfragen, zum Beispiel: „Wenn Sie eine Skala von 0 bis 100 verwenden würden, um das Ausmaß Ihrer Traurigkeit zu messen, wie viele Punkte wären das? 0 würde bedeuten, Sie wären vollständig glücklich, friedlich und es geht Ihnen prima – und 100 ist der Punkt, an dem Sie kurz davor sind, sich ein Messer in die Brust zu stoßen. Was empfinden Sie im Moment?"
➤ Wieviel Angst haben Sie?
➤ Welches Gefühl ist dominanter, C1 oder C2?
➤ etc.

b) Welches sind die auslösenden Bedingungen des Symptoms?

Die Fragen nach den auslösenden Bedingungen des Symptoms entsprechen in etwa den Fragen nach den aktivierenden Ereignissen (As). Es gibt eine große Vielzahl von Auslösern für das C. Zum Beispiel:
➤ äußere Umstände, z.B. ein schlechtes Lebensumfeld;
➤ eigene negative Gedankenmuster;
➤ Mitmenschen, die Klienten in ihrem Zustand beeinflussen;
➤ etc.

Aufgrund der Vielzahl unterschiedlichster Auslöser des C gibt es eine Vielzahl von Fragen nach dem A, die sinnvoll sein können. Es können sowohl Fragen nach Tatsachen, Fragen nach zeitlichen Abfolgen oder auch Fragen nach inneren Prozessen sein. Zwei Beispiele mögen dies veranschaulichen:

Beispiel „Depression": Ein depressiver (C) Klient klagt, daß sein Leben sinnlos ist. Fragen nach dem A könnten lauten:
- „Wann hat Ihre Depression begonnen?"
- „Wann sind Sie am ehesten deprimiert?"
- „Was verschlimmert Ihre Depression?"

Fragen nach dem A sind ebenso wie die Fragen nach dem C überwiegend problemorientiert. In Ausnahmefällen können sie auch möglichkeitsorientiert sein, wenn das A vom Klienten nur vage formuliert werden kann.

Beispiel: Wenn eine depressive Klientin keine konkreten Auslöser nennen kann, dann kann die Therapeutin eigene Hypothesen formulieren. Die Hypothese könnte zum Beispiel lauten: Die Klientin ist der Ansicht, daß das Leben nur dann sinnvoll ist, wenn sie große, hehre Ziele verfolgt. Da sie sich dazu nicht in der Lage sieht, wird sie depressiv. Die Therapeutin könnte daraus folgende Frage ableiten: „Was würde es brauchen, damit Ihr Leben sinnnvoll ist?"

Eine weitere Möglichkeit bestünde darin, Fragen nach Veränderungen in der Vergangenheit bzw. nach ihren Veränderungserwartungen zu stellen:
- „Hat sich in den letzten paar Monaten irgend etwas in Ihrem Leben geändert?" oder:
- „Erwarten Sie irgendwelche Veränderungen in Ihrem Leben in den nächsten paar Monaten?"

Die Strategie von RET-Therapeuten besteht darin, die Klientin mittels konkreter, detaillierter Fragen festzulegen. Hilft dies nichts und bleibt die Beschreibung der Auslöser von C vage, dann wird oftmals das Führen eines Tagebuchs verlangt.

c) Welches sind Verstärker und aufrechterhaltende Bedingungen des Symptoms?

In der VT beinhaltet diese Fragekategorie folgende Bereiche:
- Wie reagiert die Umwelt?
- Welche primären und sekundären Gewinne zieht die Klientin aus dem Symptom?
- Welche Verstärker gibt es für das Symptom?

Die RET läßt die beiden zuerst genannten Bereiche (Umwelt und Krankheitsgewinne) nicht vollständig außer acht, aber der Schwerpunkt der Befragung liegt eindeutig auf dem dritten Bereich. Unter Verstärkern und aufrechterhaltenden Bedingungen werden primär die beschreibenden und bewertenden Überzeugungen verstanden, also die irrationalen Bewertungen (IBs) und die As.

2. Hauptfragekategorien der Disputation

Die Vielzahl von Fragen, die die RET in diesem Bereich hervorgebracht hat, seien nun drei Bereichen zugeordnet:

a) Fragen, die darauf abzielen, die Evidenz, logische Konsistenz und semantische Klarheit im Denken von Klienten zu fördern

- Was ist der Beweis? Wo liegt die Evidenz?
- Ist das wahr?
- Können Sie das beweisen?
- Woher wissen Sie das?
- Wieso ist das eine Übergeneralisierung?
- Warum ist das ein schlechter Ausdruck?
- Wie würden Sie einem Freund eine solche Vorstellung ausreden?
- Warum stimmt diese Feststellung nicht?

- In welcher Weise?
- Ist das ein guter Beweis?
- Erklären Sie mir, warum Sie X (z.B. warum Sie zu dumm sind, um die Universität zu besuchen)?
- Welche Verhaltensweise können Sie zum Beweis anführen?
- Warum muß es so sein?
- Wieso beweist der Umstand, daß Sie etwas wollen, daß es auch so sein muß?
- Wir wollen wissenschaftlich arbeiten. Was zeigen die Ergebnisse?
- Was würde das für Sie als Person heißen?
- Was ist nicht in Ordnung mit der Annahme, daß Sie etwas „Besonderes" sind?
- Wie würden Sie zerstört, wenn Sie X nicht tun?
- Wieso müssen Sie? – Sie können auch anders handeln.

Die Präsuppositionen dieser Fragen lauten: Es gibt wissenschaftlich exakt nachweisbare „wahre" und „falsche" Aussagen. Die Therapeutin kann wahre von falschen Aussagen unterscheiden. Und: Wahre, rationale Bewertungen sind auch für die Klientin sinnvoll.

b) Infragestellung von Katastrophenerwartungen

Diese Fragen zielen auf eine Neubewertung darüber, ob bestimmte Ereignisse in der Zukunft eintreten werden und wenn ja, ob sie so unangenehm sein werden, wie die Klientin glaubt.

- Was würde geschehen, wenn …? Was könnte geschehen?
- Was, wenn …?
- Wenn das stimmt, was kann dann schlimmstenfalls geschehen?
- Was ist, wenn das geschieht?
- Wie kann das so schlimm sein?
- Wie kann ein Nachteil schrecklich sein?
- Was kann Gutes passieren, wenn X eintrifft?
- Können Sie glücklich sein, auch wenn Sie nicht bekommen, was Sie wollen?
- Wie schlimm würde das sein?
- Erklären Sie mir, wieso Sie das fertigmachen würde!
- Wie hoch ist die Wahrscheinlichkeit einer negativen Konsequenz?
- Lassen Sie uns das Schlimmste annehmen. Sie tun etwas ganz besonders Schlimmes. Wieso dürfen Sie es nicht tun?
- Wie kann Ihre Welt von X zerstört werden?

Dazu ein Beispiel:

T: Was würde passieren, wenn Sie versuchen würden, sich gegen Ihre Frau durchzusetzen?
K: Sie könnte mich verlassen.
T: Was würde schlimmstenfalls geschehen, wenn Ihre Frau das täte?
K: Ich würde vielleicht keine andere Frau mehr finden, mein Gott!
T: Nehmen wir dies einmal an. Was könnte dann schlimmstenfalls geschehen?
K: Ich könnte krank werden, und niemand würde sich um mich kümmern.
T: Gut, was wäre daran das Schlimmste?
K: Das wäre überhaupt das Schlimmste. Das ist so schrecklich, daß ich es hasse, überhaupt daran zu denken.

Die Vorstellung, daß sich niemand um ihn kümmert, bewertet der Klient als das Schlimmste, was ihm passieren kann. Diese IB würde nun von der RET-Therapeutin disputiert werden. Hierin zeigt sich das stoisch-taoistische Gedankengut, auf der die RET-Theorie beruht. Sie verlangt, um Wirkung zu zeigen, ein hohes Maß an Kongruenz seitens der Therapeutin.

Pragmatische Disputationsfragen:

- Solange Sie X glauben, wohin wird Sie das führen? Wie werden Sie sich dabei fühlen?

- Wohin wird diese Forderung Sie führen?
- Ist es das Risiko wert?
- Ist es Ihnen das wert?
- Wenn Sie auf diese Art und Weise denken, wie fühlen Sie sich dabei?
- Wenn Sie so denken, sind Sie dann motiviert, X zu tun?
- Warum halten Sie an dem Gedanken fest, der Ihnen so viele Schwierigkeiten bereitet?
- Wie werden Sie sich fühlen (oder verhalten), solange Sie das glauben?
- Was ich will, muß ich auch erreichen oder bekommen? – Wie weit werden Sie damit kommen?
- Hilft Ihnen Ihre Bewertung, sich so zu fühlen und zu verhalten, wie Sie gerne möchten? Ein Beispiel zum Thema „Angst vor Mißerfolg": Hilft Ihnen Ihre Angst, weniger Fehler zu machen?

Fragen zur Disputation einer geringen Frustrationstoleranz:
- Wie haben Sie es bisher geschafft, das auszuhalten?
- Werden Sie daran sterben?
- Wollen Sie damit sagen, daß Sie dies überhaupt unter keinen Umständen aushalten können?
- Was kann ein Mensch nicht aushalten? Antwort: 10 Minuten ohne Sauerstoffzufuhr – alles andere ist (wenn auch nicht gut) auszuhalten.
- Könnten Sie es aushalten, wenn Sie dafür 1 Million $ bekämen?
- Ist es für Sie wirklich unmöglich, etwas für Sie „Schreckliches" zu ertragen?
    - Könnten Sie es, wenn Sie dafür 1 Million $ bekommen würden?
    - Warum können Sie es dann nicht, um Ihre Ziele zu erreichen?

c) Elizitieren der inneren Gedankenprozesse
- Was ging Ihnen durch den Kopf?
- Was sagen Sie zu sich selbst?
- Waren Sie sich irgendwelcher Gedanken bewußt?
- Da läuft diese Platte in Ihrem Kopf wieder ab; was hat sie diesmal wieder gespielt?
- Worüber haben Sie sich Sorgen etc. gemacht?
- Merken Sie, was Sie in dem Augenblick gedacht haben?

d) Ziel- und ressourcenorientierte Fragen
Ziel- und ressourcenorientierte Fragen kommen anteilsmäßig weitaus seltener vor als die bisher besprochenen problemorientierten Fragen. Sie kommen zur Anwendung, wenn es darum geht, zu erfragen, wie sich die Klientin anstelle des Problemzustands fühlen möchte. Einige Beispiele sind:
- Wunderfrage (ähnlich wie bei Steve de Shazer)
- Wie möchten Sie sich in zukünftigen (ähnlich problematischen) Situationen verhalten?
- Wie möchten Sie sich dann fühlen?
- etc.

3. Prinzipien beim Befragen

Zum Abschluß seien einige Regeln und die wichtigsten therapeutischen Prinzipien für das Fragenstellen in der RET zusammengefaßt.

Zeit für die Antwort lassen
Ein erstes Prinzip lautet, Klienten genügend Zeit für die Antwort zu lassen, denn die Fragen erfordern eine ernsthafte Auseinandersetzung mit den Fragen und Anregungen der Therapeutin.

Fragen wiederholen

Ein zweites Prinzip lautet, die Frage zu wiederholen, wenn sie von der Klientin nicht bzw. nicht korrekt beantwortet wurde. Dies geht mit dem therapeutischen Prinzip einher, sich nicht vom Problem ablenken zu lassen. Beispiel:

Therapeutin: Wo ist der Beweis, daß dies so schrecklich ist?
Klientin: Weil ich es nicht mag.

Diese Aussage ist keine Antwort auf die Frage. Manchmal ist einige Konsequenz erforderlich, um dieses Prinzip einzuhalten, wie das folgende Beispiel zeigt:

T: Wie ist das ein Problem?
K: Nun, ich würde einen Fehler machen.
T: Und wieso ist das ein Problem für Sie?
K: Wenn ich einen Fehler machen würde, käme ich mir dumm vor.
T: Was würde das über Sie aussagen?
K: Es wäre der Beweis dafür, daß ich unzulänglich bin.

Motivation sicherstellen

Es ist wichtig, die Aufmerksamkeit der Klientin zu gewinnen, damit sie motiviert ist, beim ABC-Vorgehen die Fragen der Therapeutin zu beantworten. Aus diesem Grund achtet letztere auf ihre Stimme und ihre Wortwahl. Beides sollte anregend wirken, nicht schlaff, einschläfernd.

Direkte Fragen stellen

Die Therapeutin sollte irrelevante, rhetorische und allgemeine Fragen vermeiden, weil sie häufig zu Ablenkungen vom eigentlichen Thema führen. Wichtig sind vor allem die Fragen nach den ABCs sowie solche, die irrationale Überzeugungen er- und hinterfragen. Das sind zum Beispiel:
- Wie-Fragen: Wie genau wissen Sie das?
- Was-Fragen: Was für Gedanken gehen Ihnen in dieser Situation durch den Kopf?
- Hypothetische Fragen: z.B. die Wunderfrage.

Warum-Fragen

Warum-Fragen sollten vermieden werden, solange Therapeutin und Klientin daran arbeiten, die As, Bs und Cs herauszuarbeiten. In dieser Phase eignen sich die obengenannten Wie- oder Was-Fragen besser, um dieses Ziel zu erreichen.

Hingegen hält man Warum-Fragen bei der Disputation für nützlich[143]. Wenn die Klientin dann feststellt, daß es keine Beweise für die irrationale Logik gibt, kann sie die „richtige" Logik leichter einsehen. Warum-Fragen und Suggestivfragen werden in der Disputation nicht selten angewandt, um Klienten auf ihre Aussagen „festzunageln".

Auch bei Warum-Fragen gilt es zu beachten, daß die Frage auch wirklich korrekt beantwortet wird. Dazu ein Beispiel:

T: Warum müssen Sie erfolgreich sein?
K: Weil es mir Vorteile bringt, wenn ich erfolgreich bin.

Diese Antwort erscheint zwar schlüssig, aber sie ist keine Antwort auf die gestellte Frage. Sie beantwortet lediglich, warum es wünschenswert ist, erfolgreich zu sein. Die einzig korrekte Antwort lautet:

K: Es gibt keinen Beweis, daß ich erfolgreich sein muß, obwohl es für mich natürlich wünschenswert wäre.

D. Die Gesprächspsychotherapie

I. Einführung

Die GT hat viele Namen: klientenzentrierte Beratung, Gesprächspsychotherapie, nicht-direktive Beratung bzw. Therapie, personenzentrierte Therapie u.a. Wir werden im folgenden die Bezeichnung GT (für Gesprächspsychotherapie) verwenden.

Die GT ist die erste Therapieform, die der humanistischen Psychotherapie zugeordnet werden kann. Sie wurde in den 40er Jahren von Carl Rogers entwickelt, der in der bis dorthin vorherrschenden Psychoanalyse die Persönlichkeit des Menschen nicht angemessen gewürdigt fand. Er vertrat die Ansicht, daß die distanziert-beobachtende Haltung der Analytikerin nicht geeignet sei, Klienten bei der Überwindung ihrer Probleme zu helfen. Empathie, Respekt vor der Klientin und Echtheit im Verhalten der Therapeutin bilden bis heute das Herzstück der GT. Das Mittel, dies umzusetzen, ist das aktive Zuhören, das seit seiner Entwicklung weit über den Bereich der Psychotherapie hinaus Verbreitung gefunden hat und in den verschiedensten Beratungskontexten zur Anwendung kommt. Die GT wird u.a. von folgenden Personen(gruppen) und in folgenden Kontexten angewandt:

➤ in therapeutischen Kontexten;
➤ im Rahmen der Erziehung;
➤ in Beratungskontexten: für Ehepaare, im Rahmen der Sozialarbeit und der psychosozialen Versorgung einer Stadt, in Schulen, zur Berufsfindung etc.;
➤ im Rahmen von Kommunikationstrainings.

Im Laufe der Zeit hat die GT viele Entwicklungsstufen durchlaufen. Dies zeigt sich in unterschiedlichen Konzeptionen der verschiedenen GT-Ausbildungsinstitute, die (in Abhängigkeit vom Hintergrund der verantwortlichen Ausbildungsleiter) mehr oder weniger Grundhaltungen anderer Psychotherapierichtungen aufnehmen oder auch nicht. In Deutschland ist eine neue Dynamik auch deshalb festzustellen, weil die GT (wie auch andere Psychotherapien) es anstrebt, in den Katalog der Therapien aufgenommen zu werden, die von der Krankenkasse anerkannt werden. Unter anderem aus diesem Grund gibt es in der GT Bestrebungen, eine Störungslehre[143] zu integrieren, die sich an den klassischen medizinischen Krankheitsbildern (Depression, Angstzustände etc.) orientiert.

Im Rahmen der Fragestellung dieses Buches werden wir keine Differenzierungen zwischen verschiedenen Richtungen der GT vornehmen, sondern uns auf die Prinzipien konzentrieren, die durch deren Begründer formuliert wurden und die auch heute noch den Kern der GT ausmachen. Das Ziel seines Ansatzes beschreibt Rogers wie folgt:

„Dieser neue Ansatz ... zielt direkt auf die größere Unabhängigkeit des Individuums ab, statt zu hoffen, daß sich diese Resultate ergeben, wenn der Berater bei der Lösung der Probleme hilft. Das Individuum steht im Mittelpunkt der Betrachtung und nicht das Problem. Das Ziel ist es nicht, ein bestimmtes Problem zu lösen, sondern dem Individuum zu helfen, sich zu entwickeln, so daß es mit dem gegenwärtigen Problem und mit späteren Problemen auf besser integrierte Weise fertig wird.[144]"

In diesem Zitat sagt Rogers sehr klar, daß es ihm weniger um Problemlösung geht als vielmehr um Persönlichkeitsentwicklung. Dies ist ein wichtiger Unterschied zu allen hier betrachteten Therapiemethoden.

Wie kam Rogers, der eine psychoanalytische Grundausbildung als klinischer Psychologe hatte, dazu, diese Ansicht zu vertreten? – Die Grundlage für diese Überzeugung entwickelte er während seiner Arbeit mit delinquenten und unterprivilegierten Kindern und Jugendlichen am „Child Study Department of the Society for the Prevention of Cruelty to Children", wo er die Erfahrung machte, daß

➤ dominante und autoritäre Verhaltensweisen im Umgang mit Klienten höchstens kurzdauernde und oberflächliche Effekte haben;
➤ Klienten selbst am besten wissen, was sie stört und in welche Richtung sie sich entwickeln wollen.

Um der Leserin schon an dieser Stelle einen Eindruck vom Vorgehen in der GT zu vermitteln, geben wir ein typisches Beispiel für ein klientenzentriert geführtes Gespräch[145]:

T: Wenn Sie vielleicht hier Platz nehmen möchten? (15 Sekunden Schweigen)
K: Ich hab' mich so an Sie gewandt und bin hier zu Ihnen gekommen, aber ich weiß nicht so richtig, was ich sagen soll und wie ich – wie ich anfangen soll.
T: Ja, Sie sind darin jetzt ganz unsicher?
K: Ja, ich glaube, das liegt daran, weil mir das so viel vorkommt – so'n großer Berg oder so 'ne riesige Masse, die ich jetzt irgendwie in den Griff bekommen ...
T: Ja, daß da so sehr viel vor Ihnen steht und Sie gar nicht so recht wissen, wo soll's denn jetzt anfangen, wo sollste ansetzen?
K: Ja, ich hab' z.B. zur Zeit halt so'n diffuses Gefühl der Einsamkeit oder Zurückgestoßenheit – also, ich bin da etwas isoliert von meinem ... von den Leuten, mit denen ich eigentlich in der Woche dauernd umgehe und tagsüber ...
T: Ja, daß Sie so ein wenig das Gefühl haben, ich steh' da so außerhalb von denen und ...
K: Ja, so. .. ich bin da so gar nicht in der Gruppe mit, die lebt irgendwie ohne mich sozusagen... und das Gefühl hab' ich also besonders stark, wenn ich eben z.B. am Wochenende hierbleibe, und dann verbringe ich zwei, drei Tage völlig alleine, da hab' ich niemanden, zu dem ich jetzt mal gehen könnte und mit dem ich mal was unternehmen könnte und so ...
T: Ja, daß Sie sich wünschen, daß es da so jemanden gäbe, zu dem Sie wirklich hingehen könnten und an den Sie sich wenden könnten?

Die Rolle der Therapeutin beschränkt sich darauf, inhaltlich wiederzugeben (zu spiegeln), was gesagt wurde. Das beinhaltet auch die Emotionen, die durchklingen. Die Wahlmöglichkeiten der Therapeutin beschränken sich somit darauf, welche Aspekte sie spiegelt und wie sie dies tut.

In der GT wird der Beziehung zwischen Klientin und Therapeutin eine ganz überragende Bedeutung beigemessen. Durch sie geschieht die Therapie, es gibt keinen therapeutischen Prozeß außerhalb von ihr. Das Vorgehen und die therapeutische Haltung gehen in der GT nahtlos ineinander über. Beides ist von den Grundhaltungen der Empathie, Wertschätzung und Kongruenz gekennzeichnet und durchdrungen. Der Klientin wird der größtmögliche Raum gegeben, sich selbst in ihrer momentanen Verfassung auszudrücken. Die Therapeutin versucht, nichts Eigenes in ihre Fragen bzw. Äußerungen hineinzubringen, sondern möglichst exakt zu spiegeln, was die Klientin gerade ausdrücken möchte. Insofern bemüht sie sich, sich möglichst umfassend in die Klientin einzufühlen und aufgrund dieses Verständnisses die verbalen und emotionalen Inhalte zu benennen, die diese innerlich bewegen. Der Fachterminus hierfür lautet: Verbalisierung emotionaler Erlebnisinhalte (VEE).

Dabei richtet die Therapeutin die Aufmerksamkeit auf das Hier und Jetzt. Erlebnisse der Vergangenheit oder zukünftige Möglichkeiten werden nur dann vertieft, wenn die Klientin selbst diese Richtung eingeschlägt. Klientenzentrierung bedeutet also, daß die Therapeutin sich möglichst vollständig auf das So-Sein der Klientin einstellt. Daraus erklärt sich, daß die GT faktisch keine differenzierte Fragekonzeption entwickelt hat, sondern sich darauf beschränkt, die von der Therapeutin als wichtig empfundenen Gesprächsteile zu spiegeln. Da es keine ausgefeilte Fragetechnik gibt, werden wir die GT in diesem Buch nicht so ausführlich behandeln wie die anderen Fragemethoden. Insbesondere werden deutlich weniger Beispiele gegeben.

Wir möchten diese therapeutische Methode jedoch nicht unerwähnt lassen, weil hier wie in keiner anderen Methode der Aspekt des Rapports und des Klientenanliegens im Vordergrund steht und sich nach dem Erkenntnisstand der Psychotherapieforschung bereits allein dadurch therapeutische Erfolge erzielen lassen[146].

Ein weiterer Grund, die GT zumindest in einem kurzen Abriß darzustellen, liegt darin, daß sie weit verbreitet ist und insofern einen interessanten Vergleichsmaßstab hinsichtlich der anderen Therapiemethoden bildet, zumal sie als einzige von ihnen[147] langzeittherapeutisch angelegt ist.

II. Grundhaltungen der GT
1. Philosophische Grundhaltung

Rogers war zu Beginn seiner Arbeit als Psychotherapeut mit zwei Hauptrichtungen der Psychotherapie konfrontiert: dem Behaviorismus und der Psychoanalyse. Von beiden grenzte er sich deutlich ab. Für den Behavioristen war der Mensch eine komplizierte, aber durchschaubare Maschine, die man mit immer größerem Geschick manipulieren kann, bis sie sich so verhält, wie sie sich verhalten soll. Für den Freudianer war der Mensch ein irrationales Wesen, das unter der Herrschaft seines Unbewußten steht, dem er aufgrund seiner frühkindlichen Vergangenheit mehr oder weniger ausgeliefert ist.

Obwohl sich Rogers in seinen wissenschaftlichen Forschungen am logischen Empirismus orientierte, war dieser für ihn als philosophische Grundlage der klientenzentrierten Therapie unbefriedigend[148]. Denn im logischen Empirismus wird nur das äußere Verhalten des Individuums berücksichtigt, nicht aber das subjektive Erleben. Rogers vertrat die Ansicht, daß man im Bereich der Psychologie nicht das wissenschaftliche Vorgehen einer viel weiter entwickelten Wissenschaft wie z.B. der theoretischen Physik nachahmen kann. Man muß auf einer niedrigeren Ebene ansetzen, die durch die genaue Beobachtung von Phänomenen und die Bildung und Überprüfung versuchsweiser Hypothesen gekennzeichnet ist. In seiner philosophischen Grundhaltung steht Rogers somit dem Existenzialismus und der Phänomenologie nahe[149]. Da Menschen eine objektive, „wahre" Realität nicht wahrnehmen können, können „wir niemals eine Wirklichkeit ausmachen, die Menschen, Beziehungen oder dem Universum zugrunde liegt. Wir können nur Beziehungen zwischen beobachtbaren Ereignissen beschreiben[150]". Rogers glaubte, daß der phänomenologisch-existenzialistische Trend in der Psychologie zu einer umfassenderen Wissenschaft vom Menschen führen würde, da er sich nicht nur mit dem äußeren Verhalten, sondern auch mit dem inneren Erleben beschäftigt. Der existenzialistische Standpunkt ist durch zwei Aspekte gekennzeichnet, die Rogers in die GT übernahm:

1. „Der Kern der menschlichen Natur, die am tiefsten liegenden Schichten seiner Persönlichkeit, die Grundlage seiner tierischen Natur, ist von Natur aus positiv – von Grund auf sozial, vorwärtsgerichtet, rational und realistisch."[151]
2. Der Mensch ist eine Person im Prozeß des Sich-Selbst-Schaffens, ein subjektiv freier, wählender, verantwortlicher Architekt des Selbst. Er ist der Experte hinsichtlich seines Problems.

2. Entwicklungsphasen

Das von Rogers entwickelte Konzept einer klientenzentrierten Therapie ist in seiner historischen Entwicklung durch verschiedene Schwerpunkte gekennzeichnet, deren wesentliche Inhalte in drei Phasen unterteilt werden können.

Die erste Phase beginnt Anfang der 40er Jahre und ist durch die damals neue Methode der „nicht-direktiven Beratung" gekennzeichnet. Hier wird betont, daß es wichtig ist, sich in keinster Weise direktiv gegenüber Klienten zu verhalten.

In der zweiten Phase (ab 1951) arbeitet Rogers seine Theorie der Persönlichkeit aus. Diese Phase ist gekennzeichnet durch die Erkenntnis, daß es nicht ausreicht, „nicht-direktiv" zu sein. Darüber hinaus hat die Therapeutin die überaus wichtige Aufgabe, so weit wie möglich zu versuchen, den inneren Bezugsrahmen der Klientin zu verstehen und die Welt gewissermaßen durch deren Augen wahrzunehmen. Die Reflexion von Gefühlen durch die Verbalisierung emotionaler Erlebniszustände (VEE) wird als die Technik angesehen, die die klientenzentrierte Einstellung am besten verwirklicht. Sie führt nach Rogers schließlich zu einer Reorganisation des Selbst.

In der dritten Phase der Entwicklung (ca. ab 1957) steht neben der Untersuchung der Vorgänge bei der Klientin das Verhalten der Therapeutin im Mittelpunkt.

Ein langjähriges Forschungsprojekt mit Schizophrenen zeigte jedoch die Grenzen der bisherigen klientenzentrierten Therapie auf. Da Schizophrene von sich aus nicht dazu fähig sind, eine Beziehung herzustellen, und oft hartnäckig schweigen oder eine oberflächliche Konversation aufrechterhalten, reicht die Technik des Verbalisierens von Gefühlen nicht aus. Daraufhin bemühte man sich, die therapeutischen Techniken variabler und flexibler zu gestalten. Zum Beispiel stellt die Therapeutin gelegentlich Fragen oder spricht über ihr eigenes unmittelbares Erleben.

3. Grundlegende Begriffe in der GT

Um den theoretischen Ansatz von Rogers zu verstehen, ist die Kenntnis einer Reihe von Begriffen wichtig, die wir hier kurz erläutern:

Rogers geht davon aus, daß in jedem Menschen eine **Aktualisierungstendenz** wirkt. Darunter versteht er die angeborene Tendenz des Organismus, alle seine Fähigkeiten zur Aufrechterhaltung oder Förderung des Organismus einzusetzen. Wenn diese Tendenz nicht behindert wird, führt dies zu Wachstum und Reife.

Unter **Erfahrung** versteht Rogers alles, was im Organismus zu jedem gegebenen Zeitpunkt vor sich geht, das dem Bewußtsein potentiell zugänglich ist, aber nicht bewußt sein muß. Diese Auffassung steht im Gegensatz zur Auffassung der Psychoanalyse, wo die bewußtzumachenden Inhalte verschlüsselte Botschaften des Unbewußten sind, die es zu enträtseln gilt.

Bewußtsein bedeutet die Symbolisierung eines Teils der Erfahrung. Einer besonderen Kategorie von Erfahrungen schenkt Rogers besondere Aufmerksamkeit: den Gefühlen. Darunter versteht er die emotional gefärbte Erfahrung zusammen mit ihrer persönlichen Bedeutung, wobei Emotion und Kognition als Einheit betrachtet werden. Hier zeigt sich die Nähe der GT zum Konzept des **felt sense**.

Das **Selbst** ist eine sich verändernde „gestalthafte" Ganzheit, die dem Bewußtsein zugänglich, aber nicht bewußt sein muß. Nach Rogers gibt es in jedem Individuum eine Tendenz zur **Selbstaktualisierung**, die sich von der generellen Aktualisierungstendenz des Organismus dadurch unterscheidet, daß hier nur die Erfahrungen betroffen sind, die im Selbst symbolisiert sind.

Das Selbst bildet sich aus den wahrgenommenen Eigenschaften des „Ich" und seinen Beziehungen zu anderen Menschen oder verschiedenen Aspekten des Lebens, was Wahrnehmungen und Bewertung dieser Wahrnehmungen einschließt. „Selbst" bzw. „Selbstkonzept" bezeichnet diesen Prozeß vom Individuum aus gesehen, „Selbststruktur" von Dritten aus betrachtet.

Die **Selbststruktur** enthält **Werthaltungen**, die sich schon im frühen Kindesalter entwickeln, wenn das Kind Bewertungen (Werte und Glaubenssätze) über sich und die Welt von wichtigen Bezugspersonen (Eltern, Großeltern etc.) übernimmt. Diese Bewertungen anderer Menschen werden allmählich in das Selbstbewertungssystem übernommen, woraus sich u.a. ableitet, welche Erfahrungen als positiv bzw. negativ bewertet werden. Nach Rogers orientieren sich diese Bewertungen jedoch nicht unbedingt daran, was den Organismus fördert (Aktualisierungstendenz). Der Grund dafür liegt darin, daß das Individuum die Bewertungen von außen übernommen hat (**äußerer Standpunkt der Bewertung**). Ziel der Therapie ist es, einen **inneren Standpunkt der Bewertung** zu finden, denn nur dieser stimmt mit der Aktualisierungstendenz des Organismus überein, und diesen gilt es in die Selbststruktur zu integrieren. Geschieht dies nicht, können Erfahrungen, die nicht mit der Organisation oder der Struktur des Selbst übereinstimmen, als Bedrohung wahrgenommen werden. Je häufiger diese Wahrnehmungen sind, desto starrer wird die Selbststruktur organisiert, um sich zu erhalten.

III. Ziele und Grenzen der GT

1. Ziele im therapeutischen Prozeß

Welche Veränderungen werden im therapeutischen Prozeß angestrebt?

Die nachfolgende Prozeßskala verdeutlicht, daß das Ziel der GT letztlich darin besteht, die „fully functioning person" (Prozeßstufe 7) zu realisieren. Dies ist ein Hinweis darauf, daß man in der GT mehr den Menschen als ganzen im Blick hat als die Lösung eines speziellen Problems, das ihn belasten mag. Das Therapieziel besteht darin, die Klientin darin zu unterstützen, auf dieser Skala nach oben zu gelangen. Dieser Weg vollzieht sich von rigiden, festgelegten Grundeinstellungen hin zu fließenden, veränderlichen Konstrukten und Wahrnehmungen. Es geht darum, die Entwicklung von einer starren Selbststruktur, die sich in einem entfernten Erleben ausdrückt, zu einer durchlässigen Selbststruktur zu fördern, die ein unmittelbares Erleben im Hier und Jetzt ermöglicht. Die Klientin soll von einem statischen und strukturgebundenen Lebensstil zu einer prozeßhaft-fließenden Lebensqualität gelangen. Am nachfolgenden Modell läßt sich gut verdeutlichen, worauf die GT-Therapeutin zu achten hat, wenn sie Klienten darin unterstützt, auf der Prozeßskala nach oben zu kommen.

1. Stufe
Die Vorstellungen der Klienten sind auf dieser Stufe an rigide psychische Strukturen gebunden:
- Gefühle, persönliche Bedeutungen und Probleme werden nicht wahrgenommen.
- Konstrukte werden gebildet, die weit vom gegenwärtigen Erleben entfernt sind.
- Ein Wunsch nach Wachstum wird nicht erkannt.

2. Stufe
Ein Reden über eigene Probleme findet statt, aber diese werden als außerhalb des Selbst befindlich wahrgenommen. Persönliche Konstrukte werden wie Tatsachen beschrieben. Beispiele für Klientenäußerungen sind[152]:
- „Das Symptom war eine starke Depression." (Und nicht: „Ich bin depressiv.")
- „Ich mache nie etwas richtig."
- „In meinem Leben macht sich Unordnung breit."

3. Stufe
Das Selbst und die Erlebnisse, die damit in Zusammenhang stehen, kann die Klientin beschreiben, aber nur wie Objekte. Das Erleben wird nur aus der Distanz und ichfern beschrieben, aber Konstrukte werden als solche erkannt. Beispiele sind:
- „Das Gefühl, das mich beschlich, war genau wie in der Kindheit."
- „Immer wenn Zuneigung im Spiel ist, fürchte ich, daß es Unterwerfung bedeutet."
- „Ich wußte, was ich in dieser gesellschaftlichen Situation zu tun hatte, um einen guten Eindruck zu erwecken."

von Stufe 3 zu Stufe 4
Hier sieht die Klientin vergangene Verhaltensmuster und die aktuelle Verbindung zum gegenwärtigen Gefühl. Ein Beispiel wäre:
- „Ich bin nicht, was ich sein könnte. Wie viele Stunden verbrachte ich auf dem Klo, und Mutter hämmerte mir ein: Leiste was!"

4. Stufe
Dies ist die Hauptstufe der Therapie. Gefühle werden als Objekt in der Gegenwart beschrieben. Beispiel:
- „Es entmutigt mich, mich abhängig zu fühlen, weil es bedeutet, daß ich keine Hoffnung habe."

Die Klientin hat auf dieser Stufe noch Angst, ihre Gefühle im Hier und Jetzt zu äußern, aber sie ist diesem Erleben nahe. Die Klientin beginnt, sich eigener Anteile am Problem bewußt zu werden, und stellt die Gültigkeit ihrer Konstrukte in Frage:
➤ „Ich verschanzte mich mein Leben lang hinter Humor. Das ist nicht richtig, wenn ich mich selbst sehen will."

Enge Beziehungen werden zwar als gefährlich erlebt, aber die Klientin beginnt, sich als fühlendes, erlebendes Wesen zu empfinden – auch verwirrt oder geängstigt durch diese vagen Gefühle.

5. Stufe
Die Gefühle werden unmittelbar gegenwärtig mitgeteilt:
➤ „Ich erwarte eine strenge Zurückweisung. Das tue ich immer. Ich habe das Gefühl sogar bei Ihnen."

Persönliche Bedeutungen und Empfindungen werden annähernd voll erlebt – wenn auch oft von Angst, Mißtrauen etc. begleitet:
➤ „Das kam einfach aus mir raus. Ich verstehe das nicht. Ich versuche zu begreifen, was das für eine Angst ist..."

Die Klientin erkennt unmittelbares Erleben als Bezugspunkt an. Sie weiß, was sie erlebt. Sie weiß aber nicht unbedingt, was es bedeutet. Sie hängt noch der Vorstellung an, ihre Gefühle in Besitz zu nehmen bzw. ihr „wahres Selbst" zu sein:
➤ „In Wirklichkeit bin ich nicht der nette Kerl, als den ich mich auszugeben versuche..."

Es erfolgt eine wachsende Einsicht in die Diskrepanz zwischen Selbstbild und tatsächlichem Erleben, die häufig als Gedanken wahrgenommen werden:
➤ „Mein Verstand sagt mir, ich sei so und so, aber ich glaube es nicht."

Die Klientin spürt, daß die Gültigkeit des Selbstbildes am organischen Erlebnisfluß in ihr überprüft werden kann.

6. Stufe
Die Klientin akzeptiert (oft in Verbindung mit Tränen, Muskelentspannungen, Seufzern...) vollständig ihr unmittelbares Erleben von Gefühlen, die dem Bewußtsein vorher nicht zugänglich waren. Ihr Selbst ist nicht mehr ein Objekt, sondern ein fortlaufender Prozeß des Erlebens. Konstrukte lösen sich in unmittelbarem Erleben auf und werden als eigene Schöpfungen erkannt. Zum Beispiel:
➤ „Ich kann mir vorstellen, eine zärtliche Besorgtheit für mich zu fühlen. Doch wie kann ich um mich selbst besorgt sein, wenn beides doch dasselbe ist?..."

Wenn es zu starken physiologischen Begleiterscheinungen kommt, ist dies eine irreversible Veränderung, wie sie z.B. bei folgendem Kraft-Angst-Erlebnis deutlich wird:
➤ „... Ich glaube, ich habe das Gefühl, daß ich jetzt anfangen werde, mehr von dem zu tun, was ich tun sollte ... Ich kann mir vorstellen, daß ich einiges besser mache."

Das unmittelbare Erleben von Kraft und Angst löst das bequeme Konstrukt ab, die Klientin sei von anderen Menschen abhängig.

7. Stufe
Diese Stufe beinhaltet die *fully functioning person*, die sich voll entfaltende Persönlichkeit. Menschen auf dieser Stufe haben keine Angst vor den gegenwärtigen Gefühlen, in welcher Situation sie auch vorkommen

sollten. Sie haben Vertrauen in den organischen Prozeß und bewerten ihn nicht. Das Selbst stimmt mit dem subjektiven Bewußtsein des Erlebens überein. Der Mensch drückt sein subjektives Erlebens in jedem Augenblick spontan aus.

Zusammengefaßt lassen sich die Ziele der GT wie folgt formulieren:
1. Die Klientin ist kongruenter und steht den Ereignissen des Lebens offener gegenüber. Sie kann das Leben effektiver bewältigen.
2. Angst und Spannungen sind verringert.
3. Die Klientin ist selbstbewußter und eigenständiger, da sie ihre innere Entscheidungsinstanz gefunden hat. Sie ist nicht mehr von den Meinungen und Werturteilen anderer Menschen abhängig. Ihre Wertvorstellungen sind vom eigenen Bewertungsprozeß bestimmt.
4. Die Klientin weist ein reiferes Verhalten und bessere Beziehungen zu ihren Mitmenschen auf.

Fallbeispiel:

Wenn man Klienten zuhört, kann man erkennen, auf welcher Prozeßstufe sie sich befinden. Um zu verdeutlichen, was unter dem Ziel zu verstehen ist, Klienten zu helfen, auf der Prozeßskala nach oben zu kommen, geben wir nun einen für die GT typischen Auschnitt eines Gesprächs zwischen einem Therapeuten und einem Klienten wieder[153].

Das Fallbeispiel zeigt die durchgängige Vorgehensweise in der GT: Der Therapeut stellt sich auf den inneren Bezugsrahmen des Klienten ein und verbalisiert bzw. spiegelt dessen verbal oder nonverbal mitgeteilten Gefühle. Ähnlich wie in den meisten anderen Therapien gibt der Therapeut dem Klienten inhaltlich keine Ratschläge, wie dieser sich verhalten soll. Er vermeidet dies auch, als der Klient ihn darum bittet. In dem Kommentar begründet Bommert diese Haltung wie folgt: Der Therapeut gibt dem Klienten „damit die Möglichkeit, die Erwartung von konkreten Verhaltensweisen durch den Psychotherapeuten bezüglich ihrer Ursachen und Zusammenhänge weiter zu klären. Hätte der Psychotherapeut nach der ersten Artikulation des Wunsches nach einem Verhaltenshinweis einen solchen gegeben, so wäre der hier im weiteren Verlauf des Gespräches sich entwickelnde Klärungsprozeß abgebrochen worden.[154]"

K:	... wie ich gerne sein möchte. Gerade was diese Schwierigkeiten angeht. Ich möchte da eben wirklich freier mit anderen Leuten umgehen, mehr unbeschwerter, nicht so beeinträchtigt ...
T:	Ja, daß das so das wäre, was Sie sich wünschen im Umgang mit den anderen.
K:	Ja, das ist so meine Zielvorstellung, die ich im Laufe der Zeit gern erreichen möchte. Und so hab ich im stillen also immer gehofft, daß ich von Ihnen da die Hinweise bekommen könnte, daß Sie mir so'n paar Tips geben, wie man das macht, wie man das trainiert zum Beispiel.
T:	Ja, daß Sie so irgendwie jetzt im Augenblick zwar Ihr Ziel kennen, aber nur den Weg noch nicht dahin wissen?
K:	Ja, die Methode, sozusagen, möchte ich ganz gerne von Ihnen ... einige Hinweise haben, wie Sie das z.B. anfangen würden, was Sie mir da raten könnten, damit ich das erreichen kann im Laufe der Zeit.
T:	Sie sind da so ganz unsicher, wie Sie das alleine erreichen könnten, und können sich eigentlich auch gar nicht vorstellen, daß Ihnen das gelingen könnte?
K:	Naja, zur Zeit bin ich da wirklich ziemlich unsicher, denn ich hab schon öfters das versucht von mir aus und hab mir dann überlegt, du mußt eben mit anderen Leuten mehr zusammenkommen, du mußt eben auch mal dahin gehen, was unternehmen; und da bin ich in 'nen Sportverein eingetreten, oder ich hab' Einladungen angenommen. Aber das hat alles irgendwie fehlgeschlagen.
T:	Wenn Sie so zurückdenken, dann sind Sie doch enttäuscht, daß ...
K:	Ja! Ich hab das dann immer versucht, und das ist dann immer irgendwie gescheitert, und oft haben mich solche Dinge dann irgendwie zurückgestoßen, daß ich dann wieder da der Einzige war, der keine Freunde mitkriegen konnte, so oder ... andere haben ihre Frauen mitgebracht ... da hat sich dann bei mir irgendwie ...
T:	Es ist Ihnen wichtig und bedeutsam, jemanden zu haben, mit dem Sie ...
K:	Ja, ja, ich war dann eben... dacht ich mir, jetzt bist du zwar mit anderen zusammen, aber bist eben doch wieder alleine, denn die bringen jemanden mit, die können dann ganz anders auftreten als ich, der ich eben alleine bin, eben.

T: Ja, Sie fühlen sich da so ganz auf sich angewiesen?
K: Ja, ganz richtig. Ich denke immer, man braucht so jemanden, von dem man weiß, der kennt dich, oder der kann dich auch gut leiden und so... Und so jemanden hatte ich eben nicht dabei. Den hatten die andern immer dabei. Die konnten dann auch freier mit den anderen umgehen, die hatten einander nicht so nötig wie ich.
T: Es gibt Ihnen sehr viel Sicherheit, wenn Sie wissen, da ist jemand, an den Sie sich letztlich wenden können, in so einer großen Gruppe?
K: Ja ... ich glaube ganz stark. Deswegen vielleicht ... daß das bestimmt ein wesentlicher Faktor war, daß ich eben allein dahin gegangen bin in solchen Gemeinschaften.

Der zentrale Aspekt der GT-Therapie besteht in der Klärung von Wünschen, Befürchtungen, Erwartungen etc., die Klienten an sich und andere haben. Vgl. hierzu auch das Wirkprinzip der Intentionsklärung von Grawe im 1. und 4. Teil des Buches.

Außerdem fällt ein weiterer Tatbestand auf, der für das Vorgehen der GT insgesamt gilt: Da in der Regel konkrete Probleme die Klienten in die Therapie führen und sie dazu neigen, vor allem über das Problem zu reden, drehen sich die meisten Gespräche in der GT um das Problem. GT-Therapeuten gehen damit um wie der Therapeut im obigen Gesprächsausschnitt: Er gibt nicht nur keine inhaltlichen Vorschläge. Er gibt auch keine Vorgehensweise an, wie der Klient zu einer Lösung gelangen könnte. Was GT-Therapeuten tun, ist, die Selbstexploration der Klienten zu fördern. Die Klientin bestimmt also den Inhalt und ganz überwiegend auch die Richtung, in die sich das Gespräch bewegt.

Dieses Vorgehen wäre wenig hilfreich, wenn man den Anspruch erheben würde, Klienten bei der Lösung ihrer Probleme zu helfen. Das ist aber gerade nicht das im Vordergrund stehende Ziel für GT-Therapeuten. Ihnen geht es, wie oben beschrieben, darum, Klienten dazu zu verhelfen, eine *fully functioning person* zu werden. Das hat aber weniger mit aktuellen Problemen zu tun als vielmehr damit, wie man grundsätzlich mit sich selbst umgeht.

2. Bedingungen und Grenzen der Anwendung

Nach Rogers können Erfahrungen, die nicht mit dem Selbstkonzept übereinstimmen, nur unter bestimmten Bedingungen wahrgenommen und überprüft werden, so daß die Struktur des Selbst sich revidieren kann. Die folgenden Bedingungen sieht Rogers als notwendig an, damit ein therapeutischer Prozeß erfolgreich ablaufen kann[155]:

1. Zwei Personen haben Kontakt.
2. Die erste Person, die Klientin, ist in einem Zustand, den man als inkongruent, verwundbar oder ängstlich charakterisieren kann.
3. Die zweite Person, die Therapeutin, ist in der therapeutischen Beziehung kongruent.
4. Die Therapeutin erlebt ein Gefühl unbedingter positiver Zuwendung gegenüber der Klientin.
5. Die Therapeutin erlebt einfühlendes Verständnis in bezug auf den inneren Bezugsrahmen der Klientin.
6. Die Klientin nimmt in irgendeiner Weise wahr, daß die Therapeutin die Bedingungen 4 und 5 verwirklicht.

Diese Bedingungen zeigen nach Biermann-Ratjen[156] implizit die Grenzen der GT auf: Jemand, der nicht oder nur wenig kontaktfähig ist, ist ebensowenig geeignet, eine klientenzentrierte Therapie zu machen, wie jemand, der nicht die psychologischen Voraussetzungen dafür mitbringt, sich mit sich selbst auseinanderzusetzen. Diese Aussagen werden durch Untersuchungen bestätigt, die im Rahmen der GT anhand der oben dargestellten siebenschrittigen Prozeßskala gemacht wurden. Danach wirkt die klientenzentrierte Therapie erst ab ca. der 3.–4. Stufe.

Deshalb können die meisten psychotischen Klienten nicht mit der GT therapiert werden. Dies zeigte sich schon sehr früh in einem mehrjährigen Forschungsprojekt, das Rogers ab dem Jahr 1957 mit schizophrenen

Patienten durchführte. Es ergaben sich keine bedeutsamen Unterschiede zwischen der Therapie- und der nicht behandelten Kontrollgruppe, was für Rogers sehr enttäuschend war.

Die GT stößt an ihre Grenzen, wenn Klienten nicht fähig oder nicht willens sind, sich mit sich selber auseinanderzusetzen. Dies betrifft z.B. vom Arzt überwiesene Klienten, die an somatischen Beschwerden leiden und den psychischen Aspekt des Symptoms nicht einsehen (wollen). In diesem Fall ist die Eigenmotivation des Klienten zu gering, um mit ihm zu arbeiten. Ein weiteres wichtiges Kriterium ist die Offenheit der Klienten gegenüber einer Auseinandersetzung mit sich selbst. So zeigt die Erfahrung, daß im weitesten Sinne gebildete bzw. bildungsbereite Menschen viel eher geeigneter für eine GT-Therapie sind als z.B. Menschen aus sozial weiter unten angesiedelten Bevölkerungsschichten.

IV. Der Problem-Lösungs-Raum

1. Was ist ein Problem?

Klienten kommen in die Therapie, wenn die Widersprüche zwischen ihren Bedürfnissen aus der Aktualisierungstendenz heraus und ihrem (verfestigten) Selbstkonzept so groß werden, daß sie diese Inkongruenz bemerken.

Beispiel: Ein Mann empfindet seiner Frau gegenüber Ärger (Gefühl), aber er vermeidet es, sich mit ihr auseinanderzusetzen (Verhalten). Das Problem besteht, sobald der Mann diese Inkongruenz bemerkt.

Dieser Zustand wird in der GT **„psychologische Fehlanpassung"** genannt und ist durch Spannungen und innere Verwirrung gekennzeichnet. Daraus können sich neurotische Verhaltensweisen entwickeln. Fehlanpassungen oder Probleme liegen vor, wenn der Organismus wichtige Erfahrungen verzerrt, ignoriert oder verneint, statt sie im Bewußtsein zu symbolisieren und damit in das Selbstkonzept zu integrieren.

Wie kommt es zu diesen Fehlanpassungen? – Rogers erklärt dies damit, daß Erfahrungen, die nicht mit der Selbststruktur übereinstimmen, die Selbststruktur bedrohen. Damit dies nicht geschieht, verhindert das Selbst, daß diese bedrohlichen Erfahrungen ins Bewußtsein gelangen. Es übernimmt eine Wächterfunktion, indem es Erfahrungen, die nicht mit der Selbststruktur übereinstimmen, leugnet, verzerrt oder ignoriert. Folgendes Bild veranschaulicht den Zusammenhang zwischen Selbst und als bedrohlich empfundenen Erfahrungen:

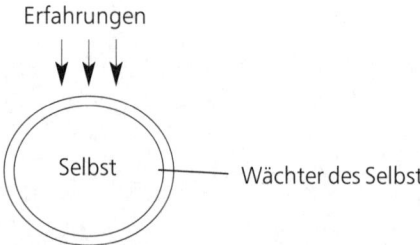

2. Wie geschieht Heilung?

Heilung wird dadurch ermöglicht, daß die Sperre zwischen Selbst und Erfahrung nach und nach aufgehoben wird. Wie kann dies erreicht werden? Wie kann der Abwehrprozeß rückgängig gemacht werden, so daß bedrohliche Erfahrungen im Bewußtsein symbolisiert werden können?

Gemäß den oben angeführten Vorannahmen kann ein starres Selbstkonzept nur gelöst werden, wenn bestimmte Bedingungen vorliegen. Dazu gehört die unbedingte Wertschätzung seitens der Therapeutin. Darüber hinaus müssen folgende Bedingungen gegeben sein, damit Heilung stattfinden kann:

➤ Empathie; d.h. die Fähigkeit, die Erlebnisse der Klientin mit deren Bedeutungen präzise und sensibel zu erfassen;
➤ Wertschätzung und bedingungsfreies Akzeptieren: die Klientin wird frei von Beurteilungen und Bewertungen ihrer Gedanken, Gefühle und Verhaltensweisen von der Therapeutin angenommen;
➤ Echtheit und Kongruenz des Verhaltens: Die Therapeutin ist sich deutlich gewahr, was sie erlebt und empfindet. Sie hat außerdem die Fähigkeit, dies angemessen mitzuteilen. Dazu gehört die Bereitschaft, das zu äußern, was sich ihr permanent aufdrängt. Dabei geht es nicht darum, Tatsachen zu äußern oder gar Urteile abzugeben, sondern eigene persönliche Empfindungen zu äußern. Die Therapeutin tritt der Klientin von Mensch zu Mensch, oder noch genauer, sie tritt ihr als Freundin gegenüber und versteckt sich nicht hinter einer Maske der Professionalität.

Der therapeutische Prozeß ist also ein Wandlungsprozeß. Wenn die obengenannten Bedingungen erfüllt sind, wird nach Rogers die Bedrohung des Selbstkonzeptes reduziert. Der Abwehrprozeß kann rückgängig gemacht werden, was es ermöglicht, die neuen Erfahrungen im Bewußtsein zu symbolisieren und damit in das Selbstkonzept zu integrieren.

Schritt für Schritt können innerhalb eines solchen Rahmens widersprüchliche Erfahrungen integriert werden, so daß sich Persönlichkeit und Verhalten der Klienten wandeln. Es geht in der GT also darum, daß die therapeutische Beziehung „es dem Klienten ermöglicht, zu einem Verständnis seiner selbst in einem Ausmaß zu gelangen, das ihn befähigt, aufgrund dieser neuen Orientierung positive Schritte zu unternehmen[157]".

Vor allem geht es darum, wichtige Bedürfnisse, Anliegen, Ängste etc. zu klären. Verstehen seitens der Therapeutin und Sich-angenommen-Fühlen seitens der Klientin bilden das Herzstück der Therapie. Heilung geschieht in der Beziehung zur Therapeutin, die als Vorbild für Empathie, Wertschätzung und Kongruenz dient. Aus diesem Grund liegt der Schwerpunkt der GT-Ausbildung darin, daß die gerade Auszubildenden diese Fähigkeiten erlernen. In diesem Sinne ist die GT wahrscheinlich die psychotherapeutische Richtung, in der angehende Therapeuten sich am meisten mit sich selbst auseinandersetzen. Das Lernen geschieht üblicherweise anhand von eigenen Videoaufnahmen mit Klienten, die in einer Supervision besprochen werden. Typische Fragen, die Lernenden von der Supervisorin gestellt werden, lauten:

➤ Was ist dein eigenes Thema, daß du dieses Problem mit der Klientin hast?
➤ Was hat die Klientin mit dir gemacht?
➤ Was hat sie in dir ausgelöst?
➤ Wie bist du in die Rolle als ... (z.B. Mutter) hineingekommen?

Ein offensichtlicher Vorteil dieser Vorgehensweise gegenüber anderen psychotherapeutischen Verfahren (z.B. der Psychoanalyse) besteht darin, daß nicht die Klienten für alles verantwortlich gemacht werden, sondern auch der Anteil der Therapeutin in die Betrachtung einbezogen wird.

V. Die Gesprächsführungsstrategie
1. Gesprächsführung nach Rogers

Zum Schluß dieses Abschnittes möchten wir die Gesprächsführungsstrategie der GT, sofern man von einer solchen sprechen kann, darlegen. In dieser nicht-direktiven Methode ist die Bildung von Hypothesen überflüssig, denn die Vorannahme besteht ja darin, daß, indem die Klientin über das spricht, was sie gerade bewegt, sie sich auf der Entwicklungsleiter hin zur *fully functioning person* bewegt. Deshalb darf die Klientin auf keinen Fall in eine bestimmte Richtung gedrängt werden. Hypothesen seitens der Therapeutin würden da nur stören. Andererseits ist es jedoch klar, daß der Therapeutin Gedanken in Form von strategischen Fragen durch den Kopf gehen.

Wie gehen GT-Therapeuten mit diesem Dilemma um? – Ähnlich wie in der Idiolektik, indem sie sich auf die Gesprächshaltung und die Verbalisierung der emotionalen Erlebnisinhalte konzentrieren. Diese „Technik" besteht darin, daß die Therapeutin spiegelt, was die Klientin sagt, wobei es sehr wesentlich darauf ankommt, auch die Emotionen wiederzugeben. Dieses Spiegeln wird um so besser gelingen, je besser sich die Therapeutin einfühlen, d.h. die Welt aus den Augen der Klientin heraus betrachten kann.

Dies ist keine leichte Aufgabe für die angehende Therapeutin. Deshalb bestehen zwei wichtige Ausbildungsziele darin, zum einen an sich selbst zu arbeiten, damit die angehende Therapeutin als Vorbild für die Klientin dienen kann. Zum zweiten soll das Vertrauen in die eigene Intuition vertieft werden: daß es schon richtig sein wird, wie sie sich der Klientin gegenüber verhält. An deren Reaktion kann sie erkennen, was der nächste Schritt sein wird. Diese Intuition ist nach der klassischen GT-Auffassung das einzige, wonach Therapeuten ihr Verhalten ausrichten dürfen.

Insofern ist die Gesprächsführungsstrategie in der GT sehr individuell. Die Therapeutin äußert intuitiv das, was ihr gerade kommt, während sie mit der Klientin interagiert. In der Praxis zeigt sich, daß die meisten GT-Ansätze, wenn auch sehr vorsichtig, mit Hypothesen arbeiten. Dies geschieht dadurch, daß der Klientin kleine, vorsichtige Anregungen gegeben werden, in eine bestimmte Richtung zu gehen.

Beispiel: Die Klientin, Frau K., hat große Schwierigkeiten, Entscheidungen zu treffen. Vor allem bezieht sich das auf die Erziehung ihres 5jährigen Sohnes, dem sie klare Grenzen setzen müßte, was sie aber nicht kann. Diese Entscheidungsschwäche und Durchsetzungsschwierigkeiten beziehen sich auch auf andere Lebensbereiche: z.B. das Finden einer adäquaten Wohnung (ihre momentane Wohnung ist dunkel, zu klein und teuer) sowie die Wahl eines Partners. In den letzten 35 Sitzungen mit der GT-Therapeutin wurde Frau K. viel Raum gelassen, dies darzustellen, aber die Sitzungen drehten sich im Kreis, weil sie immer wieder über dieselben Probleme klagte.

In einer solchen Situation folgen GT-Therapeuten der oben angeführten Strategie, kleine, vorsichtige Anregungen zu geben, um die Klientin in eine bestimmte Richtung zu führen. Die Richtung hängt davon ab, worin nach Ansicht der Therapeutin das tieferliegende Problem besteht. Im obigen Fall könnte die Therapeutin zum Beispiel der Ansicht sein, daß die Klientin niemals gelernt hat, Verantwortung für die eigenen Entscheidungen zu übernehmen, weil die dominanten Eltern dies nie zugelassen hatten. Diese Vermutung kann sie einbringen, sei es a) durch vorsichtiges Fragen, b) das Äußern der eigenen Gefühle oder c) das Aussprechen von Phantasien. Letzteres wäre eine für GT-Verhältnisse bereits starke Konfrontation: „Ich habe den Eindruck, Ihre Schwierigkeiten, Entscheidungen zu treffen, könnten mit dem Thema ‚Macht und Verantwortung' zu tun haben."

Wenn die Klientin darauf nicht eingeht, dann würde eine GT-Therapeutin auf keinen Fall auf ihrer Ansicht bestehen, sondern mit dem Spiegeln fortfahren. Die Klientin bestimmt, wie es weitergehen soll. Bildlich gesprochen kann die Therapeutin zu ca. 5 Prozent Einfluß auf die Therapierichtung nehmen, womit für die Klientin 95 Prozent übrig bleiben. Der Nachteil dieses Vorgehens liegt auf der Hand: Der Weg zum Ziel kann sehr lange dauern, vor allem dann, wenn es sich um Klienten handelt, die ihrer Denkweise sehr rigide verhaftet sind.

2. Neuere Ansätze der Gesprächsführung

In diesem Zusammenhang sei nochmals die in der GT seit einigen Jahren diskutierte Störungslehre erwähnt. Ein solches Konzept setzt voraus, daß die Therapeutin eine Hypothese darüber gebildet hat, welche Störung die Klientin hat bzw. welchem Typus sie entspricht. Ein solches Störungskonzept lehnt sich an das psychiatrische Krankheitsbild an (Depressionspatient, Angstpatient etc.), das die GT bisher immer ablehnte. Würde ein solches Konzept umfassend in die GT Einzug halten, dann würde dies eine der Hauptvorannahmen dieses Ansatzes in Frage stellen: nämlich die Vorstellung, daß es völlig ausreichend ist, die für die Therapie förderlichen Bedingungen herzustellen, damit Heilung eintritt. Dies würde das Arbeiten mit dem Ansatz der GT dramatisch verändern.

Unseres Erachtens hätte eine solche Störungslehre den Vorteil, daß alle Klienten (unabhängig von Alter, Charakter, Erfahrungshorizont etc.) nun nicht mehr nach ein und derselben Vorgehensweise behandelt werden würden, sondern daß man auf individuelle Unterschiede unterschiedlich reagieren könnte.

Beispiel: Die Klientin ist es von frühester Kindheit her gewöhnt, erst dann aktiv zu werden, wenn jemand sie vehement mit den Konsequenzen eines Fehlverhaltens konfrontiert. Eine solche Klientin wird innerhalb des klassischen Rahmens einer GT-Therapie nur schwerlich dazu veranlaßt werden können, ihr Verhalten zu verändern.

Die zielorientierte Gesprächsführung

Einen weiteren Ansatz stellt Sachse[158] in seinem Buch *Zielorientierte Gesprächstherapie* aus dem Jahr 1992 vor. Wir gehen an dieser Stelle darauf ein, weil wir glauben, daß dies ein guter Weg ist, die Effektivität der GT zu erhöhen. Die zielorientierte GT basiert auf einer Acht-Stufen-Skala, die der Prozeßskala ähnelt, die wir bereits bezogen auf die Ziele der GT dargestellt haben. Analog zu der These, daß jedes Elizitieren auch einen Installationsaspekt hat, wird hier der Tatsache Rechnung getragen, daß jede Reaktion der Therapeutin auf die Klientin einen beeinflussenden Aspekt hat. Die Skala verfolgt das Ziel, die Bearbeitungstiefe des therapeutischen Gesprächs durch bestimmte Fragen und Bearbeitungsangebote zu fördern. Die angegebenen Leitfragen sind virtuelle Fragen der Klientin, wie sie im ersten Teil definiert wurden.

Stufe 1: Bearbeitung relevanter Inhalte nicht erkennbar
Die Klientin beschäftigt sich nicht mit eigenen Themen, sondern spricht über allgemeine Wissensinhalte. Eine Problembearbeitung ist nicht möglich.

Stufe 2: Intellektualisierung
Die Klientin beschäftigt sich mit Inhalten von persönlicher Relevanz, aber in einer Weise, daß sie versucht, Erklärungen für ihre Probleme zu finden (Intellektualisieren). Sie versucht nicht, den Bezug zu den eigenen Gefühlen herzustellen.

Die Leitfrage der Klientin ist: Wie kann ich X erklären?

Stufe 3: Bericht
Die Klientin beschreibt Situationen und Ereignisse, in denen sie Probleme hat. Fragen nach Motiven und affektiven Schemata spielen noch keine Rolle.

Die Klientin arbeitet an der Leitfrage: Was hat sich (konkret) ereignet? Wie ist das Problem beschaffen?

Stufe 4: Bewertung
Zu den berichteten Inhalten entwickelt die Klientin Bewertungen. Diese berücksichtigen aber noch nicht, daß diese Bewertungen auf eigene Anteile zurückgehen; sie werden vielmehr als Eigenschaften von Objekten gesehen: Y ist blöd.

Die Leitfrage lautet: Was ist der Wert (Unwert) eines Inhaltsbereiches?

Stufe 5: Persönliche Bewertung

Die Klientin bewertet Inhalte und erkennt, daß sie selbst diese Bewertungen abgibt. Ihre Aufmerksamkeit ist aber noch bei den externen Inhalten und nicht bei sich selbst und ihren Motiven etc.

Die Leitfrage ist: Wie bewerte ich den Inhalt?

Stufe 6: Persönliche Bedeutung

Die Klientin beschäftigt sich mit den affektiven und emotionalen Konsequenzen ihrer Bewertungen: mit den Emotionen und Stimmungen, die dadurch bei ihr ausgelöst wurden etc.

Die Leitfrage ist: Welche Gefühle, Stimmungen oder „gefühlten Bedeutungen" löst der Inhalt in mir aus?

Stufe 7: Explizierung relevanter Bedeutungsstrukturen/Repräsentationsbildung

Die Klientin beschäftigt sich auf dieser Stufe mit den Motiven und affektiven Schemata, die die jeweilige Empfindung in ihr ausgelöst hat.

Die Leitfrage lautet: Was läßt mich in bezug auf diesen Inhalt in dieser Weise fühlen?

Stufe 8: Integration

Die Klientin erkennt auf dieser Stufe Zusammenhänge zwischen der Bedeutung eines bestimmten Schemas und anderen Wissensbeständen. Zum Beispiel, daß sie Situation A auf die gleiche Weise verarbeitet wie Situation B etc.

Die Leitfrage lautet: Finde ich bei mir Verbindungen zwischen der neu repräsentierten Bedeutung und anderen Bedeutungsaspekten? Oder: Zu welchen Veränderungen führen die neuen Erkenntnisse?

Das Schema von Sachse macht deutlich, daß in der GT die Aufmerksamkeit auf die Gefühle, Bewertungen und Empfindungen der Klientin gerichtet ist, nicht auf äußere Ereignisse oder die Umgebung. Aber ob die Therapeutin es will oder nicht, ihre Reaktion wird die Aufmerksamkeit der Klientin in eine bestimmte Richtung führen. Das Schema von Sachse gibt der Therapeutin Anhaltspunkte, auf welcher Stufe der Bearbeitungstiefe sich die Klientin befindet und welche Bearbeitungsangebote sinnvoll wären, um die Tiefe zu vergrößern. Bewertungsmaßstab der Bearbeitungstiefe ist die gefühlsmäßige Beteiligung der Klientin; d.h., inwieweit diese sich in ihren Zielen, Werten und Überzeugungen betroffen fühlt. Sachse sieht einen starken Zusammenhang zwischen Bearbeitungstiefe und Therapieerfolg. Dabei ist es wichtig, daß Therapeutin und Klientin zum Gelingen beitragen: die Klientin, indem sie im *felt sense* über ihre wichtigsten Intentionen reflektiert, und die Therapeutin, indem sie die Kernaussage der Klientin aufnimmt und ein vertiefendes Bearbeitungsangebot macht.

Beispiel: Frau K. aus dem obigen Beispiel sagt: „Wenn ich mir zum Beispiel eine neue Wohnung ansehe, dann erscheint sie mir zuerst wunderschön, aber sobald ich beginne, mich für sie zu entscheiden, fallen mir die Nachteile auf und die Vorteile meiner jetzigen Wohnung. Ich weiß nicht, was ich machen soll, und habe dabei ganz widersprüchliche Gefühle. Es ist unerträglich."

Die Aussage der Klientin ist auf der Stufe 5 angesiedelt, der persönlichen Bewertung. Sie bewertet ihre Entscheidungsschwierigkeiten. Dabei ist ihre Aufmerksamkeit aber noch zum größten Teil auf externe Aspekte gerichtet und nicht die eigenen affektiven Schemata, die der Bewertung zugrunde liegen. Die Therapeutin kann nun die Richtung der Bearbeitungstiefe beeinflussen. Sie könnte fragen:

1. Sie würden diese Entscheidungsschwierigkeiten gerne loswerden, weil sie Ihnen unerträglich sind?

2. Sie empfinden es als unerträglich, daß Sie Ihr Leben lang Schwierigkeiten haben, sich zu entscheiden? Und Sie würden gerne etwas dagegen tun, wissen aber nicht, was?
3. Sie beschäftigen sich damit, welche widersprüchlichen Gefühle diese Situation in Ihnen auslöst?

Mit der ersten Äußerung würde die Therapeutin auf die vierte Ebene zurückgehen. Die zweite Äußerung spiegelt im wesentlichen, was die Klientin sagte, und verbleibt damit auf der fünften Stufe. Mit der dritten Äußerung geht die Therapeutin eine Stufe höher auf die Ebene der persönlichen Bedeutung. Die Therapeutin lenkt die Aufmerksamkeit der Klientin auf den *felt sense*, auf die Gefühle und Stimmungen, die der Inhalt „Entscheidungsschwierigkeiten" in ihr auslöst.

E. Die Idiolektik

I. Therapie der „Eigensprache" (Idiolektik)

A.D. Jonas entwickelte in den 70er Jahren die „Intensive Kurzpsychotherapie der Psychosomatosen". Sie wurde von seinen Nachfolgern Idiolektik genannt und in wesentlichen Teilen verändert. Insofern kann man fast von zwei eigenständigen Ansätzen sprechen, die wir, da sie relativ unbekannt sind, ausführlich darstellen werden.

Jonas befaßte sich während seiner Tätigkeit als Psychiater vor allem mit psychosomatischen und funktionellen Störungen, die auch heute noch ein Hauptfeld idiolektischer Therapie bilden. Die Idiolektik ist somit ein psychosomatischer therapeutischer Ansatz, der den Zusammenhang zwischen Psyche und Soma explizit berücksichtigt[159].

1. Was ist Idiolektik?

In dem Wort Idiolektik steckt das Wort **„Idiolekt"**, das nach der Encyclopedia Britannica definiert wird als „die Sprachmuster, die eine Person verwendet, inklusive all ihrer phonetischen, grammatikalischen und die Wortwahl betreffenden Vorlieben". Der Idiolekt ist die „Eigensprache", die A.D. Jonas in das Zentrum seines therapeutischen Ansatzes stellt. Die Idiolektik ist die Wissenschaft vom Idiolekt.

Im Gegensatz zum Idiolekt steht der **Dialekt**. Letzterer wird gebildet aus den verschiedenen Idiolekten einer Gruppe von Sprechern, sei dies nun regional oder auf eine soziale Schicht bezogen. Im Gegensatz zum Dialekt drückt sich die Eigensprache einer Person in jedem Moment aus: in ihren Emotionen, in ihren verbalen Mitteilungen (Worten) und der Körpersprache (Mimik, Gestik etc.). Für die idiolektische Gesprächsführung bedeutet dies, daß jeder Mensch und jegliches (Symptom-)Verhalten einzigartig sind, weshalb auf jede Klientin auf einzigartige Weise eingegangen werden muß. Dabei achtet die Therapeutin auf alle Eigenheiten, die sich in der Eigensprache äußern.

Wie erklärt sich die Wirkung der Idiolektik?

Die Idiolektiker gehen davon aus, daß sich das Thema, welches die Klientin in die Therapie führt, in der Eigensprache widerspiegelt. Im Therapiegespräch, in dem in der Regel über Probleme gesprochen wird, geht das Symptom mit den seelisch verspürten Emotionen eine zirkuläre Rückkopplung ein. Diese komplexen Interaktionen werden durch paraverbale und nonverbale Mitteilungen begleitet und illustriert.

Nach einer Definition von Poimann ist Idiolektik das Wechselspiel zwischen den sprachlichen Äußerungen, deren Inhalt (bzw. Objekt) und dessen Interpretation[160].

Beispiel: Patientin mit chronischen Rückenschmerzen

Therapeutin: Würden Sie mir in Ihren eigenen Worten beschreiben, was Sie hierher führte?
Patient[162]: Ich habe seit Jahren Rückenschmerzen, und niemand findet was.
Therapeutin: Können Sie mir mehr darüber erzählen?
Patient: Ja, ich **befürchte**...
Therapeutin: Wenn ich Sie unterbrechen darf? Wie kommt denn jemand dazu, vor irgend etwas **Furcht** zu haben?
Patient: Oh, ich bin als kleiner Junge mal von einem Hund angesprungen worden. Danach hatte ich viele Jahre Angst. Ich hab immer herumgeguckt, ob es Hunde gibt oder ob der wieder aus dem Hinterhalt irgendwo hervorspringen könnte.

Die Therapeutin hatte das Wort *befürchten* als sogenanntes „Schlüsselwort" erkannt, also als ein Wort, das für den Klienten im Problemkontext eine besondere Bedeutung hat. Das konkrete Nachfragen enthüllte das zugrundeliegende traumatische Erlebnis. Daraufhin konnte aufgezeigt werden, daß die gespannte Erwartungshaltung, von einem Hund angesprungen zu werden, eine erhöhte Grundspannung im gesamten Muskelsystem zur Folge hatte. In diesem kleinen Beispiel zeigt sich das Symptom auf zwei Ebenen: einmal körperlich in Form der Rückenschmerzen, zweitens verbal in dem Wort „befürchten", das der Klient im Zusammenhang mit den Rückenschmerzen erwähnt.

2. Anwendungsschwerpunkte und Grenzen der Idiolektik

Psychosomatische Erkrankungen und Zwänge bilden den Kernbereich der Idiolektik[162]. Darüber hinaus können auch psychische Probleme (Neurosen im weitesten Sinn) behandelt werden. Ein weiterer Bereich idiolektischer Gesprächsführung sind Alltagskontexte, in denen es darum geht, daß Menschen freiwillig etwas zusammen tun (kooperative[163] Kontexte). Dabei geht es nicht darum, die anderen Personen zu etwas zu überreden, sondern sich auf eine Weise auf sie (ihre Sprache und Körpersprache) einzustellen, daß sie sich „zu Hause" fühlen. Die Gesprächsführung ist hierbei indirekt, was ein Vorstandsmitglied der Gesellschaft für idiolektische Gesprächsführung (GIG) wie folgt ausdrückte: Die idiolektische Gesprächsführung mutet im Umgangston auch im therapeutischen Gespräch eher an wie ein „Plaudern" als ein zielgerichtetes Gespräch zur Lösung von Problemen.

Die Idiolektik ist besonders gut geeignet, authentische Informationen zu erhalten, weil die Gesprächsführung sehr indirekt erfolgt und die Gesprächspartnerin nicht „lügen" kann, weil ihr gar keine direkten Fragen gestellt werden – die Idiolektikerin achtet hingegen weit mehr auf Körpersprache und Betonung als auf den Inhalt der Worte.

Beispiel: Ein Chef möchte herausbekommen, wie seine Mitarbeiter zu ihm und zur Firma stehen und wie motiviert sie sind. Auf die direkte Frage: „Wie motiviert sind Sie, hier zu arbeiten?" würden viele (vor allem weniger gut motivierte) Mitarbeiter möglicherweise nicht wahrheitsgemäß antworten, weil sie Sanktionen befürchten. Eine in der idiolektischen Gesprächsführung geübte Vorgesetzte würde das Gespräch auf das Thema „Mitarbeitermotivation" lenken und anhand der verbalen und nonverbalen Reaktionen ein klares „Wissen" erhalten, wie motiviert die Mitarbeiter wirklich sind. Eine Klientin wird authentische Informationen darüber geben, was sie innerlich bewegt, obwohl sie verbal vielleicht noch gar nichts darüber gesagt hat.

Die idiolektische Gesprächsführung akzeptiert alles, was von der Klientin kommt. Insofern wird diese sehr schnell spüren, daß die Therapeutin sie nicht in irgendeine Richtung manipulieren möchte. Aus diesem Grund eignet sich die idiolektische Gesprächsführung gut, um mit „schwierigen" Klienten (z.B. Menschen, die vom Allgemeinmediziner überwiesen wurden und vielleicht der Ansicht sind, ihre Beschwerden seien rein körperlicher Art) umzugehen.

Kontraindikationen für die Anwendung dieser Methode liegen dann vor, wenn man es mit Klienten zu tun hat, die (aus welchen Gründen auch immer) klare Strukturen brauchen bzw. bei denen psychische Strukturen mangelhaft ausgebildet sind und die indirekte, offene Gesprächsführung dieses Muster aktiviert bzw. verstärkt. Dies ist u.a. gegeben bei
1. Klienten mit Psychosen;
2. Klienten mit Manien;
3. in anderer Weise „desorganisierten" Klienten (z.B. solchen, die in ihrer Entwicklung unzureichende psychische Strukturen aufgebaut haben und deshalb einen klaren Gesprächsrahmen benötigen).

II. Biologische Grundlegung der Psychotherapie

Für A.D. Jonas und seine Nachfolger steht die Eigensprache der Klienten im Zentrum ihres therapeutischen Ansatzes. Welche Bedeutung biologische und stammesgeschichtliche Aspekte für die Psychotherapie haben, darin bestehen zwischen Jonas und seinen Nachfolgern allerdings sehr unterschiedliche Auffassungen[164].

Pongratz würdigt im Vorwort zu Jonas' Hauptwerk *Kurzpsychotherapie in der Allgemeinmedizin* zwei Faktoren als neu an dessen Ansatz: zum einen das Konzept der „Eigensprache" und zum zweiten, daß Jonas dem psychotherapeutischen Handeln eine biologische Basis gegeben habe, die eine Antwort auf die seit Freud bestehende Frage nach der Symptomwahl liefere. Diese Frage lautet: Sind Symptome auf Umweltreize oder auf innerpsychische Phänomene zurückzuführen?

Für Jonas ist klar, daß Umweltreize nur über bestimmte Vermittlungen auf das Zentralnervensystem wirken[165]. Die Begründung ist einfach: Da wir auf viele negative Umweltreize gar nicht reagieren, können die Umweltreize nicht der Grund für das Symptom sein. Zwischen Umweltreiz und Symptom muß also ein innerer Mechanismus wirken, der bestimmt, welches Organ zum Symptomträger wird. In der Auseinandersetzung mit den Arbeiten von W.B. Cannon[166] kam Jonas zu der Überzeugung, daß neurophysiologische und phylogenetische Mechanismen die Art des Symptoms bestimmen[167]. An anderer Stelle[168] beschreibt er, wie er zu dieser Auffassung gelangte:

„Als langjähriger Liaisonpsychiater und Ethnologe versuchte ich nach einigen Jahren erfolgloser psychoanalytisch orientierter Therapien (Freud, Horney, Deutsch und Adler), meine Erfahrungen mit Tieren auf meine Patienten zu übertragen. Anstelle metaphysischer Interpretationen vorliegender Beschwerden, beobachtete ich letztere als natürliche Phänomene, die irgendwie eine biologische Bedeutung hatten, aber in ihrem gegenwärtigen Kontext für das Individuum schädlich waren. Daraus ergab sich ein neuer Brennpunkt: die biologische Struktur des Symptoms, von dem sich der Patient befreien will."

In Zusammenarbeit mit seiner Frau entwickelte er in der Folgezeit das Konzept der archaischen Reaktionsmechanismen. Es war psychosomatisch ausgerichtet und stand damit in deutlichem Gegensatz zu den damals gängigen psychoanalytisch ausgerichteten Theorien. Jonas war überzeugt, daß für das Zusammenspiel zwischen Psyche und Körper die neurophysiologischen und phylogenetischen Mechanismen eine entscheidende Rolle spielen.

Was sind phylogenetische Mechanismen? – Phylogenese bedeutet die Evolution von Merkmalen und Eigenschaften in den verschiedenen Arten, im Gegensatz zur Ontogenese, welche die Entwicklung einzelner Organismen zum Gegenstand hat. Phylogenetische Mechanismen sind Mechanismen oder Programme, die der Mensch durch die Evolution hindurch von seinen Vorfahren geerbt hat. Potentiell trägt der Mensch die gesamten Aktionsmuster der Evolutionsgeschichte in sich.

Ein Beispiel sind Embryonen. Sie entwickeln in einer bestimmten Phase der Entwicklung Kiemen, was darauf schließen läßt, daß eine Kontinuität der evolutionären Entwicklung für Anatomie und Physiologie des Körpers vom Fisch bis zum Menschen gilt. Ein weiteres Beispiel sind die von Cannon so benannten „Notfallfunktionen" Kampf und Flucht.

Beispiel: Ein Affe bemerkt, daß sich ihm ein Tiger nähert (äußerer Reiz). Daraufhin reagiert sein vegetatives Nervensystem, indem der Herzschlag ansteigt, das Blut in die Beine gepumpt wird, Adrenalin ausgeschüttet wird etc. Diese automatisch aktivierten Mechanismen sind sinnvolle Reaktionen, um den Affen bestmöglich in die Lage zu versetzen, dem Tiger zu entkommen.

Es ergibt sich folgender Zusammenhang:

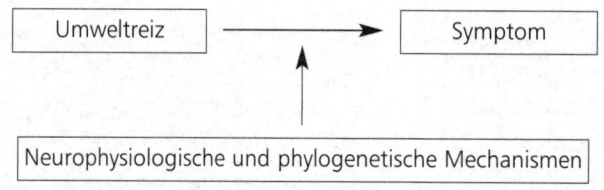

Jonas unterscheidet vier Stufen einer psychosomatischen Veränderung an einem Menschen:
1. kurzzeitige, flüchtige physiologische Begleitreaktionen, z.B. Erröten, zunehmender Pulsschlag etc.;
2. länger andauernde funktionelle Beschwerden, z.B. Magenbeschwerden;
3. klassische psychosomatische Erkrankungen, z.B. Asthma;
4. psychoreaktive Organveränderungen, z.B. multiple Sklerose oder Krebs.

Psychosomatische Veränderungen der ersten Stufe sind notwendige und in aller Regel sinnvolle körperliche Reaktionen auf die verschiedenen Umweltreize. Die Veränderungen der Stufen zwei bis vier kann man als psychosomatische Symptome bezeichnen.

1. Der biologische Nutzwert von Symptomen

Menschen verfügen über unzählige Reaktionsmöglichkeiten, die bei Tieren auf einer niederen Entwicklungsstufe der Anpassung dienten, in bezug auf menschliche Verhältnisse jedoch so unangepaßt sind, daß sie schädliche Folgen nach sich ziehen.

Für Symptome, die Klienten in die Therapie führen, gilt nach Jonas: Sie stellen eine Reaktion mit biologischem Nutzwert dar, den es zu würdigen gilt. Dieser biologische Nutzwert äußert sich bei Tieren auf niederen Evolutionsstufen positiv – die Symptome dienen der Anpassung an Umweltreize. Ein Beispiel dafür wäre die Rötung des Gesichtes und anderer nichtbehaarter Körperstellen, die bei niederen Primaten eine typische Drohgebärde darstellt. Beim Menschen hingegen kann Erröten als störendes Symptom empfunden werden, das Verlegenheit anzeigt. Solche Reaktionen müssen nach Jonas auf dem Hintergrund der Erfahrungen der Klientin als eine Anpassungsleistung aufgefaßt werden[169]. Anpassung woran? Eine der wichtigsten Ursachen für symptomhafte Verhaltensmuster sieht Jonas in der Erziehung begründet.

Beispiel[170]: Umgang mit Aggression in der Erziehung
Eltern können ihr Kind dahingehend erziehen, daß es Balgereien mit anderen Kindern aus dem Weg geht und lieber Erwachsene über solche Geschehnisse informiert. Ist dieses Verhalten internalisiert, kann es mit der Einstellung einhergehen, daß es besser ist, sich durch Argumente zu beweisen, daß Aggression unziemlich sei etc. Nach Jonas „dressieren" die Eltern damit dem Kind den neurophysiologischen Aktionsmechanismus der Vermeidung bzw. der Flucht an.

Zweitens kann eine Familie ihr Kind dazu erziehen, Raufbolden standzuhalten und physische und verbale Angriffe zurückzuweisen. Eine solche Erziehung fördert nach Jonas den neurophysiologischen Aktionsmechanismus des „angreifend-lebensvernichtenden Zubeißens der fleischfressenden Säuger".

Wenn beide Kinder als Erwachsene Situationen ausgesetzt sind, denen sie nicht in ihrer gewohnten Weise begegnen können, werden sie ganz unterschiedliche psychosomatische und neurotische Symptome aufweisen. Diese lassen Rückschlüsse auf die Erziehung zu[171], denn neurotisches Verhalten wird genauso erlernt wie andere Fähigkeiten (z.B. Golf spielen)[172].

Im Gegensatz zum Tier haben Menschen die Möglichkeit, Aktionsmuster durch Lernen zu modifizieren. Allerdings ist für Jonas die in der Erziehung stattfindende Automatisierung dieser Verhaltensweisen auf neurophysiologischer Ebene im Regelfall stärker als das bewußte Einflußnehmenwollen auf diese Reaktionsweisen. Das ist auch der Grund, warum sich Klienten häufig Veränderungen ihrer „Fehlreaktionen" widersetzen, obwohl sie sich verändern wollen. Deshalb kann, so Jonas, die auf Einsicht beruhende Psychoanalyse solchen Klienten wenig helfen, ihr Symptomverhalten zu überwinden. Veränderung tritt nur dann ein, wenn die mit dem Symptomverhalten einhergehenden Emotionen mitverändert werden[173].

2. Das Triebkonzept

Was über die biologische Grundlegung von Symptomen gesagt wurde, mündet in ein Triebkonzept. Die biologischen Aktionsmechanismen sind letztlich Triebe, die nach Jonas dem Menschen wie allen Lebewesen innewohnen. Er nennt u.a.:
1. den Trieb zur Reinlichkeit,
2. den Pflegetrieb,
3. den Paarungstrieb (Sexualität),
4. den Betreuungstrieb,
5. den Selbstaufopferungstrieb,
6. den Selbsterhaltungstrieb,
7. den Trieb der sozialen Bindung.

Potentiell stehen jedem Menschen die obengenannten Triebe zur Verfügung. Aufgrund symptomatischer Verhaltensmuster, wie sie oben im Zusammenhang mit der Erziehung geschildert wurden, postuliert Jonas, daß bei Klienten bestimmte Triebe wenig bis gar nicht ausgeprägt sind, was zu Störungen führt. Im Unterschied zu den Tieren hat der Mensch jedoch die Möglichkeit, einen gewissen Einfluß auf sein Triebverhalten zu nehmen. Nach Jonas ist es therapeutisch sehr bedeutsam, zu erkennen, wann ein solcher Fall vorliegt, weil ganz bestimmte Maßnahmen notwendig sind, mit solchen Menschen umzugehen. Ein typischer Fall ist die „jammernde Patientin"[174].

„Jammernde Patienten[175]":

Jammernde Patienten bzw. Klienten wollen nicht primär von ihren Leiden befreit werden, sondern suchen Trost und Mitgefühl. Sie möchten vor allem bedauert werden[176]. Jonas beschreibt, anhand welcher verbalen Aussagen dieser Typus erkannt werden kann:
1. „Ich war schon bei einem Dutzend Ärzten, und niemand hat mir helfen können."
2. „Sie wissen ja gar nicht, was ich durchmache."
3. „Am liebsten würde ich Schluß machen."
4. etc.

Jonas interpretiert diese Aussagen so: Wenn man sich auf die Eigensprache von Klagenden einstellt, hört man nicht einen Bericht, sondern Forderungen. Zum Beispiel:
1. „Niemand kümmert sich um mich, gleichgültig, ob ich lebe oder sterbe." (Sie als Arzt sollten sich um mich kümmern!)
2. „Ich weiß, daß ich eine Last für jeden bin." (Versichern Sie mir, daß ich keine Last bin!)
3. etc.

Im Gegensatz zu Steve de Shazer hat Jonas für das Verhalten von jammernden bzw. klagenden Klienten ein stammesgeschichtlich begründetes (phylogenetisches) Erklärungsmodell. Er sieht darin einen „leicht erkennbaren" biologischen Reaktionsmechanismus, der sich in dem Gefühl des Klienten ausdrückt, er sei überflüssig, er habe keinen Wert für seine Gruppe, und der unterschwelligen Angst, von der Gruppe verstoßen zu werden. Jonas vergleicht dies mit dem Schicksal von Tieren, die verletzt, alt oder krank sind. Sie behindern die Gruppe und werden daher von ihren Artgenossen angegriffen.

Derartige gruppenerhaltende Mechanismen finden sich auch beim Menschen wieder, auch wenn sie uns nicht bewußt sein mögen. Die Eskimos z.B. ließen gebrechliche und ältere Menschen auf dem letzten Lagerplatz zurück, wo sie binnen weniger Stunden erfroren, so daß sie der Gruppe nicht zur Last fielen.

Das Jammern gibt dem Leben der Klientin Bedeutung und Sinn und wirkt insofern lebenserhaltend. Aus diesem Grund werden nach Jonas Hilfsvorschläge der Therapeutin mit „Ja, aber ..." beantwortet. Wertet man hingegen das Jammern ab, besteht die Gefahr von Suizid oder schwerer Depression. Deshalb sollte man als Therapeutin das Jammern unterstützen, zum Beispiel durch Sätze wie den folgenden: „Das muß doch erschöpfend/schwer etc. sein ... (z.B.: so schlecht von seinen Mitmenschen behandelt zu werden)."

Das weitere Vorgehen hängt davon ab, wie die Klientin auf eine solche Aussage reagiert. Einige Möglichkeiten sind:
1. Die Klientin sagt: „So schlimm ist das doch gar nicht." Dies ist für die Therapeutin ein Anzeichen dafür, daß es jetzt möglich wird, alternative Handlungsmöglichkeiten mit ihr zu entwickeln.
2. Die Klientin reagiert hoffnungslos. Dies wertet Jonas als Anzeichen für eine maligne Depression, die möglicherweise die Einweisung in eine Klinik erfordert.
3. Die Klientin zeigt einen Funken von Aufbegehren. Hier sollte die Therapeutin alternative Aktionsmechanismen aus der Eigensprache erfragen, um das beste Vorgehen herauszufiltern. Ein Beispiel hierzu findet sich im Kapitel „Phylogenetisch-psychiatrisches Weltbild".

Anhand des folgenden Fallbeispiels soll nun verdeutlicht werden, wie Therapeuten Triebe erkennen und behandeln können. (Aus Gründen der Übersichtlichkeit vernachlässigen wir alle Faktoren, die in der Eigensprache der Klientin eine Rolle spielen. Darauf wird ausführlich in Kapitel III eingegangen.)

3. Fallbeispiel „Hypochonderin"

„Hypochonder" sind nach Jonas Spezialfälle des jammernden Klienten. Sie verspüren körperliche Symptome, die keine organische Basis haben, von denen sie aber dennoch beunruhigt werden. Da sie für ihre Unruhe jedoch keine Erklärung haben, suchen sie diesen Mangel durch weitschweifige, detaillierte Berichte auszugleichen. In ihrem Privatleben hat die Unterhaltung über ihre Gefühle längst den Berichten über ihre Körperfunktionen Platz gemacht. „Es gelingt diesen Hypochondern, eine Atmosphäre von Hoffnungslosigkeit um sich zu verbreiten, die alle Bezugspersonen erfaßt.[177]"

Jonas behandelt im vorliegenden Fall eine 54jährige Hypochonderin, die seit ihrem 40. Lebensjahr mit den verschiedensten körperlichen Beschwerden die unterschiedlichsten Ärzte aufgesucht hatte. Keiner von ihnen fand organische Ursachen. Schließlich wurde sie von einem befreundeten Arzt an Jonas überwiesen. Das Gespräch zeigt, daß Jonas' Verhalten stark von phylogenetischen Grundüberlegungen bestimmt wird.

(1) T:	(sehr freundlich und ein wenig besorgt) Ihr Arzt, Dr. X, hat Sie an mich überwiesen, in der Hoffnung, daß ich Ihnen etwas helfen kann.	Hoffnung ist für Hypochonder ein Zauberwort.
(2) K:	(mit leidendem Ausdruck, der aber bald von einer belehrenden Einstellung abgelöst wird) Ich hoffe sehr, daß Sie mir helfen können, der Herr Dr. X spricht sehr gut von Ihnen.	
	Alles fing im Mai 1963 an. (...) Eines Morgens spürte ich einen starken Schmerz in meinem Kreuz; es tat so weh, daß ich mich nicht aufrichten konnte. Auch die kleinste Bewegung wurde mir zur Qual. Mein Mann hatte damals Nachtschicht und war gerade nach Hause gekommen. Er machte sich sein Frühstück. Damit hat er nie auf mich gewartet. Es paßte ihm nicht. Er sagte, ich würde zu viele Umstände machen. Ich rufe in die Küche hinein: „Walter, komm doch. Ich hab Kreuzschmerzen und kann mich nicht rühren." Glauben Sie, daß er sich wegen mir Sorgen machte? „Nein ...", schrie er zurück, „laß mich doch in Ruhe meinen Kaffee trinken. Du mit deinen Schmerzen." Soll ich Ihnen meine Schmerzen beschreiben?	Ab hier betet die Klientin ihre Krankheitsgeschichte wie auswendig gelernt herunter[178]
3) T:	Natürlich interessiert mich, was Sie spürten, als Sie nicht aufstehen konnten. Aber es interessiert mich auch, wie oft Sie dieselbe Geschichte schon erzählt haben und welchen Erfolg Sie mit dem Erzählen dieser Geschichte hatten.	Mit dem Wort „spüren" möchte Jonas vom „Schmerz" wegleiten und die Klientin aus den gewohnten Gleisen herausholen..

(4) K:	(mit nassen Augen) Erfolg? ... Keinen ... Ich fühlte mich schlechter als je zuvor. Zuerst waren es die Kreuzschmerzen; dann konnte ich nicht durch die Nase atmen; dann dieser Druck auf meiner Brust ... ich dachte, das muß ein Herzanfall sein; später diese lästigen Schwindelanfälle ... Ich wagte nicht mehr auf die Straße zu gehen ... jetzt ist es schon besser geworden. ... Dafür habe ich nun dieses Jucken, und was mir der Arzt verschreibt, hilft nicht. Darum hat er mich zu Ihnen geschickt (...)	An dieser Stelle (...) zählt die Patientin weitere Beschwerden auf.

Jonas interpretiert diese Reaktion der Klientin dahingehend, daß sie auf emotional belastende Umweltsituationen mit entsprechenden Körpersymptomen reagiert. An anderer Stelle[179] vergleicht Jonas die psychosomatische Klientin mit einer Kurzstreckenläuferin am Start, die die Absicht hat, loszulaufen, es aber nicht kann. Die daraus resultierenden körperlichen Reaktionen sind anhand der Eigensprache verhaltensgenetisch identifizierbar. Ob solche archaischen Reaktionen zu körperlichen Beschwerden führen, hängt von Intensität und Häufigkeit der Auslösesituationen ab und davon, wie vollständig die ausgelösten Impulse gehemmt werden, sowie davon, ob einander zuwiderlaufende Reaktionsmechanismen gleichzeitig ausgelöst werden.

Im Fall dieser Klientin hatte Jonas wie oben erwähnt bereits vor dem Gespräch die Hypothese gehabt, daß sie Hypochonderin ist. Diese Hypothese sieht er durch ihr verbales und nonverbales Verhalten bestätigt, das gleichermaßen ein Gefühl der Hoffnungslosigkeit zum Ausdruck bringt.

An dieser Stelle des Gesprächs stellt sich die Frage, ob sich der Therapeut mit dem leeren, lieblosen Leben der Klientin befassen soll oder mit dem letzten Symptom des Juckens. Das muß man nach Jonas der Klientin überlassen. Dazu dient die nächste Frage:

(5) T:	Mit allen diesen Beschwerden muß es doch schwer sein, Ihren täglichen Haushaltspflichten nachzukommen.	Der Therapeut erwähnt die eingangs erwähnte Bürde des Haushalts. Die Reaktion der Klientin darauf wird das weitere Vorgehen bestimmen. Die Klientin betont ihre Einsamkeit; „paranoides Denken" macht sich bemerkbar. Dies sagt Jonas mit der Absicht, ihren Mann ins Spiel zu bringen.
(6) K:	(mit einem tiefen Seufzer): Das ist schon wahr – Gott ist mein Zeuge. Niemand hilft mir... Solange meine Tochter mir beistand, gab es keine Schwierigkeiten.	
(7) T:	Bedeutet das, daß sie nicht mehr mit Ihnen zusammenlebt?	
(8) K:	Oh nein. Sie hat sich mit diesem Kerl verheiratet, kurz bevor meine Kreuzschmerzen mich zu plagen begannen. Er hat es nicht gern, wenn sie mich zu oft anruft. Ich habe keinen Menschen. Meine beiden Söhne haben ihre Frauen; die Mutter spielt da keine große Rolle.	

Die Einschätzung von Klienten

In den Ausführungen über jammernde Klienten wurden mehrere Möglichkeiten aufgelistet, wie eine Klientin auf die Frage (5) reagieren kann. Die Antwort gibt der Therapeutin einen Eindruck davon,
➤ inwieweit die Klientin glaubt, in der Lage zu sein, an ihrem Zustand etwas ändern zu können, und
➤ inwieweit die Klientin etwas an ihrem Zustand ändern will (Motivationsstruktur).

In Einheit (8) reagiert die Klientin mit Hoffnungslosigkeit. Das bedeutet, daß ihre Motivation und ihre Einschätzung der eigenen Fähigkeiten, etwas an der Situation zu ändern, gering sind. Nach Jonas ist damit höchste Vorsicht geboten, weil nun eine Depression droht. Hier zeigt sich ein Kennzeichen von Jonas' Art des Therapierens im Gegensatz zu den Idiolektikern. Er ordnet die Klientin in medizinisch-psychiatrische Kategorien ein. Das medizinisch-psychiatrische Weltbild leitet ihn sowohl bei der Befragung als auch bei seinen Interventionen. So überrascht es nicht, daß er im Kommentar zu Einheit (8) von „paranoidem Denken" spricht. Die meisten Idiolektiker sind hingegen der Ansicht, daß diese Vorgehensweise dem Konzept der Eigensprache widerspricht.

Tatbestände erfragen oder phylogenetische Hypothesen testen?

An dieser Stelle wollen wir die Fragen, die Jonas stellt, näher beleuchten: In den Einheiten (7) und (9) elizitiert der Therapeut auf den ersten Blick lediglich Tatsachen, die die Lebensumstände der Klientin betreffen. Die Absicht hinter diesen Fragen ist es jedoch, seine eingangs formulierte Hypothese zu verifizieren, nämlich, daß die Klientin Hypochonderin ist. Im weiteren Verlauf des Interviews wird dies noch deutlicher.

(9) T:	Dann sind Sie ganz allein im Haus?		
(10) K:	Das kann man wohl so sagen. Für meinen Mann existiere ich nicht. Fernsehen und die Kneipe bedeuten ihm mehr als ich.		Die Klientin hat nur sich selbst. Ihr leidender Körper ist der einzige Kumpan, der ihr geblieben ist. Sie muß daher auf diesen besonders aufpassen, ihn pflegen etc.
(11) T	Das bedeutet, daß nur Sie, Sie allein (betonend) von der ganzen Familie da sind, um Ihren Körper zu pflegen.		Der Therapeut muß die Notwendigkeit dieses Pflegetriebs verstärken, da es der einzige noch aktive Trieb ist. Würde man diese Tür schließen, könnte dies eine psychotische Entwicklung zur Folge haben. Es soll eine starke Koalition zwischen Therapeut und Klientin hergestellt werden.
(12) K:	(seufzt tief) Sie haben den Nagel auf den Kopf getroffen. Ich könnte sterben wie ein Hund, und niemand würde sich um mich kümmern.		
(13) T:	Ja, unter diesen Umständen, da wir keine Hilfe von Ihrer Familie erwarten können, müssen wir beide zusammenarbeiten, um diese Beschwerden Ihres Körpers zu beseitigen.		
(14) K:	Ich bin zu allem bereit.		

Der letzte Satz macht deutlich, daß die Absicht des Therapeuten aufgegangen ist, die Klientin zur Mitarbeit an der Therapie zu motivieren. Sie ist zu allem bereit. In diesem Zustand könnte auch die einfachste suggestive Behandlung Erfolg haben. Doch um ihr auch im Falle künftig auftretender Beschwerden hilfreich zu sein, ist es notwendig, sie über die Mechanismen ihrer somatischen Manifestationen aufzuklären. Um dieses Ziel zu erreichen, folgten einige Interventionen (z.B. Übungen zur Körperwahrnehmung).

Daß auch phylogenetische Überlegungen bei Jonas' Diagnose eine Rolle spielen, zeigt sich im Kommentar zu Einheit (10). Man muß den Pflegetrieb verstärken, da sonst eine psychotische Depression entstehen könnte. Diese phylogenetische Einschätzung im Kommentar zu Einheit (11) ist handlungsleitend für die gesamte Therapie.

Jonas kommentiert diesen Transkriptausschnitt wie folgt[180]: „Die Patientin wurde nach dieser Besprechung wieder an ihren Allgemeinarzt überwiesen. Es wurde ihm berichtet, welchen Platz die hypochondrischen Symptome im Leben seiner Patientin einnehmen; ein Abklingen dieser Beschwerden würde höchstwahrscheinlich eine sehr ernste Depression nach sich ziehen. Es würde daher seine Aufgabe sein, die Symptome ernst zu nehmen und ihr Gelegenheit zu geben, ihr Herz über diese undankbare Welt zu erleichtern.

Die Patientin rief spätabends – etwa acht Stunden nach dem Interview – an, um zu melden, daß ihre Haut aufgehört hatte zu jucken."

Jonas räumt bezüglich dieses Falles selbst ein, daß das therapeutische Resultat nicht dem Ideal eines Behandlungszieles entspricht. Wünschenswerter wäre es, mit der Klientin eine neue, positivere Einstellung zum Leben zu erarbeiten. Daß Jonas dies nicht für realistisch hält, begründet er phylogenetisch: „Im biologischen Sinn handelte sie (die Klientin, Anm. d.A.) gemäß ihrem Selbstbild als das Huhn auf der niedrigsten Stufe der Hackordnung. Im Tierreich haben solche Lebewesen keine Überlebenschancen. Aufgrund des ausgeprägten

Betreuungstriebs beim Menschen werden jedoch diese niedrigrangigen Individuen, egal ob sie krank, verletzt oder sozial unfähig sind, ebenso gepflegt und behütet wie das über viele Jahre seiner Entwicklung hilflose Kind (...). Vom biologischen Standpunkt aus befindet sich der chronisch benachteiligte Mensch im Sinne phylogenetischer Bedeutsamkeit auf der Eliminierungsliste seiner Gruppe.[181]"

Interessant sind die Parallelen und Unterschiede zwischen dem Ansatz des BFTC und Jonas' Vorgehensweise. Beide Therapierichtungen sind sich darin einig, daß klagende Klienten so nicht behandelbar sind. In der Dauer der Festschreibung dieser Diagnose unterscheiden sie sich allerdings gravierend. Das BFTC gibt „Klagenden" Beobachtungsaufgaben in der Annahme, daß sie sich in „Kunden" verwandeln können. Jedes kleine Zeichen in diese Richtung wird penibel aufgenommen und verstärkt. Jonas hingegen schreibt den Status „Klagende" und „krank" fest.

III. Eigensprache

Im letzten Kapitel wurde dargelegt, welche Bedeutung phylogenetische und psychiatrische Kategorien für Jonas haben. Diese Kategorien bestimmten bei ihm wesentlich mit, welche Richtung der Therapieverlauf nimmt.

Im Gegensatz zu Jonas beschäftigen sich seine Nachfolger fast ausschließlich mit der Eigensprache. Das hat, wie wir noch sehen werden, gravierende Auswirkungen darauf, was sie unter einem Problem verstehen und wie bei der Suche nach Lösungen vorgegangen werden sollte.

Was ist Eigensprache?

Eigensprache läßt sich definieren als die Sprachmuster, die eine Person verwendet, inklusive all ihrer phonetischen, grammatikalischen und die Wortwahl betreffenden Vorlieben sowie ihres gesamten nonverbalen Ausdrucksverhaltens. Eine Vorannahme der Idiolektiker besagt, daß die Eigensprache in jedem Moment des Gesprächs das beinhaltet, was Menschen gerade beschäftigt.

Einige Aspekte der Eigensprache seien hier aufgelistet[182]:
1. die Art, wie die Klientin sich bewegt,
2. die Art, wie die Klientin sitzt (zurückgelehnt, auf der Stuhlkante ...),
3. Begrüßungsformeln,
4. Gesichtsausdruck,
5. Tonfall der Stimme,
6. Blickrichtung,
7. Art der Atmung,
8. paraverbale Lautäußerungen,
9. Sprache (Schlüsselworte, Ausdrucksweise),
10. Stimmung (ängstlich, freundlich, beschwichtigend, distanziert ...),
11. soziale Faktoren

etc.

Eigensprache ist nicht nur das, was ein Beobachter von außen erkennen kann. Die Eigensprache umfaßt auch die innere Verfaßtheit, den körperlichen Ausdruck und das Sozialverhalten. Insbesondere betonte Jonas die engen Verbindungen zwischen motion (Bewegung) und emotion (Emotionen). Letztere sind wichtig für Struktur und Durchführung von Handlungen und Zielen[183]. Bezogen auf therapeutisches Arbeiten heißt dies, daß Veränderungen nicht erreicht werden können, wenn nicht zugleich auch die Emotionen der Klientin mit im Spiel sind. Der *felt sense* spielt also in der Idiolektik und bei Jonas eine überragende Rolle.

1. Eigensprache und Problembegriff

Jonas und seine Nachfolger haben dieselben Vorstellungen, was Eigensprache ist, aber sie ziehen unterschiedliche Schlußfolgerungen in bezug auf den Zusammenhang zwischen Eigensprache und Problem und den möglichen Umgang mit Problemen.

Für die **Idiolektiker** ist Eigensprache Diagnose und Anwendung in einem. Die Definition des Problems ist überflüssig. Es bedarf keines Problems, es bedarf keiner Zielvorstellungen, wie eine Lösung aussehen könnte. Der therapeutische Prozeß vollzieht sich dadurch, daß die Therapeutin mit der Klientin in deren Eigensprache plaudert. Was das Problem ist, ist in der Idiolektik keine wichtige Information, weil die Therapeutin nicht den Anspruch erhebt, Lösungen finden zu wollen. Noch radikaler formuliert: Die Eigensprache ist alles, womit man sich zu beschäftigen braucht.

Der Problembegriff bei **Jonas** ist durch sein phylogenetisch-psychiatrisches Weltbild bestimmt. Seine zentrale These lautet: **Jedes Symptom hat seine Basis in einem physiologischen Geschehnis wie auch in einem diesem zugrunde liegenden phylogenetisch verankerten Programm[184].**

Damit einher gehen Emotionen, die mit dem Symptom eine zirkuläre Rückkopplung eingehen und die sich (verbal und nonverbal) in der Eigensprache äußern. Im Gegensatz zu flüchtigen physiologischen Begleitreaktionen stellen Symptome eine biologische Reaktion dar, die fehlangepaßt bzw. „entartet" ist[185]. Diese biologische Reaktion stellt sich auch dann ein, wenn es sich um „rein" psychische Probleme handelt, zum Beispiel wenn jemand unter mangelndem Durchsetzungsvermögen leidet. Auch in diesem Fall wird sich sein emotionaler Zustand in verbalen und nonverbalen Reaktionen widerspiegeln, die sich zwar noch nicht chronisch im Körper manifestiert haben, in die der Betreffende aber immer wieder hineingerät, wenn er sich in dem entsprechenden emotionalen Zustand befindet.

Eine Beschwerde/Symptom/Problem ist nach **Jonas** ein multidimensionales, in verschiedene Systeme integriertes Phänomen, das sich auswirkt auf die innere Einstellung zum Kranksein, die sozialen und innerseelischen Konsequenzen der Beeinträchtigung hinsichtlich gewohnter Tätigkeiten, die Statusverminderung, die geschmälerte Freude am Leben etc.[186] Soziale Bedingungen müssen ebenso einbezogen werden wie psychische, emotionale und körperliche Aspekte, da sie untrennbar ineinander verwoben sind.

Das Zusammenspiel dieser multimodalen Prozesse „ergibt eine Art Eigensprache, die sozusagen von unten auf die Gefühlswelt zielt und nicht, wie in den konventionellen psychologischen Betrachtungen von oben, aus der Sicht der Ratio, versucht, die Emotionen zu erreichen ... (Dies) führt geradewegs zur Phylogenese des sich darstellenden Verhaltensphänomens und dient ferner dazu, sich mit dem Patienten auf der Ebene seiner Symptome und der sich dahinter verbergenden Gefühle zu verständigen.[187]"

Im Gegensatz zu den Idiolektikern ist für Jonas die Eigensprache also auch ein Diagnoseinstrument, das es ihm ermöglicht, physische Symptome mit den psychischen Vorgängen (Emotionen, Normen, Werthaltungen etc.) sowie dem biologischen Unterbau der innerseelischen Vorgänge in Einklang zu bringen. „Wenn man auf die Eigensprache achtet, sagt einem der Patient schon in der ersten Minute, wie er behandelt werden möchte.[188]"

Diese psychodynamische Diagnose ist für ihn kein stereotypes Konzept, sondern „eine dynamische Serie simultaner aufeinanderfolgender Aktionsbilder bzw. Intentionen, die sich vermindern oder verstärken können[189]". Obwohl diese Intentionen keine Umsetzung in aktuelle Handlungen erfahren, üben sie dennoch einen nachhaltigen Einfluß auf den Organismus aus – sie produzieren das Symptom, unter dem die Klientin leidet. Diese befindet sich in der Situation einer Kurzstreckenläuferin, die am Startblock kniend auf den Startschuß wartet, um dann mit explosiver Anstrengung loszulaufen. Das vegetative System ist maximal eingeschaltet, ohne daß jedoch eine Aktion stattfindet. Durch genaue Beobachtung der Eigensprache können solche Aktionen von der Therapeutin trotzdem intuitiv erkannt werden. Dies gibt ihr nach Jonas eine klare Vorstellung davon, in welche Richtung interveniert werden sollte.

Im Fallbeispiel der Hypochonderin wurde das zielorientierte Vorgehen von Jonas deutlich. Seine Beobachtungen der Eigensprache ordnete er phylogenetischen und psychiatrischen Kategorien zu und stellte so eine Diagnose. Die neueren Idiolektiker hingegen würden auf jegliche Kategorisierung der Patientin verzichten, da der Erklärungswert dieser Modelle nach Ansicht der meisten Idiolektiker hinfällig ist: Wenn die Klientin für sich selbst erkannt hat, was sie tun kann, wird sie ihre eigene Lösung finden. Der weitgehende Verzicht auf medizinisch-psychiatrische Diagnosen und den Rückgriff auf biologische Reaktionsmechanismen ist der Hauptunterschied zwischen dem Begründer, Jonas, und der Idiolektik, wie sie heute gelehrt wird.

2. Das „Plaudern" in der Eigensprache

Bei der idiolektischen Gesprächsführung läßt sich die Therapeutin von der Eigensprache der Klientin führen, nimmt aber durch die Art ihres Eingehens auf der Prozeßebene großen Einfluß auf den Gesprächsverlauf. Dem liegt die Annahme zugrunde, daß, wenn sich die Eigensprache entfaltet, darin Diagnose und Lösung zugleich liegen. Im letzten Fallbeispiel haben wir einige Techniken kennengelernt, mit denen die Therapeutin das „Plaudern" in der Eigensprache anregen kann.

In diesem Kapitel werden wir einige weitere Fragetechniken herausarbeiten, mit deren Hilfe Klienten dazu veranlaßt werden können, tiefer in ihr Erleben einzudringen.

Schlüsselworte

Eine der Haupttechniken der idiolektischen Gesprächsführung ist die Schlüsselworttechnik. Was sind Schlüsselworte? – Darauf gibt es nach Poimann zwei Antworten:
1. Jedes Wort ist ein Schlüsselwort.
2. Schlüsselworte sind Ausdrücke, die für Klienten emotional stark besetzt sind.

Die erste Aussage soll Anfänger der Idiolektik davor bewahren, um jeden Preis *das* Schlüsselwort in der Äußerung von Klienten wahrnehmen zu wollen. Jedes Wort hat seine Bedeutung und kann wichtig für den weiteren Gesprächsverlauf sein. Die zweite Aussage bezieht sich auf charakteristische Begriffe der Klientin. Diese erkennt man u.a. an:
- der Betonung,
- Gestik und Mimik,
- sonstigen auffälligen körpersprachlichen Verhaltensweisen,
- einer ungewöhnlichen, eigenartigen Bedeutungsgebung der Worte durch die Klientin.

Wie gelingt es, die Schlüsselworte zu finden? – Nach Jonas soll Therapie ähnlich intuitiv geschehen wie das Improvisieren von Melodien bei einem geübten Klavierspieler. Je geübter die Therapeutin ist, desto spontaner und leichter wird sie auf die Eigensprache der Klientin reagieren. Diese Informationen kann man naturgemäß nicht kognitiv erfassen, „aber bei einer auf Intuition (mittels des limbischen Systems) beruhenden Perzeption dieser multimodalen Ausstrahlung spürt man weder eine Anstrengung noch die Notwendigkeit einer geistigen Konzentration", wenn es darum geht, die Intentionen zu entschlüsseln, die die Klienten durch ihre Symptome vermitteln[190].

Damit wird klar, daß eine stringente Vorgehensweise wie zum Beispiel die Fragestrategie des BFTC den Vorannahmen der Idiolektik zuwiderlaufen würde. Die Gesprächsführung ist in hohem Maße auf Intuition angewiesen. Es gilt, der Eigensprache zu folgen, nicht umgekehrt. Ob das Gespräch einen „guten" Verlauf nimmt, erkennt die Therapeutin an der Körpersprache, vor allem am Grad der Anspannung bei der Klientin. Des weiteren sind die Ressourcen, die die Klientin entwickelt (oder auch nicht), ein Indiz für einen günstigen (oder weniger günstigen) Gesprächsverlauf.

Das Orientieren an Schlüsselwörtern, Begriffen und Redewendungen sowie nonverbalen Reaktionen von Klienten macht die Idiolektik aus. „Der typische Jargon der Psychotherapie wird außen vor gelassen. Schlüsselkonzepte und die Eigenlogik der Konzepte werden wertfrei akzeptiert und im Gespräch gehalten. Bildhafte Elemente sind dabei häufig im Vordergrund.[191]"

Ein Beispiel soll diese Prinzipien idiolektischer Gesprächsführung verdeutlichen[192]. Eine Klientin klagte über ihre seit zehn Jahren bestehenden Rückenbeschwerden. Diese waren trotz einer Operation nicht verschwunden. Sie schilderte Ihre Schmerzen mit den Worten: „Als ob hier ein Gewicht hängt."

Therapeutin: Wie schwer ist denn dieses Gewicht?
Klientin: So ca. 10 bis 15 Kilo.
Therapeutin: Was hängt Ihnen denn nach?

Daraufhin zeigte die Klientin eine heftige emotionale Reaktion. Es stellte sich heraus, daß ihr einziges Kind, ihre damals 5jährige Tochter, vor 10 Jahren gestorben war. Seither lebte sie allein, hielt aber weiterhin das Kinderzimmer in Ordnung, so, als lebe die Tochter noch. Im Rahmen einer anschließenden Psychotherapie konnte die Klientin bis auf kleine Restbeschwerden die Symptome ablegen.

Die Aufgabe der Therapeutin besteht darin, der Klientin sprachliche Herausforderungen zu geben, damit sich deren eigensprachliche Prozesse entfalten können. Dies tut sie in Form „minimaler Interventionen" je nach Gegebenheit durch
1. Konfrontation,
2. paradoxe Interventionen,

3. Analogieschlüsse ziehen,
4. Parallelkontexte explorieren.

Jonas benutzte zwei weitere Techniken, die von den Idiolektikern abgelehnt werden:
5. die Technik des Sich-dumm-Stellens,
6. die Verwirrtechnik.

Diese Techniken werden an späterer Stelle anhand von Fallbeispielen erklärt.

3. Wie(so) wirkt die Eigensprache?[193]

Sowohl Jonas als auch die heutigen Idiolektiker versuch(t)en zu erklären, wieso eine auf Eigensprache begründete Psychotherapie wirksam sein kann. Dazu müßte man strenggenommen den Zusammenhang zwischen Eigensprache und biologischen Aktionsmechanismen auf neurologischer und biologischer Ebene erklären. Zudem: Wie kommt es, daß bestimmte Gefühlszustände zu bestimmten biologischen Reaktionen führen, und wie hängt dies mit dem sprachlichen Ausdruck zusammen? Wie kann man sich den Zusammenhang zwischen psychosomatischen Symptomen und biologischen Aktionsmechanismen vorstellen?

Es überrascht nicht, daß die Erklärungen von Jonas und den Idiolektikern eher an die Plausibilität appellieren, als daß sie wissenschaftlichen Anforderungen standhalten würden.

Zur Interaktion zwischen Symptom, Phylogenese und Eigensprache auf neurobiologischer und neuroanatomischer Ebene hören wir von Jonas Beschreibungen wie die folgende: „Die psychosomatischen Symptome sind durch formkonstante Prozesse charakterisiert, die von einem im Mittelhirn befindlichen Generatorsystem gesteuert werden. Diese bestimmen die Bahnen, die bei Lebewesen auf niedrigeren evolutionären Entwicklungsstufen adaptiv sind, doch beim Menschen unter veränderten physiologischen Bedingungen Schaden anrichten. Seelische Konflikte, die ungelöst auf einem geschlossenen Schaltkreis im Zentralnervensystem verlaufen, verleihen durch interne Schaltungen den somatischen Zielorganen die Energieschübe, die für die ursprüngliche Funktion angepaßt sind, aber beim heutigen Menschen zu psychosomatischen Beschwerden führen.[194]"

Erklärungsversuche der Idiolektiker erfolgen häufig anhand von Beispielen: Ein Mitarbeiter wird von seinem Chef gemaßregelt[195]. Als Reaktion darauf sind unter anderem folgende Reaktionen des Mitarbeiters möglich:
a) Fluchtreaktionen: Diese könnten sich z.B. in allgemeiner Anspannung, verminderter Magen- und Darmtätigkeit oder verstärktem Harn- und Stuhldrang zeigen.
b) Unterwerfungsreaktionen; z.B. unterwürfiges Lächeln, Beugen des Nackens und des Rückens.
c) Angriffsreaktionen; z.B. allgemeine Anspannung, vor allem der Arm- und Beinmuskulatur, Zähnefletschen, erhöhte Magen- und Darmtätigkeit, Aufrichten des Körpers.

Nehmen wir an, die Mitarbeiterin würde eine Fluchtreaktion zeigen. Wie erklären Poimann und Winkler die biologischen Mechanismen der Symptomwahl, also daß es zu einer allgemeinen Anspannung, verminderter Magen- und Darmtätigkeit etc. bei Fluchtreaktionen kommt? Und welche Rolle spielt die Eigensprache dabei? Poimann und Winkler bauen bei ihren Erklärungsversuchen zum Zusammenhang zwischen Eigensprache sowie Neurobiologie und Neuroanatomie auf der Drei-Schichten-Theorie des Gehirns auf[196]. Dieses besteht aus:
1. Hirnstamm und vegetativen Systemen,
2. dem limbischen System,
3. dem Neokortex.

Der Hirnstamm und die vegetativen Systeme steuern die gesamten unbewußten körperlichen Abläufe wie Verdauung, Ausscheidung, die Tätigkeit der inneren Organe etc. Diese Schicht ist bei Tieren und Menschen in ganz ähnlicher Weise organisiert.

Das limbische System hat entscheidende Bedeutung für die Entstehung von Emotionen. So zeigten sich mit der Herausbildung einer speziellen Struktur des limbischen Systems, nämlich des Gyrus cinguli, drei neue Verhaltensweisen bei Säugetieren. Zum einen das Spielverhalten bei Jungtieren, zum zweiten eine Bindung zwischen Eltern und Kind über akustische Systeme sowie drittens das Pflege- und Sorgeverhalten[197].

Der Neokortex, die Großhirnrinde, ist beim Menschen in weitaus größerem Umfang als bei allen anderen Lebewesen auf der Erde entwickelt. Hier werden komplexe Funktionen wie Sprache, Denken etc. organisiert.

Mit Schiffter[198] vertritt Poimann die Ansicht, daß die Reaktionen des vegetativen Nervensystems über hormonelle und nervliche Bahnen wirken. Im Fall des „flüchtenden" Mitarbeiters führt das Verhalten des maßregelnden Chefs (äußerer Reiz) dazu, daß die Magentätigkeit abnimmt. Die Muskeln spannen sich an, und der Harn- und Stuhldrang nimmt ab.

Daß dabei sowohl die Gehirnrinde als auch das limbische und das vegetative System beteiligt sind, ist heute unstrittig. Klar ist auch, daß dies mit Hilfe von Verknüpfungen kortikaler und vegetativer Strukturen des Zentralnervensystems geschieht, aber wie es genau funktioniert, weiß niemand.

4. Der Zusammenhang zwischen Sprache und Emotionen

Ein Leitsatz der Idiolektik lautet, daß die Eigensprache Diagnose und Therapieanwendung zugleich ist.

Wie bereits oben angesprochen, wird den Emotionen in der idiolektischen Gesprächsführung große Bedeutung beigemessen, da von einem engen Zusammenspiel zwischen Symptom und verspürten Emotionen ausgegangen wird. Neuere Erkenntnisse über die Sprachproduktion geben Hinweise darauf, wieso Emotion und Sprache so eng miteinander verknüpft sind:

Dachte man früher, daß die Sprachfähigkeit ausschließlich im Broca- und im Wernecke-Zentrum (also im Neokortex) angesiedelt sei, so zeigen neuere Untersuchungen, daß auch Hirnteile im Zwischenhirn, insbesondere im Thalamus und im limbischen System, wichtig für die Sprachgenerierung und -produktion sind[199]. So wurde an Split-Brain-Patienten nachgewiesen[200], daß die beiden Gehirnhemisphären auch dann noch zusammenarbeiten, wenn das Corpus callosum durchschnitten wurde. Auch im limbischen System findet Sprachverarbeitung statt. Über subkortikale Wege werden Informationen von der rechten Hemisphäre zum linksseitigen Sprachsystem übermittelt.

Dies, so schreibt Gazzaniga[201], sei der Grund, weshalb ein Teil unseres emotionalen Lebens so außerhalb der Kontrolle unserer kortikalen Prozesse zu liegen scheint. So kann es zu Sprechakten kommen, ohne daß wir uns über deren Gründe bewußt sind.

Es gibt viele Verknüpfungen zwischen Neokortex und dem limbischen System, in denen Informationen ausgetauscht werden, vor allem auch Informationen, die therapeutisch so wichtige Bereiche wie „Sprache" und „Emotionen" betreffen. Darüber hinaus ist das limbische System das wichtigste Bindeglied zwischen dem vegetativen System im Hypothalamus und seinen Projektionsbahnen zu den motorischen Zentren, zum Hirnstamm und zu den anatomischen Korrelaten der Sprache. Hier laufen Emotionen und vegetativ-körperliche Informationen zusammen. Eine psychische Belastung ist in diesem Sinn mit einer physischen Belastung identisch. Diese drückt sich in der (Eigen-)Sprache aus.

Inwiefern sind diese Merkmale des limbischen Systems für die idiolektische Gesprächsführung so wichtig? Poimann antwortet auf diese Frage nicht mit einer wissenschaftlichen Erklärung, sondern mit einem Vergleich. Er vergleicht den Wirkmechanismus der Idiolektik mit einem Laser[202] und bezeichnet sie als „Language Amplification by Stimulated Emotional Reaction". Über das Symptom (z.B. extreme Rückenbeschwerden oder andere psychosomatische Reaktionen) kann man einen direkten Zugang zu den Mittelhirnfunktionen und damit zu den Emotionen gewinnen. Dieser Zugang äußert sich in Sprache und Körpersprache der Klienten. Was die Idiolektik tut, erfolgt in drei Stufen:

1. Die Sprache (verbal und nonverbal) der Klientin ist das Material, von dem ausgegangen wird: Die Therapeutin muß beobachten und zuhören.

2. Diese Sprache wird angereichert, indem der Idiolektiker bestimmte Sprachanteile wieder aufnimmt.
3. Dadurch gelangt die Klientin über das limbische System zu emotional momentan wichtigen Situationen. Über den Weg der Eigensprache finden Therapeutin und Klientin einen direkten Weg zu den emotionalen, elementar wichtigen Gegebenheiten.

IV. Der Weg zur Lösung

Welche Vorannahmen haben Jonas und die Idiolektiker darüber, was zur Heilung führt und welche therapeutische Haltung dabei erforderlich ist? Da diese Vorannahmen sich deutlich voneinander unterscheiden, stellen wir sie einander gegenüber.

1. Idiolektische Vorannahmen

Die therapeutische Haltung

Die therapeutische Grundhaltung der Idiolektiker basiert auf den von Rogers postulierten Kriterien der Echtheitskongruenz, Empathie und Wertfreiheit[204] sowie auf „Humor". Darüber hinaus wird die individuelle Ökologie als zentraler Ausgangspunkt angesehen. D.h., der Nutzwert (sekundäre Gewinn) des von der Klientin ungeliebten Verhaltens wird gewürdigt und bildet einen wichtigen Ansatzpunkt therapeutischen Handelns.

Auf einige therapeutische Einstellungen[204] möchten wir nun anhand von Beispielen ausführlicher eingehen.

Zunächst auf die Verantwortung der Therapeutin für den therapeutischen Prozeß: „Der Patient bestimmt den Inhalt des Gesprächs, das Tempo der Veränderung und die Art und Weise der Gesprächsführung.[205]" – Die Idiolektikerin bietet der Klientin durch die Fragetechnik einen Raum an, um auszudrücken, was sie innerlich bewegt. Es geht nicht darum, sie in irgendeiner Weise inhaltlich zu beinflussen, sondern die Klientin entscheidet selbst, worüber sie sprechen möchte. Die Idiolektiker folgen der Grundüberzeugung, daß Menschen eine innere Weisheit in sich tragen, die weiß, was gut für sie ist und wann es an der Zeit ist, bestimmte Probleme in Angriff zu nehmen. Die Klientin soll ihre eigene Diagnose stellen und bestimmt selbst, wieweit sie das Symptom beseitigen will[206]. Es bedarf also keiner Bewertungen, Kategorisierungen und Einordnungen der Klientin oder ihrer Symptome in ein irgendwie geartetes (medizinisches oder diagnostisches) Schema. Die therapeutische Haltung könnte man als „absichtlos" oder „zieloffen" bezeichnen.

Hingegen übernimmt die Therapeutin die Verantwortung für die formale Gesprächsführung. Dies schließt ein:

1. eine angenehme Gesprächsatmosphäre zu fördern,
2. einen schnellen Bezug zur Gesprächspartnerin zu finden,
3. einen schnellen Bezug der Klientin zu sich selbst zu fördern,
4. ein symmetrisches, partnerschaftliches Verhältnis herzustellen,
5. Widerstände zu verhindern und Entspannung zu fördern.

Ressourcen aktivieren

Ähnlich wie das NLP oder der lösungsorientierte Ansatz des BFTC gehen die Idiolektiker davon aus, daß Klienten alle Ressourcen in sich tragen, die sie für die Heilung benötigen.

Die Eigensprache ermöglicht es, sowohl problem- als auch lösungsorientiert auf Klienten einzugehen. Im Gegensatz zu Jonas arbeiten die Idiolektiker primär ressourcenorientiert. Sobald die Klientin Ressourcen erwähnt, wird die Therapeutin versuchen, diese in den Vordergrund zu rücken. Redet die Klientin von den Problemen, die sie hergeführt haben, begleitet die Therapeutin sie in deren Eigensprache, bis sich wieder Ansatzpunkte ergeben, Ressourcen zu aktivieren.

Ein wesentliches Mittel, um Ressourcen zu aktivieren, ist die Schlüsselworttechnik. In den Schlüsselworten drücken sich die besonders relevanten Aspekte der Eigensprache aus. Ein ressourcenorientiertes Eingehen darauf soll dazu anregen, so viele Bilder und Beschreibungen wie möglich zu produzieren, um daraus Ansatzpunkte für Lösungen zu entwickeln.

Keine Hypothesen, keine Bewertungen

Die idiolektische Gesprächsführung erfordert seitens der Therapeutin ein vorurteilsfreies Einsteigen in die Logik und Vorstellungswelt der Klientin und ein wertfreies Akzeptieren des Wahrgenommenen. D.h., es sollte weder interpretiert noch argumentiert, geschweige denn kritisiert werden. Das schließt die Bildung von Arbeitshypothesen mit ein. Die Therapeutin kann sich zwar Vorstellungen darüber machen, was die Beschreibungen der Klientin mit deren Anliegen bzw. Problem zu tun haben könnten, aber sie soll auf keinen Fall damit herausplatzen. Jegliche Hypothesenbildung ist unnötig, da man auf die innere Weisheit der Klientin vertraut. Die Verantwortung für die inhaltliche Lösung liegt vollständig bei ihr.

Unter diesem Gesichtspunkt würden die Idiolektiker den Fall der Hypochonderin[207] wie folgt interpretieren: Die Klientin hat im Moment nur einen sehr schlechten Zugang zu den eigenen Ressourcen. Dies akzeptieren wir für den Moment, was für uns aber nicht heißt, daß es der Klientin nicht zu einem späteren Zeitpunkt möglich ist, zu einer befriedigenden Lösung zu kommen.

Durch die Einhaltung dieser Vorannahmen sehen es die Idiolektiker als maximal gewährleistet an, Klienten darin zu unterstützen, zu eigenen Lösungen zu kommen. Das folgende Transkript illustriert, wie die therapeutischen Grundhaltungen der neueren Idiolektiker praktisch umgesetzt werden.

Fallbeispiel: „Spannungs- und Schwellungsgefühle"

Es handelt sich um ein Gespräch während eines Idiolektikseminars von Dr. Poimann, in dem die Teilnehmerin über Spannungs- und Schwellungsgefühle im Gesicht klagt[208]. Das ganze Gespräch ist getragen von den rogerianischen Prinzipien der Wertfreiheit, Empathie und dem respektvollen Eingehen auf die Teilnehmerin.

Die Kommentare beziehen sich auf die therapeutische Gesprächshaltung der Idiolektik und auf die Art der Umsetzung durch spezielle Fragetechniken. Letztere werden später eingehender untersucht.

(1) T:		Können Sie mir möglichst mit Ihren eigenen Worten sagen, was Sie hierher geführt hat?	Diese Eröffnungsfrage unterstellt nicht, daß ein Problem da sein muß.
(2) K:		Ich habe seit gestern wieder diese Spannungs- und Schwellungsgefühle im Gesicht, ähnlich wie beim letzten Seminar.	
(3) T:		Können Sie mir erzählen, wie das beim letzten Seminar war?	Die Technik des einfachen Nachfragens gibt der Eigensprache den maximalen Raum, sich auszudrücken.
(4) K:		Am zweiten Tag im letzten Seminar hat es auch so begonnen. Es wurde jeden Tag etwas dicker, mein Gesicht hat gespannt. Ich war danach bei zwei Ärzten in Behandlung, und es hat über drei Wochen gedauert, bis es wieder zurückgegangen ist. Man hatte vermutet, daß es eine Allergie sein könnte. Ich habe auch entsprechend Medikamente eingenommen.	
(5) T:		Was ist jetzt anders als damals?	Nutzt die Technik der Polarisation, um weitere Informationen zu bekommen.
(6) K:		Es ist nichts anders. Es fängt jetzt wieder an, langsam zu spannen (Klientin zeigt auf die Hals- und Wangenregion), und ich habe Angst, daß es wieder genauso stark wird wie das letzte Mal.	
(7) T:		Sie haben sich sicher Gedanken gemacht, was da vor sich geht?	Der Therapeut fragt nach Erklärungen der Klientin.
(8) K:		Zuerst habe ich gedacht, daß es vom Kopfkissen herkommt, aber nachdem ich mein eigenes mitgebracht habe, kann es das nicht sein. Auch sonst wüßte ich nicht, was anders ist als sonst.	
(9) T:		Könnten Sie mir noch mal beschreiben, wie sich das anfühlt?	Der Therapeut fragt nach Empfindungen des Symptoms.
(10) K:		Ja, die ganze Region hier fühlt sich dicker an, spannt. Vor allem die Haut ist gespannt, ist viel empfindlicher.	

Zieloffenes Führen

Bei der zieloffenen Gesprächsführung vermeidet es die Therapeutin, neue Inhalte in das Gespräch hineinzubringen. Sie gibt der Klientin einen Rahmen, damit sie eigene Lösungen finden kann.

Eine Technik, in der sich zieloffenes Führen ausdrückt und die geeignet ist, die Eigensprache „anzuregen", ist das Parallelisieren. Dabei fragt die Therapeutin nach Parallelkontexten und exploriert dort weiter.

Beispiel: Eine Klientin klagt darüber, wie schlimm sich der Kollege wieder mal benommen hat. Auf die Frage: „Woher kennen Sie das noch?" antwortet sie: „Von meinem 6jährigen Sohn." „Wie kommen sie mit dem klar?" etc. Im Parallelkontext mit dem eigenen Sohn mögen der Klientin Lösungsmöglichkeiten einfallen, die sie auch auf den Fall mit dem Kollegen anwenden kann.

Die Vorannahme, die hinter dieser Technik steht, lautet: Wenn jemand aufgefordert wird, zu einem Thema einen Parallelkontext zu benennen, dann wird das, worum es der Sprecherin gerade geht, mittransportiert. Bei der Bearbeitung von Konflikten hat sich dies als ebenso hilfreich erwiesen wie im Umgang mit psychosomatischen Symptomen. Der Vorteil der Parallelisierung besteht vor allem darin, daß die Eigensprache sich freier entfalten kann, weil sie nicht so sehr durch störende „Vorbewertungen" im Problemkontext eingeschränkt ist.

Um das zieloffene Führen in der Idiolektik aufzuzeigen, folgen wir weiter dem Fallbeispiel:

(11) T:	Können Sie sich vorstellen, wo man das sonst noch so bekommen kann?	Der Therapeut erfragt Parallelkontexte.
(12) K:	Ja, wenn man zu lange in der Sonne ist und keine Hautschutzcreme aufgelegt hat.	
(13) T:	Gibt es sonst noch eine Möglichkeit, das zu spüren?	Der Therapeut fragt weiter nach Parallelkontexten.
(14) K:	Ja, wenn Sie ein Scheuertuch nehmen würden, ein ganz trockenes, und dann auf der Haut reiben, aber nicht nur kurz, sondern etwas länger. Und eigentlich müßte es auch von innen heraus sein und nicht von außen, damit man das Gefühl bekommt.	
(15) T:	Könnten Sie mir dieses Scheuertuch noch etwas näher beschreiben?	
(16) K:	Nein, das möchte ich jetzt eigentlich nicht.	Gemäß der Grundhaltung, daß die Klientin die Verantwortung für den Inhalt und die Lösung trägt, akzeptiert der Therapeut die Weigerung kommentarlos.
(17) T:	Vielleicht könnten Sie mir sagen, was ich tun muß, um ein ähnliches Gefühl zu erleben, das Sie auch haben?	Diese Technik (17) gibt es auch im NLP; der Therapeut bietet an, für die Klientin „einzuspringen".
(18) K:	Ja, eine Maske vielleicht. Es fühlt sich an wie eine Maske. Sie müßten z.B. eine Gurkenmaske auflegen, und wenn die eine Zeitlang liegt, dann kriegen Sie dieses Gefühl in der Haut.	
(19) T:	Können das noch andere Masken sein?	Der Therapeut fragt nach weiteren Parallelkontexten des Symptoms
(20) K:	Ja, z.B. eine Tonmaske, wenn man die Gesichtszüge festhalten will, oder eine Gipsmaske.	
(21) T:	Kennen Sie sonst noch Masken?	
(22) K:	Nein, sonst wüßte ich eigentlich keine mehr, allenfalls im OP.	
(23) T:	Ja, erzählen Sie!	
(24) K:	Man könnte z.B. vor einer Nasen-OP eine Maske abnehmen, um dann festzustellen, wie es geworden ist, wenn man hinterher vergleicht.	

Abschluß

(25) T:		Ich würde gerne nochmals auf die Situation hier zurückkommen. Was ist denn hier anders als zu Hause?	Bis hierher hat der Therapeut das Symptom im bestehenden und in anderen Kontexten exploriert. Nun vergleicht er es mit einem Kontext, wo es nicht auftritt.
(26) K:		Ja, was mich hier stört, ist der Rauch. Ich habe hier auch schon überlegt, ob ich auf den Rauch allergisch bin.	
(27) T:		In welcher Form?	Die Technik des Weiterfragens.
(28) K:		Hier draußen im Gang steht immer der Rauch, das ist ganz schlimm, und dann überlege ich mir immer: Soll ich mich mit dazustellen, oder soll ich im Zimmer bleiben? Aber mir ist es wichtiger, bei den Leuten zu sein, und dann stelle ich mich dazu. Was mich aber vor allem stört, ist so kalter Rauch, wenn der noch im Gang steht am Abend. Das fand ich früher schon immer schrecklich, wenn nach Festen oder in Räumen kalter Rauch zu riechen war.	
(29) T:		Was hat das für Vorteile, das Ihre Haut jetzt gespannter ist?	Fragt nach sekundären Gewinnen/dem Nutzen des Symptoms.
(30) K:		Ja, diese Spannung und der Druck, ich spüre viel genauer die Gesichtsbewegungen, ich spüre jede einzelne Bewegung im Gesicht.	
(31) T:		Und was kann das einem nützen?	Fragt weiter nach dem Nutzen.
(32) K:		Ja, man hat die bessere Kontrolle. Man weiß genau, was sich im Gesicht bewegt.	
(33) T:		Wozu sollte das sinnvoll sein?	Fragt weiter nach dem Nutzen.
(34) K:		So kann nicht jeder gleich merken und sehen, was in mir vorgeht.	
(35) T:		Dann ist es ja sehr praktisch, daß es jedesmal gleich am zweiten Tag während des Seminars auftritt, oder?	Bietet ein Reframing an ...
(36) K:		So kann man das natürlich auch sehen. (schmunzelt und lacht)	...das die Klientin annimmt.

In der letzten Sequenz des Interviews findet die Teilnehmerin für sich eine Lösung. Diese wird initiiert durch die Frage nach den sekundären Gewinnen des Symptoms: „Was hat es für Vorteile, daß Ihre Haut jetzt gespannter ist?"

Nachfragen ergibt, daß sie dann eine bessere Kontrolle über sich hat, was für sie im Seminarkontext durchaus Sinn macht. Es bleibt die Frage offen, ob man nicht dasselbe Resultat erzielt hätte, wenn man diese (z.B. im NLP übliche) Frage sofort gestellt hätte. Die Idiolektiker verzichten jedoch darauf, systematisch nach sekundären Gewinnen zu fragen, weil sie davon ausgehen, daß das, was relevant ist, sich in der Eigensprache zeigen wird.

Im gesamten Gespräch fällt etwas auf, was für die idiolektische Gesprächsführung typisch ist: Man fragt nicht nach Emotionen, und man nagelt Klienten auch nicht auf Aussagen fest, wie dies zum Beispiel in der RET der Fall ist. In der Idiolektik geht man eher umgekehrt vor. Wenn Klienten mit organischen Beschwerden kommen, lautet eine Regel: Greife deren Organsprache im Geplauder auf. Dies appelliert viel wirkungsvoller an die emotionale Ebene, als wenn die Idiolektikerin direkt nach den Emotionen fragen würde. Letzteres führt nach Untersuchungen von Jonas eher zu einem Sich-Verschließen[209]. Menschen öffnen sich beim Plaudern eher, als wenn an ihre Vernunft appelliert wird.

Die Prinzipien der idiolektischen Gesprächsführung sind in folgendem Schaubild – es ist den Seminarunterlagen von Horst Poimann entnommen – noch einmal zusammengefaßt:

Gesprächshaltung	Gesprächstechnik	Hypothesenbildung
Individuelle Ökologie als zentraler Ausgangspunkt:	*Drückt sich aus in den Techniken der Idiolektik:*	*Auf Hypothesenbildung verzichten, zum Beispiel:*
Vorurteilsfreies Einsteigen in die Logik und Vorstellungswelt des anderen. Intensives, nicht wertendes und **zieloffenes** Zuhören; dabei eigene Hypothesen für sich behalten. Die Gesprächspartnerin bestimmt Thema, Tempo und Ton des Gesprächs sowie Nähe und Distanz zum Fokus. Kontrolle aufgeben über Ziele und Inhalte des Gesprächs, darüber, was beim anderen „wirklich" vorgeht, und Loslassen der Verantwortung für die Veränderung des anderen. Die Therapeutin darf es sich leicht machen, darf sich und dem anderen Zeit lassen. Der Klient stellt seine „Diagnose" und findet seine Lösungen. Minimale, humorvolle Interventionen.	Offene und einfache Fragen stellen, nachfragen, beschreiben lassen, erzählen bzw. erklären lassen. Eigensprache des Patienten aufgreifen, „mitgehen", Routineabläufe erfragen. Ressourcen und positiv besetzte Vorstellungen erfragen. Auf der gleichen Sprach- und Bedeutungsebene bleiben. Unterschiede erklären lassen, polarisieren. Hypothesen für sich behalten: keine Kritik, Argumentation oder Interpretation.	„Das ist ein ... -Zwang." „Das ist ein psychotisches Verhalten." „Jetzt projiziert er Dinge auf mich!" ...

2. Das phylogenetisch-psychiatrische Weltbild von A.D. Jonas

Die Vorannahmen der neueren Idiolektiker haben wir in den letzten Kapiteln zusammengefaßt und illustriert. Zum Vergleich werden nun die Vorannahmen von Jonas an Fallbeispielen verdeutlicht.

Direktives Vorgehen

Aus seinem phylogenetisch-psychiatrischen Weltbild heraus verhält sich Jonas im Gegensatz zu den Idiolektikern oft als „Macher", der Klienten in eine bestimmte Richtung bringen möchte. Dies drückt sich zum Beispiel in der häufig von ihm verwendeten Formulierung aus: „Stellen Sie sich einmal vor ..." Damit bringt er eigene Überlegungen in das Gespräch, während die Idiolektiker mit ihrer zieloffenen Gesprächsführung darauf achten, daß neue Inhalte von der Klientin kommen.

Ein besonders anschauliches Beispiel für das direktive Vorgehen und eine spezielle Technik von Jonas (die Verwirrtechnik) stellt der Fall von Gudrun dar.

Fallbeispiel[210] zur Verwirrtechnik

Die Verwirrtechnik besteht aus einem in Anzahl und Art nicht eng definierten Fragenset, das angewandt wird, um einschränkende Glaubenssätze zu hinterfragen. Sie ähnelt in dieser Hinsicht den Fragen des NLP Meta-Modells, basiert jedoch nicht auf linguistischen Prinzipien.

In diesem Fallbeispiel benutzt der Therapeut, so Jonas, seine Logik, um die Pseudologik der Klientin zu zerstören, bis sie auf ihre Emotionen zurückgreifen muß. Das Prinzip besteht darin, die logische linke Gehirnhemisphäre zu verwirren, um das dahinterliegende Gefühl kommen zu lassen. Die Pseudologik bzw. die irrationalen Glaubenssätze der Teilnehmerin, Gudrun, bestehen darin, daß sie meint, 100%ig perfekt sein zu müssen. Sie leidet darunter, daß ihr das nicht gelingt.

TNin:	Ich habe drei Kinder, die sind so gut wie erwachsen, und ich möchte perfekt und 100%ig sein und erwische mich immer dabei, daß ich eigentlich müde bin und ...	Die Teilnehmerin äußert einen offensichtlich stark einschränkenden Glaubenssatz.
T:	(sie unterbrechend) Haben Sie einen besonderen Grund, warum Sie 100%ig sein möchten?	Jonas exploriert hier und in den folgenden Fragen das Schlüsselwort „100%ig".
TNin:	Ich habe halt den Drang dazu.	
T:	Was würde denn dieser Drang bedeuten?	
TNin:	Das weiß ich nicht.	
T:	Irgendwie erhoffen Sie sich ja, wenn Sie 100%ig sind, daß sich die Dinge ändern werden. Können Sie sich vorstellen, wie sich die Dinge ändern würden?	Fordert die Klientin heraus, ihre Vorstellung von einer perfekten Welt zu schildern.
TNin:	Das halt alles perfekt wär und daß keine Fehler wären.	
T:	Na gut. Stellen Sie sich mal eine Welt vor, in der Sie keine Fehler machen, wo Sie alles richtig machen – wie würde sich Ihr Verhältnis gegenüber der Welt ändern?	
TNin:	Ich hätte nur Freunde, würde überall nur gern gesehen sein, nehme ich an.	Die Teilnehmerin bleibt bei ihrem eingeschränkten Weltmodell.

Die Befragung ähnelt einer Befragung mit dem NLP-Meta-Modell der Sprache. Die Antworten sind vor allem für die Klientin wichtig, denn der Therapeut „weiß", daß die Grundüberzeugung „Ich muß perfekt sein" sehr problematisch ist. Für ihn sind die Antworten nur insofern wichtig, als sie effektive Ansatzpunkte für das Hinterfragen der Pseudologik (bzw. des irrationalen Weltmodells) liefern. Jonas geht (im Gegensatz zur zieloffenen Befragung der Idiolektiker) sehr ziel- und veränderungsorientiert vor: Er möchte Gudrun dazu bringen, ihr Perfektheitsdenken aufzugeben.

Dies tut er, indem er nacheinander Gründe, Bedeutung und Konsequenzen einer perfekten Welt hinterfragt. Der letzte Satz von Gudrun macht allerdings klar, daß sie ihr Denken beibehalten will. Mit der nächsten Frage, die stark suggestiven Charakter hat, macht er einen weiteren Anlauf:

T:	Da sind Sie sicher? Dann sind sie sicher, daß ihre Freunde nur die Menschen annehmen, die wirklich perfekt sind, glauben Sie das?	Greift die Vorannahme auf, ihre Freunde würden sie nur mögen, wenn sie perfekt ist.
TNin:	Ja.	
T:	Dann müßten wir doch diese Leute näher unter die Lupe nehmen, die so was verlangen.	Übersteigert die Sicht der Teilnehmerin: „verlangen".
TNin:	Ich weiß nicht, ob die so was verlangen, aber ich bilde mir das ein.	
T:	Dann haben Sie einen Grund, sich das einzubilden. Sehen Sie, wenn Sie glauben, daß die Freunde von Ihnen absolute Perfektion verlangen würden, das wäre ja unmenschlich. Und ich glaube nicht, daß Ihre Freunde unmenschlich sind.	
TNin:	Nein, so sehe ich meine Freunde auch nicht.	Endlich schränkt die Teilnehmerin ihre absolute Sicht ein.

Infolge dieser Konfrontation gibt Gudrun zu, daß sie sich vielleicht nur einbildet, daß ihre Freunde von ihr verlangen, perfekt zu sein. Die bisher verwendeten Techniken, mit denen Jonas Gudrun ins Wanken brachte, seien nochmals zusammengefaßt:

1. das Hinterfragen von Grundüberzeugungen der Klientin;
2. übertreibend in der Logik der Klientin bleiben („... Freunde, die so etwas verlangen ...");
3. Suggestionsfragen („Da sind Sie sicher?...);
4. Bewertungen („... das würde ja unmenschlich sein ...").

Mit dem nächsten Versuch, bei dem er die aus dem NLP-Meta-Modell bekannte Technik des Wechselns des Bezugsindex verwendet, scheint er zumindest einen kleinen Durchbruch zu erzielen. Diese Technik besteht darin, die Dinge, die man an sich selbst nicht leiden kann, auf andere Personen, in diesem Fall auf Gudruns Freunde, zu beziehen.

T:	Na, sehen Sie. Sind Ihre Freunde perfekt?	Hinterfragt das Weltmodell.
TNin:	Ja, ich habe das Gefühl, oder wenn ich das sehe, sehe ich das alles perfekt.	
T:	Moment, Sie haben das Gefühl. Können Sie das näher beschreiben?	Exploriert das Gefühl.
TNin:	Ich sehe, daß bei denen alles klappt und alles ideal ist.	
T:	Das sehen Sie so?	Wiederum eine Frage mit suggestivem Charakter.
TNin:	Ja.	
T:	Dann glauben Sie nicht, daß die Menschen, die Ihre Freunde sind, je einen Fehler machen können?	Hinterfragt (wiederum auf suggestive Weise) die Implikation, daß ihre Freunde perfekt sind.

Heilung durch Einsicht

Im Unterschied zu den Idiolektikern verfolgte Jonas häufig das Ziel, Klienten darüber aufzuklären, wie sie ihr Problem lösen können[211]. Dabei geht es ihm um die Bewußtmachung der eigendynamischen Entfaltungsvorgänge, zum Beispiel indem er erklärt, warum das Problemverhalten biologisch sinnvoll war, oder indem er der Klientin den Zusammenhang von Symptom und innerseelischen und sozialen Vorgängen erläutert, so daß sie eine größere Einsicht in die eigene Lebenssituation bekommt. Im Fall der Hypochonderin führte ein Training der Wahrnehmungsfähigkeit die Klientin dazu, die eigene Körpersprache und die damit verbundenen Signale besser zu verstehen.

Im folgenden Transkriptausschnitt konfrontiert Jonas Gudrun mit ihrem irrationalem Denken, und es gelingt ihm, sie zu „überführen".

TNin:	Ja, daß sie schon Fehler machen, aber mit den Fehlern, die sie machen, viel leichter zurechtkommen.	Ab hier verstrickt sich die TNin in Widersprüche und gesteht ein, daß sie verwirrt ist.
T:	Ja, das ist ja etwas ganz anderes. Das hat mit Perfektion nichts mehr zu tun.	Gudrun ist überführt.
TNin:	Wenn ich perfekt bin, dann kann ich die Fehler, die ich mache, wieder leicht ausbügeln.	
T:	Das stimmt doch nicht. Wenn Sie perfekt sind, dann können Sie keine Fehler mehr machen.	
TNin:	Jetzt bin ich verwirrt.	Gudrun gesteht ihre Verwirrung ein.

Am Ende des Interviews sagte Jonas der Klientin ganz offen, daß ihr Denken „bekloppt" sei. Er begründet dies vor der Gruppe damit, daß es in solchen Fällen notwendig sei, Patienten massiv mit ihrem „bekloppten" Denken zu konfrontieren, um eine Umkehr des Denkens zu bewirken.

Es bleibt anzumerken, daß die Klientin, obwohl sie in ihrem irrationalen Denken überführt wurde, nicht wirklich überzeugt schien (wobei allerdings zu berücksichtigen ist, daß es sich bei diesem Gespräch um eine ca. 5–10minütige Kurzdemonstration handelte, von der man nicht erwarten kann, daß sie eine Grundüberzeugung „Ich muß immer perfekt sein" sofort dauerhaft verändert).

Hypothesenbildung

Die Idiolektik folgt der Vorstellung, daß es nicht notwendig, sondern sogar schädlich sei, Hypothesen zu bilden, da dies dem Konzept der Eigensprache widerspreche.

Jonas ist genau gegenteiliger Ansicht. Eine Diagnose zu stellen (Hypothesenbildung) ist ein zentraler Aspekt seiner Arbeit, damit man weiß, was mit der Klientin los ist. Die Diagnose erfolgt aufgrund phylogenetischer und psychiatrischer Kriterien anhand der Eigensprache.

Das nächste Fallbeispiel verdeutlicht, wie Jonas von Beginn an Hypothesen darüber bildet, wie die seelischen, sozialen und phylogenetischen Aspekte miteinander in Zusammenhang stehen.

Fallbeispiel „Angst vor Krebs"[212]

Es handelt sich um das Erstinterview mit einem Rechtsanwalt, der über mangelnde Durchsetzungsfähigkeit im Beruf klagt. Er fühlte sich neben seinem erfolgreichen Kollegen überflüssig. Als ihm dies klar wurde, begannen seine „wahnsinnigen" Kreuzschmerzen, die er auf eine Krebserkrankung zurückführte. Die Versicherung zahlreicher Ärzte, er habe keinen Krebs, konnte ihn nicht von seiner Überzeugung abbringen. Im Interview schilderte er ungefähr zehn Minuten lang sein Leiden und seine Frustrationen. Jonas bildete aufgrund einer Vorinformation schon vor der Sitzung die Hypothese, daß ein soziales Problem vorhanden sein müsse, das sich durch einen Aktionsmechanismus der Kreuzmuskeln ausdrückte.

Jonas demonstriert, wie er anhand der Eigensprache und phylogenetischer Überlegungen das Problem angeht. Zunächst unterbricht er das Lamentieren des Klienten, um in dessen Eigensprache zu erfahren, wie er das Problem konstruiert:

(1) T:	Ich kann mir schon vorstellen, daß die Möglichkeit, an einem Krebs zu leiden, Ihnen Sorge macht.	
(2) K:	Selbstverständlich. Ich lebe ja mit dieser *Furcht* schon seit neun Monaten. Ich weiß, daß meine Furcht dumm ist; viele meiner Freunde aus meiner Studienzeit sind Ärzte, zu denen ich Vertrauen haben sollte; sie haben mir unzählige Röntgenbilder meines Kreuzes gezeigt ... Keine Anormalität ist da erkenntlich ... Alle diese Bilder sind *„verflucht normal"*.	
(3) T:	(ihn unterbrechend) Dann freut es Sie nicht, wenn Sie einen normalen Befund erhalten?	Greift das Wort „normal" heraus, das als Schlüsselwort erkannt wurde.
(4) K:	(stutzt) Das ist ja das Dumme. Jeder andere vernünftige Mensch würde da erleichtert aufatmen, nicht aber ich. Mir sitzt der quälende Gedanke im Kopf: Da muß doch was los sein ...	
(5) T:	(ihn unterbrechend) Und wenn dieser quälende Gedanke auftaucht, daß etwas los sein müsse, dann wandelt sich dieser um und sagt: Das muß Krebs sein. (sich dumm stellend) Das verstehe ich nicht. Was hat denn etwas, das mit Ihnen „los" ist, mit Krebs zu tun?	Der Therapeut greift das Schlüsselwort „quälender Gedanke im Kopf" auf.
(6) K:	(nachdenklich) Das habe ich mich auch schon gefragt ...	

Bei den Kreuzschmerzen handelt es sich nach Jonas wahrscheinlich um eine seelische Bürde, die der Klient wie eine tatsächliche Last trägt. Dementsprechend mußt er durch eine verstärkte Lordose (Verkrümmung der Wirbelsäule nach vorne) den Körper ausbalancieren. Das Ergebnis dieser chronischen Überforderung war der „wahnsinnige" Schmerz.

Hypothesen überprüfen

Die Gesprächsführungsstrategie von Jonas beinhaltet im ersten Schritt das Erstellen einer psychodynamischen Diagnose, in der der Zusammenhang zwischen dem körperlichen Symptom, der sozialen Situation und dem seelischen Befinden hergestellt wird. Im vorliegenden Fall kommt er schon vor der Befragung zu dem Schluß: „Im Symptom der Rückenschmerzen drückt sich eine soziale Problematik aus."

Mit der letzten Frage (Einheit 5) beginnt Jonas, diese Hypothese zu überprüfen, denn Krebs ist ein körperliches Symptom und „etwas los sein" ein Gedanke, also etwas Psychisches bzw. etwas Soziales. Dazu verwendet er verschiedene Fragetypen, die nun betrachtet werden.

(7) T:	Sie haben vorhin von einer Furcht gesprochen. Aber ich bin nicht ganz sicher, wovor Sie sich fürchten. Sterben? Wir alle sterben einmal.		Erforscht das Schlüsselwort Furcht.
(8) K:	Nein, aber das Siechtum der Krebskrankheit.		
(9) T:	Da müssen Sie mir schon helfen. Wie stellen Sie sich das Siechtum eines Krebskranken vor?		Fordert den Klienten zu einer Beschreibung auf. Jonas geht davon aus, daß der Klient in analoger Weise von seinen seelischen Beschwerden spricht.
(10) K:	Der Krebs ist ja wie ein wucherndes Gewächs. Es frißt das normale Gewebe von innen auf, und was noch übrig bleibt, verwest.		
(11) T:	Wenn ich Sie richtig verstehe, dann bleibt nicht mehr viel übrig, wenn der Krebs mit dem Gewebe fertig ist.		Spiegelt das Gesagte in ähnlich doppeldeutiger Weise wie unter (5).
(12) K:	Genau ... es ergibt sich eine Leere, die immer größer wird.		
(13) T:	So besteht Ihre Furcht aus einer immer stärker wachsenden Leere ...		Wiederum spiegelt Jonas so, daß der Klient körperliche oder seelisch-soziale Faktoren benennen kann ...
(14) K:	Ja, ja ... So ist mein Leben ... (tiefer Seufzer) Ich plage mich, um zu etwas zu kommen, aber es klappt nicht ... Manchmal frage ich mich, ob ich ein Totalversager bin ... In meinem Beruf muß man ein Kämpfer sein, und das bin ich nicht... (Seufzer) Aussteigen aus dieser Hetze kann ich auch nicht ... (senkt die Schultern; trauriger Gesichtsausdruck) Ich muß an meine Familie denken ... (Pause) Wie könnte ich es vor mir rechtfertigen ... Ich könnte mich selber nicht mehr ausstehen.		... was in der Tat geschieht.

Im Kommentar zu Beitrag (13) schreibt Jonas: „Die Doppelsinnigkeit ist gezielt. Wenn der Patient genügend Ich-Stärke besitzt, werden seine seelischen Probleme Profil gewinnen; angesichts mangelnder Ich-Stärke wird er nur die körperliche Bedeutung in seine Antwort einbeziehen."

Dieser Kommentar zeigt: Jonas würde seine Hypothese aufrechterhalten, egal wie der Klient reagiert, denn er „weiß" ja aufgrund des phylogenetisch-psychiatrischen Bezugsrahmens, daß ein Zusammenhang zwischen Phylogenese, sozialem Bereich und innerpsychischen Vorgängen besteht. Es geht lediglich darum, inwieweit der Klient dies annehmen kann bzw. mit welchen Mitteln man ihn davon überzeugen kann. Jonas versucht dies mittels Analogiebildung, weshalb wir diese Technik an dieser Stelle erläutern.

Analogiebildung bzw. „vages Spiegeln"

Jonas nutzt an verschiedenen Stellen die der Sprache innewohnenden Möglichkeiten für Ungenauigkeiten in der Bedeutung. An mehreren Stellen stellt er bewußt doppeldeutige Fragen, um dem Klienten die Entscheidung zu überlassen, über die körperliche oder soziale Seite des Symptoms zu sprechen. Er tut dies nach eigener Aussage in folgenden Einheiten:

➤ In (5) bietet der Therapeut dem Klienten das Bild der Leere in doppeldeutiger Weise an: einerseits körperlich – andererseits als seelische Befindlichkeit.
➤ In (11) spiegelt er: „Wenn ich Sie richtig verstehe, dann bleibt nicht mehr viel übrig, wenn der Krebs mit dem Gewebe fertig ist."
➤ In (13) spiegelt er: „So besteht Ihre Furcht aus einer immer stärker werdenden Leere ..."

Das Spiegeln erfolgt in genau denselben (Schlüssel-)Worten, die der Klient verwendet hatte. Dieser Transkriptausschnitt ist ein gutes Beispiel dafür, wie mehrere Techniken (Analogiebildung und Schlüsselworttechnik) kombiniert angewandt werden, um Hypothesen zu überprüfen.

Die Schlüsselworttechnik

Die Schlüsselworttechnik besteht darin, bedeutungsvolle Worte von Klienten zu erkennen und ihrer Bedeutung nachzugehen. Dies tut Jonas zum Beispiel in den Einheiten (7) und (9), wo er Furcht und Siechtum exploriert. Besonders typisch sind beim Elizitieren von Schlüsselworten Formulierungen wie:
„Wie stellen Sie sich X vor?" bzw. die in Einheit (9) gewählte Formulierung:
„Wie stellen Sie sich das Siechtum eines Krebskranken vor?"

Das Sprechen in den Worten der Klienten bewirkt,
➤ daß diese sich verstanden fühlen. Das macht sie offen, der Therapeutin später zu folgen.
➤ daß die Therapeutin erfährt, wie die Klientin ihr Weltmodell aufbaut.
➤ daß die Klientin zum Weitersprechen in ihrer Eigensprache animiert wird.

3. Ressourcenaktivierung

Der nächste Abschnitt des Fallbeispiels demonstriert zwei weitere Merkmale des Gesprächsstils von Jonas: das direktive Vorgehen und die Aktivierung von Ressourcen.

(15) T:	Na, wenn ich an einem solchen Wendepunkt erkranken würde, dann würde ich mich nicht zu rechtfertigen brauchen.		Weist auf den sekundären Krankheitsgewinn der Rückenschmerzen hin.
(16) K:	Hören Sie doch auf. Glauben Sie nicht, daß ich diesen Schlamassel genauso klar sehe wie Sie? Was für ein höllischer Ausweg das Kranksein ist.		Der Klient stimmt dem zu.
(17) T:	Tatsächlich der einzige Ausweg?		Der Therapeut beginnt damit, Ressourcen zu aktivieren.
(18) K:	Sie sprechen so, als ob es eine andere Lösung für meine Karriere gäbe.		
(19) T:	(ausweichend) Tue ich das?		Der Klient würde zu diesem Zeitpunkt einen Ratschlag wahrscheinlich nicht annehmen.
(20) K:	(etwas mürrisch) Ich weiß nicht, was Sie tun... Aber ich kann doch meine Natur nicht ändern (in jämmerlichem Ton).		Jonas interpretiert dies als Unlust des Klienten, vom Therapeuten in die aktive Rolle versetzt zu werden und weist auf mögliche andere Wege hin.
(21) T:	Das wird ja nicht von Ihnen verlangt. Jedoch besteht die Möglichkeit, daß Sie andere Wege einschlagen könnten, um an einem Wettbewerb teilzunehmen, ohne daß Sie diesen als Hetze empfinden müssen.		

(22) K:	Gut ... In meinen jüngeren Jahren war ich kein schlechter Sportler, da bin ich mit meiner ganzen Kraft gelaufen; es war anstrengend, aber ich fühlte mich wohl.	Der Klient nennt eine signifikante Ausnahme.
(23) T:	Das verstehe ich nicht ... Das war doch damals genauso ein Wettbewerb wie der, dem Sie in den letzten Jahren ausgesetzt waren.	Möchte erfahren, worin der Klient den Unterschied zwischen Ausnahme und Problem- bzw Arbeitssituation sieht.
(24) K:	Das ist was anderes.	
(25) T:	(macht ein fragendes Gesicht)	
(26) K:	Damals war es ein Vergnügen; es machte keinen Unterschied, ob ich gewann oder verlor ... Schon Dabeisein war alles.	
(27) T:	(hebt eine Augenbraue, als ob ihm diese Bemerkung eine plötzliche Einsicht gegeben hätte)	

In diesem Fallbeispiel geht Jonas bis zu Einheit (15) problemorientiert vor. Jonas konzentriert sich – ähnlich wie bei der Vorgehensweise im NLP-Meta-Modell der Sprache – zunächst auf das Problem, um aus diesem Verständnis heraus auf eine Lösung zuzusteuern. Ab Einheit (17) geht er daran, Ressourcen des Klienten zu aktivieren, wie in folgenden Einheiten deutlich wird:

➤ Mit der Frage in Einheit (17) „Wirklich der einzige Ausweg?" testet der Therapeut, inwieweit der Klient für eine Lösung offen ist. Dazu bietet er ihm einen konkreten Lösungsrahmen in Einheit (21) an.
➤ Die daraufhin auftretenden Einwände hinterfragt er nonverbal in den Einheiten (25) und (27) und verbal (23).

Dabei verwendet er wiederum die Schlüsselworttechnik, aber auch die Technik des „Sich-dumm-Stellens", auf die wir im Anschluß eingehen.

(28) K:	Sie wollen, daß ich sage: Die Verantwortlichkeit für meine Familie hat mir das Vergnügen am Wettbewerb genommen.	Polt den charakterlichen Mangel und die Passivität des Klienten auf das Positive um, ohne den Bezugsrahmen zu ändern.
(29) T:	(abschwächend) Ich würde es nicht so negativ sehen. Sie sind ein verantwortlicher Familienvater, der seine Pflichten möglicherweise ein bißchen zu ernst nimmt.	
(30) K:	Glauben Sie wirklich, daß ich meine Pflichten zu ernst nehme?	
(31) T:	Was glauben Sie, würde passieren, wenn Sie Ihre Pflichten nicht so ernst nehmen würden?	Hinterfragt die Konsequenzen, wenn der Klient seine innere Einstellung ändern würde.
(32) K:	(kurze Pause) Hm ... Na, jaaa ... ich würde meinen Beruf nicht als ein solches Gespenst ansehen.	Der Klient hat eine Zielvorstellung gewonnen.
(33) T:	Sie können noch hinzufügen, daß Sie dann Ihren Beruf nicht als ein Kreuz auf sich nehmen müßten.	Reframing, um das gesamte Problem loszuwerden.
(34) K:	(lautes Gelächter): Sie sind ein Schlauer.	Der Klient nimmt das Reframing an.

Die Technik des „Sich-dumm-Stellens"

Die Technik des „Sich-dumm-Stellens" wird von den Idiolektikern seltener bzw. vorsichtiger angewandt als von Jonas. Sie widerspricht dem Anliegen der Idiolektiker, authentisch aufzutreten. Diese Technik wird angewandt, um das Glaubenssystem von Klienten zu hinterfragen und zu erschüttern oder um sie aus der Reserve zu locken bzw. um etwas über ihr Weltbild zu erfahren. Dies gelingt Jonas in (5), da der Klient ihm die Ursache seiner Furcht beschreibt.

In Einheit (23) exploriert der Therapeut, welche Überzeugungen den Klienten daran hindern (könnten), Wettbewerb im Beruf analog zu sportlichem Wettbewerb zu sehen. Im letzten Fall bewirkte das Elizitieren des Weltmodells die gesamte Uminterpretation des Problems.

Reframing

Reframing (Umdeuten) ist eine in vielen Psychotherapien gängige Technik. Meist werden dabei negativ bewertete Aspekte in einen anderen Rahmen gestellt, so daß sie eine andere Bedeutung erlangen. Zwar gibt es die Technik des Reframing nicht in der Idiolektik. Dennoch kommen solche Wendungen auch hier vor, wie sich auch in diesem Transkript zeigt:

- In Einheit (29) weist der Therapeut auf die positive Seite des vom Klienten an sich selbst kritisierten Verhaltens hin und macht insofern eine positive Umdeutung.
- In Einheit (33) besteht das Reframing in einer Analogiebildung. Gemäß seiner Ausgangshypothese („Ein soziales Problem ist für die Kreuzschmerzen verantwortlich") setzt der Therapeut den Beruf mit einem Kreuz gleich, das der Klient auf dem Rücken trägt. Dessen Reaktion (Lachen) zeigt, daß er diese neue Sichtweise annimmt.

Im Schlußkommentar meint Jonas: Diesem Gespräch folgten drei weitere Besprechungen, in denen aus der Eigensprache des Klienten alternative Möglichkeiten entwickelt wurden, wie dieser Wettbewerb als Teilnahme an einem anregenden Hobby aufgefaßt werden könnte. Bisher hatte er dies immer als ernstzunehmendes und daher furchterweckendes Unternehmen erlebt, das mit schweren Schuldgefühlen einherging. Dies war ein entscheidender Durchbruch für ihn. In diesem Fall beweist Jonas ein großes Fallverstehen, indem er den Punkt findet, an dem der Klient den ersten Schritt zu einer Veränderung tun kann.

V. Fragearten in der idiolektischen Gesprächsführung

Dieses Kapitel betrachtet zusammenfassend: Welche Fragen werden in der Idiolektik gestellt, was kann man mit ihnen herausbekommen und was nicht? – Dabei sind die aufgelisteten Fragen überwiegend den drei hier abgedruckten Transkripten entnommen. Sie sind typische Fragen der idiolektischen Gesprächsführung und nach der Absicht des Therapeuten eingeteilt. X bedeutet jeweils Symptom oder Beschwerde.

1. **Ressourcenorientierte Fragen**
2. **Problembezogene Fragen zum Elizitieren des eingeschränkten Weltmodells** (Schlüsselworte und bildhafte Beschreibungen)
3. **Hinterfragung des eingeschränkten Weltmodells** (durch Fragen nach Gründen, Erklärungen, Glaubenssätzen ...)
4. **Fragen zur Phylogenese**
5. **Fragen nach Tatsachen**

Zu 1) Ressourcenorientierte Fragen
➤ Jedoch besteht die Möglichkeit, daß Sie andere Wege einschlagen könnten, um an einem Wettbewerb teilzunehmen, ohne daß Sie diesen als Hetze empfinden müssen.
➤ Ist X tatsächlich der einzige Ausweg?

Zu 2) Problembezogene elizitierende Fragen
➤ Was geht in Ihnen vor, wenn Sie an X denken?
➤ Was würde passieren, wenn Sie X nachgeben?
➤ Was sagen Sie zu einem Menschen, der X hat?
➤ Beschreiben Sie Ihre Schmerzen so, daß ich es mir genau vorstellen kann.
➤ Was müßte ich tun, um diese Schmerzen zu haben?
➤ Was löst das Verhalten aus?
➤ Ich kann mir nicht so recht vorstellen, was Sie mit X meinen.
➤ Könnten Sie mir X so beschreiben, daß ich es bildhaft vor Augen habe?
➤ Wie kann ich mir diesen Schmerz vorstellen?
➤ Wenn ich mir diesen Schmerz auferlegen wollte, was müßte ich dafür tun?
➤ Was kann man tun, um diesen Schmerz künstlich zu erzeugen?

Zu 3) Hinterfragen des eingeschränkten Weltmodells
➤ Wie können Sie fühlen, daß andere Menschen besser sind als Sie?
➤ Wieso nehmen Sie an, daß Ihre Freunde besser sind als Sie?
➤ Glauben Sie, daß alle Menschen 100%ig perfekt sind?
➤ Was bedeutet X für Sie?
➤ Was gibt Ihnen die Idee, daß Sie X haben?
➤ Haben Sie einen besonderen Grund, warum Sie 100%ig sein möchten?
➤ Sind Sie sicher, daß ...?
➤ Sind Ihre Freunde alle perfekt?

Zu 4) Überprüfung der phylogenetischen Vorannahmen
➤ Erinnern Sie sich an die Zeit, als Sie 12 Jahre alt waren?
➤ Was hatten Sie da für Träume?
➤ Wie stellen Sie sich einen Märchenprinzen vor?
➤ Wann ist die Zeit, in der man totale Fürsorge von seiten anderer beanspruchen kann?

zu 5) Fragen nach Tatsachen
➤ Leben Sie allein?
➤ Wohnt Ihre Tochter nicht mehr mit Ihnen zusammen?
➤ etc.

Bei dieser Einteilung weiß man ohne den Therapiekontext nicht, wie der Therapeut dazu kommt, gerade diese Fragen zu stellen. Als Beispiel können die beiden letzten Fragen dienen:
➤ Leben Sie allein?
➤ Wohnt Ihre Tochter nicht mehr mit Ihnen zusammen?

Würden diese Fragen ganz zu Beginn der ersten Sitzung gestellt, wären sie wahrscheinlich mit der Absicht gestellt, sich ein klares Bild von der Lebenssituation der Klientin zu machen. Im Kontext des Transkripts der Hypochonderin (Fragen (7) und (9)) verfolgt Jonas jedoch primär die Absicht, seine anfangs aufgestellte Hypothese zu testen, daß die Klientin Hypochonderin und damit bildlich gesprochen „das Huhn auf der niedrigsten Stufe der Hackordnung" ist. In diesem Fall waren die tatsachenbezogenen Fragen phylogenetische Fragen.

Eine weitere Absicht des Therapeuten hat wahrscheinlich darin bestanden, mit diesen Fragen das „Bündnis" zwischen sich und der Klientin vorzubereiten bzw. zu vertiefen.

Die obige Einteilung der Fragen gibt also nur einen ersten Überblick über die Art des Befragens in der Idiolektik und in der Gesprächsführung von Jonas. Um eine spezielle Fragestrategie genauer zu untersuchen, ist es notwendig, die Absicht des Therapeuten mit einzubeziehen. Dies ist anhand der vorliegenden Fallbeispiele – bis auf die phylogenetischen Fragen – geschehen. Letztere bilden die Schlußsequenz des Transkriptes von Gudrun, die „perfekt" sein möchte: Nachdem Gudrun durch die Verwirrtechnik nicht grundlegend in ihrer Haltung erschüttert wurde, daß man perfekt sein müsse, stellt Jonas ihr die Frage:

„Erinnern Sie sich an die Zeit, als Sie zwölf, dreizehn Jahre alt waren? Was hatten Sie da für Träume?" Die Klientin antwortet: „Märchen", woraufhin Jonas sie fragt: „Wie stellen Sie sich einen Märchenprinzen vor?" Die Klientin antwortet u.a., daß er sich um sie kümmern würde. Jonas stellt hiernach fest, daß die Zeit, in der ein Mensch eine totale Fürsorge von seiten anderer beanspruchen kann, die Entwicklungsstufe des Babys ist. Die Klientin sei auf einer frühkindlichen Stufe in ihrer Entwicklung steckengeblieben.

Wie immer man diese phylogenetische Einschätzung von Jonas auch beurteilen mag, möchten wir an dieser Stelle auf eine implizite Vorannahme hinweisen: Jonas geht von der Annahme aus, es gebe eine Art von Real-Historizität; d.h., man könne das, was jemand in seiner Kindheit erlebt hat, realitätsgetreu in Form von Sätzen und/oder Videoaufzeichnungen nachstellen. Die Antworten auf die von ihm gestellten Fragen beruhen jedoch nicht auf Tatsachen. Viel eher könnte man sagen, sie beruhen auf Konstruktionen, die die Klientin in dem Augenblick macht, in dem ihr die Frage gestellt wird. Insofern sind auch die daraus abgeleiteten phylogenetischen Ableitungen keine Tatsachen, sondern vielmehr ein Appell an eine gewisse Plausibilität.

Teil 4: Vergleichende Betrachtung

I. Die Therapiemethoden im Vergleich

Im zweiten und dritten Teil dieses Buches wurden dem Leser die Besonderheiten einiger „Fragekontinente" aufgezeigt, die es im Bereich der Psychotherapie gibt. In diesem Teil geht es darum, die Gemeinsamkeiten und Unterschiede der einzelnen Therapie- bzw. Fragemethoden sichtbar zu machen und Anregungen zu geben, wie durch ein methodenübergreifendes Vorgehen die Wünsche und Anliegen von Klienten noch besser unterstützt werden können. Die vielen kleinen Besonderheiten dieser Kontinente können nur angedeutet werden, obwohl im konkreten Einzelfall jede dieser Besonderheiten wichtig und betrachtenswert ist, während andere Spezialitäten in den Hintergrund treten. So mag es für den einen Klienten wichtig sein, gerade nicht über sein Problem zu reden (vielleicht kennt er seine Probleme in- und auswendig, weil er eine dreijährige Analyse hinter sich hat). Für einen anderen mag aber gerade die Frage: „Welche Vorteile hat dieses Problem für Sie?" den Punkt treffen, an dem Veränderung möglich ist. In diesem Buch werden wir viele wichtige Möglichkeiten ansprechen, wie man durch Fragen Veränderung induzieren kann. Im Vergleich dazu werden in einem konkreten psychotherapeutischen Gespräch nur einige wenige Aspekte relevant sein, um die gewünschte Veränderung zu bewirken.

Aus den verschiedenen Vergleichen zwischen den Methoden bezüglich der unterschiedlichsten Aspekte ergab sich leider hier und da eine gewisse Redundanz. Wir bitten die Leser, dies zu entschuldigen. Der Vorteil besteht darin, daß man sich jeden Aspekt auch gesondert ansehen kann, ohne daß es notwendig ist, alle vorhergehenden Kapitel ebenfalls gelesen zu haben.

In die vergleichende Betrachtung der Therapie- und Fragemethoden werden nur die von diesen Methoden explizit formulierten Vorannahmen (wie sie in den Teilen 2 und 3 dargelegt wurden) miteinander verglichen. Von dieser zu unterscheiden ist die Haltung, die der individuelle Therapeut gegenüber dem Klienten einnimmt. Diese Haltung wird sich oft allein schon deshalb von der Methode unterscheiden, weil viele Psychotherapeuten mehrere therapeutische Ansätze gelernt haben. Abgesehen davon halten es die Autoren nicht nur für richtig, sondern für sehr wichtig, daß Therapeuten ihre eigene Haltung und ihr eigenes Vorgehen finden, mit der bzw. dem sie Klienten gegenübertreten.

Der Vergleich der Fragemethoden soll auf die Vor- und Nachteile bestimmter Haltungen, Prinzipien und Vorannahmen in der Therapeuten-Klienten-Beziehung und die daraus folgenden Konsequenzen für den Therapieerfolg hinweisen. Dieser Vergleich bezieht neben der Therapeuten-Klienten-Beziehung auch den Kontext ein, in dem die Sitzungen stattfinden, denn es ist sicherlich ein Unterschied, ob sich Klienten im geschützten Rahmen der GT bewegen oder (wie in der systemischen Therapie und im BFTC) von einem außenstehenden Team und einer Videokamera beobachtet werden.

Vorgehen

Das Vorgehen im vierten Teil gliedert sich wie folgt:

In Kapitel I wird zunächst ein kurzer Einblick in die Therapieforschung gegeben, weil für einige der hier behandelten therapeutischen Methoden (vor allem die GT, die RET und die systemische Therapie) gut fundierte Ergebnisse erarbeitet wurden, die für dieses Buch relevant sind. Allerdings sind die Ergebnisse wiederum nicht spezifisch genug, um für eine vergleichende Betrachtung zum Thema „therapeutisches Fragen" auszureichen.

Danach wird auf die grundlegenden Vorannahmen der jeweiligen therapeutischen Methoden vergleichend eingegangen, wobei die im ersten Teil getroffene Unterscheidung zwischen Problem-Lösungs-Raum und

Therapeuten-Klienten-Beziehung wieder aufgegriffen wird. Im Falle des Problem-Lösungs-Raums ist vor allem wichtig, was man sich unter einem Problem vorstellt, das mit der jeweiligen psychotherapeutischen Methode bearbeitet werden kann/soll. Daraus leitet sich mehr oder weniger folgerichtig eine Vorstellung darüber ab, worin man im Rahmen dieser Methode eine Lösung sieht. Dieses Kapitel soll den Leser auf das eigentliche Thema („Fragen") vorbereiten, denn nur aus dem Verständnis der theoretischen Vorannahmen heraus kann die Befragung innerhalb einer Therapieform verstanden werden. Die hier wirkenden Vorannahmen haben einen enormen Einfluß auf die Hypothesenbildung und damit auf die konkret gestellten Fragen.

In Kapitel II werden die Fragestrategien dieser therapeutischen Methoden miteinander verglichen. Insbesondere wird auf den Zusammenhang zwischen Hypothesenbildung, strategischen Fragen und konkreten Fragen eingegangen. Hierbei zeigt sich, daß es bestimmte Fragearten gibt, die im Rahmen fast aller psychotherapeutischen Methoden angewandt werden können. Die Beschränkung auf wenige Fragen und Fragearten stellt oft eine unnötige Selbstbeschränkung dar. Dies gilt allerdings nicht immer; manchmal erfordern es die therapeutischen Vorannahmen (z.B. im BFTC), daß auf eine bestimmte Kategorie von Fragen verzichtet wird. Ein weiterer Aspekt dieses Abschnittes ist die Frage, inwiefern die Bereitschaft des Klienten, sich zu verändern, in der Fragestrategie thematisiert wird.

In Kapitel III werden einige wichtige Schlußfolgerungen aus dem Vergleich der Therapie- und Fragemethoden gezogen, die für das vierte Kapitel wichtig sind. Bis zu diesem Zeitpunkt wurde das IST der therapeutischen Methoden vergleichend beschrieben.

In Kapitel IV wird der Versuch unternommen, die Vorteile der Fragemethoden in einer übergeordneten Fragestrategie zu vereinigen. Sie soll u.a. folgende Fragen berücksichtigen: Welche Anforderungen sind an eine solche Strategie zu stellen? Insbesondere: Welche Faktoren werden durch den Klienten in das Therapiegespräch eingebracht, die in den Fragen des Therapeuten berücksichtigt werden sollten? Welche Fragemethode entspricht am ehesten der „Situation" und dem Anliegen des Klienten?

1. Das Konzept der Wirkfaktoren nach Grawe

Da der Vergleich in diesem Kapitel auf der Ebene der Therapiemethode als ganzer stattfindet (und noch nicht auf der des Befragens im engeren Sinne), liegt es nahe, einige wichtige Ergebnisse der Psychotherapieforschung (PTF) in die Bewertung der jeweiligen Methoden mit einfließen zu lassen. Dies ist um so interessanter, als die herkömmlichen Annahmen über die Wirkungsweise psychotherapeutischer Methoden (wie sie wohl die meisten Therapeuten mehr oder weniger bewußt haben) durch die experimentelle PTF grundlegend in Frage gestellt wurden[1].

Die Psychotherapieforschung hat es sich u.a. zur Aufgabe gestellt, unabhängig von der Therapiemethode diejenigen Faktoren herauszufinden, die therapeutische Veränderungen am nachhaltigsten beeinflussen. Sie hat den Anspruch, Therapierichtungen auf wissenschaftlicher Basis zu bewerten. Ergebnisse liegen bei den hier betrachteten Therapieansätzen vor allem für die GT, die RET und die systemische Therapie vor. Die entsprechenden Untersuchungsverfahren sind allerdings nicht in dem Maße objektivierbar wie naturwissenschaftliche Testverfahren. Einer der Hauptgründe dafür liegt in der Frage, nach welchen Kriterien man therapeutische Methoden beurteilen soll[2]. Die PTF unterliegt zwei wichtigen Einschränkungen, die dafür verantwortlich sind, daß viele Vergleichsstudien widersprüchliche Ergebnisse hervorbringen[3]:

▶ Die PTF versucht, die Ergebnisse von Therapievergleichsstudien zu quantifizieren. Aus diesem Grund benötigt sie Maße, um Konzepte wie Widerstand, Einsicht, Empathie etc. a) auf beobachtbare Handlungen zurückzuführen, die b) quantifizierbar sind. Dies ist nur sehr selten möglich und kann letztlich nicht geleistet werden.

▶ Häufig werden von Therapieforschern Maße gewählt, bei denen der Bezug zur untersuchten Therapiemethode unklar ist. Das mag u.a. daran liegen, daß die verschiedenen Psychotherapien für klinische Zwecke und nicht zu Forschungszwecken konzipiert wurden.

Die wichtigsten Ergebnisse über besonders relevante Faktoren der Veränderung sollen hier kurz wiedergegeben und auf die bereits dargestellten therapeutischen Fragemethoden angewendet werden. Bei der Darstellung solcher Faktoren beziehen wir uns vor allem auf den Therapieforscher Klaus Grawe, der sich über 20 Jahre intensiv mit vergleichender Therapieforschung beschäftigt hat. Grawes explizites Ziel besteht darin, von monolithischen Allheilkonzepten wegzukommen und zu einem methodenübergreifenden Handeln als Therapeut zu kommen. Welche Kriterien können angelegt werden, um zu beurteilen, inwieweit eine psychotherapeutische Methode die zielgerichtete Veränderung von Klienten unterstützt? Grawe formulierte explizit fünf solcher Faktoren, die im folgenden dargestellt werden und in einer kurzen Einschätzung direkt auf die im zweiten und dritten Teil dargestellten Therapiemethoden angewandt werden.

a) Die Induktion positiver Erwartungen

Der Einfluß positiver Veränderungserwartungen konnte von Howard et al. in zwei Studien[4] nachgewiesen werden, die an über 1000 Klienten mit psychodynamischen Verfahren durchgeführt wurden. Diese Studien erklären das häufig vorkommende Phänomen, daß bereits in der ersten Stunde deutliche symptombezogene und sonstige Verbesserungen im Wohlbefinden des Klienten eintreten.

Wie wirken positive Erwartungen? Die Grafik veranschaulicht diesen Prozeß:

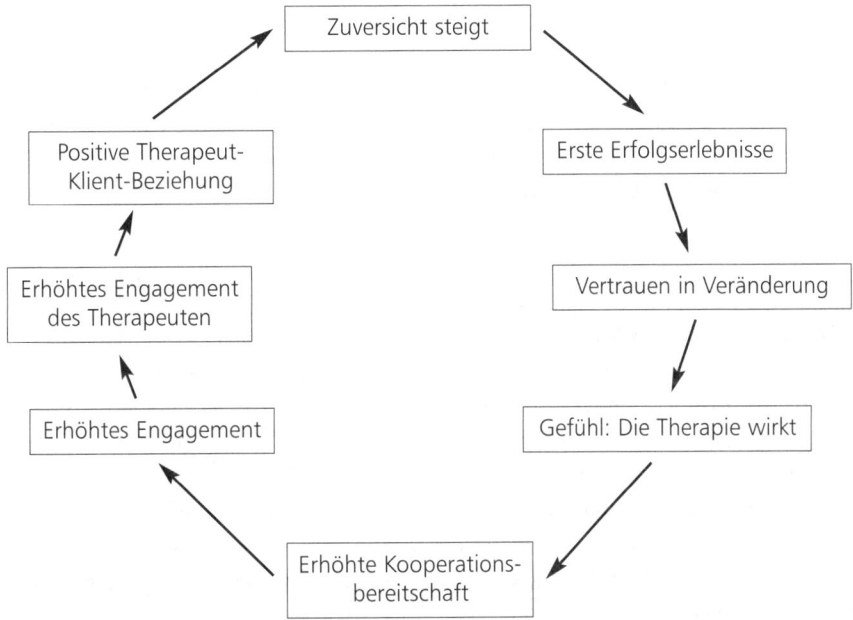

Sind positive Besserungserwartungen beim Klienten geweckt worden, dann wirken sie in der Regel über folgenden Rückkopplungsprozeß: Zunächst einmal fühlt er sich zuversichtlicher als vor der Therapiesitzung. Er geht mit mehr Schwung und Mut an die Dinge heran und erfährt erste kleine Erfolgserlebnisse. Das wiederum stärkt sein Vertrauen in Hinblick darauf, daß Veränderungen für ihn überhaupt möglich sind. Er glaubt nun an die Möglichkeit zu glauben, daß es ihm wieder gutgehen kann. Das hebt die Stimmung und führt zu positiveren Zukunftserwartungen, was weitere Erfolgserlebnisse fördert. Diese wird der Klient vermutlich so interpretieren, daß die Therapie bei ihm wirkt. Dies wiederum erhöht seine Kooperationsbereitschaft hinsichtlich der Angebote des Therapeuten und sein Engagement, sich auf neue Erfahrungen einzulassen. Nachdem der Klient von seinen ersten Erfolgen berichtet, wird dies einen verstärkten Ansporn für den Therapeuten darstellen, den eingeschlagenen Weg weiterzugehen. Aus alldem resultiert in der Regel eine positive Therapeuten-Klienten-Beziehung.

Die Induktion von Erwartungen kann als besonders wichtiger Wirkmechanismus angesehen werden, weil er schnelle und dauerhafte Wirkungen erzeugen kann. Da diese Effekte theoretisch breit abgesichert sind[5], liegt eine einfache Schlußfolgerung nahe: Jede Therapiemethode sollte sicherstellen, daß die sie anwendenden Therapeuten die Fähigkeiten erwerben, die Erwartungen der Klienten gezielt positiv zu beeinflussen.

Zusammenfassende Einschätzung der Therapiemethoden

Keine der hier behandelten Therapiemethoden fragt im Eingangsinterview systematisch ab, inwieweit der Klient glaubt, daß er sich verändern kann. Am ehesten geschieht dies noch im NLP, wo man sich aufgrund des Wissens um hypnotische Vorgänge durchaus bewußt ist, wie wichtig es ist, die Erwartungshaltung des Klienten positiv zu beeinflussen. Im NLP geht man davon aus, daß Glaubenssätze wie sich selbst erfüllende Prophezeiungen wirken. Glaubt also jemand, ihm könne sowieso nichts und niemand helfen bzw. daß diese spezielle Therapiemethode für ihn ungeeignet ist, dann wäre es vom NLP-Standpunkt aus das Naheliegendste, zuerst diesen Glaubenssatz zu bearbeiten. Die Begründer des NLP verstanden es wie ihr Vorbild Erickson meisterhaft, bei Klienten positive Erwartungshaltungen zu induzieren und waren auch sehr geübt darin, Klienten dahingehend einzuschätzen, wie diese ihre eigene Veränderungsfähigkeit beurteilten. Sie vernachlässigten es allerdings, dieses Wissen an die NLP-Gemeinde weiterzugeben, vielleicht, weil es dem einfachen, pragmatischen Vorgehen mittels NLP-Formaten widersprochen hätte. So kommt es, daß nur einzelne NLP-Therapeuten wie z.B. Chris Hall (sie lernte 15 Jahre lang bei Bandler) das Prinzip der positiven Erwartungsinduktion systematisch anwenden.

Wenngleich keine der hier behandelten Therapiemethoden explizit auf einschränkende Glaubenssätze bezüglich der Veränderungsfähigkeit des Klienten eingeht, wecken doch einige von ihnen positive Besserungserwartungen aufgrund des Rahmens, den sie anbieten. So kann für die kurzzeittherapeutischen Methoden (NLP, BFTC, systemische Therapie und eingeschränktermaßen auch für die Idiolektik) gesagt werden, daß allein die Ankündigung, maximal 7–10 Sitzungen durchzuführen, in denen das Problem vermutlich gelöst sein wird, häufig positive Erwartungshaltungen hervorrufen wird. Dies gilt vor allem dann, wenn die Fragetechnik Fragen beinhaltet, die implizieren, daß das Problem bereits gelöst ist.

b) Ressourcenaktivierung

Ressourcen sind alle positiven oder positiv zu benutzenden Aspekte des seelischen Geschehens und der gesamten Lebenssituation von Klienten. Zum Beispiel: Motivationen, Ziele, Wünsche, Abneigungen, Interessen, Überzeugungen, Werte. Sie sind sozusagen die Quelle, aus denen Menschen ihr Selbstwertgefühl beziehen. Ressourcenaktivierung heißt für den Therapeuten, solche Merkmale aufzuspüren, die für das Selbstwertgefühl des Klienten besonders wichtig sind und stark motivierend auf ihn wirken, und sie dann für den therapeutischen Veränderungsprozeß zu mobilisieren. Geschieht dies, kann der oben beschriebene positive Rückkopplungseffekt in Gang gesetzt werden. Dies kann die Heilung erheblich beschleunigen bzw. überhaupt erst ermöglichen.

Ressourcen müssen individuell und lebenssituationsspezifisch aktiviert werden. Deshalb ist dieser Wirkfaktor ebenso wie die Induktion positiver Erwartungen nach Grawe weitgehend unabhängig von der Art der Störung.

Die Ressourcenperspektive ist für die Psychotherapie nicht selbstverständlich, da die traditionelle therapeutische Herangehensweise die Problemperspektive ist. Nach Grawe bestimmt die Problemperspektive eher das WAS der Veränderung, d.h., sie ist für die inhaltliche Therapieplanung verantwortlich (Was soll geändert werden?). Die Ressourcenperspektive ist für das WIE bzw. die prozessuale Therapieplanung verantwortlich. Hier stellt sich die Frage: Wie soll man bei der Veränderung vorgehen?[6] Bei diesem Wirkfaktor ist die Fragetechnik, welche die Richtung der Therapie bestimmt, besonders wichtig.

Der Wirkfaktor der Ressourcenaktivierung bietet umfassendere Möglichkeiten als die Induktion von positiven Erwartungen, denn Erwartungen sind seitens der Klientin zeitlich meist begrenzt und situationsabhängig. Darüber hinaus gibt es Klienten, die auf die Induktion positiver Erwartungen mit Abwehr reagieren, die sogenannten reaktiven Klienten. Hingegen greift das Konzept der Ressourcenaktivierung auch bei solchen Klienten, indem der Therapeut auf bereits vorhandene Ressourcen hinweist, so daß auch hier ein positiver Rückkopplungseffekt in Gang gesetzt werden kann.

Die wichtigste Möglichkeit, Ressourcen zu aktivieren, bietet nach Grawe die Beziehung zwischen Therapeut und Klient: Dies kann inhaltlich geschehen, indem der Klient Gelegenheit erhält, sich mit seinen Stärken zu präsentieren bzw. indem der Therapeut ihn in seinen Stärken spiegelt. Des weiteren kann der Therapeut Situationen herbeiführen, in denen sich der Klient in positiver Weise in Beziehung zum Therapeuten setzen kann. So können Potentiale, Fähigkeiten etc. in der Beziehung utilisiert werden. Wenn sich der Klient in diesem Prozeß verstanden und wertgeschätzt fühlt, dann können sich, so Grawe, darüber bedeutende Fortschritte im Therapieverlauf ergeben. Deshalb vertritt Grawe die Ansicht, daß der Ressourcenaspekt Vorrang gegenüber dem Problemaspekt haben sollte[7].

Zusammenfassende Einschätzung der Therapieformen

Die klarste Form der Ressourcenaktivierung im Vergleich aller hier behandelten Methoden ist im Ansatz des BFTC verwirklicht. Nicht umsonst faßt Steve de Shazer es als Kompliment auf, wenn es heißt, daß er als „Minimalster der Minimalisten" versucht, Lösungen bzw. Ressourcen zu finden, indem er auch die kleinste Aussage, die den Charakter einer Ausnahme haben könnte, weiterverfolgt. Der Klient wird konsequent immer wieder auf seine Ressourcen hingewiesen.

Auch in der systemischen Therapie werden die zirkulären Fragen meistens eingesetzt, um Ressourcen bei den Familienmitgliedern zu wecken. Die problemorientierten Fragen sind eher als Ausdruck der Vielfalt der Fragen in der systemischen Therapie zu werten, als daß sie eine Einschränkung dieser Ressourcenorientierung bedeuten würden.

Dasselbe läßt sich auch für das NLP sagen. Die Vorannahme, daß der Klient alle Ressourcen in sich hat und daß es nur darum geht, ihm diese im Problemkontext zur Verfügung zu stellen, zeigt die klare Ressourcenorientierung im NLP. Sie setzt systematisch allerdings erst dann ein, wenn der Therapeut erfragt hat, wie der Klient das Problem macht.

Die RET ist von ihrem Fokus her primär auf das Problem und die es verursachenden irrationalen Bewertungen (IBs) ausgerichtet. Allerdings ist es zur Bekämpfung der IBs notwendig – was von der RET auch geleistet wird –, dem Klienten sehr schnell Ressourcen (positive Kognitionen und reale Bewältigungserfahrungen, Phantasiereisen etc.) an die Hand zu geben, so daß dem Ressourcenaspekt auch in der RET durchaus Bedeutung beigemessen wird.

Von allen Fragemethoden ist die GT diejenige, die den Wirkfaktor der Ressourcenorientierung fast ganz vernachlässigt. Durch ihr Vorgehen verführt sie den Klienten dazu, fast ausschließlich über seine Probleme zu sprechen, und im Problemkontext wird er sich seiner Ressourcen wenig bewußt sein, geschweige denn, daß er darin gefördert wird, sich in seinen Stärken darzustellen. An dieser Stelle ist die Idiolektik mit ihrer klaren Ressourcenorientierung der GT klar überlegen. Obwohl auch sie die Bestimmung des Themas fast ausschließlich dem Klienten überläßt, sind ihre Fragen grundsätzlich auf dessen Ressourcen gerichtet. In der GT ist diese Entwicklung allenfalls in neueren Ansätzen wie der zielorientierten GT nach Sachse zu erkennen.

c) Prozessuale Aktivierung

Angesichts der Tatsache, daß es in der Psychotherapie meistens um die Veränderung von Problemen geht, nannte Grawe dieses Prinzip früher „Problemaktualisierung". Die Bezeichnung „prozessuale Aktivierung" eröffnete später die Sicht, daß auch positive Verhaltensweisen prozessual aktiviert werden können.

Prozessuale Aktivierung ist alles, was in der Therapeuten-Klienten-Beziehung gerade geschieht. Angesichts der großen Differenzen, die zwischen den verschiedenen Therapiemethoden bestehen, ist es bemerkenswert, daß die meisten von ihnen die Ansicht teilen, daß dieses Wirkprinzip einen großen Einfluß auf den Therapieerfolg hat. Es hält den Therapeuten an, sich darauf zu konzentrieren, was sich auf der prozessualen Ebene abspielt, denn, so Grawe: nur dort geschieht das, was in Hinblick auf die therapeutische Veränderung relevant ist[8]. Diese Annahme wird durch viele Forschungsergebnisse gestützt[9].

Ein Phänomen, mit dem Therapeuten regelmäßig konfrontiert werden, ist die Übertragung[10]. Häufig überträgt der Klient motivationale Konflikte aus der Kindheit auf den gegenwärtigen Gesprächspartner, in diesem Fall den Therapeuten. Ein Beispiel wäre das aufsässige Verhalten eines Kindes, das auf diese Weise die Aufmerksamkeit und Zuwendung der Eltern bekommen möchte, aber fast immer zurückgewiesen worden ist. Längst erwachsen geworden verhält sich der Betreffende unbewußt immer noch aufsässig gegenüber Autoritätspersonen, und so wiederholt sich die Erfahrung aus der Kindheit, daß er sich abgelehnt fühlt. Solche problematischen Erlebnis- und Verhaltensweisen können nach Grawe sehr effektiv geändert werden, wenn der Therapeut sie in der aktuellen Situation anspricht. Eine andere Möglichkeit, mit aktivierten negativen Kommunikationsmustern umzugehen, besteht darin, den Klienten korrektive Erfahrungen machen zu lassen. D.h., der Therapeut zeigt dem Klienten, daß er ihn nicht ablehnt, obwohl er sich aufsässig verhält. Beide Vorgehensweisen nutzen aktivierte negative Prozesse für therapeutische Veränderungen. Die Effektivität dieser Interventionen hängt wahrscheinlich damit zusammen, daß sich der Klient währenddessen im *felt sense* befindet. Deshalb soll an dieser Stelle in einem kleinen Exkurs auf diesen Begriff eingegangen werden.

Exkurs: Der *felt sense*

Im NLP beschäftigt man sich u.a. mit der Frage: Was macht erfolgreiche Therapeuten erfolgreich? Gendlin, der Begründer des Focussing, hat sich mit der Frage beschäftigt: Was macht erfolgreiche Klienten zu erfolgreichen Klienten? Er fand, daß erfolgreiche Klienten solche sind, die die Fragen ihrer Therapeuten nicht primär linkshemisphärisch-kognitiv beantworten, sondern eine Antwort aus dem *felt sense*, aus dem „gefühlten Sinn" heraus beantworten. Gendlin betont, daß Veränderungen nur im *felt sense* geschehen können. Es ist wichtig, daß der Klient nicht nur über seine Probleme spricht, sondern daß er diese in ihrem Bedeutungsgehalt im Körper spürt. D.h., die Klienten gehen nach innen, spüren nach, was die Frage in ihnen bewirkt, und antworten dann auf der Basis dieses gefühlten Sinns. Dies setzt voraus, daß sich der Klient in die Problemsituation einfühlt bzw. sich in die Problemsituation assoziiert[11].

Im Gegensatz zum *felt sense* steht ein schlaues, intellektuell stimmiges schnelles Antworten, ohne daß die eigene innere Reaktionsweise vorher wahrgenommen worden ist. Typisch ist auch ein kühl rationalisierendes Sprechen *über* Probleme, bei dem sich der Sprecher vom Problem trennt bzw. dissoziiert. Insofern gibt es einen engen Zusammenhang zwischen dem *felt sense* und der von Korzybski beschriebenen semantischen Reaktion. Beide beziehen sich auf den kinästhetischen Aspekt eines Bedeutungserlebnisses. Gute Therapeuten achten darauf, daß sich ihre Klienten bei der Veränderungsarbeit im *felt sense* befinden.

Der in diesem Exkurs dargestellte *felt sense* ist ein (wenn auch wichtiger) Teilaspekt des Wirkprinzips der prozessualen Aktivierung. Letztere umfaßt darüber hinaus die gesamte Beziehung zwischen Therapeut und Klient, worauf noch ausführlich eingegangen wird.

Nach Grawe sollte das Ziel des Therapeuten im Zusammenhang mit der Aktivierung von ablaufenden Prozessen darin bestehen, die Beziehung so zu gestalten, daß der Klient korrektive Erfahrungen hinsichtlich des problematischen Musters machen kann. Im Zusammenhang damit sollte er sich u.a. folgende Fragen stellen: Welche Prozesse spielen sich immer wieder zwischen uns ab? Welches Problem manifestiert sich möglicherweise in unserer Beziehung? Und wird dies thematisiert? Nach Grawe stellt die Thematisierung problematischer Verhaltensmuster eine der wirksamsten therapeutischen Interventionen überhaupt dar, solange die Klientin sich nicht angegriffen, verletzt etc. fühlt, sondern sie als Hilfestellung annehmen kann[12].

Das Wirkprinzip der prozessualen Aktivierung ist kein Selbstzweck, sondern ein Kennzeichen wirksamer therapeutischer Veränderungsprozesse. Nach Grawe hat es seine Bedeutung vor allem im Zusammenhang mit den beiden Wirkprinzipien „Klärung von Intentionen" und „Realisierung von Intentionen", die im Anschluß vorgestellt werden.

Zusammenfassende Einschätzung der Therapieformen

Keine der hier untersuchten Therapiemethoden lehrt angehende Therapeuten systematisch, wie sie mit Übertragungen seitens des Klienten umgehen können, zum Beispiel, indem man negatives Kommunikationsverhalten des Klienten diesem respektvoll zurückspiegelt. Da sich dies als eine sehr effiziente Möglichkeit zur Veränderung negativer Verhaltensweisen erwiesen hat, würden diese Therapieformen (auszunehmen wäre vielleicht der Ansatz des BFTC, weil es ihm zu sehr widersprechen würde) von dieser Möglichkeit sicherlich profitieren.

Von den hier behandelten Fragemethoden bemüht sich die GT am meisten darum, daß der Klient korrektive Erfahrungen machen kann, zumindest was Gefühle wie Angenommensein, Respekt und Wertschätzung angeht. Ein Klient, der in dieser Hinsicht seine Mitmenschen prüft, wird im GT-Therapeuten jemanden finden, der diesen „Test" besteht.

Anders ist es bei Klienten, deren Kommunikationsverhalten am besten dadurch verbessert werden kann, daß man ihnen Grenzen setzt etc. Hier findet die Grundhaltung der GT von Angenommensein und Wertschätzung ihre Grenzen. Was alle hier behandelten Fragemethoden angeht, hat A.D. Jonas, der Begründer der Idiolektik, die systematischsten Strategien entwickelt, auch und vor allem mit widerspenstigen Klienten umzugehen. Im NLP kennt man den Polarity Responder, einen Typus, der dazu neigt, genau dem zuwiderzuhandeln, wozu man ihn veranlassen will.

Der *felt sense* hat innerhalb der hier betrachteten Methoden nur in der GT und in der Idiolektik wirkliche Bedeutung. Vor allem in der GT steht der gefühlte Sinn im Mittelpunkt der Aufmerksamkeit, und seine Thematisierung und Vertiefung und Durcharbeitung ist die Therapie.

Eine kontinuierliche Überprüfung, ob sich der Klient im *felt sense* befindet, würde die Effektivität vor allem der RET erhöhen, aber auch für das NLP, den Ansatz des BFTC und die systemische Therapie wären positive Auswirkungen zu erwarten.

d) Intentionsklärung

Dieses therapeutische Wirkprinzip nennt Grawe auch „motivationale Klärung". Der Begriff „Intentionsklärung" weist darauf hin, daß bei den Problemen, die Klienten in die Therapie führen, in der Regel Wünsche und Befürchtungen eine wichtige Rolle spielen. Dabei handelt es sich letztlich um die Frage, welche Ziele/Intentionen der Klient anstrebt. Hier sollte der Therapeut nicht davon ausgehen, daß diese offensichtlich seien, und in vorauseilendem Gehorsam sich schon auf den Weg machen und das Ziel selbst definieren. Die Klärung und Veränderung von Intentionen ist manchmal so wesentlich, daß dieser Prozeß manchmal alles ist, womit sich Therapeut und Klient beschäftigen müssen. Aus diesem Grund sollte sie zu Beginn der Therapie stattfinden.

Im Prozeß der Zielklärung stellt sich häufig heraus, daß der Klient zwar ein Ziel hat (z.B. mit dem Rauchen aufhören), daß aber gegen die Erreichung dieses Ziels mehr oder weniger starke innere Einwände bzw. sekundäre Gewinne stehen. Häufig besteht z.B. eine wichtige Funktion des Rauchens in der Abmilderung von Streß. Die betreffende Person empfindet es so, daß sie z.B. mit hoher Arbeitsbelastung oder Konflikten nur dann umgehen kann, wenn sie raucht. Angesichts dieser Situation stellt sich die Frage, ob es überhaupt sinnvoll ist, mit dem Rauchen aufzuhören, solange die Person in diesem Fall ihre Arbeit nicht tun kann, bzw. ob die Person nicht vorher andere Dinge in ihrem Leben ändern sollte. Ist das der Fall, würde sich das Ziel dahingehend ändern, was die Person als nächstes erreichen möchte, z.B. andere Möglichkeiten zu erlernen, mit hoher Arbeitsbelastung umzugehen.

Das Wirkprinzip der Intentionsklärung behandelt also den Abwägungsprozeß, vermittels dessen der Klient zu einem klaren Ziel kommen kann.

In der Terminologie von Rombach könnte man sagen, daß der Klient den Entschluß gefaßt hat, mit dem Rauchen aufzuhören. Die Entschiedenheit zeigt sich aber erst im Vollzug. Der Therapeut hat nach Grawe sicherzustellen, daß der Klient genügend volitionsstarke Intentionen im Sinne seiner eigentlichen Wünsche herausbildet[13]. Die Volitionsstärke errechnet sich aus dem Produkt von Wünschen und Befürchtungen mal der Realisierbarkeit, worunter insbesondere die erwarteten Folgen des neuen Verhaltens verstanden werden. Zum Beispiel mag eine Klientin mit einer Höhenphobie den Wunsch haben, diese zu überwinden, trotzdem mag sie sich von dieser Angst vollkommen beherrscht fühlen. In dem Wahlprozeß, die Phobie überwinden zu wollen oder nicht, haben bisher die Befürchtungen überwogen, weil die Klientin die Vorstellung hatte, daß ihr Wunsch, z.B. angstfrei einen Berg zu besteigen, nur schwer realisiert werden kann.

Diese drei Parameter (Wünschbarkeit, Befürchtungen und erwartete Folgen) können durch den Therapieprozeß, genauer: durch den Abwägungsprozeß, beeinflußt werden.

Beispiel: Die Methode der Reizkonfrontation bzw. die Expositionstherapie[14] wird in der VT häufig bei Phobien angewandt. Sie besteht darin, die Person den entsprechenden Reizen in extremer Weise auszusetzen. Jemand mit einer Höhenphobie wird veranlaßt, auf einen hohen Turm zu steigen. Jemand mit einer Agoraphobie wird veranlaßt, das Haus zu verlassen etc. Diese Reizüberflutung bewirkt – wenn auch unter großen psychischen Schmerzen – zu einem hohen Prozentsatz, daß die Phobie verschwindet. Ist dies geschehen, dann ist sie nach Grawe in aller Regel dauerhaft beseitigt, denn der Wunsch, sich frei auf einem Bergipfel bewegen zu können, bewirkt eine Zunahme der Volitionsstärke. Anders ist es bei Süchten (Rauchen, Eßsucht, Spielsucht etc.). Selbst wenn es in der Therapie gelang, den Wunsch nach der Sucht einzuschränken, so ist damit noch nicht gesagt, daß dies auch in Zukunft gelingen wird. Das Verlangen nach dem Suchtmittel kann jederzeit wieder aktiviert werden. Aus diesem Grund ist nach Grawe die Rückfallquote bei Süchten sehr viel höher als bei Angstsymptomen.

Nach Grawe kann der Abwägungsprozeß vor der Intentionsbildung als geeigneter Ansatzpunkt für therapeutische Veränderungen angesehen werden[15], denn gute Therapieergebnisse sind vor allem dann gewährleistet, „wenn der Patient das Umfeld der wichtigsten Intentionen, die seine gegenwärtige Lebenssituation bestimmen, ausgiebig reflektiert, und zwar nicht in intellektuell-rationaler Weise, sondern so, daß er sich dabei mit seinen Intentionen identifiziert, was sich darin zeigt, daß er die zugehörigen Gefühle erlebt[16]" bzw. sich im *felt sense* befindet.

Ein Therapeut sollte in der Lage sein, Klienten in deren motivationalen Klärungsprozessen anzuleiten und sie darin zu unterstützen, den Wahlprozeß anders ablaufen zu lassen, als es geschah, bevor der Klient in die Therapie kam. Das Wirkprinzip der Intentionsklärung richtet die Aufmerksamkeit des Klienten auf den Wahlprozeß und die darin enthaltenen Prämissen (Wünsche, Befürchtungen, Gefühle, Überzeugungen, Werte etc.). Dies kann zum einen zu prozessualen Veränderungen führen, indem dieser Wahlprozeß immer wieder neu reflektiert wird. Zum anderen kann es natürlich auch zu inhaltlich anderen Wahlen bzw. Entscheidungen kommen. Dann hat der therapeutische Prozeß die Veränderung bestehender Intentionen bewirkt. Ein Spielsüchtiger hätte dies erreicht, wenn er in dem therapeutischen Reflexionsprozeß kongruent zu der Ansicht gelangt, daß er mit Sicherheit mit dem Spielen aufhören will – wenn sich also im Entschluß eine Entschiedenheit ausdrückt.

Bei vielen Klienten reicht eine Klärung der Intentionen aus, um sie zu befähigen, danach selbständig deren Umsetzung durchzuführen. Das führt nach Grawe[17] dazu, daß klärungsorientierte Therapieformen letztendlich zu ähnlichen Ergebnissen gelangen wie Therapiemethoden, die sich auf die Lösung von Problemen konzentrieren. Allerdings kann dieser Prozeß dann oft erheblich länger dauern.

Zusammenfassende Einschätzung der Therapieformen

Die Klärung von Zielen und Intentionen sowie die Konzentration auf die in diesem Prozeß mitspielenden Befürchtungen, Wünsche, Gefühle und Überzeugungen ist ein Kernanliegen und die besondere Stärke der GT. Der Klient wird sich während der Therapie über seine Absichten, Befürchtungen, Gefühle etc. klar. Keine der anderen Therapiemethoden geht so sorgfältig auf den Abwägungsprozeß ein. Indem dieser Prozeß ausgiebig betrachtet und reflektiert wird, kommt es mit einiger Wahrscheinlichkeit auch zu inhaltlich anderen Entscheidungen, so daß sich als Ergebnis dieses Prozesses ein neues Muster der Entschiedenheit manifestiert.

Am Ende eines erfolgreichen Klärungsprozesses weiß der Klient, was er ändern kann und was er ändern will. Es geht in der Sprache der PTF darum, genügend Volitionsstärke zu bilden, um diese Veränderungen auch wirklich durchzuführen. Im Abwägungsprozeß ist die Klärung dessen, was der Klient will und was er nicht will, möglicherweise alles, was er für eine Lösung braucht. Im Gegensatz zur RET und zu den psychodynamischen Ansätzen (Psychoanalyse etc.) geht es der GT nicht um die Erarbeitung einer bestimmten (inhaltlichen) Antwort, sondern wirklich um die Erarbeitung der eigenen Antwort. Man könnte in der Terminologie Rombachs sagen, daß die GT sich vor allem für solche Klienten eignet, die Entschlüsse fassen, aber nicht genügend innere Entschiedenheit besitzen, diese auch in die Tat umzusetzen.

Im BFTC wird der Klärungsprozeß einfach „übersprungen". Der Therapeut nimmt die Klagen des Klienten fraglos hin und konzentriert sich auf das Aufspüren von Ausnahmen. Daran, daß der Klient eine Ausnahme für gültig erklärt, erkennt er, welches Problem bzw. welche Beschwerde überhaupt relevant war.

Die ABC-Analyse der RET und die Befragung mit dem NLP-Meta-Modell der Sprache konzentriert sich auf die Hinterfragung einschränkender Glaubenssätze und trägt insofern zur genauen Klärung der Beschwerde und damit eingehender Befürchtungen etc. bei. Im NLP steht bei den Zielfragen auch die andere Seite im Vordergrund: die Wünsche und Intentionen des Klienten. In der RET sind zielorientierte Fragen weniger ausgeprägt. Sie kommen zwar vor, aber der Kernpunkt der Methode bleibt die Disuptation, in der irrationale Bewertungen aufgespürt und entkräftet werden.

Die Idiolektik läßt sich nur schwer in das Schema „klärungs- oder bewaltigungsorientiert" einordnen. Sie ist weder bei Jonas noch bei den neueren Idiolektikern an der Klärung von Intentionen interessiert, denn dies würde eine bewußte Auseinandersetzung mit Wünschen, Befürchtungen etc. bedeuten, die dem Konzept des Plauderns in der Eigensprache widersprechen würde. Allerdings wird durch das Plaudern in der Eigensprache gewährleistet, daß der Klient über die Themen spricht, die ihm wichtig sind, ohne daß es jedoch zu einer systematischen Klärung seiner Intentionen kommt.

In der systemischen Therapie konzentriert sich die Intentionsklärung auf das Erfragen der (häufig unterschiedlichen) Ziele und Problemsichten der einzelnen Systemmitglieder. Die Befragung geht in die Breite (Befragung der Systemmitglieder), weniger in die Tiefe (detaillierte Befragung eines Systemmitglieds), weil es um die Offenlegung systemischer Beziehungen geht und nicht primär um individuelle Anliegen.

e) Realisierung von Intentionen

Dieses Wirkprinzip hat Grawe in früheren Arbeiten als „Problembewältigung" bezeichnet. Letzterer Begriff engt dieses Wirkprinzip jedoch auf Aspekte ein, die mit der Lösung/Bewältigung von Problemen zu tun haben. Der Begriff „Intentionsrealisierung" bezieht hingegen den Zielaspekt, die Umsetzung von Zielen, Wünschen und Motivationen, mit ein. Wenn es um dieses Wirkprinzip geht, hat der Klient bereits feststehende Intentionen bzw. Ziele, die er erreichen möchte. Es geht lediglich darum, wie sie umgesetzt werden können.

Beispiel: Ein Mann kommt in die Therapie, weil er es in Abteilungssitzungen nicht fertigbringt, seine Meinung zu vertreten. Der kleinste Widerspruch von Kollegen wirft ihn um. Der Therapeut kann vor allem an zwei Stellen ansetzen, um den Klienten in der Realisierung seiner Intentionen (seine Meinung vertreten zu können) zu unterstützen: Erstens kann er auf die Realisierbarkeit der Intentionen Einfluß nehmen, d.h., er kann die Erwartung stärken, daß der Klient in der Lage ist, seine Meinung auch gegen Widerstände zu vertreten. Dabei kann es um zwei Formen von Erwartungen gehen: a) um die Erwartung, daß dies überhaupt möglich ist, und b) um die Selbstwirksamkeitserwartungen des Klienten. Letztere beziehen sich darauf, daß er zwar weiß, daß andere diese Durchsetzungsfähigkeit haben, jedoch Zweifel daran hegt, daß er selbst jemals die Fähigkeit erlangen kann.

Eine zweite Möglichkeit besteht darin, die Wünschbarkeit der Erreichung des Ziels zu steigern. Dies kann über die Induktion von Besserungserwartungen geschehen, was zu positiven Rückkopplungseffekten führen kann. Es kann auch über Vorstellungsübungen geschehen oder über das Aufzeigen negativer Konsequenzen für den Fall, daß das Ziel nicht erreicht wird. Es könnte beispielsweise darauf hingewiesen werden, daß die Beförderungschancen beträchtlich sinken, wenn der Betreffende sich nicht durchsetzen kann, etc.

Intentionsklärung versus Intentionsrealisierung

Man kann Therapieformen danach einteilen, ob sie eher klärungs- oder eher bewältigungsorientiert vorgehen. Wie oben bereits angedeutet, kann das Endergebnis durchaus ähnlich sein; allerdings ist der Weg dorthin, was Länge und Vorgehen angeht, oft sehr verschieden. Dies belegt eine Studie, in der Grawe[18] drei verschiedene Therapiemethoden miteinander vergleicht:
➤ die heuristische Psychotherapie, die sehr klärungsorientiert vorgeht;
➤ die interaktionelle Verhaltenstherapie (VT), die eher bewältigungsorientiert vorgeht; und
➤ die Allgemeine Psychotherapie, die beide Vorgehensweisen miteinander verbindet.

In der nachfolgenden Abbildung bezeichnen die drei Säulen, die zu jeder Psychotherapiemethode eingezeichnet sind, jeweils die Anfangsphase, die mittlere Phase und die Endphase der Therapie. Nach jeder Sitzung bekamen die Patienten einen Stundenbogen, der u.a. vier Items (bezogen auf positive Bewältigungserfahrungen) enthielt. Die Säulen zeigen an, wie sich die Patienten nach Abschluß einer Sitzung selbst eingeschätzt haben. Für jede Therapieform wurden die Werte für vier Sitzungen aus der Anfangsphase, der Mitte und der Endphase der Therapie gemittelt, wobei berücksichtigt werden muß, daß die Therapiedauer bei den Therapiemethoden unterschiedlich lang war. Die klärungsorientierte heuristische Psychotherapie dauerte mit im Durchschnitt 49 Sitzungen deutlich länger als die anderen beiden Therapiemethoden.

Das Ergebnis der Untersuchung ist zunächst wenig überraschend: Die Patienten, die bewältigungsorientiert behandelt wurden, machten schon sehr schnell positive Bewältigungserfahrungen, während diejenigen, die klärungsorientiert behandelt wurden, zunächst negative Erfahrungen machten, was sich erst zum Schluß änderte. Am weitaus besten bewährten sich die Therapien, bei denen sowohl klärungs- als auch bewältigungsorientiert vorgegangen wurde. Obwohl es sich hier überwiegend um unerfahrene Therapeuten handelte, beurteilten die Patienten die Allgemeine Psychotherapie in allen Prozeßaspekten am besten[19].

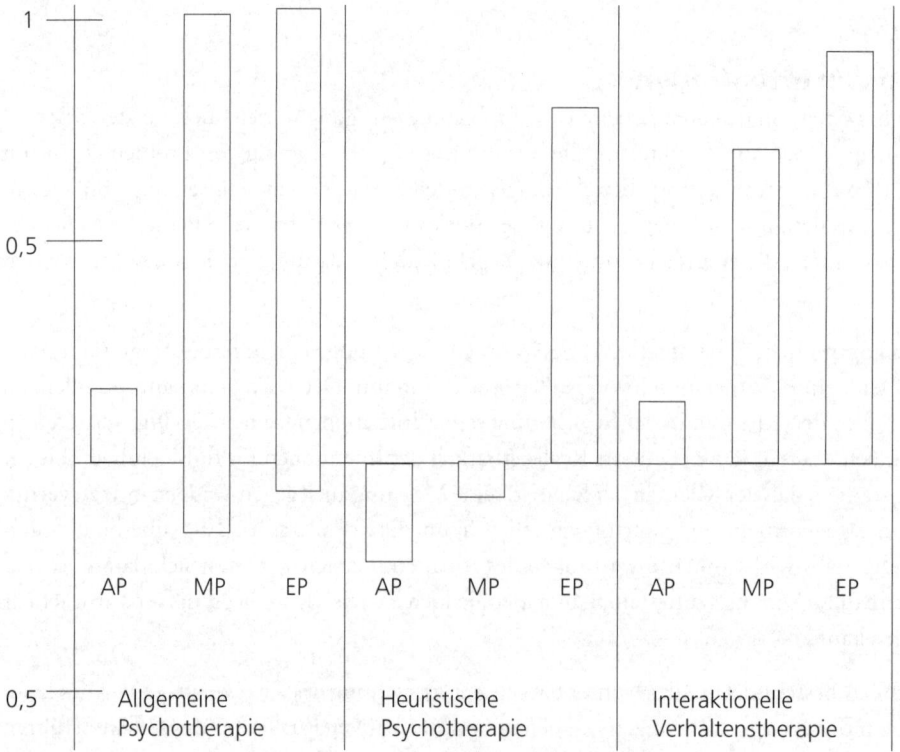

An dieser Stelle seien einige Thesen vorweggenommen, die sich nach unserer Ansicht aus diesem Ergebnis ableiten lassen:

➤ Das klärungsorientierte Vorgehen ist dem bewältigungsorientierten Vorgehen dann überlegen, wenn die vom Klienten genannte Störung nicht den Kern seines Anliegens trifft und die Therapie insofern in die falsche Richtung laufen würde. Umgekehrt erzielt das bewältigungsorientierte Vorgehen schnellere Erfolge, wenn das zentrale Anliegen sofort angegangen wird.

➤ Am besten ist es, klärungs- und bewältigungsorientiert vorzugehen. Es geht nicht darum, dogmatisch an einer bestimmten Vorgehensweise festzuhalten und in einem Entweder-Oder zu verharren, sondern es geht darum, alle Möglichkeiten auszuschöpfen, um Klienten bei positiven Veränderungen zu unterstützen.

➤ Dieses Sowohl-als-auch sollte allerdings nicht wahllos über dem Klienten ausgeschüttet werden, sondern, gestützt auf eine scharfe Beobachtung, gezielt eingesetzt werden. Therapeutische Meisterschaft zeichnet sich dadurch aus, daß der Therapeut es vom jeweiligen Klienten abhängig macht, wo der Schwerpunkt gelegt wird. Durch ein solches Vorgehen ließe sich die Anzahl der erforderlichen Sitzungen wahrscheinlich erheblich verkürzen.

Zusammenfassende Einschätzung der Therapieformen

Bei der Realisierung von Intentionen geht es darum, entweder die Wünschbarkeit der Erreichung eines Ziels zu steigern oder daran zu arbeiten, die inneren Einwände, Befürchtungen und Erwartungen auf dem Weg zur Zielerreichung einzudämmen, so daß genügend Volitionsstärke (Entschiedenheit) vorhanden ist, das Ziel anzugehen.

Der Ansatz von Steve de Shazer geht von allen hier betrachteten Therapiemethoden am konsequentesten – man könnte sagen: ausschließlich – bewältigungsorientiert vor.

NLP und die RET arbeiten sowohl realisations- als auch klärungsorientiert, wobei im NLP der Schwerpunkt eher auf der Zielerreichung liegt, was sich auch in der Vorgehensweise in Form von Formaten zeigt. In der RET spielt die Realisationsorientierung fast nur dort eine Rolle, wo der Klient aufgefordert wird, reale Bewältigungserfahrungen zu bestehen.

In der GT gibt es keine Bestrebungen, die Realisierung von Intentionen zu fördern. Die Vorannahme besteht darin, daß sich dies automatisch einstellen wird, sobald der Klient die zentralen Anliegen, die ihn bewegen, für sich geklärt hat.

Auch in der Idiolektik kann man nicht von einem bewältigungsorientierten Vorgehen sprechen. Zum einen gibt es kein Problem, das gelöst werden müßte, und zum anderen beinhaltet das (ressourcenorientierte) Plaudern in der Eigensprache alles, was der Klient für sich benötigt. Im Gegensatz zu den Idiolektikern war A.D. Jonas sehr daran interessiert, zu einer Lösung zu kommen.

In der systemischen Therapie unterscheidet Grawe zwischen Ansätzen, die eher intentionsrealisierend arbeiten (verhaltenstherapeutische Familientherapien), und den systemorientierten Familientherapien. Letztere schenken dem Aspekt der Klärung von Intentionen größere Aufmerksamkeit. Zu Beginn der Therapie wird genau exploriert, welche Ziele die einzelnen Systemmitglieder haben. Trotzdem hat die systemische Therapie als Kurzzeittherapie (KZT) ihren Schwerpunkt insgesamt eher auf der Realisierung von Intentionen, was sich vor allem bei der Vergabe der Hausaufgaben zeigt. Sie sind darauf ausgerichtet, die Systemmitglieder anzuregen, bessere Kommunikationsweisen miteinander zu entwickeln oder negative Kommunikationsmuster zu „stören".

2. Der Problem-Lösungs-Raum

Der Problem-Lösungs-Raum wurde in der Abgrenzung zur Therapeuten-Klienten-Beziehung bereits definiert als diejenigen Vorannahmen, Vorgehensweisen und Techniken, die vom Problem zur Lösung führen. Folgende Fragen dienen als Leitfaden für den Vergleich der Therapiemethoden:

➤ Wie läßt sich die jeweilige Therapiemethode in eine Typologisierung nach Oberflächen- und Schichtenmodellen einordnen? Wenn es angebracht erscheint, werden zur Veranschaulichung Metaphern verwendet, die die Haltung der jeweiligen Methode charakterisieren.
➤ Was stellt man sich unter einem Problem vor? Welche Problemklassen werden unterschieden?
➤ Wie stellt man sich den Weg vom Problem zur Lösung vor? Und wie strukturiert bzw. schematisch ist dieser Weg?

BFTC – Probleme und der Umgang mit ihnen

Nach dem Ansatz des BFTC ist ein Problem ein bestimmtes Muster, das dem Klienten in irgendeiner Form Beschwerden bereitet. Das Symptom ist ein spezielles Element dieses Musters. Es gilt der pragmatische Satz: Wer ein Problem hat, hat einfach „bad luck" (Pech). Eine Lösung ist im BFTC ein neues bzw. verstärktes Ausnahmeverhalten und -erleben. Der Prototyp einer Lösung ist die Ausdehnung eines Ausnahmeverhaltens in Kontexte, in denen der Klient bisher das Problemverhalten zeigte. Wie der Klient dies im einzelnen tut, welche unbewußten Prozesse dabei ablaufen mögen, welche Glaubenssätze sich dabei evtl. verändern, welche Skriptaufträge dabei zurückgewiesen werden müssen, welche systemischen Verstrickungen sich dabei auflösen müssen usw., ist dabei nicht Gegenstand des therapeutischen Geschehens.

Im BFTC geht man (im Gegensatz zur Idiolektik und zur GT) sehr schematisch vor; der Ansatz erhebt den Anspruch, ein General Problem Solver zu sein, mit dem sich alle Probleme durch dieselbe Methode lösen lassen[20]. Es werden fünf Hauptkategorien unterschieden, in denen sich ein Klient am Ende der Sitzung befinden kann:

1. Der Klient kann eine Ausnahme zum Problem formulieren.
2. Der Klient kann keine Ausnahme formulieren, kann sich aber eine Lösung vorstellen.
3. Der Klient kann weder eine Ausnahme formulieren, noch kann er sich eine Lösung vorstellen.
4. Die Beschwerde ist vage.
5. Die Beschwerde bzw. der vom Klienten gesetzte Rahmen eignet sich nicht für eine Problemlösung.

Entsprechend werden beispielsweise folgende Hausaufgaben verschrieben:
➤ Zu 1 und 2) Tue mehr von dem, was funktioniert, bzw.: Tue gelegentlich mehr von dem, was funktioniert, bzw.: Tue das Leichteste von dem, was funktioniert.
➤ Zu 3 und 4) Standardaufgabe der ersten Sitzung: Beobachten Sie, was Sie tun, wenn Sie das Problem haben.
➤ Zu 5) Dekonstruktion der Beschwerde bzw. des Rahmens (wobei jedoch nicht genau angegeben wird, wie dies geschehen soll).

Bei dieser Vorgehensweise des BFTC wird wenig auf die Eigenheiten des Individuums und seine Sprache (Wortwahl und körpersprachliches Ausdrucksverhalten) eingegangen. Wird in der Idiolektik und in der GT den Werten, Glaubenssätzen und vor allem den Emotionen des Klienten zentrale Bedeutung beigemessen, so spielen diese Kategorien bei Steve de Shazer fast überhaupt keine Rolle. Hier kommt es lediglich darauf an, verhaltensmäßig beschreibbare Ausnahmen zu finden.

Die Metapher des „Flachlandes"

Der lösungsorientierte Ansatz von Steve de Shazer kann als einziger von den betrachteten Fragemethoden den Oberflächen-Modellen zugeordnet werden. Hier sucht man vergebens nach tieferliegenden Problemursachen oder sekundären Gewinnen. Es gibt nur das Flachland, in dem der Therapeut sich ausschließlich mit dem Gesagten, dem, worüber der Klient klagt, beschäftigt.

Der Ansatz wurde und wird von vielen Psychotherapeuten als oberflächlich kritisiert. Beispielsweise wird angeführt, daß der Klient buchstäblich nur das bekommt, wonach er fragt: im besten Fall also die Lösung für sein Problem. Lösungen, die mit Schichtenmodellen erzielt werden, haben hingegen oft den Effekt, daß der

Klient eine andere Einstellung zu sich als Person bekommt und aufgrund dessen möglicherweise auch mit anderen Problemen besser umgehen kann. Der Ansatz des BFTC stellt die Struktur des Selbstentwurfs nicht explizit in Frage und bietet insofern weniger Möglichkeiten, das persönliche Wachstum von Klienten zu fördern. Schlimmer noch: das Arbeiten an Lösungen ohne nach den Ursachen des Problems zu forschen, führt nach Ansicht vieler Langzeittherapeuten unweigerlich zur Symptomverlagerung. Beispiel: Eine Klientin hat eine Agoraphobie und ist deshalb extrem auf ihren Mann angewiesen. Nach Ansicht der Vertreter von Langzeittherapien wird das Symptom früher oder später wieder auftreten, weil das ursprüngliche Problem nicht gelöst wurde. Und in der Tat haben die Autoren es erlebt, daß die Klientin nach Beseitigung der Phobie kein glückliches Gesicht machte. Auf Nachfragen ergab sich, daß es durchaus seinen Sinn gehabt hatte, daß sie die Wohnung nicht verlassen konnte: es sicherte ihrem Ehemann ein Gefühl von Überlegenheit und die Empfindung, gebraucht zu werden.

Andererseits haben die Autoren es oft erlebt, daß Phobien nach Anwendung der NLP-Phobietechnik nicht wieder aufgetreten sind. Insofern soll das Beispiel lediglich deutlich machen, daß es wichtig ist, unterscheiden zu können, wann tieferliegende Ursachen für ein Problem vorliegen und wann nicht. Steve de Shazer führt zu dieser Frage ein Zitat von Erickson an, der von Jay Haley gefragt wurde, was es mit all den anderen Funktionen auf sich habe, die Symptome haben. Erickson antwortete[21]: „Daß es andere Funktionen hat, ist deine Annahme. Hast du jemals daran gedacht, daß sich die Symptomatik in ihrer Funktionalität abnutzen und ein habituelles Muster werden kann?"

Ein unbestreitbarer Vorteil des Ansatzes besteht darin, daß keinerlei Fachjargon oder theoretische Modelle notwendig sind, um sich den Klienten verständlich zu machen – im BFTC benutzt man die ganz normale Sprache. Insofern braucht der Klient nicht eigens in einen behandlungsfähigen Interventionszustand gebracht zu werden. Im NLP kann es zum Beispiel vorkommen, daß es für die Anwendung eines Formates erforderlich ist, daß der Klient innere Bilder visualisieren kann. Kann er es nicht, muß es ihm u.U. erst einmal beigebracht werden.

Die Methode scheint gut für Klienten geeignet zu sein, die sich nicht grundlegend mit dem eigenen In-der-Welt-Sein auseinandersetzen wollen, sondern in kurzer Zeit Probleme bewältigen wollen. In diesem Bedürfnis wird der Klient vollkommen angenommen. Er wird genau dort abgeholt, wo er steht. Demgemäß verteidigt de Shazer seinen Ansatz dahingehend, daß er den Klienten ernst nimmt und sich nicht anmaßt, ihm vorschreiben zu wollen, woran er arbeiten soll. Pragmatisch wird nach dem ersten Schritt gesucht, den der Klient tun kann. Das mag der Grund für die hohe Erfolgsquote des Ansatzes sein, die durch Nachkontrollen statistisch gesichert ist.

NLP

Problemklassen

Im NLP unterscheidet man zwischen mehreren Problemklassen respektive daraus folgenden Lösungsvorstellungen. Die drei großen Problemklassen sind:
1. Stimulus-Response-Kopplungen, also ungünstig konditioniertes (geankertes) Erleben;
2. unangemessene Strategien[22] und
3. Bedeutungsprobleme.

Dementsprechend gibt es drei unterschiedliche Lösungsvorstellungen:
➤ entankern bzw. neuankern[23],
➤ eine neue Strategie implementieren und
➤ umdeuten im weitesten Sinne.

Dabei ist der dritte Bereich der quantitativ größte wie auch bedeutendste hinsichtlich des Ernstes und der Tiefe des Leidens. Dementsprechend muß die Fragestrategie unter anderem dazu führen, daß der Therapeut entscheiden kann: Handelt es sich hier um eine Stimulus-Response-Kopplung, eine ineffiziente Strategie, oder um eine ungünstige Bedeutungskonstruktion? Vgl. dazu Kapitel IV.

Für Stimulus-Response-Kopplungen und Strategien eignet sich häufig das Vorgehen nach der Computermetapher. Man könnte es im Computerjargon wie folgt beschreiben: Es beginnt mit einem Störungssuchprogramm, mit Hilfe dessen der Therapeut systematisch die Art der Störung bestimmt. Danach folgt ein Formatauswahlprogramm, in dem der Art der Störung eine Intervention zugeordnet wird. Ist das entsprechende Format (Swish, Phobie-Technik, Strategienarbeit etc.) ausgewählt, beginnt die Installation, für die es selbst wiederum eine algorithmisierte Vorgehensweise gibt. Wie leicht ersichtlich, werden bei dieser Vorgehensweise keine tieferliegenden Gründe für Probleme, sondern nur Lösungen 1. Ordnung gesucht.

Schichtenmodelle

Wie im NLP-Teil bereits diskutiert, gibt es neben der Computer-Metapher noch die Metapher des weisen Unbewußten, mit der man automatisch den Bereich der Bedeutungsprobleme betritt. Für Bedeutungsprobleme gibt es im NLP zwei verschiedene Schichtenmodelle. Das erste geht (genau wie die RET) davon aus, daß Probleme aus einschränkenden Bedeutungsgebungen resultieren[24]. Die Hinterfragung erfolgt vor allem durch Fragen aus dem NLP-Meta-Modell der Sprache. Das zweite Modell geht von einem Unterschied zwischen Verhalten (Symptom) und Absicht aus. Häufig geht man dabei vom sogenannten Teile-Modell aus[25], in der der X-Teil (der Teil, der für das negative Verhalten zuständig ist) mit seinem Verhalten eine positive Absicht verfolgt. Die Ursachen für Symptome bzw. negatives Verhalten im Rahmen der Bedeutungsprobleme im NLP sind in folgender Abbildung zusammengefaßt:

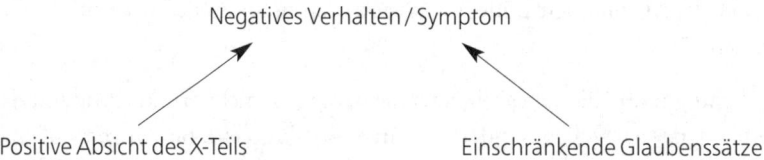

Das Teilemodell

Das Teile-Modell geht davon ais, daß jeder Mensch unterschiedlichste Persönlichkeitsteile in sich hat. Diese Teile sind dem Ich des Klienten häufig nicht bewußt gewesen, und dementsprechend war ihm die positive Absicht des Teils ebenfalls unbewußt. Im NLP geht man davon aus, daß es keine Transparenz und kommunikative Vernetzung im modular gegliederten Raum des Psychischen gibt. So kämpfen viele Teile gegeneinander, ohne sich zu kennen bzw. sich über ihre Absichten auszutauschen. Das Unbewußte erscheint als kindheitlich traumatisiertes. In wieder anderen Interventionen wird das Unbewußte allerdings im obenerwähnten Ericksonschen Sinne als weise und lebensförderlich angesprochen.

Bei der Teile-Arbeit kann man zwei Arten von Interventionen unterscheiden: Die erste akzeptiert unhinterfragt die positive Absicht, und die Hauptarbeit besteht darin, neue Verhaltensweisen zu finden, mit denen die positive Absicht auch realisiert werden kann, ohne die negativen Nebenwirkungen hervorzurufen. Die zweite thematisiert erst einmal die Traumatisierung des Teils, um diese therapeutisch zu bearbeiten und den Teil dann anschließend erwachsen werden zu lassen. Generell scheint es so zu sein, daß das unhinterfragte Akzeptieren der positiven Absicht zwar oft zu therapeutisch sinnvollen Lösungen führt, aber mit den impliziten Vorannahmen des Teile-Modells nicht gut vereinbar ist.

Beispiel: Ein kindheitlich traumatisierter Teil eines Klienten erlebt die verstärkte Außenorientierung der Ehefrau analog zu der Situation, als die Mutter sich zu wenig um das Kleinkind gekümmert hat. Die positive Absicht hinter dem quengeligen Verhalten des erwachsenen Mannes besteht darin, die Aufmerksamkeit seiner Frau auf sich zu ziehen. Es sei unbestritten, daß es angemessenere Formen gibt, die Aufmerksamkeit einer Frau auf sich zu ziehen, als zu quengeln, aber es scheint in diesem Kontext viel sinnvoller zu sein, sich zu überlegen, ob die kindliche Bedürftigkeit nach Aufmerksamkeit in diesem Kontext eine Rolle spielen sollte. Uns scheint ein sinnvolleres Therapieziel zu sein, dem Klienten zu helfen, ruhig, gelassen und wohlwollend zu bleiben, wenn sich seine Frau interessanten und sie befriedigenden Aktivitäten zuwendet, bei denen er nicht die ganze Zeit im Mittelpunkt steht.

Die Autoren ziehen aus diesen Überlegungen folgende Schlußfolgerung: Bevor man daran arbeitet, traumatisierten Teilen bessere Wahlmöglichkeiten des Verhaltens zu geben, sollte man abwägen, inwieweit nicht zunächst die Glaubenssätze des traumatisierten Teils hinterfragt werden sollten.

Wann wendet man welche Metapher an?

Wann wird die Computer-Metapher (und das mit ihr korrespondierende Oberflächen-Modell) verwendet? Wann wendet man das Teile-Modell bzw. die Metapher des weisen Unbewußten an? – Aus den vorangegangenen Ausführungen sollte deutlich geworden sein, daß die unausgesprochene Vorannahme des Vorgehens der Lösung 1. Ordnung darin besteht, daß es keine übergeordneten Einwände in Form von Glaubenssätzen, Skriptsätzen, traumatischen Erfahrungen etc. gibt, die gegen den Erwerb dieser neuen Möglichkeiten sprechen. In dem Moment, wo das Entlernen alter Verhaltensweisen bzw. das Erlernen neuer Verhaltens- und Erlebnisweisen wegen übergeordneter bzw. tieferliegender Gründen schwierig bzw. unmöglich wird, betreten wir den Bereich der Bedeutungsprobleme. Damit verlassen wir automatisch den Geltungsbereich der Computer-Metapher. Denn der Computer als informationsverarbeitendes System kennt keine Bedeutung. Der Computer operiert nur mit Informationen, die nur für den Programmierer bzw. den Anwender Bedeutung haben. Das heißt, die Arbeit mit Glaubenssätzen, der Bereich des Reframings usw. sind Techniken, die nach Lösungen 2. Ordnung Ausschau halten. So wird im Six-Step-Reframing mit der Frage „Was ist die positive Absicht; was will der Teil damit für dich erreichen?" davon ausgegangen, daß das problematische Verhalten einen Lösungsversuch darstellt. Mit dem anschließenden Ökologiecheck wird versucht, zu verhindern, daß die neue Lösung sofort wieder auf einer anderen Ebene zum Problem wird.

Ein wichtiger Kritikpunkt der Autoren am NLP besteht darin, daß in der NLP-Gemeinde kaum ein Bewußtsein darüber herrscht, daß es zwei nebeneinander bestehende zentrale Metaphern gibt, die sich zum Teil diametral widersprechen. Dementsprechend wird auch nicht diskutiert, wann man welche Metapher sinnvollerweise anwendet, sondern es wird so getan, als ob jede Metapher immer gelten würde. Dies soll anhand einer Vorannahme verdeutlicht werden, für die im NLP generelle Gültigkeit beansprucht wird, die aber nur für Bedeutungsprobleme und einhergehend damit für die Metapher des weisen Unbewußten gilt. Es ist der vielfach zitierte Satz von Einstein: **„Die Lösung darf nicht auf der gleichen logischen Ebene gesucht werden, auf der sich das Problem befindet."**

Die Behauptung Einsteins gilt aber gerade nicht im Bereich der Computer-Metapher. Wenn jemand eine Phobie hat und sagt: „Ich möchte sie loswerden!" und der NLP-Therapeut führt ihn durch das Phobieformat, worauf die Phobie verschwindet, dann hat der Therapeut auf derselben logischen Ebene gearbeitet, auf der das Problem formuliert wurde. Dasselbe gilt für die Strategie-Arbeit im NLP sowie für viele Techniken, die auf den Submodalitäten beruhen.

In diesem Zusammenhang soll auch auf die in NLP-Kreisen weit verbreitete Vorstellung eingegangen werden, daß die NLP-Präsuppositionen (vgl. Anhang) immer und überall gelten würden. Faktisch gelten sie vor allem im Bereich der Bedeutungsprobleme. Dies soll an zwei Beispielen verdeutlicht werden:

Die NLP-Vorannahme „Menschen haben alle Ressourcen in sich" gilt nicht für die Computer-Metapher, denn in diesem Fall geht es nicht um Ressourcen, sondern um gut funktionierende Ablaufstrukturen, wie es in der Strategiearbeit[26] verwirklicht ist. Leidet zum Beispiel ein Klient daran, daß er eine ineffektive Entscheidungsstrategie hat (z.B. wenn er 30 Minuten braucht, um sich im Restaurant für ein Essen zu entscheiden), dann besteht die Strategiearbeit im wesentlichen darin, die unbewußt innerlich ablaufenden Prozesse gegen effektivere Muster auszutauschen. Für die Lösung des Problems ist es lediglich erforderlich, eine Veränderung der inneren Ablaufschritte vorzunehmen.

Auch die NLP-Vorannahme „Jedes Verhalten hat eine positive Absicht" ist keinesfalls aus der Computer-Metapher heraus zu verstehen, denn die Trennung von Absicht und Verhalten macht für die Datenstrukturen und Algorithmen innerhalb eines Computers keinen Sinn. Wenn jemand eine ineffektive Entscheidungsstrategie hat, muß es dafür nicht unbedingt eine positive Absicht geben. Es kann sich einfach um ein früher gelerntes Muster handeln, daß der Klient gewohnheitsmäßig nutzt.

Die Computer-Metapher und die Metapher des weisen Unbewußten implizieren eine Vielzahl diametral unterschiedlicher Vorannahmen, bezüglich derer in großen Teilen der NLP-Gemeinde nur ein geringer Grad an Bewußtheit herrscht. Ein wesentlicher Grund dafür liegt sicherlich darin, daß die Begründer des NLP wenig Wert darauf gelegt haben, solche Unterscheidungen zu erklären – wir sprachen bereits deren erklärte Theoriefeindlichkeit an. Diese Bewußtheit erscheint den Autoren jedoch sehr bedeutsam zu sein, weil jede Metapher ein unterschiedliches Vorgehen erfordert. Fehlt diese Bewußtheit, führt das nicht selten dazu, daß schlecht geschulte NLP-Anwender meinen, alle Probleme könnten im Rahmen der Computer-Metapher gelöst werden. Noch schlimmer stellt sich die Situation dar, wenn die Computer-Metapher nicht nur auf das Vorgehen vom Problem zur Lösung angewandt wird, wie Bandler und Grinder es lehrten, sondern auf die Therapeuten-Klienten-Beziehung übertragen wird („Ich programmiere dich mal kurz um!"). In diesem Fall fühlt sich der Klient zu Recht als Objekt behandelt, was zum Rapportverlust und damit zum Scheitern der Therapie führt.

Wer im NLP nach einer in sich konsistenten Theorie sucht, wird enttäuscht: Die Computer-Metapher und die Metapher des weisen Unbewußten widersprechen sich in ihren Vorannahmen zum Teil diametral. Angesichts dieses Widerspruchs würden Bandler und Grinder mit dem Kopf nicken und sagen: „Das wissen wir, aber was soll's. Solange es funktioniert, benutzen wir beide Metaphern." Dieser pragmatischen Haltung schließen sich die Autoren gerne an, aber bitte: mit dem erforderlichen Bewußtsein hinsichtlich der jeweiligen Geltungsbereiche.

Diamond

Das von Rolf Kaehr entwickelte Diamond-Format geht in seinen Vorannahmen über die im NLP übliche Vorgehensweise hinaus. Letztere erfolgt nach dem Schema:

gegenwärtiger Zustand  erwünschter Zustand

In diesem Schema wird eine verdinglichte Vorstellung von Problem und Lösung mitgeschleppt, weil beim Klient der Eindruck entstehen kann, die jetzige Lösung, die ich zusammen mit dem Therapeuten finde, ist die eigentliche, richtige, wirkliche Lösung. Dies wiederum kann zu einer Übergeneralisierung eines Verhaltens oder Erlebens führen, d.h. dazu, daß der Betreffende meint, eine persönliche Einstellung oder ein Verhalten sei immer und überall sinnvollerweise anwendbar.

Beispiel: Jemand hat bei sich den Glaubenssatz entdeckt: „Ich bin nicht liebenswert." Es scheint nun nicht sehr sinnvoll, die Negation „Ich bin liebenswert" als wünschbaren Zielglaubenssatz anzusehen. Dieser Satz würde nämlich strenggenommen bedeuten: Egal, wie ich mich verhalte, ich bin und bleibe in jeder Situation für jeden liebenswert. Es ist sehr schwer vorstellbar, daß ein solcher Glaubenssatz zu ökologischem Verhalten führt.

Im Diamond kann das nicht passieren, weil hier jedes Problem vierfach thematisiert wird. Es kommt zu Lösungen 3. Ordnung, die dann entstehen, wenn der Gesamtbereich von Problem und Lösung verworfen wird (Rejektion) und dadurch in einen komplexeren Bedeutungszusammenhang eingebettet wird. Die Einbettung von Problem und Lösung in den Diamond plus die Fragen nach Ermöglichung und Verunmöglichung der vier Positionen machen die bedeutungs- und erlebnismäßige Überdetermination jedes Zustandes, jeder Bedeutung erfahrbar und führen so von der Lösung zur Auf-Lösung der Alternative von Problem und Lösung als dem alleinigen Kontext der Aufmerksamkeit. Die Polykontexturalisierung jedes Erlebnisses, Verhaltens, Zustandes usw., d.h. seine simultane Einbettung in unterschiedliche Kontexturen, realisiert die obengenannte psychologische Einsicht auf systematische Weise. Damit soll nicht gesagt sein, daß dies die einzig sinnvolle Möglichkeit ist, diese Einsicht zu realisieren, aber relativ zu ihr wird der lineare, monokontexturale, negationale Charakter des *present state-desired state*-Modells deutlich.

RET

Problem und Lösungsweg

Die Rational-Emotive Therapie[27] steht hinsichtlich des Problem-Lösungs-Raumes unter dem Leitwort: Wir fühlen, was wir denken. Der Klient konstruiert das Problem dadurch, daß er Dinge, Situationen, Personen etc. irrational bewertet. Es handelt sich also, was den Zusammenhang zwischen Problem und Lösung angeht, um ein Schichtenmodell, das davon ausgeht: Alle Probleme haben ihre Wurzel in irrationalem Denken. Ein solches Schichtenmodell existiert in nahezu identischer Weise auch im NLP und findet seinen Ausdruck in der Fragemethode des Meta-Modells. Auch hier wird davon ausgegangen, daß einschränkende Glaubenssätze respektive irrationale Bewertungen die Ursache für das Leiden des Klienten sind. Das Bild veranschaulicht die Zusammenhänge:

Probleme wie Depression, Ängste etc. (Cs)
↑
Irrationale Bewertungen bzw. Überzeugungen (IBs)

Ein psychotherapeutisches Problem ist demnach ein unangenehmes Gefühl auf der Basis einer irrationalen Überzeugung. Sind die irrationalen Gedanken korrigiert, dann lösen sich die unangenehmen Gefühle und damit das Problem auf. Diese Art von Problemen sind Bedeutungsprobleme.

Das Vorgehen zur Lösung der Probleme ähnelt dem bewältigungsorientierten Vorgehen in der VT.

Es unterteilt sich in zwei Schritte. Im ersten Schritt werden die ABCs identifiziert und damit auch die wichtigsten irrationalen Bewertungen (IBs), die bearbeitet werden sollen. Mit der Identifizierung der IBs ist auch das Ziel der Therapie klar: Es geht darum, die IBs in rationale Bewertungen (RBs) zu verwandeln. In dieser Phase besteht das Ziel des Vorgehens darin, zur Klärung der Intentionen des Klienten beizutragen.

Der Schwerpunkt des Vorgehens der RET liegt im zweiten Schritt (der Disputation), in dem es darum geht, die IBs empirisch und rational in Frage zu stellen. Durch Einsicht in die Irrationalität des Denkens sollen sich unangenehme Gefühle und limitierende Verhaltensweisen auflösen. Die Disputation könnte man als einen konsequent linkshemisphärischen Ansatz bezeichnen.

Zusätzlich zur Disputation werden die IBs auch einer Realitätsprüfung unterzogen, indem der Klient dazu angehalten wird, sich seinen Befürchtungen auszusetzen. Jemand, der Angst hat, anderen eine Bitte abzuschlagen, wird veranlaßt, seine Mitmenschen wiederholt um einen Gefallen zu bitten. Auf diese Situationen wird er in der Disputation vorbereitet, in der er rationale Bewertungen an die Hand bekommt, um sie in der betreffenden Situation anzuwenden. In diese Phase kommt nach Grawe das Prinzip der prozessualen Aktivierung am stärksten zum Tragen. Gelingt es dem Klienten, sich den rationalen Bewertungen gemäß zu verhalten, besteht die Hoffnung, daß er gute, korrektive Erfahrungen macht.

Der wissenschaftliche Anspruch der RET

Die RET-Philosophie geht davon aus, daß:

a) es wissenschaftliche Kriterien für die Unterscheidung rationaler und irrationaler Überzeugungen gibt;
b) rationale Überzeugungen zu einem zufriedenen Leben führen;
c) eine logisch-rationale Argumentation in Hinblick auf die Lösung psychischer Probleme hohe Überzeugungskraft besitzt.

In dieser Philosophie drückt sich ein *common-sense*-Denken aus, wie es für den wissenschaftlich geprägten westlichen Menschen typisch ist, im Rahmen dessen unbewußte Regungen sowie systemische Verstrickungen geleugnet bzw. gar nicht zur Kenntnis genommen werden.

Der Ansatz der RET, so wie er von Ellis gelehrt wird, erinnert an das in der Betriebswirtschaftslehre geläufige Paradigma des **rational Agierenden** („rationaler Aktor"). Dieser ist ein unternehmerisch Handelnder, der seinen Gewinn maximieren will, sei es dadurch, daß er mit einem minimalen Aufwand einen gegebenen Ertrag oder mit einem gegebenen Aufwand einen maximalen Ertrag erzielt. Er verhält sich bezogen auf sein Ziel mit äußerster Rationalität; d.h., er sucht stets die rationellste aller möglichen Handlungsalternativen, um das gegebene Ziel zu erreichen. Irrationales Handeln und irrationale Gedanken sind ihm fremd. Die Metapher des rational Agierenden erscheint uns vor allem deshalb als passend für die Beschreibung des Problem-Lösungs-Raumes der RET, weil der Mensch mit seinen Problemen versachlicht gesehen wird. D.h., es gilt, dem Klienten objektive Wahrheiten nahezubringen. Was rationale und irrationale Überzeugungen sind, steht wissenschaftlich bereits fest. Es gilt lediglich, festzustellen, wie es da beim Klienten aussieht, und die Veränderungen gemäß diesen Vorstellungen durchzuführen und alle hierbei auftretenden Widerstände aus dem Weg zu räumen[28]. Die Lösung jeglichen Problems ist dann erreicht, wenn der Klient zu einem rational Agierenden erzogen wurde. Vgl. die folgende Abbildung:

Schematische Darstellung eines irrational und eines rational Agierenden

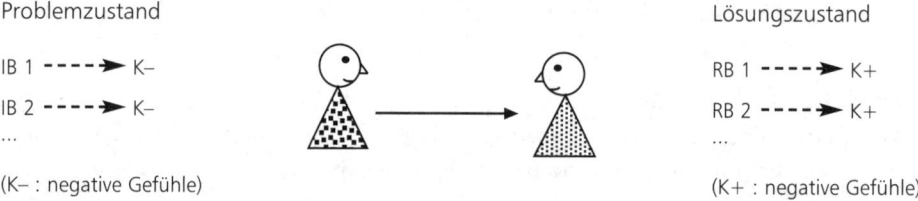

Problemzustand

IB 1 ----▶ K–
IB 2 ----▶ K–
...

(K– : negative Gefühle)

Lösungszustand

RB 1 ----▶ K+
RB 2 ----▶ K+
...

(K+ : negative Gefühle)

Das Therapieziel besteht darin, die irrationalen Gedanken bzw. Bewertungen (IBs) in rationale Gedanken bzw. Bewertungen (RBs) zu verwandeln. Dem Klienten stehen in der Problemsituation verschiedene Denk-, Handlungs- und Erlebnismöglichkeiten zur Verfügung, von denen einige besser geeignet sind, den Lösungszustand (z.B. das Beibehalten eines guten emotionalen Zustands auch in problematischen Situationen) zu erreichen als andere.

Die Hauptmethode, vom Problem zur Lösung zu gelangen, besteht darin, an die Vernunft des Betroffenen zu appellieren, in der Annahme, daß die kognitive Einsicht ausreicht, um negative Glaubenssätze zu verändern bzw. unbewußte Gewohnheiten zu verändern.

Psychologische Untersuchungen legen nahe, daß Emotion, Kognition und Wille eine Einheit bilden, wobei die Kognition eher der Emotion folgt als umgekehrt. Bei Appellen an die rationale Einsichtskraft besteht deshalb die Gefahr, daß sich der Klient nicht im *felt sense* befindet, während die irrationalen Glaubenssätze disputiert werden. Die Überzeugungsversuche bewirken beim Klienten keine wirkliche Transformation, auch wenn er dem Therapeuten verbal zustimmen mag. Ohne den Zugang zu den Gefühlen, ohne emotionale Betroffenheit, werden die unbewußten Gewohnheiten jedoch wahrscheinlich den „Sieg" davontragen. Für den RET-Therapeuten besteht die besondere Herausforderung darin, im „Gleichschritt" mit dem Klienten voranzuschreiten. Tut er dies nicht, dann droht der Klient immer wieder in die alten Gedankenmuster zurückzufallen, ohne daß weitere Appelle an die Vernunft nach der Methode „mehr desselben" etwas bewirken.

Fazit

Das Kernstück der RET ist die Veränderung irrationaler Überzeugungen. Das zentrale Ziel der Fragetechnik besteht darin, logische Inkonsistenzen und kontrafaktische Behauptungen im Erklärungsmodell oder im

Denken des Klienten nachzuweisen und ihn dazu zu bringen, wenn er argumentativ überführt ist, dies auch erlebnismäßig nachzuvollziehen. Letzterer Schritt bildet den häufig schwerer zu realisierenden Knackpunkt, da wir offensichtlich nicht so organisiert sind, daß aus der logischen Unhaltbarkeit der Position automatisch ihre Wirkungslosigkeit folgt. Paradebeispiele dafür sind Stimulus-Response-Kopplungen wie Phobien oder Ekelgefühle. Sie sind zwar dem Argumentativen gegenüber offen, belassen es aber in völliger Wirkungslosigkeit. Wenn wir einen Menschen, der Angst vor Spinnen hat oder sich vor ihnen ekelt, argumentativ klarmachen, daß diese Reaktionsweise völlig irrational ist, wird er uns höchstwahrscheinlich recht geben; mehr noch: er wird vielleicht sogar sagen, daß ihm dies völlig klar ist und daß dies der Grund ist, warum er zur Therapie kommt. Ihm ist die Irrationalität der Reaktion klar, aber das führt gerade nicht zu einer Veränderung des Erlebens. Der Kern des Problems liegt eben in der Kopplung von bestimmten Reizen mit automatisch ablaufenden unbewußten Programmen. Der Satz „Wir fühlen, was wir denken" könnte erweitert werden, wenn wir unter „denken" eben nicht nur das linkshemisphärisch-argumentative Denken verstehen. Und in der Tat liegen auch dem irrationalsten Gefühl häufig (aber nicht immer) Gedanken zugrunde. Es gibt so etwas wie Reflexe, die man therapeutisch am besten als Reflexe behandelt.

Im NLP gibt es viele rechtshemisphärische Techniken (z.B. Veränderung von Submodalitäten), die dann sozusagen mit einem Schlag sowohl den Erlebnis- als auch den Kognitionsaspekt verändern. Dieser Bereich rechtshemisphärischer Einflußnahme existiert zwar in der RET in Form von Imaginationsübungen, aber da diese fast immer mit Techniken der kognitiven Disputation gekoppelt sind, bleiben sie in ihrem Einfluß zweitrangig. Wesentlich für die Erfolge der RET scheint der Aspekt der Realitätsprüfung zu sein, die als zweiter Weg zur Hinterfragung irrationaler Bewertungen eingesetzt wird. Diese Überlegungen führen uns dazu, die RET als eine Methode zu betrachten, die ihre Stärke in der Behandlung von Bedeutungsproblemen hat. Insofern ist es vom NLP aus gesehen leicht, das Zusätzliche an therapeutischer Methodik ohne die Einseitigkeiten der Vorannahmen zu übernehmen.

Systemische Therapie
Das Schichtenmodell

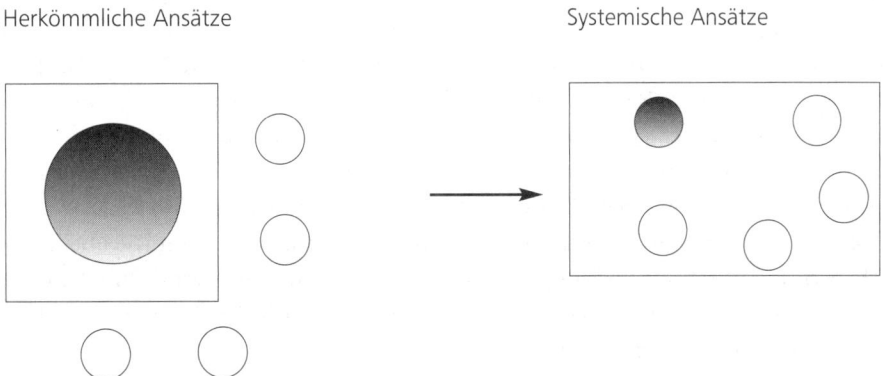

Die Abbildung links zeigt den herkömmlichen therapeutischen Ansatz, bei dem die Person, die das Problem hat, im Mittelpunkt der Betrachtung steht, während wichtige Bezugspersonen (z.B. Familienmitglieder) außen vor bleiben. Die Abbildung rechts bezieht das gesamte Interaktionssystem mit ein. Was die Elemente des Metaprogramms „Index Computation" (beobachtbares Verhalten, innere Prozesse, emotionaler Zustand) angeht, so konzentriert sich die systemische Therapie konsequenterweise primär auf das beobachtbare Verhalten der Systemmitglieder untereinander. Die internen Prozesse, vor allem aber die emotionale Befindlichkeit, sind eher zweitrangig.

Die Hauptvorannahme bei diesem Vorgehen besteht darin, daß den Interaktionsmustern hinsichtlich der Lösung des Problems des Klienten eine wichtige Rolle zukommt. Insofern haben wir es auch in der systemischen Therapie mit einem Schichtenmodell zu tun:

Problem/Symptom des Indexpatienten

Störung in den Interaktionsmustern des Systems

Die Störung in den Interaktionsmustern zwischen den Systemmitgliedern führt zum Problem bzw. Symptomverhalten des Indexpatienten. Den Beteiligten bleibt der Zusammenhang zwischen systemischer Störung einerseits und Symptomverhalten andererseits in der Regel unbewußt. Systemischen Therapeuten ist hingegen klar, daß Störung und Lösung auf der Systemebene zu suchen sind. Eine Lösung erfolgt entweder durch eine Veränderung oder eine Umdeutung eben dieser interaktionellen Zusammenhänge, in der Hoffnung, daß diese Perturbation das System dazu stimulieren wird, etwas anders und hoffentlich besser zu machen als bisher.

Konsequenterweise beziehen sich die Hypothesen, Fragen und Interventionen in der systemischen Therapie auf die Veränderung der Interaktion im gegenwärtigen Beziehungssystem und nicht auf die Veränderung des sogenannten Indexpatienten. Dessen Erleben wird zwar wahrgenommen, steht aber nicht im Mittelpunkt der Betrachtung, weil dadurch die tatsächlichen interaktionellen Verursachungszusammenhänge verschleiert würden.

Kritische Anmerkungen zur Hauptvorannahme der Systemischen Therapie

Bezüglich der Hauptvorannahme, daß jedes Problemverhalten seine Ursachen im Beziehungssystem hat, bleibt mit Schulz von Thun[29] kritisch anzumerken: „Wie jemand kommuniziert und sich verhält, welche Eigenarten und ‚Neurosen' er hevorbringt, ist auch interaktionsbedingt, aber wohl kaum ausschließlich. Es darf angenommen werden, daß einige individuelle Merkmale und Persönlichkeitsausrichtungen in nahezu jedem Interaktionsgefüge ‚durchschlagen'."

Diese Ansicht wird durch die Psychotherapieforschung bestätigt. Die Interaktionsmuster im System (z.B. im Paarsystem oder in der Familie) können nur für bestimmte Störungen oder Probleme als starke Einflußfaktoren angesehen werden. Der Zusammenhang zu individuellen Problemen (wie Ängsten, Depressionen etc.) liegt nach Grawe sehr „im Dunkeln"[30]. Es gibt keine empirischen Untersuchungen, die einen kausalen Zusammenhang zwischen solchen Symptomen und dem Interaktionsverhalten des Systems nahelegen. Daß systemische Interventionen positive Wirkungen auf psychische Störungen haben, gilt im Rahmen der PTF als nicht gesichert. Nach Grawe liegt die Schwäche systemischer (bzw. interpersonaler) Therapieformen darin, daß sie die in der psychologischen Psychotherapie gewonnenen Erkenntnisse über individuelle Störungen nicht berücksichtigen. Das bedeutet aber nichts anderes, als daß die Vorannahme falsch sein kann, das Symptom sei durch die Interaktionen des (Familien-)Systems hervorgerufen. So kann diese Vorannahme den Zugang zu einfachen Lösungen versperren[31].

Die generelle Gültigkeit der zentralen Vorannahme der systemischen Therapie wird heute in ihrer extremen Form nicht mehr von allen systemischen Therapeuten vertreten. Sie hat sich dahingehend abgeschwächt, daß die Familientherapie ein guter Ansatzpunkt ist, psychische Probleme zu heilen. Diese Hypothese hat sich als nützlich erwiesen, wenn die Systemmitglieder lernen wollen, besser miteinander auszukommen. Dieses Ergebnis der Therapieforschung sollte bei der Anwendung zirkulärer Fragen explizit berücksichtigt werden, denn diese Fragetechnik verfolgt das Ziel, die zirkulären Kommunikationszusammenhänge zwischen den Systemmitgliedern aufzudecken, um zu verstehen, auf welchen systemischen Mißstand der Indexpatient mit seinem Symptom hinweisen möchte bzw. inwiefern das Symptom einen Lösungsversuch für ein systemisches Geschehen darstellt. Wenn das Problem eher intrapsychisch ist, sind zirkuläre Fragen eher unangemessen. Man darf die systemische Sichtweise und das zirkuläre Fragen also nicht verabsolutieren, sondern benötigt Kriterien zur Entscheidung, wann es sich um ein primär interaktionelles, wann um ein primär intrapsychisches Problem handelt.

Wie ist es zu erklären, daß die Systemische Therapie manchmal zu Verbesserungen führt, obwohl ein individuelles Problem (Eßstörung, Depression etc.) Anlaß für die Therapie war? Grawe führt dies auf die empirisch gut abgesicherte These zurück, daß gut funktionierende Partnerbeziehungen einen bedeutenden Einfluß auf die psychische Gesundheit haben. Die Erfolge von Paartherapien lassen sich also auf die positiven Rückkopplungseffekte zurückführen, die daraus resultieren, daß sich beide Partner in der Therapie intensiver miteinander beschäftigen. Dies führt über eine verbesserte Partnerbeziehung zur Abnahme des Stresses, was wiederum eine gute Basis für einen verbesserten Umgang mit den Symptomen bietet.

Zur Wirksamkeit Systemischer Therapie

Die Wirksamkeit von systemischen Therapien ist hingegen gut gesichert, wenn das Problem darin besteht, daß die Systemmitglieder Schwierigkeiten miteinander haben.

Beispiel: Ein Paar kommt in die Therapie mit dem Ziel, besser miteinander auszukommen. Der Mann klagt darüber, daß die Frau jeden zweiten Abend weg ist (z.B. weil sie in zwei Vereinen tätig ist), sich viel weniger als früher um ihn kümmert etc. Die Frau fühlt sich durch die Klagen des Mannes eingeengt und wirft ihm vor, er solle sie doch zu den Vereinsabenden begleiten oder eigene Aktivitäten unternehmen und nicht immer alleine zu Hause herumsitzen.

Im Falle des vom Paar formulierten Ziels, wieder besser miteinander auszukommen, werden die Betreffenden in verhaltensorientierten systemischen Therapien lernen, einander besser zuzuhören. Die Partner lernen, daß es wichtig ist, die Motive und Gefühle des anderen zu verstehen und darauf aufbauend auf den anderen einzugehen. Damit hat es das Paar geschafft, die Wirkprinzipien der Klärung von Intentionen und der Realisierung von Intentionen zu verwirklichen. Gerade die Klärung der eigenen Motive und das Verstehen der Motive des Partners ist wichtig, um eine Veränderung von Verhalten und Erleben zu erreichen, denn dies fördert das Entstehen gemeinsamer Intentionen. Nach Grawe ist dies der Kernaspekt erfolgreicher Paartherapien[32], wobei ein Sowohl-als-auch von Intentionsklärung und -realisierung am erfolgversprechendsten sei.

Diese Ergebnisse lassen sich auf die Familientherapie übertragen, wenn das Ziel darin besteht, die Kommunikation der Familienmitglieder untereinander zu verbessern bzw. bestehende Probleme zwischen ihnen zu lösen[33]. Auch hier wirkt nach Grawe die systemische Familientherapie vor allem dadurch, daß gemeinsame Intentionen verwirklicht werden. Dazu ein ***Beispiel***[34]:

Indexpatient ist der erwachsene Sohn, der Schwierigkeiten hat, sich von zu Hause abzulösen. Das führt dazu, daß er sich in seinen zwischenmenschlichen Beziehungen nicht altersangemessen weiterentwickelt. Er wird deswegen depressiv und leidet an Selbstwertproblemen. Der wesentliche Grund, warum er zu Hause bleibt, ist der, daß er seine Mutter nicht alleine lassen möchte. Die Therapie ergibt nun, daß die Mutter dies ganz anders empfindet. Sie kann sehr gut damit zurechtkommen, allein zu Hause zu bleiben, und fühlt sich emotional nicht von ihrem Sohn abhängig. Vielmehr kümmert sie sich deswegen so sehr um ihn, weil sie sich Sorgen um ihn macht. Nachdem der Mutter dies bewußt geworden ist, ist sie in der Lage, ihr Verhalten zu ändern. Sie teilt dem Sohn mit, daß sie sich ihm aus Sorge so sehr zugewandt hat. In der Folge kümmert sie sich nun weniger um ihn. Der Sohn erkennt, daß es unnötig ist, bei der Mutter zu bleiben und zieht aus.

Die Therapie bewirkte also vor allem eine Veränderung der Wünsche und Befürchtungen von Mutter und Sohn. Die Sorge der Mutter um ihren Sohn nimmt ab. Die Sorge des Sohnes um die Mutter nimmt ab. Dadurch gewinnen die beiderseitigen Autonomiewünsche an Stärke, und das Problem löst sich auf.

Gesprächspsychotherapie

Die fully functioning person

Das Ziel des GT-Vorgehens besteht darin, die *fully functioning person* zu realisieren. Diese wurde bereits dadurch charakterisiert, daß sie sich in jedem Augenblick spontan ausdrückt. In ihr herrscht eine immerwährende Kongruenz zwischen innerem Erleben, Bewußtsein und der Kommunikation nach außen. Und in der Tat wird niemand bestreiten, daß dies für eine gesunde Entwicklung der Persönlichkeit wichtig ist. Zu hinterfragen ist allerdings der in der GT entstehende Eindruck, man solle sich in allen Situationen so verhalten, wie man sich fühlt. Nach Schulz von Thun wird mit dieser Zielsetzung ein Ideal aufgebaut[35]. Es ist sicherlich vorteilhaft, diese Kongruenz im geschützten Rahmen des Therapiesettings anzustreben. Allerdings erweckt die GT den Eindruck, daß diese Zielsetzung umfassend umzusetzen sei. Die Autoren schließen sich eher der Haltung an, die Ruth Cohn in einem *Psychotherapie heute*-Interview 1979 *selektive Authentizität* nannte: „Zur Authentizität gehört – erst einmal – zweierlei: Das eine ist, mir möglichst klar zu werden über meine eigenen Gefühle, Motivationen und Gedanken, mir also sozusagen nichts vorzumachen. Das andere ist, das, was ich sagen will, ganz klar auszusprechen. Zur Klarheit gehört, daß ich es so sage, daß es beim anderen ankommen kann. Der andere hat ja ein ‚Empfangsgerät', das möglicherweise nicht auf mich eingestellt ist, auf das, was ich ‚sende' und wie ich es ‚sende'. Ich muß also versuchen, mir vorzustellen, wie das, was in mir vorgeht, vom anderen gehört wird. Ich habe einmal formuliert: ‚Nicht alles, was echt ist, will ich sagen, doch was ich sage, soll echt sein ...'"

Und an einer späteren Stelle des Interviews fügt Cohn hinzu: „Für mich ist Offenheit nicht etwas, das von Anfang an zwischen Menschen möglich ist, sondern etwas, das vorsichtig erworben und gelernt werden muß. Das kann man nicht sofort und mit Gewalt."

Das Schichtenmodell

Alle Probleme, so die Vorannahme der GT, haben ihre Wurzel in einer mehr oder weniger starren Selbststruktur (Selbstkonzept). Dieses beruht auf einschränkenden Grundüberzeugungen und rigiden Werthaltungen, die das Individuum daran hindern, sich selbst und das Leben so zu akzeptieren, wie es ist. Ob jemand unzufrieden ist, Angst hat oder depressiv ist, ob er eßsüchtig ist, all dies resultiert nach Rogers aus einem starren Selbstkonzept, das sich dagegen wehrt, Wahrnehmungen und Erfahrungen zu integrieren, die seine Selbststruktur bedrohen. Hierzu einige Beispiele: Ein Vater fühlt Haß und/oder Verdruß gegenüber seiner Familie, weil er so viel und lange in einem ungeliebten Job arbeiten muß, aber diese Gefühle passen nicht zum Selbstkonzept eines liebevollen Familienvaters. Oder jemand kann vor sich selbst nicht zugeben, daß er eifersüchtig ist, weil dies ein „unlogisches" Gefühl ist und er ein durch und durch rationaler Mensch ist. Mit diesem Nichtwahrhabenwollen „negativer" Gefühle geht die Ablehnung derjenigen Persönlichkeitsteile einher, die diese Gefühle repräsentieren.

In diesem Sinn werden im Rahmen der GT alle Probleme als **Bedeutungsprobleme** behandelt. Der Problem-Lösungs-Raum ist in Form eines Schichtenmodells organisiert:

Einen großen Teil des Therapieprozesses in der GT bildet die fortwährende Entdeckung seitens des Klienten, daß er Gefühle und Einstellungen erfährt, die er bislang nicht bewußt wahrnehmen konnte bzw. durfte. Das Endergebnis eines solchen Prozesses beschreibt Rogers so[36]: „Das Bewußtsein ist nicht länger der Wächter über einen gefährlichen und undurchschaubaren Haufen von Impulsen, die nur im Ausnahmefall das Tageslicht erblicken dürfen, sondern wird zum geruhsamen Mitbewohner einer Gesellschaft von Impulsen, Gefühlen und Gedanken, die sich, wie man feststellt, sehr wohl selbst regulieren können, wenn sie nicht ängstlich behütet werden."

Bevor es zu solchen Erkenntnissen kommt, verteidigt sich das Selbst gegen bedrohliche Erfahrungen von außen durch die Prozesse der Verzerrung und Verleugnung, um seine gegenwärtige Selbststruktur aufrechtzuerhalten. Eine Bedrohung stellt sich für das Selbst in drei Aspekten dar: Erstens könnte es seine konsistente Gestalt verlieren, zweitens könnten wichtige Werthaltungen verletzt werden, und drittens könnte die Selbstwertschätzung abnehmen.

Die Metapher des Wächters

Das Bild veranschaulicht, wie man sich die Ursache von Problemen in der GT vorstellen kann:

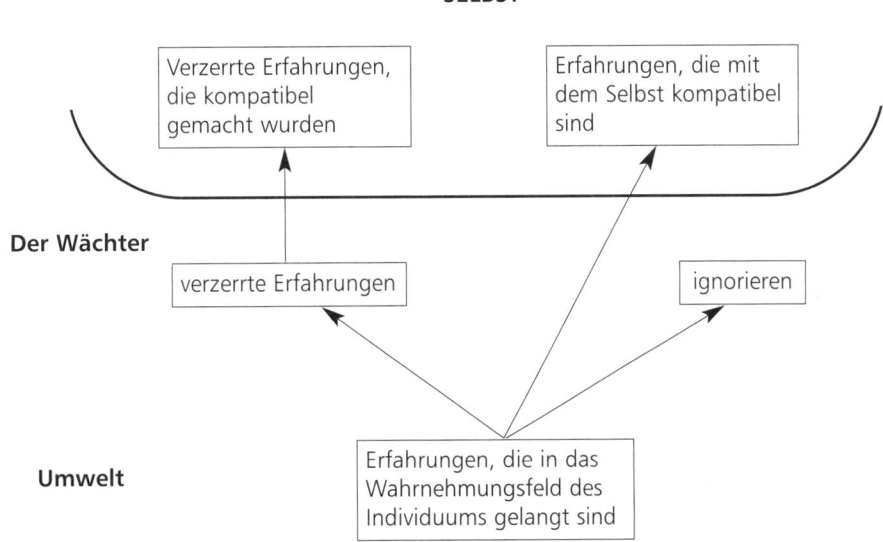

Eine vorbewußte Persönlichkeitsschicht agiert als Wächter, der Erfahrungen, die nicht mit dem Selbstkonzept im Einklang stehen, abzuwehren sucht. Diese werden ignoriert bzw. verzerrt. Im ersten Fall wird eine Erfahrung oder Teile einer Erfahrung vollkommen geleugnet. Sie dringt gar nicht ins Bewußtsein. Im zweiten Fall wird die Erfahrung durch den Wächter in einer Weise verzerrt, daß das Selbst seine Überzeugungen und Werthaltungen in bezug auf sich selbst und die Welt aufrechterhalten kann.

Einige kritische Anmerkungen zum Vorgehen in der GT

Eine wichtige Vorannahme der GT besteht darin, daß man dem Individuum von außen nichts aufdrängen kann, weil der „Wächter" dies als Bedrohung auffassen und somit abwehren würde. Aus diesem Grund kann der Therapeut dem Klienten nur zu solchen Erfahrungen verhelfen, die nicht als Bedrohung aufgefaßt werden. Dies sind vor allem solche, die ihm bei der Klärung seiner inneren Erlebniswelt helfen. Im Kapitel über die Wirkfaktoren von Grawe wurde dargelegt, daß die Klärung von Intentionen ein wichtiger Bestandteil von Psychotherapie ist und daß hierin die besondere Stärke der GT besteht. Allerdings hat das hier beschriebene Verfahren einen gravierenden Nachteil: Es nimmt sehr viel Zeit in Anspruch.

Die GT geht, wie oben dargelegt, davon aus, daß es nur einen Weg gibt, am „Wächter" vorbeizukommen – eben durch die Klärung der emotionalen Erlebnisinhalte in einem akzeptierenden, wertschätzenden Rahmen. Diese Vorannahme führt dazu, daß sich das Gespräch vor allem im Problembereich abspielt[37]. Es lassen sich jedoch viele Beispiele aus dem Alltagsleben und aus dem Therapiebereich finden, wo Menschen sich veränderten, ohne sich durch einfühlendes Verstehen am Wächter vorbeischleichen zu müssen:

Beispiel 1: Kinder verändern sich tagtäglich, indem sie neue Dinge ausprobieren, vor denen sie vorher Angst hatten. Ein kleines Kind, das nicht schwimmen kann, hat möglicherweise Angst vor dem Wasser. Nachdem die Mutter ihm das Schwimmen beigebracht hat, freut sich das Kind daran, im Wasser zu plantschen. Das Kind hat sein Selbstbild („Ich habe Angst vor tiefem Wasser") allein dadurch verändert, daß es schwimmen gelernt hat.

Beispiel 2: Kinder, die Angst vor dem Trampolinspringen hatten, finden viel Vergnügen daran, nachdem sie den ersten Sprung gemacht haben. Die Veränderung geschieht innerhalb von Sekunden.

Beispiel 3: Auch Erwachsene können sich innerhalb kürzester Zeit verändern, ohne langwierige innere Klärungsprozesse zu durchlaufen. In unseren Rhetorikseminaren finden wir immer wieder Teilnehmer, die noch niemals zuvor eine Rede gehalten haben und sich deshalb für schlechte Redner halten. Wenn sie aber erst einmal ihre Rede auf der Videokamera gesehen haben und erkennen, daß sie es für das erste Mal sehr gut gemacht haben, freuen sie sich auf die nächste Rede.

Diese Alltagserfahrungen verdeutlichen, daß Veränderungen des Selbstbildes tagtäglich durch positive Erfahrungen geschehen. Im therapeutischen Bereich kann die Methode des BFTC als Beweis dafür angesehen werden, daß Veränderungen ohne tiefgreifenden Einblick in das Problem möglich sind. Die Vorannahme der GT, daß Veränderung nur durch Selbstklärung möglich ist, kann sowohl empirisch als auch wissenschaftlich als widerlegt betrachtet werden.

Idiolektik

Im Abschnitt über die Idiolektik wurde dargestellt, daß zwischen dem Begründer der Idiolektik, Jonas, und den heutigen Idiolektikern wesentliche Unterschiede im Weltbild und dem daraus resultierenden Verständnis, was ein Problem ist, bestehen. Jonas bewertet Klienten auf mehreren Ebenen: Zum einen nach klinisch-psychiatrischen Krankheitsbildern (Depressionen, Psychosen etc.), zum zweiten gemäß dem von ihm entwickelten Triebkonzept, drittens beurteilt er Klienten anhand der Eigensprache, die er an ihnen beobachten kann. Die Idiolektik konzentriert sich einzig auf den dritten Punkt. Übereinstimmung zwischen Jonas und den Idiolektikern besteht darin, daß beide alle drei Komponenten des Metaprogramms „Index Computation" für gleich wichtig halten: Den Emotionen bzw. dem emotionalen Zustand wird ebensoviel Bedeutung beigemessen wie den internen Prozessen und dem körpersprachlichen Verhalten.

Das Triebkonzept von Jonas

Das Triebkonzept von Jonas kann den Schichtenmodellen zugeordnet werden, wie die Abbildung zeigt:

Emotionen, Sprache, sensomotorische und somatische Verhaltensweisen im Problemkontext
↑
Unangepaßte biologische Reaktionsmuster (Triebe)

In diesem Modell sind Probleme multimodale Phänomene, die sich in der Eigensprache in Form von Emotionen, sensomotorisch-somatischen Reaktionen, Sprache etc. äußern. Sie haben ihre Ursache in unangepaßten biologischen Reaktionsmustern. Ein Beispiel findet der Leser im Teil über Idiolektik im Kapitel über den Umgang mit Hypochondern (S. 297f.). In dem Transkript wird der Unterschied zu den heutigen Idiolektikern sehr deutlich, denn der Therapeut, Jonas, kommt aufgrund seiner Verhaltensbeobachtungen und seiner triebtheoretisch fundierten Diagnose zu einem bestimmten Lösungsvorschlag für die Patientin. Nach diesen Beobachtungen „weiß" er, was mit der Patientin los ist, welche Triebe nicht richtig funktionieren und welche Vorgehensweise den besten Erfolg verspricht.

Jonas steht mit seinem Konzept in der Tradition der psychosomatischen Medizin, die versucht, einen Zusammenhang zwischen biochemischen Prozessen und subjektivem Erleben herzustellen. Eine zentrale Frage der psychosomatischen Medizin lautet: Welche biochemischen Prozesse bewirken diesen oder jenen emotionalen und/oder kognitiven Zustand?

Am Beispiel des niedrigen Blutzuckerspiegels soll dies verdeutlicht werden. Dieser ist objektiv (d.h. mittels naturwissenschaftlicher Meßmethoden) nachweisbar, wohingegen die häufig damit einhergehende Müdigkeit nur subjektiv fühlbar ist. Sie läßt sich nicht nachweisen. Um sicher zu sein, muß ich die betreffende Person fragen, ob sie müde ist. Insofern steht die psychosomatische Medizin vor der Frage: Wie vermittelt man ontologische Phänomene von der 1. in die 3. Person[38]?

Die obige Frage kann auch so formuliert werden: Wie ist das Verhältnis von Körper und Geist zu denken[39]? – Die Billigvariante des Verhältnisses von Körper und Geist ist ein naiver Parallelismus: Die und die Dopaminkonzentration **ist** auf der subjektiven Ebene „Depression"; die und die Wellenmuster im EEG oder in einem anderen bildgebenden Verfahren **sind** Bedeutungserlebnisse usw. Dieser Parallelismus ist ein schlichter Kategorienfehler. Ein Gehirnzustand oder jeder beliebige andere biochemische Zustand des Körpers ist immer nur ein notwendiger, aber nie ein hinreichender Grund für die Gestimmtheit und die Gedanken. Kein elektrischer Reiz kann eine Stimmung hervorrufen. Die Stimmung wird ausgelöst, und jeder Gestimmtheit ist ein bestimmter Gehirnzustand zugeordnet, aber sie **ist** nicht dieser Gehirnzustand.

Mit Heidegger könnte man sagen: „Wir haben gar keine Möglichkeit, zu erkennen, wie das Gehirn beim Denken leibt. Das, was wir beim EEG sehen, hat mit dem Leiben des Gehirns nichts zu tun, sondern damit, daß der Leib auch als Körper und dieser auch chemisch-physikalisch gedacht werden kann. Ich kann nur sagen, daß am Leiben auch das Gehirn beteiligt ist, aber nicht, wie. Die Naturwissenschaft kann grundsätzlich nicht das Wie des Leibens erfassen. Daß man nicht sagen kann, wie das Gehirn beim Denken beteiligt ist, ist ein Abgrund.[40]"

Wenn man die triebtheoretischen Grundlagen von Jonas (und damit die biologische Fundierung seines psychotherapeutischen Ansatzes) ernst nähme, dann müßte man den Unterschied zwischen Leib und Körper diskutieren. De facto ist es aber so, daß die psychosomatische Medizin zwischen biomedizinischen Begriffen (wie Dopamin) und psychologischen Begriffen (wie Schmerz) hin- und herspringt, ohne diese Begriffe zu vermitteln. Ein Beispiel mag dies erläutern:

Jemand, der seine Finger auf einen Tisch legt, kann dies spüren. Das ist ein phänomenologischer Tatbestand. Ein Stein könnte dies höchstwahrscheinlich nicht, woraus folgt, daß es einen Unterschied zwischen lebender und toter Materie gibt. Man könnte auch sagen: Um seinen Finger auf der Tischplatte zu spüren, ist das Körperliche eine notwendige, aber keine hinreichende Bedingung. Man kann die Schnittstelle zwischen den neuroanatomisch bedingten Zusammenhängen auf der einen Seite sowie emotionalen und kognitiven Bedeutungsprozessen auf der anderen Seite nicht plausibel machen. Der Erklärungszusammenhang ist rein ideologisch. Das gilt auch für die triebtheoretischen Theorien von Jonas. Ein Trieb ist ein biochemisch beobachtbares Geschehen in und am Körper, der einen Rückkopplungskreislauf mit dem Erleben bildet. Aber niemand weiß wirklich, ob es diesen Trieb wirklich gibt, denn der Triebbegriff leitet sich lediglich aus beobachteten Verhaltensweisen ab, ist aber als Variable nicht beobachtbar. Niemand hat bisher ein biologisches Substrat gefunden, das ein Trieb **ist**.

So überrascht es nicht, daß Jonas zwar den engen Zusammenhang zwischen Symptom, physiologischem Geschehen und phylogenetisch verankerten Programmen sowie seiner Trieblehre postuliert, aber nicht erklärt, wie diese Phänomene genau zusammenhängen. Dadurch wirken Jonas' Belehrungen gegenüber dem Klienten manchmal wie Unterstellungen, und dieser mag sich nicht einmal zu Unrecht in ein Schema hineingepreßt fühlen. Den Autoren scheint es hingegen wichtig zu sein, zu prüfen, ob die Hypothesen des Therapeuten vom Klienten angenommen werden. Geschieht dies nicht, werden noch so wohlmeinende und „richtige" Belehrungen wenig Wirkung auf ihn haben. Das Triebkonzept scheint für Jonas die Funktion zu haben, Hypothesen über die Krankheitsursachen von Klienten zu bilden. Wenn man sich darauf versteift, man müsse eine triebtheoretische Begründung für das Symptom finden, dann begrenzt dieses Konzept eher die Reichweite therapeutischer Interventionen.

Die therapeutischen Erfolge von Jonas können eher anders erklärt werden als durch seine triebtheoretischen Theorien: zum Beispiel dadurch, daß der Sprachproduktionsprozeß (Wortwahl, begleitende Körpersprache etc.) aus einem viel größeren (unbewußten) Bereich heraus geschieht, auf den er wieder zurückwirkt, was Selbstwahrnehmungsprozesse in Gang setzt, die möglicherweise für den Klienten zu einer Lösung führen. Der triebtheoretischen Theorie anzuhängen ist nicht unbedingt notwendig, um ein guter Idiolektiker zu sein. Die Nützlichkeit der Fragetechnik ist ganz unabhängig davon, ob die entsprechende triebtheoretische Grundlage ihres Begründers richtig ist oder nicht. Dennoch können Interventionen eines Therapeuten, die aufgrund triebtheoretischer Überlegungen erfolgen, durchaus erfolgreich sein, ganz unabhängig davon, ob sie einer naturwissenschaftlichen Überprüfung standhalten würden.

Idiolektische Vorannahmen

Die Idiolektiker folgen der Vorannahme, daß in jedem Menschen eine innere Weisheit existiert, deren Ressourcen es zu wecken gilt. Zu entscheiden, wann dies geschehen soll, obliegt jedoch nicht dem Therapeuten, sondern ganz allein dem Klienten. Dieses Modell erinnert an die auf Erickson zurückgehende Metapher des weisen Unbewußten. Auch hier besteht die Vorstellung, daß im Unbewußten des Menschen alle Ressourcen liegen, die er braucht, um seine Probleme zu lösen. Ein wesentlicher Unterschied zwischen Idiolektik und NLP besteht darin, daß der NLPler sehr viel Wert darauf legt, diese Veränderung zielorientiert anzugehen, während die neueren Idiolektiker keine Ziele formulieren.

Der wesentliche Unterschied zur Metapher des weisen Unbewußten besteht darin, daß das Konzept der inneren Weisheit nicht handlungsleitend in dem Sinne ist, daß der Idiolektiker auf eine bestimmte Problemsituation in einer bestimmten Weise reagiert. Vielmehr entscheidet sich im Gespräch in der Eigensprache, ob und wann sich der Klient verändern möchte. Der Therapeut hat nicht die Möglichkeit, durch eine Intervention auf diese Entscheidung Einfluß zu nehmen.

Die Frage, was ein therapeutisches Problem ist, beantworten die Idiolektiker deutlich anders als A.D. Jonas: Ihre Haltung ist die, daß es keine Probleme gibt – zumindest für den Therapeuten. Dieser behandelt das, worüber der Klient sprechen möchte bzw. was diesen bewegt, aber er versucht nicht, eine Lösung zu finden, wie Jonas dies tat[41]. Was der Idiolektiker tut, ist, dem Klienten durch die Fragetechnik einen Raum anzubieten, der es ihm ermöglicht, eigene Lösungen zu finden. Insofern gibt es weder eine Einteilung in Problemklassen noch einen formellen Lösungsweg. Das Plaudern in der Eigensprache ist Diagnose und therapeutische Anwendung in einem. Die Verantwortung für das (inhaltliche) Resultat trägt der Klient ganz allein.

Nach diesen Ausführungen wird es nicht überraschen, daß viele der neueren Idiolektiker unserer Bewertung des Triebkonzeptes im wesentlichen zustimmen. Sie messen dem Triebkonzept und der Phylogenese eine weitaus geringere Bedeutung bei, als Jonas dies tut. Dieser sehr wesentliche Wandel in den therapeutischen Vorannahmen resultiert aus der Einsicht, daß das medizinisch-psychiatrische Weltbild und die an der Eigensprache orientierte Schlüsselworttechnik einander letztlich ausschließen. Entweder der Therapeut folgt der Eigensprache des Patienten (die unter anderem von der Haltung geprägt ist, daß er als sinnorientiertes Wesen selbst seine Bedeutungen finden muß). Oder der Therapeut preßt den Klienten in seine psychiatrisch-phylogenetisch gefärbten Diagnosen hinein (und folgt damit eben nicht der inneren Weisheit des Klienten).

Zusammenfassende Übersicht

Therapie-methoden	Ebenen des Schichtenmodells	Problem- bzw. Lösungsklassen	Intentionen klären oder realisieren?	Zugrundeliegende Metaphern
NLP	Absicht versus Verhalten Einschränkende Glaubenssätze versus negative Emotionen	➤ Reiz-Reaktions-Probleme ➤ Ineffektive Strategien ➤ Bedeutungsprobleme	Klärungs- und bewältigungs-orientiert	Computer bzw. weises Unbewußtes
a) Jonas b) Idiolektik	a) Biologische Reaktionsmuster versus Emotionen, Sprache, somatisches Verhalten etc. b) keine Schichtung	a) Die verschiedenen biologischen Reaktionsmuster b) Keine Einteilung	a) Eher Intentionen realisierend b) Keine Zuordnung	
RET	Irrationale Gedanken und Bewertungen versus Emotionen und Verhalten	Bedeutungsprobleme	Eher Intentionen klärend	Rational Agierender
GT	Starres Selbstkonzept versus negative Emotionen und Verhaltensweisen	Bedeutungsprobleme	Klärungsorientiert	Wächter
Systemische Therapie	Störung im Beziehungsgeflecht versus Symptomverhalten	Systemebene versus Symptome des Indexpatienten	Eher bewältigungs-orientiert	Komplex rückgekoppeltes Netz
BFTC	Keine Schichtung	➤ Klage mit Ausnahme ➤ Klage, aber mit hypothetische Ausnahme ➤ Klage ohne Ausnahme ➤ Diffuse Klage ➤ Klagen dekonstruieren	Bewältigungs-orientiert	Flachland

3. Die Therapeuten-Klienten-Beziehung

Wenngleich sich Therapieansätze in vielfältiger Hinsicht unterscheiden, stimmen die meisten doch darin überein, daß eine gute Therapeuten-Klienten-Beziehung notwendige Voraussetzung für ein gutes Therapieergebnis ist[42]. Aus diesem Grund werden wir ausführlich darauf eingehen, wie die hier betrachteten Therapieformen diese Beziehung gestalten. Zuvor möchten wir noch einmal an den Begriff der „Situation" von Rombach anknüpfen.

Die Situation des Klienten

Im therapeutischen Gespräch tritt der Charakter der „Situation", hier verstanden als der Horizont, in dem uns Welt gegeben ist, besonders deutlich hervor. Die hier besprochenen Therapieformen sind auf unterschiedliche Weise damit beschäftigt, die Situation des Klienten zu verändern.

Die Situation ist gekennzeichnet durch ein Sich-auskennen (durchschnittliche Entdecktheit), das nicht ein Wissen von der Situation ist, sondern ein bereits vorhandenes Wissen, das wir automatisch haben, indem wir uns in einer Situation befinden. Mit der „objektiven" Welt enthält sie zugleich sich selbst *als* Situation. Das Verstehen der Welt ist immer zugleich ein Situationsverstehen[43]. Die Situation zeigt mehr als nur das, was in ihr liegt. Sie eröffnet mit sich zugleich einen Frageraum, ein noch nicht Bekanntes, und ermöglicht den Beteiligten ein sich selbst wissendes Entdeckenkönnen. Das gilt für ein therapeutisches Gespräch in besonderem Maße, weil die Grundabsicht eines solchen Gesprächs eben darin besteht, daß der Klient sich in seiner Situation selbst auf neue, andere, tiefere Weise selbst entdeckt, um zu Lösungen zu gelangen. Welche Gesprächshaltungen seitens des Therapeuten sind notwendig, um den Klienten darin zu unterstützen? Wie gehen die Fragemethoden vor, um die Situation des Klienten zu verändern?

Im NLP geschieht die Veränderung der Situation des Klienten primär durch Reframing und durch das Einführen von Ressourcen in ressourcearme Situationen. Dabei gilt ein Reframing nur dann als geglückt, wenn es vom Klienten sowohl sprachlich als auch nonverbal angenommen wird. Das gleiche gilt für die Ausnahmen, nach denen das BFTC sucht. Was eine Ausnahme ist, bestimmt der Klient, nicht der Therapeut und auch keine „übergeordneten sachlichen" Kriterien. Das Ziel der GT, die *fully functioning person* zu verwirklichen, besteht gerade darin, das In-der-Welt-sein des Klienten und damit seine „Situation" durch eine Aktualisierung des Situationsverständnisses zu verändern. Auch in der Idiolektik besteht das zentrale Anliegen darin, sich via Eigensprache möglichst vollständig in die „Situation" des Klienten zu begeben, wodurch Veränderung möglich wird.

Vergleichskriterien der Therapeuten-Klienten-Beziehung

Um ein Sich-selbst entdecken-können professionell zu unterstützen, ist eine **gesammelte Form der Anwesenheit** des Therapeuten erforderlich, damit er versteht, worum es dem Klienten geht. Hierbei ist es zum Beispiel wichtig, mögliche Unterschiede zwischen dem verbalen und nonverbalen Ausdrucksverhalten (Inkongruenzen) zu erkennen. Gesammeltheit ist aber auch notwendig, damit der Therapeut auf den Klienten und das thematisch Relevante eingehen kann. Die hier untersuchten Therapiemethoden unterscheiden sich in diesem Punkt sehr stark voneinander. Weitere Unterschiede lassen sich hinsichtlich der Art und Weise feststellen, wie **direktiv bzw. nondirektiv** der Therapeut dabei vorgeht und wie **distanziert bzw. involviert** er im Gespräch ist.

Der Klient ist als Befragter zugleich der Erfragte. Da das Verstehen seiner selbst ein entdeckendes Verstehen ist, muß er in einem guten Kontakt mit sich selbst sein (**felt sense**). Eine gesammelte Form des Anwesendseins ist also auch auf seiten des Klienten erforderlich. Auch in der Gewichtung dieses Punktes unterscheiden sich die hier untersuchten Therapiemethoden enorm.

Ein weiterer wichtiger Punkt der Therapeuten-Klienten-Beziehung sind **interaktive Aspekte**: Stimmt der Rapport (noch)? Inwieweit wird auf Signale, die die Beziehung von Therapeut und Klient betreffen, geachtet? Nach Grawe ist die Thematisierung von negativen Kommunikationsmustern, die zwischen Therapeut und Klient in der Sitzung ablaufen, in hohem Maße veränderungsrelevant, wenn sie respektvoll durchgeführt wird. Uns interessiert die Frage, inwieweit die hier behandelten Methoden solche Kommunikationsmuster thematisieren.

Die Kriterien, nach denen die Therapiemethoden hinsichtlich der Therapeuten-Klienten-Beziehung miteinander verglichen werden, haben wir unten zusammengefaßt. Bei der vergleichenden Betrachtung wird nur auf für die Methode wichtige Punkte eingegangen:
➤ Wie geht der Therapeut auf den Klienten ein? Wie distanziert bzw. involviert ist er? Wie direktiv bzw. nondirektiv führt er das Gespräch?
➤ Kongruenz von verbalem und nonverbalem Verhalten.
➤ Inwieweit wird darauf geachtet, daß sich der Klient im *felt sense* befindet?
➤ Interaktive Aspekte: Stimmt der Rapport (noch)? Inwieweit wird auf Signale geachtet, die die Beziehung von Therapeut und Klient betreffen? Inwieweit werden negative Kommunikationsmuster thematisiert?
➤ Wie groß ist die Wertschätzung für den Klienten?

Idiolektik

Die idiolektische Gesprächsführung basiert wie die der GT darauf, als Therapeut einen engen **Kontakt zum Klienten** zu halten. Beide Therapieformen bieten dem Klienten einen Raum an, sich selbst auszudrücken. Für beide Methoden ist das genaue Beobachten des verbalen und nonverbalen Ausdrucksverhaltens wichtig.

Beide Fragetechniken gehen jedoch unterschiedlich auf die Klientenäußerungen ein. Während es in der GT wichtig ist, die Bedeutung des Ausgedrückten zurückzuspiegeln (Verbalisierung emotionaler Erlebnisinhalte), erfordert das Eingehen auf die Eigensprache zusätzlich, daß der Therapeut die relevanten Schlüsselworte aufgreift, weil genau sie den Zugang zu den tieferen emotionalen Schichten ermöglichen. Die Reaktion des Klienten bestimmt (mehr noch als in anderen Methoden), wie der Therapeut fortfährt. Dabei achtet der Therapeut auf Inkongruenzen. Es gibt allerdings keine klare Strategie wie z.B. im NLP, die darauf hinausläuft, diese Inkongruenz explizit zu machen. Je nach Intuition des Therapeuten kann er die Inkongruenz thematisieren, er kann sie aber auch indirekt (und insofern für das Bewußtsein des Klienten unbemerkt) ansprechen, indem er die beobachtete nonverbale Reaktion metaphorisch oder auf andere Weise anspricht.

Das Verhalten des Therapeuten

Was den Grad der „Involviertheit des Therapeuten" angeht, gibt es einen Unterschied zu Jonas, dem Begründer der Idiolektik, und den späteren Idiolektikern. Jonas' Meinung nach sollte ein guter Therapeut das Verhalten seiner Klienten auf ähnlicher Weise beobachten wie ein Zoologe die Affen auf ihrem Affenfelsen. Ein Therapeut hat als Person außen vor zu bleiben. Diese Einstellung resultiert u.a. daraus, daß Jonas' Klienten im Rahmen psychiatrischer Krankheiten und stammesgeschichtlicher Triebe diagnostizierte. Interessanterweise vertreten die heutigen Idiolektiker genau die entgegengesetzte Haltung und halten es für wichtig, als Person sehr involviert zu sein.

Die Abbildung zeigt den Grad an Involviertheit bei Jonas im Vergleich zur Idiolektik und der GT:

Jonas			Idiolektik	GT
Affenfelsen				als Person stark involviert

Ein Unterschied zwischen Jonas und den neueren Idiolektikern besteht auch in dem Grad, wie direktiv der Therapeut vorgeht. Bei Jonas findet man ähnlich wie im NLP häufig Formulierungen wie: „Stellen Sie sich einmal vor ..." Durch solche Sätze bringt der Therapeut eigene Gedanken und Themen in das Gespräch ein. Er hat in der Regel einen Lösungsweg vor Augen und möchte den Klienten dazu veranlassen, diesem Weg zu folgen. Damit übernimmt der Therapeut bis zu einem gewissen Grade die Mitverantwortung darüber, daß der Klient zum Erfolg kommt. Jonas ist wie die NLP-Therapeuten eher ein „Macher". Ein Nachteil dieses Vorgehens kann darin bestehen, daß der Therapeut sich unter Erfolgsdruck setzt.

Unter diesem Druck steht der Idiolektiker überhaupt nicht. Er hat die Haltung: „Ich will nichts vom Klienten, und ich brauche nichts zu tun, als mich in dessen Eigensprache mit ihm zu unterhalten." Das bedeutet für den Therapeuten: Er kann sich entspannen. Alle Last der Veränderung liegt – ähnlich wie beim Ansatz von Steve de Shazer – beim Klienten selbst. Sprechen in der Eigensprache ist Diagnose und Therapie in einem. Diese Haltung bedeutet natürlich auch, daß der Therapeut jedes Ergebnis des Gesprächs akzeptieren muß. In dieser Akzeptanz liegt aber auch eine große Kraft, denn der Therapeut macht von Anfang an deutlich, daß er den Klienten nicht in eine bestimmte Richtung lenken/manipulieren will. Dies ist vor allem im Umgang mit „widerspenstigen" Klienten von großem Vorteil.

Emotionen und felt sense

Trotz der in manchen Punkten relativen Ähnlichkeit zwischen GT und Idiolektik gehen beide Ansätze sehr unterschiedlich mit Emotionen um. Der wichtigste Unterschied besteht darin, daß in der Idiolektik nicht direkt nach den Gefühlen des Gesprächspartners gefragt wird, wohingegen dies in der GT durch das permanente Spiegeln der emotionalen Erlebnisinhalte sozusagen zum täglichen Brot gehört. In der Idiolektik hält man dies nicht nur für überflüssig (denn die Emotionen werden automatisch geäußert, wenn der Klient innerlich am Gespräch beteiligt ist), sondern eher für schädlich, da das Ansprechen von Emotionen bei vielen Menschen Abwehr hervorruft. Dennoch steht der Aspekt des *felt sense* im Mittelpunkt auch der idiolektischen Gesprächsführung. Alles ist relevant, was im Zustand des *felt sense* geäußert wird, und die Sprunghaftigkeit gehört zum normalen Verlauf eines solchen Gesprächs.

Ähnlich dem Ansatz der GT vermeidet es der Therapeut in der idiolektischen Gesprächsführung, selbst einen Themenwechsel einzuläuten, so daß man die Vorgehensweise eher als nicht-direktiv bezeichnen kann. Aber während der GT-Therapeut dem Klienten fast vollständig Wahl und Richtung der Befragung überläßt, behält der Idiolektiker sehr genau die Richtung des Gesprächs im Auge, um sie möglichst in eine positive, ressourcenorientierte Richtung zu lenken, sofern der Klient sich darauf einläßt. Dies ist eine der großen Stärken dieses Ansatzes nicht nur gegenüber der GT. Der Idiolektiker wird jede Gelegenheit nutzen, den Klienten auf dessen Ressourcen aufmerksam zu machen.

GT

Rapport und die Metapher des weisen Freundes

Die GT ist von den hier behandelten Therapiemethoden die einzige, in der Problem-Lösungs-Raum und Therapeuten-Klienten-Beziehung zusammenfallen. Man könnte sagen, daß Carl Rogers eine ganze Therapiemethode entwickelt hat, um die Bedeutung von Empathie und Rapport/Kontakt für den Therapieerfolg herauszustellen. Ob die Vorannahme von Rogers stimmt, daß Rapport nicht nur notwendig, sondern hinreichend für therapeutische Veränderungen ist, sei dahingestellt. Auf jeden Fall leistete Rogers, indem er den Klienten in den Mittelpunkt stellte, einen wichtigen Beitrag zur Vermenschlichung der Psychotherapie. Das Konzept des Aktiven Zuhörens und die innere Haltung der Empathie, der Wertschätzung und des Respekts für den anderen sind Prinzipien, die mittlerweile über Kommunikationstrainings Einzug auch in Behörden, Firmen und sonstige Institutionen gehalten hat.

Um Wertschätzung und Respekt zum Ausdruck bringen zu können, ist es für den GT-Therapeuten wichtig, den Klienten genau zu beobachten, vor allem auch, was die Kongruenz von verbalem und nonverbalem Verhalten betrifft. Beobachtet der Therapeut eine Inkongruenz, reagiert er im Regelfall mit einer Ich-Botschaft, in der er den Widerspruch zwischen Gesagtem und Ausgedrücktem (Intonation, Gesichtsausdruck, Körperhaltung etc.) thematisiert: „Ich habe den Eindruck, Sie sind wütend auf Ihren Mann und haben Angst, sich das einzugestehen." Um so etwas sagen zu können, muß sich der Therapeut in den Klienten einfühlen, und darin liegt sicherlich eine Stärke des GT-Ansatzes. Kritisch könnte man mit Schulz von Thun anmerken, daß dadurch die anderen Ausdrucksebenen vernachlässigt werden[44]. Nach von Thun ist Rogers auf drei Ohren taub, denn er hört nur auf dem Selbstkundgabeohr und überhört dadurch zum Beispiel Appelle des Klienten an ihn.

In der GT wird davon ausgegangen, daß die Vermittlung von Wertschätzung, Offenheit und Akzeptanz seitens des Therapeuten dem Klienten automatisch hilft. Dasselbe Ergebnis erhoffen sich die Idiolektiker vom

Plaudern in der Eigensprache. Beide Ansätze gleichen sich auch darin, daß sie nicht primär darauf ausgerichtet sind, konkrete Probleme zu lösen: Den GT-Therapeuten interessiert das Problem, welches den Klienten in die Therapie führte, letzlich nicht, weil das eigentliche Ziel darin besteht, daß sich der Klient in Richtung auf die *fully functioning person* weiterentwickelt.

Heilung geschieht in der Vorstellung der GT ausschließlich über die Beziehung, nicht über ein Instrumentarium therapeutischer Techniken. Sich mit seiner ganzen Person auf echte, kongruente und spontane Weise in die Gefühls- und Gedankenwelt des Klienten einzufühlen ist das Herzstück der GT. Die Metapher des weisen, einfühlenden Freundes ist unserer Ansicht nach gut geeignet, um die Therapeut-Klient-Beziehung in der GT zu charakterisieren. „Weise" ist der Therapeut deshalb, weil er weiß, daß der Klient für sich selbst entdecken muß, was für ihn richtig ist. Deshalb gibt er ihm keinerlei Ratschläge. Als Freund kann man ihn bezeichnen, weil er das Gespräch mit der Echtheit, Wertschätzung und Empathie führt, die eine gute Freundschaft kennzeichnen, und auch, weil er sich voll hinter die Ziele des Klienten stellt.

Verhalten des Therapeuten

Der Therapeut nimmt empathisch jede Gefühlsschwankung des Gegenübers wahr, also auch solche, die sich auf den Rapport beziehen. Er würde zum Beispiel negative Gefühle des Klienten ihm gegenüber ernst nehmen und gegebenenfalls mittels einer Ich-Botschaft thematisieren. Dies impliziert, daß der Therapeut in der GT als Person stark involviert ist, stärker, als es bei den anderen hier besprochenen Fragemethoden der Fall ist. Diese echte, kongruente Zuwendung fördert die Aktivierung therapeutisch relevanter Prozesse und wird in den meisten Fällen dazu führen, daß der Klient auch im Falle einer bestehenden Übertragungsproblematik[45] korrektive Erfahrungen machen kann. Allerdings werden diese nicht notwendigerweise bewußt durch den Therapeuten initiiert. Sie passieren, weil es zur Grundhaltung des Therapeuten gehört, jederzeit echte Zuwendung zu geben.

Eine noch stärkere Wirkung hätte es nach Grawe, wenn der GT-Therapeut direkt auf problematische Muster des Klienten hinweisen würde. Dies würde aber der Vorannahme widersprechen, sich in jedem Fall nichtdirektiv zu verhalten. Besteht das problematische Muster aber gerade darin, daß der Klient zum Beispiel auf zugewandtes Verhalten nur mit Aggression reagieren kann, dann erweist sich der GT-Ansatz als kontraproduktiv. Hier wäre ein individuelleres Eingehen auf den Klienten sinnvoll und notwendig.

BFTC

Von den hier behandelten Methoden stellt der Ansatz des BFTC hinsichtlich der Therapeuten-Klienten-Beziehung den krassesten Gegensatz zur GT dar. Insoo Kim Berg betont in ihrem Buch *Familien-Zusammenhalt(en)*, daß es nicht die Therapeuten-Klienten-Beziehung ist, die die Veränderung bewirkt. Sie „ist der Ausgangspunkt jeder Veränderung[46]", und jede Problemlösung baut auf ihr auf, aber „es ist recht blauäugig anzunehmen, daß Veränderung die Folge eines Gesprächs über Gefühle ist. Solch ein Gespräch stellt gerade einmal einen Anfang dar. Entscheidend ist, daß KlientInnen im Hinblick auf das Problem etwas anderes ‚machen'. Dadurch kommt Änderung zustande[47]". Rapport wird also als notwendige, aber keineswegs hinreichende Bedingung für therapeutische Veränderung angesehen. Er spielt in der Gesprächsführung des BFTC eine untergeordnete Rolle. Die Gesprächsatmosphäre ist freundlich, aber kühl.

Verhalten des Therapeuten

Im BFTC ist das gesamte Verhalten des Theapeuten darauf ausgerichtet, Ausnahmen bzw. hypothetische Ausnahmen zu finden. Danach wird beurteilt, welche Themen relevant sind und welche nicht. Es stellt sich die interessante Frage, wie BFTC-Therapeuten ihr lösungsorientiertes Vorgehen bei klagenden, weinerlichen Klienten aufrechterhalten. Die Hauptstrategie heißt „ignorieren": Der Therapeut unterbricht irrelevantes (nicht lösungsorientiertes) Verhalten selten, sondern ignoriert es einfach und beginnt mit weiteren Fragen erst dann, wenn im Redeschwall des Klienten Formulierungen auftauchen, die sich entweder auf einen Unterschied beziehen oder lösungsorientiert sind. Er läßt Weinerliches, Vorwurfsvolles, Übertreibendes,

Ablenkendes usw. ungerührt geschehen und fühlt sich davon auch nicht unangenehm berührt. Dazu ein Beispiel[48]:

(1) T:	Was führt Sie heute hierher?		Eine im BFTC übliche Einleitungsfrage
(2) K:	Mmm. Ich habe echte Probleme.		
(3) T:	Mm hm.		
(4) K:	Mich an meine Situation anzupassen.		
(5) T:	Mm hm.		
(6) K:	Ich war, ich war neun Jahre lang verheiratet, und jetzt ist es aus.		
(7) T:	Mm hm.		
(8) K:	Und wissen Sie, jetzt bin ich wieder bei meiner Mutter gelandet.		
(9) T:	Ah. OK.		
(10) K:	Und jetzt komme ich mit überhaupt niemandem mehr klar.		
(11) T:	Ah ha. OK. Wie lange leben Sie jetzt schon wieder bei Ihrer Mutter?		Stellt eine Informationsfrage.
(12) K:	Äh ämmmmm, ich glaube, ungefähr seit sieben Monaten jetzt.		
(13) T:	Mm hm. Das ist nicht einfach.		
(14) K:	Nein.		
(15) T:	Nein.		
(16) K:	Überhaupt nicht.		

Die Klientin redet nur über ihre Probleme, und es ist faszinierend zu sehen, wie souverän Steve de Shazer die Klagen an sich vorbeiziehen läßt, ohne konkreter nachzufragen.

In dieser Weise geht das Interview noch ca. zwanzig Wortwechsel weiter, bis de Shazer erkennt, daß die Klientin nicht bereit oder in der Lage ist, über etwas anderes zu reden als ihre Probleme. Daraufhin stellt er in Einheit (48) die Wunderfrage. Durch dieses Vorgehen umgeht man im BFTC weitgehend, in Konflikt mit Klienten zu treten. Im Gegenteil werden diese dahingehend „erzogen", positive Aspekte zu äußern, um das Interesse und die Aufmerksamkeit des Therapeuten zu wecken.

Der Grad an Involviertheit

Wenn man die Art des Kontaktes zwischen Therapeut und Klient betrachtet, wie sie am BFTC gelehrt und vorgelebt wird, fällt auf, daß sie von einem sachlichen Gesprächsstil zwischen Erwachsenen geprägt ist. Tiefe und erschütternde emotionale Erfahrungen werden nicht angestrebt und kommen in der Regel auch nicht vor. Der Stil mutet höflich-distanziert an, wobei dem Rapport zwar Aufmerksamkeit geschenkt wird, aber nur insofern, als ein Mindestmaß eben erforderlich ist, um lösungsorientiert arbeiten zu können. Er ist Mittel zum Zweck. Die Person des Therapeuten tritt so weit in den Hintergrund, daß sie – überspitzt ausgedrückt – als physische Manifestation, als Sprechmaschine erscheint. Auf der Skala zwischen „Affenfelsen" und starkem Involviertsein ist der Ansatz des BFTC ganz links einzuordnen. Das, was wirkt, ist die Fragetechnik, die im Hintergrund das Interview strukturiert und steuert.

BFTC				

Affenfelsen   als Person stark involviert

Bei aller Distanz: bemerkenswert ist die innere Grundhaltung des Therapeuten im BFTC. Sie läßt sich vor allem durch zwei Merkmale kennzeichnen:

➤ Erstens akzeptiert er bedingungslos, wie sich der Klient bezüglich seines Problems verhält. Das schließt sowohl die Wahl des Zieles ein als auch das Ausmaß seiner Bereitschaft, die Veränderung aktiv zu beeinflussen.

➤ Zweitens hat der Therapeut am BFTC die Einstellung, daß die Verantwortung für die Lösung ganz allein beim Klienten liegt. Jegliche Versuche, dem Therapeuten die Verantwortung aufzubürden, wird durch diese Haltung im Keim erstickt. Darin besteht eine Gemeinsamkeit zur Idiolektik, denn in beiden Ansätzen wirkt die Vorannahme: Der Klient hat alle Ressourcen in sich, um das Problem zu lösen, und er ist der Experte, der entscheidet, wann dies geschehen soll. Der Klient ist Experte für sein Leben und seine Probleme, der Therapeut ist Methodenexperte in dem Sinn, daß er weiß, wie man Probleme lösen kann.

RET
Die Lehrer-Schüler-Metapher

„RET-Therapeuten können sich zum Teil als Lehrer und die RET-Theorie als ein pädagogisches System verstehen.[49]" Mit diesen Worten kennzeichnet Walen ihr Verständnis der Beziehung zwischen Therapeut und Klient. Folgende Attribute sind hierbei wichtig:

Lehrer
- ist Autoritätsperson
- weiß über den Lehrstoff Bescheid (hat einen Wissensvorsprung)
- Die eigene Person ist nicht Gegenstand der Befragung.

Schüler
- ist eine Rangstufe tiefer
- ist gegenüber dem Lehrer unwissend
- Person und Verhalten des Schülers können hinterfragt werden.

Wir diskutieren nun drei Aspekte der Lehrer-Schüler-Metapher:
1. die Autoritätsbeziehung,
2. die Wissensvermittlung,
3. das aktiv-direktive Vorgehen.

Autoritätsbeziehung

Ein wichtiges Charakteristikum der Therapeuten-Klienten-Beziehung besteht darin, daß der Therapeut als Person weitgehend außen vor bleibt. Er beobachtet, mit den Worten von Jonas, das Geschehen auf dem Affenfelsen.

RET				

Affenfelsen | | | | als Person stark involviert

Er sieht seine Aufgabe darin, den Lehrstoff so lange zu vermitteln, bis der Schüler ihn (hoffentlich) verstanden hat. Dazu gibt er Hausaufgaben auf, die er hinterher kontrolliert. Hat der Schüler die Hausaufgaben nicht gemacht, muß er sich auf Tadel von seiten des Lehrers gefaßt machen.

In dieser Rolle befindet sich der RET-Therapeut vor allem in der Phase der Disputation. Das Lehrer-Schüler-Verhältnis – wie Albert Ellis es über nahezu 40 Jahre lehrte – führt manchmal dazu, daß Klienten bei der Disputation Angst haben. So beklagt Walen die immer wieder vorkommende Schwierigkeit, daß „der Klient bloß sein Sprüchlein (aufsagt), ohne wirklich daran zu glauben, was er sagt[50]". Das spricht nicht für das Vorhandensein eines ausgeprägten Vertrauensverhältnisses zwischen Therapeut und Klient, und es ist fraglich, ob ohne dieses nachhaltige Veränderungserfolge zu erzielen sind. Vielleicht fehlt es Albert Ellis und seinen Nachfolgern an dem Wissen um die Wichtigkeit des Vertrauens in der Therapeuten-Klienten-Beziehung. Naheliegender ist jedoch die Vermutung, daß er dem Vermitteln von absoluten Wahrheiten höhere Priorität beimißt.

In der RET ist der Therapeut durch seinen Lehrer-Status immer in der Gefahr, etwas Belehrendes und Zurechtweisendes an den Tag zu legen, was den Rapport mitunter auf eine harte Probe stellt.

Ein Mittel, um zu überprüfen, ob der Klient nur sein Sprüchlein aufsagt, ist die schriftliche Hausaufgabe in Form von Selbsthilfe-Arbeitsblättern, Aufsätzen oder Tagebüchern. Diese Hausaufgaben dienen der Kontrolle, ob der Klient das ABC der RET wirklich verstanden hat. Dazu ein Beispiel, in dem ein Klient ein Aufgabenblatt nach dem ABCDE[51]-Schema ausfüllte, um zu Beginn der nächsten Sitzung vom Therapeuten korrigiert zu werden[52]. Der Klient schrieb:

➤ Aktivierendes Ereignis = Ich ging zu einem Vorstellungsgespräch.
➤ Rationale Überzeugung = Meine Bewerbung wurde abgelehnt.
➤ Irrationale Überzeugung = Es ist schrecklich, daß ich diesen Job nicht bekam.
➤ Emotionale Konsequenz = Ich war deprimiert.
➤ Disputation = Es war mir gleichgültig, daß ich den Job nicht bekam.

Der Leser wird nun aufgefordert, die „richtigen" Antworten am Ende des Buches nachlesen (die obigen Antworten sind nur teilweise richtig).

Redundanz ist bei der Vergabe von Hausaufgaben, aber auch in der gesamten Therapie, ein wichtiges Mittel[53]: „Die Therapie verlangt wie ein Unterricht oft ein gewisses Maß an Redundanz. Sie werden mit dem Klienten immer wieder rational-emotive Konzepte durchgehen müssen, selbst wenn Sie den Eindruck haben, daß Sie sich wie eine Schallplatte anhören, die einen Sprung hat."

Die Wissensvermittlung und Therapeuten-Klienten-Beziehung

An dieser Stelle möchten wir einige weitergehende Überlegungen hinsichtlich des Wahrheitskonzeptes der RET anstellen, weil es einen erheblichen Einfluß auf die Beziehung zwischen Therapeut und Klient hat. Einige grundlegende Vorannahmen in der RET lauten: Es gibt objektive Wahrheiten, die für jeden gelten – auch im Bereich des Psychischen, des subjektiven Erlebens. Psychische Tatbestände können ebenso wie der Lehrstoff in der Schule vermittelt werden, indem sie auf rationale Art erklärt werden. Die RET lehrt, was richtig und was falsch, was rational und was irrational ist. Sie weiß genau, welche Emotionen und Glaubenssätze „schwarz" und welche „weiß" sind. Die RET vermittelt dieses Wissen um die geistige und psychische Gesundheit zusammen mit einer logisch-empirischen Methode des Schlußfolgerns, damit der Klient in der Lage ist, dieses Wissen schließlich selbst zu trainieren.

RET-Therapeuten neigen dazu, diese absoluten Wahrheiten zu lehren, ohne Kultur, Ethik oder Charakterstruktur etc. des Klienten explizit zu berücksichtigen. Zwar gibt es Strategien, wie man mit besonders „widerspenstigen" oder „schwierigen" (z.B. depressiven) Klienten umgehen kann, aber bei dieser Form des Kontaktes hat man den Eindruck, dies geschehe nur, um das Wahrheits-Konzept leichter an den Mann bringen zu können.

Daß solche Unterschiede berücksichtigt werden sollten, zeigt das folgende (extreme) **Beispiel**: In islamischen Ländern gilt es als todeswürdiges Verbrechen, wenn eine Frau Ehebruch begeht. Der Ehemann würde einen solchen Tatbestand, milde ausgedrückt, mit der Bewertung versehen: „Das ist schlimm." Das ist eine irrationale Bewertung (IB), die der RET-Therapeut im Extremfall in der Disputation sofort mit den Worten angreifen würde: „Was ist daran schlimm? Welche Beweise haben Sie dafür, daß dies schlimm ist?" etc. Nur wenige Menschen würden angesichts der Wertestruktur des Klienten einer solchen Hinterfragung realistische Chancen auf Erfolg einräumen, da die persönlichen und kulturellen Eigenheiten dieses hypothetischen Klienten dabei zuwenig Berücksichtigung erfahren würden.

Das zeigt sich auch im Kleinen. In der RET ist es üblich, mit dem Klienten einzuüben, seine Gefühle korrekt zu benennen. Dies geschieht nicht, wie im NLP, mit der Absicht, eine körperliche Empfindung umzudeuten, wie zum Beispiel beim Empfindungsreframing[54]. In der RET geschieht dies aus der Grundannahme heraus, daß man Gefühle korrekt (und das heißt „objektiv") benennen kann. Im Gegensatz dazu würde man z.B. in der Idiolektik mit der Eigensprache des Klienten arbeiten, also genau mit den Worten, die diese spezielle Person für ihre Befindlichkeit benützt. In der RET werden Klienten eher darin angeleitet, die „richtigen" Schemata zu erlernen. Dem Klienten wird das System des Therapeuten quasi übergestülpt. Insofern verhält sich die RET gerade umgekehrt wie die Idiolektik und die GT, die damit sicherstellen, daß der Klient im *felt sense* bleibt.

Die RET würde unseres Erachtens davon profitieren, wenn sie der Therapeuten-Klienten-Beziehung und der Förderung des *felt sense* größere Bedeutung beimessen würde. Insbesondere geht es um den Punkt, daß es viel sinnvoller ist, Klientenverhalten zu utilisieren und für die Veränderungsarbeit nutzbar zu machen, als in der Rolle des Antreibers objektive Wahrheiten einzupauken.

Das könnte vor allem dadurch geschehen, daß der Therapeut ernst nimmt, was er an Reaktionen vom Klienten bekommt. Nimmt er z.B. in der Disputation eine Inkongruenz zwischen dem wahr, was der Klient sagt („Ja, es stimmt, es gibt keinen Beweis dafür, daß ich ein Versager bin"), und dem nonverbalen Verhalten (gebeugte Körperhaltung, depressiver Unterton in der Stimme etc.), dann sollte er ernsthaft darauf eingehen, sonst bekommt er in der nächsten Sitzung die Quittung, indem das gleiche Thema erneut zur Sprache kommt. Die Wahrnehmung des Therapeuten steht hier im Konflikt zu der Vorannahme, daß jedem Klienten dasselbe Wahrheitskonzept beigebracht werden muß. In den letzten Jahren scheint Albert Ellis diese rigide Haltung aufgegeben zu haben und akzeptierender zu reagieren, wenn Klienten nicht sofort in der Lage sind, irrationale durch rationale Bewertungen zu ersetzen.

Der aktiv-direktive Stil

Das Wissen um die Wahrheit legitimiert den RET-Therapeuten zu einem aktiv-direktiven, oft konfrontierenden Stil. Dabei gibt es natürlich von Therapeut zu Therapeut Unterschiede, aber die RET unterscheidet sich in diesem Punkt deutlich von den meisten anderen Therapieschulen. Der RET-Therapeut geht sehr direktiv vor, weil er weiß, was richtig und wichtig ist, und insofern ist er ständig damit beschäftigt, die Äußerungen des Klienten in ihrer Relevanz für das Thema zu bewerten. Die Gefahr, zu stark zu führen, sei noch einmal am Fallbeispiel des „nervösen" Klienten aus dem Kapitel „Ablauf der kognitiven Disputation" aufgezeigt.

(1) T: Was, meinen Sie, sagen Sie sich, um nervös zu werden?
(2) K: Ich bin ein Idiot, daß ich hier heraufgekommen bin!
(3) T: Sie sind ein Idiot, weil ...
(4) K: Es könnte sein, daß ich empfindliche Stellen von mir preisgebe, und das wäre mir peinlich.
(5) T: Und Sie sollten ein behagliches Gefühl haben? Meinen Sie das? Oder sie sollten überhaupt nichts von sich preisgeben?
(6) K: Überhaupt nichts.

(7) T: Und wenn Sie etwas von sich preisgeben würden, was dann? Was würde Ihrer Meinung nach voraussichtlich geschehen?
(8) K: Ich würde die Beherrschung verlieren – und dann würde ich mich schämen.
(9) T: Sie würden sich vor diesen Leuten zum Narren machen, ja?
(10) K: Ja.
(11) T: Und wenn, was würde Sie daran so aufregen? Wovor haben Sie Angst, wenn Sie das tun?
(12) K: Können Sie Ihre Frage noch einmal wiederholen?

(13) T: Ja. Sie sagen: „Ich könnte mich vor diesen Leuten hier dumm benehmen." Aber allein wegen dieser Feststellung würden Sie niemals Angst empfinden. Das ist einfach eine Beobachtung oder eine Voraussage. Aber wie bewerten Sie sich, wenn Sie sich dumm benehmen?
(14) K: Ich verstehe Sie nicht.

Formuliert die Worte des Klienten um, verschärft sie. Präsupponiert, daß Aufregung bzw. Angst existieren. Er bestimmt ein neues Thema. Formuliert die Frage konkreter. Der Leser möge beachten, daß Ellis das Problem des Klienten deutlich anders formuliert, als dieser es tat.

In den Einheiten (7), (9) und (11) erfragt der Therapeut die Konsequenzen der irrationalen Bewertung: „Ich bin ein Idiot, daß ich hier heraufgekommen bin." Es fällt auf, daß er die Antworten des Klienten in drastischen Worten zusammenfaßt. Dies legitimiert sich aus der Haltung von RET-Therapeuten, daß jedes Mittel gerechtfertigt ist, Klienten von ihren IBs wegzubringen. Allerdings bleibt die Frage offen, inwieweit der Therapeut mit diesem direktiven Vorgehen noch im Kontakt mit dem Klienten bleibt. In Einheit (13) interpretiert er die Worte des Klienten in einer Weise, daß nicht sichergestellt ist, ob dieser ihm zustimmt. Dafür sprechen auch die Antworten in den Einheiten (12) und (14).

Die RET steht mit ihrem aktiv-direktiven Stil in krassem Gegensatz zur Idiolektik. Dort wird gemäß der Vorannahme, daß sich in der Eigensprache alles Wichtige ausdrückt, was den Klienten innerlich bewegt, breiter Raum gelassen, sich zu entfalten. An dieser Stelle zeigt sich die enge Verknüpfung zwischen der Therapeuten-Klienten-Beziehung und den Vorstellungen über den Problem-Lösungs-Raum.

NLP

Das weise Unbewußte, Rapport und die Therapeuten-Klienten-Beziehung

In der humanistischen Psychologie und in der Hypnotherapie Milton Ericksons steht der lebensweltlich – existenzielle Aspekt des Rapports im Vordergrund. D.h., aufgrund dessen, daß beide, Therapeut und Klient, empfindungsfähige Wesen sind und Schmerz, Trauer, Freude, Verwirrung aus eigener Erfahrung kennen, ist so etwas wie Einfühlung überhaupt möglich. Im NLP-Teil wurden zwei zentrale Metaphern des NLP herausgearbeitet: die des weisen Unbewußten und die Programmierer-Computer-Metapher.

Eine Beziehung von Therapeut und Klient nach dem Modell des Verhältnisses eines Programmierers zu seinem Computer würde in der Praxis nicht funktionieren (selbst bei Reiz-Reaktions-Kopplungen), weil auch hier für den erfolgreichen Ablauf der Therapie Rapport notwendig ist; sonst würde der Klient dem Therapeuten nicht folgen.

Für die Therapeuten-Klienten-Beziehung gilt die Metapher des weisen Unbewußten, derzufolge ein guter Rapport die Voraussetzung dafür ist, daß ein erfolgreicher Veränderungsprozeß überhaupt stattfinden kann. Insofern sind NLP-Therapeuten in hohem Maße sensibilisiert in bezug auf a) das Herstellen von Rapport, b) das Halten des Rapports, c) für das Wahrnehmen eines Rapportbruchs (z.B. anhand von Inkongruenzen zwischen verbalem und nonverbalem Verhalten) und verfügen d) über die Fähigkeit, einen Rapportbruch schnell wieder in Ordnung zu bringen.

Im NLP geht man davon aus, daß ein Klient in seinem So-Sein vom Gegenüber angenommen sein möchte. NLP folgt hier der Vorannahme, daß, gerade weil sich der Klient in seinem So-Sein als defizitär und leidend erlebt, es wichtig ist, eine Differenz zwischen Identität und Verhalten einzuführen. D.h., das, was an dir verbesserungswürdig ist, ist nicht deine Identität, dein Selbst, sondern bestimmte Verhaltensaspekte von dir. Und ich, der Therapeut, verwechsele diese beiden Ebenen nicht. Ich arbeite mit dir dort, wo Veränderung für dich sinnvoll und wünschenswert ist, und halte meine Achtung für dich als Person dabei konstant. Diese Haltung macht es für menschliche Wesen leichter, über unangenehme und peinliche Aspekte zu reden, und sie macht Mut und Hoffnung, daß Veränderung möglich ist. Dieser existenzielle Aspekt des Rapports, das Mit-Sein, ist einem Expertensystem unmöglich.

Im NLP achtet der Therapeut sehr genau darauf, alle Ressourcen des Klienten zu nutzen, um das problematische Verhalten zu überwinden. Dabei hilft dem NLP-Therapeuten seine Verhaltensflexibilität und ein hohes Bewußtsein für die Prozesse, die im Klienten ablaufen (Metaprogramme, Repräsentationssysteme, Zustandsveränderungen etc.). Hinsichtlich einer bestimmte Klasse von Maßnahmen gibt es im NLP allerdings nur ein geringes Bewußtsein: für die Prozesse, die zwischen Therapeut und Klient ablaufen. Der Therapeut achtet darauf, daß Rapport besteht, und er ergreift entsprechende Maßnahmen (pacing), wenn dieser verlorengeht. Aber Phänomene wie die Übertragung, also motivationale Konflikte aus der Kindheit, die auf gegenwärtige Gesprächspartner übertragen werden, liegen außerhalb seiner Wahrnehmung. Hier wäre es hilfreich, das Konzept des Rapports auf solche Übertragungsphänomene zu erweitern. Das würde dem NLP-Therapeuten die Möglichkeit geben, den Klienten gezielt auf negative Kommunikationsmuster anzusprechen und damit einen Teil der Gründe abzustellen, die sich auf den Rapport störend auswirken.

Involviertheitsgrad des Therapeuten

Das NLP ist der Kybernetik 1. Ordnung und der Computer-Metapher noch insoweit verhaftet, als es implizit von der Vorstellung ausgeht: Wenn Rapport besteht und der Therapeut das Problem des Klienten erkannt und das entsprechende Format bestimmt und zum Einsatz gebracht hat, dann wird sich die gewünschte Veränderung einstellen. Diese Haltung bewirkt, daß NLP-Therapeuten meistens direktiv vorgehen, namentlich dann, wenn sie mit dem Klienten ein bestimmtes Format durchführen.

Innerhalb dieses Rahmens bemüht sich der Therapeut auf der einen Seite, im Rapport mit dem Klienten zu bleiben, wozu er alle Mittel einsetzt, die ihm zur Verfügung stehen. Um dieses Ziel zu realisieren, bringt er sich als Person stark ein. Andererseits bemüht sich der NLP-Therapeut, sich nicht vom Problemdenken des Klienten einfangen zu lassen und die relevanten problematischen Muster im Denken des Klienten zu erkennen. Dieses Ziel macht es notwendig, daß er eine Beobachterposition zum Klienten einnimmt. Chris Hall gilt als explizite Verfechterin eines solchen Verhaltens. Es erfordert vom Therapeuten ein großes Maß an Flexibilität, weil er, je nach Situation, immer wieder zwischen diesen beiden Polen hin- und herswitchen muß.

NLP			NLP	
Affenfelsen				als Person stark involviert

Systemische Therapie

Der felt sense

In der systemischen Therapie hat nach unserem Kenntnisstand die Kongruenz zwischen verbalem und nonverbalem Ausdrucksverhalten keine besondere Bedeutung. Ob die Antworten wirklich aus dem *felt sense* kommen, ist hier kein zentrales Anliegen[55]. Wenn die beteiligten Systemmitglieder keine hohe Motivation haben, an den Sitzungen teilzunehmen, sind keine Methoden vorgesehen, dem abzuhelfen. Das schließt nicht aus, daß systemische Therapeuten auf dem Hintergrund ihrer klinischen Erfahrung angemessen auf Inkongruenzen im Ausdrucksverhalten eingehen. Auch hier wird in der Praxis oft mehr geleistet, als durch die jeweilige Theorie abgedeckt ist. Namentlich für die Vergabe der Hausaufgabe ist es wichtig, angemessen einschätzen zu können, ob die Systemmitglieder die Hausaufgabe durchführen werden.

Zurückhaltende Kokreation

Als die Mailänder Schule Anfang der 70er Jahre ihre Tätigkeit aufnahm, handelte sie gemäß Vorannahmen auf dem Hintergrund der Kybernetik 1. Ordnung. Das erklärte Ziel der Mailänder bestand darin, sich von der Familie deren Problemsicht so wenig wie möglich aufdrängen zu lassen, um den „objektiven Blick" des außenstehenden Beobachters wahren zu können. So befanden sie sich ganz links außen auf der Involviertheitsskala. Die zirkulären Fragen dienten dazu, die innerhalb der Familie bestehenden Muster aufzudecken und so neue Lösungen anzuregen.

Im Laufe der 80er Jahre vollzog sich in der systemischen Therapie eine Abkehr von der Kybernetik 1. Ordnung, weil man einsah, daß auch das Bemühen um ein neutrales Verhalten nicht gewährleisten kann, daß jedem Familienmitglied gegenüber wirklich die gleiche Neutralität an den Tag gelegt wird. Dies erwies sich als Illusion. Die neueren Ansätze in der systemischen Therapie, die sich auf dem Hintergund der Kybernetik 2. Ordnung und der kokreativen Problem- und Lösungsdefinition entwickelt haben, geben die extreme Neutralitätsthese auf, ohne aber deshalb den Rapport zu jedem einzelnen Systemmitglied zu einer wichtigen Voraussetzung der gemeinsamen Arbeit gemacht zu haben.

Die Absicht, sich möglichst neutral zu verhalten, bedeutet im Umkehrschluß, mit seinen Meinungen und damit als Person eher außen vor zu bleiben. Diese Haltung läßt sich wie folgt zusammenfassen: Aufgrund seiner systemischen Vorannahmen wählt der Therapeut aus, welche Themen und welche Muster und Beziehungen exploriert werden sollen. Dabei achtet er darauf, inwieweit das Klientensystem sich auf der Sinn- und Handlungsebene davon anregen läßt, oder mit den Worten von Maturana und Varela, inwieweit das System eine strukturelle Kopplung eingeht. Der Therapeut ist sich seines Einflusses auf das System bewußt, während er es zu Perturbationen anregt. Er weiß, daß jedes Elizitieren zugleich ein Installieren ist. Der Therapeut ist Miterschaffer von Problem und Lösung. Deshalb spricht man im Rahmen der Kybernetik 2. Ordnung von einer Kokreation in der Therapeuten-Klienten-Beziehung, wobei der Begriff „zurückhaltende Kokreation" unserer Meinung nach diese Haltung am treffendsten beschreibt.

Übersicht über die wichtigsten Vorannahmen, relevante Daten und Metaphern:

Therapieform	Hauptvorannahmen	Relevante Daten	Metaphern
NLP	Konstruktivistische Annahmen: ➤ Menschen konstruieren Landkarten von der Welt. ➤ Menschen leiden aufgrund ihres eingeschränkten Weltmodells. Schichtenmodell ➤ Trennung von Verhalten und Absicht ➤ Alle Menschen haben den gleichen Biocomputer.	Wichtige Daten ➤ Problem- und Zielrepräsentation im VAKOG ➤ Das gesamte verbale + nonverbale Ausdrucksverhalten *Weniger relevante Daten* ➤ felt sense ➤ Einschätzung des Klientenstatus	➤ Mensch als Computer ➤ Das weise Unbewußte
BFTC	Lob der Oberfläche ➤ Klient ist Experte ➤ Es reicht, sich mit der Lösung zu beschäftigen. Die Lösung ist unabhängig vom Problem. ➤ Kleine Veränderungen führen zu großen Veränderungen. ➤ Sprachphilosophischer Pessimismus	*Wichtige Daten* ➤ Ausnahmen ➤ Verhalten ➤ Klientenstatus *Weniger relevante Daten* ➤ felt sense ➤ Subjektives Erleben	➤ Flachland ➤ Affenfelsen
Idiolektik	Schichtenmodell nach Jonas ➤ Jedes Symptom hat seine Basis in einem phylogenetischen Programm (Triebe), die mit Emotionen und paraverbalen Mitteilungen einhergehen. Idiolektiker ➤ Der Klient ist allein für Inhalte und Lösung verantwortlich. ➤ Das Sprechen in der Eigensprache ist Therapie und Lösung zugleich.	*Wichtige Daten* ➤ felt sense ➤ Eigensprache, ausgedrückt in verbalem + nonverbalem Verhalten, Gedanken und Gefühlen ➤ Phylogenetische und psychiatrische Einschätzung der Klienten bei Jonas *Weniger wichtig* ➤ Theoretische Konzepte (bei den Idiolektikern) ➤ Ziele	
RET	Schichtenmodell ➤ Wir fühlen, was wir denken.	*Wichtige Daten* ➤ As: Auslösende Reize	➤ Mensch als rational Agierender ➤ Lehrer-Schüler-Beziehung

Therapieform	Hauptvorannahmen	Relevante Daten	Metaphern
	➤ Irrationales Denken führt zu dysfunktionalen Gefühlen. ➤ Das Festhalten an IBs in der Gegenwart ist die Ursache von dysfunktionalen Emotionen. ➤ Man kann IBs ändern, indem man sie rational in Frage stellt. Fernöstliche Religionen, Stoiker	➤ Bs: Irrationale Bewertungen (innere Gedankenprozesse) ➤ Cs: dysfunktionale Gefühle *Weniger relevante Daten* ➤ Emotionaler Zustand des Klienten ➤ felt sense	
Systemische Therapie	Schichtenmodell ➤ Das System ist (immer) am Problem beteiligt. ➤ Lösungen entstehen, indem am System kleine Veränderungen induziert werden, die sich dann systemisch auswirken. Konstruktivistische Vorannahmen ➤ Wirklichkeit wird durch Menschen konstruiert. ➤ Systeme sind strukturell determiniert und operational geschlossen.	*Wichtige Daten* ➤ Das System von verschiedenen Wahrnehmungspositionen aus betrachten ➤ Verhalten ➤ Zirkularität ➤ Neutralität *Weniger relevante Daten* ➤ Emotionaler Zustand ➤ Subjektives Erleben ➤ felt sense	➤ Zurückhaltende Kokreation (in den 90er Jahren)
GT	Schichtenmodell ➤ Alle Probleme haben ihre Wurzel in einer starren Selbststruktur. ➤ Nur unter den Bedingungen der Echtheit, Empathie und Wertschätzung ist Veränderung möglich. Existenzialismus ➤ Der Mensch ist im Kern positiv. ➤ Nur der Klient kann die Lösungen für sich selbst finden.	*Wichtige Daten* ➤ Emotionale Betroffenheit ➤ Echtheit im Selbstausdruck von Gefühlen, Gedanken, Werthaltungen im Hier und Jetzt ➤ Kontakt und Empathie ➤ Wertschätzung *Weniger relevante Daten* ➤ Ziele ➤ Ressourcen ➤ Lösungen, Ausnahmeverhalten	➤ Einfühlsamer Freund ➤ Wächter

II. Die Fragestrategien im Vergleich

Unabhängig vom philosophisch-weltanschaulichen Begründungszusammenhang, in dem eine therapeutische Technik entstanden ist, gibt es so etwas wie therapeutische Fragestrategien, die uns sagen, welche Frage und welche Technik an welcher Stelle mit welcher Absicht sinnvollerweise eingesetzt werden kann bzw. sollte. Der Weg vom Problem zur Lösung findet seinen konkreten Ausdruck in der Fragestrategie und in den akzeptierten Interventionsmethoden. Wenn es unterschiedliche Interventionstechniken[56] gibt (was nicht immer der Fall ist, wie z.B. in der GT), dann muß die Fragetechnik u.a. zu Antworten führen im Hinblick darauf, welche Technik wann anzuwenden ist.

Ohne solche Strategien und Hypothesen wird das Fragen zu einem wahllosen Herumgestocher. Ein therapeutisches Interview bekommt seine Relevanz und seinen „Zug" dadurch, daß es in eine therapeutische Strategie eingebettet ist, die unter anderem entscheidet, welche Daten (Glaubenssätze, somatischen Reaktionen etc.) relevant sind, wie die Daten zu bewerten sind und in welcher Reihenfolge man sinnvollerweise vorgeht. Diese übergeordneten Ziele und Hypothesen, die die verschiedenen therapeutischen Fragemethoden lenken, nennen wir die Strategie der Fragemethode. Sie sagt uns: Wann frage ich was bei wem?

Im Grundlagenteil des Buches wurde die Einteilung zwischen konkreten, virtuellen und strategischen Fragen vorgenommen. Erstere sind Fragen, die jemand einer anderen Person ganz konkret stellt; virtuelle Fragen sind die Fragen, die sich Klienten selbst stellen; und strategische Fragen sind Fragen, die sich der Therapeut selbst stellt. Für die Fragestrategie sind die strategischen und die konkreten Fragen relevant. Die strategischen Fragen bestimmen, welche konkreten Fragen der Therapeut an den Klienten stellt. Daraus leitet sich u.a. die Fragerichtung ab.

In der Praxis ergibt sich die Antwort auf die Frage „Wann frage ich was?" ganz pragmatisch: Therapeuten entwickeln auf der Basis ihrer alltäglichen Erfahrung, ihrer Werthaltungen etc. Kriterien dafür, wann sie welche Frage stellen. Die Kriterien, anhand derer jemand entscheidet, welche Frage er wann stellt, können allerdings selbst zum Gegenstand der Befragung werden, was im Laufe der eigenen professionellen Entwicklung bzw. im Zuge der Weiterentwicklung therapeutischer Methoden auch immer wieder geschieht. Hier tut sich theoretisch ein Regreß entweder in der Zeit oder ein unendlicher logischer Regreß auf, der Therapeuten allerdings in ihrer praktischen Arbeit wenig berührt. Sie sind von Haus aus eher Pragmatiker (Handwerker) als Philosophen und pflegen sich mit den logischen Fallstricken von Unentscheidbarkeitsproblemen und logischen Iterationen normalerweise nicht allzulange aufzuhalten. Da sie als Pragmatiker nicht unendlich viel Zeit haben, sondern hier und jetzt eine Entscheidung treffen müssen, ob und was sie fragen, ist jeder Regreß faktisch immer schon zu einem Ende gekommen. Diese Struktur des immer schon zu Ende gekommenen Regresses kann man einerseits dezisionistisch begründen, was darauf hinausläuft, zu sagen: „Ich mache es so, weil ich es so mache", oder es eröffnet sich das Feld der Selbstbegründung[57].

Die Strategie jeder Fragemethode läßt sich in einem gewissen Sinne als die operationalisierte Intuition der Entwickler der jeweiligen Methode verstehen, die ihnen aber nicht unbedingt bewußt sein muß. Da, wo für die Fragetechnik keine explizite Strategie vorliegt (wie z.B. beim Meta-Modell oder bei der Idiolektik), wird im Regelfall auf die therapeutische Erfahrung bzw. Intuition des Anwenders verwiesen. Natürlich erschöpft sich die therapeutische Intuition nicht in einer derartig operationalisierten Strategie. Sie geht immer darüber hinaus, ist vielfältiger und führt häufig dazu, daß die Strategie selbst überarbeitet, verfeinert oder gänzlich verworfen wird. Faktisch läßt sich leicht zeigen, daß der routinierte Nutzer dieser Methoden nach einiger Zeit ein unbewußtes Muster bei der Nutzung dieser Fragetechnik entwickelt. Dieses kann mindestens teilweise modelliert werden und stellt dann eine Strategie für diese Fragetechnik dar.

Wir wollen an dieser Stelle darauf hingewiesen, daß es zu einer Fragetechnik eine Vielzahl unterschiedlicher, aber gleich sinnvoller Strategien gibt. Dies bedeutet für diejenigen, die diese Methoden erlernen, daß es am Anfang nützlich sein kann, sich an die Strategie eines besonders erfolgreichen, eleganten, effizienten Experten zu halten, um dann im Laufe der Zeit eine eigene Strategie zu entwickeln.

Vorgehen

Im ersten Kapitel fassen wir noch einmal unsere Überlegungen zusammen, die sich auf die Verstehensvoraussetzungen und die Kohärenz in einem therapeutischen Interview beziehen. Daran schließt sich ein Vergleich an, wie die Fragemethoden diese Kohärenz herstellen.

Im zweiten Kapitel beschäftigen wir uns mit dem Aspekt der **Fragerichtung**. Die Fragestrategie sollte Kriterien angeben, wann es sinnvoll ist, eine bestimmte Fragerichtung einzuschlagen bzw. die bestehende zu wechseln. Die eingeschlagene Fragerichtung hängt eng mit der Hypothesenbildung zusammen, denn die Hypothesen leiten den Therapeuten bezüglich dessen, welche „konkreten" Fragen er dem Klienten stellt. Im dritten Kapitel betrachten wir deshalb den Zusammenhang zwischen der **Hypothesenbildung** und den generellen Vorannahmen der Therapiemethode.

Im vierten Kapitel beschäftigen wir uns mit der Frage, ob die jeweilige Methode zwischen **verschiedenen Kliententypen** hinsichtlich ihrer Therapiefähigkeit unterscheidet (zum Beispiel: Besucher/Klagender/Kunde bei Steve de Shazer). Tut sie das, dann muß die Interviewtechnik möglichst frühzeitig die Frage beantworten, zu welchem Typus der Klient im Moment gehört.

1. Verstehensvoraussetzungen und Kohärenz im Gespräch

Im 1. Teil des Buches wurde zwischen der Anfrage und dem Gespräch unterschieden. Letzteres ist von Verstehensvoraussetzungen abhängig, also dem, was notwendig ist, damit das jeweils im Rahmen eines Gesprächs Gesagte verstanden werden kann. Das Gespräch bildet eine Ganzheit insofern, als Frage und Antwort nur aus dem Ziel des Gesprächs, dem Thema und dem bisher Gesagten sowie der Gesprächssituation als ganzer verständlich sind. Dies unterscheidet das Gespräch und die **gesprächshafte Frage** von der **Anfrage**, die ohne solche Voraussetzungen verständlich ist („Wie komme ich zum Bahnhof?"). Die Anforderungen, die an Therapeuten oder Berater zu stellen sind, gehen allerdings über diese einfachen Verstehensvoraussetzungen weit hinaus. D.h., therapeutisches Verstehen setzt (in der Regel) mehr voraus als nur die Fähigkeit, dem Gesagten folgen zu können.

Solche Gespräche zeichnen sich im Gegensatz zu einer Anfrage dadurch aus, daß von den Gesprächspartnern eine gesammelte Form der Anwesenheit gefordert ist. In einem Gespräch geht es um den Be-fragten als Er-fragten, was seitens des Fragenden ein Eingehen und auf den Befragten, ein über das Gesagte Hinausgehen, voraussetzt. Dies gelingt nur, wenn dabei das gesamte Gespräch berücksichtigt wird, wenn das Gespräch eine Kohärenz, einen Zusammenhalt hat. Dieser Zusammenhalt kann sich darauf beziehen, inwiefern das gerade Gesagte logisch und inhaltlich zu dem bereits Geäußerten paßt (argumentative Kohärenz). Er kann sich aber, wie in der Idiolektik, auch auf andere Aspekte beziehen. Die Fragemethode sollte auch sicherstellen, daß der Doppelbezug von Inhalt und Prozessen (dem, was im Gespräch eigentlich zur Sprache kommt) bestehen bleibt.

In dem hier entwickelten Sinne stellt jedes therapeutische Interview ein Gespräch dar, in dem sich die Klienten selbst entdecken. Die einzige Ausnahme stellt die Befragung im **NLP** dar, wenn es sich beim Problem um eine Stimulus-Response-Kopplung handelt. Beim Vorliegen einer Höhenphobie ist für den Therapeuten klar, was zu tun ist. Er wird den Kontext, den Auslöser etc. abfragen, mit der Absicht, die notwendigen Informationen für die geplante Intervention (Phobietechnik) zu sammeln. Ein Gespräch in einem entdeckenden Sinne ist hier nicht mehr notwendig.

Die argumentative Kohärenz spielt nur in der **RET** eine wirklich zentrale Rolle, weil sie gerade davon ausgeht, daß die Klienten an irrationalen Bedeutungskonstruktionen leiden und das Ziel der Therapie darin besteht, diese durch rationale Infragestellung zu erschüttern. Argumentative Inkonsistenzen sind natürlich ein guter Anknüpfungspunkt für die Disputation.

Im **NLP** sind argumentative Inkonsistenzen vor allem bei der Befragung mit dem Meta-Modell von Interesse. Ein geübter NLP-Therapeut wird durch gezieltes Fragen versuchen, solche Inkonsistenzen im Modell der

Welt bewußt zu elizitieren, oder er wird solche Inkonsistenzen aufgreifen, um Übergeneralisierungen durch Gegenbeispiele zu entmachten. Der Therapeut hat dann die Wahl, auf der Ebene des geäußerten Glaubenssatzes (z.B.: Ich traue mir nicht soviel zu wie andere) stehenzubleiben, oder er kann in einem entdeckenden Gespräch mit dem Klienten zu immer tieferen Einsichten vordringen. Auch dann bleibt der Doppelbezug von Inhalt und Prozessen erhalten, der es dem Klienten ermöglicht, sich selbst in seiner eigensten Entschiedenheit auf eine tiefere Weise zu verstehen. Dies können bewegende Augenblicke sein, Momente, die eine Erschütterung auslösen und so die Kraft haben, die bestehende Entschiedenheit zu verändern.

Diese Vorgehensweise wird allerdings im traditionellen Meta-Modell nicht gelehrt, obwohl für einzelne Aussagen (z.B. im Falle der komplexen Äquivalenz) Fragen zur Verfügung stehen, die gerade darauf abzielen, solche argumentativen Inkonsistenzen aufzudecken. Da das Meta-Modell allerdings am Satz orientiert ist und nicht am Text, sind textuelle Rückbezüglichkeiten auf früher Gesagtes in einem NLP-Interview durch die Methode selbst nicht gefordert. Das schließt nicht aus, daß dies in der Praxis doch vorkommt; allerdings dann eher aufgrund der allgemeine Gesprächskompetenz des Therapeuten denn aufgrund der Fragetechnik als solcher.

Im Interviewmodell von **Steve de Shazer** stellt sich das Verstehensproblem auf ganz eigene Weise. Er horcht auf Ausnahmen von der Beschwerde und greift auch die zaghaftesten Andeutungen in dieser Richtung auf, indem er eine entsprechende Frage formuliert. Dabei spielt die argumentative Kohärenz in den Äußerungen des Klienten keine Rolle. Das heißt, ein Widerspruch seitens des Klienten, wie zum Beispiel: „Ich habe einfach keinen Spaß an meiner Arbeit" und ein späteres Erwähnen einer beruflichen Tätigkeit, bei der der Klient sehr wohl Spaß hatte, wird nur dann aufgegriffen, wenn das Spaßhaben als Ausnahme zum Symptom zu verstehen ist. Der Klient wird allerdings nicht (wie in der RET) auf diesen Widerspruch aufmerksam gemacht; es findet keine Korrektur bzw. Belehrung statt. Alle anderen argumentativen Inkonsistenzen, die für die Suche nach Ausnahmen unerheblich sind, werden übergangen.

Obwohl Steve de Shazer behauptet, man könne die Inhalte, über die der Klient spricht, nicht verstehen, braucht er doch ein Verständnis dafür, was überhaupt als Ausnahme von der Beschwerde zu werten ist. Und auch bei ihm wächst die Kohärenz des Gesprächs in dem Maße, wie sich die Fragen in sinnvoller Weise auf das Gesagte zurückbeziehen bzw. an der „richtigen" Stelle eine Skalierungsfrage oder die Wunderfrage eingesetzt wird ist. Obwohl diese Fragen als Standardfragen schon vorgegeben sind, gibt es gute Gründe, sie zu einem bestimmten Zeitpunkt noch nicht zu stellen bzw. sie genau an dieser Stelle einzuführen. Das Wahrnehmen dieser Kriterien und das Reagieren auf sie unterscheidet ein mechanisches Stellen dieser Fragen von einem solchen, das mit therapeutischer Kompetenz geführt wird.

In der **Gesprächstherapie** ist die Kohärenz des Gesprächs in aller Regel sichergestellt, weil der Therapeut sich empathisch auf das Anliegen des Klienten in der jeweiligen Situation konzentriert. Der Gesprächstherapeut folgt dem Klienten, wohin immer dieser gehen mag. Auch hier besteht das Ziel weniger darin, logische Inkohärenzen aufzudecken, sondern vielmehr darin, dem Klienten zu tieferen Erkenntnissen über sich selbst zu verhelfen und diese Erfahrungen zu realisieren.

Die Gefahr scheint hier eher darin zu bestehen, daß sich das Gespräch im Kreis dreht, weil der Therapeut ihm zu wenig Impulse in eine konkrete Richtung gibt. Im Extremfall verliert der Klient Lust und Motivation, überhaupt weiterzumachen.

In der **idiolektischen Gesprächsführung** stellt sich das Problem der Kohärenz auf eine etwas andere Weise dar. Das Plaudern in der Eigensprache des Klienten kann sowohl Außenstehenden als auch dem Therapeuten selbst als wenig kohärent erscheinen. Es kann viele Sprünge und thematische Wechsel aufweisen und trotzdem vom Klienten als in sich schlüssiger Fortgang erlebt werden. Kohärenz ist auch in der idiolektischen Gesprächsführung vonnöten, folgt aber einer anderen Logik – eben der der Eigensprache. Es geht um die emotionale Kohärenz des Gesprächs, nicht um die logisch argumentative Kohärenz.

Insofern braucht der Idiolektiker Kriterien, an denen er erkennen kann, daß das Gespräch für den anderen noch relevant ist, bzw. Kriterien, an denen er erkennt, wann es irrelevant wird. Auch hier stellt sich das Problem: Worauf gehe ich mit meiner nächsten Frage ein? Die Idiolektiker beziehen sich auf ihre Intuition, mit Hilfe derer sie entscheiden, welchen Aspekt der Eigensprache des Klienten sie wie behandeln wollen.

Im Gegensatz dazu hat Jonas selbst seine Klienten häufig auf argumentative Inkohärenzen hingewiesen, was zu einer ähnlichen Befragung wie beim NLP-Meta-Modell führte. Er nannte dieses Vorgehen „Verwirrtechnik".

In der systemischen Therapie spielen argumentative Inkohärenzen keine große Rolle, weil sich der systemische Therapeut auf die Interaktionen zwischen den Aussagen der Systemmitglieder bezieht und nicht auf die argumentative Kohärenz eines einzelnen Systemmitglieds. Die Kohärenz ergibt sich dadurch, daß der Therapeut allen oder einigen Systemmitgliedern nacheinander eine Frage (meist eine zirkuläre) stellt. Aus den Antworten bildet der Therapeut eine Hypothese, welchem Thema er nun folgen möchte, und stellt eine neue Frage usw. Der enge Zusammenhang zwischen Hypothesenbildung (Fragestrategie) und Kohärenz ist deutlich.

2. Fragerichtungen

Die eingeschlagene Fragerichtung äußert sich in konkreten Fragen an den Klienten. Wir unterscheiden hierbei grob zwischen

a) tatsachenorientierten Fragen,
b) problemorientierten Fragen,
c) lösungsorientierten Fragen.

Im Zusammenhang mit den von den Therapiemethoden benutzten Fragearten ist es auch interessant zu betrachten, ob dabei herauf- oder heruntergechunkt wird. Aus diesem Grund sei der Begriff „chunking" an dieser Stelle erläutert.

Chunking

Der Begriff des Chunking ist im Zusammenhang mit der Neuorganisation von Bedeutung wichtig. Komplexe Systeme können wir auf unterschiedlichsten Chunk-Levels beschreiben. Aufgrund unserer begrenzten Fähigkeit, größere Mengen von Informationen gleichzeitig bewußt zu verarbeiten, müssen wir diese verdichten und raffen. Dieser Umstand ist im NLP bisher ausschließlich unter dem Gesichtspunkt von Miller (*The Magical Number 7±2*) diskutiert worden[58].

Chunking ist schwer zu übersetzen; eine Annäherung ist „Ballen". Hierbei handelt es sich um eine Form der Abstraktion, d.h., es werden größere Informationsmengen zu einem einzigen Chunk („Brocken") zusammengefaßt. So können wir den Überblick über komplexe Systeme bekommen.

Ein Beispiel ist die Beschreibung eines Menschen. Wir könnten auf der Ebene der Atome und Moleküle beginnen, wie dies auch für bestimmte Aufgaben der Pharmakologie notwendig ist. Als nächstes können wir dann auf die Ebene der Zellen und von da aus zu Zellverbänden und Organen übergehen. Der Zellbiologe hat eine „geballte" Vorstellung von dem, womit sich die Molekularbiologen sehr detailliert beschäftigen. D.h., jede Stufe ist gegen die darunterliegende bis zu einem gewissen Grad „versiegelt". Natürlich „sickert" immer ein bißchen durch; ein Chemiker kann sich nicht völlig von der Physik abkoppeln, ein Biologe nicht von der Chemie.

Mit Fragen kann ich den Blick mehr auf Details richten, was einem Herunterchunken gleichkäme, oder ich kann die Fragen so stellen, daß die Antwort auf eine höhere Abstraktionsebene verweist (Hochchunken).

Tatsachenorientierte Fragen

Tatsachenorientierte Fragen sind meist Anfragen im Sinne Rombachs[59]. Darunter fallen Fragen nach dem Auftrags- und Überweisungskontext, die Ermittlung des Genogramms in der Familientherapie, die Fragen über die Lebens- und Arbeitsbedingungen des Klienten, Fragen nach Kindern, nach verheiratet, verlobt, geschieden bei Paartherapien.

Diese Fragen können in jedem Abschnitt des Interviews vorkommen, werden aber häufig zu Beginn der Therapie gestellt. Bei einem Coaching in Hinblick auf die Berufswahl fragt man sicherlich vorab: „Wie alt sind Sie? Welche beruflichen Erfahrungen haben Sie?" etc. Es sind sozusagen orientierende Fragen, die die Rahmenbedingungen aufhellen sollen.

Jede der hier behandelten Fragemethoden stellt tatsachenbezogene (An)Fragen. Diese sind selten im Rahmen einer Fragestrategie wichtig (auch hierfür gibt es Gegenbeispiele!). Aus diesem Grund werden wir uns vornehmlich mit den problem- und lösungsorientierten Fragen auseinandersetzen, die in aller Regel unentscheidbare bzw. gesprächshafte Fragen im Sinne Rombachs sind.

Problemorientierte Fragen

Problemorientierte Fragen lassen sich auf vielerlei Art kategorisieren. Wir unterscheiden grob:

a) Fragen, die darauf abzielen, ein möglichst genaues Bild vom Problem zu bekommen (*chunk-down*). Beispiele sind: Worin besteht das Problem? Seit wann äußert es sich? Unter welchen Bedingungen äußert es sich? Gibt es Unterbrechungen? etc.

b) Fragen über das Problem. Diese Fragen regen ein induktives Schlußfolgern an und sind häufig mit einem *chunk-up* verbunden[60]. Beispiele sind: Was glauben Sie, wie es kommt, daß Sie das Problem haben? Was bedeutet es, wenn Sie das Problem (nicht) lösen? Was denken Sie darüber, daß Sie sich in dieser Situation so schlecht fühlen? usw.

Problemorientierte Fragen sind in aller Regel auf die Vergangenheit bezogen, während lösungsorientierte Fragen meist auf die Zukunft gerichtet sind.

Lösungsorientierte Fragen

Bei den lösungsorientierten Fragen gilt dieselbe Einteilung in konkretisierende Fragen (*chunk-down*) und schlußfolgernde Fragen (*chunk-up*).

a) Beispiele für konkretisierende Fragen sind: Wie genau stellen Sie sich eine mögliche Lösung vor? Was werden Sie tun, wenn das Problem gelöst ist? Woran werden Sie merken, daß es gelöst ist? Was wird es für Auswirkungen auf Ihre Umgebung haben? usw.

b) Beispiele für schlußfolgernde Fragen sind: Was haben Sie aus dem Lösungsprozeß gelernt? Wo könnten Sie dieses Wissen sonst noch anwenden? etc.

Im folgenden wird dargelegt, welche Fragerichtung(en) die einzelnen Therapiemethoden bevorzugen bzw. selten oder gar nicht einschlagen.

GT

Die Fragen in der GT zielen darauf ab, zu erfahren, was im Moment für innere Prozesse (Sinnkonstruktionen und Gefühle) beim Klienten stattfinden. Die Fragerichtung folgt dem Anliegen des Klienten, spielt sich also de facto im Problembereich ab, da Klienten dazu neigen, überwiegend über ihr Problem zu sprechen, wenn man sie nicht daran hindert.

Das folgende Beispiel zeigt, daß manche GT-Therapeuten die Problemorientierung sogar forcieren: Ein Klient bat seinen GT-Therapeuten mehrmals hintereinander, ihm für die Lösung seines Problems Tips zu geben[61]. Darauf antwortete dieser: „Es tut mir leid, da muß ich Ihnen sagen, daß dies für mich nicht möglich ist. Ich kann es nicht vertreten, Ihnen Ihren Weg vorzuzeichnen, ich denke vielmehr, daß Sie der einzige sind, der eine für Sie angemessene Lösung finden kann. Was wir in diesem Gespräch zusammen tun können, ist, daß wir gemeinsam an dem Problem – so wie es sich für Sie stellt – arbeiten und auf diese Weise zu einer Klärung für Sie kommen. Ich glaube, daß es Ihnen nach einer gewissen Zeit dann auch möglich sein wird, einen eigenen Weg zu finden."

Der Therapeut sagt deutlich, daß er mit dem Klienten an dem Problem arbeiten will, um zu einer Klärung zu kommen, nicht zu einer Lösung. So etwas wie ressourcenorientierte Vorgehensweisen und Strategien, wie man sie im NLP oder im BFTC kennt, gibt es in der GT nicht. Die Möglichkeiten des GT-Therapeuten beschränken sich darauf, beim Spiegeln und Verbalisieren der emotionalen Erlebnisinhalte die Aspekte herauszugreifen, die in eine ressourcenorientierte Richtung führen. Da er dies gemäß den nondirektiven Vorannahmen nicht forcieren darf, ist seine Möglichkeit einer Einflußnahme in diese Richtung gering.

Erst seit Beginn der 90er Jahre setzt sich die Idee durch, in bestimmten Fällen eigene Themen und Hypothesen ins Gespräch einzubringen und den Klienten so vorsichtig in eine bestimmte Richtung hinzuführen. Dies geschieht durch Fragen, das Äußern von Phantasien oder der eigenen Gefühle. Zum Beispiel antwortet der Therapeut auf eine Klientenäußerung: „Ich habe das Gefühl, das könnte mit dem Thema ‚Macht' zu tun haben." Nun liegt es in der Hand des Klienten, zu entscheiden, ob dies zutrifft oder nicht.

In der GT gilt es als günstiges Psychotherapeutenverhalten, dem Klienten unbeschränkten Raum für die eigene Selbstexploration zu geben. Besonders deutlich tritt dies zu Tage, wenn Pausen eintreten:

K: So, ich hab – äh – so das Gefühl bei meinen Schwierigkeiten, daß das immer wieder alles von mir ausgeht. Von Schuld zu sprechen ist vielleicht nicht ... nicht ganz richtig, da in diesem Zusammenhang – ich hatte schon in verschiedenen Umgebungen beobachtet, diese Schwierigkeiten ...
T: Ja, daß Sie so oft das Gefühl haben, Sie allein seien dafür verantwortlich?
K: Ja, darüber hab ich mir schon oft Gedanken gemacht, es ist ... (55 Sek.)
Ja ... ich – andererseits denke ich mir eben manchmal, daß ich da gar nicht so alleine anstoß', denn es gehören ja irgendwie andere Menschen immer dazu ... daß, auch vor anderen Leuten, daß ich da irgendwie davon ausgehen kann, daß die auch...
T: Ja, daß Sie sich da auch irgendwie ein Entgegenkommen wünschen von den anderen Menschen?
K: Ja, daß – vielleicht gerade unter den Studenten, weil ich mich ja jetzt seit insgesamt sieben oder acht Semestern eben gerade in dieser Gruppe immer bewege, daß vielleicht ... daß nicht ich da schuld bin ...
T: Ja, daß Sie so manchmal das Gefühl haben, wenn ich jetzt mit anderen Leuten zusammen wäre, dann wär's auch besser?

Bommert kommentiert diesen Abschnitt wie folgt[62]: „Nach der Pause fährt der Klient an der Stelle des Gespräches fort, die Anlaß zu Überlegungen und zur Pause selbst gegeben hatte. Es wird deutlich, daß der Klient im Verlauf der Pause zu weiteren Überlegungen und dadurch zu einer weiteren Klärung seines Problems gekommen ist. Der Psychotherapeut hat durch sein entspanntes Verhalten ohne Anzeichen von Ungeduld oder Unsicherheit dem Klienten diese zum weiteren Fortkommen im Gespräch konstruktive Pause mit ermöglicht."

Das von Bommert hier gelobte Vorgehen des GT-Therapeuten kann man, bezogen auf dieses Beispiel, sicherlich nachvollziehen. Es folgt der Vorannahme, daß man am „Wächter"[63] nur durch das Verbalisieren der emotionalen Erlebnisinhalte (VEE) vorbeikommen kann und nicht durch irgendwie geartete Anregungen von außen. Hierbei geht es der GT vor allem darum, das vom Klienten Ausgedrückte, so wie es dieser gemeint hat, inhaltlich richtig wiederzugeben bzw. zu spiegeln. Es geht hingegen nicht (wie z.B. im NLP) darum, die gleichen Worte, das gleiche Intonationsmuster oder das gleiche Repräsentationssystem wie der Klient zu verwenden.

Als Beispiel mag die Klientin eines der Autoren angeführt sein, die unter Depressionen litt und nach eigenen Aussagen in einer einjährigen GT-Psychotherapie keinerlei Fortschritte gemacht hatte. Statt diesem „ewigen Versinken im Problem" wünschte sie sich ausdrücklich Hilfestellungen, um aus der Depression herauszukommen. Diese Klientin fühlte sich zudem bei Schweigeperioden, wie sie oben dargestellt wurden, unter einem starken inneren Druck, etwas sagen zu müssen, um dem GT-Therapeuten damit einen Gefallen zu tun. Es ist sicherlich nicht selten, daß Menschen (wie die oben beschriebene Klientin) Schwierigkeiten mit dem problemorientierten Vorgehen der GT haben. Es würde die Effektivität der GT steigern, wenn die Therapeuten bereit wären, auf ihre rigiden Vorannahmen zu verzichten, wenn der Klient dies ausdrücklich wünscht.

Auch die Ansicht, die Bommert an späterer Stelle ausführt[64], nämlich daß es in der Praxis vorkommen kann, einen ganzen Kontakt im Schweigen zu verbringen, halten die Autoren keineswegs für eine effiziente Vorgehensweise.

BFTC

Den stärksten Gegensatz zur GT bietet der Ansatz des BFTC. Die innere Erlebniswelt zu klären oder gar über seine Probleme zu sprechen führt im schlechtesten Fall dazu, das Problem zu verstärken: „Problem talk creates problems." Diese Vorannahme bestimmt wesentlich die Fragestrategie. Sie ist durch das Vorgehen auf der Zentralkarte[65] eindeutig festgelegt und von den hier behandelten Fragemethoden am weitesten systematisiert. Die Fragerichtung ist immer die gleiche: lösungsorientiert bzw. realisationsorientiert. Klärungsorientierte Fragen hinsichtlich dessen, worum es bei der Beschwerde geht, sind überflüssig.

Im BFTC gibt es strenggenommen keine problemorientierten Fragen und nur wenige Fragen nach Tatsachen[66]. Zwar beobachtet man ab und zu Paraphrasierungen wie zum Beispiel: „Und das stört Sie sehr?" oder: „Das ist für Sie bestimmt nicht leicht" oder: „Wie lange wohnen Sie schon bei Ihrer Mutter?" oder: „Die wievielte Arbeitsstelle ist das?", aber es ist deutlich, daß es sich dabei um rapportbildende Maßnahmen handelt und nicht um eine Informationssammlung hinsichtlich dessen, wie der Klient das Problem erlebt oder bewertet.

Allerdings kann man auch für die Fragemethode des BFTC festhalten, daß manche Tatsachen für den Therapeuten einfach wichtig sind, um sich ein Bild vom Leben des Klienten machen und daran anknüpfend lösungsorientierte Fragen stellen zu können. Wenn man einer Klientin, die Ehestreitigkeiten mit ihrem trunksüchtigen Mann hat, fragt: „Leben Sie getrennt von Ihrem Mann?", dann gibt die Antwort wichtige Informationen, die es ermöglichen, eine Ausnahme vom Problem zu finden. Tatsachenfragen sind also auch für Therapeuten des BFTC interessant, wenn sie behilflich bei der Lösungsfindung sind.

Ansonsten gilt: Das einzige, was uns wirklich interessiert, sind Ausnahmen: „Wann war es anders?", „Was haben Sie dann gemacht?" usw. Dies verweist uns auf den Hauptbereich der Fragen, die der Ansatz des BFTC verwendet: lösungsorientierte Fragen. Für den Fall, daß dem Klienten keine Ausnahme einfällt, stellt man die Wunderfrage, die Frage nach hypothetischen Ausnahmen. Dabei ermöglichen es insbesondere die zirkulären Fragen (z.B: Woran würde Ihr Mann als erstes bemerken, daß dieses Wunder eingetreten ist?), andere Personen mit einzubeziehen und so die Situation aus zusätzlichen Perspektiven zu betrachten.

Die konkreten Fragen, die Therapeuten im BFTC ihren Klienten stellen, um zu Lösungen zu gelangen, seien hier noch einmal zusammengefaßt. Genauere Informationen über Art und Anwendung dieser Fragen findet der Leser im Teil über das BFTC im Kapitel IV.2:
1. Skalierungsfragen,
2. Fragen nach Ausnahmen,
3. Fragen nach hypothetischen Ausnahmen (die „Wunderfrage"),
4. Fragen nach konkreten Handlungsschritten.

Skalierungsfragen sind die einzige Kategorie bei Steve de Shazer, bei der es um eine Bewertung geht. Die anderen Fragearten konkretisieren die Lösung, sie führen zu einem *chunk-down*.

Die Fragen, die im BFTC verwendet werden, spielen interessanterweise im NLP so gut wie keine Rolle. Nur sehr selten fragt man nach Ausnahmen, so daß man sagen könnte: Die Menge der Tatsachen, an denen NLP und das BFTC interessiert sind, ist geradezu komplementär; das, was das NLP interessiert, ist für das BFTC uninteressant, und umgekehrt. Gerade deswegen sind die Fragen nach Ausnahmen für das NLP eine große Bereicherung. Hingegen würde die gesamte NLP-Fragenpalette (vor allem die problemorientierten Fragen) den Ansatz des BFTC zerstören.

NLP

Im NLP sind alle drei Fragerichtungen vertreten. Bezüglich der Tatsachen, die es zu erfragen gilt, könnte man im NLP die Devise aufstellen: So viele Tatsachen wie nötig und so wenig wie möglich. Zu viele Informationen verwirren nur und verstellen den Blick aufs Wesentliche.

Es ist eine Frage des Geschmacks und des spezifischen Problems, ob der Therapeut zuerst ziel- oder problemorientierte Fragen stellt. Problem- und Zielfragen können sowohl mit tatsachenorientierten Fragen als auch mit Fragen nach der inneren Repräsentation verbunden werden. Dann sind es Fragen, die konkretisieren (chunk-down). Fragen nach der inneren Repräsentation können sowohl im Problem- wie im Zielkontext lauten: Was sehen Sie? Was hören Sie? Was fühlen Sie? etc.

Bei den problemorientierten Fragen des Meta-Modells lauten die übergeordneten strategischen Fragen: Was ist das Problem? und: Wie macht der Klient sein Problem? bzw., da jedes Problem als Leistung verstanden wird: Wie genau bringt der Klient diese Leistung hervor? Wer sich die im Meta-Modell verwendeten Fragen noch einmal vor Augen führen möchte, sei auf das entsprechende Kapitel im NLP-Teil sowie auf die Ergänzungen des Ehepaars Chong verwiesen.

Die Fragen des Outcome-Frames (Zielfragen) elizitieren, was genau der Klient in welchem Kontext will. Diese Fragen seien hier noch einmal zusammengefaßt:
- Was ist Ihr Ziel? Was wollen Sie erreichen?
- In welchem Kontext wollen Sie das Ziel erreichen?
- Was wäre in Ihrem Leben anders, wenn Sie das Ziel erreicht hätten? Welche positiven und negativen Konsequenzen hätte die Zielerreichung? bzw. Was hätten Sie davon?
- Woran würden Sie erkennen, daß Sie ihr Ziel erreicht haben?
- Welche Ressourcen stehen Ihnen schon jetzt zur Verfügung, um das Ziel zu erreichen?
- Welches ist der erste Schritt, den Sie tun werden, um Ihr Ziel zu erreichen?

Die generelle Fragestrategie im NLP könnte man folgendermaßen beschreiben:
1. Problemorientierte Fragen (vor allem Fragen des Meta-Modells und auch VAKOG-Fragen),
2. Zielfragen (vor allem Fragen des Outcome-Frames und auch VAKOG-Fragen),
3. Fragen nach der inneren Repräsentation,
4. Ressourcenorientierte Fragen: Was braucht der Klient, um das Ziel zu erreichen?,
5. Intervention.

Diese Fragestrategie beinhaltet ein klärungs- und realisierungsorientiertes Vorgehen. Bei den Fragen des Meta-Modells geht es zunächst darum, zu klären, welches Problem der Klient hat. In einem zweiten Schritt geht es um die Hinterfragung eingeschränkter Teile des Weltmodells. Das Vorgehen ist bis hierher primär klärungsorientiert.

Zielfragen enthalten meistens realisationsorientierende Aspekte. Die Frage „Was wäre in Ihrem Leben anders, wenn Sie das Ziel erreicht hätten?" impliziert, daß der Klient in den Zielzustand geht, und installiert damit eine Lösungsvorstellung. Insofern können Zielfragen schon vor der eigentlichen Intervention sehr zur Realisation der Intentionen beitragen. Darüber hinaus entwickelten Bandler und Grinder Interventionsformate für bestimmte Problemklassen, um zu einem Zielzustand zu kommen.

Die bis hierher besprochenen Fragearten führen zu einer Konkretisierung (*chunk-down*) und sind die im NLP bevorzugten. Schlußfolgernde Fragen findet man im NLP vorwiegend bei hypnotischen Fragen, die im Problem- oder Zielkontext gestellt werden können, vorwiegend aber ressourcen- bzw. möglichkeitsorientiert eingesetzt werden. Diese Fragen stammen zum großen Teil aus der Hypnotherapie von Milton Erickson und werden namentlich von Richard Bandler ausgiebig angewandt. Als ein Beispiel sei eine gängige Form der Technik der Pseudoorientierung in der Zeit benannt: „Woran würden Sie merken, daß Sie dieses Problem endgültig gelöst haben?" Auf die damit verbundenen Vorannahmen und den starken Installationsaspekt wurde im Abschnitt über hypnotische Fragen bereits hingewiesen.

Systemische Therapie

Die systemische Therapie hat das umfangreichste Fragenrepertoire der hier untersuchten Frageformen entwickelt. Dies mag an dem hohen Maß von Bewußtheit liegen, mit dem systemische Therapeuten an all ihre Handlungen (und damit auch die Fragen) herangehen. Man ist sich darüber im klaren, daß es sinnvoll ist, in manchen Fällen ressourcenorientiert zu arbeiten und in anderen Fällen problemorientiert.

Tatsachenorientierte Fragen:

Viele der Fragen zum Überweisungskontext und zu den Erwartungen der Klienten an die Therapie fallen in diese Kategorie. Dazu nun ein Beispiel:

Beispiel: Systemische Einzeltherapie

Für dieses Erstgespräch hatte die Klientin telefonisch um einen Termin gebeten und gleich zu Beginn erklärt, daß sie im Laufe der letzten zehn Jahre bereits bei sieben Psychiatern gewesen sei. Der anschließende Kommentar ist vom Therapeuten, Fritz Simon, übernommen. Er zeigt, daß die tatsachenorientierten Fragen des Therapeuten aufgrund einer Hypothese erfolgen, die der Therapeut gebildet hat. Insofern können auch tatsachenorientierte Fragen die Fragestrategie entscheidend mitbestimmen. Das Gespräch beginnt wie folgt[67]:

(1) T: Was führt Sie hierher?
(2) K: Ja, was führt mich her, und wie bin ich überhaupt hierhergekommen? (seufzt) Ich habe Ihnen gesagt, daß ich bereits bei sieben Psychiatern war.
(3) T: Was für Psychiater? Niedergelassene oder Psychotherapeuten eher?
(4) K: Ganz verschiedene.
(5) T: Was haben Sie alles ausprobiert?
(6) K: (Die Klientin sagt, daß sie in den letzten zehn Jahren u.a. in Klinikbetrieben war, zweimal Gruppentherapien mitgemacht hat und vor zwei Monaten eine Psychoanalyse abgeschlossen hat.)
(7) T: Abgeschlossen?
(8) K: Abgeschlossen! Das war eine Einzeltherapie ...
(9) T: Das heißt, Sie beide waren sich einig, daß jetzt Schluß ist?
(10) K: Ja! Das war eigentlich das letzte ... (Pause) Und ich habe dann eigentlich gedacht, ich wäre so einigermaßen stabil. Habe dann auch eine Zeitlang wieder hart gearbeitet und habe jetzt aufgehört mit dem Arbeiten. Und ich merke schon wieder, daß ich solche Störungen bekomme, und zwar kann ich das vielleicht einmal damit ...
(11) T: Äh, entschuldigen Sie, wenn ich Sie unterbreche. Ich stelle manchmal so dumme Zwischenfragen. Erzählen Sie mir, wie war das vor zehn Jahren? Warum sind Sie das erste Mal zum Therapeuten gegangen?

Simon erklärt im Kommentar, daß es notwendig war, hier sofort zu unterbrechen, weil „durch ihre Darstellung nicht zu erwarten ist, daß irgend etwas für die Klientin Neues geschieht. Schließlich hat sie ihre Symptome schon etliche Male etlichen Therapeuten erzählt. Und da diese aller Wahrscheinlichkeit nach kompetent genug waren und sich um ein Verständnis der Symptombildung bemüht haben dürften (vier Jahre Psychoanalyse), besteht die Gefahr, nur einfach mehr desselben zu tun. Der Therapeut konzentriert sich daher auf die Wirkung der ‚Störungen': Sie stiften Beziehung zu Therapeuten. Die Hypothesenbildung und – verbunden damit – die Fragerichtung orientiert sich daher an der Funktion der Therapie bzw. des Therapeuten innerhalb des realen Beziehungsnetzes der Patientin."

Diese Erläuterungen machen deutlich, wie eng Fragerichtung und Hypothesenbildung zusammenhängen. Wir werden im nächsten Kapitel auf dieses Beispiel noch näher eingehen und vor allem den Aspekt der Hypothesenbildung näher unter die Lupe nehmen.

Problemorientierte Fragen:
Hierunter fallen alle Fragen, die dazu dienen, das Problem/die Beschwerde zu verstehen, und Fragen, wie sich die Beteiligten erklären, daß das Ziel bislang nicht ohne Hilfe von außen erreicht wurde.

Ressourcen- und möglichkeitsorientierte Fragen:
Diese Fragen werden nach Grawe in der systemischen Therapie am meisten verwendet[68]. In diese Kategorie fallen z.B. Fragen
- nach der Zieldefinition;
- danach, was die Beteiligten bislang probiert haben, um dieses Ziel zu erreichen;
- nach den Einflußmöglichkeiten der Beteiligten;
- hypothetische Zukunftsfragen.

In der systemischen Therapie ist auch die Kombination von problem- und lösungsorientierten Fragen nicht ungewöhnlich. Sie ergibt sich zum Beispiel bei Fragen nach unterschiedlichen Zeitperspektiven, oder wenn der Therapeut nach den offenen oder heimlichen Erwartungen, Hoffnungen und Befürchtungen der Systemmitglieder an die Therapie fragt. Beispiele sind:
- Wofür wäre es gut, das Problem noch eine Weile zu behalten und es ab und zu noch einmal einzuladen?
- Wenn Sie Ihr Problem schon längst verabschiedet hätten, es aber noch einmal einladen wollten, wie könnten Sie das tun?

Aktivierung von Prozessen und Ressourcen
Nach Grawe schneidet die systemische Therapie hinsichtlich des Wirkprinzips der „prozessualen Aktivierung" besonders gut ab[69], wenn das Ziel der Therapie darin besteht, die Verbesserung der Beziehungen unter den Systemmitgliedern zu fördern. Den Hauptgrund sieht Grawe darin, daß die Anwesenheit mehrerer Mitglieder des Systems größere Möglichkeiten einräumt, Prozesse zu aktivieren, als dies in den Einzeltherapien der Fall ist, da eine umfangreiche Metakommunikation über das Kommunikationsverhalten stattfindet.

Weil diese Therapieform es den Systemmitgliedern ermöglicht, sich mit ihren Stärken vor den anderen darzustellen, schneidet die systemische Therapie auch in Hinblick auf die Aktivierung von Ressourcen gut ab. Hierbei spielen zielorientierte Fragen eine besonders große Rolle. Der Therapeut gibt durch seine Fragen das Thema vor und stellt sicher, daß alle Systemmitglieder diese Fragen auch beantworten.

Bei der Aktivierung von Ressourcen ist es entscheidend, daß der Therapeut der Familie genügend Gelegenheit gibt, sich positiv darzustellen und sich der Vorteile bewußt zu werden, die der Einzelne im System erfährt. Dies kann durch die Vergabe von Hausaufgaben verstärkt werden.

Beispiel: Ein Paar, das unzufrieden mit seiner Beziehung ist, bekommt die Aufgabe, sich einen Abend pro Woche frei zu nehmen und nicht über Probleme zu reden. Es soll nur über Dinge reden und Dinge tun, die beiden Spaß machen. Dieses Beispiel erklärt, warum die interaktiven Therapieformen sehr gut abschneiden, wenn das Ziel darin besteht, die Beziehungen untereinander zu verbessern. Besteht das Problem darin, daß ein Familienmitglied eine psychische Störung aufweist, sind positive Wirkungen der systemischen Therapie durch Forschungen nicht gestützt[70].

Zirkuläre Fragen
Es sei an dieser Stelle nochmals darauf hingewiesen, daß die Fragen aller Kategorien auch zirkulär gestellt werden können. Zirkuläre Fragen bieten sich vor allem dann an, wenn die Beschwerde ihre Ursache in den bestehenden Systembeziehungen hat[71]. Dann erweist sich die systemische Therapie als sehr erfolgreich.

RET

In der RET gibt es (ähnlich wie im BFTC) ein klares, strategisches Vorgehen, bei dem die Fragerichtung jedoch überwiegend problemorientiert ist. Das dreischrittige Vorgehen (1. ABCs elizitieren, 2. Disputation, 3. Umsetzung des Gelernten) sei noch einmal kurz dargelegt.

Zunächst erfragt der Therapeut in der Problemsituation die ABCs:
➤ As: Wann passiert was genau? Wodurch wird das ausgelöst?
➤ Bs: Was sagt sich der Kient innerlich, wenn das passiert? Welche Gedanken gehen ihm durch den Kopf?
➤ Cs: Welche Gefühlszustände erlebt der Klient im Problemkontext? Was empfinden Sie? Haben Sie dabei Angst? Eine zweite Art von Fragen bei den Cs sind Fragen nach der Intensität von Gefühlen: Skalierungsfragen. Wieviel Angst haben Sie? Welches Gefühl ist dominanter, C1 oder C2?

Aufgrund der Vielzahl von Auslösern der Cs gibt es eine Vielzahl von Fragen nach dem A, die sinnvoll sein können. Es können sowohl Fragen nach Tatsachen (z.B. äußere Umstände oder Mitmenschen, die Klienten in ihrem Zustand beeinflussen), Fragen nach zeitlichen Abfolgen oder auch Fragen nach inneren Prozessen (z.B. negative Gedankenmuster) sein. Bei einem Klienten mit einer U-Bahn-Phobie (C) könnte der Therapeut wie folgt nach den As fragen: „Was an der U-Bahn verursacht genau die Angst?" Daran anschließen könnte sich eine Frage nach den Konsequenzen: „Was könnte/würde passieren, wenn Sie in einer U-Bahn sitzen?" Je nachdem wie der Klient antwortet, kann der Therapeut mit der Hinterfragung beginnen.

Der Schwerpunkt der Therapie ist die Disputation. Hier versucht der Therapeut die irrationalen Bewertungen (IBs) des Klienten rational zu hinterfragen und zu erschüttern. Dazu einige Beispiele[72]:
➤ Was ist der Beweis? Wo liegt die Evidenz?
➤ Können Sie das beweisen?
➤ Woher wissen Sie das?
➤ Wieso ist das eine Übergeneralisierung?

In der Disputation dienen möglichkeitsorientierte Fragen dazu, auf negative Konsequenzen der IBs hinzuweisen. Ein Beispiel hierfür ist die Zeitprojektionsfrage: Welche Konsequenzen hätte es, wenn Sie das weiterhin glauben? Wie weit kommen Sie damit? etc.

Im dritten Schritt geht es um die Umsetzung des Gelernten in die Praxis. Die Rolle der ressourcen- und lösungsorientierten Fragen ist in der RET jedoch gering im Vergleich zu den Hinterfragungen in der Disputation. Einige Beispiele sind:
➤ Wie wird es sein, wenn Sie ihr Ziel erreicht haben?
➤ Wie wollen Sie sich (statt des Problemzustands) fühlen?
➤ Wie möchten Sie sich in zukünftigen (auf ähnliche Weise problematischen) Situationen verhalten?
➤ Wie möchten Sie sich dann fühlen?
➤ etc.

Idiolektik

Die Idiolektik verfügt über ein relativ großes Frageinstrumentarium. Typisch sind Fragen nach Handlungen, Routineabläufen und dergleichen sowohl im Problem- als auch im Lösungskontext. Welche Fragerichtung der Therapeut konkret einschlägt, hängt vom Klienten ab, denn dieser bestimmt weitgehend das Thema.

Der folgende Transkriptausschnitt[73] zeigt beispielhaft, wie ein idiolektisches Gespräch beginnt, in dem (zunächst) kein Problem formuliert wird und in dem der Therapeut einfach mit der Klientin (P) „plaudert". Dieses Plaudern geschieht zu einem großen Teil in Form von tatsachenorientierten Fragen.

(1) T:	Wenn Sie Platz nehmen möchten – wie heißen Sie denn?		
(2) P:	Ich heiße – soll ich hochdeutsch sprechen?		
(3) T:	Wie Sie wollen.		
(4) P:	Also – ich spreche Mundart. Ich heiße ...(nennt ihren Namen), komme aus ... (sie erklärt, wie sie in das Seminar gekommen ist).		
(5) T:	Und worauf haben Sie sich eingelassen?		
(6) P:	Ja, das weiß ich auch nicht. Ich fühle mich gut, ich habe den Vortrag sehr genossen, ich betone, ich bin nicht Psychologin, aber ich habe vieles nachvollziehen können und sehr interessant gefunden.	Die Klientin nennt kein Problem.	
(7) T:	(lacht) Wenn Sie nicht Psychologin sind – da gibt es viele Möglichkeiten. Was sind Sie denn?	Der Therapeut geht darauf ein, was der Klientin offensichtlich wichtig zu sein scheint, nämlich, keine Psychologin zu sein. Also fragt er, was sie ist.	
(8) P:	Vielschichtig... Ich bin ehemals ausgebildet als Radiologieassistentin, habe da auch lang geschafft, habe auch in der Neuroradiologie lang geschafft, ich bin über eine Arztpraxis, wo ich als Röntgenassistentin – ... habe zu einem Haltungs-Therapeuten, also Dr. Brügger, das ist – so der Haltungs-Papst ...		
(9) T:	Mhm.		
(10) P:	Neurologe, habe 20 Jahre mit ihm zusammen geschafft, auch in der Physiotherapie, und habe jetzt, seit dem letzten Teil von meinem berufstätigen Jahr, will ich noch mich im Sozialen – äh – bilden und (... 1 Wort fehlt) betreue im Spitex betagte Leute.		
(11) T:	Mhm. Wie lange machen Sie das schon?	Da die Klientin keine Anstalten macht, ein Problem zu äußern, plaudern beide weiter über ihren Beruf.	
(12) P:	Im Spitex bin ich jetzt ein halbes Jahr.		
(13) T:	Und – wie sind so Ihre Eindrücke?		
(14) P:	Sehr gut, wir sind ein sehr gutes Team, ich bin dort Einsatzleiterin vom (... ähnlich Malteserdienst), da gibt es noch eine Einsatzleiterin (... anderer Dienst), und den Aushilfsdienst.		

In dieser Weise plaudern Therapeut und Klientin noch ca. 5 Minuten weiter. Man kann also sagen, daß tatsachenorientierte Fragen in der Idiolektik dann vorkommen, wenn Klienten kein Problem äußern bzw. wenn ein spezielles Thema gerade Gesprächsgegenstand ist. Der Idiolektiker sollte von sich aus keinen Themenwechsel einleiten und verbleibt insofern beim vom Klienten gewählten Thema, weil er davon ausgeht, daß dies sein momentanes Anliegen ausdrückt.

Fragen nach Tatsachen spielen auch bei Jonas eine Rolle, aber eher insofern, als sie ihm helfen, die Patienten in sein medizinisch-psychiatrisches Weltbild einzuordnen und daraus Hypothesen abzuleiten. Die Fragen nach Tatsachen sind in der Regel auf den Problemkontext gerichtet, damit er sich eine genaue Vorstellung von der Beschwerde machen zu kann. Dies war für Jonas wahrscheinlich auch deshalb wichtig, um die relevanten biologischen Reaktionsmechanismen erkennen zu können.

Problemorientiertes Fragen

Beim problemorientierten Fragen geht es sowohl Jonas als auch den Idiolektikern darum, das Problem in der Eigensprache zu explorieren. Während Jonas dabei das Ziel verfolgte, zu einer phylogenetischen und/oder psychiatrischen Diagnose zu kommen, begnügen sich die Idiolektiker mit dem Plaudern in der Eigensprache. Folgt der Klient, wird ressourcenorientiert weitergefragt. Folgt er nicht, paßt sich der Therapeut ihm an.

Um das zu verdeutlichen, kommen wir nochmals auf den obigen Fall zurück. Nach ca. acht bis zehn Minuten bildet sich eine Art „Problem", als die Klientin gefragt wird, wie es ist, wenn man von seinen Mitarbeitern nicht akzeptiert bzw. ausgeklammert wird. Sie beschreibt es so:

(58) P:	Einfach – daß ich – würde merken, ich bin nicht..., ich stehe neben den Schuhen, neben meinen eigenen Schuhen.	Der Therapeut fragt konkret nach, was das Schlüsselwort „neben den Schuhen stehen" bedeutet.
(59) T:	Das verstehe ich jetzt gar nicht. Das ist ein Schweizer Ausdruck. (lacht ein bißchen)	
(60) P:	Daß ich *etwas* – (Pause) daß ich etwas sage, das einfach gar niemand kann nachvollziehen – (Pause) Oder eine Meinung vertreten, die – so – neben jeder anderen Meinung ist.	
(61) T:	Und wie heißt das? *Neben* seinen Schuhen stehen?	Er fragt weiter.
(62) P:	Ja – (Pause) Das ist eben so ein Ausdruck...	
(63) T:	Jaja. Gibt´s bei uns nicht.	
(64) P:	Nein?	
(65) T:	Mhm. Und wann setzt man den so ein, also das...	
(66) P:	Hmm – ich denke, das ist schon fast ... – ein Schlagwort, „ich stehe neben den Schuhen" – da fehlt mir noch *viel*.	
(67) T:	Was bedeutet das ganz konkret?	Der Therapeut stellt nun weitere Fragen zum Thema „neben" bzw. „in den Schuhen stehen".
(68) P:	Also vielleicht auch – wenn man selber – irgendein Erlebnis nicht – ein emotionales Erlebnis wo man – im Moment vielleicht auch fassungslos ist – ob jetzt das positive Emotionen sind oder negative – daß man dann sagt: „Ich stehe neben meinen Schuhen." Also – wie wenn man irgendwie seine Haltung verloren hat.	
(69) T:	Was ist denn der Unterschied, wenn man *in* den Schuhen ist und wenn man daneben steht?	
(70) P:	Ja – (Pause). Für mich ist das wahrscheinlich die Schuhe ein großer – (Pause) – die Schuhe auch ein großer Halt, oder Führung.	
(71) T:	Mhm – und sonst noch was?	
(72) P:	(Pause) Ja. (Pause) Ich muß jetzt dazu sagen, daß ich öfter – ich bin selber irgendwo *nie* ohne Schuhe gegangen.	
(73) T:	(lacht) Soll ich das wörtlich nehmen?	
(74) P:	Mhm – ja. Also – ich gehe nie – ich bin nie barfuß.	
(75) T:	Auch im Bett nicht?	
(76) P:	(erbost, lacht) Also wohl – also da gehe ich nicht – (leise) da *gehe* ich nicht.	
(77) T:	Da gehen Sie nicht, ach so – sind die Decken so niedrig?	
(78) P:	(schnell) Ja (lacht) (...)	

Das Transkript veranschaulicht, wie sich im leichten Plaudern zwischen Therapeut und Klientin ein Problemfokus ergibt, dem der Therapeut in der Sprache der Patientin nachgeht. Die problembezogenen Fragen nach der Bedeutung des Ausdrucks „neben seinen Schuhen stehen" dienten dazu, genau zu erfahren, was die Klientin darunter versteht.

Bei Jonas dienten problemorientierte Fragen (ähnlich wie im NLP-Meta-Modell oder in der RET) der Hinterfragung des eingeschränkten Weltmodells (durch Fragen nach Gründen, Erklärungen, Glaubenssätzen...). Er nannte dies „Verwirrtechnik". Des weiteren nutzte er problemorientierte Fragen, um zu phylogenetischen Hypothesen zu kommen. Dies wurde bereits im Idiolektik-Teil im Fallbeispiel „Gudrun" beschrieben.

Ressourcenorientierte Fragen

Jonas nutzte ressourcenorientierte Fragen, um dem Klienten zu helfen, zu einer Lösung zu gelangen. Dabei hatte er – gestützt auf seine Diagnose – ein konkretes Ziel vor Augen. Auch hier ähnelt das Vorgehen dem zielorientierten Vorgehen im NLP[74].

Ressourcenorientierte Fragen werden bei den Idiolektikern nach einer anderen Vorstellung gestellt. Hier geht es lediglich darum, auf möglichst ressourcevolle Weise mit dem Klienten zu plaudern, wobei ein gängiges

Verfahren zum Beispiel die Analogiebildung ist. Wir wollen das obige Fallbeispiel ein wenig weiterführen und auch die Anwendung der ressourcenorientierten Fragen verdeutlichen.

(79) T:	Ach so, mhm. Was hat das für Vorteile dann, Schuhe zu haben?		Diese Frage ist ressourcenorientiert und fordert zu induktivem Schlußfolgern auf. Die Klientin folgt dieser Richtung nicht, sondern erläutert ihr Problem mit dem Barfußgehen näher.
(80) P:	Das ist – für mich ist das – ein hygienisches Problem (Pause). Also gut, für meine eigenen vier Wände würd' ich – kann ich noch akzeptieren, barfuß zu gehen, aber ich würde nie auswärts gehen. Und was – und das geht wahrscheinlich zurück auf ein Erlebnis – ich bin – früher noch auch noch Gymnastiklehrerin gewesen, hab eine Ausbildung gemacht, und ich bin immer barfuß in den – Tanzsaal. Mhm.		
(81) T:	Und hab' also unterrichtet und hatte ganz (Pause) wüste – Füße, war		
(82) P:	also – übersät von Warzen.		
(83) T:	Mhm.		
(84 P:	Dornenwarzen – das ist – noch relativ schwierig, das wieder loszuwerden, und seitdem hab ich das, daß ich irgendwo das Gefühl hab', ich kann nicht mehr ohne Schuhe gehen.		
(85 T:	Was hat Sie denn *damals* bewogen, *ohne* Schuhe zu gehen?		Wieder eine ressourcenorientierte Frage, die die Klientin diesmal beantwortet.
(86 P:	Ja – da kann – ich mußt' den Kontakt zum Boden haben.		

3. Hypothesenbildung

Nach Rombach hat man in jeder Situation immer schon eine Absicht. Sie ist also immer schon mit der Situation gegeben. Die Absicht des Therapeuten ist im weitesten Sinne darauf gerichtet, dem Klienten zu Einsichten über sich und die Welt zu verhelfen. Sie läßt sich nicht umsetzen, wenn man den Klienten wahllos befragt. Deshalb benötigt der Therapeut Hypothesen, die die Befragung leiten.

In den Naturwissenschaften sind Hypothesen unbewiesene Annahmen von Gesetzmäßigkeiten oder Tatbeständen, die mit dem Ziel gebildet werden, sie durch Beobachtung zu verifizieren oder zu falsifizieren. Im therapeutischen Bereich verstehen wir unter einer Hypothese eine unbewiesene Annahme, die der Therapeut (bezüglich des Klienten oder dessen Problems oder der Lösung) bildet und bezüglich derer er annimmt, daß es für den therapeutischen Prozeß hilfreich sein wird, dieser Vermutung nachzugehen.

Hypothesen werden (ebenso wie die strategischen Fragen) durch die Vorannahmen der jeweiligen Therapiemethode gesteuert. Sie bestimmen weitgehend die Art des generellen Vorgehens (z.B. ob ein klärungs- und/oder realisationsorientiertes Vorgehen bevorzugt wird) und welche Daten als relevant erachtet werden. So führt die Vorannahme des BFTC „Problem talk creates problems" dazu, daß sich die Hypothesenbildung vollkommen auf Lösungen und Ausnahmen richtet. In der systemischen Therapie führt die Vorannahme, daß Probleme aus den gegenwärtigen Beziehungsmustern resultieren, dazu, daß der Therapeut Hypothesen bildet, in denen diese Beziehungsmuster eine Rolle spielen. Hypothesen, die die Lösung des Problems innerhalb des Indexpatienten suchen, sind deshalb nahezu ausgeschlossen.

Von den Hypothesen zu unterscheiden sind die strategischen Fragen[75]. Letztere sind Fragen, die sich Therapeuten während des Interviews selbst stellen. Sie unterscheiden sich von Hypothesen dadurch, daß sie sich im wesentlichen auf den konkreten Moment beziehen, in dem der Therapeut vor der Frage steht, zu entscheiden, welche „konkrete" Frage er dem Klienten jetzt stellen will bzw. welche Intervention einzuleiten ist. Hypothesen im hier verstandenen Sinn können als übergeordnete Vermutungen bezeichnet werden, die schon vor Beginn des Gesprächs die generelle Fragerichtung festlegen, aber noch nicht genau angeben können, wie die

Hypothese getestet werden soll. Sie beziehen sich auf die zentralen Anliegen des Klienten: Was ist mit ihm los? Was ist sein Problem? Wie kann es gelöst werden? etc. Die Abgrenzung zwischen Hypothesen und strategischen Fragen ist fließend. Wenn sich der Therapeut aufgrund der zusammengesunkenen Körperhaltung und mangelnden Blickkontakts auf seiten des Klienten fragt, ob der Rapport noch stimmt, dann impliziert diese strategische Frage eine Hypothese über die Beziehung zwischen Therapeut und Klient. Der Therapeut muß eine Hypothese im Hinterkopf haben, um sich diese strategische Frage stellen zu können. Man könnte strategische Fragen insofern als „kleine" Hypothese bezeichnen.

Die Bildung strategischer Fragen läßt sich nicht vermeiden, es sei denn, man würde voraussetzen, daß die konkreten Fragen des Therapeuten an den Klienten quasi unter Umgehung von Denkprozessen aus dem Nichts hervortreten würden. Strategische Fragen ergeben sich oft aus den Vorannahmen des therapeutischen Ansatzes. Ein gutes Beispiel ist die Vorannahme der Idiolektik, daß eine Ressourcenausrichtung für Klienten hilfreicher ist als eine Problemorientierung. Aus dieser Vorannahme resultieren verschiedene strategische Fragen: Ist ein Wechsel der Fragerichtung angesagt? Wenn ja, wie ist diese Ressourcenorientierung am besten zu erreichen?

Allerdings sind viele Therapeuten sich ihrer strategischen Fragen nicht bewußt, und ein Anliegen des Buches besteht darin, dem Therapeuten durch dieses Bewußt-machen mehr Wahlmöglichkeiten für sein Handeln zu eröffnen.

Ob Therapie ohne die Bildung von Hypothesen möglich ist, ist in den verschiedenen Psychotherapierichtungen umstritten. So bestreiten die neueren Idiolektiker die Nützlichkeit der Bildung von Hypothesen, von einer diesbezüglichen Notwendigkeit ganz zu schweigen. Wir wollen nun zeigen, in welchen Punkten sich die Fragemethoden hinsichtlich der Hypothesenbildung unterscheiden. Dabei behandeln wir unter anderem folgende Fragen:

➤ Wie kommt der Therapeut dazu, gerade diese konkrete Frage zu stellen?
➤ Welche strategischen Fragen gibt es in den jeweiligen Fragemethoden?
➤ Wann wird ein Wechsel der Fragerichtung vorgenommen?
➤ Wie funktioniert das Zusammenspiel zwischen Vorannahmen, strategischen Fragen, Hypothesenbildung und konkreten Fragen?

Des weiteren soll der Zusammenhang zwischen der Hypothesenbildung und den Interventionstechniken aufgezeigt werden. Als Interventionstechniken bzw. -methoden[76] werden diejenigen Vorgehensweisen bezeichnet, die unabhängig von der Fragetechnik das Ziel verfolgen, beim Klienten einen bestimmten Zustand hervorzurufen bzw. ihn der Lösung seines Problems näherzubringen. Interventionsmethoden korrespondieren naturgemäß stark mit den Wirkfaktoren „Ressourcenaktivierung" und „Intentionsrealisierung". Schon die Anzahl der Interventionsmethoden einer Therapiemethode kann als Anhaltspunkt dienen, ob diese eher intentionsklärend bzw. problemaktualisierend oder intentionsrealisierend arbeitet. Die GT als ausschließlich intentionsklärende Therapieform hat überhaupt keine Interventionsmethode, während das NLP als überwiegend intentionsrealisierende Methode eine Vielzahl von Interventionsmethoden hervorgebracht hat.

NLP

Von den hier betrachteten psychotherapeutischen Methoden ist das NLP diejenige, die über das mit Abstand reichhaltigste Interventionsinstrumentarium verfügt. Dabei lassen sich unterscheiden:

➤ Arbeit mit Ankern,
➤ Arbeit mit und an den Repräsentationssystemen,
➤ Submodalitätenarbeit,
➤ Arbeit mit Glaubenssätzen und Werten,
➤ Timeline-Arbeit,

➤ Arbeit mit Metaprogrammen,
➤ hypnotische Techniken, Teilearbeit, Reframing.

Diese verschiedenen Interventionstechniken sind bestimmten Symptomklassen zugeordnet, so daß die Fragetechnik unter anderem auf folgende Fragen eine Antwort geben sollte: Um welche Klasse von Problemen bzw. um welche Kombination von Problemen handelt es sich? Wie genau macht der Klient sein Problem? Wie ist es strukturiert? Und welche der verschiedenen Techniken ist der Struktur des Problems am angemessensten? Obwohl im NLP eine gute Hypothesenbildung unverzichtbar ist, existiert diesbezüglich kein systematisches Konzept. An dieser Stelle soll der Versuch unternommen werden, erste Schritte in diese Richtung zu tun.

Die Hypothesenbildung muß berücksichtigen, daß es im NLP Vorgehensweisen gemäß dem Oberflächenmodell und dem Schichtenmodell gibt. Deshalb ist es wichtig, möglichst frühzeitig zu entscheiden, ob es sich bei der Beschwerde um eine Stimulus-Response-Kopplung, eine ineffektive Strategie (Oberflächenmodell) oder ein Bedeutungsproblem (Schichtenmodell) handelt.

Beispiel: Ein Klient mit einer Stauballergie wird vor Beginn der Intervention gefragt, wie es sein würde, wenn er diese Allergie nicht mehr hätte. Diese Frage klärt, ob es einen sekundären Gewinn (tieferliegende Ursachen) gibt, den der Klient aus der Allergie zieht. Ist das der Fall, dann handelt es sich wahrscheinlich um ein Bedeutungsproblem, und die Allergietechnik kann nicht angewandt werden. Wird diese Frage kongruent (d.h. verbal und körpersprachlich) verneint, wendet der Therapeut die NLP-Allergietechnik (also ein Format, das Reiz-Reaktions-Kopplungen auflöst) an. Zwischen der Hypothesenbildung und der Intervention besteht also eine enge Verknüpfung, wenngleich dieser Zusammenhang selten explizit gelehrt wird.

Ein Nachteil beim NLP besteht darin, daß es vor allem in seiner Hauptfragemethode (dem Meta-Modell) nicht über eine Theorie therapeutischer Hypothesenbildung verfügt, die dem NLP-Therapeuten dabei helfen könnte, in Erfahrung zu bringen, zu welcher Symptomklasse ein bestimmtes Problem gehört. Dies ist wichtig, denn das Meta-Modell läßt sich sinnvoll nur auf Bedeutungsprobleme anwenden. Aber auch dann, wenn ich bereits weiß, daß ich es mit einem Bedeutungsproblem zu tun habe, ist die Bildung weiterer Hypothesen unerläßlich.

Beispiel: Ein Klient äußert die Klage: „Ich bin zu schüchtern." Dieser Satz wird metamodelliert mit dem ersten Ziel, genauer zu verstehen, in welchen Situationen der Klient sich wie verhält, wenn er meint, daß er zu schüchtern ist. Das Resultat dieser Metamodellierung könnte in der Aussage bestehen: „Ich traue mich nicht, Frauen anzusprechen, die mir gefallen, die ich nicht kenne und an denen ich als Mann interessiert bin." Um zu wissen, wie ich jetzt sinnvoll weiterfrage, muß ich eine erste Hypothese bilden. Zum Beispiel: „Dieser Mann hat womöglich irgendwann eine sehr schmerzhafte Zurückweisungs erfahren und fürchtet nun, daß sich Entsprechendes wiederholen könnte." Um diese Hypothese zu testen, fragt der NLP-Therapeut: „Sind Sie jemals in einer entsprechenden Situation auf eine besonders verletzende Weise zurückgewiesen worden?" Antwortet der Klient kongruent mit „nein", dann ist diese Hypothese widerlegt. Der Therapeut könnte jetzt eine weitergehende Zurückweisungshypothese aufstellen, z.B., daß dieser Mann sich als Kind von seiner Mutter zurückgewiesen gefühlt hat und seine Angst vor Zurückweisung jetzt auf attraktive Frauen generell überträgt. Dann könnte der Therapeut mit verschiedenen Fragen diese Hypothese testen. Oder er bildet eine neue Hypothese und fragt: „Was bedeutet es für Sie, zurückgewiesen zu werden?" Diese Frage testet die Hypothese, daß Zurückweisung im Rahmen eines ungünstigen Glaubenssatzes eine komplexe Äquivalenz mit einer unerträglichen Bedeutung bildet. Zum Beispiel: „Wenn ich zurückgewiesen werde, bedeutet das (ist äquivalent mit): ‚Ich bin nichts wert.'"

Das Zusammenspiel zwischen Vorannahmen und strategischen Fragen

Was gewöhnlich unbewußt im Kopf des Therapeuten abläuft, möchten wir an dieser Stelle bewußtmachen, nämlich den Zusammenhang zwischen:
1. den Vorannahmen,

2. der Hypothesenbildung und den strategischen Fragen sowie
3. den konkreten Fragen.

Im NLP-Teil in Kapitel B.I.5 haben wir bereits eine grobe Strategie des Vorgehens mit dem Meta-Modell dargelegt. Sie umfaßte folgende strategische Fragen:
1. Worum geht es? Was ist das Problem?
2. Wie macht der Klient das Problem?
3. Wie können die Teile des Weltmodells hinterfragt werden, die für das Problem verantwortlich sind?

Diese strategischen Fragen ergeben sich fast direkt aus den NLP-Vorannahmen. Die ersten beiden Fragen beruhen auf der Vorannahme, daß eine wohlgeformte Repräsentation ein reichhaltigeres Weltmodell gewährleistet als eine abstrakte Repräsentation. Des weiteren beruhen sie auf der Vorannahme, daß jedes Problem als Lösungsversuch und als Leistung aufgefaßt wird. Insofern ist es selbstverständlich, daß der Therapeut Hypothesen darüber bildet, wie der Klient sein Problem macht. Diese Hypothesen werden dann mit Hilfe geeigneter Fragen getestet. Hat sich eine Hypothese bestätigt, läßt sich daraus oft unmittelbar die entsprechende Veränderungstechnik ableiten.

Beispiele: Eine Zurückweisungserfahrung in der Pubertät: Anwendung von Change History; frühkindliches Trauma: Reimprinting; unangemessene Glaubenssätze können mit Submodalitätenarbeit verändert werden. Der erfahrene NLPler kann, wenn er die Art der Beschwerde in Erfahrung gebracht hat, die Anzahl der möglichen Hypothesen soweit eingrenzen, daß im Regelfall selten mehr als drei Hypothesen geprüft werden müssen.

Das oben beschriebene Vorgehen kann durch folgende Fragen erweitert werden: „Wofür ist dieses Problem eine Lösung? Welche sekundären Gewinne (positive Absicht) beinhaltet das Problem?" Diese Fragen leiten sich aus der Vorannahme ab, daß jedem (noch so negativen) Verhalten eine positive Absicht zugrunde liegt. Die Frage nach der positiven Absicht sollte gestellt werden, bevor der Therapeut sich für eine Intervention entscheidet, denn wenn eine positive Absicht festzustellen ist, handelt es sich vermutlich um ein Bedeutungsproblem. Damit entfallen alle Interventionen im Rahmen der Computer-Metapher.

In diesem Zusammenhang stellt sich die Frage, welcher Problemklasse die Beschwerde angehört. Ist sie auf eine ungünstige Strategie, eine Stimulus-Response-Kopplung oder ein Bedeutungsproblem zurückzuführen? Im Beispiel des „schüchternen Mannes": Schüchternheit kann ein konditioniertes Verhalten sein, zum Beispiel die Folge einer nichtvorhandenen oder unangemessenen Flirtstrategie. Sie kann als Folge von ungünstigen Bedeutungszuschreibungen auftreten, wie zum Beispiel: „Wer Frauen anmacht, ist ein Macho" bzw.: „Wenn ich zurückgewiesen werde, bedeutet das, ich bin nichts wert." Häufig liegt auch eine Kombination von zwei oder allen drei Kategorien vor. Dann gilt es zu entscheiden, was das übergeordnete Problem ist. Welches muß zuerst gelöst werden, damit das andere sinnvoll in Angriff genommen werden kann? So macht es zum Beispiel keinen Sinn, mit jemandem auf der Verhaltensebene flirten zu üben, wenn es einen Glaubenssatz gibt, der Flirten für etwas Schlechtes erklärt. Im Fall von Bedeutungsproblemen ist es dann wichtig, die relevanten Teile des Weltmodells zu finden, die dem Klienten eine andere Perspektive geben können.

Die Fragestrategie läßt sich aufgrund dieser Überlegungen wie folgt erweitern:
➤ Worum geht es dem Klienten? Was ist sein Ziel? Was ist das Problem?
➤ Wie macht er sein Problem?
➤ Welcher Problem- bzw. Lösungsklasse läßt sich die Beschwerde zuordnen? Handelt es sich um ein Bedeutungsproblem, eine ineffektive Strategie oder um eine Stimulus-Response-Kopplung?
  – Gibt es sekundäre Gewinne (positive Absicht)?
➤ Welche Interventionsmethode bietet sich an?

Der Therapeut beginnt die Befragung, indem er diese strategischen Fragen nach und nach abarbeitet. Für die Beantwortung einer strategischen Frage wird es in aller Regel notwendig sein, dem Klienten viele konkrete

Fragen zu stellen. Auf die Frage, ob der Therapeut mit ziel- oder problemorientierten Fragen beginnen sollte, gibt es keine generelle Antwort. Jedoch steht am Schluß eines erfolgreichen NLP-Gesprächs immer ein ressourcenorientiertes Vorgehen (häufig in Form einer Intervention).

BFTC

„Ein professionelles Interview ist ein interaktionaler Prozeß zwischen einer KlientIn, die Hilfe sucht, und einer professionellen HelferIn, die über entsprechendes Wissen und Fähigkeiten verfügt. Das Interview stellt daher ihr Hauptinstrument dar, um einerseits Informationen zu sammeln und andererseits das Gespräch in Richtung zielorientierter Lösungen zu lenken.[77]"

Das Interview ist also Befragung und Intervention zugleich. Als Interventionen im engeren Sinne können ansonsten nur die Wunderfrage und die Hausaufgabe verstanden werden. Die Wunderfrage wird Klienten gestellt, die keine Ausnahme benennen können. Sie ist eine Variante der von Milton Erickson entwickelten Methode „Pseudoorientierung in der Zeit", die das Ziel verfolgt, den Klienten in einen vorgestellten Zielzustand „hineinzuhypnotisieren".

Im lösungsorientierten Ansatz ist eine Hypothesenbildung im obengenannten Sinne ganz unnötig, weil die Vorannahmen des Ansatzes das Vorgehen in Form von strategischen Fragen vorgeben. Auf der Zentralkarte[78] sind alle möglichen Beschwerden in fünf Hauptgruppen klassifiziert, und für jede Gruppe gibt es eine Vorgehensweise in Form von strategischen Fragen:
1. Der Klient kann eine Ausnahme zum Problem formulieren.
2. Der Klient kann keine Ausnahme formulieren, kann sich aber eine Lösung vorstellen.
3. Der Klient kennt weder eine Ausnahme, noch kann er sich eine hypothetische Lösung vorstellen.
4. Die Beschwerde ist vage.
5. Die Beschwerde bzw. der vom Klienten gesetzte Rahmen eignet sich nicht für eine Problemlösung.

Je nachdem, welche Aussage zutrifft, gestaltet sich die Hausaufgabe wie folgt:
Zu 1 und 2) Tue mehr von dem, was funktioniert; bzw.: Tue gelegentlich mehr von dem, was funktioniert; bzw.: Tue das Leichteste von dem, was funktioniert.
Zu 3 und 4) Standardaufgabe der ersten Sitzung: Beobachten Sie, was Sie tun, wenn Sie das Problem haben.
Zu 5) Dekonstruktion der Beschwerde bzw. des Rahmens (wobei genauere Angaben darüber fehlen, wie dies geschehen kann).

Dieser Einteilung zufolge muß das Interview so aufgebaut sein, daß möglichst frühzeitig erkannt wird, zu welcher Klasse das Problem des Klienten gehört, so daß klar wird, welche Hausaufgabe gestellt werden kann. Da es außer der Hausaufgabe und der Wunderfrage keine Interventionen gibt und da es keinen Aufklärungsbedarf über den innerpsychischen Prozeß der Problementstehung und -aufrechterhaltung gibt, braucht der Therapeut diesbezüglich auch keine Hypothesen zu bilden, sondern nur auszuwählen, welche strategische Frage jetzt „dran" ist. Als Beispiel für ein konkretes Vorgehen sei auf den Fall der kokainsüchtigen Frau[79] hingewiesen.

Einige typische strategische Fragen des BFTC-Ansatzes seien hier nochmals zusammengefaßt:
➤ Ist der Klient Besucher, Kunde oder Klagender?
➤ Gibt es eine Beschwerde?
➤ Gibt es eine Ausnahme? Wenn ja, wie lautet sie? Inwieweit sollte ich sie noch genauer spezifizieren?
➤ Tritt die Ausnahme spontan ein, oder kann sie bewußt hervorgerufen werden?
➤ Welche Hausaufgabe sollte ich stellen?

Die Beantwortung der strategischen Fragen setzt voraus, daß der Therapeut richtig einschätzt, ob der Klient Besucher, Klagender oder Kunde ist. Der Therapeut muß aus dem Klientenverhalten eine diesbezügliche Hypothese entwickeln. Hierzu nutzt der Therapeut die Fähigkeit des textorientierten Lesens nach de Shazer (s. weiter unten). Analog gilt dies für die anderen strategischen Fragen.

Bewertung

Die Vorgehensweise des lösungsorientierten Ansatzes trägt dazu bei, die psychotherapeutischen Methoden zu entmystifizieren, die sich rühmen, den Klienten und seine Probleme umfassend zu analysieren. Die Erfolge der Methode zeigen, daß solche Analysen lediglich (mehr oder weniger sinnvolle) Interpretationen darstellen, die unter Umständen gar nicht erforderlich sind, um zu einer Lösung zu gelangen. Hierdurch relativiert sich der zum Beispiel von Grawe formulierte Anspruch[80], Therapeuten müßten über ein umfangreiches störungsspezifisches Wissen verfügen. „Wissen" kann im psychologischen Bereich eben nur hypothetisches Wissen sein. Es gibt allem Anschein nach keine strengen Ursache-Wirkungs-Zusammenhänge, wie in den Naturwissenschaften, so daß störungsspezifisches Wissen immer unsicheres Wissen bleiben wird. Ein weiterer Vorteil dieser Fragestrategie besteht darin, daß die Methode für angehende Therapeuten relativ leicht erlernbar ist. Andererseits geht damit auch die Gefahr einher, daß die praktischen Schwierigkeiten, die beim Umgang mit „realen" Klienten auftreten können, unterschätzt werden. Auch der Ansatz des BFTC setzt nämlich (obwohl Steve de Shazer diesen Aspekt kaum erwähnt) voraus, daß der Therapeut sich vollkommen auf seinen Klienten einstellt.

Dazu ein **Beispiel**: Bei einer öffentlichen Demonstration, die Steve de Shazer mit einer depressiven Klientin durchführte, konnte der geübte Beobachter feststellen, daß diese durch Worte wie „gut", „erfolgreich", „Wunder" etc. in einen schlechten Zustand versetzt wurde. Steve de Shazer reagierte darauf so, daß er die Frage nach der Ausnahme leicht abwandelte. Statt zu fragen: „Wann geht es Ihnen besser (als zu der Zeit, in der Sie das Problem haben)?", sagte er: „Ich weiß, daß es Ihnen niemals wirklich gut geht, aber ich bin interessiert an den Zeiten, wo es Ihnen ein bißchen weniger beschissen geht, wo alles nicht ganz so schwer ist." Die Klientin konnte daraufhin relativ schnell eine Ausnahme benennen.

Dieses Beispiel macht deutlich, daß eine Methode allein nur selten zu therapeutischen Erfolgen führt und daß ein individuelles Eingehen auf die Klientin wichtig und in vielen Fällen notwendig ist. Die Vermutung liegt nahe, daß Steve de Shazer diesen Aspekt nicht hervorhebt, weil er seine Methode als umfassenden General Problem Solver verkaufen möchte. Die Erfolge der Arbeit beruhen aber wahrscheinlich zu gleichen Teilen auf der Methode und der Qualität der Therapeuten im BFTC.

Im Gegensatz zu Steve de Shazer glauben wir, daß es durchaus Problemklassen[81] gibt, die mit der Fragestrategie des BFTC schlecht bzw. gar nicht gelöst werden können. Dies betrifft vor allem die Kategorie „vage Beschwerden" auf der Zentralkarte. Hier wären Fragen nach der inneren Repräsentation von Problemzuständen nützlich. Bei vagen Beschwerden greift die Orientierung des Ansatzes auf verhaltensmäßig beschreibbare Ausnahmen zu kurz. Im Falle des Ehepaars mit dem „faden Gefühl" konnte der Therapeut nur eine Beobachtungsaufgabe geben in der Hoffnung, daß die Klienten bis zur nächsten Sitzung selbst mehr über sich herausgefunden haben. Hier wäre es hilfreicher gewesen, zu erfragen, wie die Eheleute das „fade Gefühl" innerlich repräsentieren. Dazu eignen sich Methoden wie NLP und die Idiolektik sehr gut, die über sehr viel weitreichendere Möglichkeiten verfügen, das innere Erleben zu explorieren.

Im NLP könnte ein Therapeut die Submodalitäten des Gefühls explorieren: Wo genau spüren Sie, daß die Beziehung nicht in Ordnung ist? Ist das Gefühl eher auf einen eng begrenzten Bereich bezogen, oder strahlt es auf andere Körperteile aus? Welche Qualität hat das Gefühl? Ist es stechend, stumpf, prickelnd etc.? Woran genau würden Sie bemerken, daß sich etwas verbessert hat? etc.

Das Paar hätte nach der Beantwortung dieser Fragen immerhin einen konkreten Anhaltspunkt dafür, wann es sinnvoll sein könnte, noch einmal einen Versuch miteinander zu wagen.

RET

Das Zusammenspiel zwischen Vorannahmen, strategischen Fragen und Hypothesenbildung

Das Fragen und Hinterfragen in der kognitiven Disputation ist durch die Vorannahme strukturiert, daß alle Probleme Ausdruck irrationalen Denkens sind. Daraus leiten sich die strategischen Fragen ab: Welches sind die As, welches die Cs, und welches sind die irrationalen Bewertungen? Bis hierher braucht der Therapeut keine Hypothesen zu bilden, weil er ja bereits weiß, wonach er sucht. Dementsprechend elizitiert er die As, Bs und Cs im Problembereich.

In der Disputation ist das Vorgehen nicht allein durch strategische Fragen definiert, denn der RET-Therapeut benötigt Hypothesen darüber, welche der irrationalen Bewertungen wohl die wichtigste ist und als erstes hinterfragt werden sollte. Einen ersten Anhaltspunkt gibt dem Therapeuten die Einteilung in die elf Irrationalitäten bzw. die vier Grundformen der Irrationalität[82]. Weitere strategische Fragen, die ihm helfen, sind:

➤ Mußturbiert der Klient? Malt er schwarzweiß? Fällt er wertende Urteile über sich und andere?
➤ Stützt sich das Denken des Klienten auf Tatsachen?
➤ Ist sein Denken hilfreich, sich so zu fühlen, wie er sich fühlen möchte?
➤ Ist es hilfreich, unerwünschten Streit zu vermeiden?
➤ Ist es hilfreich, seine Ziele zu erreichen?
➤ Ist es hilfreich, sein Leben und seine Gesundheit zu schützen?
➤ etc.

Um zu veranschaulichen, wie RET-Therapeuten entscheiden, welche irrationale Bewertung die entscheidende ist, soll nochmals auf den Fall der „trägen" Klientin im RET-Teil zurückgegriffen werden. Die Klientin (K) hatte Schwierigkeiten, neue Aktivitäten zu beginnen, da sie sich zu träge dazu fühlte.

Aus dem Transkript ist nicht ersichtlich, welche strategischen Fragen den Therapeuten (T), Albert Ellis, leiteten, aber es lassen sich immerhin Rückschlüsse auf einige seiner Hypothesen ziehen.

(1) T:	Was sagen Sie sich selber, um sich zu blockieren?		Ellis formuliert die Hypothese, daß die Trägheit auf eine innere Blockade zurückzuführen sei.
(2) K:	Ich könnt's vermasseln.		
(3) T:	Und was wäre dann?		Erfragt die Konsequenzen dieser Bewertung.
(4) K:	Die Leute würden denken, ich sei eine lausige Lehrerin.		
(5) T:	Und was würde das ausmachen?		
(6) K:	Ich würd´s nicht mögen.		
(7) T:	Allein diese Bewertung würde Sie nicht aufregen.		Ellis hat die Hypothese, daß eine andere Bewertung die Ursache für die Trägheit ist. Hinterfragt die Bewertung der Klientin.
(8) K:	Ich kann es nicht ertragen.		
(9) T:	Warum können Sie es nicht ertragen, wenn die anderen denken, Sie seien eine lausige Lehrerin?		
(10) K:	(langes Schweigen) Ich denke, in ihren Augen muß ich eine gute Lehrerin sein.		Das Schweigen macht Ellis deutlich, daß das Gespräch nach seiner Ansicht die entscheidende irrationale Bewertung offengelegt hat.
(11) T:	Und warum müssen Sie eine gute Lehrerin sein in ihren Augen? Ich bin ein Wissenschaftler – beweisen Sie es mir (grinst).		
(12) K:	(Langes Schweigen)		

Interventionsmethoden

An Interventionsmethoden gibt es schriftliche Hausaufgaben sowie Realitätsaufgaben, in denen der Klient angehalten wird, die in der Therapie gelernten rationalen Überzeugungen in einer realen Situation anzuwenden. Unterstützt wird dies darüber hinaus durch Imaginationstechniken in der Sitzung mit dem Therapeuten. Die Hauptinterventionsmethode, soweit man sie als solche bezeichnen will, ist die kognitive Disputation[83]. Sie zielt darauf ab, die Klienten zu überzeugen, ihre irrationalen Überzeugungen aufzugeben.

Systemische Therapie

Das Zusammenspiel zwischen Hypothesenbildung, strategischen Fragen und Vorannahmen

Trotz der im Kapitel „Der Problem-Lösungs-Raum" angesprochenen Kritik bildet die Vorannahme, daß jedes symptomatische Verhalten Ausdruck einer Störung des Systems ist, die Grundlage systemischer Hypothesenbildung. Zu der Zeit, als die Mailänder Gruppe den Aufsatz „Hypothetisieren, Zirkularität und Neutralität" geschrieben hatte, war das Hypothesenbilden ein Eckstein der systemischen Therapie. Die Mailänder Gruppe bildete schon aufgrund der Vorinformationen, die sie über die Familie hatte, Hypothesen zur Beantwortung der Frage, worin das „eigentliche" Problem der Familie bestehen könnte[84].

Zu Beginn der 90er Jahre hat sich diese Haltung mit dem Aufkommen des Konzeptes der Kybernetik 2. Ordnung innerhalb vieler Formen der systemischen Therapie verändert. Systemische Therapeuten wissen nun um die zentrale Rolle, die sie selbst hinsichtlich der Definition und Schaffung des Problems einnehmen, und sind deshalb vorsichtiger im Formulieren von Hypothesen geworden. Einige Ansätze versuchen sogar, sich jeglicher Hypothesenbildung zu enthalten. An einem Beispiel wollen wir diskutieren, ob das überhaupt möglich ist.

Beispiel[85] „Eßgestörte Tochter"

Der Therapeut (T) befragt den Sohn (S), wie ein typisches Essen im Familienkreis abläuft und wie die Eltern mit der eßgestörten Tochter umgehen.

T: Was machen deine Eltern, wenn ihr beim Essen seid und deine Schwester nichts ißt?
S: Die Mutter versucht, sie zu überreden.
T: Ißt sie dann?
S: Nein.
T: Was macht deine Mutter dann?
S: Sie schreit sie an.
T: Ißt sie dann?
S: Nein, sie wird immer störrischer.
T: Was macht dein Vater, wenn sie sie anschreit?
S: Er geht raus.
T: Was macht dann deine Mutter? Geht sie ihm hinterher?
S: Nein, sie hört auf zu schreien.
T: Und was macht deine Schwester?
S: Sie fängt an zu essen.
T: Kommt dein Vater zurück?
S: Manchmal.
T: Was sagt deine Mutter, wenn er zurückkommt?
S: Sie starrt ihn einfach an.
T: Fällt das deiner Schwester auf?
S: Manchmal.
T: Was macht sie, wenn sie es bemerkt?
S: Sie hört auf zu essen.

Es scheint uns schwer vorstellbar, daß eine solche Befragung zielgerichtet geführt werden kann, ohne daß man über irgendeine Art von Hypothese darüber verfügen würde, worin das Problem bestehen bzw. wie es beseitigt werden könnte etc. Die Vielfalt der Interaktionen zwischen den anwesenden Personen macht es notwendig, dahingehend eine Auswahl zu treffen, in welche Richtung die Therapie gehen soll.

Im obigen Fall sind die Fragen des Therapeuten nur dann sinnvoll, wenn er die Hypothese hat, daß das Verhalten der Tochter mit dem Verhalten der Eltern zusammenhängt. Die Hypothese beruht auf der zentralen Vorannahme, daß jedes Symptomverhalten aus gestörten Interaktionsmustern zwischen den Systemmitgliedern resultiert.

Beispiel „Systemische Einzeltherapie"
Das folgende Beispiel soll illustrieren, daß die Bildung systemischer Hypothesen auch im Einzelgespräch sinnvoll sein kann. Dazu wird auf den Fall der Patientin (P) zurückgegriffen, die über den Zeitraum von zehn Jahren bereits mit sieben Psychiatern an ihren Problemen gearbeitet hat. Auf die Frage, warum sie vor zehn Jahren zum ersten Mal zum Therapeuten (T) gegangen sei, antwortete sie[86]:

P: ... Ich habe dann ein Jahr alleine gelebt und habe mich in dieser Zeit in einen anderen Mann verliebt. Und dann kam mein Mann wieder zurück. Und das sagte ich meinem Mann. Und ich wollte ausziehen. Da schlug mich mein Mann, und das war also ziemlich schlimm, was da abgelaufen ist, damals zwischen uns. Ich nahm mir ein Messer und schloß mich dann aber in ein Zimmer ein, um da meine Aggressionen nicht loszuwerden. Wir hatten dann hinterher ein Gespräch. Das tat ihm so furchtbar leid, und mir auch. Ich war so verwirrt dann auf einmal und ... Wir haben uns also nicht getrennt. Ich bekam schwere Depressionen. Ich konnte nicht mehr aufstehen.
T: Wieso haben Sie sich nicht getrennt? Haben Sie eine Erklärung dafür? Sie hatten einen anderen Mann zur Verfügung.
P: Ja, ich konnte nicht. Ich konnte einfach nicht. Ich weiß es nicht. Ich bin dann zurück nach Karlsruhe gegangen und habe da gewohnt.
T: Mit Ihrem Mann?
P: Mit meinem Mann, ja.

Fritz Simon kommentiert diesen Abschnitt wie folgt: „Die Schilderung der Ereignisse vor zehn Jahren zeigt, daß die Symptombildung wie auch das damit verbundene Hinzuziehen eines Therapeuten von Anbeginn eingebettet war in die Paardynamik. Trennungswünsche und Aggressivität sind eng miteinander verknüpft. Der Ehemann reagiert auf die Trennungsabsichten seiner Frau mit Gewalttätigkeit. Sie kontrolliert ihre aggressiven Gefühle ihm gegenüber, indem sie sich wegschließt, und richtet sie statt dessen gegen sich selbst. Die Trennungsideen werden nicht in Taten umgesetzt, die Patientin wird depressiv, sie ist handlungsunfähig und könnte sich nicht von ihrem Mann trennen, selbst wenn sie wollte: Der erste Therapeut kommt an Stelle des Liebhabers als ‚Dritter' ins Spiel."

In diesem Gespräch wird Simon durch die Hypothese geleitet, daß der erste Therapeut, den die Patientin damals aufsuchte, eine Funktion in der Beziehung zwischen den Eheleuten spielte. Die Fragen, die Simon im folgenden an die Patientin richtet, dienen dazu, die Funktion der Therapie für die Klientin zu klären und die oben formulierte Hypothese zu erhärten bzw. zu verwerfen.

Strategische Fragen im systemischen Interview
In den obigen Beispielen wissen wir nicht, welche strategischen Fragen sich die jeweiligen Therapeuten stellten. Stellvertretend dafür sind einige strategische Fragen unten aufgelistet, die Karl Tomm[88] für relevant hält. Tomm regt an, daß sich Therapeuten über ihre Hypothesen und strategischen Fragen im klaren sein sollten.
➤ Welche Hypothese soll ich jetzt erkunden?
➤ Ist die Familie bereit/offen, über dieses Thema zu sprechen?
➤ Was würde es bedeuten, gerade jetzt nicht diesen Bereich zu explorieren?
➤ Welche Fragen sollte ich stellen?
➤ Welche Wirkungen möchte ich erzielen?
➤ Wie sollten diese Fragen formuliert werden?
➤ An wen soll ich sie richten?
➤ Soll ich dieses Thema weiterverfolgen oder ein anderes erkunden?
➤ Soll ich jetzt die Traurigkeit des Kindes aufgreifen oder sie ignorieren?
➤ Soll ich mich vorbeugen und ein Kleenex anbieten, oder soll ich eine Frage stellen, die andere Familienangehörige zum Reagieren bringt?
➤ etc.

Die Hausaufgabe

Die gängigste Interventionsmethode in der systemischen Therapie ist die Hausaufgabe. Der Therapeut vergibt sie gemäß seinen Hypothesen hinsichtlich dessen, was mit dem System los ist und wie es zu einer Lösung gelangen kann. In die Hausaufgabe sollten möglichst alle Systemmitglieder mit einbezogen werden. Am einfachsten geschieht dies durch Verhaltensaufgaben. Gängige Hausaufgaben sind:

➤ Umdeutungen (Reframing): Das Problem bleibt, wie es ist, ihm wird jedoch eine andere Bedeutung gegeben. Beispielsweise können sogenannte Schwächen („kontrollierendes Verhalten") in Stärken („Fürsorge für ...") umetikettiert werden.

➤ Beobachtungsaufgaben: Wer beobachtet, verändert möglicherweise sein Weltbild und in der Folge sein Verhalten. **Beispiel:** „Bitte beobachten Sie bis zur nächsten Sitzung, welche Dinge Sie in Ihrer Partnerschaft auf jeden Fall erhalten wollen."

➤ Verhaltensaufgaben: Hier verschreibt die Therapeutin ganz konkret lösungsorientierte Verhaltensmuster. **Beispiel:** „Bitte machen Sie Ihrem Partner ab morgen mindestens dreimal in der Woche ein Kompliment für etwas, was er getan hat."

➤ So-tun-als-ob-Verschreibungen: Sie sind häufig eine Unterform von Verhaltensaufgaben, indem die Klientin gebeten wird, so zu tun als ob. **Beispiel:** „Bitte tun Sie einmal in der Woche so, als würden Sie eine Panikattacke bekommen. Die anderen sollen erraten, wann Sie eine wirkliche Attacke hatten und wann nicht."

➤ Verschreibung des problematischen Musters: Wenn ein bisher spontan entstehendes Muster verschrieben wird, ändert es möglicherweise seine Bedeutung, weil die Klientin die Kontrolle darüber erlangt. Hierbei können auch kleinere Abweichungen verschrieben werden, die zum Beispiel die Dauer des Musters betreffen: „Bitte streiten Sie sich jeden Abend von 18.00 bis 18.15 Uhr."

➤ Rituale: Rituale können symbolisch aufgeladene Handlungen sein (z.B. Abschiedsrituale) oder stark formalisierte Verhaltensaufgaben, in denen der Therapeut präzise vorschreibt, wann, wie lange, in welchem Raum, mit wem etc. das Ritual durchgeführt werden soll. **Beispiel:** „Schließen Sie sich jeden Abend von 20.00 bis 21.00 Uhr in Ihrem Zimmer ein und trauern Sie eine Stunde lang ununterbrochen um Ihren verstorbenen Sohn. Sie sollen sich dabei auf nichts anderes konzentrieren."

GT

„Worum geht es dem Klienten hier und jetzt?" ist die strategische Frage, die das gesamte Vorgehen in der GT strukturiert. Entsprechend dieser Frage verbalisiert und paraphrasiert der Therapeut die Aussagen des Klienten, die ihm am wichtigsten erscheinen. Er äußert gemäß dem Prinzip der Echtheit das, was ihm gerade kommt. Die Verbalisierung emotionaler Erlebnisinhalte wird, so die Vorannahme, um so besser gelingen, je besser es dem Therapeuten gelingt, sich in den Klienten einzufühlen, sozusagen die Welt aus seinen Augen heraus zu betrachten. Dies stellt sicher, daß der Klient immer tiefer in die für ihn wichtigen Themenbereiche (Befürchtungen, Wünsche, Ängste etc.) eindringt und sich selbst immer besser verstehen und annehmen lernt.

In der klassischen klientenzentrierten Psychotherapie gibt es keine Interventionstechniken, da nicht interveniert wird. Dies resultiert aus der Vorannahme, daß man einem Menschen nichts von außen aufdrängen darf. Entsprechend ist auch die Bildung von Hypothesen verpönt, weil dies dem nicht-direktiven Vorgehen widersprechen würde. Man könnte den Klienten in eine Richtung drängen, in die dieser selbst nicht gehen will. Andererseits ist aber klar, daß auch ein GT-Therapeut nicht verhindern kann, daß er sich eine Meinung über den Klienten und den Kern seines Problems, Anliegens etc. bildet. Beispielsweise ist es nicht ungewöhnlich für einen GT-Therapeuten, der einen Angstklienten behandelt, sich zu fragen:

➤ Was steckt dahinter?
➤ Was vermeidet der Klient?
➤ Wofür steht das?

➤ In welchen Lebensbereichen kennt der Klient das?
➤ etc.

In diesen strategischen Fragen drücken sich Hypothesen aus, die einen Einfluß auch dann haben, wenn der Therapeut versucht, eine absolute Neutralität aufrechtzuerhalten. Man kann nicht nicht beeinflussen, ebenso kann man nicht nicht hypothetisieren, und deshalb ist ein vollkommen nicht-direktives Vorgehen unmöglich. In neueren Ansätzen der GT scheint man dem zumindest ansatzweise Rechnung zu tragen, aber es mag einige Skepsis angebracht sein, ob die grundlegende Vorannahme, daß eine nicht-direktive Gesprächsführung möglich ist, wirklich offiziell in Frage gestellt wird.

Wie gehen GT-Therapeuten mit dem Dilemma um, nicht hypothetisieren zu sollen, obwohl es sich nicht vermeiden läßt? Beim Spiegeln versuchen sie, ganz kleine Richtungsänderungen (z.B. in eine ressourcenorientierte Richtung) vorzunehmen. Da diese Führung minimal ist, kann der Klient jederzeit wieder auf den alten Kurs zurückschwenken. Auf die Nachteile dieses Vorgehens vor allem bei Klienten, die sehr rigide in ihrem Denken verhaftet sind, wurde bereits hingewiesen[88].

Es sei an dieser Stelle nochmals auf neuere Ansätze in der GT hingewiesen. Mit der „Zielorientierten Gesprächstherapie" stellt Sachse[89] eine unseres Erachtens sehr erfreuliche Erweiterung der klassischen GT-Vorgehensweise vor. Sie verfolgt das Ziel, den Klienten auf einer Acht-Stufen-Entwicklungs-Skala[90] nach oben zu bringen und die Bearbeitungstiefe mit Hilfe bestimmter Fragen und Bearbeitungsangebote zu fördern. Es bleibt zu hoffen, daß sich diese und ähnliche Ansätze in der GT weiter durchsetzen.

Idiolektik
Hypothesenbildung bei Jonas

Im Fallbeispiel des Rechtsanwaltes, der glaubte, er habe Krebs[91], wurde beschrieben, wie zielgerichtet Jonas bei der Befragung vorgeht und welchen Stellenwert die Diagnose und die Hypothesenbildung in seinem Vorgehen haben. Aufgrund seiner Vorinformationen bildete er schon vor dem Gespräch eine Hypothese darüber, was mit dem Klienten los ist. Die Hypothese bzw. Diagnose bezieht in der Regel das körperliche Symptom ebenso ein wie die psychische und soziale Situation des Klienten.

Problematisch scheint bei Jonas zu sein, daß er an seiner Diagnose festhält, auch wenn der Klient widersprechen sollte.

Die generelle Fragestrategie erfolgte in dem Dreischritt:

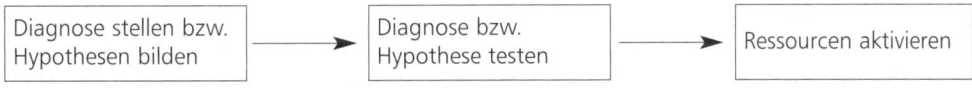

Die interessante Frage ist nun, wie Jonas während des Interviews im Detail entschied, welche konkreten Fragen er auswählte. Oder in anderen Worten: Welche Informationen leiten ihn bezüglich dessen, wann, mit welcher Wortwahl, mit welcher Betonung, in welcher Form er seine Hypothesen testete? – Dies ist vom Klientenverhalten abhängig, wie Jonas lapidar meint: „Wenn man auf die Eigensprache achtet, teilt einem der Patient schon in der ersten Minute mit, wie er behandelt werden möchte.[92]" Diese Mitteilung erschließt sich aus dem gesamten Ausdrucksverhalten. Dieses läßt sich nach Jonas naturgemäß nicht kognitiv erfassen, weil das vom Klienten präsentierte Verhalten viel zu komplex ist. Es geschieht vielmehr intuitiv, ähnlich dem Improvisieren von Melodien durch einen geübten Klavierspieler. Je geübter der Therapeut ist, desto spontaner und leichter wird er auf die Eigensprache des Patienten reagieren.

Bezüglich strategischer Fragen gibt es von Jonas keine Aufzeichnungen. Doch läßt sich aus seinen Aussagen entnehmen, daß ihm u.a. folgende Fragen wichtig waren:
➤ Welches biologische Reaktionsmuster (Trieb) liegt dem problematischen Verhalten des Klienten zugrunde?

- Will der Klient nur jammern, oder will er wirklich etwas an sich verändern?
- Welche neurotische oder psychische Störung drückt sich im Verhalten des Klienten aus?
- Welches sind die wichtigen Schlüsselworte? Welches sollte ich jetzt aufgreifen?
- Welche Ressourcen drücken sich in der Eigensprache des Klienten aus?
- Wie kann man sie therapeutisch nutzen?

Interventionstechniken

Jonas nutzt neben der Schlüsselworttechnik weitere Techniken (z.B. die Verwirrtechnik, die Analogiebildung und die Konfrontationstechnik), um Veränderungen beim Klienten anzuregen. All diese Techniken lassen sich problemlos in den Frage- und Interventionskatalog des NLP integrieren. Die Schlüsselworttechnik existiert (wenn auch nicht mit der zentralen Bedeutung, die sie in der Idiolektik hat) in ähnlicher Form in verschiedenen hypnotherapeutischen Ansätzen schon seit langem[93].

Die Hypothesenbildung bei den neueren Idiolektikern

Bezüglich der Hypothesenbildung gibt es große Unterschiede zwischen Jonas und den Idiolektikern. Die idiolektischen Vorannahmen besagen, daß ein vorurteilsfreies Einsteigen in die Logik und Vorstellungswelt des anderen, ein wertfreies Akzeptieren ohne Interpretation, Kritik, Argumentation oder Arbeitshypothesen am besten gewährleistet, daß die Klienten zu eigenen Lösungen kommen. Aus diesem Grund lehnen es die Idiolektiker ab, Diagnosen zu stellen. Auch eine generelle Fragestrategie gibt es nicht, abgesehen von der generellen Vorannahme, daß die Gesprächsführung möglichst ressourcenorientiert gestaltet werden sollte.

Wie kommen nun die Idiolektiker dazu, genau die Fragen zu stellen, die sie stellen, wenn sie doch gar keine Hypothesen bilden? – Nach Poimann ist eine Vermeidung der Hypothesenbildung möglich, indem sich der Idiolektiker auf die unten abgebildeten Gesprächshaltungen[94] konzentriert und die idiolektischen Gesprächstechniken anwendet. Daraus ergeben sich dann intuitiv die Fragen, die gestellt werden. Vgl. die Abbildung:

Gesprächshaltung	Gesprächstechnik
- Individuelle Ökologie als zentraler Ausgangspunkt: vorurteilsfreies Einsteigen in die Logik und Vorstellung des anderen. - Intensives, nicht wertendes und zieloffenes Zuhören; dabei eigene Hypothesen für sich behalten. - Mein Gesprächspartner bestimmt: Thema, Tempo und Ton des Gesprächs sowie Nähe und Distanz zum Fokus. - Kontrolle aufgeben über Ziele und Inhalte des Gesprächs, über vermeintliches Wissen darüber, was beim anderen „wirklich" vorgeht und die Verantwortung für die Veränderung des anderen. - Ich darf es mir leichtmachen, darf mir und dem anderen Zeit lassen. - Der Klient stellt seine „Diagnose" und findet seine Lösungen. - Minimale, humorvolle Interventionen.	Die Gesprächshaltung drückt sich in den Techniken der Idiolektik aus: - Offene und einfache Fragen stellen. - Nachfragen, beschreiben lassen, erzählen bzw. erklären lassen. - Eigensprache des Patienten aufgreifen, „mitgehen". - Routineabläufe erfragen. - Ressourcen und positiv besetzte Vorstellungen erfragen. - Auf der gleichen Sprach- und Bedeutungsebene bleiben. - Unterschiede erklären lassen, polarisieren. - Hypothesen für sich behalten: keine Kritik, Argumentation oder Interpretation.

Im Rahmen der Idiolektik ist der Begriff „Interventionstechnik" irreführend, weil die Idiolektiker gar kein Ziel ansteuern.

Wir demonstrieren nun am Fallbeispiel der Klientin mit den Dornwarzen[95] die Art der Hypothesenbildung in der Idiolektik.

T: Angenommen, es *gäbe* keine Dornwarzen mehr, *wirklich* nicht mehr.
P: (schnell) Ja.
T: Wie würden Sie *dann* in den Turnsaal gehen – zum Tanzen? Mit Schuhen oder ohne?
P: (leise) Ich würd' sie schon – Ich würd' sie nicht *anziehen*, ich würd' *ohne* gehen.
T: (Pause, dann vorsichtig) ... und wieso?
P: Weil es – (Pause) – meinen Füßen besser – bekommt, das ist für meine *Füße* besser, *angenehmer*.
T: Dann müssen Ihre Füße für Ihren *Kopf* leiden, im Moment.
P: (schnell) Mhm – mhm.
T: (lacht ein bißchen) Und was *sagen* da die Füße dazu? (Pause) Wenn die reden könnten?
P: (Pause) Ja – die – ich – wahrscheinlich würden sie sich beschweren.
T: Können Sie da mal so einen Satz sagen (lacht), was die sagen würden? Was würde denn der linke zum rechten Fuß sagen, wenn die sich mal ungestört unterhalten könnten?
P: (Pause) (leise) Was würde der sagen ... (lauter) Ich möchte mal *Pause* von den Schuhen.
T: Mhm (Pause). *Das* ist schon eine Beschwerde.
P: Oder ich möchte mich mal *frei, ohne* Textilien oder Schuhe, können entfalten.
T: (vorsichtig) Sind die jetzt *zusammengefaltet*?
P: (lacht, aber nicht richtig) (Pause) Nein – aber – entfalten – ja, ich denke [läbbä][97].
T: Mhm, wie entfaltet sich ein Fuß, wenn der plötzlich keinen Schuh mehr hat und keine Textilien? (Pause) Wie stellen Sie sich das vor?
P: Ich stelle mir das vor, daß der – sich (Pause) – wie wenn man jetzt – ich sage – wie heißen diese Kleider heut' – diese Kleider wegnimmt und sich – irgendwie befreit fühlt. So könnte ich mir das auch mit den Füßen vorstellen.
T: Mhm.
P: Wenn der mal aus den Schuhen und aus den Socken kommt.

Das Interview geht noch einige Zeit auf diese Weise weiter. Uns geht es an dieser Stelle lediglich darum, zu zeigen, wie Poimann die (Schlüssel-)Worte der Klientin aufgreift und immer wieder in eine lösungsorientierte Richtung lenkt. Dabei läßt er sich ohne Schwierigkeiten darauf ein, wenn die Klientin wieder in eine problemorientierte Richtung geht. So ergibt sich eine Art leichter Tanz zwischen lösungs- und problemorientiertem Sprechen.

Die ressourcenorientierten Fragen seien noch einmal zusammengefaßt. Der entscheidende Impuls, in eine ressourcen- und lösungsorientierte Richtung zu gehen, ist die erste Frage: „Angenommen, es gäbe keine Dornwarzen mehr ..." Sie eröffnet den Rahmen für die Klientin, sich dies einmal bildhaft vorzustellen. Dieser Frage folgen weitere hypothetisch-lösungsorientierte Fragen:
➤ Wie würden Sie dann in den Turnsaal gehen – zum Tanzen? Mit Schuhen, oder ohne?
➤ Was würde denn der linke zum rechten Fuß sagen, wenn die sich mal ungestört unterhalten könnten?
➤ Wie entfaltet sich ein Fuß, wenn der plötzlich keinen Schuh mehr hat und keine Textilien? Wie stellen Sie sich das vor?

Die Idiolektiker behaupten, daß es möglich sei, sich nur von den Vorannahmen der Fragemethode leiten zu lassen. Es erfordere keine Hypothesen, wenn man mit dem Klienten mitgeht und dann verschiedene Möglichkeiten durchspielt, was man „in den Schuhen" oder „neben den Schuhen" etc. machen könnte. Es sei nicht notwendig, dies zu tun, da der Klient selbst die Diagnose stellt. Die Idiolektiker vermeiden es, Hypothesen zu bilden, damit die Eigensprache sich größtmöglich entfalten kann. Sie verlassen sich darauf, daß die absichtslose Haltung zu richtigen Intuitionen führen wird. Als Kriterium dafür, ob sie auf dem richtigen Weg sind, dient die Physiologie: Ist der Klient am Ende des Gesprächs mehr oder weniger angespannt als zu Beginn? Ist er offener oder verschlossener? Wie engagiert ist er emotional am Gespräch beteiligt? etc. Weitere strategische Fragen, die sich ein Idiolektiker stellen könnte, sind:
➤ Worum geht es dem Klienten jetzt?
➤ Welchen Aspekt der Eigensprache sollte ich nun herausgreifen?
➤ Sollte ich jetzt in eine ressourcenorientierte Richtung weiterfragen oder bei der Problemsicht des Klienten bleiben?
➤ Befindet sich der Klient im *felt sense*?

Wenn man diese Beschreibungen zusammenfaßt, ergibt sich: Die Idiolektiker vermeiden es, Hypothesen zu bilden, aber ihnen gehen sehr wohl strategische Fragen durch den Kopf, denen sie intuitiv folgen.

Wohl jeder hat schon einmal die Erfahrung gemacht, daß plötzlich ein Wissen über den Gesprächspartner in uns auftauchte, obwohl uns vorher diesbezüglich gar nichts mitgeteilt worden war. Diese Art von Intuition erinnert an Ericksons Äußerung Jay Haley gegenüber: „Wenn Patienten in mein Büro kommen, empfange ich sie mit leerem Kopf und betrachte sie mir, um zu sehen, wer und was und warum sie sind, ohne daß ich irgend etwas als gegeben hinnehme.[97]" Erickson bringt damit zum Ausdruck, daß er ohne Hypothesen in das Gespräch hineingeht, um sich vom Klienten anmuten zu lassen, was mit ihm los ist und welcher Weg einzuschlagen ist. Dies ist sicherlich ein gangbarer Weg für einen genialen Therapeuten, der über 40 Jahre lang therapeutisch tätig gewesen ist und der sich auch in seiner Freizeit ständig mit der Frage beschäftigte, wie man Menschen helfen kann, sich zielgerichtet zu verändern. Ein solcher, wie Bandler und Grinder es ausdrückten, „therapeutischer Hexenmeister" hat diese Intuitionen aufgrund seines großen Erfahrungsschatzes. Weniger erfahrenen bzw. genialen Therapeuten fordert die idiolektische Gesprächsführung großen Mut ab, sich auf das Wagnis einzulassen, darauf zu vertrauen, daß die eigene Intuition den richtigen Weg weisen möge.

4. Die Veränderungswilligkeit des Klienten

Probleme loswerden wollen

Wenn jemand skifahren lernen will, dann meldet er sich zu einem Skikurs an und geht gerade nicht zum Therapeuten. Zum Therapeuten geht man üblicherweise, wenn man sich nicht erklären kann, warum man sich nicht zum Ski-Training anmeldet, obwohl man skifahren lernen will und könnte.

Generell kommen Klienten aus zwei Gründen in die Therapie: Entweder sie wollen etwas tun oder erleben, hinsichtlich dessen sie glauben, daß es prinzipiell in ihrem Möglichkeitsbereich liegt, von dem sie aber gleichzeitig den Eindruck haben, daß ihr Wollen allein nicht genügt, daß es aber trotzdem irgendwie um das Wollen und nicht um das Üben geht.

Oder aber sie wollen etwas nicht mehr und glauben, es läge in ihrer Möglichkeit, damit aufzuhören, erleben jedoch gleichzeitig, daß ihr Aufhören-Wollen nicht ausreicht, um tatsächlich aufzuhören.

Wenn das Wollen und Nichtkönnen also eine so große Bedeutung hat, nimmt es auf den ersten Blick Wunder, warum sich die Psychotherapie nicht analog zu den Fitneß-Studios zu einem Ort des Willenstrainings entwickelt hat, frei nach der preußischen Maxime: Es ist alles nur eine Frage des Willens und der Disziplin. Es scheint allerdings sehr schwierig zu sein, den Willen als Willen in einer ähnlichen Weise zu stärken, wie man Muskeln stärken oder die Visualisierungsfähigkeit trainieren kann. So hat sich die Psychotherapie in eine ganz andere Richtung entwickelt. Sie betrachtet den psychischen Apparat, der unser Erleben hervorbringt, ähnlich wie unseren Körper als nur bedingt durch den Willen steuerbar. So wie autonome Funktionen (Herzrhythmus, Hauttemperatur etc.) willentlich nicht beeinflußbar erscheinen, so scheint es, wie es die Unterscheidung bewußt-unbewußt nahelegt, auch im psychischen Apparat Bereiche zu geben, in die der Wille nicht hineinreicht. Dies deckt sich mit der Unterscheidung von Entschluß und Entschiedenheit, wie sie im ersten Teil erarbeitet worden ist[98]. Der Entschluß ist die Entscheidung, etwas zu wollen, während sich die Entschiedenheit erst im Handeln zeigt.

Psychotherapie besteht in weiten Teilen gerade darin, ermöglichen zu helfen, Wille und Entschiedenheit auch in die unbewußten Bereiche hineinreichen zu lassen, so daß der Klient das von ihm Gewollte tun kann, ohne es in dem betreffenden Kontext extra wollen zu müssen. In der Terminologie von Grawe geht es darum, daß der Klient genügend Volitionsstärke aufbaut, um wirklich das zu tun, was er tun will, bzw. die Dinge zu vermeiden, die er nicht weiter tun will.

Bisher ging es darum, daß Klienten zum Therapeuten kommen, weil sie ein Problem loswerden *wollen*. Dieses Wollen ist jedoch zunächst einmal nur ein Wunsch, der noch nichts über die tatsächliche Veränderungswilligkeit des Klienten aussagt.

Der Wille, etwas für die Veränderung zu tun

Sowohl Milton Erickson als auch Bert Hellinger haben sich (aus unterschiedlichsten Gründen, auf die wir hier nicht eingehen, da wir uns hier mit beiden Methoden nicht beschäftigen) immer wieder mal dahingehend geäußert, daß es Klienten gibt, mit denen es keinen Sinn hat zu arbeiten, weil sie sich nicht verändern wollen. So ist z.B. in der Arbeit von Bert Hellinger ein ganz bestimmter, gesammelter Zustand auf seiten des Klienten erforderlich, um sein Familiensystem aufstellen zu können. Ist er nicht in diesem Zustand, gibt es manchmal die Möglichkeit, ihn dahingehend zu unterstützen. Bleibt dies ohne Erfolg, muß die Aufstellung verschoben werden. Sowohl Erickson als auch Hellinger glauben, daß es keinen Zweck hat, mit bestimmten Klienten zu arbeiten, was auch als Hinweis verstanden werden kann, daß es wichtig ist, über geeignete Abbruchkriterien therapeutischer Sitzungen zu verfügen.

In diesem Zusammenhang ist es wichtig, die Veränderungswilligkeit von Klienten einzuschätzen. Wie sehr wollen sie wirklich etwas in ihrem Leben und an ihrem Verhalten verändern? Sind sie bereit, dafür Anstrengungen auf sich zu nehmen? Oder haben sie die Haltung: „Tue du es für mich, Therapeut!"? – Bei verschiedenen Methoden ist mangelnde Veränderungswilligkeit ein Abbruchkriterium für das therapeutische Gespräch. Ist das der Fall, sollte die Fragestrategie so organisiert sein, daß diese Entscheidung so früh wie möglich getroffen werden kann.

Ist ein Klient nicht bereit, etwas für die eigene Veränderung zu tun, stellt sich für den Therapeuten die Frage, ob man einen entsprechenden Zustand herbeiführen kann bzw. ob ein solcher Versuch überhaupt sinnvoll ist. Im folgenden betrachten wir, inwieweit diese Frage in der Fragestrategie der jeweiligen Therapieform thematisiert und berücksichtigt wird. Weitere Fragen sind: Gibt es Abbruchkriterien für die Therapie? Inwiefern versucht die Fragetechnik oder die therapeutische Methode insgesamt, die Veränderungswilligkeit des Klienten zu beeinflussen?

BFTC

Im Ansatz des BFTC fordert der Therapeut den Klienten auf, aus den schon vorhandenen Erlebnis- und Verhaltensweisen diejenigen herauszufiltern, die eine Ausnahme zum Problemverhalten darstellen. Diese werden dann zur Übung als Hausaufgabe gegeben. Die Frage stellt sich: Was tun, wenn der Klient die Hausaufgabe nicht macht? Bzw.: Welchen Klienten gebe ich welche Art von Aufgabe? Die Beantwortung dieser Fragen hängt davon ab, wie der Therapeut den Zustand des Klienten einschätzt.

Von allen hier behandelten Fragestrategien findet sich bei Steve de Shazer die expliziteste Einteilung von Klienten bezüglich ihrer Therapiefähigkeit bzw. Veränderungswilligkeit. Er unterscheidet zwischen Besuchern, Klagenden und Kunden, indem er das gesamte Ausdrucksverhalten des Klienten danach beurteilt,

a) ob der Klient meint, er habe ein Problem, an dem er etwas ändern möchte. Das ist ein Kunde.
b) ob der Klient meint, er habe ein Problem, an dem er aber (bewußt oder unbewußt) nichts ändern möchte. Dies trifft auf den Klagenden zu.
c) ob der Klient meint, er habe überhaupt kein Problem. Dies sind Besucher, bei denen kein Wille zur Veränderung gegeben ist.

Um diese Einschätzung vorzunehmen, nutzt der Therapeut das textorientierte Lesen[99]. Diese Form des Beobachtens und Zuhörens orientiert sich nicht nur am Wort oder am Satz, wie dies beim NLP-Meta-Modell der Fall ist, sondern es wird der gesamte Eindruck (verbal und nonverbal) des Gesprächs in die Bewertung einbezogen.

Im BFTC gibt es keine expliziten Techniken der Willensstärkung, sondern man geht davon aus, daß der Klient so, wie er ist, richtig ist. Wenn also der Wille nicht ausreicht, dann beläßt man es dabei und verabschiedet Besucher mit Komplimenten bzw. gibt Klagenden eine Beobachtungsaufgabe und läßt ihnen damit die Möglichkeit, doch noch Kunde zu werden.

Im folgenden Beispiel sind einige Ausschnitte aus einem Erstgespräch[100] wiedergegeben. Es gibt einen Eindruck davon, wie Steve de Shazer an verschiedenen Stellen des Gesprächs versucht, den „Status" der Klientin einzuschätzen, die mit ihrer Sozialarbeiterin erscheint:

(1) T:	... Also, in Ihren eigenen Worten, was führt Sie heute hierher?	Klar und deutlich sagt die Klientin, daß sie nur wegen der Sozialarbeiterin da ist. Dennoch bleibt die Frage offen: Möchte diese „Klientin" etwas für sich selbst?
(2) K:	Sie. (lacht und zeigt auf die Sozialarbeiterin)	
(3) T:	Ja? Wie kommt das?	
(4) K:	Sie meint, ich habe ein Prob... ähh, Problem mit dem Essen, naja, ich weiß ja, daß es ein Problem mit dem Essen ist, aber ich finde daran nichts verkehrt.	
(5) T:	Hm, hm. Sie aber. Also ist sie diejenige, die Therapie braucht? (lacht)	Bringt die Klientin mit Humor zu einer klaren Aussage.
(6) K:	Ja. ... (lacht)	
(7) T:	Von Ihrem Standpunkt aus gesehen.	
(8) K:	Ja.	
(9) T:	OK, und woran werden wir merken, Sie und ich, daß sie ...	Eine zirkuläre Frage und dazu noch eine lösungsorientierte: Die Klientin soll einschätzen, unter welchen Bedingungen die Sozialarbeiterin die Therapie beenden würde.
(10) K:	Daß sie recht hat, richtig?	
(11) T:	Nein, nein, nein, nein, nein. Wie werden Sie und ich es merken, wenn sie überzeugt ist, daß Sie nicht mehr herkommen müssen?	
(12) K:	Wenn ich alleine essen kann.	
(13) T:	Hm hmm.	
(14) K:	Und nicht dazu gezwungen werden muß. Und es drin behalte.	
(15) T:	Hm hmm. Ich verstehe. OK. Das wird sie also überzeugen, daß Sie nicht mehr herkommen müssen?	

Nachdem de Shazer die Klientin noch genauer befragt, woran die Sozialarbeiterin erkennen würde, daß keine Therapie mehr notwendig ist, kommentiert er nach Einheit (59): „An dieser Stelle ist immer noch nicht ganz klar, ob die ‚Klientin' in dieser Essensangelegenheit mehr sieht als ein Problem der Sozialarbeiterin. Besteht das einzige Anliegen der ‚Klientin' darin, sich die Sozialarbeiterin vom Hals zu schaffen?"

In Einheit (372) beantwortet er diese Frage, nachdem er die Wunderfrage gestellt hat und die Klientin darauf reichhaltig und detailliert antwortete: „Bis Zeile (236) dreht sich das ganze Gespräch um die Probleme, die die Sozialarbeiterin sieht. Die Ziele sind daher bis hierhin ihre Ziele und nicht die der Klientin. Das Bild, das die Klientin vom Tag nach dem Wunder zeichnet, umfaßt weitaus mehr, als nur normal zu essen. An dieser Stelle wird mir klarer, daß die Klientin etwas für sich selbst will (eine Lösung) und nicht nur in meiner Praxis ist, weil sie sich die Sozialarbeiterin vom Hals schaffen will."

Die Klientin ist von einer potentiellen Besucherin in den Status einer Kundin gewechselt. Diese Einschätzung konnte der Therapeut nicht an einzelnen Sätzen festmachen, sondern er mußte das gesamten Verhalten der Klientin während des Interviews berücksichtigen.

Idiolektik

Die Idiolektiker

Im Gegensatz zur Praxis des BFTC gibt es in der Idiolektik kein festes Einteilungsschema für Klientenzustände, um deren Status der Veränderungswilligkeit zu bestimmen. Ein Vorstandsmitglied der Gesellschaft für idiolektische Gesprächsführung (GIG) begründete diese Haltung an einem **Beispiel**:

Ein Klient wird mit der Diagnose vom Arzt überwiesen, er habe psychosomatische Beschwerden. Nach dem Grund seines Hierseins befragt, erklärt er, daß er nur auf Wunsch des Arztes gekommen ist, aber keiner psychotherapeutischen Behandlung bedarf. Eine solche Aussage wird vom Idiolektiker sofort akzeptiert, weil er denkt, daß der Klient selbst am besten entscheiden kann, was für ihn richtig ist. Vielleicht ist es für diese Person eben noch nicht angesagt, sich zu verändern.

Diese akzeptierende Haltung kann der Idiolektiker nur einnehmen, weil er den Klienten letztlich als den Experten betrachtet und nicht versucht, ihn zu etwas zu überzeugen, was er nicht will.

Das heißt nicht, daß der Idiolektiker nicht versucht, einen Zugang zum Klienten zu bekommen und die Gründe zu erfragen, die ihn zu seiner Haltung veranlassen. Er versucht, Einwände des Klienten aus dessen Eigensprache zu erschließen und gegebenenfalls vorwegzunehmen. Von einem solchen typischen Weg berichtet Poimann im Zusammenhang mit Erziehungsproblemen bei Jugendlichen. Diesen sagt er im Beisein der Eltern etwa folgendes: „Wahrscheinlich werden Sie spätestens nach der zweiten Stunde mit der Therapie sehr unzufrieden sein, denn Sie werden von mir nichts erfahren, von dem Ihr Sohn/Ihre Tochter nicht möchte, daß Sie es erfahren. Außerdem werde ich Ihrem Kind nur bei der Verwirklichung der Ziele helfen, die es selbst anstrebt, und das kann durchaus im Widerspruch zu dem stehen, was Sie erreichen wollen. Wollen Sie trotzdem, daß die Therapie durchgeführt wird?"

Auf diese Weise gelingt es oft, einen Übereinstimmungsrahmen mit dem Jugendlichen zu erzielen. Allerdings würde man nicht, wie im NLP möglich, versuchen, einen Besucher oder einen Klagenden durch gezielte Maßnahmen in einen Kunden zu verwandeln. Im Falle des Besuchers würde man eine Therapie im eigentlichen Sinne gar nicht erst beginnen; im Falle des Klagenden würde das Vorgehen darin bestehen, ihn in seiner Eigensprache zu begleiten.

Jonas

Jonas hatte einen sehr genauen Blick für den Zustand von Klienten. Für ihn war es sehr wichtig, ob diese sich in einem klagenden, aggressiven bzw. überhaupt in einem therapiefähigen Zustand befanden. War dies nicht der Fall, dann galt es, in ihrer Eigensprache auf sie einzugehen, um sie in einen therapiefähigen Zustand zu bringen. Dabei agierte Jonas mit einer weitaus größeren Bewußtheit, als dies beispielsweise im NLP üblich ist. Zudem bediente er sich triebtheoretischer (Pflegetrieb, Sexualtrieb etc.) und psychiatrischer Kategorien (paranoid, schizophren etc.) zur Einschätzung von Klienten.

Jonas war sehr flexibel darin, mit widerborstigsten Klienten umzugehen. Um dies zu verdeutlichen, sei ein Gesprächsausschnitt mit einem Psychologen[101] wiedergegeben. Dieser leidet an einem unerklärlichen Ohrensausen, das in irregulären Intervallen auftritt. In der Überschrift des Kapitels gibt Jonas einen Hinweis darauf, mit welcher Hypothese er das Gespräch führt. Es heißt „Ohrensausen – paranoides Denken". Die Kommentare sind von Jonas übernommen. – Nach einigen Wortwechseln fragt der Klient:

(2) K:	Was wollen Sie denn über mein Ohrensausen wissen?	Er gibt sich überlegen, großzügig und bietet eine Auswahl an. Dies ist kein guter Anfang, da seine Skepsis kaum verdeckt ist.
(3) T:	Möglicherweise könnten sie mir erzählen, inwiefern die Ärzte hinsichtlich dieser Beschwerden falsch orientiert waren.	Damit wird ihm der Wind aus den Segeln genommen. Das Wort „möglicherweise" soll den Eindruck eines Gegenangriffs abschwächen. Das tut es jedoch nicht.
(4) K:	(etwas stutzig, anscheinend überrascht) Ich will nicht den Eindruck erwecken, als ob ich alle Ärzte als Kurpfuscher ansehen würde. Aber nach so vielen Untersuchungen verliert man doch ein gewisses Vertrauen in die ärztliche Kunst.	Er rechtfertigt sich, weil er sich vom Therapeuten angegriffen fühlt; dies drückt sich in immer schärfer werdender Stimme und akkurat gewählten Worten aus.

(5) T:	Wenn ich Sie richtig verstehe (wieder abschwächend), würden Sie Ihr Vertrauen zu Ärzten zurückgewinnen, wenn Sie wüßten, was mit Ihren Ohren los ist.	Die Wiederholung hat nur den Zweck, eine neutrale Atmosphäre zu schaffen, so daß der Klient von seinem Vorhaben, sich mit dem Therapeuten zu messen, abgelenkt wird.
(6) K:	(sehr überzeugt) Stimmt... Aber ich muß Ihnen doch sagen, daß ich schon Dutzende von Konsultationen unternommen habe, ohne was Gescheites in Erfahrung zu bringen ... Es ist ein brummendes Geräusch – wie von einer Hummel, die in einem Glasbehälter eingesperrt ist.	Er ist entschlossen, den Therapeuten in die Phalanx der anderen Ärzte einzureihen.
(7) T:	In anderen Worten, weder Sie noch die Ärzte können mit dem brummenden Geräusch etwas anfangen.	Setzt den Klienten den nicht-verstehenden, beschränkten Ärzten an die Seite. Dies ist als Herausforderung gedacht, damit er den Beweis erbringen kann, ob er den Doktoren überlegen ist.
(8) K:	Gedanken habe ich mir schon gemacht, aber ich weiß nicht, ob Sie hören wollen, was ich mir so denke?	Das ist eine Falle. Daher soll die gestellte Frage dem Klienten einen Spielraum lassen, wie er sie beantworten will.
(9) T:	Ja, schon, wenn nur was Gescheites dabei herauskommt.	Dreht den Spieß um, wobei sein Lächeln den Eindruck einer Gegenattacke verringert.
(10) K:	(lachend, und damit ist das Eis gebrochen): So gescheit bin ich nicht.	

Dieser Fall gibt einen guten Einblick darin, wie wichtig es ist, zu erkennen, ob der Klient überhaupt therapiert werden möchte oder ob es ihm, zumindest zu Beginn – wie in diesem Fall -, um einen Machtkampf mit dem Therapeuten geht. Das erste therapeutische Ziel von Jonas bestand darin, den Klienten in einen therapiefähigen Zustand zu bringen, indem er seine Position als behandelnder Psychiater auf beziehungsverträgliche Weise behauptete.

NLP

Besucher stellen sich im NLP als Personen dar, von denen man keinen Therapieauftrag bekommt, mit denen man also keine kongruente Zielvereinbarung treffen kann. Damit fallen sie, ähnlich wie im BFTC, aus der Gruppe möglicher Klienten heraus.

Dem Bandlerschen Diktum „Es gibt keinen Widerstand, sondern nur unflexible Therapeuten" zufolge ist eine Unterscheidung zwischen Klagenden und Kunden, wie sie im BFTC vorgenommen wird, jedoch unmöglich. Anders gesagt: Jeder ist therapiefähig, und wenn ein einzelner Therapeut mit einem Klienten nicht arbeiten kann, sagt das nichts darüber aus, ob der Klient therapiefähig ist, sondern besagt lediglich, daß der Therapeut nicht weiß, wie er mit ihm arbeiten kann. Diese Position hat den Vorteil, den Klienten nicht als unheilbar zu stigmatisieren, und sie spornt den Therapeuten an, seine Flexibilität und Handlungskompetenz zu erweitern. Das einzige Abbruchkriterium, das übrigbleibt, ist das Gefühl des Therapeuten: „Ich weiß hier nicht mehr weiter", und in einem gewissen Sinne ist dies ein sehr ehrliches Kriterium.

Obwohl man den Begriff „Klagender" nicht benutzt, kennt man natürlich im NLP den Umstand, daß jemand einen Entschluß nicht in die Tat umsetzt, weil er keine Veränderungsanstrengungen auf sich nehmen will. Dies wird im Rahmen des Teile-Modells so interpretiert, daß mangelnde Entschiedenheit einfach der Ausdruck eines Einwandes eines unbewußten Teils ist. Wird der Einwand berücksichtigt, wandelt sich die Unentschiedenheit, und der Entschluß wird realisiert. Ein weiterer Grund für das Nichtrealisieren eines Entschlusses kann auch ein unbewußter Glaubenssatz bzw. ein elterliches Verbot im Sinne eines Skriptauftrages sein. D.h., im NLP gibt es ein breites Arsenal von Techniken, mit deren Hilfe die Veränderungswilligkeit des Klienten erhöht werden kann.

Im Gegensatz zum textorientierten Lesen bei Steve de Shazer (s.o.) konzentriert man sich bei der Anwendung des Meta-Modells auf den einzelnen Satz, vor allem auf einschränkende Glaubenssätze, die der Klient äußert. Daraus zieht man Schlüsse, wie der Klient seine einschränkenden Bedeutungen konstruiert und wie sie hinterfragt werden können. Dieses satzorientierte Lesen ist für das gesamte NLP typisch, weil Bandler und Grinder die große Bedeutung der Veränderungsmotivation des Klienten in ihren Seminaren nicht zum Thema gemacht werden.

GT

In der GT gibt es keine irgendwie geartete Einteilung von Klienten hinsichtlich ihrer Veränderungswilligkeit. Aufgrund der intensiven Klärungs- und Problemorientierung steht die GT sogar in der Gefahr, die klagenden Anteile des Klienten noch zu fördern. Dies liegt sicherlich zu einem guten Teil daran, daß die GT keine Lösungen für Probleme anstrebt, sondern den Selbstklärungsprozeß zum Therapieziel erhoben hat. Insofern ist es nur konsequent, zwischen Klagendem und Kunden keinen Unterschied zu machen.

RET

In der RET merkt der Therapeut einen Mangel an Veränderungswilligkeit beim Klienten daran, daß bereits in der Disputation „erledigte" Themen immer wieder von neuem auftauchen. Da die RET auf dem rationalen Diskurs besteht, kann sie die mangelnde Veränderungswilligkeit nicht als Ausdruck unbewußter Einwände würdigen, sondern nur in der Weise, daß der Klient der Disputation auf irgendeine Weise Widerstand leistet. Einige der Strategien für den Umgang mit im „Widerstand" befindlichen Klienten wurden im RET-Teil dargelegt. Hier scheint man die Haltung zu vertreten, daß man, wenn man nur genau genug beobachtet und flexibel auf den Klienten eingeht, jeden von seinen irrationalen Überzeugungen abbringen kann. Dies führt leicht zu einer gewissen Redundanz in der Arbeit.

Systemische Therapie

Da in der systemischen Therapie in der Regel mehr als ein Klient anwesend ist, ergeben sich oft andere Probleme als in der Einzeltherapie. Eine wichtige Frage lautet, wie fremd- bzw. eigenmotiviert die Systemmitglieder sind, Veränderungen mitzutragen, und daraus abgeleitet: Wie sinnvoll ist eine Therapie überhaupt? Dies klärt man in der systemischen Therapie bereits in der ersten Sitzung durch das Erfragen des Überweisungskontextes und bestehender Zielvorstellungen.

Einige typische Fragen zum Überweisungskontext sind:
- Wer hatte die Idee zum Kontakt?
- Was verspricht sich der/die Überweisende davon?
- Was müßte hier geschehen, damit der Überweisende hinterher sagt: „Das hat sich gelohnt."?
- Warum hat der Überweisende gerade Sie hergeschickt? Und warum gerade zu mir?
- Welche Erwartungen haben die Anwesenden? (Dies wird häufig auch zirkulär erfragt.) Zum Beispiel: „Was, glauben Sie, verspricht sich Ihr Mann von dem Gespräch? Glauben Sie, das stimmt mit Ihren Erwartungen überein?" etc.

Dazu ein erläuterndes **Beispiel**[102]:

Eine Fünfzehnjährige mit selektivem Mutismus (sie spricht nur mit der Mutter) kommt mit der alleinerziehenden Mutter zum Erstgespräch. Schnell zeigt sich, daß mindestens 12 professionelle Helfer (Heil- und Reitpädagogin, Hausaufgabenhilfe, Zusatzlehrerin, Pflegefamilie, Jugendamtmitarbeiter, Kinderpsychiaterin, Neurologe u.a.) mit dem Schicksal des Mädchens betraut sind. Den Familientherapeuten wird klar, daß sie als „Nr. 13 und 14" eingeladen sind, und sie verlegen sich auf die Frage: „Was würde mit all den Helfern und zwischen Mutter und Tochter geschehen, wenn die Tochter beginnen würde, wieder zu sprechen?"

Ein solcher Rahmen trägt dem gesamten Klienten- und Helfersystem vermutlich besser Rechnung als eine schnelle Intervention. Die Frage der Veränderungswilligkeit des Indexpatienten spielt also in der systemischen Therapie eine untergeordnete Rolle, weil die Aufmerksamkeit des Therapeuten auf das gesamte Klientensystem (bzw. auf das soziale System, das mit dem Problem bereits befaßt ist) gerichtet ist. Gemäß dieser Vorannahme werden die relevanten Veränderungen im Gesamtsystem gesucht.

Ein mögliches Abbruchkriterium für die Therapie besteht auch in einer starken Divergenz bzw. Gegensätzlichkeit der Ziele der einzelnen Systemmitglieder, die an den Sitzungen teilnehmen.

Beispiel:
Ein Paar kommt mit unterschiedlichen Zielen in die Therapie. Die Frau will den Mann verlassen. Dieser will aber mit ihr zusammenbleiben und dies zum Thema machen (Paartherapie). Die Frau will die Therapie aber lediglich dazu nutzen, die Trennung für die Partner und die Kinder so leicht wie möglich zu gestalten (Trennungstherapie). Ist keiner von beiden bereit, von seinem Ziel abzurücken, macht eine gemeinsame Therapie keinen Sinn.

III. Schlußfolgerungen

Bis zu dieser Stelle haben wir eine Reise durch verschiedene Kontinente therapeutischen Fragens unternommen. Vieles wird dem Leser schon bekannt gewesen sein, manches ungewohnt, aber natürlich hoffen wir, daß er ein vertieftes Verständnis für die Möglichkeiten des Fragens in der Psychotherapie gewonnen hat. Wir meinen, daß sich die Magie des Fragens erst entfalten kann, wenn man die einzelnen Fragemethoden und -strategien sozusagen aus dem Orbit überblickt, von wo aus sich die Vor- und Nachteile der Fragekontinente erst richtig erkennen lassen. Wir teilen die Ansicht von Klaus Grawe[103], daß die Beschränkung auf nur eine Therapiemethode die therapeutischen Möglichkeiten enorm einschränkt. Wenn der Leser auch nur eine Frage-Region entdeckt hat, die ihm neu war und die er therapeutisch bzw. beraterisch nutzen möchte, dann hat sich das Lesen des Buches schon gelohnt.

Wir wollen nun aus dem Vergleich der Therapie- und Fragemethoden weitergehende Schlußfolgerungen ziehen, um darauf aufbauend im vierten Kapitel eine übergeordnete Fragestrategie zu entwerfen, die die Vorteile der hier betrachteten Methoden zusammenfaßt. Die Schlußfolgerungen beziehen sich auf folgende Aspekte:

➤ Im ersten Abschnitt zeigen wir anhand von Beispielen auf, daß Fragen unabhängig von ihrem theoretischen Entdeckungs- und Begründungszusammenhang angewandt werden können.
➤ Im zweiten Abschnitt gehen wir darauf ein, wie wichtig die Berücksichtigung individueller Faktoren, die in der Person des Klienten liegen, für die therapeutische Befragung ist.
➤ Im dritten Abschnitt werden diejenigen Faktoren (Daten) zusammengefaßt, die sich aufgrund des Vergleichs der Therapie- und Fragemethoden als besonders veränderungsrelevant herausgestellt haben.

1. Eine Frage ist eine Frage ist eine Frage

Die konkreten therapeutischen Techniken sind auf unterschiedlichen theoretischen Hintergründen entstanden. In diesem Kapitel soll anhand einiger Beispiele gezeigt werden, daß sich diese Fragen auch dann nutzen lassen, wenn man den jeweiligen theoretischen Hintergrund nicht teilt, ihn gegebenenfalls sogar ablehnt. Jede Frage kann unter den verschiedensten Vorannahmen und unter verschiedensten Rahmenbedingungen sinnvoll angewandt werden.

Idiolektik

Jonas[104] stellt einer Klientin die Frage: „Wohnen Sie alleine?" Damit fragt er nach einer Tatsache, was verstanden werden kann als der Versuch des Therapeuten, sich über die äußeren Lebensumstände der Klientin ein Bild zu verschaffen. Als solche würde diese Frage wahrscheinlich relativ weit am Anfang des Interviews gestellt werden. Wenn Jonas sie aber erst im zweiten Drittel des Gesprächs stellt, bekommt sie durch diesen Ort und die Absicht, mit der er sie stellt, eine ganz andere Funktion: Sie ist nicht als Informationsgewinnungsfrage zu verstehen, sondern als Vorbereitung der Klientin auf einen Kooperationsvertrag. Sie zielt darauf ab, einen bestimmten Zustand in der Klientin hervorzurufen, der sie geneigter macht, auf die von Jonas intendierte Weise mit ihm zusammenzuarbeiten. Wenn Jonas als Begründung für diese Frage triebtheoretische Überlegungen ins Feld führt, dann mag es für ihn persönlich relevant und motivierend gewesen sein, die Frage an dieser Stelle zu stellen bzw. eine entsprechende Gesprächstaktik zu wählen. Derartige Überlegungen sind allerdings nicht notwendig, um dieses Vorgehen sinnvoll zu machen. Sie haben eher mit seinem medizinisch-biologisch-weltanschaulichen Hintergrund zu tun, aus dem heraus er sich sein Vorgehen plausibel machte.

BFTC

Steve de Shazer geht davon aus, daß man den anderen nicht verstehen kann. Auch wenn man diese Vorannahme nicht teilt, kann man die im BFTC verwendeten Fragen trotzdem auch im Rahmen anderer therapeutischer Methoden anwenden. Dies gilt zum Beispiel für die Wunderfrage: „Stellen Sie sich vor, heute nacht würde ein Wunder passieren und Ihr Problem wäre restlos gelöst. Da Sie geschlafen haben, wissen Sie aber nicht, daß dieses Wunder geschehen ist. Woran würden Sie als erstes bemerken, daß sich etwas grundlegend geändert hat?"

Diese Frage ist sicherlich eine nützliche Frage im Rahmen der Zielfindung oder um einen ressourcevollen Zustand herbeizuführen. Die Frage hilft im Regelfall, die Lösung konkreter erfahrbar und damit wahrscheinlicher und glaubwürdiger zu machen. Die Wunderfrage läßt sich jedoch problemlos auch im Rahmen des NLP und anderer therapeutischer Methoden verwenden.

Dies gilt auch für die sehr originellen Skalierungsfragen des BFTC. Diese wurden von de Shazer eingeführt als ein Versuch, mit dem Klienten über Befindlichkeitsveränderungen reden zu können, ohne „verstehen" zu müssen, was dieser mit Worten wie Glück, Unglück, Depression, Trauer usw. meint. Und in der Tat haben sich die Skalierungsfragen als nützliche Technik erwiesen, Klienten auf quantitativ-qualitative Veränderungen in ihrem inneren Erleben aufmerksam zu machen und sie so aus dem digitalen Bereich (Ich habe das Problem oder ich habe es nicht) in einen analogen Bereich hineinzuführen (Ich habe das Problem mehr oder weniger).

Wir finden solche quantifizierenden Fragen u.a. auch in der RET (z.B., wenn ein Klient nach dem Grad seiner Angst gefragt wird). 100% der Angst wäre dann die schlimmste Angst, die er bisher hatte, und seine jetzige Angst wäre dann z.B. bei 70%. Diese Fragen spielen in der RET zwar nicht eine so große Rolle wie bei Steve de Shazer, aber sie kommen vor.

Die Funktion der Skalierungsfragen bleibt in ihrer therapeutischen Nützlichkeit bestehen, auch wenn man den kommunikativen Skeptizismus (Letztlich kann man den anderen nicht verstehen) nicht teilt. Die Frage kann auch ohne diese theoretische Vorannahme nutzbringend angewandt werden und läßt sich sinnvoll und leicht ins NLP und andere therapeutische Methoden integrieren. Wenn man diese oder andere Fragen im NLP verwendet, sollte man allerdings beachten, daß die Haltung, mit der diese Fragen im BFTC gestellt werden, eine andere ist als im NLP. Darauf wurde bereits an anderer Stelle eingegangen.

NLP

Der Klient sagt: „Ihre Unzuverlässigkeit macht mich verrückt." Daraufhin metamodelliert der Therapeut: „Wie genau machen Sie das, daß Ihre Unzuverlässigkeit Sie verrückt macht?" Seine Absicht besteht darin, dem Klienten bewußtzumachen, daß ein äußeres Ereignis einen inneren Zustand nicht direkt verursachen kann, sondern daß es immer einen eigenen bedeutungsgebenden Anteil gibt, der erforderlich ist, damit der entsprechende innere Zustand entsteht. Andere Menschen reagieren auf dasselbe Verhalten nicht unbedingt mit „Verrücktwerden", und der Klient selbst reagiert in anderen Kontexten mit anderen Personen auch ganz anders.

Daß es in einem therapeutischen Setting sinnvoll sein kann, den Klienten auf seinen Eigenanteil aufmerksam zu machen, zum Beispiel mit der Absicht, auf diesen Eigenanteil verändernd einzuwirken, ist sinnvoll, unabhängig von der linguistischen Theorie, in die diese Frage, wie im Meta-Modell der Sprache, eingebettet ist. Man muß weder die Chomskysche Linguistik akzeptieren noch Anhänger einer Valenzgrammatik sein, um diese Frage als therapeutisch sinnvoll betrachten zu können. Insofern mag es zwar sein, daß die Fragen des Meta-Modells (wie die eben genannte Hinterfragung einer Ursache-Wirkungs-Verletzung) im Rahmen von Grinders Auseinandersetzung mit der Linguistik Chomskys entstanden sind. Aber dieser subjektive Entdeckungszusammenhang hat mit dem therapeutischen Begründungszusammenhang nichts zu tun. Auch diese Frage kann also unabhängig von den linguistischen Vorannahmen nutzbringend angewandt werden.

Systemische Therapie

Wenn ein Familientherapeut die Frage stellt: „Sag mal, Peter, wen, meinst du, stört es mehr, deine jüngere oder deine ältere Schwester, wenn Mutti und Vati Streit miteinander haben?", dann ist diese zirkuläre Frage vermutlich durch den kybernetisch-systemischen Verständnis- und Thematisierungshintergrund dieser Therapierichtung motiviert. Mehr noch: Da zirkuläre Fragen vorher in der Psychotherapie längst keine so wichtige Rolle gespielt haben wie in der systemisch orientierten Therapie, ist es durchaus berechtigt zu sagen, daß das zirkuläre Fragen im therapeutischen Interview den zirkulären, rückgekoppelten Prozessen in einem Familiensystem erstmals Rechnung trägt. Es ist außerdem der Versuch, durch die Art des Fragens jeglichen Eindruck einer ersten Ursache, eines eigentlich Schuldigen usw. zu unterlaufen und statt dessen die unhintergehbare kommunikative Zirkularität des Geschehens durch die Art des Fragens sichtbar zu machen.

Auch wenn man den kybernetisch-systemischen Ansatz, sofern er sich auf dem konzeptionellen Hintergrund einer Kybernetik 1. Ordnung bewegt, mit guten theoretischen Gründen als unangemessen ablehnt, kann man das zirkuläre Fragen als ein neues Handwerkszeug übernehmen und bei Bedarf nutzen. Man könnte es zum Beispiel genausogut im Rahmen einer polyperspektivischen Beschreibungstheorie einsetzen, die mit kybernetischen Vorannahmen gar nichts zu tun hat.

RET

Ein Klient macht die problemkonstatierende Aussage: „Ich bin zu schüchtern." Daraufhin fragt ihn der RET-Therapeut: „Welche Beweise gibt es für Ihre Behauptung?" Diese Frage zielt im Rahmen der rational-emotiven Therapie darauf ab, die Rationalität, d.h. die Beweisbarkeit, in einem durchaus naturwissenschaftlichen Sinne zu überprüfen. Im Rahmen des Meta-Modells, namentlich in der Variante von Chris Hall, würde die Frage so verstanden, daß sie die subjektive Evidenzprozedur ermittelt, die der Klient innerlich durchläuft. Darauf würde allerdings dann anders eingegangen als in der RET.

In der rational-emotiven Therapie unterscheidet man zwischen
a) den Auslösern (Trigger) für ein symptomatisches Verhalten bzw. Erleben (As),
b) der Bewertung des Ereignisses bzw. der Situation (Bs) und
c) den wahrgenommenen Konsequenzen aufgrund der Auslöser (Cs).

Der Kern der Therapie besteht dann im wesentlichen darin, die Bs in beschreibende und bewertende Glaubenssätze zu unterteilen, um dann bei den bewertenden Glaubenssätzen in die Disputation einzutreten. Ein beschreibender Glaubenssatz wäre: Wenn ich eine Frau nicht kenne, sie attraktiv finde und als Mann an ihr interessiert bin, dann traue ich mich nicht, sie anzusprechen. Das meine ich, wenn ich sage: Ich bin schüchtern. Ein bewertender Glaubenssatz wäre nun: Ich bin kein richtiger Mann, weil ich schüchtern bin. In der Disputation der bewertenden Glaubenssätze geht es im wesentlichen darum, das Irrationale dieser Bewertung aufzuzeigen, verständlich zu machen und den Klienten zu einer rationalen Bewertung zu führen. Der RET-Therapeut versucht, dem Klienten entweder eine logische Inkonsistenz oder eine kontrafaktische Behauptung in seiner Begründung für die Bewertung nachzuweisen. Er stellt also die Evidenzprozedur des Klienten für die Bewertung in Frage.

Die theoretische Vorannahme dieses therapeutischen Verfahrens besteht darin, daß emotionales Leiden Ausdruck einer unsachgemäßen, irrationalen Weltauffassung, Selbstbewertung usw. ist. Außerdem wird angenommen, daß der beste Weg, diese irrationalen Konstrukte aufzuheben, in einer logischen Disputation besteht. Wenn man diese Arbeit mit bewertenden Glaubenssätzen zum Beispiel mit der Arbeit mit Submodalitäten im NLP vergleicht oder mit der Arbeit beim Reimprinting, dann kann man leicht zeigen, daß es prä- oder transargumentative Verfahren gibt, solche irrationalen Glaubenssätze aufzulösen. Diese Verfahren sind häufig wesentlich schneller und effektiver als die Disputation, die im schlimmsten Fall sogar zu einer Verfestigung des Glaubenssatzes führen kann, da der Klient durch die Verteidigung desselben diesen noch verstärkt.

Auch wenn man die Disputation nicht für den therapeutischen Königsweg hält, irrationale Glaubenssätze aufzulösen, sind die Fragen nach der Evidenzprozedur, nach der logischen Konsistenz, nach der Begründbarkeit der Position etc. nützliche Fragen, die jeder Therapeut als Handwerkszeug zur Verfügung haben sollte. Im übrigen mag es durchaus Klienten oder therapeutische Situationen geben, in denen man sich für eine Disputation entscheidet, obwohl man auch andere Techniken zur Veränderung von irrationalen Glaubenssätzen zur Verfügung hat.

Ähnlich wie bei Steve de Shazer kann man bei der RET beobachten, wie der theoretisch-ideologisch-weltanschauliche Rahmen sowohl motivierend als auch einschränkend wirkt. Das heißt, der weitgehende Verzicht auf andere Methoden, irrationale Glaubenssätze aufzulösen, ist nur verständlich auf dem Hintergrund der Vorentscheidung, daß die notwendige Voraussetzung dazu darin besteht, dessen Irrationalität intellektuell einzusehen und die rationalen Bedeutungsgebungen später in der Praxis auszuprobieren.

GT

In der Gesprächstherapie geht das wesentliche therapeutische Mittel, das Spiegeln, mit dem Fragen einher. Der wesentliche Beitrag des Therapeuten zum Gespräch besteht im Paraphrasieren des Gesagten (der emotionalen Erlebnisinhalte) und hierbei im wesentlichen in der Auswahl dessen, was paraphrasiert wird. Ziel dieser Vorgehensweise ist die Selbstaktualisierung des Klienten. Der weitgehende Verzicht auf richtungsweisende Fragen und anderweitige psychotherapeutische Interventionen verdankt sich dem humanistischen Credo, den Klienten nicht manipulieren und beeinflussen zu wollen, sondern ihm als empathisches Gegenüber bei der Selbsterkundung und Selbstaktualisierung zu helfen. Diese Konzentration auf die Persönlichkeitsentwicklung führte dazu, daß der ganze Bereich der Ziel- und Lösungsorientierung in der GT ausgeblendet wird.

Unabhängig davon, welchen Wert man dieser psychotherapeutische Methode zubilligt, ist die Fähigkeit, das Gegenüber zu paraphrasieren, ein Element dessen, was man im NLP Pacing und in der Hypnotherapie Rapportbildung nennt. Es ist darüber hinaus eine Möglichkeit, den Klienten sanft anzuregen, über einen bestimmten Bereich mehr und ausführlicher zu berichten.

Diese Funktion des Paraphrasierens ist wiederum völlig unabhängig von den weltanschaulichen, philosophischen, therapietechnischen Überlegungen, wie sie im Rahmen der klientenzentrierten Psychotherapie entwickelt worden sind. Ein überzeugter Rogerianer würde hier vielleicht einwenden, daß der Grad an Meisterschaft beim Paraphrasieren, der in der GT gefragt ist, ein so hohes Maß an Empathie verlangt, daß eine Paraphrasierung, die diesen Namen nur der semantischen Form nach verdient, noch nicht eine im Sinne dieser Therapieform darstellt. Dem möchten wir entgegenhalten, daß das Einfühlungsvermögen auch in anderen Therapieformen geschult wird und daß diese Fähigkeit sich auch bei den klientenzentrierten Therapeuten erst im Laufe der Jahre entwickelt und nicht sogleich auf dem Niveau eines Rogers besteht. Abgesehen davon ist es allerdings richtig, daß in vielen anderen psychotherapeutischen Methoden konfrontative und direktive Elemente ebenfalls ihren Platz haben und in einem solchen Umfeld eine oder mehrere Paraphrasierungen natürlich einen anderen Stellenwert haben als in einer Methode, die ausschließlich aus Paraphrasierungen besteht.

Diamond

Im 1. Teil des Buches wurde im Kapitel „Theoriebildung" das Konzept der Lösungen 1. bis 3. Ordnung beschrieben. Lösungen 3. Ordnung setzen eine Rejektion (Verwerfung) voraus. Dies meint die Fähigkeit, den Rahmen, den eine gegebene Alternative umspannt, als ganzen zu verwerfen. Im Rahmen des Diamond-Modells fragt man nach dem Gemeinsamen von Problem und Lösung bzw. nach dem Weder-noch von Problem und Lösung bzw. nach der Ermöglichung bzw. Entmöglichung jeder Position und kommt insofern zu Lösungen 3. Ordnung. In der Negation wird eine Position in ihr Komplement verkehrt: rauchen – nicht rauchen, trinken – nicht trinken, Angst haben – keine Angst haben. Bei der Rejektion geht es darum, die suggestive Macht dieses Alternativverhältnisses als eines solchen aufzuheben.

Beispiel:

Die anonymen Alkoholiker konstruieren die Alternative: Ein Alkoholiker ist immer ein Alkoholiker – das ist der Rahmen, und innerhalb dieses Rahmens bin ich entweder trocken, oder ich trinke gerade. Eine Rejektion des Rahmens bedeutet, daß ich mich semantisch, logisch und existenziell aus dieser Zuschreibung und Festschreibung löse und zu komplexeren Selbstdefinitionen übergehe. Ich als Arbeitsloser trinke. Ich als Frischverliebter habe aufgehört zu trinken usw[105]. D.h., durch die Einführung der Rejektion und der Als-Funktion wird die hypnotische Fixierung auf einen einzigen Bedeutungsraum aufgehoben.

Des weiteren wird im Diamond-Modell das Verhältnis der Begriffe „Problem" und „Lösung" dialektisiert. Die alte psychologische Erkenntnis, daß die Probleme von heute die mißglückten Lösungsversuche von gestern sind und daß die Lösungen von heute eventuell die Probleme von morgen sein könnten, wird im Diamond-Modell strukturell und systematisch realisiert, so daß die Fixierung auf eine Verhaltensweise bzw. auf eine Erlebnisform aufhört: Mein Verhalten X als Problem war eine Lösung für Y, und meine anvisierte Lösung Z für X könnte sich als Problem für W herausstellen. Die Fragen des Diamond bieten eine sehr systematische Weise, Probleme in Hinblick auf Lösungen 2. und 3. Ordnung zu befragen. Insofern ist es hilfreich, diese Fragen in seinem Repertoire als Therapeut zur Verfügung zu haben.

Die Fragetechnik des Diamond ist zwar motiviert und entstanden auf dem Hintergrund der Protostruktur und der Kenogrammatik von Gotthard Günther, also im Rahmen einer Theorie der Polykontexturalen Logik. Man kann diese Art zu fragen aber auch nutzen, ohne etwas von Polykontexturaler Logik zu wissen. Es ist nicht einmal notwendig, deren grundsätzliche Vorannahmen zu teilen, um die Fragetechnik als therapeutisch sinnvoll erfahren zu können. Der Klient entwickelt ein komplexes semantisches Netz, in dem an jedem Punkt die Ökologie von Ermöglichung und Entmöglichung mitthematisiert wird und wo somit ein komplexes Reframing sowohl des Problems als auch der Lösungsidee stattfindet. Gleichzeitig ermöglicht dieses Modell an jeder beliebigen Position den Übergang zu anderen therapeutischen Techniken aus anderen Therapiemethoden.

Fazit

Die Beispiele haben deutlich gemacht, daß die verschiedenen Fragetechniken im Rahmen der handwerklichen Kompetenz eines Therapeuten ihre Nützlichkeit unabhängig von ihrem jeweiligen Entdeckungs- und Begründungszusammenhang entfalten können. Damit soll nicht behauptet werden, daß die jeweilige Theorie, in deren Rahmen die betreffende Fragetechnik entstanden ist, hinsichtlich der Strukturierung des therapeutischen Interviews bedeutungslos wäre. Aber sie ist nicht unbedingt notwendig, um die Fragetechnik nutzen zu können. Das heißt, wir können jede Fragetechnik aus ihrem Entstehungszusammenhang herauslösen und in einen neuen Nutzungskontext einbetten, der mit dem Entstehungskontext sogar inkompatibel sein kann. Damit wird es möglich, die Vorteile der einzelnen Fragen und Fragestrategien in einer übergeordneten Fragestrategie zusammenzuführen.

2. Individuum und therapeutische Metatheorien

Woran liegt es, ob Psychotherapie (wenn sie von kompetenten Therapeuten durchgeführt wird) wirkt oder nicht wirkt? – Milton Erickson vertrat zu dieser Frage eine eindeutige Auffassung. In einem Lehrseminar für ausgebildete Psychologen, das er kurz vor seinem Tod in seinem Haus durchführte, formulierte er es so: „Ich denke, wir sollten alle wissen, daß jeder Mensch ein Unikum ist. Es gibt keine genau gleichen Individuen. In den dreieinhalb Millionen Jahren, die der Mensch auf der Erde lebt, hat es – ich denke, das läßt sich wohl behaupten – keine zwei Individuen mit gleichem Fingerabdruck, keine ‚Duplikate' gegeben. Auch zweieiige Zwillinge unterscheiden sich ganz beträchtlich in ihren Fingerabdrücken, in ihrer Widerstandsfähigkeit gegen Krankheiten, in ihrer psychischen Struktur und in ihrer Persönlichkeit. Und ich wünschte, die Rogerianischen Therapeuten, die Gestalttherapeuten, die Transaktionsanalytiker, die Gruppenanalytiker und all die anderen Abkömmlinge der verschiedenen Schulen würden endlich einmal begreifen, daß nicht einer von ihnen wirklich die Tatsache anerkennt, daß eine Psychotherapie für die Person A nicht auch die Psychotherapie für die Person B ist... Wenn ich mit einem Gast essen gehe, dann weiß ich, ich muß den Gast wählen lassen, was er essen will, denn ich kann es nicht wissen. Ich denke, Menschen sollten sich so kleiden, wie sie es wollen. Ich bin ganz sicher, Sie wissen alle, daß ich mich so kleide, wie ich es will. Ich denke, Psychotherapie ist ein individuelles Verfahren.[106]"

Der Zusammenhang zwischen therapeutischer Metatheorie[107] und therapeutischem Erfolg

Bis zum heutigen Tag wurden viele Theorien aufgestellt, auf welche Weise therapeutische Veränderungen am besten erreicht werden können. Sie bestehen im wesentlichen aus Vorannahmen darüber, welche Daten für therapeutische Veränderung relevant sind, was unter einem Problem verstanden wird, wie man sich Heilung vorstellt, welche Fragerichtung bevorzugt wird, die Haltung des Therapeuten beim Befragen etc. Es gibt jedoch keine Theorie therapeutischer Veränderungen, die einer wissenschaftlich exakten Überprüfung standhalten würde, und es gibt keine Theorie, die für jeden Klienten gleichermaßen nützlich ist.

Der Therapeut übt in aller Regel mit seinem Weltmodell einen großen Einfluß auf den Klienten aus, und meist wird sein Weltmodell vom Klienten übernommen, wenn der Rapport stimmt. Das liegt an der bereits erwähnten Anpassungsfähigkeit des Subjektiven, und das erklärt auch, warum jede der hier betrachteten Therapiemethoden ihre Erfolge aufweist. Aber der praktische Wert einer Fragemethode ist relativ unabhängig davon, ob die naturwissenschaftlichen, philosophischen, linguistischen etc. Metatheorien, die die Erfinder der Methode für richtig und wichtig gehalten haben, unter heutigen Gesichtspunkten noch als tragfähig erachtet werden können. Die Brauchbarkeit der Theorie und des daraus resultierenden Behandlungsrationales hängt davon ab, ob es dem Klienten dazu verhilft, neue, nützlichere Bedeutungen für sich und die Problemlösung abzuleiten.

Vor allem aus zwei Gründen kann es von Nachteil sein, wenn Therapeuten auf der Richtigkeit ihrer Theorien bestehen: erstens dann, wenn mit den Vorannahmen der Methode der Kern des Problems des Klienten nicht adäquat erfaßt werden kann und insofern die Therapie wirkungslos bleibt. Zweitens kann es sein, daß die Metatheorie die Vorstellungswelt des Klienten sprengt, so daß er sich nicht einlassen kann bzw. will. Schwer depressive Klienten lehnen es beim Ansatzes des BFTC zum Beispiel teilweise schlichtweg ab, sich auf diese rigide Art der Lösungsorientierung einzulassen. Jede Fragemethode hat solche Grenzen der Anwendbarkeit, so daß man mit Erickson sagen kann: Die Psychotherapie der Person A ist nicht die Psychotherapie für die Person B. Will der Therapeut in solchen Fällen nicht kapitulieren, benötigt er die Flexibilität, sich auf den Bezugsrahmen des Klienten einzustellen und ihm in dessen Rahmen zu begegnen. Die Art und Weise der Befragung sollte also vor allem von der Person des Klienten abhängig gemacht werden. Insofern ist eine kritische Reflexion hinsichtlich der eigenen Art zu fragen erforderlich, um beurteilen zu können, für welches theoretische Konzept der Klient offen ist.

Zusammenfassend kann gesagt werden: Der Therapeut hat mit seinem Theorieverständnis einen mehr oder weniger großen Einfluß auf das Glaubens- und Wertesystem des Klienten. Umgekehrt ist der Wille oder die Fähigkeit des Klienten, sich den Überzeugungen des Therapeuten und dem damit verbundenen Behandlungsrationale anzupassen, beschränkt. Insofern ist es letztlich der Klient, der bestimmt, wie er behandelt werden möchte – und dies schließt die Vorannahmen der Befragungsmethode mit ein. Insofern besteht ein chiastisches Verhältnis zwischen der Theorie des Therapeuten einerseits und dem Klienten und dessen Glaubenssystem andererseits. Dieses chiastische Verhältnis ist einer der Hauptgründe, warum dieselbe Frage bei unterschiedlichen Gesprächspartnern ganz unterschiedliche Wirkungen erzielen kann. Die magische Wirkung von Fragen entfaltet sich erst, wenn es dem Therapeuten gelingt, sie maßgeschneidert auf den Klienten abzustimmen.

Welche Schlußfolgerungen lassen sich daraus für das therapeutische Handeln ableiten? Die Berücksichtigung der Individualität sollte sich in der Fragestrategie widerspiegeln. In Kapitel IV wird gezeigt, wie dieser Aspekt durch das Stellen strategischer Fragen berücksichtigt werden kann.

3. Relevante Daten therapeutischer Veränderung

Unabhängig von den individuellen Eigenheiten der Person haben sich in der vergleichenden Betrachtung der Fragemethoden in diesem Buch und in der Psychotherapieforschung einige Kriterien als besonders veränderungsrelevant erwiesen. Wir haben diese speziellen Daten in Form von strategischen Fragen zusammengefaßt:

- Wie steht es mit dem Rapport?
- Ist der Klient im *felt sense*?
- Welchen Aspekten der Eigensprache soll ich folgen?
- Ist der Klient Kunde, Klagender oder Besucher? Ist er bereit, etwas für die Überwindung seines Problems zu tun?
- Welche Fragerichtung ist angesagt: ressourcen- oder klärungsorientiertes Vorgehen?
- Was braucht der Klient als erstes?
- Welche Muster, Verhaltensweisen etc. des Klienten sollte ich utilisieren?
- Sollte ich Ressourcen aktivieren oder problematische Muster des Klienten aufdecken?
- Welcher Problemklasse gehört die Beschwerde an? Muß sie dekonstruiert werden?

Das Wissen um veränderungsrelevante Kriterien sollte expliziter Bestandteil jeder Psychotherapiemethode und jeder Befragungsstrategie sein. Auf einige dieser Aspekte wird nun eingegangen, auf die übrigen in Kapitel IV.

Rapport und die Haltung der Kokreation

Um ein erfolgreiches therapeutisches Gespräch zu führen, ist es notwendig, genügend Rapport zum Klienten zu haben, was eine gesammelte Form der Anwesenheit erfordert. Therapeut und Klient beeinflussen sich gegenseitig in ihrem Verhalten und kreieren insofern gemeinsam die therapeutische Situation. Sie nehmen gemeinsam Einfluß auf die Definition des Problems und den Weg zur Lösung. Dieses kokreative Zusammensein sollte dem Therapeuten bewußt sein, damit er nicht zum Beispiel auf dem von ihm favorisierten Lösungsweg voranprescht, obwohl der Rapport noch nicht ausreicht, daß der Klient ihm auch folgt.

Den *felt sense* sicherstellen

Die eben erwähnte Haltung der Kokreation erfordert eine gesammelte Form der Anwesenheit nicht nur auf seiten des Therapeuten, sondern auch des Klienten. Wie Rombach anmerkt, ist im Gespräch der Befragte zugleich der Erfragte. Befindet sich der Befragte nicht im Kontakt mit sich selbst, wird die Befragung kaum von Erfolg gekrönt sein. Diese wird durch die Ergebnisse der PTF bestätigt.

Die Eigensprache

In der Therapeuten-Klienten-Beziehung geht es darum, den Klienten in dessen „Situation" zu verstehen: Worin bestehen sein Problem bzw. Anliegen und seine Zielvorstellungen? Wie kann der Rapport und das Verstehen der „Situation" des Klienten durch die Art der Befragung maximal unterstützt werden? – Die vergleichende Betrachtung hat gezeigt, daß die verschiedenen Fragemethoden dabei sehr unterschiedlich vorgehen: Einige Therapeuten sind als Person sehr involviert, andere eher distanziert, einige Methoden gehen direktiv vor, andere weniger direktiv etc. Uns scheint, daß diese Faktoren eher zweitrangig sind und vom Klienten – je nach Charakter – eher positiv oder negativ aufgenommen werden. Der Kern scheint uns vielmehr in folgendem zu liegen: Um Rapport und ein größtmögliches Verstehen zu gewährleisten, erweist es sich als besonders hilfreich, auf die besonders auffälligen Aspekte der Eigensprache des Klienten zu achten und auf diese einzugehen. Dies ist vergleichbar mit dem Utilisationsansatz von Erickson.

Bei der Eigensprache geht es zum einen um das nonverbale Verhalten, insbesondere um die kongruente oder inkongruente Art des Ausdrucksverhaltens. Zum anderen geht es um das Erkennen und Aufgreifen von Schlüsselbegriffen. In der Idiolektik sind Schlüsselbegriffe der zentrale Ansatzpunkt für eine erfolgreiche Therapie. Im Vergleich zu allen in diesem Buch behandelten Fragemethoden wird hier am explizitesten darauf geachtet, mit dem Klienten in dessen Sprache (Eigensprache) zu kommunizieren. Aber auch im NLP gehört es zu den rapportbildenden Maßnahmen, den Klienten in seinem sprachlichen Modell der Welt zu begegnen. Schlüsselbegriffe werden dort als *buzz-words* bezeichnet und werden als solche gepacet und in ihrem Bedeutungs- und Erlebnisgehalt exploriert. In den anderen Methoden spielen Schlüsselbegriffe keine explizite Rolle. Dies schließt nicht aus, daß Therapeuten auch dieser Schulen hier und da oder auch sehr systematisch auf solche Begriffe eingehen.

Mit dem Klienten in dessen Sprache zu sprechen scheint uns der Schlüssel zu tiefem Rapport und zur Veränderung zu sein.

Der Grad an Entschiedenheit und Veränderungswilligkeit

Klienten kommen in der Regel in die Therapie, weil sie etwas tun, was sie eigentlich nicht tun wollen (z.B. rauchen), es aber nicht schaffen, damit aufzuhören. Oder sie kommen in die Therapie, weil sie etwas nicht tun, was sie eigentlich tun wollen (z.B. Sport treiben). Sie fassen Entschlüsse, die sie nicht in die Tat umsetzen, aber es mangelt an der Entschiedenheit bzw. an der Fähigkeit, den betreffenden Entschluß in die Tat umzusetzen. Für den Therapeuten ist es wichtig, durch eingehendes Verstehen zu erkennen, was die Entschiedenheit des Klienten beeinträchtigt. Dabei sind folgende strategische Fragen hilfreich: Wieso handelt er nicht gemäß seinen Wünschen, obwohl er bereits einen Entschluß gefaßt hat? Welche Faktoren beeinflussen die Entschiedenheit? Wie kann man diese Faktoren auf eine nützliche Art und Weise beeinflussen?

Die Unterteilung von Klienten in Kunden, Klagende und Besucher bezieht sich auf einen weiteren wichtigen Aspekt, der beachtet werden sollte: die Veränderungswilligkeit.

Alle bisher betrachteten Punkte (Rapport, *felt sense*, Eigensprache, Entschiedenheit und Intentionsbildung) spiegeln sich in Grawes Wirkprinzip der Intentionsklärung. Wer auf die Eigensprache achtet und darauf, daß sich der Klient im *felt sense* befindet, und auf die Bestimmungsfaktoren der Entschiedenheit eingeht, stellt sicher, daß der Klient über seine wichtigsten Anliegen spricht. Weitere relevante Daten werden im nächsten Kapitel behandelt.

IV. Entwurf einer übergeordneten Fragestrategie

Wir verstehen unter einer Fragestrategie die (meist unbewußte) Vorgehensweise, wie ein Therapeut das Gespräch mit dem Klienten durch Fragen führt. Alle hier betrachteten Therapiemethoden haben explizit (z.B. das BFTC) oder implizit eine solche Fragestrategie, und ein Anliegen des Buches war es, diese hinsichtlich der Hypothesenbildung, der strategischen Fragen und der Hauptfragerichtung explizit zu machen.

Nun sollen einige grundsätzliche Überlegungen über die verschiedenen Fragestrategien angestellt werden. Wir wollen sie „aus dem Orbit heraus" mit dem Ziel betrachten, eine übergeordnete Fragestrategie zu entwickeln. Die Fragetechniken werden zum Gegenstand einer übergeordneten Fragestellung, nämlich: Wann wechsele ich von einer Fragemethode zur anderen?

Zielsetzung und Zweck einer übergeordneten Fragestrategie

Die hier entwickelte übergeordnete Fragestrategie soll einen Beitrag zur Integration psychotherapeutischer Methoden leisten, indem Therapeuten systematisch trainiert werden, eine Vielzahl unterschiedlicher Fragerichtungen und -strategien anwenden zu können. Dadurch hat der Therapeut eine breitere, offenere Sicht auf den Klienten und wird ihm mit größerer Wahrscheinlichkeit in dessen Bezugsrahmen begegnen. So werden unnötige „Widerstände" umgangen. Diese größere Vielfalt an Wahlmöglichkeiten ermöglicht es dem Therapeuten, seine Flexibilität im Umgang mit verschiedenen Klientypen deutlich zu erhöhen, sei es entweder dadurch, daß er die jeweils gemäße Fragerichtung einschlägt, oder indem er sich denjenigen „Daten" zuwendet, auf die der Klient ansprechbar ist.

Mindestens zwei Voraussetzungen müssen auf seiten des Therapeuten gegeben sein, wenn er diese Wahlmöglichkeiten in Anspruch nehmen will: erstens geistige und zweitens verhaltensmäßige Flexibilität. Geistige Flexibilität heißt, bereit zu sein, Klienten undogmatisch (was die Wahrheit therapeutischer Theorien angeht) und offen gegenüberzutreten. Verhaltensmäßige Flexibilität heißt, fähig zu sein, adäquat auf die beim Klienten beobachteten Charakteristika und Muster einzugehen. Einen wichtigen Bestandteil dieser Flexibilität bildet die Fragestrategie.

Beim Entwurf einer methodenübergreifenden therapeutischen Fragestrategie geht es uns nicht darum, das Rad neu zu erfinden und eine gänzlich neue Fragemethode zu entwickeln. Auch verfolgen wir nicht das Ziel, das gesamte therapeutische Gespräch von der Problemformulierung bis zur Lösung vorzustrukturieren. Das Ziel besteht darin, die Entscheidung zu ermöglichen, bei welchen Klienten unter welchen Rahmenbedingungen und Problemkonstellationen ich welche Fragemethode nutzen sollte. Zu diesem Zweck stellt die übergeordnete Fragestrategie eine Art Checkliste strategischer Fragen zur Verfügung, die es dem Therapeuten ermöglicht, zu wählen, welche Fragestrategie für den jeweiligen Klienten am besten geeignet ist. Die Anwendung der übergeordneten Fragestrategie eignet sich vor allem für das Erstgespräch, in dem die entscheidenden Weichenstellungen der Therapie erfolgen. Sie sollte auch in den nachfolgenden Sitzungen angewandt werden, wenn der Therapieverlauf andeutet, daß ein erneuter Wechsel der Fragemethode angezeigt ist. Dazu ein praktisches Beispiel[108], in dem der Therapeut bei einer Klientin folgende Beobachtungen machte:

- Die Klientin hatte bereits eine einjährige GT-Therapie hinter sich, die sie als wenig hilfreich für die Lösung ihrer Probleme einstufte. Sie wünschte sich konkrete Hilfestellungen vom Therapeuten.
- Versuche, sinnesspezifisch konkret zu ermitteln, wie sie ihre Probleme macht, scheiterten daran, daß sie nicht in ausreichendem Maße Zugang zu ihren Bildern, Gefühlen und Gedanken hatte.
- Konstruktiv waren die Interventionen des Therapeuten vor allem dann, wenn er die von der Klientin verwendeten Begriffe genauer hinterfragte und lösungsorientiert weiterverwendete.

Aufgrund dieser Beobachtungen boten sich die Methoden der Idiolektik (Eigensprache!) und des BFTC (konkrete Hilfestellungen) an. Weniger geeignet erschien die GT, weil die Klientin sie als wenig hilfreich einschätzte. Ebenso erschien es nicht sinnvoll, mit NLP oder RET zu arbeiten, weil sie sowohl zu ihren Glaubenssätzen als auch zu Bildern und Gefühlen nicht in ausreichendem Maße Zugang hatte.

Vorgehen

Wie soll die hier entwickelte übergeordnete Fragestrategie konkret aussehen? – Sie läßt sich grob in fünf Phasen einteilen, denen strategische Fragen zugeordnet sind. Diese Phasen können nicht streng voneinander getrennt werden, denn sie überlappen sich bzw. gehen ineinander über. In den ersten beiden Phasen geht es darum, den Klienten in seiner „Situation" grob einzuschätzen.

In der ersten Phase geht es darum, die Einstellung des Klienten zu erkunden. Bleiben wichtig Grundhaltungen, Muster und Einstellungen unbeachtet, dann können sie die Therapie zum Scheitern bringen. Diese Beobachtungen sind am Anfang besonders wichtig, sollten sich aber durch den gesamten Therapieprozeß hindurchziehen. In der zweiten Phase geht es darum, das oder die Kernanliegen des Klienten zu verstehen. In Phase 3 wird geprüft, ob das Problem/die Beschwerde dekonstruiert werden muß. In der vierten Phase wird das Problem/die Beschwerde einer oder mehrerer Problemklassen zugeordnet. Das Ziel der fünften Phase besteht darin, es dem Therapeuten zu ermöglichen, eine fundierte Entscheidung zu treffen, welche Fragemethode (oder welcher Methodenmix) angesichts dieses speziellen Klienten mit diesem speziellen Problem sinnvollerweise angewandt werden sollte.

In den folgenden drei Abschnitten werden für jede dieser Phasen beispielhaft einige Anregungen gegeben. Aufmerksame Leser werden bemerken, daß sich die Entscheidungskriterien u.a. an der Einteilung in verschiedene Klienten- und Problemklassen des BFTC orientieren. Wir möchten an dieser Stelle betonen, daß die hier entwickelten Kriterien keinen Anspruch auf Vollständigkeit erheben. Dazu sind die Einflußfaktoren, die in diese Entscheidung eingehen, zu mannigfaltig. Dennoch glauben wir, daß die hier aufgeführten Punkte in vielen Fällen relevant sind, um eine Antwort auf die Frage zu ermöglichen: Wann nutze ich welche Fragemethode? Wir hoffen, daß sie dem Leser als hilfreiche Anregung dienen, die eigene therapeutische Arbeit daraufhin zu überprüfen und gegebenenfalls zu bereichern.

1. Die übergeordnete Fragestrategie im Überblick

Die von uns hier vorgeschlagene übergeordnete Fragestrategie ist nicht als **die** Fragestrategie zu verstehen, sondern als eine, die sich in unserer Arbeit als nützlich herausgestellt hat. Jeder Therapeut, Coach etc. kann aufgrund seiner beruflichen Erfahrung eine eigene Strategie entwickeln. Mehr noch, wir glauben, daß erfahrene Praktiker solche Strategien immer schon haben, auch wenn sie sich dessen nicht explizit bewußt sind. Eine bewußte Fragestrategie, wie sie z.B. im BFTC in Form der Zentralkarte vorliegt, scheint uns überaus nützlich, weil erst dadurch die Möglichkeit entsteht, das eigene Vorgehen auf einer strukturellen Ebene zu verstehen und immer weiter zu optimieren. Das gilt besonders dann, wenn der Therapeut sich nicht nur an eine einzige Methode hält, sondern, wie heute üblich, verschiedenste Methoden gelernt hat und nach Bedarf die eine oder andere einsetzt.

Die übergeordnete Fragestrategie ist in fünf Ebenen unterteilt. Jede dieser Ebenen ist durch eine bestimmte strategische Frage charakterisiert. D.h., auf jeder Ebene geht es darum, eine zentrale Unterscheidung einzuführen und zu klären. Sie ist im folgenden Schema im Überblick dargestellt. Anhand von Beispielen wird sie dann erläutert, bevor in den nachfolgenden drei Kapiteln auf wichtige Einzelaspekte der übergeordneten Fragestrategie ausführlicher eingegangen wird.

Die übergeordnete Fragestrategie

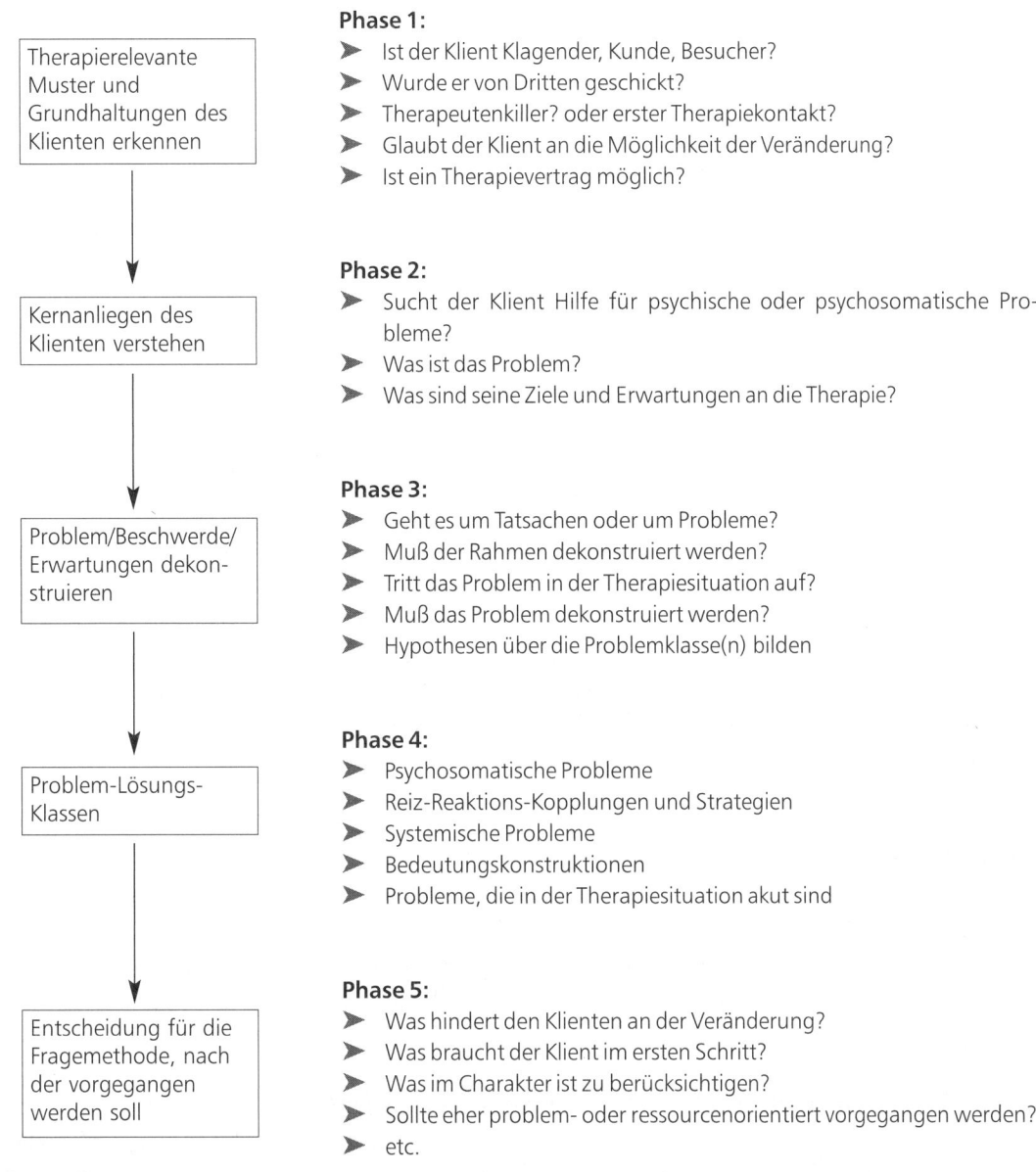

Phase 1: Welche therapierelevanten Muster liegen vor?

Die Grundüberzeugungen und Muster des Klienten können so bedeutsam sein, daß ein Therapiekontrakt unter Umständen gar nicht zustande kommt. Ein wichtiges therapierelevantes Muster ist Steve de Shazers Unterscheidung in Besucher, Klagende und Kunden. Um diese Unterscheidung treffen zu können, ist es zwar nötig, auch über das Problem bzw. das Kernanliegen zu sprechen, allerdings steht es hier noch nicht im Zentrum der Aufmerksamkeit. Diese ist vielmehr auf die Frage gerichtet, wie sich unser potentieller Klient relativ zu diesem Problem verhält. An einem konkreten Beispiel wollen wir erläutern, wie mit einem klagenden Klienten ein Therapiekontrakt zustande kommen kann.

Beispiel: Eine Klientin beschreibt ihre belastende familiäre Situation so, daß der Eindruck entsteht, ihr Mann verweigert Nähe und Kontakt, und ihr Sohn (18 Jahre alt) ist frech und ungehorsam. Ihre Beschreibung ist verbunden mit dem Appell an den Therapeuten: „Stimmen Sie mir bitte zu, daß meine Situation unerträglich ist und daß die beiden anderen sich doch ändern müßten. Ich kann da gar nichts machen." Daraufhin fragt der Therapeut, wie lange sie schon versucht, ihren Mann zu verändern, und was sie dabei alles unternommen hat. Sie beschreibt verschiedene Versuche, die sie seit 15 Jahren unternommen hat und die alle fruchtlos waren. Dasselbe beim Sohn. Daraufhin fragt der Therapeut, wie groß sie die Wahrscheinlichkeit einschätzt, daß sich die beiden verändern lassen. Sie antwortet mit Prozentzahlen nahe null und sagt: „Darum bin ich ja so verzweifelt", worauf der Therapeut sie fragt, was ihrer Meinung nach ihre Sitzungen bei ihm an dieser Situation ändern könnten.

Nach längerer Überlegung antwortet sie: „Sie meinen also, ich muß mich ändern?" Therapeut: „Nein, ändern müssen Sie sich nicht. Das haben Sie seit 15 Jahren bewiesen. Sie können, wenn Sie wollen, aber Sie müssen es nicht. Sie können genausogut die Situation weiter ertragen oder sich von Ihrem Mann trennen." Daraufhin antwortete die Klientin: „Ich kann das nicht länger ertragen, und mich zu trennen schaffe ich auch nicht, sonst hätte ich es schon längst getan." Therapeut: „Das heißt, wir könnten entweder daran arbeiten, herauszubekommen, was Sie bräuchten, um sich trennen zu können, oder daran, herauszubekommen, was Ihr Anteil an der unbefriedigenden familiären Situation ist, um daran zu arbeiten." Die Klientin fragt, ob nicht auch beides möglich ist, was der Therapeut bejaht.

Diese Interaktion machte aus einer Klagenden eine Kundin. Wäre die klagende Haltung vom Therapeuten nicht bemerkt oder übergangen worden, hätte dies wahrscheinlich die Therapie zum Scheitern gebracht.

Der Übergang vom Klagenden zum Kunden ist allerdings nicht immer möglich. Besteht die Person darauf, die Beziehung zum Therapeuten zu nutzen, ihr Herz auszuschütten bzw. ihn zu einem „bezahlten Freund" zu machen, der sich geduldig ihr Leid anhört und Verständnis zeigt, dann eignet sich von den hier betrachteten Fragemethoden nur die GT, da sie solche Klienten akzeptiert. Bei allen lösungsorientierten Ansätzen wäre dies ein Abbruchkriterium, allerdings nur unter der Voraussetzung, daß der Therapeut erkennt, daß er es mit einer klagenden Person zu tun hat. In NLP- und RET-Kreisen gibt es nicht immer ein diesbezügliches Bewußtsein.

Phase 2: Was sind die Kernanliegen?
In dem Moment, wo klar ist, daß wir es mit einem Kunden zu tun haben, geht es um die Frage: Was sind die Kernanliegen? Der Therapeut will verstehen, was den Klienten veranlaßt hat, zu ihm zu kommen. Dazu und um das weitere Vorgehen zu bestimmen, muß er weitergehende Hypothesen bilden. Die strategische Frage dieser Phase lautet: Was ist das Anliegen des Klienten? Worin besteht sein Problem?

Phase 3: Wieweit muß das Problem dekonstruiert werden?
Das bekannte Diktum Korzybskis: „The map is not the territory" reflektiert die Tatsache, daß Menschen in ihrem alltäglichen Verhalten dazu neigen, diese Differenz zu verwischen. Die Idee der informationellen Geschlossenheit autopoietischer Systeme betont ebenfalls die Tatsache, daß Menschen sich nie direkt auf die Welt beziehen können, sondern daß dieser Bezug immer durch die Struktur und die Prozesse des subjektiven Erlebens vermittelt ist (Jeder lebt in seinem Modell der Welt).

Konstruiert der Klient sein Problem so, daß es völlig im Außen, in der Welt seinen Ursprung hat, dann ist Psychotherapie ganz unangebracht. Erinnert sei hier an das Beispiel von Steve de Shazer, dessen Klient darüber klagte, von CIA-Agenten verfolgt zu werden. Wäre dies tatsächlich der Fall, dann könnte Psychotherapie hier nur den Zweck haben, ihn in seiner Kampfbereitschaft zu unterstützen respektive ihm zu helfen, mit dem Verfolgungsstreß besser fertig zu werden. Ob es sich in einem solchen Falle wirklich um eine Paranoia handelt oder um eine tatsächliche Verfolgungssituation, kann der Therapeut jedoch nicht immer von vornherein beurteilen. Nehmen wir den Fall eines Klienten, der über heftige Eifersuchtsattacken klagt. Der Therapeut fragt ihn, wie lange er verheiratet ist. Der Klient antwortet: „Seit zehn Jahren." Auf die Frage, ob seine Frau jemals fremdgegangen ist oder ob er entsprechende Erfahrungen schon früher gemacht hat, antwortet er mit nein. Er erklärt sich diese Tatsache allerdings damit, daß seine Frau sehr genau weiß, daß er sie mit Argusaugen beobachtet und kontrolliert. Er glaubt, seine Frau würde die erstbeste Gelegenheit zum Fremdgehen nutzen, wenn er damit aufhören würde.

Auch hier kann der Psychotherapeut zwar aufgrund seines Modells der Welt annehmen, daß es sich nur um eine Vermutung des Klienten handelt, aber wissen kann er es nicht. Bei solchen Fällen ist es also notwendig, mit dem Klienten zusammen herauszubekommen, ob seine individuelle Grenzziehung zwischen Innen und Außen, also seine Landkarte-Gebiet-Differenz, angemessen konstruiert ist. Dabei darf nicht übersehen werden, daß in postmodernen Zeiten der Psychotherapeut nicht mehr ohne weiteres davon ausgehen kann, daß seine Grenzziehung allgemeinverbindlich ist und dementsprechend der Klient nur noch an diese angepaßt werden muß.

Im Gegensatz dazu stellt sich der größte Teil der Probleme, die uns in der Praxis begegnen, eher so dar, daß der Klient ein Problem formuliert und selbst sagt, daß er das Problem für „unrealistisch" hält, es allerdings trotzdem nicht abstellen kann.

Beispiele: Ein Klient hat eine Fahrstuhlphobie, glaubt allerdings nicht ernsthaft, daß Fahrstühle gefährlich sind. Oder: Jemand ist sehr eifersüchtig, weiß allerdings, daß er dazu keinen Anlaß hat bzw. daß er die „Anlässe" fehlinterpretiert (Seine Frau unterhält sich angeregt mit einem Mann. Der Klient wird eifersüchtig, sieht allerdings später, wenn der Anfall vorüber ist, ein, daß er überreagierte). Oder ein Klient verhält sich Autoritätspersonen gegenüber aggressiv und widerspenstig, obwohl sie, wie er selbst sagt, ihm gar nichts getan haben.

Bei diesen Beschreibungen wird allein aus der Problemkonstruktionen klar, daß der Klient die Differenz zwischen Innen und Außen so konstruiert, daß das Problem ganz in seinem Inneren, seinen subjektiven Prozessen und Strukturen verbleibt. Damit ist die Tatsache, daß er einen Psychotherapeuten aufsucht, verständlich. Das Ziel der Ebene 3 besteht also darin, eine angemessene Trennschärfe zwischen Innen und Außen, zwischen Landkarte und Gebiet aufzubauen und das Problem dementsprechend zu dekonstruieren. Dies führt uns zur Ebene 4.

Phase 4: Welche Problemklasse liegt vor?

Wir unterscheiden fünf verschiedene Problemklassen:
- systemische Probleme,
- psychosomatische Probleme,
- Bedeutungprobleme,
- Stimulus-Response-Probleme und Strategien,
- Probleme, die im Therapiekontext selbst akut werden.

Diese Problemklassen lassen sich nicht in der Weise abgrenzen, daß entweder die eine oder die andere Problemart vorliegt. Vielmehr wird es häufig so sein, daß ein und dasselbe Problem sich mehreren Klassen zuordnen läßt. Entscheidend ist dann die Frage: Wo beginne ich? Wo ist der Punkt, an dem der Klient zu einer Veränderung bereit ist?

Die Klassen 1 bis 4 sind im Text anhand hinlänglich vieler Beispiele beschrieben worden. Daher wird an dieser Stelle nur die fünfte Problemklasse näher betrachtet.

Beispiel: Ein Klient hat Schwierigkeiten mit Autoritätspersonen, und er betrachtet den Therapeuten als Autorität. Oder um einen etwas dramatischeren Fall aus unserer Praxis zu nehmen:

Ein 32jähriger Elektroingenieur, der als Kind körperlich schwer mißhandelt wurde, hat als Lösung eine Rückzugsstrategie entwickelt, die er selbst in dem folgenden Satz zusammenfaßt: „Mit einer Welt, in der so etwas möglich ist, möchte ich nichts zu tun haben." Diese Strategie äußert sich so: Er ist zwar arbeitsfähig und hat auch eine eigene Wohnung, aber er unterhält so gut wie keine sozialen Kontakte und hatte auch noch nie eine Freundin. Sowie er mit nichtsachlichen Problemen konfrontiert wird, wird sein Körper taub, sein Blick defokussiert und tranceartig, und seine intellektuellen Fähigkeiten nehmen dramatisch ab. Er versteht kaum noch die Fragen, die man ihm stellt. Das heißt, genau in dem Moment, wo der Therapeut mit ihm an seinem Problem arbeiten will, setzt genau das Muster ein, welches er bearbeiten möchte, nämlich die körperliche Taubheit und der Trancezustand, der ihn von der Umwelt isoliert und ihn unansprechbar macht.

Probleme dieser Art werden dadurch aktiviert, daß man an ihnen arbeiten möchte. Dies ist bei den meisten Problemen nicht der Fall, wie zum Beispiel bei Fahrstuhlphobien, Eifersucht, unangemessenen Wutausbrüchen u.ä.

Phase 5: Welche Fragemethode ist jetzt die geeignete?

In unserer Praxis benutzen wir die verschiedenen Fragemethoden meistens im Verbund. Das heißt, wir beginnen mit einer und gehen dann zu anderen über, wenn uns dies aufgrund des bisherigen Gesprächverlaufs sinnvoll erscheint. Hierzu ein praktisches Beispiel:

Die bereits erwähnte Klientin, die sich über ihren Mann und ihren Sohn beklagte, gehörte zur Klasse der Klagenden, die ein Bedeutungsproblem haben. In einem solchen Fall beginnen wir standardmäßig mit der Methode des BFTC, weil wir davon ausgehen, daß noch nicht die Bereitschaft vorhanden ist, am eigenen subjektiven Erleben und Verhalten etwas zu verändern, die für eine direkte Intervention (wie z.B. eine NLP-Technik) erforderlich wäre. Die Fragetechnik des BFTC hat den großen Vorteil, Klienten implizit klarzumachen, daß sie das Problem nicht einfach uns überlassen können, sondern selbst dafür verantwortlich sind, es zu lösen. Im Zuge der Befragung nach der Methode des BFTC kamen wir bei dieser konkreten Klientin dann an den Punkt, wo ihr und uns deutlich wurde, daß sie auf der Basis limitierender Glaubenssätze und problematischer Bedeutungskonstruktionen an der Aufrechterhaltung ihren Anteil hat. Unter anderem äußerte sie den limitierenden Glaubenssatz: „Wenn mein Mann mich wirklich lieben würde, müßte ich ihm meine Wünsche und Bedürfnisse nicht mitteilen. Er wüßte sie sowieso." Anstatt jetzt weiter nach Ausnahmen zu fragen (Wann konnten Sie Bedürfnisse etc. erläutern und begründen?), schien es sinnvoller zu sein, an dem limitierenden Glaubenssatz direkt zu arbeiten.

Des weiteren zeigte sich, daß die Klientin selbst ihre Grenze (Landkarte/Gebiet) hinsichtlich des Problems spontan neu definierte, als ihr dieser Glaubenssatz bewußt wurde. Dadurch entstand geradezu eine Aufforderung, an diesem Glaubenssatz zu arbeiten. In einer solchen Situation braucht man schon einen sehr rigiden Glauben an die alleinseligmachende Wirkung der eigenen Methode, um weiterhin konsequent nach Ausnahmen zu fragen oder die Wunderfrage zu stellen.

Ein weiterer Wechsel der Fragemethode ergab sich, nachdem der einschränkende Glaubenssatz aufgelöst war. Der Therapeut begann nun, zirkuläre Fragen zu stellen, um die interaktionellen Konsequenzen des neuen Glaubenssatzes zu vertiefen: „Nachdem Sie es jetzt nicht mehr als eine Zumutung empfinden, Ihre Wünsche und Bedürfnisse zu äußern, was meinen Sie, wie wird Ihr Mann darauf reagieren? Und wie geht es Ihrem Sohn, wenn er sieht, wie sich die Interaktionen seiner Eltern verändern?" etc.

2. Therapierelevante Muster

Mit therapierelevanten Mustern sind auffällige Charakteristika, Verhaltensweisen etc. des Klienten gemeint. Wir sind uns darüber im klaren, daß eine noch so umfangreiche Auflistung von Mustern an dieser Stelle nicht vollständig sein kann. Deshalb wollen wir dies erst gar nicht versuchen, sondern anhand einer Fallgeschichte von Erickson veranschaulichen, daß selbst kleinste Muster therapieentscheidend sein können[109]: „Eine Klientin kam zu ihm in die Therapie. Nach einigen Wortwechseln zupfte sie sich einen Fussel von ihrem Ärmel und sagte zu Erickson: ‚Ich bin mir nicht sicher, ob Sie der richtige Psychiater für mich sind.' Darauf antwortete dieser: ‚Ich *bin* der richtige Psychiater, und ich kann es Ihnen beweisen. Aber ich bin mir nicht sicher, ob Sie den Beweis wirklich hören wollen.' Danach fragte er *sie*, wie lange *er* schon Frauenkleider trage. Erickson hatte an der Art und Weise, wie sich ‚die Klientin' am Ärmel gezupft hatte, erkannt, daß sie ein Mann war, der sich als Frau verkleidet hatte."

Über derart entwickelte Beobachtungsfähigkeiten verfügen wahrscheinlich nur wenige Therapeuten, aber das Beispiel zeigt, wie wichtig es ist, den Klienten genau zu betrachten. Die hier aufgelisteten Muster sind zum Teil gestützt durch Ergebnisse der PTF oder haben sich nach unserer Erfahrung als relevant erwiesen, um die

Effizienz des Gesprächs zu steigern bzw. um zu entscheiden, ob ein Therapiekontrakt überhaupt zustandekommen kann. Einige wichtige strategische Fragen auf dieser Ebene sind:
- Ist der Klient Kunde, Klagender oder Besucher?
- Welche auffälligen Muster im Charakter bzw. der Person des Klienten lassen sich beobachten?
- Hat der Klient einschränkende Glaubenssätze bezüglich der eigenen Veränderungsfähigkeit?
- Welche Erfahrungen hat der Klient mit Psychotherapie?

Es folgen einige Beispiele für Muster von Klienten, bei denen es wichtig ist, sie möglichst schon in der ersten Sitzung zu erkennen.

Klagende

Der Klagende findet sich explizit sowohl im Ansatz des BFTC als auch bei Jonas. Für NLPler ist es schwierig, Klagende zu therapieren, weil es in diesem Fall so gut wie unmöglich ist, eine verbindliche Zielvereinbarung zu treffen. Ebenso schwer ist es, einen solchen Klienten in einen Zustand zu bringen, in dem er sich aktiv und konzentriert an einer Intervention beteiligt. Er ist erst einmal nicht zugänglich, sondern muß aufgeschlossen werden. Selbst wenn er aus freien Stücken kommt, gibt es in ihm häufig einen ungeklärten Widerspruch zwischen Hoffnung auf Besserung sowie Zweifel und Resignation oder große Skepsis in bezug auf eine mögliche Veränderung, Heilung und/oder Besserung. Insofern stimmen wir nicht mit der Ansicht von Bandler und Grinder überein, daß jeder Klient therapiefähig ist bzw. daß es lediglich von der Flexibilität des Therapeuten abhängt, ihn in den entsprechenden Zustand zu bringen.

Für den Klagenden scheint uns die Methode von Steve de Shazer wesentlich besser geeignet zu sein als das NLP, denn bei dieser Methode wird die Verantwortung voll und ganz beim Klienten gelassen. Dadurch kommt der Therapeut nicht in die Verlegenheit, Interventionen machen zu wollen (zu müssen), für die der Klient noch gar nicht bereit ist. Insofern wäre ein solches Klientenverhalten für einen Therapeuten, der ausschließlich klassisches NLP macht, schwierig; man könnte hier von einem Abbruchkriterium sprechen. Vor noch größeren Problemen steht der RET-Therapeut. Rationale Argumente haben auf den Zustand eines Klagenden wenig Einfluß, und die Vergabe von Hausaufgaben macht nur Sinn bei veränderungsbereiten Klienten. Das ist der Klagende aber in aller Regel nicht. Man kann sich leicht vorstellen, daß sich der RET-Therapeut bald in der Situation des „Antreibers" befindet, damit die Therapie endlich Fortschritte macht.

Obwohl diese Methoden hier nicht besprochen wurden, scheint uns die systemische Therapie nach Bert Hellinger und die provokative Therapie von Frank Farrelly für depressive Klienten besonders geeignet zu sein. Auch die GT wird von diesen Klienten wahrscheinlich erst einmal als hilfreich und unterstützend erlebt, weil dort ihr momentaner Zustand gepacet wird.

Diese Überlegungen können aus der Sicht des NLP wie folgt zusammengefaßt werden: Da sich die Methode von Steve de Shazer im Umgang mit klagenden Klienten als sehr erfolgreich herausgestellt hat, sollte man in einem solchen Fall den Ansatz des BFTC anwenden. NLP stellt keine in sich abgeschlossene Methode dar. Insofern spricht nichts dagegen, für diese Art von Klientype eine andere Methode zu übernehmen und zu integrieren. Anzumerken bleibt hier, daß namentlich für den NLPler die Methode von Steve de Shazer nicht nur das Stellen anderer Fragen bedeutet, sondern auch das Einnehmen einer anderen inneren Haltung. Das heißt, der interventionsgewohnte NLP-Therapeut muß aus der Haltung „Ich mache dir das weg" bzw. „Ich installiere dir ein neues, besseres Programm" aussteigen. Die gegenteilige Haltung ist erforderlich, nämlich das Problem und seine Lösung ganz beim Klienten zu lassen. Sollte ihm dies gelingen, wird er wahrscheinlich mit großer Freude die zutiefst entspannende und entlastende Wirkung dieses Haltungswechsels bemerken. Auf einmal wird ein Klientype, der ihn bisher nervte, zu jemandem, mit dem man genauso ruhig und gelassen arbeiten kann wie vorher nur mit Klienten, die von vorneherein veränderungswillig waren und mit denen man gut die NLP-Formate durchführen konnte.

Besucher

Ein Besucher im Sinne von Steve de Shazer ist jemand, der von sich behauptet: „Ich habe kein Problem." Es gibt zwei Standardsettings, wie ein solcher Mensch zum Psychotherapeuten kommt: erstens durch eine Zwangsüberweisung bzw. -einweisung, zweitens in der Paar- oder Familientherapie, indem die Person vom Partner mitgeschleppt wird.

Die Anwesenheit des Klienten in der Therapie sagt nur dann etwas über seine Hoffnung auf Heilung aus, wenn er freiwillig gekommen ist. Ist er geschickt worden, kann nicht einmal davon ausgegangen werden, daß überhaupt ein Bedürfnis nach Veränderung vorliegt. Es ist leicht einsichtig, daß es schwierig ist, mit so jemandem therapeutisch zu arbeiten. Bei Steve de Shazer stellt die Einstufung als „Besucher" dementsprechend auch ein Abbruchkriterium dar, da es in diesem Fall nicht möglich ist, einen Therapieauftrag zu bekommen. Dies gilt für alle hier betrachteten Fragemethoden.

Explizite Verfahren, die aus Besuchern Kunden machen, gibt es wahrscheinlich nicht. Einer, der hierin jedoch immer wieder Erfolge zu verzeichnen hat, ist Frank Farrelly, der Begründer der Provokativen Therapie. Das folgende Beispiel zeigt, wie er mit einer Klientin umgeht, die ein ganz offensichtliches Problem verleugnet.

Beispiel 1: Eine Frau wurde im Alkoholdelirium als hilflose Person auf der Straße aufgesammelt und in die örtliche Psychiatrie eingeliefert. Nach der Entnüchterung hatte sie ein Gespräch mit Farrelly, in dem sie sich über das „Kidnapping" beschwerte und vehement bestritt, daß sie Alkoholprobleme hätte. Die Strategie, die Farrelly daraufhin benutzte, läßt sich in dem Satz zusammenfassen: Nimm den argumentativen Standpunkt des Klienten ein und übertreibe ihn derart, daß dieser keinen Platz mehr auf diesem Ort findet.

Er antwortete sinngemäß: „Natürlich weiß ich, daß Sie kein Alkoholproblem haben, und daß wir Sie auf der Straße eingefangen haben, war ein starkes Stück. Aber Sie müssen auch uns verstehen: Wir sind zur Zeit unterbelegt und haben dringend ein paar Patienten gebraucht. Da habe ich unseren Krankenwagen losgeschickt mit dem Auftrag: ‚Vielleicht findet ihr irgendwo eine hilflose Frau, die ihr einfangen könnt.' Und Sie lagen da in der Innenstadt so rum, so daß die Mitarbeiter dachten, die könnte es sein."

Die Klientin wußte nicht, ob sie wegen dieser Äußerung lachen, weinen, empört sein oder schockiert sein sollte. Dabei ist es wichtig zu wissen, daß derartige Mitteilungen von Farrelly auf ganz bewußte Art inkongruent übermittelt werden. D.h., er redet sehr sachlich, so, als wenn er es völlig ernst meinen würde, und gleichzeitig mit einem verschmitzten Gesichtsausdruck, der zum Ausdruck bringt: Es ist nur ein Witz, ein Scherz. Diese Doppeldeutigkeit der Botschaft wird aber in keine der beiden Richtungen aufgelöst, sondern bleibt in der Schwebe. Er geht dann weiter auf die Tatsache ein, daß sie 2,5 Promille Alkohol im Blut hatte, und reiht eine Verharmlosung und eine Rechtfertigung für diesen Zustand an den anderen, womit er (im NLP-Jargon gesagt) die Verleugnungsstrategie der Klientin pacet und sie gleichzeitig über ein Schwellenmuster treibt, indem er die Rechtfertigungen ins Maßlose übertreibt.

In diesem konkreten Fall war es dann tatsächlich so, daß die Klientin nach ca. 25 Minuten, in denen sie zwischen Wut, Empörung, Lachen, Weinen und Zustimmung hin- und herschwankte, völlig überraschend die Frage stellte: „Meinen Sie, Sie könnten mir helfen?", was ein Umschlagen von der Verleugnung in die Anerkennung ihrer Hilfsbedürftigkeit bedeutete.

Beispiel 2: Ein Beispiel für den zweiten Fall wäre folgende Situation: Ein Paar kommt in Therapie, und die Frau definiert ein Eheproblem. Der sie begleitende Mann sagt hingegen: „Ich habe kein Problem. Ich bin nur mitgekommen, weil meine Frau es sich so sehr gewünscht hat." Nach einem explorierenden Gespräch mit dem Paar könnte ein NLP- und/oder Hypnotherapeut dem Paar eine Metapher erzählen, die diese Problemkonstellation spiegelt und ein implizites Reframing oder eine paradoxe Intervention enthält, in der Hoffnung, daß diese Metapher bis zum nächsten Treffen ihre Wirkung namentlich beim Mann dahingehend entfaltet hat, daß bei ihm die Bereitschaft, sich als ein Teil des Problems zu verstehen, gewachsen ist.

Induktion von Besserungserwartungen

Grawe hat festgestellt, daß eine der wesentlichen Voraussetzungen dafür, daß die therapeutischen Bemühungen überhaupt fruchten können, darin besteht, daß Klienten daran glauben, daß für sie positive Veränderungen durch die Therapie möglich sind. Klagende tun dies in aller Regel nicht. Das unbewußte Bild, die Erwartungshaltung, aus der heraus ein klagender Klient in die Therapie kommt, ist die Hoffnung, daß ihm eigene Anstrengungen, eine schmerzhafte Entscheidung, eine bittere Einsicht erspart bleiben und der Therapeut quasi magisch den Fluch von ihm nimmt. Das Klagende und Jammernde entspricht dann dem Appell: „Schau, wie schlecht es mir geht. Ich bin ganz hilflos und kann gar nichts machen. Bitte, mach du es für mich!" – Bei diesem Kliententyp verwenden wir häufig eine kleine Einleitungsmetapher. Wir fragen den Klienten: „Wenn Sie zum Friseur gehen, wer ist dafür zuständig, daß Sie eine gutsitzende Frisur bekommen?" Antwort des Klienten: „Der Friseur." Therapeut: „Ja, das stimmt. Wenn Sie zum Aerobic gehen, wer ist dafür zuständig, daß Sie eine gute Kondition bekommen?" Klient: „Ich natürlich. Dadurch, daß der Trainer vorne die Übung vormacht, bekomme ich keine Kondition." Therapeut: „Das stimmt. Wer bin ich für Sie – eher Ihr Friseur oder eher Ihr Aerobic-Lehrer?" Klient (grinsend): „Ehrlich gesagt habe ich gedacht, Sie sind mein Friseur." Therapeut: „Das war ein Irrtum."

Der Therapeut sollte am Anfang der Therapie auf alle verbalen und nonverbalen Äußerungen des Klienten, die bezüglich dieser Tatsache einen Zweifel ausdrücken, eingehen. Erst wenn zwischen ihnen hier ein grundsätzlicher Konsens bezüglich der Möglichkeit von Heilung, Verbesserung, Sinnhaftigkeit etc. erreicht ist, macht es Sinn, die therapeutische Arbeit zu beginnen.

Daraus folgt, daß grundsätzlich (vor allem aber bei der RET und dem NLP) klagende Klienten zu Beginn befragt werden sollten, inwieweit sie eine Veränderung überhaupt für möglich halten. Halten sie eine Veränderung für unmöglich, ist es möglicherweise überflüssig, die Therapie überhaupt zu beginnen. Ist eine gewisse Bereitschaft beim Klienten zu erkennen, dann scheint uns der Vorschlag von Grawe sehr sinnvoll, ganz bewußt positive Besserungserwartungen zu induzieren.

Jede Therapiemethode könnte davon profitieren, wenn sie schon in der ersten Sitzung routinemäßig abklärt, welche Einstellungen bzw. Erwartungen der Klient bezüglich seiner eigenen Veränderungsfähigkeit hat. Daraufhin kann er mit seiner Einstellung konfrontiert werden, und es stellt sich schnell heraus, ob er bereit ist, sie zu hinterfragen, oder nicht. Im ersteren Fall ist ein wichtiger Schritt in Richtung Lösung gemacht. Im letzteren Fall braucht man die Therapie erst gar nicht zu beginnen.

Folgende Fragen sind geeignet, herauszubekommen, ob der Klient eine Veränderung für möglich hält:
➤ Was erhoffen Sie sich von der Therapie?
➤ Was erwarten Sie sich von den nächsten (1 bis x) Sitzungen?
➤ Für wie wahrscheinlich halten Sie es, daß Sie Ihr Problem mit Hilfe der Therapie lösen können?
➤ etc.

Je nach Reaktion sollten die Konsequenzen der jeweiligen Haltung thematisiert und schon an dieser Stelle durch die Induktion positiver Besserungserwartungen ergänzt werden.

Therapeutenkiller und Polarity Responder

Unter „Therapeutenkillern" verstehen wir Klienten, deren bewußte oder unbewußte Absicht darin besteht, dem Therapeuten und der Welt zu beweisen, daß ihnen nicht geholfen werden kann. Für diese Haltung gibt es sehr unterschiedliche Motive und unterschiedlichste sekundäre Gewinne. Ein mögliches Motiv kann eine zwanghaft ausgeprägte *polarity response*[110] sein. Das heißt, der Klient hat einen starken Hang dazu, anderen zu widersprechen bzw. ihnen zu beweisen, daß sie Unrecht haben.

Hierzu ein **Beispiel**: Eine Klientin leidet seit 20 Jahren unter heftiger Migräne. Sie kommt in die Praxis mit einem dicken Aktenordner, der ihre Leidensgeschichte dokumentiert. Sie war bei Spezialisten im In- und Ausland, hat die aufwendigsten apparativen Untersuchungen über sich ergehen lassen, und nichts konnte ihr helfen. Sie knallt den Aktenordner auf den Schreibtisch mit dem Kommentar: „Das hat alles nichts gebracht.

Sie sind meine letzte Hoffnung." Der Therapeut antwortete darauf: „Wie kommen Sie auf die Idee, daß ausgerechnet ich Ihnen helfen kann, wenn weltberühmte Koryphäen an Ihren Symptomen gescheitert sind?" Sie antwortete: „Ich habe gehört, daß Sie sehr gut Hypnose können, und Hypnose habe ich noch nicht probiert." Therapeut: „Ich glaube nicht, daß Hypnose eine Methode ist, die hier mit Erfolg eingesetzt werden kann. Und außerdem hat es sich immer wieder gezeigt, daß Klienten besonders geringe Heilungschancen haben, wenn sie glauben, ihr derzeitiger Therapeut bzw. dessen Methode sei die letzte Hoffnung." Klientin: „Ja, aber Sie können es doch wenigstens mal probieren." Therapeut: „Ja, wenn Sie unbedingt wollen, können wir es probieren, aber ich sage Ihnen gleich: Hoffnung habe ich keine."

Danach induzierte der Therapeut mit betont desinteressierter Stimme eine leichte Trance. Nach kurzer Zeit holte er die Klientin aus diesem Zustand zurück und fragte sie wiederum mit gleichgültigem Unterton, wie es ihr während der Trance gegangen ist. Klientin: „Ich hatte ein warmes Gefühl im Kopf und habe mich ungewöhnlich entspannt gefühlt." Therapeut: „Ja, das verstehe ich, aber Sie hatten ja auch eben keine Migräne, und ob das warme Gefühl im Kopf und die Entspannung verhindern können, daß Sie wieder einen Migräneanfall bekommen, ist äußerst unwahrscheinlich." Die Klientin bat darauf um eine zweite Sitzung in der nächsten Woche.

Bei der zweiten Sitzung sagte sie, daß sie in der Zwischenzeit nur einmal und auch nur sehr schwach Migräne hatte. Daraufhin erklärte ihr der Therapeut in epischer Breite, daß sie ja sowieso nicht jede Woche starke Migräneanfälle hatte, daß zur Zeit (es war Frühling) vielleicht auch die guten äußeren Umstände dazu beigetragen haben und daß es ja auch den bekannten Effekt gibt, daß die Hoffnung auf Besserung eine Art Placebo-Effekt ausgelöst haben könnte. Die Klientin stimmte dem zwar zu, bestand aber darauf, daß es doch etwas mit der Hypnose zu tun haben könnte, und bat um eine erneute Hypnosesitzung. Daraufhin wurde wiederum eine Trance induziert, diesmal etwas länger, mit vorsichtig eingestreuten Heilungssuggestionen. Es wurde ein neuer Termin für die nächste Woche verabredet.

In den nachfolgenden Sitzungen berichtete die Klientin jedesmal von weiteren Verbesserungen, die der Therapeut jedesmal stark relativierte. Nach circa zwei Monaten meinte die Klientin, sie bräuchte zumindest vorerst keine weiteren Sitzungen, da sie den Eindruck habe, geheilt zu sein. Daraufhin warnte sie der Therapeut ausführlich, sich keine übertriebenen Hoffnungen zu machen.

Monate später traf der Therapeut die Klientin in der Stadt, und sie berichtete ihm freudestrahlend, daß sie doch recht behalten und er sich geirrt habe. Darauf antwortete er nur: „Man soll den Tag nicht vor dem Abend loben." Daraufhin schaute ihn die Klientin verschmitzt an und sagte: „Das haben Sie mit Absicht gemacht", worauf dieser mit verschmitztem Lächeln antwortete: „Ich weiß nicht, wovon Sie reden." Seitdem hat sich die Klientin nicht mehr gemeldet.

Die provozierende Art der Problempräsentation ließ den Therapeuten vermuten, daß es sich hier um eine Klientin mit einer *polarity response* handelte. Hätte er dieses Muster nicht erkannt, wäre er höchstwahrscheinlich der nächste in der endlosen Reihe der „Versager" geworden, und zwar unabhängig davon, ob er Hypnose benutzt hätte oder nicht. Dies können wir zwar nicht beweisen (denn eines der Standardprobleme der Therapieforschung besteht darin, daß sich Einzelfälle nicht wiederholen lassen), aber die therapeutische Erfahrung spricht sehr dafür.

Für uns stellt dieser Fall ein besonders schönes Beispiel für die Utilisierung von Klientenmustern dar. Hier wurde aus einer Klagenden eine Kundin dadurch, daß der Therapeut ihr Muster, zu widersprechen, nutzte, indem er ihren skeptischen Standpunkt „Mir kann keiner helfen" auf eine Art und Weise übernahm, daß sie ihre Polaritätsreaktion nur dadurch aufrechterhalten konnte, indem sie auch diesem Therapeuten bewies, daß er unrecht hatte, was aber gleichbedeutend mit dem Aufgeben der Migräne war, was ja ihr erklärtes Ziel war.

Um also aus einem Therapeutenkiller einen Kunden zu machen, ist es wichtig, das Muster dieser Interaktion zu verstehen und es für die Therapie nutzbar zu machen. Diese Utilisationstechnik hat Erickson bei vielen Klienten mit großer Kreativität entwickelt und ausgefeilt. Das heißt, es gibt hier kein Passepartout, kein Format, welches man standardmäßig benutzen kann. Vielmehr ist Einfühlungsvermögen, Beobachtungsgabe und Flexibilität seitens des Therapeuten gefragt.

Klienten, die einen klaren Rahmen brauchen

Horst Poimann, Mitglied des Vorstandes der Gesellschaft für idiolektische Gesprächsführung (GIG), beantwortete unsere Frage, wann seiner Meinung nach die idiolektische Gesprächsführung unangebracht ist, u.a. mit dem Hinweis auf Klienten, die einen klaren Rahmen brauchen.

Dabei lassen sich drei wesentliche Klassen unterscheiden:
1. Psychotiker, vor allem Maniker;
2. „Distractors" im Sinne von Virginia Satir[111];
3. Menschen, die aufgrund ihrer Charakterstruktur eine klare Struktur benötigen (z.B. weil sie diese in ihrer Kindheit nicht gehabt haben).

Die Vorgehensweise der Idiolektik ist vor allem deshalb ungeeignet für solche Klienten, weil der Therapeut lediglich fragend, explorierend intuitiv begleitet und es weder eine klare Zielvereinbarung noch eine klare Problemdefinition, noch eine leicht einsichtige und verständliche Verfahrensweise gibt. Aus demselben Grund erscheint auch die GT für solche Klienten eher ungeeignet.

Für den Umgang mit Klienten, die einen klaren Rahmen brauchen, bieten sich vor allem die strukturierten Ansätze der RET und des BFTC sowie das NLP an.

Vage Beschwerden

Unter vagen Beschwerden versteht Steve de Shazer solche, bei denen der Klient den Unterschied zwischen Beschwerde und Lösung nicht beschreiben kann. Der Klient ist weder in der Lage, sensorisch definit anzugeben, was sich verschlechtert hat und was er gerne anders hätte, noch ist er in der Lage, auf die Wunderfrage hin eine hypothetische Lösung zu formulieren.

Ein solcher Fall wurde bereits im Teil über das BFTC dargestellt. Es handelte sich um ein Paar, das übereinstimmend berichtete, daß ihre Beziehung in den letzten beiden Jahren immer „fader" geworden sei. Sie waren aber auf Nachfragen hin nicht in der Lage, anzugeben, woran sie merkten, daß es fader geworden war, bzw. was heute anders sei als früher. Und auf die Wunderfrage, woran sie merken würden, daß ein Wunder geschehen sei, konnten sie keine Angaben machen. Steve de Shazer gibt in solchen Fällen eine Beobachtungsaufgabe. Die Klienten sollen bis zur nächsten Sitzung beobachten, ob sie nicht doch Unterschiede bemerken können.

Doch was Steve de Shazer als „vage Beschwerde" bezeichnet, erscheint ihm nur deshalb als vage, weil in seinem Ansatz nicht eine einzige Frage bezüglich der inneren (sinnesspezifischen) Repräsentation von Erfahrungen vorkommt. Dies ist in seinem Vorgehen paradigmatisch ausgeschlossen. Im NLP gehören derartige Fragen hingegen zum Standardrepertoire des Therapeuten. Man könnte sagen, daß sich NLP besonders gut bei Menschen anwenden läßt, die einen guten Zugang zu ihren Bildern, Stimmen und Gefühlen haben. So würde ein NLP-Therapeut und sicherlich auch ein Idiolektiker bei dem Ausdruck „fade" natürlich sofort fragen: Wie nehmen Sie „fade" wahr? bzw.: Woran merken Sie genau, daß die Beziehung fade ist bzw. fade geworden ist? Was sehen Sie? Was hören Sie? Was fühlen Sie? – Diese Fragen würden die Exploration des subjektiven Erlebens bei ihr und bei ihm eröffnen. Danach würde sich die Frage anschließen: Und wie war es früher, als die Beziehung noch nicht fade war? Die Antwort darauf könnte dann lauten: Damals war es aufregend, erregend, lebendig usw., woraufhin erfragt werden würde, woran sie damals bemerkten, daß die Beziehung aufregend, lebendig etc. war. Damit wäre eine Differenz entwickelt, nach der Steve de Shazer mit seiner Methode vergeblich gesucht hat. An diesem Beispiel wird der Verzicht auf die Exploration des inneren Erlebens als ein entscheidender Nachteil der Methode des BFTC deutlich. Dieser Verzicht erklärt sich daraus, daß problemorientiertes Fragen (und das Elizitieren des Wortes „fade" spielt sich im Problembereich ab) dem Prinzip der ausschließlichen Lösungsorientierung zuwiderlaufen würde, was vor allem auch für die implizite Suggestion gilt, daß die Konzentration auf Ausnahmen ausreicht, um zu einer befriedigenden Lösung zu gelangen.

3. Kernanliegen des Klienten verstehen

Auf dieser Ebene gilt es möglichst schnell abzuklären, ob das Anliegen des Klienten physischer oder psychischer Natur ist und ob er über Tatsachen oder Probleme klagt.

Die erste Unterscheidung fragt danach, ob die Probleme physischer oder psychischer Natur sind oder beides. Hier geht es um Probleme wie Allergien, vegetative Störungen, Phantomschmerzen und ähnliches. Immer dann, wenn angesichts des Symptoms die Vermutung naheliegt, daß es eine psychische Komponente geben könnte, muß geklärt werden, ob der Klient bereits bei einem Arzt war und was dieser diagnostiziert hat. Gegebenenfalls muß also erst mal ein ärztliches Gutachten abgewartet werden.

Beispiel: Eine Klientin klagt seit Jahren über heftige Magenkrämpfe in Streßsituationen. Verschiedenste psychotherapeutische Methoden (Hypnose, Reimprint, systemische Arbeit nach Hellinger) haben die Symptomatik deutlich gemildert, aber nicht beseitigen können. Erst als sie von einem Spezialisten untersucht wurde, stellte sich heraus, daß die Krämpfe durch einen Mikroorganismus im Magen verursacht wurden. Nach einer entsprechenden Kur hörten die Krämpfe vollkommen auf. D.h., die Problemursache war offensichtlich primär physischer Natur, die Beschwerden wurden allerdings durch Streß verstärkt. Psychotherapie war hier also nicht die geeignete Methode zur Heilung.

Die zweite Unterscheidung (Tatsachen/Probleme) richtet sich auf die Differenz von realen Belastungsfaktoren (Arbeitslosigkeit, Schulden, Scheidung, Krankheit, Tod wichtiger Bezugspersonen etc.) und der psychischen Verarbeitungskapazität bzw. der Umgangsweise des Klienten mit diesen Realfaktoren. Ein Psychotherapeut kann an den Schulden eines Klienten nichts ändern. Hier wäre eine „Überweisung" an eine Schuldenberatungsstelle sinnvoller. Ein Therapeut kann dem Klienten auch keinen neuen Arbeitsplatz besorgen usw. Er kann allerdings dabei behilflich sein, mit diesen Situationen angemessener und ressourcevoller umzugehen. Angenommen, ein Klient konstruiert folgende Bedeutungsgebung: „Ich bin arbeitslos. Das bedeutet, daß ich wertlos bin." Oder: „Ich bin schon 56, das bedeutet, mich nimmt sowieso keiner mehr." Aus diesen Bedeutungskonstruktionen resultieren problemverschärfende Verhaltensweisen. Psychotherapie kann in diesem Fall unterstützend wirken, indem sie dem Klienten hilft, mit der Belastung angemessener umzugehen und nützliche Bedeutungskonstruktionen zu entwerfen.

Das Hauptanliegen der Phase 2 besteht also darin, die psychischen Anteile der Kernanliegen des Klienten zu isolieren und ihm dadurch bewußtzumachen, was überhaupt Gegenstand der folgenden Sitzungen sein kann und was er von diesen realistischerweise erwarten kann.

4. Dekonstruktion des Rahmens

Ein wichtiges Merkmal guter Therapeuten besteht darin, zu erkennen, wann es erforderlich ist, den Problemrahmen zu dekonstruieren, um zu einer Lösung zu gelangen, wie man einen solchen Rahmen dekonstruieren kann, und was dabei zu beachten ist. Der zu dekonstruierende Rahmen besteht meist aus impliziten oder expliziten Vorannahmen des Klienten in bezug auf das Problem und/oder die Lösung. Typisch sind solche Problembeschreibungen zum Beispiel bei Psychotikern, aber auch Bedeutungsprobleme müssen häufig dekonstruiert werden.

Dieser zentrale Aspekt wird nur in wenigen Therapieformen explizit gelehrt. Am klarsten von den hier betrachteten Fragemethoden tun dies die RET und die systemische Therapie. Zwar nennt man es in der RET nicht so, aber in der Disputation wird der Rahmen, in dem Klienten ihr Problem sehen, dekonstruiert, wenn dies notwendig ist.

Dies ist auch im BFTC der Fall, obwohl es sich hier eher um einen Notbehelf handelt, zu dem man greifen muß, wenn man mit der üblichen Vorgehensweise nicht weiterkommt. Der Fall des Klienten, der meinte, von CIA-Agenten verfolgt zu werden, ist hierfür ein typisches Beispiel. Steve de Shazer verfolgte hierbei eine Doppelstrategie: Einerseits säte er zu Beginn der Sitzung einen Zweifel an dieser Vorstellung, indem er fragte: „Wieso hat die CIA so unfähige Killer?" Diese Frage wiederholte er zu Beginn jeder weiteren Sitzung mit der

Absicht, den Rahmen zu dekonstruieren, um sich danach auf Fragen nach Ausnahmen zu konzentrieren. Parallel dazu stellte er wie üblich Fragen nach Ausnahmen[112].

Keine expliziten, aber immerhin implizite Verfahren gibt es im NLP, in der RET und in der Idiolektik, die für diese Dekonstruktionsarbeit am Rahmen genutzt werden können, vor allem zur Hinterfragung limitierender Glaubenssätze. Im NLP ist es das Meta-Modell der Sprache, in der RET das ABC-Verfahren und in der Idiolektik nach Jonas die Verwirrtechnik. Es folgen einige Beispiele mit Psychotikern.

Beispiele mit Psychotikern

Beispiel 1: Eine Klientin kam mit der Beschwerde zu uns, daß Außerirdische in Heidelberg, ihrem Heimatort, auf einem bestimmten Haus in einer bestimmten Straße eine Antenne installiert hätten, mit der sowohl ihre Gedanken gelesen als auch Gedanken- und Handlungsimpulse installiert werden könnten. Im Sinne des Pacing und einer Dekonstruktion des Rahmens wurde sie gefragt, wie sie sicher sein könne, daß der Therapeut nicht selbst im Dienste der Außerirdischen steht bzw. was er als Therapeut gegen eine solche Übermacht überhaupt machen könne. Ihre Vorstellung bestand darin, daß der Therapeut ihr helfen könne, gegen diese Fernbeeinflussung eine Art energetischen Schutzschild aufzubauen. Im Laufe dieser Arbeit führte die Klientin dann die Idee ein, daß sie auf der Ebene des subjektiven Erlebens irgendwie einen Unterschied zwischen einem tatsächlichen und einem eingebildeten Ereignis machen könne. Danach wurden die Submodalitätenunterschiede[113] zwischen vorgestellten und eingebildeten Ereignissen elizitiert und anhand der Beeinflussungserlebnisse überprüft. Dies führte zu einer ersten Verunsicherung hinsichtlich der Realität dieser Beeinflussung.

Beispiel 2: Ein Klient, der glaubte, Adolf Hitler zu sein, wurde vom Therapeuten in der ersten Sitzung mit einem zackigen „Heil, mein Führer!" begrüßt. Danach unterhielten sie sich über die Probleme an der Ostfront. Dies kann man im NLP-Sinne interpretieren als „dem anderen in seinem Modell der Welt begegnen". Nachdem ein tiefer Rapport aufgebaut war, fragte der Therapeut: „Kennen Sie Michael S. (der bürgerliche Name des Klienten)?", worauf dieser antwortete: „Selbstverständlich." Daraufhin begann eine lange Tirade, was dieser Mann für ein Feigling, ein rückgratloser Schwächling, eine Schande für das deutsche Volk sei. Der Therapeut fragte ihn daraufhin, wie Michael aussehen würde, wenn er Rückgrat hätte, wenn er mutig wäre etc., so lange, bis alle diese Eigenschaften auf Michael übertragen waren und der Klient diesen „neuen Michael" dreidimensional vor sich sehen konnte[114]. Bei dieser Arbeit ging der Klient in eine leichte Trance, was es dem Therapeuten erleichterte, ihm den Vorschlag zu machen, in dieses dreidimensionale Hologramm von Michael einzusteigen und zu spüren, wie sich das anfühlt. Als der Klient ganz assoziiert in dieser Vorstellung war, sprach ihn der Therapeut zum ersten Mal mit seinem richtigen Namen an: „Na, Michael, so geht's doch auch ganz gut, oder?", was dieser lächelnd bejahte. Daraufhin fragte ihn der Therapeut: „Sag mal, Michael, ist dir eigentlich schon aufgefallen, daß die Hitler-Nummer hier nicht besonders gut ankommt?" Dies leitete eine erste Dissoziation von der Wahnvorstellung ein.

Die übergeordnete Strategie, die bei Psychotikern zur Anwendung gelangt, unterscheidet sich strenggenommen nicht wesentlich von der sonstigen Arbeit im NLP. Der Therapeut begegnet dem Klienten in dessen Modell der Welt und sucht mit ihm gemeinsam einen Weg aus den Limitationen und beängstigenden Aspekten dieses Modells heraus in ein Modell mit mehr Wahlmöglichkeiten, angenehmeren Körpergefühlen und größerer Sozialverträglichkeit. Die Dekonstruktion des Rahmens ist bei Psychotikern so gut wie immer wichtig, aber auch bei vielen nichtpsychotischen limitierenden Bedeutungskonstruktionen setzt eine erfolgreiche Therapie die Dekonstruktion des Rahmens voraus. Zum Beispiel, wenn eine Tatsache als ein Problem formuliert wird, wie im folgenden Fall.

Beispiele für die Dekonstruktion von Bedeutungsproblemen

Beispiel 1: Ein Klient, der 1,58 Meter groß war, kam mit der Beschwerde in die Praxis, daß er es im Leben zu nichts bringen könne, weil er so klein sei. Er behauptete damit eine Ursache-Wirkungs-Beziehung bzw. eine komplexe Äquivalenz zwischen Kleinsein und Erfolglosigkeit. Daraufhin wurde ihm die Aufgabe gegeben, sich fünf Biographien von Männern durchzulesen, die ungewöhnlich klein und ungewöhnlich erfolgreich waren. Als erster Anhaltspunkt wurde ihm aufgetragen, sich die Biographie von Napoleon zu besorgen. Die anderen vier sollte er selbst ausfindig machen. Erst nachdem er die fünf Biographien gelesen hatte, sollte er in der Praxis anrufen, um einen neuen Termin zu vereinbaren. Mit diesem Schachzug wurde einerseits seine Motivation getestet (Klagender oder Kunde), und zweitens wurden Gegenbeispiele generiert. Nachdem er sich gemeldet hatte, wurden ihm eine Reihe von Fragen gestellt: Wie erklären Sie sich, daß diese fünf Männer trotz ihrer geringen Größe so großen Erfolg hatten? Was haben diese fünf Männer jeweils über den Zusammenhang zwischen Körpergröße und Erfolg gedacht? Was unterscheidet Sie bisher von diesen Männern bezüglich der Einstellung zur eigenen Körpergröße? Wie erklären Sie sich, daß es jede Menge großer, aber erfolgloser Männer gibt? usw.

Nach einiger Zeit unterbrach der Klient den Therapeuten und sagte lachend: „Es ist gut. Sie haben gewonnen. Ich glaube, meine Erfolglosigkeit hat mit meiner Körpergröße nichts zu tun."

Damit eröffneten sich neue Fragerahmen. Er bezieht sich auf die tatsächliche Lebenssituation und das Ziel, Erfolg zu haben:
➤ Was haben Sie im Leben bisher tatsächlich erreicht?
➤ Relativ zu welchem Maßstab ist das, was Sie erreicht haben, erfolglos?
➤ Was würde es für Sie bedeuten, erfolgreich zu sein?
➤ Wenn Sie diesen Erfolg tatsächlich erreicht hätten – darf das sein?

Zusätzlich zu diesen eher NLPmäßigen Fragen nutzten wir dann zirkuläre Fragen, um die neuen Glaubenssätze in das Sozialsystem des Klienten zu integrieren:
➤ Was würde Ihre Frau dazu sagen, wenn Sie Ihren Erfolg nicht mehr von Ihrer Körpergröße abhängig machen würden?
➤ Was würde Ihre Frau dazu sagen, wenn Sie den Erfolg hätten, den Sie sich wünschen?
➤ Wie würden Ihre Eltern auf Ihren Erfolg reagieren?

Danach veranlaßten wir den Klienten durch Hochchunken zu neuen, nützlichen Generalisierungen:
➤ Was wissen Sie über sich und Erfolg, nachdem Sie erkannt haben, daß Körpergröße und Erfolg nicht ursächlich miteinander zusammenhängen?
➤ Was, glauben Sie, hat Sie bisher dazu veranlaßt, diesen Zusammenhang überhaupt zu konstruieren?
➤ Gibt es vielleicht noch andere Lebensbereiche, in denen Sie solche unangemessenen Ursache-Wirkungs-Beziehungen nutzen?

Beispiel 2: Ein Mann kommt in Therapie mit der Beschwerde, daß all seine bisherigen Beziehungen zu Frauen unglücklich endeten. Er wünschte sich eine glückliche, lang andauernde Partnerschaft. Gleichzeitig vertrat er allen Ernstes die Theorie, daß aus biologischen Gründen die Liebe zwischen Mann und Frau nach einigen Monaten erlischt, zumindest aber das sexuelle Begehren. Daraufhin fragte ihn der Therapeut, wie er sich (dies mal als gegebene Tatsache vorausgesetzt) diese Beziehung nach einigen Jahren vorstellt. Dadurch wurde sehr schnell klar, daß seine Wunschvorstellung von einer Beziehung und dieser Glaubenssatz nicht miteinander zu vereinbaren waren.

Beispiel 3: Eine weitere Situation, in der die Dekonstruktion des Rahmens wichtig ist, wurde bereits bei der Behandlung des Graweschen Wirkprinzips „Induktion positiver Besserungserwartungen" besprochen: Wenn der Klient nicht glaubt, daß es überhaupt möglich ist, sein Problem zu lösen, dann muß zunächst diese Vorstellung dekonstruiert werden, bevor mit Erfolgen zu rechnen ist.

5. Problem-Lösungs-Klassen

Die übergeordnete strategische Frage der Phase 4 lautet: Welche Quelle des Leidens tritt für den Therapeuten in den Blick? In welche Problemklasse kann die Beschwerde eingeordnet werden? Wir behandeln anhand einiger Beispiele folgende Problemklassen:

➤ Handelt es sich um individuelle oder systemische Probleme?
➤ Ist das Problem psychischer, psychosomatischer oder rein körperlicher Art?

Individuelle versus systemische Probleme

Systemische Therapeuten gehen davon aus, daß jedes Problem aus der (suboptimalen) Interaktion zwischen den Systemmitgliedern resultiert. Wie sich leicht zeigen läßt[115], muß das nicht so sein. Mehr noch: Ein hoher Prozentsatz von psychischen (psychotherapeutischen) Problemen kann eher auf der individuellen als auf der systemischen Ebene gelöst werden.

Beispiel 1: Ein Klient hat den Glaubenssatz: „Wenn meine Frau nicht mehr soviel Lust auf Sex hat wie früher, dann bedeutet das, sie liebt mich nicht mehr." Die systemisch orientierte Familientherapie würde jetzt das Paarsystem (die Gegenwartsfamilie) untersuchen mit der Vorannahme, daß diese Einstellung Ausdruck der Systemdynamik ist. Es könnte jedoch genausogut sein (und ist in der Praxis viel wahrscheinlicher!), daß dieser Glaubenssatz lange vor Zustandekommen der Paarbeziehung existierte. Durch individuelle Arbeit an diesem Glaubenssatz ist dieses Problem wahrscheinlich viel schneller lösbar. Hier würden sich sowohl die RET als auch das NLP mit seinen diversen Techniken zur Veränderung von Glaubenssätzen eignen.

Nur wenn das Problem wirklich auf schlecht ablaufende Kommunikationsmuster zwischen den Systemmitgliedern zurückzuführen ist, dann bietet sich das zirkuläre Fragen an, um dies aufzudecken. Sie fordern den Befragten auf, sich in die Position der jeweils anderen Systemmitglieder hineinzuversetzen („Wie würde Ihr Sohn die Beziehung zwischen Ihnen und Ihrem Mann beurteilen?").

Das zirkuläre Fragen kann auch sinnvoll in Einzelsitzungen angewendet werden, namentlich, um mit Situationen umzugehen, in denen die Selbstbezüglichkeit der Kommunikation eine Rolle spielt. Dies ist dann notwendig, wenn in der therapeutischen Situation das Problem des Klienten akut wird. Ein Beispiel wäre ein Klient, der im Umgang mit Frauen sehr unsicher ist und daran arbeiten möchte. Wenn der Therapeut eine Frau ist, tritt dieses Problem sofort auf. Zu dieser Art von Problemen gehört auch das Feld der Übertragungs- und Gegenübertragungsphänomene, das seit Freud bekannt ist.

Das zirkuläre Fragen ermöglicht es dem Therapeuten, gegenüber der Beziehung zwischen Therapeut und Klient (Innenperspektive) eine Außenperspektive einzunehmen, indem der Blick auf die Therapeut-Klient-Beziehung gerichtet wird. Um dies zu verdeutlichen, nehmen wir das Fallbeispiel mit der Klientin wieder auf, die in den letzten zehn Jahren bei sieben Psychiatern in Behandlung gewesen war[116].

Beispiel 2: Als die Klientin ihr Problem schildern möchte, thematisiert Fritz Simon die Funktion von Therapeuten in der Beziehung des Paares.

T: Was sagt denn eigentlich Ihr Mann dazu, daß Sie zum Therapeuten gehen?
P: Na ja, also das … (zögert). Mein Mann geht dann auf die andere Seite. Also ich gehe mehr nach innen, und er geht mehr nach außen.
T: Na ja, aber wie ist das für ihn? Das ist ja für viele Männer ein Problem, wenn sie sich sagen: ‚Meine Frau geht zum Therapeuten und erzählt da Intimitäten, also auch über mich. Ich muß sie teilen mit wem anderen.' Wie ist das für ihn?
P: Ja, das ist für ihn schlimm. Er sagt das zwar nicht, aber er geht nach außen und sucht sich auch entsprechende Pendants.
T: Was heißt das?
P: Er geht mit Frauen mal gut essen, oder er hatte letztes Jahr auch ein Verhältnis mit einer sehr jungen Frau. Das hat mich natürlich dann zurückgeworfen.

Der Therapeut kommentiert[117] … diesen Abschnitt dahingehend, daß es wohl keines tiefgehenden psychoanalytischen Trainings bedarf, „um Hypothesen darüber entwickeln zu können, welche Funktion (männliche) Therapeuten für die Patientin haben, wenn die Geliebte des Ehemanns als ein ‚Pendant' dazu charakterisiert wird". – Die Fragen, die der Therapeut im folgenden stellt, dienen dazu, der Patientin die Funktion von

Therapeuten in ihrer Paarbeziehung bewußtzumachen. Der Therapeut versucht nun mit hypothetischen zirkulären Fragen auszuloten, wieweit der Vergleich zwischen „Therapeut" und „Geliebtem" zutrifft:

T: Was wäre für ihn denn leichter zu ertragen: Wenn Sie zu einem Therapeuten gehen, oder wenn Sie sich einen Freund suchen?
P: Ich weiß es nicht.
T: Wenn Sie sich einen Freund suchen würden, würde er das so hinnehmen, oder würde er sich trennen?
P: Ich weiß es nicht.
T: Was schätzen Sie? Sie kennen ihn seit einer Ewigkeit!
P: Man kennt sich und kennt sich doch nicht!

Die Klientin weicht aus. Einige Gesprächseinheiten später gibt sie aber doch eine klare Antwort:

T: Nehmen wir einmal an, Sie wären jetzt heute nicht zu einem neuen Therapeuten gegangen, sondern Sie hätten sich einen Freund gesucht.
P: Also gut, als ich zu meinem Mann gesagt habe: „Ich habe mich in meinen Psychiater verliebt", da ... da hat er Himmel und Hölle in Bewegung gesetzt und sämtliche Daumenschrauben angesetzt und das in alle Winde nach außen verstreut ... (lacht), so daß über diese geistige Geschichte hinaus nichts anderes möglich war.

Die Patientin hatte also ihrem Mann von ihrer Verliebtheit erzählt, was diesem die Möglichkeit gab, den Ehebruch zu verhindern. „So kann die eine Seite der Ambivalenz erlebt werden (die Verliebtheit), während die andere Seite externalisiert wird (der Ehemann übernimmt die Sicherung der Ehe). Eine elegante, arbeitsteilige Form, mit einem intrapsychischen Konflikt umzugehen.[118]"

Therapeuten intervenieren in das Klientensystem, wenn auch nicht immer so deutlich wie in diesem Fall, wo beide Eheleute anscheinend ihren Nähe-Distanz-Konflikt mit Hilfe des jeweiligen Therapeuten regeln. Die zirkulären Fragen ermöglichen es Fritz Simon, die Therapeuten-Klienten-Beziehung aus einer Außenperspektive zu betrachten und insofern nicht in das „Spiel" zwischen den Eheleuten hineingezogen zu werden. Der Klientin ermöglichen sie es, die Funktion zu reflektieren, die Therapeuten für sie haben und damit das tieferliegende Problem zu erkennen.

Psychosomatische Probleme

Mit psychosomatischen Problemen kommt der Klient im Regelfall in die Praxis, nachdem er schon bei einschlägigen Fachärzten in Behandlung gewesen war. Im Falle einer Graspollenallergie haben sie ihm vielleicht Medikamente (Antibiotika, Cortison etc.) verschrieben, und nachdem dies nicht zum Erfolg führte, wurde ihm ärztlicherseits empfohlen, es doch mal mit Psychotherapie zu versuchen. Psychosomatische Probleme sind das klassische Anwendungsgebiet der Idiolektik. Einige psychosomatische Probleme wie zum Beispiel Allergien lassen sich auch mit NLP behandeln. Wie die Erfolge Steve de Shazers bei diesen Symptomklassen sind, ist uns nicht bekannt, aber wir würden vermuten, daß es sich hier eher um Probleme handelt, für die diese Methode nicht sehr gut geeignet ist. Aus der Literatur ist uns kein einziges Beispiel bekannt, in dem jemand aus dem Team des BFTC an einem solchen Symptom gearbeitet hätte. Von den hier behandelten Methoden eignen sich für die Behandlung psychosomatischer Symptome also lediglich die Idiolektik und das NLP[119].

An zwei Beispielen werden wir aufzeigen, wie man mit psychosomatischen Störungen umgehen kann. Das erste zeigt, daß Fragetechniken in der Psychotherapie nicht immer notwendig sind. Das zweite Beispiel zeigt Fragetechniken nach dem Muster von A.D. Jonas.

Beispiel 1: Eine Klientin, 8 Jahre, hat von Geburt an Neurodermitis. Der Vater, selbst Arzt, hat alles probiert, was im Rahmen der Schulmedizin möglich ist, und schließlich von einem Spezialisten für Neurodermitis bei Kindern an der Deutschen Klinik für Diagnostik den Tip bekommen, es mit Psychotherapie zu versuchen.

Anhand dieser Vorinformationen bilden wir die Hypothese, daß es sich hier um ein intrauterines Trauma handeln könnte. Natürlich hätte man auch die Hypothese bilden können, daß während der Schwangerschaft Probleme zwischen den Eltern (ungewollte Schwangerschaft o.ä.) vorgelegen haben könnten. Hätten wir diese Hypothese entwickelt, wäre es notwendig geworden, dies zu erfragen. Statt dessen wurde eine Trance induziert und mit dem Mädchen eine Phantasiereise zurück in den Bauch der Mutter gemacht. Nachdem die Trance tief genug war, wurde sie instruiert, sich vorzustellen, die Schwangerschaft sei noch ganz am Anfang und sie sei noch ganz klein. Die nonverbalen Reaktionen des Mädchens waren ein seliges Lächeln, und sie nahm eine typische Embryonalhaltung ein. Wir zählten dann von eins bis neun und wiesen sie an, sich vorzustellen, daß sie mit jeder Zahl ihrer Geburt einen Monat näher kommt. Bis zum achten Monat änderte sich an ihrem seligen Gesichtsausdruck nichts. Erst als wir kurz vor der Geburt waren, zeigte sie heftige Angstreaktionen. Die Hypnose wurde daraufhin unterbrochen und die Mutter befragt, was kurz vor der Geburt passiert war. Sie teilte uns mit, daß die Schwangerschaft selbst ungewöhnlich problemlos verlaufen war und ihr erst kurz vor der Geburt die Erinnerung an ihre erste Entbindung gekommen war, die sehr schmerzhaft und langwierig gewesen war. Sie sagte, sie habe eine fast panische Angst vor der Entbindung ihres zweiten Kindes gehabt, aber diese Befürchtungen seien unbegründet gewesen, da die Entbindung so problemlos wie die Schwangerschaft verlief.

Daraufhin wurde erneut eine tiefe Trance bei dem Mädchen induziert, und es wurde ihr in diesem Zustand mitgeteilt, was die Mutter erzählt hatte. Sie wurde angewiesen, die Angst an die Mutter zurückfließen zu lassen, und sich auf die Geburt zu freuen. Daraufhin löste sich die Angst auf, und der Geburtsvorgang wurde von ihr auf sehr angenehme Weise erlebt.

Innerhalb der nächsten Wochen bildete sich die Ganzkörperneurodermitis bis auf eine kleine Stelle an der Hand vollständig zurück. Mit diesem Rest wurde anderweitig weitergearbeitet.

Beispiel 2: Ein Mann um die 40 klagte über chronische Rückenschmerzen und Verspannungen im Schulterbereich, die trotz zahlreicher Rolfing-Sitzungen und anderer krankengymnastischer Behandlungen nicht völlig verschwanden. Der Klient wurde gebeten, in seiner Eigensprache über die Rückenprobleme zu berichten. Ausgehend von dieser Eigensprache wurden unter anderem folgende Fragen gestellt: „Sie sprechen davon, daß Sie sich von einer unerträglichen Last niedergedrückt fühlen. Haben Sie eher den Eindruck, daß diese Last, die Sie niederdrückt, wie ein Objekt ist? Oder haben Sie eher den Eindruck von einer Person, die Sie niederdrückt?" Der Klient antwortete: „Es ist eher eine Person." Therapeut: „Tragen Sie diese Person, oder drückt diese Person Sie aktiv nieder?" Der Klient antwortete: „Beides. Ich trage diese Person, und sie drückt mich nieder." Therapeut: „Wenn Sie jetzt hinspüren, ist das eher ein Mann oder eher eine Frau?" Klient: „Eine Frau." Therapeut: „Kennen Sie diese Frau?" Klient: „Ja, es ist meine Mutter." Therapeut: „Wie genau haben Sie Ihre Mutter getragen? Und wie genau hat Ihre Mutter Sie niedergedrückt?" Der Klient antwortete: „Meine Mutter fühlte sich vom Leben überfordert (mein Vater hat uns verlassen, als ich ein Jahr alt war) und hat von mir verlangt, daß ich mich um sie kümmere und für sie die Probleme löse, die sie nicht bewältigen konnte."

Bis hierhin wurde ähnlich vorgegangen, wie es A.D. Jonas, der Begründer der Idiolektik, getan haben könnte. In dem Moment, in dem die Problemdefinition sich direkt auf etwas Körperliches bezieht und die körperliche Ebene medizinisch hinlänglich geklärt ist, gehen wir prinzipiell nach der idiolektischen Methode vor, da sie uns am leichtesten zum seelischen Kern führt. Ist dieser erreicht, entscheiden wir, je nachdem, ob es sich um ein Trauma oder eine systemische Verstrickung im Sinne Hellingers handelt, ob wir eher individualtherapeutisch oder systemisch weiterarbeiten. Im vorliegenden Fall empfahlen wir dem Klienten, an einer Familienaufstellung nach Bert Hellinger teilzunehmen.

Das obige Vorgehen entspricht nicht dem der neueren Idiolektiker, denn diese würden es vermeiden, eine Hypothese zu bilden, und statt dessen versuchen, das Gespräch möglichst in eine ressourcenorientierte Richtung zu lenken. Da wir eher eine hypothesengeleitete Vorgehensweise für sinnvoll halten, verwenden wir die Vorgehensweise der Idiolektiker nur abschnittsweise.

6. Die geeignete Fragemethode

Bis hierher ging es darum, dem Klienten auf eine ganzheitliche Weise, d.h. in seinen therapierelevanten Mustern, in seiner „Situation" und in seinen Kernanliegen zu verstehen, um daraufhin zu entscheiden, ob eine Therapie/Beratung zustande kommt. Das Problem wurde, sofern es sich als notwendig erwies, dekonstruiert und vom Therapeuten einer oder mehreren Problemklassen zugeordnet. Als letzter Schritt der übergeordneten Fragestrategie gilt es nun zu entscheiden, welche Fragemethode der Situation des Klienten in diesem Moment[120] am meisten entspricht. Für diese Entscheidung benötigt der Therapeut Kriterien, die wir dem Leser nun in Form von strategischen Fragen an die Hand geben.

Die strategischen Fragen orientieren sich in dieser Phase ebenso wie in Phase 1 an der Problemlage und an den Mustern, die dem Therapeuten beim Klienten auffallen. Letztere bilden einen wesentlichen Aspekt des Kooperationsansatzes von Erickson. Neigte ein Klient dazu, zu widersprechen, dann gab Erickson ihm Anweisungen, bei denen die gegenteilige Ausführung zu dem Ergebnis führte, das er anstrebte. Zum Utilisieren gehört es auch, die Ressourcen des Klienten zu erkennen und zu aktivieren. Wenn der Therapeut es für sinnvoll hält, dann kann er den Klienten respektvoll auf negative Kommunikationsmuster (Beispiel: Übertragungen) aufmerksam machen und Anregungen für positive Verhaltensweisen geben. Nützliche strategische Fragen in diesem Zusammenhang sind: Was braucht der Klient jetzt? Welche Kommunikationsmuster fallen auf? Ist es sinnvoll, Ressourcen des Klienten zu aktivieren, oder sollten zuerst problematische Muster des Klienten angegangen werden? Was hindert an der Veränderung? Was im Charakter des Klienten ist zu berücksichtigen? Wie erklären sich die Beteiligten das Problem? Welche bisherigen Lösungsversuche hat es gegeben? Ist es günstiger, eher problem- oder ressourcenorientiert vorzugehen? Sind starke sekundäre Gewinne vorhanden? Welche übergeordnete Generalisierung ermöglicht es dem Klienten, sein Problem überhaupt haben zu können? etc.

Im folgenden wird auf einige dieser strategischen Fragen anhand von konkreten Beispielen näher eingegangen und aufgezeigt, wie sich daraus die Entscheidung für die jeweilige Fragemethode ableitet.

Welche Frage- bzw. Interventionsrichtung soll eingeschlagen werden?

Eine übergeordnete Fragestrategie sollte Kriterien beinhalten, anhand derer Therapeuten erkennen können, ob die eingeschlagene Fragerichtung für den Klienten förderlich ist oder ob ein Wechsel der Fragerichtung angezeigt ist. Der Therapeut sollte sich an dieser Stelle durch den Klienten anmuten lassen und sich daraufhin die strategische Frage stellen: Was braucht der Klient jetzt?

Je nachdem, welche Hypothese der Therapeut darüber hat, welches Thema als nächstes in den Blick genommen werden sollte, ergibt sich die Fragerichtung. Glaubt der Therapeut, es sei wichtig, das Problem des Klienten genauer zu untersuchen, dann sind problemorientierte Fragen angezeigt, wie sie zum Beispiel im NLP-Meta-Modell der Sprache, in der GT oder in der RET gestellt werden. Strategische Fragen, die diesen Bewußtseinsprozeß beim Therapeuten fördern, sind u.a.: Was ist das Problem? Wie macht der Klient das Problem? Welches sind seine wichtigsten Anliegen, Intentionen, Ängste und Emotionen?

Glaubt der Therapeut hingegen, daß es den Klienten weiterbringt, ihn auf dessen Ziele und Ressourcen hinzuorientieren bzw. ihm diese greifbar vor Augen zu führen, dann sollte er eine ressourcen- und lösungsorientierte Richtung einschlagen: zum Beispiel durch Fragen des BFTC oder die zielorientierten Fragen des NLP. In beiden Fällen ist es wichtig, daß er nun nicht stur gemäß der von ihm gewählten Fragemethode vorgeht, sondern die Reaktion des Klienten ernst nimmt. Reagiert dieser anders als erwartet, ist dies vielleicht ein Hinweis darauf, daß der Therapeut den falschen Weg gewählt hat respektive einer falschen Hypothese folgt.

Auf die wesentlichen Möglichkeiten, ressourcen- oder problem- bzw. klärungsorientiert vorzugehen, wurde bereits eingegangen. Die nachfolgende Übersicht faßt dies noch einmal zusammen:

Fragen zur Klärung von Intentionen und Problemen	Fragen, um Ressourcen hinzuzufügen
➤ Erfragen zentraler Ziele, Wünsche und Bedürfnisse ➤ Wie ist das ein Problem? Wie macht er das Problem? ➤ Fragen des ABC-Schemas ➤ Positive Absicht erfragen ➤ Konsequenzen des Problemverhaltens erfragen ➤ Systemische Verstrickungen erfragen ➤ Hochchunken: Was bedeutet (zentraler Glaubenssatz) für Sie? ➤ Wie ist das ein Problem? etc.	➤ Fragen nach Ausnahmen ➤ Möglichkeitsorientierte Fragen ➤ Das Unbewußte Ressourcen finden lassen ➤ Durch Fragen dem Klienten Gelegenheit zum positiven Selbstausdruck geben etc.

Was hindert den Klienten an der Veränderung?

Diese Frage ist von zentraler Bedeutung. Wenn ein Klient ein Problem äußert, stellen wir uns als erstes die Frage: Ist es überhaupt verständlich, warum dieser Klient dieses Problem noch hat? Oder müßte er nicht mit all den Ressourcen, die er faktisch schon demonstriert hat, das Problem längst selbst gelöst haben? Im Falle einer Phobie oder Allergie, bei Erektionsproblemen oder bei heftigen Eifersuchtsattacken leuchtet es unmittelbar ein, daß der Klient nicht so ohne weiteres weiß, was er dagegen machen soll. Kommt hingegen jemand, der sagt: „Ich kann mich für meine Arbeit nicht dauerhaft motivieren, was zur Folge hat, daß ich extrem schwankende Einkünfte habe und häufig in finanzielle Bedrängnis komme", dann stellt sich sofort die Frage: Warum sucht er sich nicht eine Beschäftigung, die ihm mehr Spaß macht, bzw.: Was hätte es für Konsequenzen, wenn er dauerhaft motiviert wäre?

Beispiel: Jemand ist Handelsvertreter und arbeitet auf Provisionsbasis. Er teilt uns mit, daß er den Beruf gerne ausübt und schon viele erfolgreiche Monate hatte, in denen er weit über 5.000 € verdiente. Er fühlt sich aber oft so unmotiviert, daß er gar nichts macht. Er wird erst wieder aktiv, wenn die Bank ihm kein Geld mehr gibt. Nachdem die Frage geklärt war, ob er nicht lieber etwas anderes machen würde, wurde ihm die Frage gestellt, was für Konsequenzen es hätte, wenn er dauerhaft motiviert wäre. Er antwortete, daß er dann regelmäßig ca. 5.000 € im Monat verdienen würde. Auf die Frage, was das für ihn bedeuten würde, sagte er: „Dann wäre ich *wirklich* erfolgreich." Auf die Frage: „Darf das sein?", antwortete er: „Irgendwie nicht."

Dieses Beispiel zeigt, daß der Klient nicht etwa deshalb Motivationsprobleme hat, weil er den Beruf nicht mag oder irgendein „charakterlicher Fehler" wie Faulheit o.ä. vorliegt, sondern weil er das, was er bewußt anstrebte, unbewußt verhinderte – in diesem Fall aus einem Gefühl der tiefen Loyalität zu seinem Herkunftssystem heraus. Es handelte sich hier also um eine systemische Verstrickung im Sinne Hellingers.

Chunk-up oder chunk-down?

Hinsichtlich der Fragerichtung gibt es außer der Alternative: ressourcen- oder problemorientiert fragen noch eine weitere Möglichkeit, die bereits bei der Behandlung des Meta-Modells der Sprache und im Kapitel „Die Fragerichtung" angeklungen ist. Es geht um die Frage: *chunk-up* oder *chunk-down*? – Was ist damit gemeint?

Die Wunderfrage von Steve de Shazer oder die Befragung mit dem Meta-Modell führen zu sinnesspezifisch konkreten Beschreibungen, einem Herunterchunken (*chunk-down*). Im ersten Fall wird die Zielvorstellung und im zweiten Fall eine problematische Situation konkretisiert. Diese Fragerichtung ist sinnvoll, wenn das therapeutische Ziel eben darin besteht, dem Klienten eine ganz konkrete sinnesspezifische Erfahrung erleben zu lassen.

Damit ein Klient eine Tatsache zu einem Problem erklären kann, muß er, worauf besonders Chris Hall[121] hinweist, die Tatsache mit einer Bedeutung versehen. Er tut dies meist dadurch, daß er die Tatsache als ein Element einer übergeordneten Klasse interpretiert (was ihm nicht unbedingt bewußt sein muß). Oder anders gesagt: Die Tatsache ist ein erneuter Beweis für einen vorbewußten Glaubenssatz über sich und die Welt. Um solche Glaubenssätze zu erfragen, muß der Therapeut hochchunken, d.h. nach den Schlußfolgerungen

(Glaubenssätzen) fragen, die jemand aus seiner Erfahrung gezogen hat. Das wird beispielsweise durch die Frage realisiert: Was bedeutet es für Sie, dieses Problem zu haben? Diese Frage kann ein Königsweg sein, um zur Wurzel des Problems zu gelangen, wie folgendes Beispiel zeigt.

Beispiel: Ein Trainer läßt in seinem Kurs einen Test schreiben, der miserabel ausfällt. Von 60 Teilnehmern haben nur drei bestanden. Daß diese Tatsache ihn nachdenklich macht, ist verständlich, daß sie ihn in tiefe Verzweiflung stürzt, nicht so ohne weiteres. Die strategische Frage, die sich dem Therapeuten stellt, ist: Was muß der Klient über sich und die Welt glauben, damit dieses Vorkommnis ihn in tiefste Selbstzweifel stürzen kann? Welche übergeordnete Generalisierung ermöglicht es ihm, sein Problem überhaupt haben zu können?

Die Vermutung liegt nahe, daß die emotionale Reaktion nicht primär etwas mit der konkreten Situation „Trainer – Teilnehmer – Test" zu tun hat, sondern daß sie Element einer Klasse von vergleichbaren Fällen ist. Anstatt diesen Trainer darin zu unterstützen, mit einer solchen Situation ressourcevoller umzugehen, scheint es sinnvoller zu sein, solange hochzuchunken, bis das übergeordnete organisierende Muster erkannt ist. Wird dieses verändert, verändert sich gleich eine ganze Klasse von Reaktionen und nicht nur eines seiner Elemente. Dies kann durch folgende Fragen erreicht werden:

T: Was bedeutet es für Sie, daß der Test so schlecht ausgefallen ist?
K: Ich bin kein guter Trainer.
T: Was bedeutet es für Sie, kein guter Trainer zu sein?
K: Ich habe kein Recht, da vorne zu stehen.
T: Was bedeutet es für Sie, kein Recht zu haben, da vorne zu stehen, aber trotzdem da vorne zu stehen?
K: Ich bin ein Blender.
T: Was bedeutet es für Sie, ein Blender zu sein?
K: Ich habe keine Existenzberechtigung.

Jetzt ist ein Glaubenssatz auf Identitätsebene (also ein übergeordnetes Muster) erkannt. Dieses Muster wird nun mit der ursprünglichen Situation kurzgeschlossen:

T: Das heißt, weil nur drei von 60 den Test bestanden haben, haben Sie keine Existenzberechtigung?
K: Nein, das ist Quatsch, aber trotzdem fühle ich so.
T: Das heißt, Sie glauben sowieso, daß Sie keine Existenzberechtigung haben, und dieses vermeintliche Versagen Ihrerseits hat Ihnen diese Befürchtung nur nochmals bestätigt?
K: Genau.

Jetzt wird der Zusammenhang zwischen diesem Ereignis und dem übergeordneten Muster erfragt. Die strategische Frage lautet: Inwiefern ist es überhaupt möglich, daß diese Tatsache ein Beleg für den übergeordneten Glaubenssatz sein kann?

T: Wie genau ist der Zusammenhang zwischen dem schlechten Testergebnis und dem Gefühl, keine Existenzberechtigung zu haben?
K: Ich hatte immer die Vision, die besten NLPler der Welt auszubilden, und das schlechte Testergebnis hat mir bewiesen, daß ich das nicht kann.
T: Wofür war es wichtig, die besten NLPler der Welt auszubilden?
K: Dann hätte ich eine Existenzberechtigung.
T: Sie haben also versucht, Ihre Existenzberechtigung, die Ihnen aber eigentlich fehlt, nachträglich dadurch zu erwerben, daß Sie etwas ganz Außergewöhnliches erreichen?
K: Genau.
T: Haben Sie ausschließlich durch Ihre besonderen Trainingsleistungen versucht, eine Existenzberechtigung zu erlangen, oder auch durch andere Aktivitäten?
K: Durch viele andere Aktivitäten.

Jetzt ist sowohl das übergeordnete Muster als auch der Zusammenhang zu den konkreten Fällen erkennbar. Es geht nun darum, das übergeordnete Muster zu dekonstruieren.

T: Wie kommen Sie darauf, daß Sie keine Existenzberechtigung haben?
K: Ich war ein ungewolltes Kind, und ich hatte immer das Gefühl, daß es für meinen Vater und meine Mutter und auch für mich besser gewesen wäre, wenn es mich nicht gegeben hätte.
T: Und da Sie nun schon mal da waren, meinten Sie, Sie müßten Ihre Existenz durch außergewöhnliche Leistungen im Nachhinein legitimieren. Und immer wenn das mißlang, kam die tiefe Verzweiflung über das Nichtgewollt-sein mit aller Wucht ins Erleben?
K: Ja, genau.

An dieser Stelle könnte man mit einem Reimprint oder mit einer Familienaufstellung nach Hellinger weiterarbeiten.

(Unbewußte) Sekundäre Gewinne

Der sekundäre Krankheitsgewinn ist (nach Freudschem Sprachgebrauch) der Nutzen, den der Klient aus seinen Symptomen bezieht. Eine Agoraphobie mag für den Betroffenen den Nutzen haben, daß man ihm viele Aufgaben abnimmt, denen er sich nicht gewachsen fühlt. Dieser Krankheitsgewinn ist der betroffenen Person in der Regel nicht bewußt.

Vom Ansatz des BFTC und der RET abgesehen, achten alle hier betrachteten Methoden auf ein mögliches Vorliegen sekundärer Gewinne, aber der Umgang damit ist in der systemischen Therapie, in der GT, in der Idiolektik und im NLP jeweils sehr unterschiedlich. In der systemischen Therapie betrachtet man vor allem die Wirkungen, die das Symptom des Indexpatienten auf die Systemmitglieder hat. Man achtet weniger darauf, welche Gewinne der Indexpatient selbst (d.h. unabhängig von anderen Personen) daraus ziehen mag. Umgekehrt liegt die Aufmerksamkeit in der GT, der Idiolektik und im NLP eher auf dem Individuum, obwohl hierbei auch systemische Gesichtspunkte hervortreten können.

Die Frage nach der positiven Absicht im NLP (z.B.: „Was tut der Teil für Sie, der Sie immer wieder zunehmen läßt?") kann Klienten zu verschiedenen Erkenntnissen führen:
➤ „Er läßt mich dicker werden, damit ich meine Ehe nicht gefährde. Denn immer wenn ich schlanker gewesen bin, habe ich meinen Mann betrogen. Wenn ich dick bin, fühle ich mich dazu zu häßlich. Der sekundäre Gewinn liegt auf der Hand: die Rettung der Ehe. Dies ist ein Beispiel, wo die systemische Grundvorannahme zutrifft.
➤ „Der Teil sagt, daß ich depressiv werden würde, wenn er mir nicht den Genuß des Essens verschaffen würde." – Hier liegt der sekundäre Gewinn eher auf der individuellen Ebene, indem ein schlechter Gemütszustand vermieden werden soll.
➤ etc.

Die GT hat es sich (mehr als alle anderen uns bekannten therapeutischen Methoden) auf die Fahnen geschrieben, den Klienten in dessen zentralen Anliegen zu begleiten. Im Rahmen dieses Prozesses ist es sehr wahrscheinlich, daß die wichtigen sekundären Gewinne ans Tageslicht kommen, seien sie individueller und/oder systemischer Natur.

In der Idiolektik gibt es (wie in der GT) keine direkte Frage nach sekundären Krankheitsgewinnen, aber infolge des konsequenten Sprechens in der Eigensprache ist es ebenfalls wahrscheinlich, daß die wichtigsten Anliegen hervortreten.

Die RET mit ihrer Vorstellung vom rational Agierenden übersieht hingegen, daß die Rationalität des Ich und die Rationalität des Unbewußten zwei sich ausschließende „Optimierungsstrategien" darstellen können. Ist die unbewußte Optimierungsstrategie mächtiger als die bewußte (und dies ist meist der Fall), entsteht bei der RET und ähnlichen Interventionsmethoden häufig ein sogenannter doppelter Loyalitätskonflikt.

Doppelter Loyalitätskonflikt

Unbewußte Solidarität mit Familienangehörigen führt häufig dazu, daß Menschen ihre Lebensmöglichkeiten einschränken, schwer erkranken oder sich umbringen. In einer solchen Situation fühlt sich der Klient einerseits loyal mit dem Therapeuten, weil dieser ihm hilft, seine bewußt angesteuerten Ziele zu erreichen. Er möchte den Therapeuten nicht enttäuschen, weil er ihm dankbar für das ist, was dieser für ihn tut. Andererseits führt jedes Stück Verbesserung weiter von der unbewußten Solidarität mit dem Leid der Altvorderen weg. Dadurch ist die Loyalität mit diesen gefährdet, und es entsteht eine „Ja, aber ..."-Haltung, die versucht, die Erfolge der Arbeit rückgängig zu machen bzw. einzuschränken.

Im NLP, in der Hypnotherapie und in der systemischen Familientherapie nach Bert Hellinger würde dieser doppelte Loyalitätskonflikt und das „Ja, aber ..."-Verhalten als ein Hinweis auf einen Einwand, auf ein unbewußtes Motiv gedeutet und entsprechend thematisiert werden. Bei Steve de Shazer und in der Idiolektik spielen doppelte Loyalitätskonflikte selten eine Rolle, da beide Methoden nicht versuchen, den Klienten von irgend etwas zu überzeugen.

7. Fazit

In diesem Kapitel wurden wichtige Kriterien erörtert, wann welche der in diesem Buch behandelten Fragemethoden sinnvollerweise angewendet werden sollten. Es zeigte sich, daß es entscheidend von der „Situation" des Klienten abhängt, welche Art des Vorgehens am besten ist. Jede der hier betrachteten Fragemethoden hat in bestimmten Situationen Vorteile gegenüber anderen Methoden.

Wie lange der Therapeut braucht, um sich ein Bild von der „Situation" und dem Problem des Klienten zu machen, kann sehr unterschiedlich sein. Möglicherweise hat er diese Entscheidung schon nach fünf Minuten getroffen, vielleicht ergibt das Gespräch aber auch, daß gar keine Beratung zustande kommt, weil der Klient Besucher ist und bleiben will oder weil sein „Problem" in einer „Tatsache" besteht. Es ist aber auch möglich, daß die erste Phase des Kontaktes mehrere Therapiesitzungen in Anspruch nimmt; z.B. dann, wenn das Kernproblem darin besteht, daß der Klient innerlich davon überzeugt ist, daß eine grundlegende Veränderung ihm nicht möglich ist. Die Induktion von Besserungserwartungen kann dann die Hauptintervention der gesamten Therapie sein.

Jede der hier betrachteten therapeutischen Methoden und auch unsere eigene Zusammenschau dieser Methoden erfolgt aus einer impliziten oder expliziten Haltung heraus. Diese Haltung umfaßt prinzipielle Vorannahmen darüber, was es bedeutet, Mensch zu sein, in der Welt zu sein, Probleme zu haben, Vorstellungen darüber, was Heilung bedeutet, wie Therapie ablaufen sollte usw. Unserer Beobachtung nach ist erfolgreiche Therapie aus sehr unterschiedlichen Haltungen heraus möglich. Allerdings gibt es auch Haltungen, die sich als nicht besonders förderlich für Psychotherapie herausgestellt haben: Not everything goes. Aber vieles funktioniert/wirkt.

Zum Abschluß möchten wir als Anregung für den Leser unsere Haltung (soweit sie uns bewußt ist) skizzieren und ihn anregen, sich seine eigene Haltung und seine eigenen Vorannahmen bewußtzumachen, um sie mit unserer und den anderen hier vorgestellten Haltungen zu vergleichen. Dabei könnte es nützlich sein, sich zu fragen: Was würde sich in meiner Arbeit ändern, wenn ich die eine oder andere Haltung übernehmen würde? Oder was würde sich ändern, wenn ich eine meiner Vorannahmen fallenlasse? Diese Selbstentdeckungsarbeit kann als Vorarbeit zu einem neuen Selbstentwurf verstanden werden. Dieser Zirkel von Selbstentdeckung und Selbstentwurf ist für uns ein fortlaufender Prozeß. Das heißt, durch neue Erfahrungen entdecken wir Aspekte an uns selbst, an Klienten, die wir so früher nicht bedacht hatten, die uns immer wieder darauf zurückwerfen, uns selbst in Frage zu stellen, um eventuelle blinde Flecke bei uns selbst oder in den Theorien und Methoden zu entdecken, mit denen wir arbeiten. Diese Entdeckungen führen dann zu einem neuen Entwurf, der dazu führt, das Bekannte neu zu sehen und Unbekanntes in den Blick zu bekommen. Und natürlich hoffen wir, daß unsere Zusammenschau beim Leser einen ähnlichen Prozeß in Gang gesetzt oder neue Aspekte in den Vordergrund gerückt hat, die bisher im Bereich seines blinden Flecks gelegen haben. Dieser Prozeß ist bei uns nicht mit einem Gefühl der Selbstzerfleischung verbunden, sondern begleitet von einem Metagefühl von Neugier und Abenteuer. Wir realisieren damit einen hohen Wert, nämlich die Entwicklung unseres menschlichen Potentials in all seinen verschiedenen Facetten.

Und dieses Gefühl übermitteln wir auch unseren Klienten, indem wir nicht davon ausgehen, daß die Tatsache, daß sie ein Problem haben, an sich schon etwas Negatives wäre. Umgekehrt gehen wir von der existenziellen Unhintergehbarkeit des Du aus. Ich brauche immer den Anderen, um meinen blinden Fleck entdecken zu können. Und der blinde Fleck ist selbst kein Mangel, sondern eine Conditio sine qua non (unerläßliche Bedingung) des menschlichen In-der-Welt-seins.

Sowohl im NLP als auch in den anderen hier dargestellten Fragemethoden wird von Präsuppositionen ausgegangen, die die Arbeit organisieren. Einige davon teilen wir, andere (wie wir an entsprechender Stelle ausführten) teilen wir nicht. Einige bestimmen zwar die Haltung der jeweiligen Therapeuten und ihre grundsätzliche weltanschauliche Sicht der Dinge, sind aber für die Nutzung der jeweiligen Methode nicht notwendig. Wir teilen zum Beispiel die grundsätzliche Vorannahme des NLP, daß viele Wahlmöglichkeiten zu haben besser ist, als wenige zu haben. Aus diesem Grunde haben wir dieses Buch geschrieben. Es ist klar, daß diese Haltung von einigen der Autoren, die wir hier besprochen haben, nicht geteilt wird. So verzichtet zum Beispiel Steve de Shazer ganz explizit auf viele therapeutische Möglichkeiten, aber nicht deshalb, weil er sie nicht kennen würde, sondern weil er tatsächlich der Ansicht ist, daß es günstiger ist (und in seinem Verständnis auch ökologischer), so zu arbeiten, wie er es tut.

Um auf unsere einleitende Metapher von den Fragekontinenten zurückzukommen: Wir glauben in diesem Buch nachgewiesen zu haben, daß der Blick aus dem Orbit auf die verschiedenen Fragekontinente die relative Gültigkeit und Nützlichkeit der verschiedenen Vorgehensweisen demonstriert, allerdings auch deren relative Begrenztheit. Die Vorstellung, daß eine dieser Methoden der General Problem Solver ist, scheint uns nur aus der Froschperspektive der jeweiligen Methode heraus nachvollziehbar. Wenn wir aus dem Orbit hinabschauen, dann drängt sich uns die Sichtweise auf, daß primär der Klient bestimmt, wie mit ihm gearbeitet werden sollte. Damit befinden wir uns in der angenehmen Gesellschaft eines Therapeuten, dem wir viel zu verdanken haben und dessen Kreativität uns immer wieder inspiriert hat: Milton H. Erickson.

Teil 5: Übungen und mehr

I. Vorbemerkung

In diesem Teil des Buches möchten wir den interessierten Leserinnen und Lesern für die hier besprochenen Therapieformen Übungen an die Hand geben, die es ermöglichen, das Fragen mit den verschiedenen Methoden einzuüben. Dabei haben wir uns auf Übungen konzentriert, die mit Fragen zu tun haben. Da es in der GT im engeren Sinne keine Fragemethode und damit auch keine Frage-Übungen gibt, mußten wir diese Therapiemethode in diesem Teil unberücksichtigt lassen.

Wir haben in diesen Teil auch Übungen aufgenommen, die nicht in allen Ausbildungsseminaren der entsprechenden Therapiemethode gängig sind, die wir aber für sinnvoll halten. Dabei haben wir uns, außer beim NLP-Meta-Modell, auf grundlegende Übungen beschränkt, denn wir erheben nicht den Anspruch, alle Fragemethoden bis ins letzte Detail zu beherrschen.

Wir wünschen Ihnen nun viel Spaß beim Umsetzen der Fragemethoden in Ihrem Alltag!

II. Übungen im NLP

1. Grundübungen des Meta-Modells[1]

Hinweise für Neulinge

Bei den Hinweisen, die Bandler und Grinder Anfängern beim Erlernen des Meta-Modells gaben, fällt auf, daß sie wenig darauf eingehen, in welchem Zustand die Klientin sein muß, damit die Fragen die beabsichtigte Wirkung auf sie haben können. Diese Nichtbeachtung der (emotionalen) Situation der Klientin kann zum Rapportbruch führen. Deshalb sollten Neulinge in der Anwendung des Meta-Modells Formulierungen benutzen, die die Fragen „weicher" machen. Dies kann durch die Benutzung von Konjunktiven, Modaloperatoren u.ä. geschehen.

Beispiel:

Klientin: „Ich mache auf niemanden einen guten Eindruck."

Statt nun einfach zurückzufragen: „Niemand?", bietet es sich an zu fragen:

Therapeutin: „Würden Sie also sagen, daß Sie sich an niemanden erinnern, auf den Sie jemals einen guten Eindruck gemacht haben?"

Weitere wichtige Richtlinien:
➤ Die Therapeutin sollte möglichst keine Fragen stellen, welche die Klientin tiefer in das Erleben des limitierenden Gefühls eines Glaubenssatzes hineinführen.
➤ Auch soll **keine unverbindliche Gesprächsatmosphäre** entstehen, sondern ein zielgerichtetes Erforschen der inneren Repräsentation. Das impliziert, daß es der Klientin nicht gestattet werden soll, sich weitschweifig über ihren Glaubenssatz und die damit zusammenhängenden Erfahrungen, Gefühle und Meinungen zu verbreiten.
➤ Das Intonationsmuster (die Stimme) soll zum Ende des Satzes nicht nach oben verlaufen wie bei einer Frage, sondern nach unten, wie bei einem Befehl.

Es folgen nun einige Grundübungen, um die Meta-Modell-Verletzungen erkennen und hinterfragen zu lernen. Dazu bitten wir die Leserin, die folgenden Sätze durch eine passende Frage in eine vollständige Repräsentation zu überführen.

Im nachfolgenden Beispiel handelt es sich um eine Tilgung, die durch die folgende Frage rückgängig gemacht wird.

Beispiel:
„Ich fürchte mich!"
„Wovor?"
„Ich fürchte mich vor meinem Chef!"

„So geht das nicht!"

_____

_____

„Ich kann mir das nicht vorstellen!"

_____

_____

„Mir reicht's!"

_____

_____

„Ich weiß nicht, was ich sagen soll!"

_____

_____

„Ich verspreche, mich zu bemühen!"

_____

_____

„Ich sprach mit meinem Kollegen, der sich langweilte."

_____

_____

„Ich lachte, und dann verließ ich den Raum."

_____

_____

„Du redest immer, als würdest du dich ärgern."

_____

_____

„Meine Freundin hat mich verlassen – so eine wundervolle Frau finde ich nie wieder!" (Testen Sie diesen Satz gegen alle Meta-Modell-Verletzungen, und formulieren Sie eine Frage, die den Klienten sofort in eine neue Denkrichtung lenkt.)

_____

_____

Übung: Identifizierung von Verletzungen des Meta-Modells

In den folgenden Sätzen gibt es einige Verletzungen des Meta-Modells. Schreiben Sie über die Worte, die eine Verletzung des Meta-Modells darstellen, die entsprechenden Abkürzungen.

GRI / FRI	Generalisierter/fehlender Referenzindex	VT	Verbtilgungen
UQ	Universalquantor	ST	Substantivtilgungen
SP	Symmetrische Prädikate	AT	Adjektivtilgungen
NSP	Nichtsymmetrische Prädikate	VgT	Vergleichstilgungen
X v Y	X oder Y	AdT	Adverbtilgungen
N	Nominalisierung	MO	Modaloperatoren
V	Vorannahme	UV	Unspezifisches Verb
UW	Ursache/Wirkung		
IK	Impliziertes Kausativ		
GL	Gedankenlesen		
VP	Verlorenes Performativ		

Beispiel:

      N   UV   GRI   UV
„Meine Arbeit hindert mich daran, andere Dinge zu tun."

„Ich muß mich anstrengen, ernsthafte Rückschläge zu vermeiden."

„Seine sarkastischen Bemerkungen beweisen mir, daß er mich nicht mag."

„Es ist falsch, die Verantwortung für die Handlungen anderer zu übernehmen."

„Meine Kunden kommen immer zu den unmöglichsten Zeiten mit den unpassendsten Fragen."

„Ich hab' die Nase voll, mich mit Ihren Launen auseinanderzusetzen."

„Ich weiß schon, worauf Sie hinauswollen, aber das zieht bei mir nicht."

2. Fortgeschrittene Anwendungen des Meta-Modells

Das Meta-Modell stellt im NLP sowohl den Ausgangspunkt als auch das Rückgrat der Fragetechniken dar. Im Laufe der Jahre wurde es allerdings von einigen Autoren (wie zum Beispiel durch das Ehepaar Chong) um verschiedene Aspekte erweitert. Zudem wurde das Konzept der Glaubenssätze mehr und mehr in das therapeutische Gespräch integriert, wodurch komplexere Formen der Befragung und Hinterfragung von Klienten möglich wurden.

Anhand von Beispielen werden nun einige Fragen und Fragestrategien erläutert, die es fortgeschrittenen NLPlern und Therapeuten ermöglichen, in speziellen Therapiesituationen noch effektiver und gezielter Fragen zu stellen.

a) Ein Meta-Format für das Meta-Modell der Sprache

Man kann das Meta-Modell vor allem dazu benutzen, um eine tiefere Repräsentationsschicht der Erfahrung zugänglich zu machen. Als generelle Richtlinie mag gelten, vor allem diejenigen Oberflächenstrukturen zu hinterfragen, die einschränkende Glaubenssätze erkennen lassen. Dazu haben wir im Abschnitt über das Vorgehen mit dem Meta-Modell schon einige Hinweise gegeben.

Bevor wir in diesem Abschnitt einige weitere Hinterfragungstechniken vorstellen, wollen wir der Leserin die vielleicht einfachste Fragestrategie für das Meta-Modell vorstellen. Sie ist notwendigerweise relativ grob und kann insofern nur eine Richtschnur für das Vorgehen sein, da wahrscheinlich immer wieder Rückkopplungen zwischen den einzelnen Schritten stattfinden werden. Die Fragestrategie sieht wie folgt aus:

1. Informationen sammeln, um den Problembereich zu erschließen

Hinterfragen Sie die Tilgungen der vorgetragenen Beschwerde so lange, bis Sie einen in sich widerspruchsfreien, kontinuierlichen inneren Film von der Ereignisabfolge, über die die Klientin berichtet, herstellen können. Dieses pragmatische Kriterium könnte man in dem Satz zusammenfassen: Fragen Sie so lange, bis sie verstehen, was überhaupt passiert ist.

2. Offensichtliche Übergeneralisierungen konkretisieren bzw. rückgängig machen

3. Glaubenssätze hinterfragen

Der dritte große Block der Befragung behandelt die Frage, was an dem, was geschehen ist, für die Klientin problematisch ist bzw. wie sie aus einem bestimmten Ereignis ein Problem macht. Dabei geht es im wesentlichen darum, zu erfragen, wie der subjektive Bedeutungsgebungsprozeß funktioniert.

Wenn der subjektive Bedeutungsgebungsprozeß auf einen limitierenden Glaubenssatz über die Sprecherin selbst hinausläuft, so ist dies in der Regel bedeutsamer, als wenn es sich um allgemein limitierende Glaubenssätze handelt. Sogenannte Kern-Glaubenssätze können z.B. sein:
- Ich bin nicht liebenswert.
- Ich bin nicht intelligent.
- Es steht mir nicht zu ...

oder limitierende Glaubenssätze über die Welt, wie zum Beispiel:
- Männer wollen immer nur das eine.
- Mit ehrlicher Arbeit kann man nicht reich werden.

Hinterfragen Sie diejenigen Glaubenssätze, auf denen die meiste „Wucht" liegt und die den Kern des Problems treffen.

b) Strategeme zur Hinterfragung komplexer Äquivalenzen

Wir wollen nun einige Strategien vorstellen, mit denen die Meta-Modell-Verletzung „komplexe Äquivalenz" gezielt hinterfragt werden kann.

Wechsel des Bezugsindex

Diese Methode wurde bereits im NLP-Teil vorgestellt, als wir uns mit dem Fallbeispiel von „Ralph" beschäftigten. Dort wandten die Therapeuten diese Technik in den Einheiten (40) und (74) an.

Unangemessene Bewertungskriterien ersetzen

Diese Methode besteht darin, die Klientin darin zu unterstützen, die unangemessene Bewertung durch etwas anderes, für ihr Leben bzw. ihre Lebensumstände Angemeseneres zu ersetzen.

Beispiel: In einer Paartherapie äußert die Frau den Satz, daß sie glaubt, sie sei für ihren Mann nicht mehr wichtig (X). Er komme ständig zu spät von der Arbeit zum Essen nach Hause (Y).

Die Therapeutin kann nun statt X Alternativen anbieten. Zum Beispiel:
- Könnte das Zuspätkommen Ihres Mannes nicht auch bedeuten, daß er viel Arbeit hat?
- Könnte es nicht auch sein, daß es für Ihren Mann nur deshalb, für eine begrenzte Zeit, wichtiger ist, lange zu arbeiten, weil er eine wichtige Angelegenheit zu Ende bringen möchte?

Die zweite Möglichkeit, die der Therapeutin zur Verfügung steht, besteht darin, die Gleichsetzung X = Y zu hinterfragen. Dies geschieht durch die Fragen:
- Bedeutet X immer/notwendigerweise Y? oder:
- Kennen Sie es, daß X nicht Y bedeutet?

Im Beispiel könnte die Therapeutin fragen:

T: „Bedeutet das Zuspätkommen Ihres Mannes notwendigerweise, daß Sie ihm nicht mehr wichtig sind?"
- Reagiert die Klientin auf die Frage mit „Nein", kann die Therapeutin fragen: „Was ist der Unterschied im Fall Ihres Mannes?"
- Reagiert die Klientin auf die Frage mit „Ja", kann die Therapeutin die Technik des Wechselns des Bezugsindex anwenden.

Evidenzprozedur hinterfragen
Diese Hinterfragung geschieht durch die Frage: Woher wissen Sie, daß X und Y äquivalent sind?

Bei dieser Strategie kommen wir häufig zu einem prägenden Ereignis, welches nicht ausreichend verarbeitet worden ist (Trauma). Dieses muß durch eine weitergehende Intervention bearbeitet werden.

c) Der Modaloperator-Shuffle

Modaloperatoren spielen in Sätzen, in denen Menschen Limitationen formulieren, eine große Rolle. Sie äußern sich in Sätzen wie den folgenden:

- Ich kann nicht ...
- Ich muß ...
- Ich darf nicht ...

Beim Modaloperator-Shuffle werden keine Fragen verwendet. Insofern kann er nicht als Fragetechnik bezeichnet werden. Er läßt sich allerdings sehr gut im Anschluß an eine Befragung anwenden, in der die Klientin Glaubenssätze äußerte, die einen limitierenden Modaloperator enthalten. Im Modaloperator-Shuffle werden die Modaloperatoren in neue, ungewohnte Kombinationen mit anderen Modaloperatoren gebracht.

Beispiel: Jemand sagt: Ich kann nicht X.

Die Therapeutin antwortet: „Sprechen Sie mir bitte folgende Sätze nach: Ich kann nicht X, obwohl ich will, aber ich möchte gerne, obwohl ich noch nicht weiß, wie es geht; Ich muß nicht X, nur weil ich sollte, aber ich darf, obwohl ich nicht muß."

Bei der Anwendung des Modaloperator-Shuffles ist es sehr wichtig, die Sätze so langsam zu sprechen, daß die Klientin dem Sinn folgen kann, denn die Wirkung beruht vor allem darauf, daß sie das Gefühl hat: „Ja, diese Aussage macht auch Sinn" und diese in diesem Moment auch gefühlsmäßig nachvollziehen kann.

Eine **andere Variante** könnte z. B. so gehen:
K: Ich kann nicht X.
T: D.h., obwohl Sie wollen und es gerne möchten, wissen Sie noch nicht, wie es geht?
K: Ja.
T: D.h., Sie möchten es, obwohl Sie es sollten, aber Sie müssen nicht, nur weil Sie es wollen.
K: (sieht verwirrt aus)
T: Also dürfen Sie wollen, obwohl Sie es ja noch nicht können, aber Sie müssen es nicht, außer Sie möchten es.

Andere Variante:
Sie könnten es, wenn Sie es wollten,
aber Sie müssen nicht,
doch Sie sollten es, wenn Sie es wünschen,
was noch nicht heißt, daß Sie es können,
nur weil Sie es wollen,
aber es muß nicht so sein,
ist es nicht so?

Frank Farrelly bemerkte einmal, daß es ein Kriterium für Erwachsensein ist, daß man in der Lage ist, etwas zu wollen, von dem die Eltern meinen, daß man es machen sollte. Daraus könnte man z. B. folgenden Satz konstruieren:

Nur weil ich etwas sollte, muß ich es nicht wollen, aber ich darf es wollen, obwohl ich es sollte.

Betonungs-Shuffle

Eine andere Variante ist der Betonungs-Shuffle. Jemand äußert z. B. den Satz: „Ich muß immer dasselbe tun." Dieser Satz kann jetzt so ausgesprochen werden, daß jedes einzelne der fünf Worte extra betont wird oder daß jeweils zwei Worte des Satzes besonders betont werden. Dadurch werden die verschiedenen impliziten Bedeutungen des Satzes bewußt gemacht, und die eine Bedeutung, die der Klient diesem Satz bisher gegeben hat, beginnt sich zu relativieren.

Bei all diesen verschiedenen Strategien ist es natürlich wichtig, daß man eine Arbeitshypothese formuliert, auf deren Basis man überhaupt in der Lage ist, eine Frage oder Aussage zu formulieren. Dies wurde im Fallbeispiel von Ralph durchgängig deutlich.

Nehmen Sie als Beispiel die Zeilen (26) bis (35), in denen die Therapeuten das Gedankenlesen von Ralph hinterfragen. Die Hartnäckigkeit, mit der sie nach einer sinnesspezifischen Aussage fragten, zeigt, daß sie eine klare Hypothese darüber hatten, warum sie gerade diese Informationen erfragten. Diese Klarheit zeichnet das gesamte Interview aus.

Wenn aufgrund der Antwort klar ist, daß die betreffende Hypothese nicht weiterführt, dann formuliert man eine neue, die es ermöglicht, erneut gezielt zu fragen. Ohne eine Arbeitshypothese ist das Fragen ziellos, was dazu führt, daß der Klient den Sinn der Fragen nicht erkennen kann. Das führt schnell zu einem Rapportbruch.

d) Glaubenssätze hinterfragen

Die folgende Strategie nutzt man, um die konkreten Auswirkungen und Konsequenzen eines Glaubenssatzes bewußtzumachen und ihn dadurch ad absurdum zu führen.

Beispiel 1:
K: Wenn es mir besser geht als anderen, dann bin ich unsozial.
T: D.h, Ihnen muß es schlechter gehen als allen anderen?
K: Ja.
T: D.h., daß dann all die anderen relativ zu Ihnen unsozial sind?
K: (verwirrt und belustigt) Ja?!
T: Also am besten wäre es, wenn es allen gleich gehen würde?
K: (nachdenklich) Ja.
T: Nun, das stelle ich mir lustig vor. Ich stelle mir vor, jeder hätte einen Befindlichkeitsmesser am Handgelenk, wie eine Uhr. Dieser Befindlichkeitsmesser sendet über Satellit die Befindlichkeit aller 6 Milliarden Menschen auf der Erde an einen Großrechner. Der rechnet dann die Durchschnittsbefindlichkeit der Weltbevölkerung aus. Und meldet Ihnen zurück, ob ihre Befindlichkeit oberhalb oder unterhalb des Durchschnitts liegt. Liegt sie unter dem Durchschnitt, müssen Sie ganz schnell etwas machen, damit es Ihnen besser geht, sonst sind alle anderen Menschen unsozial. Geht es Ihnen besser, müssen Sie sofort etwas tun, damit es Ihnen schlechter geht, sonst sind Sie unsozial. Und stellen Sie sich vor, Sie hätten ein Baby, dem es nach dem Füttern so richtig gut geht, dann müssen Sie es ein bißchen quälen, damit es sich gleich an soziales Verhalten gewöhnt.
K: (fängt schallend an zu lachen) Ich glaube, das ist alles ziemlicher Quatsch mit dem „unsozial".

Strategie „Darf das sein?"

Bei dieser Strategie gehen wir davon aus, daß wir zwischen zwei verschiedenen Klassen von Limitierungen unterscheiden können:
a) Limitierungen bezüglich des Wegs zur Zielerreichung und
b) Limitierungen, die dadurch entstehen, daß es unbewußte Einwände gegen die Zielerreichung gibt.

1. *Was ist Ihr Problem?*
   (Achten Sie darauf, daß die Klientin ein Problem äußert und nicht nur eine Tatsache. „Ich bin zu faul!" mag eine Tatsache sein, ist aber noch kein Problem. Ein Problem ist: „Ich möchte beruflich vorankommen und müßte dafür einiges tun, aber ich kann mich nicht aufraffen.")

2. *Wie genau machen Sie Ihr Problem?*

3. *Stellen Sie sich vor, Sie hätten Ihr Ziel schon erreicht, was würde sich dadurch ändern? Was hätte das für Konsequenzen?*
Bei Bedarf mehrmals hochchunken.

4. *Darf das sein?*
Es ist wichtig, Klarheit darüber zu gewinnen, ob unbewußte Bedenken oder Einwände gegen die Zielerreichung vorliegen. Wenn der Klientin Einwände gegen das Ziel kommen, dann kann wiederum entschieden werden, ob dieser Einwand zu metamodellieren ist oder ob eine andere Technik angezeigt ist. Wird der Einwand in einer Form formuliert, die eine Meta-Modell-Verletzung darstellt (z.B. komplexe Äquivalenz oder Ursache-Wirkung, Gedankenlesen o.ä.), dann soll weiter metamodelliert werden. Wenn die Klientin keinen Einwand gegen die Zielerreichung hat, dann gehen wir zurück zu 2.

3. Virtuelle Fragen im NLP

Wir haben das Konzept der virtuellen Frage bzw. der Kernfragen bereits im ersten und zweiten Teil angesprochen und wollen nun anhand eines konkreten Falles verdeutlichen, was man tun kann, um den Umgang mit den eigenen virtuellen Fragen zu verbessern. Dies soll am Beispiel eines Trainers geschehen, der ein Seminar gibt.

Viele Trainer fragen sich bewußt oder unbewußt: „Was soll ich als nächstes machen?" oder: „Was braucht die Gruppe noch?" usw. Das tatsächliche Trainingsverhalten ist dann die verhaltensmäßige Antwort auf diese bewußte oder unbewußte Frage. Im folgenden wollen wir mögliche Kernfragen in diesem Kontext bewußtmachen und aufzeigen, wie man sie gegebenenfalls optimieren kann.

Die Leserin kann die Schritte 1–3 für sich selbst durchgehen, um sich ihre Kernfragen in einem für sie wichtigen Kontext bewußtzumachen.

Übung

1. Finden Sie jeweils drei Kernfragen wie folgt:
    a) Eine Frage, mit deren Hilfe Sie global über verschiedene Kontexte hinweg untersuchen können, woran Sie sich orientieren: „Wenn es eine Frage gäbe, die Ihr Verhalten bewußt oder unbewußt lenkt, wie könnte diese Frage lauten?" Wenn Sie sich nicht sicher sind, ob die Frage die „richtige" ist, dann testen Sie sie an verschiedenen Kontexten und verändern Sie sie so lange, bis Sie das Gefühl haben, daß sie paßt.
    b) Erinnern Sie sich assoziiert an eine erfolgreiche Trainingssituation und testen Sie die gefundene Kernfage aus a) an dieser Situation.
    c) Erinnern Sie sich assoziiert an eine mäßige bis schlechte Trainingssituation und machen Sie sich Ihre bewußte bzw. unbewußte Kernfrage in dieser Situation bewußt.

2. Nehmen Sie jetzt denselben Kontext wie in 1a bzw. 1b und stellen Sie sich vor, Sie würden Ihre Kernfrage anders formulieren. Was verändert sich in der Wahrnehmung der Situation durch diese Operation?

3. Vergleichen Sie die beiden Erfahrungen. Welche Unterschiede fallen Ihnen auf im Hinblick auf Verhaltensalternativen, Ziele usw.?

4. Untersuchen Sie die drei originalen Kernfragen nach folgenden Kriterien:
    ➤ Welche Vorannahmen (Präsuppositionen) beinhaltet die jeweilige Frage?
    ➤ Welche Modaloperatoren sind in der Frage enthalten?
    ➤ Welche Zeitenfolge wurde benutzt?
    ➤ Richtet sich der Fokus auf Selbstreferenz oder auf Fremdreferenz oder beides?

- Gibt es Negationen?
- Gibt es Vergleiche? (mehr als, weniger als, besser als ...)
- Sind die Fragen in einer Form gestellt, die überhaupt eine Antwort zuläßt? Oder sind es lediglich banale Ja/Nein-Fragen? (Zum Beispiel: „Hätte ich etwas anders machen können?" – Klar – jeder könnte immer irgend etwas anders machen.)
- Führen die Fragen zu einer Aktivität?
- Welche Kriterien und Werte finden sich in der Frage?
- Führt die Frage in eine bestimmte Richtung, d.h. zu einem spezifischen Verhalten?

5. Auf Grundlage dieser Analyse können neue mögliche Kernfragen für verschiedene Kontexte entwickelt werden. So scheint es nicht sinnvoll zu sein, die gleichen Kernfragen in einer Selbsterfahrungsgruppe und im Rahmen eines Verkaufstrainings zu stellen.

6. Was sind die Kriterien, die Ihnen bewußtmachen: „Jetzt solltest du dir die Frage X stellen!"?

7. Wenn Sie die obige Übung mit anderen zusammen machen, dann lohnt es sich, die Kernfrage eines anderen auszuprobieren. Möglichst sollten Sie sich solche Kernfragen aussuchen, die Ihnen sehr fremd und wenig hilfreich erscheinen, die der anderen Person aber nachweislich in dem Kontext geholfen haben.
    - Ist eine Negation in einer Kernfrage enthalten, erzeugt dies üblicherweise einen Zustand, der nicht besonders ressourcevoll ist, ähnlich wie bei einem Befehl mit Verneinung.
    - Vergleiche (insbesondere vergleichende Tilgungen) können Probleme verursachen; z.B.: „War ich gut genug?" (gut genug im Vergleich wozu? und gut genug für was?).
    - Ja/Nein-Fragen tendieren dazu, in Sackgassen zu führen – sie geben keine Richtung.
    - Durch die Frage „Was würde das (Ergebnis der Frage) für dich bedeuten?" kann man das Kriterium bzw. das Ziel ermitteln.
    - Das Pronomen austauschen („wir" statt „ich"; „du" statt „ich").
    - Das Verb austauschen („verstehen", „sich auf etwas beziehen", „beeinflussen" statt „steuern").
    - Ja/Nein-Fragen durch analoge ersetzen.
    - Metaprogramme ändern (Selbst/Fremd-Referenz, Gleichheit/Differenz usw.).
    - Negationen entfernen.
    - Ein Kriterium explizit einführen, z.B. „Was ist es wert, getan zu werden?"
    - Modaloperatoren der Notwendigkeit („soll, muß") in solche des Wünschens („will") oder Möglichkeit („könnte") verändern.
    - In Steigerungen Wahlmöglichkeiten einbauen (statt „das wichtigste ...": „eines der wichtigsten ...").

III. Grundübungen in der RET

Die RET hat eine große Vielfalt von Übungen zum praktischen Trainieren des Ansatzes hervorgebracht. Eine Auswahl dieser Übungen stellen wir nun vor.

1. Gefühle und Gedanken unterscheiden

In der Alltagssprache werden Gefühle und Gedanken sehr oft miteinander vermischt. Deshalb fällt es schwer, sie voneinander zu unterscheiden. In der RET ist es wichtig, die Cs von den As und den Bs zu unterscheiden und die Zusammenhänge zwischen Gefühlen und Gedanken herzustellen. Dies nennt man in der RET A-C-Verwirrungen bzw. B-C-Verwirrungen. Im folgenden geben wir Ihnen einige Beispiele dafür.

Beispiele für A-C-Verwirrungen

Im NLP-Meta-Modell der Sprache kennt man die Ursache/Wirkungs-Verletzung, wie sie sich zum Beispiel in dem Satz äußert: „Du machst mich wütend." In der RET würde man dies als eine A-C-Verwirrung bezeichnen. Das A in dem Satz besteht darin, daß eine andere Person in einem bestimmten Kontext etwas getan hat, von dem die Sprecherin meint, es hätte bewirkt, daß sie wütend wird. Dabei wird der eigene Anteil an dem C getilgt. Weitere Beispiele für A-C-Verwirrungen sind:
- Wenn ich ans Essen denke, muß ich automatisch zum Kühlschrank gehen und etwas essen.
- Du gibst mir das Gefühl, schuld zu sein.
- Ich fühle mich einsam, weil du mich verlassen hast.

Wie prüft man, ob es sich um ein A, ein C oder eine A-C-Verwirrung handelt? Folgende Fragen können zu einer Klärung beitragen:

1. Wer hat Ihnen das Gefühl gemacht?
2. Wie kann jemand ein Gefühl machen? Gibt es dafür Rezeptoren, die anderen Menschen zugänglich sind?
3. Welcher Aspekt der Situation liegt in der Verantwortung der anderen Person? Was ist Ihr eigener Anteil?

Beispiele für B-C-Verwirrungen

Folgende Sätze sind nach der RET Beispiele für B-C-Verwirrungen:
- Ich fühle mich betrogen.
- Ich habe Prüfungsangst.
- Ich fühle mich mit der Arbeit unzufrieden.
- Ich fühle mich von meinem Freund nicht akzeptiert.

Wie kann die Therapeutin B-C-Verwirrungen auflösen? Indem sie den kognitiven Anteil vom Gefühl trennt. In der RET geschieht dies, indem das grundlegende Gefühl (dazu zählen alle elementaren Emotionen wie Angst, Depression, Wut, Schuldgefühle etc.) herausgearbeitet und von den dazugehörigen Bs getrennt wird.

Lassen Sie uns anhand des folgenden Satzes betrachten, welche Bs in ihm enthalten sein könnten:

K: Ich habe das Gefühl, daß mein Freund mich belügt.

Der Satz kann bedeuten, daß die Klientin meint:
1. Ich bin wütend, daß mir so etwas passieren kann. Warum muß ich mich gerade in einen solchen Mann verlieben?
2. Ich habe Angst. Wenn er mich schon jetzt belügt, wird das wahrscheinlich später immer schlimmer werden. Ich weiß nicht, was ich da machen soll.

3. Ich fühle mich wertlos. Wahrscheinlich geschieht es mir ganz recht, daß er mich belügt. Ich bin eh nichts wert.
4. Ich bin deprimiert. Wenn man einander anlügt, dann bedeutet das, daß man einander nicht mehr liebt. Es ist schlimm, daß es so ist.

Einige Strategien, um die Bs und Cs klarer zu machen, sind:
a) Direktes Nachfragen: „Ist es mehr Angst, Sorge oder ein Gefühl von Wut, daß Sie das sagen läßt?"
b) Satzergänzungstechnik: „Und das bewirkt in Ihnen das Gefühl ..." oder: „Und dabei geht Ihnen durch den Kopf ..."
c) Falsche Alternativen aufstellen: „Den meisten Menschen geht in diesem Augenblick der Gedanke durch den Kopf, daß X. Geht es Ihnen ähnlich?"

Der therapeutische Prozeß soll zentrale Glaubenssätze herausarbeiten, was nach der RET nur möglich ist, wenn die As, Bs und Cs eindeutig geklärt sind.

Übungsaufgabe 1

Die Aufgabe besteht darin, die folgenden Sätze daraufhin zu prüfen, ob mit ihnen Gefühle oder Gedanken oder beides beschrieben werden. Kreuzen Sie entsprechend an.

Geäußerter Satz	Gefühl	Gedanke
1) Ich bin besorgt, daß ich mich verletzen könnte, wenn ich mit meinen Skiern den Abhang hinunterfahre.	❏	❏
2) Ich habe ein mulmiges Gefühl im Bauch.	❏	❏
3) Ich bin wütend.	❏	❏
4) Ich bin enttäuscht, wenn das, was ich mir vorgenommen habe, nicht klappt.	❏	❏
5) Ich habe Angst vor der Prüfung.	❏	❏
6) Ich glaube, daß die anderen mich komisch angucken.	❏	❏
7) Ich glaube, daß ich einen Fehler gemacht habe.	❏	❏
8) Ich denke, daß ich traurig bin.	❏	❏
9) Ich habe das Gefühl, ein Versager zu sein.	❏	❏
10) Ich fühle mich niedergeschlagen.	❏	❏
11) Ich habe das Gefühl, daß sie mich nicht mag.	❏	❏
12) Ich habe ein schlechtes Gewissen, weil ich keine Lust habe, meiner Freundin beim Umzug zu helfen.	❏	❏
13) Ich bin froh, daß ich es geschafft habe, die Arbeit fertigzustellen.	❏	❏
14) Ich habe das Gefühl, daß es ganz schlimm ist, wenn ich die richtige Antwort nicht weiß.	❏	❏
15) Ich habe das Gefühl, daß meine Mitschüler mich blöd finden.	❏	❏

Übungsaufgabe 2

Die nächste Aufgabe besteht darin, die obigen Sätze daraufhin zu prüfen, ob in ihnen rationale oder irrationale Überzeugungen zum Ausdruck kommen. Dies ist natürlich nur bezogen auf die Sätze, in denen Bs enthalten sind, möglich.

Die fünf rationalen Fragen[2] sollen Ihnen als Prüfkriterien für die Antwort dienen:
1. Beruhen meine Gedanken auf objektiven Tatsachen? Sind sie realistisch?
2. Helfen mir diese Gedanken, mein gewünschtes Ziel zu erreichen?
3. Vermeide ich mit diesen Gedanken unerwünschte negative Gefühle, körperliche Befindlichkeiten oder Verhaltensweisen? Ist mein Denken hilfreich, um mich so zu fühlen, wie ich mich fühlen möchte?
4. Helfen mir diese Gedanken, schwerwiegende Konflikte mit anderen Personen oder unerwünschten Streit zu vermeiden?
5. Ist mein Denken hilfreich, mein Leben und meine Gesundheit zu schützen?

2. Irrationale in rationale Überzeugungen umwandeln

Im Abschnitt über die RET im dritten Teil des Buches wurden elf irrationale Überzeugungen dargestellt, die nach Ellis hauptsächlich dafür verantwortlich sind, daß Menschen leiden. Wir listen sie an dieser Stelle nochmals auf:

1. Ich muß von jedem wichtigen Menschen in meiner Umgebung geliebt werden und von ihm Zustimmung bekommen. Andernfalls ist das entsetzlich.
2. Ich bin wertlos, wenn ich nicht durch und durch kompetent und jeder Situation stets gewachsen und jederzeit erfolgreich bin, oder zumindest die meiste Zeit in einem der wichtigeren Bereiche.
3. Wenn jemand anders sich schlecht oder unfair benimmt, dann sollte man ihn dafür tadeln, ihm einen Verweis erteilen und ihn bestrafen. Denn er ist ein schlechtes oder verdorbenes Subjekt.
4. Es ist entsetzlich und eine Katastrophe, wenn die Dinge nicht so sind, wie ich sie gerne haben möchte.
5. Es muß eine perfekte Lösung für dieses Problem geben; ich muß sicher sein und vollkommene Kontrolle über die Dinge haben.
6. Ich muß bzw. sollte mich in bezug auf Ereignisse, die ungewiß oder potentiell gefährlich sind, sehr ängstigen.
7. Es ist angenehmer, Schwierigkeiten aus dem Weg zu gehen, als sich ihnen zu stellen.
8. Ich brauche jemand, der stärker ist als ich, auf den ich mich stützen und verlassen kann.
9. Ich sollte die ganze Zeit über angenehm und ohne Schmerzen leben können.
10. Die Welt sollte fair und gerecht sein.
11. Ich könnte den Verstand verlieren, und das wäre unerträglich.

Beispiele für **irrationale Überzeugungen, die Idee Nr. 1** widerspiegeln, sind:
➤ Ich komme bei Frauen nicht an. (Das ist schrecklich.)
➤ Ich habe Angst, jemanden um etwas zu bitten (denn die Person könnte es ablehnen, und das würde bedeuten, sie lehnt mich ab).
➤ Ich kann mich doch nicht lächerlich machen (denn das wäre schrecklich).
➤ Ich tue alles für ihn (damit er mich ja liebt).
➤ Ich hasse es, in Unfrieden zu leben (weil mich dann nicht alle Menschen mögen).
➤ Ich kann mich nicht durchsetzen (weil ich Ablehnung nicht ertrage).

Beispiele für **irrationale Überzeugungen, die Idee Nr. 2** widerspiegeln, sind:
➤ Ich tauge zu nichts.
➤ Ich bin ein Trottel.
➤ Ich muß die Prüfung schaffen.
➤ Ich habe nichts zu sagen.

Beispiele für **irrationale Überzeugungen, die Idee Nr. 3** widerspiegeln, sind:
- Dieses Schwein!
- Er ist eine unverschämte Person.
- Das zahl' ich dir heim.
- Man muß es ihm zeigen, damit er merkt, was los ist.

Beispiele für **irrationale Überzeugungen, die Idee Nr. 4** widerspiegeln, sind:
- Das halte ich nicht aus.
- Die Welt ist zum Kotzen.
- Das kann ich mir überhaupt nicht vorstellen.
- Ohne meinen Mann hätte mein Leben keinen Sinn.
- Nichts macht mir mehr Spaß.

Beispiele für **irrationale Überzeugungen, die Idee Nr. 5** widerspiegeln, sind:
- Es muß einen besseren Weg geben (und ich muß ihn finden).
- Aber wie kann ich mir sicher sein? (Ich muß mir aber sicher sein, weil ich dies vollkommen unter meiner Kontrolle haben muß.)
- Ich weiß, was ich will, aber ich kann mich dennoch nicht entscheiden (weil die Lösungen nicht perfekt sind, es aber eine perfekte Lösung geben muß).
- Wenn ich hier bleibe, werde ich mich elend fühlen, und wenn ich gehe ebenso (es muß eine optimale Lösung geben).

Beispiele für **irrationale Überzeugungen, die Idee Nr. 6** widerspiegeln, sind:
- Ich kann es doch nicht einfach so auf mich zukommen lassen.
- Oh mein Gott, wenn ich durch die Prüfung falle!
- Ich muß dauernd daran denken, daß...
- Ich kann die Gedanken daran nicht abstellen.

Beispiele für **irrationale Überzeugungen, die Idee Nr. 7** widerspiegeln, sind:
- Das ist mir zu unangenehm.
- Ach, ich lass es lieber sein.
- Das schaff' ich einfach nicht.
- Dann hab' ich ja gar nichts mehr vom Leben.

Beispiele für **irrationale Überzeugungen, die Idee Nr. 8** widerspiegeln, sind:
- Wenn eine Frau Kinder haben will, muß sie einen Mann haben.
- Wie soll ich ohne sie zurechtkommen?
- Alleine schaffe ich es nicht.

Beispiele für **irrationale Überzeugungen, die Idee Nr. 9** widerspiegeln, sind:
- Es ist einfach zu schwer.
- Aber ich mag es nicht.
- Es könnte mich verletzen (und das würde ich nicht aushalten).
- Ich möchte nicht zum Zahnarzt gehen (das schmerzt zu sehr).
- Jetzt stehen wir schon fünf Minuten in der Schlange (und das ist unerträglich für mich).
- Ich bekomme solchen Hunger (und das kann ich nicht ertragen).

Beispiele für **irrationale Überzeugungen, die Idee Nr. 10** widerspiegeln, sind:
- Das habe ich nicht verdient.
- Das hätte sie nicht tun dürfen.
- Wie kannst du so mit mir umspringen!
- Das ist eine bodenlose Gemeinheit.

Beispiele für **irrationale Überzeugungen, die Idee Nr. 11** widerspiegeln, sind:
- Ich habe solche Angst, überzuschnappen.
- Mit mir könnte es enden wie mit meiner Mutter ... sie brachte sich um.
- Und wenn ich die Beherrschung verliere!

Die nachfolgenden Übungen sollen beispielhaft zeigen, wie die obigen Überzeugungen im konkreten Handeln im Alltag umgesetzt werden können[3]. Suchen Sie sich hierfür diejenigen irrationalen Überzeugungen aus, die Sie am dringendsten bei sich bearbeiten wollen.

Übungsaufgabe 1
Überlegen Sie, in welchen irrationalen Überzeugungen Sie sich am ehesten wiedererkennen. Wie würden Sie diese irrationale Idee in eine rationale Überzeugung umformulieren?

Übungsaufgabe 2: Aufhören, es anderen recht machen zu wollen
Diese Übung verfolgt das Ziel, damit aufzuhören, es anderen immer recht machen zu wollen. Gehen Sie dabei wie folgt vor: Erstellen Sie als erstes ein Arbeitsblatt nach dem unten angegebenen Schema (die untere Zeile ist ein Beispiel). Es dient zur Aufzeichnung von Situationen, in denen Sie sich gerne anders verhalten hätten.

Arbeitsblatt 1: Was sich zugetragen hat ...

Was habe ich getan oder gesagt (bzw. nicht getan oder gesagt)?	Was hätte ich statt dessen gerne getan oder gesagt?	Mit welchen Gedanken habe ich mich davon abgehalten, das zu tun oder zu sagen, was ich gerne getan oder gesagt hätte?
Bin mit einem Freund in einen Film gegangen, obwohl ich keine Lust dazu hatte.	Wäre lieber in einen anderen Film gegangen.	„Dann hat er keine Lust mehr und ist sauer auf mich. Er hatte die Idee mit dem Kino – dann muß ich auch in den Film gehen, in den er gerne geht."

Arbeitsblatt 2: Wie ich es überwunden habe ...

Was habe ich getan oder gesagt (bzw. nicht getan oder gesagt)?	Mit diesen rationalen Gedanken habe ich erreicht, mich nach meinen Bedürfnissen zu verhalten.
Habe meinen Freund aufgefordert, diesmal das Geschirr zu spülen.	„Wenn er sauer reagiert, ist das sein Problem. Ich muß mich auf keinen Streit einlassen. Eine gespannte Atmosphäre ist zwar nicht schön, aber ich kann sie aushalten."

Übungsaufgabe 3: „Ich bin anderer Meinung."
Diese Übung verfolgt das Ziel, Ihre Meinung anderen mitzuteilen. Achten Sie auf Gelegenheiten, in denen Sie anderer Meinung sind, und sagen Sie: „Ich bin anderer Meinung."

Führen Sie diese Übung mit mindestens fünf verschiedenen Personen durch.

Übungsaufgabe 4: Lächeln
Wenn Leute Sie grüßen, dann lächeln Sie diese Personen freundlich an. Üben Sie das bei mindestens zehn verschiedenen Personen.

Die verschärfte Variante geht so: Wenn Sie einer attraktiven Person des anderen Geschlechts begegnen, nehmen Sie Blickkontakt auf und lächeln Sie sie an. Üben Sie auch das bei mindestens zehn verschiedenen Personen.

Denken Sie sich ähnliche Übungen für die von Ihnen gewählten irrationalen Überzeugungen aus.

Lösung von Übungsaufgabe 1
In Übung 1 wurde die Aufgabe gestellt, für die elf irrationalen Ideen rationale Überzeugungen zu finden. Die nachfolgenden Lösungen sind Vorschläge (also nicht die einzig möglichen Lösungen), wie dies aussehen könnte:

1. Es ist wünschenswert, von anderen Menschen geschätzt zu werden. Ich bin jedoch nicht unbedingt auf die Wertschätzung anderer Personen angewiesen. Ich kann mich selbst achten und akzeptieren.
2. Ich bin ein Mensch mit Fehlern und kann mich als solcher akzeptieren, auch wenn ich mich nicht immer so verhalte, wie ich es eigentlich möchte.
3. Weil Menschen fehlbare Wesen sind, können sie unfair und schlecht handeln. Sie tun dies häufig aus Unwissenheit oder aufgrund psychischer Störungen. Statt sie zu bestrafen, helfe ich ihnen lieber, in Zukunft anders zu handeln.
4. Es ist wirklich bedauerlich, wenn die Dinge so sind, wie wir es nicht mögen, und es ist ratsam, die verantwortlichen Bedingungen zu ändern. Wenn eine Änderung aber nicht möglich ist, so ist es besser, dies zu akzeptieren.
5. In unserer Welt ist vieles ungewiß und dem Zufall ausgesetzt, und das Leben kann trotzdem genossen werden.
6. Das Leben besteht zum großen Teil aus Risiko. Ich kann nicht alles kontrollieren. Besser den Gefahren ins Gesicht schauen und sie ruhig bekämpfen, als sich ständig zu beunruhigen. Unvermeidliches sollte ich einfach akzeptieren.
7. Der sogenannte leichte Weg ist oft der schwerere. Unannehmlichkeiten kann man ertragen, auch wenn man sie niemals mögen wird.
8. Es ist besser, das Risiko des unabhängigen Handelns und Denkens auf sich zu nehmen. Es ist schön, Ratgeber zu haben, aber ich bin nicht auf sie angewiesen. Die letzte Entscheidung treffe ich selbst.
9. Es gibt keinen Preis ohne Fleiß. Ich kann diese Unannehmlichkeit aushalten, auch wenn sie mir nie gefallen wird.
10. Die Welt ist so, wie sie sein muß. Ich kann sie zu verändern trachten, aber es gibt keinen Grund, warum sie anders sein sollte.

3. Die rationale Selbstanalyse (RSA)
Die RSA ist eine Übung, die RET-Therapeuten ihren Klienten in der Regel als Hausaufgabe geben. Das Ziel besteht darin, altgewohnte und häufig wenig bewußte Denkgewohnheiten
1. zu identifizieren,
2. klar ins Bewußtsein zu heben,

3. zu hinterfragen und schließlich
4. in rationale Denkmuster umzuwandeln.

Übungsaufgabe 1

Die Durchführung einer RSA erfordert einen gewissen Aufwand. Wenn Sie sie allerdings auf Ihre eigene Probleme anwenden, wird Ihnen dies ein Verständnis dafür geben, wie Sie Klienten nach der Methode der RET behandeln können. Das untenstehende Schema erfaßt alle wichtigen Bestandteile des ABCDE-Vorgehens. Gehen Sie wie folgt vor:

Die rationale Selbstanalyse (RSA)	
A Auslösende Situation bzw. Ereignis: Auf welche konkrete Situation beziehe ich mich? Welches sind die objektiven Tatsachen?	DA Mein Disput von A (Kameracheck – s.u.): Sind Interpretationen oder Bewertungen enthalten? Ggfs.: Mein korrigiertes A lautet: ...
B Meine Bewertungen zur Situation A: Wie sehe ich das? Was bedeutet das für mich? Wie bewerte ich das? B1 B2 B3 B4 ...	D Mein rationaler Disput von B: Werden die 5 Kriterien für rationales Denken und Bewerten erfüllt? Gibt es Beweise für oder gegen die Wahrheit von B? (Anzweifeln der Bs) D1 D2 D3 D4 ...
C Mein Gefühl in der Situation Ich fühle mich ... Mein Verhalten in der Situation Was tue ich?	E Mein emotionales und/oder verhaltensmäßiges Ziel für künftige As: der Effekt von D Wie würde ich mich lieber fühlen? Wie würde ich mich lieber verhalten?

1. Schreiben Sie die objektiven Fakten der Situation auf, in der Sie Ihr Problem besonders deutlich spürten. Es ist wichtig, daß Sie sich bei der Beschreibung des A wirklich auf die Fakten beziehen und alle Interpretationen beiseite lassen. Letztere gehören zu den Bs.

2. Schreiben Sie möglichst vollständig alle Gedanken auf, die Sie über die Situation A haben. Numerieren Sie die einzelnen Gedanken: B1, B2 etc. Hierzu gehören auch die Gedanken, Annahmen, Prognosen über A.

3. Unter C notieren Sie in erster Linie das Gefühl, das den Ausgangspunkt Ihres Problems bildet. Vermeiden Sie jedoch A-C- oder B-C-Verwirrungen. Der Satz: „Mein Freund hat mich geärgert" wäre eine A-C-Verwirrung. Richtig wäre es, zu schreiben: „Ich wurde ärgerlich." Es ist durchaus möglich, daß Sie bezogen auf das Problem mehrere Cs finden. Unter Umständen kann es dann sinnvoll sein, für jedes C eine RSA durchzuführen.

4. Im vierten Schritt disputieren Sie das, was Sie unter A aufgeschrieben haben. Man könnte dies auch den Kamera-Check nennen. Hier prüfen Sie, ob Sie unter A wirklich nur Tatsachen aufgeschrieben haben.

Tatsachen sind in der RET lediglich solche Tatbestände, die von einer Kamera mit Tonspur aufgezeichnet werden würden.

5. In diesem Schritt disputieren Sie die Bs. Wie Sie hierbei vorgehen, wurde bereits in den vorangegangenen Übungen trainiert. Leitfragen der Disputation sind die Kriterien für rationale Überzeugungen, also: a) Beruht der Gedanke auf objektiven Tatsachen?, b) Hilft mir der Gedanke, meine Ziele zu erreichen? etc. Benutzen Sie alle Fragen aus Kapitel VII im Abschnitt über die RET, die Ihnen sinnvoll erscheinen, um irrationale Überzeugungen zu hinterfragen.

6. Unter E tragen Sie bitte ein, wie Sie sich in Zukunft fühlen wollen, wenn Sie wieder mit einem ähnlichen A konfrontiert werden. Tragen Sie auch ein, welches Verhalten Sie zukünftig gerne an den Tag legen möchten.

Und nun viel Spaß und Erfolg bei der RSA!

Übungsaufgabe 2: Die rationale Vorstellungsübung

Der Vollständigkeit halber sei noch eine Übung angegeben, die nichts mit Fragen zu tun hat. Sie schließt sich meistens an die RSA an und dient vor allem dazu, Klienten neben den darin erworbenen intellektuellen Einsichten auch zu emotionalen Einsichten zu verhelfen. Dies geschieht mittels rationaler Vorstellungsübungen, die, wenn sie erfolgreich durchgeführt werden, in einen tranceartigen Zustand führen. Zur Verstärkung der Tranceinduktion[4] können die unterschiedlichsten Entspannungsverfahren verwendet werden, zum Beispiel: das Autogene Training, die Kurzentspannungsmethode nach Jacobsen, die progressive Relaxation[5].

Sobald sich die Klientin in einem entspannten Zustand befindet (dies kann auch ohne die obengenannten Methoden erreicht werden), beginnt die eigentliche Vorstellungsübung. Diese kann unterschiedliche Formen annehmen, wie bereits im Teil über RET beschrieben. An dieser Stelle soll beispielhaft die Standard-Vorstellungsübung dargelegt werden. Dabei gehen Sie wie folgt vor:

1. Stellen Sie sich die Situation oder das Ereignis (das A), das den Ausgangspunkt für Ihre IBs bildet, möglichst anschaulich vor. Lassen Sie dies wie einen Film vor sich ablaufen.
2. Lassen Sie die gesamte Situation, wie sie ist, bis auf einen Punkt: Sie selbst.
   a) Stellen Sie sich vor, wie Sie die rationalen Gedanken denken, die Sie in der RSA im 5. Schritt erarbeitet haben.
   b) Bringen Sie sich zunächst in den Zielzustand, das E. D.h., fühlen und verhalten Sie sich so, als ob Sie Ihre Ziele erreicht hätten.
3. Spielen Sie die gesamte Sequenz mindestens zehn Minuten lang durch. Achten Sie jedoch darauf, nur Ihre eigenen Gedanken, Gefühle und Verhaltensweisen zu verändern.
4. Üben Sie dies täglich 15–30 Minuten.

4. Übungen zur praktischen Arbeit mit Klienten

Die Übungen, die wir im letzten Kapitel vorgestellt haben, dienen dazu, die Grundstruktur eines emotionalen Problems zu erkennen. Die Übungen sind so angelegt, daß Sie sie allein durchführen können. Die folgenden beiden Übungen dienen dazu, das praktische Arbeiten mit Klienten einzuüben.

Übung 1

Arbeiten Sie mit einer Klientin und gehen Sie dabei nach dem ABC-Modell vor. Das Ziel besteht darin, die As, Bs und Cs zu erfragen.

Übung 2
Führen Sie D und E durch, d.h.: Disputieren Sie die gefundenen irrationalen Überzeugungen und erarbeiten Sie mit der Klientin, welche Emotionen und Verhaltensweisen sie statt der problematischen zeigen möchte.

Übung 3
Ähnlich dem NLP gibt es in der RET unterschiedliche Vorgehensweisen, wie man im Detail vorgehen kann. Sie dienen nur als grobe Richtschnur, je nachdem, wie sich das Gespräch zwischen Therapeutin und Klientin entwickelt. Eine solche Abfolge ist im folgenden dargelegt:
1. Was ist das Problem?
2. Erzielen Sie eine Übereinstimmung mit der Klientin, was genau der kritische Punkt des Problems ist.
3. Bestimmen Sie das C.
4. Bestimmen Sie das A.
5. Bestimmen Sie alle sekundären emotionalen Probleme.
6. Bestimmen Sie die Bs.
7. Verbinden Sie die IBs mit den Cs.
8. Disputieren Sie die IBs.
9. Bereiten Sie die Klientin darauf vor, ihre Überzeugung hinsichtlich der RBs zu vertiefen.
10. Ermutigen Sie die Klientin, das Gelernte in die Praxis umzusetzen.
11. Prüfen Sie die Hausaufgaben.

Exkurs: Wie werde ich eine unglückliche Therapeutin?

Die Unterscheidung von rationalen und irrationalen Überzeugungen sollte die Therapeutin auch auf sich selbst anwenden, sonst könnte sie eine unglückliche Therapeutin werden. Der beste Weg, dies zu erreichen, besteht in der Verinnerlichung folgender Grundüberzeugungen:
- Ich muß die beste Therapeutin sein, die es gibt.
- Ich muß immer für meine Klienten dasein.
- Alle meine Klienten müssen durch mich geheilt werden.
- Ich darf keine Fehler machen.
- Alle meine Klienten müssen mich verehren.
- Ich darf vor Klienten keine Schwächen zeigen.
- Klientenbedürfnisse gehen vor; meine eigenen Bedürfnisse muß ich zurückstellen.
- Ich muß mich mit allen im Team gut verstehen.
- Alle Konflikte sind lösbar.
- Meine Kollegen und Vorgesetzten dürfen keine Fehler machen.
- Andere wollen mich immer ausnützen. Deswegen muß ich mich immer abgrenzen.

IV. Grundübungen zum Ansatz des BFTC

Bei den folgenden Übungen wird davon ausgegangen, daß sie in einem Seminar o.ä. Kontexten geübt werden. Wenn also von Klienten und Beratern gesprochen wird, dann denken wir (wenn nicht anders gesagt) an Teilnehmer eines Ausbildungsseminars.

1. Die Ablaufschritte des Ansatzes

Übung 1:

In dieser und den nachfolgenden Übungen finden Sie sich bitte in Dreiergruppen zusammen. Die Gruppen bestehen aus zwei Beratern (B) und einer Klientin (A). Die Klientin arbeitet an einem Problem, daß sie wirklich beschäftigt, während sie von den Beratern abwechselnd befragt wird.

Möglich ist auch, daß eine Beraterin den Prozeß zwischen A und B beobachtet. Diese Beraterin/Beobachterin (C) gibt während bzw. nach Abschluß des Prozesses B eine Rückmeldung.

In unserem Beispiel gehen wir davon aus, daß die Klientin Probleme mit ihrem Mann hinsichtlich der Erziehung ihrer Kinder hat. Die Berater üben anhand dieser Beschwerde nacheinander die folgenden Fragenkomplexe.

a) Wunderfrage

Stellen Sie sich vor, Sie schlafen abends ein, und während Sie schlafen, geschieht ein Wunder. In Ihrer Familie läuft alles so, wie Sie es sich wünschen. Da Sie aber geschlafen haben, wissen Sie nicht, daß dieses Wunder geschehen ist. Woran würden Sie erkennen, daß dieses Wunder geschehen ist?
- Und woran merken Sie es noch?
- Was ist noch anders an diesem Tag?
- Woran würde Ihre Umgebung bemerken, daß Ihr Problem gelöst ist?
- Was würden Ihr Vater/Sohn/Mann etc. sagen?

b) Skalierungsfragen

Stellen Sie sich jetzt eine Skala von 0 bis 10 vor. 10 steht für das Wunder, 0 steht für die schlimmste Zeit, die Sie je mit Ihrer Familie erlebt haben.
- Wo zwischen 0 und 10 würden Sie die vergangenen zwei Tage einordnen?
- Wo zwischen 0 und 10 befinden Sie sich heute?

c) Ressourcen feststellen und erweitern

Es wird z.B. angenommen, die Klientin würde sich bei 5 einschätzen und war in der letzten Sitzung bei 2. Die Berater können u.a. die folgenden Fragen nutzen, um die Ressourcen der Klientin festzustellen bzw. zu erweitern:
- Wie sind Sie von 2 nach 5 gekommen? Wie haben Sie das gemacht?
- Nennen Sie mir Dinge, Umstände, Personen oder Ereignisse, die Ihnen geholfen haben, von 2 auf 5 zu kommen.
- Und was noch?
- Können Sie das wiederholen?
- Was machen Sie jetzt, wo Sie bei 5 sind, anders als bei 0?
- War es viel oder wenig Arbeit, von 0 auf 5 zu kommen?
- Meinen Sie, es wird mehr oder weniger Arbeit sein, von 5 auf 10 zu kommen als von 0 auf 5?

- Was meinen Sie, was Ihr Mann/Ihr Sohn/Ihre Tochter etc. sagt, wie Sie von 2 auf 5 gekommen sind?
- Was unterscheidet die 5 auf der Skala von der 10?

d) Fragen nach Ausnahmen

Die Fragen nach Ausnahmen von der Beschwerde können fast zu jedem Zeitpunkt im Interview gestellt werden. Natürlich muß erst einmal die Skalierungen eingeführt werden.

- Gibt es Tage, Stunden, Minuten, wo Sie bei 10 sind?
- Wann gibt es Zeiten, wo Sie das Ziel erreicht haben?
- Wann ist das (die Erreichung des Ziels) schon mal in der Vergangenheit vorgekommen?
- Wie haben Sie das gemacht?
- Können Sie das wiederholen?
- Was brauchen Sie, um die 10 (bzw. 9,8...) halten zu können bzw. zu erreichen?

e) Fragen nach konkreten Handlungsschritten

- Was wollen Sie machen?
- Welche Schritte müssen Sie tun, um das Ziel zu erreichen?
- Wie können Sie sicherstellen, daß Sie Null-Tage verhindern bzw. 5er (etc.)-Tage erreichen?
- Welches ist der erste Schritt?
- Was wäre anstelle dieses Problems da? Was wäre dann anders?
- Was würden Sie dann tun?

Übung 2:

Obwohl das Thema dieses Buches Fragen sind, soll der Vollständigkeit halber auch eine Übung für die Hausaufgabe und die Komplimente angefügt werden. Dies kann zum Beispiel im Anschluß an eine reale Beratung oder nach dem Anschauen eines Videofilms erfolgen.

Nach der Vergabe der Hausaufgabe und den Komplimenten bekommen die Bs eine Rückmeldung von A bzw. eine Rückmeldung von C, wenn nur eine B aktiv war.

a) Komplimente machen

Hierbei beraten sich die beiden Bs dahingehend, welche Komplimente sie A machen wollen. Die Komplimente sollten zumindest den folgenden Kriterien genügen:

- Die Komplimente sollen „echt" sein.
- Die Komplimente sollen Probleme und Schwierigkeiten nicht ausreden, sondern das Anliegen der Klientin respektieren.
- Die Komplimente sollen Stil und Sprache der Klientin entsprechen.

b) Hausaufgaben geben: Checkliste

Hierbei beraten sich die beiden Bs dahingehend, welche Hausaufgabe sie A geben wollen. Beim Formulieren der Hausaufgabe sollten Sie sich folgende Fragen stellen:

1. Ist die Aufgabe nötig bzw. sinnvoll?
Unnötig ist eine Aufgabe dann, wenn die Klientin bereits Dinge tut, die funktionieren. Dann sollte die Therapeutin nur sagen: „Machen Sie weiter so!"

Wenig sinnvoll sind Aufgaben, die implizieren, etwas zu tun, wenn die Klientin eine „Klagende" ist. In diesem Fall sind Beobachtungsaufgaben sinnvoller.

2. Kann die Aufgabe leichter und kleiner gestellt bzw. seltener empfohlen werden?
Oft reichen kleine Veränderungen aus, um Probleme zu lösen. Sollte die Aufgabe zu leicht/klein/selten sein, wird die Klientin wahrscheinlich von selbst mehr davon machen. Im umgekehrten Fall hingegen ist die Wahrscheinlichkeit groß, daß sie demotiviert wird und überhaupt nichts tut.

3. Kann die Aufgabe noch mehr an Stil und/oder erfolgreiche Handlungen der Klientin angepaßt werden?
In der Hausaufgabe sollen Wortwahl, Charakter etc. der Klientin berücksichtigt werden. Beispielsweise mögen manche Klienten es nicht, wenn man ihnen in zu krasser Form Vorschläge macht. Hier bietet es sich an, die Hausaufgabe mit einem „Vielleicht" zu stellen bzw. sie als nützliches Experiment zu formulieren.

2. Die Verinnerlichung der therapeutischen Haltung

Diese Übungen können vor allem für diejenigen Leser hilfreich sein, denen es im tiefsten Innern manchmal an der Überzeugung fehlt, daß Klienten wirklich alle Ressourcen haben, um ihre Probleme lösen zu können. Gerade bei Klagenden ist diese Herausforderung groß.

Übung 1: Das Vorhandensein innerer Ressourcen

1. Benennen Sie eine Eigenschaft, die Ihnen bei Ihrer Gesprächspartnerin (A) positiv aufgefallen ist.
2. Fragen Sie, wie A diese Eigenschaft erworben hat.
3. Je nachdem, ob A sie aufgrund eigener Anstrengungen erworben hat oder durch andere unterstützt wurde, fragen Sie bei a) oder b) weiter.
    a) Selbst erworben
    ➤ Wie haben Sie die Eigenschaft selbst erworben bzw. erarbeitet?
    ➤ Wie haben Sie sich dazu entschlossen?
    ➤ Was hat Ihnen dabei geholfen?
    ➤ Welche Unterstützung haben Sie genutzt?
    b) Mit Hilfe anderer erworben
    ➤ Wo und von wem haben Sie das gelernt?
    ➤ Wie hat Sie Ihre Familie darin unterstützt?
    ➤ Wer/welche Vorbilder haben Sie noch unterstützt?

Übung 2: Klagende

Gerade im Umgang mit Klagenden ist die Therapeutin oft mit ihren eigenen Grundüberzeugungen hinsichtlich der Frage konfrontiert, ob die Klienten genügend Ressourcen haben, ihre Probleme zu lösen. Hier ist es nützlich, die Fähigkeit zu haben (bzw. durch diese Übung zu erwerben):
a) das Problem ganz bei der Klientin belassen zu können **und**
b) der Klientin trotzdem mit Geduld und Mitgefühl zu begegnen **und**
c) weiterhin fest darauf zu vertrauen, daß die Klientin das Problem lösen kann, obwohl diese es selbst nicht glaubt.

Die folgende Übung ist für Berater/Therapeuten gedacht, denen es angesichts von Klagenden schwerfällt, nicht mit ihnen im gleichen Loch zu versinken. Die Übung wird mit drei Personen durchgeführt: A ist Therapeutin von C, B ist Therapeutin von A, C ist eine klagende Teilnehmerin.

1. B fordert A auf, an eine Situation (z.B. ein therapeutisches Gespräch) zu denken, in der A daran zweifelte, daß ihre Klientin ihr Problem jemals lösen wird bzw. wesentliche Fortschritte erzielen könnte. B beobachtet dabei genau die körpersprachlichen Reaktionen von A.

2. Nun soll C über eine für sie wirklich bejammerns- und beklagenswerte Angelegenheit jammern und klagen. A hat die Aufgabe, dabei folgende innere Haltungen aufrechtzuerhalten und in ihrem Verhalten zu demonstrieren:
   ➤ das Problem ganz bei der Klientin belassen zu können **und**
   ➤ der Klientin trotzdem mit Geduld und Mitgefühl zu begegnen **und**
   ➤ weiterhin fest darauf zu vertrauen, daß die Klientin das Problem lösen kann, obwohl diese es selbst nicht glaubt.
3. B beobachtet, ob A es schafft, die obige Haltung aufrechtzuerhalten oder ob A in ihre Problemphysiologie zurückfällt. Im letzteren Fall unterbricht B das Gespräch und arbeitet mit A daran, in einen ressourcevolleren Zustand zurückzukommen.

Für das Verhalten gegenüber Klagenden gelten die im Kapitel über den Ansatz des BFTC bereits dargelegten Richtlinien (vgl. Kapitel V).

Übung 3: Klienten im „Widerstand"
Die Beibehaltung der therapeutischen Grundhaltung ist vor allem dann wichtig, wenn Sie sich in „schwierigen" Situationen befinden. Dies können zum Beispiel Situationen sein, in denen sich Klienten anscheinend im „Widerstand" befinden. Beispiele:
➤ Klienten antworten auf die Wunderfrage mit: „Ich weiß nicht" bzw. sagen, daß sie mit der Wunderfrage nichts anfangen können.
➤ Klienten kämpfen mit den Fragen oder sagen, diese seien schwer zu beantworten.
➤ Klienten geben unrealistische Antworten auf die Wunderfrage (z.B. sie würden im Lotto gewinnen).

Die nachfolgende Übung soll Ihnen helfen, mit solchen Situationen umzugehen. Sie ist einfacher, wenn sie in einer Gruppe von 6–7 Personen durchgeführt wird. Der Ablauf ist wie folgt:
1. Bestimmen Sie in der Gruppe die Personen A und B. A ist die Klientin, B die Therapeutin.
2. A denkt an ein persönliches Problem, von dem sie meint, es sei nicht lösbar bzw. ungeheuer schwierig zu lösen. A überlegt sich, auf welche Weise sie gegenüber B ihren Widerstand ausdrücken will.
3. B stellt A die Wunderfrage. Nachdem A „in den Widerstand" gegangen ist, versuchen B und die Gruppe, konstruktiv und lösungsorientiert damit umzugehen. Das kann 2–3mal wechseln.
4. Dann gibt A der Gruppe eine Rückmeldung, wie sie sich dabei gefühlt hat.

3. Übungen zur praktischen Arbeit mit Klienten

Diese Übungen geben ein grobes Frageschema wieder, nach dem die Therapeutin, die diese Fragemethode lernen will, vorgehen kann. Im ersten Fall geht es um ein Einzelgespräch, in der zweiten Übung um ein Paar- bzw. Familieninterview.

Übung 1: Ein konkretes Anliegen bearbeiten
Diese Übung bezieht sich auf die erste Übung unter Punkt 1 in diesem Kapitel insofern, als Sie bei den entsprechenden Punkten auf die dort angegebenen Fragen zurückgreifen sollen. Die Übung wird von der Klientin (A), der Therapeutin (B) und dem Team durchgeführt. Das Team kann die gesamte Seminargruppe sein oder ein kleineres Team. Dieses Team kann mehr oder weniger in den Ablauf einbezogen werden. Einige Optionen sind im weiteren angegeben.

Die Therapeutin fragt die Klientin:
1. Welches Anliegen haben Sie?
2. Wenn die Klientin eine Beschwerde formuliert, fragen Sie nach Ausnahmen von der Beschwerde. Fragen Sie konkretisierend nach, wie in Übung 1 in Kapitel 1 erklärt.

3. Wenn die Klientin keine Ausnahme benennen kann, stellt B die Wunderfrage: „Damit ich mir besser vorstellen kann, was Sie erreichen wollen, stellen Sie sich vor, sie schlafen abends ein. Und während Sie schlafen, geschieht ein Wunder. In ihrer Familie läuft alles so, wie Sie es sich wünschen. Da Sie aber geschlafen haben, wissen Sie nicht, daß dieses Wunder geschehen ist. Woran würden Sie erkennen, daß dieses Wunder geschehen ist?"
Fragen Sie konkretisierend nach, wie in Übung 1 in Kapitel 1 erklärt.

4. Stellen Sie sich jetzt eine Skala von 0 bis 10 vor. 10 steht für das Wunder, 0 steht für die schlimmste Zeit, die Sie je mit Ihrer Familie erlebt haben. Wo zwischen 0 und 10 würden Sie die vergangenen zwei Tage einordnen?

5. Konkretisieren Sie die genannte Zahl mittels der Fragen aus Übung 1 in Kapitel 1.

6. Wenn die Gruppe einbezogen werden soll, kann diese nun Informationsfragen (aber ohne verdeckte Ratschläge) stellen.

7. Fragen Sie nun nach konkreten Handlungsschritten, wie in Übung 1 in Kapitel 1 erklärt.

8. B bedankt sich bei A und kündigt eine Pause von 10–15 Minuten an. Je nach Größe der Gruppe/des Teams formuliert jeder (bzw. Teilnehmerpaare) ein Kompliment. B bespricht sich mit ihrem Team und formuliert zusätzlich eine Hausaufgabe.

9. (Beachten Sie bei Kompliment und Hausaufgabe, daß die Richtlinien aus Übung 2 angewendet werden.)

10. Die Gruppenmitglieder nennen A einer nach dem anderen ihre Komplimente.

11. B formuliert ihre Hausaufgabe für A.

Übung 2: Die zweite Sitzung

1. Was ist besser geworden seit unserem letzten Treffen?
2. Wunderfrage in Verbindung mit einer Skala: Beim letzten Mal hatten Sie sich auf (z.B. 4) eingeordnet, als ich Ihnen die Wunderfrage stellte. Wo stehen Sie heute?
3. Je nachdem, ob es Verbesserungen gab oder Verschlechterungen, fragen Sie:
   a) Was ist geschehen/Was haben Sie getan, daß Sie von 4 (Wert beim letzten Mal) auf 5 (heutiger Wert) gekommen sind?
   b) Was ist geschehen/Was haben Sie getan, daß Sie nicht noch weiter gegen 0 gefallen sind?
4. Woran werden Sie merken, daß Sie auf 6 (5 + 1) gekommen sind?
5. Pause.
6. Komplimente.
7. Hausaufgabe.

V. Grundübungen zur Idiolektik

1. Absichtslosigkeit einüben

Die idiolektische Gesprächsführung wird realisiert, indem man absichtslos mit der Klientin plaudert, so daß deren Eigensprache möglichst wenig durch die Therapeutin beeinflußt wird. Dieses absichtslose Agieren impliziert,

a) daß die befragende Person kein Ziel verfolgt (was die Klientin in eine bestimmte Richtung drängen und ihre Eigensprache beeinflussen würde);
b) daß sie ihre Interpretationen bzw. Hypothesen zurückhält, weil auch diese die Eigensprache beeinflussen.

Die folgenden Übungen dienen dazu, die Haltung des absichtslosen Plauderns zu trainieren und über einen längeren Zeitraum aufrechtzuerhalten.

Die Übungen können auf zwei verschiedene Weisen vorgenommen werden. Es kann vorher darüber diskutiert werden, was der Unterschied zwischen Wahrnehmung und Interpretation ist und welche Fragen einen eher beeinflussenden Charakter haben als andere. Dies kann aber auch erst in der anschließenden Reflexion der Übung geschehen, sei es innerhalb der Kleingruppe und/oder in der Großgruppe.

Übung 1: Einen Gegenstand beschreiben

Diese Übung wird mit zwei Personen durchgeführt. A beschreibt einen beliebigen Gegenstand, zum Beispiel einen Stuhl, eine Türklinke oder ein Bild. A soll diesen Gegenstand 2–4 Minuten lang ausführlich beschreiben und dabei nicht interpretieren. A sollte also nur Dinge äußern, die sie sehen und fühlen (bzw. hören, riechen, schmecken) kann.

B gibt A hinterher eine Rückmeldung, inwieweit ihr das gelungen ist. Danach wechseln A und B die Rollen.

Übung 2: Über ein Thema erzählen

Übung 2 wird in Gruppen zu zweit durchgeführt. A ist Erzählerin, B ist Befragerin:

a) B fordert A auf, ca. fünf Minuten lang etwas über ein Thema zu erzählen, das A auswählt. Dies kann zum Beispiel betreffen, was A heute morgen zum Frühstück gegessen hat. Es kann ein Erlebnis mit der Bäckersfrau oder mit einer Kollegin sein etc. Beim Sprechen über das Thema soll A alle Ideen und Interpretationen weglassen und nur beschreiben, was vorgefallen ist (Kameracheck).
b) B hat zunächst lediglich die Aufgabe, A zum Weitererzählen zu ermuntern, zum Beispiel mit der Aufforderung: „Erzähl mir mehr über ..."
c) Danach gibt B A eine Rückmeldung, inwieweit es A gelungen ist, ihre Interpretationen aus dem Thema herauszuhalten.

Danach wechseln A und B die Rollen.

Übung 3: Routinen erfragen

Diese Übung wird in Gruppen zu dritt durchgeführt. A ist Erzählerin, B ist Befragerin, C ist Beobachterin.

B erfragt eine Routine von A (z.B. eine Lieblingstätigkeit wie Lesen oder Fußball spielen). B soll nach Möglichkeit nur solche Fragen benutzen, die zu authentischen Informationen von A führen. Dazu gehören in der Idiolektik Fragen wie:

➤ Was geschieht dann?
➤ Wie geht es dann weiter?

C gibt B eine Rückmeldung darüber, was an authentischer Information von A gesagt worden ist respektive was Hypothesen von B sind. Beispielsweise hat die Frage „Wie hast du dich dabei gefühlt?" einen weitaus stärker beeinflussenden Effekt als die oben angegebenen Fragen.

2. Ressourcenorientiertes Fragen

In der Idiolektik geht man von der Vorannahme aus, daß es tendenziell eher zu befriedigenden Lösungen für die Klientin kommt, wenn die Befragung ressourcenorientiert durchgeführt wird. Auch hierbei ist es jedoch wichtig, sicherzustellen, daß die Klientin in ihrer Eigensprache bleibt. Krasse Themenwechsel von seiten der Therapeutin in eine positive Richtung sind deshalb ebenso unerwünscht wie das Einbringen klientenfremder Ausdrücke und Formulierungen.

Die folgenden Übungen verfolgen den Zweck, Klienten in deren Eigensprache zu ihren Ressourcen hinzuführen.

Übung 1: Ressourcenorientiert weiterfragen

Diese Übung kann zu dritt oder in der Großgruppe durchgeführt werden. A ist Klientin, B ist Befragerin, C ist Beobachterin:
a) B läßt sich von A ein reales Problem schildern.
b) Innerhalb dieses Problems soll sich B einen Routineablauf erklären lassen.
c) Diesen Ablauf soll B in einer Weise weiter erfragen, daß A eher in eine ressourcenorientierte Richtung geführt wird.
d) A und C geben B Feedback, inwieweit ihr das gelungen ist, ohne die Eigensprache von A wesentlich zu beeinflussen.

Übung 2: Parallelisierung von Konflikten

Diese Übung kann zu zweit oder in der Großgruppe durchgeführt werden. A ist Klientin, B ist Befragerin. Die Vorannahme bei dieser Übung besteht darin, daß ein Thema bzw. ein Konflikt in einem Parallelkontext besprochen bzw. bearbeitet werden kann. Der Ablauf der Übung gestaltet sich wie folgt:
1. B läßt sich von A einen (inneren oder äußeren) Konflikt schildern. Zum Beispiel: „Ich streite mich dauernd mit meinem Mann über die Erziehung unseres Sohnes."
2. B fragt nun nach einer Parallelisierung dieses Konfliktes. Zum Beispiel könnte er die Frage stellen: „Woran erinnert Sie diese Streitsituation?" (A könnte antworten: „Daran, wie sich zwei Hühner um das Futter streiten.")
3. B fragt nach einer weiteren Parallelisierung. Zum Beispiel: „Woran erinnert Sie das Streiten zweier Hühner?" (A könnte antworten: „An einen Walt-Disney-Film, in dem ein kleiner Junge von einem Tiger verfolgt wurde.")
4. B führt das Interview mit A in der zweiten Parallelisierung weiter.
5. Zum Schluß wird A gefragt, ob sie den ursprünglichen Konflikt in irgendeiner Weise anders wahrnimmt als vor dem Gespräch.

VI. Grundübungen in der systemischen Therapie

1. Zirkuläres Fragen

Übung 1
Die Übung soll den Beteiligten die Möglichkeit geben, sich in andere hineinzuversetzen, Hypothesen über deren Absichten zu bilden und diese zu überprüfen:

1. A erzählt B 2–3 Minuten lang von einem Problem von sich.
2. B fragt C, was A wohl motiviert haben könnte, das Problem genau so darzustellen, wie A es tat.
3. Danach sagt B, was sie denkt, was A wohl zu genau dieser Darstellung motiviert hat.
4. A kommentiert, was B und C sagten, und legt ihre eigene Motivation offen.

Übung 2
Diese Übung dient dazu, ein Gefühl dafür zu bekommen, wie zirkuläre Fragen wirken. Ausgangspunkt ist das Transkript einer familientherapeutischen Sitzung. Eine Sequenz, in der zirkuläre Fragen gestellt werden, wird von Seminarteilnehmern nachgespielt. Die Beteiligten versetzen sich jeweils in die Rolle eines Familienmitglieds, eine Beteiligte ist Therapeutin. Es sollte sichergestellt sein, daß die Beteiligten genügend Zeit haben, sich mit der jeweiligen Rolle zu identifizieren. Das Problem der Familie sollte bis zu dem ausgewählten Transkriptausschnitt jeder Beteiligten klar sein. Gemeinsam spielen sie nun eine Gesprächssequenz durch.

Die Übung ist vor allem für diejenigen „Familienmitglieder" gedacht, denen zirkuläre Fragen gestellt werden. Sie sollen am eigenen Leib spüren, wie es ist, Aussagen über die anderen Familienmitglieder zu machen.

Die Übung kann auch dazu verwandt werden, die Therapeutin darin zu trainieren, relevante Hypothesen über die ablaufenden Dynamiken aufzustellen und in Form von zirkulären Fragen zu äußern. Dies kann (mit wechselnden Rollen) für jeden Gesprächsabschnitt im systemischen Interview eingeübt werden:

➤ Klärung des Überweisungskontextes,
➤ Klärung der Beschwerde,
➤ Klärung der Ziele,
➤ Klärung der bereits gemachten Lösungsversuche
➤ etc.

2. Die Beobachter-Perspektive

Übung 1
Bei dieser Übung wird die Großgruppe in 3 Gruppen von ca. 4–5 Personen aufgeteilt. Das Ziel der Übung besteht darin, zu erkennen, daß es keine reinen Beschreibungen gibt, sondern daß jede Beschreibung eine Interpretation beinhaltet.

1. Gruppe A spielt eine Familie, die mit einem Therapeuten für ca. 5–10 Minuten ein eigenes Problem durchspricht. Die Gruppen B und C beobachten den Prozeßverlauf in Gruppe A.
2. Gruppe B reflektiert nun untereinander für ca. 5–10 Minuten über den Prozeß, den sie bei Gruppe A beobachtete: Was war die Beschwerde? Welche Ziele hatten die Beteiligten? Welche Lösungsansätze bieten sich an? etc.
3. Gruppe C reflektiert nun untereinander für ca. 5–10 Minuten über den Prozeß, den sie bei Gruppe B beobachtete: Wie nahm die Gruppe B wahr, was die Beschwerde war? Wie nahm sie wahr, welche Ziele die „Familienmitglieder" hatten? etc.

Häufig wird das Ergebnis der Übung sein, daß sich die Darstellungen immer weiter von den ursprünglichen Darstellungen entfernen. Die Übung hilft, die Beobachterperspektive einzunehmen.

Übung 2

Diese Übung soll den Beteiligten verdeutlichen, daß jede Beschreibung eines Problems eine Interpretation ist und insofern hinterfragungswürdig sein kann. Der Ablauf der Übung ist folgender:
1. A erzählt von einem Problem. Dies kann ein eigenes sein oder das eines ihrer Klienten.
2. B hinterfragt die Anteile der Erzählung von A, die keine Tatsachen sind, mit dem Ziel, alle relevanten Probleme zu erfragen.
3. Beispiel: A erzählt aus der Sicht einer Mutter über die bettnässende Tochter. Sie geht dabei detailliert darauf ein, wie sehr dies die Beziehung zu ihrem Mann belastet, weil sie sich darüber streiten, wie mit der Tochter umgegangen werden soll, etc.
4. C und A geben B am Ende eine Rückmeldung (aus der Betroffenen- bzw. Beobachterposition) hinsichtlich dessen, wie sie die bewertenden Anteile von As Beschreibung hinterfragte.

Übung 3: Reframing

Diese Übung kann jede Teilnehmerin für sich durchführen. Die Aufgabe besteht darin, für folgende (eher negativ besetzte) Begriffe eine oder mehrere positive Umzudeutungen zu finden:
- Abhängigkeit
- Passivität
- Intoleranz
- Anpassung
- Arroganz
- Unterwürfigkeit
- Zwanghaftigkeit
- Faulheit

3. Strategische Fragen

Übung: Strategische Fragen umsetzen

Die Übung dient dazu, die (zirkulären) Fragen, die die Therapeutin den Systemmitgliedern stellt, bezogen auf einzelne Gesprächsphasen einzuüben. Dazu versetzen sich die Teilnehmer in die Rollen einer Familie, die mit einem Problem zur Therapeutin kommt.

In Anlehnung an das Kapitel „Ablauf des systemischen Interviews" im Abschnitt über die systemische Therapie kann man u.a. folgende Ablaufschritte (für das Erstinterview) unterscheiden:
1. Überweisungskontext,
2. Beschwerden der Systemmitglieder,
3. Ziele der Systemmitglieder,
4. Problemlösungsversuche,
5. Erklärungsmodelle für die Beschwerde.

Die Übung kann im Rollenspiel, besser aber mit einem realen System geübt werden. Dabei gehen Sie bitte wie folgt vor: A sucht sich als Therapeutin einen Ablaufschritt heraus, den sie mit den Systemmitgliedern abarbeiten möchte, und führt das Interview durch. Dies sollte A möglichst mit zirkulären Fragen tun.

Die Beobachter geben A Feedback nach folgenden Kriterien:
- Inwieweit hat A die zirkulären Beziehungsmuster des Systems bei ihren Fragen beachtet?
- Ging A mit angemessener Neutralität vor?
- Inwieweit wurden durch die Befragung Fortschritte im therapeutischen Prozeß gemacht?

Im letzten Schritt kann die Gruppe mit A diskutieren, welche Hypothesen sie bei ihrer Befragung leiteten und wie die Systemmitglieder dies beurteilen.

Für jeden dieser Ablaufschritte kann sich die Therapeutin strategische Fragen überlegen, die sie der Familie stellen möchte. Die Übung zielt darauf ab, dies einzuüben. Dabei mag es für die Anfängerin sinnvoll sein, nur einen der oben aufgeführten Ablaufschritte auf einmal zu üben.

Folgende Fragen je Ablaufschritt können hilfreich sein:
1. Den Überweisungskontext explorieren
- Wer hatte die Idee, zur Therapie zu kommen?
- Wem ist es am leichtesten/am schwersten gefallen, zu kommen?
- Sind alle einverstanden mit der Therapie? Wer ist dagegen? Aus welchen Gründen?
- Wären Sie auch gekommen, wenn Person X Sie nicht gebeten/geschickt hätte?

2. Die Beschwerde explorieren
- Was war der aktuelle Anlaß, die Therapie zu beginnen?
- Worin besteht für jedes Systemmitglied die Beschwerde?
- Was wird am meisten beklagt?
- Wen belastet die Beschwerde am meisten?

3. Ziele explorieren
- Was sind die Ziele der einzelnen Systemmitglieder?
- Woran würden diese die Erreichung der Ziele erkennen? Woran würden es andere erkennen?
- Was wird anders sein, wenn die Ziele erreicht werden? Welche Auswirkungen hätte das auf die Personen X, Y etc.?

4. Problemlösungsversuche der Systemmitglieder explorieren
- Was tun die Systemmitglieder, wenn das Problem auftritt?
- Wer hat bisher versucht, das Problem zu lösen? Wie genau hat die Person dies getan? Wer hat dabei geholfen? Wer nicht?
- Welcher Lösungsversuch war besonders hilfreich?

5. Erklärungsmodelle explorieren
- Welche Erklärungen haben die einzelnen Systemmitglieder dafür, daß die Beschwerde noch besteht?
- Wie erklären sich die Systemmitglieder das Symptom?
- Wie erklären sich die Systemmitglieder ihre unterschiedlichen Verhaltensweisen zueinander?
- Was vermuten einzelne Personen hinsichtlich der Erklärungen anderer Systemmitglieder?

Anhang

Anhang 1

NLP-Präsuppositionen

1. „Die Landkarte ist nicht das Territorium." Menschen reagieren auf ihre Abbildung der Realität, nicht auf die Realität selbst. NLP beschäftigt sich mit der Veränderung dieser Landkarten.

2. Kommunikation läuft immer über die drei Haupt-Repräsentationssysteme gleichzeitig. Kommunikation kann daher als redundant angesehen werden.

3. Unabhängig von dem, was ich meine, und unabhängig von dem, was meiner Meinung nach der andere versteht, wird die Bedeutung meiner Kommunikation nur von der (verhaltensmäßigen) Antwort bestimmt, die ich erhalte.

4. „Widerstand" kommentiert nur die Inflexibilität des Kommunizierenden und sagt nichts über den Empfänger der Kommunikation aus. Erfolgreiche Kommunikatoren akzeptieren und nutzen jedes angebotene Verhalten ihrer Gesprächspartner.

5. Es gibt keinen Ersatz für saubere, offene sensorische Kanäle.

6. Ich treffe immer die beste Wahl, die mir zu einem gegebenen Zeitpunkt zur Verfügung steht. Das bedeutet allerdings nicht, daß es nicht noch eine bessere gibt.

7. Alle Menschen haben die Ressourcen, die notwendig sind, um sich so zu verändern, wie sie es wünschen.

8. Die Angemessenheit des Verhaltens einer Person sagt nichts über ihren Wert aus. Menschen funktionieren perfekt, niemand ist „nicht ganz in Ordnung" oder „kaputt". Wenn ein Mensch nicht über ausreichend angemessene Verhaltensmuster verfügt oder sich seinem eigenen Verhalten gegenüber unzufrieden fühlt, geht es darum, es angemessen, nützlich und angenehm neu zu gestalten.

9. Für jedes Verhalten gibt es einen Kontext, in dem es nützlich und sinnvoll angewendet werden kann.

10. Jedes Individuum kann um so angemessener auf seine Umgebung einwirken, je mehr Verhaltensmöglichkeiten es besitzt.

11. Hinter jedem Verhalten steht eine positive Absicht.

12. Es gibt keine Fehler in der Kommunikation, nur Resultate bzw. Feedback.

Anhang 2

Das Fallbeispiel von Ralph

Bandler und Grinder verwenden in diesem Fallbeispiel[1] ausschließlich Fragen des Meta-Modells. Ausschnitte des Falles wurden im NLP-Teil dargestellt und analysiert.

Der Klient im ausgewählten Transkript ist ein 34jähriger stellvertretender Abteilungsleiter einer großen Elektrofirma. Er heißt Ralph. Auf die Frage, was er sich vom Interview erhoffe, begann er so:

(1) R: Nun... ich bin mir nicht so sicher...
(2) T: Worüber sind Sie sich nicht sicher?
(3) R: Ich bin mir nicht sicher, daß dies hilfreich sein wird.
(4) T: Sie sind sich nicht sicher, daß was genau für wen hilfreich sein wird?
(5) R: Nun, ich bin mir nicht sicher, daß dieses Experiment hilfreich sein wird. Sehen Sie, als ich zuerst Dr. G. aufsuchte, fragte er mich, ob ich bereit sei, an diesem Experiment teilzunehmen, ... und na ja, ich habe das Gefühl, daß es etwas gibt, bei dem ich wirklich Hilfe brauche, aber dies ist nur ein Experiment.
(6) T: Wie wird die Tatsache, daß dies ein Experiment ist, verhindern, daß Sie die Hilfe erhalten, die Sie brauchen?
(7) R: Experimente dienen der Forschung, aber es gibt etwas, bei dem ich wirklich Hilfe brauche.
(8) T: Wobei genau brauchen Sie Hilfe?
(9) R: Ich weiß nicht, wie auf Leute ein guter Eindruck zu machen ist.
(10) T: Mal sehen, ob ich Sie verstanden habe: Sie sagen, daß die Tatsache, daß dies nur ein Experiment ist, Sie notwendigerweise daran hindern wird, zu erfahren, wie Sie einen guten Eindruck auf Leute machen können; stimmt das so?
(11) R: Also ... ich bin mir nicht ganz sicher ...
(12) T: (ihn unterbrechend) Nun, sind Sie denn bereit, das herauszufinden?
(13) R: Also gut.
(14) T: Auf wen genau wissen Sie nicht, wie sie einen guten Eindruck machen können?
(15) R: Na, auf niemand.
(16) T: Niemand? Können Sie sich an irgendwen erinnern, auf den sie jemals einen guten Eindruck gemacht haben?
(17) R: Äh, hmmm... ja also, einige Leute, aber ...
(18) T: Nun, also, auf wen genau wissen Sie nicht, wie Sie einen guten Eindruck machen können?
(19) R: ... Also, was ich wohl sagen wollte, ist, daß Frauen mich nicht mögen.
(20) T: Welche Frau genau?
(21) R: Die meisten Frauen, die mir begegnen.
(22) T: Welche Frau genau?
(23) R: Also eigentlich die meisten Frauen... aber als Sie das gerade sagten, mußte ich an diese eine Frau denken: Janet.
(24) T: Wer ist Janet?
(25) R: Sie ist eine Frau, die mir neulich bei der Arbeit begegnete. [Ralph nennt einige weitere Informationen.]
(26) T: Woher wissen Sie denn nun, daß Sie auf Janet keinen guten Eindruck gemacht haben?
(27) R: Also ich weiß einfach ...
(28) T: Wie genau wissen Sie das?
(29) R: Sie hat mich einfach nicht gemocht.
(30) T: Woher genau wissen Sie, daß Janet Sie nicht mochte?
(31) R: Sie interessierte sich nicht für mich.
(32) T: In welcher Weise interessiert?
(33) R: Sie hat mich nicht beachtet.
(34) T: Wie hat sie Sie nicht beachtet?
(35) R: Sie hat mich nicht angesehen.
(36) T: Mal sehen, ob ich das verstanden habe. Sie wissen, daß sich Janet nicht für Sie interessierte, weil sie Sie nicht angesehen hat?
(37) R: Das stimmt!
(38) T: Können Sie sich irgendwie vorstellen, daß Janet Sie nicht anschaut und doch an Ihnen interessiert ist?
(39) R: Also... ich weiß nicht...

(40) T: Schauen Sie immer jeden an, an dem Sie Interesse haben?
(41) R: Also wahrscheinlich ... nicht immer. Aber bloß weil Janet an mir interessiert ist, heißt das nicht, daß sie mich mag.
(42) T: Woher genau wissen Sie, daß sie Sie nicht mag?
(43) R: Sie hört mir nicht zu.
(44) T: Woher wissen Sie genau, daß sie Ihnen nicht zuhört?
(45) R: Also, sie schaut mich nie an (wird langsam wütend). Sie wissen ja, wie Frauen sind! Sie lassen dich nie wissen, ob sie dich bemerken.
(46) T: Wie wer zum Beispiel?
(47) R: (wütend) Wie meine Mutter ... ach, verdammt noch mal! Sie war nie an mir interessiert.
(48) T: Woher wissen Sie, daß Ihre Mutter nie an Ihnen interessiert war?
(49) R: Jedes Mal, wenn ich ihr zu zeigen versuchte, daß ich sie gern hatte, merkte sie es nie (fängt an zu schluchzen) ... warum merkte sie es nicht?
(50) T: Wie speziell haben Sie ihr zu zeigen versucht, daß Sie sie gern hatten?
(51) R: (leise weinend) Immer bin ich von der Schule nach Hause gekommen und habe dann Dinge für sie erledigt.
(52) T: Was für Dinge genau haben Sie für sie erledigt?
(53) R: Also ich hab immer das Wohnzimmer aufgeräumt und das Geschirr gespült ... und sie hat es nie gemerkt ... und sie hat nie was gesagt.
(54) T: Ralph, bedeutet das, daß Ihre Mutter nichts über das sagte, was Sie getan haben, daß sie nie gemerkt hat, was Sie getan haben?
(55) R: Ja, weil sie nie merkte, was ich für sie tat, war sie an mir nicht interessiert.
(56) T: Habe ich das richtig verstanden: Sie sagen, daß die Tatsache, daß Ihre Mutter nicht merkte, was Sie für sie getan haben, bedeutet, daß sie nicht an Ihnen interessiert war?
(57) R: Ja, das stimmt.
(58) T: Ralph, haben Sie jemals die Erfahrung gemacht, daß jemand etwas für Sie getan hat und Sie es nicht merkten, bis man Sie darauf aufmerksam machte?
(59) R: Also ... ja, ich kann mich an einmal erinnern ...
(60) T: Merkten Sie nicht, was sie für Sie getan haben, weil Sie kein Interesse an ihnen hatten?
(61) R: Nein, ich habe einfach nicht gemerkt...
(62) T: Ralph, können Sie sich vorstellen, daß Ihre Mutter einfach nicht merkte, als ...
(63) R: Nein, das ist nicht dasselbe.
(64) T: Das? Was ist nicht dasselbe wie was?
(65) R: Daß ich nichts merke, ist nicht dasselbe, wie wenn meine Mutter nichts merkt – sehen Sie, sie hat NIE gemerkt, was ich für sie getan hatte.
(66) T: Nie?
(67) R: Also nicht sehr oft.
(68) T: Ralph, erzählen Sie mir über ein bestimmtes Mal, als Ihre Mutter merkte, was Sie für sie getan haben.
(69) R: Also einmal, als ... ja (zornig) ich mußte ihr sogar sagen...
(70) T: Mußten ihr was sagen?
(71) R: Daß ich diese Sache für sie getan habe. Wenn sie interessiert genug gewesen wäre, hätte sie es selbst gemerkt.
(72) T: Interessiert genug für was?
(73) R: Interessiert genug, um mir zu zeigen, daß sie mich liebte.
(74) T: Ralph, wie haben Sie Ihrer Mutter gezeigt, daß Sie sie lieben?
(75) R: Indem ich Dinge für sie erledigte.
(76) T: Ralph, hat Ihre Mutter jemals Dinge für Sie getan?
(77) R: Ja, aber sie hat nie wirklich ... sie hat mich nie sicher wissen lassen.
(78) T: Hat Sie nie was wissen lassen?
(79) R: Sie hat mich nie sicher wissen lassen, ob sie mich wirklich lieb hatte (weint immer noch leise).
(80) T: Haben Sie sie jemals sicher wissen lassen, daß Sie sie lieb hatten?
(81) R: Sie wußte es...
(82) T: Woher wissen Sie, daß sie es wußte?
(83) R: Ich ... ich. .. ich weiß es wohl nicht.
(84) T: Was hindert Sie daran, es ihr zu sagen?
(85) R: Hmmm... hmm, vielleicht gar nichts.
(86) T: VIELLEICHT?
(87) R: Ich nehme an, daß ich es wohl könnte.

(88) T: Ralph, nehmen Sie an, daß sie wohl auch der Janet sagen könnten, wie Sie ihr gegenüber empfinden?
(89) R: Das macht ein bißchen Angst.
(90) T: Was macht ein bißchen Angst?
(91) R: Daß ich einfach auf sie zugehen und es ihr sagen könnte.
(92) T: Was hält Sie davon ab?
(93) R: Nichts, das macht ja so Angst (lacht).

Hier ging der Therapeut zu anderen Techniken über, die nicht dem Meta-Modell angehören.

Anhang 3

Submodalitäten

Im folgenden stellen wir anhand von Beispielen einige wichtige Submodalitäten der drei wichtigsten Repräsentationssysteme dar. Die hier angegebenen Fragen können genutzt werden, um spezifische Details der inneren Repräsentation zu erfragen (VAKOG-Fragen).

1. Kinästhetische Submodalitäten

Qualität – Wie würden Sie die Körperempfindung beschreiben: prickelnd, warm, kalt, entspannt, gespannt, verkrampft, diffus?

Intensität – Wie stark ist die Empfindung?

Position – Wo spüren Sie sie in Ihrem Körper?

Bewegung – Gibt es Bewegung in der Empfindung? Ist die Bewegung kontinuierlich, oder kommt sie in Wellen?

Richtung – Wo beginnt die Empfindung? Wie kommt sie vom Ursprungsort zu der Stelle, wo Sie sich ihrer am meisten bewußt sind?

Geschwindigkeit – Ist der Verlauf langsam und gleichmäßig oder sprunghaft?

Dauer – Ist die Empfindung stetig oder unterbrochen?

2. Auditive Submodalitäten

Tonalität – Wie ist die Tonalität? nasal, volltönend und klangvoll, dünn, heiser?

Melodie – Klingt es monoton, oder gibt es melodische Variationen?

Modulation – Welche Teile sind betont?

Lautstärke – Eher lauter oder leiser als normal?

Geschwindigkeit – Schneller oder langsamer als normal?

Rhythmus – Läßt sich ein Rhythmus feststellen?

Dauer – Stetig oder unterbrochen?

Mono/stereo – Hören Sie auf einer Seite, auf beiden Seiten, oder ist der Klang überall um Sie herum?

Kommentar – Kommentieren Sie im Inneren, was Sie sehen? Was sagen Sie und WIE?

Position, Tonlage – Hören Sie es von innen? Wo kommt das Geräusch (die Stimme) her? Ist es in einer hohen oder in einer niedrigen Tonlage? Ist die Tonlage höher oder niedriger als normalerweise?

3. Visuelle Submodalitäten

Farbig/schwarz-weiß – Ist das Bild farbig oder schwarzweiß? Ist das ganze Farbspektrum vorhanden?

Verwaschen/deutlich – Sind die Farben intensiv oder verwaschen?

Helligkeit – In diesem Kontext, ist es heller oder dunkler als normalerweise?

Kontrast – Hat es viel Kontrast (intensiv, lebendig) oder wenig (blaß)?

Bildschärfe – Ist das Bild scharf oder unscharf?

Komplexität – Gibt es Details im Vorder- und/oder Hintergrund? Sehen Sie Einzelheiten als einen Teil des Ganzen oder müssen Sie neu fokussieren, um sie zu sehen?

Größe – Wie groß ist das Bild? (Fragen Sie nach einer bestimmten [geschätzten] Größe, etwa: „25 x 35 cm.")

Entfernung – Wie weit ist das Bild weg? (Fragen Sie nach einer bestimmten [geschätzten] Entfernung, wie z.B.: „Zwei Meter.")

Form – Welche Form hat das Bild: quadratisch, rechteckig, rund?

Begrenzung/Rahmen – Gibt es eine Grenze, einen Rahmen um das Bild, oder wird es an den Rändern undeutlich?

Position – Welche Position nimmt das Bild im Raum (im Gesichtsfeld) ein? Zeigen Sie mit beiden Händen, wo Sie das Bild bzw. die Bilder sehen.

Film/Standbild – Sehen Sie einen Film oder ein Standbild/er? Wenn Sie einen Film sehen, läuft der schneller oder langsamer ab als normal?

Bewegung des Gesamtbildes – Ist das Bild stabil? In welcher Richtung bewegt es sich? Wie schnell bewegt es sich?

Ausrichtung – Ist das Bild geneigt oder gekippt?

Assoziiert/dissoziiert – Sehen Sie sich selbst von außen, oder sehen Sie die Ereignisse so, als ob Sie dort wären?

Perspektive – Aus welcher Perspektive sehen Sie es? Wenn dissoziiert: Sehen Sie sich von rechts oder von links, von hinten oder von vorne?

Proportionen – Stehen Menschen und Dinge im Bild im richtigen Verhältnis zueinander und zu Ihnen, oder sind einige von ihnen größer oder kleiner als im wirklichen Leben?

Dimensionen – Ist es flach oder dreidimensional? Umschließt das Bild Sie ganz?

Singular/Plural – Gibt es ein Bild oder mehr als eines? Sehen Sie eines nach dem anderen oder alle zur selben Zeit?

Anhang 4

Wunderfrage und Skalierung im Logozentrismus verstrickt?
Dr. Rudolf Kaehr

Zum Einstieg

Der vorliegende Text steht im Zusammenhang mit einer umfangreichen Untersuchung über die wissenschaftstheoretischen und logischen Voraussetzung des NLP und deren Transformation und Erweiterungen durch die Methoden der polykontexturalen Logik (PKL). Die PKL ist vorerst als eine reine Strukturtheorie komplexer lebender Systeme zu verstehen. Im Zusammenhang meiner Untersuchungen sind wesentliche Neu-Entwicklungen des NLP auf der konzeptionellen wie auch auf der kommunikationslogischen wie der therapeutisch-technischen Ebene produziert worden.

Die Kurzzeittherapieform de Shazers interessiert mich deshalb besonders, weil sie konzeptionell versucht, in Anlehnung an dekonstruktive Strategien, über die immanenten Grenzen des NLP hinauszugehen. Damit ist mir die Möglichkeit gegeben, eine direkte Anknüpfung an meine eigenen philosophischen und mathematisch-logischen Forschungen zu versuchen.

Die dekonstruktive Absicht meines Textes besteht darin, den de Shazerschen Ansatz einer nivellierenden Lektüre durch sprachanalytisch-hermeneutische Rezeptionen zu unterziehenziehen. Insbesondere soll die grammatologische Tendenz des de Shazerschen Textes herausgearbeitet und weitergeführt werden und gegen de Shazers eigene sprachphilosophische Limitierungen gelesen und geschrieben werden.

Auch wenn die theoretischen Parts der Arbeit de Shazers nicht im Dienst einer *Theory* oder eines *Grand Design*s stehen und nur als *„description of my tools"* zu verstehen sind, stellt sich einer dekonstruktiven Lektüre die Aufgabe, aufzuspüren, wieweit die theoretischen Parts das Funktionieren der Tools zugänglich machen und wieweit sie zueinander in einem immanenten Konflikt stehen. *„..., the more theoretical parts of this book should only be seen as descriptions of my tools. Nothing more."* Gerade gegen diese vermeintliche Unschuld der „descriptions" und der „tools" versuche ich de Shazers Text[2] anzulesen. Wenn es hier zwei Pole gibt, dann versuche ich von der Seite der Theorie her zu arbeiten.

Der ständige Rekurs de Shazers auf die Unentscheidbarkeit, *„undecidability"*, ist weniger Gödel denn Derrida geborgt und verhindert dadurch die Möglichkeit einer Einsicht in den Mechanismus der Unentscheidbarkeit(en) und ihrer Verstrickung mit der Logik als Organon der Argumentation. Ich versuche aufzuzeigen, daß der radikale Minimalismus von Wunderfrage und Skalierung prägnant den Grundstrukturen des Logozentrismus bzgl. Rede und Schrift bzw. Begriff und Zahl entspricht. Ich beziehe mich dabei auf die Arbeiten von Derrida und Günther.

Als besonders interessant und fruchtbar hat sich die Verbindung der grammatologischen Tendenz mit der Kenogrammatik[3] erwiesen. Diese ermöglicht aufgrund ihres völlig neuen Verständnisses des Verhältnisses von Zahl und Begriff, gänzlich neue Skalierungstechniken, die die klassischen komplex erweitern, einzuführen. Entsprechend werden auf der Basis der Proto-Struktur der Kenogrammatik neue Frageformen vorgestellt. Auf-Lösung von Problem und Problemlösung wird als Ziel der Therapie vorgeschlagen[4].

1. Zur wissenschaftstheoretischen Situation der Kurzzeittherapie

NLP als ein Hauptvertreter der Kurzzeittherapie, zumindest in Deutschland, hat von verschiedener Seite Kritik erfahren. Eine Richtung der Kritik bemängelt, daß NLP zuwenig wissenschaftliche Fundierung nachweisen könne. Die andere bemängelt den zu starken instrumentellen Aspekt des NLP als Interventionstechnik. Doch gerade da, wo sich NLP als wissenschaftlich fundiert ausgeben kann oder könnte, wo auch seine Begründer sich wissenschaftlich einbringen konnten, im Strukturalismus der Linguistik und der Kybernetik, ist die fundamentale Kritik de Shazers angesetzt.

Gregory Bateson hat bekanntlich die Begründer des NLP, Bandler und Grinder, für ihre Modellierungsarbeit gelobt. Er schreibt im Vorwort zu *Struktur der Magie I*: *„Sie haben Instrumente, die wir nicht hatten – oder von denen wir nicht wußten, wie wir sie nutzen sollten. Ihnen ist es gelungen, die Linguistik zur Basis einer Theorie und gleichzeitig zu einem Therapiewerkzeug zu machen.*[5]*"*

Auch wenn dies später von Bandler mit großer Geste dementiert wird, gibt sich NLP wissenschaftlich als fundiert. Allerlei Termini aus der Kybernetik, Systemtheorie, Linguistik werden aufgefahren und können ihre Herkunft aus der Wissenschaft nicht verleugnen, auch wenn immer stärker auf die reine Machbarkeit und die Hypnosetechniken gesetzt wird. Trotz des Interessenwechsels von einer Modellierungstechnik zu einer humanistischen und personenbezogenen Haltung, die sich nicht durch Werkzeuge behindern will, beruht die Theoriebildung und die Ausbildung mit ihren Evaluationen weiterhin gerade auf diesen wissenschaftlichen Wurzeln.

NLP hat offensichtlich guten Grund dazu, sich auf eine gewisse Wissenschaftlichkeit zu berufen, wenn es sich der Universalgrammatik Chomskys mit ihrer Unterscheidung von Tiefen- und Oberflächenstruktur bedient. Doch gerade hierin sind Implikationen verborgen, die im Widerspruch zu den progressiven Intentionen von NLP stehen und die von NLP nicht reflektiert werden können, da sie Grundvoraussetzungen des NLP selbst sind und damit einen seiner „blinden Flecken" darstellen. Dieser blinde Fleck ist es, der heute entdeckt und in die Theoriebildung und Therapieform eingebunden werden muß.

Wird dies von NLP nicht geleistet, geht auch der einzige Trumpf, den NLP anderen Therapieformen gegenüber ins Spiel brachte, nämlich die wissenschaftliche „Fundiertheit" im Strukturalismus der Linguistik und Kybernetik, unwiederbringlich verloren.

Die Kritik de Shazers an NLP und implizit an anderen strukturalistischen Ansätzen ist fundamental, denn unabhängig vom Reichtum der Techniken und Formate bleibt auch im NLP das Sprachverständnis, das bestimmt, wie diese Techniken zu verstehen und einzusetzen sind, die unhintergehbare Voraussetzung jeglicher Therapie und des damit implizierten Menschenbildes. Das Sprachverständnis von NLP, wie es sich insbesondere im Meta-/Milton-Modell (Bandler/Grinder) manifestiert, gründet nun klar und explizit auf der Differenz von Sagen und Meinen bzw. auf der Differenz „use/mention" und handlungslogisch auf der Differenz von „Absicht/Verhalten", technisch ausformuliert auf der Grundlage von Chomskys Transformationsgrammatik mit ihrer basalen Unterscheidung von Oberflächen- und Tiefenstruktur der Sprache.

Daß dieses Modell auch schon eine Hierarchie zwischen Rede und Schrift involviert und sich damit voll in die Grundoppositionen des Logozentrismus einbettet, sei hier vorerst bloß erwähnt. Eine ausführlichere Analyse erfährt diese Situation weiter unten anhand von de Shazers *Konzept der Skalierung* und der grundsätzlichen Unterscheidung von Zahl und Begriff. Wogegen mein auf der Grammatologie und der Kenogrammatik basierender graphematischer Einsatz sich richtet, kann hier so formuliert werden: Die Unhintergehbarkeit der Sprache als Rede und als Gespräch ist als logokratisches Diktum zu hintergehen.

„Das Sprachspiel ist deshalb in doppeltem Sinne ein Urphänomen: *Es ist als Ort von Reflexion* Fundament, Ausgangspunkt *der Reflexion und zugleich* nicht transzendierbarer Endpunkt *der Reflexion. Aus dieser Selbstreferenz gibt es prinzipiell keinen Ausweg"*, sagt Fischer[6], den onto-theologischen Ruf korrekt echoend.

Der Einsatz de Shazers bleibt in diesem Punkt schwankend und folgt eher dem literarischen Dekonstruktivismus (Culler[7]) als der Grammatologie Derridas.

Gewiß ist *„ vieles, was 1955 schwer auszudrücken war, 1975 wesentlich leichter auszudrücken*[8]*"*. Die fundamentale Kritik am Logozentrismus, seiner Semiotik und Linguistik, d.h. die Arbeit an seiner Dekonstruktion, ist allerdings schon 1967 durch die „Grammatologie"[9] von Jaques Derrida angelegt worden.

2. NLP in der Kritik de Shazers: „turning inside out"

Gewiß ist *vieles, was 1967 schwer auszudrücken war, 1995*[10] *wesentlich leichter auszudrücken*. Es ist de Shazers Bescheidenheit und naiver Kreativität zu verdanken, daß im Bereich der Kurzzeittherapie eine fruchtbare Rezeption einiger Texte Derridas in Gang gesetzt wurde.

Es ist also an der Zeit, einige progressive Denkströmungen der jüngsten Vergangenheit zusammenzuführen und für die jeweiligen Gebiete, hier die Kurzzeittherapie, fruchtbar zu machen. Dies ist um so dringlicher, als die therapeutische Arbeit von zwei Seiten bedrängt wird, einmal vom enormen Therapiebedarf und dem Scheitern von psychoanalytischen Langzeittherapien und andererseits von der desolaten Rückständigkeit der therapeutischen Theoriebildung in Deutschland und ihrer Fixiertheit auf hermeneutisch-psychoanalytische Methoden. Mag sein, daß die Rezeption des radikalen Konstruktivismus und der Autopoiesetheorie Maturanas hier weiterhilft. Es kann aber nicht übersehen werden, daß bis dato diese Theorieansätze noch kaum einen Einfluß in der konkreten Praxis aufweisen können.

Der Ansatz de Shazers scheint hier einen wesentlichen Schritt über NLP hinauszugehen, versucht er doch, die intrikate Duplizität der Begriffe, z.B. der Co-Creation, dekonstruktiv zu fassen.

Obwohl er ein bedeutender Vertreter der Kurzzeittherapie ist, hat er mit NLP keinen weiteren Berührungspunkt. Die Arbeit von Bandler/Grinder[11] (1975) wird immerhin als *„die klarste, expliziteste Illustration dieses gewöhnlich implizit strukturalistischen Gedankens, der im therapeutischen Diskurs weit verbreitet ist"*[12], eingestuft.

Strukturalistisches Denken ist jedoch durch und durch objektivistisch, wohl der reflektierteste, auf der Relationenlogik basierende Ansatz eines vergangenen Denkens, das allerdings noch lange nicht am Ende ist und noch längst nicht überall seine legitime Wirkung hinterlassen hat.

Steve de Shazer orientiert sich hauptsächlich an der Sekundärliteratur (Harland und Staten), seine Kritik am Strukturalismus basiert jedoch vorwiegend auf den Arbeiten von Jacques Derrida. Leider nimmt er aus ihnen nur sehr wenige und frühe Gedanken der Grammatologie in seine Argumentation auf. Seine Kritik an Bandler/Grinder, vollzogen am Leitfaden der Grammatologie, der hier voll und ganz zugestimmt werden muß, formuliert er explizit und in didaktischer Klarheit in seinem neuen Buch *Words were Originally Magic*[13].

2.1 Kritik an Chomskys Sprachphilosophie
„Bekanntlich stellt Chomsky die These auf, jeder Satzbedeutung liege eine Tiefenstruktur zugrunde und der Satz werde aus der zugrundeliegenden Tiefenstruktur durch Transformationen erzeugt.[14]*"*

Eine immanente Kritik an Chomskys Sprachphilosophie und Transformationsgrammatik läßt sich vom linguistischen und philosophischen Standpunkt in verschiedener Hinsicht anbringen. Diese Dekonstruktion läßt dabei die wissenschaftliche Errungenschaft seines Denkens für die Linguistik unangetastet. Weiterhin gilt, daß ohne Chomskys Untersuchungen die Linguistik nicht zu einer theoretischen Wissenschaft avanciert wäre.

Für eine therapeutische Anwendung linguistischer Methoden ist allerdings ein letztlich cartesianischer Ansatz wie der Chomskys kontraproduktiv, geht es in der Therapie bzw. in der menschlichen Kommunikation gerade nicht darum, normierte Alltagsstrukturen im System einer Universalgrammatik, sondern von der Norm abweichende, sei es produktive, kreative oder auch pathologische Figuren, wie sie in der Kommunikation entstehen, zu erkennen.

2.2 Die Bodenlosigkeit der Tiefenstruktur
Die Tiefenstruktur wird konnotiert mit der eigentlichen Bedeutung einer Aussage und mit dem Kriterium der Innerlichkeit in Form der egologisch fundierten Evidenz eines Individuums.

Zu jeder Tiefenstruktur einer Aussage finden sich weitere tiefenstrukturelle Verweise, die zu einer neuen und tieferen Tiefenstruktur der jeweiligen Aussage führen. „The urge to look behind and beneath, to understand and explain, to find the hidden secret meaning, leads to endless iteration because we can never be certain that digging yet another level deeper might not be both necessary and possible."[15]

Die Kritik de Shazers verbleibt in einer dekonstruktivistischen In-Frage-Stellung der benutzten Dichotomien „innen/außen", „Tiefen-/Oberflächenstruktur", „Präsenz/Abwesenheit" usw. und findet Zuflucht in Unentscheidbarkeiten, ohne dabei deren Mechanismus aufzeigen zu können.

Bandler/Grinder ihrerseits weichen dieser Problematik dadurch aus, daß sie auf *„die Intuitionen"* verweisen, *„die jeder in seiner Muttersprache hat*[16]*"*. Woher ein jeder diese hat, bleibt zur Vermeidung von Zirkularitäten unreflektiert. Der Zirkel schließt sich dann noch runder, wenn gleich die Gesamtheit der Erfahrungen des Klienten bemüht wird. *„Die Tiefenstruktur selbst ist von einer vollständigeren und reicheren Quelle abgeleitet. Die Bezugsstruktur für die Tiefenstruktur ist die Gesamtheit aller Erfahrungen des Klienten von der Welt.*[17]*"* Doch was die Gesamtheit der Erfahrungen selbst dem Klienten oder auch dem Therapeuten bedeutet, zeigt sich nun wiederum in der Sprache.

„Once the Deep Structure is discovered to have some missing pieces, how can the relationship between this ‚inside' and ‚outside' be seen as anything but arbitrary, indeterminable, undecidable, and thus unfixed?[18]*"*

Die Konklusio ist also: *„This whole idea of a ‚new Deep Structure' runs counter their own structuralistic logic that meaning is fixed and determinable."*[19]

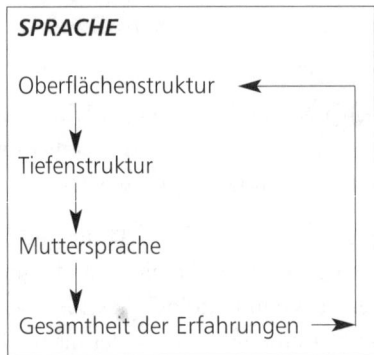

2.2.1 Tiefenstruktur und Differenz: Protokollsatz
Der Satz hat eine Bedeutung, und diese liegt außerhalb von ihm. Das kann zweierlei bedeuten:

1. Die Bedeutung eines Satzes liegt in den Bedingungserfüllungen seines Wahrseins, und diese entstammen einer von ihm abgebildeten Realität, einem Bereich, der außerhalb des Satzes liegt. Wahrheit eines Satzes ist hier adaequatio de re, Übereinstimmung mit dem Sein. Das Außerhalb des Satzes ist das Sein und nicht ein Satz.

2. Das Außerhalb ist ein weiterer Satz und nicht das Sein. Die Wahrheit eines Satzes wird hier differenztheoretisch (Saussure) verstanden.

Die Offenlegung der Tiefenstruktur eines Satzes impliziert die Idee eines Protokollsatzes, und dieser protokolliert die außer ihm existierende Realität. Die Idee des Protokollsatzes, eines nicht durch Theorie imprägnierten Satzes, hat sich jedoch längst als unhaltbar erwiesen.

2.2.2 Tiefenstruktur, Hierarchie und Negation
„Im Gegensatz zu Poststrukturalisten nehmen Strukturalisten an, die Oberflächenstruktur könne, zumindest für Muttersprachler, übersetzt werden – transformiert und abgeleitet von der zugrundeliegenden Tiefenstruktur oder dem Unbewußten –, und deshalb gäbe es eine wahre Bedeutung für einen Begriff, gleichgültig ob es sich um einen Begriff wie ‚Nymphomanie' oder ‚Hund' handelt."

Ganz explizit wird von Bandler/Grinder die Universal-Grammatik akzeptiert: *„Die Mechanismen innerhalb der Transformationsgrammatik sind allen Menschen sowie der Form, in der wir unsere Erfahrung repräsentieren, gemeinsam"*[20]. Steve de Shazer weiter: *„‚Hund' verweist auf diese bestimmte und nicht auf eine andere Art von Kaniden (‚Wolf'). Aus ‚Hund' kann sicherlich nicht ‚Katze' werden."*[21]

Wie wird nun der Wechsel zwischen den Sprachspielen geregelt? Negation und logische Junktoren bleiben innerhalb eines Sprachspiels, geben sie doch die formale Logik eines solchen Sprachspiels an. Ein Wechsel von einem Sprachspiel zu einem anderen wird in der Polykontexturalen Logik durch multi-negationale und transjunktionale Operatoren geregelt, auf die hier nicht eingegangen werden kann[22].

3. Bakhtin's Bridge: Dialog vs. Informationstransfer

Die Kritik de Shazers an Bandler/Grinder betrifft deren kybernetisch und transformationsgrammatisch fundiertes Kommunikationsmodell, das ohne jegliche Reflexivität und Subjektivität, ohne Ich-Du-Dialog, ohne Konversation (G. Pask) auskommt und sich auf die Abstraktheit der Datenübertragung im Modus der Modellierung beschränkt. Seine Kritik ist fokussiert auf die kybernetischen Implikationen (von NLP), seine Methoden und Argumente der Kritik bzw. der Dekonstruktion sind den Arbeiten Jacques Derridas entlehnt.

Sosehr diese Kritik in dekonstruktiver Absicht zu befürworten ist, verzichtet sie doch auf die dekonstruktive Einführung neuer, die Kybernetik, Systemtheorie und Semiotik bzw. Linguistik hinter sich lassender, mächtigerer Techniken und operativer Formalismen. Es scheint de Shazer vollständig unbekannt zu sein – zumindest zeugen seine eigenen Publikationen davon –, daß es eine Dekonstruktion der Kybernetik, vollzogen durch die Kybernetik selbst. als Forschungsbewegung gibt, nämlich die Second Order Cybernetics mit ihrer Einbeziehung des Observers (Heinz von Foerster, Lars Löfgren), der Konversationstheorie (Gordon Pask), der Autopoiesetheorie (Humberto Maturana, Varela, Uribe) und der eine Kybernetik der Subjektivität konzipierenden Polykontexturalitätstheorie (Gotthard Günther)[23].

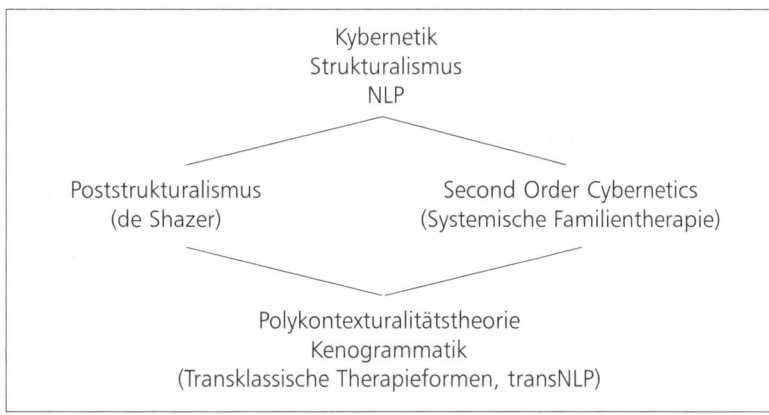

Diagramm 1:
Transformationen

3.1 Co-Creation vs. Modellierung: Konflikte mit der Kreativität

Die Modellierungskonzeption, wie sie auch im NLP zum Einsatz kommt, geht davon aus, daß beim Prozeß des Modellierens, d.h. der Modellbildung, das zu Modellierende in seiner Funktion als Modell (Ursprungsmodell) nicht verändert wird. Es wird sowohl in der Allgemeinen Modelltheorie (Stachowiak) wie im NLP ein sog. Urmodell angenommen, das vom Modellierer modelliert wird. Unabhäng davon, wie verzerrt und unvollständig die Modellierung ausfallen mag, wird postuliert, daß das Urmodell, das Grundmodell dabei invariant bleibt und sich nicht verändert. Es wird somit eine strikte Dichotomie von Modell und Modellierer angenommen. Damit wird garantiert, daß der Modellierer sich (seine eigene Wahrnehmung) nicht selbst in den Modellierungsprozeß einbezieht. Ein solches Einbeziehen ist ihm nach den Grundsätzen der Kybernetik erster Ordnung versagt. Läßt sich die Dichotomie nicht aufrechterhalten, entstehen zwangsläufig Antinomien.

Speziell wird streng unterschieden zwischen der Aktion des Elizitierens und der Aktion des Installierens. Doch in der Praxis drängt sich schnell die Einsicht auf, daß jedes Elizitieren auch ein Installieren und jedes Installieren ein Elizitieren ist und daß eine Dichotomisierung der beiden Tätigkeiten einzig als isolierte und abstrakte Grenzfälle möglich ist.

Diese Verwobenheit gegensätzlicher Begrifflichkeit, die sich in der Praxis zeigt, scheint adäquater mit Konzepten des kooperativen Konstruktivismus bzw. der Idee der Co-Creation erfaßt zu sei. So macht de Shazer einen klaren strukturellen Unterschied zwischen Konstruktivismus und Kooperation. *„Beim (einfachen) radikalen Konstruktivismus können wir zumindest den Geist der Subjekt-Objekt-Trennung bewahren und die Probleme der Klienten ihren eigenen konstruktiven Bemühungen zuschreiben und dabei jedwede therapeutischen Mißerfolge auf das problematische Gebäude schieben, das sie in die Therapie mitbrachten."*

Ein qualitativer Unterschied entsteht bei der Kooperation: *„Doch beim interaktionellen Konstruktivismus ist es nicht so einfach. Therapeutische Mißerfolge bedeuten, daß sowohl Therapeut als auch Klient bei der Konstruktion einer Lösung versagt haben. Der Fehler liegt bei keiner Seite und gleichzeitig bei beiden Seiten. Wenn Verhandlungen scheitern, sind mindestens zwei beteiligt.[24]"*

Zu dieser „weder-noch"- wie „sowohl-als-auch"-Struktur, die symmetrisch ist – was ja den Dialog ausmacht – und als solche eine Eindeutigkeit produziert, kommt noch eine wesentliche Asymmetrie hinzu: es ist nach wie vor der Therapeut als Therapeut, der die Situation vorgibt, sei sie nun symmetrisch oder asymmetrisch. Erst dieses Zugleich von Asymmetrie und Symmetrie macht die chiastische Struktur der Co-Creation aus und entzieht sich dem kybernetischen Modell[25].

Wird dies nicht bedacht, entsteht die absurde Situation, daß Therapeut und Klient sich gegenseitig bezahlen müßten.

4. Wunderfrage und Skalierung

Der therapeutische Ansatz de Shazers verzichtet aus grammatologischen Gründen auf den ausführlichen technischen Apparat strukturalistischer Prägung, wie etwa das Arsenal an Techniken des NLP.

Seine Reduktion der komplexen Semantik einer interaktiven Situation vollzieht sich in zwei Schritten, die zueinander komplementär sind: das Resultat dieser Doppelstrategie ist die *Wunderfrage* und die *Skalierung*.

Die erste Reduktion der komplexen Semantik der Rede wird durch die *Wunderfrage* eingeführt. Der zweite Schritt der Reduktion betrifft die handlungsbezogene und problemlösungsorientierte Komplexität und führt zu einer Skalierung. Damit wird eine Reduktion der Semantik auf die Natürlichen Zahlen als Markierungen in der Skala der Befindlichkeit vollzogen.

Das Resultat ist überraschend in seiner Radikalität: Reduktion auf die Einheit eine Frage, eine Skalierung. Die Wunderfrage lautet: *„Angenommen, es würde eines Nachts, während Sie schlafen, ein Wunder geschehen, und Ihr Problem wäre gelöst. Wie würden Sie das merken? Was wäre anders?[26]"*

Die Semantik der Zahlen, ihre Bedeutung, einmal für den Klienten und einmal für den Therapeuten, läßt sich ausklammern durch den Hinweis auf die Gültigkeit der gegenseitig anerkannten Konvention, daß die Zahl 5 größer als die Zahl 4 und kleiner als die Zahl 6 ist. Auch die Beschränkung auf die ersten zehn Zahlen erfolgt zum Zweck der Reduktion. Die Befindlichkeit wird markiert durch ganze Zahlen zwischen 0 (= am schlechtesten) und 10 (=am besten), die Reihenfolge kann auch umgekehrt werden, so daß die 0 dem Ziel, der Lösung des Problems, entspricht.

Ohne es zu ahnen, führt de Shazer seinen Ansatz zurück auf den Nukleus des logo-zentrischen Denkens, auf den Kern des Strukturalismus überhaupt. Denn die Eindeutigkeit der Natürlichen Zahlen und ihre Linearität bilden das Grundmodell abendländischen, auf den Logos bezogenen Denkens. Begriff und Zahl, Rede und Schrift sind die grundlegenden Oppositionen abendländischen Denkens und Handelns und strukturieren jeden Diskurs. De Shazer reduziert beide Welten auf seine zwei Formeln, die *Wunderfrage* und die *Skalierung*. Mit dieser Dualität entspricht er in äußerster Reduktion dem Strukturalismus bzw. dem Logozentrismus.

Nicht nur die Dichotomie von Begriff und Zahl wiederholt sich in seinem Ansatz, sondern auch die logozentrische Hierarchisierung von Begriff und Zahl. Auch hier hat die Zahl keine eigene Wertigkeit, sondern dient als Brückenkopf für die kopflos gewordene Hermeneutik. Eine Verständigung über Bedeutungen, über die Semantik der Wörter ist der Kommunikation versagt; was als einzig Verbindendes zwischen den Subjekten gilt, sind die Zahlen. Sie tragen die Kommunikation, haben jedoch keine Bedeutung für sich und sind die Träger der Brücke. Sie fungieren als Brückenpfeiler einer verwirrten Semantik, die es zu überbrücken gilt.

„*Scales allow both therapist and client to use the way dialog works naturally by developing an agreed upon term (i.e. ‚6') and a concept (i.e., on a scale where ‚10' stands for the solution and ‚0' for the starting point, ‚6' is clearly better than ‚5') that is obviosly multiple and flexible.*"

Und weiter: „*Since you cannot be absolutely certain what another person meant by his or her use of a word or concept, scaling questions allow both therapist and client to jointly construct a bridge, a way of talking about things that are hard to describe – including progress toward the client's solution.*[27]"

Auch wenn de Shazer den Begriff „Dekonstruktion" – wenn es denn einer wäre – eher im Sinne einer Konstruktion im Gefolge des radikalen Konstruktivismus (von Glasersfeld) benutzt bzw. darauf hinweist, daß er nicht beansprucht, Dekonstruktion im Sinne Derridas zu betreiben[28], soll hier gerade umgekehrt verfahren werden. Der Begriff „Dekonstruktion" soll nicht aus dem Kräfteverhältnis seiner Herkunft herausgenommen und neutralisiert werden. Bekanntlich gibt es für den radikalen Konstruktivismus keine Dekonstruktion, ihm ist alles Konstruktion oder Destruktion, mit polyvalenten Konzepten hat er nichts im Sinn, auch nicht mit der „Amphibolie des Bewußtseins", wie es seiner kantischen Verstricktheit gemäß wäre.

5. „Using Numbers To Build A Bridge"

Xref: maya sci.math:141 sci.philosophy.tech:40 sci.logic:729
Path: maya!anarch!horga!Germany.EU.net!mcsun!uunet!noc.near.net!news.bbn.com!olivea!charnel!rat!usc!wupost!micro-heart-of-gold.mit.edu!news.media.mit.edu!minsky
From: minsky@media.mit.edu (Marvin Minsky)
Newsgroups: sci.math,sci.philosophy.tech,sci.logic
Subject: Re: Those Naughty Category Theorists
Message-ID: <1992Dec2.160554.28994@news.media.mit.edu>
Date: 2 Dec 92 16:05:54 GMT
References: <1992Dec1.215324.300@galois.mit.edu> <1992Dec1.233500.4385@guinness.idbsu.edu>
<92336.202220RVESTERM@vma.cc.nd.edu>
Sender: news@news.media.mit.edu (USENET News System)
Organization: MIT Media Laboratory
Lines: 24-
In article <92336.202220RVESTERM@vma.cc.nd.edu> <RVESTERM@vma.cc.nd.edu> writes:
>"three is the set of all sets with three elements."
>on grammar tests in sixth grade, it was made abundantly clear that
>we are not to define a word using the word itself.
>is this honestly the mathematical definition of three?
>bob vesterman.-
Sorry, but yes, this is Russell and Whitehead's definition. It's not quite as bad as it looks because the first 'three' is being defined as a formal term, whereas the second 'three' is in effect a different word that might be defined as „your favorite way of recognizing when a set has three elements".-
As for the grammar-school teacher, perhaps children should be informed that the same „speech word" is often used to mean several different „thought-words". *Except in mathematics!*

Words should be our servants, not our masters. („The Society of Mind".)

There is no safety in numbers, or in anything else. Thurber.

Nach einer Dekonstruktion der Natürlichen Zahlen oder, wie Günther in seiner letzten Schrift schreibt, einer „*Metamorphose der Zahl*"[29] (von der Zahl zum Begriff) läßt sich nicht mehr naiv von der einen und einzigen Zahl „5" sprechen, denn die Vermittlung von Zahl und Begriff bzw. Bedeutung stellt auch in der arithmetischen Zahl schon die Komplexität der semantischen Konstellation dar. Je nach der Semantizität bzw. Kontexturalität der Situation, in der die Zahl gebraucht, d.h. in der komplex gezählt wird, gibt es verschiedene Zahlen mit dem umgangssprachlichen Namen „5". Die Zahl „5" ist in sich differenziert, enthält Unterscheidungen, die die Zahl strukturieren. Struktur wird hier, jenseits der Dichotomie Form/Inhalt, also „poststrukturalistisch", verstanden als Unterscheidung in der Form selbst.

Wenn de Shazer den Logozentrismus der (Kurzzeit-)Therapie auf zwei Fragen reduziert, dann gibt es in einer den Logozentrismus dekonstruierenden Therapie zumindest noch eine weitere Frage: *„Welche Zahl n meinst du?"* Und es entsteht die spannende Situation, die de Shazer eliminieren wollte, daß ein semantisches bzw. kontexturales Kommunikationsproblem entsteht, das nach Deutung, nach Hermeneutik verlangt, und zwar nach einer Hermeneutik der Natürlichen Zahlen. Denn meine Zahl „5" muß nicht notwendigerweise deine Zahl „5" sein. Dies bezogen nicht auf das, was ich mit der Zahl „5" verbinde, sondern bezogen auf die Zahl „5" selbst. Wir beide aber müssen uns notwendigerweise verständigen – auch über unsere Zahlen. Wir können sie nicht ungestraft einfach als natürlich und gegeben annehmen.

Auf halbem Weg dazu schreibt auch de Shazer: *„The meanings of ‚5' are constructed in the process of therapist-client interaction. ... In fact, therapist and client frequently can and do have different and perhaps even contradictory meanings.*[30]*"* Doch diese Bedeutungsdifferenzen werden nicht in der Zahl selbst abgebildet, sondern erfahren eine Reduktion auf die Skalierung. *„For the client and the therapist the ‚5' gets its meaning principally from the scale to which it belongs."* Und nochmals: *‚5' is better than ‚4' while it is not quite as good as ‚6'*. Und weiter gilt: *„Scales can be thought of as „content free", since only the speaker knows what she means by 5.*[31]*"*

Die natürlichen Zahlen de Shazers, die er für seine Skalierung, seine *Bridge*, benutzt, erscheinen ihm natürlich. D.h. sie sind vorgegeben, und sie lassen sich instrumentalisieren, um seine Probleme der Verständigung zu überbrücken. Denn dafür wurde die Skalierung eingeführt: *„Scaling questions were first developed to help both therapist and client talk about nonspecific, vague topics involving feeling states ...*[32]*"*

Damit rekurriert de Shazer auf eine Deep Structure nicht der Sprache, sondern der Schrift, er verschiebt die Metaphysik der sprachlichen Deep Structure in den Bereich der Arithmetik.

Es soll hier nicht unerwähnt bleiben[33], daß sich vom Standpunkt der mathematischen Grundlagenforschung die Gegebenheitsweise der Natürlichen Zahlen als äußerst prekär darstellt. Für Kronecker sind sie bekanntlich *„von Gott gegeben"*, für Brouwer, den Begründer des Intuitionismus und Konstruktivismus in der Mathematik, der Inbegriff innerster Intuition und Evidenz, für Russell sind sie letztlich nicht-definierbar, da zirkulär, für Gödel ist die Widerspruchsfreiheit des formalen Systems der Arithmetik unentscheidbar, für Yessenin-Volpin, den russischen Ultra-Intuitionisten, sind sie über verschiedene Natural Number Notations Systems (NNNS) verteilt, usw. Gewiß gibt es auch mehrwertig logisch fundierte Zahlensysteme mit mehr als nur einem Nachfolger, ebenso Wortarithmetiken als verallgemeinerte arithmetische Systeme. Für die einen sind die Zahlen Denkobjekte, also Entitäten, die erkannt bzw. entdeckt, für die anderen sind sie Handlungen oder Prozesse, die vollzogen bzw. erfunden werden müssen. Doch auch in der tiefenpsychologisch orientierten Forschung sind Zahlen als kulturelle und kosmologische Phänomene äußerst komplexe Gebilde. In der Philosophie werden gerade die vor-aristotelischen Zahlen, die sogar die platonischen Ideen zusammenhalten sollen, wieder entdeckt (Kayser, Oehler, Günther). In der Harmonikalik, der Zahlenallegorese und dem Neopythagoräismus werden Zahlen-Spekulationen durchaus versucht.

5.1 Co-Creation der Natürlichen Zahlen

Eine Textanalyse von *Words were Originally Magic* zeigt, daß arithmetische Terme, wie etwa: „number", „successor", nicht reflektiert werden. Der Diskurs wird durchgängig durch „phono-logische" Begrifflichkeit bestimmt: ‚contextual meaning', ‚conversation', ‚interpretation', ‚language', ‚meaning', ‚miracle question', ‚reading/writing', ‚scales', ‚transcripts', ‚words'.

Auch wenn sich de Shazer auf die Vorgegebenheitsweise der Natürlichen Zahlen stützen würde, wie sie üblicherweise in der mathematischen Grundlagenforschung angenommen wird – sei sie nun platonistisch oder konstruktivistisch orientiert –, verstöße er doch direkt gegen sein eigenes Konzept der *Co-Creation*.

Dieses Konzept der Co-Creation ist konsequenterweise auf den gesamten therapeutischen Bedeutungszusammenhang, also auch auf das Konzept der Natürlichen Zahlen, soweit sie für die Therapie konstitutiv sind, anzuwenden, soll nicht doch der Logozentrismus und sein Strukturalismus re-etabliert werden.

Die Frage an den Klienten nach seiner Skalierung ist eine Co-Creative Frage auch bezüglich des Numerischen. Zahlen, die in Co-Creativer Situation gebraucht werden/in dieser entstehen, sind keine natürlich[34] gegebenen Entitäten mehr. Zahlen, die in einer semantisch kontexturalen Konstellation gebraucht werden und in ihr entstehen, bilden die Komplexität der Situation, in der sie entstehen, in sich ab, sie sind Zahlen im Gewebe der Bedeutung, und Bedeutung ist im Geflecht der Zahl.

Es geht hier im Rahmen einer keno-grammatologischen Untersuchung darum, den Ansatz de Shazers in dekonstruktiver Absicht zu radikalisieren: Auch die Natürlichen Zahlen können nicht per se den semantischen Abgrund zwischen Klient und Therapeut überbrücken. Auch für die Zahlen gilt wie für Zeichen generell, daß sie Bedeutung haben, daß diese kontextabhängig ist und kooperativ in der jeweiligen Situation konstruiert wird. Gewiß läßt sich leichter eine Einigung erzielen, daß *„‚6' is clearly better than ‚5'"*, als über andere, komplexere Zeichen.

Hier soll aufgewiesen werden, daß die Natürlichen Zahlen genauso zur konventionellen Sprache gehören wie andere Zeichen auch. Der Ansatz de Shazers soll damit nicht negiert oder gar abgelehnt, sondern dekonstruktiv rejiziert werden.

5.2 Kenogrammatik und Keno-Zahlen

Die Reduktion de Shazers bleibt bei der Konstellation Klient/Therapeut/Sprache stehen. Eine weitere Reduktion im Sinne einer Epoché (Husserl) wäre es, die „Sache selbst" in ihrer Unabhängigkeit von ihren Konstituentien (Klient/Therapeut/Sprache) zu fassen, die im Bewußtsein der Konstituiertheit der „Sache selbst" durch ihre Konstituentien zu vollziehen wäre. Es entspricht dem Konzept der Co-Creation, daß die therapeutische Situation sowohl von den Beteiligten konstituiert wie auch restituiert, also „erfunden" wie „gefunden" bzw. entdeckt wird. Daher ist es möglich, im Wissen um die Beobachterabhängigkeit des Wissens von dieser Konstitutions-/Restitutionsleistung zu abstrahieren, um die reine Struktur der Situation, ihre Morpho-Grammatik, zu erfassen. Damit erst wäre die subjekt-, bedeutungs- und kommunikationsunabhängige Struktur der konkreten Situation, ihre kontexturale Invarianz, erfaßt und inskribiert.

Bei de Shazer kann die Zahl „5" für den Klienten eine völlig andere Gewichtigkeit bzw. psychische Bedeutung haben als für den Therapeuten in seiner Interpretation des Geschehens beim Klienten. Im Wissen darum und im Wissen darum, daß darüber keine Verständigung möglich ist, reduziert er diese Bedeutung, klammert sie aus und beschränkt sich auf die Funktion der Natürlichen Zahlen als Marken der Skalierung. Dies ist ihm bedeutungs- und interpretationsneutral. Nach Hegel ist *„die Zahl [ist] eben die gänzlich ruhende, tote und gleichgültige Bestimmtheit, an welcher alle Bewegung und Beziehung erloschen ist ..."*[35]

Keno-Zahlen ermöglichen dagegen eine Vermittlung von Begriff und Zahl, von Bedeutung und Numerik, da sie in einem Bereich lokalisiert sind, der beiden gegenüber neutral ist. Keno-Zahlen basieren auf dem neuen Strukturkonzept des Kenogramms. Zum *„Mechanismus des Kenogramms"* schreibt Günther: *„Die Kenogrammatik ist nicht nur indifferent gegenüber dem Unterschied der [logischen, R.K.] Werte; sie ist genauso gleichgültig angesichts der Differenz von Sinnhaftem und Zählbarem."*[36]

Die Kennzeichnung der Keno-Zahlen als Vermittlung semantischer und arithmetischer Aspekte entspricht der Güntherschen Forderung, daß die „dialektischen Zahlen", hier die Keno-Zahlen, ein neutrales Medium bereitstellen sollen, das sich indifferent gegenüber der Scheidung von Begriff und Wille (Handlung) verhält. Der Zahl wird so die fundamentale Rolle zugewiesen, zwischen Begriff und Handlung zu vermitteln. Die Zahl hat die Aufgabe und kann diese dank ihrer Begriffslosigkeit (Hegel) leisten, die Inkommensurabilität der beiden Komponenten des Wirklichen, nämlich Begriff (Sein) und Wille (Handlung) miteinander zu verbinden.[37]

Die Skalierung de Shazers verlangt nach einer Reduktionsleistung, die dem Geschehen fremd ist und ihm zusätzlich auferlegt wird und somit vom konkreten Geschehen, das skaliert werden soll, ablenkt. Unabhängig davon, wie komplex das Erleben des Klienten war bzw. ist, er wird durch die Skalierungs-Frage zu einer numerischen Abstraktions- und Reduktionsleistung aufgefordert, die er zusätzlich zur Erlebnissituation leisten muß. Diese Zusatzleistung besteht darin, die Komplexität seines Erlebens auf einen allen Erlebniskomponenten gemeinsamen Nenner zu bringen und diesen durch einen numerischen, und zwar ganzzahligen Wert zu bewerten.

Nicht nur im NLP, auch in anderen Therapieformen wird immer wieder darauf verwiesen, daß Wahlmöglichkeiten zu haben, wählen zu können, ein Merkmal für erfülltes Leben in Freiheit sei. Heinz von Foerster, der früh (1971) zum Ethiker der Second Order Cybernetics geworden ist, hat in diese Richtung auch seine ethischen Maximen formuliert: *„Handle so, daß du die Wahlmöglichkeiten der anderen erweiterst.[38]"*

Die Abbildung menschlichen Erlebens auf die Linear-Struktur der Skalierung eröffnet nicht gerade viele Wahlmöglichkeiten des Selbstverständnisses des Klienten; er kann gerade mit Hilfe von Vorgänger und Nachfolger zwischen zwei Möglichkeiten wählen.

Vom Standpunkt der Polykontexturalen Logik aus geht es nicht darum, mehr Wahlmöglichkeiten zu haben, denn ob ich keine oder viele habe, der Modus des Habens und damit der Vorgegebenheit bleibt invariant. Worum es geht, ist, Möglichkeiten zu schaffen; diese sind der Realität, der physischen wie der gesellschaftlichen, erst abzuringen und anderen einzuräumen. Das Einräumen von Möglichkeiten ist auf einer höheren Reflexionsstufe angesiedelt als das Erweitern der Möglichkeiten in numerischer Absicht.

Möglichkeiten zu haben ist ein Vorteil für adaptive Systeme, es macht deren Freiheit aus. Möglichkeiten zu schaffen ist eine Fähigkeit selbstbewußter Lebewesen.

5.3 Elizitierung und Konkretisierung

Die Skalierung hat somit nicht bloß die Funktion der Messung, sondern auch der Elizitierung und Konkretisierung der Situation des Klienten. *„Unlike most scales used to measure something based on normative standards (...), our scales are designed primarily to facilitate treatment.[39]"*

Kenogrammatisch ist diese ablenkende und irritierende Zusatzleistung überflüssig. Die Skalierung kann direkt im Gewebe der Zahl und der Bedeutung des Erlebnisses geschehen. Die Zahlangabe geschieht direkt als Verortung im Gewebe und nicht als Reduktionsleistung auf die Linearität der Reihe der Natürlichen Zahlen. Wie der Bedeutung, so ist auch der Zahl jede Bewegungsfreiheit gegeben. Semantische Verortung und arithmetische Positionierung verweben sich zur kenogrammatischen Zahl.

Im Sinne der Co-Creation setzt diese tabular strukturierte Form der Skalierung von Zahl und Begriff einen gegenseitigen Lernprozeß von Klient und Therapeut in Gang. Der Klient kommt in den Genuß, zu lernen, seine Erlebniswelt nicht-reduktiv darzustellen. Der Rekurs auf den common sense, die normale Sprache und ihre Evidenz, kann nicht mehr naiv angenommen werden, sie gilt es zu hinterfragen.

Wie in der konkreten therapeutischen Situation die Einführung der Skalierung etwa auf einem Blatt Papier durchgeführt wird und das Verständnis des Klienten vorausgesetzt bzw. abgefragt wird, läßt sich die tabulare Struktur der Proto-Zahlen ebenso als Graphik und in spielerischer Weise dem Klienten nahebringen, ohne daß dazu die theoretischen Hintergründe erwähnt werden müßten.

Bei einer Paartherapie beispielsweise stehen mindestens drei Interpretationen einer Zahl im Raum. Wie beim Verhandeln mit Teilen usw., wo mit Hilfe des Therapeuten ein beiden Gemeinsames, z.B. „Liebe", gefunden wird und jeder auf einem anderen Weg dazu gekommen ist und somit letztlich etwas anderes unter dem Term „Liebe" versteht.

Ebenso bedeutet auch eine Zahl für jeden Beteiligten etwas anderes. Dies ist aber nur dann arithmetisch von Relevanz und darstellbar, wenn die Zahl in sich selbst differenziert ist und durch diese Differenzierung

Bedeutung schafft, wenn es sich also um eine Keno-Zahl handelt; sonst fallen die Differenzen in sich zusammen und versammeln sich in der Äußerlichkeit der Natürlichen Zahl.

Würde de Shazer sich konsequent von seinem kooperativen Konstruktivismus leiten lassen, käme er selbst an die Grenzen der Brauchbarkeit der Natürlichen Zahlen, denn er schreibt: „... *the meaning of a number is its use ...*", doch die weitere Spezifikation ist wiederum reduktiv: „...*and, in particular, its use in relationship to the other numbers on the scale*[40]".

Doch die Skalierung von Zahlen hat es in sich, sie erwehrt sich immer wieder der Linearisierung durch die Konzeption der Natürlichen Zahlen. *„As anyone who has played around with numbers knows, like words, numbers are magic.*[41]" Es scheint, als müßten Zahlen nicht notwendigerweise natürlich sein, als müßten sie keineswegs Natürliche Zahlen sein und sich nach dementsprechenden Regeln verhalten. Und die Magie, die dadurch erlebbar wird, muß keineswegs eine animistische Regression und Faszination zur Folge haben. Solche Magie, und das ist das wirklich Wunderbare, ist ohne Verlust berechenbar.

5.4 Zur Einführung der Keno-Zahlen: Proto-Zahlen

John McCarthy, Computer Science Department, Stanford, CA 94305
He who refuses to do arithmetic is doomed to talk nonsense.
http://www-formal.stanford.edu/jmc/progress/

Grundvoraussetzung jeglicher Arithmetik ist die Identifizierbarkeit von Objekten. Objekte können dabei sein:
1) zählbare Einheiten, Chunks, Entitäten, Dinge;
2) die Zahlzeichen und Ziffern selbst und
3) die Zählprozesse, das Zählen von Objekten.

Für zwei solche Objekte gilt, daß sie entweder gleich, d.h. identisch, oder aber verschieden, d.h. divers sind. Solche Objekte haben Eigenschaften, Attribute und Prädikate. Diese treffen entweder zu, oder sie treffen nicht zu. Ein Drittes ist ausgeschlossen.

Läßt sich ein Objekt identifizieren, so läßt sich dieser Prozeß der Identifikation auch beliebig iterieren. Die zwei fundamentalen Abstraktionen bzw. Modellbildungen lauten demnach:
1. Abstraktion der Identifikation und
2. Abstraktion der Iterierbarkeit.

Ein in sich widersprüchliches Objekt ist nicht zugelassen. Sein Erscheinen in einem Kalkül würde diesen zerstören.

In der Kenogrammatik und insbesondere in der Proto-Struktur soll solchen in sich widersprüchlichen Objekten Raum gegeben werden.

Wir wollen das Identitätsprinzip erweitern, erst mal dadurch, daß wir die sprachlichen Möglichkeiten übernehmen, die es noch gibt, wenn wir von Gleichheit, Selbigkeit und Verschiedenheit reden, wobei es nur um den strukturellen Zusammenhang geht und nicht um die Wörter.

Diagramm 2: Zur Dialektik der Gleichheit

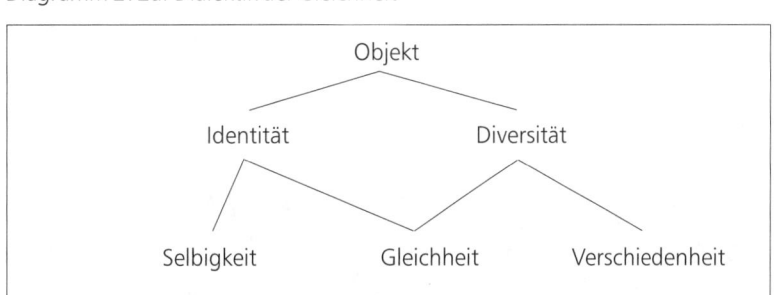

Wir haben in diesem Diagramm drei Begriffe, und zwischen jedem ist eine Differenz, und diese Differenz ist bestimmt durch Identität-Diversität, zwischen Selbigkeit-Gleichheit, Gleichheit-Verschiedenheit, Selbigkeit-Verschiedenheit. Wenn wir dieses Diagramm zu vier Werten erweitern würden, dann würde es einfach so weitergehen. Bei drei haben wir noch drei Systeme, da koinzidiert die Anzahl der Kanten mit der Anzahl der Knoten, bei vier Werten erhalten wir sechs verschiedene Möglichkeiten, die Begriffe zu vergleichen. Das sind dann immer die Differenzen zwischen allen Begriffen, d.h., bei vier Begriffen bekommen wir sechs Identitäts-Diversitätssysteme. Es wird hier deutlich gezeigt, daß es sich bei „Gleichheit" etwa nicht um einen Oberbegriff handelt, sondern um die Differenzen zwischen den Begriffen. Die Widersprüche wachsen mit der Erweiterung des Diagramms. Daher ist eine Abbildung auf den mathematischen Begriff der geordneten Menge (n-Tupel) hier nicht angebracht.

Zur Erklärung dieser Widersprüche ist ein Begriffsapparat zuständig, der selber nicht auf Identität-Diversität abbildbar ist. Das Formalsystem, das erklären kann, wie die Identitäts-Diversitätssysteme miteinander verkoppelt sind, ist selber wiederum nicht ein Identitäts-Diversitätssystem, kann es gar nicht sein. Wenn es trotzdem eines wäre, dann hätten wir die Situation, daß es nur ein Identitätssystem gibt, was die metasprachliche Allgemeingültigkeit hat, und die anderen Systeme wären nur Applikationen des einen und einzigen Grund-Systems.

Hier besteht der Anspruch darin, daß diese Systeme zwar eine Gleichheit zu diesem Notationssystem haben, aber insofern anders sind, als sie in einer Vielzahl auftreten.

Diagramm 3: Identitäts-/Diversitäts-Relationen der Proto-Struktur

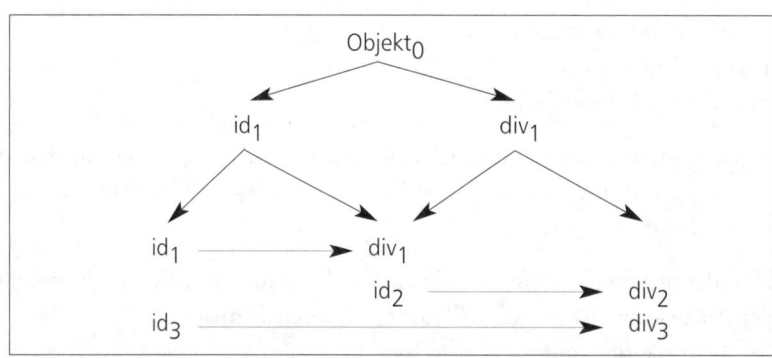

Der allgemeinste Widerspruch bzw. Gegensatz in unserem Zusammenhang ist der von Quantität und Qualität. Für drei Kontexturen gilt: Selbigkeit = (id_1 , id_3), Gleichheit = {div_1 , id_2), Verschiedenheit = (div_2 , div_3).

Jedes Identitäts/Diversitäts-System definiert den strukturellen Ort einer klassischen zweiwertigen Logik.

Diagramm 4: Diagramm der ersten drei Proto-Zahlen

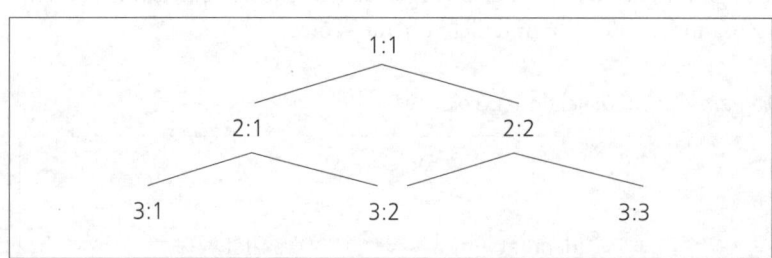

5.4.1 Die Haupteigenschaften der Keno-Zahlen
Für den Kenner der Materie sei hier eine kleine Zusammenfassung gegeben:

1. Versammlung bzw. chiastische Vermittlung widersprüchlicher und komplexer Bedeutungen, d.h., in ihnen und durch sie ist Zahl und Begriff vermittelt.
2. Nachfolger, Vorgänger und Nachbar bzw. Nebengänger ermöglichen verschiedene Wege durch die arithmetischen Komplexionen.
3. Keno-Zahlen sind als Gestalten bzw. Komplexionen (ultra-)finit.
4. Das Gezählte ist eine Vermittlung von Quantität und Qualität, d.h., die Kontexturen werden emanativ und evolutiv gezählt.
5. Differenzierung der Keno-Zahlen in Proto-, Deutero- und Trito-Zahlen.
6. Die Nachfolgeoperation ist iterativ wie auch akkretiv. Für die Proto-Zahlen gilt die Kommutativität von Iteration und Akkretion.
7. Über Keno-Zahlen sind komplexe Operatoren der Komposition und Dekomposition definierbar.

5.4.2 Verlust der Unschuld der Natürlichen Zahlen
Der Erlebnis-Weg ist synchronisiert mit der Arithmetisierung; er ist nicht getrennt, läuft nicht für sich ab und wird dann jeweils im nachhinein taxiert, sondern ist mit dem Weg des Erlebens verwoben und strukturiert diesen mit. Die keno-arithmetische Skalierung ist dann nicht mehr bloß eine Etikettierung von Erlebnis-Komplexionen mit einer arithmetischen Marke, sondern eine arithmetische Strukturation des Erlebens selbst. Nicht von außen aufgesetzt, sondern der intrinsischen Struktur des Erlebens entsprechend und nicht mehr unter dem Diktat der Identität der Natürlichen Zahlen stehend.

Sind einmal die Keno-Zahlen dekonstruktiv eingeführt, lassen sich auch einfachere Sprechweisen verwenden. Die Keno-Zahlen lassen sich dann als „mehrdimensionale" Zahlen bzgl. Iteration und Akkretion auffassen, im Gegensatz zur Eindimensionalität der Natürlichen Zahlen. Statt auf einer einzigen Linie bzw. einer Reihe wie die natürlichen Zahlen, sind die Keno-Zahlen der Proto-Struktur über eine Fläche verteilt. Es ist jedoch zu beachten, daß die Keno-Zahlen in sich tabular definiert sind und weder auf n-Tupel natürlicher Zahlen noch auf die Linearität der Natürlichen Zahlen reduzierbar sind, sollen sie nicht bei der Reduktion eliminiert werden.

5.5 Proto-Zahlen: „Ich fühlte mich ‚5:3' und bewegte mich nach ‚6:1'."
Die Vermittlung von Quantität und Qualität durch die Proto-Zahlen ermöglicht es, qualitativ Verschiedenes zu zählen, ohne es aufgrund arithmetischer Zwänge zum Zweck der Skalierung auf einen Nenner reduzieren zu müssen. Im Gegensatz zu den Deutero- und Trito-Zahlen wird bei den Proto-Zahlen einzig die reine Quantität der jeweiligen Qualitäten notiert und von der Wiederholung und Anordnung der Quantitäten/Qualitäten in der Komplexion der Erlebnisse abstrahiert. Eine konkretere Modellierung müßte auf der Trito-Ebene stattfinden und die Deutero- und Proto-Ebene als Reduktion einführen. Hier geht es mir einzig darum, den Hauptgedanken zu entwickeln, und nicht darum, eine ausgeführte Theorie der multi-axialen Skalierung einzuführen.

„Wir haben zusammen eine Bedeutung für Ihren Gebrauch des Wortes ‚depressiv' konstruiert, der beinhaltet (a) nicht Golf spielen, (b) nicht Pizza essen und Bier trinken gehen, (c) nicht mit Mädchen tanzen und (d) nicht spontan auf der Couch einschlafen, bevor Sie zu Bett gehen möchten.[42]*"*

Diese vier Punkte geben eine qualitative Bestimmung dessen an, was der Klient gemeinsam mit dem Therapeuten als depressiv im momentanen Kontext versteht.

Eine proto-arithmetische Skalierung kann nun jeder der (hier) vier Qualitäten eine Zahl der Befindlichkeit zuordnen. Denn jede Komponente kann sich je für sich verschieden intensiv positiv oder negativ entwickeln.

D.h., ich fühle mich beispielsweise „5:3" und bewege mich iterativ nach „6:3", die Komplexität erst einmal bewahrend, fühle aber, daß ich hier und jetzt diesen komplexen Zustand nicht halten kann, und bewege mich reduktiv von „6:3" nach „6:1", d.h., meine Wertung meines Zustandes heißt demnach, daß ich mich von „5:3" nach „6:1" entwickelt habe. „Ich fühle mich ‚besser', jedoch unter Verzicht auf Komplexität. Es geht mir um eine Einheit besser, aber ich habe es mir um zwei Erlebnis-Einheiten bzw. Konflikt-Einheiten einfacher gemacht." Um welche Einheiten es sich handelt, ist auf der Proto-Ebene nicht von Belang. Hier wird einzig die abstrakte Struktur von Iteration (Wiederholung des Alten) und Akkretion (Wiederholung bzw. Einführung des Neuen) dargestellt.

Hätte ich mich von „5:3" nach „6:3" entwickelt, dann ginge es mir um eine Einheit besser, und ich hätte die Komplexität des Zustandes „5:3" auf der neuen Stufe „6:3" bewahren können – dies wäre zwar immer noch ein iterativer Schritt, jedoch unter Beibehaltung der Komplexität. Etwas Neues würde geschehen, wenn es mir um eine Stufe besser ginge und ich zusätzlich meine Erlebnisfähigkeit gleichzeitig um eine Einheit hätte erhöhen bzw. erweitern können – dann wäre ich akkretiv direkt von „5:3" nach „6:4" gelangt. Ein weiterer Schritt zur Erhöhung der Erlebnisfähigkeit wäre es, wenn ich zum akkretiven Schritt noch einen emanativ-differenzierenden Schritt von „6:3" nach z.B. „6:4" geleistet hätte. Ich wäre dann immer noch von *fünf* nach *sechs* gelangt, aber nun doch in unterschiedlicher und unterscheidbarer Bedeutung. Würde ich in einer anderen Situation nun von „6:4" nach „5:3" zurückgehen müssen, dann wären mir dazu offensichtlich verschiedene Wege offen. Ich wäre nicht gezwungen, auf demselben Hin-Weg wieder zurückgehen zu müssen, wie dies die Linearität der Natürlichen Zahlen erzwingen würden. Eine psychische „Regression" läßt sich nicht ohne Zwang auf eine lineare Topologie reduzieren. D.h., mein Weg zurück kann sich unterscheiden vom Weg hin, ebenso unterschiedlich kann der neue Weg hin gestaltet werden, er kann sich vom ersteren Weg hin auch wiederum unterscheiden.

Es ist wohl kaum anzunehmen, oder es wäre gewiß eine Vermessenheit eines logo-zentristischen uni-linearen Denkens, daß die Bewegung hin und die Bewegung her auf der Skala, die Wege im Gewebe der Bedeutungen und Erlebnisse und ihre arithmetische Verwobenheit selbst linear und bzgl. Nachfolger und Vorgänger symmetrisch aufzufassen wären. Es ist daher zu beachten, daß die Skalierung nicht nur den jeweiligen Ort angibt, den der Klient mit seiner Bewertung seiner Situation vornimmt, sondern er zeigt auch den Weg an im Sinne von „weg von" und „hin zu" bzw. „hin und her".

Die Unterscheidung von *Was* und *Wie* läßt sich hier so einführen, daß ich sage, ich bin von „3" nach „5" gegangen. Dies sage ich mit den Worten für Zahlen: „drei" und „fünf". Der Hörer versteht, was der Sprecher sagt und meint. Er kann aber nicht wissen, wie er von „3" nach „5" gegangen ist. Es bleibt eine Unentscheidbarkeit. Erst wenn der Sprecher zeigt, wie er von „3" nach „5" gegangen ist, dem Hörer also seinen Weg in der Proto-Struktur aufzeichnet und zeigt, ist der Weg auch für den Hörer entschieden. Ohne Proto-Zahlen muß diese Interpretationsleistung der Intuition des Therapeuten überlassen bleiben.

Eine weitere Differenzierung kommt ins Spiel, wenn die **Intensität** der einzelnen Schritte mitberücksichtigt wird. Oft ist es so, daß die einzelnen Schritte von n zu n+1 verschieden intensiv erlebt werden; dies läßt sich durch die lineare Sukzession nicht abbilden, denn für diese entspricht jedem Schritt eine identische numerische Einheit. Die keno-arithmetische Darstellung stellt den numerischen Spielraum zur Verfügung, der den einzelnen Schritten verschiedene Intensitäten zuzuordnen erlaubt. Dem Intensitätsgrad eines numerischen Schrittes entspricht die Akkretion, d.h. die Erhöhung der Komplexität der Konstellation im Vollzug der Sukzession.

5.6 Modellierung der de Shazerschen Skalierungstechnik

Auf die Frage: Wie wissen Sie, daß Sie depressiv sind? entsteht eine Identifizierung und Sortierung von Erlebnissen, die zum Kontext der Frage gehören. Vom Klienten wird eine Komplexion von Erlebnissen gebildet.

Auf die Skalierungsfrage hin ordnet der Klient jedem Erlebnis eine numerische Bewertung zu.

Als Antwort liefert er eine Reduktion seiner Bewertungen auf eine Skala, d.h. auf eine einzige (numerische) Qualität hin. Er nennt eine Zahl. Diese ist der Durchschnitt seiner qualitativ verschiedenen Einzelbewertungen.

In der Praxis kann beobachtet werden, wie der Klient Überlegungen anstellt und Zeit für seine Antwort braucht. Würde der Therapeut den Metaprozeß elizitieren, etwa durch die Frage: *„Wie haben Sie eben gerade diesen Skalierungswert gebildet?"*, würde er wohl eine Antwort erhalten, die auf einen Identifikations-, Sortierungs- und Reduktionsprozeß hinweist. Warum also nicht gleich auf der Ebene der Erlebnisse eine (multiaxiale) Skalierung ansetzen?

Numerische Darstellung des Skalierungsprozesses

$$\text{Skalierung: } (Q_1, Q_2, ..., Q_n) \rightarrow (n_1, n_2, ..., n_n) \rightarrow (n_0)$$

Der Modellierungsprozeß verläuft also so, daß erst die Erlebnisse sortiert werden, dann ein dazu passendes n-Tupel von Wertungen gebildet wird und schließlich das n-Tupel auf einen einzigen numerischen Wert abgebildet, d.h. reduziert wird.

Diagramm 5: Inhaltliche Darstellung des Skalierungsprozesses

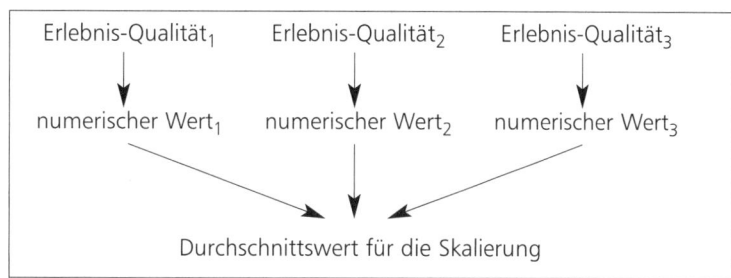

„*When there's something that's not concrete, you concretize it in a way that, from distance, looks very damn strange: You invent one of these scales. By inventing one of these scales, you can take a whole, damn, amorphous thing and reduce it to a number; now it's real and concrete.*

In a logical sense, that's an impossible task. But you do it, and now it's real ... (thus) when it's global, general, amorphous, and vague – you give it a number.[43]"

Anmerkungen
Teil 1:

1. Brockhaus-Enzyklopädie, Mannheim [19]1991.
2. Maugham 1975, 41.
3. Vgl. Bandler & Grinder 1981, 39.
4. Rosen [3]1994, 96f.
5. Mit dieser Aussage stimmen nicht alle hier behandelten Therapiemethoden überein. Das gilt z.B. für Steve de Shazer und die Idiolektiker. Vgl. dazu auch das nächste Kapitel.
6. Der Begriff „Therapiemethode" oder „-form" wird in diesem Buch verwendet, wenn die Methode als Ganzes (zum Beispiel die GT, NLP, RET) im Vordergrund der Betrachtung steht. Der Begriff „Fragemethode" wird verwendet, wenn es vor allem um das Befragen innerhalb der Therapiemethode geht.
7. In Kapitel 1,3 und 5 verwenden wir in diesem Buch im Singular die weibliche Form. In der Einleitung und dem 2. und 4. Kapitel verwenden wir die männliche Form.
8. Grawe 1998, 165.
9. Hildenbrand & Welter-Enderlin, 1996, 23ff.
10. Vgl. Grawe 1998, 24.
11. Vgl. Beutler 1986; Beutler & Consoli, 1992; Garfield 1992.
12. Vgl. Lazarus 1992 und Fish 1973.
13. Bei diesen Skalen geht es darum, daß der Klient den Problemzustand zum Zeitpunkt, als er sich entschlossen hatte, die Therapie zu beginnen, mit 0 bezeichnet und den von ihm intendierten Lösungszustand als 10. Dies ermöglicht dann dem Therapeuten, mit dem Klienten über Veränderungen zu sprechen, bei denen es nicht mehr wichtig ist, ob er inhaltlich versteht, was dieser mit Ängstlichkeit o.ä. meint. Es ist nur wichtig zu wissen, daß 5 besser ist als 4 und schlechter als 6.
14. Grawe 1998, 173f.
15. Die in diesem Buch ausgewählten Fragemethoden erheben keinen Anspruch auf Vollständigkeit.
16. In den Teilen 1,3 und 5 werden wir in der Einzahl die weibliche Form verwenden. In der Mehrzahl werden wir aus Gründen der flüssigeren Lesbarkeit durchgängig die männliche Form verwenden.
17. Für eine ausführliche Besprechung des Themas „Trennung von Subjekt und Objekt" sowie deren Bedeutung für die therapeutische Theoriebildung vgl. *Der leichte Tanz – Das neue Spiel der Selbst- und Weltmodelle* von Grochowiak und Castella.
18. Vgl. dazu das Kapitel II.3. „Grundlagen des Miteinanderseins".
19. Vgl. auch Ciompi 1999.
20. Die meisten Psychotherapiemethoden vertreten explizit oder implizit die Ansicht, daß alle Probleme, mit denen Klienten in die Therapie kommen, Bedeutungsprobleme (in NLP-Terminologie würde man von einschränkenden Glaubenssätzen sprechen) sind. Dem ist aber nicht so. Einige Problemklassen könnte man als Reiz-Reaktions-Kopplungen bezeichnen, die sich deutlich von Bedeutungsproblemen unterscheiden. Vgl. dazu auch die Ausführungen im NLP-Teil.
21. Auf dem Konstruktivismus wird im Abschnitt über die philosophischen Grundrichtungen ausführlich eingegangen.
22. Vgl. zum Thema Bedeutung und Kontext auch Grochowiak & Castella 1998, 51ff.
23. Vgl. die ausführliche Erläuterung dieses Begriffs im nächsten Kapitel.
24. Walter & Peller [3]1996, 64.
25. Jaynes 1988, 75.
26. de Shazer 1996, 26.
27. Vgl. Haley 1999.
28. Vgl. im zweiten Teil des Buches das Kapitel über den Diamond.
29. Der Solipsismus ist ein erkenntnistheoretischer Standpunkt, der nur das eigene Ich mit seinen Bewußtseinsinhalten als das einzig Wirkliche gelten läßt und alle anderen Ichs mitsamt der ganzen Außenwelt nur als dessen Vorstellungen annimmt.
30. Vgl. dazu das Kapitel „Theorie und Philosophie des Fragens".
31. Auf die Kritik am Strukturalismus wird im nächsten Abschnitt ausführlich eingegangen.
32. In diesem Zusammenhang sei auch an die Untersuchung von Wittgenstein zur Unmöglichkeit der Privatsprache erinnert.
33. Derrida 1972.
34. Günther 1980 (Bd. III).
35. Edelman 1995.
36. Hingegen hat durch die Rezeption des Dekonstruktivismus in Amerika eine gewisse Trivialisierung des Dekonstruktionsbegriffes stattgefunden, die wir an dieser Stelle jedoch nicht weiterverfolgen wollen. Wir benutzen den Begriff hier meist in einem mehr umgangssprachlichen Sinne von „auseinander-nehmen", die Konstruktionsvoraussetzungen von etwas (z.B. von einem Problem) bewußtzumachen, um so die Möglichkeit zu eröffnen, diese Konstruktionsvoraussetzungen, d.h. die unbewußten Vorannahmen von Klienten, verstehbar zu machen und auf ihre Rationalität, auf ihre sachliche Angemessenheit, auf ihre Plausibilität, ihre Viabilität hin zu befragen und sie gegebenenfalls zu verändern.
37. Zima 2000, 208; oder auch Zima 1994: „Sinnpräsenz ist nicht zu haben, weil historische Sinnverschiebungen die Fixierung von Signifikanten auf bestimmte Signifikate verhindern" (S. 42).

38 Vgl. die ausführliche Darstellung der Tiefenstruktur bei der Behandlung des NLP-Meta-Modells der Sprache im 2. Teil des Buches.
39 In diesem Zusammenhang möchten wir auf Korzybskis Begriff der *undefined terms* hinweisen. In *Science and Sanity* schlägt er auf Seite 21f. eine kleine Übung vor, bei der jemand nach der Bedeutung jedes Wortes eines Satzes gefragt wird. Nach kurzer Zeit wird die Person beginnen, zirkuläre Erklärungen zu produzieren. Sie definiert z.B. Raum durch Länge, Breite und Höhe und diese wiederum durch „Raum". „Here we have reached the bottom and the foundation of all *non-elementalistic meanings* – the meanings of *undefined terms*, which we ‚know' somehow, but cannot tell. In fact, we have reached the un-speakable level. This ‚knowledge' is supplied by the lower nerve centres; it represents affective first order effects, and is interwoven and interlocked with other affective states, such as those called ‚wishes', ‚intentions', ‚evaluations' and many others. It should be noticed that these first order effects have an objective charakter, as they are un-speakable – are not words."
    Auf Seite 153 führt er aus: „We see that no statement made by man, whether savage or civilized, is free from some kind of structural metaphysics involving s.r. (semantic reaction, die Autoren). We see also that when we explicitly start with undefined words, these *undefined* words have to be taken on faith. They represent some kind of implicit creed, or metaphysics or structural assumptions."
40 „Differenz" schreibt man im französischen „différence", also mit „e". Derrida hat mit „différance" ein Kunstwort geschaffen, das lautlich vom Original nicht zu unterscheiden ist. Man kann den Unterschied nur schreiben/lesen – nicht hören. In *Randgänge der Philosophie*, Passagen Verlag 1988, führt Derrida auf Seite 34 aus: „Nach den Forderungen einer klassischen Begrifflichkeit würde man sagen, daß »différance« die konstituierende, produzierende und originäre Kausalität bezeichnet, den Prozeß der Spaltung und Teilung, dessen konstituierte Produkte oder Wirkungen die *différents* oder die *différences* wären. Während wir uns indes dem infinitiven und aktiven Kern des *différer* nähern, neutralisiert »différance« (mit a) das, was der Infinitiv als einfach aktiv kennzeichnet, ebenso wie »mouvance« (Beweglichkeit) nicht die einfache Tatsache des Bewegens, des sich Bewegens oder des Bewegtwerdens bezeichnet. Die Resonanz (*résonance*) ist nicht mehr der Akt des Ertönens (*résonner*). Es ist zu bedenken, daß im Französischen die Endung *ance* unentschieden zwischen dem Aktiv und dem Passiv verharrt. Und wir werden sehen, warum, was sich durch »différance« bezeichnen läßt, weder einfach aktiv noch passiv ist, sondern eher eine mediale Form ankündigt oder in Erinnerung ruft, eine Operation zum Ausdruck bringt, die keine Operation ist, die weder als Erleiden noch als Tätigkeit eines Subjekts, bezogen auf ein Objekt, weder von einem Handelnden noch von einem Leidenden aus, weder von diesen *Termini* ausgehend noch im Hinblick auf sie, sich denken läßt."
41 Auf die Nähe dieses Begiffs zum Konzept der *Kenogrammatik* bei G. Günther und R. Kaehr sei an dieser Stelle nur hingewiesen.
42 Derrida 1972, 37.
43 Vgl. dazu die einschlägigen Aufsätze in Günther 1980 (Bd. III) sowie die Arbeiten R. Kaehrs: http://www.techno.net/pcl/index.html
44 Wir wollen an dieser Stelle darauf hinweisen, daß auch Korzybski immer wieder auf die Problematik der Copula „ist" aufmerksam gemacht hat, allerdings vor einem ganz anderen philosophischen Hintergrund. Es würde sich unserer Meinung nach lohnen, hier mit einer vergleichenden Analyse nach der spezifischen Differenz Ausschau zu halten. Diese könnte dem NLP zu einem vertieften Verständnis eigener ontologischer Präsuppositionen verhelfen, die bisher noch nicht in den Blick genommen wurden.
45 Zima 2000, 211.
46 a.a.O., 214.
47 Zima 1994, 62.
48 Chomsky 1957.
49 Chomskys rein syntaktischer Ansatz kann die Beziehung zur Semantik nur durch objektivistische Vorannahmen sicherstellen. Zur Kritik an dieser Vorgehensweise vgl. auch Edelman 1995, 345ff.
50 Trope bedeutet wörtlich übersetzt „Wendung" und bezeichnet bildliche Ausdrücke oder Worte, die im übertragenen Sinn gebraucht werden.
51 Sollte der Leser an einer vertiefenden Lektüre interessiert sein, seien ihm die Bücher empfohlen, die wir in den Fußnoten zitieren.
52 Grinder und Bandler verstanden sich selbst als „Modellbauer".
53 v. Schlippe 1996, 88. Maturana und Varela geben in ihrem Buch *Der Baum der Erkenntnis* auf Seite 46 einige weitere Erklärungen zum Begriff der Unterscheidung: „Das Aufzeigen eines Wesens, Objekts, einer Sache oder Einheit ist mit einem *Akt der Unterscheidung* verbunden, der das Aufgezeigte von einem Hintergrund unterscheidet und damit von diesem trennt. Immer wenn wir auf etwas implizit oder explizit Bezug nehmen, haben wir ein *Unterscheidungskriterium* festgelegt, das das Kennzeichen dessen, von dem wir gerade sprechen, und seiner Eigenschaften als Wesen, Einheit oder als Objekt spezifiziert. Es ist dies eine ganz alltägliche und nicht etwa eine besondere Situation, in der wir uns andauernd und notwendigerweise befinden."
54 von Foerster 1981, 40, in: von Schlippe 1996, 88.
55 Cramer & Kaemper 1990, in: von Schlippe 1996, 89.
56 Vgl. a.a.O.
57 Vgl. zur Problematik des Modellbegriffs auch Grochowiak & Castella 1998, 63ff: „Was wir tun, wenn wir Modelle bauen".
58 Vgl. hierzu u.a. Roth 1996.
59 Wenn wir hier sagen, daß beides gilt, obwohl es sich doch auf den ersten Blick geradezu widerspricht, dann frönen wir hier nicht etwa einem Antirationalismus. Wir intendieren mit dem Sowohl-als-auch ein chiastisches Verhaltnis von Gegebenheit und Konstruktion. Dies hier näher auszuführen ist nicht der Ort. Vgl dazu Grochowiak & Castella 1998, 63ff.

60 Geene 1998, 96.
61 Vgl. die ausführliche Darstellung im Abschnitt über die systemische Therapie.
62 Maturana 1982, 175.
63 Kriz 1981, in: von Schlippe, 1996, 87.
64 Vgl. weiter unten: Was soll ich wollen?
65 Striet 2000, 89.
66 Mit Stendhal könnte man sagen: „Die einzige Entschuldigung Gottes ist, daß er nicht existiert."
67 Safranski 1997, 380.
68 Berne 1996, 121.
69 Vgl.: Striet 2000, 90.
70 a.a.O.
71 Vgl. die Darstellung der GT im 3. Teil des Buches.
72 Zur phänomenologischen Leibanalyse Merleau-Pontys siehe Abschnitt e) Psychosomatik.
73 Vgl. Heidegger 1994.
74 Condrau 1989.
75 Binswanger 1992.
76 Heidegger 1977 (Bd. 24), 87.
77 a.a.O.
78 Leidlmaier 1991, 94.
79 Leidlmaier 1991, 228f.
80 Vgl. auch die Ausführungen zur Idiolektik im 4. Teil im Kapitel „Der Problem-Lösungs-Raum".
81 Den Versuch, die Materialität des Geistes oder das embodiment of mind durch Spekulationen über die Quantengravitation in den Griff zu bekommen, wie es z.B. Roger Penrose in seinem Buch *Computerdenken* versucht, kritisiert Edelman unseres Erachtens zu Recht mit der Formulierung: „Physik als Ersatz für Spuk" (vgl. Edelman 1995, 304ff).
82 Vgl. z.B. das Konzept des Gestaltkreises von Viktor von Weizsäcker.
83 Vgl. Penrose 1995. Der neueste Versuch, Penrose glaubwürdiger zu machen, beruft sich auf Untersuchungen über die Funktion der Mikrotubuli im Gehirn in bezug auf das Phänomen des Bewußtseins.
84 Vgl. Mitterauer 1989.
85 Heidegger 1994, 248.
86 Vgl. den Abschnitt über Autopoiese im vorhergehenden Kapitel.
87 Menschen konnten schon immer Dinge tun (Brot backen, Leder gerben, Stahl härten usw.), wobei sie nicht genau wußten, warum das, was sie taten, die erzielte Wirkung entfaltete. Häufig dauerte es Tausende von Jahren, bis die ersten chemischen oder physikalischen Erklärungsmodelle (Theorien) entstanden, die diesen Zusammenhang erklären konnten. Und auch diese Erklärungsmodelle unterliegen einem ständigen historischen Wandel.
88 Merleau-Ponty 1945, 234.
89 a.a.O., 275.
90 a.a.O., 253.
91 a.a.O., 486.
92 Vgl. die Diskussion über den Entschluß, die Entschiedenheit und den Willen im Kapitel „Theorie und Philosophie der Frage". Auch hier stellt sich die Entschiedenheit als ein letztendlich ich-loser Impuls der Wahrnehmung dar.
93 Merleau-Ponty, a.a.O., 377.
94 Merleau-Ponty, a.a.O., 464.
95 Eccles & Popper 1989.
96 Schulte 2000, 196.
97 a.a.O., 215.
98 a.a.O., 154.
99 Günther 1963, 122f.
100 a.a.O., 126.
101 a.a.O., 127f.
102 Weischedel 1998, 179f.
103 Rombach ²1988.
104 Spencer-Brown 1999.
105 Zitiert nach Goldberg 1998.
106 Vgl. die Darstellung dieses Ansatzes im Teil über NLP.
107 Hier spielt Goldberg auf das bekannte Heidegger-Zitat „Die Sprache ist das Haus des Seins" an.
108 Goldberg 1998, 22.
109 Vgl. dazu genauer im Teil über NLP das Kapitel „Fragen nach der inneren Repräsentation".
110 Grove 1992, 23.
111 a.a.O., 17.

112 a.a.O., 23.
113 a.a.O., 23.
114 a.a.O., 24.
115 a.a.O., 28.
116 a.a.O., 32.
117 a.a.O., 38.
118 a.a.O., 40.
119 Vgl. Singh 2000.
120 Vgl. Rombach ²1998, 11.
121 a.a.O., 11f.
122 a.a.O.
123 Reframing heißt übersetzt Umdeutung. Dieses Konzept ist in der Psychotherapie sehr verbreitet und wird genutzt, um einschränkende Glaubenssätze der Klienten in bezug auf sich selbst oder bestimmte Ereignisse positiv umzudeuten.
124 Rombach ²1998, 12.
125 Virtuelle Fragen, die Klienten sich stellen, behandeln wir im Abschnitt über den Frageansatz von M. Goldberg.
126 Goldberg 1998, 24.
127 Hierfür finden Sie im 5. Teil Übungen zum Elizitieren und Optimieren Ihrer eigenen virtuellen Fragen.
128 Ontisch meint seinsmäßig, dem Sein nach.
129 Rombach ²1998, 21.
130 Rombach merkt hierzu an: „In-sein" kann hier nicht einfach im objektivistischen Sinne verstanden werden, wie z.B. ein Buch in einem Schrank ist. Der Körper eines Menschen kann natürlich in einem Zimmer sein oder auch nicht, aber das In-der-Welt-sein eines Menschen ist so zu verstehen, daß die Welt, in der er ist, selbst durch ihn mit konstituiert wird. Wenn wir davon sprechen, daß ein Mensch eine Umwelt „hat", dann geht es in diesem Zusammenhang gerade darum, was hier „haben" eigentlich meint. Beim Erkennen der Außenwelt z.B. ist klar, daß dieses Erkennen „innen" ist. Daraus ergibt sich dann in der klassischen Erkenntnistheorie das Problem, wie man von „innen" nach „außen" kommt. In der Theorie der autopoietischen Systeme entspricht dies dem Problem der informellen Geschlossenheit solcher Systeme. Heidegger gründet in *Sein und Zeit* (1977) auf S. 82 das Erkennen in einem Schon-sein-bei-der-Welt als einem Modus des In-Seins.
Oder um es mit Sloterdijk (1993, 267) zu sagen: „Die zur Institution geronnene Philosophie konnte sich nie einen Reim darauf machen, daß Individuen wirklich existieren – wenn Existenz die Lichtung des Einmaligen bedeutet, das für begriffliches Vorstellen außer Reichweite »liegt«. Die Psychologie ihrerseits hat nie ein hinreichend klares Verständnis zu der Tatsache finden können, daß Individuen denken und daß Denken nicht nur eine psychische Funktion ist, sondern das Theater, auf dem die Welt aufgeht. So fassen die Philosophen die menschliche Tatsache zu indirekt, die Psychologen zu niedrig – als gäben beide ein Unbehagen an ihrem Gegenstand zu."
131 Ontologie ist die Lehre vom Sein, die Lehre von den Ordnungs-, Begriffs- und Wesensbestimmungen des Seienden.
132 An dieser Stelle mag es hilfreich sein, den Begriff der durchschnittlichen Entdecktheit mit den Vorstellungen des konstruktivistischen Modells zu vergleichen. Dieses besagt: Ein Modell ist immer ein Modell von etwas, und wenn Korzybski schreibt, daß die Qualität einer Karte von deren Ähnlichkeit mit dem Territorium abhängt, dann stellt sich unvermeidlich die Frage, wie wir etwas vom Territotium wissen können, wenn wir doch angeblich immer nur Modelle von ihm haben. Rombachs Begriff der durchschnittlichen Entdecktheit gibt hierfür eine Erklärung.
133 Rombach ²1998, 24.
134 a.a.O., 24.
135 a.a.O., 25.
136 Der Solipsismus ist ein erkenntnistheoretischer Standpunkt, der nur das eigene Ich mit seinen Bewußtseinsinhalten als das einzig Wirkliche gelten läßt und alle anderen Ichs mitsamt der ganzen Außenwelt nur als dessen Vorstellungen annimmt.
137 Vgl. die Kritik am Konstruktivismus im Kapitel „Philosophische Grundrichtungen" und das Kapitel „Therapie – Wissenschaft oder Handwerk?" im vorliegenden Buch.
138 Rombach ²1998, 28.
139 Vgl. dazu auch das Kapitel „Die Typologie des Problem-Lösungs-Raumes" in Teil 4.
140 Rombach ²1998, 22.
141 a.a.O., 29.
142 ebda.
143 a.a.O., 23.
144 Heidegger 1977, 7.
145 Rombach ²1998, 20 (*kursiv* im Text). Darauf wurde im vorhergehenden Abschnitt eingegangen.
146 Vgl. dazu auch die Anmerkungen zum *felt sense* im Kapitel III.2.c: Prozessuale Aktivierung.
147 Kohärent bedeutet zusammenhängend, schlüssig. Vgl. Teil 4, Kapitel IV, in dem die therapeutischen Methoden daraufhin verglichen werden, wie sie die Kohärenz des Gesprächs sicherstellen.
148 Vgl. Kapitel B im Teil über NLP.
149 Rombach ²1998, 36.

150 a.a.O., 37.
151 ebda.
152 a.a.O., 67.
153 a.a.O., 66.
154 a.a.O., 73.
155 a.a.O., 70.
156 Da wir in diesem Buch auf seinen Ansatz nicht eingehen, möchten wir uns auch an dieser Stelle einer Wertung enthalten.
157 Vgl. den Ansatz der GT im 3. Teil des Buches.

Teil 2:

1 Daß sich daran bis heute auf breiter Front nicht viel geändert hat, dafür spricht auch die zugegebenermaßen sehr polemische Darstellung von Degen in *Lexikon der Psychoirrtümer* (2000). Auch wenn man seinen Rundumschlag so nicht gelten lassen kann, müßten doch viele der Untersuchungen, die er zitiert, sehr nachdenklich stimmen.
2 Bandler & Grinder 1981, 21f.
3 a.a.O., 23.
4 Vgl. in diesem Zusammenhang auch die allgemeinen Wirkprinzipien nach Grawe im 4. Teil.
5 Wer an theoretischen Ausführungen nicht interessiert ist, kann diesen Teil überschlagen und gleich zum Kapitel II „Fragen im NLP" übergehen.
6 Vgl. die Liste der NLP-Grundannahmen bzw. Präsuppositionen im Anhang. Mit einigen dieser Grundannahmen werden wir uns im Zusammenhang mit den hypnotischen Fragen beschäftigen (vgl. Kapitel A.II.3).
7 Vgl. die Ausführungen im 1. Teil des Buches.
8 Daß Bandler und Grinder viel von Korzybskis Gedankengut ins NLP übernahmen, zeigen die vielen Parallelen zwischen NLP und dem Neurolinguistischen Training (NLT), wie sie von Inke Jochims (a.a.O., 31ff) nachgewiesen werden. Es ist uns allerdings nicht bekannt, daß Bandler und Grinder dies jemals zugegeben hätten. Vgl. hierzu auch: Kostera & Malatesta 1991.
9 Vgl. Jochims 1995, 32ff.
10 Was hier genau unter „parallel" zu verstehen ist, bleibt allerdings unklar.
11 Korzybski, Alfred (⁴1958), 58ff.
12 Bandler & Grinder 1981, 34.
13 Vgl. dazu die Erläuterungen im 1. Teil des Buches.
14 Bandler & Grinder 1981, 27.
15 Bandler & Grinder 1981, 35.
16 In diesem Zusammenhang sei schon hier auf die Position Heinz von Foersters hingewiesen, für den ethisches Handeln gerade darin besteht, die Wahlmöglichkeiten der anderen zu vergrößern.
17 Die spezifische Qualität der Sinneseindrücke, die Farben, Gerüche usw., werden in der philosophischen Fachdiskussion über die Wirkungsweise des Gehirns und des Bewußtseins auch Qualia genannt. Wie diese Qualia eigentlich entstehen, ist bis heute unklar. Einen interessanten Beitrag zu dieser Diskussion lieferte jüngst der Medizin-Nobelpreisträger Edelman in seinem Buch: *Göttliche Luft, vernichtendes Feuer*.
18 Daß diese Behauptung so nicht stimmt, ist zu Beginn des 21. Jahrhunderts eindeutig belegt. Da dies die zentralen Themen des Buches nur am Rande berührt, wird jedoch aus Platzgründen hierauf nicht weiter eingegangen. Wir verweisen auf die Standardliteratur, die sich mit Verarbeitungsprozessen des Gehirns beschäftigt.
19 An dieser Stelle wollen wir nur kurz darauf hinweisen, daß im NLP immer wieder behauptet wird, daß diese Dreiteilung von Chomsky übernommen wurde. Uns ist allerdings aus unserer Chomsky-Lektüre nicht klar, wo er dies so explizit geäußert hat. Leider findet sich auch in keinem uns bekanntem NLP-Buch ein Hinweis auf die Quelle. Darüber hinaus gibt es auch keine Ableitung dieser drei Prinzipien. Warum gerade drei? Warum gerade diese drei? Sie werden als solche wie selbstverständlich „gesetzt".
20 Bandler & Grinder 1981, 36.
21 Man versucht seit Jahrzehnten zu messen, wieviele Informationen das Bewußtsein des Menschen pro Sekunde erfassen kann. Eines der vielen verschiedenen Verfahren, die zur Klärung dieser Frage entwickelt worden sind, besteht darin, die Anzahl der sprachlichen Bit-Einheiten zu messen, die wir beim Lesen oder Zuhören verarbeiten können. Doch auch die Fähigkeit, Lichterscheinungen zu sehen und zu unterscheiden, Druck auf der Haut zu spüren, Unterschiede zu riechen usw., läßt sich dafür einsetzen. Aus den Messungen ergibt sich, daß unser Bewußtsein um die 40 bit/Sekunde erlebt. Das Auge sendet pro Sekunde mindestens 10 Millionen bit an das Gehirn, die Haut eine Million, das Ohr 100000, der Geruchssinn weitere 100000 und der Geschmackssinn ungefähr 1000 bit. Alles in allem sind das mehr als 11 Millionen bit pro Sekunde.
22 Vgl. dazu auch das Buch von Alexa Mohl, *Die Wirklichkeit des NLP – erkenntnistheoretische Grundlagen und ethische Schlußfolgerungen* (2000). In diesem Buch zeigt sie, wie man die Therorie autopoietischer Systeme für eine erkenntnistheoretische Grundlegung des NLP nutzbar machen kann. Dabei muß allerdings betont werden, daß dies durchaus nicht von Bandler und Grinder so vorgesehen war, sondern eine nachträgliche Abbildung der Vorannahmen und Vorgehensweisen des NLP auf die entsprechenden Vorannahmen und Theorieteile der Theorie Maturanas und Varelas darstellt. Die Legitimität dieses Projektes soll hier nicht in Frage gestellt werden, allerdings möchten wir darauf hinweisen, daß ihre affirmative Darstellung des T.O.T.E-Modells und seiner

Nutzung für die Strategiearbeit sowie das Modell der „logischen" Ebenen von Dilts im Rahmen der Theorie autopoietischer Systeme unseres Erachtens nicht so ohne weiteres unterzubringen ist, wie sie das offensichtlich unterstellt.

Auf eine mögliche Nutzung der Theorie autopoitischer Systeme für das NLP wies allerdings schon 1995 Jürgen Wippich in seinem Buch *Denk nicht an Blau* (Paderborn 1995) hin. Leider nimmt Mohl auf diese Arbeit keinen Bezug, so daß hier eine NLP-interne Diskussion über diesen Ansatz leider versäumt wurde. Derartige Tendenzen sind für die Diskussionskultur im NLP nicht untypisch.

23 Vgl. hierzu die Ausführungen im 1. Teil des Buches.
24 Bandler & Grinder 1981, 37.
25 Bandler & Grinder 1981, 35.
26 Zink & Munshaw 1996, 5.
27 a.a.O., 6.
28 Vgl. die Ausführungen im Kapitel B.II. „Die Theorie des Meta-Modells der Sprache".
29 Im NLP wird selten explizit darauf hingewiesen, obwohl es im Modell implizit enthalten ist, daß es Informationen nur außerhalb des Bewußtseins gibt. Innerhalb des Bewußtseins gibt es nur Bedeutungen. D.h.: Wenn eine Person A einer anderen B etwas mitteilen will, dann hat sie eine bestimmte Bedeutung und eine Intention in ihrem Bewußtsein. Im Kanal (Luft, Schrift usw.) gibt es dann nur noch Informationen. Diese können im Rahmen der Shannonschen Informationstheorie mathematisch untersucht und dargestellt werden. Werden diese Informationen dann einem Bewußtsein durch Hören, Sehen usw. zugänglich, dann verwandelt dieses sie wieder in Bedeutung. Die Übereinstimmung der Bedeutung kann bei einem solchen Prozeß natürlich nicht als selbstverständlich vorausgesetzt werden. Dies ist ein Problem, welches in den verschiedensten neueren Theorien ausgiebig und kontrovers diskutiert wird. Auch die Theorie der „operationellen Geschlossenheit" rekurriert auf diesen Tatbestand, wenn Maturana sagt: „Lebende Systeme können nicht informiert werden." Darüber hinaus muß auch klar sein, daß jede gehirnphysiologische Ableitung von Gehirnströmen usw. nur Informationen, aber keine Bedeutung produziert. Dies ist im Hinblick auf die „Parallelität" von Gehirn und Bewußtseinsprozessen, von denen Korzybski spricht, immer mitzubedenken.
30 Vgl. dazu das Kapitel über die RET.
31 O'Connor & Seymour ⁵1995, 58.
32 Der Begriff Repräsentationssystem bezieht sich auf das subjektive Erleben, nicht auf Gehirnzentren. D.h., das visuelle Repräsentationssystem ist etwas kategorial anderes als der visuelle Kortex. Daß diese beiden Ebenen miteinander vermittelt sind, versteht sich von selbst. Der Charakter dieser Vermittlung, als der Kern des sogenannten Leib-Seele-Problems, ist seit Descartes' dualistischer Unterscheidung von res cogitans und res extensa ein ungelöstes Problem sowohl in der Philosophie als auch in der psychosomatischen Medizin.
33 Die schlimmsten Stilblüten hat diese Haltung in Dilts' Vorstellungen von der Parallelisierung der sogenannten logischen Ebenen mit den neurologischen Ebenen erreicht. Vgl. den Aufsatz „Das große Mißverständnis – die logischen Ebenen und ihre Folgen" von Klaus Grochowiak (*MultiMind* 4/1999, 28–34, sowie *MultiMind* 6/1999, 20–25).
34 Vgl. von Weizsäcker 1997 und die phänomenologischen Arbeiten von Merleau-Ponty, zum Beispiel 1996.
35 Daß dieser mechanistische Zug strenggenommen auch nicht durch das Modell der Autopoiese und seine Formalisierungsversuche durch Varela mit Hilfe des *Calculus of Indication* überwunden werden kann, darauf hat vor allem R. Kaehr in verschiedenen Aufsätzen hingewiesen. Hier sei nur auf den Aufsatz „Über Todesstruktur, Maschine und Kenogrammatik", in: *Information Philosophie*, 21. Jahrgang, Heft 5, Dez. 1993, Lörrach hingewiesen. Dieser Aufsatz kann auch von der homepage Günther Philosophy Web: http://www.vordenker.de/ggphilosophy/ggphilo.htm heruntergeladen werden.
36 Eine Kritik dieses Ansatzes findet sich unter anderem bei Stephan Geene (1998). Geene knüpft an eine Überlegung des Wissenssoziologen Georges Canguilhelm an. Geene: „Canguilhelm untersucht die Geschichte des Vergleichs von Maschinen und lebenden Organismen bzw. des Problems des »human-body-as-machine«. Das beinhaltet Uhrwerke, die im 17. Jahrhundert als Modell des Funktionierens des Lebendigen galten, oder das Modell des Tieres als lebender Maschine. Canguilhelm dreht diesen mißglückten Vergleich einer Reduzierung von lebenden Organismen auf Maschinen um: Maschinen waren immer nur möglich an Anpassung in Organismen, die ihnen ihre Energie oder Motivation gaben." (S. 13)
37 Vgl. zur Fragwürdigkeit dieser Metapher auch: Schulte 2000.
38 Die Agoraphobie wird bei Grawe (1998, Teil I) in einem psychodynamischen Kontext diskutiert, was in einem deutlichen Gegensatz zur im NLP beschriebenen Sichtweise steht. Er weist unter anderem auf die beachtlichen Erfolge der Expositionstherapie hin. Die Tatsache, daß sowohl die Expositionstherapie, die u.a. auf psychodynamischen Vorannahmen beruht, als auch die schnelle Phobietechnik des NLP eine hohe Erfolgsquote aufweisen, zeigt, daß sehr unterschiedliche Erklärungsansätze und unterschiedliche Interventionsmethoden vergleichbare Resultate erbringen können. Dies ist ein weiterer Beleg dafür, daß zwischen dem praktischen Erfolg einer Methode und ihren theoretischen Begründungsversuchen nur ein sehr loser Zusammenhang existiert. Dies im Auge zu behalten ist darum besonders wichtig, weil wir sonst leicht in die Illusion geraten, daß unsere praktischen Erfolge ein „Beweis" für die Richtigkeit unserer theoretischen Erklärungen sind. (Vgl. hierzu auch die Ausführungen im Kapitel „Psychotherapie-Handwerk oder Wissenschaft?")
39 Bei Bedeutungsproblemen sind diese Bedenken unberechtigt, weil der Therapeut sich ja gerade mit den tieferliegenden Gründen des Problems („Was veranlaßt den Klienten, sich aufgrund einer nicht bestandenen Prüfung als Versager zu fühlen?") beschäftigt.
40 Vgl. dazu auch die Ausführungen im 4. Teil im Kapitel „Der Problem-Lösungs-Raum".

41 Die sogenannte Kybernetik 1. Ordnung beschreibt, wie Heinz von Foerster es nennt, triviale Maschinen. Diese zeichnen sich dadurch aus, daß sie eindeutige, berechenbare Input-Output-Relationen aufweisen. Der Mensch als nicht-triviale Maschine ist daher in einem Modell der Kybernetik 1. Ordnung prinzipiell unzureichend beschrieben. Die sogenannte Kybernetik 2. Ordnung, die sich bemüht, den Beobachter als Selbst-Beobachter zu thematisieren, also die strikte Subjekt-Objekt-Dichotomie im Erkenntnisprozeß aufzuheben, ist bisher im NLP nicht wirklich rezipiert und integriert worden. Für den interessierten Leser sei hier auf die Entwicklungen am Biological Computer Laboratory (BCL) hingewiesen, die ebenfalls in den 70er Jahren, also parallel zur Entwicklung des NLP, stattgefunden haben. Besonders zu nennen wären hier neben Heinz von Foerster Maturana mit seiner Theorie autopoietischer Systeme und Gotthard Günthers Entwicklung der Polykontexturalen Logik als Logik selbstreferentieller, lebender Systeme.
Eine Nutzung dieser Ansätze für das NLP, wie sie Wippich (1995) und Mohl (2000) vorschlagen, würde dementsprechend eine Auseinandersetzung mit der dort entwickelten Kritik an der Kybernetik 1. Ordnung und deren Folgen im NLP verlangen.

42 Vgl. die Ausführungen zum Konstruktivismus und zur Theorie der Autopoiese im 1. Teil des Buches.

43 Vgl. das Kapitel „Fragen im NLP".

44 Vgl. auch den sehr lesenswerten Aufsatz von Goldammer & Paul: „Autonomie in Biologie und Technik" auf der homepage „vordenker": http://www.vordenker.de/autonomie/autonomie.htm

45 Vgl. die Vorannahme: Jeder hat alle Ressourcen, die er braucht, um sich in der gewünschten Weise zu verändern.

46 In den 90er Jahren hat sich namentlich in Deutschland unter dem Einfluß Hellingers in der NLP-Szene die Einsicht durchgesetzt, daß neben den Glaubenssätzen auch sogenannte systemische Verstrickungen einer Lösung des problematischen Verhaltens im Weg stehen können. Wie diese Erkenntnis in den NLP-Kontext integriert werden kann, ist ausführlich in dem Buch *NLP und das Familienstellen* von Katharina Stresius, Joachim Castella und Klaus Grochowiak (Junfermann) dargestellt.

47 Vgl. Dilts et al. ²1993, 22ff.

48 Vgl. die kurze Darstellung des Six-Step-Reframing im Rahmen der hypnotischen Fragen im NLP.

49 Auf diese Vorannahme wird im nächsten Kapitel noch eingegangen.

50 Vgl. zum Thema Submodalitäten Bandler ⁶2000.

51 Es wurde bereits im ersten Teil im Kapitel „Theorie und Philosophie der Frage" dargelegt, warum dies nicht möglich ist und welche Nachteile diese Vorstellung mit sich bringt: Zum Beispiel bleibt der Therapeut als Mitkonstrukteur des Problems unbenannt, und der Klient wird als Wesen, das an Bedeutungen erkranken kann, geleugnet.

52 Vgl. die Zusammenstellung der NLP-Präsuppositionen im Anhang.

53 Utilisation ist die Nutzbarmachung von Mustern des Klienten zur Erreichung therapeutischer Ziele.

54 Rossi, E.L. 1980, 166f.

55 Vgl. a.a.O., 167.

56 Vgl. Gilligan ²1995, 32.

57 In diesem Sinne können auch die sehr klaren, sensorisch-definiten Zielbilder des NLP als rigide verstanden werden. Erickson ging es darum, dem Unbewußten viel Spielraum für die Zielerreichung, aber eben auch für die Zieldefinition bzw. -redefinition zu lassen, da er davon ausging, daß die Zielvorstellungen des Klienten viel zu oft selbst Ausdruck derjenigen Haltung sind, die zum Problem geführt haben. Die Differenz zwischen Ericksons Haltung und dem Verständnis von Bandler und Grinder macht deutlich, daß die Redeweise von der Modellierung Ericksons strenggenommen etwas hochstaplerisch ist. Es wurden einige der linguistischen Muster Ericksons sowie einige Vorannahmen und Vorgehensweisen modelliert; aber es gibt weite Bereiche seines Vorgehens, die bei Bandler und Grinder gar nicht thematisiert werden. Es sei hier nur an die Hausaufgaben (Ordeals) erinnert, die in seiner Arbeit eine große Rolle spielten. Es scheint uns eher angebracht zu sein, von einer sehr selektiven Auswahl und einer vereinfachenden Beschreibung zu sprechen, denn von einer „Modellierung Ericksons".

58 Gilligan ²1995, 35.

59 Bandler ⁶2000, 129.

60 Dies sind Fragen, die sich Menschen (z.B. Therapeuten) in bestimmten Situationen selbst stellen und die ihr Handeln maßgeblich mitbestimmen. Sie wurden bereits im ersten Teil des Buches behandelt und werden in der Auseinandersetzung mit dem Ansatz von Marilee Goldberg weitergehend besprochen.

61 Dieses Modell wurde von Bandler und Grinder selbst entwickelt. Die darin enthaltenen Fragen werden vor allem im Zusammenhang mit dem Problemzustand gestellt. Sie dienen zwei verschiedenen Zwecken: zum einen der Tatbestandssicherung, zum zweiten der Hinterfragung einschränkender Glaubenssätze (bzw. des eingeschränkten Weltmodells) des Klienten. Wir werden uns mit diesem Modell ausführlich im Kapitel B beschäftigen.

62 Outcome bedeutet Ziel, Ergebnis.

63 Blame bedeutet Schuldzuweisung.

64 Vgl. dazu auch die Ausführungen zu den virtuellen Fragen.

65 Aus: Bandler ²1993, 20ff.

66 Vgl. Korzybski 1933; Jochims 1995.

67 Dies ist Frage 3 in der Tabelle des Outcome-Frame.

68 Vgl. zu den im Zusammenhang mit Submodalitäten im NLP hervorgebrachten Techniken Bandler 2000.

69 Wir werden uns mit diesem Punkt noch eingehend im Zusammenhang mit dem Ansatz von Chris Hall (vgl. Teil IV) beschäftigen.

70 Das Sechs-Schritte-Reframing ist gut und ausführlich beschrieben in: Bandler & Grinder ⁶1995.

71 Wir hatten bereits im Zusammenhang mit der Kritik von Zink und Munshaw am Begriff der Generalisierung festgestellt, daß Bandler und Grinder darunter sowohl das induktive Schlußfolgern als auch das Kategorisieren faßten.
72 Bandler & Grinder 1981, 75.
73 a.a.O., 70.
74 Dies kann man auch anders sehen: Jemand, der tatsächlich glaubt, er sei liebenswert, ohne jegliche Einschränkung, könnte sich sehr schnell als unangenehmer Zeitgenosse entpuppen, da er sein Liebenswert-Sein unabhängig von seinem Verhalten als gegeben annimmt. Wenn man schon der Meinung ist, daß ein übergeneralisiertes Weltbild bedenklich ist, dann sollte man auch vor solchen vermeintlich positiven Selbstcharakterisierungen nicht haltmachen.
75 Diesen Aspekt betont besonders Chris Hall, deren Ansatz an späterer Stelle ausführlich dargestellt wird.
76 Eine ausführliche Übersicht über die Meta-Modell-Verletzungen und deren Hinterfragung findet der Leser im Anhang.
77 Der konkret ausgesprochene Satz wird von Bandler und Grinder auch Oberflächenstruktur genannt. Diese Bezeichnung hängt mit der komplexen Theorie der Transformationsgrammatik zusammen, die Bandler und Grinder im Meta-Modell übernahmen.
78 Vgl. dazu den Teil über den Ansatz des BFTC.
79 Vgl. zum Beispiel die anders gearteten Einteilungen von Chong & Chong im Kapitel „Erweiterungen des Meta-Modells" sowie auch die Einteilung von Michael Hall in *MultiMind* 5 und 6 (1995). Sowohl das Ehepaar Chong als auch Hall beziehen sich hierbei explizit auf Korzybski. – Vgl. auch die Fußnote von Bandler und Grinder: „Wiederum möchten wir feststellen, daß unsere Kategorien in bezug auf die Realitätsstruktur nicht verbindlich sind – wir fanden diese Kategorien nützlich ... Wir nehmen an, daß die meisten Leser, wenn sie über die übliche Bedeutung der Begriffe nachdenken, Generalisierung und Tilgung als Sonderfälle der Verzerrung ansehen werden" (Bandler & Grinder [10]2001, 41).
80 Dieser Begriff wird im Teil B.II. erläutert und ist definiert als die vollständige sprachliche Repräsentation, von der die Oberflächenstrukturen einer Sprache abgeleitet sind.
81 Gleiches gilt für Paradoxien, Antinomien usw., die ebenfalls nicht eindeutig bestimmbar sind.
82 Jün-tin in: Ballmer/Posner 1985.
83 a.a.O., 119.
84 Vgl. a.a.O.
85 Wenn jemand sagt: „Ich habe mir ein Auto gekauft", dann tilgt er sowohl den Verkäufer als auch den Preis und in einem weiteren Sinne von Tiefstruktur auch die Marke des Autos usw., aber die betreffenden Informationen sind ihm natürlich durchaus bewußt.
86 Hinterfragungsmöglichkeiten von komplexen Äquivalenzen diskutieren wir im Kapitel über fortgeschrittene Anwendungen des Meta-Modells.
87 Dieser Aspekt des Meta-Modells hat große Ähnlichkeit mit der an späterer Stelle betrachteten Vorgehensweise in der RET. Der Therapeut versucht, dem Klienten mit Hilfe rationaler Argumente die Irrationalität und Unhaltbarkeit der geäußerten These zu beweisen bzw. nahezubringen.
88 In der Sprache der Theorie autopoietischer Systeme handelt es sich hierbei um den Unterschied zwischen struktureller Kopplung und operationeller Geschlossenheit. Die strukturelle Kopplung stellt die durch Kausalität vermittelte Beziehung unseres Organismus mit unserer Umwelt auf physikalischem, chemischem und biologischem Niveau dar. Die operationelle Geschlossenheit bezieht sich darauf, daß jede Perturbation im Rahmen der strukturellen Kopplung gemäß der inneren Struktur des Systems verarbeitet wird. Beispiel: Wenn es in unserer Umgebung immer kälter wird, dann wirkt diese Temperaturveränderung über die strukturelle Kopplung auf unseren Körper ein bis zu dem Punkt, an dem wir erfrieren, womit durch die Art der strukturellen Kopplung das autopoietische System aufhört zu existieren. Solange es allerdings existiert, sind die Empfindungen dieses Temperaturwechsels und ihre Bewertung von der Autopoiese des Systems abhängig. Ein Eskimo friert wesentlich später als ein Italiener oder als ein Hawaiianer, und was der eine als erfrischenden, kühlen Wind erleben mag, erlebt der andere als beißenden Sturm.
89 Bandler & Grinder [8]2001, 11.
90 Vgl. [10]2001, 86.
91 a.a.O., 138ff.
92 Es sei schon an dieser Stelle darauf hingewiesen, daß mit der Hinterfragung keineswegs sichergestellt ist, daß der Klient alternativ eine nützliche Generalisierung bildet.
93 a.a.O., 150ff. – Auf diese Problematik gehen Bandler und Grinder wiederholt ein; z.B.: „... bieten wir im nächsten Kapitel Therapiebeispiele, in denen der Therapeut vollständig auf unser Meta-Modell beschränkt worden ist. Dies ist insofern artifiziell, als das Meta-Modell ein Rüstzeug ist, das für eine Anwendung in Verbindung mit anderen möglichen Therapieansätzen entwickelt wurde (Bandler & Grinder [10]2001, 134)." Zum Trainieren dieser Intuition siehe Bandler & Grinder [13]2001, 25.
94 A: „Könnten Sie mir sagen, wie ich zum Bahnhof komme?"
B: „Ah, Sie wollen verreisen?"
A: „Nein, ich will jemanden abholen?" (leicht gereizt)
B: „Sie sind jetzt etwas ärgerlich, nicht wahr?"
A: „Also können Sie mir nun sagen, wie ich zum Bahnhof komme, oder nicht?"
usw. usw.
95 Vgl. hierzu auch die Ausführungen im theoretischen Teil über das Meta-Modell.

96 Dies steht (wie im 1. Teil bereits erwähnt) im Gegensatz zur textorientierten Vorgehensweise, wie sie zum Beispiel im BFTC praktiziert wird.
97 Auf diesen für die Therapie wesentlichen Aspekt wird im 4. Teil des Buches ausführlich eingegangen.
98 Vgl. Erickson & Rossi ⁵1999; Grochowiak 1999, 244.
99 Wer an theoretischen Überlegungen nicht interessiert ist, kann diesen Teil überschlagen.
100 Zitiert nach Chong & Chong 1993, 145f.
101 Bandler & Grinder ⁸2001, 11.
102 Vgl. a.a.O., 15f.
103 Vgl. Zink & Munshaw 1996, 3.
104 Vgl. Bandler & Grinder ¹⁰2001, 61.
105 Vgl. a.a.O, 81.
106 Vgl. dazu die Standardliteratur im Bereich der Gehirnforschung.
107 Vgl. Bandler & Grinder ¹⁰2001, 58.
108 Vgl. a.a.O., 61.
109 Vgl. dazu genauer Jochims 1995.
110 Chong und Chong (1993) greifen einige der Ideen Korzybskis wieder auf, zum Beispiel die Aufhebung von Identifizierungen. Vgl. das Kapitel „Die Erweiterungen des Meta-Modells".
111 Dieses Modell wird in dem Kapitel „Das Modell der Transformationsgrammatik" erläutert.
112 Vgl. dazu die Ausführungen im 1. Teil des Buches im Kapitel über Strukturalismus und Dekonstruktivismus.
113 Vgl. auch die Ausführungen im 1. Teil zur Transformationsgrammatik.
114 Bandler & Grinder ⁸2001, 11.
115 Bandler & Grinder ¹⁰2001, 47.
116 a.a.O., 59.
117 A_{id} bedeutet *auditiv-intern-digital*.
118 Im NLP gibt es allerding auch einige Autoren, die den Begriff der Tiefenstruktur nicht in einem linguistischen Sinne verstehen, sondern darunter die „gesamte innere Erfahrung" der entsprechenden Situation, über die gerade berichtet wird, verstehen.
„Now we call the complete internal representation (experience) of what we seek to communicate the ‚deep structure'. Most of this deep structure lies in unconscious parts of mind and neurology – some of it at levels *prior* to words, some *beyond* where words can describe. As we seek to present, articulate and clarify our experiences, we do so in what we call ‚surface structures' – the words and sentences that represent *transforms* of the deeper level.
While transformational grammar has not proven adequate to fully explain language acquisition, syntactic structure, etc., the Meta-model does not depend upon the validity or adequacy of transformational grammar. The Meta-model only presupposes that below (or above, depending upon the operational metaphor) there exists another level or layer of abstraction – prior to the surface structure – out of which the surface structure arose" (Burton & Bodenhamer 2000, 236).
119 Vgl. Bandler & Grinder ⁸2001, 12.
120 An dieser Stelle soll darauf hingewiesen werden, daß diese Bewertung natürlich eine Art Standard-Semantik voraussetzt. Sicherlich können Gedanken nicht grün sein, da sie überhaupt keine Farbe haben. Allerdings können wir uns leicht einen metaphorischen Kontext denken, in dem „grüne Gedanken" ein sinnvoller Ausdruck ist. Z.B. könnten wir damit Gedanken meinen, die sich politisch als „grün", d.h. umweltorientiert, verstehen lassen. Die Problematik des Standard-Kontextes wird uns weiter unten noch beschäftigen.
121 Vgl. Bandler & Grinder ¹⁰2001, 80.
122 de Shazer 1994, 89.
123 Auch der phänomenologische Ansatz von Rombach, wie er im 1. Teil beschrieben wurde, vertritt mit dem „Situationsbegriff" eine entgegengesetzte Auffassung.
124 Hier sei besonders an das Kapitel über Derrida erinnert.
125 de Shazer 1994, 35f.
126 Es gibt Videoaufzeichnungen, die dies belegen.
127 Zink & Munshaw 1996, 9.
128 Vgl. a.a.O., 8.
129 Vgl. a.a.O.
130 Vgl. Zink & Munshaw 1996, 7.
131 Wir bitten den Leser, hierbei zu beachten, daß Bandler und Grinder letzteres nur für Problemkontexte behauptet haben.
132 Vgl. Zink & Munshaw 1996, 14.
133 In Erweiterung der Kritik von Zink und Munshaw soll hier noch darauf hingewiesen werden, daß aufgrund des konkretistischen Ansatzes im NLP das Kategorienproblem, wie es uns seit Kant bekannt ist, überhaupt nicht gedacht werden kann. Worte wie „hier" oder „jetzt", Kategorien wie „Raum" oder „Zeit" lassen sich nicht durch Chunking-down bestimmen, sind aber für jedes sinnvolle Reden über die Welt unentbehrlich.
134 Vgl. Zink & Munshaw 1996, 11.
135 Bandler & Grinder ¹⁰2001, 147.

136 Vgl. das Kapitel „Die Anwendung des Meta-Modells".
137 Das gesamte Buch *Frag nicht warum* (1995) beschäftigt sich mit Ursache-Wirkungsverletzungen. Diesen widmete das Ehepaar Chong auch das vierte Kapitel in ihrem Buch *Power and Elegance in Communication* (1993).
138 Vgl. hierzu auch den Ansatz von Chris Hall.
139 Engl.: „deletion corollaries" bedeutet soviel wie: „das, was mit der Tilgung einhergeht".
140 Vgl. dazu auch die Ausführungen im Kapitel B.II.1.
141 Chong und Chong bezeichnen diese Fragen als Erweiterung gegenüber dem klassischen Meta-Modell. Für uns waren diese Fragen schon immer Teil der Hinterfragung der komplexen Äquivalenz, da sie einfach alle logisch denkbaren Negationen dieser Äquivalenz durchspielen.
142 Der Terminus „Dispositionsprädikate" existiert so im klassischen Meta-Modell nicht. Trotzdem könnte eine Aussage wie „Krebs ist unheilbar" im klassischen Meta-Modell sinnvoll hinterfragt werden. Es handelt sich hier um ein verlorenes Performativ, d.h., der Sprecher, der dies behauptet, kommt in der Aussage selbst nicht vor, und man fragt dementsprechend: „Wer sagt das?"
143 Chong & Chong 1993, 356.
144 Das Y steht für das englische Wort „Why" (Warum).
145 Korzybski 1933, 215.
146 Korzybski erhebt in seinem Buch *Science and Sanity* (1933) den Anspruch, ein „nicht-aristotelisches System der generellen Semantik" entwickelt zu haben. Diese Ansicht wird von den Autoren nicht geteilt. Das Buch erschien 1933 im gleichen Jahr wie die *Grundzüge einer neuen Theorie des Denkens in Hegels Logik* von Gotthard Günther, und 26 Jahre später erschien *Idee und Grundriß einer nicht-aristotelischen Logik* vom selben Autor. Dieser konnte zeigen, daß eine Überwindung der aristotelischen Logik nicht durch einen Empirismus nach Korzybski geleistet werden kann, sondern daß hierzu eine Erweiterung der logischen und ontologischen Basis notwendig ist. Korzybskis Empirismus führte u.a. dazu, daß er die logischen Entwicklungen der 20er und 30er Jahre, wie z.B. die Typentheorie von Russell, als eine Erweiterung des Aristotelismus interpretierte. Dies ist ein Mißverständnis, da diese durchaus im Rahmen aristotelischer Zweiwertigkeit und Seinsorientierung zu verstehen ist.
147 Chong & Chong 1993, 97.
148 a.a.O., 99.
149 Vgl. a.a.O., 212.
150 Vgl. a.a.O., 209.
151 Die Gesamtheit aller anatomischen Informationseinheiten in der rechten und linken Gehirnhälfte bezeichnen Chong und Chong als Universal Physical Record (UPR). Die UPR werden in die ULR umgewandelt, was vor allem durch Informationsfilter wie Glaubenssätze, Gewohnheiten der Aufmerksamkeitsfokussierung etc. geschieht. Diese Informationsfilter nennen die Chongs die Hierarchie der Paradigmen. Sie bestimmen z.B., auf welche Daten sich Menschen konzentrieren, was sie bewußt wahrnehmen und welche Informationen sie tilgen.
152 Chong & Chong 1993, 260.
153 a.a.O., 268.
154 a.a.O., 283.
155 a.a.O., 285.
156 a.a.O., 13.
157 a.a.O., 287.
158 a.a.O., 293.
159 a.a.O., 293f.
160 a.a.O., 295.
161 Die Übersetzungen der Fallbeispiele erfolgte durch die Autoren.
162 a.a.O., 304.
163 a.a.O., 317.
164 Die Übersetzung erfolgte durch die Autoren.
165 Reiz-Reaktions-Kopplungen und fehlerhafte Strategien, die weiter oben als weitere Problemklassen des NLP festgestellt wurden, werden bei Chris Hall nicht explizit erwähnt.
166 Chris Hall bezeichnet dies im Gegensatz zum üblichen NLP-Sprachgebrauch als „Nominalisierung".
167 Diese Leitfragen wurden in einem Modelling-Projekt elizitiert, das von Klaus Grochowiak mit Chris Hall durchgeführt wurde.
168 Vgl. hierzu auch die Kritik von Zink und Munshaw am Meta-Modell im Kapitel B.II.
169 Das Beispiel ist sinngemäß wiedergegeben.
170 Dies ist ein Standardverfahren von Chris Hall, das im 4. Teil des vorliegenden Buches im Rahmen der Entwicklung einer übergeordneten Fragestrategie wieder aufgegriffen wird.
171 Chris Hall 1991; Seminarunterlagen, 11.
172 Vgl. im Fallbeispiel 3 die Frage Nr. 3: „Wie ist das ein Problem?"
173 Vgl. das Kapitel über den Ansatz des BFTC.
174 Vgl. das gleichlautende Kapitel im NLP-Teil.
175 Goldberg 1998, 78.
176 Die Ähnlichkeit mit dem T.O.T.E.-Modell und kybernetischem Denken generell ist unübersehbar.

177 Goldberg 1998, 89f.
178 a.a.O., 117.
179 a.a.O., 102 f. Die Übersetzung erfolgte durch die Autoren.
180 Gotthard Günthers (geb. 1900) Hauptwerk *Idee und Grundriß einer nicht-aristotelischen Logik* erschien im Jahr 1959.
181 Diese subjektiven Erlebnisse, die nur dem direkt zugänglich sind, der sie gerade hat, werden in der angelsächsichen Diskussion sowie in der Debatte um Gehirn und Bewußtsein auch oft *Qualia* genannt.
182 Wir möchten hier nicht näher auf die komplexe Theorie der PKL eingehen, da dies den Rahmen des Buches sprengen würde.
183 Korzybski 1993, 58: „Eine Landkarte ist nicht das Gebiet, das sie repräsentiert, aber, wenn sie korrekt ist, hat sie eine ähnliche Struktur wie das Gebiet, damit sie nützlich ist. Könnte die Landkarte idealerweise korrekt sein, würde sie in einer reduzierten Skala einschließen die Karte der Karte, die Karte der Karte der Karte usw., endlos, etwas, was zuerst von Royce bemerkt wurde."
184 Näheres zu dieser Methode finden Sie in: Grochowiak & Maier 2000.
185 Vgl. hierzu das Kapitel „Problem-Lösungs-Raum und Therapeuten-Klienten-Beziehung" im 1. Teil, in dem Lösungen 1., 2. und 3. Ordnung erklärt werden.
186 Ein anderer Begriff wäre „Protostruktur".
187 James 1996, 25 ff.
188 Vgl. Greimas 1993.
189 Vgl. Günther 1976–1980. Für die zahlreichen Arbeiten Kaehrs sei hier nur auf die PCL-homepage hingewiesen, auf der sowohl eine ausführliche Bibliographie, als auch zahlreiche Artikel zum Herunterladen zu finden sind:
http://www.techno.net/pcl/index.html

Teil 3:

1 Vgl. das Kapitel „Fragen, die keine sind" im zweiten Teil des Buches.
2 Vgl. de Shazer ^{4}1995, 75.
3 de Shazer 1996, 187.
4 a.a.O., 187ff.
5 a.a.O., 1888
6 Vgl. Berg ^{2}1995, 45.
7 de Shazer ^{4}1995, 170.
8 a.a.O., 70.
9 Vgl. z.B. Grawe 1998.
10 de Shazer ^{4}1995, 80.
11 Es erhebt sich hier die Frage, was man im BFTC tut, wenn die Beschwerde nicht an einer konkreten Verhaltensweise festgemacht werden kann. Vgl. dazu Kapitel IV.3 „Sonderfälle des lösungsorientierten Ansatzes".
12 de Shazer ^{4}1995, 30.
13 a.a.O., 70.
14 a.a.O., 172.
15 de Shazer 1996, 192.
16 Haley 1985, 114.
17 Vgl. de Shazer 1998a, 1.
18 de Shazer 1996, 26.
19 a.a.O., 26.
20 Vgl. zum (angeblichen) Problem, daß wir Aussagen mit Negation nur visualisieren können, indem wir uns erst einmal das Negierte vorstellen: Grube 2000.
21 Berg ^{2}1995, 72ff.
22 Haley 1985, 126.
23 Walter & Peller ^{3}1996, 42.
24 Vgl. den letzten Abschnitt des Aufsatzes „Radical Acceptance" 1988b von Steve de Shazer.
25 Berg ^{2}1995, 9.
26 Vgl. de Shazer, ^{4}1995, 123 ff.
27 von Schlippe & Schweitzer 1996, 35f.
28 Vgl. de Shazer ^{4}1995, 103. Hier ist das schematische Vorgehen des Ansatzes des BFTC auf einer Zentralkarte dargestellt.
29 de Shazer 1996, 202.
30 Vgl. die Unterteilung in strategische, virtuelle und einfache Fragen im 1. Teil des Buches.
31 Vgl. die Zentralkarte bei de Shazer ^{4}1995.
32 Vgl. a.a.O., 101.
33 Vgl. a.a.O., 150–156.
34 Vgl. Walter & Peller ^{3}1996, 30f.
35 Vgl. auch die Übersicht in Kapitel V.

36 Vgl. de Shazer ⁴1995, 114.
37 Vgl. de Shazer 1996, 120ff.
38 Vgl. de Shazer 1996, 312.
39 de Shazer ⁴1995, 87ff.
40 Wir werden uns in diesem darstellenden Teil einer Bewertung enthalten und auf diese beiden Punkte im 4. Teil des Buches näher eingehen. Hier sei nur soviel gesagt, daß die Dekonstruktion des Rahmens größere Fähigkeiten seitens der Therapeutin voraussetzt, als es das Standardvorgehen des lösungsorientierten Ansatzes suggeriert.
41 Vgl. de Shazer ⁴1995, 126ff.
42 Vgl. a.a.O., 127.
43 Vgl. a.a.O., Fall Nr. 9 auf S. 140ff. Zudem liefert der Fall ein Beispiel für die Dekonstruktion einer Beschwerde.
44 a.a.O., 142.
45 de Jong & Berg 1998, 346 f.
46 Vgl. a.a.O., 358ff.
47 a.a.O., 360.
48 Die systemische Therapie befaßt sich (entgegen der landläufigen Meinung) nicht nur mit Familiensystemen. Deshalb bezeichnen wir sie im folgenden als „systemisch".
49 von Schlippe & Schweitzer 1996, 23.
50 Vgl. a.a.O., 19ff.
51 Vgl. einen Überblick systemtherapeutischer Modelle in: a.a.O., 24ff.
52 Watzlawick et al. ¹⁰2000.
53 Als Indexpatientin gilt die Person im System, die für die Probleme verantwortlich gemacht wird, aufgrund deren das System eine Therapie in Anspruch nimmt. Zum Beispiel könnte dies die schwer depressive Mutter sein, der die anderen Familienmitglieder die Schuld für die schlechte Stimmung im Haus geben.
54 Simon & Rech-Simon 2001, 7.
55 Selvini Palozzoli et al. 1978, 621.
56 von Thun 1981, 87.
57 Tomm 1994, 100.
58 Bulimie ist eine Form der Eßsucht, bei der die Klientin große Mengen ißt und anschließend meist wieder erbricht.
59 Vgl. Selvini Palazzoli et al. 1981, 136.
60 Die Mailänder Gruppe bestand aus den Mailänder Therapeuten Mara Selvini Palazzoli, Luigi Boscolo, Gianfranco Cecchin und Giuliana Prata. Diese Gruppe entwickelte zu Beginn der 70er Jahre eine bestimmte Vorgehensweise und spezifische Rahmenbedingungen, die sie in dem Aufsatz ‚Hypothetisieren – Zirkularität – Neutralität" in: Familiendynamik 2/81, S. 123–139 erläutern. Auf die Mailänder Gruppe wird noch ausführlicher eingegangen werden.
61 Zu dieser Aussage lassen sich ein paar Ausnahmen finden. So zum Beispiel im systemischen Ansatz von Schwarz, den er in seinem Buch *Systemische Therapie mit der inneren Familie* (1997) darstellt. Ein anderes Beispiel wäre Josef Zelfer. Vgl. dessen Buch *Verfahren zur kreativen Selbstorganisation* im Kapitel 2.2.
62 Die theoretisch weniger interessierte Leserin kann dieses Kapitel überschlagen, ohne daß die Verständlichkeit im weiteren Verlauf wesentlich darunter leidet.
63 Erst später erweiterte sich die Behandlungseinheit der systemischen Therapie auch auf andere soziale Systeme, wie zum Beispiel Abteilungen oder Organisationen.
64 In der Zwischenzeit gibt es teilweise bedeutende Abwandlungen von diesem Setting. Es sei an dieser Stelle nur auf Tom Anderson und sein „Reflecting Team" verwiesen. Vgl. zum Beispiel sein Buch *Das reflektierende Team*, 1990, Verlag Neues Lernen.
65 Mit den verschiedenen Formen der Intervention beschäftigen wir uns in dem Kapitel „Wie funktioniert Heilung?"
66 Was hier über das Hypothetisieren gesagt wird, gilt für das Vorgehen der Mailänder Gruppe in den 70er Jahren. Heute herrscht in der systemischen Therapie eine andere Sichtweise vor. Wir werden uns deshalb mit dem Hypothetisieren, so wie es heute verstanden wird, in einem gesonderten Kapitel befassen.
67 Vgl. Palazzoli & Boscolo & Cecchin & Prata, a.a.O., 131.
68 Vgl. a.a.O., 128ff.
69 Vgl. a.a.O., 129.
70 Vgl. a.a.O., 130.
71 von Schlippe & Schweitzer, a.a.O., 63.
72 Vgl. die Darstellung der Autopoiese im 1. Teil des Buches.
73 Maturana & Varela 1987, 32.
74 Simon & Rech-Simon 2001, 266ff.
75 Vgl. Von Schlippe & Schweitzer, a.a.O., 103.
76 a.a.O.
77 Simon & Rech-Simon, a.a.O., 29
78 a.a.O., 30ff.
79 T = Therapeut, M = Mutter, E = Ernst, H = Helga.

80 Vgl. Rothermel 1987, 333.
81 Vgl. Rothermel 1987. Das gesamte Transkript ist abgedruckt in der unveröffentlichten Diplomarbeit von A. Rothermel.
82 Das Transkript ist wortwörtlich wiedergegeben, was die Verdrehungen im Satzbau erklärt.
83 Vgl. von Schlippe & Schweitzer, a.a.O., 104.
84 Vgl. oben die Definition von Problemen in Kapitel 1.
85 Hildebrand & Welter-Enderlin 1996, 21.
86 Vgl. Palazzoli & Boscolo & Cecchin & Prata, a.a.O., 24ff.
87 Im vierten Teil des Buches, im Kapitel „Interventionsmethoden", erfolgt eine ausführlichere Darstellung der Interventionen in der systemischen Therapie.
88 Vgl. Tomm 1994, 123.
89 Tomm 1987.
90 Vgl. Tomm 1994, 136ff.
91 Auf die stark installierende Wirkung der Frage gehen wir an dieser Stelle nicht ein.
92 Tomm 1994, 138
93 a.a.O., 136.
94 Vgl. a.a.O., 109.
95 a.a.O., 96.
96 Vgl. Palazzoli & Boscolo & Cecchin & Prata, a.a.O., 137.
97 Tomm 1994, 128.
98 Vgl. a.a.O., 105.
99 Dieser Begriff entstammt dem NLP-Meta-Modell der Sprache. Nominalisierungen sind Substantive, die einen abstrakten Inhalt bezeichnen (z.B. Liebe, Realität). Nominalisierungen kann man nicht sehen oder anfassen.
100 Vgl. das Kapitel über den Ablauf des Hauptinterviews.
101 Tomm 1994, 121. Auf diesen Punkt gehen wir im 4. Teil des Buches ausführlich ein.
102 Vgl. von Schlippe & Schweitzer 1996, 146f.
103 Vgl. Tomm 1994, 108ff. Diese Fragen können natürlich auch nicht-zirkulär gestellt werden.
104 Vgl. Palazzoli & Boscolo & Cecchin & Prata, a.a.O., 132.
105 Vgl. DGVT 1986, 1.
106 Vgl. Egger 1992, 304.
107 Vgl. a.a.O., 311.
108 Vgl. dazu auch die Ausführungen im NLP-Teil. Überhaupt gibt es viele Parallelen zwischen NLP und der kognitiven VT, wozu auch die RET gehört.
109 Vgl. Ellis & Grieger 1979.
110 Kanfer & Phillips 1975.
111 Vgl. Egger 1992, 313.
112 Vgl. Heim & Willi 1986, 286.
113 Walen 1982, 28
114 Ellis & Hoellen 1997, 7.
115 Die Neuerungen scheinen eher Wünschen für die Zukunft als realisierter Praxis zu entsprechen. Die „positivere" Ausrichtung des Therapiegesprächs in der REVT, wie im Buch von Ellis und Hoellen auf Seite 188 beschrieben, muß sich in der Praxis erst noch erweisen.
116 Wir geben auf diesen Seiten im wesentlichen den Ansatz von Albert Ellis wieder, obwohl es innerhalb der RET unterschiedliche Auffassungen darüber gibt, wie die Vorannahmen des Ansatzes Klienten gegenüber vermittelt werden sollen.
117 Epiktet 1976, 24.
118 Ellis & Hoellen, a.a.O., 49.
119 Auf diesen Fall werden wir im 4. Teil des Buches noch näher eingehen.
120 Vgl. Schwartz 1997, 17.
121 Vgl. a.a.O., 20 f.
122 Vgl. dazu im 1. Teil des Buches das Kapitel „Philosophische Grundrichtungen".
123 Vgl. das Kapitel „Vorannahmen über Gefühle".
124 Vgl. 1982, 25.
125 Dieser Begriff wird weiter unten erklärt.
126 Vgl. Schwartz a.a.O., 72.
127 Wir werden auf diese beiden Aspekte an späterer Stelle noch ausführlich eingehen.
128 Schelp et al. ²1997.
129 Vgl. Walen 1982, 80ff.
130 An dieser Stelle folgen einige Wortwechsel, die wir nicht wiedergeben.
131 So ist auch im NLP die Vorstellung weit verbreitet, man könne Glaubenssätze „elizitieren".

132 An dieser Stelle soll noch einmal betont werden, daß die therapeutische Haltung von Albert Ellis in der RET nicht unumstritten ist. Vgl. dazu auch das nächste Kapitel.
133 Mit dem Umgang mit „Widerständen" werden wir uns im 4. Teil noch beschäftigen.
134 Vgl. Walen, a.a.O., 162ff.
135 Diese Haltung birgt die Gefahr in sich, als „Besserwisserei" empfunden zu werden. Andere RET-Therapeuten gestalten die Disputation eher als Einladung, zu schauen, was die Klientin daraus lernen kann und was dabei herauskommt, wenn sie in dieser Weise fortfährt zu handeln.
136 Vgl. Walen, a.a.O., 126ff.
137 D.h. Erklärungen, die den Grund nicht in den irrationalen Überzeugungen sehen.
138 Vgl. Walen, a.a.O., 127ff.
139 Diese Vorgehensweise von Ellis findet überwiegend bei der Disputation Anwendung.
140 Vgl. die Fragen zum Hinterfragen von Katastrophenerwartungen im Kapitel „Fragekategorien".
141 In dieser Sequenz verwendet Ellis zugleich auch die Zitatetechnik, eine Strategie, bei der die Therapeutin aus der Position der Klientin heraus spricht.
142 Ganz im Gegensatz zu Chong & Chong, a.a.O.; vgl. das entsprechende Kapitel im NLP-Teil.
143 Die Störungslehre beschäftigt sich damit, welche Vorgehensweisen sinnvollerweise angewandt werden sollen, wenn bestimmte Krankheitsbilder bzw. Störungen bei der Klientin vorliegen. Carl Rogers, der Begründer der GT, hatte eine Störungslehre immer abgelehnt – warum, das wird im Rahmen der Darstellung der GT ersichtlich. Wir werden aus zwei Gründen auf die Störungslehre nicht eingehen: Erstens handelt es sich um eine ganz neue Entwicklung, und es ist nicht klar, inwieweit sie sich in der Praxis überhaupt durchsetzen kann. Zweitens geht es uns bei der GT wie bei anderen Fragemethoden darum, den Kern der Befragungsmethode darzustellen. Eine Auseinandersetzung mit der Störungslehre läge höchstens am Rande dieser Diskussion.
144 Rogers 1977, 36.
145 Bommert 1977, 104.
146 Vgl. die vergleichenden Untersuchungen von Grawe (Psychotherapie) und Teusch (Panikstörungen) an Angstpatienten, die mit den Methoden der GT und der VT behandelt werden: der Vergleich beider Methoden ergab, daß nach Beendigung der Therapie die Symptome von Angstpatienten fast genausostark zurückgingen wie bei der Behandlung mit der Verhaltenstherapie – im Gegensatz zur Kontrollgruppe, die keine gravierende Veränderung über den Therapiezeitraum erlangte.
147 Die RET steht an der Schwelle zwischen Kurzzeit- und Langzeittherapien.
148 Vgl. Rogers 1959.
149 Vgl. Rogers 1969, 21–50; vgl. auch die entsprechenden Kapitel im 1. Teil dieses Buches
150 Rogers 1973, 203.
151 Rogers, a.a.O., 99f.
152 Diese und die nachfolgenden Beispiele sind entnommen aus: Bommert 1977.
153 Vgl. Bommert, a.a.O., 109f.
154 Bommert, a.a.O., 110f.
155 Vgl. Rogers 1959.
156 Biermann-Radjen [7]1995, 11ff.
157 Rogers 1972, 28.
158 Vgl. Sachse 1992, 221–225.
159 Vgl. dazu auch die Ausführungen im 1. Teil des Buches.
160 Poimann 1995, 2.
161 Im folgenden wird (außer in Zitaten) der Begriff „Klient/in" statt „Patient/in" verwendet.
162 Vgl. die Fallbeispiele, die in der einschlägigen Literatur zu finden sind.
163 Die Idiolektik ist nicht geeignet in Kontexten, in denen Zwang auf Menschen ausgeübt wird (z.B. Verhörsituationen).
164 Die in diesem Kapitel beschriebene Theorie spielt in der heutigen Idiolektik keine zentrale Rolle mehr. Manche Idiolektiker halten sie sogar für überflüssig. Wir stellen sie dennoch dar, weil sie die Entstehung der Idiolektik maßgeblich beeinflußte und von einigen Idiolektikern immer noch explizit angewandt wird.
165 Jonas 1981, 4.
166 Cannon beschäftigte sich in den 30er Jahren mit paläophysiologischen (d.h. stammesgeschichtlichen) Mechanismen und Automatismen im Menschen; vgl. Cannon 1953.
167 Jonas 1981, 30ff.
168 Jonas 1996, 3f.
169 Poimann 1995, 24.
170 Jonas 1996, 5.
171 Jonas 1981, 33.
172 Poimann 1995, 27. In dieser Hinsicht besteht Übereinstimmung mit der NLP-Vorannahme, daß jedes Problem eine Leistung darstellt, die irgendwann einmal erlernt wurde.
173 Vgl. auch die Anmerkungen zum *felt sense* im 1. Teil des Buches.
174 Die „jammernde Patientin" hat viele Parallelen mit der „Klagenden" in der Definition des BFTC.

175 Jonas 1981, 188f.
176 Bei dieser Einteilung ergibt sich eine auffällige Parallele zu Steve de Shazer.
177 Jonas 1981, 151ff.
178 Diese Einheit ist an der durch (...) gekennzeichneten Stelle gekürzt wiedergegeben.
179 Jonas 1981, 20.
180 a.a.O., 154.
181 a.a.O., 155.
182 a.a.O., 20.
183 Poimann 1995, 6.
184 Jonas 1981, 149.
185 Vgl. die Einteilung in die vier Kategorien in Kapitel II. Biologische Grundlegung der Psychotherapie, a.a.O.
186 Jonas 1996, 4.
187 Jonas 1981, 19f.
188 Frei zitiert nach Jonas.
189 Jonas 1981, 20.
190 a.a.O., 21.
191 Poimann & Winkler 1996, 788.
192 a.a.O., 790f.
193 Die an Theorie weniger interessierte Leserin kann diesen Teil ohne Verständnisschwierigkeiten hinsichtlich der nachfolgenden Ausführungen überschlagen.
194 Jonas 1981, 8.
195 Vgl. Winkler 1995, 21.
196 Vgl. Poimann & Winkler, a.a.O.
197 Poimann 1995, 7.
198 Vgl. Die Neurologie des vegetativen Nervensystems, wo Schiffter die Neurophysiologie der Psychosomatik unter besonderer Berücksichtigung der vegetativ motorischen Effekte darstellt.
199 Vgl. hinsichtlich der wissenschaftlichen Untersuchungen den Aufsatz von Poimann „Wie funktioniert Idiolektik?" (1995, 8–10).
200 Poimann 1995, 9.
201 Zitiert nach Poimann 1995, 8ff.
202 Poimann 1995, 11.
203 Poimann 1995, 6.
204 Poimann & Winkler 1996, 787.
205 a.a.O., 787.
206 Poimann 1995, 24.
207 Vgl. das Fallbeispiel im Kapitel „Das Triebkonzept".
208 Die nachfolgenden Transkripte wurden mir freundlicherweise von Dr. Poimann zur Verfügung gestellt.
209 Poimann 1995, 21.
210 Dieser Transkriptausschnitt stammt aus einem Ausbildungsseminar von A.D. Jonas. Es ist sinngemäß wiedergegeben, um den Kern der Verwirrtechnik zu verdeutlichen.
211 Poimann 1995, 27.
212 Vgl. Jonas 1981, 190ff. Die Beschreibungen und Kommentare sind im wesentlichen von Jonas übernommen.

Teil 4:

1 Vgl. Grawe 1998, 29.
2 Dies wurde bereits im ersten Teil diskutiert als über relevante und irrelevante Daten gesprochen wurde.
3 Vgl. Grawe 1998, 29.
4 Vgl. Howard et al. 1986 sowie Howard et al. 1992.
5 Vgl. a.a.O.
6 Grawe 1998, 99.
7 a.a.O., 134.
8 a.a.O., 128.
9 Vgl. zum Beispiel Orlinsky et al. 1994 oder Grawe et al. 1994.
10 Der Begriff „Übertragung" stammt aus der Psychoanalyse, wo er das Phänomen bezeichnet, daß der Klient positive und negative Beziehungserwartungen in bezug auf den Therapeuten hegt, die in frühkindlichen Erlebnissen ihren Ursprung haben (z.B. seinen Eltern). Dem Therapeuten wird vom Klienten eine entsprechende Rolle zugeschoben – der Klient überträgt ein vergangenes Beziehungsverhältnis auf die Therapeuten-Klienten-Beziehung.

11 Assoziiertes Erleben bedeutet im NLP, eine früher erlebte Situation so direkt zu erleben, daß man sie aus den eigenen Augen heraus betrachtet und auch die Körpergefühle hat, die man in der ursprünglichen Situation verspürte. Im Gegensatz dazu würde man dieselbe Situation bei einer dissoziierten Wahrnehmung aus einer Beobachterposition von außen erleben.
12 Vgl. Grawe 1998, 133.
13 Vgl. 1998, 89.
14 Exposition heißt wörtlich übersetzt „sich aussetzen". Klienten mit starken Ängsten werden in der Expositionstherapie dazu veranlaßt, sich Schritt für Schritt ihren Ängsten auszusetzen, um schließlich zu erkennen, daß diese unbegründet sind. Damit wird vor allem der Illusion dieser Klienten entgegengewirkt, daß „Weglaufen" eine Lösung zur Überwindung der Angst ist. Weglaufen hat aber nur kurzfristig eine positive Konsequenz, nämlich, daß die Angst und Panik für den Moment verschwinden. Langfristig bewirkt ein solches Verhalten jedoch oftmals eine Verschlimmerung der Angstsymptome.
15 Grawe 1998, 80.
16 a.a.O., 82.
17 a.a.O., 91.
18 Vgl. a.a.O., 66.
19 a.a.O., 93.
20 Vgl. im Abschnitt über den Ansatz des BFTC die Zentralkarte im Kapitel III „Vorgehen".
21 Haley 1985, 15, zitiert nach de Shazer 1996, 187.
22 Vgl. Dilts et al. ⁵1994.
23 Ein Transkriptbeispiel von Bandler findet der Leser im NLP-Teil im Kapitel A.II „Fragen im NLP".
24 Da die RET vom selben Modell ausgeht, wird dieses Schichtenmodell dort diskutiert.
25 Vgl. dazu die Ausführungen im NLP-Teil.
26 Wer sich näher mit der Strategiearbeit des NLP beschäftigen möchte, lese Dilts et al. ⁵1994.
27 Vgl. zum Forschungsstand bezüglich der RET und anderer kognitiver Therapien: Grawe et al. 1994, 402–466.
28 Vgl. dazu auch im Abschnitt über RET das Kapitel „Umgang mit Klienten im Widerstand".
29 von Thun 1981, 89.
30 Vgl. Grawe 1998, 145f.
31 In neueren Ansätzen ist auch die Behandlung individueller Probleme möglich. Vgl. zum Beispiel Weiss & Haertel-Weiss ⁶2000.
32 Vgl. Grawe et al. 1998, 141.
33 Vgl. Grawe et al. 1994.
34 Vgl. Grawe et al. 1998, 149f.
35 Vgl. v. Thun a.a.O., 117ff.
36 Rogers 1973, 125.
37 Vgl. hierzu die Ausführungen im Kapitel „Fragerichtung".
38 Das Konzept der Wahrnehmungspositionen, das im Rahmen des NLP entwickelt wurde, dient dazu verschiedene Perspektiven auf ein Problem, einen Tatbestand oder eine Situation zu gewinnen. Die erste Position ist die eigene Position. Die zweite Position ist die des Gegenübers. Die dritte Position stellt einen außenstehenden Beobachter dar. In den Naturwissenschaften versucht man, Erkenntnisse zu objektivieren,; d.h. für jeden nachvollziehbar zu machen, d.h. in die dritte Position zu bringen.
39 Vgl. die Darstellung der „Schnittstellenproblematik" im 1. Teil im Kapitel über Psychosomatik.
40 Heidegger 1994, 245.
41 Auf den Unterschied zwischen Jonas und den neueren Idiolektikern hinsichtlich der Hypothesenbildung wird in einem späteren Kapitel eingegangen.
42 Vgl. Grawe 1998.
43 Rombach ²1998.
44 Schulz von Thun unterscheidet neben der Selbstkundgabeebene die Beziehungsebene, die Sachebene und die Appellebene. Vgl. von Thun 1981.
45 Vgl. dazu die Ausführungen zum Wirkprinzip ‚Prozessuale Aktivierung'.
46 Berg ²1995, 37.
47 a.a.O., 37f.
48 Steve de Shazer 1996, 135. Auf Rahmen und Inhalt gehen wir an dieser Stelle nicht ein.
49 Walen 1982, 195.
50 a.a.O., 157.
51 Das ABC-Schema kann erweitert werden um das D (Disputation) und das E (erwartete Effekte bei einer Veränderung des momentanen Verhaltens).
52 Walen 1982, 233.
53 a.a.O., 188.
54 Das Empfindungsreframing beruht darauf, daß einem unangenehmen Körpergefühl eine positive Bedeutung gegeben wird. Beispiel: Einem Klienten, der über ein Druckgefühl im Bauch klagt, wird die Sicht vermittelt, daß dieses Gefühl eine wichtige Botschaft des Unbewußten an ihn sein könnte.

55 Dies macht einen der entscheidenden Unterschiede zwischen der systemischen Therapie und der phänomenologischen Arbeit von Bert Hellinger aus. Letzterer läßt nur Äußerungen aus dem *felt sense*, aus einem tatsächlichen Gesammelt-Sein, zu.
56 Da Interventionen nur am Rande des Kernthemas („Fragen") stehen, wird hierauf nur kurz eingegangen.
57 Eine echte Theorie der Selbstbegründung ist im Rahmen der klassischen Logik und der mit ihr verschwägerten Theorie der Meta-Sprachen unmöglich. Aus diesem Grund ist es auch für Therapeuten nützlich, sich mit Fragestellungen der polykontexturalen Logik (PKL) zu beschäftigen, deren ureigenste Fragestellung sich darauf bezieht, wie Strukturen und Prozesse, die auf sich selbst bezogen sind, rational, denkbar, und das heißt letztlich methodisch beherrschbar und verstehbar gemacht werden können. Vgl. dazu auch die Ausführungen von Kaehr über die PKL im Anhang.
58 Vgl. Nørretranders 1997, 137ff.
59 Vgl. hierzu die Ausführungen im 1. Teil.
60 Vgl. hierzu die Ausführungen im NLP-Teil im Kapitel „Problem- und zielorientierte Fragen".
61 Vgl. Bommert 1977, 112.
62 a.a.O, 107.
63 Vgl. dazu den Abschnitt über die GT im Kapitel „Der Problem-Lösungs-Raum".
64 a.a.O, 107.
65 Vgl. im Teil über das BFTC das Kapitel III. „Vorgehen".
66 Dies wurde im Kapitel „Therapeuten-Klienten-Beziehung" beispielhaft dargelegt.
67 Simon, F. u.a. (Fragen), S. 166f.
68 Vgl. Grawe 1998, 151.
69 a.a.O., 139.
70 a.a.O., 152.
71 Vgl. a.a.O., 139 und 144. Daß diese systemische Vorannahme nicht immer bzw. nur in der geringeren Anzahl der Fälle zutrifft, wurde bereits im Abschnitt über den Problem-Lösungs-Raum dargelegt.
72 Vgl. die Vielzahl an Fragen, die zur Infragestellung von IBs gestellt werden, im Teil über die RET, Kapitel VII „Fragekategorien".
73 Das Transkript wurde mir freundlicherweise von Horst Poimann zur Verfügung gestellt, der hier mit einer Seminarteilnehmerin arbeitet, die darunter leidet, daß sie nicht mehr barfuß gehen kann, weil sie Warzen an den Füßen hat. T steht für Therapeut und P für Patientin, Hervorhebungen durch Poimann.
74 Vergleiche das Fallbeispiel des „Rechtsanwalts" im Idiolektik-Teil.
75 Vgl. im Teil 1 das Kapitel „Strategische, virtuelle und einfache Fragen".
76 Es gibt Autoren (z.B. der Familientherapeut Karl Tomm), die jede Frage, jedes Verhalten des Therapeuten und somit auch die Fragetechnik als Intervention ansehen.
77 Berg ^{2}1995, 78.
78 Vgl. im Abschnitt über das BFTC das Kapitel IV.1., „Strategisches Vorgehen".
79 Vgl. im Abschnitt über das BFTC das Kapitel IV.1., „Strategisches Vorgehen".
80 Vgl. aber auch zum Beispiel Hildenbrand & Welter-Enderlin 1996, 23ff.
81 Vgl. auch Kapitel IV.3 im BFTC-Teil des Buches.
82 Vgl. im Abschnitt über die RET das Kapitel „Rationale und irrationale Überzeugungen".
83 Vgl. im RET-Teil das Kapitel „Disputationsstrategien".
84 Vgl. dazu die Erläuterungen im Teil über die systemische Therapie.
85 Vgl. das Kapitel „Hypothesenbildung" im Teil über die systemische Therapie.
86 Vgl. Simon & Rech-Simon 2001, 167f.
87 Tomm 1994. Tomm ist ein Vertreter derjenigen Richtungen in der systemischen Therapie, die explizit für eine strategische Grundhaltung eintreten Vgl. auch das Kapitel „Die strategische Grundhaltung: Elizitieren und Installieren" im Teil über die systemische Therapie.
88 Vgl. das Kapitel „Die Gesprächsführungsstrategie".
89 Vgl. im Teil über GT das Kapitel „Die Gesprächsführungsstrategie".
90 Vgl. im Teil über GT das Kapitel „Die Gesprächsführungsstrategie".
91 Das Transkript ist im Abschnitt über Idiolektik im Kapitel „Ressourcenaktivierung" zu finden.
92 Frei formuliert nach Jonas.
93 Vgl. Araoz ^{2}1993 (Kapitel „Körperbrücke").
94 Vgl. das Kapitel „Idiolektische Vorannahmen" im Teil über Idiolektik.
95 Das Transkript wurde mir freundlicherweise von Horst Poimann zur Verfügung gestellt, der hier mit einer Seminarteilnehmerin arbeitet, die darunter leidet, daß sie nicht mehr barfuß gehen kann, weil sie Warzen an den Füßen hat. T steht für Therapeut und P für Patientin, Hervorhebungen durch Poimann.
96 Dieses Wort sprach die Klientin nicht verständlich aus.
97 Haley 1985, 114, zitiert nach Steve de Shazer 1996.
98 Vgl. hierzu die Ausführungen zur Philosophie der Frage im 1. Teil des Buches.
99 Vgl. de Shazer 1996, 52ff.
100 a.a.O., 250ff.

101 Jonas 1981, 179f.
102 von Schlippe 1996, 150.
103 Grawe 1998, 99.
104 Vgl. im Abschnitt über Idiolektik das Kapitel „Das Triebkonzept", in dem Jonas eine „Hypochonderin" behandelt.
105 Vgl. auch Grochowiak & Castella 1997, 4ff.
106 Erickson 1995, 133f.
107 Vgl. dazu auch das Kapitel „Psychotherapie – Wissenschaft oder Handwerk?"
108 Bei diesem und den anderen in diesem Kapitel genannten Beispielen handelt es sich (soweit nicht anders angegeben) um Klienten der Autoren.
109 Vgl. Rosen ³1994, 226ff.
110 Wörtlich übersetzt heißt dies „Polaritätsreaktion".
111 Distractor heißt übersetzt „Ablenker". Solche Personen können sich schlecht oder gar nicht auf ein Thema konzentrieren, sondern wechseln sprunghaft von einem zum anderen Thema. Es ist somit schwierig, sie im *felt sense* zu halten.
112 So sinnvoll dieses Vorgehen ist, bleibt kritisch anzumerken, daß der Prozeß der Dekonstruktion des Rahmens zunächst einmal gar nichts mit der Suche nach Ausnahmen zu tun hat. Zu erkennen, wann ein Rahmen zu dekonstruieren ist, und dies dann durchzuführen, verlangt aber vom Therapeuten weit mehr Fachkompetenz, als es in den Büchern von Steve de Shazer behauptet wird. Beispielsweise setzte der CIA-Fall ein Fallverstehen voraus, das wahrscheinlich wichtiger ist als das nachfolgend angewandte lösungsorientierte Vorgehen.
113 Von Bandler gibt es z.B. eine Videoaufzeichnung, wo er dies in der Arbeit mit einem paranoid-schizophrenen Klienten demonstriert. Vgl. zu den Submodalitätentechniken die Auflistung im Anhang.
114 Vgl. das NLP-Format New Behavior Generator.
115 Vgl. die bereits zitierten Ergebnisse der Psychotherapieforschung im Kapitel über den Problem-Lösungs-Raum.
116 Simon & Rech-Simon 2001, 172f. Wir führen diesen Fall weiter, der im Rahmen der Systemischen Therapie bereits in den Kapiteln II.2 und II.3 des vierten Teils behandelt wurde.
117 a.a.O., 172.
118 Vgl. a.a.O., 174.
119 In den Fällen, in denen die systemische Grundannahme zutrifft, kann auch die systemische Therapie bei psychosomatischen Problemen hilfreich sein.
120 Diese Entscheidung stellt sich während des Gesprächs im Prinzip permanent und sollte vom Therapeuten auch immer wieder neu getroffen werden, wenn er entsprechende Hinweise aus dem Verhalten des Klienten wahrnimmt.
121 Vgl. das entsprechende Kapitel im Teil über NLP.

Teil 5:

1. Sie finden viele weitere Übungen zu jeder einzelnen Form des Meta-Modells in dem Buch *Das NLP-Practitioner-Handbuch* von K. Grochowiak.
2. Vgl. die fünf rationalen Fragen im Abschnitt über die RET im dritten Teil des Buches.
3. Vgl. Schwartz 1997, 139ff.
4. Dieser Ausdruck würde in der RET nicht verwendet werden, beschreibt aber das Ziel dieser Übungen.
5. Diese Übungen sind z.B. beschrieben in: Schwartz, a.a.O., 130ff.

Anhänge:

1. Vgl. Bandler & Grinder ⁸2001, 138ff.
2. Steve de Shazer 1996.
3. Terminologie und Publikationen zur PKL und Kenogrammatik: www.techno.net/pcl und www.vordenker.de.
4. Zum (frühen) Verhältnis von PKL und NLP: Klaus Grochowiak, Rudolf Kaehr, Interview, *MultiMind – NLP aktuell* 1995, und: http://www.techno.net/pcl/media/nlp+pkl.htm.
5. Bandler & Grinder ¹⁰2001, 14.
6. Hans Rudi Fischer (Hg.): *Die Wirklichkeit des Konstruktivismus. Zur Auseinandersetzung mit einem neuen Paradigma*. Heidelberg 1995, Carl Auer, ²1998, 271.
7. Jonathan Culler: *On Deconstruction: Theory and Criticism after Structuralism*. Ithaca: Cornell University Press, 1982; London: Routledge, 1983.
8. Vorwort von Bateson in: Bandler & Grinder ¹⁰2001, 14.
9. Jaques Derrida: *De la Grammatologie*. Paris, Les Edition de Minuit, 1967.
10. Der vorliegende Text geht auf das Jahr 1995 zurück und ist Teil einer umfangreichen Forschungsarbeit, s.a.: www.techno.net/pcl/media/DiamondStrategies-KAE99.pdf.

11 R. Bandler, J. Grinder, Metasprache und Psychotherapie. Die Struktur der Magie I. Paderborn 1981, (^{3}1985), Junfermann Verlag, Paderborn (Original 1975).
12 de Shazer 1992, 91.
13 de Shazer 1996.
14 Jün-tin Wang, Modi Significandi, 121, in: Nach-Chomskysche Linguistik, Thomas T. Ballmer, Roland Poser (Hg.), de Gruyter, Berlin 1985.
15 de Shazer 1996, 20.
16 Bandler & Grinder 1981, 208.
17 a.a.O., 182.
18 de Shazer 1996, 20.
19 a.a.O., 19.
20 Bandler & Grinder 1981, 61.
21 de Shazer ^{4}1995, 89.
22 Literatur zur Polykontexturalen Logik (PKL): www.techno.net/pcl.
23 Links zur Original-Literatur der Second Order Cybernetics: www.techno.net/pcl.
24 de Shazer ^{4}1995, 176.
25 Zur Einübung dieser Figur: Klaus Grochowiak, Leo Maier, Die Diamond-Technik, 2000, wie auch: Klaus Grochowiak, Joachim Castella, Der Leichte Tanz, 1998, beide Junfermann Verlag, Paderborn.
26 de Shazer 1992, 24.
27 de Shazer 1996, 92.
28 de Shazer ^{4}1995, 117.
29 Metamorphose der Zahl, in: Gotthard Günther, Idee und Grundriß einer nicht-Aristotelischen Logik. Die Idee und ihre philosophischen Voraussetzungen 3., Meiner Verlag Hamburg, 1991.
30 de Shazer 1996, 93.
31 a.a.O, 94.
32 a.a.O..
33 Rudolf Kaehr, Spaltungen in der Wiederholung, *Spuren*, Heft Nr. 40, Hamburg 1992; s.a. www.techno.net/pcl/media.
34 de Shazer 1996, 94.
35 Hegel, WW II (Glockner), 223.
36 Gotthard Günther 1979, 85.
37 a.a.O., 59f.
38 Heinz von Foerster (Ed.): *Cybenetics of Cybernetics*. Urbana, Ill., 1974.
39 de Shazer 1996, 92.
40 a.a.O.
41 a.a.O.
42 de Shazer 1992, 68.
43 a.a.O.

Literatur

Anderson, T.: *Das reflektierende Team.* Dortmund: Verlag Modernes Lernen 1990
Araoz, D.: *Die neue Hypnose.* Paderborn: Junfermann ²1993
Bandler, R. & Grinder, J.: *Kommunikation und Veränderung. Die Struktur der Magie II.* Paderborn: Junfermann ⁸2001
Bandler, R. & Grinder, J.: *Metasprache und Psychotherapie. Die Struktur der Magie I.* Paderborn: Junfermann ¹⁰2001
Bandler, R. & Grinder, J.: *Neue Wege der Kurzzeit-Therapie.* Paderborn: Junfermann ¹³2001
Bandler, R. & Grinder, J.: *Reframing. Ein ökologischer Ansatz in der Psychotherapie (NLP).* Paderborn: Junfermann ⁷2000
Bandler, R.: *Bitte verändern Sie sich jetzt!* Paderborn: Junfermann ²1993
Bandler, R.: *Veränderung des subjektiven Erlebens.* Paderborn: Junfermann ⁶2000
Berg, I.K.: *Familien-Zusammenhalt(en).* Dortmund: Verlag Modernes Lernen ²1995
Berne, E.: *Was sagen Sie, nachdem Sie „Guten Tag" gesagt haben.* Frankfurt: Fischer 1996
Beutler, L.: *Systematic eclectic psychotherapy.* In: J.C. Norcross (Ed.), *Handbook of eclectic psychotherapy* (pp 94–131). New York: Brunner/Mazel 1986
Beutler, L.E. & Consoli, A.J.: *Systematic eclectic psychotherapy.* In: J.C. Norcross & M.R. Goldfried (Eds.), *Handbook of psychotherapy integration* (pp 264 – 299). New York: Basic Books 1992
Biermann-Ratjen, E.-M. et al.: *Gesprächspsychotherapie.* Stuttgart: Kohlhammer ⁷1995
Binswanger, L.: *Formen mißglückten Daseins.* Heidelberg: Asanger 1992
Bommert, H.: *Grundlagen der Gesprächspsychotherapie.* Stuttgart: Kohlhammer 1977
Brockhaus-Enzyklopädie Mannheim ¹⁹1991
Burton, J. & Bodenhamer, B.G.: *Hypnotic Language.* Bancyfelin: Crown House Publishing 2000
Cannon, W.B.: *Bodily Changes in Pain, Hunger, Fear and Rage.* Boston: Branford 1953
Chomsky, N.: *Language and Thought.* Moyer Bell 1993
Chomsky, N.: *Strukturen der Syntax.* Berlin: de Gruyter 1973
Chong, D.K. & Smith-Chong, J.K.: *Frag nicht warum ...* Paderborn: Junfermann 1995
Chong, D.K., Chong, J.K.: *Power and Elegance in Communication.* C-Jade Publishing Inc. 1993
Ciompi, L.: *Die emotionalen Grundlagen des Denkens - Entwurf einer fraktalen Affektlogik.* Göttingen: Vandenhoeck & Ruprecht 1999
Cohn, R.: *Interview in Psychologie heute 3/1979*
Condrau, G.: *Daseinsanalyse.* Dettelbach: J.H. Röll 1999
Critchley, S.: *The Ethics of Deconstruction.* Blackwell 1992
De Jong, P. & Berg, K.I.: *Lösungen (er)finden.* Dortmund: Verlag Modernes Lernen 1998
De Shazer, S.: *Das Spiel mit Unterschieden. Wie therapeutische Lösungen lösen.* Heidelberg: Carl Auer 1992
De Shazer, S.: *Der Dreh.* Heidelberg: Carl Auer ⁴1995
De Shazer, S.: *How come solution-focused brief therapists think diagnosis is so bad?* Aufsatz im Internet unter der Adresse: http//www.brief-therapy.org/rad2.htm vom 30.7.98. (1998 a)
De Shazer, S.: *Radical Acceptance.* Aufsatz im Internet unter der Adresse: http//www.brief-therapy.org/rad2.htm vom 30.7.98. (1998 b)
De Shazer, S.: *Worte waren ursprünglich Zauber.* Dortmund: Verlag Modernes Lernen 1996
Degen, R.: *Lexikon der Psycho-Irrtümer.* Frankfurt/M: Eichborn 2000
Dell, P.F.: *Klinische Erkenntnis.* Dortmund: Verlag Modernes Lernen ²1990
Derrida, J.: *Die Schrift und die Differenz.* Frankfurt: Suhrkamp 1972
Derrida, J.: *Grammatologie.* Frankfurt: Suhrkamp 1974
Derrida, J.: *Randgänge der Philosophie.* Wien: Passagen 1988
Deutsche Gesellschaft für Verhaltenstherapie (DGVT), Hrsg.: *Verhaltenstherapie.* Tübingen 1986
Dilts, R., Bandler R., Grinder, J. u.a.: *Strukturen subjektiver Erfahrung. Ihre Erforschung und Veränderung durch NLP.* Paderborn: Junfermann ⁵1994
Dilts, R., Hallbom, T., Smith, S.: *Identität, Glaubenssysteme und Gesundheit.* Paderborn: Junfermann ⁴2001
Eccles, J.C. & Popper, K.R.: *Das Ich und sein Gehirn.* München: Piper 1989
Edelman, G.M.: *Göttliche Luft, vernichtendes Feuer.* München: Piper 1995
Egger, J.: *Zum Krankheitsbegriff in der Verhaltenstherapie.* In: *Der Krankheitsbegriff in der modernen Psychotherapie,* Hrsg.: Pritz, A. und Petzold, H. Paderborn: Junfermann 1992
Ellis, A. & Grieger, R. (Hrsg.): *Praxis der rational-emotiven Therapie.* München: Urban & Schwarzenberg 1979
Ellis, A. & Hoellen, B.: *Die Rational-Emotive Verhaltenstherapie.* Stuttgart: Klett-Cotta 1997
Epiktet: *Handbüchlein der Moral und Unterredungen.* Stuttgart: A. Kröner 1976
Erickson, M.H. & Rossi, E.L.: *Hypnotherapie.* Stuttgart: Pfeiffer ⁵1999
Erickson, M.H.: *Meine Stimme begleitet Sie überall hin.* Stuttgart: Klett-Cotta ⁶1995
Erickson, M.H., Rossi, E.L, Rossi, S.L.: *Hypnose.* Stuttgart: Pfeiffer ⁴1994
Erickson, M.H.: *Der Februar-Mann.* Paderborn: Junfermann ²1994

Finke: *Empathie und Interaktion.* Stuttgart: Thieme
Fischer, H.R.: *Die Wirklichkeit des Konstruktivismus.* Heidelberg: Carl Auer ²1998
Fish, J.M.: *Placebo therapy.* San Francisco: Jossey-Bass 1973
Foerster, v. H. & Glasersfeld, v. E.: *Wie wir uns erfinden.* Heidelberg: Carl Auer 1999
Foerster, v. H. & Pörksen, B.: *Wahrheit ist die Erfindung eines Lügners.* Heidelberg: Carl Auer ²1998
Foerster, v. H.: *Der Anfang von Himmel und Erde hat keinen Namen.* Wien: Döcker Verlag ²1999
Foerster, v. H.: *KybernEthik.* Berlin: Merve 1993
Foerster, v. H.: *Wissen und Gewissen.* Frankfurt: Suhrkamp 1997
Frankl, V.: *Logotherapie und Existenzanalyse.* Weinheim: Beltz 1998
Garfield, S.L.: *Eclectic psychotherapy: A common factors approach.* In: J.C. Norcross & M.R. Goldfried (Eds.), *Handbook of psychotherapy integration* (pp 169–201). New York: Basic Books 1992
Geene, S.: *Money aided ich-design.* Berlin: b_books 1998
Gendlin, E.T.: *Focusing.* Salzburg: Otto Müller 1981
Gilligan, S.G.: *Therapeutische Trance.* Heidelberg: Carl Auer Verlag ²1995
Goldammer, E.v. & Paul, J.: *Autonomie in Biologie und Technik.* Auf der homepage „vordenker": http://www.vordenker.de/autonomie/autonomie.htm
Goldberg, M.C.: *The Art of the Question.* New York: John Wiley & Sons, Inc., 1998
Grawe, K., Donati, R., Bernauer, F.: *Psychotherapie im Wandel.* Göttingen: Hogrefe 1994
Grawe, K.: *Differentielle Psychotherapie.* Bern: Hans Huber 1976
Grawe, K.: *Psychologische Therapie.* Göttingen: Hogrefe 1998
Greimas, A.: *Semiotica of passion.* Minneapolis: University of Minnesota Press 1993
Grinder, J. & DeLozier, J.: *Der Reigen der Daimonen.* Paderborn: Junfermann 1995
Grochowiak, K. & Castella, J.: Chiasmus von Täter und Opfer. In: *Multimind* 1997, Heft 4
Grochowiak, K. & Castella, J.: *Der leichte Tanz.* Paderborn: Junfermann 1998
Grochowiak, K. & Haag, S.: *Seth und NLP.* Ein Kurs in Lebensgestaltung durch Veränderung von Glaubenssätzen. München: Goldmann 1998
Grochowiak, K. & Maier, L.: *Die Diamond-Technik in der Praxis.* Paderborn: Junfermann 2000
Grochowiak, K.: Das große Mißverständnis. Die logischen Ebenen und ihre Folgen. In: *Multimind* 1999, Heft 4
Grove, D.J. & Panzer, B.I.: *Das Trauma heilen.* Freiburg: VAK 1992
Grube, C.D.: Denk nicht an keinen blauen Elefanten. In: *MultiMind* 2000, Heft 2, 16–18
Gumin, H. & Meier, H. (Hrsg.): *Einführung in den Konstruktivismus.* München: Piper 1997
Günther, G.: *Beiträge zur Grundlegung einer operationsfähigen Dialektik.* Hamburg: Meiner 1976-1980
Günther, G.: *Das Bewußtsein der Maschinen.* Baden-Baden/Krefeld: Agis 1963
Günther, G.: *Identität, Gegenidentität und Negativsprache.* Köln/Opladen 1979
Günther, G.: *Idee und Grundriß einer nicht-aristotelischen Logik.* Hamburg: Meiner ³1991
Haley, J.: *Conversations with Milton H. Erickson.* Rockville, MD: Triangle 1985
Haley, J.: *Therapie lehren und lernen.* Paderborn: Junfermann 1999
Hall, Chr.: In: *The NLP Connection* 1991, Seminarunterlagen
Heidegger, M.: *Grundprobleme der Phänomenologie.* Gesamtausgabe, Bd. 24. Frankfurt: Vittorio Klostermann 1977
Heidegger, M.: *Sein und Zeit.* Gesamtausgabe, Bd. 2. Frankfurt: Vittorio Klostermann 1977
Heidegger, M.: *Zollikoner Seminare.* Frankfurt: Vittorio Klostermann 1994
Heim, E. & Willi, J.: *Psychosoziale Medizin II. Gesundheit und Krankheit in bio-psycho-sozialer Sicht.* Berlin: Springer 1986
Hellinger, B.: *Anerkennen, was ist.* München: Kösel 1996
Hellinger, B.: *Die Mitte fühlt sich leicht an.* München: Kösel 1996
Hellinger, B.: *Finden, was wirkt.* München: Kösel 1993
Hellinger, B.: *Ordnungen der Liebe.* Heidelberg: Carl Auer 1994
Hildenbrand, B. & Welter-Enderlin, R.: *Systemische Therapie als Begegnung.* Stuttgart: Klett-Cotta 1996
Howard, H.I., Kopta, S.M., Krause, M.S. & Orlinsky, D.E.: The dose-effect of relationship in psychotherapy. *American Psychologist,* 41, 1986, 159–164
Howard, H.I., Lueger, R.J., Maling, M.S. & Marinovich, Z.: *A phase theory of psychotherapy.* Annual International Meeting of the Society for Psychotherapy Research. Berkeley, USA 1992
James, T.: *Prime Concerns.* Seminarpapier. Honolulu 1996, 25 ff
Jaynes, J.: *Der Ursprung des Bewußtseins durch den Zusammenbruch der bikameralen Psyche.* Reinbek: Rowohlt 1988
Jochims, I.: *NLP für Profis. Glaubenssätze & Sprachmodelle.* Paderborn: Junfermann 1995
Jonas, A.D.: Eine verhaltensgenetisch orientierte Psychotherapie. In: *Idiolekta – Die Eigensprache in Forschung und Praxis* – 2. Jahrgang 1996, Vol. 1/2., 3-10. Würzburg: Huttenscher Verlag
Jonas, A.D.: *Kurzpsychotherapie in der Allgemeinmedizin.* Stuttgart: Hippokrates 1981
Jonas, A.D.: *Orientierungshilfen zur Psychosomatik.* 1985
Jün-tin Wang, in: Ballmer, T.T. & Posner, R. (Hrsg.): *Nach-Chomskysche Linguistik.* Berlin: de Gruyter 1985

Kaehr, R.: Über Todesstruktur, Maschine und Kenogrammatik. In: *Information Philosophie,* 21. Jahrgang, Heft 5, Dez. 1993, Lörrach

Kanfer, F.H. & Phillips, J.S.: *Verhaltenstheoretische Diagnostik.* In: D. Schulte (Hrsg.): *Diagnostik in der Verhaltenstherapie.* München: Urban und Schwarzenberg 1975

Keeney, B.P.: *Aesthetics of Change.* New York: Guilford Press 1983

Keeney, B.P.: *Everyday Soul.* New York: Riverhead Books 1996

Kibéd, V. v. M. & Sparrer, I.: *Ganz im Gegenteil.* Heidelberg: Carl Auer ²2000

Korzybski, A.: *Science and Sanity.* Lakeville: Connecticut: Institute of General Semantics ⁴1958

Kostera, K. & Malatesta, L.: *Maps, Models and the structure of reality.* Portland: Metamorphous Press 1991

Lazarus, A.A.: *Multimodal therapy: Technical eclecticism with minimal integration.* In: J.C. Norcross & M.R. Goldfried (Eds.): *Handbook of psychotherapy integration* (pp 231 – 263). New York: Basic Books 1992

Leidlmaier, K.: *Künstliche Intelligenz und Heidegger.* München: Wilhelm Fink 1991

Lyons, J.: *Chomsky.* London: Fontana Press 1991

Maturana, H.R. & Varela, F.J.: *Der Baum der Erkenntnis.* München: Goldmann 1987

Maturana, H.R.: *Erkennen: Die Organisation und Verkörperung von Wirklichkeit.* Wiesbaden: Viehweg 1985

Maugham, W.S.: *Der Magier.* Zürich: Diogenes 1975

Merleau-Ponty, M.: *Die Struktur des Verhaltens.* Berlin: de Gruyter 1976

Merleau-Ponty, M.: *Phänomenologie der Wahrnehmung.* Berlin: de Gruyter 1966

Miller, G.A., Galanter E., Pribram, K.H.: *Plans and Structure of Behavior.* New York 1986

Mitterauer: *Architektonik - Entwurf einer Metaphysik der Machbarkeit.* Wien: Verlag Christian Brandstätter 1989

Mohl, A.: *Die Wirklichkeit des NLP.* Paderborn: Junfermann 2000

Nørretranders, T.: *Spüre die Welt.* Reinbek: Rowohlt 1997

O'Connor, J. & Seymour, J.: *Neurolinguistisches Programmieren.* Freiburg: VAK ⁵1995

Orlinsky, D.E., Grawe, K., Parks, B.: *Process and Outcome in Psychotherapy – noch einmal.* In A.A. Bergin & S.L. Garfield (Eds.), *Handbook of Psychotherapy and Behavior change.* New York: Wiley 1994

Palazzoli, M.S. u.a.: *Der entzauberte Magier.* Stuttgart: Klett-Cotta 1978

Palazzoli, M.S., Boscolo, L., Cecchin, G., Prata, G.: Hypothetisieren – Zirkularität – Neutralität. Drei Richtlinien für den Leiter der Sitzung. In: *Familiendynamik* 2/81, S. 123 –139

Penrose, R.: *Schatten des Geistes. Wege zu einer neuen Physik des Bewußtseins.* Heidelberg: Spektrum Verlag 1995

Poimann, H. & Winkler, P.: *Idiolektik – der Zugang zur Psychosomatik der Wirbelsäule.* In: H. Hennig et al.: *Kurzzeitpsychotherapie in Theorie und Praxis.* Lengerich: Pabst 1996

Poimann, H.: Wie funktioniert Idiolektik? In: *Idiolekta – Die Eigensprache in Forschung und Praxis.* 1. Jahrgang 1995, Vol. 1., 2–12. Würzburg: Huttenscher Verlag

Rogers, C.R.: *A theory of therapy, personality and interpersonal relationships as developed in the client-centered framework.* In: Koch, S. (Ed.) *Psychology: A study of a science* Vol. III., New York 1959, S. 184–256

Rogers, C.R.: *Die nicht-direktive Beratung.* Frankfurt: Fischer Taschenbuch 1994

Rogers, C.R.: *Entwicklung der Persönlichkeit.* Stuttgart: Klett-Cotta 1973

Rogers, C.R.: *Towards a Science of the Person.* In: Sutich, A.J. & Vich, M.A. (Eds.): *Readings in humanistic psychology.* New York 1969, 21–50

Rombach, H.: *Phänomenologie des gegenwärtigen Bewußtseins.* Freiburg/München: Karl Alber 1980

Rombach, H.: *Strukturanthropologie.* Freiburg/München: Karl Alber 1993

Rombach, H.: *Über Ursprung und Wesen der Frage.* Freiburg/München: Karl Alber ²1998

Rosen, S.: *Die Lehrgeschichten von Milton H. Erickson.* Salzhausen: Isko Press ³1994

Rossi, E.L. (Hrsg.): *The collected papers of Milton H. Erickson.* Volume I: The nature of hypnosis and suggestions. New York: Irvington 1980

Roth, G.: *Das Gehirn und seine Wirklichkeit.* Frankfurt: Suhrkamp 1996

Rothermel, A.: *Zirkuläres Fragen als Methode der systemischen Therapie.* Unveröffentlichte Diplomarbeit, Psychologisches Institut der Universität Freiburg, 1987

Sachse, R.: *Zielorientierte Gesprächspsychotherapie.* Göttingen: Hogrefe 1992

Safranski, R.: *Ein Meister aus Deutschland.* Frankfurt/M: Fischer 1997

Saussure, F. de: *Grundlagen der allgemeinen Sprachwissenschaft.* Berlin: de Gruyter 1967

Schelp, T., Gravemeier, R., Maluck, D.: *Rational-Emotive Therapie als Gruppentraining gegen Stress.* Bern: Hans Huber ²1997

Schiffter, R.: *Die Neurologie des vegetativen Nervensystems.* Heidelberg: Springer 1985

Schlippe, A. v. & Schweitzer, J.: *Lehrbuch der systemischen Therapie und Beratung.* Göttingen: Vandenhoeck und Ruprecht 1996

Schulte, D.: *Therapieplanung.* Göttingen: Hogrefe 1996

Schulte, G.: *Neuromythen.* Frankfurt: Zweitausendeins 2000

Schulz von Thun, F.: *Miteinander reden.* Bd. 1. Reinbek: Rowohlt 1981

Schwartz, R.C.: *Systemische Therapie mit der inneren Familie.* Stuttgart: Klett-Cotta 1997

Simon, F.B. & Rech-Simon, C.: *Zirkuläres Fragen.* Heidelberg: Carl Auer 1999

Simon, F.B.: *Unterschiede, die Unterschiede machen.* Frankfurt: Suhrkamp ²1995

Singh, S.: *Fermats letzter Satz.* München: dtv 2000
Sloterdijk, P.: *Weltfremdheit.* Frankfurt: Suhrkamp 1993
Spencer Brown, G.: *Gesetze der Form.* Lübeck: Bohmeier Verlag 1999
Stresius, K., Grochowiak, K. & Castella, J.: *NLP & das Familienstellen.* Paderborn: Junfermann 2001
Striet, M.: *Der neue Mensch.* Frankfurt/M.: Knecht 2000
Teusch, L.: *Gesprächspsychotherapie in Kombination mit verhaltenstherapeutischer Reizkonfrontation bei Panikstörungen mit Agoraphobie.* Habilitationsschrift, Gesamthochschule Essen, 1995
Tomm, K.: *Die Fragen des Beobachters.* Heidelberg: Carl Auer 1994
Tomm, K.: Strategisches Vorgehen als vierte Richtlinie für den Therapeuten. 1987. *System Familie* 1: 145–159
Varela, F.J.: *Kognitionswissenschaft – Kognitionstechnik.* Frankfurt: Suhrkamp 1990
Walen, S.R.: *RET-Training.* München: J. Pfeiffer 1982
Walter, J.L. & Peller, J.E.: *Lösungs-orientierte Kurztherapie.* Dortmund: Verlag Modernes Lernen ^{3}1996
Watzlawick, P. & Beaven, J.H.: *Menschliche Kommunikation.* Bern: Huber 1969
Watzlawick, P. et al.: *Menschliche Kommunikation.* Bern: Huber ^{10}2000
Watzlawick, P., Krieg, P.: *Das Auge des Betrachters.* München: Piper 1991
Watzlawick, P., Weakland, J.H., Fisch, R.: *Lösungen.* Bern: Huber 1974
Weischedel, W.: *Der Gott der Philosophen.* Darmstadt: Primus 1998
Weiss, Th. & Haertel-Weiss, G.: *Familientherapie ohne Familie.* München: Piper ^{6}2000
Weizsäcker, V. v.: *Der Gestaltkreis.* Frankfurt: Suhrkamp 1997
Winkler, P.: Psychosomatik – Die Organe sprechen für sich. In: *Idiolekta – Die Eigensprache in Forschung und Praxis.* 1. Jahrgang 1995, Vol. 1., 18–24. Würzburg: Huttenscher Verlag
Wippich, J.: *Denk nicht an Blau.* Paderborn: Junfermann 1995
Zelger, J.: *Verfahren zur kreativen Selbstorganisation.* Spardorf: R.F. Wilfer 1988
Zima, P.V.: *Die Dekonstruktion.* Tübingen: Francke 1994
Zima, P.V.: *Theorie des Subjekts.* Tübingen: Francke 2000
Zink, N. & Munshaw, J.: Collapsing Generalizations and the Other Half of NLP. In: *NLP World,* Vol. 3, No 1, März 1996

Personenverzeichnis

A, B
Adler, A. 294
Aristoteles 84, 171
Bacon, R. 58
Bandler, R. 12f, 16, 38ff, 46, 79-86, 94, 96f, 99ff, 103, 105, 107, 109, 111, 113, 118–125, 127f, 130f, 135–139, 141, 148, 153, 156, 158, 336, 366, 386, 390f, 426
Barthes, R. 36
Bataille, G. 23
Bateson, G. 96
Beauvoir, S.d. 66
Berg, I.K. 185, 193f
Binswanger, L. 50
Bommert, H. 365f
Boss, M. 50
Brown, S. 59
Buber, M. 46

C, D
Cameron-Bandler, L. 65
Camus, A. 47
Cannon, W.B. 294
Chomsky, N. 36, 38ff, 86, 124f, 129, 141, 147, 394
Chong, D. 20, 137f, 141-152, 156, 159, 367, 428
Cohn, R. 342
Deleuze, G. 23, 36
Derrida, J. 23, 35ff, 178
Descartes, R. 52, 179
De Shazer, S. 16f, 28, 31, 34, 36, 40, 47, 57, 59, 66, 75, 129, 162, 185f, 188f, 191, 193ff, 197, 200, 203-206, 208, 212, 227, 261, 296, 325, 331ff, 352, 362, 366, 378, 387f, 391, 393ff, 403, 407f, 411f, 416, 419, 423
Dilts, R. 15, 91

E, F
Eccles, J. 55
Einstein, A. 42, 335
Ellis, A. 243, 245-249, 251, 253, 265–270, 338, 353, 436
Epiktet 243
Erickson, M.H. 12f, 26, 61, 79, 93ff, 97, 105, 118, 122, 153, 161, 186, 191, 193, 324, 333, 346, 356, 366, 386f, 397, 399, 406, 418, 423
Farelly, F. 407f, 430
Fish, J.M. 31
Foerster, H.v. 48, 63
Foucault, M. 23, 36
Frankl, V. 48, 75
Freud, S. 26, 36, 94, 294, 421

G
Galanter, E. 89
Gazzaniga, M. 305
Gendlin, E. 326
Gilligan, S. 96
Gödel 64
Goethe, J.W.v. 23

Goldberg, M.C. 59, 61, 65, 66, 137, 166ff, 170
Grawe, K. 15, 17, 323–331, 340f, 343, 348, 351, 369, 378, 386, 393, 409,
Grinder, J. 12f, 16, 38ff, 79–86, 94, 96f, 101, 109, 111, 113, 116, 118–125, 127f, 131, 135–139, 141, 153, 156, 336, 366, 386, 391, 426
Grove, D. 59, 60ff
Guattari, F. 36
Günther, G. 35, 51, 53, 55, 63, 114, 171, 181, 397

H, J
Haley, J. 333, 386
Hall, C. 20, 130, 137, 153–165, 324, 357, 395, 419
Hegel, G.F.W. 47, 171
Heidegger, M. 23, 36, 46, 48, 50f, 64, 68, 70, 172
Hellinger, B. 75f, 387, 407, 417, 419, 421
Horney, K. 294
Hülsenbeck, R. 243
Husserl, E. 47–51
James, T. 179f
Jaspers, K. 47
Jaynes, J. 30
Jochims, I. 82
Jonas, A.D. 75, 292, 294-304, 307, 310–318, 320, 327, 329, 331, 344, 346f, 349, 353, 358, 363, 371f, 383ff, 389f, 393, 407, 416f

K, L
Kaehr, R. 181, 336
Kant, I. 25, 55, 58
Keeney, B.P. 59
Kierkegaard, S. 45ff
Korzybski, A. 24, 37, 50, 81f, 85, 86, 123–125, 142, 148, 156, 172, 326, 404
Kristeva, J. 36
Lacan, J. 23
Leidlmaier, K. 51
Lévi-Strauss, C. 34
Leymore, V.L. 180
Lipchik, E. 185
Lyotard, J.F. 23

M, N
Marcuse, H. 22
Marx, K. 47
Maturana, H.R. 45, 83
Maugham, W. S. 12
Meichenbaum, D. 265
Merleau-Ponty, M. 50, 53
Miller, G.A. 89, 363
Munshaw 84, 123, 130–134
Newton, I. 42, 58
Nietzsche, F. 23, 36, 46, 48

P
Pallazolli, M.S. 215
Panzer, B.I. 60
Penrose, R. 55
Perls, F. 12, 79

Platon 55
Poimann, H. 292, 304f, 308, 310, 385, 389, 411
Pribram, K.H. 89

R, S
Rogers, C. 46, 277, 279f, 284, 286, 307, 342, 350, 396f
Rombach, H. 48, 59, 63, 65, 67–74, 329, 348, 363f, 373
Rossi, E.L. 93f
Roth, G. 55
Sachse, R. 289f, 325
Sartres, J.-P. 47
Satir, V. 12f, 79
Saussure, F.d. 34–37
Schelling, F. 58
Schiffter, R. 305
Schopenhauer, A. 55
Schulz von Thun, F. 340, 342, 350
Schwarz, D. 246
Simon, F.B. 214, 225ff, 232, 368, 381, 416
Sokrates 243

T–Z
Tomm, K. 215, 229f, 233f, 238, 381
Varela, F.J. 45
Walen, S. 259, 353
Walter, J.L. 27
Watzlawick, P. 31, 195, 214
Weakland, J. 31
Weischedel, W. 58
Welter-Enderlin 14, 228
Whitehead, N. 29
Winkler, P. 304
Wittgenstein, L. 51
Zink, N. 84, 123, 130–134

Stichwortverzeichnis

A

Abbild, naturalistisches 51
Abbildungsfunktion 86
ABC-Modell 255
ABC-Schema 489
Absicht und Situation 69
Absicht und Verhalten 69
Absicht, posistive 453
Absichtlichkeit 70f
Absichtserklärung 76
Absichtslosigkeit 448
Absurdes 47f
A-C-Verwirrung 434, 440
Adjektivtilgung 138
Agoraphobie 328, 479
aktiv-direktive Haltung 259f
aktiv-direktiver Stil 356
Aktivierung von Ressourcen 316, 369
Aktor, rationaler 338
Aktualisierungstendenz 280
Akzeptanz, radikale 193
Algorithmen 94
Alleinvertretungsansprüche 18
Allgemeingültigkeit, intersubjektive 56
Allparteilichkeit 232
Analogiebildung 315f
Anfrage 70, 361
Anteile des Selbst 166
Antinomie 171
Anwendungsrichtlinien 122
Äquivalenz, komplexe 113, 133, 140, 429
ästhetisches Stadium 45
Auslöser (Trigger) 395, 440
Ausnahmen 189, 192, 199, 332
Autonomie 45
Autopoiese 44, 222, 463

B

B-C-Verwirrung 434
Bearbeitungstiefe des therapeutischen Gesprächs 289f
Bedeutung, innere 35
Bedeutungserlebnisse 25
Bedeutungsgebung 23, 155, 195
Bedeutungsgebung, innere 189
Bedeutungskontruktion 24
Bedeutungsprobleme 51, 87, 89, 93, 178, 333, 342, 406, 413, 474
Bedeutungsveränderung, mögliche 77
Bedeutungswandel 38
Bedingungen 284, 286
Befragen 59, 71
Befreiung des Individuums 21
Begriff 467
Begründungszusammenhang 360
Behandlungsrationale 15
Behandlungsritual 15
Beliebigkeit 77
Belief 24
Benennung von Gefühlen 261
Beobachten 15, 167, 222
Beobachter, externer 171
Beobachterin, objektive 221
Beobachter-Perspektive 450f
Beschwerde 199
Beschwerde dekonstruieren 402
Beschwerde/Symptom/Problem 302
Beschwerden, vage 208, 411
Besucher 197, 387–390, 408
Betonungs-Shuffle 431
bewältigungsorientiertes Vorgehen 331
Beweise 245, 269f
Bewertungen (IBs) 255, 338
Bewertungen, irrationale 355
Bewertungen, rationale 338
Bewußtseinsfunktionen 56
Bewußtseinsraum 22
Bezeichendes 35
Bezeichentes 35
Bezeichnung 35
Beziehungen, komplementäre 213
Beziehungssystem 340
Bezugsindex 128
Bezugsrahmen, theoretischer 16
Blame-Frame 99, 142, 145
Blinder Fleck 172
Bulimie 485

C, D

Chiasmus 29
Chiastisierung 171
Choice-Modell 166
Chunk-down 419
Chunking 363
Chunk-up 419
Co-Creation 464, 466f
Computer-Metapher 87, 335f
Conditio Humana 45
Dasein 63
Daseinsanalyse 50
Daten 29, 93
Daten, heilungsrelevante 27
Datenbasis 130
Deep Structure 466
Dekonstruktion 29, 36, 413, 460, 463, 465
Dekonstruktion der Bedeutungsgebungen 153
Dekonstruktion der Prozeßkriterien 28
Dekonstruktion des Rahmens 208, 412, 414, 485, 491
Dekonstruktivismus 26, 29, 36, 178, 474
Denken, irrationales 313
Denken, magisches 52
Denken, zirkuläres 214
Diagnose 383
Diagnose, psychodynamische 302, 315
Dialektik 171
Diamond 33, 171

Diamond-Format 336
Diamond-Netz 179
Dichotomie 464, 466
Differenz 37f, 475
Direktiv 348
direktives Vorgehen 311, 357
Diskurs 38
Dispositionsprädikate 140, 483
Disputation 254, 265, 273, 354
Disputation der ABC's 265
Disputation, kognitive 266f
Disputationsfragen 274
Disputationsstrategien 266
Disputationstechniken, verhaltenszentrierte 266
Doppelbezug 72
drei-wertige Logik 56
Durchschnitte bilden 138f
dysfunktionaler Zustand 222

E

Echtheit und Kongruenz 286
Effekt der Intersubjektivität 36
ehisches Stadium 5
Eigensprache 292, 301, 304f, 307, 314, 346, 351, 399
Eigentlichkeit 48
Einsicht, gefühlsmäßige 253
Einsicht, verstandesmäßige 253
Einsteins Universum 147
Einstellung des Klienten 402
Einwegspiegel 229
Einzigartigkeit des Individuums 95
Elizitieren von Gefühlszuständen 272
Elizitieren 59, 132, 202f, 226, 231, 255, 257f, 463, 468
Emotionsstörungen 252
Empathie 286f, 308, 350
Empfindung 22
Empfindungsreframing 354, 489
Empirismus 266
Entdecktheit, durchschnittliche 68, 70, 348, 477
Entdeckungs- und Begründungszusammenhang 397
Entscheidung 74
Entscheidung, faktische 74
Entscheidungsfrage 73f
Entscheidungsmöglichkeit 74
Entscheidungsproblem 64
Entschiedenheit 73, 76, 386
Entschluß 73, 75f, 386
Entwicklungsphasen 279
Entwicklungsstufen 277
Entzauberung der Welt 21
Epiphänomen 22
Ereignis, aktivierendes 255
Erfahrung, ursprüngliche 84
Erfahrungen 280, 286f, 343, 462
Erfahrungen, korrektive 326f, 351
Erfragtes 70ff
Erkenntnisfortschritt 42
erkenntnistheoretische Grundlagen 78
Erkenntnistheorie, empirische 81
Erkenntnistheorie, nihilistische 81
Erkenntnistheorie, spirituelle 81
Erklärung 7
Erklärungsmodelle 76
Erleben, assoziiertes 489
Erleben, subjektives 22
Erlebnis-Einheiten 72
Erwartungen 5
Erwartungen, positive 323
Erweiterung der Logik 4
Es 1
Evidenzerfahrungen 7
Existenz 45f
Existenzerhellung 47
Existenzialismus 45, 279
Existenzphilosophen 47
Experiment 15
Expositionstherapie 328, 479

F

faith 24
Fehlanpassung, psychologische 286
felt sense 61, 280, 290, 326f, 338, 348ff, 357, 399
Filter der Wahrnehmung 83
Filterprozesse 83
Filterprozesse, komplexe 22
Flirtstrategie 90
Focussing 326
Fokus, positiver 191
Forderungen, willkürliche 251
Form der Abbildung 51
Form der Entschiedenheit 76
Formen des Widerstandes 263
Fortschritt 26
Frage nach Ausnahmen 211
Frage nach der Frage 58
Frage nach konkreten Handlungsschritten 212
Frage, dialogische 70f
Frage, gesprächshafte 361
Frageabsicht 71
Fragekategorien 210, 272
Fragekontinente 321, 393, 423
Fragelogik 59
Fragemethode, satzorientierte 72
Fragemethoden 406, 474
Fragen bezogen auf Klientypen 212
Fragen im therapeutischen Bereich 60
Fragen in den Naturwissenschaften 58
Fragen in sozialen Kontexten 58
Fragen nach Ausnahmen 203, 444
Fragen nach Bewertungen 234
Fragen nach konkreten Verhaltensweisen 235
Fragen nach Tatsachen 370
Fragen zum Auftragskontext 237
Fragen zum Problemkontext 237
Fragen zum Überweisungskontext 391
Fragen zur Hinterfragung von Bedeutungskonstruktionen 116
Fragen zur Möglichkeitskonstruktion 237
Fragen zur Tatbestandssicherung 115

Fragen zur Wirklichkeitskonstruktion 237
Fragen, Arten von 61
Fragen, entscheidbare und unentscheidbare 62f
Fragen, günstige 212
Fragen, hypnotische 99, 105
Fragen, konkrete 67
Fragen, lösungsorientierte 101, 237, 364, 366
Fragen, möglichkeitsorientierte 370
Fragen, phylogenetische 320
Fragen, problem- und zielorientierte 99
Fragen, problemorientierte 100, 238, 364, 366, 371f
Fragen, rationale 248
Fragen, ressourcen- und möglichkeitsorientierte 204, 319, 367, 369, 372, 385, 449
Fragen, sachenorientierte 368
Fragen, strategische 66, 201, 373f, 376f, 379ff, 383, 385, 418, 451
Fragen, tatsachenorientierte 363, 366, 371
Fragen, unentscheidbare 64
Fragen, virtuelle 62, 65, 99, 432
Fragen, zirkuläre 205, 214, 239f, 369, 415, 450f
Frageraum 69
Fragerichtung 71, 363, 368, 401, 418
Fragesinn 71
Fragestrategie 118, 122, 361, 367, 376, 401
Fragestrategie für das Meta-Modell 428
Fragestrategie, übergeordnete 401f
fully functioning person 75, 282, 288, 341

G
Gebiet 484
Gedanken, irrationale 338
Gedankenlesen 120, 132
Gefragtes 70
Gegenständlichkeit 68
Gehandeltes 74
Gehirn 15
Gehirnforschung 55
Gehirnparadox 55
Geisteswissenschaft 15
Genealogie der Werte 77
Generalisierung 84, 109, 111, 481
Generalisierung, einschränkende 110
Generalisierung, nützliche 109, 134
Gespräch 361
Gesprächsführung nach Rogers 288
Gesprächsführung, idiolektische 292f, 310
Gesprächsführung, lösungsorientierte 192
Gesprächsführung, zieloffene 309
Gesprächshaltung 384
Gesprächspsychotherapie 277
Gesprächstechnik 384
Gesprächstherapie, zielorientierte 289
Glaubenssätze 24, 91, 431
Glaubenssätze, beschreibende und bewertende 395
Glaubenssätze, einschränkende 91
Glaubenssysteme, regionale 17
Grad an Involviertheit 349, 352
Grammatologie 38

Grenzsituation 47
Grundüberzeugungen 442

H
Handlungsmöglichkeit 74
Hauptinterview 219
Hausaufgaben 199f, 382, 444
Heilung 30
Hermeneutischer Ansatz 29
Hermeneutischer Zirkel 86
hierarchisches Modell der Weltwahrnehmung 86
Hochchunken (Chunk up) 160
Homöostase 218, 221
Hypochonder 297f, 308
Hypothesen 16, 220, 245, 299, 373, 381
Hypothesen, inadäquate 221
Hypothesenbildung 15, 220, 230, 308, 314, 373ff, 380, 384

I, J
Ich 68
Idealismus 34, 49
Identifikation 139
Identitäts/Diversitäts-System 470
Identitätsprinzip 469
Idiolektik 292
In-der-Welt-sein 22, 50f
Index Computation 27, 339
Indexpatientin 214, 485
Induktion von Besserungserwartungen 409
induktives Schlußfolgern 130f
Information 147
Informationsaspekt 231
Informationskanäle 127
Informationssammlungs-Modul 148
Informationsverarbeitung 85
Informationsverarbeitungsprozeß 127
Inkohärenz, argumentative 363
Innerlichkeiten 56
In-sein 68, 477
Installationsaspekt 231
Installieren 59, 132, 202f, 226, 231, 255, 257, 463
Intensität von Gefühlen 252, 272
Intentionalität 51
Intentionsklärung 284, 327, 329f
Intentionsrealisierung 329f
Interaktionsmuster 340
Interpretation 23, 25, 29
Inter-Textualität 37
Interventionen 219, 222
Interventionsmethoden 374, 379, 384
Interventionsrichtung 418
Intoleranz 145
Intuition 386, 462
Involviertheitsgrad des Therapeuten 357
Iteration, unendliche 173
jammernde Patienten bzw. Klienten 296f
Judger Self 166

K

Kameracheck 440
Kantische Tradition 22
Karte/Territorium 172
Kartenproduktion 172
Kartesische Logik 179
Katastrophenerwartungen 268, 274
Katastrophieren 250
Kategorisierung 84
Kausativ, impliziertes 117, 140
Kenogrammatik 35, 459f, 467, 469
Keno-Zahlen 467, 471
Kernanlagen des Klienten 403, 412
Kernfragen 65, 432f
Kern-Glaubenssätze 429
Klagende 197, 300, 387–390, 404, 407, 445
klärungsorientiertes Vorgehen 331
Klassen-Element-Konfusion 156
Klienten-Therapeuten-Beziehung 28
Klientenypen 361
Ko-Evolution 45
Kognitionen 22, 246
Kohärenz 361
Kohärenz des Gesprächs 71, 362
Kohärenz, argumentative 361f
Kokreation 96
Kokreation, zurückhaltende 357
kokreativer Ansatz 93
Kommunikation, überdeterminierte 29
Kommunikationsfunktion von Sprache 124
Komparativ- und Superlativtilgung 138
Komplimente 202, 444
Konditionierungsprozess 28
Kongruenz 287, 342
Konsequenzen 255
Konstituentenstruktur 125
Konstruktion des Problems 44
konstruktivische Vorannahmen 22
Konstruktivismus 23, 25, 41, 81, 172, 464
Konstruktivismus, kooperativer 469
Konstruktivismus, radikaler 41, 464f
Kontext 26
Kontext, Situation und Absicht 67
Kontext-Reframe 26
Kontextualismus 23, 25f, 67
Kontextverständnis 67
Konzept der Wahrnehmungsposition 489
Konzept der Wirkfaktoren 322
Konzept des Unterschieds 25
Konzept des Widerstandes 28
Kooperation 96
Korrektur 167
Kunden 197, 387f
Kurztherapie, lösungsorientierte 185
Kurztherapiemodell 201
Kurzzeittherapien 12f
Kybernetik 218, 459f, 463
Kybernetik 1. Ordnung 218, 221f, 480
Kybernetik 2. Ordnung 221f
Kybernetik und Geometrodynamik 146

L

Labels 41
Landkarte 453, 484
Landkarten der Welt 41
Landkarten, hochskalierte 130, 133
Learner Self 166
Leben der Zeichen 35
Lebenswelt 49
Lehrer-Schüler-Metapher 353
Leib 52, 54ff
Leiblichkeit 55
Leib-Seele-Interaktion 53
Lichtung 172
Limbisches System 305f
Linguistic turn 26, 34, 36
Linguistik 25, 460f, 463
Logik 266
Logik der Subjektivität 64
logische Ebenen 479
logisches Bild 51
logisches Quadrat 180
logisch-semantische Relation 125
Logozentrismus 35, 37, 459f, 464, 466f
Lokalisationstheoretiker 55
Lösung 188
Lösungen 1. Ordnung 31
Lösungen 2. Ordnung 31, 89
Lösungen 3. Ordnung 33
Lösungsfindung 190
Lösungsmuster 189
lösungsorientierter Ansatz 185
Loyalitätskonflikt 421f

M

Magie 12ff
Mailänder Gruppe 44, 219, 485
Mehrdeutigkeit 128
Mental research Institute 26
Meta-Absicht 70
Meta-Modell 426, 454
Meta-Modell, modifiziertes 137
Meta-Modell-Fragen 99
Meta-Modell-Verletzungen 111, 136, 426f, 429
Meta-Monster 121
Metaphern 30, 61
Metaphorand 30
Metaphorator 30
Metaphysik, westliche 35
Metaprogramme 27
Meta-Ziel 90, 101
Methode des Schlußfolgerns 354
Minimalismus 459
Miteinandersein 67, 70
Mitteilung 70, 72
Mitteilung, ontologische 70
Modaloperatoren 112, 138
Modaloperator-Shuffle 430

Modell 50, 82
Modell 1. Ordnung 90
Modell der logischen Ebenen 15
Modell der Welt 42, 50
Modellbauer 79
Modellbildung 79, 463
Modellbildungsprozesse 86
Modellieren 463, 480
Modellierungsoperation 86
Modellierungsprozesse 113
Moderne 21
Moment der Entscheidung 74
monokontextural 32
Monolog 72
Morpho-Grammatik 467
Motivationsstand 15
multimodale Prozesse 302
Multiperspektivismus 23, 25f
Muß-turbieren 250
Muster, therapierelevante 403, 406
Muster, übergeordnetes 420
Musteruntersuchung 199
Mythos des Gegebenen 23

N
Nachsitzung 220
Natürliche Zahlen 466f, 469, 471
Neuroanatomie 304
Neurobiologie 304
Neuroliguistisches Training (NLT) 81f, 478
Neurologische Ebenen 479
Neutralität 232
Neutralität, bestätigende 233
Neutralität, distanzierende 233
Neutralität, indifferente 233
Neutralität, strategische 233
Neutralitätsthese 92f
New-Age-Philosophie 22
New-Age-Psychotherapie 22
Nihilismus 77
NLP-Präsuppositionen 94, 335
Nominalisierungen 486
No-Y-ian-Modell 142, 145

O
Oberflächen-Modell 31, 332, 335
Oberflächenstruktur 39, 462, 481
Objekte 56, 469
Objektivismus, naturwissenschaftlicher 26
Objektivitätsanspruch 25
Öko-Feminismus 22
Ökologie 88
Ökologie-Check 88
Ontologie 477
Ontologie des Flachlandes 31
Ontologie, klassische 54
ontologische Differenzen 54
Operationalisierung 17
operationelle Geschlossenheit 45, 83, 481

Original 50
Ort des Geistes 55
Outcome-Frame 99

P
Paradox 173
Paradoxie 171
Parallelisieren 309, 449
Paraphorand 30
Performativ, verlorenes 139
Perspektivismus 67
Pertubationen 45, 86
Pertubationen, sprachliche 54
Pflege- und Sorgeverhalten 305
Phänomen 49
Phänomenologie 48, 279
philosophische Vorannahmen 41
Phylogenese 294, 299, 314f
phylogenetische Mechanismen 294
Placebo-Therapie 15
Polarity response 409f
Polykontexturale Logik (PKL) 55, 171, 459, 468
Polykontexturalität 171
Polykontexturalitätstheorie 53, 463
Polyperspektivismus 32, 171
Polysemie 171
Postmoderne 21, 23
Postmodernismus 29, 31
Poststrukturalismus 23, 26, 36
Pragmatismus 266
Präsuppositonen 128
Präsuppositionen in der Sprache 153
Prinzipien beim Befragen 275
Problem 249, 286, 301, 336, 339f, 343f, 397, 412
Problem- bzw. Lösungsklassen 347
Problem dekonstruieren 404f
Problem/Beschwerde dekonstruieren 403
Problemaktualisierung 325
Problemdefinition 188
Problemklassen 87, 333, 378, 405, 474
Problem-Lösungs-Klassen 403, 414
Problem-Lösungs-Raum 30f, 224, 331, 337
Problemmuster 188
Proto-Zahlen 471f
Provokative Therapie 408
Prozeß 307
Prozeßebene 28
Prozeßkriterien 27
Prozeßmerkmal 28
prozessuale Aktivierung 325f, 369
Pseudologik 312
Pseudoorientierung in der Zeit 107
Pseudoprobleme 154
psychischer Servicetechniker 93
Psychosomatik 52
psychosomatische Medizin 345
psychosomatische Probleme 416
psychosomatische Störungen 16
psychosomatische Symptome 295, 304

Psychotheologien 16, 79f
psychotherapeutische Theorien 16
psychotherapeutisches Problem 337
Psychotherapie, allgemeine 330
Psychotherapie, heuristische 330
Psychotherapieforschung (PTF) 13f, 322
Psychotherapiemethode, frageorientierte 59
Psychotiker 413
Pygmalion-Effekt 83

Q, R

Qualia 478, 484
Qualifizierungen 137
Rapport 93, 351, 356
Rapport/Kontakt 350
Rapportfähigkeit 93
Rational Emotive Therapie (RET) 243
Rationale Selbstanalyse (RSA) 439ff
Reaktionsmechanismen 294, 298
Reaktionsmechanismus, biologischer 296
Realismus 34
Realität 25
Rechtfertigung 144
Rechtfertigungsrahmen 17
Rechunking 159
Recording (Labelling) 163
Referent 35
Reflexion, metatheoretische 15
Reframing (Umdeuten) 25, 318, 348, 451, 477
Reframing-Konzept 26
Regelkreise 214
Regreß 173
Reiz-Reaktions-Kopplungen 474
Reiz-Reaktions-Problem 103
Reiz-Reaktions-Schemata 114
Rejektion (Verwerfung) 114, 396
Rekursivität 195
Relation 51
Relativismus 26, 29, 43, 172
Relativität 146
Relevanzkriterien 28
religiöses Stadium 46
Reorganisation in ein anderes Muster 162
Repräsentationalismus 35
Repräsentationssysteme 85, 123, 453, 479
Res cogitans 52, 54
Res extensa 54
Resequencing 161
Ressourcen 307, 324, 453
Ressourcen der Klienten 193
Ressourcen feststellen und erweitern 443
Ressourcenaktivierung 324f
Ressourcenorientierung 186
Resyntaxing 161
Retroromantik 22
Rohdaten 157, 159
Rückkopplungsprozeß 32
Rückkopplungsschleifen 228

S

Satzergänzungstechnik 267
Schichtenmodelle 31, 33, 89, 339, 342, 347, 358–359, 334, 344
Schlüsselbegriffe 399
Schlüsselworte 303, 349
Schlüsselworttechnik 303, 307, 316f
Schnittstellenproblematik 52, 54
Schuld und Anklage 145
Schwarzmalerei 249
Sechs-Schritte-Reframing 105
Second Order Cybernetics 463
Seelenbegriff 53
Seinsontologie 63
Seinsverständnis 51
sekundäre Gewinne 310
sekundärer Krankheitsgewinn 421
Selbst 21, 45, 50, 55, 73f, 286
Selbst- und Welterkenntnis 34
Selbstakualisierung 46
Selbstbezug 171
Selbstbezüglichkeit 217
Selbstentdeckung 64
Selbstentwurf 63, 77, 422
Selbstexperiment 47
Selbstgebung 64
Selbstkonstitution 86
Selbstkonzept 284
Selbstsein 45
Selbststruktur 280f, 342
Selbstüberschätzung 145
Selbstwahl 47
Selbstwiderspruch 26
Selbstwirksamkeitserwartung 15
Semantik 61, 465
semantische Fehlgeformtheiten 135
semantische Reaktion 23f
semiotisches Quadrat 180
Sich selbst erfüllende Prophezeiungen 24, 83
Simple location 29
simplizistische Modelle 86
Sinnkonstitution 36
Sinnlosigkeit der menschlichen Existenz 48
Sinnpräsenz 36
Sinnproduzent 58
Situation 155, 348
Situationsreframing 68
Situationsverstehen 69
Skalierung 464, 466, 468, 472
Skalierung von Zahl und Begriff 468
Skalierung, multiaxiale 473
Skalierungsfragen 16, 203, 210, 261, 443, 472
Skalierungsproblem 172
Skeptizismus 29, 43, 172
Skeptizismus, radikaler 26
Solidarität, unbewußte 421
Solipsismus 22, 34, 474
Solipsismus, kommunikativer 29
Soll-Ist-Vergleiche 90
Sollte-Müßte-Feststellungen 249, 251

Soll-Werte 90
Sophisterei 43
Souveränität im Entscheidungsprozeß 76
Spannweite des Bedeutungsraumes 178
Spiegeln 278, 283, 288, 396
Spiel der Differenzen 35, 38
Sprachbilder 114
Sprache 34, 305f
Sprache ist das Haus des Seins 64
Sprache, nützliche 124
Sprache, reine 61
Sprachhintergrund 35
Sprachoptimismus 34
Sprachpessimismus 34, 36, 47
sprachpessimistische Position 16f
Sprachphilosophie 26
Sprachproduktion 124
Sprachstrukturen 124
Sprachsystem 123
Stellencharakter 72
Stimulus-Response-Kopplungen (Anker) 87f, 93, 333f, 339
Störungen, psychische 246
Störungslehre 487
Strategien 334
Strategien, ineffektive 87
strategische Formen der Neutralität 233
Strukturalismus 34f, 459, 461f, 464, 467
Strukturalismus, linguistischer 26
strukturelle Kopplung 45, 51, 481
Strukturorganisation 124
Subjekt 56
Subjekt, objektives 55
Subjekt, transzendentales 37
Subjektivität 171
Subjektivität, innerweltliche 171, 173
Subjektivität, objektive 51
Subjektivität, subjektive 56
Subjekt-Objekt-Trennung 22
Submodalitäten 457
Substantive, kollektive 137
SUDS-Einschätzskalen 261
Suggestionsfragen 312
Switching questions 166
Symbol 61
Symptom, aufrechterhaltende Bedingungen 273
Symptom, auslösende Bedingungen 272
Symptome 189, 272, 295, 297, 305, 313
Symptomträger 215
Synästhesien 83
Synonymität 128
Syntax 125, 135
System von Differenzen 35
Systembegriff 32
Systeme 44
Systemische (Familien-)Therapie 213
Systemische Grundannahmen 194
Systemische Interviews 222
systemische Probleme 415
systemische Störung 340

systemtheoretischer Holismus 22

T
T.O.T.E.-Modell 89, 483
Talking cure 26, 36, 52
Tatsachen 412
Tatsachenbehauptung 26
Technik des „Sich-dumm-Stellens" 317
Teile-Modell 89, 334f
Territorium 453
textorientiertes Lesen 387
Textualität 37
Theorie der Selbstbegründung 490
Theoriebildung 15, 460
Therapeutenkiller 409f
Therapeuten-Klienten-Beziehung 30, 95, 347, 356, 399
therapeutische Grundhaltung 229, 307
therapeutische Haltung 259f, 445
therapeutische Metatheorie 397f
therapeutische Theoriebildung 461
therapeutisches Problem 346
Therapie- und Fragemethoden 321
Therapieforschung 15, 18
Therapiemethode 474
Tiefenstruktur 39f, 126, 130, 461f, 482
Tilgungen 109, 111, 135, 426, 481
Tilgungsfolge 137
Trance 94
Transaktionsanalyse 28
Transformationsgrammatik 34, 38, 135, 124f, 460ff, 481
Transformationsliguistik 124
Trans-klassische Logik 171
transzendentaler Signifikant 37
Transzendenz, subjektive 68
Triebe 296f, 344f
Triebkonzept 296, 344, 346
triviale Maschinen 480

U
Überdetermination 171
Übergeneralisierungen 110, 135, 155ff
Übersetzung, irrationale 337
Übertragung 356, 488
Überzeugungen, irrationale 247f, 252f, 268, 436ff, 442
Überzeugungen, rationale 247, 268, 436, 439
Übungen 425
Umdeuten 25
undefined terms 475
Uneigentlichkeit 48
Unentscheidbarkeiten 64, 171
Universal Physical Record (UPR) 483
Universalität, implizierte 156
Universalquantoren 113, 137
Unschärferelation 41
Unterbewußtes, weises 94
Unterscheidung 475
Unterschied als Unterschied 25
Urdifferenz 54
Urmodell der Kausalität 142

Ursache 142
Ursache/Wirkung 117, 143
Ursache/Wirkungs-Verletzung 434, 483
Ursache-Wirkungs-Denken 213
Ursache-Wirkungs-Zusammenhänge 214
Ur-Schrift 38
Utilisierung 410

V

VAKOG-Fragen 99, 102
Veränderung der Organisation von Zeit 161
Veränderung des Bezugsindex 132
Veränderungsarbeit 13, 185
Veränderungserwartungen, positive 323
Veränderungswilligkeit des Klienten 386f
Veränderungswilligkeit 388, 390ff, 400, 407
Verbalisierung emtionaler Erlebnisinhalte (VEE) 278, 288, 349
Vergesellschaftungsbedingungen 21
Verhalten, günstiges 212
Verhaltensdiagnose 241
Verhaltensstörungen 241
Verhaltenstherapie 241
Verhaltenstherapie (VT), interaktionelle 330
Verhaltenstherapie, kognitive 241
Vermeidung von Selbst-Verantwortung 145
Vermischungen 138
Verstärker 273
Verwirrtechnik 311
Verzerrung 109, 111, 137, 481
Volitionsstärke 327ff
Vollständigkeit 128
Vorannahmen 18, 112
Vorsitzung 219
Vorstellungsübungen, rationale 441

W

Wahl 74, 167
Wahlfreiheit 82
Wahlmöglichkeiten 82, 423
Wahrheit 42
Wahrheit, objektive 21
Wahrheitskriterien 15
Wahrnehmung 22, 25
Wahrnehmung, dissoziierte 489
Wahrnehmungsfilter 24, 51, 65
Welt 55f, 68ff, 82, 86
Welt in der Situation 69
Welt- und Selbstmodelle 122
Welt, objektive 82
Welt, reale 56, 82
Welt, situationslose 69
Weltanschauungen 17
Weltbegegnung 86
Weltbewußtsein 86
Weltmodell 124
Weltoffenheit 50
Weltvorverständnis 86
Weltwahrnehmung 86
Weltzusammenhang 32

Werte 77
Wertfreiheit 308
Werthaltung des Therapeuten 152
Wertschätzung 286f, 350
Werturteile 250
Widerspiegelung der Wirklichkeit 42
Widerstand 262, 391, 446, 453
Wille 73
Wir 21
Wirklichkeit 41, 44
Wirkmechanismen 16, 323
Wirkprinzip der Intentionsklärung 328
Wirkprinzip 15, 326f
Wissen 68f
Wissen, handwerkliches 17
Wissenschaft 15f
wissenschaftliche Arbeitshypothese 24
wissenschaftliche Methode 15, 245
Wohlgeformtheit 128
Wohlgeformtheit von Sprache 125
Wohlgeformtheitskriterien der Zielformulierung 101
Wollen 73, 76, 386
Wollen, absichtsloses 76
Wunderfrage 189, 206, 210, 443, 464

Y, Z

Yerkes-Dodson-Gesetz 252
Zeichen, sprachliche 35
Zeithorizont 68
Zeitigkeit 72
zentrales Nervensystem 15
Zentralkarte 198
Ziel der GT 281, 283
Ziel der RET 243
Ziele 225
Zielexploration 225
Zielklärung 327
Zielorientierung 225
Zirkularität von Bedeutungsgebung 194
Zirkularität 213f, 234
Zwangsüberweisung 408
zweite Negation 171
zweiwertige Logik, klassische 171, 470
Zwischensitzung 219

Wir stehen für:

NLP-Ausbildungen

- Practitioner
- Master-Practitioner
- Trainers-Training
- NLP & Systemische Familientherapie
- Hypnose-Ausbildungen

Praxisnahe Umsetzung des NLP für das Business

Inhousetrainings:
- Business-Practitioner-Ausbildungen
- Business-Master-Ausbildungen
- Business-Trainer-Ausbildungen
- Business-Coach-Ausbildungen
- Kommunikations- und Management-Trainings

SystemDynamik

- Ausbildung zum Consultant für SystemDynamik
- Wochenendseminare für SystemDynamik
- Inhousetraining

Persönliche Entwicklung

- NLP-Coaching und
- Systemische Familientherapie nach Hellinger

NLP Neu- und Weiterentwicklungen

Forschungsprojekte und Forschungsseminare zu unterschiedlichen Themenbereichen

Ergänzende Seminare

- „Diamond-Format" mit Dr. Rudolf Kaehr
- „Advanced Language Patterns" mit Christina Hall
- Microdynamik der Hypnose
- Magische Realitäten

Lernmaterialien

Handbücher	Practitioner
	Masterpractitioner
	Trainers-Training
	Verschiedene Bücher zu NLP-Themen
Audiotapes	Live-Mitschnitte und geführte NLP-Übungen
CD-Rom	Der gesamte Practitioner-Kurs als Multimediapaket
Videotapes	Ausgewählte Vorträge aus der Ausbildung "Consultant für SystemDynamik" aus dem Jahr 1998

CREATIVE NLP ACADEMY INC.
Postfach 1806, 65008 Wiesbaden
Tel. (0611) 527 237, Fax (0611) 529 707
cnlpa@cnlpa.de

Ihr direkter Weg zu uns: www.cnlpa.de

Ausführliche Broschüren mit Inhaltsangaben senden wir Ihnen auf Anfrage gerne zu

Informationen zur Aus- und Fortbildung in NLP

NLP und Coaching
Kurszentrum Aarau (Schweiz)

Laurenzenvorstadt 87 • CH-5000 Aarau
Telefon/Fax 0041 (0) 62 823 10 10
Homepage: www.kurszentrum.ch

NLP-Practitioner • NLP-Master • lösungsorientierte Modelle
Coaching-Ausbildung • Team-Coaching • professionelles Enneagramm
Training • Spezialseminare

Besser Siegmund Institut
Dipl.-Psych. Cora Besser-Siegmund
Dipl.-Psych. Harry Siegmund

Mönckebergstraße 11 • D-20095 Hamburg
Telefon 0 40/32 70 90 • Fax: 0 40 / 32 00 49 35
www.besser-siegmund.de

NLP im Herzen Hamburgs • DVNLP – anerkannte Ausbildung bis zur Trainerstufe •
EMDR im Coaching • wingwave-Coaching / www.wingwave.com

 ## NLP in Österreich

Österreichisches Trainingszentrum für NLP

2 Tage Einführungs-, 5 Tage Intensivseminare • 30 Tage Practitioner-, 27 Tage Master
Practitioner-Kurs • NLP-Professional für Coaching, Mediation und Supervision
Staatlich anerkannte Ausbildung zum Lebens- und Sozialberater
Psychotherapeutisches Propädeutikum – 12-Monate-Intensivkurs

Anerkannt vom Neuro-Linguistischen Dachverband Österreich (NLDÖ) und
der European Association for Neuro-Linguistic Psychotherapy (EANLPt)

Dr. Brigitte Gross, Dr. Siegrid Schneider-Sommer, Dr. Helmut Jelem, Mag. Peter Schütz

A-1094 Wien, Widerhofergasse 4 • Tel: +43-1-317 67 80, Fax: +43-1-317 67 81-22
eMail: info@nlpzentrum.at, Homepage: http://www.nlpzentrum.at

---

intelligenter arbeiten. besser leben.

Siekerwall 15 • 33602 Bielefeld
fon 0521-174135 • fax 0521-174162
info@e-works.de

e:works bietet internetbasierte Trainings und Beratung.
www.e-works.de

Gehen Sie auf (geistige) Abenteuer-Reise...

240 Seiten, kart.
€ 24,90 [D]
ISBN 3-87387-493-8

Mehr als 350.000 Menschen haben Vera F. Birkenbihl bisher in Vorträgen und Seminaren live erlebt – und weit mehr im Fernsehen („ALPHA" – BR 3). Mit ihrer unnachahmlichen Art, auch sehr komplexe Zusammenhänge spannend und nachvollziehbar darzustellen, ist sie eine der gefragtesten Referenten in Europa. Alle, die immer schon wissen wollten, wie Vera F. Birkenbihl denkt, wie sie scheinbar Zusammenhangloses verbindet und gekonnt (oft humorvoll) präsentiert, werden in diesem Buch erfahren „wie es geht".

Die in diesem (geistigen) Abenteuer-Buch beschriebenen Analograffiti-Denk-Werkzeuge sind in besonderem Maße geeignet, Ihnen spannende Entdeckungen Ihrer eigenen Gedanken zu ermöglichen. Das vorliegende Buch ist nach Vera F. Birkenbihls eigener Aussage ihr „wichtigstes Buch nach ‚Stroh im Kopf?'".

Vera F. Birkenbihl zählt zu den führenden europäischen Trainern und gehört gleichzeitig zu Deutschlands (heimlichen) Bestseller-Autoren mit insgesamt über zwei Millionen verkaufter Exemplare. Sowohl in ihren Vorträgen und Seminaren als auch in ihren Büchern folgt sie konsequent ihrem Grundprinzip, die Inhalte gehirn-gerecht, d.h. entsprechend der Arbeitsweise des Gehirns (= leicht verständlich, unterhaltsam und populär) darzubieten.

www.junfermann.de
www.active-books.de

JUNFERMANN • Postfach 1840 • 33048 Paderborn
eMail: ju@junfermann.de • Tel. 0 52 51/13 44 0 • Fax 0 52 51/13 44 44

Richtig streiten kann man lernen

176 Seiten, kart.
€ 15,50 [D]
ISBN 3-87387-469-5

Kollegen vergraulen einander, Beziehungen scheitern, Geschäftspartner ziehen vor Gericht, weil sie sich nicht mehr verstehen ... es gibt viele Ebenen, auf denen wir uns mit anderen Menschen streiten. Kommunikations- und Konfliktfähigkeit als Basis unserer Beziehungen ist nur in den seltensten Fällen ein angeborenes Talent. Die meisten Menschen müssen sich Kompetenz auf diesem Gebiet erst aneignen. Ziel der *Streitschule* ist es, diese Qualitäten zu entwickeln und zu stärken.
In der *Streitschule* treffen ganz unterschiedliche Menschen zusammen, um miteinander und aneinander zu lernen, wie man sich im Konfliktfall behauptet, ohne andere zu verletzen.

Das Buch beschränkt sich auf kurze theoretische Ausführungen, dafür finden Sie viele Übungen und Rollenspiele. Das Einzige, was Sie zu diesem Trainingskurs mitbringen müssen, ist Ihre Neugier auf sich selbst und auf andere.

Simone Pöhlmann ist Rechtsanwältin. Sie betreibt eine Praxis für Mediation bei Trennung, Scheidung, Erbschafts- und Nachbarschaftskonflikten in München.

Angela Roethe ist Journalistin und Mediatorin in München und Vorsitzende von ‚KLASSE! Die AG Schulmediation'.

www.junfermann.de
www.active-books.de

JUNFERMANN • Postfach 1840 • 33048 Paderborn
eMail: ju@junfermann.de • Tel. 0 52 51/13 44 0 • Fax 0 52 51/13 44 44

Worte können Fenster sein...

208 Seiten, kart., € 18,– [D]
ISBN 3-87387-454-7

Man kennt es aus dem Alltag, sei es im Privatleben oder im Beruf: Ein Streit kann so ausarten, daß man sein Gegenüber mit Worten verletzt – oder daß man selbst verletzt wird. Manchmal dauert es dann sehr lange, bis solche Verletzungen heilen. Wie kann man sich auch in Konfliktsituationen so verhalten, daß man sich seinen Mitmenschen gegenüber respektvoll verhält und gleichzeitig die eigene Meinung vertreten kann – und zwar ohne Abwehr und Feindseligkeit zu erwecken? Geht das überhaupt?
Man kann es lernen – mit dem Modell der Gewaltfreien Kommunikation. Die Methode setzt darauf, eine Konfliktsituation genau zu beobachten, unsere eigenen Gefühle auszusprechen, die Bedürfnisse hinter diesen Gefühlen aufzudecken, und dann den anderen zu bitten, sein Verhalten dementsprechend zu überdenken und zu ändern. Ehrlichkeit, Empathie, Respekt und Zuhören-Können stehen dabei im Vordergrund. Mit Hilfe von Geschichten, Erlebnissen und beispielhaften Gesprächen macht Marshall Rosenberg alltägliche Lösungen für komplexe Kommunikationsprobleme deutlich.

Dr. Marshall B. Rosenberg ist international bekannt als Konfliktmediator und Gründer des internationalen Center for Nonviolent Communication in den USA. Er lehrt in Europa und den USA und reist regelmäßig in Krisengebiete, wo er Ausbildungen und Konfliktmediationen anbietet.

www.junfermann.de
www.active-books.de

JUNFERMANN • Postfach 1840 • 33048 Paderborn
eMail: ju@junfermann.de • Tel. 0 52 51/13 44 0 • Fax 0 52 51/13 44 44